밀알서원 (Wheat Berry Books)은 CLC가 공동으로 운영하는 복음주의 출판사로서 신앙생활과 기독교문화를 위한 설교, 시, 수필, 간증, 선교·경건서적 등을 출판하고 있습니다.

주요 신문사 서평

「워싱턴 인디펜던트 리뷰 어브 북스」(Washington Independent Review of Books)

『교황청의 돈과 권력의 역사』는 국제적 흥미가 넘치는 매우 매력적인 책이다. … 『교황청의 돈과 권력의 역사』는 면밀히 연구된 책이다. 거의 200페이지에 달하는 주석은 포스너가 자신의 주제를 연구하기 위해 9년을 쏟아부은 관심의 정도를 보여 준다. … 이 책의 내용은 눈을 뗄 수 없게 한다. 하지만, 저널리스트의 원칙을 벗어난 적은 없다.
포스너는 추측할 수도 있었지만, 언제나 용의주도하게 있는 그대로 언급한다.
또한, 그러한 추측을 뒷받침하거나 허무는 사실들, 일차적 원천을 찾아내는 일에 유의하고 있다. … 그의 연구 성과는 기존의 학문적 접근과 광범위한 기초적인 연구를 결합함으로써 바티칸의 협조를 끌어내지 않아도 바티칸 내부의 돈과 금융의 역사에 관해서 가장 명확한 설명을 보여 준다.

「퍼블리셔스 위클리」(Publishers Weekly)

포스너는 … 최상의 탐사 기술을 발휘해서 환상적이고 포괄적으로 가톨릭교회의 어두운 면을 보게 한다. … 이해하기 쉽게 잘 쓰인 포스너의 이 책은 오늘날의 관심사에 관한 확실한 역사서다.

「더 필라델피아 인콰이어러」(The Philadelphia Inquirer)

바티칸은 그 은행을 개혁하기 시작했다.
하지만, 오직 소소한 성공을 이루었을 뿐이다. 이제 마을에 새로운 보안관이 있으니, 프란치스코 교황이다. 그는 상당한 진전을 이루었다. 포스너의 마음을 움직인 책은 그의 성공을 재는 시금석을 제공한다.

「커커스 리뷰스」(Kirkus Reviews)

보르지아 가문에서 교황 프란치스코까지의 바티칸의 범죄적 부요함을 끝까지 추적하는 끈질긴 리포터. 바티칸의 전설적이면서 합법적인 비밀을 깨서 밝히 드러내는 세심한 작품.

「시카고 트리뷴」(Chicago Tribune)

왜 이 모든 개혁을 하는가? 월 스트리트의 변호사에서 작가로 변신한 제랄드 포스너는 그의 깊은 조사와 열정적인 주장의 책, 『교황청의 돈과 권력의 역사』에서 이를 다루고 있다. 포스너는 인정사정없는 핏불 같은 탐구자로, 수많은 증거를 내세워 자신의 주장을 편다. 『바티칸의 돈과 권력의 역사』의 핵심은 제2차 세계대전 동안, 그 후의 로마교회의 행동에 있다. 여기서 포스너는 검사의 눈으로 교회의 행동을 분해한다.

「북리스트」(*Booklist*)

페이지마다 역사를 살아있게 하는 빠른 전개의 책. 이 책은 살인, 권력, 음모라는 현실 이야기로 뒤섞인 역사적 논픽션을 선호하는 독자들을 매혹시킨다.

마이클 스머코니쉬(Michael Smerconish)/ CNN

학수고대한 책, 저자 제럴드 포스너의 9년간에 걸친 연구 결과물. 마치 로버트 러드로의 소설처럼 바티칸은행을 둘러싼 살인, 배신, 사기의 장면을 그린다. … 이 책은 『다빈치코드』의 논픽션물이다.

「라이브러리 저널」(*Libray Journal*)

실제 삶의 이야기가 충분히 눈을 떼지 못하게 한다면 이론과 추측은 필요치 않다는 것을 분명히 보여주는 책 … 포스너가 기록한 바티칸교회의 역사는 복잡한 등장인물들과 놀라운 반전으로 가득한 복잡다단한 소설처럼 읽힌다. … 종교와 국제금융과 같은 문제들에 관심 있는 독자들은 포스너의 작품에 눈을 떼지 못할 것이다.

「프로비던스 저널」(*Providence Journal*)

탐사 리포터 제럴드 포스너가 폭로한 놀라운 이야기. 미스테리 스릴러 같은 흥미진진한 책.

존 L. 알렌(John L. Allen)/「더 보스톤 글로브」(*The Boston Globe*) 기자

발군의 책이다. 읽어 보면 바티칸의 돈과 권력의 역사를 알게 될 것이다.

「더 뉴욕 타임스 북리뷰」(*The New York Times Book Review*)

로마교회의 심장부에서 일어난 금융의 권모술수에 대한 철저 해부 … 포스너는 음모, 부패 조직범죄에 대한 특별하고 복잡한 이야기를 엮는다. … 리포터와 역사가인 포스너의 은사가 가장 분명하게 나타난 곳이 미국의 대주교 폴 말신커스(Paul Marcinkus)에 대한 일련의 장들이다. 그는 1971년부터 1989년까지 바티칸은행을 운영한 원초적 마키아벨리였다.

「래셔널 다웃」(*Rational Doubt*)

책방을 나서는 순간부터 이 책은 나를 사로잡고 호기심을 불러일으켰다. … 이 책은 로마교회의 역사에 대한 설명이 여과되지 않아 흠 있고 더러운 진실을 수시로 보여준 최초의 책이다. 탐사적 저널리즘이라는 자신의 능력을 충분히 발휘한 포스너는 독자들을 위해 철저히 사실들만 상세히 풀어놓는다. 살인, 돈세탁, 부패, 인종학살이라는 불편한 읽을거리도 있다. 포스너가 뒤엉킨 태피스트리(tapestry, '장식용') 같은 바티칸과 그 은행 간의 복잡다단한 이야기를 풀어내는 『교황청의 돈과 권력의 역사』는 필독서다!

교황청의 돈과 권력의 역사

- 교황청의 정치적 음모와 권력욕구, 돈 이야기
- 왜 바티칸은 나치와 파시스트의 잔혹성에 침묵했는가?
- 콘클라베 교황 선출의 뒷거래와 암살음모 이야기
- 교황 프란시스코의 교회개혁은 어디로 가는가?

GOD'S BANKERS: A History of Money and Power at the Vatican
Written by Gerald Posner
Translated by Noeul, Myoung
Copyright © 2015 by Gerald Posner
All rights reserved.

This Korean edition was published by Wheat Berry Books in 2019 by arrangement with the original publisher, Simon & Schuster, Inc. through KCC(Korea Copyright Center Inc.), Seoul.

교황청의 돈과 권력의 역사

2019년 12월 30일 초판 발행

지은이	|	제랄드 포스너
옮긴이	|	명노을
편집	|	박민구, 김현준
디자인	|	전지혜
펴낸곳	|	도서출판 밀알서원
등록	|	제21-44호(1988. 8. 12.)
주소	|	서울특별시 서초구 방배로 68
전화	|	02-586-8761~3(본사) 031-942-8761(영업부)
팩스	|	02-523-0131(본사) 031-942-8763(영업부)
이메일	|	clckor@gmail.com
홈페이지	|	www.clcbook.com
송금계좌	|	기업은행 073-085404-01-017 예금주: 밀알서원

ISBN 978-89-7135-103-1(03230)

이 도서의 국립중앙도서관 출판예정도서목록(CIP)은 서지정보유통지원시스템 홈페이지(http://seoji.nl.go.kr)와 국가자료공동목록시스템(http://www.nl.go.kr/kolisnet)에서 이용하실 수 있습니다. (CIP제어번호: 2019046197)

이 책은 (주)한국저작권센터(KCC)를 통한 저작권자와의 독점계약으로 밀알서원 에서 출간되었습니다.
저작권법에 의해 한국 내에서 보호를 받는 저작물이므로 무단전재와 복제를 금합니다.

시대정신 시리즈 ①

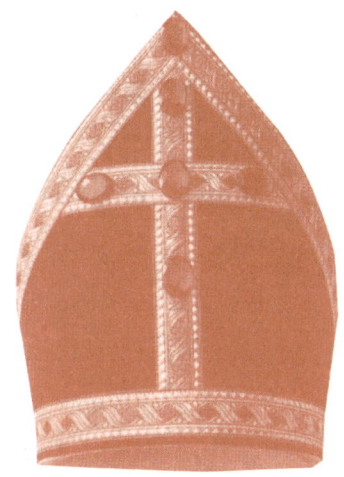

God's Bankers: A History of Money and Power at the Vatican

교황청의 돈과 권력의 역사

제랄드 포스너 지음

명 노 을 옮김

- 교황청의 정치적 음모와 권력욕구, 돈 이야기
- 왜 바티칸은 나치와 파시스트의 잔혹성에 침묵했는가?
- 콘클라베 교황 선출의 뒷거래와 암살음모 이야기
- 교황 프란시스코의 교회개혁은 어디로 가는가?

밀알서원

목차

주요 신문사의 서평   1
저자 서문   8
역자 서문   13

제1장   런던의 살인   15
제2장   마지막 교황 왕   24
제3장   검은 귀족들의 등장   45
제4장   국가가 아닌 단지 궁전   52
제5장   거룩하지 않는 연합   60
제6장   교황의 은행가   73
제7장   전쟁의 서곡   86
제8장   침묵 정책   104
제9장   블랙리스트   144
제10장   피의 돈   154
제11장   바티칸 내 나치 스파이?   166
제12장   줄사닥다리   174
제13장   그는 교황이 아니었다   194
제14장   신뢰의 사람들   209
제15장   성모 송만으로 교회를 운영할 수 없는 법   232
제16장   독일 처녀 작전   250
제17장   신도나의 붕괴   269
제18장   두 전갈의 싸움   290

제19장	정신병적인 편집증 환자	298
제20장	세 교황들의 1년*	309
제21장	뒷 거래	336
제22장	바티칸이 나를 버렸다	345
제23장	당신은 교황을 죽여야 해	367
제24장	네 아버지에게 조용히 하라고 말해라	376
제25장	원천을 보호하라	400
제26장	엄청나게 많은 돈	410
제27장	나는 독에 중독됐다!	415
제28장	하얀 금융	439
제29장	현금 가방들	444
제30장	나치 금의 흔적 묻기	463
제31장	사제 세계의 지하 범죄	480
제32장	그의 인박스(Inbox)는 재앙이었다	500
제33장	왕이 된 킹 메이커	505
제34장	맛없는 김빠진 맥주처럼	517
제35장	화이트 리스트를 쫓아서	530
제36장	바뀐 세상	541
제37장	막후 실세	548
제38장	집사	557
제39장	불신임 투표	570
제40장	시한폭탄	578
제41장	스위스 제임스 본드	586
제42장	인민의 교황 프란치스코	599
제43장	죽었다 살아난 것	612

미주   627

저자 서문

제랄드 포스너
「데일리비스트」 탐사 전문기자

1984년, 나는 부에노스아이레스를 여행 중이었다. 아우슈비츠의 "죽음의 사자"로 알려진 나치 조세프 멩겔레(Josef Mengele) 박사에 대한 조사의 일환이었다. 이때 나는 아르헨티나의 첫 문민 대통령 라울 알폰신(Raul Alfonsin)에게 멩겔레에 관한 비밀 파일을 열람할 수 있게 해 달라고 요청했다.

그러나, 수 주 동안 아무 반응이 없었다. 그러던 어느 날 밤, 거의 열한 시쯤 여러 명의 정복 경찰관이 도심에 있는 나의 호텔 문을 두드렸다.

나는 번호판도 없는 푸른 팔콘의 뒷좌석에 내던졌다. 이 차는 군사정부 아래 수천 명의 체제 반대자를 끌고 가 그들 중 상당수를 죽음으로 몰고 간 악명 높은 차였다. 다행히 내 여행은 연방경찰청의 본부에서 끝났다.

험상궂은 모습의 대령이 어떤 비밀 문서를 생산하라는 지시를 받았다고 나에게 말해 주었다. 나는 곧 옆방에서 서류철을 보게 되었다. 거기에는 아르헨티나로 도피했던 조세프 멩겔레와 그의 십 년에 관한 보석 같은 정보가 담겨 있었다.

유럽에서 이곳에 온 후, 가명으로 된 국제적십자사 원본 여권에서 어떻게 나치 수색대에 한발 앞서 거기에 머무르게 되었는지에 관한 세세한 정보가 모두 있었다. 그 몇 가지 서류는 여러 질문을 낳았다. 과연 나치 전범들이 제2차 세계대전 후, 로마의 몇몇 고위 가톨릭 성직자의 도움으로만 남미의 피난처에 도달했을까 하는 것이었다.

몇 주 후 나는 파라과이의 아순시온(Asunción)에 있었다. 알레안드로 폰 엑스타인(Alejandro von Eckstein) 대령과 함께 관광 중이었다. 그는 독재자 알프레도 스트뢰스너

(Alfredo Stroessner)의 좋은 친구였을 뿐만 아니라 개인적으로 멩겔레의 파라과이 시민권 신청을 협찬했다. 폰 엑크스타인과 동행하며 나는 그 나라에 봉인된 멩겔레의 파일 일부를 조사했다. 그 나라 남부 지역 뉴에바 바바리아(Nueva Bavaria)의 강경한 신나치파(neo-Nazis)의 한 대표단을 만났다. 멩겔레는 **1960년**에 그곳에서 피난처를 얻었다.

폰 엑크스타인의 소개 덕분에 대놓고 이야기해도 안전하다는 느낌이 든 그들은 나를 환대하며 이야기를 들려주었다. 예전에 어떻게 우림지역의 한 지방 호텔이 수십 년간 몇몇 악명 높은 나치를 위한 정보 교환소 역할을 했는지에 관해서였다. 그 이야기 중에는 남미 국가 사회주의자들이 감사하게 생각하는 로마의 성직자들에 대한 언급이 다시한번 섞여 있었다.

책 『멩겔레』(Mengele)가 **1986년**에 출판되고, 나는 다른 주제들을 다루고 있었다. 하지만, 로마교회와 제3제국(Third Reich, 나치 독일)과의 연결 가능성에 대한 이야기는 나의 관심사였으므로 이 주제를 계속 붙들고 있었다.

1989년 「뉴욕 타임스」(The NewYork Times)에 나의 장문의 기사가 실렸다.

왜 바티칸은 나치의 잔혹성에 관해 침묵했는가?
왜 행동에 실패했는가?

이 기사는 보수 논객 패트릭 뷰캐넌(Patrick Buchanan)이 로마교회가 홀로코스트에 관하여 도덕적 책임이 없다고 주장한 편집 기사에 대한 나의 반응이었다. 2년 후 「**뉴욕 타임스**」는 나의 기명 기사, 「보르만 파일」(The Bormann File)을 발간했다. 거기서 나는 아르헨티나가 히틀러의 이인자(二人者)에 대한 비밀 서류, 곧 내가 그 나라의 연방경찰청 본부에서 보았던 그 서류를 공개하지 않은 것을 혹평했다.

1989년 「뉴욕 타임스」 기사의 마지막 구절에서 나는 기자이자 가톨릭 신자의 입장에서 로마교회가 제2차 세계대전 동안 행한 역할에 관해 의심을 가지고 접근했음을 설명했다.

내 부친은 유대인이었지만, 내 모친은 가톨릭 신자였으며, 나는 예수회 학교에서 교육을 받았다. 나는 나 자신이 뷰캐넌 씨처럼 독실한 가톨릭 신자라고 생각한다.

그러나, 나는 그가 모든 역사적 문제에 대해 로마교회를 변호한 것을 보고 당황스럽다. 로마교회는 가공할 사건들에 개입되어 있고, 그들은 이를 부인할 수 없다. 많은 수녀와 신부가 많은 희생자를 살리기 위해 제2차 세계대전 동안 개별적으로 큰 용기를 보여주었지만, 이것이 로마교회 상층부의 침묵과 행위를 줄여 주지는 않는다.

수년 뒤에 알게 되었지만, 나의 초점은 매우 좁았다. 나는 그 이야기가 제도적 반유대주의와 공산주의에 관한 두려움의 어설픈 조합에 관한 것이고, 역사적으로 가장 큰 비극 중 하나인 홀로코스트 때 힘써 맞서지 못한 교회 지도자들에 의해 악화되었다고 생각했다. 나는 제2차 세계대전 중 교회 내부에서 일어났던 일은 매우 크고 훨씬 복잡한 사연의 일부에 불과하다는 사실을 알게 되었다. 진실은 오직 돈의 흔적을 좇음으로써 발견할 수 있었다.

엘리어트 웰리스(Elliot Welles), 아우슈비츠 생존자며, 명예훼손방지연맹(Anti-Defamation League)의 나치 추적자인 그는 나에게 말했다.

이익이다. 이익은 IBM 안에서처럼 교회 안에서도 매우 중요하다. 이를 잊지 말라.

심지어 **2005년**, 내가 이 책을 진지하게 시작했던 때도 나는 이익이라는 말의 중요성을 과소평가했다. 그러던 중 제2차 세계대전 중반에 발견된 바티칸은행의 엄청난 비리 소문을 생각하게 되었다. 그 은행은 70년 동안 영업을 했는데, 주권국의 중앙은행과 공격적인 투자은행 간의 혼합 형태였다. 바티칸은행이 현대 연대기의 중심에 있지만, 로마교회의 역사를 되돌아보지 않고서는 바티칸의 금융을 이해하는 것은 불가하다.

이 이야기는 전형적인 탐사물로서 세상에서 가장 큰 종교의 정치적 음모와 비밀스러운 내부 활동에 관한 것이다. 이것은 믿음, 하나님에 대한 신념과 더 높은 힘의 존재에 관한 질문이 아니다. 대신 이 『교황청의 돈과 권력의 역사』는 어떻게 돈을 축적하고 차지하기 위한 싸움이 가톨릭교회의 역사와 가톨릭교회가 신성한 사명을 수행하는데 지배적인 주제가 되었는가 하는 점이다.

당신은 성모 송으로만 교회를 운영할 수 없다.

바티칸은행을 운영했던 한 주교의 말이다.

『교황청의 돈과 권력의 역사』는 어떻게 수 세기 동안 성도들의 헌금과 지상 왕국에서 거둔 세금으로 살아왔던 로마교회가 소인국(小人國)이 되어 자본주의와 현대 금융을 배척하던 관행에서 벗어나 점차 이를 수용하기에 이르렀는지 밝힌다.

18세기 가톨릭 교인들은 이자를 붙여 대출하지 못했다. 한 세기 후, 바티칸은행은 사업가들뿐만 아니라 수십 개의 역외 가공회사를 통해 복잡한 음모를 꾸몄고, 이로 인해 많은 사람이 감옥에 갔거나 죽었다. 어떻게, 왜 그런 주목할 만한 변화가 일어났는지가 『교황청의 돈과 권력의 역사』의 내용 일부다.

이 책의 목표는 보르지아(Borgia: 르네상스 시대 막강한 권력으로 교황청까지 손에 쥐었던 가문, 이 책의 뒤에서 또 언급된다 - 편집자 주) 가문에서 교황 프란치스코까지 돈의 흐름을 추적하며, 비밀을 보호하고 자신들의 기밀문서로 봉인한 방대한 서류를 지키고 있는 바티칸은행을 깊이 파헤치는 것이다. 문제를 복잡하게 만든 것은, **1996년**에 어느 작가가 썼듯이, "바티칸 직원들은 돈보다 차라리 섹스를 이야기 할 것이다"라는 점이다.

그러나, 로마 입장에서 내가 말하지 않기를 바라는 이 이야기는 사적, 공적 문헌들에 흩어져 있는 문서들, 소송 사건들과 재판 기록물들, 많은 인터뷰로부터 얻은 정보를 통해 함께 조각 맞추기 해야 한다.

로마의 소수 성직자와 일반 직원은 보복의 두려움으로 익명의 조건으로만 말했지만, 지금의 교황권을 자주 불구 상태로 만들었던 그들의 피나는 내분을 내가 조사할 수 있도록 도왔으며, 이런 조사는 전대미문의 일이었다. 그런 인터뷰는 바티칸의 금융을 개혁하는 데에서 교황 프란치스코를 맞서는 상당한 도전이 된 셈이다.

내가 사건 정보를 수집하는 동안, 역시 구성에서 결정적 부분을 놓쳤다는 것을 깨달았다. 즉, 돈의 추구와 결합한 거침없는 권력욕을 놓친 것이다. 이것이 바티칸 내에서 불안한 조합을 이루고 있다. 거의 일천 명의 독신 남자가 함께 살고 일하며, 그들은 큰 지상 권력을 휘두를 뿐 아니라 대부분의 경우 자신들이 "하나의 참된" 교회를 수호하기 위한 신적 권리를 유업으로 갖고 있다고 믿는다.

결국, 그들은 인간이요, 우리 모두에게 공통적인 동일한 연약함과 단점으로 절뚝거리는 자들이다. 그들의 최상의 의도에도 그들이 자주 내부 권력 싸움과 놀라운 스캔들로 파국을 맞은 것, 이것이 세속 정부의 경우와 닮았다고 하는 것은 놀랄 일이 아니다.

책들, 기사들, 영화들에서 공개된 신화가 로마교회와 그 돈의 주위에서 불거졌다. 프리메이슨(이신론의 사교집단), 일루미나티(비밀결사대), 사제들의 보호를 받는 조직 폭력배, 살해된 교황들, 바티칸 지하의 나치 금괴 등 이런 가장 터무니없는 낭설들이 재미있을 수 있으나 역사에 도움이 되지는 않는다.

『교황청의 돈과 권력의 역사』는 잘못된 정보의 덩어리들을 밝히 드러내고 로마 가톨릭교회의 돈과 권력의 욕구에 관해 있는 그대로 설명하고 있다. 어떤 꾸밈도 필요치 않다. 그 실제 이야기는 자체로 충분히 충격적이다.

역자 서문

명 노 을 목사
트리니티교회 담임

권력은 부패하기 마련이며, 절대 권력은 절대로 부패한다. 위대한 인간은 거의 언제나 악인이다.

달버그 액튼(Dalberg-Acton)의 말이다. 격언과 같은 이 말은 보통의 경우 독재자들을 두고 쓰는 말이지만, 그가 실제로 바티칸 교황을 염두에 두고 한 말임을 아는 자는 많지 않다. 그는 영국의 가톨릭교 역사학자로, **1869년**의 제1차 바티칸공의회가 선언한 교황의 무오류설을 두고 나온 공방 가운데 그가 영국의 성공회 목사에게 쓴 편지에서 이 말을 사용했다.

그는 교황의 권력이 절대 권력임을 알았다. 교황은 로마 황제의 기독교 공인 4세기 이후 약 **1700년**간 왕 중의 왕, 군주 중의 군주로 군림해 오면서 중세기에 유럽을 실제로 지배했고 지금까지 영적, 정신적으로 수억 명의 사람을 인도해 왔다. 그들은 바티칸으로 대변되는 로마교회의 목회자가 되기보다 군주의 길을 택했다.

왜냐하면, 모든 권력과 돈이 교황에게 집중되었기 때문이다. 이로 인해 영적으로 거룩해야 할 교회가 액튼의 말처럼 그 권력의 집중과 폐쇄성으로 여전히 부패한 것으로 여겨진다.

오늘날에도 바티칸에 대한 많은 문제를 우리는 듣지만 정작 정확한 것을 알지 못하고 풍문과 어림짐작에 만족할 뿐이다. 그들의 주권국가의 지위, 철저한 비밀주의 때문이다.

저자 제랄드 포스너는 이런 상황에서 많은 독자가 지적했듯이 정밀한 현미경과 예리한 칼로 바티칸의 내부를 파헤치되, 자신의 선입관과 편견을 버리고 되도록 합당한 근거에 따라 탐사 기자의 시각에서 바티칸에서 일어난 역사적 사건의 동인과 그 전개를 분석하고 해석하여 우리가 바티칸의 외면적 모습보다 내면의 움직임과 현상을 보도록 해준다.

바티칸이 보여준 권력과 돈의 역사는 한국교회에도 시사하는 바가 크다. 한국교회가 대형화되고 어떤 면에서 상업화가 되어가는 점에서 세상과 유착될 수 있기 때문이다. 역자가 원하는 것은 이 책이 단순히 우리의 흥미를 채워주는 것에 머물지 않고 바티칸을 더욱 이해하고 사랑하며 한국교회에 하나의 반면교사가 될 수 있는 귀한 책이 되기를 바란다.

제1장

런던의 살인

1982년 6월 18일, 아침 7:30, 런던. 「**데일리 익스프레스**」(*Daily Eress*)의 젊은 우편 배달부 안토니 헌틀리(Anthony Huntley)는 출근길에 블랙프라이얼스(Blackfriars) 다리 밑의 도보를 따라 걷고 있었다. 출퇴근은 매우 일정해서 그는 블랙프라이얼스 다리에 있는 눈에 띄는 엷은 푸른색과 흰색의 철로 된 아치를 거의 주목하지 않았다.

그러나, 북쪽 아치 끝의 파이프에 달려있는 노란색 줄이 그의 시선을 끌었다.

헌틀리는 호기심이 일어 난간에 기대어 밑을 내려다 본 후 그만 얼어붙고 말았다. 어떤 사람의 시체가 줄에 매달려 있었다. 목에는 굵은 줄이 감겨 있었다. 눈은 반쯤 열려 있었고 발은 찰싹거리는 강물에 잠겨 있었다.

헌틀리는 믿지 못할 광경에 눈을 비볐다. 그는 템즈강을 더 선명하게 볼 수 있는 가까운 테라스로 걸어갔다. 자신이 본 것을 확인하고 싶었기 때문이다. 소름끼치는 광경을 목격한 충격이 온몸에 스며들었다.[1]

헌틀리가 신문사로 발걸음을 옮길 때 그의 안색은 창백했고 아픈 사람같았다. 헌틀리가 너무 놀란 탓에 그의 동료가 대신 런던경시청인 스코틀랜드 야드(Scotland Yard)로 급하게 신고 전화를 해야 했다.[2]

30분이 안 돼서 템즈강 경찰서가 블랙프라이얼스의 첫째 아치 밑에 배 한 척을 정박시켰다. 거기서 그들은 죽은 자를 근접 촬영했다. 그는 대강 60세로 보통 키에 약간 통통해 보였다. 뒤로 빗은 머리는 칠흑처럼 검게 염색되어 있었다. 그가 입은 값비싼 회색 양복은 울퉁불퉁했고 일그러져 있었다.

경찰들은 그의 목에 감긴 줄을 잘라낸 후 사체를 갑판 위에 눕혔다. 그들은 양복이 매우 기형적인 이유를 발견했다. 바지 주머니가 돌로 채워졌고 상의 안쪽에는 벽돌 반쪽, 바지 속에는 다른 벽돌 반쪽이 채워져 있었다.[3] 경찰들은 이를 자살로 생각했다. 그들은 가까운 워털루부두(Waterloo Pier)로 시체를 운반할 때까지 범죄 현장 사진을 찍지도 않았다. 사건을 담당한 형사들이 워털루부두에서 기다리고 있었다.[4]

처음 찍은 사진은 시체와 옷이었다. 돌들과 벽돌의 무게는 거의 12파운드였다. 경찰은 시체의 신원을 확인하기 시작했다. 이탈리아 여권 상의 이름은 지안 로베르토 칼비니(Gian Roberto Calvini)였다.[5] 그는 영국 돈, 스위스 돈, 이탈리아 돈을 현금으로 가지고 있었는데 총 13,700달러였다.

손목에 찬 15,000달러 상당의 금장 파텍필립(Patek Philippe) 시계는 오전 1:52에 정지되어 있었고, 주머니 있는 시계는 오전 5:49에 멈춰 있었다. 주머니 안에 있는 돌들 사이에 낀 것은 두 개의 지갑, 반지 한 개, 커푸스 단추, 약간의 종이, 안경 네 개, 안경집 세 개, 몇 가지 사진과 연필이었다.[6] 종이들 중에 연락처가 함께 적혀 있는 한 페이지짜리 주소록이 있었다.

나바로 국민은행의 전직 사무원, 이탈리아의 사회주의 재무장관, 저명한 런던 변호사, 힐러리 프랑코 몬시뇰(Monsignor Hilary Franco, 몬시뇰은 주교품을 받지 않은 신부 위의 직책이다)의 주소였다. 프랑코는 교황청 명예 대주교 직위를 가진 인물이었다.[7] 경찰은 그 주소록의 나머지는 발견하지 못했다.

시 검시관이 시체 발견 후 두 시간이 지난 9:30에 도착했고, 시신을 런던의 밀톤 코트(Milton Court) 영안실로 옮겼다.[8] 거기서 그들은 시체의 옷을 벗기고 지문을 찍은 후 부검을 준비했다. 그들의 기록에 따르면 이 사체는 이상하게 속옷을 두 벌 입고 있었다.[9]

런던경찰은 이탈리아 대사관을 통해 곧 이 여권이 가짜임을 알아냈다. 그 가짜 이름이 죽은 자의 실명을 바꾼 것을 파악하는 데 하루밖에 걸리지 않았다. 그는 62세의 이탈리아은행가 로베르토 칼비(Roberto Calvi)였다. 그는 이탈리아의 가장 큰 민간은행 중 하나인 밀라노 암브로시아노은행(Banco Ambrosiano)의 회장이자 관리이사였다. 그는 일주일 동안 행방불명 상태였다. 밀라노에서 판사가 지명수배 영장을 발부했던 이유는 칼비가 보석허가 조건을 어겼기 때문이다. 칼비는 전년도에 있었던 형사 사기 사건의 유죄에 대한 상고를 앞두고 있었다.

로마의 치안검사 한 명과 이탈리아 형사 네 명이 런던으로 왔고 영국 경찰을 도와 개인 관련 서류를 대충 꿰맞추었다.[10] 칼비는 중산층 가정에서 자라나 암브로시아노은행의 회장이 된 인물이었다. 그는 일개 지방은행에 불과한 미약한 은행을 공격적인 국제 상업은행으로 변화시켰다. 치안검사는 영국 측에 칼비가 일반적인 은행가가 아니라고 알려주었다. 그는 비밀스러운 프리메이슨 집단의 강력한 몇몇 이탈리아 브로커와 연관되어 있었고, 바티칸의 고위 금융업자들의 친구이기도 했다.[11]

형사 기소에도 불구하고 암브로시아노은행 이사회는 그를 은행의 관리자로 남도록 허락했다. 칼비는 비록 공개적으로 금융 제국을 구하고 명성을 회복하겠다고 약속했지만, 은행이 거대한 부채와 악성 투자의 무게를 이기지 못하고 거의 파산 지경임을 알고 있었다.[12] 이사회는 그의 사체가 블랙프라이얼스 다리에서 발견되기 고작 하루 전날에 그를 해고했다.[13]

경찰은 어떻게 칼비가 런던에서 죽게 되었는지 조사하기 시작했다. 그의 여정은 로마에서 베니스로 가기 일주일 전에 시작되었다. 거기서 차를 타고 트리스테까지 갔고, 이후 낚싯배를 타고 트리스테 만(灣)을 건넌 후 유고슬라비아의 작은 어촌인 무기아에 이르렀다.[14] 그는 이탈리아 영해를 떠나는 순간 도피자가 되었다.

무기아에서 한 이탈리아 밀수업자가 그를 차에 태워 밤새 달려 오스트리아로 데리고 갔다. 그는 오스트리아에서 며칠 동안 여러 도시를 돌아다녔으며, 인스부루크에서 런던행 개인 전세기를 탔다. 그는 생애 마지막 3일을 881호의 작은 방에서 보냈다. 이 방은 런던의 부유한 지역인 사우스 켄싱톤의 첼시아 크로이스터에 위치한 음산한 인상을 주는 영빈관이다.[15]

조사가 시작됨에 따라 답변할 수 없는 질문들의 수가 많아졌다. 그들은 어떻게 칼비가 그 영빈관에서 4.5마일 떨어진 블랙플라이얼스에 이르게 되었는지 알지 못했다. 그가 그곳까지 걸어 갔다면 여섯 개의 다리를 건넜을 것이다. 모든 다리가 자살하기에 안성맞춤이었다. 칼비는 경호원들의 수행을 받는 것으로 잘 알려진 인물이다.

하지만, 영국 조사관들은 어떤 경호원도 발견하지 못했다. 검정색 작은 서류가방의 소재도 알 수 없었다. 분명 그 가방에는 민감한 서류들이 가득했을 것이다.[16] 칼비의 조끼 단추가 잘못 끼워져 있었다. 친구들과 가족은 경찰에 이는 강박관념이 있는 은행가의 성격에 맞지 않는다고 말했다.[17] 그는 죽기 하루 전 자신의 특징인 구레나룻을 면도

했다. 경찰은 그것을 자살의 징표가 아닌, 외모를 가꾸어 수월한 도피를 위한 의도라고 보았다.[18]

런던에서 두 사람이 칼비와 함께 있었다. 삼류 밀수꾼 실바노 비토르(Silvano Vittor)가 그와 함께 전세기를 타고 왔다. 다른 한 명은 프라비오 칼보니(Flavio Carboni)로 부유한 사르디아 사람이며 다양한 사업상의 이해관계와 여러 가지 소문의 폭동 사건과 관련된 인물이었다.[19] 경찰이 심문하기 위해 갔을 때 그들은 런던을 떠난 상태였다.

경찰은 여러 거짓 목격담을 다루어야 했다. 많은 사람이 죽기 전 며칠 동안 칼비를 보았다고 했다. 런던타워에서 사창가에 이르기까지, 심지어 나이트클럽에서는 마약 밀매자와 동행하고 있었다는 것이다.[20]

경찰은 칼비가 3백만 달러의 생명보험증서를 가지고 있음을 확인했는데, 이 증서는 그의 가족만을 수혜자로 거명하고 있었다.[21] 조사관들은 그의 검소한 호텔방에서 진정제인 바르비투르 한 병을 발견했다. 이는 고통없이 자살하기 위해 매우 충분한 양이었다.

그러나, 독성보고서에 따르면 그가 그 진정제를 복용한 흔적은 없었다.

경찰이 칼비의 아내 클라라를 인터뷰할 때, 그녀는 전화통화 중에 남편이 자기에게 **"나는 함께 있는 사람들을 더 이상 신뢰하지 않아"**[22]라고 말했다고 진술했다. 칼비의 딸 안나는 조사관들에게 아버지가 죽기 전날 세 차례나 자신과 통화했다고 진술했다. 아버지는 흥분한 것 같았고, 취리히 집을 떠나 워싱톤 D.C.에 있는 엄마에게 가라고 채근했다는 것이다.

정말 중요한 일이 일어나고 있어. 오늘과 내일 모든 지옥문이 열릴 거야.[23]

또 다른 어려움은 칼비가 가벼운 어지럼증을 앓고 있었다는 점이다. 경찰이 추정한 바로는 그가 목을 맨 장소까지 가기 위해서는 곡예사가 되어야 했다. 즉, 난간 위로 기어올라가야 했고, 다리 옆에 붙어있는 좁은 25피트의 사다리를 내려와야 했으며, 건축비계(飛階)의 3피트 폭을 굴러야 했다.

또한, 파이프를 감고 있는 줄 한쪽 끝을 붙들고 다른 쪽 줄로는 자신의 목을 감아야 했다. 그러는 동안 자신의 주머니와 옷과 가랑이에 돌들과 벽돌을 끼워넣어 균형을 잡

아야 했다. 형사 반장은 그것은 불가능하다고 생각했다.[24]

게다가 경찰은 그 돌들과 벽돌이 템즈강에서 약 300야드 동쪽에 있는 건축 현장의 것과 동일한 것을 알았다. 칼비는 거기서 12파운드 무게의 돌들과 벽돌을 주워서 블랙프라이얼스에 돌아온 후 자기 옷에 넣어야 했을 것이다. 그렇지만 실험실 결과는 그의 손에 부서진 돌들과 벽돌의 잔류물이 없다는 사실을 보여주었다. 그가 타고 내려갔을 사다리는 심하게 녹슬었기 때문에 경찰은 칼비의 손, 옷, 광나는 신발에 녹의 흔적이 있을 것으로 기대했다.

그러나, 아무것도 없었다.

런던의 검시관 데이비드 폴(David Paul) 박사는 죽음의 원인이 자살이라는 것을 전혀 의심하지 않았다. 이것은 부검을 집도했던 영국 의료검사관의 수장인 키스 심슨(Keith Simpson) 교수의 견해에 따른 결론이었다.[25] 칼비의 사체가 발견된 지 한 달 후, 검시관 법정에서는 조사회가 이루어졌다. 폴은 경찰 조사와 부검에 관한 상세한 자료를 9명의 배심원들에게 제출했다.

심슨의 증언에 따르면, 사후 검사에서 타살의 징조는 발견하지 못했다. 그는 이렇게 말했다.

그가 살해되었다는 어떤 증거도 없다. 그는 스스로 목을 매 죽었다.[26]

그 외 37명의 사람이 증언했으나, 대부분 경찰이었다.[27] 칼비의 형 로렌죠는 진술서에 쓴 글로 그 조사회를 놀라게 했다. 그것은 로베르토가 1년 전 자살을 시도했다는 사실을 폭로한 글이었다. 런던에서 칼비와 동행했던 칼보니와 비토르는 영국으로 돌아오기를 거절하고 대신 진술서를 제출했다. 그들이 칼비를 마지막으로 본 것은 그가 죽던 날 밤 늦은 때였다. 칼비는 느긋했다고 한다.

또한, 그에게서 평소와 다른 점은 발견하지 못했다고 증언했다. 경찰은 10년 동안 칼보니가 중요 서류가 가득한 칼비의 서류가방을 들고 런던을 떠난 것을 밝히려 하지 않았다.[28]

폴은 칼비가 블랙프라이얼스에서 자살하기 어려운 점은 인정했다.

그러나, 누군가가 그를 죽이고도 몸에 어떤 상처나 흔적의 증거를 남기지 않은 것 역시 어려웠을 것이다.[29] 폴은 10시간 동안 사건을 설명했다. 그는 중간에 점심시간 20분만 허락받았다. 배심원들은 집에 가고 싶어 조바심이 난 것 같았다. 금요일 저녁이었기 때문이다.

하지만, 검시관은 그들이 심의를 시작해야 한다고 주장했다.

남자 6명과 여자 3명으로 구성된 배심원단이 한 시간 후 촉박하게 보고서를 제출했다. 그들은 평결을 내리는 데 어려움을 겪었다. 폴 박사는 그들의 결론이 꼭 일치할 필요는 없다고 말했다. 9명의 배심원 중 7명만 동의하면 평결을 내리기 충분했다.[30] 한 시간 후인 밤 10시에 그들은 칼비가 자살했다는 다수 의견을 제출했다.[31]

칼비의 가족은 즉각 그 평결을 거절했다.[32] 클라라(Clara)는 한 이탈리아 신문에 자기 남편은 살해당했으며, 그의 죽음은 **"바티칸 안에서 일어난 맹렬한 권력 투쟁"**과 연관되어 있다고 말했다.[33] 어떤 사람들은 그녀가 그런 주장을 한 것이 돈 때문은 아닌지 의심했다.

왜냐하면, 칼비의 생명보험은 자살의 경우에는 유효하지 않았기 때문이다.[34]

그러나, 칼비의 가족만이 자살 선고에 관해 회의적인 것은 아니었다. 영국경찰을 도왔던 이탈리아 조사관들도 타살 의혹을 제기했다.[35] 영국과 이탈리아 신문은 이구동성으로 영국의 조사가 놀랄 만큼 무능한 재판처럼 보인다고 보도했다.[36]

칼비가 죽기 며칠 전에 썼던 개인적인 편지의 내용이 공개되었다면, 그 평결은 아마 더 큰 조롱을 받았을 것이다. 그 편지는 부분적으로 고백을 담았고, 부분적으로 교황 요한 바오로 2세에게 도움을 구하는 탄원을 담고 있었다.[37]

편지에서 칼비는 동유럽에서 남미에 이르기까지 공산주의와 싸우는 데 있어 자신이 바티칸을 위한 전략적 선두주자였다고 선언했다.[38] 그는 앞으로 닥쳐올 일들은 **"상상 이상의 재앙을 야기해 가톨릭교회가 중대한 손실을 입게 될 것이라고 경고했다."**[39] 그는 교황과의 즉각적인 만남을 호소했다. 이 만남을 통해 모든 것을 설명할 수 있으며, 교황을 위해 **"중대한 서류들"**을 갖고 있다고 주장했다.[40]

칼비가 언급한 **"재앙"**은 아마도 암브로시아노은행의 파산이었을 것이다. 이 은행은 그가 죽은 후 몇 주 지나지 않아 정말 파산했다.[41] 사건 초기를 다룬 언론 기사에 따르면, 그 은행은 18억 달러의 부채를 지고 있었고, 로마교황청종교사업협회(IOR: Instituto per le Opere di Religione - 줄여서 말하면 바티칸은행)가 상당수를 보증하고 있었다.[42] 조사관들은 바티칸은행이 암브로시아노은행의 대주주임을 밝혀냈다.

그렇다면 교황청이 암브로시아노은행의 도산에 어떤 역할을 했는가?

영국 타블로이드신문들은 곧바로 칼비를 **"하나님의 은행가"**로 칭했다.[43]

누가 칼비를 죽였는가?

이런 진실 음모론이 일어났고, TV 자료, 책, 심지어 블랙플라이얼스 다리의 도보 관광까지 활성화되었다.

검시관의 평결 9개월 후, 세 명의 이탈리아 감식 전문가가 두 번째 부검을 실시했다. 그러나, 그들 역시 그 죽음이 자살인지 타살인지 밝힐 수 없었다.[44] 칼비 가족은 새로운 조사를 요구했다.[45] 영국의 항소 법정은 최초 공청회 날로부터 거의 1년을 요구했다.[46]

다른 검시관인 아더 고든 데이비스(Arthur Gordon Davies) 박사는 새로운 9명의 배심원단을 선정했다. 이번에는 증언과 심의를 단 하루만에 끝내지 않아도 괜찮았다. 이는 거의 2주간의 공청회로 진행되었다. 배심원이 이 사건을 담당했을 때, 그들은 세 시간 동안 심의한 후 **"공개 평결"**을 만장일치로 내야했다. 이는 영국의 관료주의적 허점으로, 본질상 의미는 **"우리는 모른다"**는 것이었다. 기존의 자살 판결은 무효가 되었다. 그 사건은 미제 사건으로 재분류되었다. 공식적인 사인은 없었다.[47]

그러자 칼비의 가족은 이탈리아 검찰에 그 죽음에 대한 새로운 조사를 하도록 청원했다.[48] 가족은 유명한 사설탐정회사인 미국 소재 크롤보안그룹(Kroll Security Group)을 고용해 조사를 맡겼다.[49] 크롤의 결론에 따르면 두 개의 영국 검토 조서는 "좋게 말하면 불완전하고 나쁘게 말하면 전적으로 오류"였으며 칼비가 끌려가 살해당했음을 나타내는 증거를 숨겼다.[50]

그 다음해, 칼비의 가족은 2명의 전직 런던경시청 감식과학자들을 고용해, 그의 모든 옷을 재검하기 위해 **1982년**에는 가능하지 않았던 레이저 검사법을 활용했다. 그들은 칼비의 양복 위에서 물 얼룩 흔적을, 상의 뒤쪽 위에도 알 수 없는 어떤 흔적을 발견했다. 그들의 결론에 따르면 칼비가 그 다리의 비계 위의 지점까지 올라갔다는 것은 **"상상할 수 없다"**는 것이다.[51]

그의 죽음 16년이 지난 **1998년**에 칼비의 가족은 로마의 판사에게 청원해 사체를 재검사하도록 했다. 밀라노의 유명한 감식의료원에 있는 병리학자들이 철저한 부검을 시행했다.[52] 그들은 칼비의 손목과 발에 타박상의 가능성을 포함한 의심스런 정황 증거를 찾았다. 그들은 칼비의 속옷 위에서 다른 사람의 DNA 흔적을 확인했다.[53] 그들은 복잡한 설명을 제시하며, 어떻게 옷 위의 물 얼룩(운명의 그날 밤에 큰 조류에 부딪혀 생긴)이 타살 가능성을 의미하는지 말했다.

하지만, 여전히 이 사건을 해결할만한 결정적 증거가 부족했다.

그동안 이탈리아 검찰은 한 가지 문제를 겪고 있었다. 너무 많은 사람이 칼비를 살해했다고 고백하거나 누가 그를 살해했는지를 안다고 확신하며 형사 사건을 협상하려 했기 때문이다. 많은 사람이 "**내부 이야기**"를 가지고 있다고 주장했다.

하지만, 이후 칼비 사건을 해결해 주겠다는 제안이 피고인의 양형 거래를 위한 가장 쉬운 길이 되어 그 신뢰성을 잃어버렸다.

2002년, 소송 진행자들이 관할지역 변경에 따른 소송 준비를 위해 감식 의료원의 짐을 챙기고 있을 때 잘못 두었던 칼비의 몇몇 증거, 곧 그의 혀, 내장의 일부와 목, 그의 옷과 속옷에서 나온 약간의 옷 조각을 찬장 뒤에서 우연히 발견했다. 로마의 사건 담당 판사 세 명이 증거를 검토하여 다시 조사하도록 지시했다. 과학자들이 최신의 감식기술을 동원했는데 그 중 몇 가지는 몇 년 전에는 존재하지 않았던 기술이었다.

만일 칼비가 그 다리 비계 위의 지점까지 기어올라갔다면 그의 손톱 밑이나 신발과 양발 위에 미세한 철의 흔적이 있었을 것이다. 그렇지만 아무것도 없었다. 그의 위쪽 등골뼈에 있는 자국은 교살을 의미했다. 칼비는 교살되었고 그 후 줄이 그의 목에 감긴 것이다.[54]

칼비의 가족은 그 증거서류를 인용하며 조사를 더욱 빨리 진척시키라고 요구했다. 하지만 검찰은 서두르지 않았다. 그들은 이미 잘못 처리한 사건에서 또다시 실수를 범하고 싶지 않았다. 3년이 흐른 후 검찰은 충분한 증거를 가졌다고 느끼고 다섯 명에 대해 살인 기소장을 발부했다. 그 다섯 명 중에는 프리메이슨 비밀집회의 전 회장이 포함됐다. 칼비도 이 비밀 집회의 소속원이었고, 1982년 그 운명의 날 동안 칼비와 함께 런던에 있었던 플라비오 칼보니 역시 기소됐다.[55]

로마의 레비비아감옥(Rebibbia Prison)에 있는 상위 보안 법정은 TV에 중계되는 재판을 위해 지어진 곳이다. 이 재판은 **2005년 10월 6일**에 진행되어 큰 반향을 일으켰다.[56] 이 살인 사건은 정황만 있었다. 그 동기는 횡령과 공갈 협박을 포함한 대단히 복잡한 것이었다. 여전히 많은 법률 참관인이 유죄 판결을 기대했다. 배심원단은 20개월 후 재판을 맡아 하루 반나절 동안만 심의했다. 구속된 날로부터 거의 2년이 흐른 후 피고인들은 다음과 같은 평결을 받았다.

모든 고발건에 대해 무죄.[57]

이것[무죄 선언]은 칼비를 다시 한 번 죽였다.

놀란 검사가 기자들을 향해 한 말이다.[58]
2010년과 2011년, 이탈리아의 두 항소 법정은 무죄를 승인했다.[59]
무엇 때문에 누군가가 자신을 죽였고, 이를 교묘한 공개 자살로 가장했던 것을 칼비는 과연 알았을까?

이것은 바티칸 내부의 권력과 금력의 회랑에 있는 조명등을 바라보지 않고는 답할 수 없는 질문이다.

핵심은 수세기 동안 로마의 성직자들이 가톨릭 신자들의 영적 유업을 보호한다고 자부하면서 어떻게 내부적으로 싸웠었는가에 있다. 그 싸움은 누가 세상에서 가장 큰 교회의 엄청난 이익과 광범위한 사업을 통제하는가에 관련된 싸움이다. 돈과 관련된 가톨릭교회의 분쟁과 불안의 역사를 조사함으로써만 칼비의 죽음에 개입된 세력을 드러낼 수 있다.

궁극적으로 칼비의 죽음은 성 베드로성당에서 유래하는 오늘날의 스캔들을 이해하기 위한 열쇠다.

또한, 그의 죽음은 바티칸을 개혁하려고 하는 교황 프란치스코가 당면한 여러 도전을 이해하기 위한 열쇠다.

바티칸에서는 너무 자주 대부분의 추문 중심에 돈이 있다.

제2장

마지막 교황 왕

교회가 자본가의 지주회사가 되어 칼비 같은 사람들이 번성하기 오래 전부터, 바티칸은 반봉건적 세속 제국이었다.[1] 1천년 이상 교황은 로마교회의 최고 지도자이며 동시에 도전받지 않는 군주였다. 그들의 나라는 교황령(Papal States)이었다. 르네상스 시대에 교황은 유럽의 가장 강력한 왕들에게조차 두려운 경쟁자였다. 그 절정의 기간인 18세기에는 로마교회가 이탈리아 중부 대부분을 지배했다. 교황들은 하나님이 그들을 이 땅에 두어 다른 모든 세상 지도자를 다스리게 했다고 믿었다.[2]

중세의 교황들은 수백 명의 이탈리아 성직자와 수십 명의 민간 대리인단을 수행원으로 데리고 있었다. 얼마 후 그들은 교황청(Curia: 王政廳)으로 알려지는데, 이는 로마교황의 궁전을 뜻한다. 그들은 로마교회가 영적 왕국과 세속 왕국을 다스리는 과정에서 교황을 도왔다.

바티칸 밖의 사람들은 교황청을 단순히 교황령을 관리하는 행정조직처럼 생각했다. 그러나, 이것은 라돈(Ladon)과 같은 음모와 미혹의 조직을 최소화해서 바라본 단순한 견해다. 실상은 독신 남성들이 함께 살고 일하면서 동시에 교황의 영향력을 얻기 위해 서로 경쟁하고 싸웠던 거대 조직이었다.[3]

유럽에서 가장 큰 왕궁으로서 방탕한 생활 양식을 유지하는 동시에 로마교회의 왕국을 운영하기 위해 바티칸은 항상 더 많은 돈을 얻기 위해 고심했다.[4] 교황령 내에서 부과된 세금과 수수료는 그 제국을 운영하는 기본 경비를 충당하기에만 충분했다. 부가 수입은 농업으로 부유한 북부 지역에서 생산하는 농산물 판매와 유럽 전역에 걸친 부동산에서 나오는 임대료에서 나왔다.

그러나, 그것만으로는 교황과 그의 고위 성직자들의 호화스런 생활 양식을 감당하기에 충분하지 않았다. 교회는 소위 면죄부를 팔아 돈을 챙겼다. 이 6세기의 발명품으로 인해, 신자들은 한 장의 종이에 돈을 지불했다. 면죄부는 하나님이 이것을 산 사람의 죄에 대한 지상적인 처벌을 포기할 것이라는 약속이었다.

초기 교회의 속죄는 매우 엄격해서 태형, 수감, 심지어 죽음도 포함됐다. 비록 어떤 면죄부는 무료였지만, 가장 무거운 죄들에 대한 가장 큰 구속을 약속했던 최상의 것은 비쌌다.[5] 바티칸은 죄의 가혹 정도에 따라 가격을 매겼고, 처음에는 로마로 순례를 하는 자들에게만 판매했다.[6]

11세기, 로마교회는 제1차 십자군을 보조하는데 있어 큰 비용을 감당했다. 우르바노 2세(Urban II)는 "하나님의 군대"로 전쟁에 자발적으로 참여하는 모든 사람에게 완전한 면죄를 허락했고, 십자군을 돕는 사람들에게 부분적인 면죄만 허락했다. 이후의 교황들도 면죄부의 범위를 넓히고, 독실한 가톨릭 신도들이 면죄부를 위한 돈을 쉽게 지불하도록 개선하려고 더욱 독창적이 되었다.

1400년대 초기까지, 퇴폐적인 소비로 교회를 끝없는 금융 압박으로 몰아넣었던 보니파시오 9세(Boniface IX)는 면죄부를 확대해 성례, 서훈, 서품까지 포함했다.[7]

몇 세기 후, 교황 바오로 2세는 죄인들의 로마 순례 필요성을 없앴다. 대신 지방 주교들이 돈을 걷도록 허락하고 면죄부를 나누어 주도록 했다. 그 역시도 성자들의 유품이 있는 성지순례지에서 파는 면죄부를 없앴다.[8]

식스토 4세(Sextus IV)는 면죄부에 대한 탁월한 생각을 가지고 있었다. 즉, 면죄부를 연옥에 갇힌 영혼들에 적용하는 것이었다. 어떤 가톨릭 신자든 값을 지불할 수 있으며, 이로써 연옥에 발이 묶인 영혼이 천국으로 빨리 갈 수 있다는 것이다.

돈만이 연옥에서의 사후 삶을 짧게 할 수 있다는 확신은 매우 강력한 유혹이었고, 많은 유족이 돈을 로마에 보내려 했다. 식스토 교황에게 엄청난 돈이 홍수처럼 넘쳤다. 그는 그 기금으로 시스틴예배당(Sistine Chapel)을 건축했다.[9]

알렉산데르 6세(Alexander VI, 스페인 보르지아 출신으로, 그의 교황 재임은 정실 인사와 권력을 위한 살벌한 내분으로 특징되었다)는 공개적인 묵주기도(Rosary)를 위한 면죄부를 발명했다. 그는 신도들에게 넉넉한 기부금은 묵주기도의 능력을 배가한다고 약속했다.[10] * [11]

교황들은 교황령(敎皇領, 교회가 직접 통치하는 세속적 영역)에서 수집된 세금 수익은 대부분 매일의 영수증을 위해 지불되는 반면, 면죄부는 그외 모든 것을 위해 지불하는 것으로 이해했다. 교회는 그처럼 많은 현금을 거두게 되면 광범위한 부패와 부정이득이 생길 수 있다는 현실을 무시하고, 면죄부에 더 의존했다.[12] 면죄부는 더 쉽게 살 수 있게 되고, 더 많이 면죄를 약속하게 되면서 일반 신도 사이에서 매우 유행하게 되었다.[13]

그러나, 면죄부는 금전적 생명선(lifeline) 이상의 역할을 했다. 중세 로마교황들이 가진 세속 권력에 대한 도전에 대응할 수 있도록 도와준 것이다. 소위 대립교황들(antipopes)은 보통 다른 이탈리아 도시 출신들로서, 자신들이 로마에서 선출된 교황더 가톨릭교회를 지배하는데 있어 유일한 정치적인 신적인 권리를 갖고 있다고 주장했다.[14 * 15] 비록 일부 대립교황은 자신의 군대를 일으키고 대중의 후원을 받기도 했으나, 누구도 면죄부를 발행할 수 있는 도덕적 권위를 얻지 못했다.

수세기 동안, 스스로 교황권을 내세우는 자들이 계속 시도했던 죄 사함 판매 노력은 실패했다. 가톨릭 신자들 누구도 로마교황이 아닌 자는 참된 면죄부를 제공하는 하나님과 직접적인 교제를 갖는다고 믿지 않았다.[16] 때때로 교황의 군대가 대립교황을 없애라고 부름받았을 때 전쟁 비용을 대기 위한 면제부 덕분에 엄청난 금액의 돈이 생겼다.

1513년에 선출된 마지막 비사제 출신 교황인 레오 10세(Leo X)의 통치 즈음에는 비평가들이 면죄부를 염치없는 교회의 중독으로 정죄하는 목소리가 커졌다.

플로렌스의 힘 있는 메디치 가문 출신 왕자 레오는 13살 때부터 추기경이었다. 그는 38살에 교황이 되기까지 과소비 생활 양식에 젖어있었다. 그는 유럽에서 가장 큰 교황 궁전을 만들었고 라파엘에 장엄한 로지아(loggia, 한쪽에 벽이 없는 복도)를 장식하도록 의뢰했다. 바티칸의 종들은 700명으로 거의 두 배가 되었다. 추기경들은 성직자 귀족으로서 교회의 왕자라고 불렸다.[17]

레오는 면죄부 판매를 억제해야 한다고 주장하는 비판자들을 용인하지 않았다. 반대자들에게 파문하겠다고 위협함으로써 입다물게 하려 했다.[18] 그런 시도가 실패했을 때 일종의 선물시장을 열어 아직 범하지 않은 죄들에 대해 할인할 수 있다고 했다.[19] 그는 엄청난 돈을 번 덕분에 베드로성당을 건축할 수 있었다.[20]

교황-왕은 변함 없이 몇 손가락 안에 드는 힘 있는 이탈리아 가문의 후손이었다. 그 가문의 자식 중 하나가 교황이 되었을 때, 교황권의 대가로 가끔은 걷잡을 수 없는 부패, 만연한 정실인사 고삐풀린 방탕함이라는 부산물이 생겨났다.[21] 면죄부 판매로 생긴

돈은 대부분 바닥 없는 구덩이에 빠졌다.[22]

교황궁(Papal Court: **1868년** 이후로 Papal Household라 불린다)의 방탕한 생활 양식과 면죄부 판매 과정에서 일어난 광범위한 권한 남용은 마틴 루터와 종교개혁에 힘을 보태주었다.[23] 교황 레오는 루터를 파문하는 것으로 대응했다.[24] 이런 분리로 생긴 몇 가지 유익 중 하나는, 개신교인들이 면죄부를 정죄하고 떨어져 나간 까닭에 성좌(the Holy See)가 그리스도를 믿는 자들에게 죄 사함을 파는 것에 대해 저항을 받지 않게 되었다는 점이다.

안정적인 돈의 유입은 바티칸이 급진적인 정치 사회적 격변의 영향을 받게 되면서 더욱 중요해졌다. 18세기 후반 서구를 휩쓴 격변은 특히 **1789년** 프랑스대혁명으로 정점에 이르렀다. 친교회적인 왕권이 전복되거나 크게 약화되었다. **1796년** 나폴레옹은 프랑스의 권좌에 올랐을 때, 바티칸이 매년 수백만 달러를 감사헌금으로 내도록 요구했다.

로마교회가 그렇게 할 수 없을 때 이탈리아로 군대를 파병하여 많은 성당과 대성당에서 값어치 있는 것을 몰수하여 프랑스로 가져오게 했다. 설상가상으로, 프랑스혁명 이후 로마의 부동산 소득이 초기 공화국의 교회 자산 국유화로 인해 사라졌다.[25]

새로운 의회는 프랑스 주교들이 걷은 돈 일체를 로마로 보내는 것을 금지했다. 다른 나라에서도 사정이 좋은 것은 아니었다.

오스트리아에서는 현금에 쪼들린 황제 요셉 2세가 교황의 권위를 축소하여 바티칸행 돈을 자신의 금고로 귀속시켰다. 영국, 스칸디나비아 독일로부터의 소득도 줄었다.[26]

심지어 개인적으로 교황 비오 6세의 승인을 받았던 이탈리아의 수상조차도 국가 금융 위기를 벗어난다는 명분으로 교회 자산에 세금을 부과했다. 비오 6세는 새로운 세금을 **"마귀의 역사"**라고 비난했다.[27]

유럽에서 정치적 불안의 여파는 19세기 전반까지 이어졌다. 그 결과, 놀랍게도 세기 전반 50년 중 40년 동안 교황의 수입이 줄었다.[28] 소수의 평신도 고문들은 교회 재정을 파괴하는 사회적 불안이 빨리 사라지지 않을 것을 염려했고, 교회가 신자들로부터 기부금에 덜 의존할 수 있는 길을 모색하기를 권했다.

하지만, 그런 제안은 계속 무시되었다. 고위 성직자들은 현대 경제 이론이 유럽을 병들게 한 자유 세속 운동의 치명적이고도 부끄러운 요소라고 믿었다.

바티칸은 존 스튜어트 밀(John Stuart Mill)의 저서 『정치경제의 원리』(Principles of Political Economy)를 신성불가침의 금서목록으로 지정했다.[29] 교황 베네딕토 14세는 "고리대금과 다른 부당이익에 대해"라는 교황 회칙(回勅: encyclical)을 발표하여 교회가 오랫동안 지켜온 이자 목적의 대부금지 입장을 반복했다. 이자 목적의 대출을 불법, 악, 죄로 정죄하므로써 베네딕트는 어떤 내부적 논의도 차단했다.[30]

바티칸은 전통적으로 교황령 안에서의 재정 성장이나 산업 발전을 고취하기 위해 아무 일도 하지 않았다. 경제는 침체했고 수십 년간에 걸쳐 세금 소득은 꾸준히 하향곡선이었다.[31]

법률가의 아들인 그레고리 16세가 교황이 된 **1831년**까지 상황은 몹시 악화되었다. 그는 획기적인 무언가를 해야 할 필요를 느껴, 유럽의 뛰어난 유대 금융 왕조인 로스차일드 가문(Rothschilds, 유대계 금융 재벌 가문)으로부터 돈을 차용했다.[32] 40만 파운드의 대출(2014년 가치로 4천 3백만 달러)은 교회에 생명줄이 되었다.[33] 로스차일드 가문은 재정 압박을 받는 정부에 구제금융(bailout)을 제공함으로써 든든한 명성을 가지고 있었다. 그 가문은 나폴레옹 전쟁 이후 오스트리아의 금융을 안정화시켰고, 시실리 내 두 반군을 납작하게 할 충분한 돈을 제공했다.[34]

제임스 드 로스차일드(James de Rothschild)는 파리에 본부를 둔 가문의 우두머리로, 공식적인 교황의 은행가가 되었다.[35] 그의 형제 중 하나인 칼(Carl)은 가문의 나폴리지점을 운영하면서 로마로 여행을 다니며 교황과 상의하기 시작했다. 그들의 금융 제국은 교회의 관리들 사이에서 질시와 반발을 불러일으켰다.

대부분의 전통주의자는 제임스를 "**국제 유대인**"의 리더로 불렀고 로마교회가 금융적인 도움을 얻고자 "**그리스도 살인자들**"에게 기대고 있음을 두려워했다.[36] 프랑스의 시인 알프레드 드 비니(Alfred de Vigny)는 "**한 유대인이 지금 교황과 기독교를 지배하고 있으며, 그가 왕국들에 돈을 대고 나라들을 사고 있다**"고 썼다.[37]

독일의 정치작가 칼 루드비히 뵈르네(Karl Ludwig Börne, 태어났을 때의 이름은 뢰브 바루크[Loeb Baruch]였으나 루터교인이 된 후 개명했다)는 그레고리가 칼 로스차일드에게 알현을 허락하여 바티칸을 천박하게 만들었다고 생각했다. 그는 "**부유한 유대인 하나가 그의 (교황의) 손에 입맞춤했으며,**" 반대로 "**가난한 크리스천 하나는 교황의 발에 입맞춤했다**"고 기록했다. 그는 많은 신자 사이에 불화를 일으켰다.

> 로스차일드 가문은, 확신하건대, 분명 그들의 조상 가룟 유다보다 더 고귀하다. 유다는 그리스도를 은 30개에 팔았다.
>
> 하지만, 로스차일드 가문은 만일 그리스도가 매물이라면, 그리스도를 사려 할 것이다.[38]

이것은 프랑스대혁명이 지나고 30년 만의 일이었다. 혁명이 남긴 불안전한 여진은 서구에서 반유대라는 엄격하고 차별적인 법을 완화시켰다. 그때 로스차일드 가문의 교부격인 메이어 암셀(Mayer Amschel)이 프랑크푸르트의 유대인 지역(ghetto)을 나와 그의 다섯 아들과 함께 초보적인 은행을 설립했다. 당연히 로스차일드 가문은 질투를 불러 일으켰다. 교황 그레고리가 대출을 요구할 즈음 그들은 세상에서 가장 큰 은행을 만들었다. 그 크기는 그들의 절친한 경쟁자보다 10배나 컸다.[39]

로마교회 지도자들이 로스차일드 가문을 좋아했을 것 같지는 않다. 하지만 그 가문의 현금은 좋아했다. 첫 대출 후 곧바로 교황은 칼에게 '성 조지 콘스탄틴십자훈장'(Sacred Military Constantinian Order of Saint George)을 하사했다. 로스차일드 가문의 생각으로는, 바티칸이 자신들이 대면한 자 중 가장 비조직적이고 혼돈스런 조직이었다. 그들은 교회가 예산안 대차 대조표조차도 갖고 있지 않은 것을 보고 놀랐다. 그 돈을 통제하는 고위 성직자들은 어떠한 금융관련 훈련도 받지 않았다. 당연히 독립적인 회계 검토나 회계 감사도 없었다. 비밀과 무질서의 조합은 남용하기에 적절한 환경이었다.

교황청이 빚더미에 빠질 때면, 교황은 때로는 부도를 내고 때로는 지불을 거절했다. 많은 나라나 은행에서 로마교회에 대출하려는 의향을 줄인 것도 이상한 일이 아니었다. 여전히 바티칸은 로스차일드 가문이 제시한 모든 금융 개혁을 거절했다. 교황 그레고리는 현대화를 의심했다. 민주주의를 위험스러우며 불안정적이라 생각했고, 심지어 마귀의 역사와 같은 것이라고 정죄했다.[40]

그레고리는 **1846년**에 죽었다. 그의 후계자는 비오 9세(Pius IX)였다. 그는 백작의 넷째 아들로, 새로운 문제에 직면했다. 즉, 교회의 교황령에 관한 지배력을 위협하는 이탈리아 민족주의 운동의 대두였다.[41]

8세기 이래로 교황령은 교회 권력의 지상적 상징이었다. 비오 9세가 교황이 되기까지 바티칸의 땅은 로마로부터 시작해서 동쪽으로 넓은 띠 모양으로 펼쳐져 이탈리아를 반으로 나누고 있었다. 두 개의 식민 권력인 북쪽의 합스부르크 왕가와 남쪽의 프랑스 왕가 사이에 낀 샌드위치 모양이었다.

비오 9세는 민중 봉기가 이탈리아 전역을 휩쓸었던 때 가까스로 교황의 자리를 지켰다. 반종교적 무정부주의자들과 지식인들의 느슨한 연합은 식민 권력을 추방하고, 로마를 수도로 통일된 이탈리아공화국 설립을 소망했다. 그들의 계획에는 교황령에 관한 여지가 없었다. 그는 민족주의자들을 경계했고 경멸했다.[42]

비오 9세는 로마교회의 제국과 소득을 잃어버리기를 원치 않았다. 그는 유화 조치를 통해 광범위한 민족주의적 열기를 식히려 했고, 그 결과로 교황령 안에 일부 개혁을 도입했다.[43] 그는 조서를 통해 처음으로 도시와 주 의회를 설립하고, 표현의 자유에 대한 일부 제약들을 폐지했다.

1천 명 이상의 정치범을 석방하고, 24명의 선거직 평신도 대표자들로 구성된 협의체를 만들었다.[44] 모든 도시 한 가운데에 설치된 교수대는 폐기되었고, 교황의 언론 검열도 완화했다. 그 변화들은 인기가 있었다.

그러나, 10년이나 늦은 것이었다.

1848년 1월, 시실리에서는 대규모 시위가 폭발했다. 같은 달에 팔레모에서 폭동이 있었다.[45] 비오 9세는 여러 가지 양보 정책을 통해 악화되어가는 상황에 대처하기 위해 동분서주했다. 그는 자신의 세속 권력 제한을 희미하게 암시하는 헌법의 개요를 발표했다.[46]

하지만, 로마가 제시한 타협안은 폭력 사태의 확대로 인해 실종되고 말았다. 민족주의자들은 그해 봄 밀라노에서 오스트리아인들을 몰아냈다. 오스트리아인들이 이에 대한 보복으로 교회 땅 일부를 점령할 것을 두려워한 비오 9세는 1만 명의 군대를 파병했다. 교회 군대가 행진 중이라는 말이 빠르게 퍼졌다.

일반적으로 이탈리아인들은 격정적이었다. 비오 9세가 군대를 보내자 곧바로 입장을 바꾸어 로마교회가 오스트리아 같은 독실한 가톨릭국가와 전쟁할 것으로 생각하지 않는다고 선언했다.[47]

비오 9세가 포기하자 민중의 감정은 끓어올랐다. 특히 로마인들은 분노하며, 교황을 개혁주의자인척 하는 반동으로 정죄했다. 많은 대중이 베드로성당 주위에서 날마다 항의했고, 대열을 이탈한 폭력단은 바티칸의 스위스 경비대와 자주 마찰을 일으켰다. **1848년 11월 15일**, 한 무리의 폭도가 총리궁(Palace of the Chancellery)에 들어와 교황총리인 페레그리노 로시(Pellegrino Rossi) 백작을 추격했다. 그들이 그를 계단 한쪽으로 몰아세우고 그의 목을 잘랐다.[48]

그 다음날 무장한 폭력단이 퀴리날궁(Palazzo del Quirinale) 가까이 몰려들어 교황의 개인 비서뿐만 아니라 몇몇 스위스 경비원을 살해했다.[49] 폭도 중 일부는 교황이 감옥에 가야 한다고 주장했다. 며칠 후 비오 9세는 보통 사제로 변장하여 자신의 얼굴을 큰 스카프와 검은 안경으로 감싼 후 마차를 타고 로마에서 도망쳐, 멀리 떨어진 이탈리아 남부 개타에 있는 해안 요새로 피신했다. 나폴리 왕이 그의 신변을 보장했다.

프랑스의 루이 나폴레옹(후 나폴레옹 3세)이 9천 명의 군대를 파병하여 이탈리아 민족주의자들과 싸우도록 하자, 비오 9세는 로마로 돌아올 수 있었다. 그 싸움은 격렬했다. 8개월 후에야 프랑스 군대가 로마를 재탈환하여 신생 공화정을 전복할 수 있었다.

프랑스군 장교들과 세 명의 고참 추기경(소위 붉은 三頭政: Red Triumvirate)이 교황이 피난하는 동안 로마를 다스렸다. 프랑스 군대는 모든 민족주의 조직이 제거되었다고 확신하기 전까지 비오의 귀환을 허락하지 않았다.[50]

비오 9세가 바티칸에 돌아온 것은 9개월 후였다. 그는 전쟁 때문에 도망쳐야 했다. 비오가 도망치기 전에 사람들은 그를 반동분자로 오해했다. 하지만, 이제 비오 9세는 진짜 반동분자가 되었다. 교황은 다시는 어떤 개혁도 생각하지 않았고, 더 이상 어떤 타협도 허락하지 않았다. 로마로 돌아와 혼돈을 목격한 그는 근대적 사상은 무질서를 낳을 뿐이라는 확신을 갖게 되었다. 범죄가 횡행했다.

식품 가격의 부당한 인상은 광범위한 기아를 촉진했다. 유대인은 만만한 희생양이 되어 그 비난의 표적이 되었다. 그중 소수가 민족주의자들과 함께 일했기 때문이다.[51] 심지어 비오는 로마의 유대인이 자신을 망명하게 만든 선동자들이었다고 주장하면서, 그들에게 자신의 귀환 비용을 지불하게 만들었다.[52]

로마의 무질서에 대한 걱정은 곧 교회 재정의 극한 상황에 대한 염려로 대체되었다. 이 야단법석은 곧 면죄부 판매의 곤두박질을 뜻했다. 교황령 안의 세금 징수가 나쁜 영향을 받았다.

현재 로마를 지키는 프랑스 용병을 위한 지급 의무 뿐만 아니라, 지난 2년 동안 지급되지 못한 영수증도 산더미 같았다. 바티칸은 돈이 매우 필요했다. 비오 9세가 도움을 얻으려고 했던 가톨릭은행인 파리 소재의 데라앙떼사(社)(Delahante and Co.)는 제3혁명

의 여진으로 붕괴되었다.[53]

　귀족주의적인 비오 9세는 유대인이 합리주의에서 시작해 프리메이슨과 사회주의에 이르기까지 모든 악의 창시자라는 중세적인 견해를 바꾸지 않았다. 하지만, 로스차일드 가문만이 교회를 파산에서 다시 벗어나게 할 수 있다는 점에는 동의했다.[54]

　로스차일드에서 새롭게 받은 대출금은 5천만 프랑, 즉 1천만 달러였다. 이는 바티칸 전체의 1년 예산을 넘는 액수였다. 두 차례의 추가적인 대출이 곧 뒤따랐고, 결국 총 5천 4백만 프랑에 이르렀다.[55] * [56]

　그러는 동안, 로스차일드 가문은 일부 유대 지도자에게 비난을 들었다. 그들은 그 가문이 로마교회로부터 단순히 이윤을 얻을 뿐, 유대인에 대한 교회의 적대적 정책을 변화시키지 못한 것처럼 느꼈기 때문이다.

　로스차일드 가문은 자신의 영향력을 지렛대로 활용해 교황령 내에 있는 1만 5천 명 유대인의 여건을 개선해 줄 것을 간청했다.[57] 그들은 교황에게 유대인에게만 부과되는 별도의 세금, 게토에서의 부동산 취득 불허, 전문분야 직업에 대한 금지를 없애고, 재판 사건에서 유대인을 매우 불리하게 만드는 과도한 증거서류 기준을 폐기해 달라고 요청했다.

　비오 9세는 자신이 돕겠다는 확약문서를 파리 주재 교황대리대사(Papal Nuncio)를 통해 로스차일드 가문에게 보냈다.[58] 하지만, 보좌관들에게는 로스차일드 가문의 요청에 굴복하느니 차라리 순교하기를 원한다고 말했다.[59] 그는 궁극적으로 한 가지만 양보했다. 즉, 로마의 유대 게토를 둘러싼 유명한 담과 철책의 문을 철거한 것이다. 이 게토는 유럽 내에서 물리적 경계로 구분된 마지막 지역이었다.[60]

　그러나, 이 조치는 실제적 효과가 없었다. 유대인은 다른 곳으로의 이주가 금지되었기 때문이었다.[61] 후에 칼 로스차일드가 4개월 동안 로마를 방문하여 조금도 바뀐 것이 없다고 불평하자, 비오 9세는 그 가문을 달래기 위해 유대인이 매주 안식일마다 개종 설교에 참석해야 한다는 오래된 요건을 폐지하는 조치를 취했다.

　비오 9세는 로스차일드 가문에 대한 의존에 화가 났다. 마찬가지로 뛰어난 가톨릭 은행가들, 예컨대, 벨기에 사람 앙드레 랑그랑-뒤몽소(Andre Langrand-Dumonceau)도 유대인으로부터 차용하는 것은 **"부끄러운 짓"**이라 선언했다.[62]

　교회 지도자들은 유대 금융업자들이 프리메이슨이라 믿었다. 그들 생각에 프리메이슨은 바티칸의 안전을 위협하고, 하나님 경외 대신 돈 숭배라는 세속철학을 확산하는 국제적인 세력이었다.[63]

로마교회의 의존도를 줄이기 위해, 비오 9세는 부제(副祭, deacon) 지아코모 안토넬리(Giacomo Antonelli)를 재무성(Papal Treasury) *[64] 의 대표이자 동시에 '국무총리 추기경'(Cardinal Secretary of State, 대체로 교황의 총리)으로 임명했다. 안토넬리는 부유한 나폴리타노 가문 출신으로, 비오 9세가 망명 중일 때 신임한 몇 안 되는 보좌관 중 한 명이었다.[65]

이것은 논쟁을 불러일으키는 선택이었다. 안토넬리의 전기작가 프랑크 코파(Frank Coppa)에 따르면, **"그는 교만한 측면에서는 루시퍼에 비길만 했고, 정치적인 측면에서는 마키아벨리의 제자였다."**[66]

그러나, 그는 가장 중요한 사람인 비오 9세의 지원을 받고 있었다. 교황은 교회가 자족할 수 있도록 개혁하라고 그에게 광범위한 재량권을 주었다.[67]

안토넬리는 먼저 예수회와 프란치스코 수도원 같은 조직에 대한 바티칸의 재정 보조를 중단했다. 그들 조직에 대한 지원은 역사적으로 깨진 독에 물붓기였다.[68] 이 조치가 로마가 지원하는 돈에 의존해온 교단들의 분노를 일으켰지만, 비오 9세는 결정을 뒤집는 청원을 거부했다. 안토넬리는 교회 부채에 관한 야심찬 구조 조정을 시행했다. 교황청 내부의 대다수가 반대했지만, 교황령 안의 세금을 올리고 새로운 관세를 도입했다.

또한, 바티칸의 미결 부채들을 40년 상환 단일 대출로 통합하기 위해 로스차일드와 협상했다.[69] 해당 금액은 5% 이율로 계산하면, 1억 4천2백5십2만 5천 프랑이었다.[70] 이것은 약 3천만 달러로 교회의 전체 부채 중 약 40%에 해당하는 엄청난 금액이었다. 안토넬리는 제임스 로스차일드만큼 강력한 협상가였다. 그는 금융업자들이 요구한 바티칸의 대규모 부동산에 대한 담보 설정을 거부했다.

1859년, 새로운 대출 조건으로 안토넬리는 19세기가 시작한 이래 처음으로 교황청의 예산 균형을 이루었다.[71]

안토넬리는 곧 로스차일드가를 전적으로 뛰어넘을 계획을 구상했다. 로마교회가 채권을 투자은행 개입 없이 신자들에게 팔려는 것이었다. 그는 그 구상을 두 가톨릭 신문을 통해 시험할 수 있었다.

1861년, 바티칸은 예수회의 격주간지 **「가톨릭 문명」**(*La Civilta Cattolica*)을 로마 소속

제2장 마지막 교황 왕 33

으로 변경했다. 또 방대한 가톨릭 교계에서 필독 신문이라 할 수 있는 「로마 옵서버」(L'Osservatore Romano)를 매입했다.[72]

믿음에 대한 일반적인 기사 이외에도, 안토넬리는 두 신문을 헌금 호소로 가득 채웠다. 유입된 현금은 그가 목표한 액수의 두 배였다.[73] 교황은 로스차일드 가문 없이 '미래 부채'를 판매하도록 승인했다.

1860년, 로마교회는 바티칸 **"채권"**이라는 이름으로 6천만 리라를 발행했다. 사제들은 신자들에게 **"종교적 의무"**로서 그 채권을 사도록 설득했다. 주교들은 돈을 모아 로마에 보냈다.[74] 드디어 교회에 부채 관리에 관한 도움이 필요하게 되자, 안토넬리와 비오 9세는 파리 지점의 두 가톨릭 은행가를 영입했다. 그들은 부이엘리 후작(the Marquis de la Bouillerie)과 에드워드 브라운트(Edward Blount)였다.[75] 로스차일드가로부터 자유롭게 되자마자 그는 로마의 유대인 거주지역인 게토 주위 일부에 다시 담을 쌓았다.[76]

비오 9세는 인기가 없었지만 가톨릭 교인들은 교회에 돈을 기부했다. 이탈리아인들은 통일된 이탈리아를 갈망했다. 그들은 교황령이 그것을 달성하는 데 있어서 장애물임을 알았다. 교황의 호감지수는 **1858년**의 널리 발표된 사건 이후 낮아졌다. 볼로냐의 교황 경찰이 강제적으로 6살 소년 에드가르도 모르타라(Edgardo Mortara)를 그의 유대인 부모에게서 빼앗아 붙잡아둔 사건이었다.

그 일은 가톨릭 신자인 가정부가 친구들에게 자신이 그 아이가 매우 아팠던 수년 전에 몰래 유아세례를 주었다고 말한 후 일어났다.[77] 아이가 일단 세례를 받으면 교회는 아이를 가톨릭 신자로 간주했다. 따라서, 유대 부모는 그 아이의 양육권을 가질 수 없었다.

수 세기 동안 교황령 안에서 이른바 영세를 받은 아이는 친부모 곁을 떠나 가톨릭 가정에서 양육되거나 유대인의 회심을 전담하는 교회 운영기관에 맡겨졌다.[78]

모르타라 사건이 특별했던 이유는 로마의 회심센터에 모르타라를 가두는 것이 많은 탄원을 일으켰기 때문이다. 비오 9세가 개입해 모르타라를 자기 부모에게 돌려보내도록 명령하라는 요구였다. 비오는 모르타라를 돌려보내는 대신 정기적으로 바티칸의 에스킬린궁(Esquiline Palace)에 오도록 명했고, 개인적으로 모르타라를 가톨릭 신자로 양육할 것으로 약속했다.[79]

물론 모르타라는 교황궁정의 찬란함으로 경외감을 느꼈고, 비오 9세는 그의 석방을 위한 많은 탄원을 계속 무시했다. 나폴레옹 3세는 프랑스 주둔군이 모르타라를 잡아두는 것이 견디기 힘든 것임을 알고, 그 유괴 사건을 정죄했다. 독실하고 유명한 그의 아내 유제니(Eugenie) 황후도 마찬가지였다.

피에드몬트 이탈리아 국가 수상은 이것이 교황권을 약화시키는 절호의 기회임을 알고 모르타라를 부모에게 돌려보내겠다고 약속했다.[80] 미국과 영국의 가톨릭 신자들도 모르타라 사건을 비난했다. 비오 9세는 그런 외침을 **"자유 사상가들, 곧 루소와 맬더스의 제자들"**의 음모라고 일축하고 말았다.[81] 후에 유대인에 대해 가끔 사용되는 언급에서 비오 9세는 비평가들을 **"개들"**로 책망했으며 로마에는 그런 자들이 너무 많다고 불평했다.[82]

로마의 유대인 사절단이 비오 9세를 방문해 모르타라의 석방을 탄원했을 때 교황은 벌컥 화를 내며 그들이 교황권에 반하는 대중 감정을 불러일으키고 있다고 비난했다. 로스차일드가로부터의 개인적 탄원도 응답되지 않았다. 「라 시빌타 가톨리카」(*La Civilta Cattolica*)는 유대인이 기독교도 아이들을 죽여 그 피를 예식에 사용했다는 널리 유포된 믿음을 키웠다.

이 신문은 동유럽 유대인이 아이를 유괴해 십자가형에 처했다고 보도했다., 유괴된 아이의 부모가 아이를 되돌려 받으려는 이유는 가톨릭 신자인 아이를 고문할 수 있기 때문이라고 추정했다.[83] 그 신문은 에드가르도가 로마에서 지낸 초기 몇 개월간의 이야기를 실었다. 여기서 **"아이가 크리스천 가정에서 양육받기를 간청했다"**고 말했으며, 어떤 강압 없이 아이는 **"나는 세례를 받았고 내 아버지는 교황이다"**라고 말했다고 주장했다.[84]

안토넬리는 그 격렬한 논쟁이 사업적으로 도움이 안 된다는 사실을 깨달았다. 신자들이 내는 기부금이 국제적인 분노로 인해 크게 감소했다. 그는 교황에게 재고를 요청했지만, 교황은 미동도 하지 않았다. 교황은 교황청 총리에게 이렇게 말했다.

복된 성모는 내 편이다.[85]

교회가 소년을 맡아 둔 것 때문에 교회에서 멀어져 돈을 내려 하지 않는 사람들에 관해 비오는 그런 문제를 바로잡는 것이 안토넬리의 임무라고 말했다.[86] * [87]

하지만, 교황이 자신의 세속 권력의 한계를 시험하기에는 나쁜 시기였다. 비록 프랑스가 비오를 로마로 돌아가게 했지만, 민족주의자들은 이탈리아를 통일하려는 자신들의 주장을 포기하지 않았다.

1859년, 유혈 내란 사태의 새로운 기운이 이탈리아 반도 전역에 일어났다. 불안정이 지속되자 베드로성당이 곤경에 처했다. 나폴레옹의 군대가 사르디니아 민병대와 합세해서 오스트리아 군과 싸웠고, 곧 온 이탈리아가 내란에 휩싸였다.

합스부르크 왕가는 결국 롬바르디를 잃었다. 부르봉 왕가는 나폴리 지배권을 내어주어야 했고, 베니스와 사르디니아는 초기의 통일된 이탈리아 공화국으로 넘어갔다. **1861년**, 민족주의 군대는 교황령 대부분을 합병했다. 교황은 이제 세속적으로는 오직 로마만의 왕일 뿐이었다.

안토넬리는 비오 9세에게 바티칸의 투자를 자유화하도록 간청했다. 교황령의 소득을 잃어버린 교회는 교황의 관할권과 교황청(Curia)을 축소하거나, 아니면 더 많은 현금을 얻기 위한 새로운 방법을 찾아야 했다. 그가 전년도에 그랬던 것처럼 바티칸 **"채권"**을 승인하는 것이 가장 첫 번째 단계라고 교황에게 말했다. 안토넬리는 한 동료에게, 비오가 "성령과 상의하지 않는" 만큼 자신에게 금융에 대한 자율권을 더 많이 줄 것으로 생각했다고 털어놓았다.[88]

■ 유론표

비오 9세가 1864년 후반기에 **"현재의 오류를 정죄하며,"** 이에 부속된 **"유론표"**(謬論表: Syllabus of Errors)라는 회칙에서 답변을 제시했다.

그러나, 유론표가 큰 소동을 초래했다.[89] 이것은 전직 교황들의 칙령에 의거한 것으로, 현대 삶에 대한 80개의 명제를 고발하는 것이었다.

고발 항목에는 언론의 자유, 이혼의 자유, 정당한 정부에 대한 반역권, 가톨릭 이외의 종교를 믿을 수 있는 선택권이 포함되어 있었다. 유론표는 언론, 양심, 출판의 자유, 물질주의, 과학, 자유주의, 민주주의를 개탄했다. 이 80개 항목의 선언은 어떤 **"로마 교황도 이런 역사 진행이나 최근의 문명화에 조화를 맞추어야 할"** 이유가 없다는 내용이었다.[90]

유론표는 가차 없이 근대 세계를 폭넓게 정죄하는 것이었고, 로마교회가 지나간 세기의 기준을 좇았기에 번영할 수 있었다는 관념을 고집스럽게 붙들고 있었다.[91] 비오 9세가 교회 역사를 그의 대다수 전임자보다 더 잘 이해하고 있있기 때문에 강경한 기조가 특별히 놀랍다. 어떤 자들은 비오가 교황 재직 초기에 보여주었던 개혁주의자 성향으로 돌아서기를 바랐다.

그러나, 유론표는 그런 기대를 깨뜨려 버렸다. 안토넬리는 교회의 생각과 양심의 자유에 대한 맹렬한 비난에 서구 정부들이 어안이 벙벙했음을 알았다.[92] 개인적으로 그는 비오의 반지성적인 혹평을 잘 해명하려 했다.[93]

하지만, 유대인 어린이 유괴는 교황의 도덕적 기준을 무너뜨렸고, 유론표는 그의 지성적 진실성을 약화시켰다. 이탈리아 대학생들은 시위 중에 사본들을 불태웠다. 소수의 사제들이 유론표를 언급하며 성직 사회를 떠났다. 세속 신문사는 이를 쓰레기 취급했다.

비오 9세는 어린이 유괴에 관한 모든 비평을 무시했다. 그는 유론표가 중대한 발표이고 이에 대한 공격은 자신만이 이 교회를 이끌 수 있도록 신성하게 선택받았다는 그의 생각을 강화할 뿐이라고 자랑했다. 결국 폭발하는 내부 불만을 해소하기 위해, 그는 **1869년**에 모든 주교과 추기경을 로마로 소환하여 합리주의에 반대하는 교회의 역할에 대해 토론하도록 했다.여기에 992명이 참여했다.[94]

제1차 바티칸공의회는 음향적으로 두려운 느낌이 나는 베드로성당에서 개최되어, 원래 주제 대신 교황의 권위가 제한이 있는가라는 주제에 초점을 맞추었다. 7개월 동안의 시끌벅적한 토론 후 대다수의 주교는 믿음에 관한 모든 문제에 대해 교황이 일방적으로 무오류성을 적용할 수 있다는 선언에 찬성하고 말았다.[95]

하지만, 비오의 측근들은 경축할 시간이 없었다. 무오류성 투표 다음날, 프랑스는 프러시아에 선전포고를 했다.[96] 전쟁은 나폴레옹이 그의 주둔군을 철수하고 로마를 무방비한 채로 놓아두려는 그럴듯한 평계였다.[97] 비오는 다른 가톨릭 국가들에 도움을 요청했지만 허사였다. 누구도 돕지 않았다.

지도자들은 어린이 유괴 사건에 놀랐고, 교황이 방해꾼임을 확신하게 되었기 때문이다. 어느 누구도 현대 사회와는 도저히 맞지 않는 교황을 구하기 위해 군대의 목숨을 담보하려 들지 않았다.

바티칸은 이제 교황경보병대(Zuavi Pontifici)의 보호를 받고 있었다. 이들은 24개국 이상의 나라들에서 온 수천의 젊은 미혼 가톨릭 신자로 구성된 지원병들이었다. 누구도 이 오합지졸의 군대가 계속되는 공격을 감당할 수 있으리라 생각하지 않았다. 이탈리아 왕은 사절을 보내 로마교회가 치욕적인 군사적 패배에서 벗어날 수 있는 길을 제안했다. 교황을 보호한다는 명목으로 민족주의 군대가 로마를 장악하겠다는 것이었다.

민족주의자들은 교황권을 인정하고, 대사를 보내고 받는 바티칸의 권리를 허락하겠다고 제안했다. 심지어 교회가 교황령 상실로 인한 손실을 상쇄할 얼마 간의 돈을 지불하겠다고도 했다. 비오는 어느 것도 들으려 하지 않았다. 대신 악의적인 폭언을 쏟아냈다. 왕의 사절은 너무 놀라 황급히 물러가는 중 문 대신에 삼층의 유리창을 통해 걸어 나갈 뻔했다.[98]

교황이 묵살하자, 이탈리아 군대는 로마 외각에 진을 쳤다. 비오는 자신이 로마에 있는 동안은, 이탈리아 군대가 절대로 감히 로마 곧 성스런 도시를 공격할 수 없으리라는 착각에서 벗어나지 못했다.[99] 민족주의 군대가 로마의 외곽지역에 주둔하자, 교황은 자신의 주둔군에게 "독사들"에 저항하도록 명했다.[100] 로마는 하루 만에 함락되었다.

교황은 9월 20일, 아침 9시에 베드로성당 위에 흰색 기를 올리도록 했다. 천 년 동안 처음으로 교회는 주권적 권좌를 갖지 못했다. 1만 6천 평방 마일의 봉건 제국은 조그만 땅으로 줄어들었다.

충격을 완화하기 위해, 새 공화정은 교황에게 사자 도시(Leonine City)를 제안했다. 이는 9세기에 교황 레오 4세가 사자 성벽으로 둘러싼 로마의 큰 구역이었다. 하지만 비오는 어떤 것에라도 동의한다면, 왕국에 대한 이탈리아 지배의 합법성을 스스로 승인하는 꼴이 될 것을 염려했다.

소수의 추기경과 예수회의 대부(Father Superior)는 도망쳐서 망명 교황청을 세우라고 교황에게 충고했다. 안토넬리는 로마를 포기하지 말라고 충고했다.[101] 비오에게는 어떤 설득도 필요없었다. 그는 곧 거절했다. 게타에서의 망명은 너무 불안했다. 그는 78세나 되었기 때문에 이탈리아를 떠나기에는 너무 늦었다고 느꼈다. 그는 다른 복안을 가지고 있었다.

이탈리아 관리들이 교황에게 원하면 자유롭게 출입할 수 있다고 확약했지만, 그는 자신이 **"바티칸의 죄수"** 곧 제물된 교황이라고 선언하고 베드로성당 안에서 문을 닫은 채 머물렀다.[102]

그는 로마의 정복 과정에서 주요 역할을 했던 자들을 파문했다. 새 정부가 16세기에 지은 교황의 여름 궁전인 퀴리날궁으로 들어가고자 했을 때 열쇠를 건네주기를 거절하며 화를 냈다.[103]

비오와 보좌관들이 매번 격하게 주장한 것은 이탈리아의 통일은 로마교회에는 파멸이었다는 것이다. 할 수 있는 일이 없었기 때문에 그들은 크게 좌절했다. 안토넬리가 두려워했던 것처럼, 로마의 점령은 바티칸의 명성에 단순한 타격 이상이었다. 교황령은 바티칸의 가장 부유한 지역과 인구 대다수를 포함했다.[104] 안토넬리는 그 손실로 인해 교회가 약 2천만 리라의 빚을 안고 파산할 지경이라는 사실을 알았다.[105] 안토넬리가 비밀리에 이탈리아 귀족인 알베르토 브랑크(Alberto Blanc)를 만나지 않았다면 상황은 더욱 악화되었을 것이다. 그의 노력으로 인해 이탈리아 정부는 5백만 리라 상당을 교황에게 반환해야 했다. 이것은 정부가 압수한 은행 구좌에 든 전체 금액이었다.[106]

비오는 나쁜 재정 상황을 인식하지 못한 듯했다.*[107] 그는 이탈리아 군대가 바티칸 자체를 몰수할지 모른다는 가상의 위협에 대응하기 위해 용병을 두려 했지만 돈이 없었다.[108], 호화로운 교황 왕국의 광경을 보전하는 것이 중요하다고 생각했다. 비오는 노동자들의 해고를 거절했다. 바티칸에 대한 충성으로 사임한 자들 뿐만 아니라 새 이탈리아 정부가 파면된 관리들을 위한 급여와 연금지불을 주장했다. 일 년도 안 되어 교회 예산의 15%가 교황령의 전직 종업원의 임금으로 나갔다.[109]

■ 베드로성금

안토넬리는 또다른 대출로 돈을 충당하기에는 너무 오래 걸릴 것임을 알았다. 많은 논의를 거친 후, 비오와 보좌관들은 예상치 못한 해결책을 내놓았다. 즉, 베드로성금(Peter's Pence)의 재점화였다. **신자들로부터의 헌금**(이탈리아어로 Obolo di San Pietro)은 기금 모집의 한 방식으로, 영국의 색슨 지역에서 이미 천 년 전에 유행했으나 헨리 8세가 금지한 방식이었다.

베드로성금은 기부금으로 시작되었으나 시간을 두고 확대되어 충실한 가톨릭 신자가 지불한 수수료, 즉 결혼, 장례, 견진성사와 같은 사역에 대한 수수료를 포함했다.[110] 십자군 당시에 부과되었던 특별세도 베드로성금의 일환으로 기록되었다.[111]

바티칸은 시절이 좋을 때는 베드로성금으로부터 모은 돈을 특별비 용도로만 책정하기도 했다.[112] 이제 매일의 경상비를 지불할 필요가 있었다. 가톨릭 신문들, 지방 교회들 유럽, 남미, 미국에 걸친 가톨릭 정치가들은 교황을 위한 긴급 구제를 탄원했다. 비오는 살아남기 위해 돈이 필요했고, 교회 역시 자신이 갖고 있는 작은 것이나마 보호하기 위해 전문 군대가 필요했다. 현금이 쏟아져 들어왔다.

오스트리아 대공 맥시밀리안(Maximilian)과 프랑스 귀족 대부분이 흔쾌히 헌금했다. 빈자와 무교육자들에게는 이탈리아 취조관들이 감옥 벽에다 교황을 족쇄로 채웠다는 이야기를 퍼뜨리는 것으로 기부금을 대신하게 했다.

한 사기꾼이 감옥 바닥에서 나온 '**거룩한 지프라기**'의 샘플이라며 있지도 않는 것을 팔기까지 했다.[113] 다양한 나라의 가톨릭 신자들은 누가 가장 많이 돈을 모금할 수 있는지 서로 경쟁했다.[114]

베드로성금의 부활은 일반 가톨릭 신자가 개별적으로 **"감옥에 갇힌"** 교황을 도울 수 있는 것처럼 느끼게 한 첫 번째 사건이었다. 비오는 인기있는 기금을 모금하는데 익숙하지 않은 방편을 채택했다. 그리하여, 가장 많은 모집 금액을 발표할 수 있었다. 사진의 등장 덕분에 주요 기부자들은 서명된 사진을 받을 수 있었다. 그는 액자화된 글씨들, 개인적 기도문, 귀족과 기사들에 대한 교황청 직위들을 나누어 주었다. 주미 이탈리아 대사는 다음처럼 기록했다.

미국에서는 귀족이 없기 때문에, 미국인들은 이런 아첨 형식에 민감했다.[115]

피츠버그의 개신교도 멜론 가족은 교황청 후작직을 얻기 위해 거액의 헌금을 했다. 안토넬리는 여전히 신자들이 꾸준히 많은 돈을 보내 줄 것이라는 소망만으로 로마교회의 재정을 채우는 것은 현명하지 않다고 생각했다. 베드로성금이 재정된 후 첫 삼 년 동안 연간 기부소득액은 교회의 연간 적자 가운데 평균적으로 4개월분을 충당했을 뿐이다.[116]

안토넬리의 구상 중 또다른 하나는 유럽의 주교들이 가톨릭 신자들에게 별도의 기부를 하도록 청원하는 것이었다. 이는 상환 기부금으로 불리며, 바티칸의 채무를 갚기 위한 것이었다. 안툰의 주교는 회중들에게 다음처럼 확약했다.

교황은 좋은 리스크이다.[117]

로마에서 가톨릭 금융업자들은 교황에게 돈 모금을 제안하도록 더욱 열을 올렸다. 비오는 베드로성금을 보충하는 것이 범세계적 복권이란 이유로 거절했고, 자본주의와 도박의 위험한 혼합물로 판단했다.[118] 전 유럽에 걸쳐 있는 기존 교황청 부동산을 자본화하면 더 많은 수익을 창출하는 지렛대가 될 것이라는 생각에 "아니오"라고 말했다. 비오는 그것이 사업 투기를 금하는 가톨릭 교리에 반한다고 생각했다.

자본주의에 대한 바티칸의 일부 저항은 중세 이데올로기의 잔재였다. 이는 교회만이 하나님으로부터 맘몬, 곧 탐욕의 사탄과 싸우는 권한을 위임받았다는 믿음이었다. 어떤 교리, 예컨대 대부 투자된 돈에 대해 이자를 받는 고리대금의 금지는 문자적인 성경 해석에 기초했다.[119] * [120]

비오는 특히 자본주의를 싫어했다. 세속 운동가들이 이것을 국가와 통합된 교회로부터 교회를 분리시키기 위한 도구로 이용하고 있다고 생각했다. 어떤 나라에서는 바티칸이 명명한 "자본주의적 부르주아 계급"이 공공의 목적을 이유로 심지어 교회 땅조차 몰수했다.[121]

앞서가는 가톨릭 은행가 앙드레 랑그랑-뒤몽소가 **1870년**에 과도한 부채를 이기지 못하고 파산하자 교황은 자유시장 개념은 위험한 것이라는 생각을 더욱 확신했다.[122]

변화에 대한 저항의 이면에는 자본주의는 대부분 유대인의 소관이라는 교회의 전통적인 견해가 있었다. 「**라 시빌타 가톨리카**」(*La Civilta Catolica*)는 정기적으로 금융 사업을 악한 유대인의 영역이라 비난했다. 다음은 이에 대한 대표적인 견해이다.

> 국제적인 유대인은 거대한 문어처럼 그 대형 촉수들로 모든 것을 삼키는 민족이다. 은행이란 위장(stomachs)을 가지고 있으며 … 그 빨판은 도처에 있다. … 그들은 자본의 왕국을 대표하며, 금의 귀족사회이다. … 그들은 반대받지 않고 지배한다.[123]

뿌리 깊은 반유대주의와 함께 저변에 흐르는 것은 통렬한 반개신교였다. 개신교인들이 자본주의적 원리를 촉진하지는 않았으나, 루터와 칼빈의 어떤 교리들은 전체적으로 자본주의 모습을 보이는 행위들을 수용했다. 개신교인들은 부동산의 개인 소유와 이윤 추구의 권리를 포용했다. 돈의 차용과 대출 이로 인한 이자 수익을 허락했다.

독일 사회학자 막스 베버(Max Weber)는 북유럽의 자본주의 대두가 청교도 기독교의 신앙 신조에서 나온 결과라고 주장했다.

베버는 칼빈주의와 감리주의의 성장이 어떻게 북유럽에서 자본주의 발흥과 궤를 같이 하는가 추적했다.[124]

개신교인들은 노동자들이 좋은 급여의 일자리를 찾아야 한다고 격려하고, 고용주들이 더 나은 근로조건을 제공하도록 노력해야 한다고 주장했다.[125] 그들은 이윤을 목적으로 벤처 기업에 투자했으며, 그런 수익을 더 많은 투자를 위해 사용했다.[126]

가톨릭 신학은 반대로 개인의 권리들을 축소됐다. 노동자들이 낮은 급여를 받고 일하는 것을 동료 신앙인과 교회의 공동선에 기여하는 것으로 생각해야 한다고 주장했다. 바티칸의 전통주의자들은 개신교 나라에서 자리잡고 있었던 자본주의를 비난했다.[127]

하지만, 자본주의는 하나의 금융철학일 뿐이다. 19세기 많은 교회 철학자들의 기초적인 연구 중 상당 부분은 과연 바티칸이 근대 세계의 일부가 될 수 있는가였다. 내부 논의는 뜨거웠고 오래 갔다. 비오는 전통주의자 진영을 이끌었다.

그러나, **1871년**에 새롭게 발생한 일시적 위기가 분열된 주장을 덮어버렸다. 5월 대다수 이탈리아 가톨릭 인구의 압력으로 인해, 의견이 분리된 의회가 '교황청 보장법'(The Law of Papal Guarantees)을 통과시켰다.[128]

이 법은 교황을 하나의 **"주권적인 최고 사제직"**으로 인정하여 그에게 이탈리아 국왕과 같은 동일한 특권을 허락했다.

또한, 바티칸과 교황의 여름별장에 특별한 지위를 확대했으며, 바티칸 사절들에게 면책특권과 명예를 허락했다.

또한, 이 법은 모든 교회 자산을 과세 대상에서 제외했으며, 별도로 3백2십2만5천 리라의 연간 보조금을 책정하여 교황령의 상실로 인한 손실보전금으로 했다.[129]

교황은 이 법을 싫어하여, 보좌관들에게 자신을 오직 **"왕궁"**만을 가진 벌거벗은 왕으로 두는 것은 염치 없는 짓이라고 말했다.[130] 그의 주장은, 이것은 대등한 동반자들 간의 조약이 아니며 미래의 의회가 이를 무효화 할 수 있는 일방적인 행위였다.

비오는 이 법을 거부하는 교황 회칙의 초안을 급히 발표했다. 대신에 이탈리아는 교황**령을 바티칸으로 다시 귀속시켜야 한다는 주장을 반복했다.**[131] 그는 **"사악함"**이 진행 중이고, 그 보장은 **"불경스러운"** 것이며, **"이 법을 제안한 정부는 그들의 부조리, 교활함 조롱거리로 인해 낙인찍혔다"**고 신자들에게 경고했다.[132]

교황은 더 많은 이탈리아 관리들을 적그리스도라 칭하며 파문했고, 심지어 매년 지급되는 보조금마저 거절했다.

그러나, 이 돈은 교회에 절대적으로 필요했고, 이를 위해 안토넬리가 부지런히 로비를 했다.[133]

이탈리아는 로마교회에 압력을 가했다. 수십 개의 수도원과 수녀원을 장악했고 그것들을 정부 사무실로 바꾸어 버렸다.

1874년, 이탈리아는 학교 내에서 강제적인 종교 수업을 금지시켰고, 성직자의 군 복무 면제를 폐지했으며, 법정에서의 종교 맹세를 없앴다.

바티칸을 더 화나게 한 것은 정부가 민간인 혼례를 인정한 것이었다. 이것은 모든 교황이 오직 가톨릭교회만이 그 권위를 갖는다고 주장하는 제도였다.[134]

비오가 더 많은 비난조로 혹평할 때마다 정부는 더욱 엄격한 규제 입법으로 대응했다. 그가 정부 장관들 모두를 **"지옥의 괴물"**로부터 시작해 **"인간 탈을 쓴 사탄의 졸개들"**로 폄하했기 때문이다.

1876년, 의회는 고작 몇 개의 표가 모자라 성직자 남용에 관한 규정을 통과시키지 못했다. 이 규정은 강단에서의 모든 정치적 발언을 금지하고, 고해성사의 불가침적인 비밀주의를 없애려고 시도했다.

여전히 비오는 이탈리아 정부의 승인을 거절했다.

또한, 가톨릭 신자들이 국가적 선거에서 투표하는 것을 허락하지 않았다. 투표 결과는 가톨릭 반대 세력이 없었기 때문에 대부분의 반가톨릭 정치인이 당선되었다.

1878년, 비오가 32년의 재위 후 85세로 죽을 때까지, 독실한 가톨릭 신자들은 그를 타협하지 않는 교황으로 추앙했다.

그러나, 대부분의 이탈리아 지도자들은 그를 매도했다. 심지어 그의 장례식에서 소란을 일으켰다. 수십만 명이 그의 장례를 보기 위해 나왔다. 군중 가운데 어떤 자들이 그 관을 탈취해 티버강으로 던져버리려는 것을 육군이 강제적으로 막기도 했다.[135]

스파이들이 바티칸에 침투했다. 그들은 강경파 고위 성직자들이 **"로마 정복"** 반대를 위해 새로운 교황 선출을 위한 추기경 비밀회의(콘클라베: Conclave)를 거부할 것이라고 말했다고 보고했다. 관리들은 만일 다른 나라에서 회의가 열린다면, 첫 번째 비이탈리아 출신 교황의 선출로 이어질 수 있다고 안달했다. 그런 교황은 비오보다 더 강경하게 교황령에 대한 이탈리아의 주권 주장에 도전할 것이라고 예상했기 때문이다.

    이탈리아는 고위 추기경들에게 메시지를 보냈다. 정부가 교황선출회의에 간섭하지 않을 것을 보장하지만, 만일 추기경들이 다른 곳에서 회의를 열면 그들이 다시는 로마에서 모일 수 없을 것이란 내용이었다. 성직자들은 '영원한 도시' 로마에 머물기로 결정했다.[136]

제3장

검은 귀족들의 등장

비오의 후임으로 페루기아의 추기경 빈센쪼 지오아키노 페치(Vincenzo Gioacchino Pecci)가 레오 13세의 이름을 얻었다. 68세의 레오는 비오의 성마르고 가끔은 활화산같은 카리스마는 있지 않았다. 그의 오랜 자문단도 그를 매우 밋밋한 자로 여겼다. 어떤 내부자들은 레오가 콘클라베의 세 번째 투표에서 이겼을 것이라고 추정했다.

왜냐하면, 그는 불같은 성격을 가진 전임자와 반대였기 때문이다. 다른 사람들은 미봉책으로 선택했다고 생각했다. 건강 악화로 교황직에 오래 있을 것 같지 않다는 소문 때문이었다. 레오 자신도 선출되었을 때 자신은 교황권에 대한 압력을 다루기에는 너무 늙고 연약하다고 단언했다.[1]

추기경으로서 그는 온건 보수 성향의 전통주의자라는 명성을 얻었다. 레오는 귀족이라 주장할 만한 중상류 계급의 가정에서 태어났다. 그가 비오 같이 위풍당당함을 뽐내는 취향을 가졌는가에 대해 초기에는 혼란의 여지를 주었다. 그는 보좌실 옆에 붙은 전통적인 교황의 거처를 너무 크다고 여긴 최초의 교황이었다. 대신 동굴같은 검소한 땅바닥으로 된 방에서 잠을 잤다.[2]

하지만, 그도 역시 세속의 관리들을 포함한 모든 방문객들은 접견시에 무릎을 꿇어야 한다고 주장했다. 심지어 고위 성직자들도 자신에게 말을 걸 때는 앉는 것이 금지되었다.[3]

레오는 오래지 않아 비오가 바티칸에 약 3천만 리라를 기증했음을 알았다. 부자 가문 출신의 교황들은 개인 재산을 교회에 자주 기증했다.[4] 금, 은행 예금, 불행히도 수취불능의 차용 증서들로 되어있었다. 그 결과, 비오의 유산이 교회의 금융 적자를 줄이지는 못했다. 레오는 4천 5백만 리라의 적자를 떠안았다. 비록 베드로성금으로 10년 동안 많은 경상비가 지불됐지만, 비용을 줄이거나 큰 빚을 줄이기 위한 조치는 없었다.[5]

더욱 놀라운 것은 그 혼란이 난공불락의 고(故) 국무총리 겸 재무장관 지아코모 안토넬리의 잘못으로 보였다는 점이다.[6] 그는 비오보다 2년 앞서 죽었다. 이제야 레오는 추기경 안토넬리가 만든 무규제 자율성의 암울한 결과를 깨닫게 되었다. 안토넬리는 바티칸의 자산이 폭락할 동안 엄청난 개인적 부를 축적해왔다. 그는 자신의 중산층 가문을 귀족으로 만들었고, 그의 네 형제는 교황 백작이 되었다.

그중 하나인 루이기(Luigi)는 교황철도청 관리자였다. 그레고리오(Gregorio)는 바티칸 밖에서 교회 일을 거들었고, 그의 형 필립보(Filippo)는 재정비된 국가 소유의 로마나은행(Banca Romana), 곧 수도 로마의 최초 저축은행의 총독으로 지명된 후 상당한 재산을 모았다.[7] 안토넬리는 검은 귀족들 중에 60가문의 대부분을 자기 형의 은행에 보냈다.[8]

검은 귀족(사보이 왕가 군대로 교황령과 교황권을 전복시킨 귀족 가문)들은 귀족 가톨릭 신자들로 **1870년**에 이탈리아 군대가 로마를 점령했을 때 교황 비오에게 충성했던 자들이었다. 안토넬리의 죽음으로 이탈리아 귀족들과 사업가들은 베드로성금을 보수적인 기업들에 투자해야 한다는 자신들의 청원을 그가 묵살했음을 알았다.[9] 대신에 그는 교황대사들의 조직을 이용해 신자들이 기부한 귀중한 수집품들을 팔아치웠고 이탈리아 밖으로 돈을 몰래 빼돌렸다.[10]

안토넬리의 마지막 유언은 대부분의 자산인 약 6십 2만 3천 금 프랑화를 자신의 형제들과 조카들에게 남겨주는 것이었다. 어떤 보석은 바티칸박물관에 기증되었고, 교황에게는 자기 책상의 십자가상만을 남겨주었다.[11]

가장 치명적인 일격은 젊은 백작 부인 로레타 람베르티니(Loreta Lambertini)가 자신이 추기경의 혼외 자식이며 자신 역시 그가 모은 부동산, 궁전, 금에 관한 지분을 갖고 있다고 주장한 일이었다.[12]

레오는 로마교회의 빈혈 상태의 대차 대조표를 개선하기 위해 대담한 조치를 취할 필요를 강하게 느꼈다. 오래지 않아 비록 제한적이지만, 그는 교회의 첫 번째 이자 목적 대출을 승인했다.

교황은 곧 단순히 규칙을 변경하는 것으로는 성공하지 못한다는 사실을 알게 되었다. 그의 순진한 고문 성직자들은 금융 훈련을 받은 바가 없는 관계로, 교회가 발행한 일회

차 대출에 대한 담보물을 주장하지 않았다. 대신에 그들은 자신들의 결정을 돈을 차용하는 빈궁한 귀족의 이름에만 의존했다. 레오 집권 첫해에 대출금 중 1백만 리라 이상이 무익 자산으로 손실 처리되었다.[13]

이 나쁜 결과는 교황이 대부의 기본 지식에 몰두하게 했다. 그는 앞으로 나아가기 위해서 모든 대출을 재검해야 한다고 주장했다. 베드로성금을 간청했고, 순례자들로부터 현금을 모으면서 모든 부동산 거래에 관한 최종 승인권을 가졌다.

레오의 보좌관들은 세세한 관리가 불필요하고, 계속적인 간섭은 시간 낭비라고 간주했다. 하지만 레오는 그들이 무능하다고 생각해 더 많은 권한을 주지 않았으며, 도적질에 대해서도 걱정했다. 자신의 큰 침실방에 있는 대형 가방에 교회가 가진 대부분의 여분의 현금, 보석, 금을 보관했다.[14]

교황은 프리메이슨과 싸우는 것에 전념하는 작은 신문사를 인수하려 했다.[15] 하지만, 거래가 성사되기 전에 그 제안을 했던 가톨릭은행과 금융업자들이 파산했다. 이로 인해 교황은 모험적인 사업에 교회의 돈을 투자하는 것보다 부동산에 투자하는 것이 더 안전하다고 확신하게 되었다.

1880년대부터 시작하여 대부분의 베드로성금을 조용한 파트너십을 통해 로마부동산에 투자하도록 명했다. 레오는 대규모의 투기적인 건축 열기의 초기 단계에 편승했다.[16] 천정부지의 부동산 가격은 엄청난 이윤을 낳았다. 많은 검은 귀족도 그들 자신의 돈을 로마교회가 택했던 동일한 프로젝트에 투자하는 것만으로도 부자가 되었다.[17] 그들 중 소수가 자신들의 부를 이용해 신생 로마은행(Banco di Roma)에 돈을 댔다.[18] 그런 후 그들은 위험을 회피하는 교황이 그 은행에 상당한 투자를 할 것이라 확신했다.

바티칸도 은행의 선도를 따라 로마의 수레(trolley, 트롤리) 조직의 지분을 샀다.

또한, 식수를 수도 로마에 공급하는 영국 소유 회사에 대한 지배권을 행사하는 주식을 샀다.[19] 당연히 이탈리아 귀족들이 교회로부터 대출받을 때 자주 로마은행의 주식을 담보물로 제공했으며, 그 결과 교회와 은행은 더욱 결속되게 했다.

레오는 로마교회와 이탈리아 간의 악화일로의 정치적 소용돌이를 가라앉히는 일보다 교회의 재정을 안정화시키는 것에 더욱 성공적이었다. 이후의 좌파적이고 반가톨릭적인 정부는 바티칸에 적대적인 법들을 통과시킴으로써 세속 정부에 대한 레오의 불신을 높이고 말았다.

어떤 규정은 이탈리아 농부들이 바티칸에 십일조를 내는 의무를 폐기했다. 또 다른 규정은 교회 자산의 몰수를 합법화했다. 교회와 정부 간의 긴장은 매우 격렬해져 레오는 로마를 포기하고 프랑스에서 망명 교회를 관할하려고 결정할 정도였다.

하지만, 8년 전에 추기경들이 콘클라베를 로마로부터 옮기려다가 경고를 받았던 때처럼, 내부 정보자들이 레오의 계획을 관리들에게 귀띔해주었다. 이탈리아는 교황에게 최후통첩을 보냈다. 즉 그가 떠나면 다시는 돌아올 수 없다는 것이었다. 레오와 그 참모들은 그대로 머물렀다. 세속 스파이들이 교황청에 잠입했다는 사실은 교황청 내에 커다란 염려를 낳았다. 레오는 오래된 성직 참모들의 아주 작은 그룹에 대해서도 권한을 강화했다.[20]

로마에 머물기로 한 결정은 교황이 처음으로 **1887년**의 큰 자산 붕괴를 목격하는 계기가 되었다. 바티칸의 주요 투자가인 로마은행이 커다란 손실을 입었다. 교회 자체가 크게 손상을 입어, 1년 내 자본금의 1/3 가량을 잃어버렸다.[21]

레오는 그 폭락에 대한 어떠한 책임도 지지 않았다.

엔리코 폴치 경(Monsignor Enrico Folchi)이 7년 동안 바티칸의 금융 분야 수석직을 가졌던 까닭에 그가 비난을 받았다. 교황은 가차 없이 그를 해고했다.

그러나, 교황청 내의 많은 사람이 폴치는 손쉬운 희생양일 뿐이라고 여겼다.

폴치의 후임은 후에 추기경이 된 마리오 모체니 경(Monsignor Mario Mocenni)으로, 재정적 보수주의자로 명성을 가진 성직자였다.[22] 직을 맡자 바로 그는 전임자들 이상으로 현대 금융기법을 시행하고자 했다.

만일 돈이 종교를 가졌다면, 그것은 유대교일 것이다.

그러나, 다행히 돈이 종교를 갖지는 않았으니, 그 결과 모든 사람으로부터 경배받을 수 있다.[23]

모체니는 교회의 금과 현금 일부를 로스차일드가에 보내 파리에서 안전하게 지키도록 했다. 이는 비오 9세가 **1860년**에 뒤도 돌아보지 않고 관계를 끊어버린 이래, 그들이 처음으로 바티칸과 다시 엮이게 된 때였다.[24]

모체니 경은 곧 평신도 에르네스토 파첼리(Ernesto Pacelli)의 그늘에 가려졌다.*파첼리는 부동산 과열의 여파 후 로마은행의 회장이 되었다. 그는 현명하고 보수적인 청지기였다. 은행의 출혈은 중지되었고, 빠른 시일 내에 수익을 냈다. 부동산 붕괴가 마무리되자, 파첼리와 레오는 정례적으로 만나 좋은 친구관계로 발전했다. **1891년**에 이르러, 레오는 정부 스파이들에 대한 걱정에서 충분히 벗어났고, 이로 인해 파첼리가 그의 가장 신뢰받는 평신도 친구가 되었다.

파첼리는 교황청의 마키아벨리식 정치에 현명하게 대처했다. 일반적인 로마은행 대출에서 개인 기업들의 명망있는 이사직에 이르기까지 열심히 특혜를 쏟아내었다.

그 결과, 수십 명이 교황의 수행단으로 있게 했다. 은행 회장으로서, 파첼리는 많은 원로 이탈리아 정부 장관을 친구로 대했다.

그래서 그는 바티칸과 자주 전투적인 이탈리아 정부 간의 비공식적인 중재자로서 활동할 수 있었다. 한편으로는 이탈리아 관리들을 설득하여 교회에 대한 징벌적인 법률들이 통과되지 않도록 힘썼고, 또 한편으로는 레오를 확신시켜 그의 반정부적 수사학과 파문의 협박을 자제하도록 했다.

대부분의 유럽 정부는 레오가 전임자의 **유론표**로 정해진 반동적 언행과 거리를 두었다는 확신을 갖기 원했다. 그들은 교회와 정부 간의 대치에 싫증을 냈다. 교황직에 있던 초기에 레오는 작지만 유망한 조치들을 취해서 개혁가들의 기대를 높였다. 그는 바티칸의 버려진 기상대를 재개했고, 이를 운영할 사람으로 사제가 아닌 천문학자를 지명했다.

단 하나의 칙령으로 시스틴 예배당에서 수 세기 동안 노래했던 환관들을 없앴다.[25] 바티칸의 고문헌 일부를 심지어 비가톨릭신자들에게까지 공개함으로써 학자들과 역사학자들을 놀라게 했다.[26]

하지만, 레오는 비오가 만들었던 가톨릭 신자들의 이탈리아 선거 참여 금지를 재확인하여 작은 개혁들이 곧 잊혀지게 만들었다. 파첼리는 선거 참여 금지가 교회가 새 이탈리아 내에서 가질 수 있었던 영향력을 희생시켰다는 점에서 반생산적이라고 주장했다.

그러나, 레오를 설득하는 데는 실패했다. 교황은 가톨릭 신자들에게 투표를 허락하는 것이 묵시적으로 세속 정부의 합법성을 승인하는 것이 될까봐 두려웠다. 레오는 비오가 그랬던 것처럼, 교황령의 온전한 회복에 가까운 조치를 요구했다. 순진하게도 독일, 오스트리아, 프랑스가 설득되어 자신의 요청을 지원할 것이라 생각했다.

파첼리는 세속과 격리된 레오보다 훨씬 더 현실 세상의 경험을 가졌던 관계로, 그것은 비현실적이라고 말했다. 그렇지만 레오를 단념시키지는 못했다. 교황은 교황령의 회복을 국제적 문제로 비화하려 했다.

그래서 그때 이르러 소위 **"로마의 질문"**(Roman Question)을 헤이그 서방 국가 회의에서 의제로 올리려 노력했다. 10개월간의 공격적인 로비에도 바티칸은 초청장 하나 받을 수 없었다.

파첼리는 외교적 실책을 인정하고, 교회의 힘은 세속적 외교에 있는 것이 아니라, 금융의 힘과 독립에 있다고 주장했다. 교황이 자유 기업에 대해 더욱 열린 마음이 되어야 한다고 촉구했다. 여러 번의 교황 회칙에서 고삐 풀린 자본주의를 비판할 때, 교황은 처음에 저항하는 것 같았다.

하지만, 파첼리는 레오의 가장 유명한 회칙, **"새로운 것들에 대하여"**에 영향을 주었다. 이것은 사회주의와 전투적 마르크시즘의 대두를 막기 위한 미미한 노력은 결코 아니었다. 이 회칙에서 처음으로 로마교회가 자본주의의 노동자 착취를 비판했음에도, 제대로된 임금, 더 나은 근로 조건, 심지어 사업 노동 조합에 대한 권리를 지지했다. 이 회칙으로 인해 레오는 **"노동자의 교황"**이라는 별명을 얻었다.[27]

파첼리 역시 교황이 은행, 건설 회사, 공익 기업체에 적절한 투자를 하도록 요청했다. 그는 이것이 가톨릭 신자들이 편안하게 살 수 있도록 하는 필수적인 산업이기 때문에 자본주의적 행동이 아니라고 주장했다. 단순히 그 말을 믿었든 허락하기 위한 변명거리를 필요로 했든, 교황은 동의했다.[28]

20세기가 시작될 때부터, 바티칸은 이탈리아 전 지역에 44개의 작은 가톨릭 은행들을 개장했다. 가톨릭 신자들에게 그들의 소득을 예금하는 안정적인 자리를 제공할 목적이었다. 교회 소유의 그런 은행들은 신자들에게 몇가지 제한적인 대출을 실시했다.[29]

노동자의 권리를 주장하는 교황의 회칙에 발맞추어, 레오는 이탈리아의 최빈층 노동자들을 돕기 위한 국가적 조직의 사회 경제적 협력체를 만드는 관문을 열었다. 곧 가톨릭 후원의 농민 연맹, 노동자 조합, 식품 협동회가 생겼다.[30]

현대 금융 관행을 담고 있는 잠정적인 조치들로 레오는 전임자의 퇴행적인 고립과는 대비되었다.

하지만, 교황 말기에 레오는 이 과정을 뒤집고 점차로 편협해져 자신이 얻었던 선의를 모두 망치고 말았다.

어두운 18개월 동안 그는 유론표를 재확약하고, 교회와 국가의 분리에 반대하는 목소리를 내었다.

언론의 자유와 종교적 관용을 비판하고, 가톨릭을 받아들이는 자들만이 생산적일 수 있다는 토마스 아퀴나스의 중세 철학을 반복했다.[31] 그는 가톨릭 신자들이 정부 내에서 일하는 것에 대한 교황의 반대를 되돌리려는 모든 청원을 묵살했다.[32]

심지어 레오는 민주주의에 어떤 본질적 가치가 있는지에 대해도 의심했다. 소위 미국주의, 곧 가톨릭을 현대화하려는 미국에 기반을 둔 운동을 신랄하게 비난했다.[33] 한 세기가 지나는 동안 미국 내의 가톨릭 교인의 수는 3만 명에서 6백만 명 이상으로 급증했는데, 이는 주로 이탈리아인과 아일랜드인 이민 폭주 때문이었다. 신세계에는 로마 교회를 위한 위대한 약속이 있었다.

그러나, 레오와 많은 로마 성직자는 다원주의를 반대했다. 미국의 정교분리, 곧 개인의 자유 허용과 규제 없는 개별적 자본주의는 바티칸을 괴롭게 했다. 레오의 견해는 세속 국가가 각각의 단계마다 교회의 총체적 관여 없이 발전하도록 허락하는 것은 이단이라는 것이다.[34] 최상의 정부 형식은 은혜로운 군주제였다는 것이 레오의 결론이었다. 물론 이것은 당연히 교황 제국을 포함했다.[35]

교황직이 끝날 때까지 레오는 비오처럼 매사에 반동적이었다.

일부 추기경들이 임시방편 교황으로 여겼기 때문에 선출된 **"노쇠한"** 레오는 잠시만 교황직을 할 것이라는 기대와는 달리 93세인 **1903년**에 죽었다. 사반세기 동안 그는 자신을 뽑았던 다른 어느 추기경보다 오래 살았다. 바티칸 내부에서도 레오의 서거에 대해 분명히 안도감이 있었다.

그는 자신을 좋아했던 사람들에게조차, 너무 늙고 현실에서 뒤처진 자였다. 교회는 이미 몇 년 전에 새로운 세기에 들어와 있었다. 추기경들이 새 교황 선출을 위해 로마에 도착하기 시작하자, 다음 교황은 달라야 한다는 넓은 공감대가 있었다.

그러나, 어떤 자질이 가장 중요한가에 대해 아무도 일치할 수 없었다는 점이다. 그것은 활짝 열린 콘클라베를 약속했다.

제4장

국가가 아닌 단지 궁전

항상 교황의 선출은 장막 뒤의 음모와 엄청난 정치 술수를 뜻했다. 6세기까지 현직 교황이 죽기 전부터 흥정이 시작되었다. 중세 시대에는 몇몇 이탈리아 귀족 가문들이 함께 모여 먹고 마신 후 새로운 교황을 합의했다. 레오 죽음 이후의 회합은 주먹싸움, 협박, 뇌물 등으로 얼룩지지 않았다. 이런 것들은 오랫동안 몇몇 악명높은 콘클라베의 전형이었다.[1]

하지만, 가톨릭의 유럽세가 결과에 영향을 미치는 마지막 추기경 모임으로 드러났다. 프랑스, 스페인, 오스트리아는 거의 백 년 이상 유력한 거부권을 행사했다. 레오의 죽음 후, 비엔나는 교황이 될 가능성 있는 호의적 인물을 블랙리스트에 올렸다. 죽은 교황의 막강한 국무총리, 추기경 람포라 델 틴다로(Rampolla del Tindaro)였다.[2] 그들은 그가 프랑스와 너무 친밀하다고 여겼다.

이런 사정으로 베니스 추기경 주세페 사르토(Giuseppe Sarto)에게 문이 열렸다. 그의 최고 자질은 레오의 가장 인기없는 정책들과 가깝지 않아 보인다는 점이었다. 열 번의 투표 후, 그는 교황으로 등장했고 비오 10세의 이름을 택했다.[3]

새로운 비오 10세는 교황직에 오르기 전 거의 20년을 교구 사제로 봉직했다. 강경 보수, 겸손, 규범적인 자로 좋은 명성을 얻고 있었다. 오랜 보좌관들은 남들에게 그가 매우 염세주의자라고 경고했다. 비오의 교황직 모토는 **"그리스도 안에서 모든 것의 회복을"**이었다. 이것은 그가 종교적 의무들이 항상 세속적인 것들을 이긴다고 여겼음을 보여 준다.[4] 검은 귀족들은 그가 단순 노동계급 가정 출신인 첫 번째 현대 교황으로서 찬란한 교황직의 위용을 깨달을 수 없을 것이라 두려워했다. 그들의 생각은 옳았다.

비오는 자신의 친구들이나 교황청 내에서 봉직하는 자들에게 풍성한 호의와 왕의 선물을 나누어 주려 하지 않았다. 어떤 귀족이 교황의 여동생들을 교황 백작 부인으로 올려야 한다고 제안했을 때 교황은 그를 해고했다.

> 그들은 교황의 여동생들일 뿐이다. 내가 그들을 위해 무엇을 더 할 수 있느냐?[5]

다른 작은 변화들은 인기 영합주의자의 냄새를 피웠다. 처음으로 교황의 비서들이 그와 함께 식사를 했다. 그는 평신도들이 자신이 있을 때 앉아 있도록 허락했으며, 평신도들이 무릎을 꿇어야 한다는 수 세기의 오래된 명령을 바꾸었다. 교황의 신발에 입 맞춤하는 것은 더 이상 용납되지 않았다. 그는 화려한 장식의 이동 예식용 보좌(sedia gestatoria)가 자신을 어지럽게 한다고 주장했다.

비오는 자신이 베드로성당에 들어갈 때마다 모두가 환호하는 절차를 없앴다. 그는 바티칸 정원에서 산책을 할 때 귀족 경비대의 수행원들이 둘러싸는 것보다 혼자 걷는 것을 택했다.[6]

교황직에 빌붙은 돈 많은 자들의 아부를 멀리한 것 외에도, 그는 로마 교황청의 혼란스런 조직을 정비하려 시도했다. 바티칸의 관료주의는 수 세기를 거치며 비대해져 종종 불필요한 회의를 했다. 사무실과 신문사들을 소유했는데, 그들 중 상당수가 거대한 금융 낭비와 정실주의로 물들어 있었다.[7]

교회는 국제적이었지만, 교황청은 거의 전적으로 이탈리아인으로 구성되어 있었다. 외부인들에게는 답답할 정도로 복잡하고 무기력한 노동 윤리로 특징되었다.[8] 교황령의 상실 후에도 교황청은 축소 대신 확장을 하는 엉뚱한 짓을 벌였다. 비오는 교황청을 37개 부에서 19개로 축소하도록 명했다.[9]

하지만, 교황청의 개혁은 몇 가지 훈령을 발하는 것과는 달리 간단하지 않았다. 권력의 맛에 길들여진 자들은 비오가 큐리아(Curia, 교황청) 내에서 일하지 않으려 했던 첫 번째 교황들 중 하나라고 분개했다. 그들은 처음부터 대규모 조직 개편을 와해시키려고 했다.

교황들은 왔다 가지만, 우리는 영원히 간다.

이것이 큐리아 내의 비공식적 모토였다.[10] 그들의 저항은 대부분 인원 감축을 감당하려는 형식만 취했다. 직업 관료들은 자신들의 업무를 서로 맞바꾸었고 작은 부서를 큰 부서로 통합했다. 오직 내부자들만이 창문 장식으로 가린 것처럼 아무것도 바뀐 것이 없다는 사실을 알았다.[11]

교황청이 개혁되었음을 믿은 비오는 자신의 관심을 다른 데로 돌렸다. 즉 성직자와 평신도 철학자들의 자유화 운동에 관한 급증하는 인기를 차단하는 최선책이 무엇인가였다. 이 운동은 전통적인 모든 면에서 가톨릭 교리에 도전하는 것으로, 구약의 해석에서 교회가 어떻게 민주주의를 포용해야 할 것인가에 이르는 모든 분야를 다루고 있었다. 소위 현대주의자들은 교회가 스스로 새로운 세상의 변화에 적응하기를 원했기 때문에 광범위한 개혁과 자유화를 촉구했다.[12]

현대화 운동이 전환점에 이르렀을 때 레오는 아직 교황이었다. 그는 그 운동을 묵살하고 반동적인 **유론표**를 재확인했다. 이제 일부 현대주의자들은 새로운 교황에게 청원하여, 그가 좀 더 수용적이기를 소망했다.

하지만, 비오의 베니스 추기경 재임 시절을 잘 아는 자들은 그렇지 않으리라는 것을 알고 있었다. 비오는 정식 교육을 받지 않은 보수적 목회자였고, 현대주의를 조금도 동정하지 않았다.

이 사람들은 기름, 비누 포옹으로 대접 받기를 기대한다.

비오의 말이다.

그들에게 필요한 것 그들이 앞으로 얻을 것은 좋은 주먹이다.[13]

그가 그들에게 날린 "한 방"은 교황회칙인 **"분명히 개탄스러운 것"**의 발표였다. 이는 자유화 운동에 대한 장황한 비난을 담고 있었다.[14] 비오는 유럽 전역의 각 교구마다 성직위원회를 만들어 믿음의 왜곡에 대항하도록 했다. 가톨릭 역사상 처음으로 로마교회는 비밀 경찰 같은 자들을 배치하여, 내부 정보자를 통해 현대주의자들과 그들을 은밀히 지원하는 자들을 밝혀내도록 했다.[15]

무기명의 맹렬한 비난이 힘을 얻었다. 누구도 예외는 아니었다. 여러 상위 가톨릭대학의 총장들뿐만 아니라 비엔나와 파리의 추기경들이 고발되었다. 그들은 수백 명에 이르는 제거된 자 중에 속하게 되었다.

차기 교황이 되려 했던 대주교 지아코모 델라 키사(Giacomo Della Chiesa)도 **"교리적 이탈"**을 의심받아 조사를 받았다.[16]

비오는 모든 사제들이 반현대주의 선서를 하도록 요구했다. 이 선서는 교황 바오로 6세가 폐기한 **1967년**까지 존속했다.[17] 그는 어린이들이 첫 고해성사와 영성체를 받는 나이를 12세에서 7세로 낮추었다. 그것은 사제들이 현대 사고를 누릴 수 있는 젊은이를 감시하는 데 도움을 주었다.[18]

의심스런 동조자들을 찾는 것을 넘어, 강력한 탄압은 순수한 학자들에게까지 확대되었다. 무지한 비오가 그들의 작품을 의심스럽게 보았던 까닭이다. 교황에 의해 고무된 교회는 어느 때보다 공격적으로 나아가 위험하다고 생각되는 책들도 금지했다.

현대주의 학자들, 예컨대, 에르네스토 부오내우티(Ernesto Buonaiuti)와 알프레드 루이지(Alfred Loisy) 같은 인물의 저작물은 금서 목록(Index Librorum Prohibitorum)으로 지정되었다. 조지 티렐(George Tyrell)처럼 침묵하기를 거절한 작가들은 파문되었다.*[19] 교황은 바티칸의 성경위원회를 반진보적인 고위 성직자들로 채워, 주도적인 스위스와 프랑스 기관들과 대학들의 전 신학학장의 직위 유예를 권장하기도 했다.[20]

세상에 대해 그처럼 퇴보적인 견해를 가진 교황은 바티칸의 재정 자문단이 운영하는 방식을 현대화하지 못했다.[21] 교황은 파첼리에 의지했다. 파첼리는 교황에게 돈은 부족하지만 교회는 상환 능력이 있다고 말했다.

그러나, 교황의 생래적인 비관주의때문에 파첼리가 여러 번씩이나 확신시켰음에도, 교황은 돈의 부족에 관해 안달했다. 첫 해에 그는 바티칸 정원의 작은 동물원을 닫았다. 동물원을 운영하는 데 너무 많은 비용이 지출될 것을 염려했기 때문이다.

비오의 어두운 기분이 다소 누그러진 때는 교황직 초기 파첼리가 베드로성금의 기부금이 기록적이라고 알려주었을 때였다.[22] 의도하지 않게 현금이 급증한 이유는 교황이 세속주의를 가차없이 거부하고 다른 신앙을 가진 사람들과 협력하지 않았기 때문이다. 일반 가톨릭 신자들은 교황이 수준 높은 말싸움에 절대로 타협하지 않는 것을 사랑했던 것 같았다.

프랑스 수상 에밀리 콤브(Émile Combes)는 가톨릭교를 일탈하여 프리메이슨 일원이 되었다. 그는 정교분리법을 통과시키는데 중심에 선 인물이었다. 이 법은 가톨릭교를 국가의 공식 종교에서 없애는 것이었다. 비오는 교회의 가장 오랜 동맹인 프랑스와의 외교 관계를 유예함으로 대응했다.[23]

포르투갈 역시 교회와 정치를 분리하자, 비오는 포르투갈과의 관계를 끊었다. 그는 아일랜드의 가톨릭 교인들을 후원했다. 이로 인해 영국 정부는 무척 짜증이 났다. 종교 개혁에 대항하여 싸웠던 성도를 찬양하는 회칙을 발표함으로 독일 사람을 화나게 만들었고, 러시아는 자국의 가톨릭교인을 분발하도록 하는 그의 공격적 시도로 인해 발끈했다.[24] 그는 심지어 테디 루즈벨트(Teddy Roosevelt)의 알현을 거절하기도 했다.

미국의 전직 대통령이 로마 내의 감리교와 프리메이슨 집단을 방문하여 가톨릭교를 모욕했다고 생각했기 때문이다. 비오가 루즈벨트를 무시한 것을 다룬 신문 기사 덕분에 기부 열기가 다시 나타났다.[25]

현금 홍수는 구두쇠 교황을 자유롭게 만들었다. 두 교황에 걸쳐 국무총리였던 추기경 가스파리(Pietro Gasparri)가 다음처럼 말했다.

바티칸은 그 정원과 함께하므로 국가가 아니라 다만 궁전뿐이다.[26]

비록 비오가 그의 전임자들처럼 교황령을 회복하려는 비현실적인 욕망을 갖고 있었지만, 자기 느낌으로 교회는 작은 국가가 되어 더 큰 집으로 불려야 한다는 것이었다. 그는 베드로성금의 증대로 충분한 재원을 확보했다고 확신했다. 비오는 인접한 부동산을 매입하여 바티칸의 크기를 두배로 만들었다. 여기에는 이탈리아 주조창도 포함되어 있었다.

새로운 교황청성서연구원(Pontificio Istituto Biblico)을 세우기 위한 단독 건물에 당시에는 기록적인 4십만 리라가 들었다.[27] 관료주의의 정비를 포기한 후 비오는 교황청의 더 많은 사무실 공간을 위해 세 개의 로마 궁전을 더 지었다.[28]

물리적 확장은 교황이 교회의 외연을 넓히는 유일한 방법이었다. 그는 가톨릭 인구의 증가에 맞추어 이탈리아 내에 더 많은 교회 건물을 위해 수백만 리라를 사용했다.[29] **1908년** 큰 지진으로 이탈리아 일부 성읍들이 파괴되자, 비오는 희생자들을 돕는 일에 국가만큼이나 교회도 효과적임을 드러내고자 했다.[30] 성도들은 6천만 리라 이상을 추가로 헌금하여 그의 활동을 보상했다.[31]

비오는 세속 정치가들에 대해 대단한 불신을 갖고 있었다. 그런 의혹들은 이탈리아 사회주의자들이 대중의 인기를 얻음에 따라 증폭되었다. 그들은 뒤죽박죽의 이질적 집단으로, 부분적으로 칼 마르크스의 영향을 받아 농민 연맹, 노동자 협동조합, 노동조합 정치 운동가들과 느슨한 연결고리를 갖고 있었다.

많은 사람이 무정부주의자들과 연계되어 있었다. 그들의 운동은 하나님께 관심을 두지 않았으며 조직화된 종교는 전무했다.[32] 비오는 베니스의 추기경으로 있을 때 그 도시의 가톨릭 신자들을 모아 정치적 자유주의자들과 연합해 사회주의자들에 대항토록 했다.

사회주의 발흥은 교황이 된 그로 하여금 현대주의에 반대하는 고루한 생각을 최우선 정책으로 만들었다. 그는 가톨릭 신자들의 투표와 공직 후보 진출에 대한 교회의 금지를 해제했다.[33] 그 결과는 극적이었다. 가톨릭 신자들이 **1904년**과 **1909년**에 이탈리아 의회에 당선된 것이었다. **1913년**에는 많은 사람이 당선되어 사회주의자들의 이탈리아 입법부 장악을 막았다.[34]

비오는 역시 이탈리아 정부와 협력하여 로마교회가 부동산의 매매에 대한 무제한적 자유를 갖도록 했다.[35] 그 전에는 검은 귀족들의 도움으로 바티칸은 부동산과 기타 자산의 취득과 유산에 대한 복잡한 이탈리아 법들을 피할 수 있었다. 이제 비오는 로마교회가 더 이상 대리권을 통해 투자를 숨기려 하지 않도록 합의했다.[36] 사업에서의 교회의 역할에 대한 법 규제 완화로 파첼리같은 은행가들이 더욱 중요하게 되었다. 파첼리는 로마은행의 회장일뿐만 아니라 로마시의회 의원이며, 이탈리아의 몇몇 가장 성공적인 기업들의 이사회 일원이기도 했다.

파첼리는 교황청 내의 고위 성직자들과의 돈독한 관계를 만들었다. 비오는 그들을 신뢰했고, 막강한 추기경들, 예컨대 각각 국무총리요, 종교 재판의 장인 메리 델 발(Merry del Val)이나 비브스 이 투토(Vives y Tuto) 같은 자들도 그를 신뢰했다.[37] 파첼리는 비오를 설득해 로마은행에 수백만 리라를 투자함으로써 그 은행이 당시 영국의 식민지 이집트에 영업력을 확장하도록 도왔다.[38] **1913년**까지 바티칸 소득의 절반은 파첼리가 은행에 대한 대규모 지분으로 벌어들인 이자에서 나왔다.

그 은행가는 바티칸의 보유 자산을 다양화하여, 이탈리아의 가스 전기 회사들, 프랑스 은행들, 스위스 철도 회사들에 소규모 투자를 했으며, 심지어 이탈리아, 독일 스페인의 몇 가지 주식을 보유했다.[39]

파첼리는 이탈리아에서 유일한 영화 제작사의 회장이었다. 비록 교황이 새로운 영상물을 의심해서 사제들의 영화 관람을 금지하는 여러 칙령을 발표했지만, 교회 관리자 누구도 파첼리가 새로운 기술에 바티칸의 돈을 투자하는 것을 불평하지 않았다.[40]

하지만, 비오가 파첼리를 위해 하려는 일에는 제약이 있었다. 로마은행 이사들 중 한 명인 말치스 알베르토 테오돌리(Marchese Alberto Theodoli) 역시 검은 귀족이었다. 그가 비오에게 청하여 바티칸이 로스차일드가에 예치된 돈은 무엇이든 로마은행으로 이전토록 했다.

그러나, 비오는 이를 거절했다. 교황은 테오돌리와 파첼리에게 말했다. 예전의 교황들이 교회의 돈을 유대인의 금고에서 빼내어 그리스도인들의 통제하에 둘 때마다 불상사가 생겼다는 것이다.[41]

그러나, 그 정도는 경미한 의견불일치에 불과했다. **1911년** 터키로부터 리비아를 탈취하여 아프리카 제국을 확장하고자 하는 이탈리아의 침공에 대해, 그들은 큰 언쟁을 벌였다. 로마은행은 이탈리아 기업들의 컨소시엄(consortium, 큰 규모의 사업이나 투자를 할 때 여러 업체와 금융기관이 연합해 참여하는 것: 편집자 주)을 위해 돈을 제공했다. 그 기업들은 리비아의 풍부한 기름과 광물을 채취해서 리비아를 이탈리아 식민지의 "네 번째 해변가"로 바꾸려고 했다. 그 은행은 군대를 위해 제복부터 보급품까지 모든 것에 돈을 댔다.[42]

파첼리 역시 그 나라에 돈을 쏟아 부었다. 이탈리아 군부가 승리해야만 크게 번창하게 되는 투자였다.[43] 그는 비오에게 로비를 펼쳐 식민지를 위한 이탈리아의 싸움이 정당하다는 승인을 받고자 했다.

또한, 몇몇 추기경들을 설득해 그 전쟁을 기독교와 이슬람 간의 문명전으로 비준 받고자 했다.

하지만, 비오는 이를 거절했다. 그는 파첼리에게 바티칸의 오래된 입장인 중립 정책을 포기하지 않을 것이라 말했다. 비오의 주장은, 교회의 힘은 불편 부당함에 있다는 것이었다. 비오는 탄식했다.

과거에는 교황의 말 한마디면 살육이 멈추었는데, 이제 나는 힘이 없구나.[44]

그러나, 파첼리는 끈질겼다. 그는 교황에게 간청하여 리비아 파병에 대한 바티칸의 승인을 이끌어냈다. 전쟁을 앞둔 애국적 이탈리아인들이 바티칸에 엄청난 금액의 헌금을 냈다. 파첼리는 이를 두고 그 전쟁에 대한 인기의 증거이며, 교회에 대한 의도하지 않은 유익이라고 했다.[45] 파첼리는 로마은행이 리비아 투기에서 실패한다면 교회가 큰 위기에 빠질 것이라는 교황의 입장에 동조하지 않았다.[46]

결국에는 단순히 아니요(no)를 받아들이기를 거절하는 파첼리로 인해 짜증이 난 성좌(Holy See)는 그와 거리를 두기 시작했다. 파첼리는 자신이 비오의 개인 비서를 통해서만 약속을 잡을 수 있다는 것을 알고 놀랐다. 그들의 주간 회합은 취소되었다. 파첼리가 자신의 영향력을 회복하려 할수록, 비오는 더욱더 그를 멀리 밀어냈다. 교황과의 우정을 질투하고 그의 힘을 부러워했던 파첼리의 적들이 그의 성격을 두고 입소문을 내기 시작했다. 친구들이었던 주요 추기경들도 그를 도울 수가 없었다.

두 교황에 걸쳐 평신도 최고 자문관으로 20년을 보낸 파첼리는 결국 영향력을 잃었다. 이 여파가 너무 컸기 때문에 비오가 몇 년 후 죽음의 침상에 있을 때 교황의 시종도 그를 내쫓았다.

제5장

거룩하지 않는 연합

79세의 비오는 제1차 세계대전의 발발을 볼 정도로 오래 살아 **1914년 8월 20일**에 죽었다. 추기경들이 콘클라베를 위해 모이기 시작했을 즈음, 독일은 브뤼셀을 장악했고 파리에서 30마일 이내에 주둔했다. 러시아가 프러시아 동부로 진격했다. 수천 명이 전사했다. 정부의 압력과 민족주의의 자극으로, 프랑스, 독일, 오스트리아 추기경들이 로마에 도착해 다음 교황 자리를 놓고 각자 편당을 확대하고 있었다. 그들은 무슨 수를 써서라도 반대할 추기경들의 목록을 작성했다.

열 번의 증오에 찬 투표 후에도 거의 승산이 없던 볼료나의 추기경 델라 키사(Della Chiesa)가 베네딕토 15세(Benedict XV)가 되었다.[1] 많은 편당적 선택으로 인해 교착 상태에 빠진 후, 절대 다수가 독일과 오스트리아의 반대를 이기고 온건한 델라 키사에게 협력했다. 비오가 행한 현대주의자에 대한 가혹한 숙청을 오래 참아야 했던 추기경들은 자신들이 바랐던 지도자를 결정했다.

즉, 그가 전쟁 와중에 개혁주의자들을 두고 전통주의자들이 행한 내부의 신학적 싸움으로 자주 로마교회를 약화시키는 늪에 빠지는 일이 없이 교회를 지도할 수 있기를 바랐다.

체구가 작고 깡마른 제네바의 귀족인 그는 별명이 피코레토(Picoletto, 작은 자)였고, 친프랑스적인 인물일 뿐만 아니라, 추기경의 경력도 오직 3개월뿐이었다.[2]

그의 외모로 판단한다면, 베네딕토는 비오의 수그러질줄 모르는 불같은 성격을 당할 수 없는 것처럼 보였다. 어릴 때 사고로 그는 오직 한쪽 눈과 귀만 사용할 수 있었다. 그의 목소리는 고음이었고, 한쪽 어깨는 눈에 띄게 다른 쪽보다 높았으며, 절뚝거리는 절름발이며, 안색은 창백했다.

나는 로마의 미녀들 위에 있는 못생긴 괴물석상일 뿐이다.

그가 한때 자신의 모습을 두고 한 말이다.³

베네딕토는 곧장 교황직을 자기 자신의 것으로 만들기 시작했다. 가장 강력한 적수인, 영국 교육을 받은 스페인 추기경 메리 델 발(Merry del Val)을 국무총리직에서 해임시키고, 그의 책상을 깨끗이 비우도록 충분한 시간을 주었다.⁴ 파첼리를 외면했고, 역시 자신이 물려받은 다른 고위 자문단의 충고를 듣지 않았다.

새로운 출발이 베네딕토의 마음을 사로잡았다. 그가 직면한 것은 특별히 세계대전의 불확실성을 헤쳐나가면서 로마교회를 이끄는 일이었기 때문이다. 분쟁은 교회의 대차대조표를 강타했다. 전쟁국인 프랑스와 벨기에에서 베드로성금은 급락했다.⁵

1916년 이탈리아가 독일에 선전포고를 한 후 독일 가톨릭 신자들의 기부금도 흔들거렸다. 급락하는 수익으로 인한 위기는 낭비벽이 있는 베네딕토로 인해 악화되었다.⁶

베네딕토는 위풍당당한 교황권의 날을 꿈꾸었다. 그의 어떤 명령, 예컨대 평신도 가톨릭 신자들이 그의 발에 입맞춤하는 제도를 다시 도입하는 것과 누구도 교황과 함께 하는 식사를 금지하는 데에는 비용이 들지 않았다.

그러나 전임자들이 없앴던 화려한 의식(儀式)을 회복하는 데에는 큰 비용이 들었다.⁷

베네딕토가 자기보다 사업 감각이 좋을 수 없는 소수 장애인 추기경들의 잡다한 자문에 의존했기 때문에 바티칸은 그 출혈의 방지법을 알아내는데 어려움이 있었다.⁸

문제를 복잡하게 했던 것은 초인플레이션으로 인한 리라의 구매력 급락이었고, 이로 인해 교회의 고정 지출 비용이 급등했다는 점이었다.⁹ 그가 교황이 된 1년 후 베네딕토는 교황청 직원의 급여 지불에도 어려움을 겪었다.¹⁰

로마은행이 신용 경색으로 압박을 받았다. 이때 교회의 암울한 금융 상태를 알지 못한 채, 그 은행 회장이며 독실한 검은 귀족이었던 백작 칼로 산투치(Carlo Santucci)가 베네딕토에게 구제 금융을 간청했다.

산투치는 교황이 파첼로의 후임 은행장으로 직접 뽑은 자였다. 그는 재정난에 처한 베네딕토를 설득하여, 은행에 대한 교회의 지분을 보호하는 최상의 방법은 더 많은 돈을 투자하는 것이라고 했다. 바티칸은 9백만 리라를 은행에 밀어넣었고, 이로 인해 교회는 더 이상 발을 뺄 길이 없었다.[11]

그러나, 그것으로는 충분하지 않았다. 전쟁이 반쯤 지났을 때, 로마은행에 대한 바티칸의 4천 2백 5십만 리라의 지분은 1천 5백만 리라 이하의 가치로 전락되었다.[12] 교회는 여러 지방의 가톨릭 은행을 구원하기 위해 수백만 리라 이상을 잃어버렸다.

베네딕토는 이탈리아의 선도적인 가톨릭 5대 일간지들을 살리기 위한 노력이 잘못되는 불운을 겪었다.[13] 신문사들은 전쟁 중 광고주들을 잃어버렸으며, 종이와 잉크 비용이 급격히 올랐다. 신문사들은 평시에도 겨우 작은 이윤을 내는 정도였다. 전쟁은 신문사들에 약 8백만 리라의 빚을 안겨주었다. 두 신문사가 파산 지경으로 위태로웠다. 바티칸은 자기의 돈을 사용하기를 원하지 않았고, 대신 미국의 주교들에 장기, 저금리의 5십만 달러 대출을 요청했다.

하지만, 미국교회 역시 금융 압박을 받고 있었기 때문에 그 요청을 거절했다.[14] 베네딕토는 신문사를 운영하던 중심적인 금융지주사를 해산할 수밖에 없었다. 교황은 마지못해 거의 2백만 리라의 장기 대출을 승인했고, 역시 다른 검은 귀족인 백작 죠반니 그로솔리(Giovanni Grosoli)를 설득하여 그가 전에 선불했던 나머지 빚을 탕감해주도록 했다.[15]

베네딕토는 금융 면에서 뿐만 아니라 정치적으로도 더 나은 삶을 살지 못했다. 그는 여러 중재자를 통해 이탈리아가 연합국(영국, 프랑스 러시아)에 가입하는 것을 방지하고자 로비를 했다. 가톨릭 신문들은 전쟁에 개입하는 것이 이탈리아에 악영향을 준다고 주장했다.

그런 **"중립을 지키라"**는 탄원은 로마에 기반을 둔 한 독일 외교관에 의해 은밀하게 보조금을 받았다.[16]

처음에 교황은 자신이 거래를 성사시키기만 하면, 오스트리아가 이탈리아에 있는 과거 영토에 대한 주장을 포기하고, 그 대가로 이탈리아가 중립을 지킬 수 있으리라 생각했다. 그 거래는 철저히 실패했다.[17]

베네딕토는 자신에게 선택지가 없음을 알았다. 이탈리아와 오스트리아-헝가리 제국은 절체절명의 가톨릭 보루였다. 그들이 서로 싸운다는 것은 분명히 고통스러운 것이었다. 베네딕토는 드러내놓고 **"그리스도인의 피의 강물이 흐르는 이 전쟁의 극악무도한 광**

경"을 두고 괴로워했다.[18]

하지만, 동시에 오직 한쪽만이 이길 수 있다는 생각은 정신을 번쩍들게 하는 것이었다.

오스트리아의 상실은 러시아 정교를 막는 벽의 역할을 약화시킬 수 있었다. 만일 이탈리아가 연합국에 가담해서 진다면, 사회적 불안감은 나라 전역에 퍼질 것이었다. 베네딕토가 로마의 세속 정부에 대한 사랑을 갖고 있지는 않았지만, 패전 후 확산될 가능성이 큰 시민 불안이 바티칸에게 두려운 일이라는 사실은 인식했다.

베네딕토는 이탈리아가 중립을 지키도록 설득하지 못했다. **1915년**, 이탈리아는 독일에 선전 포고하고 연합국에 가입했다. 그 사실이 그가 뻔뻔하게 친독일적이라는 연합국의 생각을 바꾸지는 못했다.[19] 영국 정보부는 베네딕토가 전쟁을 위해 모금한 돈인 소위 이탈리아 전쟁 차관의 독점적 구매권을 확보했다는 것을 확인했다.[20]

또한, 연합국은 베네딕토가 독일과 오스트리아-헝가리 연맹국이 이길 것으로 믿었다는 사실을 알았다. 그의 확신은 너무 강해 바티칸이 오스트리아 주식에 상당한 투자를 하도록 승인했고, 이 결정은 결국 엄청난 손실로 돌아왔다.[21] 연합국은 바티칸이 로마 부동산의 하나를 독일에 납품하는 군수업자에 임대했음을 발견했다. 결국에 영국이 이 사실을 언론사에 흘리자, 교회는 놀란 척하고 임차인의 사업 내용에 대해 알지 못했다고 주장했다.[22]

연합국은 바티칸과 연맹국의 비밀스런 연계를 알지 못했다. 독일은 스위스 은행들을 통해 **"베드로성금"**이라는 이름으로 은밀하게 교회에 현금을 부어 주었다.[23] 독일의 외상은 별도로 선전용 비자금으로 쓰일 현금을 바티칸에 보내기도 했다.

오스트리아도 베네딕토에 은밀한 보조금을 제공했다.[24] 비밀스런 지불 외에, 독일가톨릭중앙당의 당수 에르쯔버거(Matthias Erzberger)는 독일 사업가들과 부유한 기업인들로부터 바티칸을 위한 돈을 모금했다. 교황은 에르쯔버거가 그에게 선물한 상당량의 기부금에 대만족해서, **1915년**에 특별한 선물과 교황 장식품으로 감사를 표했다.[25]

1917년 1월, 이탈리아 당국은 교황의 시종인 루돌프 게르라크 경(Monsignor Rudolf Gerlach)을 독일 간첩 혐의로 체포했다.[26] 바티칸은 그의 임박한 체포에 대한 제보를 받고 그를 이탈리아에서 스위스로 재빨리 피신시켰다. 여러 평신도 공모자들이 재판을 받게 되고 유죄가 언도되었으며, 게르라크는 결석 재판으로 유죄가 선고되어 종신형에

처해졌다.²⁷

　베네딕토는 자신이 신임한 누군가가 바티칸의 외교 행낭을 통해 비밀스런 의사 전달을 했을 뿐만 아니라 은밀한 작전을 위해 독일 출납주임으로써 활동했다는 사실 때문에 충격을 받았다.²⁸ * ²⁹

　게르라크의 사건으로 이탈리아 전역에 소문이 떠돌았다. 동맹국이 전쟁 후 교황령의 대부분을 교회에 돌려주는 비밀 거래를 맺었다는 소문이었다.³⁰

　1917년 8월 1일, 전쟁에 접어든 3년 째, 교황은 7개 항의 평화안을 발표했다.³¹ 베네딕토와 그의 국무총리, 추기경 가스파리(Gasparri)는 이것이 교회를 평화의 중재자로 만들 것으로 생각했다.

　하지만, 연합국은 이를 무시했다. 오래 전에 적대 행위를 중지하라는 교황의 어떤 간청도 거부하기로 결정했기 때문이었다.

　미국이 전쟁에 개입한 것은 베네딕토가 자신의 평화안을 발표하기 4개월 전이었다. 미국의 전쟁 개입으로, 연합국은 더욱 확신있게 바티칸을 묵살했다. 어떤 자들은 그 계획의 일반론을 조롱했다.

> **우리는 적대적인 인민과 정부가 한번 더 형제가 되도록 촉구함을 멈추지 않았었다.**

　심지어 동맹국도 모든 나라가 전쟁 후 무장해제해야 한다는 베네딕토의 외침을 순진하고 비실천적인 것으로 조소했다.³² 교황의 평화 서곡은 로마교회의 영향력을 더욱 약화시키는 실패작이었다.³³

　연합국은 교황을 친독일적이라 간주해서 그를 무시했지만, 전쟁으로 찢겨진 유럽의 많은 가톨릭 신자는 교황이 어느 편도 승인하지 않음으로써 자신들을 버렸다고 생각했다. 이에 대해 파리의 어떤 프랑스 사제는 일반적인 감정을 잘 나타냈다.

> **거룩하신 아버지, 우리는 당신의 평화를 원하지 않습니다.³⁴**

　1917년 11월 이탈리아 군대가 카포레토(Caporetto)에서 궤멸당했을 때 이탈리아인들은 교황이 "패배주의"를 퍼뜨렸다고 비난했다.³⁵ 전쟁이 지속되자, 교회의 헌금은 계속하여 줄어들었다. 베드로성당의 무미건조하고 규모만 큰 교황의 연설을 들으려는 연례 순례는 사라졌다. 이것은 기금 모집을 위해 바티칸이 이용하는 행사였다.

베네딕토의 외교적 영향력에 최악을 맞이한 순간은 연합국이 **1919년** 파리평화협정에 바티칸이 당사자로 포함되는 것을 거절한 때였다.[36] 전쟁이 시작되었을 때, 베네딕토가 가졌던 주된 걱정은 러시아 정교가 서방으로 스며드는 것이었다. 전쟁 중에 일어난 볼셰비키 혁명은 그 적대 세력이 끝났음을 의미했지만, 러시아로부터의 위협은 극적으로 반전되었다. 강경 러시아 공산당은 무신론자와 동등하여, 열심으로 성당, 교회, 회당을 없애고, 세상에 그들의 무신론적 혁명을 수출했다.[37]

전후 얼마 지나지 않아, 작은 성직 자문단이 베네딕토에게 정치가 아닌 금융이 최우선이어야 한다고 주장했다. 그가 교황이 된 이래로, 로마교회는 다양한 분야에 잘못 투자해 거의 6천만 리라를 잃었다. 이는 전체 자본의 40%에 해당했다.[38] 수년의 전쟁은 유럽의 많은 지역을 황폐하게 했고, 수백만의 가톨릭 신자가 높은 실업과 큰 불경기에 직면하도록 만들었다.[39] 독일, 오스트리아, 헝가리의 절망한 회중들은 바티칸에게 경제적인 지원을 요청했다.[40]

한 가지 긍정적인 점은 프랑스 가톨릭 신자들이 어찌하든 간에 널리 공표된 잔다르크(Joan of Arc)의 시성식 준비 과정에서 헌금을 늘리려 힘썼다는 점이다. 4만 명의 프랑스 순례객이 시성식을 위해 로마에 왔다.[41]

그러나, 이것으로는 충분하지 않았다. **1919년** 바티칸의 위기는 장부를 이탈리아 정부에 공개하도록 만들었다. 압박을 받은 관료들이 로마교회의 소득에 대한 과세를 면제토록 하기 위함이었다.[42]

심지어 더욱 악화된 금융 경색을 피하기 위해, 베네딕토는 보나벤투라 세레티 경(Monsignor Bonaventura Cerretti)(후에 추기경이 되었다)을 미국에 파견하여 1백만 달러의 대출을 요청하게 했다.[43]

미국 가톨릭주교회의 비서는 세레티의 여행을 "**구걸사절**"로 명했다.[44] 미국 주교들은 재차 거절했으나, "컬럼버스기사회"(The Knights of Columbus)라는 영향력 있는 가톨릭 남성봉사회가 교황에게 2십 5만 달러라는 상당한 금액을 선물하도록 주선했다.[45] 미국 달러는 특별히 가치가 있어서, 전쟁 중에 손실한 리라의 거의 90%에 해당했다.[46]

베네딕토가 죽은 해인 **1922년**에도 돈 문제는 중요한 과제였다. 그는 68세가 되는

해 1월 감기 합병증으로 갑자기 죽었다. 교회가 심각한 위기를 겪는 가운데 국무총리 가스파리(Gasparri)는 베네딕토의 호화스런 장례 비용, 뒤따르는 추기경 콘클라베, 다음 추기경의 대관식 비용을 충당하기 위해 또 다른 로스차일드 대출을 주선해야 했다.[47]

후속 콘클라베에서 무려 14번의 투표 끝에 추기경들은 또 다른 타협안을 도출했다. 밀라노의 65세 추기경 아킬레 라티(Achille Ratti)가 비오 11세(Pius XI)가 되었다. 라티는 밀라노의 공장 관리자의 아들이었다. 바티칸 도서관의 전직 사서로, 책을 사랑하는 라티는 신학박사 학위와 정경법박사 학위를 갖고 있었다. 열정적인 독자요, 학자인 그는 아마도 전임자들 누구보다 교황권에 관한 역사적 정치적 의미를 잘 알고 있었다.[48]

비오는 작고 뚱뚱하며, 부드러운 말투를 가진 매력 있는 사람이었다. 그 역시도 변덕스런 기질로 명성이 자자했다.[49] 보좌관들은 그가 절대적 복종을 원한다는 것을 알았다. 때때로 회의 중에 던지는 날카로운 질문은 그를 마치 검사처럼 보이도록 했다. 로마교회 회계의 난맥상을 일단 알게 되자, 그는 교회 역사상 처음으로 내부 감사를 명했다. 그는 교황궁정의 크기를 확 줄이고, 베네딕토가 다시 제정했던, 불필요한 허세로 생각되는 것들을 잘라냈다.

비오는 자신의 오랜 가정부 린다(Signora Linda)를 임명해, 바티칸에 있는 많은 살림살이 직원을 감독하게 했다. 어떤 교황도 여자가 바티칸 내에서 일하거나 살도록 허락하지 않았다는 말을 듣자 **"그럼 내가 그 최초가 되지"**라고 대답했다.[50]

돈이 그의 교황직 초기의 걱정들 중에 유일한 것은 아니다. 정치적 불안이 이탈리아를 덮쳤다. 이탈리아의 의회 연합은 전통적으로 자유주의와 보수주의 진영이 서로 봉착되어 갈등 중이었다. 좌파적 과격분자들이 세력을 확장하고 있었고 극우파의 국가파시스트 정당의 봉기가 있었다. 파시스트의 준군사 특공대는 이탈리아 중부와 북부 지역의 가톨릭 사회 단체를 목표로 했고, 강력한 가톨릭 이탈리아인민당(Partito Popolare Italiano)을 악의적인 광고 선전으로 포위하기도 했다.

혼란은 비오의 선출 후 8개월 만에 "로마로의 행진"으로 정점에 이르렀다. 수만 명의 무장 파시스트(개인보다 국가를 최고의 숭배 가치로 여기는 사회주의자)가 수도에 모여 그들의 정치적 영향력을 과시했다. 왕과 선출된 정부 사이에 긴장된 일주일 간의 대치 끝에 파시스트 지도자인 무솔리니(Benito Mussolini)가 수상이 되었다.[51]

무솔리니의 예상치 못한 승격에 앞서, 비오는 파시즘과 어떤 타협도 거절했다. 공인된 무신론자였던 사람과의 타협은 여지가 없는 것처럼 보였다. 무솔리니는 **"하나님은 존재하지 않는다"** 라는 제목의 팜플렛을 썼으며, 한 신문사에 교황은 로마를 떠나야 한다고 제안하기도 했던 자였다.[52]

무솔리니가 중시했던 이름, '일 두체'(Il Duce: 지도자)는 교회의 모든 재산을 몰수할 것을 요구했다. 그는 강력한 반가톨릭 공약을 배경 삼아 권좌에 올랐다. 그는 한때 사제들을 **"결핵균처럼 인류에게 죽음이 되는 검은 미생물들"** 로 묘사했다.[53]

정치적 현실주의자인 비오는 파시즘에 결코 동정적이지 않았다. 그럼에도 그는 무솔리니를 교화하는 것이 교회와 국가 간에 평화를 증진하는 최선의 길이 될 것으로 생각했다.[54] 교황은 정치적 불안정을 통제하기 위해서 뿐만 아니라 정부의 뿌리 깊은 부패를 파헤치기 위해서도 독재자가 필요하다고 믿었다. 특히 정치적 불안은 제1차 세계대전이 끝난 이래 기록적인 실업, 대규모 파업 커가는 무정부 운동으로 인해 가열되었다.[55]

비오는 신뢰받는 성직자인 신부 피에트로 타치 벤투리(Pietro Tacchi Venturi)를 파견하여, 무솔리니로 하여금 교회가 적이 아님을 확신시켰다. 자신을 "좋은 예수회이며 좋은 파시스트"로 묘사한 벤투리는 로마교회의 가장 위험한 적은 "세계적인 유대-프리메이슨 금권 정치"라고 믿었다.[56]

적절한 시점에 일 두체에 대한 교황의 적극적 지원이 온 셈이었다. 비록 교회가 세속적인 힘을 잃어버렸으나, 그는 아직도 이탈리아 내에서 도덕적 영향력을 갖고 있었다.[57] 무솔리니는 요령있는 정치가였다. 반가톨릭적인 수사학은 당 내부에서만 인기가 있었다. 이제 수상이 된 이상, 그는 98%가 가톨릭 신자인 그 나라에서 바티칸의 승인을 통해 더 큰 지원을 확고하게 받아야 할 필요가 있다고 생각했다.[58]

그래서 로마교회와 임시적 화평을 유지하고, 절대적 통제력을 가질 몇 년 후 바티칸에 대적하는 조치를 하기로 결정했다. 소수의 수뇌부 장관들만이 그의 장기적 전략을 알고 있었다.[59]

무솔리니는 공공 사업을 통해 바티칸의 환심을 사려는 것처럼 보였다.[60] 권력을 장악한 후 오래지 않아, 그는 종교 교육을 국가 초등학교에 재도입했고, 교회를 복구하기 위해 약간의 돈을 지원하고 심지어 **1870년** 이후로 금지된 공공 건물에 십자가상을 세우는 것을 허락하기도 했다.[61]

갓 시작된 동맹에 대한 첫 번째 시험이 비오의 집권 초기에 일어났다. 로마은행은 또 다른 금융 위기에 휩싸여 현금이 필요했다. 바티칸은 여전히 로마은행의 주요 투자자였다. 비오는 여분의 돈을 갖고 있지 못했으므로 국무총리 가스파리를 파견해 무솔리니와 만나도록 했다. 은행 회장인 칼로 산투치는 두 사람을 자신의 중앙 로마궁에서 만나도록 주선했다. 이것은 교황령을 상실한 이래 바티칸과 이탈리아 정부 간에 이루어진 최초의 직접적인 대면이었다.[62]

일 두체는 은행을 위한 구제 금융에 동의했다.[63] 대가는 무솔리니가 개인적으로 파시스트 임원을 선택하면, 은행 이사회에서 교회의 이사들을 그들로 대체하는 것이었다. 가톨릭 신문사와 정당들에 대한 은행의 경비지원은 중지되었다.[64] 더불어 무솔리니는 바티칸으로 하여금 주요 가톨릭 정당인 이탈리아인민당에 대한 보조금을 중지하고, 거대한 가톨릭노동조합(Confederazione Generale Italiana del Lavoro)에 대한 모든 지원을 끊을 것을 요구했다.[65]

1928년에 이르러, 비오가 명한 내부 감사보고서가 작성되었다. 6년이 지나서야 많은 자가 의심했던 것이 확실해졌다. 바티칸이 보유한 달러가 고갈되었다는 결론이 내려진 것이다.[66] 교황은 로마교회 최초로 부기 체계를 인가하고, 기초적 예산안을 명했다.

바티칸 금융의 두려워할 만한 상태를 최초로 공식 확인했음에도, 비오로 하여금 상업 투자에 대한 교회의 제한을 풀지 않았다. 대신 그해에 주교들과 사제들이 은행, 심지어 가톨릭 기관에 대한 모든 투자를 금지하도록 명했다.

만일 투자하려면 가능한 손실에 대해 신자들에게 개인적으로 책임을 지라고 지시했다.[67] 교황은 외견상 바티칸의 실패한 투자를 복구할 방법을 찾기보다 파시즘에 의존하는 것처럼 보였다.

비오는 무솔리니의 '검은 셔츠들'(Blackshirts, 파시스트당 산하 정치깡패, 의용민병대)이 로마교회가 동맹이라고 생각하는 한, 교회가 망하는 것을 허락하지 않을 것으로 생각했다. 그가 알지 못한 사실은 무솔리니에게 자신의 영광스런 꿈을 이룰 만한 돈이 없었고, 바티칸을 구제 할 돈은 더욱 없었다는 점이다.

무솔리니가 파시스트 정부와 제도의 승리를 기념하기 위해 로마의 야심차고 값비싼 재개발을 발표하자, 비오는 그런 거창한 도시가 바티칸에 그늘을 드리울 것으로 염려했다. 비오는 자신만의 건축 계획으로 대응했다.[68] 비오의 개발 계획은 교회의 금고 상태를 감안할 때 비현실적이었다.[69] 비오가 계속적으로 자신만의 비전을 말하는 동안, 많은 바티칸의 종사자는 낮은 임금과 10년간의 임금동결을 불평했다.

어떤 사람들은 새로운 건물을 짓는 대신에 다음과 같이 목소리를 높였다.

'왜 기존 건물이나 잘 관리하지 않는가?'

바티칸 시티의 큰 구획이 무너지고 있었다. 곰팡이와 깜부기가 교회의 귀중한 예술 수장품을 위협했다. 베드로성당에는 누수가 있었고 좀벌레가 가득했다.

비오가 자신의 계획이 실행불가함을 알았을 때조차, 자문단이 현대 금융을 용인하지 못하게 했다. 그는 더 좋은 생각을 갖고 있었다. 바티칸은 미국 내의 새로운 부자 친척을 가까이 해야 한다는 것이었다. 바티칸 내에서는 미국인들에 대해 광범위한 경멸이 있었다.

그러나, 교황은 미국교회의 성도들이 부자이므로, 바티칸 경제의 구세주가 될 것이라고 믿었다.[70]

1928년, 시카고 대주교회는 3십만 달러 대출을 주선했으며, 그 자산을 담보물로 사용하도록 허락하므로써, 바티칸은 3백만 리라를 차용할 수 있었다.[71] 20년대 중반 이래 미국 가톨릭 신자들은 베드로성금에 가장 큰 기부자들이었다.[72]

비오는 자신의 감사를 표하기 위해 시카고신학교를 교황 직속의 대학교로 승격시키고, 많은 전통과 명성을 가진 학교들도 갖지 못한 엘리트 등급을 받게 했다.[73] 성좌(聖座) 주재 영국 장관은 런던 시민에게 말했다.

비오에 의해 시카고의 대주교 문더린(Mundelein)과 뉴욕의 헤이즈(Hayes)가 추기경으로 승격된 것은 **"미국의 금"**으로 인한 것이고, 이제 **"미국이 주요한 가톨릭 나라인 것처럼 간주되고 있다고 말하는 것은 결코 과장이 아니다."**[74] 그들의 승진 전에는 세 명의 미국 출신 추기경만이 있었다. 몇 년 안에 비오는 교황 훈장의 최고 명예를 100명 이상의 미국 시민에 수여했으며, 7명이 귀족 칭호를 받았다.[75]

미국으로부터의 경제적 지원은 바티칸의 걱정을 덜어주었고, 비오와 고위 성직자들은 **1920대** 후반까지 그들의 시선을 금융에서 국내 정치로 전환할 수 있었다. 유명했던 내부 토론은 과연 바티칸이 무솔리니 파시스트와 정식 협정에 서명해야 하는가였다.

이 협정은 존재와 번영을 위한 양측의 권리에 대한 공식적 인정이었다.

무솔리니는 이 거래를 위해 분위기를 조성했다. 반가톨릭적 언행을 자제하고 이탈리아 사회에 종교적 생활 요소를 재제정했다. 그 이외에 아내 라헬(Rachele)과 두 아들과 딸이 **1923년** 공공예식 가운데 세례를 받았다.[76]

1926년에는 무솔리니와 그의 아내가 11년 전에 시민 연합으로 결혼했음에도, 종교적 예식으로 혼인 서약을 새롭게 했다. **1927년**, 미사라고는 참석해 본 적이 없다고 자랑하던 그 스스로 세례를 받았다.

비록 모든 조치가 상징적인 것이었지만, 무솔리니의 본능적 직감은 좋았다. 그런 연극 덕분에 이탈리아의 독실한 가톨릭 신자들로부터의 격렬한 반대가 일어나지 않았다. 가톨릭 신자들을 달래는 과정에서, 무솔리니는 자기 당내에서의 반대를 무마해야 했다. 많은 강경 파시스트가 로마교회의 와해를 소망했다. 그들은 교황과 동맹이 자신들의 핵심 원리들을 위반할 뿐만 아니라 이탈리아의 "바티칸화"로 이르게 된다고 주장했다.[77]

비오 역시 교황청 내에 그런 거래에 대한 약간의 저항이 있음을 알았다. 그는 로마교회가 교황령을 상실 이래 이탈리아 정부와의 관계 회복을 꾀한 첫 교황이었다. 4명의 전임자들은 스스로를 바티칸의 죄수라고 부르며, 정부에 직접적으로 의사를 전달하는 것을 거부했다. 결국, 그는 교회 내의 인기에 연연하기보다 자신의 직감을 따랐다.

일 두체와 비오 사이에 연락책이었던 신부 벤투리는 비오가 협정을 맺도록 용기를 북돋아 주었고, 무솔리니가 많은 단점에도 불구하고 자신의 말을 지키는 신뢰할 만한 인물임을 확신시켰다.[78]

이후 2년간 격렬한 회담이 이어졌다.[79] 타키 벤투리와 변호사 프란체스코 파첼리(Francesco Pacelli)는 교회의 교섭자로 역할을 분담했다.[80] 프란체스코의 동생으로 후 교황 비오 12세(Pius XII)가 된 유제니오 파첼리(Eugenio Pacelli)가 추기경 국무총리가 되어야 한다는 말이 계속 화자되었다.[81]

■ 라테란조약

1929년 2월 11일, 바티칸과 파시스트는 라테란조약(Lateran Pacts)에 서명했다. 라테란협정(Lateran Accords)으로도 종종 불리는 데, 3개 부문으로 구성되었다.

첫째, 정치 조약(treaty).

둘째, 교황과 국가 간의 관계조항들을 명시한 협약(concordat).

셋째, 금융 협약(convention)이다.[82]

바티칸의 16세기 라테란궁 이름을 딴 이 협정 덕분에 교회는 지상의 왕국이라 불린 최고의 절정기 이후 가장 강력한 권력을 갖게 되었다.[83]

정치 조약은 108.7에이커를 바티칸공국으로 52개의 산재한 "유산" 건물을 자주적인 중립 국가로 별기했다. 이것은 교황의 주권을 재정립했고, 이탈리아 정부에 대한 거부, 즉 교황령 상실 이래 진행중이었던 교황의 거부권을 마무리지었다.[84 * 85]

교황은 **"성스럽고 침해 불가한"** 자로 선언되었고, 세속 왕권과 동일하면서 신적 권리를 부여받은 자였다. 새로운 정경법 조항이 세워졌다. 비오의 두 가지 주된 주장을 담고 있었다. 즉, 이탈리아 정부는 교회 결혼권의 유효성을 인정하고, 가톨릭 종교 교육이 공히 초중등학교에서 의무적이어야 한다는 것이었다.[86] 추기경은 혈통 상의 왕자와 동일한 권리를 가졌다.

협약은 교회에 엄청난 특권을 허락했다. 가장 중요한 것은 가톨릭교가 파시스트 이탈리아의 유일 종교임을 선언한 것이다. 프리메이슨은 불법화되었고, 가정집에서의 복음적 모임도 금지되었으며, 개신교 성경도 금해졌다. 결혼은 신성한 것으로 인정되었다. 모든 교회 성일은 국가 공휴일이 되었다. 사제는 군사와 배심원 의무에서 배제되었다.[87]

3개 조항의 금융 협약(Conciliazione)은 **"교회의 회사들"** 에게 면세를 허락했다.

또한 교황령의 몰수에 관해 7억 5천만 리라의 현금과 5% 이자를 지불한 정부채권 10억 리라로 바티칸에 보상했다.[88] 이 약정은 **2014년** 달러 기준으로, 13억 달러에 상응하는 것으로, 대략 이탈리아의 연간 전체 예산의 1/3이었다. 현금에 굶주린 로마교회에게는 거대한 횡재였다.[89]

바티칸은 그것의 두 배를 원했지만, 무솔리니는 정부도 그 자체로 위험할 지경이라며 교황과 그의 교섭원들을 설득했다. 이탈리아 정부도 더 이상 여유가 없었다.[90] 추가적 유인책으로 이탈리아는 이탈리아 내의 모든 2만 5천 교구 사제들에게 적은 급료를

지불하기로 약속했다.[91]

이탈리아가 하나님께 주어졌으며, 하나님이 이탈리아에 주어졌다.

교황은 바티칸신문「**옵세르바토레 로마노**」(*L'Osservatore Romano*)에게 말했다.[92] 로마교회는 파시스트를 온전히 지원했다.[93] 바티칸은 영향력 있는 이탈리아인민당을 해체했고, 그 지도자를 이탈리아에서 추방시켰다.[94] 이탈리아 주교들은 파시스트 정부에 충성 서약을 했고, 성직자들이 신자들로 하여금 이를 반대하도록 부추기는 것이 금해졌다.[95] 사제들은 일요일 미사에 무솔리니와 파시즘을 위해 기도하기 시작했고, 일부 성직자는 국가파시스트당에 가입하고 그중 소수는 심지어 간부로 일했다.

라테란조약은 무솔리니를 변화시켜 독실한 이탈리아인들의 영웅이 되게 했다. 많은 집이 일 두체의 사진을 교황이나 십자가 옆에 걸어두었다.[96] 심지어 히틀러도 "**파시즘과 화평을 이루었음**"을 두고 로마교회를 찬양했다.[97] 영향력 있는 추기경 델 발은 무솔리니가 "**가시적으로 하나님의 보호를 받고 있다**"고 했다.[98]

라테란조약 체결 한 달 후 국가 선거가 개최되었다. 바티칸은 의회의 협정 승인을 확신하기 위해 집권 무솔리니 정부가 필요하다는 것을 알았다. 사제들은 자신들의 지위를 이용해 가톨릭 신자들에게 파시스트에 찬성 투표를 하도록 촉구했다. 그 선거에서 처음으로 여자들의 참정권이 허락되었으며, 국민파시스트당은 놀랍게도 98%의 의회 의석을 얻었다.

1929년 7월 25일, 비오 9세가 **1870년**에 자신을 "**죄수 교황**"이라 선언한 이래 처음으로 교황이 바티칸 밖을 나갔다. 무솔리니는 그의 의회내 추종자들에게, 그들의 파시스트당이 "**참 이탈리아인 교황과 거래할 수 있는 호기를 가졌다**"고 말했다.[99] 밀라노의 대주교는 일 두체를 "**새로운 코스탄틴 왕**"이라 불렀다. 비오는 그를 "**섭리로 보냄 받은 자**"로 불렀다.[100] 바티칸과 무솔리니 사이의 파트너쉽이 가장 공고한 시기였다.[101]

제6장

교황의 은행가

라테란조약의 체결은 교황령을 잃어버린 이래, 로마교회에게 과거 어느 때보다 더 많은 현금을 안겨주었다. 비오는 15년 전에 은혜를 잃은 파첼리의 공백을 메울 능력있는 금융 자문관이 없음을 걱정했다. 수소문 끝에 한 이름이 그 명단의 첫 머리에 올랐다. 곧 베르나르디노 노가라(Bernardino Nogara)였다

비오는 배경 조사를 명했다. 돌아온 정보는 좋았다. 독실한 가톨릭 신자로, 아침 미사나 저녁 헌신 미사를 빠뜨리지 않은 59세의 노가라는 코모호(湖) 근방의 작은 마을에 있는 중간 계급의 농가 출신이었다.[1] 그는 이탈리아의 우등학교의 하나인 밀라노폴리테크닉(Politecnico di Milano)의 산업전기공학을 우등생으로 졸업했다. **1894년** 첫 해외 직업에서 그는 영국 웨일스 남쪽에서 탄광 일을 감독했다. 이것이 그가 영어에 능숙하게 된 이유다. 거기서 2년 후 아내 에스터 말텔리(Ester Martelli)를 만나 결혼했다.[2]

1901년, 이탈리아로 돌아온 후, 그는 한 지인, 주세페 볼피(Giuseppe Volpi)에게 관심을 보였다. 베니스 출신으로 7년 후배인 그는 노가라를 이탈리아 사업과 정치 권력의 정점으로 오르게 할 수 있는 경력의 초기 단계에 있었다. 볼피는 금융인들, 정치인들 귀족들로 이루어진 잘 연계된 그룹의 일원이었다. 그들 모두 이탈리아 최대 은행인 이탈리아상업은행(Banca Commerciale Italiana: BCI)과 연합하여 일했다.[3]

그는 노가라를 위해 5년 계약을 주선해서 불가리아 기반 광산투자기업에서 부장으로 일하게 했다. 그 기업은 소아시아 즉 터키 전역으로 확장할 계획을 가지고 있었다. **1907년**, 볼피는 노가라를 움직여, 세를 확장 중인 기업의 콘스탄티노플 지점장이 되게 했다. 거기서 노가라는 터키어를 배웠고 오토만제국 수도의 특징인 먹고 먹히는 정치

적 술수를 익히는 천부적 재능을 발견하게 되었다.[4] 비오는 노가라가 볼피와 일하면서 금융 수완으로 명성을 얻었음을 알았다.[5]

리비아의 통치를 두고 이탈리아와 터키가 1년 동안 갈등했던 이탈리아-터키 전쟁 후, 로마상공회의소는 노가라를 오토만공공부채위원회의 이탈리아 사절로 선출했다. 이것은 약 5천 명의 종업원을 가진 유럽 관리조직으로, 그들의 업무는 법정관리 하에서의 독점과 관세 수익의 관리를 통해 유럽 국가들에 빚진 오토만 제국의 엄청난 부채를 청산하는 일이었다.[6]

제1차 세계대전 후, 노가라는 베르사이유강화조약에서 이탈리아 경제사절단의 터키 전문가로 선출되었다. 바로 바티칸에 그 어떤 역할도 맡기기를 거절했던 회의다. 노가라는 사업 요령으로 동료들에게 깊은 인상을 주었다.

1924년, 전쟁으로 황폐화된 독일 재건에 책임을 진 연합국간위원회(Inter-Allied Commssion)의 산업 분야를 맡아, 5년 임기의 복무를 시작했다. 거기서 많은 사람을 만났는데, 그들 모두 이제는 바티칸이 그를 고용해 라테란 분쟁 문제를 다루고 로마교회의 금융을 재건해야 한다고 촉구했다.[7]

노가라가 교황의 가족과 친밀했던 점이 유리하게 작용했다.[8] 평신도로서 종교적 자격증명 역시 중요했다. 그의 12형제 중 4명이 사제가 되었다. 두 명은 대주교로, 우딘의 북부 도시 쥬세페(Giuseppe)와 남부 코센짜의 로베르토(Roberto)였다. 루이기(Luigi)는 몰페타신학교(Seminary of Molfetta)의 교수였다. 교황 베네딕토는 다른 형제인 유명 고고학자 바톨로메오(Bartolomeo)를 바티칸기념박물관의 총책임자로 임명했다. 베르나르디노의 유일한 여동생은 한 수녀원의 원장 수녀였다.[9]

노가라가 은밀히 유대교 신봉자라는 뿌리 깊은 소문이 비오에게 들어갔다.[10] 바티칸은 교구 사제들에게 그의 세례 기록을 제출하도록 명했다. 1500년대에 비오 4세가 교황령에서 모든 유대인을 추방하고, 그들의 재산을 몰수하며, 남아서 개종하지 않았던 자들을 투옥시키고 고문했던 때, 노가라는 개종 전 유대인이었던 베니스 가정 출신이었다. 비오는 이 문제에 관해서 만족했지만, **"정말로 유대인"**이라는 입소문이 오랜 재직 기간 중 그를 괴롭혔다.

1929년 6월 2일, 교황은 은밀히 노가라를 만났다. 그 만남은 바티칸 일정에서 기록되지 않는 몇 가지 중 하나다.[11]

당신을 여기서 일하도록 요청함으로 인해 내가 당신의 개인 금융인으로서의 빛나는 경력을 방해함을 알고 있다.

교황이 그에게 했다는 전언이다.[12] 교황의 세심한 접근이 노가라의 마음을 움직였고, 비오는 만남을 통해 노가라야말로 그 일에 적합한 자라는 확신을 갖게 되었다.[13]

노가라를 선택하는 일에는 무솔리니의 승인이 필요했다. 로마교회의 투자는 이탈리아에 큰 영향을 미칠 수 있었기 때문이다. 비록 그가 파시스트당원은 아니었지만, 당연히 무솔리니를 알았다. 일 두체는 그를 승낙했다.[14]

비오는 새로운 부서를 만들었다. 특별교황관리청(Amministrazione Speciale della Santa Sede: ASSS)을 만들어 노가라에게 맡겼다. 단순히 특별교황관리청 ASSS는 라테란조약으로 받은 거대한 자산의 투자를 책임지는 곳이었다. 노가라는 교황의 개인 거주지 옆, 새로 건축된 총독궁에 있는 큰 아파트로 이사했다.

비오는 어떤 추기경도 노가라의 일을 방해할 수 있는 권한이 없음을 명확히 했다.[15] 노가라는 오직 교황하고만 만났고, 그의 유일한 의무는 비오에게 교황 개인 금고에 보관되는 연간 보고서를 제출하는 것이었다.[16] 어떤 사본도 남아있지 않았다.

배타적인, 검은 귀족들과 고위 성직자들의 오랜 옹호자들은 신참을 싫어했다.[17] 비오가 평신도 평민을 뽑았다는 점에 화가 났고, 초보자인 그를 무너뜨릴 수 있다고 확신했다. 교황청의 적대자들은 그를 과소 평가했다.[18]

큰 정부위원회와 격렬한 내분으로 유명한 은행인 BCI에서 일하는 사이, 이 밀라노 은행가는 정치적 대적들을 적절히 다루는 방법을 배워왔다. 그는 재빨리 민간 업계 동료들을 고용하여 자신의 힘을 강화했다.

전통주의자들은 크레딧스위스(Credit Suisse)의 은행가 마이야르도(Henri de Maillardoz)가 바티칸을 방문해 노가라를 만났을 때 놀랐다. 영향력 있는 도메니코 탈디니(Domenico Tardini) 경은 스위스은행협회(Societe de Banque Suisse)와 스위스은행연합(Union de Banques Suisses)에서 다른 은행가들 뿐만 아니라 마이야르도가 방문한 것에 조바심을 냈다. 노가라가 금지된 금융 투기를 고려하고 있는 징조라는 것이다.

탈디니는 로마교회의 돈을 지키는 **"더 조용하고, 더 안전하고, 더욱 안정적인"** 길이 있다고 생각했다.

또한, 만일 노가라와 그의 팀이 **"잘못된다면, 교황이 잘못의 결과를 당할 것"**이라고 생각했다.[19]

그러나, 탈디니의 항의는 실패했다. 마이야르도는 크레딧스위스를 떠나 특별교황관리청의 비서가 되었다.[20] 노가라의 새로운 참모들은 그에게 보고했고, 그는 오직 교황에게만 보고했다. 이로써 그는 보수파와의 완충 지대를 강화했다.

노가라는 적수들을 다른 문제로 바쁘게 만들기 위해, 모든 바티칸 부처가 연간 예산을 준비하고 매월 소득과 경비보고서를 발행하도록 했다.[21] 전통적인 교황청의 실세들이 기본 보고서를 만들어 돈을 어떻게 사용했는지 설명해야 한다고 주장했다.

이제 더 이상 추기경들이 바티칸의 악화된 재무 상태 때문이라는 변명으로 자기들 부처 내에서 일어난 관리 잘못을 숨길 수 없게 되었다. 그런 규칙들은 기초적 회계에 불과하지만, 재무 감사의 역사를 가져본 적이 없는 기관에게는 새로운 것이었다.[22]

노가라는 바티칸의 투자가 채권과 로마은행에 너무 집중되어 있다고 판단했다.[23] 은행의 어떤 금융 문제들이 바티칸의 골치거리가 될 수 있었다. 과감히 로마교회의 리스크를 분산시켜, 로마은행의 예치금 일부를 스위스, 프랑스, 기타 이탈리아은행에 이전시켰다.[24]

다음으로 노가라는 라테란조약의 자산 일부를 프랑스와 헝가리 철도회사와 독일 산업체에 투자했다.[25] 독일 제조업의 재건 업무를 맡은 연합국위원회에서의 근무 경력으로 독일이 제1차 세계대전의 타격에서 재건되리라 확신했다.[26] 그는 산업계 거인의 원조격인, 상속자 중 하나인 베르타 크루프(Bertha Krupp)와 친했다. 그녀는 기업 투자가 큰 이윤을 낳을 것이란 그의 믿음을 확고하게 해주었다.

하지만, 노가라는 독일 주식이 너무 불안정하다고 판단해 발을 뺐다.[27] 그것은 행운이었다.

10월, 그가 바티칸에 자리를 얻은 후 한달만에 미국의 주식 시장이 와해되었다. 세계적으로 주식이 폭락했다. 노가라는 교회가 라테란조약으로 받은 돈을 어떻게 투자할 것인가 결정하는 일에서 그 금융 자산을 파국에서 어떻게 보호할 것인가 결정하는 일로 초점을 옮겼다.

노가라는 비오에게 자문하던 중, 월가의 붕괴로 바티칸시 개혁의 재설계 시기를 재고하는 편이 좋다고 말했다. 로마교회는 무솔리니와의 비밀스런 거래를 통해 새로운 파시스트 금융기관인 중앙신용기금(Istituto Centrale di Credito)에 5천만 리라를 기부하기로 방침을 세웠다.

이 금융기관은 고통중인 가톨릭 신용조합들과 은행들을 돕기 위한 기관이었다.[28]

그러나, 비오는 노가라가 제시한 긴축안으로도 설득 당하지 않았다.[29] 증권시장의 붕괴에도 교황은 바티칸에 가장 큰 현대건축의 굉음을 승인했다. 역사가들은 이를 "제국적 교황권"이라 명명했다.[30]

노가라는 건축 감독의 책임을 맡는 위원회에 임명되기 위해 노력했다. 비용을 통제하기 위해서였다.

그러나, 불가능했다. 라테란조약으로 받은 현금의 거의 1/3이 우편전신소 하나, 기차역 하나, 발전소 하나, 차고, 가게, 공장으로 이루어진 산업 구역에 소진되었다.[31]

법정들과 감옥 하나가 세워졌고, 가톨릭 신문사가 자체 인쇄 시설과 사무실을 가졌으며, 방송국이 개국했다.[32] 2년의 방만한 씀씀이는 작은 정원을 걷어내고 수 마일의 파이프를 까는 것에서 시작했다. 나무들과 외국에서 수입한 이국적 식물을 심은 정형화된 정원에 물을 대기 위해서였다. 프랑스 루르드의 동굴 모형이 지어졌다. 작고 수 세기나 된 집들이 철거되고, 교회 관계자들, 방문 중인 고위인사들, 외국 외교관들을 위한 화려한 새 궁전으로 대체되었다.[33]

비오 역시 바티칸의 박물관을 확장해, 미술관을 더하고 도서관을 확장했다. 교황은 바티칸공국 주위를 둘러 벽을 쌓았다. 처음으로 물리적으로 로마의 다른 곳과 분리되었다. 바티칸이 말이 끄는 마차를 버릴 것이라고 발표하자, 미국의 자동차 회사들은 누가 과연 비오에게 무료 자동차를 줄 것인가를 두고 서로 경쟁했다.[34]

새로운 건축물 다수가 모두 비오의 개인적 문장으로 두드러지게 장식되었고, 당시 인기 있었던 네오 클래식 양식으로 디자인되었다.[35] 그것들은 무솔리니가 위대한 로마라는 계획의 일환으로 지은 현존하는 파시스트 건축물보다 더 웅장해 보였다. 일부 관찰자들은 비오가 권력을 과시하는 파시스트 정부와 경쟁하고 있다고 생각했다. 주교황청 영국 대사가 교회의 새로운 건축물을 **"흉한 것"**으로 묘사했다.[36]

제국적 교황권은 웅장한 바티칸공국보다 더 큰 건축을 시도했다. 라테란조약 후 2년 동안 교황청에 500개 이상의 새로운 직책이 더해졌다.[37] 이 직책 어느 것도 싼 것은 없었다. 월가의 여파 가능성에 대한 노가라의 염려는 선견지명이었다.

미국 주식 시장의 붕괴로 시작된 불안감이 전세계에 퍼졌고, 주식보다 더 많이 나쁜 영향을 주었다. 선진국의 실업율이 급증하고 생산 제조는 급락했다. 무솔리니는 이탈리아의 악화되어가는 금융 위기와 씨름하고 있었다. 그에게는 로마교회를 도울 자금이 없었다.

게다가 이탈리아인들이 계속 금융 경색에 신경을 쓸수록, 무솔리니는 때때로 국민의 시선을 돌리는 방식의 하나로 고위 관리들이 교회에 반대하는 논쟁을 불러 일으키게 했다. 가톨릭 조합원들이 일반 이탈리아인들을 돕기 위해 협력하기보다 그들 친구만을 위한다고 비난한 것이다.

성난 군중이 베로나의 주교궁을 횃불로 밝혔다. 적어도 한 파시스트 군중집회에서는 **"반역자 라티에게 죽음을"**이라는 말에 박수가 터져 나왔다. 라티는 비오가 교황직에 오르기 전의 이름이다.[38]

비오는 무솔리니가 촉발한 소요에 분개했다. 그들이 맺은 조약을 위반한 것으로 간주했다. 교황은 무솔리니가 믿을 만한 사람이라고 비평가들을 확신시키기 위해, 바티칸 안에서 자신의 명성을 걸었다. 비오는 유명한 **1931년**의 교황회칙인 **"우리는 필요치 않다"**를 발표했다. 여기에서 그는 폭력의 숭배와 국가 경배에 대해 파시스트를 견책했다.[39 * 40]

우리는 두렵지 않다.

그가 무솔리니로부터의 협박을 두고 쓴 글이다.

하지만, 파시스트 국가를 향한 비난은 피했다. 무솔리니가 로마교회에 대한 세금의 재부과라는 보복을 통해 이탈리아의 재정 적자를 메우려 하지 않을까 고민했기 때문이다.[41] 교황과 일 두체 간의 공공연한 입씨름은 또 다른 은밀한 거래로 해소되었다.

즉, **1905년**, 비오 10세가 설립한 거대한 평신도 사회 조직인 가톨릭행동(Azione Cattolica)의 권력을 더 많이 축소시킨 일이었다.

파시스트는 그 조직의 독립과 불예측성을 두려워했다. 라테란조약이 가톨릭행동을 보장하기로 약속한 것과 차이는 없었다.[42] 반면, 무솔리니는 로마교회에 대한 공격의 수위를 낮추기로 공약했다.

교황과 일 두체 간의 옥신각신은 베드로성금의 급격한 감소로 이어졌다.[43] 비오는 몇몇 부유한 미국의 교구, 예컨대 시카고와 뉴욕 교구에게 미래의 베드로성금 모금을 담보로 해서 로마에 대출을 해달라고 요청했다. 그들은 이의를 제기했다. 이 요청은 교황이 미국 경제의 어려움에 얼마나 무지한가 보여줬다. 비오가 **1932년**, 돈을 요구했을 때 미국의 실업률은 무려 23.1%에 가까웠다. 두려움으로 인해 미국 가톨릭 신자들의 교구 헌금은 동결되었다. 어떤 여윳돈도 없었다.

같은 해, 영국에서 수십만 명이 기아 행진을 벌였다. 그들은 항의하며 일자리와 식량을 요구했다. 바티칸 자료는 교회 관리들이 사태의 엄청난 심각성을 인식하지 못하고 있었음을 보여 준다. 그들은 그렇게 많은 자가 항의할 정도의 인도주의적 위기에 대해 걱정하지 않고, 사회적 불안이 로마로 향하는 영국 가톨릭 신자들의 기금 유입을 막지나 않을까 염려했다.[44]

노가라는 교회 소득이 폭락한 충격에 놀라, 종업원의 임금을 10-15% 삭감하자고 비오를 설득했다.[45] 추가적 현금을 걷기 위해, 바티칸은 **1933년**을 "**거룩한 해**"로 명명했다. 교황 보니파시오(Boniface)가 **1300년**대에 처음 시작한 이래 24번째였다. 이 조치로 순례객과 기부금이 일시적으로 늘어났다.[46]

국제 경기 침체의 결과에 대한 노가라의 최악의 경고는 현실화되었다.[47] 영국 파운드화가 급격하게 하락하여 바티칸 지분의 막대한 손실을 초래했다.[48] 바티칸이 대출해 주었던 나라들, 즉 페루, 칠레, 브라질, 그리스, 헝가리, 오스트리아 불가리아의 채무 불이행(디폴트)은 더 많은 적자를 가져왔다. 심지어 국제 금융 기관인 큐르거 & 톨(Kreuger & Toll)은 교회가 그곳에 투자한 원금조차 상환하지 못했다.[49 * 50]

1933년, 미주리태평양철도(Missouri Pacific Railroad)가 파산하자 이 회사에 대한 투자금을 잃어버렸다. 달러 가치의 하락 역시 미국 자산에 손실을 끼쳤다.[51] 대공황의 절정기인 1933년말까지, 바티칸은 총 1억 리라 이상의 손실을 입었다. 연간 수익은 급격히 감소했다.[52] 로마교회에는 가톨릭 기관들이 도산하지 않도록 도울 수 있는 돈이 없었다. 30년대가 끝날 때까지 74개의 가톨릭 지방 은행이 무너졌다. 수만 명의 일반 가톨릭 신자들에게 10억 리라 이상의 예금 손실을 입혔다.[53]

금융의 소용돌이가 노가라에 대한 비오의 믿음을 잃어버리게 하지는 않았다. 그는 노가라가 없었다면 로마교회가 더 나쁜 상태에 있을 것을 알고 있었다. 암울한 국제 전망은 비오가 노가라에게 더 많은 자율권을 주는 계기가 되었다. 안정적인 때라면 결코 가질 수 없는 권한이었다.

교황은 돈 문제에 대해 노가라가 그 직에 있는 한, 의례적인 거부권을 행사하지 않겠다고 동의했다. 위기가 그렇게 놀랍도록 깊었다는 명백한 징조이자 동시에 노가라가 독보적인 권위를 가졌다는 증거였다. 교황청의 일부는 비오를 **"교황 은행가"**라고 조롱했다.[54] 심지어 노가라의 가장 오래된 적수들도 비오가 교황으로 있는 한, 그는 손댈 수 없는 자라고 결론지었다.[55]

노가라의 투자 전략은 바티칸의 기준에서는 과한 것이었다. 교회의 하향 곡선을 바꾸려는 의도였다. 그는 먼저 금으로 눈을 돌렸다. 그의 오랜 사업지기요 친구인 쥬세페 볼피(Giuseppe Volpi)는 무솔리니의 재무장관으로서 3년 임기를 이제 막 마쳤다. 볼피는 리라를 금본위로 바꾸었다. 그는 노가라가 불황 때의 대비책으로 귀금속을 모을 것을 권장했다.[56] 바로 몇 개월 후 베르나르디노는 4백만 달러의 금괴를 바티칸 저장고에 더했다.[57]

다음에는 부동산에 투자했다. 유가 증권과 현금의 가격 변동에 덜 민감한 것이기 때문이다. 대공황은 부동산 가격이 바닥을 치게 했다. 따라서 현금 구매자들에게는 매력적인 거래가 많이 있었다. 노가라는 프랑스, 영국, 스위스의 요지에 부동산을 구매했다.[58] 그는 새로운 투자 곧 재정거래의 선두에 섰다.

이 거래는 한 나라의 정부 채권을 구매해서 동시에 다른 나라에 다른 일괄 거래로 되파는 것이었다. 이를 통해 양국 간의 가격 차이로 이익을 얻으려는 것이다.[59] 위험성이 높고 투기적이었지만, 아직은 초창기 사업이었다. 가격 움직임에 대한 그의 직감이 적중한다면 엄청난 이윤을 약속하는 것이기도 했다.[60]

바티칸은 그 금융 거래 광고를 좋아하지 않았다. 노가라는 모든 구매를 숨겼다. 지주회사들의 네트워크를 통해 구매를 관리했다. 첫 번째 회사가 룩셈부르크에 본부를 둔, 룩셈부르크금융그룹(Groupement Financier Luxembourgeois: Grolux S.A.)이었다.[61] 룩셈부르크에 대한 그의 선택은 실수가 없었다.[62]

룩셈부르크가 이웃 국가인 스위스와 리히텐슈타인보다 2년 빨리 자기 나라를 매력적인 투자 천국으로 만드는 법과 규제를 통과시켰다. 글로룩스를 통해 많은 돈을 이동시킨 것은 노가라가 불가침의 비밀 보장을 받았다는 걸 의미했다.[63] 그는 글로룩스 밑에 다른 외국 회사들을 설립했다.

파리에 기반한 소프리덱스(Sopridex)가 프랑스 특별교황관리청(ASSS)의 부동산을 관리했다. 로잔 임모빌리에(Lausanne Immobilier)는 그의 스위스 회사며, 영국 글로룩스는 영국의 부동산을 운영했다. 쫓아낸 교황의 금융 자문단을 달래기 위해, 지주 회사들의 이사회에 직접 뽑은 프랑스, 영국, 이탈리아 귀족 가톨릭 신자들을 임명했다.[64]

그의 외국 영업은 특별한 주의를 요했다. 노가라는 ASSS(프랑스 특별교황관리청) 내에 작은 부서를 만들어 오직 모험투자회사에만 집중하도록 했다. 그 분야에 고용된 모든 사람은 독일어, 이탈리아어, 프랑스어, 영어에 능통해야 했다.[65]

노가라는 오랫동안 이탈리아 최대 은행인 BCI(이탈리아산업은행)의 이사였으며, 스위스은행 수다메리스(Sudameris)의 이사회에도 속했다. 그는 또 다른 지주 회사를 세워 바티칸이 그런 은행과 다른 은행에 투자할 수 있도록 했다.[66] 돈을 움직이기 위해 이탈리아은행에만 의지하지 않고 스위스의 스위스마이라르도즈은행연합(Maillardoz's Union de Banques Suisses), 스웨덴의 엔스킬다(Enskilda), 네덜란드의 미즈&소망(Mees & Hope)도 활용했다.[67]

노가라는 뉴욕, 런던, 파리의 모건사(House of Morgan)의 문을 두드려, 로마교회의 금 준비금뿐만 아니라 수십만 달러의 유가 증권을 관리하도록 했다. 이탈리아 귀족 가문 출신이며 열렬한 무솔리니 지지자인 모건의 임원인 죠반니 퓨미(Giovanni Fummi)는 월 가에서 일하는 노가라의 사람이 되었다.

비오는 모건의 개입을 알고 기뻐했다. 그는 교황이 되기 전에 바티칸 도서관을 관리하며 7년을 보냈다. 그의 계획 중 하나는 천년 된 수도원에서 발견된 60개의 곱틱어 파편들을 복원하는 것이었다. 뉴욕의 모건코렉션이 복원을 위해 그 파편들을 로마에 보냈다.

당시 라티 경이었던 비오는 뉴욕은행 왕조의 교조인 J.P.모건과 자주 만났다. 그는 이 수다스런 미국인을 좋아했지만, 성공회 교인 모건이 한때 하버드대학교 이사회에서 가톨릭 교인 하나를 빼려고 힘겹게 로비했던 것은 알지 못했다.[68]

노가라가 비오에게 새로운 관계를 말하자, 비오는 이것을 신의 섭리를 알려주는 징조로 간주했다. 이후 비오는 모건과 CEO 톰 라몬트(Tom Lamont)에게 교회에 대한 그들의 특별한 헌신을 기려 성 그레고리대십자가훈장(Grand Cross of Saint Gregory the Great)을

수여했다.[69]

　노가라의 바티칸 투자는 국제적이었지만, 자신이 제일 잘 아는 시장인 이탈리아에 집중했다. 대공황은 많은 이탈리아 회사들을 강타했다. 그는 **1930년**대 중반까지 이탈리아 금융, 전기, 탄광, 섬유, 부동산 회사에 투자했다.[70] 그 투자를 감독하기 위해 자주 합병된 회사들의 이사로 활동했다., 사업상 동료와 정치가의 확장된 모임에서 친분을 키워갔다.[71]

　그런 모임들 중에 피아트 자동차의 설립자 아넬리(Giovanni Agnelli), 이탈리아의 고무 독점 회사의 후계자 피렐리(Alberto Pirelli), 두 이탈리아 보험사, AG사(Assicurazioni Generali)의 몰풀고(Edgardo Morpurgo), RAS(Riunione Adriatica di Sicurtà)의 프리게시(Arnoldo Frigessi di Rattalma)를 친구로 삼았다.[72]

　대공황의 후유증은 이탈리아의 신용 위기를 불러 일으켰다. 은행의 주가, 곧 로마은행, 사르디나부동산신용(Sardinian Land Credit), 산토스피리토은행(Banco di Santo Spirito), 이탈리아신용(Credito Italiano), 심지어 노가라의 BCI도 타격을 입었다. 로마교회의 장기적 투자가 큰 손실로 전환되었다. 노가라는 다른 은행가, 사업가와 연합 로비하여 무솔리니가 산업재건국(Industrial Reconstruction Institute: IRI)을 설립하게 했다.

　이 정부 기관은 망해가는 회사들의 주식을 몰수하고 엄격한 규제를 제도화했다. 이탈리아 금융권의 붕괴를 억제하기 위함이었다.[73] 무솔리니의 국유화 계획은 개인 자본에 작은 역할만 주는 것이다. 그는 산업재건국(IRI)을 세웠다. 민간 부문과 국유화의 혼합 형태였다.

　노가라는 어떻게 IRI가 바티칸에 유익을 줄 수 있을지 나름의 복안을 가지고 있었다.[74] 로마교회가 IRI에게 확신을 주어, 몇몇 국유화된 은행에 대한 교회의 주식을 바티칸이 구매했던 온전한 가액으로 상환, 즉 현금화할 수 있도록 허락하게 하는 것이었다.[75]

　교회가 수백만 리라의 손실을 피하고, 그 부채를 이탈리아 재무성에 떠넘기는 것이었다.[76] 노가라는 은행의 경영 악화를 호기로 삼을 다른 길들을 알아냈다. 그는 많은 은행의 이사로서, IRI의 파시스트 이사들의 친구로서 어떤 은행이 정부의 가장 큰 자금 지원을 받을 것인가 사전에 알 수 있었다. 내부 정보로 무장한 노가라는 바티칸의 돈을 국가 통제에서 벗어나려 하는 소수 은행에 투자했다.[77] * [78]

노가라는 경영난에 시달리는 오일가스회사를 위한 파시스트 지주 회사에 관한 기회를 얻었다. 그는 대형 민간 회사 이탈가스(Italgas), 곧 선도적인 천연 가스 대기업에 대한 내부거래를 얻으려 했다. 이를 통해 파시스트가 과반수 지분을 처분하기로 결정했다는 사실을 알게 되었다. 노가라는 BCI의 이사로서 이탈가스의 구제 금융에 일부 참여했고, 회사의 지분이 상장된 정부의 지주 회사를 맡았다.

무솔리니가 마침내 판매를 승인하자, 노가라와 그의 검은 귀족 파트너들(이들은 이후 비오 12세가 된 형 프란체스코 파첼리 후작에 의해 인도되었다)은 시장 가격의 1/4도 안 되는 가격으로 과반수 지분을 얻으려 했다.[79] 이탈가스는 로마교회의 가장 수익성 있는 투자가 되었다.[80]

전에 그로룩스에게 했던 것처럼, 노가라는 명망있는 가톨릭 평신도를 선택해서 구제된 은행들과 기업들의 이사회에서 일하도록 했다. 이들 모두 결국 교황의 작위와 문장을 받았다.[81] 여러 해에 걸쳐, 그렇게 선택된 이사들은 영향력을 확대해 많은 이탈리아 대형 회사의 겸직 이사회 이사로 일하게 되었다.

노가라는 후 몇몇 재정비된 은행들에 대한 바티칸 소유권을 5% 이자의 IRI 채권과 교환했다.[82] 파시스트가 발행한 채권 투자는 바티칸을 위해서도 좋은 거래였고, 로마교회의 경제적 건강이 이탈리아 정부와 더욱 결합되게 하는 계기였다. **1935년**까지, 농업을 제외하고 이탈리아 경제 분야에서 바티칸이 상당한 투자와 소유권 지분을 갖지 않는 곳이 없었다.[83] 오직 무솔리니 정부만이 바티칸보다 많은 것을 소유했을 뿐이다.

파시스트 정치가들과 사업가들은 바티칸이 주식을 갖고 있는 많은 회사의 이사회에서 일했으며, 이로 인해 주요 산업에서 파시스트와 교회 대표자들이 동일한 의사결정권을 갖게 되었다. 이 혼합은 바티칸이 무솔리니 정부에 대해 최소한의 우호적인 정치적 관용을 유지해야 하는 이유의 배경이었다.

많은 경우, 그것은 어렵지 않았다. 반가톨릭적 경향을 갖는 사회주의자들과 자유 사상가들이 19세기 후반 이래 이탈리아 정치에서 중요한 역할을 감당했고, 이는 교회에 큰 손상을 주었다.[84]

그러나, 이들에 비해 일 두체는 신선했다. 로마교회는 파시스트 사회정책에 관해서 별도로 타협 할 필요가 없었다. 무솔리니의 주장, 즉 공공 도덕, 여자들의 낮은 역할에 대한 믿음, 피임과 낙태의 금지는 파시스트를 교회의 입맛에 맞는 것으로 만들었다.[85]

무솔리니의 반공산주의 자세가 위안이 되는 것 역시 중요했다. 바티칸은 무신론 볼셰비즘을 파시즘을 싫어하는 것 이상으로 두려워했다. 비오는 폴란드의 교황대사처럼 자신의 재위 기간 중에 공산주의를 경멸하기 시작했다.[86] 추기경 국무총리 유제니오 파첼리는 독일 주재 교황대사일 때 공산주의 세포조직의 암살 대상이었다. 물론 암살 시도는 성공하지 못했다.

파첼리 역시 동일한 강경 노선을 가졌다.[87] 두 사람은 소비에트가 종교 단체에 대해 수사학적 전쟁만을 선포한 것이 아님을 알고 있었다. 러시아에서 국가는 모든 믿음에 대해 유혈 전쟁 중이었다. 성직자들을 감옥에 가두거나 죽였고, 교회들을 파괴하여 무신론적 박물관으로 전용했다. 16세 이하 아이들에게는 하나님에 관한 어떤 가르침도 금지했다.[88]

바티칸과 무솔리니가 동맹 관계를 강화하는 동안, 비오는 경제, 사회 문제에 대한 세 가지 교황 회칙을 발표했다.[89] 각 회칙은 고삐풀린 자본주의와 소수에 의한 거대한 부의 집중을 비판하고 국제 금융과 이윤 추구를 "죽은 것"으로 매도하는 일을 반복했다. 그는 자본주의자들을 **"과도 이윤에 중독된 자들"**이라 비난했다.[90]

중세 교리는 돈 자체가 비생산적인 추구라고 선언했다. 이자를 붙여 돈을 빌려주는 것은 부도덕했다. 비오는 수십 년 만에 처음으로 그 교리를 강력하게 재천명했다.

돈에 대한 욕망은 모든 악의 뿌리다.[91]

교황 회칙은 교회와 사업을 하고 있는 민간 영역의 이탈리아인들을 당황하게 했다. 교황이 말한 것은 노가라의 투자 대부분을 불가능하게 만드는 것이었다. 하지만, 바티칸에서 비오와의 만남을 수용하기 전에, 노가라는 자신이 하는 일이 어떤 종교적 교리에 의해서도 제한 받지 않는다는 조건을 분명히 했다.

이것은 오직 소수의 고위 성직자만 알고 있었다. 노가라의 주장은, 그 나라의 정치가 어떠하든지, 세계 어느 곳에 투자하든지 자유로워야 한다는 것이었다.[92]

교황청의 일부 인사들은 노가라의 금융 투기가 교회의 핵심 가치를 위반했다고 투덜거렸다.

그러나, 대차 대조표가 이익을 내는 한에 있어서, 비오와 그의 핵심 참모는 기뻐했다.⁹³ 이것은 역시 관리들이 노가라가 평신도인 까닭에 그에게 상당한 자율권을 주는 것이 더 쉬웠을 것이다.⁹⁴

   노가라의 자유는 보상되었다. 그의 투자 다양성은 교회가 대공황을 무사히 극복할 수 있도록 도왔다. 그의 의도하지 않은 투자 결과의 하나는 전 세계적인 금융 위기가 완화되었을 때, 바티칸과 무솔리니가 서로 깊이 얽혀있었다는 점이다.

제7장

전쟁의 서곡

바티칸-무솔리니의 동업자 관계는 이탈리아가 독일 제3제국과 맺은 밀접한 동맹 관계, 즉 소위 '로마-베를린 추축'(樞軸)에 그 배경을 두고 있었다. 로마교회는 그 정치적 동맹 관계를 감시할 충분한 이유가 있었다. 독일인의 1/3이 가톨릭 교인이었기 때문이다. 히틀러의 국가사회주의당에 의해 촉발된 무신(無神)적인 이데올로기에도, 로마교회는 가톨릭 신자들의 권리를 보호하려면 나치와 협력해야 한다는 것을 인식하고 있었다.

바티칸은 나치에게서 무솔리니 파시즘의 핵심 요소와 동일한 열렬한 반공산주의를 보았다. 그렇지만 비오는 독일과의 최상의 거래 방법을 결정하는 게 간단한 일이 아니라는 것을 알았다. 물론 히틀러가 소련의 독재자 스탈린보다 덜 악하다는 결론을 내리는 것은 어렵지 않았다. 바티칸이 두려워 한 것은 히틀러가 반교회적 언사에 있어서 무솔리니보다 더 열정적이라는 점이었다.

나치의 정책에 따르면, 국가만이 존경을 받아야 했다. 히틀러가 가톨릭 신자로 성장했고 몇몇 제3제국 목사들이 가끔은 **"긍정적인 기독교"**를 말했던 까닭에 일부 교회 관리들은 시간이 지나면 히틀러가 자신의 반교회적 언사를 누그러뜨릴 것이라 기대했다. 히틀러는 일관성 없는 태도를 보였다. 한때는 교회가 독일 국민의 삶에서 총체적인 요소가 되어야 한다고 선언했지만, 또 다른 경우에는 이렇게 말했다.

당신은 그리스도인이거나 독일인 중 하나다. 이 둘이 될 수는 없다.[1]

그러나, 히틀러는 사적인 자리에서 기독교를 독일에서 "뿌리뽑겠노라"고 동료들에

게 약속했다.[2]

　독일인들의 험한 언사에도 독일인들을 신뢰할 수 있다고 여긴 인물이 있었다. 국무총리 유제니오 파첼리(Eugenio Pacelli)였다. 공인된 친독일파인 파첼리는 2년 동안 독일 주재 교황 대리대사였다. 파첼리는 **1933년** 히틀러가 독일 수상으로 임명된 지 몇 주 후 독일 수상에게 개인적으로 편지를 보냈다. 나치의 강한 반공산주의 정책을 완곡하게 승인하는 내용의 편지였다.[3] 그 당시 유럽 어느 나라도 히틀러 정부를 인정하지 않던 때였다.

　히틀러는 파첼리가 보내온 편지의 서두를 읽어보았다. 만일 바티칸이 제3제국에 대한 도덕적 권위를 승인한다면, 다른 나라들도 이를 따를 것으로 생각했다. 히틀러와 같은 생각을 가진 무솔리니는 바티칸과의 조약을 추진했다.

　비록 히틀러는 가톨릭교회를 파괴하려 했지만, 전임자 비스마르크(Bismarck)의 실수를 범하지 않고 집권 초기에 광범위한 대중적 신뢰를 얻고자 했다.[4]

　나치의 고위층은 파첼리가 다른 교회 관리자처럼 기꺼이 거래를 수용할 것임을 알았다. 파첼리는 교황 대리대사 기간 중 바바리아(1924), 프러시아(1929), 바덴-뷔르템버그(Baden-Württemberg)(1932)와의 협정을 마무리했다.[5]

　히틀러는 부수상이며 교황기사였던 프란쯔 폰 파펜(Franz von Papen)을 로마에 파견하여 교황이 제3제국과 정식 조약을 맺으려 하는지 확인하려 했다.[6] 독일 공군(Luftwaffe)의 수장이며 히틀러의 가장 가까운 참모 중 한 명인 헤르만 괴링(Hermann Göring)이 파펜에 동조해 독일은 매우 진지하다는 점을 바티칸에게 강조했다.

　파첼리와 파펜은 **1933년 4월** 비밀 교섭을 시작했다.[7] 그때는 나치가 유대인들을 겨냥한 전쟁을 조금씩 진행하던 달이었다. 4월 1일, 독일 국가사회주의자들은 범국가적인 유대인 거부 운동을 시작했다.[8] 나치의 우뢰같은 기병들이 유대인 가게들을 불태우고 유대인을 습격했다.[9]

　이 무법 행위가 시작된 지 3일 후 제3제국은 유대인에 관한 첫 번째 칙령을 통과시켰다. 그것은 '사법시험에 관한 법률'(Law Regarding the Admission to the Bar)로 유대인 변호사들의 활동을 금지하는 내용이었다.[10] 일부 역사가가 **"칙령에 의한 탈취"**라 부르는 것의 시작이었다.[11]

　수일 후 유대인을 대민업무에서 배제시키는 법률이 발효되었다. 그들이 **"아리안**

족"(Aryan, 백색 계통의 인도 유럽 종족으로 유럽인의 조상이다)이 아니라는 이유 때문이었다.

일주일 후 유대인이 교사와 판사로서 활동하는 것을 금지하는 법률이 효력을 발효되었다.[12] 대학에서 공부할 수 있는 허가를 받은 유대인의 수는 1%로 정해졌다.

유대인 참전 용사와 그 가족의(32,000명 이상의 유대 독일군인이 제1차 세계대전 중에 전사했다) 연금이 모두 차단되었다.

4월 11일, 나치는 처음으로 유대인을 다른 민족으로 차별했다. 즉, 조부모 중 한 명이라도 유대인인 사람은 **"비아리안족"**이라는 낙인이 찍혔다.[13] 일반 독일인들이 유대인을 아리안족과 구별하는 것을 독려하기 위해 수천 장의 교육용 도표가 배포되었다.[14]

5월, 나치는 처음으로 군중들 앞에서 책을 소각했고 이는 몇 차례 계속되었다. 책 소각은 공공 도서관에서 유대 지식인들과 학자들의 문학적, 과학적 기여를 말소하기 위한 행위였다. 카프카, 헤세, 브레히트, 아인슈타인, 프로이드의 책이 여기에 포함됐다.[15]

극렬한 국가적 반대, 배타적인 법률 책 소각은 모두 로마교회에 대한 초기의 시험이었다.

과연 교회가 나치의 끊임없는 반유대주의를 관용할 것인가?

초창기의 중요한 몇 달 동안도 나치와의 교섭이 진행되고 있었고, 어떤 바티칸의 관리나 독일 주교도 독일 유대인들에게 일어나고 있는 일을 비난하지 않았다.[16] 그대신 브레스나우의 추기경인 아돌프 베르트람(Adolf Bertram)은 이것에 관여해 달라는 탄원을 묵살했다. **"독일의 조치가 로마교회와 전혀 가깝지 않는 이익 집단에 관한 것이다"**라는 이유 때문이었다.

베르트람은 이렇게 말했다.

의심할 여지없이 유대인의 손아귀에 있는 신문사는 가톨릭 신자들에 대해 지속적으로 침묵하여 왔다.[17]

가장 영향력 있는 성직자 중 한 명인 뮌헨의 추기경 미카엘 폰 파울하버(Michael von Faulhaber)는 독일 사제들에게 나치 정부를 지원하라는 명령문을 배포했다. 그는 제3제국에 대해 자신의 온전한 **"확신"**을 반복했다.[18] 파울하버는 후 파첼리에게 다음과 같은 편지를 썼다.

우리 주교들은 '왜 가톨릭교회가, 역사상 자주 그랬던 것처럼, 유대인을 위해 개입하지 않는가'라는 질문을 받고 있다. 현재 우리는 그런 개입을 할 수 없다.

왜냐하면, 유대에 대한 투쟁은 동시에 가톨릭에 대한 투쟁이 될 수 있기 때문이다.

또한, 유대인은 자립적이기 때문이다.[19]

4월 25일, 수천 명의 독일 사제들은 그들의 교구 결혼(parish marriage)과 세례 증서를 넘겨줌으로써 역사가 존 콘웰(John Cornwell)이 말한 **"반유대 행정부서"**의 일부가 되었다.[20] 나치는 이 서류들을 사용해 혈통의 순수성을 증명했다. 나치는 채 두 달도 지나지 않은 7월 14일에 **'유전적 질병 후손 방지법'**을 제정했다.

이 법은 9개의 가상적 유전 조건 중 한 가지 이상을 가진 사람들이 불임 수술을 받는 것을 제도화했다. 그 조건에는 귀먹어리, 맹인, 우울증과 조현병, 정신박약, 신체적 불균형, 심지어 알코올 중독이 속했다. 바티칸 관리들은 강제적 불임 시술이 교회의 가르침과 1930년의 비오의 회칙인 **"정결한 결혼 생활에 대하여"**를 정면으로 위반하는 것이기 때문에 어떻게 할 것인가 논의했다.[21]

그렇지만 교황은 제3제국과 진행 중인 교섭이 비판 때문에 무산될 것을 염려했다. 바티칸은 침묵했다.[22] 비오는 개인적으로 주교들에게 불임 법령 반대를 위한 추후의 운동을 배제하지 않는다고 말했지만, 그들에게 이런 반대 운동을 하도록 독려하지는 않았다. 결국 40만 명의 독일인들이 불임자가 되었고, 바티칸은 10년 동안 이에 반대하는 목회 서신을 발표하지 않았다. 다만 전쟁의 흐름이 나치에 불리하게 바뀐 이후만 이를 발표했다.[23] * [24]

파펜과 파첼리는 1주일도 지나지 않은 7월 20일에 33개 조항으로 구성된 **제국협약** 조약에 서명했다. 거의 3개월간의 교섭의 결과였다. 소문에 의하면, 파첼리는 최종안에 만족하지 않았다고 한다. 너무 서두른 감이 있었고, 독일 측이 더 많은 영향력을 갖고 있다고 느꼈기 때문이다.[25]

히틀러는 적어도 서류상으로는 교회가 원했던 여러 보호 장치를 승인했다. 국가 사회주의자들은 가톨릭 신자의 신앙 생활을 보장하고 그들이 어떠한 징벌도 없이 이를 공개적으로 표현하는 자유를 보장했다.

가톨릭 신자는 **"가톨릭 제도와 가톨릭적인 행위를 하는 일에 있어서 보호를 받았다."**

교단들은 교회에서 받은 급료에 대한 세금에서 면제되었다. 가톨릭 학교를 운영하는 권리도 다시 한번 확정되었다.[26] 정부 노동자가 교회를 비난하는 것이 금지되었다.[27] **1919년** 이래 실행되어 온 독일 가톨릭 신자에 대한 세금인 교회세(Kirchensteuer)를 "**부과할 수 있는 교회의 권리**"가 공식적인으로 승인되었다.

교회는 때로 신자들이 이를 자발적으로 납부하도록 하는 것에 어려움을 겪었다. 제3제국은 후 자동 급여 공제 제도를 통해 가톨릭 임금 소득자들에게 8-10% 세금을 부과하는 데 합의했다.[28] 그것은 국가나 정부가 걷어들인 세금의 일부를 바티칸에 제공하는 것에 동의한 최초 사례가 되었다. 이것은 교회와 제3제국 간의 독특한 결합을 보여주는 사례였다.[29 * 30]

바티칸은 그 대가로 히틀러가 원하는 공식적인 지지를 허용했다. 제국협약 16조는 독일 주교들과 추기경들이 제3제국에 대한 충성 맹세를 하도록 요구했다. 이는 한 독일 주교회의가 나치당 가입을 불허하고 나치 완장(swastika)을 찬 자는 성례 참석하는 것을 금지했던 **1932년** 조치를 파기하는 조약이었다.[31]

또한, 조약안은 "**독일 제국의 복지를 위해 특별한 기도**"가 매 주일, 성일의 미사에 삽입될 것을 규정했다.

독일은 논쟁이 가장 심한 규정에서 이겼다. 32조는 모든 성직자의 정치 정당 가입 금지를 규정했다. 이것은 가톨릭중앙당의 몰락을 가속화했다. 독일의회(Reichstag)에서 선출된 사제들의 사임을 강제하기 때문이었다.[32]

모든 교회 조직과 교단은 정치적 견해를 나타내는 것이 금지되었다. "정치적"이라는 용어의 정의는 나치가 결정할 사안이었다. 이 제국협약의 핵심은 분명했다. 즉, "**교회의 교리와 도덕적 가르침과 원리**"에 대한 것이 아니면 의심의 대상이라는 것이다.[33]

나치는 사제직의 순수성을 확보하기 위해 독일 내에서 봉직하는 모든 사제는 독일에서 교육을 받은 독일 출생의 시민권자일 것을 요구했다. 독일 상류층만 이에 해당됐다. 종교적 가르침은 국가에 대한 애국심과 헌신을 장려해야 했다.[34]

파첼리는 유대교에서 개종한 가톨릭 신자들, 곧 나치가 말하는 "**비아리안 가톨릭 신자들**"을 보호하는 구절을 삽입하고자 했다. 제3제국의 인종법하에서는 이런 개종인도 유대인으로 간주되었다. 나치에 따르면, 심지어 개종자의 아이들과 손자들-이들 중 30만 명이 독일에 있었다-은 여전히 유대인이었다.[35]

교회 관료들은, 혈통이 유대인의 정체성을 규정하는 유일한 기준이라면 유대인을 가톨릭으로 개종시킬 더 이상의 유인책이 없을 것이란 점을 우려했다.[36] 역사상 가장 최악의 유대인 핍박, 심지어 '피의 스페인 종교재판'에서도 개종은 고문이나 죽음을 피하기에 충분한 것이었다. 비오 11세는 개종을 자신의 교황직의 중심 주제로 삼았다.

하지만, 독일은 **"비(非)아리안 가톨릭 신자들"** 을 위한 어떤 보호 정책도 거절했다. 나치 이론가들은 개종된 유대인이 위험하다고 여겼다. 그들이 가톨릭교를 택함으로써 유대 정체성을 숨긴 채 은밀한(sleeper) 첩보원이 되어 독일을 부패시킬 것이라는 이유 때문이었다.[37]

파첼리는 5년 후 주교들에 대한 호소문을 발표해 그들이 비아리안 가톨릭 신자들을 위한 20만 개의 출국 비자를 얻을 수 있게 도와 달라고 요청했다.[38]

흥분을 감추지 못한 히틀러는 **"새로운 독일과의 조약은 가톨릭교회가 국가사회주의 국가를 승인하는 것이다"** 라며 자랑했다.[39] 제국협약은 일반 독일인들에게 바티칸이 제3제국을 승인했다는 점을 확신시켰다.

독일 가톨릭 신자들은 아무 거리낌 없이 나치를 수용했다. 제국협약 후 몇 달 안에 엄청난 수의 가톨릭 신자가 나치 당원이 되었다. 일부 성직자도 가입했고, 한 주교는 친위대에도 들어갔다.[40]

그해 9월(1933년), 독일의회가 그 조약을 비준한 후, 독일 주재 교황대사인 대주교 세자레 올세니고(Cesare Orsenigo)는 베를린에 있는 18세기 성당인 성 헤드빅대성당에서 대사제 미사를 통해 이를 축하했다.

가톨릭 친위대 요원들이 특별 초대를 받았다. 성당 천장은 교황 깃발로 장식되었고, 그 옆에는 나치의 십자가형 문양이 걸렸다.

올세니고는 설교 중에 히틀러를 **"하나님에 대한 헌신으로 특징되는 사람, 독일 인민의 복지만을 진지하게 고려하는 사람"** 으로 찬양했다. 군중이 정말 많았다. 수천 명이 성당 안의 의자가 없는 방으로 들어갈 수 없었다. 설교 내용을 대형 스피커를 통해 밖에 있는 열광하는 인파에게 방송했다.

제국협약은 나치에게 중요했다.[41] 이것은 그들에게 가톨릭중앙당에 대한 의회투표권을 주었으며, 더 나아가 정부에 대한 그들의 지배권을 강화시켰다.[42] 히틀러가 옳았다. 히틀러가 외국-비록 바티칸과 같은 작은 나라일지라도-과 맺은 첫 번째 조약은 그의 이미지를 좋게 만들었다.⁴³ 추기경 폰 바오로하버는 그 거래를 후회했다. 그럼에도 그는 일요일 설교에서 히틀러를 찬양했다.

교황과의 이 협약, 즉 세상 역사상 가장 위대한 도덕적 세력과의 협약은 헤아릴 수 없는 축복입니다. 주님, 우리 민족을 위해 히틀러를 보호하소서.⁴⁴

나치는 자신들의 반유대정책을 최초로 대대적으로 파급시키는 동안 바티칸이 자신들과 성의있게 교섭한 것을 자랑스러워했다. 히틀러는 다른 나치 요원에게 이 조약이 "국제적인 반유대 투쟁의 긴급성에서 특별히 의미있다"는 정치적 발언을 했다.⁴⁵ 그는 사적인 자리에서 이렇게 자랑했다.

나는 바티칸을 속인, 역사상 몇 안 되는 사람들 중 하나이리라.⁴⁶

나치는 베를린에서의 대사제 미사 2주 후 새로운 인종 명령을 발표했다. 이것은 유대인을 모든 예술, 드라마, 문학, 영화 언론사에서 제외시키는 것이었다. 그 다음날, 유대 농부들은 농장의 소유가 금지되었고, 가족 자산으로의 유산권이 거부되었다.

협약 후 한 달만에, 교황 비오 11세는 한 영국 외교관에게 자신이 **"유대인에 대한 독일의 핍박"**에 대해 알고 있다고 말했다.⁴⁷ 하지만, 항의할 의사가 있다는 것을 나타내지는 않았다. 교황은 반유대주의에 물든 교회 신학의 테두리 안에서 성장했고 그 안에서 교육을 받았다.⁴⁸

게다가 그는 교회와 유대인의 관계에 있어서는 자신이 결코 개혁주의자가 아니라는 것을 분명히 했다. 비오는 제국협약이 성사되기 5년 전에 개혁주의 가톨릭 운동인 **"이스라엘의 친구들"**(Friends of Israel)의 노력을 거절했다. 이것은 **"유대인의 배신"**과 **"배신자 유대인"**에 대해 언급하는 **"거룩한 주간"**(Holy Week)을 폐지하는 것이었다.⁴⁹

비오 11세는, 항의하는 유대인은 시오니즘을 고취하고 팔레스타인을 자신들의 고국으로 만들려고 시도하는 자들이라고 생각했다.⁵⁰ 그것은 금기어(터부)였다. 전임자 비오 10세는 **1904년**에 시오니즘의 아버지 테오도르 헬즐(Theodor Herzl)을 만나서 그것을 확실히 했다. 교황은 헬즐에게 이렇게 말했다.

우리는 유대인이 예루살렘으로 가는 것을 막을 수는 없다.

그러나, 우리는 이를 승인할 수도 없다. 유대인은 우리의 주님을 인정하지 않았다.

그러므로, 우리도 유대 민족을 인정할 수 없다. 마찬가지로 당신이 팔레스타인으로 가고, 당신의 민족을 거기에 정착시킨다면, 우리 역시 교회와 사제를 준비하여 당신 모두를 세례하도록 준비하겠다.[51]

그런 수사학에 따라서 비오 11세는 **"이스라엘의 친구들"** 을 해체했다.[52]

교회 관리들은 노숙자, 거지, 실업자를 강제수용소에 유치하는 **1933년 11월**의 나치 입법에 대한 반대 언급을 하지 않았다.

또한 제3제국이 **1935년 6월** 법을 제정해 강제 낙태를 도입함으로써 유전병의 전달을 막도록 했을 때도 그들은 별다른 언급을 하지 않았다.

1935년 11월, 두 개의 소위 뉴렘버그법(Nuremberg Laws)이 통과된 것에도 침묵했다. 하나는 **"독일 혈통과 명예의 보호를 위한 법"** 으로 유대인과 아리안 간의 성관계와 결혼을 형사처벌하는 법이며, 다른 하나는 **"제국시민권법"** 으로, 유대인에게서 그들의 시민권을 박탈하는 법이었다.

그런 정책으로 로마교회에 불쾌감을 주었던 바티칸의 유일한 협정 당사자는 독일뿐만이 아니었다. 이탈리아도 마찬가지였다. **1935년**, 바티칸은 자신들이 설교했던 도덕적 가치, 노가라의 투자 전략의 일부가 되었던 이윤 추구 사이에서 선택을 해야 했다.

10월 3일, 10만 명의 이탈리아 군인들이 이탈리아-소말리랜드의 국경을 넘어 에디오피아를 침공했다. 선전 포고는 없었다. 2주 후 이탈리아군은 하일 세라씨(Haile Selassie) 황제의 50만 명 군대를 포위했다. 그들은 원시적인 창, 활, 어떤 경우는 오래된 19세기 소총으로 무장되어 있었다.

이탈리아 군인들은 거룩한 수도인 악숨(Axum)을 초토화시켰다. 그 도시를 장악한 기념품으로 로마에 성스러운 오벨리스크를 보냈다.* [53]

에디오피아 군사 작전은 무솔리니의 야심에서 중요한 부분이었다. 이탈리아 제국을 재건해 어떤 방해도 받지 않고 남부 유럽에서부터 아프리카 중부 동부로 확장시키려는 것이었다. 에디오피아-당시에는 아비씨니아(Abyssinia)-는 일 두체의 확장 정책에서 최우선 대상이었다. 에디오피아는 유럽 식민지가 아닌 아프리카 국가 중 하나였다. 프랑스와 영국은 거대한 제국을 이루었고, 다른 유럽 나라들도 자신들이 개척한 아프리카 식민지를 자랑했다.[54]

광물이 풍부한 에디오피아는 북서로는 이탈리아의 에리트레아 식민지, 동쪽으로는 이탈리아 소말리랜드의 자연스러운 확장이었다. 마침내 무솔리니는 39년 전 이탈리아-아비씨니아 사이의 첫 번째 전쟁에서 이탈리아가 패배한 것을 조금이나마 설욕했다.

침략은 야만적이었다. 비록 이탈리아가 전쟁 규범을 규제하는 **1925년** 제네바 협정에 서명했지만, 무솔리니의 군대는 그런 규칙을 무시했다. 그들은 대포와 비행기로 폭격하는 과정에서 4-5백톤의 금지된 독가스를 사용했으며, 소이탄을 사용하여 하랄 도시의 민간인들을 학살하고, 심지어 국제적십자사 차량과 캠프에도 가스를 살포했다.[55]

UN의 전신인 가장 무력한 국제연맹이 이탈리아를 침약자로 비난했으나, 소속 회원국들은 무엇을 해야 하는지에 대해 일치할 수 없었다. 노가라는 이탈리아 경제에 손해를 끼칠 제재를 통과시키려는 노력이 무산되기를 바라며 연맹을 감시했다.

연맹은 너무 늦게 움직여, 노가라의 소수 이탈리아 친구들은 자산을 바티칸 지주 회사들로 옮길 시간을 벌었다. 바티칸은 국제연맹의 어떤 조치에도 손해를 입지 않았다. 전쟁에 개입하지 않는 독립국이었기 때문이다.[56] 걱정할 것이 없었다. 제재는 전혀 효과가 없었고, 이탈리아는 제재를 보란듯이 무시했다.[57]

바티칸에게 전쟁은 전혀 염려할 만한 것이 아니었다. 사실 로마교회는 무솔리니와 맞붙을 이유가 없었다. 대부분의 이탈리아인들은 침공을 지지했다. 비오 자신도 전투에 나가는 군인들 몇몇을 축복했다.[58]

그리고 교황은 교회 강단에서 드러나는 성직자의 열정을 약화시킬 어떤 시도도 하지 않았다. 그는 밀라노의 추기경 알프레도 일데폰소 슈스터(Alfredo Ildefonso Schuster)가 그 전쟁을 가톨릭을 위한 십자군 전쟁으로 선언했을 때도 침묵했다.[59] 아말피, 브린디시, 소렌토의 인기있는 대주교들이 국제연맹을 하나님 없는 위선자라고 책망했다.[60] 무솔리니는 나치 관리들에게 이렇게 자랑했다.

와, 바티칸이 아비씨니아 전쟁을 거룩한 전쟁으로 선언했다![61]

영국과 프랑스는 비오의 이탈리아 군사 작전에 대한 암묵적 지원 침략 반대나 민간인이 처한 곤경에 관해 언급하기를 거부하는 태도에 기분이 상했다. 동일한 비난이 침략에 대해 엄격한 외교적 침묵을 지키고 있는 국무총리 파첼리에게로 확대되었다. 몇몇 관찰자는 교황이 도덕적 권위를 지키기를 거부하는 이유가 에티오피아 국민 대부분이 무슬림이고 그곳에는 가톨릭 신자들이 거의 없기 때문이라 생각했다.

그러나, 교황은 에디오피아의 인구 통계보다 무엇이 사업에 최선인가를 고려하는 동기에 따라 움직였다. 교회는 브레다, 레지아네, 군수물자 무기 제조업체인 국가항공회사(Compagnia Nazionale Aeronautica)의 지분을 가지고 있었다.[62]

노가라가 교황에게 분명하게 주지했던 것은 바티칸의 이탈리아 주식들과 무솔리니 발행의 채권 투자 규모에 비추어, 간략하고 성공적인 군사 작전이 교회의 이해 관계에 가장 잘 부합된다는 점이었다. 중산층인 노가라가 볼 때, 바티칸은 실질적인 전시 차관을 파시스트 정부에 제공했다. 이는 수십 년 동안 비밀로 남아있었다.[63]

무솔리니는 그 반대 급부로 법인세, 부동산세와 판매세에서 일부를 떼어낸 "교회 교부금"(ecclesiastical dispensations)을 로마교회에 제공했다. 이 세금은 그가 에디오피아 침공 기금을 모으기 위해 부과했던 세금이었다.[64]

노가라는 이 침략에 대한 영국과 미국의 반대가 격해지는 것을 우려했다. 그는 교황과 라파엘 규아릭리아(Raffaele Guariglia)에게 이에 대해 보고했다. 그는 이탈리아의 에티오피아관리청의 수장이었고, 식민지 확대를 강하게 주창하는 인물이었다.[65]

노가라가 이 두 인물에 전한 메시지는 동일했다. 갈등의 장기화는 이탈리아의 자원과 예산에 부담이 될 것이며, 일반 이탈리아인들 간에 광범위한 비관론을 낳을 것이고, 잠재적으로는 경제침체로 이어져 극단주의적인 정당들이 성장할 것이라는 점이었다.[66]

바티칸은 노가라의 염려를 공유했다. 비오는 격렬한 전투가 **1936년 5월 7일**에 끝나자 기뻐했다. 이날 이탈리아는 그 나라를 합병하고 이탈리아왕 빅토르 엠마누엘 3세(Victor Emmanuel III)를 황제로 임명했다.

무솔리니는 서로 인접한 에티오피아, 에리트레아, 소말리랜드를 이탈리아 동부 아프리카로 통합했다. 그 짧은 기간 동안 2천 5백 명의 이탈리아 군인들이 전사했다.

그러나, 군인과 민간인을 합쳐 2십 7만 5천 명의 에디오피아이 대량 학살되었다. 이런 대량 학살은 승리한 이탈리아의 환호 속에서 잊혀졌다. 심지어 교황도 이탈리아의 주요한 고관들과 함께 종전을 축하하고 무솔리니에게 깊은 감사를 표했다.

망명 중이었던 에티오피아 황제 세라씨는 다음 달에 제네바의 국제연맹 앞에서 열렬한 연설을 했다. 그는 **"오늘은 우리지만 내일은 당신일 것이다"**라고 경고했다. 연맹은 또 다른 무기력한 비난 성명을 발표했다. 무솔리니는 승리에 도취하여 몇 주 전에 이탈리아를 연맹에서 탈퇴시켰다.

새로운 식민지에서 파시스트 정부는 반인종 간 출산법(anti-miscegenation laws), 즉 다른 종족 간의 결혼, 동거, 성관계를 금지하는 법을 강제했다. 과거에는 자유 국가였던 곳에서 이제는 거주 분리가 시행되고 엄격히 집행되었다.

그러나, 바티칸은 침묵했다.

피정복 식민지로부터 얻어지는 것은 돈이었다. 무솔리니는 새로운 기관인 '왕립바나나독점사업'(Regia Azienda Monopolio Banane)을 발표하고, 이 기구를 통해 모든 아프리카 식민지와의 수익성 좋은 바나나 거래를 통제하도록 했다. 이 기구는 48명의 사업가들에게 독점권을 나누어 주었는데, 이들은 고위 파시스트이거나 바티칸이 선별한 자들이었다. 67 * 68

1937년 에티오피아의 내란은 식민지 군사령관에 대한 암살 시도가 실패함으로써 끝이 났다. 무솔리니는 보복으로 대량 학살을 명했다. 약 3만 명의 에디오피아들이 학살되었으며, 이 중에는 교육 받은 젊은이의 절반이 포함되었다. 비오나 다른 고위 성직자는 여전히 침묵했다. 영국 외무성에서 관리들 사이에 폭주하는 전신은 지금은 널리 퍼진 서구의 견해를 반영했다.

> **교회는 이것이 전적으로 이탈리아적이지 결코 '가톨릭적'인 것과는 거리가 멀다는 것을 증명했으며, 교회는 무솔리니의 주머니 속에 있다.** 69

1937년, 노가라는 교회의 투자 대상을 유럽 너머로 확장했다.70 그는 미국을 여행하며 부유한 교구가 있는 뉴욕, 시카고, 워싱톤, 필라델피아, 클리블랜드에 머물렀다. 그는 각 도시의 영향력 있는 사업가들을 만났다.

뉴욕에서 지오바니 퓨미와 모건사의 동료 투자 은행가들과 함께 많은 시간을 보냈다.71 그는 그들의 충고를 따라 제조사들과 몇몇 전기 회사의 주식, 미국 재무성 채권들에 310만 달러를 투자했다.[72] 바티칸은 노가라의 세심한 인도 덕분에 신세계에서 탄탄한 경제적 기반을 갖게 되었다.

투자 다양화에 대한 노가라의 결심을 촉발한 것은 독일의 주데텐 지방의 권리를 주장하는 히틀러의 지속적인 대립적 언사였다. 주데텐 지방은 대부분 독일어를 사용하는 주민들로 구성된 체코의 북서쪽에 있는 지역이다. 체코 군부는 히틀러의 강제적 반환 요구를 염려하여 국경에 요새를 짓기 시작했고 군대를 주둔시켰다.

바티칸 내부에서, 독일이 긴장을 단계적으로 증가시키고 있다고 생각하는 사람은 노가라만이 아니었다. 나치 노골적으로 제국협약을 위반하고 있었다. 나치는 일반 독일인들에 대한 교회의 도덕적 영향력을 줄이기 위한 제3제국의 조직화된 노력의 일환으로 공개적인 "도덕 재판"을 열기 시작했다. 여기서 신부들과 수녀들이 날조된 금융 부패 성범죄를 이유로 기소되었다.[73] 가톨릭 주간지들은 더욱 엄격한 검열을 당해야 했다.[74]

나치는 교황의 할머니가 **"화란계 유대 여자"**라는 소문을 퍼뜨렸다. 비오는 나치와 대결하기를 원했으나, 파첼리는 비오를 말렸다.[75] 교황 회칙의 초안이 고위 성직자들에게 회람되었고, 그 언어는 격렬한 내부 토의 과정에서 완화되었다.[76] 그 타협물이 비오의 회칙인 **"불타는 슬픔을 안고"**이다.[77] 일반적인 회칙들의 기준으로 본다면, 이것은 상당히 직설적인 내용을 담고 있었다. 예를 들면, 어떻게 나치가 반복적으로 제국협약을 위반했는지에 대한 교황의 비난이다.

또 다른 예를 들면, 제3제국이 점증하는 독일국가 숭배를 조장해 가톨릭을 배제하는 지경에 이른 것을 은근히 책망하는 내용도 있었다.[78]

비오는 교회를 소위 **"피와 종족의 신화"**로부터 분리시켰다.[79] 유대인은 언급되지 않았다. 비록 이 회칙이 가톨릭으로 개종한 사람들에게 **"위안과 힘"**을 간접적으로 제공했지만 말이다.[80]

제3제국의 관리들은, 이 회칙이 유대인 박해를 언급하지 않거나 독일이 반유대주의를 제도화하는 것을 비난하지 않는 것만으로는 만족하지 않았다. 그들은 교회가 국가처럼 불가결하다는 중요한 주제에 대해 크게 화를 냈다.[81] 이 회칙을 출판하는 독일 회사들은 문을 닫았고, 종업원들은 감옥에 갇혔다. 외무성은 독일 고위 주교들이 강단에서 이것을 읽었다는 이유로 그들을 질책했다.[82] 소수의 나치 관리들은 제국협약을 폐기

하라고 촉구했다.[83]

하지만, 히틀러는 제국협약을 유지하기를 원했다. 그는 교회를 화나게 하는 데에는 개의치 않았지만, 전쟁이 끝날 때까지 총체적인 국가 권력을 통해 교회에 적대할 의도가 없었다.[84]

게다가 바티칸 주재 독일 대사인 디에고 폰 베르겐(Diego von Bergen)의 노트는, 파첼리가 이 회칙 발표 이후의 만남에서 화해를 요청했음을 보여주었다.

파첼리는 독일 국민의 역경에 대한 자신의 동정심을 표현하며 매우 세심하게 배려했다. 그는 심지어 야전 사령관 괴링을 만날 것을 제안했다.

이것은 제3제국의 분노를 완화시키는 데 도움이 될 수도 있었다.[85] 괴링의 반응은 독일 신부들과 수녀들에게 모욕을 주기 위한 도덕 재판을 밀어붙이자는 것이었다.[86]

그 다음 해(**1938년**)까지, 교황은 제3제국과 파시스트 이탈리아 내에서의 군사적인 반유대주의에 대해 불안해 했다.[87] 그런데 교황은 갑작스레 생각을 바꿔 신학교와 대학의 심의회가 이탈리아 신학 교수들을 찾아가 나치의 인종 사이비과학에 대응하도록 제안했다.[88]

히틀러가 5월 국가 원수 자격으로 로마를 방문했을 때 바티칸을 방문하지 않았다. 비오는 교황이 여름 거처로 사용하는 가스텔 간돌포(Castel Gandolfo)로 갔다. 양측은 상대가 자신을 모욕했다고 주장했지만, 양측 모두 모임을 주선하려고 힘쓰지 않았다는 점은 의심할 여지가 없었다.[89]

7월, 교황은 무솔리니에게 자신이 맛본 좌절감을 표출했다. 비오는 일 두체가 "종족선언"(Manifesto of Race)을 발표했을 때 분노했다. 이것은 허접한 파시스트 학자들이 서명한 선언문이었다. 이것의 결론에 따르면, 이탈리아인들은 **"순수한 아리안 종족"**이며, **"유대인은 이탈리아 종족에 속하지 않는다."**[90] 비오는 이 선언과 이어지는 인종법이 **"가톨릭 교리에 반하는"** 것이라고 자신의 참모들에게 말했다.[91]

하지만, 교황의 일상적인 업무처리 방식에 따라, 바티칸은 공개적으로는 어떤 언급도 하지 않았다. 비오는 바티칸 주재 영국 장관 오스본 경(Sir D'Arcy Godolphin Osborne)과 사적인 대화를 나누는 동안만 자신의 솔직한 두려움을 표현했다. 즉, 유럽의 새로운 파시스트들이 공산주의를 대신해 교회의 가장 위험한 적이 되었다는 두려움이었다.[92]

몇 개월 후, 비오는 벨기에 순례자들과 대화하는 자리에서 그들이 자신에게 선물로 준 오래된 미사 기도서(missal)를 받고서 눈물을 흘렸다. 교황은 아브라함에 대한 부분에 이르렀을 때 이렇게 말했다.

> 우리는 모두 자기 방어권을 가지며, 정당한 이익을 보호할 필요한 수단을 가질 수 있음을 인정합니다.
> 하지만, 반유대주의는 인정할 수 없습니다. 영적으로 우리는 모두 셈족입니다.[93]

비오는 한계에 이르렀다. 소수의 참모들만이 그가 6월 말에 미국의 예수회 회원 존 라파르지(John LaFarge)를 가스텔 간돌포로 소환했다는 것을 알았다. 교황은 라파르지에게 반유대주의와 반인종주의에 관한 회칙 초안을 만들 것을 요청했다.

이는 바티칸의 조용한 관망 정책에 있어서 중요한 전환을 의미했다. 라파르지의 선택은 비오가 신중했다는 것을 의미했다. 예수회 잡지인 **「아메리카」**(*America*)의 편집인이었던 그는 남부 분리주의에 반대하는 강력한 입장을 가진 인물들 중 한 명으로 상당한 명성을 가진 자였다.

이전 해에, 라파르지는 『수도회의 원리로써의 종족 간 정의』를 출판했다.

이 책은 미국의 인종주의에 반대하는 것으로 널리 알려진 책이었다.[94] 그는 두 명의 동료 예수회 회원을 자신의 조력자로 선택하면서 이를 비밀로 할 것이라고 맹세했다. 그 두 사람은 이전의 회칙에 협력했던 사람들이었다.[95] 그들은 파리에서 3개월 동안 성실하게 일했다.

제3제국은 이중 첩자들과 내부 정보원들을 이용해 독일교회와 타협했다. 심지어 독일 주교일 것으로 예상되는, 일급 내부 정보를 제공해 줄 정보원을 고용하기도 했다.[96] 그 정보원은 독일이 유대인을 상대로 전쟁을 일으킨 것 때문에 비오가 독일을 공격할 회칙을 만들기에 집중하고 있다고 나치에게 경고했다.

그해 9월, 라파르지는 **"인종의 통일"**이란 제목의 초안을 제출했다. 교회의 의례 절차에 따라, 세 사람은 영어, 라틴어, 불어, 독어본을 예수회의 애국자이자 폴란드 대부인 신부 블라디미르 레도코브스키(Wladimir Ledochowski)에게 건넸다(그는 **"검은 교황"**으로 불렸는데, 이는 그의 옷 색깔 그가 행사하는 권력에서 기인했다. 미국정보부는 **"그는 이탈리아를 포함한 모든 나라에서 파시스트 정치 운동을 끊임없이 지지하는 인물이다"**라는 잠정적

인 결론을 내렸다).**⁹⁷**

레도코브스키는 수정 작업을 위해 이것을 예수회 잡지인 「**가톨릭 문명**」(*La Civilta Cattolica*)의 편집자인 신부 엔리코 로사(Enrico Rosa)에게 건네 주었다. 비오가 획기적인 회칙을 의도했던 것을 고려할 때, 그것은 이상한 선택이었다. 「**가톨릭 문명**」은 악명 높은 반유대주의의 역사를 가진 잡지였다.

신부 라사는 유대인에 관해 언급하면서 유대인은 "**뻔뻔하고 강력한**" 자들이며 "**그들은 신비주의 이단의 실제적 리더로서 세계 장악 계획을 획책하고 있고**" "**가톨릭교회를 핍박하기 위해**" 프리메이슨과 연계하여 일한다는 글을 썼던 인물이었다.**⁹⁸**

81세의 비오는 건강이 좋지 않았다. 당뇨병, 심장병, 다리에서 나는 진물로 고생하며 수년 동안 병치레를 했다.**⁹⁹** 여전히 레도코브스키와 로사는 서두르는 기색이 없었다. "**인종의 통일**"을 만들었던 3명의 예수회 회원은 자신들의 대부가 이 초안을 지연시킴으로써 "**회칙 제정을 방해하는 데 열중한다고**" 걱정했다.**¹⁰⁰**

레도코브스키는 이것이 통상적인 교회의 틀을 훨씬 벗어난 개입과 담화가 된다는 점을 인식했을 것이다.

예수회의 대부는 추기경 파첼리의 가까운 친구였다. 두 사람은 기존의 회칙들을 작성하는 작업을 함께 했다. 두 사람은 국무총리 파첼리가 비오를 대신할 가장 유력한 인물이라는 것을 알았다.

이런 과감한 선언이 파첼리가 다음 교황이 되는 것을 방해하는 것일까?

레도코브스키는 "**인종의 통일**"이 너무 과격해서 파첼리가 더욱 조심해야 한다는 것을 의심하지 않았다. 그는 교황이 검증되지 않는 미국 성직자를 그런 민감한 주제에 대한 책임자로 지명한 것이 몇몇 고위 성직자들의 기분을 상하게 했다는 것을 알았다.

바티칸 밖의 사건들이 교황 회칙에 어떤 자극이 되어야 했지만, 실상은 그렇지 못했다. 라파르지가 처음 초안을 제출했던 같은 달에, 무솔리니는 이탈리아를 위해 나치 인종법을 모방했다. 법 규정에 따르면, 유대인은 공무직에서 추방되며, 유대인 아동들은 공립학교에 입학할 수 없고, 모든 외국 유대인은 6개월 이내에 추방되어야 했다.**¹⁰¹**

비오를 무척 화나게 했던 것은 "**아리안 종족**"의 이탈리아인과 "**다른 종족에 속하는**" 사람들 사이의 결혼을 금지하는 내용이었다. 신부 피에트로 벤투리는 이것이 라테란 조약에 규정된, 모든 결혼에 대한 최종의 중재자라는 교회의 권리를 침해한다고 주장

하며 무솔리니를 설득했지만 별다른 효과가 없었다.[102]

그러나, 이탈리아 인종법이 교황 회칙의 검토 작업을 앞당기지는 못했다. 예수회 간부들은 **1938년 11월 9일**에도 초안을 배포하고 있었다. 그날은 **"깨어진 유리의 밤"**(Kristallnacht: 크리스탈의 밤)으로, 나치가 독일 전역에서 유대인을 공격하여 수십 명을 죽이고 수천 곳의 사업장과 회당을 파괴했던 밤이었다. 이것은 세계적으로 비난을 받았지만, 바티칸은 침묵했다.[103] 여러 독일 주교가 설교에서 이를 언급했지만, 이는 더 심한 적대감만 유발했다. 그들은 유대인이 예수에게 품었던 **"살인적 증오"**에 대해 말했다.[104]

베를린의 성 헤드빅성당의 주임 신부인 베르하르트 리히텐버그(Bernhard Lichtenberg)는 광란의 폭력을 비판했던 사람들 중 한 명이었다. 나치는 그의 공공연한 반대 행위를 문제 삼아 그에게 2년의 징역형을 선고했다(그는 나중에 다카우로 이송될 때 죽었다).[105]

1939년 초반 상황은 비오의 건강 문제로 인해 더 악화되었다. 그는 1월 13일에 영국의 수상 네빌 체임벌린(Neville Chamberlain)의 국빈 방문을 환영할 만큼 건강이 좋았다.[106] 고위직들과 함께 하는 공식 만찬 중에, 비오는 채임벌린에게 날마다 "독일 내의 수백만 명의 가톨릭 신자를 위해 기도하며, 그들이 가장 슬프고 환난당할 때 함께한다"라고 말했다. 영국 수상은 비오에게 그런 사태가 가톨릭 신자들에게뿐만 아니라 훨씬 많은 사람들에게 영향을 주며 영국은 개신교도들과 유대인에게 **"가해진 고통을 개탄한다"**고 말했다.[107] 비오는 이에 대해 어떤 반응을 보이지는 않았다.

체임벌린이 방문한 지 몇 주 후인 2월 초에, 교황의 건강이 악화됐다. 그는 파시즘에 대한 비난을 담은 회칙에 대한 요약본을 준비해서 라테란조약 서명 10주년의 기념일인 2월 11일에 이를 개인적으로 선언하려고 했다.

하지만, 그는 몸져 누워 있었다. 그는 의료진들과 가장 가까운 성직자들이 지켜보고 있는 가운데 2월 10일에 심장마비로 사망했다.[108] *[109]

"인종의 통일"이 비오가 죽기 전에 그의 손에 들어갔을 것이라고 자신있게 말할 수 있는 사람은 없다. 그가 죽은 후, 국무총리 파첼리는 회칙의 모든 초본들과 비오의 모든 개인서류를 바티칸의 비밀 수장고에 봉인시켰다.[110] 회칙 작성에 가담했던 어느 누구도 이를 발설하지 않았으며, 기억은 곧 제2차 세계대전의 큰 소용돌이 가운데 잊혀졌다. 「**국영 가톨릭 리포터**」(*the National Catholic Reporter*)가 이 이야기를 일면 기사

에 실었던 1972년까지 그것은 거의 잊혀졌었다.[111]

영어와 프랑스어 초본은 사라지고 없었다. 독어 사본을 입수하기 위해 라파르지를 도왔던 사제들 중 한 명의 개인 서류철까지 조사했지만, 예수회는 이를 공개하는 것을 거부했다.

그러나, 공개하라는 압박에 시달린 바티칸은 라틴어 사본을 가지고 있음을 인정했다. 어떤 사람들은 이 사본이 비오의 서명을 받기 위한 원본이라고 믿는다.

그러나, 교회는 역사가들의 접근을 거부했다. 마침내 전직 예수회 회원이 라파르지가 자신에게 맡겼던 불어본을 마이크로필름에 담아 널리 알렸다.[112]

신부 로사가 이 회칙을 편집하는 과정에 있었다는 점, 교회가 예식 중에서 **"신뢰할 수 없는 유대인"**이라고 언급하는 게 여전히 통용되던 상황에서 초안이 작성되었다는 점을 고려할 때, 초안의 모든 내용이 유대인에게 우호적이지는 않았다.[113] 초안에는 이런 언급이 있다.

> 유대 민족은 혁명적 볼셰비즘을 촉진시켰다. 이 운동의 목적은 사회를 파괴하며, 하나님의 지식, 경의, 사랑을 망각하게 하는 것이다.[114]

"세상적 유익과 물질적 성공의 꿈에 눈이 먼" 결과로 인해, 그들은 자신들에게 부과된 **"세상적이자 영적인 파멸"**을 받을 만 했다.[115] 라파르지가 미국의 분리주의에 반대했던 선도적인 작업 중 일부는 유대인과 그리스도인의 분리주의를 **옹호하는** 논거로 인용되었다.[116]

그러나, 모든 오랜 편견은, 인종주의와 반유대주의 정책을 추구한 모든 정부를 비판했던 가장 중요한 주제에 비교하면 참으로 미미한 것이다. 그것들은 **"가톨릭교회의 참된 정신과 전적으로 충돌하는"** 것이었다. 반유대주의와 인종주의는 처음으로 서로 연결되었다.

왜냐하면, **"인종적 순수성을 위한 투쟁은 결국 반유대인 투쟁으로 귀결되기 때문이다."** 게다가 이 회칙은 **"무죄한 사람들을 그들의 부모가 불법자라는 이유 때문에 불법자로 대우했던"** 국가를 신랄하게 비판했다.[117]

역사가들은 이 회칙이 발표되었다면 과연 홀로코스트가 방지될 수 있었을 것인지에 대해 견해를 달리한다. 일부는 이것을 '비극적인 잃어버린 기회'로 간주한다. 이것이 히틀러로 하여금 적어도 홀로코스트를 전쟁 후까지 미루게 할 수도 있었다는 주장이다. 다른 이들은 이것이 히틀러의 반유대 투쟁의 속도를 늦추지는 못했을 것이라 보지만, 나치가 모든 독일 주교를 강제수용소에 보내는 것은 보장했을 것이라고 말한다.[118]

확실한 점은 국무총리 파첼리가, 유대인에 대한 나치의 공포 지배를 교회가 공개적으로 비난하지 못하도록 막았다는 점이다. 그는 교회가 도덕적 권위를 행사하지 못하게 했을 뿐만 아니라 **"인종의 통일"**이란 가장 직설적인 언어가 수장고에 묻히도록 했다.

이로 인해 나치는 파첼리는 어떤 일이 있어도 교회가 전시 중에 엄격한 중립을 지켜야 한다고 주장할 것이라는 확신을 다시 한 번 갖게 되었다.

제8장

침묵 정책

유럽에 전운이 감돌자, 민족주의적인 정치 연맹은 새 교황 선출을 위한 콘클라베를 불확실하게 만들었다. 바티칸주의자들(Vaticanisti), 즉 로마교회에 대해 잘 아는 관찰자들은 독일이나 연합국으로 기울어 있는 추기경들에게 불이익을 주기 위해서 고군분투했다.[1]*

누가 다음 교황이 될 것인가?

이런 논의가 히틀러의 귀에 들어갔다. 바티칸 내부의 미확인 정보원은 독일 게슈타포에게 접근해 놀랄 만한 제안을 했다. 즉, 교황 선출에 3백만 독일 마르크가 필요하며, 일단 이 은밀한 비용이 지불되면, 독일은 자신이 원하는 첫 번째 투표에서 승리할 추기경을 선출할 수 있다는 것이었다.

소수의 나치 고위 인물들만 이런 비밀 제안을 받았다. 제3제국의 최고위층 안에서 격렬한 논의가 일어났다.

히틀러는 그 뇌물을 승인하려 했다. 그런데 마지막 순간에 이 제안이 너무 좋아 사실일 리 없다는 의심, 나치를 당혹시키려는 속임수일지도 모른다는 염려 탓에 이를 묵살했다.[2]

차기 교황으로 선출될 수 있는 추기경들 가운데 선두주자는 실용주의자 국무총리 유제니오 파첼리와 독실한 학자인 플로렌스 추기경 엘리아 달라 코스타(Elia dalla Costa)였다. 영국과 프랑스 고위 성직자들은 파첼리가 엄청난 외교적 영향력을 가진 인물이기

에 민주주의를 대표하고 전제주의 정부에 저항할 수 있으리라 여겼다.[3]

파첼리가 대표적인 친독일파임에도 그의 이름이 가장 먼저 거론되었다는 사실은 그의 영향력을 보여주는 사례였다.[4] 파첼리는 자신에게 가장 즐거웠던 시절이 독일 주재 교황 대리대사로서 12년을 봉직한 시기였음을 숨기지 않았다. 그는 독일어에 능숙했으며, 독일인 자문단과 가정부들과 친분을 쌓았고, 독일적인 모든 것에 "특별한 애정"을 보였다.[5]

바티칸 주재 이탈리아와 독일 대사들 역시 자국의 추기경들이 영국과 프랑스 추기경들 몰래 파첼리를 위해 찬성투표 하기를 권장했다.[6] 그들은 독일 문화와 역사에 대한 파첼리의 애정 때문에 그가 추축국들(제2차 세계대전 당시 독일, 이탈리아, 일본이 연합국에 대항하여 형성한 동맹)에 마음이 기울 것으로 확신했다.

하지만, 비오의 제3제국에 대한 공개적인 지지가 독일 문화와 사람에 대한 애정에서 기인한다고 보는 것은 너무 단순한 생각이다. 히틀러가 권좌에 오르는 동안 그곳에서 살았던 비오는 히틀러의 반가톨릭적인 감정을 싫어했다.

1935년에 그는 자르 지역에서 나치에 의해 핍박받은 유대 난민들을 도와 달라고 탄원했다. 그 지역은 국제 연맹에 의해 그해에 독일로 반환된 작은 영토였다. 그럼에도, 파첼리는 히틀러가 공산주의자들보다 낫다고 생각했다.

교황의 대리대사인 그는 교황에게 "흉포한 볼셰비즘"에 대한 정기보고서를 보냈다. 결국 그는 현실주의자였다. 그는 나치가 권력을 쥐고 있기 때문에 그들과 함께 일하지 않을 수 없었다.[7]

로마 출신인 파첼리는 유서 깊은 검은 귀족 출신이었다. 고조부는 그레고리 16세의 재무장관이었다. 조부는 신문사 「**로마 관찰자**」를 설립했으며, 비오 9세는 그를 교황령의 내부 서기보로 일하게 했다.

아버지는 가톨릭운동(Actio Catholica)의 수장이자 시복식(beatification)을 준비하는 추기경 변호인단의 수장이었다. 형 프란치스코는 **1929년**의 라테란조약에서 교회의 주요 교섭자였다. 콘클라베 때까지 프란치스코는 교황 후작이었고, 무솔리니는 그를 왕자로 임명했다. 파첼리의 두 여동생은 고위 바티칸 관리들과 결혼했다.[8]

파첼리는 15세 때 사제직을 위한 공부를 시작했다. 그가 똑똑하다는 점과 귀족 출신이었다는 점이 긍정적으로 작용했다는 것은 의심할 여지가 없다.[9] 22세가 되기 전까지

그는 철학, 정경법 신학 학위를 취득했다.[10]

180cm의 키에 56kg의 체중, 회백색 머리카락 높은 음의 콧소리를 가진 63세의 그는 섬세했다. 주독일 대리대사로 임명되었을 때, 그는 상당한 비용을 들여 베를린까지의 여행에 개인 철도 차량을 이용했다. 검은 귀족인 남작 칼로 몬티(Carlo Monti)는 개인적으로 교황 베네딕토에게 불평하면서 파첼리가 수십 개의 식품 상자를 실은 여분의 차량을 갖고 있다고 했는데, 이것은 파첼리의 위에 부담을 주지 않는 식품이었다.[11] 「라이프」(*Life*)에 실린 극찬할 만한 **1939년** 파일에 따르면, 그의 의사들이 **"그에 대해 매우 심각하게 생각했다."**

왜냐하면, 그가 **"간에 문제가 있고 신경성 두통을 겪고 있었기"** 때문이다.[12]

파첼리는 독서광이자 고전 음악광이고 상당한 재능의 피아니스트이며 바이올린 연주자였다. 파첼리를 지지했던 추기경들은 그의 지성과 뛰어난 기억력을 언급했다. 한 번은 호머의 시 20절을 단 두 번 읽고 이를 외워서 읊는 것을 자랑하기도 했다.[13] 그는 비오가 불같이 화를 내도 마음 상하지 않았다.[14]

누구도 파첼리가 화를 내는 것을 본 적이 없었다. 심지어 제국 협약의 교섭이라는 긴장된 순간에 나치가 매우 자주 짜증나게 해도, 흔들리지 않는 표정을 유지하며 결코 목소리를 높이지 않았다. 그런 강한 정신력은 자신과 대화하는 사람은 부드러운 목소리로 말을 해야 한다는 그의 소신과 결합되었다. 그 결과, 그는 종종 뭔가 초연하고 무관심한 인상을 지닌 인물로 보였다.

그는 가장 현대적인 선두 주자였다. 비행기를 타고 이동한 최초의 사람이었다. 전기 면도기로 수염을 깎고, 매일 운동을 했으며, 타자기와 전화기를 사용했다.[15] 추기경단에서 그를 지지하는 사람들이 볼 때, 그는 교회를 인도하기에 매우 적합한 인물이었다.

고위 경력의 국무총리인 그는 세월이 흐름에 따라 앙숙들과 경쟁자들의 질투를 받게 되었다. 적수들은 대단치 않은 소문을 퍼뜨려 그의 출세 가도를 방해하려고 했다.[16]

성직 초기에, 파첼리는 바티칸에 배속되려고 로비했다. 집에서 어머니를 모시며 살고 싶었기 때문이었다. 그는 그곳에서 38세까지 머물렀다.

교회의 고위직을 꿈꾸는 야심만만한 사제에게는 어울리지 않은 숙소였다.[17] 그 결과 그는 바티칸이라는 남자들의 세계에서 **"마마보이"**(mother's boy)라는 평가를 받았다. 이런 평가가 그의 정제되고 여성스런 생활 방식과 합쳐져(어떤 작가는 그의 움직임에는 **"거**

의 여성스러운 우아함이 배어 있었다"고 쓰고 있다) 험담으로 가득한 바티칸 내에서 외설스런 소문의 주인공이 되었다.[18]

파첼리는 한번은 수녀 파스칼리나 레널트(Pascalina Lehnert)에게, 그들이 부적절한 험담을 할 수도 있기에 단둘이 스키 휴가를 갈 수 없다고 말했다.[19]

그녀는 매우 충직한 바바리안 수녀로 **1917년**에 그의 첫 번째 가정부가 된 이래로 충복이었던 인물이다.

비공식적 문지기로서의 그녀의 역할에 대해 눈살을 찌푸리게 하는 소문들이 있었다. 그의 경고에도, 그녀는 명절에 때때로 그와 동행하거나, 음식을 요리하거나, 사제복을 준비하거나, 심지어 그가 너무 피곤하니 청중을 붙들어놓지 말라는 충고도 했다.[20] (그가 나중에 교황이 되었을 때, 그녀는 매번 대미사 후 그의 곁에 서서 그의 오른손이 감염되지 않도록 했다. 수백 명의 신자가 예배 중에 그의 반지에 키스를 했기 때문이었다. 비평적인 교황청 관리들이 결국 그녀에게 **라 포페사**[*La Popessa*], 곧 여자 교황이란 불손한 별명을 주었다. 역사가들은 그녀를 교황공국 내에서 살았던 가장 영향력 있는 몇 안 되는 여자 중 한 명으로 이름을 올려놓았다.)[21]

소문을 만들기 좋아하는 사람들은 심지어 파첼리의 가장 개인적인 친분관계, 즉 그가 대리대사 시절에 프란시스 스펠만(Francis Spellman)과 맺었던 우정을 두고 뜻밖의 추측을 불러 일으키기도 했다. 당시에 젊은 미국 사제였던 그는 국무총리 공관에서 근무하고 있었다.[22] 두 사람은 스위스 알프스로 휴가를 가고 많은 시간을 함께 보냈다.

들리는 소문으로는, 파스칼리나가 그 둘을 떼어놓으려 끼어들었다.

하지만, 파첼리가 "**스펠리**"(Spelly)라고 불렸던 그는 파스칼리나의 그런 시도를 무산시켰다.[23] 파첼리는 교황청의 소문을 증폭시켰다. 그가 **1930년** 여름에 스펠만과 파스칼리나와 함께 독일, 스위스, 오스트리아에서 한 달간의 휴가를 보냈기 때문이었다.[24]

그러나, 대부분의 파첼리 비평가들은 음담패설 같은 소문을 걱정하지 않았다. 그들은 더 근본적인 결점들을 두고 염려했다. 그가 외교관으로서 경력을 쌓은 이래로 목회 경험이 전혀 없었다는 점이었다.[25] 자기 자신의 교구를 관리해보지도 않은 사람이 제멋대로인 교황청을 통제할 자격이 있느냐는 의심이었.

역시 콘클라베 이전에 상당한 논의가 있었다. 그가 너무 조심스러운 인물이라서 결단력 있는 교황이 될 수 있겠느냐는 논의였다.

파첼리의 가장 가까운 참모 중 한 명인 도멘니코 타르디니(Domenico Tardini)는 이렇게 말했다.

그는 전투사의 기질을 갖고 태어난 인물은 아니다.[26]

함께 일했던 외교관들은 그가 충분히 강한 성격을 갖고 있다고 생각하지 않았다.[27] 바티칸 주재 스페인 대사는 그를 두고 "의지와 성격이 없는" 사람이라는 결론을 내렸다. 영국 장관 오스본(Osborne)은 이렇게 말했다.

그는 지성이 없는 사람은 아니다. 그러나 근본적으로 순종적이다.[28]

바티칸에 파견된 외국 외교관들의 작은 대표단도 이구동성으로 그가 회의하는 중에는 매력적이지만, 자주 불편해 보인다는 데에 동의했다. 종종 대화는 사소한 문제들이나 따분할 정도로 세부적인 사항들에 관한 것으로 축소되었다.

파첼리는 논쟁적인 문제에 봉착하면 마지막 문장을 여러 번 반복하고 그런 다음 침묵에 빠지곤 했다. 어떻게든 대화가 제자리를 잡아가기를 바랐기 때문이었다. 오스본은 런던으로 보낸 전신에서 영국 장관들에게 경고하면서, 파첼리가 싸움을 경멸하고 심지어 자신이 옳다고 생각해도 다른 사람을 이기려는 것을 꺼려한다고 했다.[29]

그를 막으려는 합치된 노력이 실패했다. 전쟁에 대한 두려움이 그에게는 호재로 작용했다. 그가 대리대사 이후 국무총리로 봉직한 기간은 대부분의 추기경들로 하여금 그가 세속적인 전쟁 중에 교회를 이끌 적임자라는 점을 확신하게 했다.

1939년 3월 2일, 300년 역사에서 가장 빨리 끝난 콘클라베를 통해 파첼리는 261대 교황으로 선출되었다. 겨우 세 번의 투표 후 결정된 것이었다.[30] 그는 300년 역사에서 교황으로 선출된 첫 번째 국무총리였다.[31] 그 역시 '비오'라는 이름을 택했다.

그가 교황이 된 지 겨우 3일 후, 나치 군대가 체코로 진격했고 체코를 두 나라로 갈라놓았다. 다음날, 비오는 네 명의 주요 독일 추기경들과 회의를 소집했다. 무력 공격과 관련하여 히틀러를 책망하기 위해 그들을 소환한 것이 아니었다.

비둘기가 감람나무 잎사귀를 물고 있는 것을 팔의 문장으로 선택한 비오는, 오히려 비난 성명이 긴장을 악화시킬 것이라 믿었다.[32] 그는 자신이 교황으로 선출된 것은 제

3제국과 바티칸에게 그들의 틀어진 관계를 개선할 전대미문의 기회를 주었다고 주교들에게 말했다.³³

그는 그들에게 자신이 개인적으로 독일 사건을 조사할 것임을 약속하고, 자신이 제2의 고향으로 생각하는 독일과 끈끈한 관계를 원했다고 주장했다. 그의 전임자가 "**인종의 통일**"에서 나치의 정책을 격하게 비난하는 것에서 완전히 벗어나는 내용이었다. 히틀러를 "**결출한**" "**가장 결출한**" 인물로 보아야 하는가를 논의한 후, 그는 제3제국으로 돌아갈 추기경들에게 독일어로 개인적 확언을 주었다.³⁴

> 총통이며 독일제국의 수상, 결출한 아돌프 히틀러 각하에게!
> 여기 교황 봉직을 시작하는 이 시점에, 우리는 당신의 지도력에 맡긴 독일 민족의 정신적 복지에 헌신할 것을 약속합니다 … 부디 독일 국민의 번영과 그 진보가 모든 영역에서 실현되고 하나님의 도움으로 열매 맺기를 바랍니다!³⁵

다음 달에 그는 독일 주재 교황 대리대사인 대주교 올센니고(Orsenigo)로 하여금 히틀러의 50세 생일을 기념하는 성대한 환영식을 열도록 조치했다.³⁶

비오는 매일 아침 6시 정각에 일을 시작해서 바티칸의 세세한 일상 업무 부분에도 신경을 썼다. 전 세계의 모든 주교는 정기적인 보고서를 제출하도록 되어 있었다. 그는 모든 정치적 상황에 대한 최신 보고서를 매일 요구했다. 교황 대리대사들은 자신들의 수도에서 매일 보고서를 보냈다. 새 교황은 초단파 라디오로 훈령을 보냈다.³⁷

혼자 식사하는 교황의 전통이 폐기된 것을 복구한 후, 그는 세 명의 프란치스코 도우미들에게 침묵하도록 명하고, 식사 시간을 어떤 간섭도 받지 않고 산더미 같은 서류를 검토하는 시간으로 활용했다.³⁸ 어떤 추기경은 편지를 16번 고쳐쓴 후야 교황의 승인을 받았다. 그가 말했다.

교황 비오 12세와의 만남은 마치 대학 시험과 같았다.³⁹

비오는 교회의 금융 귀재인 베르나르디노 노가라를 인정하지 않았다. 파첼리가 국무총리로 있는 동안, 노가라는 모건의 CEO로부터 편지를 받아 무솔리니에게 전해 주었다. 이것은 미국이 독일과 그 침략 행위에 저항할 것이며 이탈리아에도 저항할 것임을 일 두체에게 알리는 내용이었다.[40]

파첼리는 이를 의전 위반으로 간주했다.

왜냐하면, 외교를 자신만의 독점적인 영역으로 간주했기 때문이었다. 노가라는 금융에만 집중해야 했다. 그는 자신이 교황으로서 서명한 것이 아니면 어떤 정부에도 더 이상의 제안을 해서는 안 된다고 공표했다.

하지만, 노가라와 관련한 다른 문제들이 있었다. 비오의 정부 내각의 일부는 베르나르디노를 좋아하지 않았다. 예를 들면, 파스칼리나는 그를 불신임했다.[41]

교황의 사촌인 에르네스토 파첼리도 그랬다. 그는 검은 귀족의 첫 의장이었고 로마 은행을 설립한 인물이었다. 노가라는 **1925년** 이래로 에르네스토의 직접적 경쟁자인 이탈리아상업은행(Banca Commerciale Italiana: BCI)을 위한 신임받은 자문관이었다.[42] 에르네스토는 자신의 사촌 교황에게 노가라의 충성심은 외국인을 위한 것이지 교황을 위한 것이 아니라고 경고했다.[43]

노가라가 지난 10년 동안 전 교황에게만 직접적으로 보고를 했기 때문에, 바티칸의 어느 누구도 그가 무엇을 하는지를 잘 알지 못했다. 헛소문이 때로는 취미처럼 보이는 그런 기관에서는 그의 업무를 둘러싼 비밀이 여러 가지 악의적인 소문을 만들어 냈다.

어떤 사람들은, 그가 **1929년**의 라테란조약을 통해 수백만 달러에 달하는 합의금을 허비했거나 훔쳤다고 믿었다.[44] 다른 사람들은 그가 교회에 대항하는 극비의 프리메이슨 조직과 음모를 꾸미고 있다고 생각했다.[45]

비오 12세는 세 명의 추기경들을 임명하여 그런 악의에 찬 소문이 사실인지 조사하도록 했다.[46] 조사가 진행되는 동안, 교황은 노가라와의 상시적인 주간 회합을 취소했다.[47] 추기경들은 노가라와 그의 특별교황관리청(ASSS) 직원들을 다그쳤다. 그들은 그의 사생활을 캐고, 친구들을 탐문하고, 개인 취미들에 대한 두꺼운 서류철을 만들었다.

새 교황은 빠른 해결을 원했다. 비오는 제1차 세계대전으로 인한 혼란과 화평 조약 이후 악화한 경제 침체와 같은 모든 것을 뚜렷하게 기억했다. 만일 추기경들이 범법 행위의 증거를 발견했어도, 노가라를 대체할 만한 인물을 찾을 시간이 없었다.[48]

추기경들이 보고서를 가지고 두 달 후 돌아왔을 때, 사람들을 조바심 나게 했던 것들은 종결됐다. 보고서는 바티칸 역사상 그 어느 때보다 노가라의 지도 아래서 바티칸이 훨씬 잘 운영된다는 결론을 내렸다. 노가라는 무솔리니에게 9천 2백만 달러를 투자했는데, 이것은 10년이 넘어 거의 10억 달러로 커졌다.[49]

노가라는 검소한 아파트에서 살았고, 대부분 자신의 개인 저축으로 생활을 유지했다. 1주일에 한 번 영화관에 갔고, 미국 영화를 즐겼다. 그의 사생활에 불명예스러운 어떤 증거도 없었다. 그는 연간 2천 달러 이하의 명목상의 급료를 받았다(이는 2014년 달러 기준으로 약 2만 7천 달러이다).

비오는 놀랐다. 그 성직자들에게 어떻게 노가라가 그럴 수 있었느냐고 물었다. **"A에서 B에 이르기까지 우리는 모든 것을 이해했다"**고 추기경 한 명이 대답했다고 전해진다.

그렇지만 각하, 노가라는 알파벳 전부를 통과했습니다. 우리는 그저 추기경일뿐입니다.[50]

이 보고서는 비오의 마음을 바꾸었다. 비오는 노가라에 대해 회의적인 사람에서 열렬한 지지자로 바뀌었다. 교황은 이제 노가라를 자신의 분신으로, 개인적 금융 이익을 추구하는 사람이 아니라 교회에 봉사하는 하나님의 충성된 종으로 보았다.

비오는 노가라와의 주간 회합을 재개했다. 유일한 변화는 노가라가 이제는 더 이상 그런 일대일 보고를 위한 노트를 가져갈 필요가 없었다는 점이다.[51]

노가라에 대한 의심을 해소한 비오는 유럽을 소용돌이 속으로 몰아간 정치에 관심을 기울이게 되었다.[52] 교황으로 선출된 후 여러 달이 되어 유럽 대륙에서 새로운 반유대주의 칙령들의 세찬 움직임이 있었다. 이탈리아에서 유대인들이 공직에서 활동하는 것이 더욱 금지되었다.

제3제국은 유대인들이 특별한 인식표를 착용하도록 명했다(이는 노란색 별을 달도록 하는 후속 칙령에 앞선 조치였다).[53] 그가 평소에 보여준 조심스러운 접근법처럼, 비오는 어떠한 공개적 언급도 하지 않았다.[54]

하지만, 어떤 국가에서 교황은 부지중에 반유대주의에 대한 잘못된 메시지를 보냈다.[55] 그는 비오 11세의 금지 조치, 즉 프랑스 가톨릭 신자의 반공산주 프랑스행동당(Action Française) 가입을 금지하는 조치를 해제했다.

하지만, 프랑스행동당은 매우 반유대적이었다. 비오는 그들의 반유대적 증오를 무시하려 했다. 왜냐하면, 그것을 볼셰비즘과 싸우는 헌신적인 일에서 필수적 요소로 간주했기 때문이다. 그의 고위 자문관 외 어느 누구도 무엇이 그의 결정을 촉발시켰는지를 몰랐다.

하지만, 그런 반유대적 증오를 무시한 조치는 프랑스행동당의 악날한 정책에 대한 묵시적 동의로 널리 해석되었다.⁵⁶

헝가리 의회에서 활동했던 사제들이 **1938년** 인종법에 찬성 투표를 했다. 어떤 주교와 사제는 헝가리의 나치당 모방 단체인 화살십자당(Arrow Cross)을 지지했다.⁵⁷ 교황은 격렬한 반유대주의적 정당에 대한 성직자의 지지를 억제하려 했다.

하지만, 그런 시도는 실패했다. 비오는 화살십자당의 주된 후원자 조세프 그뢰쯔(József Grösz)를 헝가리의 두 번째 서열 주교로 승진시킴으로써 또다시 복잡한 메시지를 전했다.

나치가 서부 체코슬로바키아를 수탈한 결과 생긴 슬로바키아에서, 가톨릭 성직자들이 유대인들을 사업과 사회 생활에서 배제하는 국가적 노력의 선두에 섰다.⁵⁸ 사제들은 끈질긴 반유대주의 입장을 가진 주요한 정치 정당인 슬라브인민당(Slovak People's Party)을 창립했다. 조세프 티소(Jozef Tiso) 대통령과 보즈텍 투카(Vojtech Tuka) 수상은 사제였다. 티소 경이 슬로바키아에 최초로 인종법을 도입할 때는 비오가 교황이 된 지 한 달이 된 시기였다(결국 38개 인종 관련 법령이 통과되었다).

제3제국은 그런 반유대주의적 규정이, 가톨릭 성직자의 일원이 수장이 된 국가에서 입법화 된 것에 대해 **"감출 수 없는 감사"**를 표했다.⁵⁹ 나치의 종족 교리들과 발맞추어 '인종'이 '종교'를 이긴 것이다.

1918년 10월 30일 이후 가톨릭으로 개종한 사람은 유대인으로 간주 되었다. 신학교수 티소는 슬로바키아 예수회 신학자가 쓴 당시의 논문에 있는 법을 지지한다고 논평했다. 그 신학자의 글의 결론은 **"가톨릭교회는 유대인 축출을 옹호한다"**였다.⁶⁰ 슬로바키아 사건에 대한 비오의 반응은 티소에게 사도적 축복을 보내는 것이었다.⁶¹

비오가 그 인종법을 비준하기 위해 그런 축복을 한 것은 아니었다. 동유럽에 새로운 가톨릭 운영 국가가 생겼다는 것은 교황청 입장에서는 기분 좋은 일이었기 때문이다.

그러나, 많은 가톨릭 슬라브 민족은 그 특별한 축복을 교황의 승인으로 해석했다.* ⁶²

자신의 평판 덕에, 비오는 영국, 프랑스, 이탈리아, 독일에 손을 뻗쳐, 그들이 자신의 평화 중개에 관심이 있는지를 알아보았다.

그러나, 어떤 나라도 그의 제안을 수용하지 않았다. 그들 모두는 콘클라베의 선두주자로서 파첼리를 좋아했다.

그러나, 이제는 교황이기 때문에 충성심을 확신하지 못했다. 영국 정보부는 비오가 무솔리니의 정보원일 것이라 짐작했고, 프랑스 외상은 한 발 더 나아가 그가 뽑은 국무총리 추기경 루이기 말리오네(Luigi Maglione)가 파시스트 간첩일 가능성이 있다고 생각했다.[63]

비오는 중재자 역할을 하기를 바랐지만 그의 소망은 8월 무산되고 말았다. 이때는 제3제국과 소비에트연방이 불가침 조약을 발표했던 시기였다. 비오는 독일 제국의 한층 더 강화된 폭력적인 면을 오랫동안 참아왔다. 부분적으로 스탈린의 위협에 대한 완충지대로서 독일보다 더 좋은 곳이 없다고 생각했기 때문이었다. 독일과 소련 간의 새로운 동맹은 많은 바티칸 사람에게 재앙으로 보였다.

다음 달에 더 나쁜 소식이 들려왔다. 독일의 폴란드 전격전(blitzkrieg)은 제2차 세계대전의 시작을 알리는 신호였다. 폴란드는 인구 3천만 명 중 98%가 가톨릭 신자였다. 폴란드는 가톨릭교회 중에서 가장 큰 회중을 가진 나라였다. 나치 침공 16일 후, 소비에트가 동부에서부터 공격을 해왔다. 폴란드는 10월 6일에 함락됐다. 나치와 공산당이 폴란드를 둘로 갈라놓았다.[64]

비오는 폴란드가 빠르게 정복되어서 히틀러가 만족했다고 생각하는 실수를 범했다. 추기경 티세랑(Tisserant)에게 며칠 내 평화 협정이 있을 것이라 장담했다.[65]

하지만, 추기경 티세랑은 제1차 세계대전 때 프랑스 육군 정보 장교였다. 그는 교황이 히틀러의 야망을 너무 과소평가한다는 것을 즉각 파악할 수 있었다.

독일이 점령한 폴란드 영토의 절반은 유럽 유대인에 대한 전쟁의 시발점이 되었다. 도망친 어떤 이탈리아 영사는 교회 관리들에게 **"믿을 수 없는 잔혹 행위"**에 관해 말해 주었다.[66] 후에 바티칸 주재 미국사절은, 비오가 **"적어도 폴란드와 관련해서는, 나치의 잔혹 행위에 대한 솔직한 비난이 더 많은 사람의 폭력적 죽음으로 귀결될 것"**을 두려워했다고 보고했다.[67]

비오는 폴란드에서 일어나는 유대인에 대한 폭력이 고조되는 것을 유심히 지켜볼 중요한 이유가 있다는 사실을 깨달았다. 폴란드는 3백만 명의 폴란드 유대인과 관련된 문제와 폭력의 역사를 가지고 있었다.

1938년과 1939년에 악명높은 집단 학살이 폴란드를 휩쓸었을 때 가톨릭 신문은 그것을 "이해할 만하다"고 평가했다.[68] 폴란드의 고위 성직자는 유대인이 크리스쳔 유아들을 죽였고 그들의 피로 무교병과 유월절 포도주를 만들었다는 소위 '**피의 비방**'(blood libel)을 퍼트렸다.[69]

수년 전에 폴란드의 선임 추기경 오구스트 흐론드(August Hlond)가 "**유대인은 가톨릭 교회에 대항하여 싸우고 있으며 자유 사상을 고집하고 무신론, 볼셰비즘과 체제 전복의 첨병이다**"고 주장했을 때도 바티칸은 어떤 견책도 하지 않았다.[70]

일부 폴란드 주교는 유대인에 대한 독일의 조치가 아닌, 나치 명령에 따른 수십 개의 교회 폐쇄와 수백 명의 사제 체포로 불안해 했다. 몇몇은 비오의 수동성 때문에 매우 좌절했다. 심지어 항의의 표시로 로마에 대한 충성을 철회할 것에 대해 논의하기도 했다.[71]

1940년 3월 11일, 나치 침공 7개월 후 비오가 독일 외상 요하임 폰 리벤트로프(Joachim von Ribbentrop)의 바티칸 국빈 방문을 환영했을 때 폴란드 성직자들 사이에서 더 큰 분노가 일어났다.[72] 교황이 그런 이야기를 들었을 때, 폴란드 사제들과 일반 가톨릭 신자들을 더 신사적으로 다뤄달라는 선처를 제3제국에게 호소하도록 독일 주재 대리대사에게 명했다.[73] 독일인들은 대리대사의 호소를 거절했다.[74 * 75]

폴란드는 비오가 직면한 첫 번째 도덕적 도전이었고 전쟁은 진행 중이었다. **1941년**부터 슬로바키아 주재 대리대사였던 주세페 부르지오(Giuseppe Burzio) 경은 비오에게 유대인이 체포되어 처형 당하고 있다는 여러 보고서 중 하나를 보냈다.[76] 헝가리와 스위스 주재 대리대사들도 그런 암울한 해석을 확인해 주었다.[77]

다음 해에 비오는 답을 했다. 그의 답은 바티칸 주재 슬로바키아 사절인 캐롤 시돌(Karol Sidor)의 추방에 관한 두 개의 정중하고 개인적인 거부였다. 그 편지에 담긴 항의는 세례받은 유대인에게 초점이 맞추어져 있었고 어느 측면으로 보나 너무 고상한 간섭이어서 슬로바키아 가해자들을 멈추게 할 수 없었다.[78]

수상 티소(Tiso)가 여전히 사제였던 까닭에, 슬로바키아는 비오에게 독특한 영향력을 행사했다. 교황의 최측근 중 한 명인 도메니코 탈디니(Domenico Tarlini) 경은 티소를 견제하지 않는 것은 실수였다고 생각했다. 그는 다음처럼 썼다.

> 슬로바키아의 대통령이 사제라는 것은 큰 불행이다. 성좌가 히틀러를 불러 치유할 수 없다는 것을 누구나 다 안다.
> 하지만, 우리가 한 명의 사제도 통제할 수 없다는 것을 누가 이해할 수 있겠는가?[79]

바티칸이 티소를 비난하기 위해서 전후까지 기다려야 했고, 그때는 연합국이 그를 전범으로 교수형에 처했을 때였다.

슬로바키아도 예외는 아니었다. 나치의 침공이 확대됨에 따라 많은 가톨릭 인구를 가진 국가들이 히틀러의 군대에 짓밟혔다. 피점령국가들의 보수적인 대다수 가톨릭 신자들이 기대할 수 있는 것은 바티칸의 강한 지도력이었다.

크로아티아보다 사정이 좋은 나라는 없었다. 크로아티아는 독일이 **1941년** 유고슬라비아를 정복해서 해체한 후 생겨난 유일한 국가였다.

평신도 크로아티아가톨릭운동의 회원들과 사제들이 집권당인 우스타샤(Ustaša: Rise Up)를 지배했다. 이 당은 광적인 반유대, 반세르비아, 반공산주의자들로 구성된 당이었다.[80]

자그레브의 대주교 알로찌제 스테피낙(Alojzije Stepinac)은 크로아티아교회의 수장이자 우스타샤 군대의 최고 사도 대리자(Supreme Apostolic Vicar General)였다.[81] 우스타샤 지도자 안테 파벨리치(Ante Pavelić)는 독실한 가톨릭 신자로 자신이 매일 미사에 참석하는 것을 자랑했다.

파벨리치는 파시스트 크로아티아를 유럽 최초의 근본주의자 가톨릭 국가로 선언했다. 총통(Poglavnik)이라 불리는 그는 바티칸과 좋은 관계를 유지하는 것을 제3제국과 관계를 유지하는 것만큼이나 핵심적으로 여겼다.[82]

대주교 스테피낙은 교황을 직접 만날 수 있는 사람이었다. 두 사람은 **1941년 2월** 만났다.[83] 그는 파벨리치가 교황을 만날 수 있도록 로비했다. 망명 중인 유고슬라비아 정부는 비오가 파벨리치를 만날 것을 알고 항의했다.[84] 파벨리치는 이미 프랑스와 유고슬라비아 법정에서 프랑스 외상 루이 바르투(Louis Barthou)와 유고슬라비아 왕 알렉산더(Alexander)에 대한 암살죄로 기소되어 부재 재판을 통해 사형 선고가 언도된 사람이었다.

무솔리니는 **1930년**대에 파벨리치에게 피난처를 제공했다. 그는 이제 피점령 국가이자 불법 정부의 지도자가 되었다.[85] 영국 외무성 교황이 파벨리치를 만나는 것을 단념하도록 노력했으며, 크로아티아 지도자를 **"악명 높은 테러리스트이자 살인자"**라고 불렀다.[86] 가톨릭 슬라브인민당의 당수가 교황에게 이렇게 청원했다.

> 이 긴박한 위험과 필요의 순간에 우리는 각하에게 호소하며 가장 겸손하게 각하의 개입을 간곡히 요청합니다.[87]

비오는 파벨리치를 "대단히 해악한 인물"로 간주했다.

그러나, 교회는 십자가군 전쟁 이후로 발칸 지역에 가톨릭 국가를 원했었다. 바티칸의 입장에서는 그를 거절하기 어려웠다.[88] 탈디니 경은 바티칸 주재 우스타샤 사절에게 이렇게 말했다.

> 크로아티아는 젊은 국가입니다 … 젊은이들은 가끔 그들의 나이 때문에 잘못을 범합니다., 크로아티아가 잘못을 범했다는 것은 놀랍지 않습니다.[89]

교황은 파벨리치를 만나는 데 동의했다.

하지만, 국빈 방문으로 하지는 말자는 비평가들의 의견에 동의했다.[90]

교황과 크로아티아 지도자는 **1941년 5월 18일**에 바티칸에서 만났다. 그날, 우스타샤는 나치의 뉴렘버그 법을 모방한 법안을 통과시켰다(크로아티아는 자신들이 어느 정도는 아리안과 간접적인 관계가 있는 북유럽게르만[Nordic] 기원을 갖는다고 주장해서 면제되었다. 아리안은 나치가 우등 민족이라 주장했던 코카서스족의 인종적인 하위 그룹이다).[91]

바티칸은 그 회담에 관해 어떤 노트나 언론 기사도 남아 있지 않다고 주장한다. 회담 내용이 무엇이든 간에 파벨리치는 자국으로 돌아갔고, 곧 자국의 유대인과 그리스 정교 세르비아인들에 대한 피의 숙청을 자행했다.

크로아티아의 대학살은 6월 독일 군대가 동쪽으로 철수해서 바바로싸 작전, 곧 소비에트연방을 기습 침략하는 작전을 수행할 때까지 수행되지 않았다. 바티칸 내부에서 볼 때, 러시아에 대한 독일의 공세는 비오에게 자신이 옳았음을 재확인시켜준 사건이었다.

즉, 국가사회주의가 공산주의에 대항하는 보루라는 믿음이 증명되었기 때문이다. 이제 비오는, 히틀러와 스탈린 간의 **1939년** 불가침 조약이 독일이 러시아를 공격하는 적당한 구실을 찾는 데 필요한 시간을 벌려는 일종의 술책이었다는 결론을 내렸다. 독일의 공격이 성공한다면, 유럽의 정치 지형을 바꾸어 바티칸이 수 세기 동안 마주했던 가장 강력하고 적대적인 철학을 제거할 것이다.

제3제국의 개입은 성직자들의 생각으로는 무신론적 볼셰비키에 대항하는 거룩한 전쟁으로 간주되었다. 비오가 독일을 격분하게 만들 말을 할 이유가 전혀 없었다.[92] 교회와 나치 양측은 스탈린 국가의 완전한 괴멸이란 공통의 목적을 공유했다.[93]

러시아 침공 작전 개시 3개월 후, 로마 주재 독일 대사관의 외교 고문인 프리쯔 멘스하우센(Fritz Menshausen) 박사가 베를린 외무성에 보고한 자료에 따르면, 바티칸 내부의 정확한 소식통 관리들이 계속 그에게 장담한 것은 교황이 강대국들과 은밀한 동맹관계를 유지하고 있다는 것이다.[94]

비오가 스탈린과의 전쟁으로 독일에게 재량권을 주기로 결정했다고 이해하더라도, 가톨릭 크로아티아인만이 관련되었을 때 왜 유혈 사태를 막기 위해 개입하지 않았는지 이해되지 않는다.

파벨리치는 교황과 만남 2개월 후인 7월 첫 번째 대규모 학살을 시작했다.[95] 크로아티아에는 독일의 경우와 달리, 대량 학살에 개입하는 관료주의와 수척한 죄수들을 독가스실로 보내는 조직적인 기차 수송이 없었다.

대신에 잔혹하고 혼란한 인종 청소만 있었다. 수많은 유대인, 세르비아인, 집시, 공산주의자가 산 채로 불태워졌다. 떼를 지어 돌아다니는 파시스트 갱단이 인체 훼손의 광란을 계속하고, 여자들의 앞가슴과 남자들의 성기를 자르고, 어떤 경우에는 희생자들의 눈을 모아 섬뜩한 트로피를 만들었다.

살인자들은 수천 명을 고기 갈고리로 걸거나 도살장 칼과 도끼로 잘랐다. 파벨리치는 자신의 반(半)유대인 아내를 보호하기 위해 인종법에 한 가지 예외를 두었다.[96]

희생자들이 강제수용소에 이르기까지 죽음에 대해 알지 못하게 했던 나치와는 다르게, 크로아티아인들은 공포의 언어가 작은 나라 전역에 퍼지게 했다.[97] 파벨리치는 모든 세르비아인의 절반을 죽인다면, 생존자들은 도망하거나 가톨릭으로 개종할 것으로 생각했다.[98] 그는 모든 유대인을 죽이려고 했다.

바티칸은 크로아티아에서 중대한 도전에 직면했다. 사제들이 부분적으로 살인 조직을 운영했기 때문이다. 후에 **"세르비아의 교수형 집행인"**으로 불린 사라예보의 주교 이반 사리치(Ivan Sarić)는 신자들에게 유대인들을 제거하는 것은 "인간 존엄의 갱신"이라고 말했다.[99] 가톨릭 사제들은 파벨리치의 개인 경호원으로 일했다.[100]

프란치스코 수도사 미로스라비치(Miroslav Filipović-Majstorović)는 **"야센노박(Jasenovac)의 악마"**라는 별명을 얻었다. 이곳은 강제수용소로, 4만 명의 유대인과 세르비아인이 학살된 곳이다.[101] 세 명의 프란치스코 수도사가 그 악마의 부소장으로 일했다. 그들 모두 우스타샤의 장교들이었다.[102]

사라예보의 치안 신부 브라로(Bozidas Bralo)는 그 나라의 반유대입법을 제정한 주도자였다. 유명한 사제인 신부 디오니시 유리체브(Dyonisy Juricev)는 한 주요 신문에 7살이 넘는 세르비아인이나 유대인을 죽이는 것은 더 이상 죄가 아니라고 썼다.[103] 살인 현장에 성직자들이 가담한 결과 일반 가톨릭 신자들은 그런 참사를 보면서도 양심의 가책으로 괴로워하지 않게 되었다.[104]

브랑코 보쿤(Branko Bokun)은 젊은 전직 외무성 직원으로 전쟁 발발 시 국제적십자에 가입했다. 그가 21세가 되었을 때 적십자는 그에게 크로아티아 대학살에 대한, 섬뜩한 세부 사항으로 가득한 파일을 주었다. 그의 사명은 로마로 가서 교황에게 이런 상황에 개입해 달라고 탄원하는 것이었다.

보쿤이 자그레브를 떠나기 전에 적십자의 지역 소장-그는 전에 유고슬라비아의 대첩보 대장이었다-은 왜 바티칸에 의한 공개 비난이 중요한가 설명했다. 보쿤은 이를 **1941년 6월 26일**의 일기에 기록했다. 비오가 파벨리치를 바티칸에서 환대했던 날로부터 꼭 한 달 뒤였다.

> 가톨릭 신자들이 세르비아인과 유대인을 죽이고 있다.
> 왜냐하면, 그들은 이것이 바티칸을 기쁘게 한다고 확신하기 때문이다. 만일 바티칸이 즉시 개입하지 않는다면, 세르비아인과 크로아티아인 간의 투쟁이 수그러들기까지는 수세기가 걸릴 것이다.[105]

교황과 그의 참모들은 아마도 다른 국가보다 크로아티아에서 벌어지고 있는 것을 더 잘 알고 있었을 것이다.[106] 우스타샤의 모든 군조직은 야전 군목(chaplain)으로 사제를 두고 있었다. 교황의 국무총리보(補)인 몬티니(Giovanni Battista Montini) 몬시뇰- 훗날 교황 바오로 6세-은 크로아티아와 폴란드 양국으로부터의 보고서를 취합하는 임무를 맡고 있었다.

슬픔에 찬 성직자들이 몬티니에게 그 잔혹 행위에 대한 무시무시한 설명을 전했다. 그는 교황으로서 자세한 사항을 알고 싶어했던 비오에게 그것에 관해 매일 보고했다.[107]

1941년 12월, 베니스에서의 국빈 방문 기간 동안, 파벨리치는 이탈리아 외상에게뿐만 아니라 노가라의 친한 친구 주세페 볼피에게까지 자랑하면서 크로아티아의 유대인 인구가 1/3로 줄었다고 말했다.[108]

1942년 2월 9일, 히틀러는 유럽 유대인의 운명에 관한 중요한 연설을 했다. 그날은 반제회의(Wannsee Conference) 후 20일이 지난 날이었다. 이 회의는 베를린 교외에서 나치 지도자들이 모여 최종 해결책(the Final Solution), 즉 유럽 대륙에서 유대인을 전멸시키는 계획을 승인했던 회의이다. 그 연설에서 히틀러는 약속했다.

유대인은 적어도 천년 동안은 제거될 것입니다!

가장 선동적인 구절은 로마 신문들에 재인쇄되었고, 바티칸 국무총리는 이를 서방 외교관들과 함께 토론했다. 비오는 로마교회가 히틀러의 증오스런 수사학으로부터 공개적으로 거리를 두어야 한다는 모든 청원을 무시했다.

바티칸 주재 영국장관 달시 오스본(D'Arcy Osborne)은 기분이 상해, 동료들에게 비오가 나치의 승리를 기대하고 있다고 말했다.[109] 연합국은 작년 여름에 발생한 나치의 러시아 침공이 전환점이었다고 말했다.[110] 유럽의 유대인을 **"청소"** 하겠다는 히틀러의 약속에 뒤이어 교황이 편파적이었다는 판단은 바티칸이 제3동맹국인 일본과 외교 관계를 수립했을 때 강화되었다.

미국과 영국은 비오에게 압력을 가해 일본과의 관계를 공식화하지 않도록 요청했으나, 교회는 일본의 잔혹 행위에 관한 **"충분한 증거 사유"**를 갖고 있지 않다고 주장했다. 어떤 경우든, 바티칸은 극동의 1천 8백만 명 가톨릭 신자들에 대한 의무를 갖는다고 주장했다.[111]

제8장 침묵 정책 119

바티칸의 왜곡된 충성을 보여주는 추가적인 증거는 윈스톤 처칠의 중동 국가 장관인 올리버 리텔톤(Oliver Lyttelton) 자작이 작성한 비밀 보고서에 담겨 있었다. 히틀러가 연설한 달과 같은 달에 발간된 이 보고서는 **"반드시 자물쇠와 키로 보관될 것"**이란 조건하에 소수의 고위 영국 장관들에게만 열람되었다. 영국 정보부의 포괄적인 자료에 근거한 리텔톤의 결론은, 12개의 중동 지역에서 **"로마 가톨릭교회가 파시스트와 추축국에 편향된 경향을 확대해 왔으며, 이것이 그들의 영적인 기능을 지배하고 있다"**는 내용이었다.

이 보고서에 따르면, 교회는 파시스트의 **"정치적 선동 선전을 장려하고, 전쟁이 끝난 후부터 간첩 행위, 태업, 전범의 도피를 돕고 있다."** 리텔톤은 당파적인 이탈리아 성직자들을 **"비적대적인 사람들"**로 교체할 것을 권면했다.

그 일은 결코 일어나지 않았다. 영국이 바티칸에 협조를 요청했을 때 바티칸은 조사 보고서를 제공하지 않았다.[112]

히틀러가 연설한 지 한 달 후, 친위대 장교 게르슈타인(Kurt Gerstein)이 대리대사인 세자레 올센니고(Cesare Orsenigo)의 베를린 사무실을 방문했다. 죽음의 수용소 벨젝에서 자행된 800명의 유대인 학살에 관한 그의 첫 번째 고백을 하려고 했다.[113]

가스를 생산하는 디젤 엔진이 제대로 작동되지 않아, 원유 가스실 안 4개의 작은 방에 갇힌 벌거벗은 희생자들을 죽이는 데 세 시간이나 걸렸다는 것이었다. 게르슈타인은 그 섬뜩한 모습을 떨쳐버릴 수 없었다.

그러나, 올센니고의 개인 조수이자 나치당 비밀요원이었던 사제가 그를 가로막았다.[114] 누구도 조수가 올센니고에게 무엇이라 둘러댔는지 모른다.

그러나, 친위대 장교를 쫓아내기에는 충분했다.

게르슈타인은 다음에 베를린의 주교보인 오토 디벨리우스(Otto Dibelius)에게 갔다. 그 주교는 대량 학살에 대해 친위대 장교가 최초로 확인해준 문서를 암호 전신과 외교 행낭을 이용해 바티칸으로 보냈다. 이것은 로마에 묻혀있다. 어떤 것도 다른 나라와 공유되지 않았다.[115]

베를린 주교 콘라드 폰 프레이싱(Konrad von Preysing)이 나중에 계속되는 유대인 추방을 비난하는 데 동참하도록 동료 주교들을 설득했다.

하지만, 그가 하나님 앞에서 침묵한 것에 책임을 져야 한다고 경고했을 때, 누구도 그를 지지하지 않았다.

   동료들은 비가톨릭 신자를 추방하는 것은 괴로운 일이지만, 반대하는 것은 그들의 의무가 아니라고 주장했다. 그들은 독일 가톨릭 신자들에게 유대인을 죽이는 것이 죽을 죄라고 말하기를 거부했다.

   프레이싱은 도덕적 교착이 교황의 강제적인 간섭이 없이는 깨질 수 없다고 결론지었다. 비오는 개입하지 않았고, 아무것도 하지 않기를 원했던 자들이 이기도록 허용했다.[116]

   교황은 게르슈타인 보고서가 도착한 후 크로아티아의 대주교 스테피낙을 바티칸으로 소환했다.[117] 비오와 파벨리치 간의 전년도 만남을 주선 한 후 스테피낙은 학살에 반대하는 입장을 보였다.[118] 그는 동료 크로아티아 성직자들이 그 학살에서 벗어나도록 권면했지만 헛수고였다.[119] 그가 비오를 만날 때까지, 나치의 기동살인전담반(Einsatzgruppen)은 폴란드와 러시아에서 약 150만 명의 유대인을 학살했고 크로아티아의 유대인 중 85%가 학살되고 있었다.[120]

   대주교는 크로아티아로 돌아와 학살에 대해 더 완고한 반대 입장을 표출했다. 그러나, 비오는 스테피낙이 다른 교회 관리들과 공유할 수 있는 교황 편지조차 거절했다.[121]

   비오는 두려움 탓에 결단력 있는 행위를 할 수 없는 것처럼 보였다. 이것이 그가 교황으로 선출되는 것을 반대했던 사람들이 가장 염려했던 천성적 소심함이었다. 상황을 어렵게 만든 것은, 나치가 그의 침묵을 오판했다는 점이었다.[122]

   제3제국은 내부 정보원들을 이용해 바티칸의 사정을 간파하고 있었다.[123] 로마교회 외교단이 사용하는 간단한 암호를 해독했다.

   비오는 유대인 학살을 반대하지 않기 때문에, 가톨릭 신자가 가해자라면 침묵을 지킬 것이라고 히틀러가 유추했을 가능성이 있다.[124]

   게르슈타인과 스테피낙의 일이 있은 후 그 여름에, 남부 우크라이나에 위치한 루테니아 지역 레오폴(Léopol)의 한 주교는 바티칸에 이렇게 보고했다.

이 작은 지역에서 학살된 유대인의 수는 분명 20만 명이 넘습니다.[125]

   바로 뒤, 어떤 이탈리아 사제와 수도원장 라트비아 대주교가 폴란드와 라트비아 내의 유대인 학살에 관한 또 다른 보고서를 제출했다.[126] 망명 중인 폴란드 정부는 나치 침공 후 70만 명의 유대인이 학살되었으리라 추정하는 보고서를 제출했고, 쳄노(Chelmno)의 죽음의 수용소에 배치된 가스 화물차의 존재를 언급하기도 했다.[127]

이 소식은 교황의 무기력과 더해져, 영국 외무성 관리가 **"교황의 소심함이 더욱더 노골적으로 야비해지고 있다"**고 불평하도록 촉발했다.[128]

프랭클린 루즈벨트는 자신의 개인 사절인 마이론 테일러(Myron Taylor)를 파견해 그해 9월 비오를 만나도록 했다.[129] 세계 최대 신앙 공동체의 수장인 교황에게 도덕적 의무가 바티칸의 중립적 태도보다 우위에 있어야 한다는 점을 확신시키려는 것이 만남의 목적이었다. 테일러가 도착했던 날, 영국, 브라질, 폴란드, 벨기에, 우루과이가 공조하여 가톨릭교회에 호소했다. **"교회의 침묵의 정책"**은 **"도덕적 지도력의 폐기이자 그에 따른 바티칸 영향력과 권위의 위축"**을 뜻한다고 경고했다.[130]

로마에 도착한 지 이틀 후, 테일러는 워싱턴으로부터 긴급 전신을 받았다. 유대 팔레스타인기구의 제네바 사무소가 두 명의 생존한 목격자로부터 입수한 독일 전쟁 범죄에 대한 진술을 전하는 내용이었다.

> 바르샤바의 유대촌(Ghetto)에 인종 청소가 자행되고 있다. 모든 유대인은 나이, 성별에 관계 없이 게토에서 무리지어 옮겨져 무차별적으로 사살되고 있다. 시체는 기름을 만드는 데 사용되고 있고, 뼈는 비료 생산에 이용되고 있다.

이 보고서는 르보브(Lwów)와 벨젝(Bełżec)에서의 대량 학살을 상세히 기술했다.[131]

테일러와 비오는 세 차례의 개인적 만남을 가졌다. 미국 특사인 US철강의 전 사장은 능숙한 협상가였다. 그는 교황을 설득해 조취를 취하도록 하는 것이 쉽지 않으리라는 것을 알았다. 전에도 비오에게 히틀러와 무솔리니를 파문하라고 설득했지만 결국 실패했었다.[132] 이번에 테일러는 이렇게 제안했다.

만일 교황이 히틀러와 나치를 구체적으로 비난하기를 원치 않는다면, 최소한 잔혹 행위에 대한 일반적인 비난을 발표할 수 있지 않겠냐는 제안이었다.[133]

그는 나치의 범죄는 **"악하고 반기독교적인 행동 규범"**의 일부이고, 그들이 이긴다면 **"크리스천 유럽의 모든 외형이 무너질 것이다"**라고 경고했다.[134] 교황은 자신이 **"전쟁의**

침략성과 민간인의 고통"에 관해서 이미 충분히 말한 것 같다고 주장하며 **"호소가 전혀 주목받지 않는다"**고 불평했다.[135]

좌절한 테일러는 로마를 떠나기 전에 다른 고위 성직자들을 만났다.[136] 탈디니 경은 비오가 유대인 전쟁에만 전념할 수 없을 것이라고 말했다. 교황에게 우선 순위는 동부 유럽에서 일어나는, 가톨릭 신자들에 대한 공산주의 공격을 중지시키는 것이라는 이유였다.[137]

테일러가 추기경 말리오네와 만났을 때 그는 국무총리를 변호했다.[138] 가톨릭 신자들과 모든 종교인들은, 교황이 **"난민, 포로, 피점령 국가에서의 모든 유대인에 대한 비인도적 대우에 대해 비난하기를"** 갈망하고 있다고 테일러는 말했다.[139]

말리오네는 교황이 처음부터 **"자신의 생각을 명확하고 새롭게 표현하는 데 실패하지 않기를 바라고 있다"**고 테일러에게 확인시켜 주었다.[140] 유대 팔레스타인기구의 제네바 사무소로부터의 보고서에 관해, 말리오네는 나중에 여백에 이렇게 적었다.

> 나는 우리가 이런 무서운 뉴스를 특별히 확증하는 정보를 갖고 있다고 믿지 않는다. 그렇지 않은가?[141]

테일러가 떠난 지 몇 주 후, 말리오네는 미국인들에게 서명되지 않은 어떤 성명서를 건네 주었다. 바티칸이 다른 정보원들로부터 **"비아리안 인종에 대해 취해진 상당한 조치들에 대한 보고서를 받았지만 교회는 그 정확성을 증명할 수 없으며 성좌는 비아리안인의 고통을 경감시키기 위하여 주어진 모든 기회를 활용하고 있는 중"**임을 인정한다는 것이었다.[142]

그것은 사실이 아니었다. 그즈음 바티칸은 9개 국가에서 진행 중인 민간인 학살에 관한 소름 끼치는 증거를 축적하고 있었다. 교회는 잔혹 행위가 벌어지고 있는 곳에 수백 개의 지방 교구를 갖고 있었기 때문에, 연합국이 대량학살을 확증할 수 있기 훨씬 전에 목격자들의 보고를 수집할 수 있는 확실한 조건을 가지고 있었다.[143]

비오가 **1942년** 한 해 동안 얼마나 많이 유럽 유대인의 운명에 관해 걱정했는지 알 수 없다. 비오의 개인비서인 신부 로베트 라이버(Robert Leiber), 즉 교황과 매일 만나고 그들의 만남에 관한 일기를 썼던 독일 예수회 회원은 전쟁이 끝난 후 자신의 모든 서류

를 소각했다.[144]

반론의 여지가 없는 사실은, 교황이 지나간 여름 중 상당 시간을 민간인 학살을 멈추는 방법을 마련한 것이 아닌, 자신에 관한 영화를 제작하는 데 할애했다는 것이다. "**천사 같은 목자**"(*Pastor Angelicus*)는 비오의 인생, 즉 그의 출생부터 바티칸 권좌에 오르기까지를 보여주는 일종의 자기도취적인 한 시간 분량의 영화였다.[145 * 146]

부분적으로 다큐멘터리이고, 부분적으로 리얼리티쇼인 영화는 교황의 일상사에 초점을 맞추었다. 교황의 운전사가 무릎까지 허리를 굽히고 성호를 그을 때 비오는 자신의 리무진에 올라탔다.

이탈리아 귀족 가정을 환대하고, 성찬예식 소녀단을 만나고, 큰 사무실에서 밤늦게까지 일하는 장면이 담겨있다.[147]

"**천사 같은 목자**"는 유럽이 제2차 세계대전의 한가운데 있다거나 비오가 역사상 가장 큰 민간인 학살을 중단하기 위해 개입하는 문제로 고심하고 있다는 어떤 힌트도 주지 않는다.[148]

비오의 관심은 암울한 전쟁 뉴스에서 벗어나 교황이 된 후 그가 허가했던 비밀 프로젝트로 옮겨갔다. 3년 전에 그는 전직 참모이며 독일 가톨릭당의 당수인 루드빅 카스(Ludwig Kaas) 경을 임명하여, 크리스천 고고학을 위한 교황 기구에 요원 4명을 지명하도록 했다. 예수의 열두 제자들 중 한 명이자 가톨릭교회의 창시자인 베드로의 시신을 찾기 위해 바티칸 지하 동굴들을 수색하게 했다.[149]

이 작은 발굴팀은 비밀을 지키기로 맹세했다. 베드로의 시신을 발굴하는 것은 비밀스런 성배를 찾는 것과 동일한 중요성을 가진 가톨릭교회의 오래된 숙원 사업이었다.

가톨릭 신자들은 로마 가톨릭교회가 하나의 유일한 참된 교회가 된다는 주장의 근거를 부분적으로는 베드로가 중동지역에서 로마로 와서 첫 번째 교황이 되었고 그런 후 믿음으로 인해 십자가형을 받았다는 사실에 두었다.

333년, 콘스탄틴 황제가 베드로의 무덤 자리라 생각되는 곳에 최초의 성 베드로 바실리카를 세웠다. 모든 교황은 베드로의 직속 후계자였다. 비가톨릭 신자들은 이 이야기를 우화 같은 것이라고 무시했다. 개신교 학자들은 베드로가 결코 로마에 이르지 못했다고 주장했다. 바티칸은 그 문제를 해결하기 위해 오랫동안 베드로의 무덤을 찾고자 했다.

비오가 발굴을 허락했을 때, 누군가 그 작업을 맡게 된 것은 350년 만에 처음 있는 일이었다.[150] 비오는 이를 비밀로 지키기 위해 자비를 사용해 발굴에 필요한 비용을 충당했다.[151]

5월 말, 흥분에 찬 카스는 베드로의 무덤으로 추정되는 유력한 장소를 발견했다고 비오에게 보고했다. 그곳은 베드로 성당의 높은 제단 바로 아래에 위치한 지했다. 고지도가 베드로의 무덤이라고 지시했던 바로 그곳이었다.

비오는 지하 무덤 입구 위에 있는 의자에 자주 앉았고, 발굴팀은 250개의 뼛조각을 수집했다. 이 뼛조각들은 3개의 작은 납 상자를 채웠다.[152] 발굴팀이 떠난 지 한참 후, 지오바니 몬티니 경이 비오를 찾아왔다.

어느날 밤, 두 사람은 지하 무덤 입구에 서서 그 뼈조각들이 베드로의 것이기를 기원하는 기도를 드렸다.[153] 발굴이 끝나자 교황은 모든 유해를 봉인하고 그것을 자신의 아파트에 보관했다.[154]

발견물을 볼 수 있도록 허락된 유일한 사람은 비오의 주치의인 리카르도 갈라찌-리시(Riccardo Galeazzi-Lisi)였다.

일반 개업 의사로서 고고학이나 법의학에 관한 교육을 전혀 받지 않은 그가 교황에게 그 뼛조각들은 60대에서 70대 독신 남성의 것으로 보인다고 말했다. 광범위한 추정이었기 때문에 그 뼛조각의 주인으로 베드로가 포함될 수 있었다.[155] * [156]

1942년 가을까지 비오는 다시 전쟁 문제에 관심을 두었다. 10월 미국이 조사를 실시하기 위해 전범위원회를 만들었다. 12월 17일, 연합국은 처음으로 나치의 유대인 학살을 비난했다.[157] 12월 21일, 바티칸 주재 폴란드 망명 대사 카지미에르쯔 파페(Kazimierz Papée)가 탈디니(Tardini) 경에게 잔혹 행위에 관한 가장 상세한 보고서를 제출했다.[158]

독가스실의 존재를 최초로 확인하는 보고서였다. 보고서는 **"학살된 폴란드 유대인의 수가 백만 명이 넘는 것으로 추정된다"** 고 기록했다.[159]

비오의 반응은, 연합국이 크리스마스 이브와 크리스마스를 위해 이틀간의 무조건적인 휴전에 동의할 것을 요구하는 것이었다. 휴전으로 크리스천들이 평화롭게 크리스마스를 축하할 수 있다는 이유였다. 미국과 영국은 거절했다. 미국과 영국 정부가 볼 때, 비오는 현실 감각이 없는 인물이었다.[160]

연합국은 이탈리아 북부 공업지대 제노아와 투린에 대한 대대적인 공습 작전인 **'폭**

탄 작전'을 개시했다. 한 달 전, 엘 아라멩에서 야전 사령관 베날드 몽고메리(Bernard Montgomery)가 독일군 야전 사령관 엘빈 롬멜(Erwin Rommel)을 상대로 거둔 결정적 승리로 인해 독일군은 퇴각하게 되었다.

이것은 북아프리카 전투에서 하나의 전환점이 되었다. 나치는 스탈린그라드를 며칠 안에 점령할 것이라 자랑했지만, 스탈린그라드는 5개월 동안 버텼다. 독일군은 혹독한 러시아 겨울 추위로 크게 위축됐다. 만일 교황이 독일의 빠른 승리를 기대했다면, 이는 터무니 없는 기대였다.

12월 17일, 연합국은 독일이 자행하는 유럽에서의 대량 학살을 비난하는 성명서를 승인했다.[161] 이것은 "**냉혈적 전멸이라는 동물적 정책에 대한 수많은 보고서**"를 인용하는 직설적인 내용의 보고서였다. 피점령 국가들로부터 "**유대인이 두려운 공포와 잔혹한 환경 가운데 동유럽으로 이송되고 있다**"는 내용이었다.

폴란드는 "**나치의 학살이 벌어지는 주된 국가이며, 유대인은 포로 수용소에서 일하다가 죽음에 이르거나, 의도적인 대규모 사형 집행을 통해 학살되고 있다.**" 연합국은 "**이런 범죄에 책임있는 자들은 징벌을 피할 수 없을 것이다**"라고 약속했다.

그 결의안은 결국 비오를 움직여 민간인 학살에 대한 입장을 밝히게 만들었다. 교황은 만일 그가 입장을 밝히지 않는다면, 전후 바티칸은 영향력 없는 조직으로 인식되어 평화 건설의 역할을 할 수 없으리라는 점을 염려했다. 외교직을 맡는 동안 어떤 문제에 관해 직접 말하지 않도록 훈련받은 비오는 머뭇거리며 홀로코스트에 대해 언급했다.

1942년 크리스마스 라디오 연설에서였다. 5천 단어로 된 26쪽 분량의 성명서에서, 교황은 홀로코스트라는 의미를 지칭하는 수십 개의 다른 단어를 사용했다. "임의적 공격"을 비난했고, 어떤 나라도 "**사람을 마치 생명 없는 것처럼 끌고갈 권리를 갖지 않는다**"고 말했다.

성명서의 말미에서 "**수십만 명이 잘못도 없이 때로는 국적과 인종과 관련된 이유만으로 죽음이나 점진적 멸종의 대상이 되는 것**"에 관해 언급했다.[162]

결코 "**유대인**"이나 "**독일**"이나 "**나치**"라는 단어를 사용하지 않았다.[163] 희생자들의 수를 폴란드 대사가 전해준 보고서에 제시된 수백만 명에서 "**수십만 명**"으로 축소했다.

바티칸의 연합국 사절들은 비오가 중요한 기여를 할 수 있는 기회를 허비했다고 생각했다. 어떤 참모는 영국 사절에게 다음과 같은 모호한 말로 교황을 방어했다.

교황은 어느 편도 들 수 없었습니다.[164]

프랑스 대사는 비오에게 왜 "**나치**"라는 단어를 언급을 하지 않았느냐고 물었다. 교황은 만일 자신이 "**나치**"라는 단어를 언급했다면 "**공산주의자**"라는 단어도 언급해야 했기에 그것을 언급할 수 없었다고 대답했다.[165]

무솔리니는 그 연설을 듣고 동료에게 다음처럼 말하며 조롱했다.

> 이것은 진부한 말이다. 어떤 교구 사제라도 이보다 더 나은 성명서를 발표했을 것이다.[166]

교황의 강력한 변호자 중 몇몇, 예컨대, 미국예수회 빈센트 맥코믹(Vincent McCormick)은 교황의 성명서가 "**너무 무겁고 개념이 분명하지 않고 표현은 모호하다**"는 점을 인정했다.[167] 베를린의 주교 폰 프레이싱(von Preysing)은 교황의 성명서가 너무 추상적인 까닭에 어떤 파급력도 없다고 생각했다.[168]

크리스마스 연설 1주일 후, 교황은 마이론 테일러(Myron Taylor)의 조수이자 대리 공사인 해롤드 티트만(Harold Tittmann)을 만났다. 비오는 나치의 범죄를 명백히 비난하는 연합국의 선언문에 서명하기를 거절했다.[169] 티트만이 워싱톤에 보낸 보고서는 "교황은 자신이, 나치의 잔학상을 비난하는 말을 해야 한다고 주장하는 모든 사람들을 만족시킬 만큼 충분히 분명하게" 말했다고 진실로 믿는 것 같다고 전했다.

교황은 티트만이 이에 동의하지 않는다고 말하자 놀란 모습이었다.[170] 티트만은 비오가 직설적으로 말하는 것을 꺼리는 데 이유가 있다고 생각했다. 즉, 비오는 독일 가톨릭 신자들이 "**전후 패배의 쓰라림을 겪을 경우, 자신이 간접적으로나마 독일의 패배에 일조했다는 비판을 받을 것**"을 염려했다는 것이다.[171]

1943년이 되자 더 많은 주교와 평신도 관리가 교황에게 막강한 강단의 힘을 더욱 강력하게 사용할 것을 촉구했다. 3월 주교 폰 프레이싱은 비오에게 베를린 유대인을 상대로 더 자주 자행되는 일제 검거와 추방에 관해 보고하며 교황의 간섭을 호소했다.

그러나, 비오는 프레이싱에게 자신은 크리스마스 연설에서 의도한 바를 다 말했으며, 이것은 "**간단하지만 잘 이해되었을 것이다**"라고 답했다. 프레이싱이 할 수 있는 일은 기도뿐이었다.[172] 여전히 유대인은 아우슈비츠 독가스실에서 죽어가고 있었다.

헝가리 가톨릭 운동가 말지트 스라크타(Margit Slachta)는 교황과의 개인적 만남에서 교황에게 생존 중인 슬로비키아 유대인-인종 청소로 인해 슬로바키아 유대인의 수는 9만 명 중에서 2만 명만 남아있는 상황이었다-을 위해 조치를 취해 달라고 호소했다. 생존자 상당수가 기독교로 개종했다.[173] 그녀는 후에 "**비오는 매우 놀란 표정이었으나 내 말을 듣기만 할 뿐 말은 거의 하지 않았다**"고 회상했다.[174]

바티칸의 기록에 따르면, 비오는 포로 수용소에서 자행되는 학살보다 젊은 유대인 소녀들이 창녀로 희생된다는 것에 더 분개했다.[175] 그가 슬로바키아 정부에 개인적 편지를 보낸 것은 그로부터 1년 이상이 지난 뒤였다.

편지에서 그는 "**아직 살아있는 유대인은 더 이상 심한 고통을 겪지 않아야 합니다**"라고 요청했다.[176] 독일군은 전쟁이 끝나기 전에 남아있는 1만 5천 명의 슬로바키아 유대인을 학살했다.

브라티슬라바의 대리 공사 주세페 부르지오(Giuseppe Burgio) 경은 국무총리 마리오네에게 학살에 관한 상세한 내용을 담은 편지 한 통을 보냈다. 그는 거기에 한 교구 사제의 노트를 삽입했다. 내용은 다음과 같다.

> 어떤 독일 장교가 내가 아는 사람의 면전에서 차갑고 냉소적인 말로 이를 확증했다. 유대인은 독가스나 총이나 다른 수단으로 학살되었다. 처녀들과 여자들은 갖은 모욕과 폭력을 당한 후 옷이 벗겨지고 무참히 살해되었다. 그 시체로 비누를 만들었다.[177]

그 편지는 비밀 수장고에 보관되었다. 크로아티아가 겪은 공포를 기술한 9쪽 분량의 보고서도 비밀 수장고에 보관되었다.

이는 대주교 스테피낙이 **1943년 5월** 비오에게 제출한 것으로, 그때는 그가 전시 중 바티칸과 교황을 세 번째로 방문했을 때였다.[178] * [179]

수개월이 지난 7월, 프랑스 사제 마리-브느아(Père Marie-Benoît)는 비오를 만났다. 그러면서 프랑스 남동부의 이탈리아 점령지에 갇혀있는 유대들인을 도와 달라고 애원했다.[180]

교황은 듣고만 있었고, 바티칸의 국무총리가 나중에 그 사제에게 바티칸이 이탈리아 정부와 구출 계획을 수립할 것이라 말했다. 하지만, 그런 계획은 수립되지 않았다. 그 유대인들 중 상당수가 아우슈비츠에서 삶을 마감했다.[181]

마리-브노이가 탄원했을 때는 비오가 다른 것에 몰두할 때였다. 연합국이 7월 10일에 시실리에 상륙했고 그곳에 교두보를 세웠다. 연합국의 적극적인 공세는 독일의 많은 도시에서 그랬듯이 로마를 융단폭격할지도 모른다는 걱정을 가중시켰다.

교황은 1940년부터 활동했던 영국 대사에게 간절한 탄원을 했다. 로마는 출입 금지 지역이 되어야 한다고 주장했다. 로마시는 역사적 기념물과 중요한 종교적 유물로 가득하며 세상의 모든 사람들로부터 사랑을 받고 있다고 열변했다. 가장 중요한 것은, 로마는 바티칸의 고향이라는 점이었다.[182]

교황은 가톨릭교의 영적 중심지에 대한 공격은 극렬한 대중의 항의, 즉 그가 홀로코스트에 대해 언급하기를 거절함으로써 촉발된 수준의 비난을 낳을 것이라고 경고했다.[183]

루즈벨트는 "비행기 조종사들에게 바티칸공국 내에 폭탄을 투하하지 않도록 특별 지시를 내렸다"고 비오에게 확인시켜 주었다.

그러나, 영국은 그런 확인을 해주지 않았다. 국방장관인 안쏘니 이든(Anthony Eden)은 **1943년 1월** 개최된 의회에서 이렇게 말했다.

> 이탈리아군에게 런던을 폭격할 권리가 있듯이 우리에게도 로마를 폭격할 충분한 권리가 있다. 우리는 그렇게 하기를 망설이지 않는다. 로마 폭격은 우리에게 유용하며 도움이 될 것이다.[184]

달시 오스본이 나중에 일기에 썼던 말은 일반적인 영국 정부의 견해를 나타낸다.

> 생각하면 할수록, 내가 더욱더 역겹게 느끼는 것 중 하나는 유대 민족에 대한 히틀러의 대학살이다. 다른 하나는, 이탈리아가 겪을 전쟁의 영향과 로마 폭격에 대한 가능성만을 염려하는 바티칸의 태도다.[185]

교황을 고민스럽게 만든 것은 연합국이 시실리로 진격함에 따라 이탈리아 북부 도시들이 정기적으로 폭격을 당하기 시작한 것이었다. 비오는 종종 사도 궁전의 동쪽동 창가에 서서 쌍안경으로 로마 위를 날아가는 비행기들을 바라보았다.

7월 19일, 수백 대의 연합국 비행기가 로마의 기차 야적장을 폭격했다. 빗나간 폭탄이 민간인 거주지에 떨어졌고, 교황청 돌담 바깥에 위치한 성 로렌스의 바실리카에 손상을 입혔다. 그 뉴스로 인해 비오가 처음으로 눈물을 흘리는 것을 바티칸 관리들이 목격했다. 추기경 마리오네는 교황이 그처럼 **"심히 슬퍼했던"** 모습을 본 적이 없었다.[186]

비오와 몬티니 경은 그날 오후 산 로렌죠로 차를 타고 나갔다. 수많은 군중과 함께 기도하며 돈을 나누어 주고 공습의 희생자들이 모든 죄에서 완전히 면죄됨을 선언했다.[187]

그날 저녁, 교황은 루즈벨트에게 분노하는 편지를 썼다. **"무자비한 공습과 냉혹하게 민가와 여자와 아이를 쓰러뜨리는 참혹한 죽음의 장면을 본"** 공포를 표현했다.[188]

산 로렌죠가 폭격된 지 1주일 후, 국왕 엠마누엘 3세는 무솔리니를 체포함으로써 이탈리아를 놀라게 했다.[189] 그 전날 파시즘 대평의회는 일 두체 정부에 대한 불신임에 찬성하는 투표를 했다.

무솔리니의 후계자 피에트로 바돌리오(Pietro Badoglio), 즉 여러 훈장을 받은 군장교이자 이탈리아 동부아프리카의 강경한 전직 총독인 바돌리오에게는 파시즘에 대한 열의가 전혀 없었다. 바돌리오는 권력에 오른 지 이틀이 지난 후 파시스트당을 해산시켰다. 1주일 후 그는 연합국과 비밀 휴전 회담을 개시했다. 바돌리오 역시 무솔리니가 제정한 인종법의 무효화를 고려했다.

하지만, 그렇게 하지 않았다. 한 가지 이유는 바티칸이 보였던 복잡한 태도 때문이었다. 교황은 신부 피에트로 타치 벤투리를 파견하여 새 정부에게 로마교회는 그 법의 철폐를 원치 않는다는 점을 전달했다.[190] 타치 벤투리는 유대인과 아리안인 사이의 결혼 금지를 폐지하기 위한 로비만 했다. 교회는 모든 이탈리아 결혼의 순결성에 대한 통제권을 다시 확보할 수 있었다.

새 이탈리아 정부와 바티칸 중에 누가 혼합 결혼을 통제했는가에 관한 논의가 무의미하게 된 것은 9월 8일에 바돌리오가 연합국에게 이탈리아의 무조건적인 항복을 선언한 때였다. 나치는 그로 인해 유발된 민간 폭동을 이용해 이탈리아 북부의 절반을 장악했다.

독일군은 9월 10일에 로마에 진입했다. 다음날 히틀러는 6개월만에 첫 라디오 연설을 통해 대단한 드라마의 대미를 장식했다. 그는 이탈리아 국민들이 일 두체 정부를 홀대했다는 구실로 이탈리아인을 협박했다.[191]

히틀러가 연설한 다음날, 작은 분대 규모의 정예 나치 특공대가 중부 이탈리아의 산꼭대기에 위치한 감옥에 있던 무솔리니를 풀어주어 독일로 데려 갔다. 거기서 무솔리니는 점령지 이탈리아로 곧 돌아가 망명 파시스트 정부를 세울 것을 선언했다.[192]

지난 20년 동안 로마교회는 일 두체(지도자)와 그의 각료들과 편안하고 친밀한 관계를 유지했다. 때로는 교회와 무솔리니 정부 사이에 상당한 마찰이 있었지만, 교황과 고위 성직자들이 파시스트로 인해 위협을 느껴지는 않았다. 그렇지만 독일은 다른 문제였다. 연합국은 히틀러가 바티칸을 점령하고 교황을 독일로 데려가 감금할 계획을 세웠다는 소문을 퍼트려서 교황을 더욱 불안하게 했다.[193]

나치가 로마를 점령한 그날, 독일군은 바티칸공국의 창문에서 볼 수 있는 거리에 있었다. 비오는 개인 경호원의 수를 평소의 두배로 증가시켰고 바티칸공국으로 향하는 문들과 베드로성당으로 난 문들을 잠그라고 명했다. 스위스 경비대는 장식용 창을 소총으로 대체했다.[194]

교황의 개인 문서들은 궁 내의 대리석 바닥 밑에 보관되었다.[195] 공국 내에 거주하는 연합국 외교관들은 민감한 서류들을 소각하기 시작했다. 추기경들은 만일의 경우 피신할 수 있게 서류가방을 준비했다.[196]

며칠 후, 독일 대사 에른스트 폰 바이즈재커(Ernst von Weizsäcker)는 군용 차량을 타고 바티칸을 방문했다. 그는 국가사회주의에 그다지 충성하는 인물은 아니었다. 그는 독일군이 "바티칸공국을 전쟁으로부터 보호하겠다는" 안도의 소식을 전했다.[197]

그 약속은 진지한 것이었지만, 비오가 알지 못한 점이 있었다. 바티칸이 피점령지인 로마 중심부에서 지속적인 주권을 유지한다는 것은, 나치가 유럽의 유대인에 대해 선포한 전쟁이 바티칸 바로 앞에서 일어날 것임을 뜻한다는 점이다.

독일 점령 2주 후, 친위대(SS)의 상급돌격대지도자(Obersturmbannführer)인 헤르베르트 캐플러(Herbert Kappler)가 로마의 유대 주민사회에 금 50kg을 상납하지 않으면 200명의 거주자를 강제수용소로 추방하겠다고 통지했다.[198] 캐플러는 다음 해 **"알데아티네동굴의 도살자"**라는 별명을 얻었다.

이탈리아 저항군의 공격에 대한 보복으로 로마 시민 335명을 학살했기 때문이다. 이 유대인들은 서유럽 내에서 가장 오래된 유대공동체의 후손들로 크리스천이 있기 전부터 그곳에 살았던 사람들이다. 그들의 선조는 자신들이 거주하고 일하던 게토의 담을 교황들이 짓고 부순 후 다시 짓는 일을 본 사람들이었다.

나치의 강탈에 대한 소문은 빠르게 퍼졌다. 로마의 유대인은 금을 모으기 시작했다. 랍비 지도자 이스라엘 졸리(Israel Zolli)는 바티칸의 후원자인 베르나르디노 노가라와 안면이 있었다. 가톨릭 엔지니어로 가장한 졸리는 바티칸공국을 방문하여 노가라를 만나게 된다.[199]

졸리는 로비에 가장 적합한 인물을 고른 셈이었다. 노가라는 바티칸의 어느 누구보다 영업거래로만 알려져 있던 인물이었다. 노가라는 국무총리 마리오네와 논의한 후 금 모금을 돕기로 동의했다. 로마의 유대인은 4년 동안 이를 갚아야 했다.[200]

마리오네와 노가라가 그처럼 민감한 사항을 비오의 승인이 없이 약속했을 리는 없다.* [201] 전쟁 기간 내내 비오가 보여준 무대책은, 대부분의 경우, 자신의 목소리가 교회, 가톨릭교나 희생자에 대한 상황을 악화시킬 것이란 생각에서 기인했다. 나치가 요구한 금과 관련된 사안에서는 그런 위험이 없었다. 기껏해야 교회는 대출 미상환의 위험을 감수할 뿐이었다. 나치가 원한 것은 단지 금이었다.

나치는 로마의 유대인이 어떻게 금을 모으는가에 대해 관심이 없었다. 히틀러와 그의 고위 관리들이, 교회 자산의 일부라도 확보할 수 있다는 점에 만족했을 지도 모른다는 생각에는 일리가 있다.

9월 28일, 졸리는 노가라를 다시 방문했다. 로마 유대인이 자체적으로 금을 모았기 때문에 바티칸의 금이 더 이상 필요하지 않다는 점을 알리기 위해서였다.[202]

10월 16일, 상황이 급변했다. 나치는 금을 확보했음에도 불구하고 로마의 게토에 해가 되는 조치를 취하기로 결정했다. 교황은 홀로코스트의 목격자가 된 셈이다. 나치는 1,200명의 유대인을 검거했다.[203] 작전 책임자는 상위돌격대 지도자 캐플러였다. 게토는 바티칸에서 1마일 정도 떨어져 있었다.

하지만, 나치의 유대인 수송은 비오의 유리창에서 단지 250야드 떨어진 광장 외곽을 따라 진행되었다.[204]

나치는 유대인을 비아 델 룬가라에 있는 이탈리아군사학교에 가두었는데, 이곳은 바

티칸에서 겨우 100야드 떨어진 곳이었다.[205]

이틀 후, 그들 중 1,000명이 트럭에 실려 로마의 중심 역으로 이송됐다. 이 중에 896명이 여자와 아이들이었다. 거기서 그들은 음식과 물과 화장실 없이 화물칸에 짐짝처럼 가득 채워졌다.

비오는 로마의 유대인을 지지한다는 공개적 언급을 한 마디도 하지 않았다. 그 당시에 누구도 대사 바이즈재커가 이미 일주일 전에 임박한 "재정착"을 교황에게 말했다는 사실을 알지 못했다.[206] 바티칸은 유대 지도자들에게 경고하지 않았다. 그런 경고를 사전에 할 경우, 나치의 보복으로 인해 로마의 유대인과 교회가 동시에 위험에 빠질 것이라는 두려움 때문이었다.[207]

대규모 검거의 날, 바이즈재커는 국무총리 마리오네에게 바티칸이 어떤 성명서를 낼 의도가 있는지 물었다. 제3제국 관리의 속내는 이 추방 조치가 유대인 제거라는 독일의 열정에 동조하지 않고, 전쟁에 지친 이탈리아인으로부터 강한 반대를 촉발할 것이란 염려였다. 만일 교황이 유대인 검거에 반대한다는 입장을 발표했다면, 베를린의 나치 지도자들은 계획의 폐기를 논의했을 것이다.[208] 말리오네의 노트에 따르면, 그는 바이즈새커에게 이렇게 말했다.

> 이는 성좌에게는 슬픈 일입니다. 로마 안에서 그것을 말하는 것 이상으로 슬픈 일입니다. '보통 사람의 아버지'(the Common Father)의 눈앞에서 그처럼 많은 사람이 특별한 인종이라는 이유 때문에 고통을 받아야 한다는 것은 슬픈 일입니다.

바이즈재커는 교황이 어떤 말을 할 것인지를 다시 한 번 물었다.
마리오네는 이렇게 말했다.[209]

성좌는 불승인에 대한 언급을 하기를 원하지 않습니다.

비오의 두려움은 로마의 유대인에 대한 곤란한 사태를 두고 나치와 옥신각신하는 것이 공산주의자에만 유익을 줄 것이라는 데에 있었다. 만일 그가 공개적으로 독일군을 비난한다면, 히틀러가 그것을 구실로 삼아 로마를 군사 주둔지로 만들고 연합국 군대의 전진을 막는 방패막이로 사용할지도 모른다는 것이었다. 그렇게 되면 로마 시의 상당 부분이 파괴될 것이다. 비오는 이 점을 염려했다.[210]

일제 검거가 진행된 날, 바티칸은 로마에 소속을 둔 알로이스 후달(Alois Hudal) 오스트리아 주교를 임명하여 바이즈재커와의 회담을 좀 더 진척시키도록 했다.[211]

후달은 가톨릭의 아리안주의화를 촉구하는 대표적 주교였으며, 이 아리안주의화에서 그리스도는 **"지적 총통"**이었다.[212] 그는 수십 명의 고위 나치와 친분이 있었으며, **1936년에 "국가사회주의의 기초"**라는 극렬한 친나치 성격의 논문을 썼던 인물이었다.[213]

비오와 그의 자문단은, 후달이 교황의 이탈리아 출신 국무총리보다 나치 관리들과 보다 진전된 관계를 가질 것이라 생각했던 게 분명했다.[214] 후달을 독일 신학생들을 위한 로마의 신학교인 교황산타마리아델아니마(Pontificio Santa Maria dell'Anima)의 교목으로 임명한 사람이 바로 비오였다.[215] 두 사람은 친했다(그들의 우정은 교회가 전후 힘들게 노력하는 가운데 소원해졌다).

같은 날 자정 즈음에, 바이즈재커는 베를린 외무성에 두 통의 전신을 보냈다. 그는 자신이 후달로부터 들은 내용을 아래와 같이 요약했다(대사는 후달을 **"권위주의적인 바티칸의 명사로 교황과 가깝다"**고 말했다).

> 내가 확인한 바로 **"이것은 로마 유대인의 추방에 관한 바티칸의 반응을 나타낸다"**라고 바이즈재커는 썼다. **"어떤 의미에서 교황 자신의 창문 아래서 추방 행위가 일어난 것을 고려해 본다면, 교황청은 특별히 기분이 상한 상태다. 만일 유대인이 여기 이탈리아에서 노역을 하게 된다면, 교황청의 반응은 다소 약화될 것이다."**[216]

그것은 나치의 입장에서는 다행스러운 소식이었다. 교황이 유대인 추방과 관련하여 가톨릭 로마인을 부추기지 않을 것임을 확증했기 때문이다. 교황의 비난 성명이 민간인 사이에서 불안감을 유발할 경우를 대비한 비상 계획은 보류되었다.[217]

일제 검거 다음날, 국무총리 마리오네는 세례받은 유대인을 석방할 것을 나치에게 개인적으로 요청했다. 이들은 바티칸이 **"아리아인이 된 유대인"**이라 부른 사람들이었다. 나치는 처음에 거절했다. 그날 후 나치는 거의 250명의 포로를 석방했지만, 그들은 비유대인, 외국인, 한 사람의 바티칸 관리, 몇몇 **"아리안 시종"**으로 게토를 방문했다가 기습 공세에 쓸려 온 사람들이었다.[218]

나치는 유대인을 로마에 오랫동안 가두기를 원치 않았다. 그들이 구류된 지 이틀 후, 1,000명의 유대인을 실은 수송기차가 로마를 떠났다.

다음날, 바티칸 관리들이 도무지 이해할 수 없을 정도로 놀라운, 도덕적 역사적 의미를 갖는 사건이 일어났다. 로마교회가 공식적으로 히틀러의 외상 요하임 폰 리벤트로프(Joachim von Ribbentrop)에게 감사를 표했다.

독일 군대가 시공국에게 보여준 존중할 만한 태도가 감사 이유였다.[219] 바티칸은 좀 더 많은 나치 군대가 로마의 공산주의자들을 통제하기를 요청했다.

유대인을 실은 수송기차가 제3제국의 가장 큰 학살 장소인 아우슈비츠에 도착한 것은 로마를 떠난 지 5일 후였다. 아래는 이에 대한 기록이다.

> 로마로부터 유대인들이 운송되었음. 번호 158451-158639로 분류된 149명의 남자와 번호 66172-66218로 분류된 47명의 여자는 임시수용소로 이송됨. 나머지는 가스실로 보냈음.[220]

이들 중 15명 만이 살아남았다.[221 * 222]

전후, 비오는 자신의 일기에 그날이 **"제2차 세계대전 동안 '영원한 도성'(Eternal City)인 로마에게 가장 슬픈 날로 역사에 기록될 것이다"**라고 썼다.[223] 그날은 연합국이 실수로 **'산 로렌죠의 바실리카'**(Basilica di San Lorenzo fuori le Mura)교회당을 공습해 손상을 입힌 날이었다. 로마 유대인의 일제 검거와 추방에 관해서는 아무 언급도 하지 않았다.

달시 오스본 경은 나치가 로마 유대인을 아우슈비츠로 이송시킨 다음날, 비오와 한 시간 동안 개인적인 만남을 가졌다.[224] 오스본은 교황에게 만일 로마를 포기해야 할 상황이 온다면, 그런 상황은 무엇일지를 물었다.

비오는 자신이 강제로 떠밀려 가지 않는 한 절대로 로마를 포기하지 않겠다고 대답했다. 그는 어떤 불평도 하지 않았다. 놀란 오스본에게 나치가 공국을 점령한 것에 관해 말했다.[225]

오스본이 추방된 유대인 문제를 거론하자, 교황은 대답하지 않았다. 오스본은 민감

한 질문에 대한 교황의 침묵이 그런 질문들에 대한 교황의 답변이 될 것으로 이미 생각하고 있었다.[226]

불과 몇 주 후, 영국이 오폭해 바티칸공국 내의 모자이크 작품을 파괴했을 때 오스본은 실망하고 말았다. 비오는 분노했다. 교황의 두 각료인 그의 조카 칼로 파첼리 왕자와 엔리코 갈리찌(Enrico Galeazzi) 백작은 독일 대사에게 바티칸 내에 대공포를 설치할 것인지 물었다.

그러나, 대공포는 설치되지 않았다. 연합국은 비오와 그의 참모에게 공습은 나치가 후원하는 선전 공세임을 확신시켰다.[227]

유대인이 로마에서 추방된 지 두 달 후, 나치는 이탈리아 북부에서 7,345명의 유대인을 체포했다. 대부분은 아우슈비츠로 이송됐고, 그들 중 6,746명은 독가스실에서 죽었다. 트리에스테 인근의 한 임시 수용소에서 SS와 우크라이나 경비대가 620명의 유대인을 학살했다. 그들 중 대다수는 지독한 폭행으로, 다른 사람들은 교수형으로 죽었다.[228]

인접한 유럽 국가 내에서 학살된 유대인 수는 이탈리아에서 학살된 유대인 수보다 훨씬 많았다. 마리오네의 노트에 따르면, 로마에서 진행된 일제 검거 후 두세 달 안에, 폴란드의 유대인 인구가 450만 명에서 10만 명으로 감소할 만큼 대량 학살이 자행되었다.

국무총리 추기경의 노트는 세부 사항에서 오류가 있었다.

하지만, 그의 노트는 당시 바티칸 내부에 홀로코스트에 관해 얼마나 많은 것이 알려졌는지 보여주는 지표다.

마리오네는 "**공포스런 상황,**" 루브린 인근의 브레스트 리토브스크에 위치한 특별사형수용소에서 유대인이 어떻게 "**가스실에서 죽어 갔는가**"에 관해 썼다.[229] 그것은 바르샤바 교구 사제인 안토니 차네스키(Antoni Czarnecki) 경이 비오에게 보낸 편지 내용과 일치했다. 마리오네와 차네스키 모두 루브린에서 자행된 학살에 관한 세부 사항을 제공했다.

일부 고위 성직자는 비오의 침묵 정책을 무시하고 용감하게 나치의 학살 행위에 제동을 걸기 위해 노력했다. 헝가리 교황 대리대사인 안젤로 로타(Angelo Rotta)는 여러차례 목숨의 위협을 느끼면서도 나치의 명령에 대항해 유대인에게 세례 증서와 여권을 제공함으로써 그들을 도왔다.

1944년 4월부터 5월까지, 그는 비오에게 나치가 헝가리 유대인을 아우슈비츠로 추방하기 시작했다고 알렸다.[230] 당시 나치는 헝가리를 점령하고 바로 그해 3월 괴뢰 정부를 해산한 상태였다. 헝가리 파시스트 화살십자당(Arrow Cross)의 열렬한 도움으로 독일군은 수년 간 대량 학살이라는 광적인 행위를 일삼았다. 거의 50만 명의 유대인이 몇 개월 걸쳐 아우슈비츠로 이송됐다.

로타는 다시 한번 비오에게 나치의 추방령에 반대하라는 성명을 발표할 것을 요청했다. 서열상 두 번째로 높은 헝가리 고위 성직자인 대주교 귤라 자피크(Gyula Czapik)는 일찍이 자신의 동료들에게 이렇게 충고했다.

> 유대인에게 일어나는 것을 공표하지 말라. 현재 유대인에게 일어나고 있는 것은 과거 그들의 잘못된 행위에 대한 응당한 처벌이다.[231]

비오의 전임자들이 제정한 교황의 무오류성을 지지하는 가톨릭에 속한 헝가리 교회의 관리자들은 교황을 바라보며 그의 명령을 기다렸다. 대부분 유럽 국가의 주요 성직자들이 그렇게 했다. 죽음의 수용소를 운영했던 크로아티아의 사제 같은 사람은 자신이 원하는 대로 할 수 있을 만큼 자유로웠다.

왜냐하면, 교황이 유대인을 죽이는 데 있어서 그들의 역할을 금하는 어떤 칙령도 발표하지 않았기 때문이다.[232]

비오의 침묵과 관련하여 가장 실망스러운 점은, 그가 전시 동안 자신이 대량 학살을 반대하는 말을 할 경우 독일이 보복할 것만을 두려워했다는 점이다. 로타가 교황에게 경고했던 때, 독일군의 전세는 분명히 기울고 있었다.

연합군이 6월 6일에 노르망디에 성공적으로 상륙함으로써 연합군과 소비에트 군대가 전쟁에서 이길 가능성이 커졌다. 일부 고위 나치 관료가 휴전 협상을 위한 작업을 하고 있다는 외교적 소문이 바티칸에도 퍼졌다.

두 명의 아우슈비츠 생존자가 전한 무시무시한 설명으로 인해 연합국은 아우슈비츠에서 무슨 일이 일어나고 있는지 이제 정확히 알게 되었다(그 설명이 소위 '아우슈비츠 초안[프로토콜]'이다).[233] 슬로바키아 대리대사 부르지오 경이 이 두 생존자로부터 입수한 정보를 요약한, 빼곡한 글씨로 적힌 29쪽 분량의 암울한 내용의 보고서를 그해 5월 교황에게 보냈다.

터키 주재 교황 대리대사인 주교 알젤로 주세페 론칼리(Angelo Giuseppe Roncalli - 후 교황 요한 23세)는 친구로부터 '아우슈비츠 초안'을 받았다. 그는 인도주의 지원 단체인 유대인 기구에 파견된 사람이었다. 미래의 교황은 그것을 읽으면서 눈물을 흘렸다. 론칼리는 바티칸 고위층이 아무 조치를 취하지 않은 것에 대해 좌절감과 분노를 표출했다.[234]

전쟁이 마무리 되는 과정에서 최악의 두려움이 현실로 나타나면서, 서방 정부들, 개신교 지도자들, 스위스 같은 중립국들이 긴급한 탄원으로 비오를 압박했다. 비오가 그의 도덕적 권위를 내세워 헝가리 유대인을 구하도록 노력해야 한다는 것이었다. 교황이 신뢰하는 미국 주재의 사도적 대표자인 대주교 암레토 시코냐니(Amleto Cicognani)는 네 명의 유명한 랍비가 보낸 직설적인 호소문을 교황에게 전달했다.

호소문은 아마도 백만 명에 달하는 유대인의 목숨이 위태롭다는 경고였다. 비오가 나치에게 강력히 호소하면 부끄러움을 느낀 나치는 학살을 중지할 것이라는 내용이었다. 팔레스타인의 수석 랍비도 동일한 탄원을 했다.[235]

1944년 봄 동안 비오는 홀로코스트의 광란을 끝내는 것보다 바티칸에 대한 연합군 폭격을 혐오하는 데 또다시 시간을 쏟았다. 연합국 폭격기가 실수로 로마에서 8마일 떨어진 몽테 카지노에 위치한 6세기의 성 베네딕트사원을 초토화했을 때, 불타는 잔해에서 귀중한 물건들을 구하기 위해 목숨을 아끼지 않은 독일 군대의 사진이 나치에게는 주요한 선전 수단이 되었다.[236]

비오는 미국과 영국에게 만일 로마를 폭격하면, **"그들은 문명 세계 앞에서 하나님의 영원한 심판 앞에서 존속 살해 혐의로 인해 유죄를 선고받게 될 것이다"** 라고 말했다.[237]

루즈벨트는 그해 11월의 대통령 선거 전에 수도 로마의 수복을 결심했다. 비오는 이를 알지 못했다. 이것은 폭격기의 출격을 의미했다.[238] 독일군은 비오의 과도한 두려움을 이용했다. 그들은 바티칸공국이 연합국의 폭격으로부터 보호해줄 것이란 가정하에 바티칸의 그늘 아래서 군사 작전을 수행했다.

비오는 미국이 로마를 탈환하는 것이 단지 시간 문제라는 사실을 알게 되었다. 교황은 국무총리에게 명해서 **"로마가 수복된 후 주둔할 연합군 군대 중에 어떤 유색인종도 포함해서는 안 될 것"** 을 오스본에게 공식적으로 요청하도록 했다. 교황은 흑인 군대가 백

인 군대보다 민간인을 강간하는 경향이 더 있다고 생각했다.[239]

자신이 독일 주재 대리대사로 있을 때 종종 들었던 반복된 이야기를 사실로 받아들인 것이다. 그것은 제1차 세계대전 후 라인란트(Rhineland) 점령 기간 동안 프랑스-아프리카 군대가 여자들과 아이들에 대해 가혹한 폭력을 가했다는 이야기였다.[240]

비오는 무조건적인 나치의 항복이 있어야 한다는 연합국의 주장에 반복해서 반대했다. 그는 이로인해 독일은 황폐되고 공산주의 세력은 커질 것이라고 생각했다.[241] "유색 인종 군대"에 대한 교황의 언급과 연합국이 나치를 온전히 항복하게 강제해서는 안 된다는 소망 때문에 서방세계는 비오를 상대할 가치가 없는 인물로 생각하게 되었다.[242]

1944년 6월 5일, 연합국은 로마를 탈환했다. 바티칸은 히틀러가 로마를 사수하기 위해 집집마다 군인을 배치해 파괴적인 전투작전을 할지도 모른다고 걱정했다.

그러나, 독일군은 북쪽으로 후퇴해 버렸다. 비오는 독일군이 후퇴한 것에 안도했다.

하지만, 독일군이 후퇴한 첫 날에 비오는 국무총리를 불러 자기 창에서 보이는 탱크 한 대를 미국군이 치워야 한다고 말했다. 바티칸 근처에 탱크가 있다는 것은 교회의 주권에 대한 존경심 부족을 드러낸다고 생각했기 때문이었다.[243]

로마 탈환이 마무리되자, 비오는 뻔뻔하게도 로마 시민의 환호를 즐겼다. 그들 대부분은 비오 덕분에 로마가 파괴되지 않았다고 생각했기에 그를 찬양했다.

신문들도 "**도시의 수호자**"라는 중세적인 제목을 비오에게 헌정하거나 그런 인상을 심어 주었다.[244]

하지만, 오래지 않아 바티칸 내 연합국 대표자들은 그런 찬양에 도취된 비오의 관심을 헝가리에서 진행되고 있는 대규모 유대인 추방이라는 현실적인 문제로 되돌리려고 했다. 비오는 오스본에게 왜 사람들이 헝가리 유대인에 대해 그렇게 흥분하는 것인지 자신은 잘 모르겠다고 말했다.

폴란드 내에서 벌어지는, 가톨릭 신자들에 대한 소비에트의 잔혹 행위는 어떤가?

유대인 대량 학살에 대한 어떤 책임도 지지 않으려는 비오의 태도에 아주 익숙했던 오스본조차도 이런 최신 유언비어에 놀랐다. 그는 교황에게 영국은 소비에트가 범죄했다는 증거를 보지 못했으며, 가톨릭 신자들이 소비에트로 인해 겪는 고통은 유대인에 대한 조직적 학살에 비하면 아무것도 아니라고 말했다.[245]

비오는 추기경 마리오네, 몬티니 경, 다른 참모들과 상의했다.

하지만, 오스본은 그가 나치를 비판하려 하지 않았다고 전해들었다. 6월 25일, 교황은 대신 헝가리 섭정인 미크로스 홀티(Miklós Horthy) 장군에게 다음과 같은 짧은 전문을 보냈다.

> 우리는 개인적으로 각하에게 말씀드리고자 합니다. 각하의 고귀한 감정에 호소합니다. 매우 많은 불행한 사람이 더 이상 핍박받지 않도록 각하께서 최선을 다할 것을 의심하지 않습니다.[246]

서방 정부들도 자신들의 경고를 홀티에게 보내, 헝가리 유대인을 학살하는 나치를 돕는 것이 범죄라는 점을 언급했다.[247] 몇 주를 머무적거린 후 그는 독일의 유대인 추방 조치에 협조하는 것을 중단했다. 그때는 헝가리 유대인의 절반이 학살된 상태였다.

독일의 유대인 추방 조치에 협조하는 것을 중단하는 정책은 일시적이었다.

그해 10월, 강경 화살십자당 정부는 홀티를 밀어내고 유대인을 다시 아우슈비츠로 이송하기 시작했다. 연합국은 교황에게 다른 성명서를 요청했다.

왜냐하면, 화살십자당의 지도부는 대부분 가톨릭 신자였던 까닭이다. 비오는 거절했다. 그는 홀티에 대한 첫 번째 탄원 때문에 자신이 압박받은 사실에 분개했다. 한 번이면 충분하다고 생각했다. 비록 교황 대리대사인 안젤로 로타가 계속해서 바티칸에 일련의 충격적인 상세 보고를 보냈지만, 비오는 두 번 다시 반응하지 않았다.[248 * 249]

헝가리 추방에 대한 간결하고 일반적인 전문 외에는, 그 당시에 비오나 다른 고위 자문단이 인종 학살을 막기 위해 고뇌하고 있다고 보여주는 설명이나 저널의 기사는 없다.

역사가와 신학자는, 그런 야만적 행위에 직면하여 비오가 공개적 침묵으로 일관하고 아무 조치를 취하지 않은 것에 관해 수십 년간에 걸쳐 격렬히 토론했다.

한편으로 영국 역사가 존 콘웰(John Cornwell) 같은 극단주의자는 비오를 "**히틀러의 교황**"(Hitler's Pope)으로 묘사했다.

다른 편에 선 사람은 비오를 성인으로 임명하려는 바티칸 소속 사람들이다(2009년 베네딕토 16세는 "신망있는 자"[Venerable]라는 칭호를 비오에게 헌사했다. 이 의미는 교회가 공식적으

로 그의 영웅적 덕목을 인정했다는 것이다. 이는 비오에게 성인이 되는 첫 번째 단계였다).[250]

대부분의 역사가는 두 양극 사이의 어딘가에서 진실을 찾고자 한다. 바티칸보다 덜 당파적인 사람도 비오에게 여전히 동정적이다. 그들은 비오가 자신의 조심스런 접근 덕분에 유대인을 더 큰 잔혹 행위로부터 구했다는 확신을 가졌다고 주장한다.

1940년, 비오는 바티칸 주재 이탈리아 대사에게 만일 그가 유대인 학살에 대해 마지 못해 공개적인 반대를 천명했을 경우 **"희생자들의 상황이 더 어렵게 될 수도 있었다는 점"** 을 염려했다고 말했다.[251]

비오가 걱정했던 바-이것은 어느 정도는 합당하다-는 나치가 자신의 성명으로 인해 그를 적으로 규정해 교회에 전쟁을 선포하는 것이었다. 즉, 성직자를 체포하고, 가톨릭 신자들의 예배에 대한 권리를 제한하고, 바티칸공국에 폭탄을 투하하고 점령하며, 아마도 그를 감옥에 넣을 것을 염려했다.[252]

어떤 사람의 설명에 따르면, 비오가 전시 중에 보여준 태도는 독일을 향한 그의 큰 애정에서 기인한다. 이것이 바티칸이 입수한 섬뜩한 학살 정보를 믿지 못하게 했고, 침묵하게 했다는 주장이다.

다른 사람이 확신한 바에 의하면, 비오의 공개적 침묵은 연합국의 침묵보다 결코 더 나쁜 것은 아니었다. 연합국도 전쟁 종료 전에 바티칸만큼이나 잔혹 행위에 대해 알고 있었다. 연합국도 그런 문제에 대해 공개적인 언급을 하지 않았다.

또한, 유대인을 이송하는 기차 선로를 폭격하기를 거절했기 때문에 수송 열차가 계획한 대로 유대인을 아우슈비츠로 이송했다.

하지만, 바티칸은 연합국과는 다르게 유대인 학살에 영향을 줄 수 있는 고유한 위치에 있었다. 당시에 세계에서 가장 큰 종교의 수장인 비오는 어떠한 서방 정부가 행할 수 있는 것보다 큰 도덕적 권위를 행사했다. 교회는 나치 독일과 피점령 국가 내에서도 수백만 명의 열렬한 경배자를 보유했었다. 그들은 중요하면서도 논쟁적인 문제에 대한 정책을 수립하는 교황에게 익숙한 상태였다. 가톨릭 신자들이 나치와 연합된 정부의 지도부를 장악하고 있었다.

여러 독실한 가톨릭 신자는 자신의 믿음을 유지했다.

그러나, 동시에 그들은 강제수용소에서 일했고 대량 학살에 관련된 제3제국의 관료 기구를 운영했다. 어떤 사제들은 파시스트 정치와 민간인 학살에 관여했다. 교황은 자신의 수동적인 태도 탓에 그들의 그런 모순을 바로잡아 주지 못했다.

신자들이 교황의 칙령에 순종해야만 하는 그런 시절에, 만일 비오가 가톨릭 신자가 유대인 학살에 일조하는 것은 도덕적 죄라는 선언을 명백하게 했다면, 그것은 히틀러의 최종 해결책(Endlösung)인 유대인 전멸 정책에 심대한 타격을 주었을 것이다.

비오가 자신은 침묵할 수밖에 없었다는 근거로 제시한 것들은, 교황 재임 시절에 자행된 유대인 학살을 공개적으로 비난해야 했던 영적 도덕적 의무를 제대로 수행하지 못한 이유를 설명하기에는 불충분하다.

비오는 히틀러나 무솔리니를 상징적으로도 파문하지 않았으며, 바티칸의 금서 목록에서 히틀러가 쓴 『나의 투쟁』을 포함시키지도 않았다.

나치가 제국 협정의 실제적 항목을 위반한 것이 분명해진 후도 그 협정을 공개적으로 포기하지 않았다. 비오가 할 수 있었던 최상은 이름 없는 희생자의 탄압에 대해 모호한 항의를 하는 것뿐이었다.

의심할 바 없는 사실은, 비오가 받은 외교적 훈련이 유대인 학살에 대해 간접적으로만 글을 쓰게 하고 말하게 하며 누구도 기분 상하지 않게 만들었다는 점이다.[253] 그는 전쟁 기간 중에 자신을 '그리스도의 대리자'(Vicar of Christ)로 여겼던 가톨릭 신자 수억 명의 지도자로서보다 바티칸의 국무총리로서 교회에 더 크게 봉사할 수 있었을 것이다. 그가 알고 있었던 수단인 외교는 히틀러와 제도화된 집단 학살에 대처하는 데 전혀 쓸모가 없었다.

자신의 전임 교황들처럼, 비오의 가장 중요한 임무는 가톨릭를 보호하는 것이었다. 그는 독일, 오스트리아, 피점령국 교회를 위험에 빠트릴 수 있는 일은 하지 않으려 했다. 서방 외교관들은 개인적으로 이를 **"장기적 관점의 믿음"**이라 불렀다. 교회가 거의 2천 년 동안 수많은 전쟁, 끔찍한 교황들, 무자비한 왕들로 인한 핍박, 외국 군대의 로마 약탈에서 결국은 살았다는 믿음이다.

바티칸은 행동하지 않고 끊임없이 생각만 한다. 그들은 파시즘을 과도기적인 중간 단계로 여긴다.

영국 대표단 달시 오스본의 결론이었다.[254]

교황으로 하여금 침묵하게 했던 또 다른 이유는 반유대주의라는 교회의 지독스러운 역사에서 기인했다. 비오와 고위 자문단은 반유대적인 종교 편향 속에서 성장한 사람들이었다. 반유대주의는 그들의 마음 깊숙한 곳에 자리했다. 그 종교적 편향은 가톨릭의 신학과 예배의 핵심이었다.

수세기 동안 가톨릭의 전통은 히틀러가 유대인에 대한 증오의 씨를 뿌리도록 도왔다. 교황 바오로 4세는 16세기에 교황 통치 하의 모든 유대인을 게토로 수용하는 칙령을 발표했다. 그는 유대인이 예수를 십자가형에 처했기 때문에 **"영원한 노예"**로 정죄되었다고 말했다.[255]

비오 12세는 자신이 추기경일 때, 유대인이 러시아의 무신론적 볼셰비키 혁명의 주동자이고 그들의 주된 목표는 크리스천 문명의 파괴라는 점을 자세하게 쓰고 말했다.[256]

반유대주의를 배웠다는 것은 유대인을 돕는 일을 긴급하게 여기지 않는다는 것과 같은 의미이다.[257]

유럽 내에서 일어나는 가공할 만한 사건들이 어느 정도는 그리스도를 배척했던 사람들에 대한 하나님의 뜻, 다시 말해 가톨릭 신자들이 말하는 **"하나님의 법"**이었다는 생각에 반유대주의가 기여했을 것이다.[258]

그러나, 비오로 하여금 대량 학살에 관한 수많은 증거에도 침묵하도록 만들었던 다른 이유도 있다. 그것은 돈이다. 비슷한 동기가 이탈리아의 잔혹한 에티오피아 침공 시기에 비오 11세가 침묵했던 **1935년**에도 작용했다. 교회는 그 당시에 군수 회사에 투자했고 무솔리니 정부와 밀접한 관계에 있었다. 교황의 도덕적 의무는 이윤 추구 앞에서 잊혀졌다.

제2차 세계대전 중에, 비오의 침묵은 제3제국과의 복잡한 사업상의 이해관계가 보호되는 데 일조했다. 그 이해관계는 바티칸에게 엄청난 이득을 주었던 관계였다. 어떤 경우에, 그것은 교회가 오늘날까지 부인해 오는 거래들이었다. 가장 큰 수익 중 어떤 것은 독일 점령지에서 나왔다. 그 점령지는 교황이 대량학살에 대해 묵인했던 바로 그 나라였다. 베르나르디노 노가라가 미로같은 회사들을 만들었던 곳은 동유럽의 전쟁터에 있었다. 그 회사들은 바티칸의 금고에 꾸준히 돈-그것이 정당한 것이든 부도적인 것이든지를 막론하고-을 채워준 복수 관활권의 가공 회사들이었다.

제9장

블랙리스트

　머리 회전이 빠른 금융의 달인 베르나르디노 노가라는 제2차 세계대전으로 발전한 폭력적인 체스 경기에 안성맞춤인 자였다. 이탈리아 애국자인 그는 무솔리니가 어쩔 수 없이 국가의 운명을 독일과 묶었음을 인식했다. 그는 즉각 독일에 대한 비오의 특별한 사랑을 알았다.

　하지만, 그는 돈에 관한 한 냉정했다.

　노가라는 어느 군대가 이기길 바라는지에 근거해서 투자하지 않았다. 그의 충성심은 교회를 향한 것이었고, 교회의 부를 축적하고 보호하는 데 있었다.

　1939년 이른 봄, 추기경위원회가 자신을 깨끗하다 확인하고, 비오가 특별교황관리청의 수장으로 전권을 회복시켰을 때부터 노가라는 바티칸의 돈을 지키기 위해 발버둥쳤다. 전쟁은 성공적인 투자와 안정적인 수익을 혼란스럽게 한다. 그뿐만 아니라 역사적으로 무력 갈등은 베드로성금에 큰 하락을 가져왔다. 프랑스와 영국, 두 나라가 참전할 것이 거의 확실한 상황이었기 때문에 그곳에 있는 상업적 부동산 투자 수익이 지장을 받을 터였다.

　모든 불확실성은 교회가 교회세(Kirchensteuer)로 갖게 되는 돈의 중요성을 부각시켰다. 교회세는 모든 독일 가톨릭 신자에게 부과된 8% 내지 10%의 세금이었다. 나치가 이를 강제적으로 만들고 로마교회를 위해 수금한 이래로 교회의 수익은 급격히 증가했다. **1939년**의 독일의 폴란드 침공 바로 전에, 노가라는 그 돈의 액수를 점검했다.

　세금만으로 대부분의 교회 공국의 운영비를 지불할 정도로 로마교회에 충분한 돈이 들어왔다.[1][*2]

9월의 전쟁 개시로 노가라의 마음은 다급해졌다. 그는 독일이 제1차 세계대전의 전략을 반복하고, 초기의 희생물로 중립 룩셈부르크를 차지할까 두려웠다. 그는 그로룩스 S.A. 즉, 그가 라테란조약의 돈을 파리, 런던, 로잔의 부동산에 투자하기 위해 **1933년**에 그곳에 설립한 지주 회사를 폐쇄했다.[3] 6개월 후 노가라는 중립국가들 내의 위험 자산을 통합하기 시작했다.

그는 **1932년**에 만든 파리 거점의 부동산 회사 '유한회사부동산개발'(Société Privée d'Exploration Immobilière)을 스위스 지주 회사의 하나인 프로피머(Profima) 밑에 남겨 두었다(스위스 법 아래서는 외부 감사의 필요가 없다. 또 이후 연합국은 바티칸이 부동산개발사를 통해 파리로부터 어떤 아리아인 된 유대인 자산을 세탁했을 것이란 의심을 했으나 장부의 열람 불가로 그 조사가 좌절되었다).[4]

5월 노가라는 분산된 다른 유럽 영업을 프로피머의 우산 아래로 옮겼으며, 역시 초기 스위스 지주 회사의 하나인 로잔부동산(Lausanne Immobilier)으로도 그리했다.[5]

노가라의 예감은 들어맞았다. 독일은 룩셈부르크를 침공했으며, 이는 중립 국가인 노르웨이, 벨기에 네덜란드를 넘어뜨릴 포괄적인 공격책의 일부였다. 그런 후 히틀러의 사단들이 프랑스를 휩쓸고 들어왔다.

나치 침공의 폭격에 노가라는 교회의 유동 자산, 대부분 금과 주식 증서에 즉시 보호 조치를 취했다. 미국이 안전해 보였다. 미국은 완전 중립적이었고, 대부분의 미국인은 **"유럽전쟁"**에서 비켜 있음이 미국의 국익에 가장 도움이 된다고 생각하고 있었다(미국은 아직 나치의 체코 병합이나 폴란드 침공에 대해 비난하지 않았다).[6]

노가라는 모건사의 로마 대표자 지오바니 푸미와 함께 런던으로 여행을 했다. 그들은 모건의 영국 자회사 모건 그랜펠(Morgan Grenfell)이 보유했던 7백 7십만 달러(2014년 가치로 1억 2천 6백만 달러에 해당)의 바티칸 금을 미국으로 이전하기 위해 손을 썼다.[7] 교회의 이탈리아 금 유보액의 **"상당량"**을 미국으로 보냈다.

유럽 내에 흩어져 있는 바티칸의 더 적은 양의 대부분의 금을 스위스의 크레딧스위스(Credit Suisse)로 통합했다.[8] 수천만 달러의 미국과 캐나다 주식 증서들이 로잔에서 로마로 옮겨졌다. 그는 증서들을 바티칸의 천장 내부에 숨기도록 지휘했다.[9]

노가라는 교회 돈을 보호하는 것이 경질 자산을 투자 피난처로 옮기는 것보다 훨씬 중요하다고 생각했다. 그는 제1차 세계대전 동안 BCI에서 일하면서, 정부가 적군을 물리치기 위해 전장에서 뿐만아니라 광범위한 경제 영역에서도 전투을 벌인다는 사실을 배웠다.

추축국과 연합국은 일련의 엄격한 법령을 도입해서 많은 국제적인 사업 거래를 규제하고, 적과의 거래를 금지시켰다. 중요한 천연 자원의 판매를 불허하며, 적대 국가의 은행 계좌와 자산을 동결했다.

노가라가 미국의 연방준비은행에 교회의 금을 첫 운송한 한 달 뒤, 프랭클린 루즈벨트는 행정 명령 8389, 일명 동결 명령이나 블랙 명단을 발표해서 나치 침공의 초기 희생국인 노르웨이와 덴마크의 국적과 자산에 관계되는 모든 금융 거래를 금지했다.[10]

루즈벨트는 제3제국이 자신들이 정복한 나라의 돈을 가질 수 없도록 확실히 하고자 했다. 오직 재무장관만이 부분적 허가와 인도주의적 예외를 결정할 수 있는 권한을 가졌다.[11]

루즈벨트의 봉쇄 명단은 반복적으로 수정되어 마침내 유럽 모든 나라를 포함하게 되었다.[12]

1941년 6월 14일, 루즈벨트(FDR)의 리스트는 경제방위백서 개정으로 수정되었다. 이것은 미국의 힘을 확대해 재무성이 그 행위가 "국가 방위와 안보의 이익에 필요한 것"으로 간주했을 때는 어떤 나라, 기업, 사람과의 거래도 금했다.[13]

16개의 새로운 나라가 명단에 올랐다. 명백히 교전 국가인 독일과 이탈리아뿐만 아니라 중립국가인 스위스, 작은 주권국 모나코, 산 마리노, 리히텐슈타인과 안도라가 포함되었다.[14]

오직 바티칸과 터키만이 제외되었다. 터키는 그 당시 여전히 연합국과 연계되어 있었는데, 터키가 영국, 프랑스와 조인했던 **1939년**의 협정 때문이었다. 바티칸만이 유일하게 유럽에서 중립을 선언했던 나라 중 봉쇄 리스트에 들어있지 않았다.[15] 대신 재무성은 "바티칸공국의 로마교황청"에 일반적 거래와 사업 면허를 발행했다.[16]

노가라는 안도했다. 바티칸의 중립 선언에도, 미국이 공국을 명단에 넣을까 걱정했다. 만일 그런 일이 생기면, 신용 차입, 외환 거래, 투자, 영수증 지불에 관한 중요한 달러의 파이프라인이 차단될 것이다. 그의 염려에는 상당한 이유가 있었다. 어떤 미국 관리들은 바티칸을 블랙리스트에 올리기 원했다. 그들은 바티칸의 중립은 허구라고 주장했다.

바티칸은 단지 적국 수도에 있는 작은 땅덩어리에 불과했다. 이것은 무솔리니에게 빚진 것이라고 볼 수 있는데, 10년 전에 라테란조약 아래 바티칸의 주권이 인정되었기 때문이었다. 바티칸이 모든 에너지, 식료, 물 통신을 이탈리아에 의존하고, 공식 화폐로 안정적인 이탈리아 리라에 의존하고 있는 한, 파시스트는 어느 때고 바티칸을 쥐어 짤 수 있었다.

하지만, 바티칸을 봉쇄 명단에 올리자는 주장을 지지하는 가장 강력한 근거는 교회를 운영하는 자들이 민족주의에서 벗어나기 힘들 것이라는 가능성에 있었다. 교황은 하드리안 6세가 죽은 **1523년** 이후로 이탈리아 사람이었다.

교황청의 90%가 이탈리아인이며, 이들은 평신도 친구의 네트워크를 통해 함께 연결되어 있었다. 그들은 친구들과는 함께 자랐고, 같이 학교를 다녔고, 여전히 교류하는 사이였다. 성직자의 가족 역시 로마교회 울타리의 한 부분을 차지했다.

많은 경우 형제가 군에 있거나, 살림살이가 전쟁의 결과에 의존하는 친척을 두고 있었다. 가장 중요한 추기경은 귀족 가문에서 나왔고, 이탈리아 산업의 거인들인 친척을 중요하게 여겼다. 전직 교황 비오 11세의 조카는 훈장을 받은 군대 장교로 바티칸공국의 민간인 대표로 근무하는 동시에 밀라노의 한 은행을 운영했다.[17] 비오 12세의 사촌은 로마은행의 회장이었다.

전쟁 개시 즈음에, 미국정보부는 비오와 바티칸 내부 양측에서 영향력을 행사할 수 있는 48명의 추기경에 관한 보고서를 정리하기 위해 "일할 수 있는 접촉자들"에 의존했다. 그 결론에 따르면, 가장 힘이 있는 추기경은 파시스트거나 친나치였다.[18] 일부는 바티칸의 자금을 봉쇄하지 못하면 이탈리아가 연합국의 규제를 피해나갈 수 있을 것이라고 주장했다.[19]

로마교회에 유리하게 돌아간 이유는 그런 강경 견해가 재무성 내 작은 집단에 국한했기 때문이다.

반면, 백악관은 정치적으로 크고 강력한 가톨릭계와 대결할 하등의 의사가 없었다. 교황은 전례 없이 루즈벨트의 **1936년** 재선을 지지함으로 인해(공개적 지지는 추기경 스펠만에 의해 이루어졌다) 프랭클린 루즈벨트의 지속적인 충성심을 얻었다.[20]

막강한 가톨릭 교인의 투표가 **1940년** 루즈벨트가 다시 대통령직에 복귀하도록 도왔다. 게다가 국무성은 FDR이 **교황을 소원(疏遠)하게 할 어떤 일도** 만들지 않기를 촉구했다.

대통령은 비오를 동맹의 하나로서 원했고, 교황이 조용한 외교를 통해 미국을 돕기를 바랐다.[21] 교회에 동정적인 자들은 항상 바티칸이 나중에 그 명단에 추가될 수 있다고 주장했다.

경제방위백서의 수정 5일 후, 비오 12세는 미국의 대리대사 헤롤드 티트만을 소환해서, **"지극히 비밀스런"** 회담을 황토 색깔의 바티칸궁 제일 꼭대기 층 교황 사저에서 가졌다.[22] 티트만이 거기서 재임한 6년 동안 유일한 일이었다.

긴 층계를 올라가 메디치와 보르기아 교황들의 유물들을 지나, 교황이 그의 가장 친한 친구들과 가족만을 위해 유보해둔 아파트에 들어갔다. 사적 모임은 돈에 관한 것으로 드러났다. 이는 초대만큼이나 티트만을 놀라게 했다. 비오는 금융에 대해 어떤 공개적인 이해관계를 보인 적이 없었다. 교황은 티트만에게 봉쇄 명단에서 바티칸을 제외시켜 준 미국의 결정에 감사했다.[23]

하지만, 다른 염려가 있었다. 교황은 뉴욕의 여러 민간은행의 계좌들에 관한 세부 사항들을 내놓았다. 그것들은 바티칸의 재산이지만 서로 다른 무관한 명의로 목록이 되어 있었다. 그는 한 뉴욕 은행에 자신의 개인 계좌를 갖고 있음을 털어놓았다(그해 말에 발표된 FBI에 따르면, 그 잔고는 $60,999로 2014년 가치로 $1,009,577에 해당된다).

교황은 이 모든 계좌를 미국의 전시 규제로부터 안전하게 보호하기 위해 티트만의 도움을 요청했다. 대리대사는 마이론 테일러에게 전신을 보냈다. 그들의 개입의 결과로 재무성은 왜 바티칸이 다른 사람들과 회사들의 명의로 되어있는 계좌의 소유권을 주장하는지 더 이상의 질문이 없이 그것들을 보호했다.[24]

회합 후 한 달이 안 되는 **1941년 7월**, FDR은 '봉쇄 국가들의 공표 명단'(Proclaimed List of Certain Blocked Nationals), 이른바 **"블랙 리스트"**를 만들었다. 이것은 증거의 문턱을 더 낮추고 재무성, 국무성, 검찰총장이 친추축국이라고 단순히 **의심되는** 모든 외국 사업과 국민의 목록을 작성하도록 허락한 것이었다.

1만 5천의 사업과 개인, 그 중에는 중립국의 많은 회사와 개인도 포함해서 결국에는 블랙 리스트에 올랐다.[25] 어떤 금지된 회사나 사업체에 영업 관계를 가진 자는 블랙 리스트에 오를 수 있었다.[26]

경제 전쟁 책임을 지고 있는 미국 관리들이 바티칸을 봉쇄 명단이나 블랙 리스트에 올려야 하는가 논의했던 것처럼, 비슷한 논의가 영국에서도 유발되었다. '해외 사무소의 적국 지점과의 거래'(TEB: The Trading with the Enemy Branch of the Foreign Office)는, 미재무성의 협력 파트너처럼, 바티칸의 일부 돈의 흐름이 의심스럽다고 생각했다.[27]

전쟁 초기에 TEB가 가로챈 정보는 노가라의 영국 그로룩스 계좌들이 이탈리아 정부에 의해 다른 은행에서 리라 신용 계좌의 담보물로 저당되어 있음을 밝혔다.

이것은 이탈리아가 연합국의 제한망을 피하기 위해 부분적으로 바티칸의 재산을 사용함으로써 군수 기업에 자금을 대고 있다는 공포를 낳았다. 이를 질문 받은 교회 대표자는 자신은 전시규칙을 결코 어긴 적이 없다고 강변했다. 돈이 교회가 관리하는 계좌에서 빠져 나가거나 이탈리아로 사라진 적이 없다는 것이다.[28] 노가라는 TEB의 조사 낌새를 알아챘을 때, 영국 그로룩스에 있는 주식들을 모건은행으로 이전시켰다.[29] TEB 조사관들은 물러날 수밖에 없었다.[30]

또 다른 영국의 집행부처인 전시경제청은 노가라가 **"어떤 더러운"** 꾀를 써서 추축국이 독일 마르크와 리라를 비봉쇄된 경질 자산(hard assets)으로 바꾸는 것을 돕고 있다고 믿었다.[31]

1925년 이래로 노가라는 이탈리아의 최대 은행인 BCI의 이사였다.[32] 연합국은 BCI를 적성 금융 기관으로 타겟을 삼았고 미국 영업을 폐쇄시켰다.[33] 그는 스위스 거점의 BCI 자회사 이탈리아스비쩨라은행(Banca della Svizzera Italiana)의 이사로, 이 회사는 루마니아와 불가리아에서 나치 연계업체와의 사업을 이유로 영국이 블랙리스트에 올린 회사였다.[34]

노가라의 스위스 지주 회사의 하나인 프로피머(Profima)는 BCI(이탈리아산업은행)의 남미 자회사 수다메리스(Sudameris: Banque Française et Italienne pour l'Amérique du Sud)에 복잡한 지분을 가지고 있었다.[35] 영국과 미국 공히 수다메리스를 **"자발적 나치협력자"**로 블랙리스트에 올렸다.[36] 미국은 남미 국가 정부들에 은행 영업의 중지를 압박했다.

노가라와 그의 친구인 BCI의 이사, 지오반니 말라고디(Giovanni Malagodi)는 그 은행 자산의 대부분을 프로피머로 이전시키기 위해 모든 노력을 경주했다.[37] 그들은 비가톨릭 지배의 남미 국가는 바티칸이 소유권을 주장한다면 그 회사에 반대 조치를 하지 않으리라고 도박했다.[38] 그것은 아르헨티나에서는 통했으나, 브라질은 수다메리스의 지점들을 폐쇄하고 자산을 몰수했다.[39]

미국과 영국은 공히 노가라가 경영상 친나치적인 은행을 통해 이윤을 뻔뻔스럽게 추구한 것을 두고 분노했다.

하지만, 바티칸의 자산과 계좌를 동결하는 대신에 양국 정부는 바티칸의 국무총리에게 사절을 보내어 단지 불평했을 뿐이다.[40]

금융 내부자가 아니었던 추기경 마리오네는 만일 자신이 사전에 모든 상세한 내용을 알았다면 수다메리스 투자를 반대했을 것이라고 사절들에게 확인시켰다.

바티칸은 중립적이라고 그들에게 환기시켰다. 노가라의 요점은 오직 투자였지 정치가 아니었다.[41 * 42]

워싱톤과 런던이 의심스럽게 생각했던 것은 유럽과 남미에 걸쳐 다수의 은행 관활권을 갖는 노가라의 뒤섞이고 음폐된 지주 회사들만이 아니었다. 미재무성의 조사관들은 주식과 채권의 유가증권들에 관해 불편한 시선을 가졌다.

그 유가증권들은 노가라가 뉴욕에 있는 로마교회의 제휴 은행인 J.P. 모건과 시티은행의 은행 계좌 앞으로 보내지기 전에 봉쇄 국가들에 등재된 것들이기 때문이었다.[43] 그런 유가 증권들의 거래는 본래 봉쇄된 국가로부터 유래되면 금지되어야 했었다.[44] 이자나 배당금도 얻을 수 없었다.

그러나, 노가라는 재무성의 예외 규정을 찾아, 인도주의적이고 종교적인 필요라고 주장했다.[45] 소수의 미국 관리들은 바티칸이 유가증권들을 세탁하고, 실소유자가 거래 금지된 인물이나 회사의 것일 때 교회에 속한 것이라 주장할 수 있다고 의심했다. 바티칸은 유가 증권을 교회 자산인 양, 미국으로 옮기는 위험 부담의 대가로 일반 수수료를 챙길 수 있었다.

그러나, 결정적인 증거가 없어 어떤 재무성 조사관도 교회 대표자를 거짓말쟁이로 낙인 찍을 수가 없었다. 재무성은 아마도 정치적 후유증을 염려하여, 바티칸에게 **"어떤 의심도 뛰어넘는 깨끗한 수익적 소유권의 증거"**를 제공하라는 요청도 하지 않았다.

이것은 그런 경우에 정례적인 요청 사항이었다.[46]

재무성은 바티칸에 유가 증권의 거래와 수익 창출에 대한 특별 허가권을 허락했다.[47] 그것은 노가라가 특별 지위에 있음을 뜻했다. 전쟁이 추축국에 불리하게 돌아가자, 그는 미국 내의 안전한 달러 계좌로 바티칸의 많은 사업을 운영할 수 있었다.

노가라의 좋은 운은 **1942년** 봄에도 계속되었다. 재무장관 헨리 몰겐쇼(Henry Morgenthau)가 로마교회에 또 다른 시혜를 베풀었다. 바티칸은 이탈리아와 나치 점령 국가 내에서 미국의 규제에 묶이지 않고 돈을 사용하기를 원했다. 교황은 이것이 그런 나라에서 여러 사명을 감당할 수 있는 유일한 길이라 말했다. 몰겐쇼는 그런 예외를 승락했다. 그 결과, 바티칸은 연합국과 추축국으로부터의 어떤 보복도 없이 이 두 진영에서 활동할 수 있는 유일한 국가가 되었다.[48]

노가라는 바티칸이 서방 은행을 사용한 이래로 연합국이 로마교회의 모든 금융 거래를 추적하고 있음을 알았다. 모든 거래는 종이에 흔적을 남겼다. 비밀스럽게 많은 사업을 영위할 수 있는 능력은 그에게 교회의 돈에 관해 더욱 공격적이고 창조적일 수 있는 여지를 주었다. 그는 놀이의 으뜸패를 가진 셈이었다.

1942년 6월 27일, '종교사업을 위한 기관'(IOR: Istituto per le Opere di Religione), 바티칸은행의 설립은 하늘이 준 기회였다.[49] 노가라는 은행을 위한 6개 항목의 헌장인 **손글씨 선언문**을 초안을 작성했고, 비오는 서명했다.[50]

바티칸공국 내에 한 개 지점만이 있었고, 봉쇄나 블랙 리스트에 올라있지도 않아 IOR은 어떤 전시 규제에서도 자유로웠다. 바티칸은행은 세계 어느 곳에서나 영업 할 수 있었고, 세금도 내지 않았다. 이윤의 보고, 연례 보고서 작성, 대차 대조표의 공표나 주주들에 대한 설명도 할 필요가 없었다.[51]

'**니콜라스 5세의 탑**'(Torrione di Nicolò V) 안에 있는 예전 지하감옥에 위치한 이 은행은 확실히 다른 은행과 같지 않았다.* [52]

자율적인 기관으로 설립된 바티칸은행에는 다른 어떤 교회 부서나 평신도 기관과의 회사적 연관이나 교회적 연관 없이 오직 한 명의 주주만 있었는데, 그가 바로 교황이었다. 노가라는 오직 비오의 비토에만 종속되는 은행의 운영권을 가졌다.[53]

그 헌장은 "은행은 종교적 기관들을 목적으로 한 주요 자산을 책임지며 관리한다"라고 말했다.[54] 노가라는 이 말이 IOR이 임의로 현금, 부동산이나 주식의 유치를 받을 수 있다는 뜻으로 해석했다(이 헌장은 전쟁 후반기에 특허료와 재보험료 지불을 포함하기까지 확대되었다).

걱정스런 많은 유럽인이 자신의 돈에 대한 안전 투자처를 원했다. 특별히 이탈리아인들은 그 나라 밖으로 현금을 인출하기 원했다. 무솔리니는 이탈리아은행에서 리라를 반출하면 누구나 사형 선고를 받는 법령을 제정했다.[55] 이탈리아와 국경을 맞대고 있는

제9장 블랙리스트 151

6개 나라 중 바티칸은 이탈리아의 국경 검문을 받지 않는 유일한 주권국이었다.⁵⁶

이제 그 바티칸이 자체 은행을 가졌으니, 이탈리아인들은 어떤 흔적도 없이 자신의 현금 가방을 예치해줄 오직 자발적인 성직자가 필요했다. 다른 주권국 은행과 달리, IOR은 모든 독립적인 외부 감사의 필요에서 자유했다. 은행은 아마 장부 관리를 간소화하기 위해 모든 파일을 매 십 년마다 폐기하도록 되어 있었다(이 관행은 2000년까지 지속됐다).⁵⁷

IOR은 실제로 아무것도 남기지 않았다. 전후 조사관들은 은행이 전시 중의 횡령을 감추는 행위를 했는지 희생자들에게 반환되어야 하는 계좌나 돈을 가지고 있지 않았는지 판단할 수 없었다.

노가라는 알베르토 디 조리오(Alberto di Jorio) 경을 IOR의 수석 성직자로 임명했다. 그는 **1944년**까지 회장직을 가지고 있었다.⁵⁸ 58세의 디 조리오는 1920년부터 IOR의 전신인 '종교행위를 위한 교황위원회'에서 일했다.

1930년대에 그는 노가라의 더 공격적인 금융 스타일에 잘 적응했고, 투자에 대한 재능도 보였다. IOR은 얼마 지나지 않아 이탈리아와 다른 유럽 국가로부터의 자금 피난처가 되었다. 은행의 즉각적인 인기는 노가라조차 놀라게 했다.

전쟁 중 바티칸은행(IOR)의 창립은 또 다른 중요한 목적에 도움이 됐다. 이것이 교회 돈에 대한 노가라의 움직임을 추적하는 연합국을 더욱 어렵게 했다. FBI와 OSS(CIA의 전신. Office of Strategic Services)가 열심히 노력했지만, IOR이 그들의 노력을 복잡하게 했다. 연합국 조사관들은 노가라가 세운 여러 대륙에 걸친 십여 개의 국가에 수많은 지주회사를 통해 스위스 프랑, 리라, 달러, 파운드, 심지어 금괴에 대한 공격적인 반복 전송을 추적하려 힘썼음에도 그랬다.⁵⁹

1941년 6월, 수정된 봉쇄 명단에 미국은 역외 투자 천국으로 명성을 얻은 소국가, 예컨대 모나코, 산 마리노, 리히텐슈타인, 안도라를 포함시켰다.⁶⁰ 바티칸이 여기서 빠진 가장 중요한 이유 중 하나는 바티칸이 자신만의 은행제도를 갖지 않은 유일한 주권 유럽 국가였기 때문이다. 바티칸은행의 창립은 그것을 바꾸었다.

하지만, 아직도 그 이유가 불분명하지만 재무성이 다시 교회국가가 봉쇄되어야 하는가를 토론의 장으로 삼지는 않았다.

무솔리니 역시 IOR이 교회의 금융 거래를 숨기는 데 활용될까 염려했다. 일 두체는 비오 12세에게, 재무장관으로 일했던 교수요 경제학자인 도멘니코 펠레그리니 지암피에트로(Domenico Pellegrini Giampietro)가 바티칸을 방문하면 그에게 IOR의 일에 관해 알려주기를 요청했다. 교황은 찬성했다.[61]

연합국이 IOR의 활동에 관해 거의 알지 못한 가장 중요한 이유는 미국과 영국 정부 파일 안에 바티칸은행에 대한 정보가 결핍되었기 때문이다. IOR의 설립 후 거의 2년 후 OSS(CIA 전신)는 이런 사정을 알게 되었다.

히틀러의 제국은행이 바티칸으로 돈을 이전하고 한 스위스은행을 중재자로 사용해 그 출처를 감추려 했다는 정보를 우연히 알기까지 OSS는 IOR을 알지 못했다.[62]

그때까지 OSS는 제국은행과 바티칸이 만들었던 책략의 세부 사항을 들여다 보기보다 더 많은 전시 문제에 쫓기고 있었다. 그 정보는 비밀 파일로 남겨졌으나 더 이상 명백한 후속 조치는 없었다.

독일의 **1945년** 항복 전, 미국정보부는 바티칸은행이 스위스의 유니언은행에 있는 1십만 스위스 프랑을 루가노의 스위스 이탈리아은행으로 송금하라는 지시를 내린 사실을 발견했다. 이 은행은 1940년 6월 이래 연합국 블랙리스트 상에 있었던 은행이다.[63] 또 다른 전쟁 탈취물에서 IOR이 한 포르투갈 은행에게 **"리스본의 교황 대리대사의 중재를 통해 2십 5만 달러 지폐를 봉인된 서류에 넣어 바티칸으로 보내라"**고 지시한 사실을 발견했다.[64]

다른 예들, 예컨대 독일 제국은행에 있는 바티칸의 5개의 현금 계좌에 대해 FBI 요원들은 전쟁이 끝날 때까지 그것들의 존재도 발견할 수 없었다.[65]

전쟁 기간 내내 IOR은 서방 조사관들의 레이다망에서 벗어났고, FBI는 **"검다"**고 불렀던 상황에서 영업했다.

제10장

피의 돈

로마교회는 IOR(바티칸은행)이 후 전시 기록을 파괴했는지, 그 기록이 바티칸 내부에 봉인되어 있는지 밝히려 하지 않는다.[1] 나치가 점령한 동유럽 나라들은 자신들의 의심스런 협조를 드러낼 문서를 조사하는데 열의가 거의 없었다.

질문에 대한 답을 복잡하게 하는 것은 IOR과 사업을 했던 몇몇 중요 회사의 파일들이 개인 연구자나 역사가에게 접근 불가했기 때문이다. 몇몇 회사는 전시 기록을 보존하지 않았다.[2]

폭격 공습은 다른 회사, 예컨대 독일 보험업계의 거인 알리안츠의 문헌을 파괴했다. 러시아군도 전쟁 종료 시점에서 많은 트럭 분량의 서류를 압수했다.

때로는 불태웠고 때로는 배로 모스크바로 수송했다. 거기서 그것들은 수십 년째 발견되지 않는 채 남아있었다.

어떤 제3 제국의 사업 서류는 폴란드 정부 문서기록보관소에 보관되었고, 그나마 대부분은 역사가들이 검토하기도 전에 **1997년**의 홍수로 손상되었다.[3]

아르헨티나의 후앙 페론(Juan Perón)은 대부분의 전시 은행 기록을 파괴했고, 우선적인 남미 사업 제휴선을 통해 IOR을 추적하는 문을 닫아버렸다.

가장 큰 이탈리아 보험 회사인 제네랄리보험(Assicurazioni Generali)은 수십 년간 주장하기를, 전쟁 말기에 중요 서류가 파괴되었다고 했다.

하지만, **1996년**, 두 민간 탐정이 이탈리아 트리스테의 부두 창고 꼭대기 층에서 그것들을 발견했다.[4]

그런 모든 장애물에도, 여러 국가의 국가 수장고 안에서뿐만 아니라 IOR과 사업했던 회사의 접근 가능한 개인 서류 안에는 흩어진 정보 잔해가 있다. 그 다양한 정보는 바티칸은행이 전쟁 동안 무엇을 했는가 하는 큰 그림을 그릴 수 있게 한다.[5] 정보의 대부분은 노가라의 절친인 주세페 볼피 백작으로 인도한다. 그는 이탈리아의 가장 유명한 산업 거물이었다. 미국정보부는 볼피를 "**비양심적인 인간, 절대적으로 신뢰할 수 없는 자**"며, "**그자는 J.P. 모건, 존 록펠러, 베날드 바룩, 거기에 더해 다른 십여 명의 큰 손보다 더 큰 권세를 휘둘렀다**"고 묘사했다.[6]

볼피와 노가라는 **1902년**에 친구가 되었고, 얼마 안 돼서 사업상의 동료가 되었다. 우연찮은 사건으로 그들의 금융적 이해관계가 밀접해졌다. 제2차 세계대전 동안 노가라는 볼피의 회사에 바티칸의 돈을 투자하는 것이 안전하다고 느꼈고, 볼피는 IOR의 현금을 원했다. 은연중에 도덕적 승인이 되기 때문이었다.

볼피는 자신만만하고 자수성가한 자였다. 전쟁 발발 오래 전에, 그는 발칸 반도, 콘스탄티노플, 인근 베니스의 야심찬 개인 프로젝트에 개입했다.[7] 노가라는 볼피가 포함된 투자 그룹이 소유한 회사의 전기와 광산 엔지니어로 직장 생활을 시작했다.[8] 유능하고 절제있는 노가라는 화려하고 수다스런 볼피를 완벽히 돋보이게 하는 존재였다. 볼피는 노가라가 이탈리아 최대 은행인 BCI(이탈리아상업은행)의 이사로 임명되도록 수를 썼다.[9]

노가라는 콘스탄티노플에 있는 "동양상업소시에타"(Società Commerciale d'Orientale)에서 일했다. 그 소시에타는 BCI의 오토만 금융 연합체였다.[10] 거기서부터 노가라는 볼피의 불가피한 내부자가 되어, 터키 수도에 있는 일단의 정보원을 관리했다.[11]

노가라는 볼피가 엄청난 차관을 주선하도록 도와 볼피가 철강과 선박, 부두 개발에서 이탈리아의 가장 큰 전기 수도 사업과 국가 간 철도 사업의 발판을 세우도록 했다. 그 둘은 몬테네그로의 고급 담배 독점회사의 개인적 지분을 확보하고자 노력했다.[12]

열렬한 국수주의자들은 두 사람을 무솔리니를 잠식해 오는 공산주의에 대항하는 보루로 보았다. 이탈리아 제국을 확장하려는 무솔리니의 목적은 좋은 사업 기회였다고 그들은 믿었다.[13]

노가라가 소시에타와 BCI에 진출하는 동안, 볼피는 4년을 일 두체의 리비아 총독으로, 또 다른 3년을 이탈리아 재무장관으로 봉직했다.[14]

볼피가 **1928년** 재무장관에서 물러났던 후 다음해 무솔리니는 그를 라테란조약을 두

고 로마교회와 회담하는 중요 교섭자로 임명했다.[15]

노가라가 바티칸으로 이사해, 볼피가 협상을 도왔던 9천 2백만 리라의 확정 금액을 투자할 때 볼피는 개인 사업 분야에서 잘 나가고 있었다.[16] 그는 그 나라에서 제일 강력한 무역 그룹인 콘핀두스트리아(Confindustria)의 회장으로 선출되었다.[17]

노가라가 바티칸에서 애써 권력 기반을 얻어냈을 때, 볼피는 자신의 목표가 이탈리아회사를 세우는 것이라고 자랑했다. 즉, 다양한 이탈리아 거점 사업의 제국을 통해 그 나라의 가장 큰 산업인 피렐리(Pirelli)와 아넬리(Agnelli) 가문과 경쟁하겠다는 것이었다.[18]

노가라와 볼피는 사업에서 후발주자였다. 노가라는 BCI 연계를 이용해서 볼피가 와곤스리트(Wagons-Lits)를 통제할 수 있도록 금융을 주선해 주었다. 이 회사는 거대 여행 기업군으로 동양특급(Orient Express)을 운영했고, 역시 국제 여행사 토마스 쿡(Thomas Cook)을 소유하고 있었다(노가라는 이전에 와곤스리트의 파리 본부를 사려고 시도했지만 실패했었다).[19]

노가라는 역시 BCI를 설득하여 볼피에게 더 많은 금융 지원을 하게 했다. 그의 거래는 그리스와 달마티아 내의 전기 수도, 크로아티아 내의 은행망, 루마니아 내에 새로 창립된 보험 협력단, 즉 그룹(The Group)이었다.[20]

반대급부로, 볼피는 노가라에게 로마교회와 관련된 거래에서 우선적인 조건을 제시했다. 바티칸은 볼피의 이탈리아와 발칸 거점의 전기 수도 회사 SADE에 투자했으며 마찬가지로 볼피가 최근에 매입했던 그 나라의 가장 오래된 지주 회사인 바스토기(Bastogi)에 투자했다.[21] 노가라가 발칸 지역에서 최상의 사업 기회로 판단했던 것은 보험 업계로, 특별히 이탈리아의 가장 큰 보험 회사인 제네랄리보험이었다.

베니스와 트리스테의 작은 유대공동체가 1831년에 제네랄리를 세웠다.[22] **1930년대** 중반까지 노가라는 바티칸을 위해 제네랄리의 지분을 샀으며, 그 회사의 모든 이사와 친했다.[23] 무솔리니의 **1938년** 반유대주의법은 제네랄리와 다른 '유대인 소유 보험사'인 RAS(Riunione Adriaticadi Sicurtà)을 압박했다.[24]

제네랄리 한 회사만의 경우, 20명의 유대인 이사가 사직해야 했고 66명의 높은 직급의 종업원이 해고당했다. 모든 이탈리아 보험사는 파시스트 이사를 임명했다. 정부의 법은 제네랄리를 이탈리아 회사로 전환하게 만들었고 그 본부를 로마로 옮겼다. 제네

랄리의 유대인 의장, 그 회사 창업자의 아들은 물러나야 했다.[25]

그의 후임은?

볼피였다.[26] * [27]

노가라는 인종법의 결과로 생겨난 공백을 채우기 위해 볼피의 임명을 지지했던 제네랄리 투자자의 하나였다.[27] 노가라와 볼피 같은 사람은 유대인 집행부의 제거를 파시스트 이탈리아에서 사업을 하기 위한 대가로 보았다.[28]

큰 모순은 제네랄리는 유대인의 뿌리 때문에 우선적으로 성공할 수 있었다는 점이다. 제네랄리의 창업자 주세페 라자로 몰푸르고(Giuseppe Lazzaro Morpurgo)는 동부 유럽 유대인 가운데 초기 보험 거래를 목표로 19세기에 출발했다.

제네랄리에게는 두 배의 연금을 주는 생명 보험 증서를 준다면, 동부 지역의 가난한 유대인 인구가 유대인 보험업자를 환영할 것이란 믿음이 있었다.

가난한 자의 스위스은행 계좌라고 자주 불리던 보험 증서는 고정 약정 기간이 끝나면 지불금을 보장했다. 돈을 저축하려는 가족들에게 쉽고 안전한 길이라고 광고되었다.[29]

또한, 증서 소유자가 일찍 죽으면 그 가족들에게 즉각적인 지불금을 제공했다. 몰푸르고는 미답의 시장이 엄청나다는 사실을 알았다. 제네랄리는 유대인 가정이 많은 시장에서 작은 정보 탁자를 세워놓고 시작했다.[30] 처음 수십 년 동안 유대인이 몸소 나타나 현금으로 보험료를 지불했고, 보험 증서의 증거로써 조그만 종이 쪽지를 가지고 떠났다. 결국 제네랄리는 동부 유럽 수도에 정식 사무소를 개설했다.[31] 그 성공은 스스로를 키웠다.

성장에 따라 제네랄리는 보험 회사 중 가장 좋은 명성을 지니며 가장 안전한 보험사의 상표가 되었다.[32] 몰푸르고가 한 가지에 집중한 결과로 20세기가 시작할 때까지 제네랄리는 동유럽 유대 보험 시장을 석권했다.

볼피는 제네랄리의 유대인을 뿌리로 한 성공에 신경 쓰지 않았다. 기회주의자인 그는 반유대주의보다 이윤에 관심이 있었다.[33] 이탈리아 보험업계는 이탈리아 국민 총생산의 1/4에 달할 정도로 놀라웠다. 제네랄리는 이탈리아 보험 거래의 1/3을 차지하는 단연코 가장 성공적인 기업이었다.[34]

제네랄리의 일부 경영진은 제1차 세계대전이 자신들의 사업에 얼마나 악영향을 끼쳤는지 생생하게 기억하고 있었다. 그들은 볼피에게 새로운 유럽의 갈등으로 인한 위험을 경고했다. 군인과 민간인의 사망률 증가는 생명보험증서에 기초한 조기 지불금의 증대를 가져왔다.[35]

상업 재화의 운송 과정에서 폭탄 공습에 의한 소실은 거대한 손실을 뜻했다. 산업 설비에 대한 화재보험의 가입증서를 쓰는 것은 엄청난 자본을 위험에 두게 만드는 일이었다. 제1차 세계대전 동안 제네랄리의 자산은 1/3로 추락했다.[36]

그러나, 어떤 것도 볼피는 염려하지 않았다. 그의 생래적인 자신감은 동료들로부터 따돌림을 받게 만들었지만, 그는 이를 일찍부터 드러냈다. 그는 히틀러가 독일과 오스트리아의 합병(Anschluss)을 선언하는 동시에 제네랄리를 책임지게 되었다.

두 개의 거대 독일 회사인 알리안츠(Allianz)와 뮌헨재보험(Munich Re)은 오스트리아 보험 업계를 포함시키려고 계획했다.

하지만, 볼피는 이를 반대하고 이탈리아 정부 장관들뿐만 아니라 독일 집행부에도 로비를 했다.[37] 그 결과, 제네날리는 독일의 한 보험회사로 대우 받을 수 있다는 독일 경제 장관으로부터의 특별한 확약을 받았다.[38]

볼피는 제네랄리의 오스트리아 자회사, 에르스테 알게마이네(Erste Allgemeine)를 개인적으로 지배했고, 새로운 명령서 안에서 사업의 확고한 몫을 갖게 되었다.[39] 반대급부로, 제네랄리는 추축국에 충성심을 반복해서 표시했다. 볼피는 계속 노력하여 로마(Roma)를 세웠다. 이 회사는 자금력이 좋은 이탈리아 재보험 복합체로 독일 카운터파트들과 함께 통합적인 협력자가 되었다.[40]

볼피는 많은 나라에 자신의 이해관계를 확장하기를 원했다. 그와 그의 이탈리아 사업가들은 고수익은 오직 이탈리아 국경을 넘어야만 가능하다는 사실을 알았다. 동시에 노가라는 자신의 위장 회사를 통해 영국, 프랑스, 스위스의 부동산에 집중적으로 투자하고 있었다.[41] 무솔리니는 이런 자들에게 시선을 밖으로 돌리도록 강요했다.

이탈리아의 수익이 절룩거리게 하는 규제와 높은 세금으로 압박당하고 있었기 때문이다. 대부분의 위험을 택하는 자들은 발칸 지역과 동유럽을 선호했다. 이 지역은 제1차 세계대전 후 오토만제국과 오스트리아-헝가리제국으로부터의 독립의 여파로 여전히 발전 중이기 때문이었다.[42]

일단 전쟁이 시작되자, 독일과 이탈리아 사람은 영국인이 뒤에 남기고 간 거대한 기업을 퍼담으려고 달려들었다. 영국은 유럽대륙의 보험 거래로부터 완전히 단절되어 있었다. 때로는 폴란드 같은 경우, 그들은 상업을 쪼갰다. 뮌헨재보험과 제네랄리는 폴란드 보험의 거의 절반을 통제하기에 이르렀다. 지방 회사를 이용해 실제적인 소유 규모를 위장하는 방식을 통해서였다.[43]

전유럽에 걸쳐 새로운 위험의 규모가 커지자 경쟁자들은 거대 위험 방지 협회를 만들었다. 이를 염려한 뮌헨재보험과 스위스재보험이 각각 25%씩, 제네랄리와 RAS(유대인보험회사)가 각각 10%씩, 더 작은 독일과 스위스 보험사가 나머지를 출자했다.[44]

매우 자주 그들이 동의할 수 없었던 것은 포획물의 배분 방식이었다. 볼피는 피점령 유럽 지역에서의 사업 몫을 두고 독일인과 그외 사람들과 싸우려 했다.[45]

예를 들면, 오스트리아 보험회사 비엔나 알리안츠(Wiener Allianz)에게는 피흘리는 슬로바키아, 모라비아, 보헤미아 같은 독일 보호국에서 보험 상품을 팔겠다는 청구가 거절되었다. 독일과 스위스 회사는 그곳의 수익성 좋은 기회를 독점하고자 했으나, 제네랄리와 RAS가 비집고 들어왔다.[46]

그리스와 유고슬라비아의 후속 나라에서 볼피는 독일 가격보다 밑도는 낮은 가격에 판매하여 제네랄리의 시장 점유율을 높였다. 지주회사를 활용해 상당한 규제 비용을 절감하는 방법을 사용했다.[47]

크로아티아에서는 보험 거래 주도권을 잡기 위한 싸움에서 독일 회사를 이기기 위해, 재보험과 외환 거래를 위한 필요 자본금에 대한 느슨한 규칙을 활용했다.[48] 그가 제네랄리에 투자된 바티칸의 대규모 주식을 감독하는 노가라와 나누었던 수익은 엄청났다.

피점령지에서 몇몇 제네랄리의 지역 자회사가 그들의 유대인 이사를 제거할 때 누구도 반대하지 않았다.

또한, 이후 게슈타포가 때때로 유대인 보험 자산을 몰수하고, 보험 증서의 가치를 현금화할 때도 어떤 항의도 없었다.[49]

대신 볼피는 의장으로서, 노가라는 제일 투자자로서 최저선에 초점을 맞추었다. 즉, 제네랄리의 평균 수익이 사업에 있어서 독일 경쟁자의 배가 되도록 유지하는 것이었다.[50]

중립 주권국으로서, 바티칸은 봉쇄 리스트나 블랙리스트에 적힌 기업이나 개인과 사업을 해서는 안 되었다. 제네랄리는 다른 모든 이탈리아 보험 회사와 마찬가지로 블랙리스트에 올라가 있었다. 미재무성은 **1941년**에 제네랄리의 미국 지점을 폐쇄하고 청산했다(이는 1952년까지 닫힌 채 있었다).⁵¹ 그렇지만 연합국은 바티칸의 제네랄리 소유권을 증명하는 시도에서 좌절을 맛보았다. 노가라는 그 주식을 지켰을 뿐만 아니라 전후에 오래지 않아 대부분의 이탈리아 보험사에 투자를 개시했다.⁵²

1940년, 노가라는 이탈리아 보험 산업에서 바티칸의 역할을 확대했다. 파시스트는 20세기부터 이탈리아 내에서 사업을 했던 영국 보험사, 노리치유니언(Norwich Union)의 자산을 몰수했다. 무솔리니는 노리치의 완전한 투자 목록을 이탈리아의 네 번째 규모 회사인 폰디아리아(Fondiaria)로 이전하는 것을 승인했다.⁵³ 그 뉴스가 공표되기 전, 폰디아리아의 신용 조합 이사였던 노가라는 로마교회를 위한 지배 지분을 샀다.⁵⁴ 그 내부 정보는 필경 볼피에게서 나왔을 것이다.⁵⁵

이런 친교 관계에 더해서, 교황의 사촌 에르네스토 파첼리는 로마에 있는 폰디아리아의 부동산 자회사의 회장으로 일했다.⁵⁶ 바티칸의 폰디아리아 수매는 그 회사가 유대인 집행부를 척결한 후 고작 2개월이 지난 때였다.⁵⁷

노리치 자산의 이전이 발표되었을 때, 바티칸의 지분은 그 가치가 수 배가 되었다. 연합국은 전후 폰디아라아의 회장이 체포되기 전까지 이 회사에 대한 교회의 소유권을 밝혀 내려 하지 않았다.⁵⁸ *

폰디아리아는 전쟁 동안 독일의 피점령국 내에서 독일 보험사와 함께 영업을 지속했다. 많은 이탈리아 기업이 중간 규모의 성공적인 독일과 오스트리아 보험사의 주식을 소유했고, 이 보험사들은 전부 연합국의 블랙리스트 회사였다.⁵⁹(전후 연합국 조사관들이 이탈리아 보험사들에게 독일 회사들과의 계약 사본 제출을 압박했을 때 그들은 전투 당시에 많은 것들이 파괴되었다고 주장했다.)⁶⁰

비록 노가라의 제네랄리나 다른 보험 투자가 바티칸에 수익을 가져다주었지만, 그 지분은 도덕적 문제도 함께 가져왔다. 예를 들면, 볼피는 폴란드의 총독 정부 아래서 수익성 높은 사업을 영위했지만, 그 나라를 움직이는 나치 군정청은 유럽 유대인에 대한 살인 기계로서 폴란드를 중심지로 삼았다.⁶¹

루마니아에서는 파시스트 철경비대(Iron Guard)가 그 나라의 유대인과 집시를 제거했을 때 볼피는 수익성 있는 수송 보험 사업을 독일의 뮌헨재보험, 야우크와 휴베너와 함께 나누었다.⁶²

볼피는 알부라(Albula), 곧 제네랄리 소유의 작은 스위스 거점 금융회사가 야우크와 휴베너가 루마니아 보험회사의 지분을 은밀히 살 수 있도록 하는 법적 대리인 역할을 허락했다.[63]

심지어 중립적이라 생각되는 라틴과 남미 국가에서 제네랄리, RAS, 독일 보험사는 지역 중개상과 다양한 계층의 재보험, 유령 신탁 관리자를 이용해 자신의 소유권을 위장했다.[64] 재보험사는 블랙리스트에 오른 국가가 중립국가에서의 보험 증서를 상환할 수 있도록 해주었다. 그렇지 않았다면 봉쇄되었을 현금 유통의 또 다른 길을 만들어냈을 것이다.

미국과 영국정보부는 법적 대리인 뒤에 있는 기업의 정체를 밝히고자 노력했다.[65] 이것은 영국의 적국 지점과의 거래에 따르면 "지극히 어려웠다."[66] 제네랄리 하나만으로도 80개의 국제 자회사-미국 정보원들은 이것을 "하나의 결코 작지 않은 효율의 정보기관"으로 간주했다-를 만들어 수익의 배분은 물론 실제적인 소유권을 감추었다.[67]

그러나, 미국과 영국은 제네랄리 같은 회사가 자주 외국에서 직접적인 보험 거래를 하고 있음을 조금도 의심하지 않았다.[68] 때때로 보험사는 이탈리아 외교 행낭으로 정보를 보냈다(연합국은 의심했지만, 이를 증명할 수 없었다. 제네랄리와 다른 회사들도 역시 바티칸의 외교 행낭에 때때로 접촉했을 것이다).[69]

적어도 그런 기성적인 협력 관계의 하나는 노예 노동력을 착취하는 것이었다. 그런 협력 관계를 통해 제네랄리는 산업 설비에 대한 수익성있는 재보험에 참여했다. 다른 사람은 철도 수송 보험의 일부는 유대인을 죽음의 수용소로 운반하는 그런 기차였다고 썼다.[70]

볼피가 노가라에게 강조한 것은 이탈리아가 연합국과 전쟁 중인 까닭에 어떤 급작스런 일로 바티칸-이탈리아 사업 투자를 망하게 하는 일이 없어야 한다는 것이었다.

어느날 갈등은 끝날 것이다. 파시스트 '신용보험기관종사자연맹'의 의장 주세페 페라리오(Giuseppe Ferrario), 파시스트 '상공인연맹' 회장 지오바니 달올토(Giovanni Dall'Orto)를 포함한 친구들이 상호 간 동일한 말을 했다.[71] 노가라는 바티칸의 사업 투자가 이탈리아와 지속되어야 한다는 조언이 필요하지 않다고 볼 수 있었다.

사실, 이 전쟁에서 누가 이길 것인지 확신하지 못한 까닭에 그는 바티칸이 양측에 공히 투자해야 한다는 것을 분명히 했다. 영국 역사가 패트리샤 맥골드릭(McGoldrick)은 제2차 세계대전 중 바티칸의 금융 거래에 관한 **2012년**의 연구 논문에서 결론내리기를, **1941년**까지 노가라의 **"영국 내 투자는 중공업에 집중되었으며, 롤스로이스, US철강, 다우케미칼, 웨스팅하우스전기, 유니언 카바이드, GE, 이 모든 회사의 주식이 적극적으로 매입되었다."**[72]

그리고 노가라는 미국에 사업상의 이해를 유지하는 데 적지 않은 초점을 두었다. 전쟁 중반까지인 **1942년**, 바티칸은 미국재무증권의 투자로부터 상당한 이익을 냈으며, 역시 상장 거래 기업들의 주식을 통해서도 그렇게 했다.

그 중에서 AT&T, 시어즈로벅, 프록터갬블, 사우스패시픽철도, GM, 스탠다드오일, 크라이슬러, 인거솔란드, 굿이어타이어, 내셔날리그사, 뒤퐁이 포함되었다.[73]

또한, 바티칸은 험블오일정유, 에비에이션, ASARCO(American Smelting and Refining)이 발행한 수익 증권을 소유했다.[74]

1942년 2월, 미국정보부는 제네랄리가 아르헨티나 회사, '라 임모빌리아리아'(La Immobiliaria)를 매수하려 교섭 중임을 알았다.[75] 미국은 임모빌리아리아가 노가라의 스위스 지주 회사 로잔임모빌리에(Lausanne Immobilier)의 아르헨티나 법적 대리인임을 알지 못했다. 제네랄리는 일부 전시 재보험 사업을 더욱 유동 자산화하기 위해 유럽 외의 부동산이 필요했다.[76]

바티칸에 의한 주식 지분은 실제 소유를 판단하려는 연합국의 노력을 힘들게 만들었다. 노가라와 IOR이 수다메리스의 지배 지분을 취했던 때가 그 예다.[77]

같은 해, 정체불명의 미국인 은행가가 미국 당국에 정보를 돌렸다. 멕시코 회사인 '미국라티나보험사'(America Latina Insurance Company)가 추축국의 선두에 있다는 것이었다. 정보원에 따르면, 멕시코 최대 은행의 하나인 바나멕스(Banamex)가 볼피의 제네랄리 법적 대리인으로서 의심적은 회사의 주식을 모으고 있었다.

볼피는 전후에 그 주식을 사기로 비밀 합의를 했다.[78] 노가라와 IOR 역시 바나멕스를 이용했다. 재무성의 일부는 바티칸은행이 그 선두 회사에 지분을 가지고 있지 않은지 의아해 했다.

하지만, 조사는 진척되지 않았다. 다층의 위장 회사를 파고 들기에는 너무 어렵다는 사실이 드러났기 때문이었다.[79]

연합국은 볼피가 BCI 소유의 스위스 민간 은행인 이탈리아스비쩨라은행(Banca della

Svizzera Italiana)을 이용해, 금이 대단한 할증료를 요하는 터키와 같은 나라에서 금 판매를 확대해 엄청난 수익을 얻고 있다는 점을 발견하는 데 실패했다.[80] 노가라는 루마니와와 불가리아의 나치 괴뢰 정부와 함께 사업하는 영국의 블랙리스트 상의 은행임에도 스비쩨라은행의 이사였다.[81]

1943년, 이탈리아 보험 회사, 특별히 제네랄리에 대한 바티칸의 투자는 지분으로 발전해서 유럽 유대인의 계속적인 죽음으로 수익을 얻었다.[82]

독일의 거대 기업 알리안츠는 몇 년 전 유대인 보험 가입자의 생명 보험 정책을 완화하고 살아있는 자에게 누적된 연금의 지불을 거절하는 선례를 세웠다.[83] 보잘것없고 조직화하지 않게 시작된 약탈이 발전하여 홀로코스트의 가장 큰 절도 중 하나가 되었다.

전후 조사관의 추정으로는 불법적으로 유보된 보험금과 지불되지 않은 이익금 1천억 달러 이상이 도둑 맞았다(미지불의 통지와 약탈 계획의 증거는 미국정보부 파일에 1946년 초부터 나타난다).[84] 비록 대부분의 돈이 전후 만들어졌고, 생존자의 가족이 증서를 모으기 위해 노력했음에도 전시의 수확은 있었다.

이 문제에 대한 제네랄리의 서류작업은 사라지고 없다.

그러나, 연합국 정보부의 결론은 제네랄리가 **1942년** 초부터 일부 증서의 복귀 조치를 시작했으며, 특히 피점령 유럽국가 내에서 그 회사는 다른 어떤 회사를 합한 것보다 더 많은 유대인 증서를 보유하고 있었다는 것이다.[85] 다른 이탈리아 보험회사도 곧 뒤따랐다.

전후 조사관은 제네랄리가 유대인 연금을 착복하여 이익을 숨기고 이를 루마니아 제네랄리보험(Romania's Generali Asigurari) 같은 자회사에 의해 발행된 재보험에 넣은 것으로 믿었다.[86]

모든 보험사가 이런 절도가 전쟁의 혼란 중에만 가능하다는 사실을 알아차렸을 것이다.

제네랄리와 다른 보험사가 유대인의 생명 보험 증서 복귀 조치를 시작한 것이 노가라가 IOR을 만든 바로 뒤인 것은 단순히 우연의 일치일까?

바티칸은행은 초기부터 비즈니스 거인이 되기까지 볼피같은 자에게 중요했다. 그들은 IOR이 어떤 나라에서든 중앙은행의 감독에 책임지지 않기 때문에 세계 최고의 역외은행이라는 사실을 알았다.

제10장 피의 돈   163

볼피와 노가라가 그런 거래를 깨겠는가?

IOR이 자체 보험사 폰디아리아를 위해 서비스를 제공했겠는가?

그 답은, 만일 있다면 바티칸의 봉인된 수장고 안에 필경 있을 것이다.

그러나, 교회는 그동안 그와 관련된 어떤 금융 사업 기록도 갖고 있다고 인정하기를 거절해 왔다(그런 파일에 접근하려는 필자의 요청에 대한 답으로 주교 셀르지오 파가노, 비밀 수장고의 대표는 말하길, 조사자는 비밀 수장고 안에서 "성좌의 금융 거래 정도에 대한 물증을 찾을 수 없을 것이며," 또 그 서류는 아마도 "IOR에 있을 것이고, 이는 물론 그 성격상 외부의 접근이 불가할 것이다"라고 했다. 바티칸은 문서 수장고에 역사가의 접근을 막는 유일한 서방 국가다).[87]

부인할 수 없는 것은 제네랄리, RAS, 폰디아리아, 다른 보험사에 대한 바티칸의 지분이 높은 수익율을 제공하는 것은 부분적으로 어떤 수익은 재물 복귀 조치와 유대인 보험 소유자들에게 생명 보험과 연금을 미지급했기 때문이었다.

하지만, 바티칸 자체가 직접적인 보험사는 아닌 까닭에, 전후 보험사가 희생자에게 지불한 보상에 포함되지 않았다.

전후 피난처 작전(Operation Safehaven)-이 작전은 약탈 자산과 불법적으로 취득한 수익을 회수하는 연합국 프로그램이다-을 맡았던 미군 사무소는 이탈리아 보험사와 그들의 전략적 제휴사에 관한 한, **"우리는 전혀 아무것도 모른다"**라고 인정했다.[88]

무솔리니가 **1943년 7월**, 권좌에서 쫓겨났을 때 이탈리아 사업가들이 조심스럽게 만들었던 그물망 같은 기업 이사회와 숨겨진 회사가 해체되기 시작했다. 신임 수장 피에트로 바돌리오(Pietro Badoglio)는 권력을 잡은 후 단지 며칠 안에 파시스트당을 해체했다. 노가라는 제네랄리와의 모든 연계를 끊었다. 크로아티아, 헝가리, 루마니아, 불가리아는 스스로 보험 사업을 장악하기 위해 움직였다.[89]

살아남은 볼피는 파시즘을 비난하고 사회주의자와 공화정당에 기부했다.[90]

그러나, 나치가 **1943년 9월** 북부 이탈리아를 점령하고 무솔리니를 괴뢰 정부의 명목상의 수상으로 복귀시켰을 때 사건은 그에게 불리해져 갔다. 일 두체는 볼피의 태도 표면에 대한 보복을 원했다.

나치 역시 이에 호의적이었다. 볼피가 나치의 점령국에서 독일 산업에 대항하여 경쟁할 때 그들에게 나쁜 전략을 펼친 것을 그들은 비난했다(그의 진짜 "범죄"는 사업상 그가 자주 독일인을 때렸던 일이었다). 볼피는 자신의 보호를 노가라에게 탄원했다.

그러나, 바티칸의 친구는 도울 수 없었다. 교회 왕국은 나치 점령 과정에서 여전히 자신의 안전과 독립을 걱정하고 있었다.[91]

1943년 9월 23일, 나치 친위대 SS의 상급 돌격 지도자 헤르베르트 캐플러는 다음 달에 로마 유대인에 대한 일제 검거를 계획하고 볼프를 그의 로마의 궁전같은 집에서 체포했다. 전쟁의 큰 아이러니 중 하나는 나치가 그를 다음과 같은 총체적 죄목으로 구류했다는 점이다. 즉 그는 **"유대인의 앞잡이"**이며 제네랄리는 유대인 회사로, **"독일의 내부 상황과 군부에 관해 독일에 가장 악한 소식을 퍼뜨리는데"** 도구가 된 회사라는 것이었다.[92]

볼피는 사실 무솔리니에게 로마 내의 전쟁에서 살아남은 제네랄리의 유대인 임원인 미첼 술피나(Michele Sulfina)를 보호해 달라고 탄원했었다.[93 * 94] 인종 혐의로 인해 나치는 볼피의 개인 계좌를 탈취했으며, 심지어 그의 아내의 보석까지 몰수했다. 그의 중요한 수집물인 미술과 가구, 그 중 가족 묘지에서 나온 기념비적인 묘석까지 기차로 야전 사령관 헤르만 괴링에 실려갔다.[95]

볼피에 관해, 이틀 간의 SS의 심문이나 북부 이탈리아에서 수 개월 동안 나치 운영 감옥에 있었던 일에 대한 기록된 문서는 없다. 하지만 후에 그를 보았던 친구와 가족에게 그는 파산자처럼 보였다. 일단 바티칸은 독일군이 교황에 대해 적대적 행동을 하지 않으리라 확신하게 되자, 노가라가 개입하고 스위스 주재 교황 대리대사의 도움으로 스위스는 볼피를 가정으로 돌려 보내는데 동의했다.

독일군은 그로부터 가질 수 있는 것은 다 가졌다고 확신하고 그 가족이 **1944년**에 스위스로 갈 수 있도록 허락했다. 볼피는 나머지 전쟁 기간 대부분을 로잔의 한 병원에서 보냈으며, 거기서 그는 신경 쇠약을 치료받았다.

1947년, 69세의 나이에 그는 이탈리아로 돌아온 직후 곧바로 심장 마비로 죽었다.[96] 그때까지 바티칸과 그 전시의 역할에 대한 새로운 역사가 쓰여지고 있음을 알면서, 노가라는 그의 친구 장례식에 참석하지 않았다.

제11장

바티칸 내 나치 스파이?

볼피와의 미로 같은 사업망에 더해, 노가라의 다른 전시 피난처는 금이었다. 금괴는 전쟁 발발 시 노가라가 지켜왔던 최초의 경질 자산이었다. 그는 영국과 이탈리아에 있는 바티칸의 보유금의 상당량을 미국으로 이전시켰다.

금은 안정적 가치가 있었고(당시에 일 온스당 35달러), 국가의 화폐와는 달리 변동폭이 크지 않았으며, 세계적으로 받아들여지고 그 출처를 쉽게 감출 수도 있었다. 전쟁 중반까지 연합국은 추축국이 피점령 국가들에서 보유금을 탈취하고 있으며, 금이 그들의 전쟁 수행에 대한 재원임을 인지했다.[1]

탈취된 방대한 양의 금괴와 이것이 처분되는 은밀한 방법을 본다면, 노가라의 금에 대한 집중은, 바티칸의 보험 지분의 경우처럼 교회에 도덕적으로 문제가 있다는 증거였다.

대부분의 나치 피점령 국가의 보유금은 전시 동안 스위스 거점의 '국제결제은행'(BIS: Bank for International Settlements)의 결정적 도움으로 재배치되었다. BIS는 IOR(바티칸은행)처럼 금융의 국외자 같은 존재였다. **1930년**에 로스차일드가와 여덟 나라 간의 국가 간 협정을 통해 설립된 BIS는 서방 중앙 은행 간의 조정자로서, IMF의 전신과 비슷했다. 그 이사회에서 영국과 독일 이사들이 전쟁 전 과정에 걸쳐 함께 일했던 하나의 기구였다.[2] 다국적 협력체로서 BIS는 바티칸은행과 같이 각각의 나라 정부에 대해 어떤 책임감도 없었다. 국제적인 대표들의 혼합과 미국인 회장을 자랑했지만, **1940년**부터는 나치의 강력한 통제 아래 있었다.[3]

독일의 BIS대표자들은 선두적 은행가요 게슈타포 장교 남작 쿠르트 폰 쉬뢰더(Baron

Kurt von Schröder), 거대 산업 복합체 I. G. 파르벤(Farben)의 회장 헤르만 슈미츠(Hermann Schmitz), 제국은행 총재 발터 풍크(Walter Funk), 경제학자 겸 제국은행 부총재 에밀 풀(Emil Puhl)이었다.[4] 그들의 영향력 아래서 BIS는 청산 거래소가 되어, 오스트리아, 벨기에, 체코슬로바키아 같은 나라에서 온 보유금을 처분했다.[5]

"금 세탁"은 어떻게 BIS가 은밀히 금괴를 스위스로 들여와서, 이를 보통 추적불가한 현금인 스위스프랑으로 바꾸는가를 설명하는 완곡한 표현이었다.[6] 해외에서 보내진 제국은행의 모든 금의 약 80%가 스위스를 통해 세탁되었다.[7] **1942년** 초, BIS(국제결제은행)의 금 프로그램을 감독했던 풀은 게슈타포가 강제수용소에서 제국은행으로 금을 예치하기 시작했다는 정보를 풍크와 공유했다.[8]

그해 11월까지 제국은행의 내부 보고서는 은행이 **"비상적으로 큰"** 양의 녹인 치과용 금을 받았다고 쓰고 있다.[9] **1943년**, 제국은행은 **"아우슈비츠"** 라 도장이 찍힌 첫 번째 금의 상자를 받았다(미군부에 의해 몰수된 그 선적 기록들이 후에 사라진 까닭에 얼마나 많은 양의 금을 나치 친위대가 제국은행에 보냈는지 정확히 아는 것은 불가하다. 미국은 분데스은행의 전신에 서류들을 돌려주기 전에 사본을 만들지 않았고, 그 은행에서 파일들이 알려진 바로는 정례적 유지 관리의 하나로 파괴되었다).[10] * [11]

BIS는 금을 세탁하는 것 이상의 일에 개입되었다. 한때 나치에서 금으로 40억 달러의 금을 매입했는데, 이 중 상당량은 벨기에와 네덜란드의 국가 보유금에서 약탈한 것이었다.[11]

또한, **1942년 연합국의 11월 8일자** 북아프리카의 침공에 대한 사전 정보를 받았다.[12] 그 정보는 유용했다. BIS는 나치의 패배에 내기를 걸었고 비시 정부가 통제하는 은행들을 이용해 알제리의 중앙은행에 보유금으로 수십억 달러를 담보했다.

BIS는 그 금을 담보물로 독일 마르크화에 대항하는 엄청난 지분을 취득했다. 침공후, 연합국의 전투 승리로, BIS는 1억 7천 5백만 달러(2014년 기준 24억 달러)를 수중에 넣었다.[13]

연합국 침공에 대한 정보 누출은 바티칸의 간첩단에서 나온 것으로, 이들은 평화 사절단의 명분으로 일하는 성직자들이었다.[14]

바티칸이 BIS를 위해 정보부 역할을 했던 것은 놀랄 일이 아니다.[15] 둘 사이의 접착제는 알렌 덜레스(Allen Dulles)로, 월가의 법률 회사 설리번앤크롬웰(Sullivan and Cromwell)

의 수석 파트너였다. 그는 전쟁 중에 스위스로 이사해 OSS(CIA 전신)를 운영했다. 덜리스는 네트워크와 같은 요원들을 고용했는데, 그중 한 명은 한스 베른드 기세비우스(Hans Bernd Gisevius)라는 제국은행에서 일하던 나치 첩보원이었다.[16] * [17]

덜리스의 전시 기간 중 금융 영업의 총체적 부문은 바티칸은행을 포함했다. 성직자들은 외교 면책으로 보호받았고, 은행이 오직 비오와 노가라에게만 답하는 것은 덜리스에게 안성맞춤이었다. 미국에 남은 알렌의 형 존 포스터는 BIS를 위한 미국 변호사였다.

특별 조사실의 전직 법무성 검사인 존 로프터스(John Loftus)는 다음과 같이 말한다.

> 설리반앤크롬웰의 투자자들(고객들)은 나치와 그들 정부 양측의 매서운 감시의 눈길 아래 자신들의 수익을 세탁할 바티칸은행이 필요했다. 반면, 바티칸이 덜리스 형제가 필요했던 것은 히틀러 독일에서의 교회 자체의 투자를 보호하기 위함이었다.[18]

정보와 사업의 이런 모호한 접합점이 바티칸에서 베르나르디노 노가라의 영역이었을까?

이런 점에서 첩보는 군사 전략적이나 정치적 유익을 위한 것만큼이나 대규모 수익을 위해 많이 활용되었다. 역사가들은 대부분 노가라를 전쟁 중에 어느 편도 들지 않은 비정치적 금융 매니저로 판단해 왔다.

하지만, 미국 국가기록물보관소에서 필자가 발견한 **1945년**의 OSS 정보 보고서는 노가라라는 성을 가진 자를 독일군의 전시 스파이로 목록에 올리고 있다.

OSS의 정예 X-2 대간첩지부를 위한 로마의 데스크장이었던 제임스 지저스 앵글톤(James Jesus Angleton)이 정보 보고서를 편찬했는데, 이것은 페이지마다 **비밀**이라고 표시되어 있다.[19]

보고서의 필자 앵글톤은 미국에서 가장 이야기 거리가 많은 첩보 대장 중 하나일 것이다. 그때 그는 이탈리아에서 외국 정보 요원들을 제거하고 연합국을 위해 더 유능한 첩보원들을 모집하는 책임을 맡고 있었다.[20] 소비에트연방과의 냉전의 시작은 가치 있는 정보가 있거나 그 자체로 유용한 이탈리아인이나 독일인이 앵글톤과 다른 OSS 전사들에게 우선적 고려 사항이 되었음을 의미했다.

독일은 그가 보고서를 쓰기 몇 주 전에 항복했다. 고위 정보요원들을 포함한 많은 나치 장교가 아직 지하 벙커에 있었다. 앵글톤과 X-2 요원들은 연합국의 이해관계가 전쟁 범죄를 위한 정의를 이겼다고 확실히 믿었다.

노가라가 널리 알려진 것보다 더 편당적이었을 가능성은 독일정보부(Abwehr) 요원, 라인할드 칼 빌헬름 레메(Reinhard Karl Wilhelm Reme)에 대한 심문의 요약본에 붙어 있는 한 페이지의 부록에 제기되어 있다. 그는 독일 보험사 아우크와 휴베너의 사업파트너로 위장하여 전시 스파이 임무를 숨겼다.[21] 앵글톤은 **1944년 10월** 당시 이탈리아 독일 정보부의 서열을 보여주는 도표를 포함시켰다. 그때는 연합국이 그 나라를 거의 해방시켰을 즈음이었다. 여전히 나치는 북부 지역에서 참호에 몸을 숨기고 있었고, 연합국 피점령지인 중부 이탈리아의 세포 조직에 사보타지를 명령함으로써 전쟁이 결정적 국면에 돌입하는 것을 막으려 몸부림쳤다.[22] 독일정보부 압베어(Abewehr)는 비센쟈를 본부로 삼고, 다른 도시들에서 4개 부서를 운용했다.

그중 하나가 슬로베니아의 부서였다. 레메의 밀라노 거점 원지점(remote branche) 밑에는 작은 세포 조직이 노가라라는 성을 가진 자의 통제 아래 있었다. 앵글톤은 그의 이름은 밝히지 않았다.[23] *

레메는 압베어의 신병 모집인임을 인정했다. 그는 자신의 역할을 낮추려고 했으며, 단언하기를, 자신은 1943년 봄에 군대에 징집되었고 약간의 기본 훈련 후 독일정보부를 위해 밀라노로 보내졌다고 했다. 앵글톤은 이에 회의적이었다. 레메가 법률 학위에, 독일어, 영어, 이탈리아어를 구사하며, 전쟁 전에 스페인, 그리스, 영국을 집중적으로 방문한 사실을 들었다.[24] 앵글톤에게 이것은 "레메가 전쟁 전에 압베어를 위해 일했을 가능성이 있다"는 것을 뜻했다.[25]

그의 첫 심문 후 앵글톤은 레메가 **"밀라노 압베어의 정보원 모집 센터장"**이라는 결론을 내렸다.[26] 레메는 밀라노에 도착해 단지 독일군대 보급장교인 척했지만, 피아잘레 카돌나(Piazzale Cadorna) 사무실에서 지역 정보팀을 운영하고 있었다.[27]

앵글톤은 레메의 직위로 보아 그가 그 나라의 독일 요원들의 정체뿐만 아니라 여전히 활동 중인 민간 내부 정보자망과도 친하다고 인식했다. 이탈리아 내의 편당파에 대한 압베어의 관찰을 통해 레메는 거기서 활동하는 많은 소비에트 요원의 신원을 파악할 수 있었을 것이다.

1943년 레메의 밀라노 도착 시기는 압베어와 SD(Sicherheitsdienst: SS의 정보사) 간의 치열한 내부 권력 투쟁이 한창일 때와 일치한다. 히틀러는 SS편을 들었으며, **1944년 2월**, 압베어를 해체하기 시작했다.[28]

7월 이르러 압베어의 작전 활동과 요원들은 거의 전적으로 SD의 그룹6(Ämter VI), 즉 SD-Ausland(국외정보부) 부서의 관할로 넘겨졌다.[29] 이런 권력 재편에 있어 유일한 예외는 압베어의 이탈리아 작전팀이었다.[30] 레메의 조직 같은 세포조직들은 독립성을 유지하면서 은밀하게 작전을 수행했다.

왜냐하면, 그들은 자신의 전달 사항이 중간에서 SD의 독일 본부로 가로채이는 위험을 원치 않기 때문이었다.[31]

전후 그룹 6의 장, SS 여단장 발터 쉘렌베르크(Walther Schellenberg)는 영국이 체포했을 때, 자신의 사무소가 바티칸 내의 연락책이 빈약했음을 탄식했다.

그러나, 그는 압베어가 "바티칸에 많은 요원을 배치했음"을 인정했다.[32] 그는 앵글톤에게 말하기를, 압베어가 콘스탄티노플에서 외국인들, 곧 집사에서 영국 대사에 이르는 인적망을 구축했다는 사실을 알았다고 했다. 한 무명의 이탈리아인은 제2차 세계대전 중에 중요 **"연결책"**이었다.

그러나, 쉘렌베르크는 단호하게 그의 이름을 모른다고 말했다.[33]

앵글톤은 압베어의 독특한 성격이 전쟁 말기에 이르러 그의 부하들 가운데 반(反)나치 요원들이 포함되었기 때문임을 알았다. 빌헬름 카나리스(Wilhelm Canaris) 장군은 독실한 가톨릭 신자로, 열성적인 친독일파지만 반나치 전시 장군이었다.

강경 나치파인 SS의 장 하인리히 히믈러는 국가사회주의에 대한 카나리스의 헌신을 문제 삼기도 했다. 카나리스는 히틀러에게 잘못된 데이터를 제공해 스위스를 침공하지 않도록 설득했으며, 프란치스코 프랑코에게도 동일하게 해서 이 스페인 독재자가 나치로 하여금 스페인을 환승로로 이용하지 못하도록 만들었다. 카나리스는 때때로 유대인을 요원으로 활용해 히틀러의 분노를 샀으며, 몇몇 유대인을 독일에서 탈출하도록 도운 적도 있다. 그는 바티칸에서 모집된 정보 요원들, 즉 자국 외교관 여권을 사용하여 불가침권이 있는 영사 행낭을 싣고 여행할 수 있는 이들의 중요성을 인식했다.

카나리스는 뮌헨의 변호사 조세프 뮐러를 로마의 압베어 사무소 관리 책임자로 임명했다. 이는 뮐러가 비오의 개인 비서 신부 로베르트 라이버와 좋은 친구였기 때문이다.³⁴ 바티칸의 요원들은 소수의 독일 추기경과 주교와의 협력 가운데 히틀러를 제거하려는 카나리스의 은밀한 계획에 유용할 수 있었다. 첩보 사령관의 구속과 재판, 사형으로 끝나 버린 **1944년 7월 20일**의 히틀러 암살 기도는 카나리스의 조력으로 진행된 것이다.

앵글톤은 바티칸 내부에 낮은 직급의 OSS(CIA 전신) 요원들을 심어 두고, 시공국의 정치적 모의의 동향을 잘 살피도록 했다.³⁵ 예일대학교에서 수학한 앵글톤은 대다수의 OSS 동료에 비해 이탈리아 내에서 일어나고 있는 일에 대해 더 개인적인 이해를 갖기 쉬웠다. 그는 얼마간 밀라노에서 자랐는데, 거기서 그의 아버지는 '내셔날 캐쉬 레지스터'(National Cash Register)의 이탈리아 프랜차이즈를 소유했다. * ³⁶

패배한 쉐렌베르크와 레메, 다른 나치 대원들은 자신들의 유일한 협상수단이 정보임을 알고 있었다. 그들은 관용을 얻을 수 있도록 정보를 거래하는 방식이 필요했다. 레메는 심문관들에게 요원 58명의 명단을 넘겼는데, 그들은 그와 그의 이탈리아 거점 스파이 조직이 전쟁 동안 모집한 인원들이었다. 노가라는 이 명단에 없었다.³⁷

그러나, 레메는 부수적으로 앵글톤에게 압베어 차트에 올라간 이름들을 제공했는데, 그중 노가라라는 성은 거의 확실하게 **1943년** 전에, 필경은 전쟁 이전부터 차트상에 있었음을 뜻했다.

이 명단에 있는 노가라가 바로 그 베르나르디노 노가라인가?

노가라는 전쟁 전에 독일 첩자들과 관계를 맺을 수 있는 두 번의 기회가 있었다. 그는 제1차 세계대전 이전에 BCI에 있을 때 콘스탄티노플에서 2년간 살았다.

터키의 수도는 첩자, 이중 첩자, 내부 정보원들로 넘쳐났으며, 그들은 유럽 열강들과 첩보 기관들을 위해 일했다.³⁸ 노가라는 느슨하게 얽힌 정보원망을 지휘하여 이탈리아 회사들이 독일과 오스트리아-헝가리제국과의 경쟁에서 우위를 점하고, 붕괴되어 가는 오토만제국에서 엄청난 사업 기회를 잡을 수 있도록 도왔다.³⁹

독일군이 노가라를 충원할 수 있었던 또 다른 기회는 **1920년**대 후반에 그가 바티칸에서 일하기 바로 직전이었다. 독일 산업의 재건을 맡은 연합국간위원회의 부서를 운영하는 이탈리아 대표로서, 그는 상당한 시간을 독일에서 보냈던 바, 이는 **1924년**에 시작하여 5년이 넘는 기간이었다.

그 명단에 오른 노가라는 베르나르디노의 친척이었을까?

제11장 바티칸 내 나치 스파이? 171

압베어에게 노가라의 형제들은 첩보적인 가치가 없었다. 한 명은 바티칸의 박물관 관리자였고, 다른 두 명은 지방 대주교였다. 독일군에게는 베르나르디노만큼 중요한 성과는 없었을 것이다. 전쟁 이전에 누구도 그처럼 독일정보부와 접선할 수 있는 분명한 기회를 갖지 못했다.

본 양장본의 출판 이후 '무관한 노가라들'에 대해 몇몇 연구자는 영국 국가문서보관소에 있는 25페이지 분량의 파일은 레메의 차트에 오른 이름이 브루노 노가라였음을 보여 준다고 주장했다.

노가라는 이탈리아 해군의 정찰과 사보타지 팀에 소속된 24살의 하급 장교로서, 역시 독일 압베어의 지휘하에 있었다.[40] * 이 젊은 노가라는 **1945년 4월 11일**, 아드리안 해안가를 산책하는 중에 체포되었다.

그 결론 문제는 브루노 노가라의 분대, 압베어 257 분대가 트레비소라는 북부 이탈리아 도시를 거점으로 삼고 독일군 중위 휴베르트 파넨스틸(Hubert Pfannenstiel)의 명령을 받았다는 점이다.[41]

그러나, 앵글톤이 작성한 **지점 노가라**는 다른 이탈리아 도시(밀라노)에서 활동하고, 다른 분대에 속하며 다른 지휘관(독일군 중위 에른스트 슈미트- 부르크)의 명령을 받는 독립적 세포 조직이었다.[42] 슈미트-부르크는 직접 앵글톤의 정보원인 빌헬름 레메에게 보고했다.[43]

브루노 노가라는 베니스 태생으로 레메의 노가라가 세포 조직을 운영하던 도시인 밀라노에 아무 연고도 없었다. 젊은 노가라의 마지막 모터보트 정찰 업무는 산트 안젤로(Sant' Angelo)에 의한 것으로, 이는 파넨스틸의 압베어 팀의 관할이었지, 레메의 노가라가 운영하던 지점의 밀라노 팀이 아니었다.[44]

브루노 노가라가 레메 팀의 일원이 되기 위해서는, 앵글톤이 **지점 노가라**를 잘못된 지휘관과 팀에 두고 동시에 잘못된 도시에 기입해야만 가능한 일이었다. 그런 실수가 전혀 없다고는 못하더라도, 영국 기록물보관소에 있는 그 문서에 나오는 2명의 노가라가 **1944년 10월** 압베어와 연계되었을 가능성 역시 배제할 수 없다.

현실 정치의 세계 속에서 앵글톤의 능력은 뛰어났다. 로마교회의 지갑끈을 책임지는 평신도가 독일정보부와의 접촉을 통해 바티칸의 이해관계를 경계했으리라는 사실에 놀라지 않았을 것이다. 정보원들의 지휘관으로서 그는 역시 그 파문을 인식했을 것이다.

노가라 정도의 일개 독일 스파이가 어떻게 연합국의 전쟁 결과에 대해 방해 공작을 할 수 있으며 동시에 추축국에 금융 지원을 하는 길을 찾아낼 수 있었겠는가?

혹은 그가 어떻게 독일군에 허위 정보를 제공하여 나치의 전쟁 결과를 공작할 수 있었겠는가?

또한, 왜 베르나르디노 노가라는 **1944년 10월** 늦게까지 독일군과 접촉하려 했는가?

이때는 추축국의 패배가 광신도를 제외하고 모두에게 명백한 일이었다. 물론 노가라가 독일과 마드리드와 리스본의 중립 정부들 간의 중재자로서 압베어의 밀라노 세포조직과 함께 일하지 않았다면 접촉했을 이유가 없었을 것이다.

스페인과 포르투갈은 여전히 무조건적인 추축국의 항복을 요구하지 않는 평화 조약을 중재하고자 했다. 거기서 노가라는 바티칸을 보호할 금융의 이해관계를 가지고 있었다.

왜냐하면, 그의 얽히고설킨 합작투자는 마드리드와 리스본을 거쳐 부에노스 아이레스까지 이어졌기 때문이다.

레메의 정보에 대한 앵글톤의 반응은 레메를 CSDIC(Combined Services Detailed Interrogation Centre)로 보내서 **"추가적 심문"**을 권고하는 것이었다.[45] CSDIC는 영국군 정보부 MI5에 의해 운영되는 바트 넨도르프에 위치한 비밀 감옥이었다. 본 필자는 OSS(CIA 전신), 군정보부 방첩대의 파일에서 어떤 후속 조치에 관해서도 찾지 못했다.[46]

동시대 인물들의 설명에 의하면 노가라는 상황 판단이 빠른 사업가였고, 전쟁을 투자처인 것처럼 접근했다. 즉, 리스크를 다변화시키고 줄이는 것이었다. 제2차 세계대전 동안, 그의 행적은 승리하기 위해 어느 한쪽에 기대서는 안 되며, 양측과의 관계를 진척시켜서 서로 적대하는 중에도 교회의 투자를 촉진하고 전후에도 승자들에서 선심을 사도록 해야 한다는 사실을 의미할 것이다.

앵글톤이 노가라에 대한 보고서를 우연히 읽고 그 정보를 땅에 묻었다면, 이것만이 유일한 합리적 설명일 것이다. 아직까지 봉인되지 않은 정부 파일들에서 연합국과의 연계에 관해 밝혀진 바가 없는 가운데 레메 앵글톤의 메모에서 분명하게 이끌어 낼 수 있는 모든 것은, 제2차 세계대전 중의 바티칸의 사업이 다음의 한 가지 질문으로 귀결된다는 것이다.

즉, 로마교회에 오래 몸담았던 금융 천재 베르나르디노 노가라, 그는 나치의 스파이였는가?[47]

제12장

줄사닥다리

1945년 5월, 유럽 전쟁의 공식적인 종결은 나치 관료들과 독일 괴뢰 정부의 지도자들에게 있어서 일정상 하나의 기술적 절차일 뿐이었다. 그들은 일을 해야 했다. 수십억 달러의 약탈물을 숨기는 일이었다. 빼돌린 자산은 전 유럽에 흩어져 있었다. 박물관 예술품과 부동산에서부터 사라진 보유금에 이르는 모든 것이었다.[1]

많은 이가 바티칸을 일종의 안전한 보관소로 보았다.

왜냐하면, 어떤 나라도 감히 감사나 회계를 요구하여 교회의 주권을 침해하려 하지 않았기 때문이다.

돌격대 소령(Sturmbannführer) 프레드리히 슈벤트(Friedrich Schwend)는 영국 파운드화의 위조라는 야심찬 전시 작전인 베르하르트작전(Operation Bernhard)을 지휘했다(대부분의 위조지폐는 작센하우센 강제수용소에 있는 수용수들에 의해 인쇄압축 방식으로 만들어졌다).[2] 그 계획은 가짜 지폐를 시중에 대량으로 풀어 파운드화의 가치를 내리고 제3제국의 경화를 올리는 것이었다.

1945년 초, 슈벤트는 자발적으로 알렌 덜리스의 OSS의 정보원이 되어 막바지에는 남미로 도피하기 위한 준비 작업을 했다.[3]

스위스 은행들에 챙겨둔 수백만 프랑을 안전하게 보호하기 위해 그는 이를 전부 바티칸은행으로 옮겼다. 그는 연합국이 전신 송금을 추적할 가능성을 피하려고 현금을 여러 대의 트럭에 실어 보냈다(전쟁으로 파괴된 지역을 통과할 때 적십자 앰브런스가 사용되었다는 미확인 보고서도 있다). 슈벤트의 스위스 운전자들은 스위스 국경을 조금 넘으면 나오는 이탈리아 마을인 메라노의 한 성으로 돈을 가져왔다.

이탈리아인들이 바티칸까지 나머지 길을 운전했으며, 바티칸에서 현금은 사라졌다. 슈벤트가 로마로 송금한 바로 직후 OSS(CIA 전신)가 가로챈 정보는 바티칸이 5파운드와 10파운드 지폐 다량을 **"영국 내의 요원"**을 통해 신권으로 바꾸었다는 것을 보여주었다(바티칸은 그런 주장을 "현실적으로 전혀 근거가 없는" 것으로 부인한다).[4]

종전 무렵 금의 유입량은 물방울이 홍수로 바뀐 것과 같이 되었다. 바티칸은 이를 막으려 하지 않았다. 미국정보부는 정식 휴전협정 후 우스타샤 지도자 안테 파벨리치와 그의 많은 심복이 대다수의 자그레브 은행, 국가주조창, 중앙은행을 약탈한 후 피에 젖은 크로아티아를 빠져 나갔다는 초기 보고서를 갖고 있었다.

어느 미국정보부 메모는 우스타샤의 탈주자들이 3억 5천만 스위스프랑 이상의 금, 대부분은 금화를 훔쳤으며, **"그중 얼마는 크로아티아 홀로코스트의 희생자들에서 탈취한 것"**이라 보고했다.[5]

종전 후 몇 주 동안, 영국군은 스위스-오스트리아 국경에서 거의 1억 5천만 스위스프랑 상당의 탈취물을 압수했다.*[6] 그 메모에 따르면, 약 4천 7백만 달러(2014년 가치로 1억 2천 5백만 달러)가 **"안전 금고용으로"** 바티칸으로 들어갔으며, 확인되지 않은 소문에 따르면 이 돈이 바티칸의 '유통 경로'를 통해 스페인과 아르헨티나로 보내졌다."[7]

미국정보부가 작성한 별도의 보고서는 이 소문의 신빙성을 높였다 이 보고서는 독일 회사들, IOR(바티칸은행) 같은 은행들이 놀랍게도 4억 5천만 달러 이상을 아르헨티나로 옮겨 놓았을 것으로 결론지었다.[8]

조사 기관인 에머슨 비겔로(Bigelow)는 바티칸이 어떤 형태든 개입되어 있을 것이라고 의심했다. 그는 국외 이송에 관한 이야기는 아마도 "단순히 연막극일 것이며, 그 보물은 원래의 보관소[바티칸]에 남아 있는 것을 감추기 위한 것이다"라고 말했다.[9]

CIC의 로마 주재 장교인 윌리엄 고웬(William Gowen)은 바티칸을 감시하면서 파벨리치의 행방의 단서를 찾으려 했다.[10] 고웬은 CIC의 정예 요원 중 하나였다. 전 우스타샤의 대령이 고웬에게 1946년 10대 분량의 금을 실은 트럭이 스위스에서 로마로 떠났다고 말했다. 그곳에서 금은 크로아티아 신학교인 산지로라모대학교에서 하역되었는데, 이곳은 바티칸에서 겨우 1마일 떨어진 곳이다. 전하는 바로는, 호송 차량은 바티칸 번호판을 달고 도착했으며, 탑승자들은 영국군 군복을 입거나 사제복을 입고 있었다.[11]

미국정보부의 보고서들은 로마에 도착한 금의 양에 관해서는 다르나, 중요한 사항에서는 일치했다. 즉, 크로아티아에서 도착한 금은 결국 우스타샤의 크로아티아 사제, 드라가노비치(Krunoslav Draganović)에게 귀속되었다는 점이다. 고웬 이후 그와 인터뷰했을 때, 그 사제는 약탈된 금의 호송 차량이 우스타샤 중령의 통제하에 로마에 도착했다는 것을 인정했다.[12]

전쟁 동안 드라가노비치는 세르비아인의 강제 개종을 맡고 있는 우스타샤위원회의 상급 관리였다.[13] **1943년**, 파벨리치는 그를 로마로 파송해 산지로라모의 비서로 삼았다. 크로아티아 신학생을 위한 학교라는 것 외에, 산지로라모는 로마 내의 우스타샤 정보 활동의 중심지였다.[14] 드라가노비치는 로마에서 최고위의 우스타샤 성직자였으며 비공식적으로는 바티칸 연락책이었다. 그는 이탈리아와 바티칸 정보 요원들과 공히 연계를 키워 왔다.[15]

요십 브로즈 티토(Josip Broz Tito)와 그의 공산주의자 반도들이 종전 한 달 전에 통일 유고슬라비아에서 권력을 잡았다. 벨그라드 내에는 친교회 정부가 없었기 때문에, 바티칸은 드라가노비치를 교황의 크로아티아인 원조를 위한 '사도적 방문자'로 임명했다. 이는 그를 바티칸 관리로 만들었고, 그는 직접 국무총리 사무실의 몬티니 경(훗날 교황 바오로 6세)에게 보고했다.[16]

드라가노비치는 몬티니와 자주 만났으며, 바티칸의 교황원조위원회는 이 크로아티아인이 다양한 신분 증명서를 가질 수 있도록 해주었다.[17]

고웬이 파벨리치를 찾기 위해 염탐을 하고 있고 몬티니와 드라가노비치와의 연관관계에 대해 알아보고 있음을 몬티니가 알자, 그는 앵글톤에게 이 시끄러운 미국 CIC 장교에 대해 불평을 늘어놓았다. 그 결과, 고웬의 팀은 파벨리치와 크로아티아 사제들에 대해 **"손을 떼"**라는 CIC의 명령이 내려졌다.[18]

미외교부의 한 관리는 개인적으로 고웬에게 그의 조사를 중지하도록 명령을 받았다고 말했다. 그가 **"바티칸의 치외 법권을 침해했기"** 때문이라고 했다.[19] (훨씬 후 고웬이 그의 작전이 중단된 것을 알았던 때와 동시에 드라가노비치가 미국정보부를 돕기 시작했다. 앵글톤이 이것을 몬티니에 유리하도록 조정했다고 고웬은 믿기 시작했다).[20]

그런 명령에도, 고웬은 계속 정보를 취합했고, 결국 드라가노비치가 크로아티아 금과 다른 약탈물을 바티칸은행에 넘겼으며, 심지어 그중 얼마를 호송 차량에 실어 베드로광장으로 보냈다는 결론을 냈다.[21]

조사를 중지하기 전, 고웬은 드라가노비치뿐만 아니라 다른 6명의 고위 우스타샤 관리를 면접했다. 그의 결론은 IOR이 크로아티아 금을 수용했고, 로마교회는 이를 편리하게 **"종교 기관의 기부"**로 분류했으며 그런 다음, "어떤 근거도 만들지 않고 이를 변경함"으로 그 존재를 숨겼다는 것이다.[22]

미정보부는 우스타샤의 금의 행방을 바티칸에서 찾을 수 있는지의 여부에 대해 결정하려던 시기에 역시 로마교회가 어느 유명한 이탈리아 가문에서 의심스런 출처의 금을 받았는지 조사를 하고 있었다.

프란치스코 사베리오 페타치(Francesco Saverio Petacci)는 비오 11세의 개인 의사였다. 페타치의 딸 클라라는 무솔리니의 오랜 정부였다. 페타치의 아들 마르첼로는 파시스트 관료로 **1945년** 현금 상자들을 가지고 스위스 국경 통과를 시도하다가 살해당했다(그러나, 살인자도 돈도 발견되지 않았다).

연합국 조사관들은 마르첼로가 외국 기업들과 무솔리니 파시스트 정부 간의 큰 거래를 중개하는 중개인이었음을 밝혀냈다. 젊은 페타치는 스페인에서만 수수료로 벌어들인 돈이 당시에 놀랍게도 5천만 페세타(2014년 가치로 3억 4천만 달러)에 이르렀다.[23] 페타치가 모아 둔 것이 분명한 상당량의 금은 행방불명이었다. 미국 조사관들은 스페인까지 단서를 좇아 그 가족이 금을 거기로 옮겼는지 살펴보았다.

하지만, **"그럴 것 같지 않다"**는 결론이었다. 빈센트 라 비스타(Vincent La Vista), 미국 해외 활동 연계 부서의 로마 주재 고위 장교인 그는 결론을 내렸다.

> 만일 페타치 가족이 그런 방대한 양의 금을 보유했다면 이는 바티칸시에 보관되어 있을 것이며, 모든 가능성으로 보아 거기에 있다.[24]

라 비스타는 "피난처 작전"(Operation Safeheaven)을 지휘했다. 이는 약탈 자산을 되돌리기 위한 미국의 야심적인 다기관 공조 체제였다. 라 비스타가 조사에 박차를 가하려고 했을 때, 그는 비협조라는 완강한 장애물을 만나게 되었다. 내부 정보자가 그 이유에 대해 설명했다.

> 페타치는 바티칸 내부 위원회들 내에 지위가 높은 친구들이 있었고, 여전히 지금도 관

계가 두텁다(중략) 그는 성좌와 가까운 영향력 있는 사람들에게서 극진한 대접을 받고 있다.[25]

라 비스타는 사라진 금에 대해 어떤 결론도 내리지 않은 채 페타치 조사를 종결했다. 전후, 바티칸과 로마의 부동산은 전시 약탈물을 위한 보관소 이상의 역할을 했다. 종전된 지 오래지 않아, 로마교회는 그다음으로 세속적인 정치 투쟁, 바로 공산주의와의 전쟁이라는 광란에 휩쓸리게 되었다.

만일 비오 12세가 나치의 잔혹 행위에 대해 부분적으로 침묵했던 이유가 독일을 무신론 공산주의에 대적하는 보루라고 생각했기 때문이라면, 연합국 승리의 의도하지 않은 결과는 그의 가장 큰 두려움에 기름을 붓는 격이되었다. 제3제국을 무너뜨리기 위한 진군 과정에서 스탈린의 군대가 유럽의 반쪽을 장악했던 것이다.

소비에트군은 전쟁이 끝나자 러시아로 돌아가는 대신, 남아서 나치의 괴뢰 정부를 그들의 종복들로 대체했다. 새로 세워진 정부는 모스크바의 지령을 받았다. 소비에트군은 폴란드, 헝가리, 루마니아, 체코슬로바키아, 불가리아와 같은 가톨릭의 아성을 굳건히 장악하고 있었다.

가톨릭이 지배적 종교인 6개 나라, 즉 크로아티아, 마케도니아, 몬테네그로, 세르비아, 슬로베니아, 보스니아와 헤르체고비나는 두 차례의 세계대전 사이에 일시적인 독립을 얻었지만, 이제 유고슬라비아의 깃발과 공산주의자 티토의 철권 통치 아래 통합되었다. 시간이 흐르자, 비오는 무신론적 정부의 비호 아래에 있는 가톨릭 인구가 믿음을 잃어버리지나 않을까 염려했다.

독일마저 비오가 그토록 애정과 친밀감을 보였지만 두 나라로 분리되고 말았다. 소비에트군이 독일의 반을 점령한 것이다.

1944년과 1945년 초, 스탈린이 교황을 조롱하는 사건이 일어났다. 12명의 사제에게 사형을 언도하고, 수백 명을 시베리아 유형에 처한 일이었다. 바티칸이 소비에트 정책을 반대한다는 처칠의 말을 듣고 스탈린은 어깨를 들썩이며 물었다.

교황은 얼마나 많은 부대를 거느리고 있느냐?[26]

1945년, 비오는 마이론 테일러에게, 자신이 두려워했던 것은 러시아군이 이탈리아군에 침투하여, "이탈리아군이 러시아군과 함께 전 유럽을 장악하는 것이었다"라고 말했다.[27] (**1947년** 늦게, 교황과 탈디니와 몬티니는 소비에트군이 북부 이탈리아를 침공할 것이라 믿었다. 그들은 의심 많은 미국 외교관들에게 러시아군에 어떤 움직임이 있는지, 어떤 임박한 침공이 있는지 자주 물었다.)

이탈리아는 유럽에서 가장 큰 전후 공산주의 운동의 고향으로, 비오가 믿기로 소비에트의 요원이었던 어떤 카리스마적인 지도자가 주도하고 있었다.[28] 무솔리니가 볼셰비키를 불법화하자, 그들은 지하로 숨어들어 갔고 많은 이가 저항 운동을 했다. 이탈리아는 전쟁의 패자 편에 선 것으로 인해 대가를 지불했다. 대다수 이탈리아 일반 대중은 그런 두려운 혼란을 일으킨 조직에 신물이 났고, 적어도 공산주의자들이 제공하는 것을 고려해 보려고 했다. **공산주의자는 파시즘에 굳건히 반대한 유일한 정당이었다**.

전후 3개월 뒤(그리고 루즈벨트의 사망 6개월 뒤) OSS는 신부 노벌트 드 보인스(Norbert de Boynes), 예수회의 총대리(Vicarius Generalis)에게 보내는 교황의 명을 가로챘다. 그 내용은 사제들을 파견해서 **"소비에트연방이 제공한 금융 지원으로 인해 이탈리아 공산주의자에게 주어진 명령들에 대한 증거 문서"**를 알아내라는 것이었다.[29] 일부 이탈리아 가톨릭 신자가 기독교 좌파 정부를 일으켜야 한다고 말했을 때, 비오는 이를 불안하게 지켜봤다.[30]

바티칸의 깊은 염려에 더하여, 서유럽은 수백만 명의 난민으로 넘쳐났다. 대부분이 피폐한 동유럽에서 왔다. 이탈리아에만 백만 명이 유입되었다.[31] 바티칸은 난민의 물결이 걷잡을 수 없이 밀려들 것이라 예상하고 **1943년** 말부터 자체적으로 이에 대비했다.[32] 예견했던 대로, 무고한 민간인들이 대다수로서 맹렬한 전쟁 말미에 집을 등져야 했던 이들이다.

비오는 몬티니 경에게 교황구조위원회(Pontificia Commissione di Assistenza)를 운영할 전권을 주었다. 이 위원회는 바티칸의 모든 인도주의적 활동을 감독했다.

또한, 교황은 페르디난도 발델리 경, 파스카리나 수녀, 독일 예수회 오토 팔러를 임명하여 몬티니가 피난처, 음식, 다른 구제가 필요한 엄청난 숫자의 난민들을 지원할 수 있도록 돕게 했다.[33]

거대한 난민 무리 속에 익명으로 섞인 자들 중에는 나치 탈주자도 있었다. 그들은 강제수용소에서 일했거나, 홀로코스트(나치가 12년 동안 자행한 대학살)의 조직을 운영하던 자들이었고, 그중 몇몇은 제3제국의 파멸을 초래하는 전쟁에 책임이 있는 고위 관리였다. 그들은 군복을 버리고 민간인 복장을 하여, 그들을 찾는 미군과 영국의 헌병들에게서 필사적으로 도망치려 했다.[34] 연합국의 나치 사냥꾼은 당시 로마의 소수 가톨릭 성직자들이 애타게 그들을 기다리고 있었음을 알지 못했다.

로마교회는 이 탈주자들에게 잘 곳과 음식뿐만 아니라 훨씬 더 가치 있는 것을 제공했으니, 그들을 환영해 줄 외국으로 갈 배의 탑승권과 가짜 여행서류였다.[35]

나치(독일 노동당의 개칭 이름)의 탈주를 돕는 것이 비오 12세의 정책은 아니었다. 바티칸은 잡다한 이유로 유럽 탈출을 꾀하는 많은 전범을 위한 일종의 의무적인 전후 정류소(postwar stop)가 되었다. 몇몇 고위 성직자는 새로운 공산주의 정부들, 특히 우스타샤 지도자들의 송환을 요청하는 유고슬라비아 같은 나라들은 공정한 재판을 할 수 없을 것이라고 여겼다. 교회 관리들은 수배자들을 돌려보내는 것은 그들을 죽이는 것과 같다고 느꼈다.

다른 이들은 도망자들이 재결합할 수 있으며, 단결하여 공산주의자들을 물리칠 수 있을 것이라는 생각에 사로잡혔다. 여전히 그들은 파시스트의 동조자들이며, 심지어 나치의 탈주를 도와서 자신들이 할 수 있는 것은 무엇이든 하기를 원하는 국가사회주의자들에게 헌신했다.[36]

로마교회가 홀로코스트 동안 침묵했고 전후 이에 대한 증거가 홍수처럼 넘쳐났기 때문에, 성직자들이 대량 학살에 개입한 범죄자들을 돕는 것을 명백하게 금하는 어떤 도덕적 의무를 과연 비오와 그의 자문단이 인식했을지 궁금해하는 것은 당연지사였다.

그러나, 비오, 몬티니, 탈디니는 나치의 탈주에 협조한 사제들에 대해 반대하는 말은 단 한마디도 하지 않았다.

전시 중 교황의 침묵이 모종의 환경을 조성했기에, 순종적인 가톨릭 신자들은 대량 학살에 가담할 수 있었고 파문이나 영원한 저주를 두려워하지 않을 수 있었다. 만일 교황이 그렇게 침묵하지 않았다면 그들도 그리하지 않았을 것이다.

따라서, 전후 나치 전범들에 대한 바티칸의 태도는 가톨릭 신자들로 하여금 홀로코스트에 대한 어떤 책임에서도 자유하다고 생각하게 하는 분위기를 낳았다. 대신에 동정적인 고위 성직자들은 살인자들이 정의의 심판을 피할 수 있도록 대담하게 도왔다.

비오는 바티칸의 전시 침묵에 대한 사죄 요구에 끝까지 저항했다(교황 바오로 2세가 아니었으면, 사죄 표명은 거의 50년 동안 나오지 않았을 것이다).[37] 그는 유고슬라비아 전범 위원회가 크로아티아 가톨릭 사제 6명을 유죄 판결한 것에 대한 분노를 공개적으로 표명했다.[38] 교황은 그런 재판이 전시 잔혹행위에 대한 정의를 실현하기 위함이 아니라 로마 교회를 난처하게 만들기 위한 선동이라고 믿었다.

같은 법정은 주교 스테피낙을 유죄 선고했던 바, 이는 그가 안전한 로마 이송에 대한 유고슬라비아의 제안을 거절한 이후였다.

비오는 매우 화가 나서 투옥된 스테피낙을 추기경으로 임명했다(요한 바오로 2세는 **1998년**에 성인 추대의 첫 단계로 그를 시복했다).[39]

교황의 감정은, 전시 중 유대인 학살에 대해 드러냈던 것 이상이었으며, 소수의 크로아티아 가톨릭 고위 성직자들에게서 그치지 않았다. 그는 사형을 선고받은 가장 악명 높은 가톨릭 나치 전범들의 감형을 촉구하기까지 했다.

미군의 독일 총독 루시어스 클레이(Lucius Clay) 대장은 SS장교 오토 오렌돌프를 위한 비오의 개인적인 관용 청원을 거절했다.[40] 그는 러시아에서의 기동 살인대(Einsatzgruppen)의 악명 높은 지휘관이었다. SS의 최고 지휘관(Obergruppenführer)이며 무자비한 인종 청소기로 명성을 얻었던 알투르 글라이서(Arthur Greiser)에 대한 교황의 관용 요청은 폴란드 내에서 분노를 일으켰다.

그곳에서 글라이서는 지역 총독으로 있었다. 폴란드 관리들은 교황의 호소를 거절했고, 신문들은 교황의 **"독일에 대한 추파와 변호"**를 비난했다.[41] 그럼에도 비오는 역시 오스발트 폴뿐만 아니라 아니라 한스 프랑크의 관용을 요청하기도 했다.

프랑크는 변호사였지만 총독이 되어 피점령지 폴란드 내에서 홀로코스트를 감독했던 자요, 폴은 나치의 모든 강제수용소의 최고 관리자의 일원이었다.[42] 비오의 개입에도 그 모든 자는 교수형에 처해졌다.

교황의 관용 호소는 독일 사제들에게서 비슷한 탄원의 봇물이 터지게 만들었다.[43] 추기경 폰 바울하버는 탈나치화를 비판했다. 강경 나치들이 전후 독일 산업과 정치계에 복귀하는 것을 막는 연합국의 노력인 탈나치화를 **"불필요한 것"**이라 매도했다.

다른 주교들도 뉴렘버그 재판을 불법으로 비난했으며, 심지어 **"의사들 재판"**에서 몇몇 가톨릭 피고인에 대한 사형 선고의 감형을 얻으려 힘쓰기도 했다. 이 재판에는 음탕

한 강제수용소 의사 한스 아이젤레도 포함되었다.[44]

1945년 12월, 알로지제 뮌헨 주교, 독일 내 미군 총독에 대한 바티칸 사절인 그는 그의 목회 노트에서 쓰기를, 수백만의 나치 살인을 전후의 연합국의 식량 배급에 비교했다. 다른 주교들도 그들의 강단을 사용해, 전쟁에 대한 가톨릭의 저항을 신화화했고 독일 가톨릭 신자들에게 "집단 죄책"은 독일 국민과 홀로코스트에 적용되지 않는다는 것을 확신시켰다. 비오의 생각은 만일 일반적인 독일인들이 유대인에게 일어났던 것에 너무 많은 죄책을 짊어지게 되면, 그들이 러시아의 붉은 위협에 집중하는 일에서 일탈할까 하는 것이었다.[45]

이런 분위기 속에서, 로마교회 내의 몇몇은 바티칸에 도착한 의문의 금의 일부를 사용하여 도망자 나치를 돕는 것이 충분히 안전하다고 느꼈다. 그 금의 일부는 탈주자들을 위한 식량과 식비, 가짜 서류, 여행 경비, 때로는 외국 피난처 안에서의 일에 지불할 수 있었다.[46] 어떤 돈은 심지어 교황에게서 나왔을 수 있었다.[47] 바티칸은 추적 불가한 지출을 파벨리치의 사위인 빌로 페치니카(Vilo Pečnikar)에 대한 "정보 용역"으로 크게 분류했다.

미국정보부는 교황의 지불이 크로아티아인의 도피망에 자금을 대고 있다는 많은 보고서를 갖고 있었다. 특히 프란치스코 수도원 사제인 도미닉 만디치(Dominic Mandić)는 바티칸과 줄사닥다리 간의 공식적 연락책으로 활동하고 있었다.[48] *

1947년 4월, 영국은 바티칸의 줄사닥다리 중간책으로 의심되는 크로아티아 장군 안테 모스코브(Ante Moskov)를 억류했다. 그는 약탈한 3,200개의 금 주화와 75개의 다이아몬드를 갖고 있었다. 교황은 모스코브와 14명의 다른 우스타샤 장교들을 풀어달라고 영국에 개인적으로 호소했지만 허사였다.[49]

파벨리치, 넘버원 수배자인 크로아티아인인 그는 로마에 머물며 CIC의 사람 사냥을 2년 이상 피해 있었다.[50] 심지어 미국 당국이 고웬에게 그의 수색을 중지하라고 명하기 전에도, 전 크로아티아 지도자는 여러 바티칸 소유 건물 사이를 옮겨다님으로 해서 발각을 피했다. 그의 거처는 베네딕토신학원인 성 안셀모의 집, 도미니칸성당인 산타 사비나였다.[51]

하지만, 대부분의 시간 동안 그는 드라가노비치의 보호하에 있는 산 지로라모에 있었다.[52] 그때까지 산 지로라모는 다른 곳과 달리 신학교가 되어 있었다. 모든 방문객은 총 소지에 대해 검문을 받았다. 우연히 전화를 건 자는 어떻게 이를 알게 되었는지 질문을 받았다. 잠긴 방에 들어가려면 암호가 요구되었다.[53]

1947년 영국 외무성 보고서는 파벨리치가 산 지로라모를 떠났으며, 대신 **"바티칸시 내에서"** 살고 있으리라 결론을 냈다.[54] 파벨리치에 대한 바티칸의 보호가 너무 강해 그를 잡는 유일한 길은 교회 건물에서 나올 때 체포하는 것이었다. 바티칸 주권의 침해라는 생각은 워싱턴에서는 재고할 가치가 없는 것이었다.[55]

파벨리치에 대해 무엇을 할 것인지에 대한 논의를 끝낸 1947년에 로마교회는 그를 줄사닥다리를 통해 아르헨티나로 보냈다. 일단의 프란치스코 사제들이 부에노스 아이레스 항구에서 그의 도착을 환영했다.[56] 전 크로아티아의 심복이 아르헨티나 독재자 후안 페론(Juan Perón)의 보안 고문이 되었다.[57 * 58]

드라가노비치는 동료 크로아티아인들을 모았다. 다른 성직자들은 독일 사람들을 도왔다. 이 일에 누구보다도 열성적인 자는 알로이스 후달(Alois Hudal) 주교로, 교황 산타마리아신학교의 교목이었다.

바티칸은 그를 뽑아 **1943년** 로마의 유대인 일제 검거 동안 독일 대사와의 중간책으로 삼았다.[59] 전후, 후달은 모든 독일적인 것에 대한 주장을 접고, 대신에 자신을 **"로마 주재 오스트리아 주교"**라고 언급하면서 오스트리아 해방위원회를 설립했다.[60]

프란츠 스탕글(Franz Stangl)은 악명 높은 소비보르와 트레브린카의 사망수용소(death camp)의 지휘관이었다. 그곳에는 대략 1백만에서 1백 2십 5만 명의 유대인과 집시들이 가스형을 당했다. 전쟁의 막바지에 이르러, 그는 폴란드에서 서쪽으로 달아났고, 그가 오스트리아에 다다를 즈음에, **"나는 로마 바티칸에서 가톨릭 SS 장교들을 돕고 있던 후달 주교 같은 자의 목소리를 들었다. 우리가 그곳에 갔었다."** 도망자 신분의 많은 나치처럼 스탕글은 회고했다.

어떻게 사람이 바티칸에서 주교를 찾게 되었는지 나도 알지 못했다.[61]

로마에서 어떤 다리를 걷다가, 스탕글은 자신이 아는 어떤 SS 정보 장교를 우연히 마주치게 되었다.

후달에게 가는 중입니까?

도망 중에 있는 SS 정보 장교의 물음이었다.

반 시간 후 스탕글은 가까운 교목 사무실이 있는 방에 있었다. 후달 주교가 들어왔고, 두 손을 들어 그를 환영했다.

당신은 프란츠 스탕글일거야. 내가 당신을 기다리고 있었소.

후달은 독일어로 말했다.[62]

후달은 스탕글을 게르마니쿰, 즉 독일 신학생을 위한 예수회 유스텔에 머물도록 했다. 그는 거기서 자신의 적십자 여권이 도착할 때까지 머물렀다. 그때 후달은 그에게 약간의 돈을 주었고, 시리아로 짐을 싸서 보냈다.

스탕글에 뒤이어, 또 다른 소비보르 죽음 수용소 지휘관인 구스타브 바그너(Gustav Wagner)가 왔다. 그는 **"짐승"**이란 무시무시한 명성을 얻었으니, 그의 극단적인 새디즘 때문이었다(스탕글은 1967년 브라질에서 잡혔고, 1971년 심장 마비로 서독의 한 감옥에서 죽었다. 후달은 바그너를 브라질로 보냈고, 그곳에서 1978년에 체포되었다. 브라질 법정은 그를 풀어 주었는데, 독일의 범죄 인도 요청이 "적절하지 않다"고 판결했다.[63] 1980년 그는 상파울로 아파트에서 흉부에 칼로 찔려 죽은 채로 발견되었다. 바그너의 변호사는 자살이라 말했고, 브라질 당국은 이를 수용했다. 그러나, 많은 자가 나치 사냥꾼에 의한 복수라고 의심했다).[64]

후달은 나치 무리에게 거처를 주기 위해 몇몇 독일 연계의 신학교와 교목 사관에 의존했다. 일부 도망자는 수도사로 변장하여 도착했다.[65] 스탕글에 의해 재검을 받으면, 매일 그들은 새벽에 일어나 안전 가옥으로 떠나야 했다. 그들은 매일 식사 티켓을 받아 수도사들이 운영하는 부엌에서 점심을 먹었다. 그들의 유일한 지시 사항은 저녁에 돌아갈 때까지 주목받을 일을 하지 않아야 한다는 것이었다.[66]

SS 연대장 발터 라우프(Walter Rauff)는 움직이는 가스 차량을 이용해 9만 7천 명의 유대인을 죽였던 자다. 이후 나치는 보다 효율적인 독가스실을 개발했다. 그는 OSS와 교회 카드를 이용해 정의를 피했다. 라우프는 SS를 대표해서 은밀하게 1944년의 교섭(해돋이 작전)을 덜리스의 OSS 독일국방군(Wehrmacht) 사이에 가짐으로 이탈리아 내에서의 독일의 항복이 질서적이고 승자의 복수로 나타나지 않아야 함을 확실히 했다.

북이탈리아에서 전후 미국의 방첩대가 그를 억류했을 때 라우프는 덜리스의 이름을 들먹였는데, 마치 이것만으로도 자신을 풀어줄 것처럼 하는 태도였다.

하지만, CIC 조사관들은 이를 대단하다고 생각하지 않았다. CIC 지휘관의 라우프에 대한 결론은 다음과 같다.

그는 심문시에 가장 비협조적이었으며, 연합국에 대한 경멸과 계속되는 악의가 쉽게 숨겨지지 않았다. 일단 풀려나면, 실제적인 제거에 실패할 경우, 그는 위협적인 인물로 간주되는 바, 종신형이 권고된다.[67]

라우프는 도망했다. 그는 훗날 자랑했다.

나는 어떤 가톨릭 사제에서 도움을 받아 로마로 갔다.[68]

일부 역사가들은 앵글톤이 라우프를 베로나 S군(S-Force Verona)을 통해 풀어주었다고 믿는다. 이 조직은 이탈리아 거점의 미영 합동 정예 방첩 세포 조직이었다.[69]

일단 풀려나자, 라우프는 지하로 들어갔으며, 후달의 보호에 의존해서 자신의 추적자들에 앞서 빠져 나갔고, **"성좌의 수녀원들"** 을 통해 나중에 시리아로 도망했다.[70] 시리아에서 그는 그 나라 군사 독재자의 정보 고문관으로 일했다(라우프는 마지막으로 칠레에서 강권통치자 아우구스토 피노체트의 비공식 자문관이 되었고 거기서 1984년에 죽었다).

신부 안톤 베버(Anton Weber)는 라파엘협회의 왕궁 사제로 후달과 함께 일했다. 그는 아돌프 아이히만을 위해 서류 작업을 진척시켰다. 아이히만은 SS 장교로 유대인을 폴란드의 멸절 센터로 옮기는 모든 기차를 책임지는 자였다. 베버가 서류작업을 준비하는 동안, 아이히만은 제노아의 대주교 주세페 시리(Giuseppe Siri) 관할의 수도원에서 보호받고 있었다.[71]

전쟁 동안 비오는 베버에게 로마의 세례 받은 유대인을 구하는 책임을 맡겼다. 그의 추정으로는 전시 중에 로마 내에 2만 명의 유대인이 있었고 약 3천 명이 세례를 받았다. 바티칸은 오직 2백 명에서 3백 명만을 구했다.[72]

반면에 전후에 베버, 후달, 다른 자들은 더 많은 나치를 구했다.[73] 몇십 년 후 한 기자에서 질문을 받은 베버는 그 차이를 인정했고, 그는 개종한 척했던 유대인을 걸러내려 노력했다고 말했다. 그는 심지어 나치를 밝혀내기 위한 대충의 시험도 실시하지 않았다.

> **그들(유대인)은 모두 가톨릭 신자라고 주장했다. 나는 그들에게 주기도문과 아베 마리아 기도를 낭독하도록 했다. 그것은 누가 진짜인지 아닌지를 금방 밝혀 주었다.**[74]

그는 자신이 도왔던 탈주자들에 대해 다음과 같이 말했다.

> **우리는 정말로 우리가 도운 자들이 누군지 알지 못했다. 적어도 그들이 우리에게 말해준 것 이상은 알지 못했다. 도대체 내가 그자들의 정체를 어떻게 알 수 있었겠는가?**[75]

몇 년 후 아이히만은 회고했다.

> **가톨릭 사제들이 여행 중에 나를 계속 도운 것은 이상했다. 그들은 어떤 질문도 하지 않고 나를 도왔다.**[76] * [77]

드라가노비치, 후달 베버 같은 사제들은 바티칸의 전후 인도주의적 조치 아래 자신들의 전도된 동기에 따라 이를 악용한 외로운 늑대들이었는가, 아니면 전범들을 구하기 위한 로마교회의 노력이 비오를 포함한 교회 고위층의 비호 아래 진행되었는가?

드라가노비치는 사실상 로마교회 최고위 성직자들의 도움을 받고 있었다. 그의 수혜자들은 국무원 내의 몬티니 경과 추기경 안젤로 델라크바(Angelo dell'Acqua)였다.

추기경 피에트로 푸마소니-비온디(Pietro Fumasoni-Biondi)는 바티칸의 정보 업무를 이끌고 있는 믿음선전국(Congregazione de Propaganda Fide)의 국장이었으며, 제노아의 영향력있는 대주교 주세페 시리는 열렬한 반공주의자로, 우스타샤 당원들을 볼셰비즘과의 싸움에서 든든한 우군으로 간주했다.

그런 성직자들은, 비오가 그리했듯이, 언젠가 부활한 우스타샤가 크로아티아에 티토

정권을 무너뜨리고 가톨릭이 정권을 잡을 것이란 기대감을 안고 있었다.[78]

1945년부터 1947년까지 드라가노비치는 자신의 줄사닥다리를 운영했고, 비오와 그의 국무원은 연합국을 후추 뿌리듯 달달 볶아대며, 억류된 우타사 당원들의 지위를 적대적 전범에서 좀더 우호적인 그 무엇으로 재분류하도록 힘썼다.

로마교회는 좀더 완화된 분류로 인해 그들이 자유를 누리거나 아니면 적어도 티토의 유고슬라비아로의 본국 송환은 막을 수 있기를 고대했다.[79] 드라가노비치의 재촉으로 비오는 몇몇 크로아티아인을 영국 통제 하의 전범 수용소에서 석방하기를 호소했다. 영국 외무성은 바티칸의 간섭에 발끈했고, 로마교회의 청을 거절했다.[80]

1947년 1월, 유고슬라비아는 영국이 '교황청동방연구소' 내에 숨어있는 다섯 명의 고위 크로아티아 탈주자를 체포해야 한다고 주장했다. 그 연구소는 바티칸시의 영역 담장 밖에 있지만, **1929년**의 라테란조약 16조에 따라 특별히 온전한 치외법권이 허락된 곳이었다.[81] 긴급 전신들을 통해 영국은 무엇을 할 것인가를 논의했다.

그들이 바티칸보다 이탈리아 내의 다른 곳에 있다면, 우리는 이 자들을 체포하고 투항시키려 했을 것이다.

한 외무성 관리의 말이었다.[82] 바티칸 내에서 대전(大戰)을 치뤘던 영국 특사 달시 오스본은 다른 서방 외교관처럼 교황과 고위 성직자들을 알았다. 그는 비오가 로마교회의 치외법권을 침해하는 어떤 낌새에도 화를 낼 것을 알았다.

오스본은 유고슬라비아를 설득해 그들이 직접 바티칸에게 그 사람들의 신병 인도를 요구하도록 했다. 역시 로마교회에게 영국은 이 다섯 사람의 죄에 대해 "아무 의심도 없음"이란 입장임을 설득시키며, 만일 비오가 그 크로아티아인들의 인도를 거절할 때는 바티칸의 관리들이 "히틀러와 무솔리니의 잔당들(ex-minions)에 대한 고의적인 보호자"라는 국제적 인식을 키울 것이라고 경고했다.[83] 교황청 관리들은 유고슬라비아의 신병 인도 요청을 거절했다.

탈디니 경은 연합국에 유화책을 쓰려 했다. 그는 오스본에게 "교황이 최근에 로마 내 모든 교회의 기구들에 엄격한 훈령을 내려, 기구들이 더 높은 허락 없이는 외부 손님들을 받는 것, 즉 탈주자들의 은신처가 되지 못하게 했다"고 말했다.[84]

이런 탈디니의 반응은 연합국의 자극을 완화시키는 대신에 탈주자들이 피난처로 받아들였던 곳을 꼼꼼한 것에 신경쓰는 비오가 개인적으로 통제했을 것이라는 염려를 증폭시켰다.

나는 교황이 그들의 투항을 명했으리라는 것을 한 순간도 믿지 않았다.

외무성에 보낸 오스본의 글이다.[85]

3주 후 탈디니는 다시 오스본을 만나, 영국 특사에게 교회가 할 수 있는 것이 아무것도 없음을 알렸다. 다섯 명의 수배중인 우스타샤 당원은 더 이상 교황연구소에 있지 않다고 주장했다. 좌절한 오스본은 유고슬라비아의 불평을 전했다.

즉, 몬티니의 교황청구조위원회의 도움으로 드라가노비치가 노골적으로 산지로라 모신학교를 이용해 전범들을 아르헨티나로 보내는 정류장으로 사용하고 있다는 것이었다.[86]

탈디니는 난처한 입장이었다. 몬티니 경의 교황청위원회는 **"국무원과는 아무 관계가 없으며"** 불행히도 그는 아무 도움도 될 수 없었다.[87]

우스타샤 전범들 이외에도 교황이 나치를 돕는 후달의 열정적인 일에 대해 알았을까?

수십 년 후, 후달의 줄사닥다리에 대한 정보가 정부 파일들의 공개로 인해 드러났을 때 바티칸은 비오와 후달 사이에 거리를 두려고 노력했다.

의심할 바 없이 후달과 교황이 서로 잘 알게된 것은 비오가 독일 주재 교황 대리대사가 된 때부터였다. 비오는 **1933년** 후달이 주교로 임명된 기념미사를 집행했다. 그들의 우정은 **1924년**까지 거슬러 올라가는 데 이때 두 사람은 오스트리아 대사를 위한 바티칸 연회에서 함께 있었다.[88] 비오의 독일 자문관들, 즉 로베르트 라이버 신부, 아구스틴 비, 부르노 뷔스텐버그 경은 당연히 후달과 친구였다.

여전히 비오의 옹호자들은 후달이 교황에게 줄사닥다리에 대해 말했다는 증거가 없다고 말한다. **1977년**, 그 문제에 관한 유일한 공개 언급에서, 바티칸의 부대변인은 후달에 대해 다음처럼 말했다.

일반적으로 바티칸은 이 문제를 역사가들에게 맡겨두고 있다. 왜냐하면, 많은 시간이 흘렀고 무엇이 일어났는지를 말하는 것은 어렵기 때문이다.[89]

난민 문제를 두고 날마다 교황을 만났던 끈질긴 몬티니 경이 후달을 감독했음은 논쟁의 여지가 없다.[90] 최근의 미국정보부에 따르면, 후달이 드라가노비치에게 "큰 보상"을 주었음은 두 사람이 공생적으로 많은 공동 출처를 통해 적십자 여권들을 얻고, 여행을 주선하며, 심지어 피난처 국가들에서 직업까지도 얻을 수 있도록 했던 줄사닥다리를 더욱 증거한다.[91]

1947년 아르헨티나 독재자 후안 페론의 아내 에바 페론(Eva Perón)이 유럽 순방의 일환으로 로마에 도착했을 때 비오 12세는 그녀에게 국빈 대우를 했다.

로마골프클럽에서 이탈리아 정부가 주체하는 연회장에서 **"에바"** 역시 후달 주교와 드라가노비치를 만났다. 후 한 내부 정보원은 CIC 장교 윌리엄 고웬에게 보고하기를, 드라가노비치와 페론이 비자와 크로아티아인의 아르헨티나행 이민을 논의했다고 한다.[92]

부에노스 아이레스가 두 개의 줄사닥다리를 통해 진행된 전범들을 위한 선택의 항구였다. 미국정보부는 부에노스 아이레스의 대주교 안토니오 카기아노(Antonio Caggiano)는 절친한 페론의 동지로서, 이탈리아의 도망 네트워크와 남미의 교회 간의 도관(導管)이었다.[93]

페론이 방문한 같은 해, 미국방첩대는 흩어진 악당 같은 성직자 그룹이 아니라 한 기구로서 바티칸이 고위 나치들이 정의를 회피하도록 돕고 있다고 결론지었다.[94]

그 보고서는 후달을 딱잡아 지목했고, 탈주자들을 도운 혐의를 가진 21명의 바티칸 구조조직원을 거명했으며, 그들이 얼마나 쉽게 위조 여행 서류들을 얻었는지 밝혔다. 그런 문서 폭로는 미국무성 내에서 어떻게 최상의 응답을 할 것인지에 대해 뜨거운 논의를 촉발시켰다.[95]

국무성 관리들에게는 알려지지 않은 채, 그 비밀 보고서가 발표될 즈음에 미국과 영국 정보부를 책임지고 있는 냉전 전사들(Cold Warriors)이 줄사닥다리를 함께 공유하기 위해 로마교회와 비밀 협상을 타결지었다.[96]

미국과 영국은 소비에트를 이기기 위해 최고의 나치 정보 요원들과 로케트 과학자들을 모아들였다.[97] 바티칸과의 협력 관계는 잘 진척되었다. SS 장교 클라우스 바비(Klaus Barbie), 일명 **"리용의 도살자"**는 영국과 미국에 자신이 피점령지 프랑스에서 개발했던 내부 정보원망에 대해 결정적인 정보를 주었다.

일단 그들이 자신에게 필요한 것을 얻자, OSS는 바비를 제노아의 철도역에 있는 드라가노치에게 넘겨주고, 그 크로아티아 사제에게 돈을 주어 바비를 남미로 가도록 했다.[98]

바비와 다른 자들을 바티칸의 줄사닥다리에 넘겨줌으로써 정보부는 나치에 대한 자신들의 전후 활용에 대해 부인할 수 있는 추가적 길을 열어두었다. 로마교회는 그 덕을 보았다.

영국과 미국정보부 양측은 다른 연합국 정부 부처에서 조사를 하는 경우에 바티칸을 보호하기로 약속했다. 예컨대 OSS는 국무성에 도착한 그 같은 보고서가 선반에서 묻히도록 만들었으며, 후달 주교가 **1948년** 후안 페론에게 **"반볼셰비키"** 독일 군인들을 위한 5천 개의 비자를 요청한 것에 대해 외교관들이 알지 못하게 만들었다.[99] CIA는 1951년까지 드라가노비치의 줄사닥다리 운영 비용을 댔다.[100]

비오의 공산주의에 대한 강박 관념은 바티칸으로 하여금 예상 가능한 냉전의 동지로 만들었다. 윈스턴 처칠, 해리 투르만, 에드가 후버, 덜리스 형제 같은 사람들 안에서, 비오 12세는 영국과 미국의 지도자들이 자신의 반공산주의 세계관을 포용하고 있다는 것을 발견했다.[101]

비오는 처칠의 **1946년** 철의 장막 연설 사본들을 인쇄해서 배포했다. 교황은 신자들에게 말할 때 가톨릭 신자들을 국제 공산주의와의 **"전쟁을 위해 준비된 군인"**이라 언급하는 등 동일한 강경한 말을 사용했다.[102]

1947년 6월, 미국은 마샬 플랜을 발표했다. 이는 유럽을 다시 세우기 위한 미국의 대규모 금융 지원이었다. 소비에트는 이것을 서유럽에 미국의 헤게모니 확대를 위한 시도라고 비난했다. 바티칸의 지원은 전폭적이었다.[103]

마샬 플랜 안에 숨겨진 것은 뉴욕의 추기경 스펠만이 **"검은 통화"**라고 이름 붙였던 은밀한 자금-그중 일부는 탈취된 나치 자산에서 나온 것-이었다. **1948년**으로 예정된 이탈리아 의원 선거에서 공산주의자들의 패배를 돕기 위해 로마교회가 지출한 것을 상쇄하기 위한 목적이다. 이 사실은 소수의 내부자들 외에 누구도 알지 못했다.[104]

연합국이 승리하는데 미국이 압도적 역할을 한 사실은 권력의 정치적 균형추를 유럽에서 미국으로 옮겨지게 했다. 동일한 움직임이 로마교회 안에서도 일어났다.

바티칸의 핵심 신학적, 정치적 보수주의자들은 미국과 입장을 같이 했다. 교회 지도자들은 미국이 기독교의 가치를 공유하고 전쟁에서 승리하여 새로운 미국의 세기를 형성했음을 믿었다. 로마교회의 미국지부는 비교 불가한 기금 모집 능력을 가졌다.

교황을 위한 미국의 기금은 미국 다음의 열두 나라들을 합친 것보다 많았다. 미국 고위 성직자들 중에 유명한 자는 뉴욕의 추기경 스펠만이었다.

거의 모든 중요한 미국 정치 권력 브로커와 친분이 있는 스펠만은 반공주의자였고 전후의 최초 이탈리아 선거에서 교회의 은밀한 역할을 위해 미국 기관들의 지원을 알선하는 일에 열심이었다.

로마 방문에서 돌아온 스펠만은 비오가 **"그 선거 결과를 매우 걱정하고 있으며, 사실상 반공주의자당들의 성공에 거의 희망을 갖지 못하고 있다"**는 것을 친구들과 함께 의견을 나누었다.[105] 교황청은 **"이탈리아를 철의 장막 뒤로 둘 것이라는 여론 조사로 인해 파국적 실패를 두려워했다"**라고 바티칸의 특사, 제임스 그리피스(James Griffiths) 주교는 말했다.[106]

이탈리아 선거를 앞둔 그해, 비오와 해리 트루만 대통령은 일련의 편지들을 교환했고, 그 중 일부가 선거 전에 언론에 새나갔다. 그런 편지들은 워싱턴과 바티칸의 연합을 공고히 했다. 자국 내 개신교의 항의를 두고, 트루만은 바티칸에 마이론 테일러를 대통령의 개인 대표 자격으로 다시 파견했다.

그리고 스펠만, 몇몇 이탈리아 성직자에게서 **"미국의 교황"**으로 놀림받은 그는 18명의 미상원의원과 48명의 하원의원을 위해 일련의 바티칸 가을 방문을 주선했다.[107] 프랑스의 자크 마리탱 같은 일부 바티칸 외교관은 공산주의에 대한 강박 관념과 미국에 대한 지지가 비오를 너무 편파적으로 만들었음을 항의하며 사직했다.

비오는 그런 비판을 무시했으며 역시 로마교회가 정치에 관여해서는 안 된다는 라테란조약의 금지도 무시했다. 그는 그때 형성된 관계가 바티칸을 앞으로 수십 년간 안전하게 지켜줄 중요 요소가 될 것으로 희망했다. 만일 공산주의자들이 이긴다면, 빨갱이들이 집권하는 한 비오는 비오 9세를 흉내내어 죄수 교황이 되어 절대로 바티칸 밖으로 나가지 않기로 결단했다.[108]

로마교회는 무솔리니가 닫았던 평신도 사회 조직인 가톨릭 행동을 부활시켜 이탈리아 전역에 걸쳐 투표자들을 조직화했다. CIA는 은밀하게 수백만 달러를 보냈고 바티칸 내부의 두려움을 이용하여 그 시공국을 운영하는 고위 성직자들과의 관계를 더 확고히 하려 했다.[109] * [110] 알렌 덜리스에 의해 선발된 제임스 앵글톤, 윌리엄 콜비, 지원팀(특수절차그룹)이 선전과 정치적 사보타주를 함께 혼용하는 선거 운동을 지휘했다(그 선거에서 배운 교훈들이 다른 나라들에서 선택한 후보들이 선거에서 이길 수 있도록 돕는 본보기가 되었다).[111]

일부 미국 돈으로 몬티니 경은 바티칸은행을 통해 선거운동 비자금을 조정했다.[112] 바티칸은 사제들이 강단에서 볼셰비즘을 비난하며 또 예배드리는 자들에게 가톨릭교와 공산주의는 양립 불가하다는 것을 환기시키도록 장려했다.

심지어 교황은 눈에 띄는 편파적인 사전 선거 연설을 통해, 투표를 **"그리스도인의 양심에 대한 위대한 시간"**이라고 불렀다.[113]

이는 교회가 교황령을 통제한 19세기 중반 이래로 세속 정치에 교회의 가장 큰 역할을 나타냈다.[114] **1948년 4월**, 90%의 유권자들이 투표에 참여했다.[115] 교황은 우파를 지지했다. 보수적인 기독민주당이 좌파 인민 민주 전선을 압도했다.[116]

신임 수상인 알치데 드 가스페리(Alcide De Gasperi)는 반파시스트이며, 전쟁 동안 바티칸 내부에서 도서관 사서로 일하면서 숨어있었던 자로, 이탈리아가 로마교회와 맺은 협정을 포용했다.[117] 공산주의자들은 교회에 대한 모든 특별 대우를 없애기로 맹세했다.

드 가스페리는 바티칸과 무솔리니의 금융 협약을 재확인했다. 여기에는 세금 면제 지위와 금융 문제에 관한 이탈리아 감사로부터 완전한 독립을 포함하고 있다.

1949년 5월, 룩(Look)은 스펠만에게 **"공산주의에 대한 교황의 전쟁"**이란 제목의 표지기사를 쓰도록 요청했다. 그는 비오가 **"공산주의 러시아의 무신론적 철학에 대항하는 영적 십자군 전쟁을 시행했으며, (교황의) 군대는 하나님 사랑의 지상 백성이다"**라고 썼다.[118] 두 달 후 비오는 "공산주의의 유물론적인 반기독교를 옹호하고 전파하는" 가톨릭 신자는 누구나 파문에 처할 것이라 선언했다.

로마교회의 가장 강경한 징계가 이제 공산주의 신문이나 문학을 읽는 자에게까지 적용되었다. 성좌는 이 주지 사항이 세계의 각 교회에 공표되어야 한다고 주장했다.[119] 다른 바티칸 관리들도 비오의 인도를 따랐다. 추기경 티세랑은 공산주의자들은 더 이상 그리스도인의 묘지를 가질 수 없다는 령을 내렸다.

　밀란과 팔레르모의 추기경들도 공산주의자들이 고해성사와 무죄 선언을 받는 것을 금지했다. 가톨릭교와 나치당원의 양립 불가능에 관해 전시 중에 드러낸 교황의 방임주의적 태도와는 대조적으로, 전후, 비오는 명확했다. 즉 가톨릭 신자가 공산주의자가 되는 것은 불가능하다는 것이었다.

제13장

그는 교황이 아니었다

드라가노비치와 후달이 바티칸의 줄사닥다리를 운영했고, 비오와 그의 추기경들이 공산주의와의 싸움을 진행했던 때, 노가라는 IOR(바티칸은행)을 미세 조정했다. 로마교회는 냉전의 새로운 질서 형성으로 인해 수혜를 얻게 되었다. 노가라가 염려한 최악의 두려움의 대부분이 전후 유럽의 황폐한 여건으로 인해 실현된 셈이었다.

산업 생산은 급락했다. 실업율은 치솟았다. 난민이 8백만 명 이상이었다.[1] 모든 독일 도시 가옥의 1/4이 파괴되었고, 그 나라의 국내 총생산은 놀랍게도 70% 정도로 떨어졌다.[2]

1948년 기독민주당의 선거 승리는 노가라의 기분을 살렸으니, 이는 많은 산업을 국유화하겠다는 공산주의자의 위협을 끝냈던 까닭이었다. 국유화는 바티칸의 엄청난 투자를 없애는 일이요, 헌신적인 좌파가 중요 회사들의 이사회에서 로마교회의 대리권을 행사하게 됐을 것이다.[3] 노가라는 IOR이 국유화 조치를 이겨낸다고 하더라도 이는 놀랄 만큼 단기 손실을 의미할 것임을 알았다.

노가라는 선거 몇 달 뒤에 78세가 되었다. 그의 건강은 좋았고 날카로운 정신은 자신이 바티칸에 있지 않을 날을 준비하는 데 지장이 되지 않도록 했다. 그는 신뢰받는 성직자들과 평신도들로 구성된 작은 팀을 조직했다.

알베르토 디 조리오(Alberto di Jorio) 경이 다른 어떤 성직자들보다 그와 함께 오래 일해왔다. 디 조리오는 IOR의 세 추기경의 감독 위원회에 비서로 있었다(이 위원회는 은행 활동에 대한 한 페이지의 요약본인 연간 리뷰에 지나지 않았다).[4]

그 팀의 장은 니콜라 카날리로, 비오 12세가 처음 교황이 되었을 때 노가라를 조사했던 고위 성직자들의 하나였다. 카날리는 역시 교회가 라테란조약에 의해 받았던 자산을 책임지는 특별 행정청의 감독도 맡고 있었다. 비공식적으로 재무장관으로 불렸던 그는 능숙한 교황청 정치가였다.[5]

노가라는 카날리를 좋아했는데, 그가 엄격한 규율을 강조하는 인간이었기 때문이었다. 베르나르디노는 IOR과 특별 행정청이 절대로 그 수익을 얻는 과정에서 벗어나지 않기를 확실히 하고 싶어했다.[6]

하지만, 노가라는 바티칸 금융의 미래를 위한 희망을 성직자들에게 초점을 두지 않았다. 그는 소수의 더 젊은 평신도에게 자신의 믿음을 두었다.

칼로 파첼리(Carlo Pacelli) 교황 백작은 바티칸에 있는 비오 12세의 세 조카들 중 하나였다. 그는 시공국의 법무 자문 위원이었다. 전시 동안 노가라는 IOR의 국제 거래에 대한 미묘한 충고를 얻는 데 있어 그에게 의존했다.[7] 파첼리는 베르나르디노의 귀를 가졌을 뿐만 아니라 교황이 정기적으로 만나는 소수의 평신도 관리 중 하나였다.[8]

노가라는 개인적으로는 **1929년**에 마시모 스파다(Massimo Spada)에게 바티칸의 금융부서에 들어오도록 요청했다. 스파다는 주식 중개인으로서, 종교행위행정청이라는 말을 들어본 적이 없었다. 노가라는 그에게 종교 기관들과 교회 자선 단체들의 예치금을 관리하는 데 있어 준은행처럼 행동한다는 것을 알려주었다.[9] 그것은 스파다에게는 충분했다. 그의 혈통은 파운드화였다. 그의 증조부는 개인 금융업자로 주요한 검은 귀족, 디 치비텔라-세시 톨로니아(Civitella-Cesi Torlonia)의 왕자가 되었다.

스파다의 조부는 이탈리아은행의 이사였으며, 아버지는 교회와 거래하는 환전상의 장이었다. 그의 트레이드 마크로 회흑색의 더블슈트와 높은 허리의 바지를 입은 스파다는 바티칸 주위에서는 낯익은 얼굴이었다. 그는 IOR이 지배하는 베네토가톨릭은행(Banca Cattolica del Veneto)의 적대 인수를 방어하는 싸움을 한 후, 고위 성직자들의 호감가는 인물이 되었다.[10] 전쟁이 끝날 즈음 그는 IOR의 행정 비서였으며, 노가라 다음의 최고위 평신도였다.[11]

루이기 멘니니(Luigi Mennini)는 아이 열넷을 둔 아버지로서, 노가라가 IOR에서 같이 일하기를 요청했던 똑똑한 사금융인이었다.[12] 그는 스파다의 가장 신뢰받는 자문관이 되었다.[13] 라파엘 과드라니(Raffaele Quadrani)는 파리와 런던의 은행들에서 몇 년을 보낸 후 노가라에 의해 일찍 고용된 자였다. 베르나르디노의 형제로 바티칸박물관의 이사인

바톨로메오(Bartolomeo)가 그를 추천했다.[14]

제네바 거점의 크레딧스위스의 은행가 알리 드 마이야르도(Henri de Maillardoz)는 노가라가 교회 투자를 신뢰했던 첫 외국 은행가들 중의 또 다른 자였다.[15] 세련되고 냉담한 마이야르도는 **1925년부터** 노가라를 알았다.[16] 그는 교회의 유럽 보유금의 일부를 자신이 예전에 근무했던 크레딧스위스에 통합하는 결정을 맡고 있었다. 노가라가 수다메리스의 블랙리스트를 두고 연합국과 싸우고 있을 때인 1942년 11월, 그는 마이야르도를 미국에 파견하여 재무성 관리들에게 호소케 했다.[17]

전쟁이 끝날 즈음 비오는 그에게 명예 귀족 직위인 후작을 부여했으며, 그는 특별 행정청의 비서와 베르나르디노의 특별 자문 위원이 되었다.[18] 마이야르도는 은행가로, **1930년대** 초에 그의 바티칸 방문은 추기경 도멘니코 탈디니에게 위협을 안겨 주었다. 탈디니는 한 스위스 은행가의 단순한 존재만으로도 노가라가 금지된 금융 투기에 몰두하기 시작하는 전조로 보고 두려워했다.[19]

노가라의 일에 대한 허락 가능한 범위를 두고 싸웠던 일은 이제 먼 기억일 뿐이었다. IOR이 스스로 정한 것 외에는 어디에 투자할 것인가에 대한 어떤 제약도 없었다. 노가라와 그의 팀은 발칸 반도와 동유럽이 소비에트 괴뢰 정부가 통제하는 범위 밖임을 알았다. 서 유럽은 미국의 핵무기 우산 하에서 과거처럼 안전했다.

하지만, 그들은 최상의 투자는 자신들이 제일 잘 아는 나라, 곧 이탈리아에 투자하는 것이었다. 기독민주당의 승리와 이탈리아의 미국과의 굳건한 동맹 관계라는 관점에서 그들은 이것이 귀한 기회라고 결론냈다. 이탈리아는 의심할 것 없이 유럽 여타 국가들처럼 동일하게 가난한 상태에 있어, 경기 후퇴, 인플레이션, 실업의 늪에 빠져 있었다.

하지만, 바티칸 팀은 마샬 플랜에 의한 수십억 달러의 대규모 유입이 재건축 붐을 일으키고 정체된 경제에 시동을 걸 것이라 확신했다. 많은 좋은 이탈리아 회사가 급매 할인 특가로 나와 있었고, 이들 주가도 죽을 쑤고 있었다.

노가라의 첫 번째 중요한 전후 투자는 건설 산업이었다. 건설은 그의 생각으로는 제일 먼저 반등할 것이었다.

왜냐하면, 패허가 된 도시와 파괴된 인프라 구조의 재건축이 필요하다는 점에서였다. **1949년**, 교회는 15%의 소시에타제네랄레부동산(SGI: Società Generale Immobiliare)을 샀다. 이는 이탈리아의 가장 오래된 건축 부동산 지주 회사였다(교회는 몇 년에 걸쳐 지배 지분을 획득하려 했다).[20] 다음에 IOR은 쓰러져가는 시멘트 제조사, 이탈세멘티(Italcementi)의 지분을 얻었다.[21]

농업 붕괴와 함께 광범위한 기아는 식량 부족을 초래했고, 기본 생필품의 가격이 천정부지로 치솟았다. 바티칸은 식품 가공과 농업 산업에 투자했다.[22] 노가라는 이탈리아 최대 농업협회의 하나에서 회장이 되었으며, 로마교회는 광활한 공동체와 4개의 휴업 중인 농업 회사를 샀다. 공산주의자들은 나중에 교회가 비료의 독점적 통제권을 가졌으며, 이를 이용해 이탈리아 농민들을 착취해 과대한 이윤을 얻었다고 주장했다.[23]

IOR은 그런 분야를 넘어 이탈리아의 최우량 기업들에 투자를 확대했으니, 여기에는 이탈가스(천연가스), 소시에타 피난지아리아통신(통신), 핀에레트리카(전기), 핀메카니카(방위산업체), 몬테카티니(화학)가 포함되었다.[24] 노가라는 역시 4개의 무너져가는 섬유 회사를 헐값에 건져올렸다(1947년 스위스 망명에서 돌아온 볼피는 디 조리오 경에게 전망있는 장기적 관점에서 그 회사들을 추천했다).[25] 노가라는 4개의 회사를 하나의 새로운 회사로 통합했으니, SNIA비스코사(Viscosa)다.[26]

경기 회복은 금융 부문을 포함할 것을 확신하고 노가라 팀은 이탈리아 은행들의 매수 대열에 나섰다. **1950년** 즈음에 IOR은 이탈리아 은행들 79개에 지분을 소유하거나 주요 이해관계를 가졌다. 여기에는 연합국이 후원하는 메디오방카와 같은 거대 지주 회사에서부터 작은 지역 신용조합까지였다.[27]

그 어떤 투자자도 전후 이탈리아 금융 산업에 엄청난 지분을 소유한 자는 로마교회 이외에는 없었다. 노가라의 투자 중 일부, 예컨대, 이탈세멘티는 금융 부문에서 추가적 지분을 가짐으로 그 자체 지주회사를 만들어 **1960년**대에 문을 열었던 은행들을 인수했다.

하지만, 노가라는 투자 이상을 원했다.[28] 그 역시도 어떻게 기업들이 운영되는가 하는 것에 하나의 발언권을 구했다. 상당한 투자는 적어도 이사회에서 한 자리를 얻는 것으로 제한되었다. 엔리코 갈리찌(Enrico Galeazzi, 후 교황 백작)는 바티칸의 주된 건축가로 추기경 스펠만(Spellman)의 가까운 친구요, 비오 12세의 비공식 키친 내각의 일원이었다. 노가라는 갈리찌를 SGI, 로마은행, 크레디토 이탈리아노, 거대 유대인 보험사(RAS)의 바티칸 이사의 하나로 임명했다. 말칸토니오 파첼리, 또 다른 비오 12세의 조카는 많은 회사, 예컨대 SGI의 이사회에 있었으며, 쥴리오 파첼리(Giulio Pacelli) 역시 비오의 다른 조카는 이탈가스와 BCI은행 등 많은 이사회의 이사였다.

칼로 프레센티는 두 개의 중요 은행의 총재로 이탈세멘티의 교회 쪽 이사가 되었다. 대신에 프레센티는 마시모 스파다를 뽑아 그의 은행들의 이사며 동시에 부총재가 되게 했다.

노가라는 임기만료의 후보군들에 대해 도전하려 생각했던 그런 회사들이나 그가 오랜 관계를 갖고자 하는 그런 회사들의 이사가 되기를 요구했다. 그 중에는 거대 화학회사 몬테카티니, 수력발전 대기업 SIP, 부동산 콘소시움 제네랄레 부동산, 수도파이프 공급사 소시아타 이탈리아나 등이었다.[29]

최고 회사들의 이사회에서의 자리 배치는 곧 바티칸이 상업적 사업에서 역사적 역할을 행했음을 의미했다.

하지만, 이는 불과 수십 년 전에는 생각할 수 없었던 일이었다.

1950년 즈음에 스파다는 바티칸과 이탈리아 사기업 간의 복잡한 관계의 상징적 존재였다. 그는 30개 회사들의 의장 이사였으니, 그중에는 거대 보험사 제네랄리와 RAS(바티칸이 양 회사에 재투자했다), 로마은행, 메디오방카, 핀에트리카, 이탈모비리아레, 핀메카니카, 이탈세멘티였다.[30]

이탈리아 주식시장은 얽키고 설킨 소유 관계를 가져 그들 이사들은 주로 자신만을 책임지는 약 20개의 금융 회사에 의해 좌지우지되고 있다.

이탈리아의 근친상간적인 금융에 대한 글에서 「타임」(*Time*)지의 말이었다.[31 * 32]

바티칸에서의 추측 게임은 노가라를 위해 일했던 자들 중에 누가 그의 뒤를 이을 것인가였다. 전쟁 전에 모건의 조이반니 푸미가 그의 후임이라는 광범위한 어림짐작이 있었다. 편당적인 푸미는 볼피, 바티칸, 대부분의 이탈리아 귀족을 대표했다.

그러나, 노가라는 오래 살았고, 그보다 한 살 아래인 푸미 역시 너무 늙었다.

자신의 궁극적 후계자를 위한 터를 닦기 위해, **1950년**대 초부터 시작해서 노가라는 가톨릭금융자문단이란 위탁 단체를 만들었다. 새로운 자문단은 비공식적으로 **"신뢰의 사람들"** 이라 칭했다.[33] 교황들은 오랫동안 검은 귀족들을 이용해 사업에서 자신을 돕도록 했다. 베르나르디노는 수십 년 동안 절친한 내부 정보원만을 의지했다. 곧 푸미와 볼피와 같은 사람들, 신뢰 받는 자문관들, 때로는 사업 협력자들이었다. 노가라는 신뢰하는 사람들에 검은 귀족들과 자문단의 최상의 특성을 혼합하기를 꿈꾸었다.

그는 그들이 최고의 은행가 금융인이 되어야 한다고 명했고, 그들의 충성심과 능력을 택했다. 그는 그들이 교회를 위해서 일하지 않는 것이 중요하다고 생각했다. 그들의 독립성이 숨막힐 듯한 교황청의 관료주의와 심각한 권력 전쟁에서 자유롭게 되기를 소망했다. 노가라의 처음 선택은 비오의 두 조카인 쥴리오와 말칸토니오 파첼리였다.[34]

나이가 들어갈수록 일감을 줄이겠다고 약속했음에도, 노가라는 여전히 열 개 이상 이탈리아 거대 기업의 이사이거나 관리 이사였다.[35] 또 다른 권력 중개인에 의해 교황청 내부에서 도전을 받자, 그는 민첩하게 자신의 영역을 보호했다.

1953년 그는 죠반니 몬티니 경과 한 번 충돌했다.[36] 두 사람은 전쟁 이래로 꼬인 상태였다. 몬티니는 비오에게 로비하여 바티칸은행을 가짐으로-이 은행만이 외화를 얻을 수 있는 유일한 창구다-자신의 커다란 난민 사업을 돕고자 했다.[37]

베르나르디노는 IOR이 온전한 통제권을 갖지 않는 프로그램에 소극적 역할을 하는 것을 좋아하지 않았다. 이제 수십년 지난 후, 끓어오르는 적의가 마침내 폭발했다. 몬티니는 동료들에게 비록 재능이 있어도 평신도에게 그처럼 많은 권력을 얻게 하는 것은 잘못이라고 불평했다. 그는 왜 노가라가 IOR과 그의 특별 행정청에 집중하지 않고 교황청 내 다른 곳에 간섭하는지 물었다. 역시 몬티니 경은 비오의 조카들이 노가라의 후원 아래 커가는 위상은 정실의 냄새가 난다고 비난했다.[38]

몬티니의 팬이 아니었던 노가라와 다른 이들, 특히 파스칼리나 수녀는 비오에게 이를 직접적으로 반박했다.[39] **1953년**의 추기경 회의에서 교황은 21명의 새 추기경을 임명했다.[40] 몬티니는 누구나가 생각하는 우선 순위였다.

그러나, 비오는 몬티니에게 붉은 모자를 주지 않아 바티칸 사람들을 놀래켰다.[41]

그 다음 해 몬티니와 노가라 사이의 점증하는 험담을 해결하는 방안으로 몬티니를 대주교로 승진시켜 밀라노를 맡도록 파견했다. 밀라노는 이탈리아에서 가장 큰 교구인 까닭에 전통적으로 추기경이 맡고 있었다.[42] 모욕이 분명했다. 78세의 교황은 몬티니가 그의 후계자가 될 수 없다고 확신시켜 주었다.[43]

1954년 몬티니가 밀라노로 보내진 그해, 노가라는 앙리 드 마이야르도를 IOR의 사찰단(Delegato)으로 택했다.[44] 이는 오직 노가라가 **1942년** 은행 초기부터 가졌던 직위였다. 마이야르도(Maillardoz)는 개인 경력상으로는 크레딧스위스의 산업 포트폴리오를 감독했던 자로서, 자신의 새 역할에 편안함을 느꼈다. 베르나르디노는 그 이전 과정에 바티칸에 머물고 있었다. 2년이 지난 **1956년**에야 노가라는 자신이 손으로 뽑은 팀이 앞으로 나갈 준비가 됐다고 느꼈다. 그는 86세에 은퇴했지만, 동료들에게 자신이 근처 바티칸 소유의 집에서 살고 있으며 언제든지 자문을 해줄 의향이 있음을 상기시켜 주었다.[45]

27년의 직위 동안 노가라는 바티칸의 금융 세계에 혁명을 불러일으켰다. 두 교황의 완전한 후원에 힘입어, 성공적으로 철밥 통같은 교황청의 전통주의자들을 이겼으며, 로마교회를 초보적인 금융 기관에서 요령있는 국제적 지주사로 만들어 자체 중앙 은행을 가질 정도로 변화시켰다. 그가 떠날 즈음에는 성경이 교회의 금융 투자 역할을 막는다는 심각한 논쟁은 구식으로 보이게 되었다.

노가라의 특별 행정청은 월가의 투자 은행처럼 자본가였다. 제2차 세계대전이 끝난 이래 11년 동안, 그가 행한 전후의 이탈리아 산업에 대한 집중은 탁월한 투자였다. SNIA비스코사는 이제 이탈리아의 가장 크고 최고 수익성 좋은 섬유 회사가 되었다. SGI(Società Generale Immobiliare)는 오대륙에 걸친 거대한 건설 프로젝트를 가진 국제적 대기업이 되었고, 수십 개 관련 회사들의 소유권에 관해 이해 관계를 갖게 되었다.

몬테카티니는 그 규모가 세 배가 되었으며 전력과 의학품으로 확장되었다. 이탈가스는 작은 지역 가스 회사에서 이탈리아의 가장 큰 천연 가스 공급 업체가 되었다.[46]

노가라는 자신의 두 아들, 파올로와 지오반니를 돌보았다. 파올로는 두 바티칸 소유 회사인 몬테프루오레 광산 회사와 이후 세라미카 폰찌라는 세라믹 회사의 의장이 되었다.[47] 지오반니는 IOR(바티칸은행)이 통제하는 금속회사 페르투솔라를 운영했고, 타르비지오 여행 대기업의 이사가 되었다.[48] 지오반니는 자기 아버지처럼 엔지니어였고 광산회사 프레딜에서 일반이사로 일했는데, 이 역시 IOR이 투자한 회사였다.[49]

노가라가 떠날 즈음에는 80세의 비오 역시 연약했다. 비오는 결코 활력있어 보이지 않아 때로는 교황이 보이는 것처럼 아픈가를 확신하기도 어려웠다. 파스칼리나 수녀의 회고처럼, **"위장염으로 인한 지속적인 구토와 욕지기"**로 인해 **1954년**의 크리스마스 축제는 망쳤다.[50]

이제 바티칸 사람들은 그의 건강 상태를 논의했다. 리카르도 갈리찌-리시(Ricardo

Galeazzi-Lisi) 안과의사는 **1939년** 이래 비오의 주치의였다. 그는 **1942년** 비오가 **"베드로 사도의 뼈"**를 조사시킬 만큼 신뢰했던 의사였다. 파스칼리나를 제외하고는 많은 내부자가 갈리찌-리시와 그가 만든 강장약과 약물치료를 싫어했다.[51]

비오의 잇몸 문제 때문에 크롬산이라는 약물-크롬산은 가죽 무두질에 사용된다-을 처방 받았는데, 이는 잘못된 처방이었다. 그 결과 비오는 만성 딸꾹질이라는 식도 부작용으로 고생했다.[52 * 53] 갈리찌-리시와 파스칼리니는 **"살아있는 세포 치료법"**을 관장하는 스위스 의사인 폴 니한스(Paul Niehans)를 신뢰했다. 그 치료법은 막 도살된 암양의 자른 태반으로 이루어진 주사액이었다.

바티칸의 많은 자가 니한스가 안수 받은 개신교 목사인 것을 좋아하지 않았으며 전통주의자들은 그가 주사용 강장제를 위해 동물 태반을 사용하는 것을 반대했다.

하지만, 비오는 그를 좋아했고 일부 니한스의 환자들이 주사 후 발작을 했다는 주장을 묵살했다. 비오는 심지어 그를 권위있는 '교황과학학술회'에 임명하기까지 했다.[54]

병치레로 고생하는 동안, 비오는 니한스에게 물었다.

> **사실대로 말해주게, 내가 완전히 회복될 수 있어 내 일을 온전하게 이룰 수 있다고 당신은 진정으로 믿는가?**
> **그렇지 않다면, 나는 사임하는 것을 망설이지 않겠네.**

니한스는 비오에게 괜찮아질 것이라고 확신시켰다.[55] 비오가 감염으로 인해 거의 죽을 뻔한 뒤인 **1955년**이 되어서야, 두 명의 이탈리아 의사는 니한스의 주장과 안정 기록에 도전하는 충분한 증거를 모아, 그가 더 이상 바티칸을 방문하지 못하도록 비오를 설득했다.[56]

하지만, 건강이 악화되자, 비오는 그 마음을 바꾸어, **1958년**까지 니한스는 교황의 개인 침실로 돌아올 수 있었다.[57]

이제 비오는 **"나는 천국에 갈 준비가 되었다"**라고 말했다.[58] 이탈리아 신문들은 비오가 말한 환상을 전할 때 무엇인가 혼동스러운 감정을 더해 주었다. 한 신문에서는 그가 태양이 하늘에서 돌고 있는 파티마 같은 모형을 보았다고 했다.

다른 신문에서는 예수가 그의 침상 가운데 나타나 그의 권좌가 아직 끝나지 않았다고 그에게 확신시켰다는 것이다.[59] 하나님의 아들을 보았다는 선언은 천년 동안 교황으로서는 처음이었다.[60] 일부 회의론자들은 신적 환영을 주장함으로써 비오가 그의 사후 성인의 반열에 오를 캠페인을 벌이고 있다고 생각했다. 다른 자들은 병과 노쇠함이 나쁜 영향을 미친 명백한 증거라고 생각했다.

IOR과 특별행정청을 물려받은 평신도들은 교황에 대한 뒷방의 잡담에 초연했다. 그들은 교황의 건강 상태가 어떠하든지 노쇠한 나이를 감안할 때 새로운 교황이 오는 것은 시간 문제임을 알았다. 그들 대부분이 다른 새로운 교황 밑에서 일해본 적이 없는 까닭에 그런 전망만으로도 상당한 불안감을 조성했다.[61]

비오의 건강에 대한 모든 암울한 어림짐작에도 많은 내부자는 교황이 **1958년 10월 6일** 뇌졸중으로 쓰러지자 대단히 놀라고 슬퍼했다. 단점과 특이성에도 그는 어려운 시절에 로마교회를 이끌었다. 재위 19년 동안, 그는 교황직을 무적의 중앙 권력의 자리, 즉 초기 세대 가장 강력한 교황을 회상시키는 신적 군주로 승격시켰다. 뇌졸중 3일 후, 교황은 바티칸이 말한 바대로 **"순환 계통 현상"**으로 죽었다.[62]

모이기 시작한 콘클라베는 **1939년** 비오를 선출했던 그것과는 달랐다. 파첼리는 그 당시에 승산있는 호감인이었다. 그를 교황으로 만들었던 투표는 300년간에 가장 빨랐다. 이제 어떤 선두 주자도 없었다. 바티칸의 실망에 더해, 최초로 언론은 콘클라베가 마치 세속 정치 선거 운동처럼 이에 대해 추측했다.

심지어 스펠만(Spellman)이 가장 유력 후보로 거론되었다. 그는 기회가 없었다. 그는 교황청 내에 너무 많은 적을 두었다. 그들은 **"스펠만주의"**(Spellmanism)라는 어구를 만들었는 바, 이는 누군가 너무 큰 자아와 너무 확실한 야망을 가진 상태를 나타낸 말이었다.[63]

일단 '교황 선출 회의'가 시작되자, 80명의 추기경-이 중 29명이 이탈리아인이었다-이 이념적인 진영으로 쪼개졌다. 비오의 후계자들은 보수주의자들, 강한 반공주의자들, 전권의 교황직을 믿는 권위주의자들이었다. 그들은 제노바의 추기경 주세페 시리(Giuseppe Siri)로 의견 일치를 보았다. 그는 자신의 대교구가 크로아티아 사제 드라가노비치(Draganovic)가 그의 줄사닥다리를 운용했던 곳의 성직자였다.

진보주의자들은 교회의 편당적인 냉전 역할을 줄이기를 원했고 일부 현대주의자의 개혁에 고분고분했다. 그들은 여러 후보자를 두고 쪼개졌다. 볼료나의 추기경 지아코

모 레르카로(Giacomo Lercaro)가 외양상 동력을 갖는 듯 했다.[64]

추기경들 사이의 의견 불일치는 베드로성당을 메운 군중에게 분명해졌다. 3일 이상을 검은 연기, 즉 교황의 미선출을 뜻하는 연기가 그들의 회의 장소 위에 세워진 굴뚝에서 10차례 피워졌다. 11번째의 투표에서 흰 연기가 올라왔다.

양분된 콘클라베의 타협인가?

베네치아의 교부 안젤로 론칼리(Angelo Roncalli), 77세 생일에서 한 달을 앞둔 자였다.[65] 200년 이상의 역사에서 누구도 70세가 넘어 교황에 선출된 자는 없었다.[66] 그들은 단기간의 관리인으로 그에게 의견 일치를 보았다.

마음씨 좋고 땅딸막한 론칼리는 과묵하고 혼자 있기를 좋아하는 전임자와는 신체적으로 정반대였다. 비록 론칼리가 우선순위에 있지 않았지만, 그는 자신이 진지한 경쟁자임을 믿었다. 콘클라베 내에서 그의 선출이 발표되었을 때 그는 자신의 상의 주머니에서 라틴어로 쓰여진 긴 수락 연설문을 끄집어냈다.[67]

교황의 이름으로 그는 어떤 망설임도 없이 그 이름은 요한이 될 것이라 발표함으로써 동료들을 놀라게 했다. 요한의 이름은 모든 교황이 기피했던 이름으로, 마지막 요한이 **1410년**에 분열을 낳은 대립교황이었던 까닭이었다(론칼리가 이 이름을 좋아했던 것은 자신이 세례를 받았던 교구 교회의 이름이었기 때문이었다).[68]

자신의 교황직의 첫 24시간 동안 론칼리는 자신이 결코 오직 관리인만으로 만족하지 않는다는 것을 증거했다. 콘클라베가 끝날 때 그는 IOR의 책임을 맡고 있는 최고 성직자인 알베르토 디 조리오(Alberto di Jorio)의 머리에 붉은 모자를 씌어주었다. 디 조리오는 콘클라베의 비서였고, 그를 추기경으로 올려줌으로써 론칼리는 두 교황이 버렸던 관행을 재도입했다. 그가 교황복을 입자마자, 도멘니코 탈디니 경이 국무총리가 되어 비오가 14년 동안 비워둔 자리를 채우도록 선언했다.[69]

론칼리는 열세 명 중 셋째이자 장남이었으며 소토 일 몬테의 북부 이탈리아 마을에 있는 소작인 가정 출신이었다. 그의 부모는 그가 11세 때 그를 시골 신학교에 등록시켰다. 한 명의 사제는 어떤 가정에는 나름의 명예를 더해주었다. 먹는 입 하나라도 줄이는 것을 뜻했다. 19살에 그는 장학금을 받아 로마의 '아카데미아 델 노빌리'(Accademia dei Nobili), 교황청의 인원충원신학교에서 공부했다.

베르가모 주교는 그를 뽑아 자신의 개인 비서로 삼았다. 10년 동안 론칼리가 제1차 세계대전 중에 이탈리아 군대의 군목으로 징집되어 관계가 끊어졌다. **1925년** 즈음 비오 11세는 그를 대주교로 임명했고, 그는 자신의 첫 임지로서 터키의 교황 대리대사가 된 후 연이어 그리스와 프랑스 주재 대사를 역임했다.* 70

제2차 세계대전과 홀로코스트의 문제에 대해, 그는 자신의 전임자와는 달랐다. 론칼리는 매우 자주 국무총리 말리오네에게 촉구하여 교황으로 나치의 잔혹 행위에 대해 목소리를 높이도록 설득하게 했다. 말리오네는 로마의 자신의 동료들에게 론칼리의 고집에 대해 불평하기도 했다.71

1944년 터키 주재 독일 대사인 프란즈 폰 파펜(Franz von Papen)이 당시 이스탄불의 대리대사였던 론칼리에게 접근했다. 파펜은 만일 교황이 히틀러를 비난한다면, 일단의 독일 애국자들이 연합국과 협상을 진행하겠노라 말했다.

론칼리가 파펜의 제안을 바티칸에 전했을 때 비오와 말리오네는 이를 무시했으며, 론칼리가 순진해서 쉽게 독일인에게 사기를 당한 것이며, 이는 교황에게 함정을 놓고자 하는 것으로 믿었다.72

진실의 순간은 **1944년** 늦은 봄에 왔다. 론칼리는 '**아우슈비츠의정서**'(Auschwitz Protocols)의 사본을 받은 최초의 고위 교회 관리였다. 그것은 죽음의 수용소를 탈출한 두 슬라브 유대인의 오금이 저리는 5월의 보고서였다. 그 보고서는 어떤 의심할 것도 없이 나치가 헝가리 유대인을 수용하기 위해 가장 큰 죽음의 수용소를 준비하고 있다는 것이었다.73

론칼리는 이를 외교 행낭을 통해 바티칸으로 보냈다. 전시난민위원회의 대표인 이라 힐쉬만(Ira Hirschmann)이 그 여름에 론칼리에게 접근해, 나치가 대규모 헝가리인 추방 조치를 실시했다고 했다. 그는 힐쉬만에게 헝가리 유대인이 세례를 받을 수 있는지, 즉 "당신이 알다시피, 진정으로 개종하기 위해서가 아닌, 오직 목숨을 구하기 위해서" 그리할 수 있는지에 대해 물었다.74

힐쉬만은 예라고 답했다. 2주 후 론칼리는 그가 **"수천 장의 세례 증서"**를 부다페스트 주재 교황 대리대사에게 보냈음을 확인했다. 이 3개월 사이에 그 단순한 행위가 6년의 전쟁 동안 머뭇거린 비오보다 더 많은 유대인을 구했다.

1953년 비오 12세가 마침내 그를 추기경으로 만들었다. 대다수는 그의 붉은 모자가 그의 이력이 뛰어나서가 아니라, 장수와 충성심의 보상으로 생각했다. 몬티니 시리와는 반대로, 론칼리는 강력한 교황청의 후원을 갖지 못했고, 그의 후보 자격을 높일 어떤 연합도 갖지 못했다. 누구도 그를 교황직에 예정된 자로 생각하지 않았다.[75]

힐쉬만의 초기 사역에서 두드러진 것은 그가 호감이 가는 자라는 명성을 얻은 것뿐이었다. 그가 어디서 사역하든지, 명랑하고 할아버지처럼 자상한 론칼리는 일반 가톨릭 신자들에게 인기가 있었다.[76] 비록 누구도 이것의 중요성을 알지 못했지만, TV 시대의 초창기에 그는 교황직을 떠맡았다. 론칼리는 TV를 통해 수천만 명의 신자가 보는 첫 번째 교황이었을 것이다. TV는 그의 인격에 이상적인 매체였다.

비록 론칼리가 교황이 되기 위한 필요한 표를 모았지만, 몇몇은 교회를 이끌 그의 능력을 의심했다. 파스칼리나 수녀는 그가 비오를 이을 가치가 없다고 불평했다. 새 교황은 선출된 그날에 파스칼리나가 그의 숙소 옆에 붙어있는 그녀 아파트에 들어가지 못하게 하는 것으로 반응했다.

파스칼리나 수녀는 바티칸을 떠나라는 말을 들었다. 그녀가 떠나기 전에 오랜 교황청의 적이기도 한 추기경 티세랑(Tisserant)은 그녀 앞에 서서, 왜 그녀가 비오 12세에 속한 문서들로 가득 채운 세 개의 광주리들을 태웠는지를 알기를 요구했다.

> **거룩한 아버지께서 모든 것이 불태워져야 한다고 명했고 그렇게 되었다.[77]**

그 서류의 일부는 그가 교황으로서 20년이 넘는 동안 쓴 연설 초안들이었다.
하지만, 그녀는 모든 내용은 알지 못했으며, 이를 살펴보는 것이 자신의 위치는 아니라고 생각했다. 티세랑은 화가 났다.

> **당신이 큰 보물을 태워버린 것을 아는가?**
> **우리는 누구보다 그것을 잘 안다.**
> **하지만, 이는 거룩한 아버지의 명이었다. 그는 삶을 통해 우리에게 신성불가침이었고 그의 죽음 이후도 이보다 덜하지는 않다.[78]**

티세랑 이외에는 누구도 파스칼리나가 수천 페이지의 비오의 개인 문서를 파괴했다는 것에 마음쓰지 않았다. 대신에 모두가 론칼리에 집중했다.

그는 전혀 교황이 아니다.

거침없는 스펠만이 뉴욕에 돌아오자 몇몇 동료에게 한 말이었다.

그는 바나나를 팔아야 했어.[79]

뉴욕의 추기경과 다른 전통주의자들은 일반적인 가톨릭 신자들이 왕같은 교황직을 원했다고 믿었다. 비오의 집권은 군주적 권력의 정점을 찍었다. 론칼리는 황제적인 교황직의 많은 것을 벗어버리려 했다. 다섯 시간의 대관식으로부터 시작해서 평가톨릭 신자들이 교황의 임재 앞에서 무릎 꿇거나 그의 시종들이 그 주위에서 대부분 조용히 있어야 하는 모든 것을 끝내버렸다.[80]

새로운 단순함을 좋아하는 자들은 이런 스타일의 극적인 변화를 **"바티칸의 탈스탈린화"**라고 불렀다.[81]

하지만, 어느 검은 귀족은 그런 개혁이 교황청의 사무실을 폄하했다고 생각하는 자들의 견해를 반영해서 다음처럼 말했다.

이는 마치 교황이 교회에 다른 곳에서는 재앙이 되었던 어떤 민주주의의 일부를 도입하려 시도하는 것처럼 보인다.[82]

제노아의 추기경 시리, 콘클라베에서 선도적인 전통주의자 후보인 그는 마음이 통하는 론칼리가 냉전의 전사처럼 열정을 갖지 않았다는 스펠만의 염려를 함께 공유했다. CIA도 같은 걱정을 가져, 교황 요한이 **"정치적으로 순진하고 가까이 접촉하는 소수의 '자유주의적' 성직자들에 의해 지나치게 영향을 받았다"**고 결론내었다.[83] 새 교황은 교회는 세속 정치에서 벗어나야 한다고 믿었다.[84] 이것은 비오 12세와 비교해 엄청난 변화였다.

비오는 **1948년** 국민 투표에서 판을 기울게 하는 역할을 하여 가톨릭 운동이 투표를 모으고, 심지어 개인적으로 현장 세부 사항에도 유의하여 버스를 태운 수녀들이 투표 당일에 수녀원에서 투표장까지 길을 만들어주는 것까지 했다.

요한 23세는 대신에 로마교회를 기독민주당과의 온전한 협력 관계에서 끌어 내렸다. 새 교황은 공산주의를 죽음의 위협으로 보지 않았다. 스펠만과 시리는 교회의 수동적 역할이 이탈리아 좌파가 권력을 얻을 기회를 낳을까 하여 안달했다.[85]

냉전 전사로서의 요한 23세의 신임장을 테스트할 기회가 있기 전인 11월 15일, 그의 대관 11일 만에 88세의 베르나르디노 노가라는 분명히 심장 마비로 죽었다.[86] 그가 죽었다는 소식은 새 교황의 선출의 경과 과정에서 거의 잊혀졌고, 오직 소수의 신문에서 오직 몇 줄 기사로 언급되었다.[87]

노가라의 죽음은 그러나, 마이야르도, 스파다, 멘니니에게는 분수령의 계기였다. 그들은 노가라가 만들었던 본보기를 좇아서 교회의 금융을 운영했다.[88] 그들은 론칼리의 선출을 두고 불안해 했다. 론칼리가 주요 핵심 보직에 자신의 심복을 데려올 것이라는 추측이 난무했다(이는 얼마나 많은 사람이 교황청에서 일했는가 하는 질문을 받았을 때 새 교황이 말한, "약 절반"은 도움이 되지 않았다).[89]

직을 맡은 3개월 후 요한 23세는 교회의 2천 년 역사에 제2차 바티칸공회를 소집함으로써 모두를 놀라게 했다.[90] 모든 추기경, 학자, 2천 5백 명의 주교가 아마도 모든 것을 바꿀 수 있는 광범위한 토의를 위해 로마로 모여들어야 했다. 여기에는 예배 의식, 주교 선출 방식, 교황청 권력의 단일화와 축소가 포함되었다.[91] 비록 3년 동안 시작되지 않았지만, 이 온화한 요한이 기껏해야 예측 불가하다는 스펠만, 시리, 다른 자들의 두려움을 확신시켰다.[92]

그러나, 마이야르도, 스파다 멘니니에게는 다행히도 새 교황은 IOR과 특별행정청을 손보지 않았다. 바티칸 사람들은 디 조리오의 추기경 승진을 그의 바티칸은행에 대한 감독의 승인으로 해석했다. 심지어 비오의 작위가 있는 조카들도 그들 자리를 지켰다.

비오와 매우 대비되는 가운데, 교황 요한은 세세한 관리자라는 명성을 갖지는 않았다. 베니스의 추기경으로서 그의 재위 기간 동안 그는 성격이 태평했고, 관리를 싫어하는 무간섭의 감독관이며, 대신에 능력있는 조수들을 교구의 관료 업무에 투입한 것으로 알려졌다.[93] 그는 금융, 심지어 돈을 토론하는 것조차 불편해 했다.[94]

마이야르도, 스파다, 멘니니는 제 갈 길을 갔다. 그들이 취한 첫 조치의 하나는 IOR의 지불 준비금을 올려서, **1960년** 여름 올림픽의 주체 국가로서의 이탈리아의 필요 사항을 이용하는 것이었다. 그들은 교회의 로마 부동산의 일부를 이탈리아 국가올림픽위원회에 팔았다. 로마교회는 로마 주위에 약 1억 2백만 평방 피트의 부동산을 소유해서, 가장 큰 비정부 토지 소유자일뿐만 아니라, 자국 영토보다 더 많은 국외 부동산을 소유한 지구상의 유일한 주권국이었다.[95]

바티칸은 충분히 할증된 가격에 팔아, 이탈리아는 15개의 스타디움의 건설과 다빈치 국제공항의 일을 마무리할 수 있었다. 가격이 너무 높다는 정치 좌파의 비평도 있었다. 정부가 분산된 스포츠 단지들을 연결할 올림픽 고속 도로를 건설하기 위한 더 많은 땅이 필요할 때 바티칸은 다시 이윤을 냈지만, 이번에는 그 부동산을 제공하기 위해 위장 회사를 이용했다.[96]

노가라의 후계자들은 어떤 환상 아래 있지 않았다. 그들은 광분한 올림픽 준비로부터 벌어들인 지나치게 과한 이익은 일회성 사건임을 알았으며, 보수적인 투자를 통해 이윤을 점진적으로 축적하는 것에 있어 노가라의 원칙을 적용했다. 노가라의 후계자들은 바티칸 금융의 미래는 신뢰의 사람들과 함께 쌓인다는 베르나르디노의 신념을 포용했다. 이것은 노가라의 성공적인 창조가 파멸의 가장자리로 인도하며 그 과정에서 바티칸 그 자체를 변색하게 하는 결정이었다.

제14장

신뢰의 사람들

노가라는 죽기 몇 개월 전, 38세의 미쉘 신도나(Michele Sindona), 이탈리아의 가장 뛰어난 세금 변호사를 만났다. 마르고 175cm의 신도나는 똑똑함과 매력이 드물게 잘 조합된 것으로 널리 명성을 얻었다(어느 사업 동료는 그를 "유혹의 사업계에서 뱀 부리는 사람"이라 불렀다).[1]

시실리 출신의 신도나는 노가라의 고향 밀라노에서 자신의 명성을 쌓았다. 이는 소수의 남부 이탈리아인 하나가 그 나라 엘리트 지역인 북부에서 성공으로 자수성가했다는 뜻이다.

1920년에 가난에 찌든 가정의 두 형제 중 장남인 신도나는 재능있는 학생이었고, 전액 장학금을 받아 그가 계속되는 빈곤에서부터 벗어나도록 해주었다.[2] 제2차 세계대전 동안 그는 영어를 충분히 배워 미국 사령부에서 통역사로 일했다.[3]

또한, 메시나대학교(The University of Messina)에서 법률 학위를 취득했고, 시실리 세무서의 법률 부서에서 일한 몇 년 후 자신의 아내와 딸과 함께 북부로 이사했다.[4] 그는 사람들이 자신이 남쪽 출신임을 모를 정도로 표준 이탈리아어를 구사하는 것을 자랑했다. 그렇게 이탈리아어를 구사하는 것은 밀라노에서 하나의 장점으로 작용했다.

밀라노는 그의 야망의 크기에 걸맞는 사업 기회를 제공했다.[5] **1950년** 밀라노에서 신도나는 암레토 톤디니(Amleto Tondini) 경을 만났다. 신도나의 사촌 안나 로사는 그 사제의 동생에게 시집갔다.[6]

톤디니는 뛰어난 라틴어 학자로, 왕자 소송사건과 '라틴문자사무국'(Curia department)을 운영했다. 이것은 교황청의 작은 부서로 교황의 회칙과 서신의 라틴어판을 책임지는 부서였다.

톤디니는 역시 몬티니 경의 가까운 친구로, 몬티니는 그때는 로마에서 교회 난민 활동을 운영하고 있었다. 신도나와 톤디니는 즉각 서로 좋아했다.[7] 외양상으로는 사업에 보수적인 입장인 이 겸손한 30살의 변호사를 돕기 위해 톤디니 경은 그가 바티칸을 위해 어떤 법률적 일을 고려해 보라고 권면했다.[8]

신도나는 찬성했다. 톤디니는 당시에 비오 12세에 의해 왕자의 직위를 가진 마시모 스파다(Massimo Spada)에게 편지를 써서 IOR(바티칸은행)이 밀라노에서 필요할 법률 서비스를 위해 스파다의 리스트에 신도나를 두기를 청했다.[9]

스파다가 신도나를 만났을 때 그는 이 변호사가 **"젊고 마르고 또 과민한 자"**이며 역시 **"고무적인 보수주의자"**라고 생각했다. 그는 바티칸이 지분을 가진 두 회사 이탈리아 최대의 섬유 회사와 거대 전기 회사의 소유주들에게 신도나에게 어떤 비즈니스를 보내주기를 요청했다. 그 일은 썩 신통한 것으로 보이지 않았다.

그러나, 때때로 로마 방문 때마다 신도나는 IOR에 들러 담당 부서 사람들과 좋은 관계를 진척시켰다. 그의 운은 **1954년** IOR 밖에서부터 왔다. 비오가 몬티니를 밀라노로 파견해서 모든 자를 놀라게 한 직후 톤디니 경은 새로운 대주교를 이 젊은 변호사에게 소개했다. 그들은 기대 이상으로 공통점이 많았다. 광범위한 사회 정치적 문제들에 있어 보수주의적인 견해를 같이했으며, 파시즘을 서로 싫어함을 알고 놀랐다.

몬티니의 아버지는 변호사요 기자로서, 세 차례나 국회의원으로 선출되었고, 또 무솔리니를 싫어한 것으로 알려졌다.[10] 신도나가 대학을 다닐 때 그는 무솔리니(일 두체)가 학생들에게 강제한 군복 스타일의 교복을 입기를 거절했다. 학교는 벌로써 그의 학점 평균을 깎았다.[11] 오래지 않아 신도나는 친구들과 가족에게 두 사람이 형성한 그 결속을 자랑했다.[12]

몬티니는 신도나에게 자신이 돌아온 밀라노가 이탈리아 공산주의 운동의 도시 기반이 된 것에 대한 자신의 실망을 말했다. 그 도시는 **1948년** 선거에서 공산당에 투표한 몇 도시 중 하나였다. 심지어 선거 이후로 더욱 좌파로 기울어져, 350만 명의 거주민 중 40%가 공산주의자로 등록했다.

몬티니는 교회와 그 후보자들을 위해 노동자 계급을 모으기 원했다. 그는 그 지역의 광산을 방문하고, 그 도시의 블루칼라 주민 가운데 미사를 열고 지방 공장들을 순회하기로 마음먹었다. 피에트로 세치아는 공산주의 노동 지도자로, 그의 일정 상에는 대중의 심금을 울릴 수 있는 대주교를 위한 여지가 없었고, 대주교가 그 도시의 공장에서 미사를 드리지 못하도록 막으려 했다.[13] 몬티니는 신도나의 도움을 청했다.

신도나의 뜨거운 자본주의 정신은 자연스럽게 반공주의자로 만들었다. 그의 고객들 중에서 신도나는 그 도시의 중요 제분소와 공장의 소유주들을 만났다. 그와 몬티니는 매일 공장들에서 만났다. 신도나와 대주교는 노동자들에게 그들의 최상의 미래는 자본주의의 포용과 하나님에 대한 믿음으로 얻어진다는 것을 설득하려 노력했다. 그런 방문들은 효과가 있었다.

다음 해 결선 투표에서, 세치아는 보수주의적 기독민주당원 라이벌에게 노조 운영권을 넘겨주어야 했다.[14] 몬티니는 잘 연계된 효과적인 동맹을 증거한 것에 대해 신도나의 덕을 보았다.[15]

신도나를 위한 결과는 IOR로부터의 일감의 폭주였다. 그의 새로운 업무는 밀라노를 넘어 확장했다. 그는 로마교회의 일부 외환 거래를 위해 더 복잡한 법률 조직들을 세웠다. 스파다 역시 바티칸의 지배 회사인 소시에타제네랄레부동산(Società Generale Immobiliare)과 SNIA비스코사(SNIA Viscosa)의 일감을 신도나를 위해 주선해 주었다.[16]

1959년 초, 노가라가 죽은 직후, 요한 23세가 몇 개월 전에 추기경으로 임명한 몬티니가 신도나를 밀라노의 화려한 성당으로 불렀다.[17] 사제는 몇 줄 뒤 좌석에서 그 남자가 사업을 논하기 전에 기도하는 것을 보았다. 몬티니는 가톨릭 퇴직자 수용시설인 카사 마돈니나를 짓기 위해 2백만 달러가 필요했다. 신도나는 그것이 별 문제가 아니라고 말했다. 그가 일어나 떠나려 하자, 신도나는 기대어 서서 몬티니를 확신시켰.

걱정마세요. 저는 당신을 버리지 않을 것입니다.[18]

알려진 바로는 신도나는 하루만에 그 돈을 모금했다.[19] 이것이 사실이든 아니든 간에, 밀라노의 사업계 내에서는 정설로 받아들여진 사실이며, 몬티니는 그 젊은 변호사의 기적적인 기금 모금에 대해 IOR의 스파다와 다른 이들에게 자랑했다.* [20]

이탈리아는 노가라가 예상했듯이 전후 경제 붐의 반쯤 가고 있었다. 이탈리아는 유럽경제공동체(EEC: European Economic Community)의 설립 국가였다. 2년 된 이 조직은 유럽 6개국 나라가 경제 통합이 미국과 더 잘 경쟁하리라 기대한 조직이었다.

이탈리아인들은 **1950년**에 시작된 이 20년을 **"경제 기적"**이라 불렀으며, 그 기간 동안 이탈리아는 개인소득에서 모든 유럽 나라보다 앞섰다(전쟁 전에는 이탈리아는 엄청난 굼벵이었다).[21] 이탈리아는 새로 발견한 자신감을 가졌으며, 어떤 도시보다 비즈니스 수도인 밀라노는 이를 잘 반영했다. 몬티니를 위해 수백만 달러를 그처럼 빨리 모금했던 신도나 같은 이야기는 더 이상 사실일 것 같지 않지만, 금융 붐에 기름을 부은 자만심에는 적격인 셈이었다.

1960년에 바티칸과 신도나는 동반자가 되었다. 마시모 스파다는 신도나를 작은 밀라노 은행인 개인금융은행(BPF: Banca Privata Finanziaria)을 팔려고 하는 어떤 고객에게 소개했다.[22] BPF는 독특한 은행으로, 보통의 신용 은행업과 동시에 부티크형의 스위스 은행들에서만 보통 보이는 금융 서비스를 제공하는 은행이었다. BPF는 고객 중에서는 몇몇 이탈리아의 주요 귀족 가문과 기업주들을 모시고 있었다.[23]

바티칸은 크레디토롬바르도의 대리인 계정을 통해 BPF를 매입했으며 60%의 지분을 가진 상태에서 나머지 지분을 신도나와 그 파트너들에게 분배했다.[24] 스파다의 요청으로, 신도나는 하나의 위장 회사를 주선했으며, IOR의 소유권이 비밀로 남도록 했다.[25]

그 거래가 끝난 직후, IOR은 BPF를 주거래 은행으로 활용하기 시작했으며, 이 은행을 통해 밀라노에서의 교회의 사업을 영위했다. **1960년 10월**, 추기경 디 조리오는 IOR의 방향에 대해 스파다와 때로 충돌했고, 바티칸이 BPF에서 소액 지분으로 더 잘 대접받을 수 있다고 주장했다. 신도나는 리히텐슈타인 지주 회사들의 중복망을 활용해서 과반수 소유주가 되었다.[26] 그는 그때 스파다를 이사로 임명했다.[27]

신도나가 그 은행을 떠맡은 순간에 그는 자신과 바티칸을 위해 캐나다의 부동산을 사기 시작했으며, 이는 로마교회에 의해 통제되는 리히텐스타인의 두 유령 회사를 통해서였다.[28]

신도나가 그런 부동산을 팔았을 때, 그 매각 대금은 신도나의 지주 회사들(Fasco) 중 하나의 이름으로 스위스 은행들로 들어갔다. IOR은 그때 그에게 이윤의 재투자 방법을 지시했다.[29] 신도나의 법률 배경과 더불어 그의 시실리에서의 정부 세무서에서 일한 몇 년의 경험은 그가 이탈리아 세법과 외환 거래법의 함정을 이용하여 이윤에 부과되는 금액을 최소화하는 방법을 알았다는 뜻이다.[30]

다음 해, 신도나는 Fidia-지주 회사(IOR, FIAT, Pirelli, and Generali)와 거대 투자 은행(Mediobanca)로 이루어졌다-를 설득하여 그가 아드리아 리비에라를 따라 계획한 리조트 개발에 80%의 지분을 취득했다.[31]

신도나는 제네바의 유명한 금융 은행(Banque de Financement)의 지배 지분을 샀다. IOR은 1/3 파트너가 되었다.[32] 그것은 신도나와 바티칸이 미래의 은행 인수를 위해 사용된 모델이 되었다.[33]

밀라노 사업계에서 이 시실리인의 빠른 상승은 신도나가 마피아의 지원을 받는다는 뒷방 잡담으로 이어졌다.[34] 그는 이를 일축하며, 질투라는 어쩔 수 없는 부산물로 보았다.[35] 마이야르도, 스파다, 멘니니는 신도나의 기록이 IOR을 섬기는 데에 있어서는 흠이 없다는 것을 알았다. 그들은 실체 없는 소문들에 어떤 신빙성도 주지 않았다. 소문들의 그 끝은 바티칸으로 이어졌다. 그는 신뢰의 사람이라는 권리를 얻었다.

추기경 니콜라 카날리가 **1961년**에 죽었을 때 제2차 바티칸공회의 준비에 몰두한 요한 23세는 처음에 그를 대체하지도 않했다. 추기경 디 조리오는 IOR과 특별행정청 두 곳을 감독하는 최고 성직자로 남았다.[36] 카날리의 죽음은 신도나의 IOR과의 편안한 관계에 어떤 영향도 주지 않았다.

하지만, 바티칸 안에서의 다른 죽음은 교회와 그의 관계에 의도하지 않는 영향을 가져왔다. **1963년 6월 3일**, 바티칸은 81세의 요한 23세의 죽음을 발표했다. 몇 달 동안 그는 암과의 싸움에서 지고 있었다.[37] 정경법에 따르면, 교황의 서거는 8개월 동안 진행되어 온 제2차 바티칸공회가 중지되는 것을 뜻했다. 다음 교황이 이를 성공적으로 끝내려 할 것이다.

하나를 결정하는 것보다 하나의 공회를 시작하는 것이 그야말로 더 쉽다.

예수회에서 작가로 변신한 피터 헤브레쓰웨이트(Peter Hebblethwaite)의 글이다.[38] 전통주의자와 개혁주의자 패거리들은 양분된 문제들에 대해 확고한 입장을 분명히 표시했다. 교회를 분열시키지 않은 채 공회를 마무리 짓는 것이 과제였다.

새 교황은 이탈리아의 중도좌파정치연맹으로부터 대립적인 목소리를 다루어야 할 것이었다. 여기에는 교회에 세금을 매겨야 한다는 제안부터 시작해서 낙태 허락과 학교에서의 성교육을 도입하는 것까지가 포함될 것이다.

요한 23세의 죽음의 뉴스는 거의 공개되지 않았고, 추기경들 사이에 뒷거래 흥정이 시작되었다. 스펠만이 로마를 향해 떠나기 전, 열성적인 반공주의자, CIA 장교가 그를 방문했다. 그는 비오 12세 스타일 이상의 사람이 선출될 수 있는 가능성이 있는지를 알고자 했던 자였다.

CIA는 비오의 냉전의 일의 상당량을 요한이 이루지 못했다고 생각했다. 소비에트 수상 니키타 후르시초프(Nikita Khrushchev)는 **1961년**에 교황에게 그의 80세 생일에 개인적 인사말을 보낼 만큼 충분히 편안한 관계를 가졌다. 교황은 동일하게 응답했다. CIA 내의 많은 자가 동구 블럭과의 관계 회복이 수년간 반공산주의 확산에 도움이 될 것이라 믿었다.

1962년의 이탈리아 총선에서 교황은 교회가 제시한 기독민주당을 위한 투표 지원 청원을 무시했다. 좌파 진영이 여론에서 두드러져, 지난 선거의 경우보다 거의 1백만 명 이상의 유권자를 끌어들였다. CIA 국장 존 맥콘은 좀처럼 없는 바티칸으로의 여행을 통해 거기서 교황을 만났다.[39]

케네디 대통령을 대변하는 전권을 가진 존 맥콘은 교황에게 미국은 바티칸이 좌파로 기운 것처럼 인식하고 있다는 염려를 전했다. 요한은 언제나 사근사근했지만, 맥콘의 주장에 설득되지 않았다. 맥콘은 자신이 기대했던 공산주의와 싸우겠다는 약속을 얻지 못한 채 집으로 돌아갔다.[40]

스펠만은 그 CIA 관리에게 자신이 보수적 신임을 갖는 추기경을 승진시키도록 노력하겠노라 말했다.

그러나, 지난 4년 동안 로마에서의 자신의 영향력은 줄어들었음을 언급했다.[41] 그들의 만남이 끝나기 전에, 그 관리는 스펠만에게 CIA의 유일한 명령을 남겼다. 밀라노의 추기경 몬티니를 제외하면 누구도 괜찮다는 것이었다.[42]

로마에 도착했을 때 스펠만은 보수주의자들이 다시 주세페 시리, 제노아의 57세 추기경을 위해 뭉치고 있음을 알고 놀라지 않았다.

시리는 동료 전통주의자들에게 **"교회가 요한 23세의 교황 재임기에서부터 회복하려면 50년은 걸릴 것이다"**라고 말했다.[43]

하지만, 스펠만이 다른 추기경들에게 말할 기회를 갖자, 그는 시리의 기회는 희박하다고 결론냈다. 일단의 북유럽 추기경들이 그를 반대하는 줄에 섰다.[44] 적어도 CIA에 나쁜 뉴스는 진보주의자들이 몬티니를 밀고 있었다는 점이었다. 이런 상황 전개는 다음과 같은 소문이 퍼진 까닭이었다.

즉, 교황 요한이 죽음의 자리에서 이른바 **"추기경 몬티니가 좋은 교황이 될 것이다"**라고 말했다는 것이다.[45] 몇몇 투표권을 가진 추기경들이 교황의 마지막 소원을 들어주어야 한다고 생각했다. 몬티니는 물론 비오 12세가 자신의 죽음 뒤에 그가 교황이 되기에 적합하지 않다는 것을 확신시키기 위해 추기경을 제외했던 바로 그 고위 성직자였다. 요한 23세로부터 붉은 모자를 얻은 그에게 비오로부터의 수모는 이제 먼 기억이 되어 그가 놀랍게도 선두 주자가 되었다.* [46]

스펠만과 몬티니는 껄끄러운 관계를 가졌다. 스펠만은 몬티니가 공산주의와의 싸움에서 열성이 없다고 비평했다. 몬티니의 개인 조수인 파스쿠알 마치 신부-그는 몇몇 교황청 사람으로부터 "몬티니의 성모 파스칼리나"라 불렸다-는 공언된 사회주의자였고 스펠만의 걱정은 마치가 그의 행정적 직위를 감안해서 그가 해야 할 것보다 훨씬 몬티니에게 더 많은 영향을 주었다는 점이었다.[47] 스펠만의 마음 위에는 냉전이 있었다. 쿠바 미사일 대치 후 오직 8개월이 됐을 뿐이었다.

하지만, 몬티니를 좋게 본다면, 스펠만은 그가 교회를 그 수 세기의 교리로부터 멀리 벗어나서 이끌지는 않을 것임을 느꼈다. 만일 어떤 것이 있다면, 몬티니는 안타깝게도 결단력이 없는 사람이었다. 어떤 주장에 대해 양측의 입장을 생각하므로 대부분의 사람이 마음을 정한 후라도 그는 자주 오랫동안 왔다갔다 했다. 요한 23세는 한때 그를 **"우리의 햄릿 추기경"**이라 부르기도 했다.[48]

스펠만은, 언제나 정치가답게, 몬티니를 최고 지위에 올려 놓는 일에 도움을 주어 바티칸에서의 자신의 위치를 새롭게 할 기회를 보았다. 그 둘의 추기경이 콘클라베 전날에 만났다. 세 시간의 당직회의 끝에 스펠만은 자신의 투표뿐만 아니라 네 명의 다른 미국 추기경의 표도 확약했다.[49]

교황선출회의는 **1963년 6월 19일**에 시작되었다. 몬티니는 네 차례의 투표에서 선출의 인봉까지 오직 몇 표만이 남았다.

하지만, 여러 추기경에 의해 제공된 나중의 설명에 따르면, 소수의 강경파가 반대표를 모으기 위해 매우 힘썼다.

추기경 구스타보 테스타는 콘클라베의 침묵의 법칙을 깨면서 일어나서 선언하기를, 자기 옆에 앉아있는 추기경들이 의사 진행 방해를 중지하고 대신에 몬티니에게 투표하기를 원한다고 했다.[50] 콘클라베 이틀이 지난 여섯 번째 투표에서 65세의 몬티니가 필요한 투표수를 얻었다.[51] 그는 바오로 6세의 이름을 취했다.

심지어 몬티니의 열렬한 지지자들도 새 교황이 요한만큼 신자들에게 인기가 있다는 것은 불가함을 알았다. 그는 전임자가 가졌던 사람을 휘어잡는 매력이 있지 않았다. 가톨릭 신자들은 요한을 할아버지 같은 인물로 받아들였다.

몬티니는 신자들 사이에 열정적인 추종자를 만들었다. 요한은 집권 시작 때부터, 교황직은 **"스스로 짊어진 죄수"**라는 모든 사람의 편견을 깨기 위해 자신의 길에서 벗어나는 길을 갔다.

비오 12세와는 반대로, 요한은 기자들을 초청했다. 그들은 악취 진동의 **"하늘의 여왕"** 감옥에서부터 (여기서 그는 유죄 선고된 살인자를 키스하고 축복했다) 매우 인기있는 16시간의 '막간의 지방 방문'(whistle-stop) 기차 여행까지 어디서나 자신을 따르는 기자들이었다.

그 기차 여행은 아씨시부터 로렌토까지 이탈리아 전역을 아우르며, 성지에서 기도하는 것이었다. 이는 **1857년** 이래 교황이 로마를 벗어난 첫 번째 일이었다.[52] 개인적 경호가 결코 사소한 것이 아니었던 그 시대에 그는 자주 학교와 병원을 방문했다.

바티칸의 옛 경호원들은 그의 무격식으로 대중과 함께 함은 교황에게는 부적절한 것이며 교황청의 제왕적 권력의 약화라고 생각했다.[53] **1960년** 성 목요일에 그리스도가 최후 만찬에서 자신의 제자들의 발을 씻어주는 것을 회고하는 기념식에 요한이 흑인, 일본인, 폴리네시아인, 서부 인도 신학생들을 포함시키자, 그들은 움찔했다.[54]

반면, 몬티니를 만났던 대부분은 그를 무심하고, 침울하며 곱씹는 자로 묘사했다. 그는 자신의 의무를 행하지만, 이를 하는 데 있어 기뻐하지 않는 것처럼 보였다. 그가 교황의 개인 거처를 세련된 "현대적 밀라노" 스타일로 재단장했을 때, 일부는 그 차가운 디자인이 그의 성격과 잘 어울린다고 생각했다.[55]

몬티니는 외견상 바티칸 내의 다른 자들과 어울리는 것조차 싫어했다.[56] 과장된 것에서부터 차분한 것에 이르는 성격상의 변화의 결과는 베드로성금의 감소에서 두드러졌다. 요한 23세의 재위 마지막 해에 그 성금은 최고 1천 5백만 달러였다. 몬티니 재위

첫 해에 이는 4백만 달러로 곤두박질했다.[57]

몬티니, 그는 콘세시오의 롬바르드 마을 출신의 중산계급 가문의 셋째 아들로, 그의 동료들의 눈에는 그의 야망이 오랫동안 분명했던 직업 성직자였다.

누구도 그가 비오 12세에 의해 그를 추기경에서 제외시킨 것에서 다시 뛰어오를 수 있으리라고는 추측할 수 없었다.

또한, 그가 교황이 되기에 충분한 자질을 가진, 내부자들이 그를 '파파빌레'(papabile)라고 불린 것을 믿었다는 것을 누구도 의심하지 않았다.[58]

정경법의 박사 학위를 가진 몬티니는 국무원에서 빠른 승진을 했다.

또한, 자신의 생각했던 바, 자신의 수십 년의 사역에 대한 비오와 다른 사람들이 보여준 것에 대해 충분한 인정을 받지 못했던 것에 오랫동안 애태웠다.

몬티니는 교황이 되는 도전으로 인해 압도당한 것은 아니었으나, 대신에 교회 내에서 자신의 흔적을 만들고자 애썼다. 그가 처음 행한 일들의 하나는 제2차 바티칸공의회를 재소집하는 것이었다.

몬티니의 선출 뉴스에 가장 행복했던 자는 신도나였다. 교황을 친구로 맺는다는 것은 신도나에 대한 바티칸의 신임이 이제는 의심의 여지가 없다는 점이었다. 어떤 신문 기사는 그를 바오로 6세가 로마에 데려온 **"밀라노의 마피아"** 의 일원으로 포함시켰다.[59]

IOR 내에서는 스파다는 몬티니가 오랜 친구였던 관계로 가장 큰 수혜자였다. 그는 새 교황이 **"예산 문제에 개인적 관심을 갖는 것"** 으로 유명한 까닭에 교회 금융의 관리에 관한 한, 그의 전임자보다 더 많이 개입될 것임을 알았다.[60]

대관식 몇 개월 후 기독민주당은 이탈리아의 두 번째 정당인 사회당과 지배 연정을 형성했다. 이는 전후 이탈리아의 가장 좌파적인 정부였다.[61] 알도 모로(Aldo Moro)가 수상이 되었다. 신도나가 새 교황에게 말할 때, 그는 새 정부의 제안, 곧 공공 기업과 금융 기관의 국가 소유권 확대는 오랜 이탈리아의 경제 확장을 막을 것이란 자신의 두려움에 대해 의견을 같이 했다.

노가라가 바티칸을 이탈리아 산업과 함께 얽은 이래로 경제 후퇴로 인한 나쁜 결과는 로마교회에게 파국적이 될 터였다. 몬티니는 마이야르도와 스파다에게 신도나와 함께 일하여 바티칸의 거대한 이탈리아 지주 회사를 보호하고 다양화하는 전략을 세우도록 명했다.* [62]

신도나는 그 일에 안성맞춤이었다. 몬티니의 선출 즈음에 신도나는 자신의 다양한 모험 투자를 위한 유명 브랜드의 파트너로 이름을 날리고 있었다. 스위스의 네슬레(Nestlé)와 프랑스의 파리바은행(Paribas Bank)이 그와 함께 일하며, 시카고 거점의 식품 가공 회사 리비, 곧 맥닐&리비(McNeil & Libby)를 인수했다.63

제너럴푸드는 이탈리아 과자 회사의 파트너가 되었다. 신도나는 뱅크오브아메리카(Bank of America)를 설득해 그가 최상품 가방 제조사의 지분을 얻는 데 도움을 받았다. 강력한 은행 금융 지원에 힘입어, 43세의 변호사는 출판에서부터 석유 화학, 섬유에 이르기까지 서로 다른 산업계의 주요 인물이 되었다.

신도나는 7개 회사의 회장이요, 수십 개의 이사회 이사였다. 바티칸이 이사를 갖지 않았던 콘데 나스트(Condé Nast)의 이탈리아 지점만을 제외하고는 그는 그 모든 이사회에서 IOR 이사로 일했다.64

같은 해, 신도나는 룩셈부르크의 지주 회사 파스코(Fasco)를 활용해 미국 거점의 중요한 펄프 제지 생산 회사인 브라운사(Brown Co.)에 대한 지배 지분을 매입했다.

그리고 2-3년에 걸쳐 신도나는 계속적으로 크루시블철강(Crucible Steel), 화학 회사 파쉐티(Pachetti), 부동산 회사 스비루포(Sviluppo), 이탈리아 최대의 고급 호텔 체인 시가(Ciga), 파리의 고급 호텔 모리스(Meurice: 제2차 세계대전 중에는 나치의 본부였다)와 로마의 고급스런 더그랜드(The Grand)의 지분들을 매수했다.65

신도나의 가장 야심찬 작업의 하나는 국제 외환 중개사 마니렉스(Moneyrex)였다.66 그는 은행 업무를 하는 개인 청산회사를 위한 미개척 시장이 있다고 생각했다. 그는 전 세계에 걸쳐 금융 기관들의 외환 계정의 균형을 상정해 보았다. 예컨대 달러가 남는 은혜의 예치금을 달러 부족 은행과 매치시켜 주는 것이었다. 은행들이 이미 스스로 이를 행했다.

그러나, 국제 외환 시장의 엄청난 크기를 감안할 때, 신도나는 개인 회사가 훨씬 더 효과적일 것이라 확신했다. 그는 마니렉스의 수수료를 회사가 다루는 돈의 1%의 1/32로 할 것을 제안했다.

2-3년이 지나, 대부분의 은행은 그 일의 아웃소싱에 대한 유익을 보았다. 마니렉스가 살아남기에 충분한 자금을 갖았음을 확신시키기 위해 신도나는 거대 파트너들로 미국의 대륙일리노이스내셔날뱅크(Continental Illinois National Bank), 영국 거점의 함브로스

은행(Hambros Bank), IOR을 포함시켰다.* 67 마니렉스는 그 분야에서 가장 큰 회사가 되었으며, 결국 세계적으로 850개 은행을 서비스하고, 연간 수익에 있어 2천억 달러를 취급하고 있다.68

교황의 축복으로 신도나는 더욱더 바티칸의 금융에 자신을 엮었다. 그는 자신의 은행 제국을 확장해, 이탈리아의 튼튼한 지역 은행들을 인수했다.69 IOR은 각 은행에 실제적인 소액 지분을 얻었다.70 신도나는 자신이 **1960년**에 처음으로 인수한 BPF의 회장으로 스파다를 임명했다. **1962년** 스파다는 IOR에서 은퇴했고, 「**레스프레소**」(*L'Espresso*)에 "자신은 나이의 한계에 이르렀다"고 말했던 그때 그는 오직 57세였다.71 대부분의 바티칸 내부자에게 이는 마치 스파다 자신의 고용에 대한 단순한 기술적 지위 변경에 불과한 것처럼 보였다.

바티칸은행에서 자신의 젊음을 받쳤던 많은 동일한 프로젝트에 관여한 채로 그가 읍내를 떠나 신도나그룹에서 일하기 시작한 것처럼 보였다.72 교황 바오로 6세는 루이기 멘니니(Luigi Mennini)를 타진하여 그로 마이야르도의 부총재로 일하게 했다. 신도나의 교회와의 사업은 방해 받지 않고 진척되었다.

로마교회가 잘 나가는 때는 바티칸은행과 그 금융이 언제나 그 배경에 깊숙이 자리할 때였다. 라치드 긴더(Richard Ginder) 신부, 저명한 가톨릭 주간지의 미국 편집장은 **1963년**의 컬럼에서 그 기쁨을 다음과 같이 기고했다.

> 가톨릭교회는 미국에서 가장 큰 회사일 것이다. 우리는 거의 매 지역마다 지점을 두고 있다. 우리의 자산과 부동산 보유분은 스탠다드석유, AT&T, US스틸을 합한 것보다 더 클 것이다. 헌금을 내는 멤버들의 명단은 미국 정부의 납세자 명단을 이은 두 번째다.73

이때 즈음 신도나는 큰 국제적 언론의 보도거리가 되었다. 그의 공격적이며 '감옥도 불사하는'(take-no-prisoners) 영업 스타일을 두고 "**상어**"라는 이름을 붙인 「**타임**」(*Time*)지는 그를 "**헌신적인 자유무역주의자**"로 불렀으며, "어떤 이탈리아 사업가들도 밀라노의 금융인 미셸 신도나만큼 더 눈부신 성공을 거둔 인물은 없었다. 신도나는 큰 기업을 설립해 운영했는데 이 기업은 9개 국가에 세워진 제조 회사와 5개 국가에 세워진 부동산 관련 회사로 구성됐다"라고 썼다.74

제14장 신뢰의 사람들

「**비즈니스 위크**」(*Business Week*)는 신도나를 "**이탈리아의 가장 성공적이고 두려운 금융인**"이라 이름 붙였다. 「**포춘**」(*Fortune*)은 "**그는 세계에서 가장 유능한 거래자 중 하나**"라고 썼으며, 「**뉴욕 타임스**」(*New York Times*)는 그는 "**밀라노판 텍사스 거물**"이라 말했다.[75] 「**이코노미스트**」(*The Economist*)는 그를 "**금융의 천재**"라고 선언했다.[76]

신도나의 투자 철학이 시험대에 오른 것은 1966년이었다. 그는 부유한 기업인 리치오 겔리(Licio Gelli)를 만났다. 그자는 해결사라는 평판을 널리 얻고 있었다. 외부인들에게 45세의 겔리는 이탈리아와 아르헨티나의 이중 국적을 가지고, 그 나라의 최고 부자들같이 제멋대로의 인생을 즐기며, 밀라노, 모나코 부에노스 아이레스의 대저택에서 시간을 보내고 있었다. 겔리의 호화로운 파티는 신문 사회면의 커버면을 장식했다.[77]

하지만, 누구도 그의 실제적 역할은 지하의 '프리메이슨집회'(Masonic lodge)의 수장, 즉 '프로퍼갠다 듀'(Propaganda Due: P2)였음을 알지 못했다.[78] **1981년** 경찰이 이 집회가 쿠데타를 음모하고 있다는 의심으로 이 조직을 해산할 때까지, 이 집회는 거의 1천 명의 회원을 가졌으며, 그 중에는 4명의 내각 장관, 50명 이상의 장군과 제독, 이탈리아의 가장 중요한 기업인, 금융인, 언론인, 검사와 판사, 정보부 요원이 포함되었다.[79]

회원 명단은 이탈리아 언론인들이 "국가 내의 유사국가"라고 칭하는 인명록(who's-who)의 놀라운 일당이었다.[80] 많은 나라에서 P2(프리메이슨 수장와 같은 프리메이슨집회는 단순히 배타적 클럽으로 간주될 수 있었다).

하지만, 이탈리아에서는 1738년부터 시작해서 8명의 연속된 교황이 프리메이슨을 비판했고 그 흔적을 제거하려고 노력했다. 로마교회는 그들의 모든 것, 곧 프리메이슨의 가입 예식부터 자연주의와 종교적 관용에 대한 장려까지 의심했다.

이탈리아의 19세기 공화당원과 교권반대주의자들은 교황령을 박탈하려 했고 그들은 프리메이슨이었다. 프리메이슨 깃발이 거리에 나부꼈던 때가 있었다.

그때는 가리발디가 로마시를 교황 지배로부터 해방시키기 위해 로마로 행진했던 때였다.[81] 무솔리니는 프리메이슨에 대한 불신을 함께 했다. 일 두체는 1925년 프리메이슨의 모든 집회를 불법화했고, 심지어 그들의 상징물을 공공 건물과 기념관에서 제거했다.[82] 전후 이탈리아에는 프리메이슨이 거의 없었다.[83]

그런 집회를 운영하는 겔리에게는 상당한 개인적 위험이 있었다. 가입한 거물들은 공개되는 것이 적어도 당혹스러운 것임을 알았다. 가입한 거의 모든 자가 가톨릭 신자

들이었기 때문에 그들은 교회 정경법 2335에 의거해 자동 파문되게 되었다.[84]

하지만, 그런 강력한 집단의 일원이 되는 잠재적인 유익에 비교해서 파문 등의 위험은 작았다. 겔리가 새로운 회원들에게 말한 그의 꿈은 언젠가 우파적인 권위주의 정부가 P2의 사람들로 이루어져, 전후 이탈리아를 우울하게 만드는 요소인 지속적인 약체 연립정부를 대체할 수 있으리라는 것이었다.

겔리는 신도나가 **"사랑하고 중요한 동료 프리메이슨"**인 비토 미첼리(Vito Miceli) 장군, 군정보 분야의 고위 장교를 도와준 것에 대해 그에게 감사할 때 그는 P2를 화제로 삼았다.* [85]

그때까지 나는 미첼리 장군이 프리메이슨인지 몰랐다.

이는 후 신도나가 회상한 것이다.[86]

겔리는 신도나에게 시실리 비즈니스맨에게 중요한 문제들에 대해 말하며, P2의 반공 정책을 강조하고 자유 무역과 강력한 무역 조합을 포함한 공통된 이해관계의 문제를 꺼냈다.

신도나는 겔리가 언급한 이름들의 샘플만으로도 그런 자들과 나란히 연결된다는 것이 자신의 사업에 유익이 될 수 있다는 것을 깨달았다.[87] 겔리는 자신이 신도나를 신뢰할 수 있다는 것을 확신했다. 그 변호사는 일단의 미국 사업가들에게 자랑했다.

내 고객의 95%가 나에게 오는 것은 내가 비밀을 지킬 수 있다는 것을 그들이 알기 때문이다.[88]

겔리의 요청으로, 신도나는 이탈리아 경제의 재활성화, 외국에서의 이탈리아 통화와 신용도를 개선을 위한 제안서의 초안을 만들었다. 겔리는 신도나의 이름으로 작성된 이 제안서를 몇몇 다른 P2 멤버에게 나눠주었다.[89] 그는 신도나를 소수 동료 프리메이슨에게 소개했다. 그들 대부분이 그와 사업하기를 갈망했다.

1967년, 신도나가 그의 시선을 바티칸에 다시 돌렸을 때, 바티칸은 IOR과 함께 또 다른 합작투자를 하려 했다. 마이야르도는 바티칸은행의 부총재로서 은퇴를 선언했다.

이전 크레딧스위스 은행가는 이탈리아 경제의 확장 과정에서 노가라의 전후 투자 과정을 함께 함으로 인해 혜택을 입었다. 그가 자리에서 내려올 때까지 그는 놀라운 승리의 연속이었다.

죽었던 건설 회사 SGI는 1940년대 후반에 IOR의 투자로 인해 이제는 엔리코 갈리찌 백작에 의해 운영되고 있었다. 이 회사는 국제적 대기업이 되어 50개 이상의 부동산과 도시개발 회사에 상당한 지배적이라 할만한 지분을 가지고 있었다.[90]

바티칸은 이사회에서 네 자리를 확보했다.[91] 중요한 SGI 자회사 SOGENE(Società Generale per Lavori di Pubblica Utilità)는 이탈리아의 가장 큰 공공 사업 용역업체가 되었다. 마이야르도가 운영하는 동안, SGI는 여러 입찰에서 승리했으니, 여기에는 워싱턴 D.C.에 있는 워터게이트 주거 사무실 복합 시설, 캐나다에서 가장 큰 고급 아파트 타워, 멕시코시티 외곽의 1천 3백 에이커에 1십만 명이 사는 계획 도시가 포함되었다.[92]

노가라가 초기에 좋아했던 것의 하나는 몬테카티니/에디슨(Montecatini/Edison)이었다. 이것은 전력을 넘어 의약품과 광산으로 확장되었으며, 그 연간 수익은 거의 10억 달러에 이르렀다. 이탈세멘티는 6천 5백 명의 근로자를 고용할 정도로 성장했고 유럽에서 두 번째로 큰 시멘트 생산회사가 되었다.

SNIA Viscosa는 이제 이탈리아 섬유 직물의 70%를 생산했으며, 이탈가스는 36개 이탈리아 도시들에 독점 가스 공급업체가 되었다. 이 도시들에는 로마, 베니스, 프로렌스, 튜린이 포함되었다.[93]

마이야르도는 바티칸의 투자가 미국과의 전후 연합을 가져왔으며, 이는 독일과 이탈리아가 제2차 세계대전 중에 가졌던 연합만큼이나 크다고 확신했다. 1960년대 중반 이후, 바티칸은 브루칩 주식 중에 IBM, GM, GE, 쉘, 걸프오일, 체이스 맨해튼, 프록터&갬블, 베들레헴철강의 주식을 샀다.[94]

루이기 멘니니는 그때쯤에는 '**각하의 신사**'(Gentleman of His Holiness)라는 명예 호칭이 주어졌고 마이야르도의 자리를 대신했다.[95] 그는 성좌의 특별 금융 자문관으로서 신도나와의 관계를 구체화했다. 신도나는 로마교회의 금융을 움직였던 사람들이 자신에 대해 아낌없는 믿음을 가지고 있음을 기뻐했으나, 절친들과 나누었던 그의 실망은 몬티니가 교황이 된 후 진보적 입장으로 바뀌었다는 점이었다.

몬티니는 자신의 선출 후 불과 3개월만에 제2차 바티칸공의회를 소집했다. 한 달 후 교회 역사상 가장 큰 변경인 12가지의 근본적 변화들이 승인되었다. 평신도에게 가장 주목할 것은 라틴어 미사의 종료였다. * 96

전통주의자들은 격분했다. 제노아의 보수주의적 추기경 시리는 이는 **"최근의 교회사 가운데 가장 큰 재앙"**이라고 말했다. 97 교황청 내의 많은 자가 자신들의 권력을 약화하는 것으로 간주하는 조치들에 분노했다. 독점적으로 로마 지역에서만 내리는 결정권이 그 문제가 제기된 나라들에 위임되었다. 지역 교구들이 이제 문제되는 결혼의 법정사건을 결정하게 되었다.

이 문제는 전에는 직접 로마의 관할이었다. 게다가 외국의 주교들도 대부분의 교황청 기관들의 이사회에 참석했다. 교황청은 이제 어떤 최종적 훈령을 내리기 전에 지방 주교들에게 심리를 위해 그 제안서를 보내게 되었다. 그런 주교들의 지역적 회합은 바티칸과는 독립적으로 이루어질 수 있게 되었다. 98

공의회에 대한 논쟁 외에도 교황에 의해 눈에 띄는 좌파적인 정치적 변화가 일어났다. 바오로는 계속적으로 **1965년**부터 시작된 미국의 북베트남 폭격을 비난했다. **1966년** 스펠만 추기경과 다른 보수주의 성직자들이 분노했다.

로마교회가 북베트남을 위해 1천 5백 달러의 원조 발표와 동시에 베트남 방문을 위해 두 명의 바티칸 관리를 보냈기 때문이었다(교황 바오로 자신이 지원의 상징으로 가기를 원했으나, 이는 너무 위험스럽게 보였다). 99 소비에트 대통령 니콜라이 포드고르니를 위한 그의 **1967년** 환영식은 바티칸에서의 공산주의 관리의 첫 국빈 예우였으며, 이는 교황청 내의 수구적 반공 전사들에 한기(a chill)를 선사한 것이었다. 100

같은 해, 바오로는 '**인민의 발전**'이란 교황 회칙을 발표했다. 이는 경제 사회적 정의를 위한 분명한 메시지였으며 제3세계의 부의 **"정의로운 분배"**라는 목표를 세워, 부자와 가난한 자 간의 격차를 줄이기 위함이었다. 101

「월 스트리트 저널」(*The Wallstreet Journal*)은 교황의 칙령을 **"지능화된(souped-up) 마르크스주의"**로 조롱했지만, 이는 중남미의 운동 사제들의 세대에게는 강령이 되었으니, 이들은 좌파적 정치와 가톨릭을 휘발성 높게 혼합한 해방신학을 주창했다. 102 * 103

인민의 발전은 처음에는 신도나를 염려케 했다. 왜냐하면, 이는 무제약적인 자본주의를 공격하여 다음처럼 말하기 때문이었다.

자유시장 경쟁은 그럼에도 폐기되어서는 안 되며, 단순히 도덕적 한계 내에서 유지되어야 한다.

그러나, 교황은 경제적 평등에 대한 그의 메시지가 어찌하든 신도나가 IOR과 함께 계획했던 매수 열기를 제한하는 것을 의도하지는 않았다. 멘니니, 스파다, 신도나는 **1967년** 초에 그들의 확장 계획을 출시했다.

로마교회는 이탈리아 최대의 여객선 회사(Finmare), 이탈리아 보험사 제네랄리, 유대인보험회사(RAS) 지방 은행들과 신용조합들에 투자를 증대했다.[103 * 104]

그러나, 바티칸은행(IOR)-신도나의 전략은 그해 다음부터 이탈리아 중심의 초점에서 급격한 변화를 취하게 될 터였다. 이는 투자와 배당세에 대한 바티칸과 이탈리아 정부 간의 오랜 정치적 다툼의 심화로 인한 것이었다. 4년 전인 **1963년**, 이탈리아 재무성의 사회주의 장관은 왜 바티칸은 새 정부의 배당세를 따르지 않는가라고 먼저 의문을 제기했다.[105]

이는 주식 보유자가 세무소에 지분을 등록하면 15%의 세율이며, 만일 보유자가 이를 공개하지 않았는데 정부가 이를 찾아내면 30%의 부과였다. 모든 납세자는 주식 소유를 기꺼이 공개하여 비밀로 인한 높은 세율을 피할 것이라 생각되었다.[106]

1929년의 라테란조약 29-31조항에서 무솔리니는 "**기독교적(ecclesiastical) 기업**"에 대한 로마교회의 세금 납부를 면제했다. 노가라는 파시스트정부에 로비하여, **기독교적**인 해석을 매우 넓게 보아, 시간을 두고서 그 면제에는 특별행정청과 IOR이 행한 모든 것이 포함되었다.

심지어 무솔리니가 **1936년**에 에티오피아 전쟁의 전비를 상쇄하고자 두 가지 특별세(회사와 부동산)를 부과했을 때 특별 칙령으로 바티칸은 면제되었다.[107]

또한, 로마교회는 **1937년** 이탈리아 기업들이 보통주식에 대해 새로운 세금을 내야 할 때도 특별 면제를 받았다. 국가 판매세가 **1940년**에 발효되었을 때 이탈리아 재무장관은 이를 로마교회에는 적용하지 않겠다고 선언했다. **1942년** IOR 설립 만 4개월 후 파시스트정부는 바티칸이 또 다른 배당세 하에서 내야하는 돈을 면제시켰다. 그해 12월, 재무장관은 모든 면제된 바티칸 조직의 일람표를 공표했다. IOR과 특별행정청은 어떤 세금으로부터 면제였다.

이제 수상 알도 모로는 사회 연립 파트너를 유화시키고자 바티칸이 적어도 선의를 보여야 한다고 요청했다. 가능한 추가적 면제를 얻기 위한 일차적 조치로써, 모로는 로마교회로 정부에게 모든 주식 보유의 명세를 제공하라고 요구했다. 국무총리 암레토 치코나니(Amleto Cicognani) 추기경은 바티칸은 주권국인 까닭에 이탈리아가 그런 정보를 요구하거나 세금을 부과할 권리가 없다고 주장하면서 이를 거절했다. 어떤 세금도 라테란조약을 위반했다.[108] * [109]

모로 정부의 노력에도, 바티칸에 세금을 부과하려는 압박은 방향을 잃어버렸다. 좌파적인 **레스프레소**에 의한 **1967년**의 일련의 조사 이야기가 그 논쟁을 살려놓았고, 심지어 바티칸을 **"전후 이탈리아 내에서 가장 큰 탈세자"**라는 말로 논쟁이 확대되었다.[110] 바티칸이 배당세로만 내야 할 것에 대한 공표된 어림짐작 액수가 연간 최고 7억 2천 달러에 이르렀다(**2014년** 기준으로 48억 달러에 해당).[111] 연립 여당은 교회에 세금을 적용시키겠다고 공약했다.[112] 바티칸은 우연히도 최근에 신문사를 설립했다.[113]

세금 문제가 대변인 파우스토 발레인(Vallainc) 경에 의해 처음으로 거론되었다(「뉴욕타임스」 기자 폴 호프만은 바레인을 두고, 그는 "잘 알지도 못하며 실수 투성인 자다"고 했다).[114]

교회는 라테란조약 때문에 면제라는 것을 반복하면서, 그는 새로운 주장을 내놓았다. 즉, 바티칸이 세계적 명성의 관광지인 까닭에 관광객이 이탈리아에서 쓴 돈의 일부에 대해 공제액이 주어져야 한다는 것이었다.[115] 발레인의 청원은 성공적이지 못했다. 정부는 교회에 대해 특별 배당세의 면제 조치를 박탈했다(그렇더라도 두드러진 점은 좌파 연립 정부가 교회에 직접 보조금으로 연간 수억 달러를 주는 것을 끝내지 못했다는 점이었다. 이 관행은 무솔리니에 의해 시작되었고 **1990년**까지도 종결되지 않았다.).[116]

신도나는 교황, IOR과 특별행정청의 동료들에게, 비록 이탈리아가 배당세의 경우에는 법적으로 근거가 낮은 측면이 있지만, 바티칸이 이길 수 없다고 말했다. 그 문제는 복잡한 정치적 성격을 가졌다. 지금 염려는 선례가 있는 이탈리아 정부가 수익에 목말라 더 많은 세금을 매기려 할 것이란 점이었다. 정부가 원천 징수를 하기 때문에 바티칸이 항의해도 문제가 되지 않았다.

즉, 기업은 먼저 정부에 세금을 지불한 후 주주들에게 징수 후의 배당금을 분배한다. 단순히 세금 징수를 허락하는 것은 독립 주권국이라는 로마교회의 주장의 신뢰성을 파괴할 것이었다.

신도나는 교황청 내에 특별 부서를 만들어 일차적으로 부동산에 집중해야 한다고 촉구했다. 그는 그 부서가 역시 교황청의 자금 공급을 전부 책임져야 한다고 말했다.

신도나의 주장은 그런 조치가 교회로 하여금 많은 부동산 보유에서 오는 모든 소득에 대한 세금 면제 지위를 누리게 하고, 반면에 IOR은 이에서 자유하여 다른 투자에 집중해야 한다는 것이었다.

1967년 8월 15일, 교황 바오로는 '성좌유산행정청'(APSA: Amministrazione del Patrimonio della Sede Apostolica)을 만들고, 국무총리 암레토 치코냐니 추기경을 그 장으로 임명했다.[117] 이는 신도나의 주장처럼, 교회의 부동산에 대한 책임과 함께 교황청의 예산과 바티칸의 임금 지불을 위한 기금 모집의 책임도 가졌다.[118]

이로써 **1929년** 설립되어 라테란조약의 일부로 무솔리니에 의해 바티칸에 주어진 돈을 다루었던 특별행정청은 해체되고 APSA에 흡수되었다.[119]

바오로 6세는 '성좌경제담당청'(Prefettura degli Affari Economici della Santa Sede)을 만들어 모든 바티칸의 금융을 감독하게 했으니, 이는 독립적이고 자율규제적인 IOR의 두드러진 예외였다.[120] 그 업무의 일부로서, 경제청은 IOR을 제외한 모든 예산의 연간 보고서를 생산했다.[121] 바티칸시에서의 어떤 건축안도 경제청을 통해 진행되어야 했다.

교황은 바티칸은행도 새로운 경제청 밑에 두려고 고려했으나, 멘니니의 주장은 만일 은행이 다른 기관의 통제 아래에 놓이게 되면 이는 독특성과 유용성을 갖는 그 근본적인 독립성을 해한다는 비오 12세의 의도를 근거로 해서 교황의 생각을 성공적으로 무산시켰다.[122]

바오로 6세는 중앙 관리자가 교회 금융의 어두운 그늘을 밝힐 수 있으리라 바랐다.[123] 따라서, 신도나가 하나의 세금 전략으로 APSA를 만들었던 것은 좋은 아이디어였다는 점에서는 맞을 수 있었다.

그러나, 이것은 불가피하게 바티칸은행과 재산이 많은 '인간복음화총회'(Propaganda Fide)와의 중복을 초래했다.[124]

새로운 관료 조직을 통합하는 어려움이 있었다.[125] 그런 문제들을 악화시킨 것은 APSA를 맡고 있는 치코냐니와 다른 성직자들이 금융에 대한 배경이 전무하다는 것이었다. 그들 대부분은 대차대조표를 읽는 것에도 어려움을 가졌다.[126]

동일한 문제는 경제청에도 마찬가지였다. 바오로 6세는 에지디오 바노찌(Egidio Vagnozzi) 추기경을 임명했다. 그는 미국 주재 사도 대표였으며, 그의 경력은 외교 전문이었다.[127]

어떤 사업적 감각에 대한 바노찌의 주장은 그의 가족이 로마에서 가장 큰 과자제조사를 운영했다는 점이었다.[128] 그의 두 조수는 79세의 조셉 베란 추기경과 70세의 세자르 제르바 추기경이었다. 베란은 체코슬로바키아의 감옥에서 16년을 보낸 후 돌아왔고, 제르바는 성례 총회를 운영했다.[129] 그들은 바티칸 금융이라는 분파적 세계에서 자신들이 처할 금융의 전문성 현실적 기대감을 갖지 못했다.[130]

바노찌가 새로운 직책을 맡게 되자, 그는 한 동료에게 바티칸의 금융 장부들을 이해하기 위해서는 "CIA, KGB, 인터폴, 성령의 협력이 필요할 것"이라 이야기했다.[131]

APSA(성좌유산행정청)와 경제청은 결국에는 바티칸 금융에 대한 혼돈과 투명성의 부족을 더했다.[132]

하지만, 그런 기구들을 만들 때 그 기구들은 바오로 6세의 교황직 가운데 신도나의 영향에 대한 하나의 증거였다.

하지만, 신도나는 APSA를 만드는 것이 이탈리아 정부의 배당세 도입에 대한 포괄적인 대응의 오직 한 부분이었을 뿐이었다. 그는 바티칸은행이 이탈리아 주식과 회사 지분을 대부분을 팔도록 촉구했다. 그런 매각은 바티칸이 새로운 법률하에서 어떤 세금도 내지 않도록 할 뿐만 아니라 세속 정부에 대해 공개적인 비난을 할 수 있도록 했다.

이탈리아 민간 부문에 있어서 큰 지분이 없음으로 인해, 로마교회는 미래의 정부가 배당, 자본 이익에 대한 새로운 세금 소위 무형 세금(투자자의 포트폴리오에 대한 총평가액에 대한 고정 세율)을 부과하더라도 영향을 받지 않을 터였다.

신도나는 IOR의 이사 멘니니에게 만일 교회가 이탈리아 회사들에 묶여있는 돈을 풀어준다면, 자신이 외국에 그 자금을 투자하는데 도울 것이라 확신시켰다.

하지만, 그 포트폴리오를 드러내는 것에 대해 IOR 내부에 상당한 저항이 있었다. 이 포트폴리오는 노가라가 너무 꼼꼼하게 만들어 놓았으며, 특히나 그 구성 요소들이 잘 작동하고 있다는 점에서 그러했다.

신도나의 주장에 호의적인 분기점은 **1968년** 초에 왔다. 이탈리아 신문기자들은 바티칸이 산아제한 약을 만드는 제약 회사 세로노제약(Istituto Farmacologico Serono)뿐만 아니라, 군수 제조업 우딘(Udine)에 투자했다는 증거를 발표했다(역시 총기 제조자 베레타,

몬테카로카지노, 포르노 잡지 출판의 인쇄소에 투자된 교회 돈에 대한 확인되지 않은 신문 보도들도 있었다).[133]

　노가라의 아들, 지오반니는 우딘의 이사회의 이사였다. 세로노의 의장은 다름아닌 비오 12세의 조카 쥴리오 파첼리 왕자였다.[134] 전임 IOR 총재 마시모 스파다는 세로노의 전적인 소유의 자회사인 제약 회사 살리페라시실리아나를 운영했다.[135]

　세로노 보유에 대한 당혹감은 컸다. 같은 해에 바오로 6세는 **"인간의 삶"**이란 가장 이슈가 된 교황 회칙을 발표했다. 여기에서 교황은 모든 인공적인 산아 제한을 금지했다.[136]

　그해 봄, 로코코풍의 사도궁에서, 네 사람이 교황의 3층 개인 서재에서 밤 늦게 회동하여 교회의 금융을 어떻게 할 것인지를 논의했다.[137] 교황과 함께 신도나, 치코나니와 바노찌 추기경이 있었다. 신도나는 교황과 그의 개인비서 마치와 저녁 식사를 한 번 한 적이 있었지만, 이 밤은 사교적 방문이 아니었다.

　이 회의에 대해 교황의 일기에는 어떤 공식적 기록도 만들어지지 않았다.[138] 신도나는 왜 바티칸이 이탈리아 회사들의 모든 보유 그 자체를 다양화해야 하는지를 변호하며, 교회가 이탈리아 회사들의 주식을 소유하는 한에 있어 이탈리아 정부는 더 많은 세금을 만들어 낼 것이라 설명했다.

　신도나의 주장은 많은 회사에 대한 바티칸의 소유권은 경제적 자산 만큼이나 정치적 사회적 부채라는 것이었다. **1968년**은 이탈리아 내의 사회적 불안이 최고조였던 해로, 학생들의 연좌와 대규모 거리 시위가 넘쳤다. 공개된 여론 조사는 놀랍게도 그 나라 사람의 2/3가 나라의 미래가 현재보다 더 암울하다는 것이었다.[139]

　이런 비관주의의 와중에 이런 회사들을 보유한 로마교회에 대한 비판은 점점 강해지고 있었다. 이런 회사 중 하나라도 노동 조합과의 교섭에서 강경 입장을 취할 때마다 비생산적인 공장에서 노동자를 감원할 때마다 좌파 정치인들과 신문들은 노동계급의 가톨릭 신자들을 보호하지 않는 이유로 로마교회를 맹비난했다.

　신도나는 그들에게 이탈리아가 **1960년**에 올림픽 고속 도로를 만들었던 때 비평가들이 SGI가 로마 정부에 바가지를 씌웠다고 비난했다는 것을 환기시켰다. 그전 해에, 좌파 신문들은 바티칸이 지역 용도 규제를 조작해서 힐튼호텔이 새로운 호텔을 짓도록 만들었다고 주장했다.[140]

이 늦은 밤의 회의가 있기 바로 몇 개월 전에 바티칸이 교회 소유의 밀가루 제조사 판탄네라의 장부가를 파산 상태에 머물 정도로 낮춘 이후로 노동자들이 공장을 점유했다.[141]

그런 골치거리들은 교회가 필요로 하지 않는 문제라고 신도나는 주장했다. 특히 언론이 점증적으로 불필요한 우려를 낳고 거슬리게 된다면, 그런 문제들은 시간이 지나면서 더 커질 뿐일 것이었다.[142]

게다가 그런 회사들에 대한 지배적 지위를 유지함으로써 로마교회는 사업 실패의 길에 서게 되며 그런 회사들을 떠받들기 위해서 교회의 돈을 사용한다면 교회를 위험에 빠트릴 수 있게 된다.

특히, 그런 회사들은 나쁜 경영 경제나 시장에서의 통제 불가한 상황으로 인해서 어려운 때를 당할 때 그럴 위험이 커졌다.[143] 마지막으로 신도라가 그들에게 확신시킨 바는 자신은 그 주식 매각 대금을 해외의 새롭고 더 나은 투자로 재투자할 것이며, 그 투자는 교회를 세금 징수나 사회적 비판에 대한 걱정에서 자유롭게 할 것이요, 이탈리아 주식으로는 유지하기 힘든 비밀의 한꺼풀을 제공할 것이라 했다.

교황은 신도나가 교회 돈에 대한 그 수익을 증대시킬 수 있다는 생각을 좋아했다. 로마교회는 더 많은 소득이 필요했다. 바오로 6세는 6억 명의 추종자들, 5백만 명의 평신도 종업원들, 교구 학교 내의 2천만 명의 학생들, 1백만 명의 수녀들, 25만 명의 사제들, 세상에서 가장 큰 자선단체(1천 3백만 명이 어떤 종류 간의 지원을 받고 있었다)를 가진 기구를 감독하고 있었다.[144]

비록 교단들과 모든 교구가 자체적인 금융을 책임지고 있지만, 제2차 바티칸공의회 이후 바티칸은 그 고용을 1/3씩이나 증대시킬 정도로 광범위하고 새로운 책임을 떠맡았다. 바오로 6세는 자신의 스타일대로, 수개월 동안 무엇을 할 것인지 숙고했다.

하지만, 그는 신도나의 계획이 바티칸의 최상의 이익이라는 결론에 도달했다. 두 추기경들도 동의했다.

바오로는 신도나에 의지했다. 추기경들을 증인으로 삼아, 교황은 신도나에게 **"로마교황청의 선도적 은행가"** 비공식적으로 **"교황의 은행가"** 라는 칭호를 부여했다.[145] 이 의사 결정의 은밀한 수준에서 교황의 개인적인 개입은 전례가 없는 것으로, 이는 어떤 IOR APSA 관리들의 회의에서는 확연히 없는 것이었다.

제14장 신뢰의 사람들 229

후에 언론은 이 급격한 변화를 두고 "**바오로 정책**"으로 불렀다. 신도나의 암시에 대해, 「**뉴욕 타임스**」는, "이탈리아 내의 소문에는 신도나가 교황 바오로 6세와 최종 합의안에 **서명했다**"라고 보도했다(그가 서명하지는 않았으나 교황은 신도나에게 자신의 엘리트 자문관 지위를 수여했다).[146]

「**뉴욕 타임스**」는 1년 후 그 회의를 확인하고 다음처럼 언급했다.

> 교황이 개인적으로 교회의 사업적 일을 행한다는 것은 거의 들어보지 못했던 일이지만, 이것은 일반적인 일이 아니었다. 신도나와 교황 바오로는 교회의 방대한 세속적 부에 대한 성좌의 관리에 있어 심오한 결과의 변화를 가져올 거래를 성사시켰다.[147]

첫 매각은 SGI 대기업의 지분과 그 회장, 바티칸시의 전주지사, 이사회에서의 4명의 바티칸 금융자문관의 사임이었다.[148] APSA(성좌유산행정청)가 기술적으로 그 매각의 책임을 졌으나, IOR(수석 자문관은 스파다였다)이 조건을 정하고 모든 돈을 처리했다.[149] 로마교회는 그 투자를 어떤 관심도 끌지 않도록 항상 조심스럽게 관리했으나 어떻게 해서 정보가 언론 매체에 흘러 나왔다.[150]

「**뉴욕 타임스**」는 SGI의 매각은 "**바티칸의 모든 이탈리아 주식의 매각과 해외투자의 매입이라는 전방위적인 계획의 시작**"이라고 썼다.[151] 많은 기사는 만일 바티칸이 보유주식에 대해 수억 달러를 매각 처분한다면, 이는 약한 이탈리아 주식 시장에 나쁜 영향을 줄 것이라 경고했다. SGI매각은 밀라노지수의 가격에 잠정적인 폭락을 불러일으켰다. 그동안 신도나는 그 매각을 주선한 것에 대해 폭넓고 긍정적인 신용을 얻었다.[152]

멘니니와 IOR의 내부 수석회계사 펠리그리노 데 스트로벨(신도나와 IOR 공동 소유의 제네바은행의 이사), 전 수석 자문관 스파다가 교회의 국내 지분의 대부분을 처분하는 일을 했다.[153]

IOR은 이제 더이상 이탈리아 사기업의 지배적 이해관계를 갖지 않을 것이었다. 1년 안에 경제청의 바노찌 추기경은 잡지 「**기관 투자자**」에 처음이자 광범위한 인터뷰를 실시했다. 그는 모든 과정이 완료됐음을 선언했다.

오늘날 바티칸에 의해 통제받는 회사는 더 이상 없다.[154]

바티칸이 모든 지배주식 보유를 해제했다는 것을 밝히는 것 이외에도, 교황은 바노찌로 하여금 교회의 부의 크기를 축소하도록 업무를 맡겼다. 그 추기경은 바티칸의 유동 투자금액이 거의 130억 달러에 이른다는 언론 보도를 **"터무니없는"** 것으로 일축했다. 바티칸은 아마도 5억 달러 정도라고 그는 주장했다.[155] 바노지의 추정은 비현실적으로 낮다. 왜냐하면, 그는 IOR로부터 어떤 정보도 갖지 못했기 때문이었다.[156] 바티칸은 여전히 이탈리아 회사들의 약간의 주식을 갖고 있다.[157]

하지만, 그 주식을 엄청나게 줄여, 로마교회는 많은 개인 회사들의 지배를 포기했으며 IOR 역시 소극적 투자자로 머물게 되었다. 이것은 중대한 변화였고 신도나와 다른 신뢰의 사람들에게 비교할 수 없는 시대의 전조였다.[158]

제15장

성모 송만으로 교회를 운영할 수 없는 법

이 광란의 작업 기간 동안, 신도나는 가톨릭 사제인 폴 케시미어 말신커스(Paul Casimir Marcinkus)와 운명적 만남을 가졌다.[1] 신도나보다 두 살 연상의 188cm의 미국 출생 말신커스는 국무원에 배속된 낮은 신분의 성직 관료라기보다 미식축구 라인맨처럼 보였다.

리투아니아 노동계급 이민자(그의 아버지는 유리창 청소부였다)의 네 아들 중 막내인 그는 알 카포네의 고향으로 알려진 시카고 근교의 범죄 많은 시세로에서 자랐다.[2]

> 우리는 가난했다. … 이때는 대공항의 때였다. 나는 하루 25센트로 음식과 학교 통학을 했으며, 나는 항상 야구 게임이나 영화관에 들어갈 수 있는 것을 만들기 위한 길을 찾고자 했다.[3]

훗날 그의 회상이다. 그의 가정은 자동차 없는 그런 몇 안 되는 가정 중의 하나였다.[4] 믿음직한 학생이며 경쟁력있는 운동선수인 그는 18세에 일리노이주 먼덜린에 있는 신학교인 '성메리오프더레이크'(St. Mary of the Lake)에 들어갔다. 이는 친구들 모두를 놀라게 만들었다.[5] 그는 13세 이래로 "이것이 내가 좋아할 수 있는 그런 인생이다"라고 생각했다.[6]

미국이 곧 나치와 일본과의 전쟁에 돌입했으나, 그는 신학교 입학으로 자동적인 징집 면제를 받았다.[7] 그는 4년간 신학을, 다른 3년간 철학을 공부하고 1947년 사제 안수를 받았다. 노동자 계급의 시카고 교구인 '성크리스티나'에서 2년의 목회를 한 후, 그는 훗날 **"툭하면 법을 들먹이는 성향을 보여야만 했다."**

왜냐하면, 교구의 상서원(chancery)에 있는 가정 법정으로 옮겼기 때문이다.[8] 1년이 안 되어, 그는 로마로 가서 그레고리안대학교(Gregorian University)에서 정경법을 공부했다.[9] 이는 언젠가 주교가 되기를 꿈꾸는 야망있는 사제들이 하는 경력 관리였다.*[10]

말신커스는 **1952년** 국무원의 영어 부서에 들어가 숙식 제공의 월 90달러를 받았다. 그는 다음 해에 신학박사 학위를 받았다.[11] **1954년** 바티칸의 외교학교를 졸업한 후 그는 볼리비아와 캐나다에 업무차 파송되었다. 말신커스의 두 가지 직책에서의 열성적인 일로 인해 그는 상사들의 칭찬을 듣게 되고 몬시뇰(monsignor, 경)로 승진하게 되었다.[12]

1959년 말신커스는 로마로 돌아와, 자신의 나중의 기술처럼, 국무원에서의 **"꽤나 재미없는"** 일을 맡게 되었다.[13] 그의 동료들은 목소리 걸걸한 말신커스가 근본적으로 미국인이라 생각했다. 그들 대부분은 미국에 가본 적이 없었지만, 그들이 읽었고 보았던 모든 것과 영화를 통해 폴 말신커스가 그런 모든 것의 전형임을 조금도 의심하지 않았다.

말신커스가 위스키를 마시면 상급 성직자가 방에 들어와도 술병을 숨기지 않았다. 시가를 피웠고 피우기 전에 허가를 구하지도 않았다.

빌린 큰 시보레 자동차는 혼잡스런 로마 교통을 잘 헤집고 다니는 그의 상표였다. 그는 카스텔 간돌프로(Castel Gandolfo)의 순례단이나 지역 축구 경기장에 아이들을 데리고 다녔다. 거칠고 어수선한 아마추어 운동가로 복싱과 테니스를 즐긴 그는 바티칸의 야구팀을 처음으로 만들었고 교회 내 럭비팀에서 스타였다.[14]

말신커스는 역시 골프광으로 핸드캡 5로 이름을 날렸으며, SGI 소유의 고급 골프장 올리가타 로마나에서 자기 나름의 골프를 칠 수 있었던 몇 안 되는 사제 중의 하나였다.[15] (그는 훗날 기자에게 자신은 "육체적 일을 사랑했는데 이는 나에게서 나쁜 것을 가져가기 때문이다"고 말했다.)[16]

에너지가 가득한 그는 어느 이탈리아 태생보다 더 크고 쾌활하게 말했다.[17] 바티칸의 몇몇은 그가 재미있는 자이지만, 경건의 신선함이 부족하다고 생각했다.

하지만, 대부분은 그의 분명한 자기 주장이 없음을 싫어했다. 그의 스포츠 사랑을 두고 대부분 사람은 바티칸 주재의 고위 성직자에게는 적절치 않다고 생각했다.[18]

말신커스가 신입들에게 **"그냥 간단히 친크라 부르게"**라고 할 때마다, 그들은 발끈했다(이탈리아어로는 그의 성은 마르-친크-우스로 발음된다). 사람들이 그가 서부극을 읽는 것을 좋아함을 알았을 때, 이는 그들이 그에 대해 가졌던 인상에 들어맞았고 연중으로 그을린 말신커스를 곧 미국으로 돌아갈 카우보이 사제로 묵시하는 것을 더 쉽게 만들었다.[19]

말신커스는 자신이 관심을 안 받고 지나치기가 어렵다는 것을 알았다. 그를 알았던 「**시카고 트리뷴**」 기자는 그가 "트레일러 트럭의 요령을 가졌다"고 말했다.[20]

하지만, 말신커스는 로마에 처음 도착했을 때 자신의 스타일을 바꾸지 않을 것을 마음먹었다. 말신커스는 바티칸 내에서 "**이탈리아인들에 대해서는 당신은 조심해야 해, 이는 일종의 동양적이야 … 속임수가 있다**"는 것을 주목했다.[21] 교황청 내에서도 그는 자주 전도유망한 자들을 탈선시키는 뜬소문의 위험에 빠지지 않도록 현명하게 대처했다.

나는 먼지를 빨아들여 이를 옮기는 후버 청소기처럼 일하기를 원치 않는다.[22]

그는 바티칸시가 "**시골의 여자 화장실**"처럼 하루 종일 "**옛날 추문을 짜내며, 일상적인 삶에서는 사람들이 휴가를 얻거나 다른 관심을 갖지만, 여기서는 무슨 다른 이야기거리 있어?**" 이렇게 한가롭게 보낸다고 생각했다.[23]

말신커스가 교황청이 하나의 악몽같은 관료 조직이라는 것을 아는 데에는 오랜 시간이 걸리지 않았다.

여기서 그들이 하는 방식은 때로는 나를 짜증나게 한다. 어떤 메모를 보내면 몇달 동안 어떤 답도 없다. 그 메모는 무시된 것이다. '일을 무시하라, 그것이 스스로 사라지기를 바라라.' 이것이 그들의 일처리 방식이다.[24]

나중에 그가 한 말이다.
이탈리아인들은 그를 순진하다고 간주했다.

출세 제일주의자들은 그를 두려워했다.

후 바티칸 주재 미국대사관의 부사절 단장 피터 머피의 말이다. 그는 말신커스와 좋은 친구가 되었으며 다음처럼 회고했다.

> **그는 여느 이탈리아인과는 달랐다. 그들은 그를 어떻게 이해할지를 알지 못했다. 심지어 그의 유머 감각에도 그들은 잘못 받아들이고 매우 진지했다.**[25]

1962년 요한 23세가 말신커스를 뽑아 미국의 가톨릭교도 영부인인 재클린 케네디의 바티칸 방문을 위한 통역관으로 세웠을 때 그는 경력상의 첫 도약을 이루었다.[26]

교황과 영부인은 32분의 회의 동안 거의 대부분 불어로 말했다.

하지만, 말신커스는 기회를 활용해서 케네디 여사와 함께 여행하는 몇몇 미국 성직자, 즉 스크란톤의 영향력있는 대주교 마틴 오커너 뉴욕의 장래의 추기경 에드워드 에간에게 환심을 샀다. 미국 대표단은 이 사교적인 젊은 사제에 대한 좋은 인상을 가지고 로마를 떠났다.

또한, 요한 23세도 이 주제넘은 듯한 미국인을 좋아했다. 교황 자신이 비오의 경직된 형식주의에서 너무 급격히 바뀐 것에 대해 비판을 받았었다. 말신커스는 교황에게 좋은 인상을 남기는 적절한 기회를 잡았다. 요한 23세의 제2차 바티칸공의회는 그해 10월 시작하게 되어 있었다. 약 300명의 미국 주교들이 곧 도착하게 되지만 그들 대부분은 로마가 낯설었다. 어니스트 프리모, 로마에 사는 이 미국 주교는 교황에게 미국 주교들을 돕는 일에 정연함과 시간 엄수의 명성을 가진 이 미국 젊은이를 추천했다.[27]

교황 요한은 동의했고, 말신커스에게 1인 봉사 부서를 만들어 주었다.[28] 곧 그는 새벽부터 밤 늦게까지 바티칸시 모든 곳을 싸돌아다녔다. 그는 그 주교들을 위해 모든 것을 다했다. 곧 주요 미팅의 분초를 관리하고, 비행기를 주선하고, 그들의 장기 체류 동안의 문제를 매끄럽게 해결하고, 마치 5성급 수위처럼 그들을 돌보았다.

제2차 바티칸공의회가 끝날 즈음에, 거의 모든 주교가 그를 알았고 좋은 인상을 받았다. 그들은 **"교황의 남자"**에 대한 그들 개인적인 이야기들을 주고 받으면서 로마를 떠났다.[29]

그의 지위는 만일 누가 그의 국무원에서의 낮은 서열만을 안다면 기대했을 것보다 훨씬 큰 것이었다. 그것만으로도 많은 동년배를 짜증나게 만들었다. 그들 중 하나가 이탈리아 신문에 말신커스가 전세 버스 영업에서 나온 돈을 자기 주머니에 넣는다는 험담을 흘렸다. 이 영업은 순례자 그룹뿐만 아니라 공의회 동안 대부분의 주교를 위한 여행을 감당했다. 그는 적극적으로 이를 부인했다.

> 나는 우리의 모든 추기경과 주교가 항공 회사들로부터 바가지 씌우는 것을 보고 싶지 않았다. 순례 여행업을 운영하는 한 친구와 연결했을 뿐, 나는 그것에서 아무것도 취하지 않았다.[30]

로마에서의 4년 후 교황 요한은 어떻게 교황청에서의 소문들이 아주 작은 진리의 세균에서부터 자라는지를 이해했다. 그는 그런 보고를 근거없는 것으로 일축했다.[31]

만능 관리자로서의 말신커스의 승진은 요한이 **1963년**에 죽었을 때도 탈선하지 않았다. 지오반니 몬티니와 말신커스는 로마에 함께 있었던 **1950년대** 초부터 친구였다.[32] 그 둘은 그때 국무성에서 일했었다. 말신커스는 갓 도착한 어린 사제였고, 몬티니 경은 그때 바티칸의 난민 프로그램을 지휘하고 있었다.

> 나는 몬티니가 땅을 걷고 있는 것을 보곤 했다. 나는 내 차로 그를 태워주곤 했다.

나중에 말신커스가 「**시카고 트리뷴**」(Chicago Tribune)기자에게 한 말이다.[33] 말신커스는 몬티니에게 좋은 인상을 남겼다. 미래의 교황은 처음에 그가 오래 참는 자임을 알았고, 그의 조직력과 일의 열심과 책임지는 자세를 찬양했다.[34]

몬티니가 교황으로 선출된 날에, 국무성의 모든 성직자는 그에게 경의를 표했다. 말신커스의 차례가 되어 교황 앞에 무릎을 꿇고 그의 반지에 키스할 때, 새 교황은 그를 사랑스럽게 인사하며 말했다.

> **내가 내일 당신을 보겠노라.**[35]

말신커스는 영어 업무를 위한 교황의 개인 비서가 되었다.[36] **1964년** 예루살렘으로의 혼란스런 여행 후 바오로 6세는 말신커스를 승진시켜 다른 성체대회들(Eucharistic Congresses)을 맡도록 했으며, 그들은 결국에 5개 대륙에서 9개 도시를 여행했다.[37] 말신커스는 그 여행이 성공적으로 잘 이루어지도록 교황을 보호하는 일에 있어서는 매우 적극적이었다. 인도에서는 경찰이 그가 제단 위에서 교황을 따르는 것을 막으려 하자, 그들 중 하나를 들어 옆으로 비켜세우고 교황 옆에 두 다리를 벌리고 설 수 있었다.

보고타의 공항 활주로에서는 대주교 지오반니 베넬리 부총리가 도착해서 마지막 순간에 안전 방식에 대해 질문할 때 말신커스는 모든 교황 사절단 앞에서 그를 막아서기도 했다.[38] 이것이 그에게 힘있는 교황청 관리인 베넬리의 계속적인 적의를 얻게 했다.[39] (몇 년 후 영국에서는 안전 보장의 일에 대한 범위를 두고 격렬하게 다툰 후 영국 관리들은 말신커스를 캔터버리성당에 출입 금지시킬 뻔했다.)[40]

하지만, 그의 재능은 교황의 안전에 대한 동선의 조직과 경계 이상의 것이었다. 매 여행마다 지방교회 관리들은 누가 교황 옆에 가장 가까이 앉을 것인가를 두고 싸웠으며, 각자가 교황이 만나야 한다고 그들이 주장하는 기부자들과 친구들에 대한 긴 리스트를 제출했다.

한 고위 성직자는 말신커스에게 그가 "내가 아는 한, 추기경에게 **아니요**를 말할 수 있는 유일한 자"라고 말했다.[41] 그것이 그를 누구로도 대체 불가한 자로 만들었다.[42] 이는, 그의 나중의 회고처럼, **"우리 식구들 중에서 한두 명의 적"**을 만들게 했다.[43]

교황을 주목하는 자들은 바티칸에서 영어를 말하는 저명인사-시카고 시장 리차드 댈리부터 마틴 루터 킹 목사, 영국 수상 해롤드 윌슨에서 로버트 케네디까지-가 교황의 알현할 때마다 말신커스가 거기에 있다는 것을 알았다.[44]

개인 통역사와 선발 대원으로서의 그의 역할 가운데, 말신커스는 교황의 내부 인사들 안에서 한 자리를 차지했다. 그는 자신이 언어 통역자 이상임을 깨달았다. 바오로는 미국의 정치가들, 예컨대 리차드 닉슨 허버트 험프리 같은 자를 만났을 때 무엇을 강조하는 것이 중요한가를 아는 말신커스를 신뢰했다.[45]

다음 해인 **1965년** 말신커스는 기대가 넘치는 미국 방문을 위해 교황을 수행했다. 이는 교황의 첫 북미 방문이었다.[46] 바오로 6세가 뉴욕의 월도프타워의 스위트룸에서 린든 존슨을 만났을 때 그가 다시 통역사가 되었다.[47] **1966년**, 교황은 말신커스를 미국으로 파견해서, 그는 텍사스 농장에 있는 존슨 대통령에게 교황 편지를 전달할 수 있었다. 여기에는 존슨이 북베트남의 폭격을 중지하며 미국이 일방적으로 정전을 선언해 달라는 청원이 담겨 있었지만, 이는 성공적이지 못했다.[48]

스펠만 추기경이 **1967년 12월 2일**에 죽었을 때, 말신커스는 그가 시카고와 뉴욕에 부자 후원자들을 갖고 있다는 것을 교황청 내에 널리 알렸다. 스펠만은 믿을 수 없는 정도의 기금모집자였다.[49] 몇몇 주요 미국 성직자는 로마에서의 미국교회의 주된 힘이 돈을 모으는 능력에 있다는 것을 싫어했고 이는 이탈리아 성직자들이 스펠만을 "**돈 가방**"이라 애칭함이 모욕적이라 생각했다.[50]

하지만, 이탈리아인이 장악한 교황청은 미국 달러가 필요했다. 미국 경제는 매년 10%라는 놀라운 성장을 했다. 유럽에서는 전후의 경제적 확장이 서서히 멈추어 갔다. 나라 경제는 급격한 인플레이션 하에서 힘겨워했다. 바티칸의 많은 자는 미국의 모델을 찬양했다. 심지어 스펠만의 기부가 없이도 미국의 가톨릭 신자들은 단연코 가장 큰 기부자들이었다.

말신커스는 가장 큰 미국 교구의 출신이었고 미국 내의 모든 핵심 추기경과 좋은 관계를 가지고 있었다. 스펠만 사후 2주 후 교황은 말신커스를 국무성에서 바티칸은행으로 전보했다. 그 후 곧 그는 IOR(바티칸은행)을 감독하는 3인 추기경의 자경단(Commission of Vigilance)의 비서가 되었다.[51]

말신커스는 금융의 신참자였다. 그는 훗날 이를 대단치 않게 생각하려 했다. 그는 한 기자에게 말하기를, 뉴욕과 시카고의 은행들을 방문하여 팁을 얻으려 며칠을 보냈다고 했다.

그것으로 끝이야. 무슨 훈련이 필요하겠는가?[52]

또 다른 자에게 그는 하버드대학교에서 경영 관리 수업을 몇 주 받았다고 주장했다.[53] 그가 어떤 수업을 받았는지는 어떤 증거도 없다.[54] 나중에 그는 다음과 같이 인정했다.

나는 시간이 없어서 어떤 과정도 택하지 않았다.[55]

IOR과 특별행정청의 역사에 관해서는 말신커스는 자신이 이를 알 필요가 없다고 생각했다.

왜냐하면, 멘니니와 드 스트로벨-그는 그들을 "기술자들"이라 불렀다-이 수십 년을 일했고, 모든 질문들을 답할 수 있었기 때문이었다.[56] 그는 국제 금융과 영업에 관한 책 몇 권을 샀을 뿐이었다. 그가 어떤 추가적인 배경에 대해 시니어 IOR 평신도 두 명에게 말을 한 후, 시카고의 추기경 존 코디에게 말하길, **1940년부터** "IOR 위에는 횡재 열차가 있었다"고 했다.[57]

말신커스의 새로운 은행 동료들은 그가 올바른 선택인지를 참으로 확신하지 못했다. 어떤 이는 그가 **"심지어 대차 대조표도 읽지 못했다"**고 했다.[58]

말신커스는 그의 승진 한 달 뒤에 신도나를 만났다. 신도나는 말신커스 경의 솔직하고 직설적이라는 폭넓은 명성이 정말 합당한 것임을 곧바로 알아차렸다.

말신커스는 신도나에게 그가 멘니니와 드 스트로벨에 대해 어떻게 생각하는지를 물었다. 대답을 기다릴 것도 없이 말신커스는 앞서서 자신은 그들을 별로로 생각한다고 말했다. 만일 그가 IOR을 운영한다면, 그는 멘니니를 해고하여 자신이 직임을 시작할 수 있으리라 말하므로 신도나를 놀라게 했다.

신도나는 IOR의 초창기부터 있었던 멘니니가 **"거기에서는 유일한 능력있는 사람"**이라고 생각했다.[59] 그는 말신커스에게 그가 크게 그 평신도들의 재능을 과소평가하고 있음을 말해 주었다.[60]

계속되는 회의 가운데 신도나는 사실상 말신커스가 자신의 능력을 벗어난 일을 맡고 있다고 결론지었다. 그는 바로 금융의 일에 있어서는 서툴지만 그럼에도 **"금융인이 되는 양 허세"**를 가진 자였다.[61]

그는 정말로 똑똑하지 않았다.

신도나가 수년 후 어떤 기자에게 전한 말이다.

그리고 그는 좋은 식당에서의 공짜 식사가 큰 거래라 생각했다.[62]

말신커스의 경계선 상의 무능은 그가 실상은 아무것도 모르는 일들에 대해 그의 억제되지 않는 과잉 자신감으로 악화되었다.[63] 말신커스가 교황의 무조건적인 배경을 가졌던 까닭에 신도나는 기껏해야 미국인 예하(猊下)와 사는 것을 배워야 할 것 이외에 다른 방도가 없었다.

말신커스가 IOR에 도착했던 때와 동시에 다른 신참자가 교회의 금융망의 가장 자리에 나타났으니, 어느 모로 보나 신도나처럼 중요한 인물로 나타날 자였다.

첫눈에 로베르토 칼비(Roberto Calvi)는 또 다른 명민한 밀라노의 은행가처럼 보였다.

그러나, 칼비의 야망은 더 컸으며, 그의 시선은 더 날카로왔고, 그의 끈질김은 굽힐 줄 몰랐다. 그는 신도나를 이기고 모든 바티칸은행의 주요 관리들, 심지어 신참자 말신커스를 이기곤 했다.

칼비는 중류 밀라노 가정의 네 자녀 중 장남으로 **1920년**에 태어났으며, 이는 신도나보다 한 달 앞선 것이었다. 그의 아버지는 BCI(이탈리아산업은행)의 중간 관리자였다. 그는 보코니대학교에서 경제학을 공부했고 전쟁 동안 동부 전선에서 영광스럽게 섬겼던 귀족 기병대에 입대했다.[64]

독일군이 **1943년** 이탈리아 북부를 점령했을 때 그는 바리(Bari)의 작은 BCI은행 지점에서 종업원으로 일하기 시작했다.[65] 비록 신도나의 매력을 갖추지는 못했으나, 그는 은행의 거물이 되기를 결단했다.

1946년, 칼비는 가톨릭은행에서 일한다면 자신의 목표를 이루는 데 더 좋은 기회를 가질 수 있으리라 생각했다. 가톨릭운동(Actio Catholica)의 친구들이 **"사제들의 은행"**인 밀라노의 암브로시아노에서 근무할 수 있도록 도와주었다. 이 은행은 **1896년** 설립되었으며, 평신도 은행들의 영향에 대응하기 위함이었다.[66]

주세페 토비니 경은 암브로시아노의 설립자로, 그 도시의 수호성자인 성 암브로스의 이름을 따서 은행명을 지었다.[67] 은행의 내규는 계좌를 열고자 하는 자는 먼저 세례 증서를 제출해야 했다(개신교도는 가입이 되나 유대인은 금지됐다).[68]

오직 **"선한 가톨릭 신자"**만이 거기서 일할 수 있었고, 이는 보통은 교구 사제로부터의 추천서를 얻는 것으로 충분했다. 토비니-바오로 2세에 의해 **1998년**에 시복(諡福, 성인예식)되었다-의 요구 사항은 은행의 일은 **"도덕적이고 경건해야"** 하며, 그 이윤은 **"자선의 목적과 가톨릭 학교들"**을 위해 분배되어야 한다는 것이었다.[69] (**1980년**대를 통해서 매년 결산 보고서는 은행으로 더 큰 이윤을 얻게 인도한 "하나님의 섭리"를 드러내어 감사를 표했다.)[70]

26세의 칼비가 재미없는 암브로시아노에 입사했을 때, 그 은행은 대부분의 가톨릭 교단들의 투자 포트폴리오를 관리했다. 그의 동료들은 칼비가 유머없는 일 중독자로 생각했으니, 그는 정장의 검정 양복에 중절모를 맞추어 입음으로 해서 실제보다 더 중요한 직위를 가진 것처럼 보였다.[71]

그리고 이른 나이의 대머리와 구렛나루의 그 남자는 사회적으로는 서투른 편이었다. 그러나, 그의 과묵한 모습과 인격으로 인해 그는 은행의 보수주의적인 고객들로부터는 인기가 있었다.[72] 학교에서 배운 불어와 독어를 더욱 세련되게 해서 그는 곧 많은 스위스, 독일, 프랑스 고객들을 다루게 되었다.[73]

1956년, 신도나와 몬티니가 밀라노의 가장 큰 노동조합에서 공산주의의 통제가 끝난 것을 축하하고 있었을 때 칼비는 암브로시아노에서 공동 관리자로 임명된 것을 자축하고 있었다. 비록 중간 관리자의 직책이었으나 이는 하나의 이정표가 되었다.

이는 칼비의 아버지가 52년 이상의 경력으로 이루었던 가장 높은 직위였다. 2년 후 암브로시아노의 고위 임원의 하나인 칼로 알레산드로 카네시가 칼비의 멘토가 되었고, 그를 자신의 개인 대리자로 승진시켰다.[74]

1960년, 신도나와 바티칸이 BPF의 공동 투자의 조건들을 교섭하고 있는 동안, 40살의 칼비는 은행들이 제안하는 상호 투자 기금(뮤추얼 펀드)에 대한 이탈리아의 금지 조치를 우회할 수 있는 방안을 강구하고 있었다. 그는 암브로시아노가 하나의 스위스 은행과 룩셈부르크에 있는 두 은행들의 주식을 매입하도록 설득했다. 이를 통해서 그는 초보적인 뮤추얼 펀드를 고안해서, 이탈리아 투자자들에게 외국 주식 펀드에 투자할 기회를 제공했다.[75]

기막힌 성공으로 암브로시아노는 그 시장 대부분을 독차지했다. 몇몇의 바티칸 소유의 기관을 제외하고는 다른 이탈리아 은행들도 거의 10년 동안 경쟁 상품으로 추종했다.[76] 칼비는 신이 났다.[77] 카네시가 **1963년** 암브로시아노의 의장이 되었을 때 그는 45세의 칼비를 은행의 가장 영향력있는 6개 관리직의 하나인 총무이사(direttore centrale)의 직으로 승진시켰다.[78] 칼비는 자신의 야망을 숨기려 하지 않았다.

그는 권력을 위해 살았다.

오랜 동료인 로베르토 로소네의 회고였다.

그에게 오직 유일한 여자가 있으니 그것은 권력이었다.[79]

1969년 신년 바로 직후, 신도나의 사위-칼비의 대학 친구였다-는 신도나에게 암브로시아노의 은행가가 만나기를 원한다는 것을 전했다.[80] 그들이 모였을 때 신도나는 사업을 이야기 하는 대신에 칼비가 자신을 융숭하게 대접하는 것을 즐기며, 그의 가정과 스위스 국경 근처의 작은 휴양소 이야기를 들었다.

한 순간, 칼비는 신도나에게 큰 흉터가 있는 집게손가락을 보이면서 어떻게 그가 시골 휴가지에서 칠면조를 잡는 동안 도끼를 잘못 다루었는가에 대해 긴 설명을 시작했다.

회합 마지막에서야 칼비는 암브로시아노은행을 구식 은행으로 간주했다는 것을 간략하게 언급하며, 신도나의 도움으로 그 은행의 현대화를 바란다고 했다.[81]

신도나가 칼비의 암브로시아노 상사에게 그 젊은 은행가에 대한 그의 판단을 물었을 때 그는 칼비가 말한 것은 무엇이나 묵살하라는 말을 들었다. 칼비를 무시하라는 충고는 신도나에게 반대 효과를 주었다. 며칠 후 칼비와의 두 번째 만남은 전부 사업에 관한 것이었다.

칼비는 직선적이었다. 그는 암브로시아노가 명청한 자금시장 계좌들을 제외하고는 많은 현금을 금고에 보유하고 있다고 말했다. 그는 신도나와 함께 더욱 공격적인 모험투자에 그 현금을 사용하고 싶어했다. 문제는 그 은행의 보수적 이사회가 이를 너무 위험이 크다고 거절할 것이 확실하다는 점이었다. 그는 물었다.

신도나는 암브로시아노의 다루기 힘든 관료주의로 하여금 그 돈을 풀게 할 방법에 대한 아이디어가 있습니까?

신도나는 누군가 암브로시아노에서 영향력을 갖는 자가 있다면, 이는 IOR의 평신도 관리들일 것임을 알았다. 바티칸은 항상 열렬한 새로운 동료를 이용할 수 있었다. 만일 칼비가 암브로시아노에서 더 많은 힘을 얻는다면 그는 완전한 파트너가 될 수 있을 것이었다.

칼비는 그 생각을 좋아했다.

> 당신이 나를 도와야 합니다. 나를 마시모 스파다에게 소개시켜 주시고 그가 암브로시아노의 이사회와 일반 관리자들에게 내 입장을 대변해 줄 수 있도록 요청해 주시오.[82]

신도나는 칼비를 스파다에게 소개했다. 비록 이제는 스파다가 신도나를 위해 일하지만, 그는 30년 이상을 IOR에서 있었고, 여전히 그곳의 전직 동료들과 많은 프로젝트에 관여하고 있었다.

스파다는 칼비를 성실하고 열심인 자로 판단했으며, 자신이 그를 도울 것이라 확신시켰다. 몇 주 후, 칼비는 IOR에 갔으며, 루이기 멘니니, 드 스트로벨 말신커스 몬시뇰을 만났다.[83] 이들 모두는 그 젊은 암브로시아노 은행가를 좋아했다. 칼비는 곧 멘니니의 아들 중의 하나인 알레산드로를 암브로시아노의 국제부의 매니저 조수로 고용함으로써 환심을 샀다.[84]

칼비가 오기 한달 전에, 교황 바오로 6세는 46세의 말신커스를 주교로 임명했다.[85] 그를 승진시켜 IOR의 행정처 비서가 되게 했으니, 이는 바티칸은행의 첫 비이탈리아인 이사였다.[86] 비록 85세의 추기경 디 조리오가 여전히 감독위원회의 최고위 성직자였으나, 그의 역할은 이제 명예직이었다. 누구나 이 직선적인 미국 주교가 실제적으로 바티칸은행을 운영하고 있음을 이해했다.[87]

말신커스의 새로운 힘의 분명한 징표가 있으니, 그가 교황과의 직접적인 알현을 청했다는 점이었다. 바오로 6세는 동의했다. 말신커스는 교황에게 직접 보고를 하는 IOR 내의 최초 성직자였다. 많은 자가 이 협의를 질투했다.[88]

말신커스의 적들에게 상황이 더욱 악화된 것은 그가 외국 여행시에 교황의 선발 대원으로서의 역할을 하고 있다는 점이었다. 이는 그에게 바오로와 개인적으로 가까이 있게 만드는 기회를 주는 일이었다.

그의 승진 2주 후, 「**타임**」지의 말신커스의 프로필은 그가 "이제는 바티칸 금융의 핵심적 인물이며," "수십 억 달러에 이르는" 자산을 관리한다고 기술했다. 그의 금융 경험의 부족에 대해, "본인도 인정하듯, 말신커스는 그가 얻을 수 있는 모든 도움이 필요하다. 그는 첫째 가는 조직책이지만, 다음처럼 기꺼이 고백한다. 즉, '나는 은행 경험이

없습니다.' [89] * [90]

왜 그를 임명하는가?

이런 질문이 험담 많은 교황청을 지배했다. 피츠버그의 추기경 존 라이트와 투린의 미첼 펠레그리노는 교황에게 말신커스의 무경험에 대한 그들의 염려를 표했다.

하지만, 바오로 6세의 개인비서 파스칼 마치 경은 교황에게 그 반대론자들을 무시하라고 말했다. 마치는 고압적인 디 조리오를 싫어하고 말신커스를 좋아했다. 그가 생각하기를 말신커스는 그 일을 빨리 배울 것이라 생각했다.[91]

어떤 자들은 교황이 말신커스를 선택한 것은 그의 **'상명하복식'**(take-command)의 스타일이 로마교회의 고루한 금융을 흔들어 놓기를 바랬기 때문이라 생각했다.

하지만, 대부분은 바오로 6세가 불투명한 IOR 내부에서 무엇이 일어나고 있는지에 대한 상세한 것을 알고 싶은 까닭 때문이라 믿었다. 말신커스는 보고를 솔직하게 할 충직한 감시자였다.[92] 말신커스가 강인하기 때문에 교황은 그가 IOR의 격한 경쟁적인 환경을 잘 감당할 수 있으리라 생각했다.[93]

몇몇 사람은 말신커스가 미국교회를 위한 들러리로, 미국 추기경을 미래의 교황으로 선출하기 위한 기반을 놓는 것인가 추측하기도 했다. 그런 이론은 발이 빠르다. 말신커스의 시카고 고향 출신인 추기경 존 코디는 새로운 스펠만이 되는 것처럼 보였다.

코디는 말신커스의 임명식을 위해 로마로 왔다. 비행기에 오를 때 코디가 어떤 기자에게 말했다.

> **주교에 선출된 말신커스가 대교구 밖에서 주요한 업무를 맡으며 많은 기간을 섬겼을지라도, 우리는 그를 우리 자신들의 하나로 간주한다.**[94]

마키아벨리같은 세계의 교황청은 권력을 탐색하며 언제든지 쉽게 충성을 바꾸는 곳이었다. 어떤 자들은 그것이 말신커스가 두 가지의 충성심을 갖는 것을 뜻한다고 해석했다. 이런 태도는 그로 믿을 수 없는 자로 만들었으나, 교황은 분명하게 그런 잡담들에 귀 기울이지 않았다.

멘니니와 드 스트로벨은 교황이 IOR처럼 중요하고 힘있는 기관의 감독자로 누군가를 임명함에 있어 그 전제 조건으로 금융적 자질을 중시하지 않는 것에 불안해했다. 그들은 이제 말신커스에게 보고해야 했다. 그들의 바람은 그가 IOR을 감독했던 성직자들이 매우 수동적으로 했던 그런 전통을 따르는 것이었다. 그 바람은 곧 부서지고 말았다. 말신커스가 멘니니를 무시하지는 않았으나, 말신커스가 그러리라 신도나에게 한때 말했듯이, 말신커스는 실무적(hands-on) 매니저가 되기를 원했음을 모두가 알게 했다.[95]

그의 임명 후 얼마 되지 않아, 말신커스는 신도나를 자신의 사무실로 불렀다. 사무실은 땅딸막한 15세기 니콜라스 5세 탑에 있었다.[96] 신도나가 도착했을 때 10년 동안 말신커스의 비서였던 비토리아 마리곤다가 그를 마중했다. 신도나는 그녀를 알았다.

비토리아 마리곤다가 바티칸으로 옮기기 전에 그룹 신도나의 한 투자 은행에서 잠시 일했기 때문이었다.[97] 그 역시도 여러 새로운 젊은 이탈리아 비서들을 보았다. 그들은 신도나가 보기에 바티칸에서 일하는 어떤 여자들보다 더욱 예쁜 자들이었다.[98]

그가 주교의 사무실 안으로 걸어 들어가자, 그는 디 조리오의 전통적인 실내 장식이 교체되어 있음을 알았다. 이제는 현대적인 검은 가죽 소파들과 의자들, 낮은 높이의 유리 커피 탁자, 몇 가지 큰 금속 조각품이 채워졌다. 골프 백이 방 코너에 있었고, **'아쿠아산타'**(거룩한 물)라는 로마의 가장 고급 컨트리 클럽의 명찰이 붙어있었다. 말신커스는 SGI소유의 올리가타 로마나에서 골프 한 번 치러 나가려면 감언이설로 꼬시는 그런 시절에서 벗어나 엄청 출세했다.[99] 대주교는 역시 로마의 가장 오래되고 명성 높은 클럽의 하나인 헌팅 클럽(Circolo della Caccia)의 **"명예 회원권"**을 가졌다.[100]

말신커스는 파이프 담배를 피우며, 푹신한 가죽 의자에 앉아 있었다. 큰 백랍의 재떨이가 말보로 꽁초와 시가 토막으로 넘쳐났다. 주교는 신도나에게 손짓하며 옆에 있는 장의자에 앉게 했다.

> 나는 나의 은행장직을 받아드리기 위한 필요 불가결한(sina qua non) 조건으로 전권을 요구했습니다. 신도나에게 한 말신커스의 말이었다. 그는 극적인 효과를 위해 잠시 뜸을 들였다. 성부께서 나에게 그것을 허락하셨소.* [101]

신도나는 아무 말도 하지 않았으나, 말신커스가 과장하고 있다고 느꼈다.[102]

두 사람은 자신들이 교황의 전폭적인 지지를 갖고 있음을 알았다. 말신커스의 외적인 모습은 신도나에게 IOR에서의 사업의 길은 이제 이 주교를 통해서라는 것을 확인시켰다. 신도나의 경우, 그는 말신커스가 넘어져 실수하므로 그에 대한 바오로 6세의 믿음을 흔들 수 있기를 바랐다.

하지만, 그의 경력을 막게 하는 실수를 하는 것 대신에 바티칸은행에 관계없는 사건이 그에 대한 교황의 신임을 더욱 북돋게 만들었다. **1969년** 닉슨 대통령이 바티칸을 방문했을 때 베트남 전쟁을 항의하는 수만의 학생이 로마의 거리에서 시위를 했다.* 103 말신커스는 개인적으로 교회의 안전 점검을 맡고 있었고, 닉슨의 헬리콥터가 베드로광장에 내리도록 지시했다. 그때 그는 격한 주장 가운데 비밀 경호팀을 물러나게 했고, 그들이 교황과의 개인적 만남에 들어오지 못하도록 만들었다. 거기서 말신커스는 통역사였다. 경찰이 수많은 달리는 군중과 씨름하고 있을 때 대통령과 교황이 만났다.

몇 개월 후 스위스에서 말신커스는 71세의 교황을 감싸고 있던 군중으로부터 그를 자유롭게 하고자 육탄 작전을 썼다.104 7월, 말신커스는 나이지리아 여행에서 중요한 역할을 했는데, 거기서 교황은 나이지리아인과 분리 독립의 비아프라(Biafra) 국가와의 평화 회담을 성사시키려 했다.105

하지만, 실패였다.

그 다음해에 말신커스는 사르디니아에서의 교황의 안전을 얻기 위해 도왔다. 그때 좌파적인 폭도들이 교황의 자동차 행렬에 돌을 던졌다. 어떤 야유꾼이 벽돌로 교황의 머리를 노렸으나 실패하고 카스텔 간돌프를 맞추었다. 필리핀 방문에서는 푸주칼을 휘두르는 사람이 마닐라 군중에서 뛰쳐나와 교황에게 달려들었다.106

말신커스의 빠른 반응이 「**보스턴 글러브**」(Boston Glove)의 전년도 정정 기사가 사실임을 확증해 주었다. 즉, 외국 여행 시 그의 비공식적 역할이 **"한 사람의 경비대"**였다는 것이다.107

바오로 6세는 그들이 로마에 돌아왔을 때, 그에게 특별한 칭찬을 했다. 교황청 내에서는 어떤 자들은 이제 그를 두고 고릴라로 불렀다(그는 이 별명을 싫어했다. 왜냐하면, "미국에서 집의 고릴라[gorilla at home]는 마치… 두건 같다.")108

교황청 내의 주요 고위 성직자들은 말신커스가 단순히 좋은 안전과 계획 그 이상을 제공했다는 것을 알았다. 교황은 그의 본능과 판단을 온전히 신뢰하기에 이르렀다.

1971년, 교황은 말신커스를 IOR의 총재로 승진시켜, 거기서 그의 충분한 권위를 십분 발휘하도록 했다.109

2월, 로베르토 칼비는 암브로시아노의 총괄 매니저로 승진하여 은행의 세 번째 지위가 되었다. 그해 12월 CEO가 은퇴하자, 칼비는 은행 총재가 되었다.

신도나의 도움으로 그는 잠자는 암브로시아노를 국제적인 상업 금융 기관이 되어, 주식, 부동산 투자를 거래하고 심지어 개인 회사들의 지분까지도 취득하는 기관으로 변화시킬 수 있게 되었다.

은행의 영업 허가 범위를 제한하는 이탈리아 은행법의 규제를 우회하기 위해, 신도나는 칼비에게 역외 금융 천국, 예컨대 룩셈부르크, 바하마스, 파나마, 코스타리카에 그물망같은 지주 회사들을 세우는 법을 보여 주었다.

이들 국가의 관할권은 엄격한 고객의 비밀에 대한 자랑으로, 지방의 변호사와 은행가들이 대리인이 되게 하므로, 회사와 은행들의 진짜 소유권이 이탈리아 세무 당국으로부터 숨겨지게 되었다.

1971년 3월 23일, 칼비는 바하마의 나쏘에 있는 시살파인해외은행(Cisalpine Overseas Bank)을 등록시키기 위해 하나의 룩셈부르크 지주 회사인 콤펜디움을 활용했는데, 그는 후 암브로시아노은행지주로 개명했다.[110] 이것을 암브로시아노까지 추적하는 것은 서류상으로는 불가했다.

하물며, 바티칸은행과 신도나가 소액 지분을 갖는 것을 발견한다는 것은 어림도 없는 일이었다(그 은행은 고작 2천5백만 달러의 자본금이었지만, 몇 달 뒤에는 자기 자본이 1억 달러가 되었고, 그중 대부분은 암브로시아노 예치금의 전용이며, IOR으로부터의 스위스 프랑과 독일 마르크화 1억 6천5백만 달러였다).[111]

역외 지주 회사들의 미로는 실제 소유주를 숨기는데 있어 너무 효과적이어서 이탈리아중앙은행의 관리는 훗날 인정하기를, 그들은 **"우리가 신문에서 이것을 읽었습니다"** 라고 할 때 암브로시아노의 바하마 영업의 거래 내역만을 발견했다는 뜻이라고 했다.[112]

"유럽통화시장"이라 이름 붙은 거대한 비규제 영업은 섬나라에서 크게 붐이 일었다. 이는 650억 달러의 산업으로 본국 밖의 미국과 유럽 은행에 의해 대출된 기금이었다.[113] 은행들은 대출의 상세한 내역에 대해 국내 발표를 피했다.

그리고 어떤 경우, 예컨대, 영국 은행은 대출 이자에 관련된 소득의 세금을 회피했다. 영국과 미국 당국이 대부분의 유로 통화의 헛점을 막기 위해서는 10년이 걸려야 할 것이었다. 하지만, **1971년** 칼비가 처음으로 바하마를 소수의 다른 암브로시아노의 집행부와 함께 방문했을 때, 그곳은 은행의 가장 먼 역외 자회사를 설립하는 이상적 장소였다.

칼비는 말신커스에게 바하마은행의 이사회 일원이 되어 달라고 요청했다. 신도나는 칼비에게 이는 좋은 생각이라고 말했다.

왜냐하면, **"내가 그를 끌어드리는 곳이면, 이는 내가 돈을 벌도록 해 주기"** 때문이다.[114] 주교는 승낙했다. **1971년 8월 5일**, 시살파인으로부터의 편지 한 통이 바하마등기소에게 **"폴 말신커스 씨"** 가 새로운 이사가 된 회사들을 통보했다. **"가장 총애하는 신부"** 의 말은 삭제되었다.

노가라의 비공식적인 법칙은 오직 IOR의 평신도들 검은 귀족들이 바티칸이 투자한 회사들의 이사회에 가입하는 것이었다. 노가라는 감독위원회의 추기경들 중 한 명이 회사의 이사가 된다는 것은 뜻밖에 좋지 않을 수 있다고 생각했다. 성직자의 옷은 교회로부터 아주 큰 상징적인 도덕적 승인을 담고 있었다.

하지만, 이것이 나쁜 생각이라고 말신커스를 설득할 노가라는 아니었다. 대신에 칼비가 그에게 물었을 때 말신커스의 생각은 **"왜 안 되는데?"** 였다.[115]

암브로시아노의 바하마지점의 이사로서, 그는 어떤 은행의 어떤 이사회에서 일하는 교회 역사상 첫 주교였다.*[116] 신도나는 피에르 지겐트할러(Pierre Siegenthaler)에게 시살파인의 관리이사가 되어줄 것을 제안했다. 그는 스위스 출신의 34세인 세계적 요트 선수로 역시 약간의 뉴욕은행의 경험을 가지고 있었다. 칼비는 동의했다.[117]

지겐트할러는 구찌 신발과 큰 사이즈의 로렉스 시계의 애호가로, 자신의 나쏘 집에서 시살파인을 운영했다.[118] 칼비는 바하마를 매우 좋아해, 라이포드 케이의 새로운 고급 개발단지 안의 빌라 한 채를 샀다. 칼비와 그의 아내 클라라 10대의 두 아이들이 그 해 그곳에서 첫 휴일을 즐길 때 말신커스가 그들과 합류했다.[119]

클라라가 말신커스를 보았을 때, 그녀는 **"그는 자기 팔을 내밀어 나를 감싸고, 로마여 안녕을 노래했다"** 고 회상했다.[120] 그 사람들은 다랑어 낚시를 하는 가운데 과감한 새로운 모험 투자를 토론하면서 휴가를 보냈다.[121]

몇 달 뒤에, 칼비는 룩셈부르크 지주 회사인 콤펜디움을 활용해 더 많은 역외 은행을 세웠다. 여기에는 전통적인 유럽 안정 투자처인 룩셈부르크, 스위스, 리히텐슈타인 뿐만 아니라, 풍미가 덜한 피난처인 파나마, 니카라구아, 페루가 포함되었다.

칼비는 매우 많은 종이 회사를 파나마에 세워서 그는 곧 이사로 임명할 사람들의 이

름이 동이 날 정도였고, 결국 마지막에는 암브로시아노의 전화 교환수까지도 이름을 넣었다.[122]

칼비는 곧 새로운 거래를 가지고 말신커스를 설득했다. 그는 IOR의 도움으로 암브로시아노가 이탈리아 외환 규제 허락 이상의 거액을 이탈리아에서 인출하기를 원했다. 돈의 이동을 숨기는 것을 돕기 위해 칼비는 소위 **백투백 영업**을 제안했다.

이는 암브로시아노가 IOR에 예치를 하고, IOR은 그 돈을 시살파인과 다른 칼비 통제의 역외 회사들에 보내는 것이었다. 이탈리아은행 규제자들에게는 이는 암브로시아노의 돈이 단지 IOR에 묶여 있는 것이지만, 이 돈은 실제로 규제 없는 외국 껍데기 회사들로 옮겨진 것이었다.

때때로 IOR은 그 돈을 대차 대조표를 잠정적으로 좋게 만들기 위해 필요한 회사에게 사용될 수도 있었다. 이 역할을 위해서 IOR은 이 일을 위해 빠져나가는 모든 돈의 1%의 1/4을 수수료로 얻게 될 것이다(나중에는 1/16으로 줄었다).[123]

말신커스는 이것이 쉬운 이윤인 것처럼 생각했다. 12월 말에, IOR은 3천 7백만 달러의 5년짜리 시살파인 예금 증서를 열어주었다. 이는 시중 금리보다 높은 8.5%의 이자율이었다.[124]

바티칸은행에서는 멘니니는 시살파인의 이사회에 가입하려는 말신커스의 결정을 아는 몇 사람 중의 하나였다. 그는 IOR이 역외 금융에 더 이상 엮이는 것은 현명하다고 생각하지 않았다.

하지만, 말신커스는 그를 묵살했다. 매우 의도적이고 구식적이라는 이유였다. IOR은 새롭고 더욱 정교한 시대에 적응해야 했다.

그가 말했다.[125]

당신은 성모 송만으로는 교회를 운영할 수 없다.

제16장

독일 처녀 작전

바하마에서 시살파인의 법인화를 위해 칼비를 돕고난 몇 달 뒤에, 신도나는 공격적인 세 확장의 시기를 갖기 시작했다. 이탈리아에서 그와 칼비가 매입한 것은 '라 센트랄레 피난지아리아'(La Centrale Finanziaria)였다. 이는 그의 소원 리스트에 오랫동안 있었던 금융 지주 회사였다.[1] 이탈리아 주재 미국대사 그래함 마틴의 간청으로 신도나는 영향력있는 로마 거점의 영문 신문사 「**데일리 아메리카**」를 매입했다.

마틴은 CIA가 40%의 비밀 지분을 가진 그 신문사가 사회주의자의 출판사의 손아귀에서 벗어나기를 원했다.[2]

그 인수를 축하하기 위한 로마그랜드호텔의 성대한 환영식에서 마틴은 로마 시장, 몇몇 내각 장관들, 신도나를 경축하는 말신커스와 합석했다.[3] 이틀 후 「**월 스트리트 저널**」(*The Wall Street Journal*)은 신도나를 "**이탈리아의 하워드 휴즈**"라고 칭하며, "**환영식에서의 말신커스 주교의 참석은 신도나 씨가 갖는 로마 가톨릭교회와의 강한 유대의 증거로 간주된다**"고 썼다.[4] 그 신문은 신도나가 "**그의 미국 투자를 본격적으로 증대시키는 것**"은 오직 시간 문제일 것이라 예측했다.[5]

5개월 뒤, 신도나는 「**월 스트리트 저널**」이 맞다는 것을 증명하듯, 미국의 18번 째로 큰 은행 롱아일랜드 거점의 프랭클린 내셔날(Franklin National)의 지배 지분을 사기 위한 4천만 달러의 매수 청구를 성공적으로 마무리지었다.[6] 「**뉴욕 타임스**」는 신도나가 "**다양한 미국 기업에 대한 실체적인 투자자임**"으로 프랭크린의 매수는 "**그가 미국에서의 대성공을 맞이했다**"는 것을 뜻한다고 썼다.[7]

로렌스 티쉬(Laurence Tisch), 로우스사(Loews Co.)의 주인은 34억 달러에 자신의 은행 지분을 신도나에게 팔았다. 프랭클린은 거의 1년 동안 수익성 압박을 받고 있었다.

전 의장 아더 로스(Arthur Roth)는 자신이 설립한 그 은행을 되살리려고 노력했다.

하지만, 신도나는 룩셈부르크 지주 회사인 파스코(Fasco)를 활용해 주식 거래 가격보다 25%의 할증료를 더한, 주당 8.25달러로 로스보다 비싼 값을 제시했다.[8] 그는 칼비에게 두 개의 성공적인 지주 회사를 팔아 현금을 모았다. 신도나는 그가 과대 지불했다는 비판자들을 묵살했다.

나는 주식 시장에서 결코 돈을 잃은 적이 없다.[9] (훗날 프랭클린이 금융 문제를 가진 것으로 드러났을 때 그는 말했다, "자신이 미국 시스템을 신뢰했었음을 불평하곤 했다. 내 자신이 감사를 행했어야 했다.")[10]

로스는 티쉬-신도나 거래에 도전했다. 그는 뉴욕의 은행감독기관에 주정부가 신도나의 성품이 "책망할 것이 없음"을 완전히 만족할 때까지 그 승인을 보류해 달라고 요청했다.[11] 그 거래를 되돌리기 위한 PR 캠페인의 일환으로 로스는 티쉬에게 공개 편지를 발표했다. 그 안에서 그는 다음과 같이 질문했다.

그를 그 은행에 적합한 사람으로 무조건적으로 추천할 만큼, 당신은 미첼 신도나에 대해 잘 알고 있습니까?

그의 재원, 그의 후원자들, 상세한 그의 전기에 대한 충분한 공개된 것이 있습니까?[12]

로스는 자신이 **"궁전혁명"**이라 부르는 것으로 인해 **1970년**에 은행에서 쫓겨났다. 「**월 스트리트 저널**」은 전년도에 신도나가 인수한 미국의 두 회사, 인터포토와 옥스포드전기에 대한 조사를 언급했다. 저널은 그 거래가 명백히 **"이해 상충"**으로 특징지어진다고 전하면서, 리히텐슈타인 지주 회사들에 대한 신도나의 미로는 얽히고설킨 소유권, 독재권 부채의 복잡한 그물망"이라고 결론냈다.[13]

하지만 그 일은 신도나를 불신임하려는 로스의 노력에 아무 도움이 되지 않았다. SEC는 그 인수를 완료시키고 이틀 간의 청문회 후 모든 염려를 떨쳐 버렸다.[14]

프랭클린 인수의 도전 가운데 로스는 연방 관리들에게 불평하며, 신도나가 지배적

이해관계를 갖지 못하게 해달라고 요구했다. 그의 리히텐슈타인 거점의 파스코가 이전에 미국의 다른 산업의 회사들을 구입했기 때문이라는 이유에서였다. 당시에 연방법은 일반 회사들이 다른 상업적 사업에 주식을 가짐과 동시에 은행들을 소유하는 것을 금지했었다. 하지만, 신도나는 프랭클린을 "**개인 구매자**"로서 구입했기 때문에 예외적인 경우였다.[15]

성공적인 입찰 한 달 후, 프랭클린은 신도나와 그의 최고 경영진의 하나인 칼로 볼도니를 이사회 이사로 임명했다.[16] 신도나는 칼비로 하여금 미국 시장에 자신과 동참하기를 권했다. 암브로시아노는 클라이브랜드의 유니언상업은행이 발행한 1천 6백만 달러의 전환 사채를 구입했다.[17] 그 둘은 긴밀한 사업적 연계를 발전시켰고, 텍사스 전직 주지사 존 코날리를 친구요 자문관으로 의지했다. 칼비는 코날리의 광활한 텍사스 농장에 빈번한 손님이 되었다.[18] 데이비드 케네디, 닉슨의 재무장관은 신도나의 가까운 친구였고, 자신이 컨티넨탈일리노이스은행의 의장으로 있었을 때 그와 동업을 했다.[19]

신도나는 월 스트리트 법률 회사로 머쥐, 로즈, 거쓰리&알렉산더를 보유했다. 거기서 **1965년 4월** 그는 회사의 파트너의 하나인 리차드 닉슨을 만났다.[20] 단지 선거일 며칠 전에, 프랭크린의 성공적 인수에 들뜬 신도나는 닉슨의 **1972년** 재선 캠페인 의장인 모르스 스탄스에 전화했다.

신도나는 놀랍게도 1백만 달러(**2014년** 달러 기준으로 5천 4백만 달러)의 개인 기부를 제안했다. 신도나는 무기명만을 요구했다. 스탄스는 마지못해 "**노**"라고 말했다. 기부금 공개 기일이 지났다(그 비밀스런 제안이 몇 년 후 공개되었을 때, 단순 제안과 기부금 공개를 하지 않는 것이 어떤 법에 위배될 수 있는가를 결정하는 의회 산업재건국(IRS) 조사를 불러 일으켰다. 이것은 법률 위반이 아니었다).[21]

비록 신도나가 미국에서의 기회들을 주목하고 있었지만, 그는 이탈리아 내에서도 계속적으로 거래를 성사시켰다. 그 여름에 그는 칼비에게 라 센트랄레 피난지아라에 대한 그의 지분 대부분을 팔았다.[22] 상당히 복잡한 1억 1천백만 달러의 거래였다.

동시에 그 둘은 IOR(바티칸은행)이 일부 소유하고 있는 회사인 수프라핀 SPA, 두 개의 역외 회사와 세 개의 스위스 은행의 계좌들을 활용해서 암브로시아노의 주식을 모았다. 이탈리아에서는 은행이 공개 시장에서 자기 주식을 사는 것이 불법임을 그들은 상관하지 않았다.[23] 그들의 목표는 그 은행의 경영권을 얻는 것이지만, 그렇게 하기 위해서는 정부의 규제 당국이나 암브로시아노 직원이 알아차릴 수 없도록 아주 소량씩 증가시키는 것이었다.[24]

하지만, 그들이 대부분 시간을 들인 문제는 로마교회의 가장 명성높은 지주 회사들의 하나인 베니스가톨릭은행(Banca Cattolica del Veneto)을 살 것인가에 대한 1년간의 거래였다. 이는 신도나의 생각이었다. 그는 처음에는 이를 마시모 스파다와 논의했으나, 훗날 칼비를 설득하여 그로 정식적인 입찰을 하도록 했다.[25]

가톨리카는 베니스에 있는 암브로시아노의 자매 은행으로, **1878년** 문을 연 이래로 이탈리아의 가장 중요한 가톨릭 금융 기관의 하나였으며, 역사적으로는 베니스의 성직자들과 검은 귀족들과 뒤얽혀 있었다.[26] 신도나와 스파다는 방카가톨리카는 암브로시아노 제국의 확장에 본질적으로 어울린다고 생각했다.

하지만, 그들은 두 은행이 치열한 경쟁자임을 역시 알았다.[27]

칼비는 로마교회가 가톨리카를 포기할 리가 없다고 생각했다. 베니스의 대부 알비노 루치아니는 반대할 것이 거의 확실했다. 그의 대교구도 소액 지분을 가지고 있었다. 그럼에도 칼비는 **1971년** 말신커스에게 이 생각을 피력했다. 편지에서 칼비는 그 은행의 주식 과반수까지를 매우 높은 할증료에 매입할 것을 제안했다.[28]

그 제안은 손실 가능 위험성이 제로였다. 만일 바티칸이 수용적이라면, 암브로시아노에서의 칼비의 명성은 강화될 터였다. 만일 말신커스가 그런 조치는 교황청 내에서 많은 소동을 불러일으키기 때문이란 이유로 거절한다고 해도, 암브로시아노의 그 누구도 칼비를 탓할 자가 없을 것이니, 이는 최초의 큰 도박이었기 때문이었다.

하지만, 말신커스는 그 생각을 좋아했고, 이를 바오로 6세와 논의했다. 교황은 주저했다. 은행은 로마교회의 왕관 보석과 같은 존재였다. 그의 스타일대로, 그는 수개월 동안 그 거래에 대해 허락할지 금지할지를 두고 고민했다. 말신커스는 칼비와 교황 간의 사적 만남을 주선했다.[29]

거기서 칼비가 가장 설득력이 있게, 암브로시아노는 가톨리카의 전통과 진정성을 유지함으로 로마교회의 최상의 보호자가 될 뿐만 아니라 은행의 오래된 낡은 방식들을 근대화하여 높은 수익을 이끌 것이라 주장했다.

칼비는 교황에게 충분한 지분을 갖기 원하며, 자신이 은행을 통제하기를 원하며 대신 바티칸은 그 나머지 지분을 갖게 될 것이며, 수익 증대에 따른 이익을 얻게 될 것이라 말했다.

1주일 후 말신커스는 칼비를 만나 거래가 승인되었다는 소식을 나누었다.

확실합니까?

칼비는 물었다.

예하께는 가능한 것입니까?
교황이 이에 찬성하셨습니까?[30]

말신커스는 그에게 바오로 6세가 개인적으로 승락했다는 것을 확신시켜 주었다. **1972년 3월**, IOR은 반카 가톨리카의 37.5%의 지분을 4천 6백 5십만 달러에 암브로시아노에 이전한다는 것을 발표했다.[31] 로마교회와 칼비 간의 집행 계약서는 IOR의 기준으로도 일급 비밀이었다. 어떤 관리도 이를 보지 못했다.

말신커스는 공고된 거래의 37.5%, 즉 1천 3백 5십만 주가 아니라, 자신이 일방적으로 50%의 지분인 1천 8백 6만 주를 칼비에게 팔기로 결정했다는 것을 바티칸은행 밖의 누구도 알기를 원치 아니했다.[32] 은행의 통합에 대한 교황의 염려를 나타내기 위해, 그 계약서는 새로운 소유자들이 가톨리카의 **"높은 사회적, 도덕적 가톨릭 목적"**을 보전해야 한다는 구절을 담았다.[33]

양 당사자들은 그 거래를 성사시키기 위해 신도나의 충고를 따랐다. 바티칸은행의 지분은 신도나 소유의 리히텐슈타인 지주 회사로 이전했는 바, 이 회사는 암브로시아노를 위한 수탁자로써 그 주식을 보유했다. 돈은 5번의 분할 불입으로 지불되었고, 복잡다단한 주고 받는 역외 거래들 가운데 칼비, 신도나, 말신커스 거래의 품질보증표가 되었다(IOR은 그 모든 절차를 칼비의 바하마은행을 통해 진행했으며, 말신커스의 시살파인에의 예치금은 놀랍게도 11억 2500만 달러에 달했다).[34]

어느 누구도 가톨리카은행에 대한 지배 지분의 판매를 기뻐하지 않았다. 베니스의 루치아니는 교황 바오로와 영향력 있는 부총리 지오반니 베넬리 대주교에게 이 거래가 교회의 장기적 이익에 반한다고 불평했다. 루치아니는 베넬리에게 자신은 은행의 일부 지분을 소유한 교구의 최고 성직자일 뿐만 아니라 가톨리카은행의 본점 역시 베니스에 있음을 상기시켰다. 그는 자신이 팔아야 될 것인가에 대한 이 결정에 더욱 개입되었어야 했다고 느꼈다. 루치아니는 칼비가 가톨릭 기관에게 은행의 우대 금리를 취소한 것에 마음이 상했다.[35]

베넬리는 말신커스에게 루치아니를 떠넘기려 했다. 그들이 이를 말하는 동안, 이 거래가 성사되어서는 안 된다는 루치아니의 청원을 IOR의 총재는 들었다.

말신커스는 그에게 이제 너무 늦었다고 말했다. 루치아니는 굽힐 줄 몰랐다.

예하, 더 나은 것이라도 있나요?

말신커스는 물었다.[36]

토론은 끝났다. 루치아니는 말신커스가 자신을 묵살했다는 거만한 방식에 열을 내면서 베니스로 돌아갔다. 그가 매각을 항의할 수 있는 것이란 베니스 교구의 모든 계좌를 가톨리카은행에서 작은 산마르코은행으로 옮기는 것뿐이었다. 이 모든 일은 말신커스가 발을 걸어 쓰러뜨리기를 원하는 고위 성직자들의 명단에 루치아니의 이름 하나가 추가되었다는 뜻이었다.[37]

말신커스를 혐오했던 자들에게 더욱 공포스런 것은 그 여름에 몇몇 미국 신문들이 교황 바오로가 9월 75세가 되면 은퇴할 뿐만 아니라, 말신커스가 **"교황직 선출에 최고 가능성 있는 자"**라고 추측했다.[38] 바티칸 연구가들은 그것이 웃기는 일이며 미국 언론이 로마교회의 정치를 이해하지 못한 정도를 드러냈으며, 말신커스가 다음 교황으로 공공연히 언급될 수 있다는 것이 그의 적들을 분노케 했다고 생각했다.

그해 10월, 런던의 클라리지호텔에서 열린 시살파인의 이사회에서 말신커스는 칼비와 농담하면서, 자신은 IOR이 예금주들을 얻는 것보다 더 빨리 적을 모으고 있다고 했다.[39]

1973년 3월, 바티칸은행이 미국 증권거래위원회(SEC)와 언쟁에 휘말렸을 때, 몇몇 그의 반대자는 말신커스를 몇 단계 끌어내릴 기회가 있을 수 있다고 생각했다. SEC는 미등록 캘리포니아 소재의 투자 자문가에 대한 가처분을 실시했다. SEC회사는 미국의 오일 가스 장비 회사 베코 역외 산업 27%의 주식을 매수할 수 있는 옵션을 가지고 있었지만, 그런 큰 지분에 대해 SEC의 강제 사항인 공시 신청을 하지 않았다.[40] 추가적 조사 후 미국증권거래소는 그 회사의 주식 거래를 정지시켰다. 그 이유는 "**베코 주식의 비정상적인 움직임이 그 주식 가격에 인위적으로 영향을 받을 수 있는 의심을 증폭시켰기**" 때문이었다.[41]

바티칸의 비밀스런 역할이 드러났다. SEC가 미허가된 캘리포니아 투자 자문가, 전에 술 판매원이었던 어빙 아이젠버그가 리히테슈타인 거점의 수탁투자서비스사(Fiduciary Investment Services A.G.)를 위해 행동했음을 알았을 때였다. 그의 유일한 고객은 IOR로 드러났다.[42] 옵션 거래와 몇번의 단기 매매 이익으로 3천 5백만 달러라는 이익을 낸 자가 바티칸인 것을 그 공시 전의 베코는 알지 못했다.[43]

그 회사의 주가는 작년 여름부터 아이젠버거 주식의 자전 거래의 결과로 인해 배가 되었다. 미국의 유가 증권 규제 하에서는 내부 거래자(한 회사의 10% 이상의 지분을 가지고 통제하는 자)는 과도 거래가 금지되어 있었다. 베코는 바티칸에 그 부당하게 얻은 수익 반환을 요구했다.[44]

말신커스는 미국에서의 10년의 투자 경험이 있는 신도나에게 도움의 손길을 요청했다. 신도나는 말신커스에게 분쟁을 즉시 해결하기 위해서는 언론의 레이다에서 벗어나라고 충고했다. 말신커스는 베코 이사들과 빠른 합의에 이르렀다. 많은 돈이 개입된 것은 아니었다. IOR은 자신의 수익 중 32만 달러를 돌려주었다.[45] 아이젠버거는 SEC와의 합의서에 서명했다.[46] 이 이야기는 이탈리아 언론에서 거의 주목을 끌지 못했고, 이는 말신커스 주교의 적들에게는 도움이 되지 못했다.

같은 해에, 말신커스는 또 다른 위기일발 상황을 맞았다. 이는 처음에는 그의 경력의 가속도에 제동을 걸 만한 능력을 가진 것처럼 보였다.[47] 베코 뉴스로부터 몇 개월 후, 미국 법무성 조사관이 로마에서 말신커스를 만났다.

이는 마피아를 포함한 국제 위폐조직, 절도 위조된 미국 유가 증권에 대한 형사 조사의 일환이었다.[48] 그들은 IOR이, 아마도 말신커스 자신도, 어떤 역할을 했는지를 질문했다.

법무성의 바티칸 방문은 맨하튼 지방 검사실에서 시작된 제노바의 범죄 가정에 대한 광범위한 18개월간의 불법 소득 행위 조사의 정점이었다. 조사 초기에는 지방 검사의 조사는 빈센트 리쪼(Vincent Rizzo)에 촛점이 있었다. 그는 제네바의 군인으로 미국 북동

지역을 대상으로 한 남미 마약 카르텔의 중간상으로 생각되었다(군인은 범죄 가정에서는 낮은 계층의 갱이다).[49]

리쪼는 에비뉴 A에서 살았는데, 이는 많은 뉴욕 갱의 집합 장소 역할을 하는 리틀 이탈리아 사교장에서 멀리 떨어져 있지 않았다. 협잡꾼 부서의 부장인 형사, 죠 코피(Joe Coffey)는 리쪼가 사교장을 포함한 정기적으로 가는 곳에 대한 법원 명령의 도청 장치를 얻었다.[50] 경찰이 리쪼가 **1972년 2월** 독일 여행을 계획하는 것을 알았을 때, 코피는 그를 미행할 허가를 받았다. 인터폴을 통해 독일 경찰은 리쪼의 뮌헨 호텔방을 도청하는 것에 동의했다.[51]

리쪼는 거기서 두 사람을 만났다. 알프레드 바르그(Alfred Barg), 그는 스위스 투자 회사의 외견상 합법적인 독일인 이사였고, 다른 하나는 빈프리드 엔제(Winfried Ense), 그는 자칭 "조력자"로, 인터폴이 도난당한 미국 재무성 증권의 판매에 대해 있을 수 있는 역할을 두고 1년 전에 조사했던 자였다.

그의 여행은 마약과는 관련이 없었다. 며칠에 걸쳐, 코피는 리쪼가 어찌하든 크게 은닉된 최우량 회사채, 주식 증서, 약간의 미재무 증권을 물러받은 것을 알게 되었다. 그런 회사들 중에는 AT&T, 코카콜라, 클라이슬러, 팬암이었다.[52]

코피가 무엇을 근거로 그 유가증권들이 도적 맞은 것 위조된 것이라 들었는지는 분명하지 않았다.* [53] 리쪼가 바르그와 엔제에게 온 것은 필라델피아 거점의 한 갱이 두 독일인들이 암시장의 엄청난 양의 증권들을 움직일 수 있다고 주장했던 때문이었다.[54] 이때 엔제는 자신들이 오스트리아인 레오폴드 레들(Leopold Ledl)을 알고 있으며, 바티칸과 접촉하는 자라고 말했다.

그들(바티칸)은 그들이 갖을 수 있는 것은 모두 원한다.

그가 리쪼에게 말했다.

코피는 레들이 사기꾼이요, 협잡꾼으로 인터폴의 수배자 명단에 있는 자임을 곧 발견했다.[55] 그는 비엔나 외곽에 수백만 달러의 자산을 가지고 있고 오스트리아 거점의 건설 회사 리베리아운송회사를 운영했으며, 두 개의 리히텐스타인 지주 회사를 가지고 있었다. 인터폴은 그가 무기 암거래부터 분실 유가 증권에서 마약까지 모든 것에서 재산을 모았다고 의심했다.

코피는 합법적인 사업계에서는 **"명예 영사"**라는 직위를 사용했으며, 이는 부룬디 아프리카공화국 대통령인 미첼 미콤베로가 자신에게 부여한 것이라 잘못 주장했던 직위였다(훗날 조사관들은 레들이 적어도 300개의 "명예 영사" 직을 유럽 전역을 걸쳐 개당 1십만 달러에 이르기까지 팔아먹었다는 것을 알아냈다).[56]

뉴욕시의 베테랑 형사 코피는 자신만의 조사팀를 운영하는 것을 좋아했다. 그는 연방 당국을 불러 드림으로 자신이 통제권을 잃어버릴 것을 알았다. 하지만 그에게는 선택권이 없었다. 그는 미 재무성 증권이 포함된 거짓 위조된 증권에 대한 국제적 음모와 이에 더해 바티칸과의 연계 가능성을 맞닥뜨리게 된 것이었다.[57]

코피가 와서는 우리에게 자신들과 함께 조사 업무를 하자고 물었다.

윌리엄 아론왈드는 회상한다. 그는 당시 법무성의 조직 범죄 협잡꾼 타격 부대를 위한 검찰 차장이었다.

나는 지방 검사실의 협잡꾼 부서에서 일했다. 뉴욕의 형사는 나에 대해 편안함을 느꼈다. 우리가 지방 검사, 그들의 형사대, FBI로 구성된 합동 조사에 들어갔다.[58]

아론왈드는 그 타격팀을 **'독일 처녀 작전'**(Operation Fraulein)이라 불렀다. 이는 독일인과의 연계 때문이었다.

조사관들은 추가적인 도청 장치에서 얻은 자료에 기초해서 리쪼가 제네바 지구 대장인 마테오 드 로렌조를 위한 리더라는 혐의를 두었다. 불법적인 유가 증권을 파는 음모는 광범위해서, 일단의 협잡꾼들은 물론, 버팔로로부터 비벌리힐까지의 갱들, 심지어 소수의 비뚤어진 주식과 옵션 거래자들까지 포함했다.[59]

1972년 5월, 드 로렌조가 뮌헨으로의 또 다른 여행에서 리쪼와 합류했다. 이번에는 뉴욕의 형사인 마리오 트라파니(Mario Trapani)가 코피와 동행했다. 독일 경찰은 바이에른호프호텔의 그 갱들의 방에 있는 전화기를 다시 도청하고 침대 램프에 도청 장치를 두었다.

하지만, 갱들은 바르그와 엔제를 다른 방의 거실에서 만났다. 이는 형사들을 낙담케 했고, 그들은 작은 목소리만 담긴 녹음기에서 어떤 것도 알아내지 못했다.[60]

그 여행에서 돌아온 즉시, 타격팀은 미국에서 영국의 사기꾼이며 협잡꾼 하이만 그랜트를 체포했다. 가능한 마약 혐의의 경감의 대가로 그는 여전히 진화되고 있는 책략에 대한 상세한 내용을 제공했다.[61] 그랜트는 레들을 로마의 마리오 폴리니와 엮었다.

그랜트는 굉장한 허풍쟁이로, 자신이 백작이며 6개의 사업에 성공한 소유주라고 주장했다. 비록 많은 자들이 폴리니의 귀족이란 주장과 그의 큰 부의 자랑에 회의적이지만, 그는 바티칸 내에 훌륭한 접촉들을 가지고 있었다. 여기에는 베넬리 대주교나 말신커스 주교 같은 고위 성직자들과의 알고 지내는 우정이 포함되었다.[62]

그해 11월, 이번에 코피는 FBI요원인 라차드 타마로(Richard Tamarro)와 함께 뮌헨으로 갔다(처음으로 FBI가 현장 요원을 해외에 보내어 공개 사건을 조사하게 했다).[63] 그들의 임무는 바르그와 엔제를 설득해 협조하게 하는 것이었다. 그들은 먼저 바르그를 만났다. 호텔 방에서 시바스 리갈을 몇 병 마시는 동안, 두 타격팀 멤버들은 그를 심히 압박했다. 그가 그 음모자들 가운데 유일한 합법적인 사업가였던 까닭에 그들은 그가 비협조의 결과를 가장 두려워할 것이라 확신했다. 10시간이 걸려서야 바르그는 마지못해 정부의 내부정보자가 되고, 대신에 완전한 면제 허락의 조건으로 합의했다.

타마로와 코피는 바르그를 데리고 엔제를 만났다. 반나절 동안의 열띤 협상 끝에 엔제 역시 미국 조사관들을 돕기로 동의했다.[64]

두 독일인은 자신들이 미국 갱들의 희생자들이라 주장했다. 두 독일인은 갱들이 자신들을 공갈 협박하여 위조 채권과 보통 주식을 팔도록 했다고 말했다.

하지만, 그들에 따르면, 사실 그것은 레들과 갱들이 지금까지 했던 일이었다.[65]

뉴욕인들이 가진 회사채와 주식 증서는 거의 완벽에 가까운 사본이었다. 레들은 매수자를 주선했다. 곧 바티칸이었다. 엔제에 따르면 로마의 소수의 고위 성직자가 이탈리아중앙은행의 비뚤어진 관리들과 손잡고, 9억 5천만 달러의 가짜 증서를 위해 6억 5천만 달러를 지불하기로 동의했다. 뉴욕의 갱들은 나중에 바티칸에 "수수료"로 1억 5천만 달러를 리베이트로 합의했지만, 미국 갱에게는 거의 5억 달러의 수익을 남겨주는 것이었다.[66]

FBI가 나중에 최선으로 결정한 것은 바티칸은행의 누군가 이 사기성 있는 유가 증권들을 달러 대(對) 달러 자금 조달을 얻기 위한 담보물로 사용할 의도가 있었다는 정도였다(은행들은 로마교회에게 9억 5천만 달러의 현금 가치를 가진 회사채와 주식증서가 조건부로 담보 제공이 되는 한, 9억 5천만 달러 이상을 자금 지원했을 것이다). 리쪼는 도난당한 코카콜라와 클라이슬러 증권을 프랑스 남부의 고급 주택 단지 개발의 자금 지원에 담보물로 이미 사용했다.[67]

나중에 레들은 IOR이 신도나를 자금 지원하기를 원했다고 말했다. 신도나는 결국 이탈리아 최대의 지주 회사 바스토기(Bastogi)의 적대적 인수에 실패했다(매수 청구는 여러 사람 중에서 칼비와 P2의 겔리 두 사람이 도와주었다).[68]

가짜 증권을 담보로 대출을 한 은행들은 그 담보물이 무가치하다는 것을 몰랐을 것이다. 만일 IOR의 투자가 수익이 난다면 이는 대출을 청산할 수 있을 것이고, 누구도 회사채와 증권이 가짜인 것을 알지 못했을 것이다.[69]

하지만, IOR의 투자가 실패하면, 대출자는 미상환 잔고를 상쇄하기 위해 담보물을 요구할 것이다. 그때서야 위조 증권이 드러나게 되고 모든 음모가 밝혀지게 된다. 그러면 IOR은 그러면 자신들은 복잡한 사기의 순전한 희생자일 뿐이라고 주장할 수 있다.[70]

바르그와 엔제는 자세한 내막을 요구받고 전화 통화를 통해 레들이 최근에 죽은 추기경 유진 티세랑이 그 상세한 것을 알며 그 책략을 증거할 수 있다고 말했다고 주장했다.[71] 그전 7월, 레들은 1억 4천 5백만 달러 상당의 위조된 AT&T, GE, 팬암, 클라이슬러 회사채를 가지고 로마로 갔다. 엔제는 그를 만났으며, 레들이 티세랑의 개인 비서에게 전화해 그들이 추기경의 승인을 위한 그 증권들의 샘플을 가지고 있다고 말할 때 그 자리에 있었다(바티칸의 일지는 레들이 여러 번에 걸쳐 레들이 자신의 방문 대상으로 티세랑을 기록하여 서명했음을 보여 주었다).[72]

엔제 역시 그가 레들과 함께 투린으로 여행을 간 것에 대해 설명했다. 그들은 시 외곽에 있는 수도원으로 차를 몰았다. 레들이 안에 들어간 사이에 엔제는 빌린 차에서 기다렸다.

어떤 BMW가 곧 멈추어 서더니, 키가 큰 사제가 긴 검은 코트를 입고는 수도원 안으로 들어갔다. 아론왈드의 타격팀은 훗날 그 사제가 말신커스였으며, 엔제가 말한 그 차는 그 주교가 사용한 차와 동일한 차라는 것을 믿게 되었다. 엔제 역시 범인 식별 절차인 포토 라인업에서 말신커스를 지적했다.[73]

미국으로 돌아온 아론왈드 팀은 오스트리아 사기꾼과 죽은 추기경 티세랑이 서로 알고 지내왔다는 것을 확인하게 되었다. 미국 조사관들이 발견한 것은 레들이 자주 로마로 여행했으며, 바티칸 소유의 호텔 컬럼버스의 338호에 머물렀고, 티세랑 뿐만 아니라 추기경 에지디오 바노찌(Egidio Vagnozzi), 성좌의 경제업무청 장관, 추기경대학 학장인 추기경 지오반니 치코나니를 만났다는 점이었다.[74]

아론손은 코피와 타마로를 비엔나로 파견해서 레들에게 엔제와 바르그가 동의했던 동일한 면제 거래를 제시했다. 그들은 가는 길에 프랑크푸르트에서 루돌프 구찰(Rudolf Guschall)을 납득시켜 협조하도록 했다. 그는 프랑크푸르트의 변호사로 그 유가 증권에 대해 공증을 제공한 혐의를 받고 있었다. 그들이 구찰에게 질문을 시작했을 때 그는 공포에 질려 울기 시작하며 차라리 죽기를 원한다고 소리쳤다.

그런 다음 그는 큰 창문으로 달려들어 그 문을 열려고 했지만, 타마로가 그를 제지했다. 일단 마음이 가라앉자 그는 말하기 시작했다. 그의 말은 조사관들에게 몇가지 누락된 세부 사항들을 채워 주었다.[75]

비엔나에 이르기 전에 그 두 미국인은 다시 한 번 길을 돌아 이번에는 룩셈부르크로 향했다. 거기서 한 영국 귀족의 골칫덩어리 아들인 언니스트 신웰(Ernest Shinwell)을 만났다. 그는 공작 영지에 있는 몇 은행에 사기를 친 것으로 감옥에 있었다.[76] 신웰은 그 책략의 다른 요소들을 알았던 것으로 밝혀졌다. 그는 그들에게 수 시간에 걸쳐 말했다.[77]

비엔나에서 타마로와 코피는 레들이 그의 세기말적인 사무실이 아니라 대신에 지방 감옥에 있음을 알았다. 오스트리아 경찰이 그를 체포한 이유는 그 거대한 책략의 어떤 역할 때문이 아니라, 가짜 버런디 명예 영사 직위의 판매에 관계된 사기죄였다.

오스트리아 경찰이 그의 사무실과 집을 수색했을 때 다른 유죄 입증 증거물 가운데 주식 증서들을 발견했는데, 이것들은 2년 전에 캘리포니아의 한 페탈루마의 의사가 훔친 것으로 드러났다.

또한, 그들은 레들이 위조된 IBM 보통주를 소유했던 것을 알아냈다.[78]

작은 인터뷰 방에서 모인 가운데 레들은 오스트리아 경찰이 그 대화를 감시하지 말 것을 요청했다. 그가 미국인들과 공유한 것이 모국에서 자신에 대한 법적 문제를 악화시킬 것이라는 우려 때문이었다. 오스트리아 경찰이 떠난 후 레들이 말을 시작했다.

레들의 1971년 로마 방문시에 그는 바티칸 내부에서 티세랑을 만났다고 말했다. 티세랑은 그에게 1억 4천 5백만 달러의 위조 증권들을 가져와 투린의 수도원에 대한 전반적인 거래를 위한 예치금으로 사용하자고 했다.[79]

거기서 티세랑의 개인비서, 알베르토 발비에리 바티칸 출판사의 작가 겸 강사가 그를 맞았다.[80][81] 말신커스 주교가 곧 도착했을 때, 레들이 말하길, 그들은 위조의 질과 그 다음 조치를 논의했다.[82]

레들은 자신이 아는 바에 대해 미국에서의 증언 면제 제안을 거부했다. 그는 말하길, 자신은 그들에게 충분히 말했으며 이제 홀로 있기를 원했다.[83]

아마도 가장 중요한 증거로 레들이 그들에게 알려준 것은 두 통의 편지였다. **1971년 6월 29일**의 소인에, 바티칸의 종교봉헌회(Sacra Congregazione dei Religiosi)의 원본 인쇄 용지였다(이 조직은 교황청의 부서로 조금은 알려진 바, 주교들이 그들의 종교적 세속 의무를 구별하는 지침 제정을 책임지는 부서다). 그 편지들은 IOR이 그 증권들을 몇 개월간에 걸쳐 5번의 분할로 사겠다는 의향을 확증했다.[84]

이것들은 매우 강력한 혐의였다.

아론왈드의 말이었다.

> 우리는 레들이 사기 한 건, 한 건마다 기록물을 가지고 있음을 알았다. 우리는 그가 우리에게 말했던 모든 것을 독립적으로 확증하지 않는 한은 그에게 의존하려 하지 않았다. 레들의 말신커스와의 만남에 대해 우리에게는 이를 보증할 사람은 오직 그와 엔제뿐이었다.[85]

아론왈드는 그의 두 조사관이 이탈리아로 가서 "백작" 마리오 폴리니를 인터뷰하기를 원했다.

하지만, 이탈리아 경찰은 협조하지 않았다. 그들을 오스트리아에서 기다리게 한 대신에 이탈리아 관공서 간에 서류만 왔다갔다했다. 아론왈드는 그들을 미국으로 다시 불러드렸다.[86]

FBI는 그동안 레들이 말신커스를 그 수도원에서 만났다고 하는 그날에 말신커스가 투린에 있었음을 확인했다.

아론왈드는 국무성의 가장 높은 차원에서 다음 단계의 조사에 대한 승인을 얻어야 했다. 검찰총장 리차드 클라인딘스트는 확대되고 있는 워터게이트 스캔들에 집중하고 있었다. 그는 여전히 바로 재선된 대통령에 대한 조사 권한을 가지고 있었다(다음 5월 특별 검사로 임명될 예정이었다).

바티칸에 접근할 때였다.

아론왈드의 말이었다.

이것은 매우 특별하고 매우 민감하다. 특별히 말신커스가 조사의 핵심이 되는 까닭이었다.[87]

아론왈드는 무척이나 분주한 법무성에서 이 사건이 계류될까봐 염려했다. 정말 다행스럽게도 몇 주 후 진행해도 된다는 허락을 받았다.

아론왈드 뉴욕 남부 담당 미국 변호사 위트니 노스 세이무어 Jr.는 뉴욕 추기경 테렌스 쿡과의 만남을 주선했다.[88] 이는 너무 민감한 일이기에-그 상세한 내용이 처음으로 여기에 드러났다-정부 조사관들과 교회 관리들은 대교구의 본부나 정부 건물에서 만나지 않고 42번 스트리트와 5번 에비뉴에 있는 뉴욕 공공 도서관의 가장 큰 연구 부서 안의 개인 회의실에서 만났다.

우리는 추기경 쿡에게 몇 가지 조사의 세부 사항을 설명했다. 이는 매우 불편했는데 그가 말신커스와 친했기 때문이었다.

아론왈드의 회고다.[89]

추기경 쿡은 워싱톤 D. C.의 교황 사절을 접촉하는 것에 동의했다. 몇 주 후, 교황 대리대사인 대주교 쟝 야도는 미국 조사관들에게 자신이 바티칸의 관리들과의 오프더레코드 회합을 주선했다고 말했다.

법무성은 FBI의 충고를 따라 그 팀으로 아론왈드, 타마로, 윌리암 린치를 택했다. 린치는 워싱턴 D. C. 소재의 법무성 조직 범죄 협잡 부서의 장이었다. 코피는 자신이 제외되었다는 것에 화가 났다. 뉴욕 경찰 형사들은 조사를 개시했다. 코피는 이를 잘 알았다. 하지만 법무성으로부터의 명령은 확실했다.[90]

1973년 4월 25일, 로마 주재 미국대사관의 FBI 연락책이며 말신커스의 좋은 친구인 톰 비아몬트가 그 사람들을 바티칸으로 데리고 왔다. 규율에 엄격한 부총리인 대주교 베넬리가 그들을 환영했다.

유럽으로 가는 것은 내 처음이었다. 나는 조금은 불안했다. 브루클린 출신의 유대인 아이였기 때문이었다.

아론왈드의 회고다.[91]

처음 그는 우리에게 추기경 국무총리가 바쁘다 말했다.

타마로의 회고다.

그리고 비록 우리가 큰 방에 있었지만, 우리 모두는 하나의 작은 장의자에 앉으라는 말을 들었다. 탁자도, 우리의 서류들을 펼칠 아무것도 없었다.[92]

베넬리는 그들에게 자신의 참모 세 사람을 소개했다. 국무원의 보좌역(나중에 추기경이 되었다)인 에드알도 마티네 소말로가 바티칸 사절을 인도했다. 통역자는 저스틴 리갈리 경(현재 필라델피아의 명예 추기경이다), 칼 조세프 라우버였다(훗날 리히텐스타인과 룩셈부르크의 대주교이며 교황 대리대사다).

우리는 광범위한 조사와 우리가 찾고 있는 것을 정해놓고 시작했다. 이는 상당히 빨리 논쟁적인 회의가 되었다. 이는 어떤 점에서는 어색했다. 빌 린치는 좋은 사람이지만 말 그대로 철저히 가톨릭 신자였기 때문이었다. 그는 매우 편해 보이지 않았다.

아론왈드의 말이다.

타마로가 가장 어렸다.

하지만, 그는 조사의 세부 사항을 설명하는 자였다.

나는 내 무릎에 파일 뭉치들을 펼쳐놓았다. '우리는 이것 저것이 필요합니다'고 말할 때마다, 그들은 정말로 답하려 하지 않았다.

그의 말이다.[93]

타마로는 마티네에게 레들이 제공했던 바티칸 머리글씨의 편지들이 진짜인지 가짜인지를 밝혀달라고 물었다. 그는 거절했다. 위조 회사채와 증권의 명단을 보여주면서 그가 그것들 중 어느것이라도 들어보았느냐고 물었다. 마티네는 이의를 제기했다.[94]

어느 순간 나는 우리가 어떤 특별한 것을 알 필요가 있다고 말했다.

왜냐하면, 우리는 어떤 도움을 얻기 위해 거기 있었기 때문이었다.

하지만 그들은 그냥 듣기 위해 온 것 같았다. 이때 그는 대답하고 나는 이것이 짧고 간결하기에 이를 분명하게 할 수 있었다. 그는 '절대로 아니요'라고 말했다. 통역자는 우리에게, '우리는 우리가 할 수 있는 한 여러분을 돕기 위해 여기 있습니다'고 말했다. 나는 정말로 열 받았다. 나는 내 파일 뭉치들과 서류를 꽝 닫고는 일어나 떠나려 했다. 하지만 린치가 나더러 가만히 있으라고 명했다.[95]

타마로의 말이다.

그런 대치 사태가 몇 분 동안 계속됐다.

그런 다음 회의는 끝났다는 매우 간결한 말을 들었다. 우리가 말할 수 있는 것은 그들이 전혀 기뻐하지 않았다는 점이다. 그들은 이 전체적인 문제가 바티칸에 무척 당혹스러운 것이 될 수 있음을 알았기 때문이었다.

하지만 희소식은 우리가 다음날 직접 말신커스를 만날 수 있다는 말을 들었던 점이었다.

아론왈드의 기억이다.[96]

> 그들은 우리를 철저히 무시했다. 우리가 그 방을 떠나려는 순간, 린치가 그들에게 교황의 축복을 받은 묵주를 받지 않으면 자기 애들에게 갈 수 없다고 말했다. 리갈리가 문제없다고 말했다. 그러면서 아론왈드와 나에게 우리도 원하느냐고 물었다. 아론왈드는 '그럼요, 나도 갖고 싶소'라고 말했다. 나는 '절대 아니요!'라고 말했다. 나는 너무 열 받아서 그들에게서 어떤 것도 받고 싶지 않았다. 그날 밤, 우리가 호텔에 돌아와 있을 때, 우리 모두는 적잖게 술을 마셨다.
> 나는 린치와 아론왈드에게 "오늘 그들이 우리를 철저히 무시했는데, 어떻게 당신들이 그들에게서 어떤 것을 받을 수 있소?"

타마로의 말이다.[97]

그 세 명은 3일을 기다린 후 바티칸으로 다시 불려갔다. 이번에 그들은 산타나 데이 파라프레니에리교회와 스위스 경비초소를 지나 사도궁을 향해 IOR이 있는 니콜라스 5세 타워로 인도되었다. 말신커스의 개인 비서 비토리아 마리곤다가 그들을 큰 사무실로 안내했다. 말신커스는 자기 책상을 돌아 나와 그들 각자와 뜨겁게 악수했다.

그 만남에 대한 그들의 첫 기술에서, 아론왈드와 타마로는 본 필자에게 그 주교가 **"마음을 무장 해제시키는, 전적으로 매력있는,"** **"보통의 남자,"** 왜 그들이 거기에 있는가에 대해서는 **"매우 차가운"** 자였다고 말해 주었다.[98] 그들은 그가 **"주교보다 경호원"**처럼 보였으며, 그가 했던 첫 번째 일들의 하나는 그들에게 술잔을 주는 것이었다. 그는 향수에 젖듯 미국에 대해 말하며, 로마와 바티칸의 이야기로 그들을 융숭히 대접했다.

하지만, 대화가 범죄적 조사에 대한 것이 되자 말신커스는 경계 태세였다. 한 순간 그는 상냥한 목소리를 바꾸었다. 즉 **"보시오, 나는 당신들에게 어떤 것도 말할 이유가 없소!"** 그 다음 오랜 정적 후, 그는 다시 웃으면서 다음과 같이 말했다.

하지만, 나는 하겠소. 왜냐하면, 나는 FBI와 협력하기를 원하기 때문이오.[99]

말신커스는 모든 혐의를 "터무니 없는 것"으로 일축하며, 그런 혐의들을 불러일으키는 자들은 교황청 내의 적들과 같은 자들이라고 말했다. 그들은 그가 그곳에서 미국인임에도 승진하여 IOR을 운영하고 교황과의 가까운 개인적 관계를 가진 것을 질시하는 자들이라는 것이다.

말신커스는 그들에게 레들의 친구인 **"백작"** 마리오 폴리니 마리오 포나사리 경은 두 번의 큰 거래에서 IOR의 관심을 끌려고 노력했다고 말했다.[100]

포나사리가 죽은 후 폴리니가 바티칸은행 내부에 부패의 소문을 퍼뜨렸다고 말신커스는 주장했다.[101] 말신커스는 신도나를 안다고 인정했다. 미국 조사관들에게 자신은 이 시실리 금융인이 **"금융 문제에 관한 한 시대를 앞서 가는"** 자라고 말했다.[102] 주교는 레들과의 만남을 한사코 부인했다.[103]

말신커스는 많은 질문에 대체적으로 부인함으로써 답했으며 예리한 질문은 피했다. 그는 때로는 어떠한 정보도 제공할 수 없다고 말했다. 그 이유는 은행의 비밀 유지법과 수탁자의 의무 때문이었다. 특정 증권에 대한 질문에 그는 자신이 준비한 목록을 만들어 그것들이 교회의 소유임을 보여주려 했다.

물론, 법무성의 목록 상에 있는 것은 포함되지 않았다. 이 목록은 국무성의 비협조적인 신사들에게 며칠 전에 보여주었던 것이었다.[104] 회의 말미에 그는 몸을 앞으로 기울이며 세 사람에게 자신은 위조 증권을 IOR에 예치하는 어떤 음모의 일원도 되지 않을 것임을 확신시켰다.[105] * [106]

> 우리는 그 주장에 대한 진실성 또 다른 어떤 것인가에 대한 확신도 없이 떠났다. 우리는 우리 사건에 더해진 증거를 가지고 바티칸을 떠나지 못했다. 우리는 어떤 무죄 증거도 갖지 못했다. 우리가 갖은 모든 것은 말신커스의 순진함에 대한 항변이었다. 우리는 우리가 아는 많은 것을 그에게 제시했고, 그의 반응을 판단하기를 원했다. 우리의 바람은 그가 그런 것들을 설명할 수 있었으면, 그가 말을 실수해서 우리를 도울 어떤 것을 말했으면 하는 것이었다. 그는 어느것도 하지 않았다.[107]

그 사람은 조사가 멈춘 것을 알았다. 그들이 말신커스의 협조 없이는 밝힐 수 있는 것은 없었다. 주교는 미국 조사관들이 IOR의 기록물 접근을 허용하려 하지 않았다. 타마로는 말신커스가 그 자신이 계획한 대로 했다고 느꼈다. 곧 조사관들을 홀려 그들을

도울 어떤 정보도 제공하지 않는 계획이다.[108]

검사들은 미국에 돌아와 조사를 마무리 했다. 아론왈드는 정부 기소건을 대배심원에 제시했다.†[109] **1973년 7월 11일**, 16명의 피고인들(미국인 9명과 유럽인 7명)이 21페이지의 기소장으로 기소되었다. 기소장에는 **"협잡 행위의 방식으로"** 공모하여 도난 당하고 위조된 증권들을 이탈리아, 스위스, 독일, 벨기에, 파나마 캘리포니아에서 유통시킨 혐의가 기록되었다.[110]

레들, 리쪼 **"백작"** 폴리니는 모두 거명되었다(기소장이 발부될 즈음에, 리쪼는 이 사건과 무관한 마약 거래 사건으로 20년 형을 받았다).[111] 그의 부재가 두드러진 자는 제노바의 범죄 두목인 마테오 드 로렌조였다. 조사관들은 그를 기소할 충분한 근거를 만들지 못했다. 말신커스에 대해서도 마찬가지였다.[112] 아론왈드는 비공개 조건으로 「월 스트리트 저널」 기자에게 바티칸 내의 기소받지 않고 거명되지 않은 **"신부복의 사람"**이 그 불법적 계략의 실체적 역할을 했던 것으로 의심되었다고 말했다.[113]

> 결국, 우리는 말신커스를 기소할 충분한 것을 갖지 못했다. 우리의 조사는 그의 혐의를 벗기지도 증명하지도 못했다. 혐의들은 저기에 달려있는 채로 있었다. 우리는 말신커스에게 깨끗한 건강증명서를 줄 수 없었다.[114]

아론왈도의 말이다.

바티칸 내부에서 말신커스를 깎아내리는 자들은 그 조사의 잠재적인 당혹스럼을 활용해서 그를 IOR의 총재에서 축출하려는 로비를 했다. 교황은 심지어 이를 생각하는 것도 거절했으며, 대신에 그가 기소되지 않는 까닭에 미국인들이 그에게서 모든 악의적인 소문들을 걷어가게 했다고 여겼다.

제17장

신도나의 붕괴

말신커스의 **1973년** 문제, 즉 미국 '증권거래위원회'(SEC)와의 문제, 미국 법무성과의 위기일발은 이탈리아 내에 혼돈스런 배경을 유발시켰다. 국내의 테러리즘과 금융 불안정성은 때로는 그 나라를 무정부의 가장자리로 밀어내고 있었다. 비록 이탈리아인들이 자기 나라의 정치-제2차 세계대전 후 17번의 정부 교체-에 대해 음악 의자 놀이 (musical-chair) 같은 성격에 익숙해졌을지라도, 대부분은 국가의 자신감을 흔들고 금융시장을 불안하게 만드는 점증하는 폭력에 준비되어 있지 않았다.

북베트남을 향한 미국 공습에 대한 반미 감정은 전투적인 좌파 운동에 불을 붙였다. 공산주의자 주도의 볼료나에서는 시의회가 극단적 크기의 미국 정부 모형인 "아버지 소이탄"을 불태우는 것으로 새해맞이 하기를 투표했다.[1] 극단주의자들이 2주 후 우익의 국가전위운동의 밀라노 사무실에 폭탄을 던졌다.[2]

3월, 어떤 무정부주의 그룹이 46세의 말라노 실업가를 공개 처형하고 자신들의 소행임을 주장했다. 4월, 점증하는 중동의 긴장이 그 나라에 파급 효과를 주었다. 한 팔레스타인 과격파가 이스라엘 항공사 엘 알의 종업원을 한 시내 백화점의 많은 군중 앞에서 총을 쏴 살해했다.[3] 그 이후 네오-파시스트들이 파두아의 유대인 회당을 불질렀다.[4] 다음 달에는 한 밀라노 은행에서의 폭탄으로 두 명이 죽었다. 며칠 후 한 무정부주의자가 살해당한 경찰관을 추모하는 장례식 군중에게 수류탄을 던져, 두 사람이 죽고 45명이 다쳤다.[5]

이런 사건들 중간중간에 이탈리아의 큰 도시 내에서는 네오-파시스트와 공산주의자 간에 길거리 싸움이 잦았다. 부유한 이탈리아인들의 납치가 급증하고(7월, 존 폴 게티 3세의 납치는 로마 심장부의 사람 붐비는 파네세광장에서 일어난 일로 누구도 안전하지 않다는 감정을 키웠다), 마피아 관련 폭력이 급증했다. 그 예로 유명한 경찰 조사관을 그의 로마 집 앞에서의 대담하게 암살한 일이었다.[6]

이런 암담한 국가 분위기에 더해서, 경찰은 거의 체포하지 않았다. 이탈리아인들은 법의 집행이 무능하거나 타협된 것으로 판단했다. 밀라노의 수류탄 투척 사건 이후 정부는 매우 당황해서 미국, 영국, 프랑스, 스위스, 이스라엘의 경찰에 도움을 요청했다.[7]

대중적 신망의 상실은 7월에 수상 쥴리오 안드레오티의 사임을 가져왔다.[8] 차기 연합 집권당은 정부에 대한 믿음을 거의 회복하지 못했다. 많은 자에게 정부는 이 사태에 책임이 있는 동일한 정치가들이 자리만 바꾼 것처럼 보였다. 지오반니 레오네는 세 번째 대통령이 되어 돌아왔다. 마리아노 루모르(Mariano Rumor)는 네 번째 수상이 되었다.[9] 무솔리니 행동대라고 불리는 우익 분파가 밀라노의 몬다돌리출판사 본사에서 두 개의 폭탄을 투척함으로써 새 정부를 맞이했다.[10]

국제적 긴장도 도움이 되지 않았다. 그해 9월, 무하마르 가다피 대령의 공군이 이탈리아 전함을 공격했는데, 그 전함이 리비아 해안에 지나치게 근접한 채 항해했기 때문이었다.[11] 2-3주 뒤에 이집트와 시리아의 이스라엘에 대한 기습 공격은 욤 기푸르 전쟁을 촉발시켰다.

닉슨은 그 전쟁 중 미국 전투기를 이스라엘에 재공급하지 말아 달라는 사우디 왕의 요청을 거절했다. 아랍 국가들은 미국, 일본, 이탈리아를 포함한 서방 대부분 국가에 제일차 석유판매 금지를 선언했다.[12] 유가는 일주일 만에 두 배가 되고, 계속적으로 올라 몇 년 사이에 10배로 급증했다.[13]

기름 공급 부족은 금수 조치를 당한 모든 국가들에 심각한 문제를 초래했다. 이탈리아는 11월 개인 석유 판매를 10% 줄여야 했다. 그 결과 주유소마다 사람들이 줄을 서서 자기 차례를 기다려야 했다., 정부는 석유 공급을 배당하기 시작했다.[14] 석유 파동은 이미 연약한 이탈리아 경제를 불안하게 했다. 높은 인플레이션과 함께 심화된 경기 불황의 두려움이 이탈리아 주가 지수를 강타했다.[15] 이탈리아인들은 석유 부족으로 인해 제2차 세계대전 후 가장 혹독한 겨울을 견뎌야 했다. **「뉴욕 타임스」**는 **"이탈리아에서는 '감미로운 인생'(la dolce vita)의 끝에 대해 이야기하고 있다"**고 썼다.[16]

크리스마스 바로 전에, 팔레스타인해방기구(PLO)에 의한 로마공항에 대한 피의 공격은 가혹한 현실 상황을 암울한 연말 분위기로 만들었다. 세 차례 총격과 수류탄 공격으로 32명이 사망했다. 이는 보안군을 특별히 미숙하게 보이도록 만들었다.[17]

교황 바오로 6세의 성탄 메시지는 그의 교황직 이후 가장 진지했다. 그는 이탈리아인들에게 더 이상의 폭력과 무질서에 빠지는 국가 사태를 방지하는 데 일치해 달라고 호소하며 "마피아 스타일의 정신 자세"를 거절하라고 촉구했다.[18]

그런 만연한 비관주의 속에서, 많은 선도적 이탈리아 기업인은 안정을 찾아 외국을 바라보았다. 신도나와 칼비는 **1973년 봄**에 아르헨티나가 그런 기회를 보여주었다고 생각했다. 이탈리아의 야단법석이 불거질 때, 후안 페론이 18년의 망명을 마치고 부에노스 아이레스에서 권좌에 복귀했다. 비밀의 프리메이슨 P2 지부를 운영하며, 신도나와 이탈리아의 최고 기업인과 정치가를 회원으로 모집한 리치오 겔리가 배후에서 페론을 돕고 있었다. 그 두 사람은 페론이 스페인에서 망명 중일 때인 **1971년**에 만났다.

페론은 그의 대리인들이 총선에서 승리한 그날에 겔리와 함께 알리타리아행 비행기를 타고 부에노스 아이레스로 갔다.[19] 페론은 카사 로산다 대통령궁으로 들어가지 않았다. 이때 신도나가 겔리에게 말했던 것은 아르헨티나의 거대한, 거의 개발되지 않는 천연자원을 감독하기 위한 컨소시엄을 구성하자는 것이었다.[20]

겔리(페론은 그를 명예 총영사로 불렀다)와 신도나는 아르헨티나를 도와 남미의 폭넓은 좌파적 경향을 막을 수 있다고 생각했다. 칼비 역시 암브로시아노도 아르헨티나에 큰 현지법인을 세울 것을 제안했다. 그는 그들 이탈리아인들이 페론과의 특수한 지위를 이용해 거대한 수익을 얻을 수 있다는 기대 때문이었다. 신도나는 칼비와 겔리의 만남을 주선했다.[21]

> 칼비는 남들에 대한 주술적 힘을 열렬히 믿었다. 그는 그들의 첫 만남에서 겔리에 휩쓸려 제정신이 아니었다. 그는 겔리와 P2가 이탈리아와 해외에서 자신에게 헤아릴 수 없는 도움이 될 것이라 믿었다.[22]

나중에 신도나가 어느 기자에게 한 말이다. 그는 겔리와 그 힘있는 동지들이 제안하는 **"보호 감정"**을 좋아했다.[23] 겔리는 칼비를 **"진지하고 지적이며 복잡한 자"**로 판단했다.[24] 칼비는 P2(프리메이슨)에 가입했다.[25]

신도나는 말신커스에게 전화해서 IOR(바티칸은행)이 새로운 모험 투자에 나설 것인지를 알아보았다. 말신커스는 그 생각을 좋아했고, IOR을 암브로시아노의 아르헨티나 사업을 돕는 일에 수탁은행이 될 것을 제안했다.[26] 신도나와 말신커스는 이탈리아의 외환 규제에서 자유롭게 영업하기 위해서 새로운 투자 과정에서 사용될 수 있는 역외 회사들의 목록을 만들었다.

나는 말신커스에게 말해서 코스타리카의 법률가들을 접촉하라고 했다. 그들은 뉴욕의 시티코프 런던의 바클레이은행을 위해 비슷한 일들을 조직했던 자들이었다.

나중에 신도나의 회상이다.[27]

그 거대한 확장 계획은 일찍 역풍을 맞았다. 페론은 정치적 내분으로 좌절되었고 이는 이탈리아와 비견되거나 그 이상이었다. 권력에 대한 배후 싸움으로 인해 신도나, 칼비 말신커스는 병든 77세의 페론이 그들의 새로운 프로젝트를 승인하기를 기다려야 했다.

신도나는 조바심이 났다. 그는 아르헨티나 투자에 대해 열심히 일했으나 그 지연은 화가 나는 일이었다. 그는 동료들에게 불평했다. 자기 조국 이탈리아는 불안정에 시달려 사업가들이 장기 계획을 수립하는 데 어렵게 만든다는 것이었다. 그의 나쁜 기분에 더해서 그는 최근에 크게 공론화된, 오랜 역사의 이탈리아 지주 회사 바스토기의 적대적 인수에 실패했다.[28] 거의 1년 동안 신도나는 어떻게 이탈리아를 벗어날 것인가를 논의했다.

스위스가 그의 가장 좋은 선택지처럼 보였다. 스위스가 밀라노에서 가까울 뿐만 아니라 그는 이미 제네바에 오층 아파트를 갖고 있었다. 이것은 불스가(街)에 있는 빌딩으로 그의 피나뱅크의 스위스 본점으로 사용되고 있었다.

하지만, 전년 11월의 닉슨 재선은 그를 미국으로 향하도록 했다.

1973년 초 즈음에 신도나는 뉴욕 피에르호텔에 있는 센트럴파크가 내려다보이는 전망 좋은 3십만 달러짜리 아파트를 구입했다.[29 * 30]

신도나가 말신커스에게 자신의 이사 계획을 말했을 때, 주교는 아래와 같이 말했다.

> 이봐! 당신이 여기 이탈리아에서 사업하듯 거기서도 사업한다면, 당신 감옥 행이야. 알아?
>
> **다른 법, 다른 기준 때문이야.**[31]

말신커스의 경고에도 그는 재고하지 않았다. 그는 450파크 에비뉴(avenue)에 본사를 열었다.

미국은 신도나를 금융 귀재로 환영했다. 하버드대학교 경영대학, 시카고대학교, 카네기 멜론이 그에게 강의를 요청했다. **1974년 1월**, 이탈리아 주재 미국대사 존 볼피는 그에게 **올해의 인물상**을 수여했다.[32]

신도나가 공개적으로 말하지 않았지만, 오직 그와 그의 소수 최측근 참모들만 알았던 것이 있었다. 즉, 그의 이탈리아은행 제국이 큰 자금 압박 하에 있다는 것이었다. 「포춘」이 전년도 4억 5천만 달러의 순자산을 가진 자로 못박듯 평가했던 그는 외환 거래에서 상당한 서류상의 손실을 보유하고 있었다.[33]

급락하는 주가와 국제 신용 경색으로 인해 그는 자신의 악성 투자를 덮을 수 있는 충분한 자금을 모을 수 없었다.

아르헨티나 프로젝트에 대한 진척도 없는 상태에서 신도나는 반카프리바타피난지아라–이 은행에 말신커스와 IOR은 소액 지분을 갖고 있었다–와 그의 '반카유니오네'(Banca Unione)를 합병하여 새로운 금융 기관 '반카프리바타이탈리아나'(Banca Privata Italiana)를 만들었다. 그는 이 합병으로 이탈리아 규제 당국이 그의 은행들이 갖는 위험의 정도를 발견하지 못할 것이라 기대했다.[34]

하지만, 이탈리아은행 총재인 귀도 칼리가 이미 신도나의 복잡한 금융 제국의 광범위한 조사를 허락했었다.[35] 그의 사업에 대한 압력에도, 교황 바오로 6세와 몇몇 기독민주당 정치지도자는 신도나에게 이혼 권리를 막으려는 국민 투표를 위해 기부를 요청했다. 그는 2백만 달러를 기부했다.

교회와 보수 정치가들은 그 5월 그 국민 투표에서 졌다. 투표자 60%가 시민의 이혼이 합법적이어야 한다는 생각에 찬성했다.[36][*][37]

1974년 5월, 신도나의 미국 투자는 그 첫 번째 균열을 보여주었다. 프랜크린내셔날은 외환 거래 손실이 거의 3천 9백만 달러에 이르렀음을 발표했다.[38] 은행의 외환 거래자들은 리라를 매도하려는 움직임과 거액의 달러를 매입하려는 움직임을 보였다.

하지만, 그 직후 시장은 반대 방향으로 움직였다.[39]

중앙 은행들이 고정 환율로 자국 환율을 더 이상 지원하지 않았기 때문에 그런 거래의 가격 변동폭은 더욱 컸다.

하지만, 어떤 은행들도 위험성을 관리하기 위한 거래 부서들에 대한 충분한 보호 장치를 발전시키지 못했다.[40]

신도나는 분노하는 것 같았다. 이사회가 그 손실을 인지한 직후, 프랭크린은행의 은행장 해롤드 그리슨이 그를 만났다. 그때 신도나는 **"우리에 갇힌 짐승처럼 왔다 갔다"** 하면서 욕을 퍼부으며 답을 요구했다.[41]

하지만, 그의 분노의 표시는 대부분 보여주기였다.

은행의 달러 대비 리라화에 대한 과감한 거래를 승인한 자는 신도나 자신이었다.[42] 프랭크린은행의 연속적인 3분기 손실 탓에 연방준비이사회(FRB)는 그 은행이 탈코트 내셔날과 합병하는 것을 거절했다. 그 은행의 실적 부진과 느슨한 내부 통제가 그 이유였다.

탈코트내셔날은 큰 미국 금융 회사로 신도나가 50%의 지분을 모았던 은행이었다. 비록 뉴욕 연준이 승인을 권고했으나, 모든 연준 이사들은 프랭크린은행이 건전한 탈코트의 자산과 유보금을 흡수할 것을 염려했다.[43] 프랭크린은행의 주요 관리들은 은행의 문제는 사기꾼 딜러, 높은 이자율, 약한 경제 과도한 맨해튼 임대료 등의 여러 이유로 인해 생긴 일시적 상황이라고 주장했다.[44]

하지만, 규제 당국자들은 이를 받아들이지 않았다.

SEC, 연준 외환통제실(OCC)의 대표들이 5월 11일과 12일의 주말에 걸쳐 신도나와 은행의 주요 관리자들을 만났다.[45] 그들은 신도나가 은행을 안정화시키기 위해서는 5천만 달러의 유상 증자를 보증할 것을 강조했다.[46] 그는 동의했다. 비록 규제 당국자들 누구도 그에게 돈이 없다는 것을 알지 못했는데도 말이다.

프랭크린은행의 설립자 아더 로스가 신도나의 경험 부족을 제기했던 큰 경고가 선견지명이 있어 보였다. 그 월요일, 프랭크린은행의 이사회는 은행장과 부의장을 해임하고 주식 배당을 연기했다. 미국 은행이 분기 배당금 지불을 취소했던 것은 대공황 이래 처음 있는 일이었다.[47]

연준은 프랭크린은행에게 필요시에 자금을 선불하겠다고 발표함으로써 시장을 진정시키려 했다. 그 은행은 1억 1천만 달러를 차입했다. 이는 연준의 관리가 예상한 것 이상이었다.[48] 그날 오후 SEC는 회사가 제1분기 손실을 재산정할 때까지 그 은행의 주식 거래를 정지시켰다.[49]

신도나는 기회를 잡을 수 없었다. 그가 심각한 자금 경색에 빠졌다는 소문이 몇몇 큰 뉴욕 은행들로 하여금 그의 회사들과 거래하는 것을 반대하도록 만들었다.[50] 그해 초에, 샌디에고의 유에스내셔날이 미국 최초의 10억 달러의 파산 은행이 되었다. 이것이 미국 금융계의 신경을 날카롭게 만들었다.[51]

신도나의 문제가 복잡해진 것은 그가 자기 자신의 상당한 부를 집어넣는 것으로는 시장을 재확신시킬 수 없었기 때문이었다. 그의 4천만 달러의 프랭클린 투자는 이제 겨우 8백만 달러의 가치가 되었다. 이는 그가 10개월의 소유 기간 동안 그 주가가 80% 하락했기 때문이었다.[52] 게다가 수백만 달러가 칼비와 말신커스와의 벤처 투자에 묶여 있었다. 신도나는 칼비를 불렀다. 그는 암브로시아노의 회장과 합작 투자 형식으로 1천 8백만 달러를 갖고 있었다.[53]

칼비는 그 돈이 바티칸을 포함한 다른 회사들과의 사업상의 거래를 위해 쓰도록 되어 있는 까닭에 도와줄 수 없다고 주장했다.[54] 신도나는 화가 났다. 그해 6월 그가 이탈리아를 방문했을 때 신도나가 전화할 때마다 칼비의 비서가 대신 나섰다. 신도나는 칼비가 자신을 피했던 것에 놀라지 않았다. 암브로시아노 의장이 "나의 곤경으로 인해 놀랐다. 그는 나의 파트너로서 역시 몰락되지나 않을까 두려워했다"는 것을 그는 알았다.[55]

비슷하게 거리를 두는 것이 신도나와 말신커스 간에도 일어났다. 신도나는 나중에 아래와 같이 회상했다.

> **칼비처럼 그도 두려워 나에게서 손을 씻고 도망쳤다. 그의 뉴욕 방문시, 그는 나의 안부를 묻는 전화도 하지 않았다.[56]**

신도나가 소유한 벤츠는 더 이상 스위스 경비대의 검문 없이 바티칸 정문을 통과하는 몇 안 되는 차들 중 한 대가 아니었다.[57] 신도나가 알지 못했던 것은 말신커스가 그에게 구제 금융을 제공할 여분의 돈을 갖지 않았다는 점이었다. 그때 IOR은 너무 많은 현금을 칼비에게 투자했기 때문에 교회에게는 투자 침체의 충격을 완화해 줄 안전 장

치가 없었다.[58]

　같은 달에, 신도나는 로마은행(Banco di Roma)에 접근해서, 은행 의장인 마리오 바로네에게 자신의 이탈리아 은행들이 어려움에 있음을 인정하면서, 1억 달러의 차용을 요청했다.[59] 바로네는 그에게 1억 달러의 신용 한도를 주었지만, 그 돈은 프랭크린은행의 구제 금융이 아니라, 신도나의 이탈리아 영업의 안정화에만 쓸 수 있는 제약이 있었다.[60] 신도나는 그의 이탈리아은행의 주식들을 담보물로 제공해야 했으며, 역시 그의 건설 복합 기업인 SGI의 1억 주를 제공해야 했다.[61] 자금 대출의 추가적 조건으로 로마은행은 자체의 SGI 관리팀을 임명할 권리를 갖었다. 이는 신도나의 오랜 친구인 의장 칼로 보도니의 사임으로 이어졌다.[62]

　신도나는 2주 만에 바로네에게 돌아와 별도의 1억 달러를 요청했다.[63] 이번에는 그는 그의 은행들에 대규모 예금 인출(뱅크런)이 있다고 말했다. 그 은행들의 실패는 전 이탈리아은행 시스템에 영향을 줄 수 있었다.[64] 신도나의 시간 선택이 나빴다. 독일 규제 당국이 콜론의 우량 개인 은행들의 하나인 헤르스타트은행(Bankhaus I. D. Herstatt)을 청산했다. 외환 손실액이 5억 달러에 이르렀기 때문이었다. 헤르스타트의 붕괴는 모든 유럽 금융 당국자들을 더욱 경계하도록 만들었다.[65]

　두 번째 대출을 얻기 위해서는 이탈리아중앙은행이 이를 승인해야만 했다. 이때 신도나는 SGI에 대한 자신의 지배 지분의 나머지를 담보해야 했다.[66] 로마은행은 이탈리아은행에 가입해서 SGI로부터 신도나를 제거하는 길을 찾는 한편, 예금자들과 채권자들을 보호하기 위한 긴급피난 계획을 세웠다.[67]

　미국에서는 프랭크린은행의 재조정된 분기 수익은 은행이 **1974년** 처음 5개월 동안 6천 3백만 달러의 손실을 보았음을 보여주었다. 이는 은행이 바로 6주 전에 제공했던 안내서보다 약 2천 5백만 달러가 많은 것이었다.[68] FDIC(연방예금보험공사로 은행 예치금을 보험하는 업무를 맡는 미정부 기관)의 존경받는 전 의장, 조셉 바르(Joseph Barr)가 6월 20일 프랭크린은행의 CEO와 의장이 되기로 동의했다. 바르가 들어오자, 칼로 보도니는 이사회에서 물러났다.[69] 프랭크린은행은 연준에서의 열린 창구를 활용해서 바로 한 달 동안 12억 달러를 차용했다.[70]

　바르는 워싱턴 안에서 일하기 시작해서 프랭크린은행을 법정 관리에서 벗어나는 길을 찾고자 했다. 그는 이것이 결코 쉽지 않으리라는 것을 알았다. SEC는 프랭크린은행의 외환 거래를 전수 조사하기 시작함으로써 문제들을 복잡하게 했다. SEC는 그 거래들이 합법적인지 아니면 단순히 프랭크린은행과 신도나 소유의 스위스은행 아민코(Amincor) 간의 자산 바꿔치기 곧 은행의 대차 대조표를 인위적으로 조작하기 위한 모든 것을 나타내는가를 결정하려 했다.[71] SEC가 그 거래가 가짜였다고 결론을 내면, 프랭크린은행이 보고한 손실액은 상당하게 커질 것이었다.[72]

신도나의 좌절은 밀라노의 일간지 「일 코리에르 델라 세라」의 기자와의 인터뷰에서 터져나왔다. 그는 "금융은 내 존재의 열정이다"고 선언하면서, 자신을 비판하는 이탈리아 비평가들을 혹평했다.

> **그들은 특정한 죄목을 내놓을 수도 없으면서 비밀스런 사람이라는 이미지만을 띄우는 선전에만 열을 올리기 때문에 미국에서는 내가 제대로 평가받지 않고 있다.**

신도나가 깨닫게 된 것은 어떻게 그가 자신의 큰 부를 만들게 되었는가 하는 투명성의 부족이 단순한 호기심에서 더욱 이상한 추측으로 반전했다는 것이었다.[73]

신도나는 자금이 절실했다. 7월, 그는 자신이 아끼는 이탈리아 은행들 중의 하나인 일반신용은행을 한때 자신의 경쟁자들이었던 로마와 밀라노 금융인들에게 헐값에 팔았다.[74] 그는 대신에 수익이 나는 SGI를 다른 금융 지주 회사들 중 하나인 에딜센트로 스빌루포와 합병하고, 그 다음에는 기업 공개를 통해 많은 자금을 모으기를 원했다. 사람들은 SGI의 한 주라도 얻기 위해 줄을 설 터였다.

그러나, 실망스럽게도, 중도좌파 재무장관 우고 라 말파가 그의 신청을 거절했다.[75] 8월, 그는 함부르크 소재의 작은 은행인 볼프은행(Bankhaus Wolff)의 50% 지분을 현금화하려 했다. 하지만 그 은행은 신도나의 투자가 없다면, 영업을 지속하기에는 충분한 자금을 갖을 수 없었기 때문에 서독 당국은 그 은행 폐쇄를 강제했고, 법정 관리 상태에서 그의 자금을 묶어버렸다.[76]

볼프은행의 실패는 신도나의 수고 가운데 바티칸이 공개적으로 드러나는 첫 번째가 되었다. 서독 신문은 IOR이 그 은행의 붕괴로 **"상당한 금융 손실"**을 입었다고 전했다. 계속되는 뉴스에 바티칸 대변인의 성명이 발표되었다. 신부 폴 하심은 IOR이 신도나의 반카유니오네에 **"극히 제한된 이해"**를 갖고 있다고 말했다. 유니오네는 그 독일 은

행의 지분을 소유한 은행이었다.[77]

그해 9월, 신도나는 현금에 쪼달려 자신의 탈코트(Talcott) 주식을 5천 6백만 달러에 팔았다. 그 주식은 전년도에 2천 7백만 달러를 들여 산 것이었다.[78] 그의 금융 제국에 첫 균열이 나타난 후 이제 5개월이 지났을 뿐이었다.

하지만, 의심할 바 없이 그는 지금 광범위한 공격을 받고 있었다. 그 첫 번째가 주주 소송의 홍수였다. 그들은 은행의 실적 저하가 태만과 경영의 잘못이라고 주장하며, 미국에 소송을 제기했다. 이탈리아에서는 중앙은행은 반카프리바타이탈리아나(Banca Privata Italiana, 역외 자본 투자[주로 달러와 미국채권]를 처리하므로 검은 귀족에게 매우 중요한 은행 - 편집자 주)를 청산할 것을 발표했다.[79]

양심적이고 정직한 것으로 명성을 가진 회사 변호사 조지오 암브로솔리(Giorgio Ambrosoli)가 청산인으로 임명되었다.[80] (일부 법률 전문가는 36세의 암브로솔리가 그런 복잡한 사건을 다루기에는 너무 경험이 없다고 생각했지만, 그의 성실성과 총명함은 곧 그들이 틀렸음을 증명했다.)

신도나의 51% 지분은 하룻밤 사이에 휴지 조각이 되었다. 이탈리아은행에 의한 청산 명령은 말신커스에게도 역시 나쁜 소식이었다. 그는 IOR의 상당한 투자를 반카 프리바타 이탈리아나뿐만 아니라 곧 폐쇄될 피나뱅크에 했다.[81] 말신커스는 리베르핀코(Liberfinco, 라이베리아 금융 회사)에서 신도나와는 익명의 동업자였다.

이 회사는 외환 거래만을 거의 전담하기 위한 피나뱅크의 자회사였다.[82] 두 은행은 수 개월 간에 자본금을 늘려, 법정 관리에 이르게 했다. 이는 말신커스가 교회 노출을 줄이게끔 했고, 새로운 부채를 질 수 있는 일부 선택 권리를 팔아버렸다.[83]

여전히 말신커스는 그런 실패들이 사기업 투자에서의 IOR의 가장 큰 손실을 결과하게 되었음을 알았다. 그는 드 스트로벨(de Strobel)과 멘니니(Mennini)에게 그 손실의 정도를 알아보라고 업무를 주었다.

그때쯤 이탈리아 당국은 신도나 은행의 손실이 나쁜 외환투기에서만이 아니라 은 가격에 대한 잘못된 투기에 기인한다는 증거를 밝혔다. 그런 거래들은 바하마와 케이만 지주 회사들을 통해 이루어졌다.[84] 조사관들은 처음에 손실액이 2억 달러 이상임을 날카롭게 지적했으나 나중에 손실은 3억 8천6백만 달러로 확정되었다.[85] 그와 별개로 이탈리아판 증권거래위원회는 신도나가 SGI에서의 나쁜 외환 거래로 또 다른 5천만 달러를 모았음을 발견했다.

9월 중순, 밀라노의 치안 검사가 신도나에게 그의 금융 거래가 어떤 법률을 위배했는가 하는 점을 조사 중이라는 고지서를 보냈다. 그 검사는 신도나에게 변호사를 선임하도록 충고했다.[86] 그 뉴스는 IOR과 암브로시아노에게 큰 실망을 안겨 주었다.

왜냐하면, 양자가 신도나의 역외 영업과 상당히 얽혀있었기 때문이었다.[87]

신도나가 사업의 귀재라는 민망한 표지 기사는 바뀌었다. 로마은행의 바로네는 기자들에게 말했다.

당신이 다른 사람의 돈으로 노름을 한다면 당신이 무엇을 하고 있는지를 알아야 한다. 말하자면 그는 금융적으로는 죽은 자다.

무기명의 스위스의 전 직장 동료가 「**뉴욕 타임스**」에 한 말이다.
미지의 "**로마 은행가**"가 그 신문에 말했다.

제국은 망했다. 이삭을 줍는 가운데 앞으로 10년 동안 변호사들의 밥벌이만이 있을 것이다.[88]

신도나는 9월 22일 프랭클린(Franklin)은행의 이사를 사임하며 자신은 대신에 "나의 다른 개인사에 주목하고자" 한다고 말했다.[89] 그는 자신의 사임이 연방 당국으로부터 일부 압력을 덜 수 있으리라 바랐다.[90]

하지만, 이는 너무 작고 너무 늦었다.

10월 동안, 그의 제국으로 남아있는 것은 붕괴되었다. 10월 3일, FDIC는 프랭클린은행의 법정 해제를 위한 바르의 11시간의 계획을 너무 값비싼 구제 금융 제안이라는 이유로 거절했다.[91]

신도나는 이것이 프랭클린은행의 끝임을 알았다. 대서양의 양쪽 뉴스가 암울했다. 6일 후, 밀라노의 검사들이 체포 영장을 발부했다. 신도나에게 부과된 혐의는 3년 전 반카 유니오네과 관련하여 허위 계정과 파산 사기였다.[92] 기소는 15년형의 가능성이 있었다.[93]

다음 월요일, 외환 통제실은 프랭클린은행의 지급 불능을 선언하여 미국 은행사에 당시 가장 큰 파산인 20억 달러의 기업 도산이었다.[94](그 다음 달, 연준 의장인 아더 번은 일상적이지 않은 통명한 말로 기자들에게 말하길, 프랭클린은행에 대해 미국과 해외 나라들은 "활화산 위에 앉아 있었다." "무엇보다 다행은 여기 미국과 해외에서 진짜 공포를 피했다"고 했다.)[95]

이탈리아은행은 그동안 신도나의 잔존 자산을 청산하기 시작했으며 개인 재산을 발견할 수 있는 한 몰수했다.[96] 일단의 이탈리아 건설사가 결국 로마은행으로부터 SGI를 사고자 최고 매수 가격을 제시했다(나중에 그들은 나쁜 통화와 상품 거래의 결과로 거의 1억 달러의 손실을 SGI에서 입었다).[97]

일주일 내 로마의 지검 사무실은 신도나가 이탈리아 주요 정당인 기독민주당에 거액을 기부한 것이 법에 위배되는가를 조사하고 있다고 밝혔다.[98] 신도나는 한 기자에게 다음과 같이 말했다.

만일 그들이 나를 재판한다면, 문제가 되는 이탈리아인의 절반이 감옥에 갈 것이다.[99]

범죄 기소 일주일 후, SEC는 그들의 5개월의 조사를 끝내고 신도나를 포함한 프랭클린은행의 9명의 전직 이사와 관리를 사기죄로 기소했다.[100] SEC는 특별히 어떻게 신도나가 스위스와 리히텐스타인 지주 회사들을 활용하여 프랭클린은행에서 "수익을 만들어 냈는지," 역시 어떻게 그 은행 돈을 그의 역외 가공 회사들에 분산시켰는지를 폭로했다.[101]

신도나는 SEC의 기소 무렵에는 도망 중이었다. 그는 제네바로 갔다. 그가 생각하기를 스위스는 자신을 이탈리아로 추방하여 화이트칼라 범죄로 재판에 세우지 않을 것 같았기 때문이었다.[102] 보도니와 그의 아내는 베네수엘라로 도주했다. 거기서 그는 훔친 돈의 일부로 3억 달러의 집과 시민권을 샀다.[103] P2의 리치오 겔리가 제네바의 신도나에게 전화해서 이탈리아 경찰이 그를 체포하기 위한 스위스 인터폴과의 거래 성사가 가깝다는 것을 경고했다.[104]

신도나는 자기 아내와 가정을 남겨두고, 스웨덴 출생의 15세 아래의 정부와 함께 자메이카로 도망했다. 거기서 그는 그녀에게 자신의 은행 비밀 계좌 몇 개에 대한 정보가 담긴 봉투를 주었다. 그녀는 혼자서 부에노스 아이레스로 갔고, 거기서 리치오 겔리가 그녀를 기다리고 있었다.[105]

페론이 지난 7월 죽었지만, 그의 아내 이사벨리타가 정부를 장악하고 있었다. 겔리는 부에노스 아이레스와 로마에서 영향력을 갖고 있었다. 신도나는 P2 수뇌가 이탈리아 검사들을 설득하여 물러나게 할 것이라 바랬다.

신도나의 다음 행선지는 홍콩이었다. 영국 식민지 홍콩은 이탈리아와 범죄 인도 조약을 체결하지 않았다. 자메이카에서 홍콩으로의 비행은 방콕을 경유했다. 신도나는 방콕이 이탈리아와 범인 인도 조약을 갖고 있음을 알았으나, 여정으로는 아무 문제 없을 것으로 기대하고 비행기를 바꾸지 않았다.

하지만, 비행기는 착륙한 직후 태풍으로 인해 돈 무앵국제공항이 폐쇄되었다. 지상에 내린 승객들은 관세를 통과해야 했고, 이는 신도나가 체포의 두려움을 갖게 했다.

하지만, 놀랍게도 인터폴과 이탈리아 경찰은 정보를 교환하지 않았다. 그는 당국의 보안 검사에서 통과되었다. 그는 하얏트 호텔에 투숙한 후 혹시나 누군가 신문 표지사진으로 자신을 알아볼지도 모르므로 밖으로 나가지도 않았다. 특히 「**인터내셔날 헤랄드 트리뷴**」(*International Herald Tribune*)이 그의 사진을 실었다.

나흘 동안이나 그는 방에 꼼짝 않고 있으면서 룸서비스를 주문하고 가족에게 몇 번의 전화를 했다.[106] 다행히도 방콕에서 출발한 것은 도착처럼 특별하지 않았다는 점이었다. 일단 신도나가 홍콩에 안전히 머물게 되자 그의 가족이 그를 방문했다.

하지만, 그곳에서 일주일 후 그는 이번에는 대만을 향해 다시 떠났다. 신도나는 87세의 국수주의 지도자 장개석과 친했다. 섬나라 대만은 신도나에게 잠정적인 정치 망명을 허락하고 그에게 대통령 금융 자문관이라는 직책을 주었다.

비록 이탈리아로의 추방은 면제 되더라도, 신도나는 미국의 기소와 추방 요청을 받을 수 있었다. 장개석과 홍콩 양자가 신도나의 반환에 대한 이탈리아의 요청을 묵살할 수 있지만 미국에 대해 그처럼 무관심한다는 것은 다른 문제였을 터였다. 그의 미국 변호사들은 그에게 연방 조사가 뉴욕에서 진행되고 있고 이탈리아 조사관들이 미국 검찰과 정보를 공유하기 위해 만났음을 알려주었다.

신도나는 한 달 동안 자신의 선택지를 고민한 후 아들들 중 한 명인 니노에게 미국으로 돌아가 이탈리아로의 송환을 반대해 싸울 것이라고 말했다. 그해 12월, 미국 관세청 요원이 JFK공항에서 신도나를 호위했다. 그와 그의 법무팀 머지, 로즈, 구쓰리 & 알렉산더는 이탈리아 요청에 맞설 변론을 준비했다. 신도나는 피에르로 돌아갔다. 나중에 그는 「뉴욕 타임스」에 자신은 "단돈 1달러의 자산도 없어서" 이탈리아 내의 친구들이 피에르의 스위트룸, 파크에비뉴 사무실, 머지 로즈 변호사들에게 지불할 돈을 보내주었다고 말했다.[107]

**미국은 이탈리아로부터 나를 보호해 줄것이다.
왜냐하면, 나는 뉴욕에서 미국의 이해를 언제나 보호했기 때문이다.**

신도나가 아들에게 한 말이다.

그곳에 내 친구들이 많이 있다. 나는 미국에서 이길 것이다.[108]

지구 반대편에서 말신커스는 이탈리아 내에서 이탈리아 신문이 말한 '끝장난 신도나'란 뜻밖의 사건으로 몇 가지 문제를 해결해야 했다. 널리 인정된 바는 신도나와 바티칸이 함께 사업을 했지만 누구도 어느 정도인지는 완전히 몰랐다. IOR은 신도나의 대부분의 스위스와 이탈리아 은행에는 소액의 지분을, 반카유니오네에는 제일 큰 지분을 갖고 있었다.

말신커스 역시 신도나가 외환 거래에 수백만 달러를 투자하는 것을 허락했다. 스위스가 신도나의 제네바 거점의 방크드피낭스망의 문을 닫았다. 신도나에게 가장 안전한 은행 중 하나였던 이 은행이 그 거래에서 엄청난 손실을 입었을 때 「뉴욕 타임스」는 **"그 은행의 상당한 규모가, 전하는 바로는, 바티칸에 의해 보유되고 있다"**고 썼다.[109] 로마은행은 주식의 1/3을 가졌다.

신도나의 붕괴 과정에서, 이탈리아인들은 로마교회가 얼마나 많은 돈을 잃었을까 하는 추측 게임에 몰두했다. 어떤 자들은 이를 최고 7억 5천만 달러(2014년 기준으로 39억 달러)에 이른다고 했다. 바티칸은 오직 **"제한된 정도"**로 손실을 입었다고 말했다.[110] 교황은 다섯 명의 추기경으로 구성된 위원회를 세워 얼마나 많은 손실이 일어났는가 조사하게 했다. 그 위원회는 이탈리아의 한 저명한 주간지 「파노라마」가 모든 추기경이 바오로 6세가 말신커스를 갈아야 한다고 권면했다고 보도한 때로부터 겨우 두세 달이 지난 후 들어섰다.[111]

무기명 출처를 인용하며 그 주간지는 교황이 그해 9월 말신커스를 만났으며 그가 다른 자리로 이동할 때까지 그 직을 권한 없이 유지하게 했다고 말했다.[112]

이는 사실이 아니었다. 말신커스는 이 이야기가 그의 많은 적들 가운데 하나에 의해 유포됐다고 믿었다. 그는 파노라마가 가판대를 뒤흔든 다음 날에 간단한 부인으로 그 손상을 막으려고 했다.

그 잡지 기사는 전부 허구와 상상이며 사실상 전혀 근거가 없다. 나는 오랫동안 나의 자리 바꿈을 예상하지 않는다.[113]

역시 그는 IOR이 신도나의 파산으로 수억 달러를 잃어버렸다는 보도들을 묵살하고 약간의 **"서류상의 손실"**만이 있다고 주장했다.[114]

1975년 1월, 교황은 교회가 제안한 연간 예산을 거부히면서 IOR의 손실은 "성좌가 감당하기에는 큰 짐, 너무 무거운 짐"을 만들었다고 결론지었다.[115] 새로운 예산은 상당한 삭감이 포함되었다.[116]

1월 30일, 마시모 스파다-신도나를 위해 일하기 전 IOR에서 노가라와 마이야르도 밑에서 일했던-가 뉴스 주간지 「**레스프레소**」(*L'Espresso*)와 인터뷰를 가졌다. 여기서 그는 바티칸이 5천 6백만 달러나 교회의 유동 자산의 10%를 잃어버렸을 것이라 추정했다.[117] 스파다의 추정치는 상당한 신뢰를 얻었다. 이는 그가 그룹 신도나를 위해 합작 투자로 전직 IOR의 동료들과 함께 일했기 때문이었다.

스파다는 다음 사실을 폭로함으로써 바티칸에 대한 대중의 압력을 더하게 했다. 즉, IOR의 최고 외환 전문가 중 하나가 리라화 매도와 달러 매입 거래를 좋아했으며, 그의 새로운 부업으로 교회는 약 1천만 달러를 잃었다고 했다(스파다는 그 이름은 밝히지 않았다).[118] IOR 내에서 말신커스, 멘니니, 드 스트로벨은 그들이 얼마나 잃었는지를 알아내고자 힘썼다.[119]

신도나는 말신커스 주교가 자신은 교회를 위해 사건을 악화시킬 어떤 말도 하지 않으리라는 것을 알아주기를 원했다. 그는 언론을 활용해 말신커스에게 메시지를 전했다. 그는 「**비즈니스 위크**」에 이렇게 말했다.

나는 도덕적으로, 윤리적으로 올바른 방식으로 행동했다. 나는 원칙과 내 가족을 위해 싸우고 있다. 나는 내 친구들에게 그들이 나를 신뢰한다면 그들이 맞다는 것을 보여주고자 원한다.[120]

그리고 그는 뉴욕 홍보 담당자 프레드 로젠을 고용하여 자신의 훼손된 명예의 손실을 회복코자 노력했다. 그가 로젠을 선택했음은 그 홍보관이 「A.M.」, 「로젠탈」, 「뉴욕 타임스」의 편집장과 친했던 까닭이었다.

신도나는 단순하게 로젠을 고용하면 그가 그 신문사의 표지에 우호적으로 영향을 끼칠 수 있으리라 생각했다.[121] 로젠의 도움으로 신도나는 4월 중순 명예 회복 여정을 시작하여 와튼(Wharton)대학원생들에게 **"오일 달러의 환영"**이란 타이틀의 강연을 시작했다.[122]

이것은 프랭클린은행의 붕괴 이후 그의 첫 대중 출현이었고 당연히 많은 매체의 표지를 장식했다. 그는 **"세금 전문가"**라고 소개될 때 약간 신경질적인 웃음을 지었지만 그의 35분 동안의 연설에서는 하나의 새로운 주제를 강조했다.

「뉴욕 타임스」가 **"미국 경제 힘의 호소력 있는 변호"**라고 이름 붙인 주제였다.[123] 어떤 자들은 이것이 역설적이라고 생각했다.

왜냐하면, 신도나는 체이스맨해튼사(The Chase Manhattan), 스위스연방은행(UBS), 런던의 로이드보험사의 외환 거래에 있어서 **"분식 회계"**와 **"무모한 도박"**을 비난했기 때문이다.[124] 와튼대학원(Wharton Graduate School)은 그해 봄과 여름에 그가 한 일련의 강의 장소 중 첫 번째 장소였다. 그는 이후 하버드대학교, 시카고대학교, 콜롬비아대학교, UCLA에서 강연했다.[125]

6월 뉴욕대학교에서, 신도나는 정부의 구제 금융을 국가 경제를 불안정하게 하는 것으로 비난하며 정부는 그 기업들의 잘못을 떠안는 것은 실수라고 말했다.[126] 그는 자신의 강연 내용이 국제 경제에 집중되도록 노력했고 자신의 법적 문제에 대해 어떤 질문도 받지 않았다.

하지만, 말신커스를 달래는 대신에 신도나가 본국 송환을 저지하기 위해 싸우는 중에 저자세를 취하지 않는 태도는 상당한 실망을 불러 일으켰다.[127] 도망자 금융인이 계속 뉴스거리였다. 그가 밀라노 지방 검찰에 이탈리아중앙은행 총재가 기소될 수도 있

는 정보를 주었다는 소문도 있었다.[128]

신도나는 그가 자신의 은행들을 청산했다고 비난했다. 4월, 자신의 오른팔인 칼로 보도니를 포함한 8명의 프랭클린은행 전(前) 동료 간의 공무 집행 방해와 사기 음모 등 76개 혐의의 연방 기소로 신도나는 신문의 표지 장식에서 곧장 벗어날 수 없었다.[129]

많은 이야기 중에서 바티칸의 신도나와 갖은 거래의 정도에 대한 추측, 로마교회의 사업 범위의 크기에 대한 의문이 갈수록 커져갔다. 바티칸시공국의 큰 부에 대한 보도는 베드로성금 기부의 감소를 가져왔다. 바오로 6세는 바티칸의 예상되는 부에 대한 어느 신문의 가사를 읽고는 그런 짐작이 교황에게 수백만 달러의 기부금 감소를 가져온다고 불평했다. 많은 가톨릭 신자는 로마교회가 너무 부유해서 자신들의 돈이 필요치 않는다고 생각했다.[130]

비록 교황이 말신커스의 말에 힘입어 교회의 투자에 대한 더 많은 투명성을 위한 어떤 제안을 중재하려 하지는 않았지만 경제청 장관인 추기경 에지디오 바노찌(Egidio Vagnozzi)를 파견하여 소규모의 선택된 언론인들과 이야기하게 했다. 바노찌는 바티칸이 **1971년**의 「**인스티튜셔날 인베스터**」의 인터뷰를 통해 소문을 잠재우려 했던 때 대변인이었다.[131]

그 추기경은 두 가지의 유관된 주제를 강조했다. 즉, 로마교회는 대부분의 사람이 생각하듯 그렇게 부유하지 않으며, 교황은 신자들의 기부가 없으면 생존할 수 없다는 것이었다. 그는 교황이 100억 달러(2014년 기준으로 430억 달러)의 투자 포트폴리오를 감독하고 있다는 보도들은 **"전적으로 사실이 아닌 것"**으로 일축했다. 그는 주장하기를, 시카고의 대교구는 성좌보다 연간 소득이 두 배가 되는 1억 7천만 달러가 된다고 했다.

바티칸에 대해서는 바노찌는 그 소득이 대부분 베드로성금, 신탁, 신자들의 유언, 인지 판매, 가솔린, 종교적 유물의 판매로부터 나온다고 말했다. 비록 그가 그 투자 포트폴리오의 정확한 크기는 알지 못한다고 주장하지는 않았지만 투자는 아마도 교회의 연간 소득의 **"5% 이하"**를 차지할 것이라고 말했다.

바노찌는 신도나에 대한 어떤 질문에 대해서도 거절했으며 교회를 그 금융인과 거리를 두려고 노력했다. 그는 투자에 관해 **"바티칸은 그렇게 투기하지 않는다"**고 주장했다.[132]

바노찌는 기자들에게 자신은 오직 바티칸시공국의 금융에 대해서만 말하고 있으며,

자신들의 예산을 관리하고 있는 지구상의 모든 회중과 교구를 위해 말하는 것은 아니라고 했다.

성좌에 대해 그는 바티칸시의 유지 비용의 증대, 교황청의 평신도 구성원의 계속적인 확장으로 인한 급여와 연금의 증가, 역시 수십 국가에 있는 외교 사절을 유지하는데 필요한 기금을 강조했다.[133]

전반적으로 "바티칸은 오히려 가난하며 교황이 신자들로부터 매년 받는 자발적 도움으로 우리는 바티칸의 상대적으로 작은 예산의 지속적인 적자를 없애려고 노력하고 있다. 물론 어려움이 없는 것은 아니다."[134]

1975년 11월, 밀라노의 지방 검사와 조사 판사가 미국 검찰과 SEC를 방문해서 미국측 당국이 신도나의 신병 인계를 조속히 해줄 것을 바랬다.[135] 그들은 신도나가 관리하는 43개 이상의 역외 회사들을 발견했던 증거를 제시했다.[136] 그들의 방문은 그 금융인이 또 다른 PR을 낳게 하여 신도나는 기자들에게 자신의 **"적들"** 은 이탈리아의 **"좌파들"** 이며 그 자신의 문제는 이탈리아의 자유 기업 시스템에 대한 자신의 격렬한 방어의 결과라고 말했다.

그들은 나를 감옥에 넣어 나를 세뇌시키려 한다. 그들은 나에게 자살을 가장 좋은 것으로 말한다.

신도나의 말이다.[137]

겔리가 신도나에게 주지시키길, 자신이 이탈리아 내 약간의 중요한 유명 인사를 모아서 이탈리아의 송환 노력을 거절하도록 미국 정부에 개인적 호소를 하고 있다고 했다. 그 인사들은 신도나에 대한 혐의들이 좌파의 복수라는 점을 지지했다. 겔리는 신도나에게 그의 적들이 그의 목숨을 원하고 있다는 것을 털어놓았다. 이탈리아의 가장 명망높은 은행가의 하나인 엔리코 쿠치아는 개인적으로 몇몇 동료에게 이렇게 말했다.

신도나는 멸망 받아야 할 뿐만 아니라 그의 재를 바람에 날려버려야 한다.[138]

신도나가 맨해튼의 횃대에 앉아 무죄를 계속하는 가운데 그의 행위들에 대한 미국의 조사가 가속화되고 있었다. 12월, 프랭클린은행의 경영진에 대한 연방 기소에서 주요 피고인 중 한 명인 피터 새딕이 검사들과 거래를 했는데 그 은행이 3천만 달러 이상의 비용이 드는 계획에 참가한 것에 대한 유죄를 인정했다.

또한, 미국 검찰과 협조하기로 동의하고 대신에 감형을 보상받았다. 이것은 새딕이 신도나를 엮어 자신의 자유를 사려고 준비했다는 추측을 불러 일으켰다. 뉴욕 검찰이 대신에 그를 미국에서 기소하여 재판에 넘기기를 원했다면 이탈리아의 송환 요구에 미국의 더딘 반응은 타당했다.[139]

칼비는 신도나의 문제를 암브로시아노의 기회로 보았다. 처음에 그의 은행 주식은 그 두 사람이 가깝다는 인식 때문에 손해를 보았으나 암보로시아노가 신도나의 실패에 손실을 입지 않았음을 나타내는 상세 정보의 발표로 주식은 안정되었다.[140 * 141]

이탈리아 검찰이 미국을 방문하여 신도나의 신병 인수를 압박했던 그 달에 암브로시아노 이사회는 칼비를 회장으로 선출했다(그는 두 번째 지위의 이사로서 그 은행을 잘 운영했다). 그는 그즈음에 이탈리아 대통령으로부터 기품 있는 근로 기사(Cavaliere del Lavoro)라는 칭호를 얻기까지 했다.[142] 이탈리아 언론은 칼비를 "발견했다." 그들이 한때 신도나를 대접했던 동일한 방법으로 가끔은 그를 표지로 삼았다.

이탈리아 내에서 일반적인 사회 불안정은 칼비를 깨어있게 만들었다. 즉, 어떤 자들은 이를 편집증적이라 말했지만 그는 사업의 비밀과 개인적 안전에 대해 주의했다.[143] 칼비는 도청 방지 전화기를 주문해 사무실과 집에 설치해서 그의 대화 내용이 도청되는 일이 없도록 했으며 은행의 경영진 본부를 매주 도청장치로 훑었다. 그는 별개의 전화선을 설치해 P2(프리메이슨) 장인 리치오 겔리(Licio Gelli)와 또 다른 회원인 변호사 움베르토 오토라니(Umberto Ortolani)와 대화를 했다. 오토라니는 칼비의 믿을만한 법률 고문이 되었다.[144 145]

칼비의 4층 집무실은 나머지 사무실과는 구별되어 있었고 위용스런 모습의 폭탄방지용 문을 갖고 있었다. 훗날 그의 로마와 밀라노 아파트뿐만 아니라 가족의 시골 집에도 그는 여러 개의 경보 장치를 배치했다. 그는 심지어 개인 호출 장치도 가지고 다녔는데, 이는 빌딩이나 건물 주변을 순찰하는 경비원들에게 경보를 발하기 위함이었다. 그는 방탄 벤츠를 자신의 회사차로 택했다. 칼비의 보안 비용은 결국 연간 1백만 달러에 이르렀다.[146]

칼비는 이제 자신의 전임 파트너의 파멸을 활용하려 했다. 즉, 신도나가 가진 바티칸과의 모든 거래를 암브로시아노가 갖는 것이었다. 그는 말신커스와 만나 교회를 더 이상의 손실에서 보호해야 한다고 촉구했다.

또한, IOR의 문제는 나쁜 거래와 과도한 투기의 결과가 아니라 오히려 신도나에게 특정된 문제라고 했다. 즉, 미국 내에 너무 많이 투자했다는 것, 그런데 미국은 그가 너무 잘 모르는 나라이며 그의 돈을 너무 근거가 없이 뿌렸고 너무 많은 빚을 졌으며 그의 사업을 충분히 조심스럽게 관리하지 않았다는 것이었다.

칼비는 말신커스에게 말하길, 로마교회의 최선의 선택은 투자의 흔적을 흐리게 하며 상당한 자산이 없는 회사들을 조정해 교회의 투자가 잘못될 경우을 책임지게 하는 것이라 했다. 이 대화는 아마도 IOR이 신뢰하는 소위 '확신할 수 있는 사람들'에 대한 믿음에 하나의 변곡점이었을 것이다.

신도나로 인한 금융 손실과 사회적 골치거리가 말신커스로 하여금 신도나와 칼비 같은 자들을 앞으로 의지하는 데 겁을 먹게 했을까?

그렇다는 증거는 결코 없다. 나중에 말신커스는 다음과 같이 말했다.

칼비의 정직성, 성실성을 의심할 이유가 없었다.

왜냐하면, 그는 여전히 **"대단한 명성을 가지고 있었으며 은행계에서 잘 존경 받고 있었고 품위있는 친구였다."**[147](수년 뒤에 말신커스는 말하곤 했다. "비록 내가 미안해 할 일은 없었지만 당신이 이를 꼭집어 말하기를 원한다면 내가 한 가지는 부끄러워할 것이다. 내가 칼비를 아마 너무 신뢰했다는 것이다.")[148]

말신커스는 쉽게 말해 칼비와 너무 얽혀 있어 IOR과 거리를 둘 수가 없었다. IOR에서의 오랜 재임 기간 중, 바티칸은 칼비 소유의 바하마은행이요, 말신커스가 이사인 시살파인(Cisalpine)의 회사에 수천만 달러를 빌려주었다. 말신커스는 이미 비공식적으로 칼비에게 만기된 처음 4천 5백만 달러의 3년 재연장을 허락했다.[149]

1975년 말 즈음, 교회는 거의 12개의 칼비 통제의 가공 회사와 적극적인 은행 거래를 하고 있었다.[150] 그 회사들은 파나마, 바하마, 리히텐스타인, 룩셈부르크, 스위스에 산재했다. 룩셈부르크 소재의 가공 회사들은 IOR의 승인으로 설립된 회사들로 그 중

마닉(Manic)은 칼비의 나쏘 은행에서 3천 5백만 달러를 빌렸다.[151]

스위스의 한 은행은 칼비의 지시로 IOR의 루이기 멘니니에게 마닉의 재무제표 사본을 보내 주었고, **"우리의 거래에 대한 문서적인 동의와 승인"**을 요구했다.

말신커스는 멘니니에게 답하지 않도록 명했다. IOR 수장은 대신에 칼비를 설득하여 그가 바티칸은행에 편지를 써서 시살파인이 **"모든 책임을 지며, 바티칸은행을 '하나도 빠짐없이'**(each and every) **모든 임무와 책임에서 면제할 것"**을 보장하도록 했다.[152]

그해 7, 8월, IOR은 암브로시아노의 첫 공모주를 샀다. 바티칸은 그 은행 주식의 4.6%를 위해 시장가의 30% 할증료로 1억 6천 8백만 달러를 지불했다. 말신커스는 칼비의 대리인으로 행동했으며, 칼비는 더 높은 가격으로 교회에서 그 주식을 되사기로 약속했다.[153]

거의 2년 동안 IOR은 의문스런 뒷거래를 통해 깔끔한 이익을 얻었다. 이 거래에서 교회는 칼비의 은행과 회사에 개인과 정부감사가 이를때면 대차 대조표를 강화하기 위해 미 달러와 스위스 프랑 수천만 달러를 **"빌려주었다."** 그렇게 해서 그 회사들은 금융 조사를 통과했다. 충분한 현금 예치금이 있었기 때문이었다.

회계감사관 누구도 그 대부분의 돈이 조사가 끝나는 당일에 그 회사로부터 전송될 것이라는 것을 알지 못했다. 그 돈은 IOR로 되돌아 오되, 그 자금 흐름을 감추기 위해 역외 은행들의 미로를 거쳐야 했다.

그런 활동을 위해 바티칸은 총액에서 아주 작은 비율을 수수료로 받거나 때때로 통화를 바꾸어 교환률을 확대함으로 해서 이윤을 얻었다.[154] 윤리와 은행 규제를 벗어나, 이는 은행으로서는 쉬운 돈이었다. 게다가 말신커스는 신도나의 큰 낭패로 IOR이 당한 금융 타격으로 기분이 매우 상했다.

그러나, 그가 실패한 것은 많은 미경험 투자자들에게는 보편적인 것이다. 그는 교회의 손실을 회복하고자 인내심을 갖지 못했다. 결과적으로 그의 위험 투자는 커져갔다. 그는 칼비와 함께 배팅을 두 배로 걸었다.[155]

그 결정은 **끝장난 신도나**로 발생한 그 어떤 어려움보다 훨씬 더 큰 재앙을 바티칸은행에 안겨주게 될 터였다.

제18장

두 전갈의 싸움

1976년 2월 4일, 말신커즈는 제네바로 가서 시살파인의 열 번째 이사회에 참석했다. IOR(바티칸은행)은 이때쯤 칼비 후원의 역외 회사들에 1억 7천 5백만 달러를 대출이나 투자를 했다.[1] 말신커즈는 시살파인이 바티칸의 대출금을 별개의 은행들에서 온 예치금으로 보고하고 있다는 것을 알았다. 그 역시도 IOR의 돈이 바하마 거점 회사의 현금 잔고의 3/4 이상인 것을 알고 있었다.

이사회 의사록을 보면, 그는 제네바 이사회 회합에서 아무 말도 하지 않았다. 그는 다른 오토라니 통제의 은행 바피수드(Bafisud)에 시살파인의 지분을 늘리려는 제안도 반대하지 않았다.[2] 대신에 그는 새로운 투자 금액의 10%를 제공하기로 동의했다.[3]

암브로시아노와 바티칸은행은 그들의 많은 역외 회사 간에 수천만 달러를 주고 받았다. 전형적인 것은 제네바 회의 꼭 2주 후 이루어진 자금 이동이었다. IOR은 암브로시아노의 밀라노 지점에 네 번째 계좌를 개설하고, 이 계좌에서 2천 5백만 달러를 로마의 산토스피리토은행에 있는 계좌 중 하나로 송금했다. 그다음 이 은행은 그 돈을 스위스에 있는 새로운 오톨라니회사로 송금했다.[4] 칼비는 지속적으로 IOR의 도움을 얻어서 계좌들 간에 열띤 거래를 했다. 그 계좌들은 어떤 회사들의 손실을 덮고 이탈리아 세금 조사관과 은행 규제자들로부터 돈 흐름을 숨기기 위해 사용되는 것이었.

3월 하순, 칼비는 암브로시아노 주가의 20% 상승을 활용하고 주주의 승인을 얻어 또 다른 4천 6백만 달러의 자본금을 늘렸다. 4월 즈음, 이탈리아은행은 칼비에게 시살파인에 대한 반카가톨리카의 신용 한도를 두 배인 5천만 달러로 허가했다. 제네바 이사회 후 2개월 내 IOR은 칼비에게 2천만 달러를 송금했다.

4월 30일 제정된 이탈리아 법은 그 양측으로 더 큰 이윤을 가질 수 있다는 믿음을 갖게 했다. 그해 첫 4개월 동안 리라화가 30% 이상 떨어지자, 이탈리아는 외환 유출 벌칙금을 강화하여 처음으로 투옥될 수 있는 조항도 포함되었다.[5] 불안정한 이탈리아에서 돈을 이동시키고자 하는 부자들이 IOR을 찾았다. 그 은행은 하나의 주권국의 중앙은행인 까닭에 엄격한 새로운 규제를 따르지 않았다.

바티칸의 역할은 뒤얽힌 암브로시아노의 네트워크에서 그 어느 때보다 중요하게 되었다. 이는 말신커스로 하여금 전 세계적으로 칼비의 돈을 움직이는데 더 높은 수수료를 협상케 하는 길을 열어주었다.[6] 그 두 사람이 했던 것이 무엇이든 그들은 이를 단순히 행할 수 없었다.

4월, 암브로시아노는 바티칸 소유의 부동산 회사 '9월 20일 부동산'(Società Immobiliare XX Settembre)을 3천 2백만 달러에 매입하기로 동의했다. 그 거래 완료는 너무 지루하게 11개월이 걸렸고, 가끔은 복잡미묘한 은행 거래, 부풀려진 통화 환전, 가공의 대출, 의심갈 만한 연속적인 금융 조정, 조건부 자금을 사용해서 작은 프로렌스은행을 조작하는 것, 구매자를 암브로시아노에서 판타넬라로 최종적으로 교체하는 것이 포함됐다.

판타넬라는 이 거래가 성사된 후 파산된 이전의 바티칸 회사였다.[7] 이탈리아은행 조사관들이 결국 9월 20일에 발생한 매각을 조사했을 때 그들은 전혀 갈피를 잡지 못했다.

그해 여름, 칼비는 콤펜디움(그가 원래 시살파인을 등록하기 위해 사용했던 룩셈부르크 가공회사)을 반코암브로시아노지주(BAH: Banco Ambrosiano Holding)로 개명했다. 이탈리아은행은 암브로시아노에서 BAH로의 1억 달러 이상의 전금을 승인했다.

또한, 그는 자신이 소유한 반카델고타르도의 40%의 지분(또 다른 1억 달러의 가치를 가졌다)을 이전 신도나의 지주 회사인 라센트랄레피난지아리아의 BAH 주식으로 교환하는 승인을 받았다.

이 부산한 행동에 난독증 이상의 목적이 깔려 있었다. 즉, 명확하지는 않지만, 칼비가 자신의 미로같은 금융망을 체계화하여 단 하나의 회사 BAH를 통해 모든 해외 영업을 총괄하려는 것이었다. 심지어 그는 때때로 다양한 거래를 추적하는 데 어려움도 있었다. 그런 거래는 자신의 자물쇠로 채워진 손가방 안에 둔, 손으로 급하게 휘갈긴 수백 장의 메모지에 쓰여 있었다.

하지만, 모든 것을 매끄럽게 하는 것이 칼비의 DNA는 아니었다. 다음 7월(1977년), 시살파인은 IOR에 3천만 달러를 송금했는데, 이는 바티칸은행이 BAH의 지분을 사기 위해 그 자금을 사용하기로 한 조건이었다. 말신커스는 신탁 형식으로 그 주식을 보유하기로 동의했다.

왜냐하면, 시살파인이 기록상의 매입자로 남기를 원지 않았기 때문이었다(법적으로 요구되는 어떤 거래 행위도 기록되지 않았다. 즉, 시살파인의 장부나 이에 수반되는 이사회 의사록도 없는 바, 이런 회의들은 칼비와 말신커스가 참석했던 회의였다).[8]

칼비 역시 말신커스를 납득시켜 파나마유나이티드트레이딩사의 모든 주식에 IOR의 이름을 **"신탁자로서"** 들어가도록 했다. 유나이티드트레이딩사는 시살파인의 모회사였다. 그 대가로 칼비는 말신커스에게 7월 26일자 암브로시아노 머릿문구의 편지를 보냈다.

여기서 그는 바티칸은행에게 유나이티드트레이딩은 합법적으로 영업중이며 어떤 채무로부터도 바티칸은행을 면제하겠다는 맹세를 했다.[9 * 10]

같은 날, 칼비는 두 번째 편지를 보냈다. 이번에는 시살파인 머릿문구의 편지지에 인터맥스에 대해 동일한 확약을 제안했다. 인터맥스는 또 다른 가공 회사로, IOR이 경영 계약을 가지며 명백한 소유주였다.[11] 칼비의 미로와 같은 회사들의 관리를 돕는 대가로, IOR은 이런 거래들에서 전금된 돈의 1/1000인 연간 10만 달러를 벌었다.[12] 이것은 그리 큰 것은 아니었지만, 말신커스에게는 안전하고 쉬운 일이었다.

그것은 말신커스가 신도나 사건의 고생스런 경험으로부터 위험 관리에 대해 아무것도 배우지 못했다는 더 확실한 방증이었다. 말신커스는 나중에 작가 존 콘웰에게 IOR이 칼비와 자금을 투자했을 때 자신은 그 세부 사항을 알기를 원치 않았다고 말했다.[13]

말신커스에게는 칼비와의 분주한 일이 신도나와 IOR 스캔들을 기억에서 사라지게 하는데 도움이 되었다. 신도나에 대한 이탈리아의 송환 요구는 미국무성에서 법무성으로 이전되기까지 1년 이상을 끌었다. 법무성 역시 이를 서둘러야 할 이유가 없는 것 같았다. 말라노 검찰이 미국 검찰을 방문하여 그 절차를 서둘러 주기를 촉구했다.[14] 밀라노 법정이 결석 중인 신도나를 파산 사기에 대한 25개 죄목으로 3년 반의 감옥행을 선고했기 때문에 이탈리아는 미국이 그 기소를 좀더 심각하게 다루어주기를 바랐다.[15]

말신커스와 칼비는 신도나가 미국에서 계속적으로 들썩거리는 것을 알지 못했다. 프랜클린은행의 대단원이 막을 내릴 즈음, 닉슨 대통령이 워터게이트로 사임했다. 민주당 지미 카터가 **1976년** 대통령이 되었을 때 신도나의 공화당 연줄은 쓸모없이 보였다.[16] 이탈리아 공산당 역시 **1976년** 선거에서 크게 승리했고 이탈리아 지배 연정은 곧 신도나 귀환에 대한 캠페인을 점점 빠르게 진행했다. 카터의 법무성은 더욱 수용적이어서 법원으로 체포 영장을 발부하도록 설득했다.

1976년 9월, 신도나는 맨해튼 다운타운의 연방법원에 자수했다. 증언석에서 그는 자산으로 80만 달러만을 갖고 있다고 맹세했다. 재판관은 3백만 달러의 보석금 조건으로 그를 풀어주는 것을 허용했다(그는 현금 15만 달러와 재무 증권, 그의 피에르 협조에 대한 행위로 보석금을 담보했다).[17] 신도나의 변호팀은 송환 요구에 대한 기각 신청을 냈다.

72페이지의 변론 취지서에서, 그들은 신도나의 좌파 적들이 전적으로 죄목을 날조했다고 주장했다. 그들은 그가 이탈리아로 송환되면 그의 목숨은 위험하다고 주장했다. 이탈리아 최고 법정의 재판장 카멜로 스파누올로(그 역시 P2 회원)는 신도나가 이탈리아로 돌아오면 살해당할지도 모른다는 생각을 지지하는 자술서를 제출했다.[18]

이 시실리 금융인은 송환 싸움을 그의 주관심보다 부차적인 일로 간주했다. 주관심사는 미국의 형사 기소의 가능성이었다. 3월 본국 송환 청문회를 주관했던 동일한 재판관이 6명의 전직 중위 수준의 경영진을 사기 혐의로 유죄 선고를 내렸다.[19] 그들이 협조의 대가로 감형을 받았을 때 많은 법조계 사람은 그것이 신도나에 대한 미국의 기소가 임박했음을 뜻한다고 보았다.[20]

하지만, **1977년** 가을까지는 아무 일도 일어나지 않았다.

그런 동안 몇몇 신도나의 가족과 친구는 그가 이탈리아로 돌아오는 것이 좋지 않을까 생각했다. 조사관들은 그가 자기 은행들로부터 2억 2천 5백만 달러를 약탈했다고 고소했다.[21] 만일 신도나가 어찌하든 이를 갚는다면 궐석 유죄 판결은 피할 수 있었다. 현금을 모으기 위해, 신도나는 로마은행을 고소했다. 그는 구두 약속을 갖고 있다고 주장하면서 그 은행이 SGI의 이익에 대한 유치권(lien)의 교환 조건으로 그의 부채 2억 5천 4백만 달러를 덮어주기로 약속했다는 것이었다.

말신커스는 그 소송이 진행되자 움찔했다. 이는 신도나와 로마은행의 마리오 바로네 사이에 싸움을 붙이는 것이었다. 바로네는 IOR과 가까운 업무 관계를 가진 은행가였다.[22] 말신커스에게 다행히도 오래지 않아 로마 판사가 그 사건을 기각시키며 그런 큰

거래에 대한 약속에 문서적 기록이 없다는 것은 "생각할 수 없는 일"이라고 말했다.[23]

신도나는 결사적으로 겔리와 P2에게 매달렸다. 겔리는 매우 적극적이었다. 심지어 수상 줄리오 안드레오티에게 그 문제를 제기하며 이탈리아중앙은행이 신도나에게 구제 금융을 확인해줄 수 있도록 요청했다.[24]

신도나에 관계되는 한, 중앙은행의 구제만이 영업 재개를 위해 남겨진 유일한 선택이었다.[25] 조지오 암브로솔리, 신도나의 이탈리아은행들에 대한 법원 임명의 청산인은 겔리와 그의 믿을 수 있는 지지자들에 의한 모든 노력을 좌절시켰다.

암브로솔리는 신도나를 그의 잘못에서 구제하기 위해 공금을 사용하는 것에 반대했다. 열띤 의견 교환 가운데 만일 정부가 부채를 청산하는 어떤 거래를 시도한다면 그는 이를 공개하겠다고 한 차례 이상 위협했다.

두 명의 이탈리아은행 이사도 암브로솔리 편을 들면서 P2의 강압적인 로비에 저항했다.[26] 신도나는 동료들에게 자신의 이탈리아중앙은행에의 호소를 암브로솔리가 좌절시켰다는 것에 불만스럽다고 말했다.

하지만, 그의 친구들은 그가 자신이 개척해 놓았던 바티칸은행과의 관계를 칼비가 더욱 진척시킨 것 때문에 온통 질투에 사로잡혀 있는 것처럼 보인다고 생각했다.[27] 칼비는 그를 위해 해주었던 모든 것에 감사해 하지 않았다고 신도나는 동료들에게 불평했다. 신도나는 칼비가 자신에게 수백만 달러를 빚졌다고 자주 투덜거렸다. 즉, 신도나가 그를 위해 암브로시아노 주식을 은밀하게 매입했기 때문이었다.[28]

1977년 초가을, 신도나의 밀라노 수석 변호사 로돌포 구찌가 칼비에게 전화했다. 신도나는 자신의 치솟는 소송 비용을 위해 돈이 필요했다. 신도나는 칼비가 자신의 빌라 중 하나를 50만 달러에 사주기를 원했다. 소유권 변동은 전혀 없을 터였다. 이는 단지 칼비가 사면초가의 친구에게 50만 달러를 보내는 수단일 뿐이었다.

칼비는 가능한 한 신도나와 멀리 떨어져 있고 싶어했지만 그를 적으로 돌리고 싶지 않았다. 그는 망설였다. 구찌는 날마다 전화해서 허락을 구했다. 칼비는 그를 피했다.[29] 몇 주 후 어느 아침에 칼비가 직장으로 차를 모는 때 밝은 회색과 청색 포스터들을 보고 놀랐다. 엷은 노랑색의 암브로시아노 본사 정면과 좁은 클레리치 길을 따라 인접 빌딩들에 포스터들로 도배가 되어 있었다.[30]

칼비는 **"사기, 거짓 계좌의 개설, 부당한 자금 전용, 외환 유출과 세금 사취"라는 문구**

가 굵고 큰 글씨로 적혀 있었다. 그 포스터들은 칼비가 "수 천만 달러를 다음과 같은 스위스 구좌들로 이체했다"라고 주장하며, 심지어 그가 가지고 있는 두 개의 스위스 구좌에 대한 정확한 이름까지도 목록에 적었다.31 누군가 「레스프레소」에 이를 귀띔했고, 칼비의 보안팀이 그 포스터들을 찢어버리기 전에 그 신문은 거기에 있는 사진사가 그 사진을 찍게 했다.32

칼비는 신도나가 이 중상모략적인 포스터의 배후며 그의 절망감이 그로 하여금 무모하고 더 위험하게 만들었음을 의심하지 않았다. 며칠 후 칼비는 루이기 카발로(Luigi Cavallo)부터 한 통의 전화를 받았다. 칼비는 그를 알았다.

하지만, 그가 전직 UN 통역관이라는 것은 몰랐고 그가 유명한 프리랜서 선동가라는 것만 알았다. 칼비는 이탈리아 정부에 대한 좌파 쿠테타 사건에서 무죄 방면된 것으로 잘 알려진 인물이었다.33 그는 작은 계간지 「아겐지아 A」를 발행했는데 그 계간지는 크기가 일간지 크기로 색다른 뉴스와 눈먼 잡담을 아주 잘 엮은 관계로 신문기자들과 정치가들에게 인기가 있었다.* 34

카발로는 칼비에게 그가 수년 전에 신도나에게 했던 약속을 지키지 않으면 아마 상황이 악화될 것이라고 말했다. 칼비는 이에 대해 별다른 말을 하지는 않았다. 수주 동안은 모든 것이 잠잠했다. 칼비는 신도나가 자신의 전투견을 철수시키길 바랐다.

하지만, 크리스마스 휴일 기간이 지나자 카발로는 칼비에게 편지 한 통을 썼다. 그 내용은 한 병에 들어있는 두 전갈에 대한 우간다의 우화로 어떻게 그것들이 "죽음의 싸움을 시작해서 결국에는 양측이 죽음의 결과에 이르게 되는가" 였다.35

신년이 막 지나 카발로는 「아겐지아 A」의 편집을 발표했다. 거기에서 그는 칼비에 대해 신랄하고 가공적인 고발을 통해 칼비가 고의로 암브로시아노에 대해 거짓 대차대조표를 발표했다고 주장했다. 더욱 외설스런 포스터들도 등장했다.36 사업 동료들은 칼비에게 경찰에 신고하라고 촉구했다.

하지만, 그는 신도나가 그런 고발이 사실임을 기꺼이 인정하지 않고서 돈을 갈취하려 한다는 것을 공공연하게 주장할 수 없었다. 칼비는 겔리에게 도움을 청했다. P2 수장은 칼비에게 그 돈을 주라고 말했고, 칼비는 그해 3월에 그렇게 했다. 5십만 달러가 유나이티드트레이딩에서 스위스의 키아쏘에 있는 유니언은행의 신도나의 무기명 계좌로 송금되었다.37

1978년에 칼비에게는 신도나의 단순한 공갈 협박보다 자기 마음에 훨씬 더한 것이 있었다. 시살파인의 회계사인 프라이스워터하우스가 은행의 비밀 계좌들에 대한 답을 강요했다. 더 이상 대답을 미룰 수가 없을 때 그는 그들을 해고했다. 대체 회계사 쿠퍼스 & 라이브랜드는 업무를 시작한지 몇 개월밖에 되지 않아 IOR에 대한 질문들로 칼비를 괴롭히기 시작했다.

쿠퍼스 & 라이브랜드 역시도 바티칸은행에 대한 **"특정 금융 정보를 얻는 것의 어려움"**에 대해 불평했다. 칼비는 그들에게 시살파인과 IOR 간의 모든 거래는 **"정상적인 상업 조건들"**로 이루어지고 있음을 확신시켰다.[38]

비록 칼비의 일상적인 동료들 누구도 그의 처신 상의 어떤 변화를 눈치채지 못했지만 IOR에 대한 쿠퍼스 & 라이브랜드의 관심은 그를 짜증나게 했다. 그것 외에, 바티칸에 대한 2천만 달러의 대출 상환은 1월말이 만기일이었다. 칼비는 자금을 갖고 있지 않았다. 그는 수개월 간 세 대륙의 자금 관리자에게 제안들을 설명하면서 새로운 투자자들을 찾아왔다. 그의 노력은 만기일을 하루 앞두고 성사되었다. 칼비는 총 1억 6천만 달러에 달하는 4개의 차관 중 하나를 라보로국가은행과 엔테나찌오날레이드로칼부리(ENI: Ente Nazionale Idrocarburi)에서 받았다. 두 은행은 각각 국가 소유 은행과 두 사람의 P2 회원에 의해 운영되는 다국적 은행이었다.[39]

말신커스는 그 사이에 칼비와의 활발한 거래를 기뻐했다. 그는 **1978년**, 매닉, 지트로포, BAH를 포함한 의심되는 회사들에게 대출을 재연장하거나 확대했을 뿐만 아니라 새로운 파나마 회사들인 아스톨파인과 벨로사에게 교회 돈을 새로 주입시키기 시작했다. 2천만 달러의 재대출 이외에도 **1978년** 칼비의 미로와 같은 국제 영업에 대한 바티칸은행의 현금 투자는 2억 달러에서 놀랍게는 3억 3천만 달러(2014년 기준 12억 달러)에 육박했다.[40 * 41]

암브로시아노의 사업이 견고하다는 말신커스의 확신으로 칼비는 신도나에 집중했다. 신도나는 계속적으로 그를 위협했다. 신도나는 50만 달러가 그에게 빚진 것의 착수금으로만 여겼다. **1978년 4월**, 수십 명의 이탈리아은행의 조사관이 예고 없이 암브로시아노 본사를 압수 수색한 그 달, 신도나와 칼비는 워싱턴에서 만났다.[42] 공화당국가위원회의 노인부 이사인 필립 과리노 신부가 국회의사당클럽에서 신도나를 위한 파티를 열었다.[43] 칼비는 가서 신도나에게 자신은 더 이상 도울 수 없다고 말했다. 신도나는 더 많은 돈을 요구했고 뒤로 물러나길 거절했다.

    다음 몇 개월 동안 칼비는 5백만 달러 이상을 겔리를 통해 신도나에게 보냈다(다음 해 봄 신도나는 칼비가 뉴욕 카라일호텔의 투숙객임을 알자 그를 찾아가 칼비가 그 지불금을 빨리 주기로 약속하기 전까지는 떠나려 하지 않았다).[44]

    신도나가 제공한 칼비의 비밀 스위스 계좌들에 대한 단서가 이탈리아은행 조사관들을 암브로시아노에 몰려들게 한 것이었음을 칼비는 당시에 알지 못했다.[45] 칼비가 겔리에게 전화해서 그 조사 결과를 고치고자 했을 때 겔리는 도울 힘이 없었다. 이탈리아은행 조사관들 누구도 P2(프리메이슨) 회원이 아니었다.[46]

    그들의 워싱턴 만남 한 달 뒤, 곧 이탈리아 정부가 신도나의 귀환을 요청했던 3년 후, 미연방 판사가 본국 송환을 승인했다.[47] 그의 변호사들은 항소했다. 그 일이 그 여름 동안 법적 과정을 밟아가는 동안 뉴욕의 미검찰은 전직 프랭클린은행의 경영진 3명의 기소를 발표했다.

    과거에 신도나의 최측근이었던 칼로 보도니는 기소되지 않는 공모자들이었다.[48] 미검찰은 기자들에게 프랭크린에 대한 검사가 진행되고 있음을 말했다. 이것은 신도나에게는 딜레마였다. 즉, 이탈리아로의 돌아감과 은행사기 혐의인가 미국에 거주하며 공산이 큰 형사 소추를 당할 것인가.

제19장

정신병적인 편집증 환자

신도나가 어떻게 최선의 법적 대응을 할 것인가에 몰두하고 있을 때 그의 전직 사업 파트너들은 나름의 문제들을 안고 있었다. 칼비는 자신의 제국의 한쪽 면이 깨어짐으로 비참한 연쇄 반응을 일으키지 않도록 더 많은 자금 조달을 찾기 위해 부심했다.

말신커스는 IOR(바티칸은행)의 사업 거래가 아니라 오히려 자신의 권한을 위협할 수 있는 바티칸 내부에서의 임박한 변화에 신경을 쏟고 있었다.

말신커스의 큰 후원자인 교황 바오로 6세는 **1977년** 이래 갈수록 내향적이 되어 갔다. 그가 지난 수세기 동안 사임하는 첫 번째 교황일 것이라는 추측이 있었다. 교황직 초기에 바오로는 자신이 전임자 세 명을 합친 것보다 더 자주 해외 여행을 다녔다. 심신을 쇠약하게 하는 관절염으로 인해 그는 주로 시공국에 갇혀 있었다. 바오로 6세는 때때로 힘을 내서 자신의 여름 별장인 카스텔 간돌포로 17마일을 여행하기도 했다. 지속적인 통증과 불충분한 휴식 탓에 그는 우울증에 빠졌다.[1]

그는 약해 보이며 가끔 신음 소리를 낸다.

「**뉴욕 타임스**」의 기사였다.[2]

1974년의 주교단 회의 동안 바오로는 옆에 앉은 성직자에게 "나이 많은 것 자체가 병이야" 말했다(켜져 있던 마이크가 그가 부드럽게 말한 라틴어, *senectus ipsa est morbus* 소리를 키웠던 것이다).[3]

나는 내세의 문턱이 가까워짐을 본다.

이는 감정적이고 거의 아쉬운 표정의 바오로 6세가 **1977년** 그의 80세 생일 무렵 순례자들에게 한 말이었다.[4] 그가 자신의 개인적 공간에 갇혀 더 많은 시간을 보냄에 따라 그가 병에 걸린 게 아닌가하는 '오늘의 루머'(a rumor du jour)가 있는 것처럼 보였다. "기억력이 때때로 깜박깜박함"이라는 내부자들의 확인되지 않는 말들이 언론에 퍼지기도 했다.[5]

역설적으로 모든 주교는 75세가 되면 사임서를 제출할 것을 명했던 인물이 바오로 6세였다. 그는 80세 이상의 추기경은 콘클라베에서 투표할 수 없다고 지시했다. 많은 바티칸 연구가는 그가 75세나 80세 생일에 은퇴함으로 로마교회에 새로운 전례를 세울까 기대했다.[6]

하지만, 그때도 아무 일 없이 지나갔다. 그의 80세 생일 나흘 뒤에 주교회의가 있었고 많은 자가 바오로가 거기서 자신의 은퇴를 발표하기를 기다렸으리라 추측했다.[7]

하지만, 다시 아무것도 없었다. **1978년** 교황의 81세 생일을 맞아 사임을 한다는 소문이 또 다시 일어났다.[8] 연약한 바오로는 많은 공격을 받았다. 모든 인공적인 산아 제한을 금지하는 교황 회칙을 바꾸려는 새로운 시도는 미국에서 특별히 활발했다. 영국 과학자들은 세계 최초로 시험관 아이를 탄생시켰다. 그런 사건은 바티칸을 당황하게 만들었다. 프랑스 과학자들은 10년의 연구 끝에 시험관에서 파리를 만들었다.

생명이 실험실에서 나올 수 있다면 이는 무슨 의미일까?

사제들의 결혼을 허락하고 동성애에 대한 기존의 정통적인 견해를 자유화했던 현대 개신교의 개혁주의자는 로마교회에게 그 규칙을 바꾸라고 압력을 넣고 있었다.[9]

수세기의 강제적인 성직자 독신제도를 개혁해야 한다는 주장의 일부는 40%의 이탈리아인 성직자가 이는 폐지되어야 한다고 생각하는 여론에서 나왔다.

또한, 스페인 사제의 1/3이 독신제는 선택의 문제이길 원했다.[10] 새로운 연구 결과는 사제와 수녀의 기록적인 수가 교단을 떠나고 있음을 보여주었다.[11]

로마교회 자체도 반항 중인 것처럼 보인 것은 사제들이 그들의 주교의 명에 항변하고 주교들 역시 로마로부터의 훈령에 저항하고 있었기 때문이다. 교황은 모든 훈령이 로마로부터 나오는 단일체적인 믿음을 유지하기 위해 힘을 쓰고 있었다. 전통주의자들은 바오로 6세의 잘못 인도된 이단적 개혁을 두고 그를 비난했다. 그들은 제2차 바티칸공의회 이전에 있었던 것처럼 교회에 돌아오기를 요구했다. 좀 더 합리적인 자는 소위 보수주의자로, 이들은 약간의 현대화에도 개방적이었다. 이런 보수주의자 역시 바오로 6세를 비판했다. 이단으로서가 아니라 로마교회를 새롭게 하려는 너무 지나친 열심으로 나아갔다는 이유 때문이었다.

하지만, 다른 그룹인 스위스 사제 한스 큉(Hans Küng)에 의해 대변되는 현대 신학자들은 모든 전통주의적 사고에 의심을 품었다. 그것은 교황의 무오류성으로부터 동성애와 낙태, 심지어 그리스도의 신성의 제한까지 모든 것에 대한 것이었다(큉의 1971년 베스트셀러, 『무오류성에 대한 질문』[*Infallible? An Inquiry*]은 교황이 믿음의 문제에서 하나님을 대변하여 말하는가 하는 핵심에 도전했다.).

은사주의자는 교회가 초기 뿌리로 돌아가야 할 필요가 있다고 믿었기 때문에 성령의 능력을 강조했다. 빠르게 성장하고 있는 진보주의자 분파는 바오로가 개혁에서 충분히 멀리 가지 않았으며 이상적인 미래는 좌파적 세속 정부와의 느슨한 협력 관계에 있다고 믿었다.

왜냐하면, 그 정부는 부를 가난한 자와 낮은 계급의 사람에게 재분배함으로써 예수의 가르침을 따랐기 때문이었다. 로마교회가 제2차 세계대전과 초기 냉전 중에 당면했던 위협은 **1960년** 중반에 시작되었던 사회 혁명의 혼돈 가운데서 잃어버린 것처럼 보였다.

하지만, 이것이 누그러지는 징표는 조금도 보이지 않았다. 계속적으로 터져 나오는 나쁜 뉴스 역시 바오로를 감정적으로 지치게 했다. 콩고의 추기경 에밀리 비아엔다(Émilie Biayenda)의 잔혹한 살해는 교회를 두려움에 처하게 했다.[12] 에밀리 비아엔다는 바오로가 몸소 **1973년** 붉은 모자를 씌워준 인물이었다.

하지만, 무엇보다 그에게 영향을 준 사건은 과격 좌파인 붉은 여단이 5명의 경호원을 죽이고 두 번째 이탈리아 수상 알도 모로를 납치한 일이었다. 그것도 사람 많은 로마 거리에서다. 모로를 오랫동안 알았고 그에 대한 큰 감정을 가졌던 교회가 그의 석방을 호소했다.

1978년 3월 시작해 2개월 동안 납치범들은 대규모 안보 사냥에 한 발 앞선 조치를 취하고자 했다. 볼모가 된 모로는 정치적 동료들과 바오로에게 개인적인 편지들을 써서 자신의 석방을 위해서 그들에게 요구 조건이 무엇이든 하라고 구걸했다. 이에 따라 교황은 이탈리아 정부에 어떤 필요한 타협안을 내라고 변호했다.

교황은 자신의 보좌관들의 충고에 따르지 않고 심지어 극적인 공개 제안을 해서 모로를 교환하자고도 했다.[13] 붉은 여단은 그의 호소를 묵살했다.

대신 그해 5월, 모로는 심장 주위에 원을 그리듯 10발의 총을 맞고 피를 흘려 죽었고 로마 중심부에 버려진 차의 트렁크에 쑤셔 박혀 있었다.[14]

교황 바오로는 슬픔을 가눌 길이 없었다.[15] 그는 깊은 슬픔 속에 국장에 참여했다. 자신의 고통에도 불구하고 그는 몸소 암살당한 지도자를 위해 장례 미사를 집전하겠다고 강변했다. 그해 5월 추운 봄 날, 바오로 6세는 로마를 건너 사람 가득한 요한라테란성당에서 장례식을 주관했다. 이것은 바티칸 연구가들의 회상으로는 교황이 추기경 이외의 어떤 자를 위해 장송 미사를 드리는 것은 처음 있는 일이었다.[16] 모로 죽음 후 며칠 뒤 보통은 과묵한 교황이 베드로성당에서 어린이들에게 말할 때 눈물을 훔쳤다.[17]

나중에 그는 자신의 개인 비서인 마치 경에게 로마교회와 자신이 사랑하는 이탈리아가 공격을 받는 것 같다고 맥없이 말했다.

마치는 수년 동안 바오로가 이탈리아의 세속적인 폭력과 불안정을 관찰했던 쓰디쓴 사실들을 목격해 왔다. 붉은 여단의 모든 지도자들은 가톨릭 신자들이었고, 믿음을 포기하고 폭력적 유형의 공산주의를 품었다. 공산주의는 지금 이탈리아의 도시들을 삼켰다.

또한, 이는 이탈리아만이 아니었다. 암울한 뉴스는 그 여름에 계속적으로 쏟아졌다. 한 스페인 장군과 그의 부관이 마드리드에서 대낮에 좌파 테러리스트에 의해 살해당했다.[18] 2명의 선생과 아이들이 로데시아에서 게릴라들에 의해 잔인하게 살해당했다.[19]

수류탄으로 인해 런던의 이라크 대사가 죽을 뻔했으며, 파리 이라크 대사관에 대한 테러 공격으로 두 사람이 죽었다.[20] 팔레스타인해방기구(PLO)가 예루살렘에서 버스 폭탄 테러를 해서 5명이 사망했고 수십 명이 부상당했다.[21]

소용돌이 같은 폭력은 바오로의 생래적인 비관주의를 더해 주었다. 교황은 교황청의 감독이라는 세속적인 것에 흥미를 잃었다. 거의 1년 동안 행정적 일과는 강력한 국무총리 대리인 대주교 지오반니 베넬리 마치에 의해 처리되었다. 그 두 사람은 자주 충돌했다.[22]

그 충돌이 끝난 때는 교황이 베넬리를 추기경의 자리에 올려주고 그를 프로렌스로 파견했을 때였다. 하지만 베넬리를 제거하는 것은 도움이 되지 않았다.

베넬리의 급작스런 토스카나식 일처리 방식이 많은 사람을 짜증내게 할 것이지만 그를 깎아내리는 자들조차 그가 빠른 결정을 내리며 이를 붙들 수 있다는 것을 알았다. 추기경 장-마리 빌로는 10년 동안 국무총리로 있을 때 바오로에게 대단한 영향력을 행사했다.

그러나, 이 냉담한 프랑스인은 교황청의 관료주의에 관한 한, 자신이 도전을 받은 편이었다. 마치는 지친 것 같았으며, 바오로가 끝없는 우유부단함에 빠져드는 것을 막을 수 없었다.

그 봄에 로마교황성경원의 전직 예수회 교수인 말라기 마틴(Malachi Martin)은 「**보스톤 글로브**」(The Boston Globe)에 바오로 6세가 아직 사임하지 않는 이유는 그가 자신의 계획에 대해 충분한 지원을 받는데 성공하지 않아서라고 말했다. 즉, 그 계획은 비가톨릭 크리스첸 신앙인들에게 다음 번 콘클라베에 어떤 제한적 참여를 허락하는 과격한 내용이었다.[23]

1973년, 교황은 29명에게 붉은 모자를 씌웠다. 바오로는 많은 제3세계 추기경을 임명함으로써 유럽에서만 차기 교황이 선출될 수 있다는 가능성을 배제했다.

1976년, 그가 21명의 주교를 추기경으로 승진시켰을 때 그 대부분은 비유럽 출신이었다. 오직 두 사람만이 이탈리아인으로 교회 역사상 이탈리아 출신이 가장 작은 비율이었다.[24] 마틴에 따르면, 여전히 추기경들의 인구 구성은 너무 보수주의적이므로 교황이 원하는 진보적 계승자를 갖을 수 있다는 것을 보장할 수 없었다. 그 결과, 바오로는 교황직을 고수하고 있다고 마틴은 주장했다.[25]

바오로의 사임은 대부분의 교황청의 권력 중재자들보다 말신커스에게 더 나쁜 영향을 줄 터였다. 말신커스의 솔직함과 뒤끝이 없는 태도는 지난 15년 동안 교황에게 신뢰를 심어주었다. 바오로는 미국 주교의 대담성에 의지했는데 이는 교황이 칭찬하지만 결코 따라할 수 없는 특성이었다. 그들의 우정에 대한 독특한 원동력은 바오로가 자신의 특징인 안개처럼 어두운 망설임과 얼버무리기를 통해 IOR을 한 번도 절룩거리게 하지 않았음을 뜻했다. 그는 말신커스가 바티칸은행을 운영하도록 허락했다.

신도나의 붕괴가 3년 전에 터졌을 때 교황은 말신커스를 교황청의 시베리아로 보냄으로 IOR의 역할에 대한 비난을 잠재울 수 있었다. 소수의 중요한 추기경과 주교가 바로 그것을 요구했다.

하지만, 바오로는 자신이 사면초가의 IOR 수장 곁에 확고부동하게 있는 것을 증명했다. 교황의 사임은 마치 경의 직임을 끝내는 것이었다. 많은 교황청 사람은 마치를 싫어했는데, 이는 그가 교황의 분신(alter ego)으로 행사했던 과도한 권력 때문이었다. 마치와 말신커스는 바티칸에서 가장 인기 없는 두 명의 고위 관리였다.

교황청의 한 무명의 몬시뇰은 작가 존 콘웰에게 말했다.

마치는 교황의 귀를 가졌고 말신커스는 지갑끈을 가졌다.[26]

끊이지 않는 험담은 이 두 사람이 병약한 교황에 의해 고무도장이 찍힌 숙원 사업을 얻으려고 작당하고 있다는 비난이었다.[27]

말신커스는 바티칸의 정상에 있는 자신의 후원자들을 잃을까에 대해서만 염려한 것은 아니었다. 미국에서의 상황 거기에 있는 자신의 강력한 우군인 시카고 추기경 존 코디(John Cody)를 위협했다. 두 사람은 **1950년**대부터 친구였다. 수년 동안 코디의 권위주의적인 운영 방식에 대한 비평적인 공개 보고서들이 있었다. 미국의 최대 가톨릭 교구의 수장으로서 코디는 막강한 권력을 휘둘렀다.

뉴욕 추기경 스펠만이 **1967년**에 죽은 후 그는 로마를 위한 미국의 가장 큰 기금 모집자가 되었다. **1970년대**에 코디를 상대할 인물이 없는 것 같았다. 이것은 신부 앤드류 그리리(Andrew Greeley)의 열정적인 노력에도 그리했다. 그는 미국 언론이 칭송하는 자유주의적 미국 사제이자 사회학 교수였다. 그의 사명은 코디가 재정 오용의 죄가 있다는 것을 증명하는 것이었다.[28] 그리리는 전국 신문의 특약 기명 컬럼을 활용해서 자신의 논거를 언론화했다.[29]

개인적으로 그리리는 훗날 글을 통해 종종 탁상공론식의 심리학자가 되어 코디를 "**경계선상의 인격 장애**"라고 진단하거나 "**정신병적인 편집증 환자**"라고 추측했다.[30]

그에 따르면, 코디는 술고래로 밤새 술마시기 위해 시카고 남서쪽 몇몇 호텔들에 투숙했다. 그리리는 시카고 경찰이 여러 차례의 음주 운전 구속을 막았다고 비난했다.[31] 로마는 그리리를 믿을 수 없고 주목 받기를 바라는 쇠파리로 판단하고 그의 광풍 같은 주장들을 무시하고 그것들에 주의를 기울이지 않았다.

하지만, 이제 마치는 그리리와는 독립된 어떤 비판적인 정보가 바티칸에 흘러 들어왔다는 것을 말신커스와 공유했다. 그것은 어떻게 코디가 미국의 가장 큰 교구를 망가지게 했을까에 대한 것이었다. 7월(1978), 5cm 두께의 서류철이 미국에서 로마로 왔다. 이는 바오로 6세가 명한 자세한 조사에 대한 결과였다.

바오로는 그 서류철을 읽어보면서 이것의 상당량을 불가결한 질투적 내분으로 묵살했다. 그가 편견이 심한 자요, 보복적 구석을 가진 자이며 신파시스트 군사적 견해를 신봉하고 우파 존 버치 협회와 정기적인 접촉을 하고 있다는 내용이었다.

교황이 더욱 염려했던 것은 코디가 시카고의 성직자들과 고위 평신도들을 자신의 강압적 방식으로 소원하게 만들고 있다는 불평에 대한 것이었다. 그 서류는 시카고사제협회가 제기한 코디에 대한 주목할 만한 공개적 비난을 담고 있었다.

그들의 비난은 이 추기경이 자신들에게 거짓말을 했으며 그가 내부 정보자 네트워크를 설치해서 공포과 협박으로 권위주의적 규칙을 유지하고 있다는 것이었다.[32] 심지어 코디가 한 시카고 지역 여성과 부적절한 관계를 갖고 있을 수 있다는 정보도 있었다.* [33]

하지만, 교황 바오로의 관심을 끈 고발 내용은 돈에 대한 것이었다. 어떤 것은 코디를 나쁜 금융 매니저로 혹평했다. 전미가톨릭주교회의 재무 담당자로 코디는 수백만 달러를 펜센트랄철도회사에 투자했는데 그 회사는 파산 선고 직전이었다. 또 다른 더 심란한 내용은 그가 교구 기금 가운데 수백만 달러 이상에 대해 사용 설명을 거절했다는 것이었다. 코디는 고위 성직자들과 회계사들이 그런 계좌에 접근하는 것을 차단했다.

또한, 그가 자신의 호사스런 생활 방식에 그 돈의 상당량을 전용했다는 내용들이 있었다.[34] 그 서류는 교황이 어떻게 해야 하는지 권고는 담고 있지 않았다. 바오로는 그런 민감한 문제를 두고 보통 수개월 동안 어떤 선택을 내려야할 지 고민하곤 했다.

하지만, 그 증거가 강하게 드러났을 뿐만 아니라 시카고의 많은 고위 성직자의 불평들은 **1976년**까지 거슬러 올라갔다.

바오로가 신임하는 자문관들, 즉 국무총리 추기경 빌로, 교회 공보실 비서 아고스티노 카사로리 경, 허튼 소리를 안 하는 주교성 학장(Prefect of the Sacred Congregation for Bishops), 추기경 세바스티아노 바기오(Sebastiano Baggio)는 코디가 그만 두어야 한다고 생각했다. 심지어 바오르는 프로렌스 추기경 베넬리에게도 손을 뻗었다. 그는 국무성에 있을 때 그런 혐의의 일부에 대해 조사했다. 그 역시도 코디가 사임해야 한다고 생각했다.

누가 그를 대신할 것인가?

바기오는 당연한 선택으로 신시내티의 대주교 조셉 버닐딘(Joseph Bernardin)일 것이라 생각했다. 버닐딘은 바오로가 **1966년**에 가장 젊은 미국 주교로 만들었던 자였다. 교황은 버닐딘을 좋아했다. 그 주교도 흠 없는 명성을 가진, 신시내티교회의 유능하고 품위있는 관리자였다. 버닐딘이 바오로의 자유주의적 정치적 견해를 공유하지만 그 역시 핵심적인 신학 문제, 예컨대, 성직자 독신, 여자는 사제의 자격이 없다는 확신에 있어서는 전통주의자였다.

교황은 말신커스도 고려했다. 그는 시카고 사람이고 그 교구 내의 주요 성직자들과 강한 업무적 관계를 가졌다. 가장 현명한 방법은 말신커스에게 붉은 모자를 씌어주고 그가 IOR에서 나오는 것을 승진으로 보이도록 확신시키는 것이었다. 바기오는 이에 반대했다.

시카고교회는 엉망인 상태였으니 부분적으로는 너무 엉성하게 관리된 까닭이었다. 말신커스는 한 번도 교구를 운영한 적이 없기 때문에 이번은 그가 일을 배우기에 때가 아닐 것이라고 바기오가 제안했다. 바오로는 이를 숙고했다.[35]

바오로는 코디의 체면을 살려주는 방식으로 물러나게 할 계획에 착수했다. "교회의 해결사"로 알려진 바기오가 시카고로 가서 그 추기경에게 교황이 한 주교를 그 교구의 일상 업무를 책임질 부주교장으로 임명하길 원하며 언론 발표는 코디의 나쁜 건강을 이유로 새로운 주교가 그를 돕는다고 말할 것이다. 코디는 은퇴할 나이인 **1982년**까지 추기경으로 남을 것이라는 계획이었다.

8월 초, 먼드레인에 있는 코디의 집에서 바기오는 증거와 교황의 훈령을 가지고 그 시카고 추기경과 마주했다. 코디는 뉘우치지도 않았고 부주교장에도 동의하지도 않았다. 바기오는 한 시간의 논쟁 후 방에서 뛰쳐나갔다. 로마에 보낸 바기오의 보고서는 다음과 같았다.

즉, 그 추기경은 저항하고 정경법을 위배했으며 교황의 명을 따르지 않았다.[36] 마치경은 바기오의 보고서를 가로챘다. 그 보고서는 적절치 않는 때 왔다. 교황은 기분이 좋지 않았고 그의 주치의 마리오 폰타나는 그에게 항생제를 주사했다.

요로감염증의 의심 때문이었다. 74세의 폰타나는 마치에게 교회 문제를 토론하기에

는 며칠 기다려야 한다고 말했다. 마치는 코디에 대한 뉴스를 유보했다.[37]

8월 5일 토요일, 교황은 기분이 좋아지지 않았다. 마치는 교황의 일요일 성체찬미식(benediction)을 취소했다. 교황은 이를 할 수 없음에 낙망했다. 이는 그리스도 부활의 기념인 현영제(顯榮祭: the Feast of the Transfiguration)일 뿐만 아니라 히로시마 원폭 33주년을 기념하는 것이었다. 바오로는 세계 평화를 위한 특별 축복을 준비했다.[38]

토요일 저녁, 교황은 원기 회복을 느끼고 마치와 다른 개인 비서 존 매기 경과 저녁을 함께 했다. 그 후 그들은 수십 명의 이스라엘 사상자를 위해 기도했다. 이들은 PLO의 폭탄이 텔라비브의 사람 많은 낙타 시장에서 터진 날 아침에 죽거나 다친 자들이었다.[39]

하지만, 교황은 기도를 짧게 하고 심각한 고통을 호소했다.[40] 마치는 폰타나를 불렀고 그는 더 많은 휴식을 명했다. 주치의는 항생제의 약효가 나타나려면 더 많은 시간이 필요하다고 말했다.

폰타나와 마치가 침실에 들어갔을 때 교황은 땀을 흘리며 고통을 호소했다. 폰타나는 더욱 염려가 되었다. 교황의 체온은 높았고 혈압은 낮았다.[41]

폰타나는 로마의 아고스티노 게멜리 병원의 전문의에게 전화했다.

교황을 헬리콥터로 게멜리에게 이송시키면 어떤가?

그 전문의가 물었다. 대답은 아니오였다.

폰타나는 이를 마치와 다른 비서들과 논의했다. 그들은 바오로가 카스텔 간돌포에 있어야 한다고 동의했다. 그를 병원으로 데리고 간다는 것은 전례가 없을 터였다. 바오로가 몇 년 전 전립선 수술을 받았을 때 수술 의사는 사도궁 내 임시 수술방에서 수술을 했다.

그렇다면 게멜리의 유명한 이동식 중환자팀을 카스텔 간돌포에 파견하면 어떤가?

그 문제는 평소 같았으면 조용할 일요일에 그들의 도착이 신문사의 경계를 불러일으킬 것이라고 폰타나는 말했다. 만일 교황의 상태가 악화되면 응급팀을 부를 것임을 폰타나는 전문의 게멜리에게 확신시켰다.

그때 폰타나는 수심어린 가족 식구들에게 바오로가 다음 12시간을 견디면 회복할 것이라 말했다.[42]

오후 5시경, 교황의 상태는 악화되었다. 그는 여전히 의식이 뚜렷했으나 혈압이 더욱 불규칙했다. 바오로는 마치에게 자신의 형제와 사랑하는 조카들을 부르라고 요청했다.[43] 국무총리 빌로가 곧 도착했다. 그는 천년 이상을 전해 내려오는 작은 은망치를 가져왔다. 이것은 교황이 죽었는지 결정하기 위한 교회 전통 가운데 사용되는 망치였다.[44]

빌로는 최악의 경우를 예비했다. 큰 키의 프랑스 추기경은 침실 가장 자리를 서성거렸다. 그의 상표인 프랑스 골루아즈 시가를 태우지 못해서뿐만 아니라 교황의 상태에 대한 조바심 때문이었다. 폰타나가 골초인 국무총리가 카스텔 간돌포에 도착했을 때 담배를 피우지 말라고 말했다.

오후 6시, 마치는 이 작은 무리에게 교황의 침실 옆 예배당에서 미사에 참석할 것을 요청했다. 두 방 사이의 열린 문에 가까운 좌석에서 마기와 폰타나는 교황에게 눈을 떼지 않았다. 미사 시작 후 몇 분 뒤 바오로는 호흡이 가빠졌다. 폰타나는 빠르고 불규칙적인 심장 박동을 감지했다. 이는 심장 마비 같았다. 그는 마치에게 시간이 짧다고 말했다. 로마의 AP사는 그 말을 듣자 몇 분 뒤인 오후 6시 15분에 처음으로 다음과 같은 소식을 전했다.

교황 바오로 6세가 심장 마비가 왔다. 교황은 혼수 상태에 있다.[45]

모인 몇 사람은 침묵했다. 마치는 바오로에게 성찬 빵을 주었다. 빌로는 마지막 예식을 관장했다.[46] 이후 시간 동안 바오로는 의식이 왔다갔다 했다. 9시 40분에 그의 숨이 멈춘 것 같았다. 폰타나는 다시 그의 흉부에 청진기를 댔다.

이제 끝났다.[47]

그 의학적 견해는 교회 의전으로 보아서는 충분하지 않다. 빌로는 은망치를 다시 가져왔다. 그는 교황의 이마 한가운데를 망치의 평평한 부분으로 두드렸다.

조오바니 바티스타 엔리코 안토니오 마리아, 당신은 죽었소?

교황은 아무 대답도 하지 못했다. 1분 후 빌로는 그 의식을 반복했다.

교황은 이번에도 대답하지 못했다. 그런 다음 그는 이를 세 번째로 반복했다.

교황이 움직이지 않았다. 빌로가 그 방 안의 사람들을 돌아보았다.

교황 바오로는 소천했습니다. [48] * [49]

빌로는 다음 교황이 선출될 때까지 교회를 운영할 책임이 있는 추기경인 카멜렝고(Camerlengo: 교황궁무처장)가 되었다.[50] 국무성의 성직자들은 이탈리아어와 불어로 모든 추기경에게 전문을 보내기 시작했다. 그 전문 내용이다.

교황이 돌아가셨다. 당장 오시오. 빌로.[51]

교회 역사상 263번째 교황 선출을 위한 정치 싸움은 곧 시작될 것이다.

제20장

세 교황들의 1년*

바오로 6세는 15년간 교황이었다. **1963년**에 콘클라베에 참석한 추기경 11명만이 살아있었다. 제노바의 주세페 시리(Giuseppe Siri)는 여전히 보수주의자들의 연인이었다. 교황 사망 몇 개월 전 시리는 72세가 되었다.

하지만, 그의 나이데도 불구하고 전통주의자들은 그를 승진시켰다. 그들이 바오로 6세의 자유주의적 경향 때문에 그를 비난했지만 교회는 우편으로 전향할 필요가 있었다. 비록 시리의 나이로 인해 이것이 오래 지속되지 못하더라도 말이다.

진보주의자들은 베테랑인 73세의 비엔나 프란즈 쾨니히에 대해 열광했다. 그는 개혁가로서의 명성을 제2차 바티칸공의회에서 드러냈다. 최근에 그는 로마교회와 동유럽 공산주의 국가들과 대화 창구를 세웠다.[1] 비록 국무총리 장-마리 빌로가 73세의 생일을 조금 앞두고 있었지만 누구도 그를 배제하지는 않았다.

그 경기를 불리하게 만드는 바티칸 연구가들은 젊은 추기경들도 나이든 추기경들 못지 않게 교황이 될 가능성이 있다는 것을 알았다. 생각할 시간은 충분했다. 빌로가 여유 있는 일정표를 만들었고 콘클라베를 교황 서거 19일 후인 8월 25일로 정했기 때문이었다. 이는 바오로 6세가 자신의 후계자 선택을 위해 세운 규칙에 따라 허용된 마지막 날짜였다.[2]

이탈리아 추기경들은 빌로가 그 절차를 너무 늘여 놓았음을 투덜거렸다. 이는 외국 추기경들에게 충분한 말미를 주어 첫 비이탈리아 출신 교황을 세우는 연합의 빌미를 줄 것이란 점에서였다. 만일 그렇다면 **1523년** 하드리안 6세가 죽은 이래 처음 있는 일일 터였다.[3] 반면 외국 추기경들 역시 정반대되는 염려를 했다. 즉, 빌로의 여유 있는 행보가 이탈리아 성직자들에게 충분한 시간을 주어서 이길 수 없는 단독 후보자를 지지하기 위해 뭉칠 수 있도록 고안된 것이라는 염려였다.[4]

교황 바오로는 추기경단(College of Cardinals)을 무려 130명으로 확대했다. 이것은 전례가 없는 일이었다. 15명은 80세가 넘기 때문에 투표에서 제외되었다(그렇더라도 교황 자체로는 선출될 수 있었다).[5] 다른 4명은 병으로 참석하지 않았다. 남은 111명의 추기경 선거인단 중 과반수(57명)가 유럽인이었다.[6]

빌로는 교황의 유업을 조직적으로 수행했다. 바오로의 유언 집행자 마치 경이 죽은 교황의 개인 서류들을 없애려고 하는 것을 알자 빌로가 개입했다. 빌로는 많은 문서를 비밀 수장고로 옮기도록 했다. 추기경 코디에 대한 교황의 파일에 대해 빌로는 그것은 다음 교황의 몫으로 하자고 마치에게 말했다.[7]

빌로는 예정된 콘클라베가 비밀리에 진행되기를 원했다. 몇 개월 전 바티칸보안경찰청(Corpo della Gendarmeria)의 총장 카밀리오 치빈은 11개의 미국과 러시아제 도청 장치를 발견했다.[8]

1973년 두 이탈리아 기자가 쓴 베스트셀러 책 『고해성사실의 성』(*Sex in the Confessional*)은 도청된 신앙고백실에 근거를 둔 것으로 이는 빌로의 우려를 증폭시켰다. 빌로는 치빈에게 콘클라베에서는 어떤 수신 장치도 있어서는 안 되는 것을 확인하도록 지시했다.

치빈은 하루 만에 돌아와 놀라운 소식을 전했다. 즉, 교회가 운영하는 바티칸 라디오가 콘클라베를 도청할 계획을 세워 교황 선출에 대한 특종을 얻으려 한다는 것이었다. 차빈은 다른 계획도 진행될 것이라 경고했다.[9] * [10]

15년 동안 교황 선거가 없었던 관계로 더 강력한 언론 검열이 있었다. 콘클라베의 개시일이 가까워지자 예상되는 선두 주자들에 대한 추측이 난무했다. 공개된 기사들이 보통 서로 다른 후보자를 선택했다는 점은 이것이 어림짐작이라는 좋은 증거였다.

어떤 사람들은 비오반니 베넬리가 57세로 너무 젊다고 생각했다.

하지만, 그가 과묵한 토스카나 출신이며, 바오로가 플로렌스로 보내기 전까지는 교황청의 대세였던 까닭에 최고의 우선 순위 명단에 있었다.[11] 많은 사람이 그를 지지한 이유는 그가 가장 선출 가능한 진보주의자이기 때문이었다. 한 독일 신문은 베넬리의 큰 전면 사진을 싣고 다음과 같은 제목을 붙였다.

차기 교황은 누구인가?

만일 언론이 언급한 횟수에 따라 후보자가 결정된다면 그 후보자는 당연히 68세의 세르지오 피네돌리였다. 그는 종교간대화평의회의 영향력 있는 회장이었다.[12] 바오로의 피후견인 그는 교황청에서 충분한 경력을 쌓았고 온유하며 까다로운 결정을 내리는데 두려워하지 않는다는 폭넓은 명성을 가짐으로 중도파의 견고한 지지를 얻었다. 교황청의 소문에 따르면 피네돌리는 승리를 확신해서 예식용 흰 캐속에 가장 잘 어울리도록 하기 위해 속성 다이어트에 돌입했다.[13]

「뉴욕 타임스」는 **"바티칸 출처들"**을 인용해 네 명의 추기경을 거명했다. 그 신문의 주장은 이들이 다른 경쟁자들을 따돌리는 사람들이었다. 이들은 플로렌스의 베넬리, 보수주의자 페리클레 펠리치, 진보주의자 세바스티아노 바기오, 투린의 아나스타시오 발레스트레였다.[14] 콘클라베 전날 밤 한 이탈리아 신문은 처음으로 컴퓨터 예상 결과를 발표했다. 그 결과에 따르면 차기 교황은 추기경 바오로였다.[15] 런던의 도박 전문 회사 래드브로크스(Ladbrokes)는 처음으로 도박꾼들에게 그 결과에 돈을 걸도록 허락하므로써 바티칸을 불편하게 했다.[16]

영국의 승산은?

세르지오 피네돌리였다. 그는 「뉴욕 타임스」와 「이탈리아 컴퓨터프로그램」이 전적으로 놓쳤던 자였다.

세르지오 피네돌리는 5:2로 승산이 있었다. 바기오와 우고 폴레티 로마의 주교와는 7:2, 플로렌스 바넬리와는 4:1, 네델란드 추기경 요한네스 빌레브란드스와는 8:1, 아르헨티나 에두아르도 피로니오와는 12:1, 오스트리라 쾨니히와는 16:1, 잉글랜드의 바실 흄과는 25:1이었다. 가장 승산없는 자들은 브라질 알로이시오 롤사이더, 파키스탄 추기경 죠셉 콜데이로, 브뤼셀의 진보주의자 추기경 네오 조세프 수엔엔스로 승률은 33:1이었다.[17]

말신커스는 자신이 선호하는 후보자가 있어도 이를 누구와도 공유하지 않았다. 많은 진보주의자와 보수주의자가 공통적인 근거를 가진 문제의 하나는 견제받지 않는 바티칸은행이 너무 힘이 커졌으며 다음 교황은 이를 더욱 책임성 있게 운영할 필요가 있다는 믿음이었다.

과거에 예수회이며 바티칸 내부자인 말라기 마틴은 수개월 전에 널리 인용된 책 『마지막 콘클라베』(The Final Conclave)를 출간했다. 이는 신도나를 자세히 다루고 있었다. 이는 그 스캔들과 IOR(바티칸은행)에 대해 여전히 떠돌고 있는 많은 불쾌한 질문을 낳았다.

모든 추기경 선거인단은 9개월 전 미국 연방 판사가 신도나에게 이탈리아로 송환 명령을 내렸음을 알고 있었다. 비록 신도나의 최고의 법무팀이 그 결정에 항소했지만 이 시실리 금융인이 이탈리아 법정에 서는 것은 시간 문제였다. 그의 바티칸 거래들은 자극적인 언론 매체 표지의 먹잇감이 될 터였다.

말신커스는 새 교황이 IOR에서의 자신의 계속적인 직위 유지가 로마교회의 나머지 일을 운영함에 불필요한 방해물로 여길 것이란 점을 깨달았다. 심지어 시카고에서 권력에 빌붙어 있던 추기경 코디의 말신커스에 대한 지지도 흔들리고 있었다. 그는 다음 교황이 IOR의 금융적 난국을 깨끗이 할 것이라고 제시했다.[18]

콘클라베가 진행되는 동안 첫 투표에서는 시리가 가장 많은 표를 얻었다.[19] 그 제네바 추기경이 **1958년과 1963년**에도 그 자리에 있었지만 다시 한 번 그는 어떤 계기를 만들 수 없었다. 시리의 지지율은 네 차례의 투표가 진행된 이틀 동안 점차 떨어졌다. 원래 진보주의적인 선두주자들이 투표가 시작되기 전 가장 많이 논의되었던 것과 같다.[20] 놀랍게도 교황직은 65세의 베니스 총대교구장 알비노 루치아니 추기경에 갔다. 그는 명단에 없었던 인물이었다(영국의 출판사들은 그를 명단에 넣은 적도 없었다).[21]

바티칸 연구가들도 그를 고려하지 않았다. 바오로 6세, 베넬리, 말신커스가 베니스의 유명한 카톨리카은행을 칼비에게 매각하려는 것을 뒤집기 위한 그의 최후의 호소를 묵살한 이후로 그는 교회의 권력 서열에서 밀려났기 때문이었다.

루치아니의 결승적 연합은 베니스 교구청의 비계를 잘라낸 그의 명성을 인정한 결과였다.[22] 교황직 말년 동안의 바오로 6세는 교황청을 일원화하거나 그 힘을 축소하는 것에 실패한 것을 두고 후회했다. 바티칸의 금융을 단순화하려는 그의 **1967년**의 노력은 의도하지 않은 결과를 낳았다. 곧 더 많은 관료주의를 만들고 두 개의 비슷한 금융 영지인 APSA(성좌유증관리청)와 IOR(바티칸은행)을 설립한 것이다.

바오로가 변화를 추진할 때마다 철밥통의 교황청 사람들은 더 강하게 반발했다. 아마 외부인이 더 잘 할 수 있었을 것이다. 루치아니에게 또 다른 플러스는 그의 따뜻하고 인간적인 스타일이 더 친절했고 카리스마 넘치는 요한 23세를 기억하게 했다는 점이다. 여러 추기경은 요한 23세 같은 지도자가 교황 바오로가 집권한 15년 동안 무관심해진 신자들에게 활력을 줄 수 있을 것이라고 믿었다.[23]

그의 선택 이후 루치아니가 처음으로 한 말은 다음과 같았다.

당신이 나에게 무엇을 했던 간에 하나님이 당신을 용서하실 것입니다.[24]

그가 자신의 선출에 놀랐는지 분명하지 않지만 빌로가 물었을 때 그는 즉시로 자신의 교황 이름을 발표했다.

나는 지안 바오로 1세로 불릴 것입니다.

(요한 바오로 1세, 요한 23세의 영향에 대한 헌사로 요한은 그를 주교로 만들었고 바오로 6세는 자신에게 붉은 모자를 주었다. 이는 단명한 교황이 란도[Lando]를 택했던 913년 이래 처음으로 본래 이름이 택해진 것이었다.)[25]

심지어 루치아니는 콘클라베가 끝나기도 전에 다음을 분명히 했다. 그는 교회가 정치 놀음보다 영적 의무들을 강조해야 한다고 생각했다.[26] 주교들, 사제들, 심지어 세상의 평신도들도 더욱 분권화된 교회를 요구했는데 이는 교황청이 더 이상 비잔틴 방식으로 교황을 볼모삼지 않는 교회였다. 그것은 루치아니의 견해와 들어맞는 것으로 교황은 군주가 되기 보다 목회자가 되어야 했다.

그의 배경은 전임자와 상당한 대조가 되었다. 교황청에서 수십 년을 보냈던 바오로와 반대로 루치아니의 경력은 거의 로마에서 벗어나 있었다. 재혼한 아버지의 네 아이들 중 장자인 그는 **1912년 10월 17일** 카날 다골도의 먼 이탈리아 북쪽 촌에서 태어났다.[27]

루치아니의 가정은 제1차 세계대전으로 황폐한 지역의 가정 중에서도 가난한 가정이었다. 그의 아버지는 벽돌공으로 스위스와 독일에서 이민노동자로 수년을 보냈으며 이후 베니스 산화지(lagoon)에 있는 무라노섬의 유리 직공이란 정규직을 얻었다.[28] 루치아니가 11세 때 독실한 어머니가 그를 펠트레의 작은 신학교에 입학시켰다.[29]

1935년 7월 7일에 사제 안수를 받은 22세의 루치아니는 아골도의 탄광기술학교에서 교목과 선생으로 2년을 보냈다.[30]

1937년 그는 로마의 그레고리대학교에서 신학박사를 받았고 그해 벨루노신학교의 부학장이 되었다.[31] 이후 10년 동안 정경법에서부터 철학까지 모든 것을 가르쳤다.[32] **1958년**, 요한 23세는 그를 베루노 남쪽의 작은 도시, 비토리오 베네토의 주교로 임명했다. 11년이 지난 **1969년 12월 15일**, 바오로 6세는 그를 베니스의 총대주교로 임명했다. 이는 부분적으로 너무 큰 자아와 야망에 묶이지 않는 호감형의 관리자였기 때문이었다.[33] 베니스 총교구장으로서 3년 6개월을 무사히 지낸 후 교황 바오로는 그에게 붉은 모자를 주었다. 그때가 **1973년**이었다.[34]

루치아니는 한 친구에 이렇게 말했다.

내가 사제가 되지 않았다면 신문 기자가 되기를 원했을 것이네.

루치아니는 교회의 교리에 관한 한 전통주의자였다.[35] 그는 모든 인공적인 산아 제한의 금지 이외에 거의 모든 중요 문제에 자신의 전임자에 동의했다. 그는 교황의 위원회에 있으면서 알약에 의한 것은 예외로 하는 권고를 했으나 많은 논의가 있었던 회칙인 **"인간의 생명"**을 통해 바오로 6세는 이를 기각시켰다.[36] 새로운 교황이 그 핵심 교리를 해제할 것이라는 단순한 의견 제시만으로도 전통주의자들에 대한 충분한 경고가 되었다.[37]

루치아니는 처음부터 성직자들이 자신의 말을 듣는다는 것을 의심하지 않았다. 추기경 베넬리는 루치아니에게 지지를 표하면서 콘클라베에서 영향을 미쳤다.[38] 열정적인 베넬리가 요한 바오로와 직접적 관계를 가진 것은 분명했다.

교황청의 개혁에 대해 말했던 교황이 플로렌스 추기경에 의존한다는 것은 어떤 자들에게는 이상했다. 그는 엄격한 국무총리보와 전반적 관리자로 있었으며 때로 **"바티칸의 키신저"**라고 불리기도 했던 자였다.

하지만, 일단 그가 교황청을 떠나자, 베넬리는 이를 개혁하는 것에 대해 말하기 시작했다. 어떤 사람들은 베넬리에게 **개혁**이란 복수를 의미하는 것이라며 두려워했다. 그의 동기에 대한 논의가 커지는 동안 만일 누군가 바티칸의 사족같은 관료주의를 자르는 법을 알고 교황청 사람들과 싸울 의지를 갖고 있다면 베넬리가 바로 그런 사람이었다. 이는 주지의 사실이었다.[39]

말신커스에게는 루치아니의 선출과 베넬리의 영향력 재부상보다 심한 일은 없는 듯했다. 베니스 총대주교가 칼비와 암브로시아노에 IOR의 카톨리카은행 매각을 항의했을 때 루치아니는 **1972년**에 말신커스가 묵살했던 추기경이었다.

예하, 딱히 더 좋게 할 수 있는 것이 있는가요?

그때 말신커스가 그에게 물으면서 대화를 끝냈고 분노한 루치아니를 베니스도 다시 돌려보냈다.[40] 그들의 소원한 관계는 이후 6년 동안 개선되지 않았다. 칼비는 베니스의 가톨릭 신자들과 교구에 대한 카톨리카은행의 우대 정책을 지키겠다는 약속을 어겼다. 신도나의 스캔들이 바티칸의 명성을 어둡게 했을 때 이는 말신커스의 판단력이 나쁘다는 것을 루치아니에게 확신시켰을 뿐이었다.

한편, 베넬리는 **1973년** FBI 요원들을 만났다. 그들이 위조 유가증권과 IOR에 대한 조사차 바티칸을 방문했을 때 베넬리는 바오로 6세에게 자문하기를, 말신커스가 너무 많은 의심쩍은 모험 투자에 관여되어 있으며 그에 대한 더 많은 감독이 요구된다고 했다. 심지어, 그는 IOR과 말신커스를 감시해야 한다고까지 제안했다.

하지만, 교황은 말신커스의 편을 들었고 베넬리를 바티칸 외의 플로렌스로 보냈다.

9월 5일, 요한 바오로가 간소한 야외식을 통해 교황이 된지 이틀 후 새 교황은 「**일 몬도**」(Il Mondo)를 읽었다. 이탈리아의 유명한 금융지인 「**일 코리에르 델라 세라**」(Il Corriere della Sera)의 주간 뉴스 잡지였다. 바티칸은행에 대한 비판적인 기사가 1면에 실려 있었다. 이 기사는 신도나의 궁극적인 본국 송환과 이탈리아 내 재판에 대한 불확실성과 위험을 강조했다.

그날 아침 이른 아침 식사 후 요한 바오로는 얇은 마닐라지 자료철을 모았다. 이것은 베넬리와 다른 교황청의 경력자 페리클레 펠리치 추기경이 교회의 금융에 대해 그와 함께 나누었던 것에 대한 기록들을 담고 있었다(바티칸은 정말 그 기록들이 보존되어 있는지 필자에게 공개하려 하지 않는다. 하지만, 만일 그렇다면 그것들은 비밀 수장고 안에 있을 가능성이 크며 적어도 **2063년**까지는 열람이 허락되지 않을 것이다).[41]

두 추기경이 전해준 정보는 좋지 않았다. 베드로성금은 바오로 6세의 교황직 15년 동안 급격하게 떨어졌다.[42] 부유한 신자들로부터의 교회 유증도 5년동안 30%가 줄어 들었다. 인플레이션을 감안하더라도 교회는 10년 전에 받았던 것의 반 이상을 겨우 모금하고 있었다.[43]

말신커스의 비밀주의와 거만함은 바티칸은행장으로서는 나쁜 조합이었다. 베넬리와 페리치는 IOR이 그 헌장의 주요 지시사항, 곧 **종교 행위를 위해 지정된 자금의 유치(留置)와 관리를 제공하는 것**"을 완수하지 못하고 있다고 주장했다.[44]

바티칸은행은 11,000개 이상의 계좌를 가지고 있었지만 오직 1,000개가 가톨릭 조직이나 종교 교단에 속하며 다른 500개는 전세계적인 교구들에 속했다. 나머지는 개인 성직자들, 검은 귀족들, 그들의 부유한 몇몇 친구들, 소수 외교관들, 심지어 교회와 거래 관계를 가진 외국 회사들에 속했다. 그들은 요한 바오로에게 말신커스는 문제점이지 해결책이 아니라고 말했다.

90분간 그 기록물을 열람한 후 교황은 말신커스의 IOR 수장으로서의 지위가 검토되고 있음을 베넬리에게 알려주었다.

방문 중인 명사들과 교회 관리들로 일정이 꽉찬 그날 늦게 새 교황은 레닌그라드의 대주교 메트로폴리탄 니코딤(Metropolitan Nikodim)이라는 러시아정교회의 두 번째 서열의 고위 성직자를 만났다. 180cm의 키에 몸무게가 300파운드며 덥수룩한 긴 수염을 가진 니코딤은 바티칸 안에서도 관심을 끌었다. 니코딤과 요한 바오로는 교황의 개인 서재에서 만났다.

교황은 나중에 자신의 개인 비서들에게 자신이 겪은 일을 함께 나누었다. 니코딤은 교황이 따라준 컵의 커피를 홀짝거리다가 잔과 받침을 떨어뜨렸다. 그는 숨이 찬 것처럼 자기 목을 꽉 쥐고는 뒤로 넘어지면서 작은 탁자를 내리치며 바닥에 쾅하고 충돌했다.[45] 루치아니가 도움을 청했고 무릎을 꿇고 마지막 예식을 집행했다. 닥터 레나토 부쪼네티, 바티칸의료실의 부실장이 몇 분 후 도착했을 즈음 48세의 니코딤은 죽었다.[46]

부검은 실시되지 않았다. 니코딤이 심장마비를 몇 차례 겪었다는 사실에 비추어 큰 심장마비가 공식적인 사인으로 공지되었던 때 며칠 간은 누구도 놀라지 않았다.[47]

하지만, 그 발표 전에 어떤 음모론이 바티칸을 휩쓸었다. 즉, 독이 든 차가 원래는 새 교황을 노렸는데 니코딤을 죽였다는 것이었다.[48]

대신 일부 러시아정교회의 고위 성직자들은 니코딤이 기독교 통합의 열렬한 옹호자인 까닭에 실제적 목표였으며 살인자들은 가톨릭 전통주의자들이라고 생각했다. 전통주의자들은 바오로 6세가 시작했던 종교 간 대화가 활발해지는 것을 반대했다.

일부 반공주의자들은 이것이 KGB의 작품이며 소비에트 수상 레오니드 브레즈네프의 하나의 미묘한 신호라고 생각했다. 브레즈네프는 가톨릭교회를 합법화하려는 어떤 노력에도 반대했고 이에 대해 가차없는 소모전을 감행했다.[49]

니코딤의 죽음은 비록 개인적으로는 요한 바오로를 불안하게 했지만 이것 때문에 업무 인수 인계 과정에서 일에 집중하는 데 소홀하지는 않았다. 그는 그 첫 달에 구체적인 진척을 이루었다. 두드러진 것은 어떻게 일반 가톨릭 신자들이 그를 품는가였다. 몇 주 지나지 않아 많은 청중과 루치아니가 관심을 가졌던 충만한 자신감에 대한 소문이 크게 돌았다.

지난 두 번의 일요일 정오 축복 미사에 베드로광장은 가장 자리까지 꽉 찼다. 이는 전에는 한 번도 일어난 적이 없는 일이었다.

85세의 칼로 콘팔로니에리, 추기경대학 학장의 말이었다.

바티칸 내의 낮은 직책을 가진 사람들과 말할 때 드러난 요한 바오로의 본래적인 온화함과 자발성은 교황청 내에서 신선한 것이었다. 이는 전임자의 만성적인 병과 우울증이 그의 생래적인 거리감을 두는 성격과 어우려져 있었던 때와는 전혀 달랐다.

요한 바오로가 9월 23일 바티칸을 떠나 가까운 라테란성전에서 미사를 집전할 때, 사람들이 그의 수행원을 벌떼처럼 무리지어 따랐다. 이는 요한 23세가 20년 전에 교황이었던 이래로 보지 못했던 일이었다.[50] 나흘 후 무려 1만 5천 명의 신자가 살라넬비에 와서 그의 설교를 들었다.

하지만, 모든 교황청 사람이 일반 신자들처럼 새 교황에 열광하지는 않았다. 그의 평범한 손길은 호감어린 요한 23세에게 그랬듯 동일한 독설을 낳았다. 그의 항상 웃음을 띤 모습 때문에 어떤 자들은 비꼬는 투로 그를 **웃는 교황**으로 불렀다. 다른 자들은 자신들의 판단에 따라 그의 **"리더스 다이제스트 같은 성격,"** 곧 복잡한 문제를 단순화하는 경향을 가진 것을 경멸했다.[51]

루치아니는 교황청의 험담에 개의치 않았다. 대신 그는 자신의 관심을 이끄는 여러 현안 문제에 대해 가능한 한 많이 배우는 데 몰두했다. 그것의 일환으로 그는 말신커스와 한 시간 동안 만났다. 그것은 서먹서먹한 자리였다. 그들은 세세한 것들을 교환했으며 요한 바오로는 거의 중요한 질문도 하지 않았다.

새 교황에게는 교황청 경력이 충분하지 않았다. 말신커스는 자신에게 교항의 의견에 반대할 수 있는 힘이 있다는 것을 알았다. 일반적으로 알려진 바는 요한 바오로가 대결을 좋아하지 않는다는 것이었다. 말신커스는 자신이 마지못해 수용해야 할 것 같다는 것을 느끼지 않았다.

신도나는 본국 송환의 현안 때문에 초미의 관심사였다. 말신커스는 그 시실리 금융인과는 거리를 두려고 노력하면서 아마도 열 번 정도, 즉 세례식에서 한 번, 다른 때는 한 1분 정도씩만 만났다고 주장했다. 말신커스에 따르면 가장 중요한 것은 자신이 신도나와 거래하지 않았다는 점이었다.

그와 거래를 했던 자들은 APSA였다. 그들은 그에게 SGI 부동산회사를 위해 주식을 팔았다. 나는 그것과는 아무 관계가 없었다.[52]

요한 바오로는 바오로 6세가 **1967년**에 만든 APSA(Amministrazione del Patrimonio della Sede Apostolica: 성좌의 유증관리청)가 신도나의 간청 때문이었음을 알기 위해 교황청에 알아보려고도 하지 않았다. 게다가 APSA가 교회의 지분을 SGI 부동산과 여타 회사에 분산 투자하는 책임을 맡는 부서였다면, 바티칸은행은 그 결정의 집행자였다.

말신커스는 요한 바오로의 관심을 신도나에게서 멀어지도록 애썼다. 이를 위해 다른 바티칸 기구들과는 달리 교황은 얼마나 많은 돈을 쓸 수 있는가에 집중했다.

하지만, 말신커스에 따르면 요한 바오로는 **"조금도 관심이 없었다. 그는 알고자 하지 않았다. 그는 국무성이 가져온 그 보고서에 대해 그것이 큰 짐이라고 말했다."**[53]

요한 바오로의 신임받은 개인 비서들 중의 하나인 마기 경은 IOR 문제들의 숫자와 복잡함이 너무 많아 교황이 이를 파악하기는 힘들었을 것이라 생각했다.

어느 교황이나 그의 첫째 달의 주된 금융 관심사는 자신이 한 주권국의 수장인 된 까닭에 자신의 국가 연금을 잃어버릴까 하는 것이었다(사실상 그 연금은 교황으로 선출된 이

탈리아인에게는 끝난다).⁵⁴

교황의 사적인 만남에서 오고 간 말이 교황의 서재의 문이 열리는 순간 바티칸 사방에 퍼지는 것은 비공식적 관례였다. 때로 어떤 교황은 자신의 보좌관들에게 비밀리에 지시해 교황청이 특정한 결정을 내리도록 만들기도 했다. 교황과 만났던 그 사람은 자신의 말을 미리 누설해 바티칸이 아직 정하지 못한 결정에 앞서갈 수도 있었다.

또 다른 경우에 내부에서 일어난 일을 알지 못했던 교황청 사람들이 마치 자신들이 거기에 있었던 것처럼 소문을 퍼뜨렸다. 이 모든 것은 자신들의 이익을 위한 행위였다. 말신커스와 요한 바오로의 만남이 끝난 후 시작된 끈질긴 소문의 진원은 알려지지 않았다.

하지만, 한 가지 확실한 것은 침울한 말신커스가 IOR 사무실로 돌아와 누구에게도 **"나는 더 이상 있을 것 같지 않아"**라고 말하지 않았다는 것이다.⁵⁵(10년 후 말신커스는 요한 바오로가 자신을 내보낼 생각을 했다는 것을 부인했다. 대신에 그는 IOR에 돌아와 자신은 "젠장, 그[교황]가 피곤해 보여"라고 말했을 뿐이라고 주장했다. 나중에 요한 바오로가 자신을 내보내려 했었다는 것을 들었을 때 그는 이렇게 말했다. "나는 그것이 사람을 해고하는 가장 웃긴 방법이라고 말했다. 그는 정말 최고였다.")⁵⁶

말신커스와 IOR만이 새로운 교황이 직면한 유일한 문제는 아니었다. 추기경 바기오가 그에게 코디 파일과 그 시카고 고위 성직자가 자신을 내보내려는 전임자의 행동을 비난했다는 뉴스를 보여주었다. 바오로 6세가 오랫동안 생각했던 교황청을 국제화하는 계획 역시 판결을 기다리고 있었다.⁵⁷ 이것이 승인된다면 교회 관료계 내의 압도적인 이탈리아인들이 작은 반란을 일으킬 수도 있었다.

유명한 스위스 신학자 한스 큉을 두고 어떻게 할 것인가라는 질문도 있었다. 그의 가르침과 글은 교회의 여러 핵심 교리에 도전하는 움직임이 점차 확대되는 것을 뒷받침하는 역할을 하고 있었다. 바오로 6세는 몇 년간 망설이다가 큉을 단죄하지 못한 채 사망했다. 요한 바오로는 큉이 바티칸의 분노를 일으키지 않으면서 활동할 수 있는지 결정해야 했다(**1979년 12월 18일**, 교회는 큉의 가톨릭 신학자 교수 허가증[missio canonica]을 말소했다).

요한 바오로는 코디, 큉, 교황청 개혁 현안에 대한 보고를 받고 싶어했다.

하지만, 한 가지 문제가 그를 놀라게 했다. 그것은 예수회와 바오로 6세 사이의 심각한 논쟁이었다. 예수회 신학자들은 과격한 정치적 행동을 자제하라는 바오로의 부탁을 무시해 왔다. 검은 사제복을 입은 고위 성직자들이 베트남 전쟁이나 폭탄 투하 금지를 규탄하는 대규모 시위의 전면에 서다가 경찰에게 끌여가는 일이 다반사였다. 이것은 바타칸의 염려였다.

더 심각한 것은 그들이 열정적으로 전파하는 자유주의 신학이었다. 가톨릭과 마르크스주의와의 결합은 엘살바도르와 과테말라에서 공산주의 운동을 부추겼다. 예수회 총회장 페드로 알루페(Pedro Arrupe)는 공인된 정치적 좌파였으며 로마로부터의 자제 요청을 모두 거절했다. 만일 요한 바오로가 예수회에 동조하지 않는다면 알루페는 새 교황을 전임 교황처럼 우유부단한 자로 판단할지도 모를 일이었다.[58]

요한 바오로가 그처럼 많은 중대한 문제들 때문에 때로로 기진맥진해 보인 것은 당연한 일이었다. 그는 자기 보좌관인 주세페 보사에게 농담을 하면서 날마다 쌓이는 읽을거리를 읽게 도와줄 기계라도 있으면 좋겠다고 말하기도 했다.[59]

정말 버겁네(Une charge très lourde).

교황이 추기경 빌로에게 한 말이다.[60]
나중에 말신커스가 말했다.

이 불쌍한 사람은 … 베니스 출신이었다. 그곳은 작고 오래된 교구로 인구 9만 명에 늙은 사제들 뿐이었다. 갑자기 그런 곳에 던져졌으니, 사무실이 어디에 있는지도 모르는 사람이 국무총리가 무엇을 하는지 알 리가 없었다. 사람들은 그를 '웃는 교황'이라고 불렀다. 하지만, 내가 보기에 그것은 매우 초조한 웃음이었다. 그가 자리를 맡은 것이다. 그가 자리에 앉자 국무총리는 그에게 종이 뭉치를 가져다 주며 이렇게 말한다. '이것들 검토해 주시요!' 그는 어디에서 시작해야 할지도 모른다.[61]

요한 바오로가 이 힘든 인수인계 과정 중에 자신의 업무를 수행할 수 있었던 이유는 그가 매일 16시간씩 일을 했기 때문이다. 새 교황은 잠이 없기로 유명한 사람이었다. 그는 철저히 계획표에 따라 일하는 사람이었다.[62] 집사로 20년 동안 함께 했던 수녀 빈

센짜 타파렐(Vincenza Taffarel)이 매일 아침 5시 전에 그에게 커피를 가져다 주었다.[63]

베니스에서 그녀는 그의 침실에 있는 탁자 위에 커피를 두었다.

하지만, 바티칸 사람들은 수녀가 교황 침실에 들어가는 것은 부적절하다고 생각했기 때문에 그녀는 작은 쟁반 위에 커피를 올려 그것을 그의 침실 문 앞에 두었다. 요한 바오로는 커피를 다 마신 후 잔과 쟁반을 들고 복도를 중간까지 갔고 수녀 빈센쟈는 이를 되돌려 받았다.[64] 그는 6시에 예배당에 들어갔다. 마기 경이 기도를 하기 위해 합석했다. 개인비서인 디에고 로렌찌(Diego Lorenzi) 경이 7시에 도착했다. 그들은 미사가 끝난 후 가벼운 아침 식사를 했다.[65]

9월 28일 목요일 아침, 수녀 빈센짜는 오전 5시가 되기 몇 분 전에 커피를 올려 놓은 쟁반을 그의 침실 문 앞에 두고 갔다.[66] 그녀가 30분 후 쟁반을 회수하려 갔을 때 마시지 않은 커피가 그대로 있었다. 그녀는 교황이 늦잠을 자지 않는 사람이라는 것을 잘 알고 있었다. 그녀가 문에 귀를 기울였지만 아무것도 듣지 못했다. 빈센짜는 가볍게 문을 두드렸다. 아무 반응이 없었다. 그녀는 문을 더 크게 두드렸다. 여전히 아무 소리도 없었다.[67] 그녀는 무릎을 꿇고 열쇠 구멍으로 침실 안을 들여다 보았으나 그를 볼 수 없었다.

만일 그가 깨어있다면 왜 대답하지 않을까?

그녀는 침실에 들어갔다. 요한 바오로는 침대 위에 반듯이 앉아 있었다. 열린 파일이 그의 오른손에 있었고, 종이 몇 장이 침대 위와 바닥에 널려 있었다.* [68] 돋보기 안경은 그의 코 끝에 달려 있었다. 그는 눈을 뜨고 있었다.[69]

산티시모 파드레? 알비노?[70]

그에게서 아무 반응이 없자, 그녀는 침실을 나와 한 층 위에 있는 마기의 침실로 달려가 잠자고 있던 그를 깨웠다.

산티시모 파드레(성부). 무슨 일이 생겼어요.[71]

마기는 곧바로 요한 바오로의 침실로 달려갔다. 그는 손으로 교황의 뺨을 만졌다.

뺨이 차가웠다. 사후 경직이 이미 진행되기 시작한 것이다. 마기는 빌로에게 전화를 걸었다. 빌로의 방은 두 층 아래에 있었다. 72세의 국무총리에게 전화하는 것은 쉽지 않은 일이었다. 그에게 심장 질환이 있었기 때문이다. 하지만 그는 즉각적이었다.[72]

성부가 죽었습니다.
아니냐, 아니냐. … 그가 죽었을 리가 없어. 내가 지난 밤에 그와 함께 있었어.
잘 들으세요. 그의 몸이 돌처럼 차가워요. 그는 죽었어요.[73]

평소에는 흔들임 없는 빌로가 그 어느때 보다 떨고 있었다.[74] 마기는 몇 분 떨어진 곳에서 살고 있는 의사 레나토 부쪼네티에게 전화를 걸었다.[75] 그 사이에 로렌찌는 오랫동안 요한 바오로의 주치의였던 베니스 의사 주세페에게 전화해 그의 사망 소식으로 알렸다.

그는 지난 일요일 오후 교황을 만났고, 교황의 건강 상태가 매우 좋았다는 것을 알았다.

로렌찌의 회고였다.[76] (의사 다 로스가 신체적인 것에 대해 말 한 것 중 하나는 바오로가 "매우 건강하다"는 것이었다.)[77] * [78]

빌로가 그 방에 들어올 때 로렌찌 경은 수녀 빈센짜와 여러 수녀와 함께 침대 발 밑에서 묵주를 돌리고 있었다.[79] 의사 부쪼네티가 도착해서 교황의 몸을 검사했다. 그는 교황을 진찰한 적이 없었기 때문에 교황의 병력에 대해 아무것도 알지 못했다.

내가 의사로서 교황을 처음 보았을 때 그는 죽어 있었다.[80]

몇 분 후 부쪼네티가 침실에서 나와 교황이 **"급성 심근 경색"**(심장 근육을 갑자기 멈추게 하는 동맥경화)으로 사망했다고 발표했다.[81] [82] 사망 시간은 그 전날 밤 10시 30분과 11시 사이라고 추정했다. 그의 결론은 교황의 안색이 방금 지하실에서 나온 듯이 창백했다는 사실에 기초했다. 이런 현상은 피부에 피가 부족할 때 나타나는 것으로 심근경색의 증거다. 그는 요한 바오로가 만성 저혈압에 시달렸다는 것을 알지는 못했다. 이는 그가 광범위한 관상동맥 혈전증으로 사망했다는 사실을 뒷받침하는 것은 아니었다.

그러나, 아주 불가능한 것은 아니었다. 그는 교황이 복용했던 약물을 조사하지 않았으며 교황의 개인 의사였던 다 로스에게 그것에 대해 말하지도 않았다.[83]

빌로가 교황의 시신에 다가갈 때 그의 양손은 떨렸다.[84] 프랑스 추기경은 한 달 전 바오로 6세의 죽음을 확인하기 위해 사용했던 은망치를 사용했다.

요한 바오로의 이름을 크게 부르면서 그의 이마를 세 차례 두드렸다. 아무 반응이 없었다. 그러자 그는 로마교회의 263번째 교황의 죽음을 선언했다. 다시 한번 빌로는 궁무처장(Camerlengo)이 되었다.[85]

빌로는 수녀 빈센짜와 보좌관들을 소집했다. 그는 수녀 빈센짜가 혼자 교황의 시신을 발견한 사실이 알려질 경우 대중이 어떤 반응을 보일지를 무척 염려했다. 여자에게 교황의 개인 침실에 출입하는 권한이 부여됐다는 사실 때문에 소문이 생기거나 빌로가 말했듯 **"불행한 오해"**가 발생할 수도 있었다.[86] 추기경 국무총리는 중대한 결정을 내렸다. 이는 65세의 요한 바오로의 갑작스런 죽음 이후 불거진 각종 음모론의 불씨가 된 결정이었다.

나는 그 수녀가 교황의 죽음을 목격했다고 생각하지 않는다.

짜증난 빌로가 마기에게 말했다.[87] 그들은 실제로 일어난 일을 비밀로 하기로 했다. 빌로는 수녀 빈센짜에게 바티칸 밖의 수녀원으로 가능한 빨리 거처를 옮기도록 명령했다. 그녀는 자신의 남은 교회 사역에 대해 어떤 말도 할 수 없게 되었다.[88]

대신 마기는 교황이 아침 기도에 늦는 이유를 알기 위해 그의 침실에 들어갔다가 자신이 교황의 시체를 발견했다고 발표할 생각이었다. 문서에 관해서는 어떤 언급도 하지 않을 생각이었다.[89]

대신 바티칸 라디오의 수석 기자 신부 프란치스코 파루시가 한 **"바티칸의 소식통"**으로부터 침실의 탁자 위에 15세기 경건 서적인 『**준주성법**』(De Imitatione Christi)이 있었다는 제보를 입수한 후 교황이 그날 밤에 이 책을 읽었다는 기사를 썼다.[90] 그 제보는 거짓이었다. 파루시가 나중에 이에 대해 차근차근 설명했다.

그 책은 예배당에 있었지 그의 침대 곁이 아니다. 그 제보가 누군가가 교황이 도색 잡지를 읽고 있다고 말하는 것을 피하기 위해 만들어진 것이 아닌가라고 생각했다. 그렇지 않다면 당신은 사람들이 카우보이 이야기라고 말하는 것을 알 턱이 없다."(나흘 후, 바티칸 라디오는 그 이야기가 "부정확한" 것이라며 철회했지만 그때까지 그 이야기는 너무 많이 반복되어 기정 사실처럼 되었다.)[91]

오전 7시가 조금 지나, 침울한 모습의 두 사람이 검은 비옷을 입고 도착했다. 그들은 아날도와 에르네스토 시노라치 형제들로 **1870년** 설립된 가족 회사에서 온 유명한 장의사였다("우리는 죽은 세 명의 교황들의 단장을 맡았습니다. 그들이 죽으면 그들 모두 우리에게 똑같습니다." 아날도가 나중에 어떤 기자에게 한 말이다).[92] * [93] 빌로는 세자레 게린 교수에게 전화했다. 그는 로마대학의 유명한 교수이자 이탈리아 법의학실의 이사였다. 게린이 시노라치 형제들에게 차례차례 전화했다.[94]

하지만, 빌로가 교황의 시신을 수습하라고 그들을 고용한 것은 아니었다. 대신 그들은 작은 캠퍼스 가방에서 줄을 끄집어 냈다. 그들은 그 줄로 시신의 발목과 무릎 주위를 묶었다. 그런 후 그들은 시신의 다리를 잡아당겨 펴고 그 줄을 침대의 각 끝에 묶었다.

시노라치 형제들은 요한 바오로의 가슴을 그 줄로 둘렀고 그의 팔과 상체를 당겨서 시신을 반듯하게 만들었다(나중에 잘못된 소문이 바티칸 주변에 퍼졌다. 즉 장의사들이 교황의 몸을 반드시 펴기 위해 그의 등을 부러뜨렸다는 것이었다).[95] 그들은 시신의 눈을 감긴 후 침대 이불로 그의 얼굴을 덮었다.[96]

이후 시노라치 형제들은 바티칸 접견실에서 며칠을 머물렀다.[97](그들이 몇 시간 후 돌아와 대중이 볼 수 있도록 시신을 방부처리하기 시작했다. 방부처리를 위해 그들은 시신의 넓적다리에 있는 동맥에 부패 방지액을 투여했다. 그 작업은 어려웠다. 교황의 목에 혈전이 약간 있었기 때문이다.)[98]

아침 7시 30분, 빌로는 교황의 개인 서류들을 모았고 그의 처방약을 폐기했다(교황이 직무했던 한 달 동안 바티칸 약국에서 어떤 약을 처방받았는지 알려지지 않았다. 그 시기를 기록한 서류들이 약국 조제실 기록에서 빠져있었기 때문이다).[99] 빌로는 공식적인 언론 성명을 준비했다. 홍보관장인 신부 로메오 판치로리는 주요 이탈리아, 외국 통신사들을 연락하기 시작했다. AP의 첫 통신 기사는 검열본을 갖고 있었다.

> 오늘 9월 29일 5시 30분경, 교황의 개인 비서 존 마기가 요한 바오로 1세의 침실에 들어갔다. 존 마기는 일상적으로 예배당에서 교황을 만났지만 그날 아침에는 교황을 보지 못했기 때문이다. 그가 교황의 침실에 갔을 때 교황은 불을 켠 채 책을 읽는 자세로 침대 위에서 죽어 있었다. 즉시 의사가 와서 교황의 죽음을 확인했다. 사인은 어제 목요일 저녁 11시경에 일어난 것으로 추정되는 급성 심근 경색이었다. 교황의 시신은 정오 경에 사도궁의 홀에 안치될 예정이다.[100]

빌로는 한 여자-비록 수녀지만-가 이른 아침 혼자서 교황의 침실에서 그와 함께 있었다는 사실을 은폐했다.

하지만, 이는 설득력이 없는 내용이었기에 사실은 곧 밝혀질 것이었다.

교회의 비밀 의식에 오랫동안 익숙한 국무총리는 어려운 상황을 더 어렵게 만들었다.[101] 이 사실 은폐는 예상보다 훨씬 빨리 밝혀졌다. 공식 성명이 발표된 직후 사건의 진상을 알고 있던 신원 미상의 내부자가 **기독교 문명**(Civiltà Cristiana)과 접촉했다.

이는 전투적인 우파 가톨릭 단체로 수십 개 국가들에 5만 명의 회원을 가진 단체였다. 한 달 전 요한 바오로를 선출했던 콘클라베가 시작 할 때 이 단체는 **"가톨릭 교황을 뽑으라"**라는 문구가 새겨진 밝은 색깔의 포스터를 들고 조롱하면서 로마를 괴롭혔다. 그 단체의 사무총장 프랑코 안티코(Franco Antico)가 로마 본부에서 전화 한 통을 받았다. 전화기 너머의 익명의 상대방은 바티칸의 설명이 거짓임을 증명하는 놀라운 이야기를 전했다.

언론과 친분이 있는 안티코는 8시 즈음에 ANSA 이탈리아통신사에 전화를 걸었다. 안티코는 빌로와 요한 바오로의 보좌관들이 거짓을 말하고 있다고 주장했다. 그는 교황의 부검을 요청했다. ANSA는 안티코의 요청을 대중들에게 알렸다.[102] 기자들이 판치로리에게 해명을 요구했다. 그는 이 문제를 두고 빌로와 상의했다. 국무총리는 그에게 **"이 사안에 대해 추가로 할 말은 없다는 것"**을 발표하라고 명령했다. 그 사이 정오 즈음, 안티코는 자신의 정보원에게서 더 많은 정보를 입수했다.

안티코는 기자들에게 수녀 빈센짜와 마기 경을 인터뷰해야 한다고 말했다. 그 소식을 듣자 빌로는 마기와 로렌찌에게 로마 외곽에 있는 개인 신학원으로 즉시 피하라고 명령했다. 이는 사태를 더 악화시켰다. 빌로는 그들에게 상황이 나아지면 복귀시키겠다고 말했다.[103] (수녀 빈센자는 몇 시간 전 이미 떠난 상태였다.)

마기 경은 베드로광장 옆에 있는 마리아밤비나학교로 갔다.

하지만, 심란한 마음을 진정시킬 수 없어서 **"리버풀 외곽에서 살고 있는 자신의 여동생 캐트린과 함께 있고"** 싶어했다.[104] 빌로의 국무실은 그를 돕는 데 선뜻 나서지 않았다.

그래서 마기는 말신커스에게 갔다. IOR의 수장은 20분 만에 마기에게 비행기표를 주었고 그를 공항으로 인도해 줄 차와 운전자를 준비시켰다. 요한 바오로가 사망한지 이틀 후, 기자들이 여전히 바티칸에서 마기를 찾고 있었던 때 그는 1천 마일 떨어진 영국에 있었다.[105]

하지만, 안티코의 정보원은 교황이 사망한 날에 어떻게 발견되었는지에 관한 자세한 내용은 알지 못했다.

하지만, 그는 빌로가 사건을 은폐한 것을 밝히는 데는 성공했다. 이후 안티코는 기자들에게 빈센짜와 마기가 어디로 이동했는지를 알아내야 한다고 말했다. 빌로는 판치로리에게 수녀 빈센짜는 **"접근 불가하며"** 마기 경은 **"이 나라를 떠났다"**라고 기자들에게 전하라고 명령했다.[106]

기자들이 판치로리의 말을 신뢰하지 않았기 때문에 사태가 더욱 악화됐다. 몇 년 전에 공보관을 관리하기 시작한 이래로 그의 무시하는 듯한 말투와 빈번한 실언과 속임수로 그는 아래와 같은 별명을 얻었.

"나는 그 점에 대해 아무것도 아는 것이 없는 신부"(Padre Non Mi Risulta)다.[107]

빌로는 다음날 아침 긴급 회의를 소집해 로마의 모든 추기경들을 불렀다. 이미 빌로는 교황이 거처한 19개 방에서 교황의 물품을 모두 제거한 상태였고 교황의 아파트는 콘클라베를 앞두고 출입이 금지되었다.

토요일 11시, 이미 로마에 도착했던 34명의 추기경이 웅장하고 금박을 입힌 살라 볼로나에 모였다. 이는 **1575년**에 지어진 교황의 식당으로 위대한 교황-군주에게 어울리는 장소였다. 빌로 외 그들 중 누구도 진실을 알지 못했다. 그들 대부분은 안티코와 '기독교 문명'이 교회의 명성을 실추시키려고 거짓말을 퍼트리는 누군가에 의해 속고 있다고 추측했다.

비엔나의 프란쯔 퀘니히(Franz König)를 포함한 몇 사람은 거짓 보도가 소비에트의 허위 보도 음모의 일환이라고 생각했다.[108]

빌로는 장례 일자를 처음으로 말했다. 추기경들은 5일 후 있을 이탈리아 수호성자 프란치스코 명절을 장례식 날로 정하자는 데에 동의했다. 추기경 콘파로니에리는 요한 바오로의 죽음에 대한 온갖 소문을 끄집어냈다. 그는 부검만이 모든 의심거리를 잠재우는 최상의 방법이라고 제안했다.

비록 그가 부검이 교회 규범을 어기는 일임을 이해했지만 말이다. 어떤 추기경들은 너무 놀라서 아무 말도 하지 못했다.[109] 추기경 퀘니히는 모든 추기경이 로마에 모여 전례를 깨기 위해 투표한다는 것은 생각할 수도 없는 일이라고 말했다. 그는 부검을 한다 해도 그 사실을 영원히 비밀로 하기는 어려울 것이라고 말했다. 그는 사후 조사는 요한 바오로의 사망 원인에 대한 입소문만 계속 낳을 것이라고 단언했다.

모든 추기경이 도착하기를 기다리는 것이 문제가 되는 이유는 멀리 떨어진 나라의 추기경들이 장례가 끝나도 로마에 도착할 수 없으리라는 점 때문이었다. 부검은 그 전에 시행되어야 했다.

추기경 펠리치는 로마 병리학자 한 명과 의사 두 명이 교황의 시신을 검사하는 게 좋겠다고 제안했다. 그들이 48시간 내에 부검을 추천할지 말지를 알려줄 수 있다는 것이었다. 그 타협안은 29:5의 투표 결과로 승인되었다.[110]

이틀 후인 10월 2일 월요일, 85명의 추기경이 살라 볼로냐에 모였다. 요한 바오로의 죽음에 대한 대중의 여론이 들끓었다. 독일, 영국, 스페인 신문은 추기경들이 부검을 해야 한다고 보도하면서 바티칸 헌법이 부검을 명시적으로 금하지는 않는다고 했다.[111]

존경받는 가톨릭 작가 칼로 보(Carlo Bo)는 「일 콜리에르 델라 사라」(Corriere della Sera)에 전면 논설을 싣고 이렇게 주장했다. 즉, 중세 교황들을 둘러싼 살인과 음모라는 로마교회의 오랜 역사를 고려할 때 교황의 죽음에 대한 모든 의심을 불식시킬 최상의 방법은 현대 과학의 힘을 빌리는 것이다.[112]

다시 모일 때 추기경들은 빌로와 부쪼네티가 시노라치 형제들에게 교황의 시신에 대한 방부처리를 요청했다는 사실을 알았다.

> **첫날 저녁에 교황의 시신을 방부처리했던 이유는 시신이 붓기 시작했고 역겨운 냄새가 났기 때문이다.**

로렌찌 경은 이렇게 회고했다.[113]

> **높은 열과 모든 것이 문제였다.**
> **왜냐하면, 사람들이 나흘 동안 계속 교황의 시신을 봤기 때문이었다.**

교황의 시신을 담당했던 장의사 에르네스토 시노라치가 한 말이다.[114]
시신이 발견된 그날 이른 아침 거기에 있던 시노라치 형제들은 죽음 이후 적어도 몇 시간 동안 교황의 시신이 방치되었다는 것을 알았다. 교황의 시신은 예상보다 빨리 부패할 수도 있었다. 「**AP 신문사**」는 교황의 시신이 공개된 첫날에 대해 다음처럼 보도했다.

> 교황의 얼굴은 회색이며 밀납처럼 창백했다. 바실리카 풍의 건물은 정기적으로 월요일에는 닫혀 있었기에 장의사들만 시신을 만질 수 있었다.[115]

추기경들은 부검이라는 과학적 방식에는 익숙하지 않았다. 그들은 법의학 병리학자들의 권고, 즉 요한 바오로의 피와 조직 샘플을 방부 처리 전에 보존해야 한다는 말을 듣지 않았다. 이 샘플이 있다면 사인이 외부적 물건 때문인지 독이나 약물 때문인지 추후 시험할 수 있다.

하지만, 그들이 알지 못한 사실이 있었다. 장의사들이 사용하는 화학 약품이 몸의 피와 상호 작용하여 독극물을 검출해내는 것을 어렵게-전혀 불가능한 것은 아니지만-한다는 사실이다. 왜냐하면, 방부 처리 과정에서 피가 덮이거나 씻겨내려갈 수 있기 때문이다.[116]

주류 언론이 부검을 촉구하는 동안, 프랑코 안티코와 그의 '기독교 문명'은 로마교회 안에서 동지를 얻었다. 유명한 스페인의 평신도 조직인 '새로운 군대'(Fuerza Nueva)의 회장 브라스 피나르(Blas Piñar)는 교황의 죽음이 "너무 많은 의심을 불러일으켰다"고 썼다. 그는 회칙에서 **"사탄의 연기가 어떤 틈에서 나와 하나님의 성전에 들어왔다"**는 바오로 6세의 말을 인용하며 **"부검이 반드시 실시되어야 한다"**고 강조했다.[117]

월요일 회의에서 빌로는 추기경들의 요청으로 시신을 조사했던 세 의사가 권고한 것과 발견한 사실을 제시했다.

두 사람은 사인이 중증 심장 마비라는 결론을 냈다. 그들은 그 결론의 근거로 바티칸의 차석 의사인 부쪼네티와의 인터뷰를 제시했다. 빌로의 명령으로 요한 바오로의 병력에 대해 기록했던 서류를 제시했다. 그들이 보기에 부검은 불필요했다.

하지만, 병리학자는 반대했다. 이 병리학자도 심장마비가 가장 큰 사인일 것이라 생각했지만 부검 없이는 그것을 확신할 수 없었다.[118]

다수의 의학적 견해를 수용하는 데 이의가 있는가 하고 빌로가 물었을 때 대부분의 추기경은 필리치를 보았다. 그가 며칠 전에 부검을 해야 한다고 강력하게 주장했기 때문이었다. 그는 자신의 팔을 낀 채 잔뜩 얼굴을 찌푸리며 한 마디도 하지 않았다(나중에 그는 의사 둘이 부검하지 않기로 결정했기 때문에 항의하는 게 불필요하게 느꼈다고 주장했다).[119]

빌로는 투표를 요구했다. 추기경들은 부검하지 않는 것에 만장일치의 박수로 동의했다. 이는 갑작스런 죽음에 대한 소문과 험담을 12일 내 새로운 교황을 선출함으로써 잠재우려는 의견 일치였다. 그렇지 않았다면 추기경들은 6주 후 전례 없는 두 번째 콘클라베에 전념했을 것이다.[120] †[121]

빌로가 아침에 일어나자마자 하는 일은 담배를 피는 것이었다. 그는 잠자리에 들기 직전에도 담배를 피웠다. 그는 하루에 세 갑을 피웠다.

하지만, 스트레스가 극심했던 그때는 하루에 네 갑을 폈다. 이탈리아 언론은 교황 후보자로 거명된 모든 추기경이 첫 투표 전에 신체 검사를 받아야 할 필요가 있는가라는 질문을 제기했다.

빌로의 생각에 이는 터무니 없는 일이었다. 교회는 막대한 비용이 소요되는 연이은 콘클라베 개최로 이미 한계에 이를 지경이었다. 그는 111명의 추기경에게 급하게 종합 검진을 실시하는 데 소요될 비용을 달가워하지 않았다.[122] 어떤 경우든 시간이 없었다.

추기경들은 빡빡한 일정 속에서 교황을 장사하고 콘클라베를 시작했다. 이 모든 것은 빌로가 바오로 6세의 죽음 후 여유롭게 일을 처리했던 속도보다 두 배 빠르게 진행되어야 했다.

언론은 차기 교황이 누구일 것인가 하는 추측 보도를 다시 시작했다. 여기서 신부 안드류 그리리(Andrew Greeley)는 크게 주목을 받았다. 그가 미국 여론조사기관(National Opinion Research Center)이라는 과거에는 무명이었던 어떤 시카고 단체가 **"복수 의사 결정 모델"**을 사용해서 가장 유망한 후보를 뽑았다고 발표했기 때문이었다.

그리리는 나폴리의 온화한 70세의 추기경 콜라도 울시(Corrado Ursi)였다. 교회 내부자들은 그리리의 모델을 무시했다. 마치 한 달 전 래드브로크스출판사의 내기에 그랬듯이 말이다.

이번에는 교황직을 위한 정치 싸움은 가장 과묵한 추기경들 사이에서조차 더욱 뻔뻔해진 것 같았다. 현대 교회가 매우 중대한 기로에 서 있다는 폭넓은 공감대가 형성됐다. 바오로 6세의 죽음, 이어진 요한 바오로의 짧은 교황직이라는 갑작스런 출발과 정지의 양상은 차기 교황 선출이 중요하다는 생각에 힘을 실어주었다.

보수주의자들은 꼭 한 달 전에 그랬던 것처럼 제네바의 시리를 지지했다. 네 번째 콘클라베에서 72세의 추기경은 교황청의 전통파에 의해 비오 12세의 적자로 인정되었다. 그들 중 몇 명은 요한 바오로의 예상치 못한 죽음을 독재적인 시리를 위한 그들의 노력을 강화하는 섭리의 징표로 해석했다.

하지만, 시리에게는 많은 경쟁자가 있었다. 많은 사람은 만일 요한 바오로가 살아있다면 분명 자신의 목회적 강조점과 은사주의적 기질을 반영하는 인물인 페리클레 펠리치(Pericle Felici)를 선택할 것이라 생각했다.

요한 바오로를 가장 많이 닮은 인물로 생각되는 사람을 교황직에 두는 것보다 죽은 교황의 기억을 더 영화롭게 하는 최선의 방법이 있을까?

물론 요한 바오로는 플로렌스의 베넬리의 충고에 의존했다. 비록 베넬리의 퉁명스런 방식이 교황청 내 많은 사람을 짜증나게 했지만 그를 깎아내리는 자들도 늦장과 모호함으로 비생산적인 곳에서 그가 일을 깔끔하게 처리한다는 점은 인정했다.

베넬리가 자신이 애용하는 타자기를 들고 콘클라베에 도착했을 때 몇몇 동료는 그가 긴 수락 연설을 준비하려 한다고 농담했다.[123]

455년 만에 비이탈리아 교황이 선출될 때가 되었다는 말도 있었다.

하지만, 그럴 것 같지는 않았다. 비록 몇몇 외국 추기경들이 교회 내에서 실질적인 명성을 갖고 있으며 이탈리아 어느 도시보다 더 많은 가톨릭 신자를 보유한 교구들을 운영하고 있었을지라도 그들은 교황청 내에서는 영향력이 없었다. 만일 그들에게 어떤 영향력이 있다면, 그것은 다음과 같다.

즉, 외부인으로서의 그들의 지위가 의미하는 것은 대부분의 교회 관리들이 그들을 달랠 만한 정도의 인물로 여긴다는 점이지, 결코 그들을 베드로성당의 권좌에 앉을 만한 인물로 여기지는 않는다는 점이다.

마지막 콘클라베에서 이탈리아 추기경들은 주요한 외국 추기경들의 지지를 얻기 위해 충분한 거래를 성사시켰다. 다른 사람들에게 자신들의 생각을 따르게 할 사람들은 소수였다. 그들은 영국, 브라질, 스페인, 아르헨티나, 사모아, 오스트리아에서 온 사람들로 구성된 단체의 소속이었다.[124]

시리와 전통주의자들에 대한 문제는 교황 바오로 6세가 그들 대부분을 추기경으로 임명했다는 점이었다. 그들이 자신들의 나라에서 가장 진보적인 주교에 속하기 때문에 그들을 선택했다는 점이었다.

어떤 언론 기자들은 추기경 베르날딘 간틴을 승산 없는 자로 보도했다. 나이지리아 베닌 출신인 베르날딘은 바오로 6세가 제2차 바티칸공의회 후 그를 교황청에 둔 이래로 거기서 일해왔다. 온건 실용주의자라는 명성은 전통주의자들을 자극하지 않았다. 그런데 첫 흑인 교황을 선출함으로써 새로운 역사를 만들려는 사람은 거의 없는 것 같았다.

비이탈리아인들은 벽장같은 교황청 내에서 일했던 사람들과는 다른 교회관을 가지고 있었다. 킨사아의 추기경 조셉 마루라는 간틴에게 이렇게 말했다.

> 모든 제국주의적 장치, 교황으로부터의 모든 격리, 모든 중세적인 유리됨과 유업은 유럽인들이 교회가 오직 서구적이라는 생각을 갖도록 만든다. 그런 모든 엄격함은 그들이 자신들의 나라 같은 젊은 나라들이 다른 무언가를 원한다는 것을 이해하지 못하게 만든다.[125]

비이탈리아 추기경들의 가장 영향력 있는 대표는 비엔나 출신인 73세의 프란쯔 쾨니히(Franz König)였다. 그가 83번째 콘클라베에 참석하면서 우려했던 것은 자신이 보기에 고집 센 반동분자 시리가 결국 교황이 될 수도 있으며 그가 지난 20년간의 개혁을 퇴색시킬 수도 있다는 가능성이었다.

시리는 자신을 중도파로 자리매김하려고 힘썼다.

하지만, 어떤 선거인단도 그가 자신의 강경 입장을 완화했다고는 믿지 않았다.

일부 언론과 바티칸 연구가들은 콘클라베 전에 쾨니히가 교황이 될 수 있다는 추측도 제시했다.

하지만, 그는 교황직에 관심이 없었기 때문에 가장 가까운 소수의 동료를 신뢰했다. 그럼에도 쾨니히는 이것이 콘클라베에서 그를 좀더 영향력 있는 인물로 만들 것이라는 희망섞인 추측을 낳게 했다.

10월 14일의 첫 투표에서 시리가 23명의 표를 얻어 선두에 섰다. 이는 20년 동안 전례 없는 네 번째의 사건이었다. 그는 콘클라베의 시작과 동시에 가장 큰 지지층을 모았다.

하지만, 이는 부진한 성적표였다. 왜냐하면, 콘클라베 이전에 그가 첫 투표에서 적어도 50표를 획득할 것이라는 예상이 있었기 때문이다.[126]

플로렌스의 베넬리가 시리보다 한 표 적은 22표를 얻었다. 펠리치, 나폴리의 울시, 팔레르모의 살바토레 파팔라(마피아를 처음으로 비난한 첫 시실리 추기경으로 유명)라는 세 명의 이탈리아 추기경이 그 뒤를 이었다.

이 다섯 명의 이탈리아인이 획득한 표가 총 95표였다. 이는 교황으로 선출되기에 필요한 것보다 20표가 많은 것이었다. 쾨니히는 콘클라베가 이탈리아인 간의 싸움으로 비칠 것을 염려했다. 만일 이탈리아인들이 거래를 해서 한 후보자를 선택하기로 한다면 콘클라베는 끝장이 날 것이다.

그러나, 비엔나의 추기경은 그들이 서로를 매우 싫어하기 때문에 어떤 의견 합일은 없을 것으로 생각했다. 크라쿠프(Kraków)의 카롤 유제프 보이티와(Karol Józef Wojtyla)가 다섯 명의 추기경의 표를 얻었다. 그는 폴란드의 가장 큰 도시의 교구장일 뿐 아니라 왕성하게 활동하는 뛰어난 신학 작가였다. 쾨니히는 그를 좋아했다. 많은 사람의 견해, 즉 보이티와의 겸손함과 절제된 태도는 몇몇 이탈리아인이 보여준 대담한 태도에서 오는 광적인 자아도취와는 다른 어떤 기분좋은 마음의 안도와 같은 것이라는 견해를 수용했다.

미국 추기경 코디와 쿡 역시 보이티와를 좋아했다. 두 미국인은 많은 폴란드계 미국인 회중을 감독했다(코디는 폴란드교회를 돕기 위해 보이티와에게 1백만 달러 이상을 보낸 적이 있었다).

하지만, 폴란드의 연장자 추기경이자 바르샤바의 스테판 비진스키는 투표 전에 자신은 폴란드 친구가 **"너무 젊고(58세) 잘 알려지지 않았으므로 그가 교황이 될 수 없다"**라고 생각한다고 쾨니히에게 말했다.[127] 그럼에도 쾨니히와 미국 추기경들은 보이티와를 위해 로비했다. 그들은 몇몇 동료들에게 이탈리아인들을 끌어내리기 위해서라도 그에게 투표해야 한다고 제안했다.

그들은 궁중 쿠데타를 계획하고 있었다. 하지만 누구도 그들이 이를 해낼 것이라고는 믿지 않았다.

신부 앤드류 그리리가 한 말이다.[128]

시리는 두 번째 투표에서 사라졌다. 그의 지지자들이 베넬리를 지지하기 시작했기 때문이다. 그는 40표를 얻었고 펠리치가 30표를 얻어 그를 뒤쫓았다.[129] 상위 다섯 명은 같은 이탈리아 추기경이었지만, 그들이 획득한 표는 총 107표였다. 보이티와를 위한 쾨니히와 코디의 노력 덕분에 그가 기존보다 두 배 많은 9표를 얻었다. 이탈리아 선두 주자들에게 그는 경쟁자라고 하기에는 너무 뒤쳐져 있었다.

두 번째 투표 이후 쾨니히는 보이티와를 위해 주요한 동지를 확보했다. 마드리드의 빈센트 엔리크 이 타란콘(Vicente Enrique y Tarancón)이 이 조용한 폴란드 성직자를 지지했다. 이는 이탈리아 출신 외에는 거들떠 보지도 않았던 라틴과 남미 추기경들의 마음을 열게 했다.

세 번째 투표에서는 차이가 좁혀졌다. 베넬리가 다른 이탈리아인들을 물리치고 45표를 확보했다. 보이티와는 여전히 9표에 머물렀다. 투표 중간의 쉬는 시간에 베넬리는 경쟁자를 몇 명 만났다.

네 번째 투표에서 그는 65표까지 치고 올라갔다. 승리를 위해 10표만 있으면 됐다. 베넬리가 여세를 몰았다. 한 번 더 투표하면 결승선을 넘을 수 있을 것 같았다.[130]

많은 추기경이 피곤해 했다. 두 달 만에 압박감으로 가득한 두 번째의 콘클라베에 참석하기 위해 로마로 왔기 때문이었다. 빠른 해결책이 있어야 신자들은 그들이 교회의 미래와 함께 움직이고 있음을 확신하게 될 것이었다.

하지만, 네 번째 투표에서 보이티와의 표가 9에서 24로 늘어났다. 이것은 베넬리의 지지자들이 견고하지 않았다는 것을 보여주었다. 만일 그렇다면 퀘니히는 다음 휴식 시간에 정치 공작을 펴서 크라쿠프에서 온 추기경을 위한 지지자를 모으려 했다.[131]

10월 16일 월요일 셋째 날, 베넬리 진영은 아침을 먹는 동안 확신했던 것 같았다. 가운데 위치한 식탁에 앉은 그들은 떠들썩했다. 몇몇 이탈리아 추기경이 자신들이 베넬리를 싫어한 것 만큼이나 그가 비이탈리아인을 선호한다고 생각했다.

다음 투표에서 베넬리는 70표를 얻었다. 교황이 되기에 5표가 부족할 뿐이었다. 빌로는 투표 중간의 휴식 시간을 한 시간으로 정했다.

당신은 베넬리와 그의 오만한 태도를 받아들일 수 있겠는가?

퀘니히가 그의 동료들에게 물었다. 다음 투표는 흐름을 바꾸었다. 베넬리는 11표를 잃었다. 보이티와는 52표를 얻었다. 베넬리의 진영은 낙담했다. 보이티와 역시 암울했고 그저 자기 음식만 바라 보았다. 다시 한번 그는 퀘니히 뿐만 아니라 폴란드의 동료 비진스키에게 자신은 교황이 되고 싶지 않다고 말했다.

당신은 반드시 진리를 보아야 합니다. 이것이 성령이 원하는 바입니다.

퀘니히가 그에게 말했다.

이는 실수입니다.

보이티와가 속삭였다.[132]

오후 들어 첫 투표는 대세가 보이티와에게 기울었음을 확인해 주었다. 그는 73표를 얻었다. 승리를 위해서 단지 두 표가 부족할 뿐이었다. 베넬리는 거의 반이 떨어진 38표를 얻었다. 오후 5시에 치러진 여덟째 투표에서 보이티와는 97표로 얻어 결승선을 넘었다.[133] 보이티와는 너무 어두워 보여 추기경 흄은 "그 사람에 대해 참으로 안됐다"고 느꼈다.[134]

흰 머리와 세파에 시달린듯한 얼굴을 가진 그는 베넬리와 펠리치와 동년배처럼 보였지만 실은 그들보다 10세 연하인 자였다. 58세인 그는 **1846년** 54세의 비오 9세 이래로 가장 젊은 교황이었으며 **1522년** 네델란드의 아드리안 6세 이래 첫 비이탈리아인으로 수 세기 간에 어느 교황보다 교황청과 관계가 없는 인물이었다.

보이타와는 믿음의 교리에 관해서는 개방된 태도를 가진 관용적인 인물이라는 명성을 얻었다. 그는 크라쿠프의 2백만 가톨릭 신자들의 확고하고 인기있는 지도자였다.[135] 비록 그가 자신은 폴란드 내의 생산적인 교회-공산주의자 간의 대화를 진척시킨 인물이라고 자부했지만 자신의 고국을 지배하고 있는 무신론적인 정치철학에 관해 강경 노선을 갖고 있었다. 그는 자신의 저서들에서 유명한 칼 막스의 슬로건의 말처럼 가톨릭을 "인민의 아편"으로 보는 자들이 신자들을 박해하는 것을 비난했다.[136]

자신을 선출한 추기경들 앞에 선 보이티와는 갑자기 힘이 넘치는 것 같았다. 그는 자신의 전임자를 존경했기 때문에 자신의 교황 이름을 요한 바오로 2세로 명했다.[137]

베드로 광장을 가득 매운 대중에게 **"이는 폴란드인이다"**(E il Polcacco) 라는 외침이 울렸다. 추기경단이 전혀 기대하지 않았던 일을 했다는 놀라움은 빠르게 수그러들었다.

제21장

뒷 거래

그들이 뽑은 추기경 카롤 조세프 보이티와는 **1920년에** 독실한 가톨릭 가정의 세 아이들 중 막내로 태어났다. 크라쿠프 외곽서 30마일 떨어진 작은 도시 바도비체가 그의 고향이었다. 그의 아버지는 육군 부사관이었으며 학교 선생님이었던 그의 어머니는 그가 8세 때 출산 중 사망했다.[1] **1938년**, 제2차 세계대전 발발 1년 전 보이타와는 크라쿠프의 야길로니안대학교 입학해 폴란드 문학을 공부했으며 열렬한 연극 클럽의 회원이었고 축구팀에서 골키퍼를 맡았다.[2]

나치와 소비에트가 폴란드를 분리했을 때 독일군이 그에게 맡긴 단순직 덕분에 독일로 추방되는 것은 면했다. 그 일은 석회 채석장, 화학 공장, 심지어 식당에서 일하는 것이었다.[3] 그의 아버지가 **1941년에** 사망 후 21세의 젊은이는 지하 신학교에 들어가서 전쟁의 나머지 기간을 보내며 사제가 되기 위해 공부했다.[4]

1944년 8월 6일, 소위 검은 일요일 나치는 8천 명의 젊은이를 검거했다. 그는 도망쳐서 크라쿠프의 추기경의 집에 안전하게 있었다.[5] * [6]

전쟁 후 보이티와는 로마의 성 토마스아퀴나스교황대학교(Pontifical Athenaeum Angelicum)에서 박사 과정을 밟았고 **1948년** 폴란드로 돌아와 크라쿠프 외곽의 작은 도시에서 교구 사제가 되었다. 그는 폴란드가 온전한 소비에트 위성국이 되었던 1952년 그곳에 있었다. 보이티와는 교회 역사와 정경법에 관한 여러 글을 쓴 인물이었다.

루브린대학교과 크라쿠프신학교에서 도덕철학 부문의 인기있는 교사로서 그의 명성은 폴란드 너머까지 퍼졌다.[7] 그는 38세에 역사상 두 번째로 젊은 주교가 되었고 5년 후 교황 바오로 6세는 그를 대주교로 승격시켰다.[8]

크라쿠프의 대부분의 교구 신자는 그가 똑똑하고 호감이 가는 자라고 생각했다.[9] 그는 비록 분명히 영적이고 진지한 학자이지만 그의 강한 성품은 공산주의 정부 밑에서 살아가는 폴란드 고위 성직자라는 자신의 경험에서 형성된 것이었다. 자기의 교구에서 무엇을 하기 위해 그는 모든 교회 일을 감독하는 정부의 특별 장관에게 허가를 얻어야 했다. 미국과 서방에서 당연시 되는 종교의 자유는 그에게 여전히 꿈같은 일이었다.

추기경들이 소비에트가 지배하는 동유럽 출신 성직자를 선출한 것은 비오 12세 이래 가장 열렬한 반공주의적 교황을 선출한 것을 뜻했다. 보이티와 선출 3일 후 CIA의 외국평가센터(National Foreign Assessment Center)는 4페이지 분량의 비밀 메모를 회람시켰는데 메모의 결론은 폴란드인 추기경을 선택한 것은 소비에트연방의 당면 문제를 복잡하게 할 것이며 **"분명하게 모스크바에 심각한 염려 거리가 될 것"**이라는 점이었다.[10]

비오 12세가 공산주의에 대항하는 열정이 동시대인들, 곧 세속적 서방 지도자들인 해리 트루만과 윈스턴 처칠 같은 이들에게 공유되었듯이 같은 생각을 품은 국가 지도자들도 보이티와에게 동조할 터였다. 그가 교황이 된 지 5개월 후 마가렛 대처가 영국 수상직 임기(11년)를 시작했다.[11]

로날드 레이건은 2년 후 대통령 직을 시작했다. 레이건과 대처는 소비에트를 무너뜨리기 위해 싸움을 주도할 것이었다. 보이티와는 그들을 전적으로 지지했다.

요한 바오로 2세는 교황직에 익숙해지며 CIA 분석가들과 만났다. 분석가들은 철의 장막 뒤에 있는 공산주의 정부를 무너뜨리려는 미국의 노력에 대해 간단히 설명했다. 이집트 정보부 요원들은 그가 중동지역의 사건을 좀 더 잘 이해할 수 있도록 도왔다.

이탈리아는 안전보장요원들을 파견해 붉은 여단에 대항하는 정부의 최신 정보를 제공했다.[12] 새 교황이 전달하는 메시지는 분명했다. 자신은 교황청이 우선적으로 선별한 기존의 정보 채널들만 의지하지 않을 것이라는 메시지였다.

요한 바오로 2세는 비오 12세의 정책을 부활시킬 수밖에 없었다. 교회가 공산주의와 대적 관계에 있는 한, 세속 정치에 관여할 의무가 있어야 한다고 생각했다. 동유럽의 반공 조직에게 비밀 자금이 필요할 것이었다. 바티칸은행은 제2차 세계대전 중 로마교회의 부를 지키기 위해 그랬던 것처럼 이 새로운 상황에서 중요한 역할을 맡게 되었다.

요한 바오로 2세는 **1978년 12월 1일**, 교황직을 맡은 지 두 달이 안 되어 말신커스를 불러 사도궁에서 회의를 가졌다. 그의 선출 이후 두 사람만 따로 만난 것은 처음이었다. 추기경 베넬리와 펠리치는 6주 전 그의 전임자에게 IOR(바티칸은행)의 수장과 바티칸은행의 통제 불능의 운영 방식 대한 비판적인 내용을 담은 파일을 주었다.

베넬리와 펠리치는 요한 바오로 2세가 그 파일에 당연히 관심을 가져야 되는데 그렇지 않을까봐 염려했다. 비록 그가 큰 규모에 비해 가난한 크라쿠프 교구를 잘 관리했을지라도 그는 돈 문제를 좋아하지 않는 것으로 알려진 인물이었다. 그에게는 자기 명의의 계좌도 없었다.[13] 그날 교황이 말신커스를 만나기 전 펠리치는 교황에게 그 파일을 읽을 것을 당부했다. 교황은 그것을 읽었다.[14]

말신커스가 도착했을 때 그는 교황 맞은 편에 있는 장의자 끝 편에 앉았다. 말신커스는 부모의 리투아니아 방언을 충분히 잘 기억했고 그들은 폴란드어로 간단한 말을 나누었다.[15] 이것은 좋은 출발이었다. 두 사람 모두 외국 출신이었다. 교황은 코디와 말신커스가 시카고에 거주하는 미국계 폴란드인들로부터 기부금을 받아 크라쿠프 교구를 지원했다는 사실을 알고 있었다.

요한 바오로가 금융 거래에 대해 언급하지 않고 외국 여행에 대한 계획을 말하자 말신커스는 놀랐다. 자신의 첫 기착지는 멕시코일 것이라고 말했다. 이는 로마교회가 멕시코의 여러 문제, 즉 뿌리 깊은 가난, 부패, 좌파의 권력 부각, 심지어 기독교 은사주의의 성장으로 도전받고 있었기 때문이었다.

말신커스가 그 여행을 준비하고 그와 동행하려 했을까?

56세의 IOR 수장은 분명 크게 안도했을 것이다. 그는 수 개월 전 루치아니 체제 하에서 거의 확실하게 추방당할 운명이었다. 그런데 새로운 교황은 그에게 외국 여행 동행에서 자신을 돕는 역할을 제안하는 것이다.

여기에 덧붙여 여기에서 처음으로 밝혀지는 일이 있었다. 수년 동안 일단의 바오로 수도원의 신부들이 연루된 심각한 금융 스캔들이 있었다. 그들은 필라델피아의 순례장소인 '체스토호바의 성모'(Our Lady of Czestochowa), 즉 폴란드 신자들이 경배하는 **"검은 마돈나"**를 운영했다. 이것은 17세기 스웨덴이 침략했을 때 수도원을 구해 주었다는 성화상이다.[16]

요한 바오로 2세가 교황이 되기 한 달 전 가네트 통신사가 폴란드 수도회의 추문에 관한 조사 내용을 연속 기획물 형식으로 미국에서 공개했다.[17]

바티칸은 순례지와 수도원에 대한 잘못된 금융 거래의 가능성을 조사하기 위해 **1975년** 미국 추기경의 지원을 받아 강경한 입장을 취하는 고위성직자 두 명을 임명했다. 그들은 뉴저지 캠든의 주교 조지 길포일(George Guilfoyle)과 시카고 수난회(受難会)의 수장 주교 폴 보일(Paul Boyle)이다.[18]

그들이 발견한 것은 로마교회 관리들에게 충격을 주었다. 바오로수도원 신부들은 자선 기부금으로 거의 2천만 달러를 낭비했을 뿐만 아니라 **"관리 잘못과 의심스러운 거래 관행, 바티칸 조사관들이 묘사했던 '혼돈스럽고 부정한' 생활 양식들"**의 증거가 드러났다.[19]

두 조사관은 문제점에 관한 긴 목록을 작성했다. 바오로수도원은 순례지의 청동 명판을 제작하기 위해 40만 달러를 모금했지만 단 하나의 명판도 제작하지 않았다. 신부들이 한 번도 집행하지 않았던 미사를 위해 기부자들은 25만 달러를 헌금했다. 6만 4천 달러가 묘지 단장을 위해 책정되었지만 묘지를 단장한 적은 없었다.

이뿐만이 아니었다. 수도자들이 청빈 맹세를 위반하기도 했다. 바오로수도원이 폴란드계 미국인들이 대부분 샀던 교회 채권 4백 3십만 달러를 채무 불이행 했음에도 산등선 위에 위치한 130에이커의 수도원을 "수도 기관이라기보다 리조트 호텔처럼" 운영하고 있다는 것이 두 사람의 결론이었다. 30명의 수도자 중 대다수가 전용차를 소유했다. 이는 신자들의 기부금으로 구매된 것이었다. 수도자들 모두에게 신용 카드가 있었는데 그 사용 비용 기부금으로 충당되었다.[20]

고집스런 바오로수도원 신부들은 연방 세금 포탈로 수차례 수감된 경력이 있는 자격 미달의 변호사들을 금융 자문관으로 고용했다. 바티칸 조사관들은 5개국의 개인 기업에 대한 은밀한 투자 흔적을 발견했는데 모두 "세금 회피 목적으로" 고안된 것이었다.[21]

길포일과 보일은 수도자들의 회계가 대단히 복잡해서 이를 파악하기 위해 피트, 마윅 & 미첼을 고용했다. 그들이 발견한 대표적인 것이 수도자들이 수도원 변호사로부터 **"엄청나게 부풀린 가격으로"** 그 지방의 웨스트민스터 묘지를 매입한 사실이었다.[22]

1년 내 그 수도자들은 묘지에 대해 법적으로 강제된 5십만 달러의 영구 관리 기금을 없애고 그 운용 수익서 12만 달러를 부당하게 인출했으며 97에이커의 땅을 담보로 제공해 66만 달러를 빌렸고 심지어 지인들의 명의를 도용해 급료 수급자의 인원을 부풀리기까지 했다.[23]

지역구 성도들을 분노하게 한 것은 바오로수도원 신부들이 선오일(Sun Oil)에게 주유소 설립 자격을 주는 대가로 10만 달러를 받았으며 그 장소가 묘지 입구인 까닭에 많은 기존의 무덤을 이전해야 했다는 사실이었다.[24] 그 수도자들은 자문관 자격이 박탈된 두 지인을 자문관으로 임명해 묘지 관리를 맡겨 매주 1천 달러를 그들에게 지불했다. 길포일과 보일이 두 관리자를 인터뷰했을 때 그들은 자신의 급료 절반을 70세의 수도원 대리인 마이클 젬부르주스키 신부에게 떼어 주어야 했다고 주장했다. 젬부르주스키는 교회 돈을 이용해 정부까지 두고 있었다(훗날 두 관리자 중 한 사람이 젬부르주스키는 자신이 아는 것을 대중에 알리겠다고 위협해 형사 처벌을 면했다고 기자들게 말했다).[25]

길포일과 보일이 바오로수도원 신부들에게 TV, 고급 스테레오, 신용 카드, 자동차 키를 반납하라고 명했을 때 그들 중 절반이 수도원을 떠났다.[26] 바티칸에 제출된 보고서는 수백 페이지에 달했고 이를 증거하는 세부 내용들로 가득했다.* 길포일과 보일의 지속적인 권고는 젬부르주스키가 사임해야 하고 법을 어긴 사제들은 **"엄격한 징계"**를 받아야 한다는 것이었다. 필라델피아 추기경 존 크롤(John Krol)은 이것을 지지했다.[27]

사건이 알려지기 전 젬부르주스키는 폴란드로 가서 자신의 가까운 친구들인 폴란드의 최고 성직자인 추기경 스테판 비진스키와 크라쿠프의 추기경 캐롤 보이티와와 함께 거취에 대해 논의했다.

비진스키는 모든 바오로수도원을 감독했다. 공교롭게도 그 회합은 요한 바오로 1세가 사망하기 직전에 있었다. 그의 죽음과 콘클라베 진행으로 바오로수도원의 스캔들에 대한 조치는 연기되었다.

보이티와가 교황이 되자 바오로수도원 신부들이 그에게 직접 호소했다. 교황직을 맡은 지 17일 만에 요한 바오로는 조사위원회의 권면 사항과 반대로 했다. 다음 5월, 그는 교황 칙령을 발표해 바오로수도원에 대한 모든 조사를 종료시키고 밝혀진 사항들을 폐기했다.[28]

요한 바오로 2세가 직면한 문제는 수도자들게 돈을 빌려준 폴란드계 미국인 신자들 대부분이 로마교회가 그 빚을 면제하고 이를 기부로 처리한 행위에 반대한 것이었다. 많은 사람이 나이든 교구신자들이었다. 어떤 경우 그들은 바오로수도원이 발행한 낮은 이자의 채권에 모든 저축액을 투자했다.

채권이 무담보였기 때문에 그들은 상환 시 가장 나중에 지급받는 사람들이었다. 독실한 몇몇 신자는 수도자들의 방만한 운영에 화가 나서 변호사를 고용해 소송을 준비했다. 심지어 형사 처벌 가능성에 대한 말도 있었다. SEC는 설계된 적도 없는 1,700석의 성당을 짓기 위한 채권 판매 사기가 있는지 조사했다.[29]

이 혼돈을 잠재울 수 있는 유일한 수단은 돈이었다. 요한 바오로 2세는 미국교회가 바오로수도원의 뒤처리에 이미 상당한 돈을 지출했음을 알았다.

필라델피아 추기경 크롤은 긴급 교구 기금을 활용해 은행에서 대출한 7십 2만 2천 달러를 갚았다.[30]

하지만, 개인 채권보유자들은 4백만 달러를 추가로 요구했고 이는 크롤이 처리하기에 너무 큰 금액이었다.

그래서 요한 바오로 2세는 말신커스와의 12월 1일 만남에서 이 문제를 제기했다. 사면초가의 IOR 수장은 이를 새 교황의 환심을 살 절호의 기회로 보았다. 이후 몇 개월 동안 말신커스는 5백만 달러 이상을 추기경 크롤에게 보냈다. 이 돈은 채권자들에게 지불되었으며-추가된 은행들에서 대부분의 신도에게까지-필라델피아 교구가 지불한 돈도 대부분 갚아 주었다.[31]

바오로수도원에 대한 뒷거래는 요한 바오로 2세와 말신커스의 우정을 돈독하게 만드는 역할을 했다.[32] 멕시코 여행을 준비하는 몇 개월 동안 말신커스는 요한 바오로와 많은 시간을 보냈다.

당시 말신커스는 자신의 운명이 어떻게 극적으로 바뀌게 될 것인지 알지 못했다. 요한 바오로 2세는 말신커스를 친민주주의 운동을 배가하는데 필요한 돈을 마련해 줄 수 있는 동지로서 신뢰했다.

그는 바오로 6세를 위해 말신커스가 한 일을 보면서 이 미국인 성직자가 충성심과 비밀을 지키는 데 자부심을 가지고 있다는 것을 알았다. 바오로수도원의 지불 문제에 대한 추가적인 여론 공개를 방지하고 일을 마무리하는 데 그가 준 도움은 그가 얼마나 조용히 일하는 사람인지 보여주었다.

새 교황은 교황청을 장악하고 있던 이탈리아인들의 힘을 약화시키기 위한 완충제로 그런 점들이 필요하다는 것을 알았다.* [33]

교황직을 맡은 지 3개월 후(1979년 1월) 요한 바오로 2세는 멕시코를 방문했다. 말신커스는 모든 방문 계획과 교황의 안전 문제를 책임졌다. 여행 중 말신커스는 새 교황에게 누가 요한 바오로 1세의 죽음과 관련한 불미스러운 행위의 소문을 퍼뜨렸는지 말했다. 그들은 로마교회 내 불화를 만드는 KGB라는 것이었다.[34]

폴란드교회를 불안정하게 만든 공산주의 행동에 대항해 수십 년을 싸워왔던 성직자인 요한 바오로 2세에게 이 말은 설득력 있게 들렸다.

그렇다면 KGB가 로마교회를 더 곤란하게 만들기 위해 바티칸은행과 신도나에 대한 소문도 퍼뜨렸는가?

두 사람은 그럴 가능성이 있다는 것을 의심하지 않았다. 요한 바오로 2세는 말신커스에게 어떤 상황에서도 KGB의 행위나 다른 허위 정보를 유포하는 행위가 IOR, 말신커스의 명성에 금이 가게 하는 일은 없을 것이라고 확신시켰다.[35]

그들이 로마에 돌아올 즈음 말신커스는 교황청에 굽신거리지 않는다는 이유로 교황청이 자신을 어떻게 처벌할 것인가 대해 교황과 농담을 주고받을 정도였다. 말신커스의 오래된 적들은 그런 뻔한 우정 때문에 낙망했다.

키케로 출신의 주교는 하루를 더 일하고 물러났다.[36] 그의 적들은 3월 말신커스가 FBI로부터 바티칸은행 계좌가 범죄 오용될 가능성에 대한 질의서를 받았음을 알지 못했다. 필자는 미국 부통령의 대교황사절이 3페이지 분량의 전문을 전달했다는 것을 발견했다. 이는 미국 검찰차장 벤자민 시빌레티(Benjamin Civiletti)가 발신한 것이었고 그 수신자는 말신커스였다.

그 전문에는 법무성이 조사한 세부 사항이 기록되어 있었다. 내용은 다음과 같았다.

어떤 미국 회사가 미국 정부와 다른 사람들을 사기친 것으로 보이는 사건으로, 곧 종교 행위 기관에 수백만 달러를 숨겼다.[37]

시빌레티에 따르면, 연방 도급업자인 '미국트레이닝서비스'(ATS)사가 미정부에 1백만 달러 이상을 빚지고 파산했다. 그 빚은 1달러 당 10센트로 상계 처리됐고 나중에 정부는 **"ATS가 수백만 달러를 외국 은행 계좌에 숨겼으며 7천 7백만 달러가 '바티칸은행'(로마교황청종교사업협회[Istituto per le Operadi Religione]: IOR)의 두 계좌에 예치되어 있음"**을 포함한다는 점을 알게 됐다. ATS와 그 자회사에 대한 것들은 5년 전 미국 관리들이 공개했다.

시빌레티는 직선적으로 **"그 돈 중 대부분이 본래는 사기로 취득된 것인데 이에 대한 증거가 있다"**고 말하면서 말신커스에게 **"당신이 그 기금을 잠정적으로 고정 자산화시키는 데 도움을 제공했다"**라고 경고했다.

이것은 단순한 문제처럼 보였다. 은행 직원들은 정기적으로 어떤 범죄 조사가 진행되면 그 기금을 동결시키는 법률을 집행한다. 시빌레티가 제시한 두 개의 IOR 계좌가 왜 바티칸에 있는지 분명하지 않았다. 어떤 성직자나 종교적 단체도 계좌의 서명 주체가 아니었으며 종교적 박해, 활동의 목적도 명기되지 않았다.[38]

말신커스는 한 달 뒤에 답신하면서 이를 **"ATS가 만든 개탄할 만한 상황"**이라 부르고 모든 관련 자료를 살펴보았지만 자신은 도울 수 없으며 시빌레티의 편지에 적힌 이름이나 회사도 찾을 수 없다고 말했다. 말신커스는 상당히 절제된 표현으로 아래와 같이 썼다.

- 우리 조직에 대해 설명드리겠습니다. IOR은 단순한 은행이 아닙니다.[39]

말신커스 자신은 그런 계좌들이 IOR에 존재하지 않는다는 것을 확신하며 법무성이 지적한 7백만 달러는 "대단히 큰 금액으로, 우리는 그런 영업을 당연히 잘 알았을 것입니다. 우리 은행은 대단치 않은 조직이고 그런 큰 금액을 포함한 거래가 주목 받지 않을 수 없습니다"라고 말했다.

말신커스의 말은 솔직하게 들리지 않았다. 그의 말은 신도나와 칼비 사이에서 성립된 수천만 달러의 거래를 고려할 때 모순이었다.

하지만, 말신커스는 자신이 **"신중을 기하기 위해 편지에 제시된 기간에 미국에서 온 그런 규모의 금액"**을 맞추어 보고자 조사를 했다고 말했다. 그는 아무것도 발견하지 못했다.

어떻게 내가 이 문제에 있어서 당신에게 도움이 될 것인가 알지 못해 당황스럽습니다.[40]

바티칸은행의 기록들을 조사하는 일에서 말신커스로부터 방해받은 시빌레티는 결국 그 주교의 부인을 수용할 수밖에 없었다.[41] 법무성 관리들은 IOR이 그 기록들과 거래들을 더 철저히 조사하는 데 실패한 것을 두고 개인적으로 불평했다.

몇 주 후 그들의 불평이 말신커스의 귀에 들어갔다. 그는 시빌레티에게 편지를 보내 **"당혹스럽다"**고 말했다.

하지만, 그가 타자기로 작성한 2페이지 분량의 편지 대부분은 비난-이는 여기에서 처음 밝히는 내용이다-을 담고 있었는데 어떻게 FBI가 수집된 민감한 정보를 조사했는가 대한 것이었다.

1973년 정보부의 위조 유가 증권과 회사채에 대한 조사의 일환으로 두 연방 검사와 FBI 요원이 바티칸의 말신커스를 방문했던 때 그 조사 과정은 정점에 있었다.

이제 나는 확신한다.

말신커스가 반격에 앞서 썼던 내용이다. 그는 조사 배경에 대해 "이는 도난되고 위조된 주식과 채권의 액면가인 약 9억 달러의 판매를 포함한 거대 사기 사건"에 있다고 말했다. 그는 IOR은 어떤 **"비밀 요원"**이 말한 이야기로 탈탈 털렸다고 말했다.[42]

그는 자신이 자발적으로 미국조사관들을 만났고 **"최상의 능력"**으로 그들의 질문에 답했다고 말했다. 말신커스가 화가 난 이유는 그가 피고인 중 한 명을 심사한 독일 법정에서 말신커스와 그 요원들의 말을 요약한 FBI의 메모가 증거로 제출되었음을 알았기 때문이다.

> 내가 놀라고 망연자실했던 이유는 그 메모가 … 많은 관점에서 부정확했고 나에게 특정한 의도가 있는 것처럼 보였기 때문이다. 나는 좋은 관계를 위해서 신뢰가 존중되어야 하고 무엇보다 진술의 정확성이 유지되어야 한다고 느낀다. 나는 이런 증거로 상처를 받았다. FBI가 이를 고쳐줄 것을 간절히 바란다.[43]

법무성은 말신커스의 분노를 무시했다. 누구도 IOR의 성직자에게 사과할 의도는 갖지 않았다. **1973년**, 조사를 담당했던 자들은 그가 어떻게든 개입되어 있다고 느꼈지만, 그를 기소할 증거를 찾지 못했다.[44]

제22장

바티칸이 나를 버렸다

말신커스는 새로운 교황 덕에 IOR(바티칸은행) 내에서 자신의 입지를 빠르게 굳혔다. 그는 신도나 사건에 대한 스캔들을 잠재웠을 뿐만 아니라 새로운 미국 정부가 바티칸은행을 조사했던 때 부임한 지 한 달 밖에 되지 않은 요한 바오로 2세를 어떻게든 도와주었다.

1978년 11월, 암브로시아노의 기록들을 검사했던 7개월 후 이탈리아중앙은행 조사관들은 500쪽 분량의 보고서를 작성했다. 그 보고서는 칼비에 관한 골치 아픈 질문들뿐만 아니라 암브로시아노가 합법적으로 자본을 조달했는지에 대한 골치 아픈 질문들도 제기했다.[1]

신도나의 붕괴 이후 이탈리아은행은 위험을 회피했다.

하지만, 조사관들은 자신들의 염려가 정당한지 결정할 충분한 정보를 획득하지 못했다. 칼비가 소유한 여러 해외 가명 회사는 그가 의도한 바를 수행했다. 즉, 금융 당국이 누가 무엇을 통제하고 있으며 어디로 돈이 흘러가는지 알 수 없도록 하는 것이었다.[2]

수석 검사관 줄리오 파달리노(Giulio Padalino)의 이름을 딴 그 보고서는 25페이지에 걸쳐 암브로시아노와 바티칸은행 사이의 수상쩍은 거래들을 다루고 있었다.[3] 이 보고서는 칼비가 바티칸과의 거래 내역을 밝히지 않은 것에 대해 비난했다.[4]

파달리노 보고서의 몇몇 복사본이 기자들에게 유출되었다.[5] 그런데 바티칸에 다행스러웠던 것은 이 보고서가 정부 관리들의 복잡한 언어로 씌어 있다는 점과 부족한 증거에 대한 여러 경고로 제한된 상태였다는 점이다. 조사관들은 암브로시아노, 칼비, 거미줄 같은 역외 회사들 간의 거래를 제대로 이해하지 못한 것처럼 보였다.[6] 이 복잡한 논거는 설득력이 매우 떨어졌다.[7] 많은 기자가 그것을 대충 요약된 내용 정도로만 생각했다.

하지만, 밀라노의 형사 검찰은 파달리노 보고서를 주의 깊게 읽었다. 비록 이것이 답이 되기 보다 더 많은 질문을 요하는 보고서라는 것을 인식했지만 그들은 이 보고서가 칼비가 이탈리아 통화 규제법을 위반함으로써 수익을 내고 있다는 사실에 대한 강력한 정황 증거라는 점을 알아차렸다.

그해 12월(1978년), 검사실의 가장 적극적인 공소제기 검사 에밀리오 알레산드리니(Emilio Alessandrini)가 칼비와 암브로시아노에 대한 범죄 조사에 착수했다.

알레산드리니는 이탈리아 법무부서의 하나로 화이트 칼라 범죄 전담 부서인 금융부(Guardia di Finanza)의 도움을 얻었다.[8] 알레산드리니가 그들에게 지시한 것에 따르면, 그들의 목표는 충분한 증거를 확보해 칼비를 기소하는 것이었다. 그 기소 내용은 상장사의 주가를 조작하고 여러 나라로 이윤을 빼돌려 세금과 리라 반출 제한을 회피한 것이었다.[9]

칼비는 몇 주 후 **1979년 1월 21일자 「레스프레소」** 신문을 넘기다 자신이 범죄 조사 선상에 있음을 알고 놀랐다. 검찰이 칼비와 그의 변호사들에게 경고를 내리기 보다 조사에 관한 내용을 언론에 흘린 것이었다.[10]

「레스프레소」의 특종 8일 후, 복면을 한 5명의 남자가 밀라노의 한 가운데서 교통 신호를 받아 대기 중이던 오랜지색 르노 차로 걸어왔다. 기소 검사인 알레산드리니가 그 안에 있었다. 그가 자신의 아들을 몇 블럭 떨어진 학교에 내려준 것이 몇 분 전이었다. 복면을 한 자들이 그를 차에서 끌어내어 무릎 꿇린 후 놀란 사람들 앞에서 그를 죽였다. 그들은 작은 차를 타고 연막탄을 뿌린 후 빠르게 사라졌다.[11]

칼비만이 알레산드리니가 행하고 있었던 주요 조사 대상은 아니었다. 알레산드리니는 이전 수상인 알도 모로의 암살과 관련한 혐의자에 대한 소송을 제기하는 책임도 맡았다. 알레산드리니의 총잡이들은 나중에 최전선(Prima Linea)의 소속임이 드러났다. 이들은 붉은 여단보다 더 폭력적인 분파였다.

그러나, 그것이 밝혀지기전 몇 주 동안 그 살인 사건은 칼비와 연계되어 있다는 추측이 있었다.[12] 수상 줄리오 안드레오티가 이끄는 기독민주당 연합정부는 국내 테러리즘을 잠재우지 못한 것 때문에 비난을 받고 있었다. 그 검사의 암살 이틀 후 내각이 해체됐다.

전후 34년 동안 40번째 정부였다.[13] 열렬한 화이트 칼라 범죄 전문가 루카 무치(Luca Mucci)는 칼비에 관한 조사를 맡았다. 그는 사법적 요식 체계를 잘라내는 데 알레산드리니와 같은 능력이 없었다. 금융부가 그의 전화를 회신하는데 6개월이 걸렸다. 그들은 그때서야 범죄와 관련된 잘못에 대한 증거를 찾을 수 없다고 무치에게 알려주었다.

당시에 누구도 금융부의 수장인 라파엘 쥬디체가 칼비를 대신해 겔리가 로비했던 P2(프리메이슨)회원인 것을 알지 못했다.[14] 다음에 무엇을 해야 할지 확신하지 못한 무치는 외환법을 집행하는 책임을 맡은 이탈리아정부 부서인 이탈리아외환관리청(Ufficio Italiano dei Cambi)에 도움을 청했다.[15]

이 관청의 누구도 칼비에게 그의 광란적인 거래에 대한 중지 명령을 내린 적이 없었다. 파달리노 보고서에 의해 제기된 질문들에도 불구하고, 칼비는 4명의 유명한 가톨릭 사업가에게-그들은 전부 바티칸과 연계가 있었다-그의 이탈리아지주회사인 라 센트랄의 이사회에 참석해 달라고 설득했다.

칼비는 몇몇 동료에게 이탈리아은행의 보고에 대한 것보다 남미의 자신의 제국에 영향을 주는 사건들에 신경을 쓰는 것 같았다. 나카라구아의 내전은 독재자 아나스타시오 소모자의 정부군에게 불리한 상황을 만들었다. 막시스트인 선디니스타인민해방전선이 수도를 장악할 기세였다.

칼비는 자신의 남미 영업의 핵심을 마나구아에서 리마로 옮기려는 작업을 했다.[16] 그는 새로운 투자 회사 반코암브로시아노안디노를 개명하고 새 회사는 남반구 국가들에게 금융 서비스를 제공하는 일에 있어 주요 남미은행들과 협력하게 될 것이라고 이탈리아 언론에게 약속했다.[17] 사실 암브로시아노는 반코안디노를 소유했다. 남미은행들이 이 신생 회사의 주식을 적게 매입했을 때 칼비는 그런 투자들을 위한 자금을 지원했다.[18] 칼비는 안디노에 1억 달러 이상을 국제상호직접대출 형태로 송금했는데 이 대출 형태는 바티칸은행이 유나이티드트레이딩과 시살파인과 함께 출현한 것이었다.[19] 다음 해, 남미에 만연한 느슨한 은행 규제에 힘입어 칼비는 부에노스 아이레스에 본부를 둔 남미 암브로시아노은행을 설립했다.[20]

말신커스가 칼비의 남미 거래의 모든 내막을 알지 못했지만 그는 확장을 좋은 생각이라고 보았다. 다음은 후일에 신도나가 기자들에게 한 말이다.

나는 칼비에게 그들(IOR)이 도울 수 있다면 이는 그들의 이해관계에 맞는 일이라는 것을 말신커스에게 말하라고 했다. 남미는 가톨릭 국가다. 그들은 자신들의 계좌에서 큰 부분을 차지하는 이것을 잃고 싶어하지 않는다.[21]

심지어 이탈리아에서도 파달리노 보고서가 일종의 황색 경보라는 것을 누구나 기대할 수 있었다.

그럼에도 칼비는 암브로시아노에 관한 문제에서 어느 때 만큼이나 공격적이었다. 그의 어떤 결정은 끔찍했다. 그는 P2(프리메이슨) 동료인 마리오 겐지니에게 거액의 대출을 승인했는데 그의 사업은 매우 심각한 상태였다. 겐지니의 사업이 망했을 때 암브로시아노는 4천 2백만 달러 이상을 잃어 버렸다.[22] 그가 돈을 잃자마자 칼비는 바티칸에 인맥을 활용해 암브로시아노가 구제금융을 받도록 했다.

말신커스는 소수의 주요 바티칸 고객을 설득해서 칼비에게 돈을 대출하도록 했다. 그 중에는 이탈리아의 가장 큰 국영금융기관인 국립나보로은행(Banca Nazionale del Lavoro) 뿐만 아니라 국가 소유의 에너지 지주회사인 ENI(Ente Nazionale Idrocarburi)가 있었다. 이들은 전부 바티칸이 투자했던 회사들이었다.[23]

칼비가 암브로시아노 네트워크를 확장할 때 신도나는 미국에서 공격적인 법률 공방을 계속하고 있었다. 그의 문제는 이탈리아의 본국 송환 노력을 뛰어넘을 만큼 확장되었다. 칼비의 범죄 조사가 이탈리아에서 공개되었던 1월, 미국 검찰은 대배심원이 닉슨 대통령 당시 재무장관이었던 데이비드 케네디가 신도나로부터 20만 달러를 대출한 사건에 대해 조사하고 있다는 것을 「뉴욕 타임스」에 흘렸다.[24]

그 소식이 전해진 다음날, 뉴욕의 연방대배심원이 8주 일정의 재판을 열고 프랭클린내셔날의 전직 의장, 회장, 수석 부회장에 대한 유죄를 언도했다.[25] 세 사람은 은행 기록을 조작해 손실액의 규모를 숨긴 것 때문에 기소되었다.

신도나는 아직 기소되지 않은 공모자 중 하나로, 재판 과정에서 증언을 위해 소환되었다. 그는 수정 헌법 5조의 권리를 따라 질문에 답하는 것을 피했다.

오랫동안 끌어온 신도나에 대한 미국 형사 조치는 이후 2개월 이내에 시작되었고 3월 19일, 대배심원은 그에 대한 광범위한 99개 죄목으로 그와 그의 전직 보좌관인 칼로 보도니에게 유죄 판결을 내렸다.[26] 기소 내용은 사기, 음모, 프랭클린은행으로부터 확보한 4천 5백만 달러를 오용한 것을 포함했다.[27] 자세한 기소 내용은 다음 내용을 뒷받침하는 강력한 증거였다.

즉. 그것은 프랭클린내셔날이 붕괴된지 2년 반 후, 신도나가 어떻게 이탈리아은행들과 역외 가공 회사들 사이에서 수백만 달러의 거래를 성사시켰는가 하는 것과 이 모든 것은 프랭클린은행이 곤두박질치고 있음에도 그의 회사들의 장부 가격을 높이려는 의도였다는 수수께끼를 연방 조사관들이 풀게 되었다는 것이다.[28]

신도나는 즉각 성명서를 발표해 이렇게 주장했다.

> 나는 정말 결백하다. 나는 모든 혐의에 대해 무죄임을 주장하며 재판에서 무죄가 될 것을 기대한다. 내가 볼 때 많은 경우, 모든 혐의는 이탈리아 정보원들이 제공한 거짓 문서와 정보에 기인하고 있다.

그는 덧붙여서 말했다.

> **나는 프랭클린은행 붕괴의 가장 큰 희생자다.**[29]

신도나가 기소된 사실은 이탈리아 뉴스를 도배했다. 말신커스는 놀라지 않았다. 미국에서 범죄 혐의로 인해 신도나의 이탈리아 친구 대부분이 그와 거리를 두었기 때문이었다.

> 모든 사람이 신도나가 이탈리아은행에서 한참 잘 나갈 동안 그를 친한 친구라고 불렀다.

빈정대는 투의 말신커스가 나중에 필자 존 콘웰에게 한 말이다.

> 그러나, 이상한 것은 내가 이탈리아 내에서 신도나를 알았던 유일한 사람이라는 점이다. 전후 사람들이 '이탈리아에는 파시스트가 없다'고 말한 것과 같다.
> 도대체 그들은 어디로 간 것일까?[30]

제22장 바티칸이 나를 버렸다 349

신도나의 영향력 없는 친구들이 그랬던 것과는 달리, 말신커스는 역사를 다시 쓸 수 없었다. 신도나와 교황 바오로 6세와 IOR과의 긴밀한 제휴는 아주 잘 기록되어 있었다. 대신 그 주교는 신도나가 교회에 문제를 일으킴으로써 자신의 문제로부터 관심을 돌리려 하지 않았으면 하고 바랄 뿐이었다.

더 안 좋은 뉴스는 신도나가 기소된지 몇 주 후 나왔다. 조지오 암브로솔리는 2억 달러에 이르는 빚 때문에 파산한 신도나 소유의 반카프리바타이탈리아나를 청산하기 위해 이탈리아은행이 임명한 변호사로, 자신의 5년의 조사에 기초해서 10파운드의 무게에 2천 페이지에 달하는 보고서를 발표했다.[31]

비록 암브로솔리가 마피아가 연계된 것에 관한 추측들을 다시 언급했지만, 그의 보고서의 부분은 신도나의 부정한 운영 방식에 대한 기소장에 관련된 내용이었다.[32]

암브로솔리는 엄청난 장애물을 극복하고 신도나가 통제했던 두 스위스은행의 기록들에 힘겹게 접근했다.[33] 그는 신도나가 반카프리바타의 예금자들의 돈을 활용해 프랭클린내셔날을 매입했을 때 이탈리아법을 위반했다는 것을 예시했다.[34]

그 보고서는 어떻게 신도나가 이탈리아, 스위스, 서독, 미국에 있는 7개 은행을 약탈했는지 폭로했다. 2억 7천만 달러가 의심스런 대출과 은행 사이의 사라진 예치금과 의심스런 수탁 계약을 통해 증발했다(2014년 기준으로 8억 5천 4백만 달러).[35]

하지만, 바티칸에게 가장 심각하면서 가장 최악의 혐의는 칼비가 반카가톨리카델베네토를 매수하는 데 신도나의 역할과 초점이 직결된 것이었다. 암브로솔리는 **1972년 8월**, 신도나가 약 6백 5십만 달러를 칼비의 역외 가공사인 라도왈(Radowal)에 송금시켰다는 것을 밝혔다. 암브로솔리의 주장에 따르면, 그 6백 5십만 달러는 **"미국 주교와 말라노의 은행가에게 수수료 명분으로 지불된 것으로 보인다."**[36]

이름이 밝혀지지 않은 미국 주교는 분명 말신커스였고 밀라노은행가는 칼비였다.[37] 한 주권 국가의 중앙은행의 현직 수장인 말신커스를 수백만 달러의 뇌물 수수자로 거명하는 것은 민감한 일이기 때문에 암브로솔리는 이탈리아 사법 당국과 이탈리아은행의 사람들이 바라는 것을 따랐다. 그들은 공개 보고서가 말신커스의 신원을 그의 이름이 아닌 직위로 알아보아야 한다고 했다. 그 보고서가 발표될 때 말신커스는 공개적으로 한 마디도 하지 않았다.

1978년 12월을 시작으로, 시실리 억양을 가진 정체불명의 남자들이 암브로솔리에게 전화하기 시작했다. 그들은 때로 뇌물을 제공하겠다고 했고 또 다른 때는 그의 **"거짓말"**을 두고 그를 죽이겠노라 위협했다.[38] 그는 1월 12일의 전화를 녹음했다. 다음과 같은 저음의 목소리가 녹음됐다.

당신은 개처럼 죽어야 해.[39]

암브로솔리는 그 위협을 대수롭게 여기지 않았다. 그는 일기에서 다음처럼 썼다.

> 나는 이 일을 위해 너무 비싼 대가를 치를 것이다. 내가 이것을 택하기 전부터 이것을 알았다.
> 하지만, 나는 전혀 불평하지 않는다. 왜냐하면, 이것은 내가 내 조국을 위해 무언가 할 수 있는 유일한 기회이기 때문이다.[40]

암브로솔리는 그해 6월 뉴욕을 방문했다. 그는 자신이 발견한 사항을 미국 검찰과 공유했다. 여기에는 칼비와 말신커스에게 분리 지급된 뇌물인 6백 5십만 달러에 대한 증거도 있었다.[41] 몇 주 후 암브로솔리는 보리스 줄리아노를 만났다.

암브로솔리는 팔레르모의 유명한 비행단의 감독자이자 마피아를 상대로 전설적인 승리를 기록한 뛰어난 조직폭력배 전담 경찰 반장이었다. 그들은 칼비와 연계됐을 법한 사람들 뿐만 아니라 신도나와 은행 거래를 가졌을지도 모르는 갱단의 자료를 비교했다.[42] 줄리아노도 시실리아의 마약 거래책에 의해 세탁되고 이탈리아와 스위스 내의 신도나 소유 은행들을 통해 합법적인 거래로 가장된 수 천만 달러에 대한 믿을 만한 단서를 추적 중이라고 확인해 주었다.[43]

신도나는 암브로솔리가 미국 검찰, 이탈리아 폭력배 단속팀과 협조했다는 것을 알고 매우 화가 났다. 암브로솔리는 신도나를 5년 동안 추적해 왔다. 이탈리아은행이 신도나의 은행들에게 구제 금융을 주도록 설득하고 시실리 출신에게 또 다른 기회를 주려고 하는 겔리의 노력을 지속적으로 막았던 인물이 암브로솔리였다. 그의 비판적인 보고서 덕에 암브로솔리는 신도나를 끝장낼 수 있을 뿐만 아니라 이 시실리 금융인의 바티칸은행과 로베르토 칼비와의 연계성을 완전히 밝혀낼 수 있는 인물로 각광을 받고 있었다.

그 젊은 검사를 돈으로 매수할 수도 없었고 겁을 줄 수도 없었다. 신도나는 좌절했다. 은행가이자 열렬한 사업 경쟁자인 엔리코 큐치아에 따르면, 그는 뉴욕의 한 회의에서 신도나가 한 말을 들었은데 이는 협박성 말로 보였다.

신도나는 자신에게 해를 끼친 자는 누구나 특별히 조지오 암브로솔리를 죽이고 싶어했다.[44]

7월 11일 밤, 하루 종일 법정 진술 후 암브로솔리는 사무실을 떠나 자신의 아파트로 차를 몰았다.[45] 평소에 주차하는 곳에 주차한 후, 그는 어두운 길을 건넜다. 세 사람이 모퉁이에서 나와서 그에게 달려왔다.

당신이 암브로솔리 박사요?
그렇소.
미안합니다.

한 낯선 자가 말하면서 357구경의 총을 꺼내 암브로솔리의 가슴에 5발을 쏘았다.[46] 암브로솔리 아내가 밖으로 달려나와 응급차가 도착할 때까지 기다렸다. 그들의 노력에도 그는 병원으로 가는 도중 사망했다.

하지만, 그는 죽기 전에 가까스로 자신을 죽인 사람들은 이탈리아계 미국인의 액센트를 가진 자들이라고 말했다.[47]

FBI와 이탈리아 경찰은 신도나가 어떤 역할을 했다고 즉시 의심했다. 그는 분명한 동기를 가지고 있었다.

하지만, 이탈리아는 사법관들에 대한 폭력으로 고통 받고 있었다.

좌파와 폭도들이 8명의 판사, 경찰관, 기소 검사를 몇 년 동안 죽였던 까닭에 다른 어떤 자가 부패하지 않은 암브로솔리의 죽음을 원했을 가능성도 있었다.[48] 그 살인자와 어떤 관계를 갖고 있느냐는 기자들의 질문에 신도나는 화를 버럭냈다.[49]

이틀 후, P2(프리메이슨 수장)와 그 돈의 세탁에 대한 조사를 맡고 있었던 부서장인 안토니오 바리스코가 로마 중심부에서 아침 출근길에 살해되었다. 암브로솔리가 총에 맞은 열흘 후 저격병이 비행단장인 보리스 줄리아노를 뒤쫓았다. 평소처럼 팔레르모 카페에서 아침식사를 마친 그가 돈을 지불하려고 할 때 한 사람이 그에게 달려들어 그의 총으로 줄리아노의 뒷머리를 두 번 후려쳤다. 그는 즉사했다.[50]

세 가지 죽음에 대한 하나의 결과는 반카프리바타이탈리아나에 대한 신도나의 약탈과 칼비와 말신커스가 나누어 가졌을 6백 5십만 달러 수수료에 대한 혐의를 공식적으로 조사하는 것이 아주 느리게 진행되었다는 점이다. 암브로솔리의 후임자가 이 복잡한 사건에 대한 지난 5년 간의 내용들을 빨리 습득하는 일은 불가능했다.[51]

갱들이나 붉은 여단같은 살인자들에 대한 유력한 혐의자들이 조사관들을 협박했다. 5명의 금융 감식 경찰 조사관 팀이 반카프리바타가 외국에 송금한 잃어버린 자금을 추적하는 계획을 포기했다.

적어도 그들 중 하나는 살해 협박을 받았다. 줄리아노의 후임자 엠마누엘 바질은 다음 해에 살해되었다. 그의 4살 된 딸과 길을 걷다 등에 총을 여러 발 맞았다. 그의 딸은 무사했다.

1979년 8월 2일, 암브로솔리가 살해된 지 3주 후, 신도나의 가정이 그 시실리 금융인이 행방불명됐다는 소식을 전했다. 그를 마지막으로 본 증인들은 그가 당일에 밝은 베이지색 양복, 파란 셔츠, 클럽 넥타이를 착용으며 오후 7시 15분경, 5번가를 따라 남쪽으로 걷고 있었다고 증언했다.[52] 다음날 아침, 그가 회의에 나타나지 않았다. 몇 시간 후, 신원을 밝히기를 거부하는 어떤 남자가 신도나의 비서에게 전화했다. 매우 강한 영어 악센트를 가진 그 사람은 이렇게 말했다.

우리가 지금 미첼 신도나를 포로로 잡고 있다. 다시 연락하겠다.[53]

자신에 대한 범죄 재판이 시작되기 5주 전인 까닭에 FBI와 경찰은 신도나가 도주했다고 의심했다.

하지만, 그의 가족은 그가 어떤 음모의 희생양이라며 두려워했다.[54]

신도나의 변호사들 중 한 명이자 전직 연방 판사였던 마빈 프란켈은 미확인 그룹으로부터 한 통의 편지를 받았다. 그들이 신도나를 포로로 잡고 있으며 그를 "프로레타리아의 정의"로 삼겠다고 주장했다.[55] 이탈리아 통신사 ANSA의 뉴욕 사무소는 영어 악센트를 가진 이탈리아어를 말하는 어떤 남자로부터 전화를 받았다.

여기 프로레타리아의 정의가 있다. 미첼 신도나는 내일 새벽에 처형될 것이다.[56]

며칠 후, 신도나의 가정은 신도나가 손으로 쓴 편지를 받았다. 신도나는 자신의 아내 카테리나에게 비록 납치자들이 "자신을 매일 길게 신문할지라도" 자신은 "두렵지 않다"고 확신시켰다.[57] 뉴욕시의 소인이 찍힌 또 다른 소포가 다음 주에 도착했다. 이는 신도나의 짧은 노트였는데 그의 가족을 안심시키기 위한 내용이 대부분이었다.[58]

FBI는 이 사건을 실종사건에서 납치로 바꾸는 것을 반대했다.

하지만, 기소의 주된 증인이자 공동 피고인인 칼로 보도니를 보호관찰 상태로 두게 했으며 대중의 도움을 요청했다.[59] 그가 실종된 2주 후 인터폴과 수십 명의 형사와 FBI 요원들이 단서를 잡았다.[60]

3주가 흘렀다. 누구도 신도나가 살았는지 죽었는지 알지 못했다.[61] 그의 재판은 9월 10일 월요일에 시작되기로 예정되었으나 무기한 연기되었다. 그 다음날, 신도나의 사위 피에르 산드로 마노니가 신도나의 사업에 대한 세부사항을 요구하며 "만일 당신이 그의 생명을 중히 여긴다면 당신이 가진 모든 사실을 제공해야 할 것이다"라는 경고의 편지를 받았다.

신도나의 로마 변호사인 로돌포 구찌는 브루클린의 소인이 있는 봉투를 받았다. 이것은 손으로 쓴 10개의 질문을 담고 있었는데 이 질문들은 고위 이탈리아 정치가들, 피아트의 아넬리 가족, 심지어 바티칸을 포함한 유명한 사업가들에 대한 질문들이었다.

마지막 질문 후 이런 말이 있었다.

내가 쓴 모든 것은 정확한 명령에 의한 것이다. 신도나.[62]

동봉된 사진은 여위고 초췌하며 헝클어진 수염을 기른 신도나의 모습을 담고 있었다. 그의 목 주위에는 다음과 같은 손으로 쓴 간판이 걸려 있었다.

우리는 공정한 재판을 집행할 것이다.

이 편지에는 '더 나은 정의를 위한 포로레타리아전복위원회'의 서명이 있었다.[63]

며칠 후, 돈을 요구하는 첫 번째 편지가 도착했다. 납치자들은 신도나가 어떤 유명한 이탈리아인들과 바티칸에 대한 유죄입증 정보를 포기했다고 자랑했다.[64]

하지만, 이번에는 운이 좋게도 이탈리아 경찰이 그 편지를 전달한 자를 체포했다. 그는 빈센조 스파토라였다. 31세의 파레모 납품업자인 그는 뉴욕의 감비노 가정과 깊은 연대를 가진 자였다(감비노 가정은 뉴욕의 전통적인 5개의 마피아 가정 중 하나였다).[65]

스파토라 구속 후 며칠만인 **1979년 10월 16일**, 신도나의 변호사 마빈 프란켈이 사무실에서 전화를 받았다. 상대는 신도나였다. 그는 매우 지치고 겨우 알아들을 수 있는 목소리로 말했다.

나는 납치됐다.

그러나, 이제 자유롭다.

그는 맨해튼 42번 가(街)와 10번 애비뉴의 공중 전화 박스에서 발견됐다. 납치된 지 76일이 지난 후였다.

신도나의 사위와 정신과 의사가 그를 데리러 왔을 때 그는 거의 환각 상태였다. 그는 넓적다리 뒤에는 총상을 입은 흔적이 있었고 그 상처는 엉성하게 꿰매어져 있었다. 그 상처는 회복되고 있었다.[66] * [67] 그들은 그를 맨하튼의 닥터스병원에 입원시켰으며 그의 방 밖에는 두 명의 연방 요원이 배치됐다.[68]

귀환 8일 후, 신도나는 토마스 그리사 판사 앞에 출두했다. 납치자들이 자신을 약물에 취하게 해서 기억이 흐릿하다고 주장하면서 일어난 일에 대해 간단하고 희미한 설명만을 했다. **"좌파들"**이 맨해튼 중심부에서 그를 총으로 위협하며 납치했다. 그들은 부자들에 대항해 활용할만한 정보를 요구했고 국민에 대적한 "경제 범죄"에 대해 그를 재판하겠다고 위협했다.[69]

납치범들은 마스크를 썼기 때문에 그는 그들을 알아볼 수 없었다. 그들은 모두 완벽한 이탈리아어를 구사했다.[70] 그의 눈은 가려졌으며 네 번 옮겨졌고 매번 이동할 때마다 적어도 한 시간은 걸렸다. 그의 상처는 그가 도망칠 때 보초가 쏜 총 때문에 생겼다. 신도나의 진술-그는 너무 낮은 소리로 말해 판사가 자주 그에게 목소리를 높이라고 요청했다-에 따르면, 그는 납치자들이 자신을 맨하튼에서 풀어줄 때 놀랐다고 했다.

비록 검찰은 신도나가 수감되어야 한다고 했지만 그리사 판사는 그가 보석 조건으로 풀려나도록 허락했고 그와 그 가족의 신변을 일정 기간 동안 보장할 것을 명했다.[71] 판사는 신도나의 실종에 대한 추측이 배심원에게 편견을 줄 것을 우려해 변호사들에게 함구하라는 명을 내렸다.[72]

이탈리아 경찰은 브루클린 거점의 범죄단의 연장자인 존 감비노를 그가 이탈리아를 방문하는 동안 구류했다. 신도나와 그의 법무팀은 이를 알지 못했다. 여권 부정 혐의로 구류된 그를 경찰이 수색할 때 그들은 **"741, 토요일, 프랑크푸르트"**라는 이탈리아어 기호를 쓴 종이 한 장을 발견했다. 별로 대수롭지 않은 것처럼 보였다.

하지만, FBI는 그 번호의 TWA 비행기가 10월 13일 프랑크푸르트를 떠나 뉴욕 케네디공항(JFK)에 도착한 것을 발견했다. 그날은 신도나가 풀려나기 3일 전이었다.[73] 감비노는 빈센죠 스파토라의 사촌이었다. 스파토라는 10월 9일 인질 편지를 전달한 혐의로 로마에서 체포되었다.

911사건 전이라 비행기 회사는 승객 탑승이 완료된 후 승객 명단을 보관하지 않았다. FBI 요원들은 TWA 비행기(741)가 도착한 날 JFK공항의 모든 수하물 신고서를 조사해야만 했다. 그중 하나에 브루클린의 조셉 보나미코라는 이름이 있었다. 도로명은 없었다.

그래서 요원들은 이를 수사국 감식반에 보냈다. 그때 즈음, 신도나를 대신해 칼비에게 협박 편지를 보냈던 공작원 루이기 카발로가 JFK에서 FBI에 의해 구류되었다.

카발로는 가짜 여권으로 여행 중이었다. 이탈리아에서는 경찰이 감비노 가족과 연계된 두 형제를 체포했다. 혐의자는 신도나가 10주 동안, 행방불명된 동안 그에게 일어난 일에 대한 답변을 얻는 데 도움이 될 것이라고 경찰은 생각했다.[74] 그러는 동안 FBI 감식반이 찾아낸 결과는 놀라운 것이었다. 그 손글씨는 신도나의 것이며 그의 지문은 보나미코라는 이름의 통관신고서에 찍혀 있었다.

FBI가 아직 밝힐 수 없었던 것은 정말로 신도나가 자신의 **"납치"**를 계획했는가였다.[75]

FBI가 TWA 비행편에 대해 신도나를 신문했을 때 그는 몹시 놀란 듯 했다. 미국 검찰의 일부는 그가 자신의 "납치"를 이용해 자신의 값비싼 법률 변호를 위해 시실리에서 돈을 모금했다고 생각했다.

하지만, 그들은 그의 변호사들에게 지불된 돈을 추적할 수 없었다.[76]

그동안 신도나는 앞으로 열릴 형사 재판에 다시 집중했다. 그는 로마 변호사인 구찌를 통해 바티칸에 도움을 요청했다. 신도나는 자신의 좋은 성품을 기꺼이 증언해 줄 강력한 증인들이 필요했다. 그의 사업 동료 누구도 앞으로 나서서 자신의 정직성과 신실성을 보증하려 하지 않았다.

바티칸의 주교들과 추기경들보다 더 나은 증인이 있겠는가?

구찌는 말신커스에게 전화했다.

신도나와 바티칸의 관계에서 기인한 모든 비극적인 결과에도, 그 문제만큼은 다른 최고 성직자인 말신커스가 신도나를 공개적으로 도울 것이라고 생각하기 어렵다.

특단의 특별 회의에서 요한 바오로 2세가 123명의 교회 추기경을 로마로 불러 모았던 것이 몇 개월 전이었다. 그들은 그의 교황직 1년이 되는 시점에 일련의 중요한 문제를 발표했다. 바티칸의 재정은 2천만 달러 적자였기 때문에 우선 고려 대상이었다 (적자는 교회가 연말 수익 손실을 발표한 후 처음이었다).[77]

"바티칸이 돈 걱정으로 매우 힘들어 한다"는 것과 **"심각한 금융 문제들"**에 대한 새로운 이야기는 신도나 일로 여전히 미정인 손실을 자주 언급했다.[78]

요한 바오로는 그 회의를 끝내고 **"암울한 그림을 그렸다."** AP의 보도에 따르면, **"어떤 교황도 바티칸의 재정을 두고 그처럼 공개적으로 말한 적이 없었다."**[79] 교황의 가까운 친구인 바르사바의 추기경 스테판 비진스키를 포함한 일부 고위 성직자는 IOR의 수익은 교회의 적자를 벌충하는 데 사용되어야 한다고 제시했다. 그 생각은 전혀 관심을 받지 못했다.[80]

1979년 12월 5일, 말신커스는 자신의 IOR 사무실에서 쿠퍼스&라이브랜드 회계사 그래함 가너의 파트너를 만났다. 칼비는 1년 이상 바티칸은행과 나쏘 거점의 시살파인에 대한 가너의 문의를 묵살해 왔다. 말신커스가 여전히 시살파인의 이사인 관계로, 가너는 12월의 만남 전에 수 개월 동안 그를 졸랐다.[81]

말신커스는 가너를 멘니니와 드 스트로벨에게 소개했고 그후 한 시간 동안 그에게 IOR이 어떻게 기능하고 있는지 광범위하게 설명했다. 그는 시살파인에서 대출자이면서 예금자라는 바티칸은행의 이중 역할에 대해 가너가 갖는 혼란스러움을 해결하고자

고심했다. 가너가 특정한 것을 물을 때마다 말신커스는 그 질문을 피하거나 IOR의 규정상 자세한 내용을 말할 수 없다고 주장했다.[82]

가너는 시살파인에서 IOR로 송금된 약 2억 2천 8백만 달러가 사실상 '국제상호직접대출'이라는 점을 모른 채 회의장을 떠났다. 그 돈의 대부분의 종착지는 한 작은 파나마 회사였다.[83]

만일 시살파인과 칼비의 유통망의 나머지가 붕괴된다면 1억 3천 7백만 달러 이상의 손실을 입게 될 것은 IOR이었다. 왜 말신커스가 칼비를 두둔하려 하는지에 대해 이해될 수 있다 하더라도 그렇게 대단한 부채를 만든 것은 몇 년 내 로마교회에게 괴로움이 될 것이었다.*[84]

로마교회의 재정에 관심을 둔다면 말신커스가 칼비와 신도나로부터 멀어지려는 것은 당연한 것처럼 보였을 것이다.

하지만, 그는 그 반대로 했다. **1980년 12월**은 수년 만에 처음으로 말신커스가 몇몇 암브로시아노의 역외 회사가 발행한 6천 5백만 달러 상당의 약속 어음에 대한 바티칸 은행의 매입을 승인한 달이었다.[85]

놀랍게도 신도나가 자신의 이탈리아 변호사를 통해 바티칸에 도움을 요청하자 말신커스는 돕기로 동의했다. 말신커스는 APSA 거래 덕에 신도나와 각별한 주세페 카프리오 추기경과 세르지오 게리 추기경에게 로비를 해 신도나가 충실하고 예의 바르며 성실한 사업가라고 증언하도록 했다. 그들도 동의했다.[86]

신도나의 법무팀은 매우 기뻐했고 1월 24일, 수석 변호사 마빈 프란켈이 판사 토마스 그리사에게 교회의 고위직 3인이 증언할 것이라 알렸다.[87] 프란켈은 공국의 정책 아래서는 성직자들은 뉴욕 재판에 개인적으로 출두할 수 없다고 말했다. 그리사는 그들의 증언이 2월 1일 로마 주재 미국대사관에서 촬영되는 것을 허락했다.[88]

바티칸의 새 국무총리 추기경 아고스티노 카사로리(Agostino Casaroli)는 이를 알고 크게 화를 냈다.[89] 그는 신도나를 돕는 일은 홍보 활동에 큰 장애물이 될 것임을 알았다. 카사로리는 세 성직자의 법정 진술을 막았다. 프란켈이 바티칸에 도착해서 말신커스, 카프리오, 게리의 증언을 준비할 때, 그들은 그에게 자신들은 거절할 수밖에 없다고 통보했다. 프란켈은 그들이 마음을 바꾸도록 열심히 설득했다. 말신커스가 그들을 대표해서 그 결정에는 변함이 없다고 말했다.[90]

신도나는 상황이 반대로 돌아가는 것을 듣자마자 프란켈에게 말했다.

바티칸이 나를 버렸다.[91]

신도나는 마음 바꾼 것을 두고 말신커스를 비난했다.

하지만, 그는 말신커스가 그 금지 조치를 두고서 처음에는 신도나를 위해 여전히 공개할 것을 위협하면서까지 카사로리와 싸웠던 사실은 알지 못했다.[92]

카사로리가 다음에 했던 일은 여기에 처음으로 밝히려고 한다. 그는 말신커스 때문에 무척 기분이 상해서 가까운 보좌관인 루이기 체라타 경-지금은 대주교다-에게 이탈리아군 보안 대장 주세페 산토비토 장군의 도움을 구하도록 요청했다.

이는 말신커스에 대한 낯 뜨거운 정보를 얻기 위함이었다. 산토비토는 프란치스코 파지엔자(Francesco Pazienza)에게 그 일을 맡겼다.[93] 그는 야망 있는 젊은 정보 장교였다. 파지엔자는 어떤 직설적인 공갈협박을 밝히지 못했다.

하지만, 스위스에서 그는 어떻게 말신커스가 교회 돈을 핵심 보수주의 정치가들에게 건네주는 전달자가 되는지를 보여주는 문서들을 찾아냈다. 이것은 이탈리아 언론에 폭풍우를 가져올 사안이자 말신커스의 사임을 압박할 사안이었다.[94]

파지엔자는 그 정보를 카사로리에게 전달하는 대신 국무총리보다 말신커스가 바티칸에서 더 유력한 인사임을 판단했다.

그래서 나는 말신커스와의 면담을 주선했다. 나는 그가 권력을 사랑하는 것을 알았다. 그는 자신의 권력을 잃는 것을 원치 않았다.

파지엔자가 필자에게 한 말이다.[95]

나는 당신을 곤경에 빠뜨리기 위해 고용되었습니다.

파지엔자가 IOR의 수장에게 말했다. 말신커스는 전혀 놀라지 않았다.

왜 그러려고 하는가?

말신커스가 물었다.

특별한 이유는 없습니다.[96]

파지엔자는 자신이 원하는 바를 얻었다. 곧 충성의 맹세였다.

말신커스가 파지엔자에게 피격당할 위험을 피하는 동안 카사로리는 신도나의 성품에 대한 증언을 두고 생겨난 대치 상태에서 우위를 점함으로써 자신의 힘을 드러내 보였다. 프란켈은 말신커스와 두 추기경을 증인 목록에서 빼면서 판사 그리사에게 자신의 바티칸행 여행이 **"재앙"** 그 자체였음을 알렸다.[97]

재판이 시작되기 하루 전인 2월 6일, 미 검찰청은 판사의 방에서 비공개 청문회를 요구했다. 거기서 FBI는 신도나가 유괴범들에게 뉴욕과 뉴저지에서 눈이 감긴 채 이리저리 끌려 간 것이 아니라 그가 자신의 실종을 모의하고 대부분의 시간을 유럽, 특히 시실리에서 보냈다는 증거를 제시했다.[98] 그런 거짓 납치 사건은 동정심을 유발하려는 의도였으나 결국 이는 비극적 희극(tragi-comedy)으로 끝나고 말았다.

신도나에게 안전한 거처를 마련해 주었던 시실리의 범죄 조직은 그에게 정보를 뜯어내고 그의 가족을 위협함으로 자신들이 더 많은 돈을 벌 수 있다고 결정했다.[99]

총알의 상처는 한 이탈리아 의사 조셉 미첼리 크리미가 고의적으로 낸 것이었다. 그 의사는 가장 적은 상처를 내기 위해서 총을 어디에 겨누어야 하는지 알았다.[100] 범죄 조직이 신도나를 풀어주었을 때 그들은 그의 아내와 아이들이 다음 목표가 되지 않으려면 그가 입을 다물어야 한다고 했다.[101]

판사는 나중에 이를 **"법정에서 나의 생애 중 가장 어두운 날"**이라 불렀다. 그는 3백만 달러의 보석을 취소했다. 10명 이상의 연방 요원이 법정으로 내려와 신도나를 서둘러 투옥시켰다.[102]

재판은 **1980년 2월 7일**에 시작되었다. 신도나의 옛 친구이자 프랭클린의 동료인 칼로 보도니는 검사의 잘 나가는 증인이었다.[103] 정부는 가짜 납치 증거를 활용해 배심원에게 **"양심의 죄책"**을 제시했다.[104] 증인과 법적 주장의 많은 부분이 금융의 세부 사항에 집중되었다. 비록 바티칸의 누구도 재판정에 서지 않았고 기소장도 IOR을 불기소된 공범으로 기록하고 있지는 않지만 수석 검사 존 케니는 반복적으로 바티칸은행과 본 사건을 연결시켰다.

보도니는 법정에서 IOR이 신도나와 함께 공조해서 **"유명한 이탈리아 예치자들"**이 바티칸 로마 가톨릭교회의 종교 신조와 어울리지 않은 금융거래에 나설 수 있도록 도왔다고 말했다.[105]

말신커스에게는 그 재판이 빨리 끝날 수가 없는 일이었다. 이 사건이 격리된 배심원에 가기까지 7주가 걸렸다. 남자 6명과 여자 6명으로 구성된 배심원이 판결에 이르기까지 6일 동안 토의했다. 그 결과는 65개 죄목의 사기, 은행 기금의 유용, 위증의 유죄였다.[106]

6월, 선고가 내려지기 이틀 전 신도나는 주먹을 치면서 그가 감옥으로 몰래 가져온 조제된 칵테일을 마셨다(이는 강심제 디기탈리스, 진통제 다본, 항불안성 약물인 리브리움의 혼합물이었다).[107]

신도나는 나중에 그 판결로 **"자신은 불의를 믿었으며, 정부가 바로 진짜 마피아다"**라고 말했다.

하지만, 그는 빠르게 회복했고 병원에 입원한 지 며칠 후 판사는 그에게 재판정에 출두할 것을 명했다.[108] 그리사는 회개하지 않는 피고인에게 최대 형량을 내렸다. 25년 감옥형 4개를 동시에 내린 것이다.[109]

신도나는 곧 더 나쁜 소식을 들었다. FBI가 동네 깡패인 45세의 미국인 윌리엄 아리코(William Arico)를 붙잡았다. 그 죄목은 조지오 암브로솔리 판사의 **1979년** 살해 사건에 대한 청부 살인이었다. 그는 신도나를 조사하고 있었던 그 밀라노 판사를 처형하는 방식으로 살해했다. 사건 실마리는 예상 밖의 정보원인 헨리 힐(Henry Hill)로부터 왔다. 그는 기결수 협박범으로, 나중에 니콜라스 필레기(Nicholas Pileggi)의 책 『똘똘한 친구』(Wiseguy)에서 마틴 스코세시(Martin Scorsese)의 **1990년** 영화 『좋은 친구들』(Goodfellas)에서 레이 리오타가 연기해서 유명해졌다.[110]

암브로솔리의 살해 당시 힐과 그의 가족은 미국의 증인보호 프로그램에 따라 몇 개월 동안 미국에 들어오지 못했다.[111] 윌리엄 아리코는 FBI에게 그는 **1970년**대 중반 두 명의 뉴욕 감비노 관련 폭력배와 함께 연방 감옥에서 투옥되었다고 말했다. 그들은 **"몰**

살자" 빌리 아리코, 기결수 마약 중개상 로버트 베네투치(Robert Venetucci)였다.

1978년 가을, 힐에 따르면, 세 사람은 풀려난 후 롱 아일랜드에서 서로 가까운 곳에서 살았다. 힐은 아리코에게 권총 5자루와 소음기를 단 기관총을 팔았다. "몰살자" 빌리는 신도나가 이탈리아에서 청부 살인으로 자기를 고용했다고 자랑했다. 암브로솔리가 밀라노에서 죽은 후 힐은 **1979년**에 아리코를 우연히 만났다. 아리코는 한 이탈리아 신문에 실린 살인 사건에 대한 기사를 가리키며 자랑했다.

내가 이 양반을 거기에서 죽여 버렸지.[112]

FBI는 **1978년** 이래 신도나가 에이스 피자에서 베네투치의 은밀한 파트너인 것을 알지 못했다. 에이스 피자는 퀸즈에 위치한 치즈와 올리브오일 수입사였다.[113] 베네투치는 신도나가 자신에게 암브로솔리와의 문제를 해결해 달라고 부탁한 후 아리코를 고용했다. 그의 아들은 신도나의 지시를 받아 스위스의 유니언뱅크에서 뉴욕의 뱅크 루미의 에이스 피자 계좌로 송금했다(몇몇 조사관은 베네투치가 아리코에게 지불한 4만 달러를 그가 어떻게 얻었는지 의심했다).[114] * [115]

FBI가 힐에게 몇몇 정보를 받았을 즈음, 아리코는 맨해튼의 다이어몬드 구역에서 보석 강탈로 본 사건과 무관하게 4년 형을 살고 있었다.

하지만, 정보부가 그를 신문하기 전 아리코는 **1980년 6월** 뉴욕의 라이커스 아일랜드에서 도망쳤다. 이 달은 신도나가 프랭클린 사건으로 형을 언도 받은 때였다.[116] 2년 후 FBI는 필라델피아에서 도피 중인 그를 검거했다.[117]

아리코에 관한 뉴스가 공개되었을 때 이탈리아인들은 신도나가 본국에 송환되어 암브로솔리 살인 건의 재판을 받아야 한다고 주장했다.

하지만, 기존의 미국-이탈리아 범죄인도 조약 아래서 신도나는 자신의 미국 기소 건으로 적어도 5년의 형량을 마쳐야 했다.[118]

신도나가 형을 언도 받은 지 3개월 후, 암브로시아노 조사를 맡은 이탈리아 검사 루카 무치(Luca Mucci)는 칼비에게 그의 여권을 제출할 것을 명했다. 무치의 결정은 **1980년 6월 12일**의 재무수사관(Guardia di Finanza)의 새로운 보고서에 의한 것이었다. 이들은 칼비가 거의 확실하게 외환 관리법을 위반하고 은행 기록들을 위조했으며 심지

어 사기를 저질렀다는 결론을 내렸다.[119]

칼비는 말신커스에게 도움을 요청했다. 암브로시아노에서 그가 맡은 일의 대부분은 IOR과의 협력 관계였다. 그는 그들 중 두 사람이 검찰을 방어할 수 있다고 생각했다.

하지만, 말신커스와 IOR은 자신들 나름의 문제가 있었다. **1981년 2월 5일**, 밀라노 검찰은 루이기 메니니를 구속해 바티칸을 놀라게 했다. 그는 IOR의 오랜 수석 관리인이며 말신커스가 가장 신임하는 부행장이었다.[120] 71세의 메니니는 신도나의 반카유니오네(Banca Unione)에서 IOR의 이사로 일했다. 검찰은 그가 거기에서 불법 외환 거래에 공모했을 것으로 생각했다.[121]

메니니는 **1930년**에 베르나르디노 노가라가 직접 뽑은 바티칸의 상징적 인물이었다.[122] **1967년** 앙리 드 마이야르도가 IOR에서 최고 평신도 직무에서 물러났을 때 메니니가 그의 후임이 되었다.

이탈리아 경찰은 어느 날 메니니가 일과 후 바티칸을 떠날 때 그를 체포했다. 요한 바오로 2세와 말신커스는 크게 슬퍼했다. 감옥에서 몇 주를 보낸 후 메니니에게 **"잠정적 자유"**가 주어졌다.[123]

바티칸은 그 체포 사건으로 크게 염려했다.

신도나와 관련되어 법률을 위반했을 만한 전현직 IOR 관리가 있었던가?

신도나가 이탈리아로 송환되어 메니니에게 적용된 비슷한 혐의들을 두고 법정에 서게 된다면 신도나가 어떤 문제를 초래할 수 있을까?

소수의 경영진 외에 누구도 비밀스런 IOR 내부에서 무엇이 진행되고 있는지를 몰랐다. 말신커스는 방어벽을 쳤다. 즉, 메니니는 좌파들에게는 정적이었고 좌파들은 기독민주당을 대신해 로마교회가 지난 시간 동안 했던 모든 일을 앙갚음했다는 것이다. 그것은 그럴듯해 보였다. 왜냐하면, 좌파 성향의 내각이 집권 중이었기 때문이다. 이것은 메니니의 무죄 주장과 함께 바티칸이 느꼈던 초조함을 잠재우기에 충분했다.

말신커스가 자신의 문제에 사로잡혀 있었기 때문에 칼비는 다른 곳에 도움을 요청했다. 그는 다시 리치오 겔리에게 접근했다.

하지만, 신도나와 칼비를 위한 광범위한 계약을 행함으로 수백만 달러를 번 P2의 수장은 이제 파산할 지경이었다.

그 파국은 **1981년 2월** 왔다. 2명의 이탈리아 치안 검사가 신도나의 거짓 납치 기간 동안 마피아가 그를 도왔는가에 관해 조사했다. 그들은 신도나가 팔레모에 있을 때 조셉 신도나의 주치의 미첼리 크리미가 아레쪼의 조그마한 북부 마을로 이틀 동안 여행 갔음을 알았다. 이는 600마일 거리였다.

감사들은 크리미에게 질문했고 그는 치통 때문에 치과 의사를 만나기 위해 그곳으로 여행을 갔다고 진술했다.

하지만, 조사관들은 회의적이었다. 크리미는 결국 리치오 겔리를 방문하기 위해 아레쪼에 갔다고 인정했다. 그는 **"겔리는 나의 프리메이슨 형제며 미첼 신도나의 가까운 친구다"**라고 자백했다.[124]

검사들은 겔리의 집과 지역 섬유공장에 있는 그의 사무실에 대한 수색 영장을 청구했다.[125] 겔리의 별명 중 하나는 '**종이 사랑꾼**'이었다. 서류 작업에 대한 그의 광적인 수집과 조직화에 대한 찬사였다.[126]

경찰이 **1981년 3월 17일** 그의 사무실에 대한 수색 영장을 집행했을 때 그의 집을 수색한 것은 별다른 성과가 없었다.

하지만, 경찰은 금고 안에 갈색 가죽 서류 가방을 찾아냈다.[127] 이것은 보석과도 같은 수집품을 담고 있었다. 즉, P2 회원 953명을 상세히 밝히는 문서, 회원 가입서, 복잡다단한 행동들에 대한 것이었다.[128]

32개의 봉인된 마닐라삼으로 된 봉투가 있었는데 여기에는 은행 거래의 사본과 고위 정치가들, 판사들, 사기업 총수들의 이름들이 기록된 현금 영수증이 있었다. 경찰은 그 파일들에서 범죄 관련 정보, 즉 오일 뇌물, 국영 석유 회사, 아르헨티나 군장교들과의 무기 논의, 불법적인 정당에 자금 지급, 최고 기업인들에 의한 세금 회피같은 정보를 발견했다.[129]

서류 중 하나에는 로베르토 칼비라는 이름표가 붙어 있었고 그 서류는 많은 경우 겔리가 간섭해 암브로시아노 의장에 대한 공식 조사를 막았던 것을 상세히 밝히고 있었다.[130]

경찰은 놀랄 만한 사진들도 발견했는데 유명한 이탈리아인들이 등장한 낯뜨거운 사진들이었다.[131] 결국 조사관들은 겔리가 이런 음란한 사진 대부분을 P2의 정보 회원들로부터 입수했다는 결론을 내렸다. 그 사진들 대부분이 공갈 협박을 하는 데 사용되지는 않았으나 겔리는 언젠가 자신에게 크게 도움이 될 정보를 미친듯이 수집했다.[132]

사진 중 하나는 벌거벗은 교황 요한 바오로 2세를 담고 있었다. 수영장에서 일광욕을 하고 있는 모습이었다.

경찰은 겔리가 종종 그 사진을 남들에게 보여주어 교황에 대한 경비가 얼마나 허술한가 입증하는 예로 삼았다는 것을 그때는 알지 못했다.

교황의 이런 사진을 찍는 것이 가능하다면, 그를 저격하는 것은 얼마나 쉬운가를 상상해 보라.[133]

겔리는 수색 영장에 대한 사전 정보를 얻었지만 이미 너무 늦어서 그의 금고를 비울 수 없었다.

하지만, 세관원들이 그를 검거하기 위한 전국 지명 수배장을 받기 전 그는 아르헨티나 여권을 소지한 채 스위스를 거쳐 우루과이로 갔다.[134] 겔리의 부하로 신도나와 말신커스의 돈 거래에 대한 중개인으로 관여했던 움베르토 오톨라니는 브라질로 도망했다.[135]

P2(프리메이슨) 회원의 명단이 그해 5월 발표되자 대중은 놀랐다. 그 명단은 주요 사업가들, 유명한 판검사들, 고위 군인들과 정보 장교들, 존경받는 기자들에 대한 인명 기록이었다(덜 알려진 이름 중 하나가 실비오 베를루스코니인데 그는 새로운 TV 채널의 설립자요, 나중에 세 번이나 총리가 된 인물이다). 수사 검사로부터 수상 아날도 포라니에 이르는 보고서의 결론은 다음과 같다.

P2는 비밀 사교 집단으로 사업과 정치를 결합해 이 나라의 헌법적 질서를 파괴하고 내각제를 대통령제로 전환하려는 의도를 가지고 있었다.[136]

당국은 우파 진영의 테러 기도에 있어서 P2가 한 역할에 대한 증거를 찾아냈다.[137] 이탈리아의 검찰총장을 포함한 세 명의 장관이 P2회원이었지만 그들은 도움이 되지 않았다. 겔리의 파일에는 드러난 이름들보다 더 많은 P2회원이 있었다는 추측이 난무했다. 많은 사람이 말신커스도 비밀스런 암호 이름으로 위장된 P2의 회원이라고 생각했다.

3년 전 「옵세르바토레 폴리티코」라는 사생활을 캐는 주간지는 말신커스가 프리메이슨이라고 폭로했다. 여기에 120명의 추기경, 주교, 영향력 있는 몬시뇰이 포함되었다. 나중에 말신커스는 자신이 P2회원으로 어떤 역할을 했다는 것을 부인했을 뿐만 아니라 자신이 프리메이슨이라는 것도 부인했다.

나는 프리메이슨 집회가 어떻게 생겼는지도 모른다. 나는 그것이 죽을 죄라는 것을 믿고 자랐다. 138 * 139

칼비가 겔리와 P2 동료들에게 도움을 청할 수 있는 날들은 끝났다. 공격적인 새 검사가 이 조사를 맡게 되었다. 바티칸만이 암브로시아노 은행가가 그 자리를 지킬 수 있도록 도울 수 있을 것이다. 칼비가 로마교회와 자신의 관계의 한계를 시험하게 될 날이 다가오고 있었다.

제23장

당신은 교황을 죽여야 해

1981년 5월13일 수요일 오후, 교황 요한 바오로 2세는 베드로 광장을 돌고 있는 무개차 안에 서서 수만 명의 경배자를 맞고 있었다. 그는 악수를 하고, 어린아이들을 안고 입맞춤하고 웃으며 군중에게 손을 흔들었다.

오후 5시 20분경 바티칸의 큰 청동문 가까이에서 크게 몇 번의 뻥 소리가 났다. 어떤 사람들, 심지어 교황의 작은 수행원들조차 이는 불꽃놀이거나 인접한 차의 폭발음인 줄로 생각했다.

하지만, 소수의 경찰과 보안요원은 그것이 총소리인 것을 깨달았다. 그들은 60세의 교황을 살펴보았다.

그의 빳빳한 흰 캐속에 조그만 붉은 점이 나타나 퍼지기 시작했다. 그의 손이 그의 얼굴을 향해 올라갔다. 이후 그는 뒤로 넘어져 개인 비서 스타니스라우 드지위즈 신부와 시종 안젤로 구겔의 팔에 안겼다.

두 발의 총알이 요한 바오로를 관통해서 그의 위, 오른팔 왼팔을 맞추었다. 중상을 입어 몇 분 만에 무의식 상태가 된 교황은 비상 사이렌을 내는 앰뷸런스에 실려 2마일 떨어진 로마의 게멜리병원으로 이송되었다. 거기서 그는 출혈과 내장 손실을 막기 위한 5시간 반 동안의 수술을 받았다.[1] 자정 쯤에 병원은 교황이 "조심스럽고 위중한 상태"라는 첫 번째 공식 경과 보고서를 발표했다.[2]

현장에서 잡힌 갈색 피부의 남자는 브라우닝 9밀리 반자동 권총을 가진 33세의 메네트 알리 아자(Mehmet Ali Ağca)였다. 2년 전 고향 터키의 감옥에서 탈옥했던 기결수 살인자였던 아자는 이슬람의 이름으로 요한 바오로 2세에 대한 살해 협박을 한 신문에

기고하기도 했다.³

하지만, 누구도 이 기고가 매우 직설적이라고 확신하지 않았다. 총격 몇 달 뒤 BBC 다큐멘터리는 KGB를 암살 시도의 배후로 점찍었다.⁴ 소비에트 대변지 프라우다는 시리즈물을 게재해 CIA가 그 음모를 꾸몄다고 비난했다.⁵ NBC는 불가리아의 비밀 정보원을 비난하는 설득력이 있는 프로그램을 제작했다.⁶

아자는 국수주의적 터키 간첩단인 '회색 늑대'(Bozkurtlar)의 언저리에 있었던 자였다. 그들은 1979년에 유명한 좌파 신문의 편집장인 압디 이펙시(Abdi İpekçi)를 암살했던 자들이었다. 법정이 그를 살인죄로 종신형에 처한 6개월 후, 그는 삼엄한 군대 감옥에서 어찌된 일인지 군복을 입고 보통은 잠겨 있는 8개의 문을 걸어 나와 이웃 불가리아에 안전한 거주지를 찾았다.⁷

불가리아는 철권 통치자 토도르 지브코브(Todor Zhivkov) 하에 있었다. 그는 스탈린 스타일의 독재자로 1954년 이래 권력을 쥐고 있었다. 도망 중인 터키의 정치적 살인범이 CIA와 같은 불가리아의 국가정보부(NIS)의 주목을 받지 않고서 거기에 머물 수 있었다는 것은 불가능했을 것이다. KGB와의 긴밀한 협업 관계의 국가정보부가 나중에 음모 이론들의 기초가 되었다. 이 음모론은 교황 비오 12세 이래로 가장 엄격한 반공주의자 교황이 죽기를 원한다는 그런 기관들로써 KGB와 NIS를 동일시했다.⁸ *⁹

러시아 의회의 부의장인 브라디미르 지리노브스키는 나중에 러시아 라디오에 다음과 같이 말했다.

> 여기에 러시아가 필연적으로 연계됐다는 직접적 증거는 없다.
> 하지만, 한 폴란드인이 로마의 교황이 된다는 것은 우리가 좋아하는 바가 아니었다. 이것은 마치 CIA의 특수 부대나 미국이 한 폴란드 사람인 교황을 통해 폴란드 내의 상황에 영향력을 행사하는 것과 같다. 이것은 성공했다. 움직임은 정말로 거기서 시작되었다. 우리가 지금 오랜지 혁명이라 간주하는 것과 같다.¹⁰

지리노브스키가 언급한 **"오랜지 혁명"**은 바오로의 고향 폴란드를 통제했던 공산주의 정부에 대항하는 교황 요한 바오로 2세의 활동이 시초였다. 마가렛 대처와 로날드 레이건에 힘입어(요한 바오로가 총에 맞기 6주 전 레이건 자신도 암살 시도에서 벗어남) 교황은

1981년 초 동유럽 전역에 반공 운동을 암암리에 지원하는 정책을 시작했다.[11]

요한 바오로 2세가 교황이 된 지 1년도 되지 않아 폴란드의 그단스크의 조선소 노동자들이 젊은 노동조합 운동가 레흐 바웬사(Lech Wałęsa)의 지도하에 공산주의 당국과 대치했다. 그 결과는 노동자의 노조인 연대(Solidarity)의 결성으로 끝났다. 연대는 결국 거의 1천만 명의 회원을 모았는데 이는 폴란드 인구의 1/4에 이르는 숫자였다.[12]

CIA 국장 윌리암 케이시는 연대를 폴란드 공산주의 지도자들과 소비에트를 흔들 이상적인 매개체로 간주했다. 폴란드는 케이시의 격려로 소비에트 진영을 무너뜨릴 미국 행정부의 첫 목표물이 되었다. 레이건은 수년 뒤 소비에트 진영을 **"악의 제국"**이라 불렀다.[13]

바웬사가 공산주의자에 대항해 일어서자, 소비에트군이 **1956년의 헝가리, 1968년의** 체코슬로바키아에서의 초기 민주주의 운동을 말살시켰던 것과 같이 노동조합을 파괴할 것이라는 소문이 돌았다. 요한 바오로 2세는 **1980년 8월** 비밀 일정으로 말신커스를 파견해서 소비에트 수상 레오니드 브레즈네프에게 자신이 쓴 편지를 전달했다.[14] * 그 편지에서 요한 바오로는 만일 소비에트군이 침공한다면 폴란드의 저항을 위해 앞장 설 것이라 위협했다.[15] 일단 바티칸이 교황의 편지 내용을 폴란드 성직자들에게 흘리자 이 말이 연대 간부들 사이에 요원(燎原)의 불길처럼 퍼졌다.[16]

정보 공개(글라스노스트)와 개혁 정책(페레스트로이카) 이전의 시대에는 레이건 행정부가 폴란드 교황과 협력 관계를 갖기 원했음은 자연스러워 보였다. 교황이 지속적으로 자기 조국의 작은 친민주주의 운동에 대한 지지를 표명했던 까닭이었다. 미국의 최고 안보, 정보 관리들인 케이시 CIA 국장, 윌리암 클라크 국가안보 비서관, 알렉산더 헤이그 국무 장관 순회 대사, CIA 전직 국장인 버논 월터스 장군 모두 독실한 가톨릭 신자였다.[17]

미국 관리들은 필라델피아 대주교인 존 크롤(John Krol) 추기경과 피오 라기(Pio Laghi) 대주교에 의존했다. 크롤은 폴란드계 미국인이며 요한 바오로 2세와 가까운 친구요, 라기는 새로 임명된 미국 주재 교황 대리대사였다. 크롤과 라기는 미국과 바티칸을 위한 독창적인 가교 역할이 되었다.[18] 케이시와 클라크는 메사츄세츠 애비뉴에 있는 대리 대사의 워싱톤 거처를 들려 브리핑과 식사를 했다. 라기도 백악관으로 그들을 방문했는데 이는 적어도 6차례였다.[19]

1981년 봄 즈음, 케이시와 월터스 장군은 매 6개월마다 교황에게 브리핑하기 위해 바티칸을 여행하기 시작했다. 그들은 다음 6년 동안 15차례 요한 바오로 2세와 만났다.[20] 그 당시 바티칸주재 미국 영사 마이클 혼블로(Michael Hornblow)가 케이시와 요한 바오로 사이의 미팅에 처음 참석했다.

> 그들의 처음 만남에 '거룩한 연합'을 기대한 자는 실망했을 것이다. 이는 그저 20분 정도의 사소한 대화였고 교황은 케이시의 말을 이해하느라 힘들어 했다. 그의 강한 뉴욕 말투 때문이었다.

그가 필자에게 한 말이다.[21]

하지만, 계속된 만남으로 그 일은 진지하게 시작됐다. CIA는 교황과 비밀로 분류된 정보를 공유했다. 소비에트군의 움직임과 미사일 기지의 위성 사진부터-교황은 이 사진들에 매우 흥미를 느꼈다-연대를 와해시키려는 공산주의의 노력에 대한 정보까지 모든 것이었다.[22] 케이시는 통신 장비부터 인쇄기까지 모든 것을 저항 세력에 옮기는 데 있어 교회의 도움을 요청했다.[23]

동시에 벌어진 일들을 감안하면 그들의 만남이 중요했음은 의심할 나위가 없다. **1981년 3월 27일**, 폴란드는 제2차 세계대전 이후 공산주의 정부에 대항하는 가장 큰 시위를 했다. 이것은 미국과 교황이 최선을 다해 격려한 운동이었다.

레이건은 다음 해 바티칸에서 요한 바오로와 50분간의 개별 회담을 가졌고 나중에 칼 번스타인 기자에게 다음과 같이 말했다.

> 우리 두 사람은 큰 실수가 얄타에서 생겼고 무언가 이루어져야 한다고 느꼈다. 연대는 이것을 가져오는 바로 그 무기였다.[24]

대통령은 윌리암 클라크 국가안보 보좌관에게 자신은 설령 전례를 뒤집고 교회 국가를 인정하는 것이 될지라도 바티칸을 충성된 동맹으로 만들고자 했다고 확신시켰다 (레이건은 **1984년**에 그렇게 함으로써 그런 관계에 대한 1세기 이상에 걸친 미국의 반대에 종지부를 찍었다. 연방대법원은 외교 관계에 반대하는 자들이 제출한 사건의 접수를 거절했다).[25]

이것은 모든 시대를 걸쳐 가장 비밀스런 연맹의 하나였다.

전직 국가안보 보좌관이었던 리차드 알렌의 말이다.[26]

케이시와 월터스는 **"때로 바티칸주재 우리 대사에"** 의해 **"바티칸과 폴란드의 상황 전개에 대한 상당한 정보를 공유했다."** (이것은 윌리암 윌슨의 말이다. 그는 레이건의 가장 가까운 친구 중의 하나며 가장 가까운 자문관들로 구성된 대통령의 작은 키친 캐비닛의 일원이었다.)[27]

레흐 바웬사와 연대 지도자들은 가톨릭 사제들일 뿐만 아니라 미국 정보원으로부터 지속적으로 정보를 얻었다.[28]

KGB는 워싱톤과 바티칸의 새로운 동맹에 대해 회의적 관점을 가졌다. **1981년 초** 4페이지의 KGB 극비 평가서는 교황의 조국 내에서 사건에 영향력을 끼치기 위한 로마 교회의 공격적인 활동에 대해 경고했다.[29]

4월, 유리 안드로프 KGB 수장은 극비 문서를 준비했다. 그 문서는 폴란드 공산주의 지도자가 "서투르다"라고 결론을 내고 폴란드 국경 근처에서의 대규모 군사 작전을 제시하되 소비에트의 "군대가 폴란드"에 이동시킬 가능성의 여지를 주었다.[30]

6월, 헝가리 정보부는 KGB와 동독에 **"연대의 활동에 있어서의 시온주의자와 가톨릭 교회의 역할"** 이란 제목의 보고서를 배포했다. 헝가리는 로마교회가 미국 정부뿐만 아니라 **"이탈리아 유대인"** 과 **"서유럽 내 폴란드 이민자와 함께 이스라엘"** 과도 동맹이 되었다는 결론을 내렸다.[31]

미국정보부와 바티칸의 협력은 말신커스의 도움이 때로는 필요했음을 뜻했다. 일찍부터 그는 워싱톤과 바티칸 사이의 비공식 통로 역할을 했다. 그의 능력, 곧 교황에게 브리핑하고 교황 여행 시 정보를 알려주는 일은 불가피한 것으로 여겨졌다. CIA 국장 케이시는 말신커스가 바티칸 내에서 고위직일 뿐만 아니라 미국 시민권자인 것을 좋아했다.

반면, 요한 바오로 2세는 CIA와 거래할 무엇이 있었다. 각기 자기 나라의 토박이인 교회 성직자의 조직이 서방 지도자들이 자세한 것을 알기도 전에 비오 12세에게 나치 홀로코스트에 대해 소름끼치는 설명을 제공했던 것처럼 요한 바오로 2세도 CIA에 폴란드 사제들로부터 수집된 유용한 정보를 제공했다. 그것은 굉장히 좋은 정보였기에 레이건 자신도 교황의 요약본을 기다릴 정도였다.[32]

교황은 말신커스에게 교회 돈을 연대에 보내기 위한 비밀 통로를 만들 것을 승인했다. 그것은 **1981년 12월13일** 이후 더 중요한 우선순위가 되었다. 그날 폴란드의 군부 지도자 보이시에크 야루젤스키(Wojciech Jaruzelski) 장군이 계엄령을 선언하고 연대를 불법화하며 6천 명의 회원을 구류하고 수백 명에게 반역죄를 씌우고 폴란드와 바티칸 사이의 전화선을 잘랐다.[33]

이후 8년 동안 말신커스는 공산주의 정권을 타도하기 위한 지하 운동에 확정되지 않는 양의 돈을 전용했다.[34] 말신커스가 어디에서 그 현금을 구했는지는 불분명하다.

그러나, 이것이 미국정보부에 의해 은밀히 제공되었거나 말신커스가 칼비와 신도나의 거래를 통해 축적한 여유 자금을 통해서건 간에 비자금에서 나왔을 확률이 높았다.

말신커스는 신도나가 IOR(바티칸은행) 수장과 칼비에게 지급했던 6백 5십만 달러의 절반의 수수료를 받았다는 암브로솔리의 주장을 결코 인정하지 않았다.

하지만, 그의 가장 열렬한 적들도 그가 IOR의 의심쩍은 거래로부터 수익을 얻었다고 비난하지 않았다.[35] 대신에 반카카톨리카의 매각으로부터의 **"수수료"** 같은 돈이 특별한 기금으로 남아 교회의 지시에 따라 사용되었다면 이는 어떻게 요한 바오로가 그처럼 말신커스에 대한 강한 변호자가 되었는가 이해할 만한 단서다. 나중에 신도나가 내린 결론은 다음과 같다.

말신커스는 "자신이 추기경이 되기를 원해 교황에게 그 돈을 주기를 원했기 때문에 탐욕스러웠다."[36]

그리고 칼비는 자신의 문제가 이탈리아 내에서 커져감에 따라 여전히 로마교회의 뒷 배경이 필요한 자였다. 역시 도우려 했다. 수년 뒤 암브로시아노에 대한 이탈리아 정부의 수사는 과연 칼비가 말신커스에게 별도의 현금을 지불했는가에 대한 질문을 낳았.

즉, 말신커스가 그들의 복잡한 비즈니스 관계를 드러내기 거절한 것, 심지어 시살파인 회계법인인 쿠퍼스&라이브랜드에게 알리고자 하지 않았던 대가 여부였다.

수사관들은 IOR에 있는 반코암브로시아노 지주사라는 한 특정 계좌로부터의 약 5십만 달러의 지불에 대해 의혹을 품었다. 이 돈은 **1980년** 칼비의 지시로 바티칸시의 무기명 수취인에게 지출되었다. IOR은 누가 그 돈을 받았는지 보여주는 자료의 열람을 거절했다.[37]

칼비는 비록 나중에 로마교회가 연대에 은밀한 돈줄이 된 것에서 자신의 어떤 역할도 부인했다.

하지만, 한 기자에게 자신은 말신커스에게 전체적 문제는 매우 위험한 게임으로 제3차 세계대전으로 나아갈 수 있다고 경고했다고 말했다.

만일 당신이 연대에 돈을 준 것이 드러나게 되면 베드로성당은 돌 하나도 남지 않을 것이다.

그리고 한때 플라비오 카보니가 은밀하게 녹음한 테이프에 따르면, 칼비는, 만일 연대에 돈을 흘려보내는 말신커스의 비밀 조직과 비자금이 드러난다면 **"바티칸은 붕괴될 것이다"**고 경고했다.[38]

이탈리아 정보 요원인 프란치스코 파지엔자는 말신커스가 자신에게 크레딧스위스로부터 3백 5십만 달러의 바티칸 현금을 금 실물로 바꿔달라고 요청했다고 필자에게 말했다.

그들은 그때 작은 크기의 순도 99.99%의 금괴를 제공하는 유일한 스위스은행이었다.

피지엔자의 회고다.

그 금은 안에 문이 있는 고객맞춤의 이중 바닥과 문이 있는 상자 안에 숨겨져 라다 니바 SUV에 실렸다. 그단스크의 한 사제가 이탈리아에서 폴란드까지 이를 운전했다."[39]

남미와 중미에서의 미국과 바티칸 간에 벌어진 정치적 역학은 덜 포괄적이고 덜 극적이었다. **1979년**, 니카라구아의 마르크스주의 산디니스타 혁명군이 미국 후원의 독재자 아나스타시오 소모자를 전복시켰다. 인구의 89%가 가톨릭 신자인 국가에서 하나님 없는 소비에트와 연계된 무신론자의 정부는 바티칸에게 큰 실망이 되었다. 다른 남미 국가들도 좌파 내란 운동으로 비슷한 운명을 맞고 있었다.

페루에서는 기존 체제가 '빛나는 길'(Shining Path)이라는 폭력적인 모택동 게릴라의 공격을 받고 있었다. 엘살바도르는 파라분도말티국가해방전선과 내전의 중심에 있었다. 이 전선은 4개의 좌파 게릴라 조직과 살바도르 공산당의 상위 군사 진영으로 세력을 얻고 있었다.

콜롬비아 정부는 막스사회주의의 불법 무장 단체인 혁명군(FARC)과 싸우는 어려운 시기에 있었다. 그 반대편에서는 마르크스주의 혁명가들의 또 다른 강경파인 과테말라 국가혁명통일이 있었다.

빌 케이시와 버논 왈터스가 요한 바오로 2세에게 중남미에서 교회의 최상의 이해는 미국의 이해와 같다는 점을 설득시키는 것은 억지소리가 아니었다. 즉, 권위주의 정부를 지원하는 것은 적어도 명목상 가톨릭을 지지하는 것이다.

비록 요한 바오로 2세가 **"야만적 자본주의"**를 비난했고 어떤 기자에게 마르크스주의에도 **"진리의 핵과 씨"**가 있다고 말했을지라도 그는 해방신학에 관해서 요한 6세와 전혀 달랐다. 해방신학은 가톨릭과 좌파 이념의 20세기 혼합물로, 특별히 정치 행동을 통해 가난한 자를 돕기 위한 부의 재분배를 강조했다.[40]

말신커스는 신도나와 칼비와의 일을 통해 다른 어떤 바티칸 관리보다 중남미에서 어떻게 돈을 움직이는가에 밝은 자였다. 미국 정보 요원들, 비밀 첩보원들 간의 돈의 거래에 말신커스는 흔적을 거의 남기지 않았다.[41] *[42]

요한 바오로 2세는 말신커스가 한 일을 보상하기 위해 **1981년 8월**, 그를 바티칸의 행정부인 바티칸시국위원회(Pontificia Commissione per lo Stato della Città del Vaticano)의 의장, 곧 교회의 최고 관리자로 임명했다. 그 지위는 자동적으로 말신커스를 대주교로 만들었고 그는 바티칸시의 일상 업무에 대한 관리를 감독했다.[42]

이것은 모든 것, 곧 3,200명의 종업원에 대한 관계부터 모든 건설과 유지 관리 프로젝트에 이르기까지, 또 박물관, 라디오 방송, 우체국 신문에 영향을 주는 규칙까지 포함했다.[43] 이것은 바티칸의 '아홉 목숨의(nine-lives) 고양이' 기준으로도 주목할 만한 180도 전환이었다.

말신커스는 공개된 스캔들의 풍파를 견디어냈다. 그는 요한 바오로 1세의 선출 시 예정된 확실한 추방에서 벗어나 이제는 바티칸은행에 대한 자신의 힘을 강화할 뿐만 아니라 자신의 영향력을 확대했다. 교황청의 소문은 말신커스가 추기경으로 곧 미국으로 돌아갈 것이라는 것이었다.

UPI의 통신사 기사도 이에 동의했다.

바티칸에서 가장 활동적인 고위 성직자 중 한 명인 말신커스는 교황이 다음 추기경 회의를 소집할 때 확실히 추기경이 될 것이다. 전통적으로 교황 입법부의 장들은 추기경들이다. 바티칸 연구가들은 말신커스가 새로운 자리에 임명된 것, 바티칸은행장의 자리를 유지하고 있다는 사실은 요한 바오로가 이 고위 성직자를 충분히 신뢰한다는 분명한 증거다.[44]

하지만, 말신커스의 호사(好事)에도 사건들이 터져서 그의 통제를 넘어서는 문제들이 곧 그를 넘어뜨리게 될 것이었다.

제24장

네 아버지에게 조용히 하라고 말해라

밀라노의 수석 수사검사인 게랄도 담브로시오(Gerardo D'Ambrosio)는 **1981년 4월** 칼비 조사를 맡았다.[1] 다음 달 5월 20일, 칼비는 그의 비아프라우 아파트에서 구속되었다.[2] 이는 요한 바오로 2세에 대한 암살 기도 후 1주일 만이었고 제2차 세계대전 이후 이탈리아의 40번째 연립 정부가 P2 스캔들의 여파로 무너진 후 6일째 된 날이었다.

칼비는 그가 회장으로 있는 금융 회사인 '라센트랄피난지아라'(La Centrale Finanziaria)의 이사 6명과 함께 이탈리아 외환 규정 위반으로 기소되었다. 역외 영업망을 통해 5천만 달러 상당의 리라를 불법 반출했다는 죄목이었다.[3] 칼비의 구속 소식은 밀라노 주식시장을 뒤흔들었다. 이는 몇 주 동안 40%의 주가 하락으로 이어졌다.[4] 중앙은행은 6개 주요 이탈리아은행을 협력단으로 선발하고 신용 한도를 주어 암브로시아노를 안정화시켰다.[5]

칼비는 그의 가족과 친구들에게 자신의 기소장의 핵심에 관련된 행위들은 바티칸 은행을 위해 행한 것이라 주장했다. 말신커스, 메니니 IOR(바티칸은행)의 수석 회계사, 펠레그리노 드 스트로벨은 모든 거래를 알고 있었다. 그가 말한 증거는 암브로시아노에 속한 스위스은행들의 하나인 반카델고탈도(Banca del Gottardo)의 서류에 있었다. 거기의 서류들은 거래가 실제적으로는 IOR을 위한 위장 거래였음을 증명했다.

하지만, 스위스의 사법은 제3자에게 본인의 동의 없이는 서류들을 넘겨줄 수 없도록 했다.

내 아버지는 정말 스위스은행이 IOR 정보를 밝히길 원했다.

칼로 칼비가 필자에게 한 말이다.

> 왜냐하면, 이는 모든 역외 거래의 책임이 자신에게서 바티칸으로 즉각 옮겨지는 것을 아버지가 알았기 때문이었다.
> 하지만, 그들은 그 어느 것도 원하지 않았다.[6]

고탈도은행의 파일에 있는 것은 바티칸은행이 '유나이티드트레이딩'(United Trading), 매닉(Manic)의 은밀한 소유권을 통해 기소장에 있는 모든 역외 회사를 소유했음을 보여주었다.[7] 고탈도은행의 주요 경영진은 단순한 중재 역할 이상을 했다. 즉, 그들은 어떤 경우에는 유나이티드트레이딩같은 회사들에서 이사 자리를 차지하고 있었다.[8]

칼비는 법원이 그의 보석을 거절한 탓에 감옥에 있었기에 많은 일을 할 수 없었다.[9] 아내 클라라와 딸 안나는 옥중의 남편을 방문한 후 어느 날 집에 돌아가기 위해 대기중인 차를 탔다. 칼비는 클라라에게 몇 장의 종이를 주었다. 그가 쓴 것들 중에 이런 기록이 있었다.

이 재판은 IOR에 대한 것이다.

그는 그녀에게 말신커스에게 가서 그의 도움을 구하라고 했다.[10] 나중에 클라라는 그들이 차를 출발하려고 할 때 루이기 멘니니의 아들 알레산드로가 차에 뛰어들어 자신에게 경고했다고 주장했다.

당신은 고백할 때라도 이 이름(IOR)을 들먹거리면 안 돼요.[11]

그동안 칼비는 프란치스코 파지엔자를 "특별 상담역"으로 고용했다. 변호 의뢰 수수료는 6백만 리라(약 50만 달러)라는 엄청난 금액이었다.[12] 34세의 전직 정보 요원은 개업하지 않는 의사요 모험가로, 이탈리아와 미국 정치에 인맥뿐만 아니라 미국과 프랑스 간첩단과도 좋은 연을 맺고 있다고 자랑했다.[13] 그는 말신커스와도 가까웠다. 비록 그는 P2 회원은 아니었지만 겔리의 최측근이자 프리메이슨 집회의 다른 많은 자의 친구

였다.[14]

파지엔자는 추문을 캐는 것으로 명성을 가진 자였다. 전년도에 카사롤리 국무총리가 말신커스에 대한 어떤 스캔들을 찾아보라고 그에게 요청하기도 했다. 1980년, 보수주의 미국 공화당은 그를 프리랜서로 고용해 대통령 지미 카터의 동생 빌리를 수사하도록 했다.

나는 모든 것을 밝혔다.

파지엔자가 필자에게 한 말이다.[15]
그가 밝힌 바는 대통령의 **"첫째 동생"**이 리비아의 무아마르 가다피로부터 5만 달러를 받았으며 역시 팔레스타인해방기구(PLO)의 야사르 아라파트를 방문했고 팔레스타인인민해방전선의 테러리스트 조지 하바쉬를 원했다는 것이었다.[16] 파지엔자가 발견한 그 엄청난 이야기가 그해 10월 「**더 뉴 리퍼브릭**」(*The New Republic*)에 발표되었을 때 이것은 **1980년** 대통령 선거 운동의 쟁점이 되었다.[17]

그리고 파지엔자는 일련의 극적이고 변화무쌍한 주장을 통해 사람들의 이목을 끌었다. 때때로 그는 자신이 교황에 대한 암살 기도 6개월 전에 바티칸에 사전 경고를 주었다고도 말했다. 그는 '그란이탈리아'(Gran Italia)의 설립자였다. 이것은 뉴욕 파크애비뉴에 본부를 둔 단체로 그 명시된 목적은 1억 2천만 명의 모든 이탈리아인이 "제2의 부흥"(Risorgimento)을 위해 세계적으로 단합하는 것이었다. 파지엔자는 나중에 그란이탈리아는 정보 활동을 위한 위장 조직으로 테러리즘에 연계된 이탈리아인들을 잡기 위함이라고 주장했다.[18] *[19]

> 내 아버지는 개인적으로 파지엔자를 고용했다. 왜냐하면, 그는 기독민주당의 전직 당서기로부터 추천을 받았기 때문이었다. 그는 군정보 관리들, 주요 사업가들, 내 아버지가 존경하는 다른 사람들과 가까웠다. 그는 해결사처럼 행동하는 자들 중 한 명이었다.

칼로의 회고다.[20] 칼비에 대한 파지엔자의 야심찬 변론 취지서는 암브로시아노의 점증하는 문제들을 해소하기 위해 일하는 것이었다.[21]

나는 내가 하는 모든 일을 외교적으로 시작했다.

하지만, 당신이 내가 망하기를 원한다면, 좋다, 내가 망하게 해주겠다는 입장이었다.

그가 필자에게 한 말이다.

하지만, 그에게는 또 다른 목적이 있었다. 즉, 중동의 석유 토후(土侯)들, 서방 투자자들과 자신의 연줄을 활용해서 암브로시아노의 12% 지분에 대한 12억 달러에 이르는 금액을 지불할 수 있는 구매자를 찾는 일이었다. 그 거래는 때로 성사될 뻔했으나 결국 성사되지 않았다.[22]

뒤에서 파지엔자가 일하는 것과 함께, 칼비는 당시 워싱톤 D. C.에 살고 있는 아들 칼로에게 바하마로 가서 자신의 무죄 입증 증거를 찾아보라고 요청했다. 아버지 칼비는 아들이 나쏘은행인 로이웨스트에 있는 자신의 개인 대여 안전 금고에 접근할 수 있도록 주선했다.[23]

내가 금고 보관함을 열었을 때 많은 서류가 있었으나 대부분 알기가 힘들었다.

하지만, 분명하게 보인 것 하나는 쿠퍼스&라이브랜드 회계 법인의 편지 용지에 있었다. 이는 바티칸이 그 거래 뒤의 돈에 대해 유효한지, 그 돈이 IOR로부터 회수 가능한 것인지 묻는 것이었다.

아들 칼비의 회고였다.

여기서 나는 바티칸이 스위스 파일들을 밝혀주기를 원하는 내 아버지가 '아니요'라고 말하는 로마교회 사이에서 오도가도 못하고 있었다. 나는 흥분했다. 왜냐하면, 마침내 바티칸의 손을 강제할 수 있는 문서 하나를 찾았기 때문이었다.[24]

휴대 전화와 이메일로 업무를 처리하던 시대 전에는 텔렉스가 빠르고 신뢰할 만한 국제 통신 수단으로 자주 사용되었다. 오후의 폭우로 은행의 텔렉스 기계가 고장 난 상태였다. 칼로는 소낙비를 맞으며 걸어가 법원 옆의 공중 전화 박스로 갔다. 거기서 그는 말신커스에게 텔렉스 하나를 보냈다.

오후 3시 이후 전화 부탁, 칼로.

이후 그는 호텔로 돌아와 낮잠을 잤다. 오후 3시, 전화 소리에 깨지만 그는 너무 지쳐서 말신커스의 목소리를 듣기 전까지 누가 자신에게 전화했는지 잊어버릴 정도였다.

왜 자네는 은행에 우리의 문제를 끌어들이는가?

말신커스가 물었다.

우리의 문제가 곧 당신의 문제입니다.[25]

말신커스는 파지엔자에게 전화해서 젊은 칼비가 교회에 압력을 행사하려 한다고 말했다. 파지엔자는 즉시 다음 비행기로 나쏘에 갔다.

나는 칼로의 어리석음에 제동을 걸었다. 나는 그에게 다시 텔렉스 기계를 사용하려 한다면 내 주먹으로 이를 부서버릴 것이라고 말했다.

그가 필자에게 한 말이다.[26]
칼로는 고탈도은행이 자기 아버지의 무죄에 대해 성명을 발표해야 한다고 생각했다.[27]

그들은 몇몇 질문에 답하기로 동의했다. 돕겠다고 약속했다.
하지만, 결국에 아무 정보도 내놓지 않았다. 이 모든 것은 스위스에 그대로 있었다.

칼로의 말이다.
이탈리아 법정은 칼비에 대한 고탈도의 주장을 배격했다. 이 주장이 너무 일반적이고 많은 경고와 법적 권리 포기로 불완전한 상태였기 때문이었다.[28]
파지엔자가 젊은 칼비에게 전화해서 자신에게 칼로와 지오반니 첼리(Giovanni Cheli) 대주교와의 개인적 만남을 주선할 **"권한이 있다"**고 말했다. 첼리는 바티칸의 이민 여행실의 장이며 뉴욕에 있는 바티칸 UN 옵서버였다.[29] 칼비는 첼리가 IOR의 수장으로 말신커스를 대신하려고 은밀하게 물밑 작업을 하고 있음을 알리가 없었다.[30] 예정된 시간에 그는 뉴욕으로 가 파지엔자가 불러준 맨해튼 주소로 택시를 타고 갔다.

두 사람이 업퍼이스트사이드 아파트 안에서 기다리고 있었다. 한 사람은 세바스티아노 루스트리시미로 이탈리아의 최대 건설사인 콘도테다크바(이 회사는 바티칸이 지배 지분을 신도나에게 1969년에 매각했던 회사였다)에서 일했던 사업가였다.[31] 그는 파지엔자의 친구였지만 젊은 칼비는 그를 조직 폭력배이거나 이탈리아 정보 요원으로 착각했다.[32]

다른 사람은 로렌쪼 조짜(Lorenzo Zorza)라는 중년의 사제였다. 조짜는 맨해튼의 성 아그네스 교구에서 살고 있었으며 바티칸의 상임 UN 옵서버 역할에 금전적인 대가도 없이 정열적으로 봉사하는 사람이었다.[33]

> 내가 조짜를 만났을 때 그는 사제같은 복장을 했었다.
> 그러나, 그는 그같은 사람처럼 행동하지 않았다. 잘 설명할 수 없으나 나는 즉시 그에 대해 의혹을 품었다.

칼로 칼비의 회고였다.[34] 조짜는 머리를 좌우로 흔드는 신경질적인 습관이 있었다. 칼비가 가진 어떤 **"의혹"**에 대한 본능은 타당했다. 조짜는 결코 일반적인 사제가 아니었다. 교구 사람들에게 인기 있는 인물이지만 입심 좋은 조짜는 항상 종교와 장사를 혼합시키는 그런 거대한 음모의 일원이 되는 것처럼 보였다.[35]

조짜는 파지엔자의 간청으로 아버지 칼비에게 브라질에서의 큰 프로젝트를 개발하기 위해 암브로시아노에서 5백만 달러를 요구하기도 했다. 그 대출금의 절반은 파지엔자와 "은행 사람들" 사이에 반반씩 리베이트를 갖는 것이었을 것이다.[35*36]

1981년 이른 여름날 저녁, 칼비는 루스트리시미와 조짜 사이에 앉았다. 그들은 거의 모든 것을 이야기했다.

> **체리 경에게 공손하시오. 주의 깊게 말을 들으시오. 또, 그의 충고에 귀를 기울이시오.**

조짜는 칼비에게 경고했다.[37]

루스트리시미는 조짜와 칼비를 UN까지 차로 데려다 주었다. 그들은 첼리 대주교를 복도에서 만났다. 첼리는 칼비에게 어떤 말을 했는데 너무 낮은 목소리로 말했기에 가까이 있는 사람조차도 그 내용을 엿들을 수가 없었다.

그는 말했다.

네 아버지에게 조용히 하라고 말해라.
어떤 비밀도 발설하지 말고 계속해서 하나님의 섭리를 믿으라고 말해라.
불행히도 나는 당시에 섭리라는 것을 믿지 않았다.

칼비의 회고다.[38]
칼로 칼비는 말신커스에게 여러 차례 통화했다.

그는 계속 먼지 털어 버리듯 나를 무시했다.[39]

아버지 칼비의 기소 후, 파지엔자는 그의 재판을 무효화시킬 수 없었다. 재판은 6월 밀라노 법정에서 진행되었다. 증언대에서 칼비는 망설이며 아주 일반론적으로 말했다. 그는 모든 잘못을 공동 피고인 중의 한 명이자 은행의 전 의장이며 자신의 오랜 멘토인 알레산드로 카네시에게 돌렸다.

카네시는 라센트랄피난지아라의 전 사장이었다. 지금은 칼비가 수장인 라 센트랄은 전해진 바에 따르면 모든 불법 수출 영업의 배후였다. 편리하게도 카네시는 그런 혐의에 대해 답할 수 없었다. 84세의 그가 6월 15일 코모 호수 곁의 자신의 집에서 죽었기 때문이다. 이는 재판이 시작되어 며칠이 지난 후였다.[40]

이 법정 드라마가 진행되는 동안 6월 30일 칼비의 주장으로 두 명의 고위 암브로시아노 경영진인 필립포 레오니와 칼로 올기아티가 바티칸에서 말신커스, 메니니 드 스트로벨과 만났다. 그 두 사람은 유령회사들의 소유권에 대한 질문이 나오면 IOR이 어떻게 할 것인지에 대해 바티칸 관리들의 논평 거절로 좌절감을 맛보았다.[41]

7월 9일, 피고인 변호사는 칼비가 그날 아침에 재판에 출두하지 않아 놀란 재판정에게 칼비가 신경 안정제 90알을 삼키고 자신의 팔목에 자해함으로 자살을 기도했다고 했다.[42] 칼비의 가족은 이를 그의 우울증의 증거로 인용했다. 그의 옥중 간수는 이에 의문을 던졌다. 그는 칼비의 손목 상처는 깊지 않으며 그가 치사량의 신경 안정제를 먹지 않았다고 주장했다.

그는 언론에 말했다.

우리는 처음부터 실패한 자살 기도를 다루고 있다.[43]

칼로 칼비는 자기 아버지의 자살 미수가 암브로시아노의 도움 요청을 거절한 바티칸에 대한 절망감의 표현이라고 생각했다.[44] 그 다음날 암브로시아노의 레오니, 올기아티, 부의장 로베르토 로소네는 바티칸에서 말신커스와 두 명의 부행장과 다시 만났다. 그들 모두는 무엇이 논의되었는지에 대해 나중에 약간 다른 설명을 했다.

하지만, 일치된 것은 IOR이 암브로시아노와 협조를 계속할 것인가에 대한 논의였다.[45] 이때 즈음, 바티칸 관리들은 칼비 사건의 여파가 그들 자신의 범죄 문제로 귀결될 수 있음을 염려했다. 그 회합이 있기 5일 전, 드 스트로벨은 스위스 루가노로 여행해 고탈도은행에 있는 파일을 재검했다. 말신커스는 그곳의 문서들이 필요했다.

하지만, 드 스트로벨은 사본을 가지고 돌아온다면 이탈리아 당국으로부터 검문과 수색을 당할 것을 염려했다. 대신, 베른의 교황 대리대사가 고탈도 서류를 외교 행랑편으로 다시 보내 주었다.[46]

그동안 칼비의 자살 기도는 상당히 중해 옥중 병원으로 옮겨졌다. 거기서 그는 폐렴을 앓았고 너무 아파 회복하는 동안 재판에 출석할 수 없는 일이 계속되었다. 그가 여전히 치료실에 있을 때인 **1981년 6월 20일**, 3인 재판정은 평결을 내렸다. 그는 스위스로 2천 6백 40만 달러를 불법 송금한 장본인으로 유죄판결을 받았다. 선고는 1천 1백 70만 달러의 벌금형과 함께 4년 감옥형이었다. 이는 검사 언도보다 더 컸다.[47]

칼비는 상고 기간에 보석으로 풀려났다. 그의 아내가 무장된 메르세데스 벤츠로 병원에서 그를 태웠다. 경호원이 딸린 자동차 행렬이 유죄의 은행가를 집으로 데리고 갔다.[48]

하지만, 칼비에게 불리하게도 그가 석방 전에 검찰을 만나 자신의 형을 무효로 하는 대가로 가능한 협조를 논의했다는 말이 새나갔다.[49] 어떤 것도 확정적인 것은 아니었으나, 그 소식은 칼비의 많은 투자 덕에 이익을 얻는 자들에게는 잠재적으로 불길한 징조였다.

유죄 판결 8일만에 칼비는 의장으로서 암브로시아노의 이사회를 주재했다. 이탈리아은행은 그가 사임해야 한다고 생각했지만 그를 제거하는 데는 무기력했다. 암브로시아노 이사들은 전원 찬성으로 그를 의장으로 선출했으며 칼비의 잘못으로 그가 이익을 취했다는 어떤 암시도 재판에서 없다고 말했다.[50]

아마 더욱 놀라운 것은 칼비의 중죄 기소가 말신커스에게 겁을 주지 않았다는 점이었다. 몇 년 후 그 이유에 대한 질문에 말신커스는 다음과 같은 상당히 빈약한 이유를 댔다.

> 칼비가 감옥에 있었을 때 내가 누군가에게 물었다.
> '여봐! 무슨 일이야?'
> 그러자 그 친구가 이렇게 말했다.
> '별거 아냐. 당신이 잡히지 않았다면 당신은 아무것도 상관 없는거야.'[51]

1981년 남은 기간 동안 암브로시아노의 주가는 올랐다.[52] 투자자들이 칼비의 요령 있는 은행 운영, 그의 법무팀이 상고심에서 이길 것이라는 폭넓은 믿음에 대해 그들이 신뢰의 목소리를 내고 있다고 일부 시장 분석가들은 제시했다.[53] 다른 분석가들도 P2의 드러남, 그의 좋은 성품에 대한 증언을 했던 힘 있는 정치가들의 연줄로 소액 투자자들은 자신들이 소위 비밀 정부(*sottogoverno*)에 의해 보호받은 회사에 투자하고 있다고 믿었다.[54]

하지만, 어떤 투자자도 당시에 암브로시아노의 외국 자회사들, 즉 페루, 니카라과, 파나마, 바하마 군도 룩셈부르크의 회사들이 다른 은행들과 IOR에서 10억 달러를 차용했으며 그 돈의 상당 금액을 칼비가 재활용해서 암브로시아노 주식을 매입하므로 그 주가를 올리고 있다는 사실을 알지 못했다. IOR은 여전히 약 1억 4천만 달러에 대한 신용 한도를 주고 있었다.[55]

1981년 말, 칼비가 안고 있는 가장 큰 문제는 암브로시아노의 많은 역외 회사가 '백투백 대출'(back to back loans: 두 회사 간에 다른 화폐로 동 금액을 대출해 외환 리스크를 줄이기 위한 일종의 스왑 거래-역자 주)이 연체되어 부채가 쌓여가는 점이었다.[56] 그는 필사적이었다. 왜냐하면, 돈을 확보하지 못한다면 그의 실타래 같은 유령 회사들의 조직망이 흐트러질 것이기 때문이었다.[57] 칼비는 자신이 신뢰했던 유일한 사람인 말신커스에게 매달렸다.

칼비는 코스타 스메랄다에서 휴가를 보내고 유나이티드트레이딩 소유의 리어(Lear) 제트기를 타고 로마에 돌아왔다.[58] 8월 26일, 그는 말신커스를 IOR 본사에서 만나 도움을 요청했다. 말신커스는 칼비에게 두 개의 공식적인 IOR 편지를 주기로 약속했다. 이 편지는 금융 업계에서는 "후원 편지," "위로 편지"로 알려진 것으로, 이는 제3자에게 바티칸이 암브로시아노 뒤에 있다는 것을 확약시켜주는 뜻이었다.

바티칸 편지지 상에 **1981년 9월 1일자**, 영어로 쓰여진 편지는 다음처럼 시작된다.

이것은 우리가 직, 간접적으로 이 회사들을 지배하고 있음을 확인하는 바다.

이 회사명에는 파나마, 룩셈부르크 리히텐스타인의 유령 회사 10개의 이름이 나열되어 있었다.

> 우리는 역시 첨부된 계좌의 설명대로 **1981년 6월 10일** 현재로 여러분에 대한 그 회사들의 부채를 잘 알고 있음을 확인하는 바다.[59]

편지 하나는 수신이 니카라과의 상업은행(Banco Comercial)이고 다른 하나는 페루의 안디노은행(Banco Andino)이었다.[60] 언어는 모호해서 부채에 대한 명시적 보장을 말하지 않고 단지 IOR이 어찌하든 암브로시아노가 이 유령 회사들에 발행했던 14억 달러의 무보증 부채를 승인했다는 인상을 주도록 의도했다.

법률가의 눈으로 읽는다면 그 편지들은 IOR이 그 부채를 책임지는 의도가 있다는 것을 나타내지 않았다. IOR의 관리 책임자인 루이기 멘니니와 바티칸은행의 수석 회계사인 펠레그리노 드 스트로벨이 바티칸을 위해 서명했다.[61]

그 편지의 첨부물은 10개 회사 중 7개 회사의 전반적인 자산 부채의 요약이었다. 8 페이지의 문서에 따르면, 그 회사들은 니카라과와 페루은행들에 8억 6천 7백만 달러를 빚지고 있지만, 12억 1천만 달러의 자산을 갖고 있었다.

하지만, 이 대차 대조표는 암브로시아노 주식 가격의 과대 평가 시살파인과 안디노은행 간의 백투백 부채인 2억 1천 7백만 달러를 제외하고 만들어진 것이었다 (혹은 6년 후 「월 스트리트 저널」이 조사한 대로, "실상은 바티칸은행이 차용하고 스스로 이를 빌려 준 것이었다.")[62] 말신커스는 칼비의 첨부물 상의 숫자는 잘못된 것임을 알았을 것이다. 그가 스위스의 고탈도은행으로부터 받은 자금 거래 보고서가 훨씬 더 정확한 숫자임을 보여 주었다.[63]

후원 편지를 주는 조건으로 말신커스는 칼비가 IOR에게 비밀스런 이면 편지(counter-letter)를 줄 것을 요구했다. 8월 26일로 소급된 편지는 바티칸이 그 대출금을 지불할 어떤 의무도 면제하는 내용이었다. 칼비는 후원 편지의 말에도 불구하고 IOR은 "어떤 더 이상의 손실이나 손해"를 초래하지 않을 것에 동의했다.[64] 1페이지의 첨부물은 모든 백투백 대출 채무를 열거하고 바티칸에 3억 달러를 빚져 있다고 말해 주었다.[65]

칼비의 편지는 말신커스가 주장하는 중요한 조항을 갖고 있었다. 즉, 유령 회사들에 있어서 IOR의 역할은 10개월 이내, **1982년 6월 30일**이 넘지 않게 종료될 것이라는 조항이었다.[66] 말신커스는 바티칸이 칼비의 역외 제국에서 발을 빼야 할 때가 되었다고 뒤늦게 결론을 지었다. IOR의 수장이 할 수 있었던 최상은 시계가 돌아가도록 하는 것이었다.

칼비는 말신커스에게 자신이 이 후원 편지를 암브로시아노 내에서 오직 동료 이사들과 공유할 것을 확신시켰다. 그는 약속을 지키지 않았다. 칼비는 암브로시아노에 대한 신경과민의 외국 채권자들을 진정시키기 위해 그 편지들이 필요했다.[67] 말신커스는 나중에 자신이 칼비에게 **"친구에 대한 도움"**으로 그런 편지들을 주었다고 단언했다. 왜냐하면 **"칼비가 감옥에서 나와 말하기를 '내가 문제가 생겼는데 이 모든 것이 잘 처리되도록 해야 한다'고 했다."**[68]

신도나는 필자 닉 토치스에게 말했다.

> 이는 누구도 모르지만 사실이다. 즉, 칼비는 그 두 개의 위안 편지를 위해 2천만 달러를 말신커스를 통해 바티칸에 지불했다.[69](두 번의 의회 조사는 그런 뇌물의 증거를 찾는데 실패했다.)

하지만, 칼비가 후원 편지들을 갖게 된 그날, 멘니니가 루가노에 있는 한 IOR 자회사에서 스위스 변호사에게 3백 5십만 달러를 송금했다는 것이 밝혀졌다. 대신, 그 변호사는 그 돈을 칼비의 위기 관리인 파지엔자가 맡고 있는 로잔의 계좌로 다시 보냈다.[70]

다음달 10월 26일, 멘니니와 드 스트로벨은 말신커스의 승인 하에 상업은행과 안디노은행에 대한 수정된 후원 편지에 서명했다.[71] 편지의 새로운 내용은 자산의 매각으로 확보된 돈은 유령 회사들의 부채를 탕감하는 데 반드시 쓰일 필요는 없다는 것을 제시했다. 믿을 수 없게 그 편지는 이 동의 하에서 칼비를 "모든 관련된 목적을 위한 사실상의 변호인"으로 지명했다.[72]

IOR의 변호사들의 주장은 당연히 위임장(power of attorney)이 칼비에게 주어졌는데 그것은 "그의 명시적인 요청에 따라, 공식적으로 그가 IOR에 의해 실제로(de facto) 통제되는 회사들을 부지(不知) 중이라도 관리하는 자격을 주는 위임장"이라는 것이었다.

본질적으로, 교회의 미개연적인 설명은 교회가 유령 회사들의 미지의 소유자임이 일단 드러나게 되면 이를 항변하는 것보다 밝히는 것이며 이들 가공 회사들에 대한 숨겨진 관리자로서 칼비를 임명하는 위임장을 기록한 것이었다.[73]

바티칸이 칼비에게 그 유령 회사들에 대한 권한을 주었던 그날, 말신커스와 칼비는 취리히에서 시살파인의 또 다른 이사회에 참석했다. 이사회 회의록에 따르면, 말신커스는 보통 때보다 더 많은 질문을 했지만 그와 칼비는 동료 이사들에게 후원 편지 면제 편지에 대해서는 밝히지 않았다.[74]

교황 요한 바오로 2세는 15명의 추기경으로 구성된 특별 위원회를 만들어 바티칸의 금융 거래를 연구하고 미래의 신도나 같은 스캔들을 예방하기 위한 안전 조치를 강구토록 했다.[75] 그 위원단에는 미국 추기경인 필라델피아의 존 크롤과 뉴욕의 테렌스 쿡이 포함되었다.[76]

하지만, 바티칸 내부의 어느 누구도 폴란드 출신의 교황이 그 조사가 직설적이 되도록 의도했다고 생각하지 않았다. 그동안 말신커스는 그 추기경들에게 후원 편지들에 대해 말하지 않았다. 그들이 나중에 그 편지들을 알았을 때 분개했다. 피에트로 팔라찌니 추기경의 반응이 전형적이었다.

그것은 미친 짓이야.[77]

위원회의 다른 위원인 독일의 추기경 조셉 훼프너는 말신커스의 속임수에 너무 화가 나서 요한 바오로에게 IOR 수장이 즉시 사임해야 한다고 주장했다.[78] 교황은 이를 거절했다.[79] 이 즈음, 칼비는 바티칸과 관계가 없는 중요한 지인을 사귀었다. 그는 8월의 휴가를 파지엔자의 요트에서 보냈다. 코스타 스메랄다에서 멀리 떨어진 그들은 다른 요트를 조우했는데 그것은 플라비오 칼보니(Flavio Carboni)가 소유한 배였다.

칼보니는 49세의 살르디니아 부동산 개발업자였다. 그도 역시 칼로 카라키올로(Carlo Caracciolo)의 파트너였다. 그는 「라 레푸브리카」(La Repubblica)와 「레스프레쏘」(L'Espresso)의 발행인이었다.[80] 그날 그 배에는 이탈리아의 재무장관도 동석했다. 많은 스포츠카, 비행기 부인 외에 두 정부(情婦)를 둔 호사스런 칼보니는 이탈리아 남부에서는 잘 알려진 인사였다.[81] 그의 견고한 연줄로 칼비는 겔리의 잊어버린 영향력을 상쇄해줄 법도 할 것으로 바랐다.[82]

비록 칼비는 가장 매력적인 남자는 아니지만 칼보니는 만나는 순간부터 그와 친밀하게 지냈다.[83] 이 사르디니아인은 암브로시아노로부터 무엇인가 원했다. 그것은 야심찬 해변 휴양지 개발을 위한 5억 달러의 대출이었다. 비록 돈은 부족했지만 칼비는 동의했다.[84] 겨우 몇 개월이 지나 그 관계는 차용인과 대출자의 관계를 넘어 친구가 되고 그다음 매우 친한 친구가 되었다. 칼보니는 칼비를 그의 집으로, 자주 암브로시아노 본사로 방문했다. 칼비가 투옥 선고를 기다리는 동안임을 알고 칼보니는 그를 위해 중요한 정치가들을 로비하겠다고 제안했다.

칼비와 가까운 몇몇은 칼보니의 의도를 확신하지 않았다. 칼로 칼비는 그를 좋아하지 않았다. 칼비의 암브로시아노의 부행장 로베르토 로소네 역시 좋아하지 않았으며 남들에게 그에게는 어떤 불길한 것이 있다고 경고하기도 했다. **1981년**이 끝나갈 즈음, 칼비는 이탈리아의 선두적인 사업가 중 한 명이자 피아트의 전직 고위 임원인 칼로 드 베네데티(Carlo De Benedetti)와 깊은 관계를 맺고 있었다.

1976년, 드 베네데티는 사무실 집기 회사 올리베티를 소유했다. 마치 나중 **1980년대**에 리아이오카가클라이슬러를 기사회생시켰던 것처럼 그 회사를 살리겠노라 주장하며 암브로시아노가 싼 물건이라 생각했다.[85] 11월, 칼비와 드 베네데티는 올리베티 사장이 4천 5백만 달러를 투자해서 2%의 지분을 매입했다고 발표했다. 드 베네데티는 암브로시아노의 이사 겸 부의장이 되었다.[86]

금융계는 기소된 중죄인 칼비와 흠 없는 명성의 소유자 드 베네데티 간의 연합에 놀라워했다.[87] 이는 칼비에게는 인간적인 승리의 순간이었다.

> 아버지는 이것이 정말로 자신과 은행을 살리는 아마도 마지막 기회로 간주했다. 나를 드 베네데티에게 소개했을 때 아버지는 너무 자랑스러워하셨다.

칼로 칼비의 회고다.[88]

65일 후 밀월 기간은 끝났다. 일단 드 베네데티가 그 은행의 장부들에 충분한 접근권을 얻자, 그는 그 금융 거래가 너무 암울한 것을 발견하고 **"전율했다."**[89] 암브로시아노의 페루 회사들은 지난 일 년 동안 8억 달러의 엄청난 빚을 졌다. 드 베네데티가 놀란 것은 차용자의 대부분이 미지의 외국 회사들로, 이들의 신용도를 확신할 수 없었다는 점이다. 그는 손을 떼기 원했다.

칼비는 저항했지만 드 베네데티가 공개하겠다고 으름장을 놓자 어쩔 수 없었다. 두 달의 짧은 그들의 **"밀월"**이 무효화되었다. 드 베네데티는 이자와 함께 투자금을 회수해 갔다.[90] (다음 달에 바티칸의 국무총리 카사롤리와 만났을 때 드 베네데티는 그에게 암브로시아노에 큰 문제가 있다고 경고했다.)[91]

암브로시아노는 자금이 절실했다. 칼비는 다시 바티칸은행에 접근했으나 이번에는 말신커스가 그에게 퇴짜를 놓았다. 그는 칼비에게 IOR이 **"온전하게 되기"**를 기대하고 있다고 경고했다. 칼비는 바티칸에 재상환의 방법을 고민하기보다 자금 생명줄을 찾기에 더욱 노심초사했다.

하지만, IOR의 수장은 그를 위해 마지막 호의 하나만 보였다. IOR과 암브로시아노 간의 복잡다단한 서류 작업에 따르면, 바티칸은 안디노은행과 시살파인의 대차 대조표 분석을 위해 어떤 가상의 대출 조건으로 약 1천 8백만 달러 빚을 지고 있었다.

말신커스의 승인 하에 칼비는 오래된 지주 회사 지트로포(Zitropo)를 활용해 체이스맨해튼과 스비쩨라 로마은행에 있는 IOR 계좌에 1천 8백만 달러를 지불했다. 그리고 바티칸은행은 미상환 대출금의 빚을 갚는 것처럼 그 돈을 상환금으로 다시 되돌려 주었다.

문제는 지트로포가 사실 파산 상태였다는 점이다. 비록 이 회사가 IOR에게 대출 상환을 위해 신용 한도를 이용했지만 결국 4천 6백만 달러의 빚을 지고 청산되었다(칼비가 이 문제되는 거래를 위해 그 계좌를 사용하도록 허락한 대신 IOR은 자금 이전에 따른 작은 비율의 수수료 수익 267,492 달러를 벌었다).[92]

비록 말신커스가 암브로시아노에 더 이상의 투자를 너무 위험한 것으로 여겼으나 위험 수익에 입맛을 들인 소수의 기업인은 이 부실은행이 빠르고 큰 이윤을 위한 기회를 제공하고 있다고 생각했다. 드 베네데티가 떠난 며칠 후, 오라지오 바나스코(Orazio Bagnasco)가 암브로시아노에 2천만 달러를 투자했다.[93] 그는 부유한 제노바 부동산 개발업자요, 고급 호텔 그룹 치가(Ciga)의 소유자였다.

바나스코가 은행의 부의장이 되었다.[94] 그가 한 배를 탄지 얼마되지 않은 **1982년 1월**, 그의 믿음이 정당함이 드러났다. 그 은행이 전년도 수익이 세 배로 증가했음을 공지했던 까닭이었다. 금융 신문은 그 결과가 암브로시아노가 칼비의 법적 문제에도 불구하고 근본적으로 건전하며 번창하고 있는 증거라고 전했다.[95]

그동안 이탈리아은행은 여전히 범죄적 잘못의 가능성에 대한 조사를 계속하고 있었다. 2월, 바나스코의 투자 한 달 후 중앙은행은 페루에 조사관들을 보내 의심스런 안디노은행의 거래를 추적했다.

하지만, 페루의 은행 관리들은 협조를 거절했다.

암브로시아노 내의 한 작은 집단은 그 엄청난 수익이 별것 아니라는 것을 알았다. 외국 자회사들을 통한 빚이 충격적이었다. 말신커스는 후원 편지들을 주었던 것에 대해 염려가 커져갔다. 그는 칼비에게 자신이 사면초가의 은행가를 위한 통일 전선을 유지함으로 교황청 내에서 난제를 안고 있다고 속마음을 털어놓았다.

3월 여전히 말신커스는 자신의 지지를 천명했다. 그는 이탈리아 주간지 「파노라마」와 인터뷰를 갖고 **"칼비는 우리의 신뢰를 받을 가치가 있다"**고 말했다. 그 칼비와 투자의 일부는 **"아주 잘 되어가고 있다"**고 주장했다. 결과적으로 바티칸은 암브로시아노에 대한 그들의 지분을 팔 의도가 없다고 말했다.[96]

그 인터뷰는 바티칸 내에서 폭풍우 같은 맹렬한 논쟁과 비난을 촉발했다. 특히 IOR의 후원자들 말신커스가 교회의 명성에 다시 흠을 내고 있다고 생각하는 자들 간의 대립이었다. 암브로시아노에서도 부의장인 로베르토 로소네와 같은 경영진들이 엄청난 파나마 대출건에 대해 의심을 하자, 칼비는 그들을 해고하면서 그 근거로 파노라마의 인터뷰를 인용했다.

> **그런 대출 뒤에는 바티칸, 곧 교황이 있다. 당신들은 바티칸은행에 대해 눈곱만큼이라도 의심하는가?**[97]

칼비는 물론 이탈리아은행이 자신의 외국 자회사들을 조사하고 있음을 인지하고 있었다. 엄포를 놓는 가운데 (혹은 아마 부인하면서), 그는 쿠퍼스&라이브랜드를 통해 암브로시아노가 새로운 종류의 우선주를 발행해 수백만 달러를 조달할 수 있도록 서류를 준비 해달라고 주문했다(그 은행은 이미 그해 초 추가적인 주식을 발행해서 주식 보유자의 수를 30% 늘렸고 그 가용 자본을 거의 배로 했다).[98]

1982년 봄이 되자 칼비는 그의 식구들에게 가족의 안전이 염려된다고 알렸다. 그는 아내 클라라에게 바티칸과 신도나가 모두 적이라고 말했다. 칼비는 자신의 검은 서류 가방에 권총을 넣고 다니기 시작했다. 딸 아나(Anna)에게 권총을 보여 주며 말했다.

> **그들이 오면 내가 죽여 버릴거야.**[99]

아나는 자기 아버지가 칼보니와 함께 통화하는 소리를 엿 들었다.
칼비가 그에게 말했다.

> 나는 이제 지쳤어. … 나는 할만큼 했어. 할 수만 있다면 모두에게 모든 것을 숨김 없이 말하고 싶어.[100]

4월 27일 아침 8시 몇 분 전, 한 총잡이가 밀라노의 중심부 한적한 옆길에 있는 로베르토 로소네에게 달려들었다. 방금 자기 아파트에서 떠난 로소네는 두 발의 총을 맞았다. 한 공범이 모터 스쿠터를 타고 기다리다가 암살자가 타자 재빨리 도망했다. 한 경호 요원이 달아나는 자전거를 향해 뛰어가 총을 쏜 자의 머리에 총알 두 발을 발사해 치명상을 입혔다.[101] 그 사람은 지역의 마약 신디케이트 다니로 압루치아티의 보스로 드러났다.[102]

암브로시아노은행 밖의 많은 자가 모르는 일이 있었다. 즉, 로소네-그는 살아났다-가 은행 투자자들의 한 작은 그룹을 부추겨 교황 요한 바오로 2세에게 개인적인 호소 편지를 쓰도록 했었다. 전달자에 의해 바티칸으로 보내지기 전 폴란드어로 번역된 그 편지는 암브로시아노에서의 심각한 문제들에 대해 경고했으며 교황이 칼비와 말신커스 사이에 많은 거래 관계를 알고 있는지를 물었다(요한 바오로 2세가 그 편지를 보았는지에 대해 확인되지 않는다).[103]

칼비는 회복 중인 로소네에게 위로를 표하면서 이 실패한 총격은 은행의 이사들을 겁주기 위한 뜻이라고 주장했다.

젠장, 미친 세상이야!

칼비가 자신의 다친 동료에게 말했다.[104] 두세 달 후 수사관들이 칼비로부터 저격범에게 15만 달러가 지불된 것을 추적했다.[105] 총격 사건의 과정 중 대부분 사람은 칼비의 평정과 밖으로 드러난 냉정한 모습에 놀랐다.

그러나, 집에서 그의 공공연한 허세가 벗겨지며 그의 아내와 가족은 그가 갈수록 침울해져 가는 것을 보았다.[106]

그의 화를 더 돋운 것은 말신커스가 IOR의 후원 편지들이 6월 말이면 그 효력이 끝나기로 되어 있다고 상기시킨 점이었다. 칼보니는 그 연장을 위해 말신커스에게 로비하고 있었다. 그는 이제 루이기 다고스티니(Luigi D'Agostini)에게 호소했다. 든든한 바티칸 연줄을 가진 다고스티니는 말신커스의 다른 친구인 피에트로 파라찌니(Pietro Palazzini) 추기경의 힘을 빌렸다.[107]

칼비와 칼보니는 그 추기경과 만났다. 칼비는 호소 편지를 보냈다. 이 편지에서 그는 어떻게 **"말신커스와 멘니니의 거절"** 이 사리에 맞을 수 있는가 불평했다. **"정당들과 정치가들에게 많은 대출과 뇌물"** 에 대해 썼다.[108] 파라찌니는 칼비를 위해 중재하려 했지만 나중에 사면초가의 은행가에게 IOR은 **"침투 불가한"** 까닭에 자신이 할 수 있는 것은 아무것도 없다고 전해주었다.[109]

말신커스는 흔들릴 수 없었다. 그때까지 그는 바티칸은행의 노출을 막는 일에 여념 없이 몰두하고 있었다.

5월, 말신커스가 교황과 함께 영국으로 순방을 했을 때 칼보니는 바티칸에서 멘니니를 만나는 기회를 얻었다.[110] 사르디니아 개발업자는 칼비에게 대담한 제안을 했다. 즉, 자신이 IOR과 암브로시아노 간의 관계를 회복시키고 그 협력 관계에 자금을 수혈한다면, 자신의 보상은 엄청난 1억 달러가 되리라는 것이었다. 그와 같은 대형 수수료에 혹해서 칼보니는 전력을 다했다.

그러나, IOR의 2인자와는 거의 진전을 이루지 못했다. 말신커스는 로마로 돌아오자 칼보니가 자신을 속이려는 것을 깨닫고 칼비에게 전화해서 강력하게 요구했다. 바티칸에 도움을 구하려고 하지 말라는 것이었다.[111]

칼비가 백기사를 찾는 일은 그 어느 때보다 절망적이었다. IOR에 대한 총액 1억 2천4백만 달러의 두 개의 백투백 대출은 5월 15일이 만기였다(말신커스는 만기일 바로 전 마지못해 그에게 한달의 연장을 허락했다).[112] 칼비가 자기 가족에게 주장하기를, 자신은 바티칸이 승인한 구제 계획건을 위해 일하고 있다고 했다.

이 계획에는 '오푸스데이'(Opus Dei)가 포함되는데, 이 기구는 **1928년** 설립된 비밀스런 가톨릭 조직이었다. 거의 20년 동안 오푸스데이는 그 지위가 세속적 기관에서 격상된 하나의 교단이 되어 바티칸의 관료적 감독 하에서 교황에게 직접 보고하는 하나의 성직자치단(personal prelature)이 되기를 원했다.[113]

칼비가 말했던 거래를 두고 오푸스데이는 어찌하든 암브로시아노의 빚을 떠맡으며 금융 거래 손실과 대중의 나쁜 인식으로부터 로마교회를 지키려했다면[114] 그 반대 급부로 요한 바오로는 오푸스데이를 하나의 성직자치단으로 격상코자 하는 것이었다. 비록 칼비가 그런 협정을 중개하기를 바랐을지라도 이것이 이 조직의 몇가지 초기 생각 이상으로 갔다는 것은 의심스러웠다. 5월, 그는 오푸스데이에 대해 말하는 것을 중지했다(나중에 이 이야기가 공개되었을 때 이 기구는 공식적인 부인 성명을 발표했다).[115]

칼비는 자신의 관심을 쿠퍼스&라이브랜드 회계사로 바꾸었다. 그 회계사는 다른 고객 중 하나인 바하마 거점의 아톡은행신탁(Artoc Bank&Trust)과 마지막 거래를 제안했다. 피터 드 사바리, 영국 출신의 의장은 한 쿠웨이트 석유 회사에 투자했다. 그와 아랍 파트너는 나쏘에서 아톡을 공모했다. 암브로시아노는 이미 20%의 아톡 지분을 소유했으며 그 회계사는 두 회사가 합병해서 아톡암브로시아노를 만들라고 제안했다.[116]

암브로시아노의 본사가 이탈리아에 있는 관계로 이탈리아중앙은행이 그 합병을 승인해야 했다. 성사될 뻔한 기회가 5월 31일에 깨졌다. 그날 이탈리아은행의 밀라노지점은 4페이지의 빽빽히 기록된 편지를 칼비에게 보내 암브로시아노가 바하마, 페루, 니카라구아에 있는 자회사들에게 대여한 은행의 대출금 14억 달러를 상세히 설명하기를 요구했다.[117]

중앙은행은 자신들의 질의 편지가 다음 암브로시아노 이사회에서 열람되고 이사 각자가 공개적으로 그 대규모 국외 대출금에 대한 승인 여부를 밝히라고 주장했다.[118] 1주일 후인 6월 7일 이사회가 열렸을 때 그 편지는 충돌을 초래했다.

칼비는 그 유령 회사들에 행한 근본적인 대출 서류를 만들자고 한 여러 이사의 요청을 거절했다. 이사회 의장으로서 7년의 재직 기간 동안 처음으로 이사회는 11:3으로 그의 의견을 부결하고 암브로시아노가 이탈리아은행이 요청한 모든 필수 금융 거래 서류를 수집하는 권한을 갖는 결의안을 통과시켰다.[119]

그 다음날 아침, 칼비는 다시 자기 가족에게 자신이 이탈리아를 떠나야 할 생각을 하고 있다고 말했다. 그는 마지막으로 바티칸에서 말신커스를 만났다. 자신의 오랜 친구에게 자신이 암브로시아노 주식의 상당량을 시장 가격에 비해 상당한 할증료로 살 수 있도록 도와달라 요청했다. 칼비는 IOR에게 재상환을 약속하고 그 매입이 바닥을 친 주가를 끌어 올릴 것을 기대했다. 말신커스는 다시 묵살했다.[120]

칼비는 자신이 며칠 전에 썼던 편지 하나를 가져왔다. 수신은 요한 바오로 교황이었다. 거기에서 그는 교황이 자신의 **"마지막 소망"**이라고 호소했다.[121] 칼비는 지구상에서 공산주의와 싸우는 데 있어 바티칸을 위해 자신이 전략적으로 앞장 선 자였음을 자랑했다.[122] 경고하기를, 앞으로 올 사건들은 **"상상불가한 정도의 비극을 낳아 로마교회가 가장 큰 손실을 겪게 되리라"** 했다.[123]

칼비는 요한 바오로 2세에게 즉각적인 만남을 호소하면서 자신이 모든 것을 설명할 수 있고 **"내가 갖고 있는 서류 중에서 중요한 것은 폐하의 처분에 맡길 수 있습니다"**라고 말했다.[124]

그 편지는 칼비가 말신커스를 만날 때 이미 며칠이 지난 것이었다. 만일 그가 IOR 수장에게 그 편지를 교황에게 전달해달라고 요청할 생각을 했다 할지라도 말신커스의 쌀쌀한 응대는 그의 마음을 변화시키기에 충분했다. 칼비가 떠났을 때 그는 이를 대신해 칼보니에게 주었고 그는 이를 바티칸 내에서 일하는 체코슬로바키아 주교에게 건네

주었다.¹²⁵ (교황이 그 편지를 받았는지 알려지지 않으며 바티칸은 이에 대해 확인도, 부인도 하지 않을 것이다. 그 편지의 존재는 10년 동안 알려지지 않았지만 이탈리아 정부의 암브로시아노에 대한 또 다른 조사의 일환으로 뜻밖에 드러나게 되었다.)

3일 후인 6월 11일 금요일, 칼비의 운전사가 그를 출근시키려 도착했을 때 그는 거기에 없었다. 칼보니의 도움으로 칼비는 런던에 도착하기 위한 우회적인 여행을 시작했다. 그 전날 밤 그는 밀라노에서 로마행 비행기를 탔다. 그가 사라졌다는 뉴스가 삽시간에 퍼졌고 많은 동료가 그의 안전을 염려했다.

그날 늦게 그는 딸 안나의 개인비서 그라질라 테레사 코로커에게 전화를 걸어 자신이 무사함을 알려주었다.¹²⁶

잠자코 있어.

그는 말했다.¹²⁷

칼비의 실제 여권은 기소에 대한 항소를 기다리며 법정에서 압류된 상태였다. 칼보니가 자신의 암흑가의 접선을 활용해 가짜 여행 서류를 얻었다.¹²⁸ *

칼비는 도망자 신세가 되었다. 그가 이탈리아에서 도망한 이후 월요일 첫날, 이탈리아은행은 암브로시아노 본사에 6명의 조사관을 보냈는데 그들은 은행의 모든 자료 열람권을 갖는 법원 명령을 가지고 있었다.¹²⁹ 그날 그 은행의 주가는 12%가 폭락했다. 그날은 2억 5천만 달러의 IOR의 백투백 대출 기일이 되는 날이었다.¹³⁰ 공포가 바티칸 은행에 밀려오기 시작했다.

그날 오후 늦게 말신커스는 시살파인의 의장인 피에르 시겐트행러에게 다음과 같은 내용의 편지를 썼다. 자기의 **"많은 다른 일 때문에"** 그가 그 나쏘 본사의 은행 이사직을 사임해야겠다는 것이었다.¹³¹ 왜 말신커스가 자신과 그 역외 은행 사이에 어떤 거리를 두는 것이 그렇게 오래 걸렸을까 생각한다는 것은 어려웠다(나중에 그는 그 사임이 "2-3년 동안 이루어지고 있었다"고 의문스럽게 주장했다).¹³²

아고스티노 카사롤리 국무총리는 다시 말신커스와 맞부딪쳤다.¹³³ 요한 바오로 2세는 카사롤리를 신임해서 그가 IOR을 특별히 제외하고 바티칸의 모든 금융 거래에 대해 감독하게 했다.¹³⁴

카사롤리와 말신커스는 요한 바오로의 첫 해외 순방 길에 함께 일했고 초기에 좋은 관계를 가졌다.

그러나, 관계가 악화되었다. 그 둘은 이제 자주 돈과 권력을 두고 대립했다.[135] 말신커스는 혹평을 받고 싶은 기분이 아니었다.

나는 내 최선을 다했다. 이것이 충분하지 않다면 당신이 언제든지 다른 사람을 데려오시오.[136]

칼비가 사라진 바로 그날, 이탈리아중앙은행의 범죄과학 수사관들이 암브로시아노의 최대 채무자가 바티칸은행임을 발견했다는 것을 카사롤리는 당시에 알지 못했다.

암브로시아노의 의장대행인 로소네는 말신커스와 긴급 회동을 요청했다. 바티칸은행의 수장은 스위스에 있었고 따라서 대신에 로소네에게 멘니니와 드 스트로벨와의 당직자 회의를 제안했다. 6월 16일, 로소네는 로마행 비행기를 타고 IOR의 두 관리와 만났다. 그는 그 두 사람이 서명했던 후원 편지를 강조했다.

그러자 멘니니는 자신의 "마지막 카드"를 꺼내 들었다. 즉, 칼비가 바티칸에게 확인해주었던 면제 편지로, 바티칸은 암브로시아노의 어떤 채무에도 책임이 없다는 내용이었다.[137] 로소네는 놀랐다. 그는 칼비가 비밀리에 바티칸에 채무 면제를 해주었다는 것을 아는 암브로시아노의 최초의 사람이었다. 그는 암브로시아노의 지주 회사 '라 센트랄레'의 관리이사인 미첼 리만스(Michel Leemans)도 그들 자리에 합석할 수 있는가 물었다. 멘니니는 동의했다.[138]

리만스가 도착해서 칼비의 비밀 면제 편지에 대해 들었을 때 그는 암브로시아노가 칼비에게 사기 당했으며 바티칸은행도 마찬가지라고 주장했다. 그들은 위험을 공유해야만 했다. 만일 IOR이 모든 채무에 대한 책임을 수용한다면 리만스는 그들이 5%의 이율로 10억 달러 대출을 얻을 수 있도록 돕고자 했다(그는 올리베티의 소유자 드 베네데티가 그런 거래에 관심이 있을 것이라 생각했다). 멘니니는 "싫다"고 말했다. 이는 모든 위험을 바티칸에 안기는 것이었다.

왜 바티칸이 그런 빚에 대한 책임을 져야 하는가?
IOR의 집행부에 관한 한 칼비의 면제 편지는 교회에게 어떤 책임도 없게 해주었다.[139]

리만스는 매우 짜증이 났다.

당신들은 이것이 사기인 것을 모르는가?
이것은 세계적인 스캔들일 것이요.[140]

IOR의 두 관리자는 전혀 당황하지 않았다.

IOR이 소유한 암브로시아노의 주식은 어떠한가?

로소네가 물었다. 바티칸의 그 두 사람이 그 주식을 회수하라고 제안했다.[141]

바티칸은행으로부터 퇴짜를 당한 로소네는 다음날 밀라노로 돌아와 은행 이사회의 긴급 회의를 소집했다. 칼비의 사기죄 기소 후 거의 1년 만에 이사들은 마침내 그를 의장직에서 물러나게 하고 로소네를 후임으로 임명하는 결의안을 통과했다. 회사 주가가 엉망이었다. 초조한 예금자들이 은행으로 몰릴 판이었다.

회의 도중에 로소네는 자신의 사무실로 돌아와 전화 한 통을 받았다. 말신커스 대주교가 로마에 돌아오자마자 그와 만남을 갖고자 했던 리만스였다. 리만스는 다시 IOR가 그 후원 편지의 약속을 지켜야 하며 유령 회사들의 부채 상환을 보장해야 한다고 주장했다. 다시 그는 10억 달러의 구제 금융 대출 생각을 제시했다.

말신커스 역시 멘니니와 드 스트로벨 만큼이나 수용적이지 않았다. IOR은 로마교회가 책임을 지는 어떤 거래도, 심지어 유령 회사 대출에 대해 단 한 푼도 고려하지 않으려 했다.

당신들은 이것이 무엇을 의미하는지 아는거요?

리만스가 물었다.

내가 이 방을 떠나면 나는 바로 전화를 걸어 암브로시아노 이사회가 이에 대해 다른 어떤 것도 없음을 알게 하겠다. 그들은 이탈리아은행에 전화할 것이다. 이는 후원 편지에 대한 모든 것이 실현된다는 것을 뜻한다.

나는 개인적으로 그것 때문에 큰 대가를 치를 것을 알고 있다.

말신커스의 응답이었다.[142]

로소네와 리만스는 바티칸으로부터의 도움 없이 자신들에게 어떤 대안도 없으며 오직 이탈리아은행이 암브로시아노를 떠맡게 하는 수밖에 없다는 것에 동의했다. 그날 저녁 6시쯤, 이탈리아은행의 규제 담당자들이 은행 본사로 무리지어 왔다. 로소네는 자기 사무실에 남아 유선상으로 몇몇 언론 인터뷰를 했다.

그날의 상황 전개를 설명하면서 39,000명의 예금자와 4,200명의 종업원의 불안을 가라앉히려 노력했다. 그는 기자들에게 이것은 모순된 소문의 홍수 가운데 은행이 안정화하기 위한 잠정적 조치임을 반복적으로 말했다. 오후 7시 15분경 로소네가 주간 레스프레쏘의 기자와 통화하고 있는 동안 누군가 소리를 지르면서 달려왔다.

오, 세상에, 그녀가 자살했어!

"그녀"는 55세의 그라질라 테레사 코로커였다. 칼비의 개인 비서로 30년간 암브로시아노 종업원이었던 그녀가 4층 창문에서 뛰어내린 것이다.[143] 붉은 색 마커로 휘갈겨 쓴 손글씨 노트가 책상 위에서 발견되었다. 그 안에서 그녀는 "나로 인한 불편함"에 대해 용서를 구했지만, 역시 칼비를 책망하며 그에 대해 말했다.

도망하는 것이 얼마나 부끄러운 짓인가. 아마 그는 자신이 은행 모두에게 행한 해악으로 천 배나 벌을 받을 것이다.[144]

밀라노의 검시관은 그녀의 죽음을 자살로 확인했다. 같은 날 밤, 로베르토 칼비는 런던에서 죽었다. 그의 시신은 블랙프라이얼스 다리에서 매달려 있었고 그 다음날 아침에 발견되었다. 그의 죽음의 소식으로 암브로시아노의 주가는 18% 폭락했으며, 규제 당국은 그 주식 거래를 중지시켰다(다시 거래되지 않았다).[145] 신부 로렌조 조짜, 곧 바티칸의 UN 사절과 함께 뉴욕에서 칼로 칼비를 만났던 사제는 칼비 가족에게 전화해서 자신이 예배 인도를 제안했다.

> 나는 아마 그들이 내 도움이 필요할 것이라 생각했다. 나는 어찌하든 그들을 도울 수 있었을 것이다. 우리는 그런 많은 사람을 알고 있다.[146]

그들은 거절했다.[147]

제25장

원천을 보호하라

칼비 가족은 자신들이 기대한 것이 암브로시아노, 바티칸과 관련한 그 역할에 대한 완전한 해명이 될 것이라 여겼다. 그들은 많은 문제를 안고 있는 까닭에 조짜 신부와 더 깊은 관계를 가질 수 없었다.

하지만, 칼비의 죽음 이후 즉각 주목받는 사람은 말신커스 대주교였다. 심지어 고향의 남자에 보통 우호적이었던 「시카고 트리뷴」도 다음처럼 보도했다.

> 그 음모는 문고판의 스릴러물에 관한 하나의 좋은 사례가 될 것이다.
> 하지만, 이는 말신커스 대주교로 인해 최근 이탈리아 금융 업계의 수상한 일과 다툼으로 깊이 염려하고 있는 바티칸 내 핵심 인사들에게 결코 즐거운 일이 아니다.[1]

말신커스에 대해 교황청 내의 많은 적뿐만 아니라 IOR(바티칸은행)의 무소불위의 자율성을 싫어했던 자들도 충분한 해명과 진정한 개혁을 요구했을 것임은 의심할 바가 없었다.

금융 주간지 「일 몬도」는 말신커스와 IOR이 칼비에게 "남미에서의 거래 일부에 대해 보증"(후원 편지들)을 해주었다는 이야기를 알렸다.[2]

1982년 6월 22일, 이탈리아은행협회가 로마에서 정기 총회를 열었을 때 참석자 모두 그 소문난 위안 편지들에 대한 이야기를 주고 받았던 것 같았다.

같은 날, P2 스캔들을 조사하는 의회 위원회는 그 수사를 칼비와 그의 사업에까지 확장했다(두 번째 위원회는 곧 암브로시아노만 전담하게 되었다). 칼비의 가족은 로베르토 칼비

가 살해되었음을 믿는다고 발표함으로써 극적인 상황을 더했다.[3]

7월 2일 금요일, 이탈리아 재무장관인 베니아미노 안드레아타는 의회에서 다음과 같이 말했다.

> IOR 측에 분명히 책임질 일이 있어 보이며 이는 암브로시아노은행과 몇 가지 영업에서 사실 파트너 역할을 한 것으로 보인다.[4]

안드레아타는 공인된 좌파로서, 로마교회가 그 책임을 회피하는 것을 허락하지 않으려 했다. 그는 신도나 사건이 터졌을 때 교회가 회피했다고 믿었다.[5] 그가 깨달은 것은 "IOR이 자치권을 갖는 까닭에 이에 대항할 길이 실제로 없다"는 것이었다.[6] 그는 대신에 교황에게 자발적으로 교회의 책임, 즉 암브로시아노의 붕괴에 이르렀던 12억 달러의 부채를 인정하라고 촉구했다.

같은 날 두 명의 이탈리아은행 조사관이 비공식적으로 바티칸에서 말신커스를 만났다.[7] 안건은 다시 그 후원 편지들이었다. 말신커스는 직접적인 질문에 답하는 것을 반복적으로 거절했다.[8]

하지만, 그는 멘니니와 드 스트로벨이 암브로시아노의 로소네에게 말했던 것을 되풀이했다. 즉, 칼비로부터 받은 비밀 편지는 후원 편지들에서 언급된 그 부채에 대해 어떤 책임에서 바티칸을 면제시켰다. 그 조사관들에게는 그 대응 편지는 말신커스와 칼비가 공모해서 신용사기를 벗어나는 것을 뜻했다. 칼비가 그 면제 편지를 썼던 것은 그가 나쏘에 있는 '암브로시아노 오버시스'(Ambrosiano Overseas)의 의장으로 있을 때였고 말신커스는 바로 그 회사의 이사회에 앉아 있었다.[9]

말신커스는 그들의 드러난 짜증을 달래기 위해 바티칸은행이 페루에 있는 안디노은행 지점에 일회 대출-확정되지 않는 금액-에 대한 책임을 수용할 수 있다고 제안했다.[10] 그것은 그가 곧 되돌려 받았으면 한 제안이었다. 다음날 상원의원 프란코 칼라만드레이는 이탈리아 국회 단상에서 다음과 같이 발표했다.

> 안디노은행을 통한 아르헨티나로의 정밀 무기 거래는 블랙프라이얼스 다리 밑에서 칼비의 죽음으로 이끌었던 일련의 사건 과정에서 마지막 연결선인 것으로 보인다.[11]

이탈리아 언론은 분주했다. 출처 불명의 소문들이 사실 보도와 혼재되었다. 밀라노의 코리에 델라 세라와 투린의 일간지 「라스탐파」는 카사롤리 국무총리가 요한 바오로를 설득해서 말신커스를 사임토록 했다고 보도했다.[12] 밀라노의 「일지오르날 누오보」는 다음과 같이 보도했다.

교황은 말신커스를 시카고의 대주교로 임명해 존 코디 추기경이 지난 4월 죽은 이래 공석인 그 자리를 대신할 것이다.[13]

로마의 한 타브로이드 신문은 이탈리아 검찰이 IOR 수장에 대해 사기죄를 고려하고 있다고 주장했다.[14]

매일 이탈리아 신문에는 나쁜 머리기사가 넘쳐났다.

전직 미국 부사절 단장인 마이클 혼블로우의 회고였다.[15] 혼블로우는 **1980년부터 1983년까지** 바티칸에 주재했다.

> 이것은 중대한 것이었다. 무엇이 진짜인지 아닌지 아는 것이 힘들었다.
> 하지만, 의심할 바 없는 것은 많은 사람이 그 스캔들에 대해 말신커스를 비난했다는 것이다. 많은 사람은 왜 교황이 그를 제거하지 않는가 물었다.[16]

말신커스는 이탈리아 재무장관이 자신을 쫓아내기 위해 막후에서 열심히 로비하고 있음을 알지 못했다. 며칠 전 그와 인터뷰했던 이탈리아은행 관리들은 요한 바오로에게 직선적인 메모를 보내어 다음처럼 주장했다.

더 많은 당혹함을 피하기 위해 그 대주교가 의심의 자리에 남아 있지 않는 것이 성좌의 최상의 이익입니다.[17]

그 권고는 비공식적이었다. 왜냐하면, 이탈리아가 주권국가의 원수인 교황에게 말신커스를 해고하라고 충고할 수 없었기 때문이었다.

7월 7일, 말신커스는 칼비의 죽음 이후 처음으로 공식 성명을 냈다. 그것도 자신의 고향 신문인 「**시카고 트리뷴**」에 실린 몇 문장뿐이었다.

> 나는 이런 상황 아래에서 사퇴하지 않는다. 나는 사기로 여겨지는 그 어떤 것에도 관여한 적이 없다. … 나는 나를 제거하려는 성부에 의한 어떤 움직임도 온전히 알지 못한다.[18]

며칠 후인 7월 11일, 바티칸은 신시내티의 조셉 버날딘 대주교를 시카고 교구의 교구장 대행으로 임명했음을 발표했다(교황은 다음 해 버날딘에게 붉은 모자를 주었다). 교회 관리들은 이 발표로 "말신커스가 바티칸에 잔류할 것"임을 분명하게 했다고 생각했다.[19]

하지만, 이는 언론 매체의 추측을 잠재우기에는 너무 미묘한 메시지였다. 왜냐하면, 그해의 나머지 기간 동안 말신커스가 사임하거나 해임될 것이란 언론 보도가 줄을 이었기 때문이었다. 11월, 그는 다시 그런 소문들이 "**근거 없는 것**"으로 무시하면서 말했다.

> **나는 사직서를 낼 의도가 없다. 나는 이 일을 끝까지 밀고 갈 의향이다.**[20]

카사롤리 국무총리는 바티칸이 단순 반응 그 이상을 하고 있음을 예시하고자 했다.[21] 그의 사무실은 로마교회가 세 명의 외부 금융 전문가들을 초치해서 바티칸은행-암브로시아노 거래를 검사할 비상조치를 취했다고 발표했다.[22]

세 명의 평신도는 뉴욕의 이민자 저축은행의 전 의장인 조셉 브레낸, 이탈리아 거대 기업의 통신 자회사 STET의 부의장인 칼로 체루티, 스위스은행연합의 전 의장인 필립 드 웨크였다.[23] 이어서 도이체방크의 전 의장인 헤르만 조세프 압스가 들어왔다. 그들의 임무는 바티칸의 보도 자료에 따르면 "**상황을 조사하고**" "**권고와 충고**"를 제공하는 것이었다.

독립적인 위원회의 각 구성원은 독실한 가톨릭 신자들이었다. 바티칸 연구가들은 그들이 적절한 조사권을 갖고 있는지, 그들의 최종 보고서가 공개될 수 있는 것인지에 대해 거의 기대하지 않았다.[24] 이탈리아 재무성은 그 위원회가 "**긍정적인 것**"이라 언급했다.²⁵ 그런 말들이 심각하게 논의되었을지라도 일부는 그 대신에 말신커스를 공개적으로 압박해서 업무에서 손을 떼기 원했다.

일련의 채무 불이행(디폴트) 사태의 첫 번째가 7월 중순에 시작되었다. 이는 룩셈부르크의 암브로시아노은행 지주 회사들에 대한 미들랜드은행의 4천만 달러 대출 건이었다.²⁶ 그것은 다른 열 개 이상의 은행과 함께 상호 채무 불이행이라는 연쇄 반응을 일으켰다.²⁷ 그날 늦게 바하마 정부는 암브로시아노오버시스의 은행 면허를 정지시켰고 공식적 조사를 단행했다.²⁸

결국 암브로시아노은행 지주 회사들에 대한 채권 은행들인 소위 '88 갱단'(Gang of 88)이 칼비의 역외 자회사 단 하나로 5억 달러 상당의 악성 대출금 상환을 요청했다.²⁹

이탈리아은행은 암브로시아노의 역외 자회사들에 대한 구제금융 요청을 거절했다. 국제 금융 위기로 번질 수 있는 두려움이 있었음에도 그렇게 했다. 대신 8월 6일, 재무장관은 암브로시아노의 문을 닫았고 이로 인해 이탈리아 역사상 가장 최대인 14억 달러의 도산으로 이어졌다.³⁰

말신커스와 IOR은 자신들이 강도 높은 정밀조사가 될 것을 알고 준비했던 것처럼 P2와 신도나에 대한 압력도 커져갔다. 검찰은 또 다른 수색 영장을 집행한 후 프리메이슨 조직이 쿠데타를 계획한 증거를 찾아냈다.³¹

그렇다면 말신커스가 P2의 고위 회원들과 밀접하게 관여한 만큼 그 쿠데타에 대해 몰랐다고 할 수 있었을까?

칼로 칼비는 언론에게 폴란드의 연대가 자신의 아버지와 P2를 통해 자금을 받았다고 말했다. 말신커스는 IOR이 **"연대에 대한 자금"** 문제에 질질 끌려가기까지 이것이 오직 시간 문제일뿐임을 알았다.*³²

7월 22일, 더 나쁜 뉴스가 신문 일면에 실렸다. 밀라노의 판사인 브루노 아피첼라가 멘니니와 드 스트로벨, 22명의 다른 피고인을 기소했는데 파산 사기, 신도나의 반가프리바타(Banca Privata)의 **1974년** 붕괴와 관련한 불법적 외환 거래의 죄목이었다.³³ 신도나 역시 그 기소자 중에 있었고 전직 IOR의 관리요 신도나의 최고 참모인 마시모 스파다도 있었다.³⁴

7월이 끝나기 전, 수사 검사 루이기 도소(Luigi D'Osso)는 '법률적 코뮤니케'(comunicati giudiziari)를 바티칸에 보내 암브로시아노의 붕괴에 대한 형사 조사에 있어 말신커스, 멘니니, 드 스트로벨이 실체적인 증인임을 그들에게 통보했다.[35] 바티칸은 그 통지서의 수령을 거절했다. 이탈리아가 이를 외교적 채널을 통해 보내지 않았다는 것이 그 이유였다.[36]

온갖 나쁜 뉴스와 기소(起訴)와 반소(反訴)의 와중에서 말신커스의 일부 친한 친구도 때로 정말 그가 어떤 법적 경계선을 넘지 않았는가 염려했다. 그들 중 한 명인 윌리엄 윌슨(William Wilson)은 당시 바티칸 주재의 로날드 레이건의 개인 사절 단장으로, 가톨릭교로 개종해-부사절 단장인 마이클 혼블로우에 따르면-**"교황보다 더욱 가톨릭 신자"** 가 되었다.[37]

윌리엄 윌슨은 레이건의 친한 친구 중 한 명이며 그의 비공식적인 키친 내각의 의장인 낸시와 로날드 레이건의 살아 있는 신탁의 공동 신탁 인이었다.[38] 그는 비록 훨씬 더 명성있는 해외 업무직을 얻을 수 있었음에도 열심히 로비해서 바티칸의 직을 얻었다.

윌슨은 사업가이지 정치가나 외교관은 아니었다.

하지만, 그의 본능적인 감각은 뛰어났다. 그는 철의 장막에서 온 첫 교황을 맞아 바티칸이 상상 이상으로 냉전의 전사 레이건에게 가장 중요한 동맹이라고 확신했다.[39]

윌슨은 **1981년 2월** 로마에 자리를 잡았다. 오래지 않아 그는 말신커스를 **"가장 좋은 친구"**로 표현했다.[40]

> 우리는 말신커스를 자주 보았다. 말신커스는 우리가 가능한 한 더 많이 이야기하고 싶은 사람 중 첫 번째 사람이었다. 그는 교황을 무척 자주 보았다. 그는 뛰어난 수다쟁이요 이야기꾼이었다.

혼블로우 미국 부사절 단장의 회고다.[41]

여기서 처음 밝히는 바이지만, 윌슨이 로마에 처음 도착한 순간부터 말신커스는 바티칸 주재의 미국 사절단에게 정보의 비공식 원천이 되었다.*

필자에게 해금된 국무성의 자료들은 말신커스가 심지어 미국 관리들에게 교황에 대한 개인 사항까지도 제공했음을 밝혀주었다.

그 자료들은 말신커스에 의한 계획들을 보여 주는데, 여기에는 요한 바오로가 공개적으로 다방면의 정치적 문제에 대해 미국의 입장을 승인하도록 하는 것이었다. 즉, 마약 전쟁, 엘 살바도르에서의 게릴라전, 방위비의 확대, 소비에트의 아프가니스탄 침공, 심지어 레이건의 야심찬 미사일 반공망 체제를 포함한 계획이었다.[42]

비록 바티칸의 금융거래가 대중의 뉴스를 점하고 있었지만 미국 대사관 관리들은 그 대주교에게 그것에 대해 묻지 않았다. 왜냐하면, 미국 정부가 관심을 갖지 않았기 때문이었다. 초점은 오직 정치였다. 말신커스는 그들과 함께 동구, 레바논, 필리핀, 아르헨티나와 칠레 간의 영토 분쟁에 대한 바티칸의 입장을 논의했다.

말신커스는 미국이 이탈리아의 사회주의자들이 공산주의자들과의 동맹을 깨고 정치적 중립으로 움직이게 하도록 힘써야 한다는 자신의 신념을 공유했다. 그는 윌슨과 혼블로우에게 기독민주당이 **"국민의 신뢰"**를 상실했고 그들이 **"스캔들과 부패에서 벗어나야"** 다시 집권할 수 있다는 경고를 했다.[43]

심지어 어떤 경우에는 말신커스는 사전에 교황의 연설문-**1981년** 교황의 히로시마에 대한 중요 연설로, 핵으로 인한 대량 학살의 위험에 대한 것-을 검토하는 것을 동의해서, 미국이 원하는 방식으로 연설에 영향력을 끼치기까지 했다.[44]

말신커스의 개인적인 정보 일부가 다른 미국 대사관의 대사들에게 흘려갔을 때 전신은 굵은 글씨체로 다음처럼 경고했다.

원전을 보호하도록 확실히 하시오.[45]
핵심은 그가 우리를 신뢰했으며 우리는 그와 함께 좋은 관계를 가졌다는 점이다.

혼블로우의 회고다.*[46]

좋은 관계란 윌슨이 "말신커스와 바티칸은행은 어떤 잘못으로부터 순전하다"는 자신의 견해를 널리 외교관들, 정치가들, 유명한 가톨릭 신자들과 함께 나누었다는 뜻이다.[47]

또한, 그들의 우정은 왜 윌슨이 **1982년** 중반에 말신커스를 위해 미법무성에 주목할 만한 간섭을 하려 나섰는지 보여 준다(이 조치는 몇 년 후 그 두 사람을 괴롭히게 될 터였다).

1982년 7월 15일, 윌슨은 타자기로 쓴 3페이지의 편지를 자신의 친한 친구이자 레이건 정부의 검찰총장인 윌리엄 프렌치 스미스에게 보냈다. 뉴욕출판사 홀트라인하트(Holt Rinehart)는 실제 범죄 전담 작가인 리차드 해머가 쓴 책을 발표하려 했다. 이것은 FBI가 바티칸에서 말신커스를 인터뷰하도록 하게 만들었던 **1973년**의 사기, 위조 조사에 대한 그 첫 번째 설명을 담고 있었다.[48] 윌슨은 검찰총장에게 말신커스는 **"그 책이 자신에 대해 매우 많은 양의 진실 되지 않은 자료를 담고 있을 것이므로 그는 대단히 그 책에 대해 염려하고 있다"**고 말했다.[49]

윌슨에 따르면, 말신커스는 "소송을 낼 생각을 하고 있지만 바티칸과 관계된 모든 자에게 그 책이 거짓 정보를 담고 있다면 절대 출판되지 않는 것이 훨씬 좋을 것이다"라고 말했다. 로버트 와그너(Robert Wagner) 전 뉴욕시장은 바티칸에서 윌슨의 전임자였다. 윌슨은 스미스에게 자신이 이미 말신커스가 와그너와 더불어 그가 취할 행동을 논의하도록 촉구했다는 것을 알려 주었다.

윌슨의 편지는 특별히 8페이지의 첨부물을 포함했는데 이는 말신커스에 대한 혐의들을 요약한 것이었다. 그 편지의 첫 페이지에서 윌슨은 그 첨부물이 **"지난 주 런던에서 내가 건네 받은 것"**이라고 썼다. 다음 페이지에서 그는 말신커스가 "나에게 봉인된 편지와 그 첨부물을 주었다"고 기술했다.

만일 런던에서 그에게 그 첨부물을 주었던 자가 말신커스라면 칼비가 그 몇 주 전에 영국 수도에서 죽은 채 발견되었으므로 주목할 만한 것이었다(윌슨은 스미스에게 다음과 같이 썼다. "더욱 최근에 칼비라 불리는 자가 런던의 블랙프라이얼스 다리에서 목맨 채 죽었다는 것을 당신은 아실 것입니다").[50]

윌슨은 검찰총장에게 말신커스에 대한 고발들은 **"빈정거림, 관련 가능성에 의해"** 근거하고 있는 바, 이는 IOR이 암브로시아노은행의 보통주 1.5%를 갖고 있으며, 말신커스가 나쏘 거점의 자회사의 이사로서의 직을 가지고 있기 때문이라고 확신시켰다.

> 말신커스가 다시 이를 딛고 일어서는 것이 나의 개인적인 견해요, 분명히 나의 진지한 소망이다.[51]

그런 다음 윌슨은 자신의 편지를 쓴 이유를 말했다. 즉, 그 대주교가 **"FBI 요원과 말신커스 간의 논의에 대해 담겼을 정보를 위해 FBI 파일의 열람"**을 허락하기 바란다는 것이었다. 윌슨은 검찰총장에게 **"그 파일들이 담긴 요약본"**과 **"그에게 도움이 될 수 있는 것을 그에게 제공해 달라"**고 요청했으며 **"그러면 그와 내가 정말 감사할 것이다"**라고 했다. 대사는 자신이 **"이 문제에 관여되지 않기를 바라는 편"**이라고 제안했다. 이것은 말신커스와 법무성 간에 해결될 일이었다.

월슨이 미법무성의 범죄 조사의 가능성을 가진 대상을 두고 현직 미검찰총장에 직접적인 개입을 하는 것은 전대미문의 일이었다. 만일 공개된다면, 이는 월슨을 공무 집행 방해로 기소할 수 있는 위험한 일이었다. 검찰총장 스미스는 자신의 특별 조수인 존 로버츠에게 다음 달 월슨에게 응답하도록 지시했다.

로버츠는 법무성이 말신커스를 위해 **"그런 민감한 영역에 있어서"** 어떤 특별한 편의를 달가워하지 않을 것임을 분명히 했다. 만일 그 대주교가 자신에 대해 부처의 파일에 있는 어떤 것을 보기 바란다면 로버츠는 말신커스가 다른 미국 시민처럼 동일한 절차를 따라야 하며 정보 열람권을 신청하라고 제안했다.[52]

월슨은 거기서 끝나지 않았다. 그는 로버츠의 무시 편지를 받은 후 어느 날 IOR의 수장에게 편지를 썼다. 그 후 말신커스가 정보 열람 보장법(FOIA: Freedom of Information Act) 상의 신청을 할 필요를 무시하도록 했다.

하늘에 감사하게도 우리는 여전히 이 나라에서 개인의 특권을 유지합니다.

그러면서 그는 계속해서 전 뉴욕시장이며 바티칸사절이었던 로버트 와그너와 가졌던 세 번의 대화 내용을 기술했다. 어떤 경우에 월슨은 와그너에게 영향력을 행사해서 해머가 쓴 책의 출간을 막으라고 압박했다.

와그너는 자신의 뉴욕 법률회사인 핀리, 컴블, 와그너 발신의 편지를 보내 말신커스가 출판 전에 그 원고를 검토할 기회를 달라고 요구했다.[53] 그는 홀트 라인하트의 회장에게 그 출판을 가능하면 늦출 수 있는지 말했다. 와그너는 두 경우 모두 묵살 당했다.[54]

하지만, 와그너는 단념하지 않고 홀트 라인하트 회장과 만나려는 계획을 세웠다.

만일 그들이 책을 그대로 내면 그 결과가 출판 회사에 어찌될 것인지 그 내용을 수정하려면 무엇이 될 수 있는 것인지 보기 위해 나는 그 일을 시작하려고 열심히 노력했다.[55]

월슨은 말신커스에게 확신을 주었다.

로버트의 소원은 이 문제를 우정의 방식으로 해결코자 하는 것이지 소송에 휘말리도록 하는 것이 아니다.

그러나, 그가 말하는 투에서 나는 이미 필요하다면 글러브를 낄 준비가 되어 있다는 느낌을 가졌다.

다음의 회합 이후 홀트 라인하트는 책의 출판을 10월에서 9월로 한 달 앞당겼다.[56] 출판 광고의 일환으로 국내 신문 광고를 실었는데 『바티칸의 연계』(The Vatican Connection)를 **"마피아와 로마교회 간의 10억 달러에 이르는 위조 주식 거래에 대한 놀라운 이야기"**로 기술했다. 『바티칸의 연계』는 말신커스가 바티칸의 자리에서는 전혀 쓸모 없는 자라는 인식을 더해 주었다.

「**뉴스 위크**」의 서평은 다음과 같다.

> 만일 폴 말신커스 대주교가 바티칸을 위해 위조 유가증권으로 수백만 달러를 얻기 위해 10년간의 책략을 감독했다는 혐의들이… 사실이라면 그것은 이 대주교를 둘러싼 논란을 가중시킬 뿐이다.[57]

윌슨에 관한 한 그는 말신커스가 **"장기간의 상처 없이"** 자신의 문제에서 헤쳐나올 것이라 확신했다.

그러나, **"이는 조금 더 시간이 걸릴 것이다."**[58]

제25장 원천을 보호하라   409

제26장

엄청나게 많은 돈

1982년이 끝나기도 전에 나쁜 뉴스가 계속 나왔다. 평신도 IOR(바티칸은행) 관리들이 범죄 수사 선상에 있다는 통지로부터 8일 후, 플라비오 칼보니가 스위스에서 구속되었다. 칼비의 영국행을 도왔던 역할 때문에 그에 대한 영장이 유효했다.

스위스 경찰이 그의 차를 수색할 때 서류 가방에서 문서들이 발견되었다. 이것들은 암브로시아노가 칼보니에게 일년 내 약 2천만 달러를 지불했음을 보여주었다. 그 돈의 대부분은 마지막에 스위스은행 구좌들에 입금되었는데 칼보니와 소수의 사업 동료가 관리했다.[1]

9월 13일 월요일, 리치오 겔리가 유니언은행의 본점에서 구속되었다. 그는 5천 5백만 달러를 송금하려 했다.[2] 이것은 너무 큰 금액인 관계로 은행은 본인이 직접 와야 한다고 했다. 두 경찰관이 기다리고 있었다. 그는 그들에게 다른 이름의 아르헨티나 여권을 제시했다. 지금까지 도망자 겔리는 자신의 은발을 갈색으로 염색하고 많은 수염을 길렀으며 트레이드마크인 안경도 착용하지 않았다.

하지만, 경찰이 본점에서 그에게 질문을 시작하자 결국 자신의 정체를 인정했다.[3] 그날 저녁 스위스 정부가 그의 체포를 발표하자 이탈리아 뉴스는 P2, 칼비의 시체, 바티칸의 침묵에 대한 새로운 추측 기사에 열을 올렸다.

1982년이 끝날 즈음, 요한 바오로 2세는 추기경단의 모임에서 교회의 신뢰가 더럽혀졌다고 말했다. 그는 바티칸이 필요한 것은 무엇이든 해서 암브로시아노에 대한 모든 진실된 것을 밝히겠다고 맹세했다.[4] 당시, 누구도 알지 못했던 것은 명망 있는 네 명의 금융인으로 이루어진 위원회가 이미 예비 보고서를 작성했다는 것이다. 그들은 IOR

이 칼비의 유령 회사 10개사를 소유하거나 관리하고 있든지 말신커스를 모든 비난에서 면제시켰다.

그들은 대신에 칼비에게 책임을 씌우고 그가 덜 정통한 바티칸은행 동료들을 착취하고 있다고 결론 냈다.[5] 칼비의 교묘한 속임수 때문에 IOR은 자신들이 지금 스캔들의 와중에 있는 그 유령 회사들의 소유주가 된 것을 깨닫지 못했다는 것이 그들의 주장이었다.[6] 말신커스 자신은 부득이 더 나은 보고서를 쓸 수밖에 없었을 터였다(곧 그는 후원 편지들에서 나열된 대출금 12억 달러에 대한 질문을 빠져나가기 위한 새로운 상투적 대답을 했다. "내가 말할 수 있는 전부는 이것이 엄청나게 많은 돈이라는 것이다").[7]

요한 바오로 2세가 임명한 15명의 추기경 위원회에 의해 질문을 받을 때면 바티칸은행장은 굽힐 것 같지 않았다. IOR은 오직 중재자일 뿐 어떤 것의 실제적 소유주가 아니라고 그는 강변했다. 몇몇 추기경은 그가 바티칸은행을 적절한 견제와 균형없이 운영했다고 비평했다. 교황에게 무엇을 권고할 것인가에 대해 뜨거운 논의가 있었다.

결국 성직자들은 사면초가에 몰린 IOR의 수장과 그 부하들을 밀어 주었다.[8] 그들은 바티칸은행이 금융 투기를 줄이고 다른 교황청 부서에도 배분될 수 있도록 대차대조표를 도입하라고 촉구했다.[9]

바티칸은 어떤 부족한 것이 암브로시아노의 혼란으로 이어졌다는 것을 말하는데 진지함을 나타낼 필요가 있었다. 말신커스는 단순히 **"로마의 심장부에 있는 하나의 역외 은행"**의 수장일 뿐이라는 생각이 일부 이탈리아 좌파 언론을 붙들고 있었다.[10]

상원의원 티나 안셀미의 주도 하에 P2(프리메이슨) 조사하는 9명의 의회 위원회는 칼비와 신도나 문제까지 확대했는데 그들이 프리메이슨이었기 때문이었다. 그들은 IOR에 대해 질문을 갖었다. 병행된 의회 조사는 칼비와 신도나로 분리되어 진행되었다.[11] *[12]

크리스마스 이브에 이탈리아-바티칸 합동 위원회가 법률가와 은행가로 구성되어 발족되었다. 외부인에게는 이는 무엇이 일어났는가를 알아내기 위해 경쟁적인 조사팀만 하나 더 늘어나는 것처럼 보였다.

하지만, 말신커스와 다른 내부자들은 이것의 실제적 목적이 이 혼란을 해결하기 위해 바티칸이 얼마만큼 지불해야 하는가에 대한 교섭의 출발인 것을 알았다.[13]

12월 29일, 유명한 나치 추적자인 시몬 비젠탈(Simon Wiesenthal)의 이름을 딴 LA거점의 비젠탈센터가 특별자 문단으로 임명된 도이체방크의 장인 헤르만 압스(Hermann Abs)를 고소했다. 그가 고위급 나치 협조자라는 것이었다. 비젠탈센터의 장인 랍비 마빈 헤어(Marvin Heir)가 보도 자료를 발표했다. 여기에서 그는 그 위원회에서 압스를 빼달라고 바티칸에게 요청했다.¹⁴

그 고소는 로마교회를 느닷없이 치는 격이었다. 바티칸시공국은 확고한 가톨릭 자격인증서를 갖는지에 대해 피인명인의 배경 조사를 하지 않았으며 독일 산업계 내에서 그의 사회적 지위를 존경했다.

압스는 바티칸에게 자신은 나치당 요원이 아니었다고 말했다. 그의 항변은 **1972년** 스튜트가르트 법정이 동독 작가와 쾰른의 출판사가 자신에게 8천 4백 달러의 배상을 하도록 했다는 것이다. 그들은 그가 제2차 세계대전 당시 유대인의 자산을 몰수했다가 이를 나치에게 주었다고 고소했다. 도이체방크의 대변인 역시 그 고소를 묵살하며 말했다.

헤르만 압스는 중상모략에 답하지 않는다.¹⁵

하지만, 헤어는 단념하지 않았다. 그는 언론에 발표하고 바티칸에 우편으로 360페이지 분량의 **1946년**에 작성된 미군정청의 보고서를 보냈다. 그 보고서에는 전시 동안 "26개의 중요 기업과 14개의 금융 기구"의 이사회에서 압스가 등록되어 있었다.¹⁶

신도나와 P2 칼비의 스캔들에 대해 1년 동안 피고적인 입장에 있었음에도, 바티칸이 위기관리와 언론 기관을 다루는 일에 무지했음이 분명했다. 로마교회는 이를 답하는 데 1주일 이상이 걸렸고 조지 메지아 경으로부터 전화 한 통만 받았을 뿐이다. 그는 실질적으로 명목상 유대인 관계실의 비서로 비젠탈센터에게 더 많은 증거를 주도록 요구했다.

언론에 밝은 헤어는 한편으로 기자들을 부르고 바티칸의 지연을 비난하면서 메지아 경과의 연락을 끊지 않았다.¹⁷

비젠탈센터는 이제 수위를 높여 더 많은 혐의를 주장했다. 압스가 개인적으로 폴란드와 유대인의 자산의 몰수를 통해 유익을 얻었으며 I.G. 파벤의 이사회 회의에 참여했으며 그곳에서 노예 노동과 아우슈비치가 논의되었다는 것이다.

유명한 미국 신학자 존 파브리코브스키 신부는 바티칸이 "압스에 대한 고소들을 충분히 조사할" 것을 촉구했다.[18] 이탈리아 내에서 주요한 금융 조사가 진행됨에 따라, 바티칸은 어떤 새로운 정보를 제공하고 그것에 대한 비판 문제들이 공개될 때 이를 언급하는 것에 망설였다.

로마교회는 비젠탈센터 규칙에 놀아나는 것을 좋아하지 않았다. 센터와 교회 간에 오가는 모든 일이 역시 언론에 새나갔기 때문이었다. 메지아 경이 더 많은 증거를 요구했다는 것이 기자들에게 새어나갔다. 바티칸은 침묵했다. 그것 역시 잘 되지 않았다.

1월 11일, 이 이야기가 보도된 지 거의 2주 후 한 연구 그룹이 **1945년** 상원 부속 위원회 앞에서 증언, 교황 요한 바오로 2세의 **1979년** 자서전에서 정보를 종합해 압스가 채석장을 운영하는 회사의 경영진이었다는 결론을 냈다고 비젠탈센터는 발표했다. 그 회사는 전시 동안 나치가 폴란드 죄수를 강제해서 바위를 깨는 일을 시켰으며 이 죄수에 미래의 교황도 포함되었다는 것이다.[19]

말신커스의 경우처럼 뉴스가 악화될수록 로마교회는 외견상 압스(Abs)에 더욱 힘을 실어주는 것 같았다. 외부인들이 그가 위원회에서 나가기를 원했다는 것이 바티칸의 입장에서 더욱 항변하는 이유였다. 2월, 교황 요한 바오로 2세가 다음과 같이 기자들에게 말했다.

> 특별히 이런 어려운 시대에 당신의 믿음은 당신이 신문에서 읽는 것 이상으로 강해져야 한다. … 나도 신문을 읽었다. 당신도 신문에서 많은 믿을 수 없는 것을 읽을 수 있지만 그것들은 어떤 진실도 없다.

기자들은 교황이 말신커스, 압스 두 사람을 언급하는 것인지 확신하지 않았다.[20]

그해 4월, 요한 바오로 2세는 북미 순례의 일환으로 LA를 방문했다. 그는 비젠탈 센터의 랍비 헤어와 29명의 다른 회원과 만났다.

> 나는 압스를 제거하고 동시에 반유대주의를 비난하는 명확한 메시지를 발표하라고 그에게 직접 호소했다. 이는 때가 지났지만 지금이 바로 그때였다.[21]

헤어의 회고였다.

요한 바오로 2세는 **1979년** 아우슈비치 방문 동안 다시 한번 **1982년** 로마 회당 폭탄 테러 후 반유대주의에 대해 언급했다.[22]

하지만, 두 경우는 로마가톨릭의 손에서 수 세기 동안 부당한 대우를 받았던 많은 유대인이 생각하는 보상의 필요에 미치지 못했다.

교황은 압스를 제거하기를 거부했다.

그것은 도덕적 희화화(戱畫化)이다.

헤어는 말했다.

교황이 유대인과 그리스도인이 함께 일해 "상호 우정의 결속을 깊게 해야 한다"라고 말하면서도 반유대주의에 대한 분명한 비난 성명을 발표하지 않은 것에 헤어는 "실망했다."[23]

한 기자의 표현처럼 모든 기회를 놓친 상태는 단지 바티칸의 "언론 관계 업무가 아직 어둠의 시대에 머물고 있음"을 증폭케 하는 것이었다.[24]

말신커스와 IOR은 일류 위기 관리자가 절실한 것임을 불행히도 누구보다 잘 알고 있었다.

제27장

나는 독에 중독됐다!

IOR(바티칸은행)을 휘감고 있는 스캔들 탓에 말신커스를 위한 붉은 모자가 사라질 것인가라는 문제에 대한 답은 1983년 정월에 제시됐다. 요한 바오로는 6대륙 출신인 18명의 추기경을 임명했는데 그중에는 공산주의 국가 출신 5명이 포함되었다.[1]

세간의 이목을 끄는 선출자들 중에는 시카고의 잘 알려진 조셉 버날딘 대주교가 있었다. 그는 레바논의 마론파 기독교인 교구장으로, 폴란드계 유대인으로 태어났지만 나치가 아우슈비치에서 그 모친을 죽인 후 가톨릭신자가 되었던 파리의 주교였다.[2]

「시카고 트리뷴」은 말신커스에 대해 다음과 같이 말했다.

> **1년 전에는 그는 가장 확실히 승진을 할 인물이었으며 비티칸시공국의 행정장관으로서의 일로 인해 추기경직은 따 놓은 당상이었다.**[3]
> 대주교 말신커스는 논쟁의 주제가 되었던 바티칸은행의 관리 업무 때문에 묵과되었을 것이다.

「뉴욕 타임스」의 기사였다.[4]

교황 요한 바오로 2세는 말신커스를 오점(bad ink)으로 점철되었기 때문에 제외시키지 않았다. 교황은 IOR(바티칸은행) 수장이 좋은 의도에서 단순히 실수를 저질렀고, 언론은 그에게 부당한 상처를 입혔다고 믿었다.

하지만, 그는 말신커스에게 붉은 모자를 주지 않았다.

바티칸은행에 대한 나쁜 뉴스의 흐름이 끝나지 않았기 때문이었다. 오직 소수의 내부자만 바티칸이 몇 주 안에 암브로시아노의 붕괴로 인한 부채의 가능한 해결을 위해 이탈리아 관리들과 국제 은행들의 협력단과의 치열한 교섭에 들어갈 것임을 알았다.

로마교회는 크리스마스 이브를 지나 세 사람을 바티칸의 대표로 임명했다.[5] 그들은 신도나를 변호했던 유명한 변호사인 아고스티노 감비노, 대학 교수 펠리그리노 카팔도, 국무성에서 일했던 성직자인 레나토 다도찌 신부였다. 이들은 입맛에 맞는 해결책에 대한 대강의 윤곽을 철저한 논의 끝에 내놓았다.[6] 로마교회의 문제를 해결하기 위해서 거액의 돈을 써야할 것은 분명했다.

더욱 나쁜 일은 바티칸이 3천만 달러의 예산 적자를 기록했다는 점이었다.[7] 자금 조달을 위해 요한 바오로 2세는 특별한 성희년(Holy Year Jubilee)을 선언했다. 이는 사순절 첫 날인 재의 수요일(2월 16일)에 시작되어 14개월 동안 지속될 것이었다. 특별한 면죄와 교황과 알현의 기회를 소망하면서 신자로부터 수백만 달러가 로마에 쌓일 터였다.[8]

희년은 역시 수천만 달러가 바티칸의 돈궤로 들어오는 것, 기념품 판매에서 지도와 도보 행렬로 완성되는 "순례 패킷"에 이르기까지 모든 것을 뜻했다.

교황의 성희년 선포는 많은 사람을 놀라게 했다. 마지막 성희년 선포는 8년 전이었다. 6세기 이상 동안 로마교회는 단지 매 25년, 50년에 한 번씩 희년을 가졌다.[9]

하지만, 요한 바오로 2세는 몇몇 전직 교황이 정해놓은 전례를 따랐다. 즉, 교회가 큰 재정적 궁핍에 처할 때마다 순서에 상관없이 희년이라 불렀던 전례를 선포하는 것이다.[10]

하지만, 성희년으로 인한 기쁨도 IOR에 대한 지속적인 나쁜 뉴스를 가릴 수 없었다. 희년 선포의 예식일로부터 단지 며칠 전 투린의 검찰은 IOR의 비서요, 두 번째 고위 성직자인 도나토 드 보니스(Donato De Bonis) 경이 수사를 받고 있음을 발표했다.

수백만 달러의 휘발유 세금 회피 조작 건 때문이었다. 드 보니스의 이름이 스캔들에 거명될 즈음, 수십 명의 이탈리아 사업가와 정부 세금 관리가 유죄 선고를 받았다.[11] 판사는 이탈리아 공항이나 항구에서 그 성직자의 바티칸 여권을 사용하는 것을 제한하는 전례 없는 조치를 취했다.[12]

드 보니스는 말신커스의 신뢰받는 참모였다. 그는 29세이었던 **1954년**에 바티칸은행에서 일하기 시작했고 자신의 경력이 시작된 시기로부터 16년 동안을 IOR의 수장 성직자인 알베르토 디 조리오 추기경의 피후견인으로 보냈다. 말신커스가 **1970년** 그 자

리에 올랐을 때 그는 드 보니스 같은 베테랑에 의지했다.[13]

드 보니스는 바티칸은행에서 일하기를 즐거워해서 제노아의 주교 조수로 임명된 것을 포기하고 대신에 니콜라스 5세의 탑 내에 머물 수 있었다.[14] 은행 비서로서 그는 인터맥스, 유나이티드트레이딩 수프라핀을 포함한 칼비의 회사들을 위한 중요 서류에 공동 서명했다. 그와 IOR의 회계사 드 스트로벨은 대부분 문제되는 칼비의 거래를 승인했던 인물로, 여기에는 바티칸 소유 회사인 비아니니(Vianini)에 대한 분식된 6천만 달러의 부분 매각이 포함됐다.

이탈리아 검찰은 나중에 드 보니스를 암브로시아노 붕괴에 있어서 파산 사기의 방조범으로 기소할 것인가에 대해 열띤 논의를 했다.

하지만, 그들은 그가 단순히 직원이었을 뿐 실체적인 의사 결정권자가 아니라고 결론을 냈다.[15]

하지만, 이제 드 보니스가 유류세 조작에 대해 수사를 받고 있었음은 바티칸은행이 조직적인 문제들을 갖고 있다는 인식을 더해 주었다.[16] 말신커스의 이미지는 **프론트라인**(Frontline) 다큐멘터리, **"하나님의 은행가"**(God's Banker)를 통해 더 큰 타격을 받고 있었다. 이 다큐멘터리는 **1983년 2월** 방영되어 미국과 영국 내에서 높은 시청률을 보였다. 수백만 시청자가 그 스캔들을 접했다.[17] 이 방송 후 오래지 않아 미국의 최고 TV 뉴스 프로인 **60분**(60 Minutes)이 그 사건의 전개 과정을 탐사했다.

방송기자 마이크 왈라스(Mike Wallace)는 말신커스 사무실에 몇 분 동안 생중계 전화를 걸었지만 대주교의 비서로부터 듣는 소리는 항상 말이 바뀌는 회피적인 발뺌의 말뿐이었다.[18] (어떤 자들은 프론트라인을 더 쳐주었는데, 이는 다음 달 영국 법정이 칼비의 죽음에 대한 자살 결과를 뒤집고 새로운 조사를 명령하도록 힘을 실어주었기 때문이었다.)[19]

최고 성직자들은 요란한 스캔들의 지속이 로마교회에 대한 대중의 마음을 상하게 만들기 시작했다고 걱정했다. 이탈리아가 암브로시아노은행을 강제 청산토록 했을 때 은행의 잔존 건전 자산을 새로운 은행(신 암브로시아노은행)으로 옮겼다. 정부가 그 투자를 보증했기 때문에 납세자들은 7억 달러 법안을 강요당하자 분노했다.[20] 여론 조사는 많은 이탈리아인이 로마교회를 비난했음을 보여주었다.

3월, IOR은 합동 위원회의 자료들과 거래 원장에 대한 많은 요청을 11개의 간략한 내부 문서 파일을 공개해서 대응했다. 이 문서 파일은 후원 편지들에 기재된 유령 회사들과의 관계를 모호한 용어로 보여주었다. 이것은 바티칸은행이 다른 주권국의 조사관들에게 사적인 파일들을 만들었던 최초의 일이었다. 이는 법정 회계사들이 IOR의 문헌에 직접적인 접근이 허락되어야 한다는 이탈리아의 격한 요구로 인한 타협의 산물이었다.²¹

바티칸의 제한적인 협조는 합동 위원회에 도움이 되지 않았다. 왜냐하면, 위원회의 일이 이미 암브로시아노와 연계된 고탈도은행, 시살파인 크레디에트반크 같은 몇몇 주된 은행으로부터 저항과 로비가 있었기 때문이었다. 위원회 역시 1,500페이지에 달하는 칼비의 영업 서류에 대한 접근이 거부되었다. 바하마 법정이 이 서류를 나쏘의 로이웨스트은행의 안전 금고에 동결시켰기 때문이었다.

합동 위원회가 안고 있는 가장 큰 장애물은 그 중에서도 바티칸이 이탈리아 조사관들이 말신커스, 멘니니 드 스트로벨을 심문토록 하는 것을 거절했던 점이다.²²

로마교회가 그 마음을 바꾸길 바라면서 위원회는 원래 하기로 한 3월 31일 마감을 두 번이나 연기했다. **1983년** 봄 동안 이 세 명의 관리자가 협조해야 하는가에 대한 바티칸 내부의 격렬한 논쟁이 벌어졌다.²³ 그 타협안이 7월 1일자 22페이지의 메모랜덤이었다.

말신커스가 서명한 그 메모는 **"문제된 거래 관계에 대한 상세한 기술"**이라고 주장했다.²⁴ 조사관들에게 가장 실망스러운 것은 말신커스의 메모-바티칸 변호사들의 민첩한 감독 하에 준비되었다-가 전혀 새로운 정보를 제공하지 않았다는 점이다. 정보는 대부분이 그의 오랜 입장의 주장에 대한 반항적인 반복에 불과했다. 즉, 바티칸은행은 암브로시아노의 붕괴에 아무 책임을 지지 않았다는 것이다.*²⁵

합동위원회는 전 P2 회장인 리치오 겔리가 스위스 감옥에 구속되어 있지만 이탈리아에서 갖고 있는 혐의들에 대한 경감 조건이라면 그가 이 혼돈 상태를 푸는 데 도움이 될 것이라 바랐다.

하지만, 그 소원은 8월 9일에 부서지고 말았다. 그날 겔리가 뇌물을 주었던 여러 간수의 도움으로 그가 탈옥했기 때문이다. 그는 밴의 뒷자리에 숨어서 몬테 카를로로 옮겨졌고 거기에서 가짜 여권으로 남미까지 여행했다. 그는 위원회가 바라는 목록을 가진 많은 서류를 가지고 갔다.²⁶ †²⁷

합동 위원회는 매번 좌절감을 맛보았다. 이후 발표한 보고서 서문에서 위원들은 다음처럼 동의했다.

> **드러나는 것은 사실들, 서류들 견해들에 대한 복잡한 거미줄이며 이것들에서 참과 거짓을 구별하기는 참으로 어렵다.**[28]

문제를 복잡하게 만든 것은 **1983년** 늦여름 즈음, 이탈리아와 바티칸의 교섭자들이 확연히 갈라진 점이었다. 로마교회가 임명한 위원들은 IOR이 유령 회사들의 실제적 소유주임을 증명하는 증거가 없다는 점을 굽히지 않았다.

위원들의 주장에 따르면, 바티칸은행은 순전한 **"중재자"**일 뿐이었다. 그들의 입장은 국무총리 카사롤리에게 보낸 8월의 메모에 잘 요약되어 있었다. 즉, 칼비가 말신커스를 이용했다는 결론이었다.[29]

반면, 이탈리아 조사관들은 바티칸은행과 그 고위 관리들이 이 음모에서 파트너임을 알고 있었다고 생각했다. 변호사 알베르토 산타 마리아 기업 금융 교수 마리오 카타네오는 강경파로 **"IOR이 택한 의사 결정과 처리 방식에 대한 지식은 지속적이고도 일정했다"**고 주장했다.[30] 그 두 사람은 '명백한 증거'(smoking gun)가 없음을 인정했으나 그런 결론이 뒷받침된 유력한 증거를 확신했다.

제3자는 파스칼 키오멘티(Pasquale Chiomenti) 기독민주당 당수로, 로마교회에 대한 초강경 입장은 양측이 어떤 결론을 도출하기 어렵게 할 것임을 우려했다. 그는 바티칸은행의 역할에 대한 그의 동료들의 견해를 누그려 뜨렸다.[31]

키오멘티는 민첩한 중재자의 명성을 갖춘 자였다. 그는 채권 은행-약 6억 달러를 주장함-입장에 선 이탈리아로 인해 교착 상태에 있는 협상이 바티칸을 포함하지 않고는 실패할 것이라 염려했다. 그 은행들은 바티칸으로부터 제대로 된 제안을 받지 못한다면 다양한 사법 절차를 통해 로마교회에 제소하겠다는 의향을 보였다.[32]

1983년 여름 내내 키오멘티는 협상이 상호 간의 비방에 빠진 것으로 의기소침해 있었다.[33]

8월 10일, 루카 옆의 시골집에서 키오멘티는 테드 스터머를 만났다. 그는 주채권자 중 한 명인 내셔날웨스트민스터를 대표하는 영국 법률 회사의 시니어 파트너였다. 몇 번의 진지한 시간을 가진 후, 두 사람은 채권 은행들이 그들 손실액의 70%만 보상 받

기로 합의했다.³⁴

반면, 두 사람은 바티칸을 설득해서 가능한 한 많이 지불하도록 힘쓸 것을 결정했다. 그들은 이것이 쉽지 않을 것임을 알았지만 그들이 로마교회에 제안했던 회유책은 교회가 모든 소송에서 자유하며 동시에 암브로시아노 사건에 대해 공개적으로 잘못을 인정하거나 어떤 책임도 인정할 필요가 없다는 것이었다.

교황청 내에서 열띤 논의가 일어났다. 즉, 만일 교회가 책임이 있다면 이 스캔들을 끝내기 위해 도대체 교회가 얼마만큼 제안해야 하는가에 대한 것이었다. 말신커스는 확고했다. 교회는 한 푼도 내서는 안 된다는 것이다.

> 그 말은 꺼내지도 말라. 만일 우리가 무죄라면 우리는 돈을 내지 않는다. 우리는 무죄다. … 만일 당신이 진리를 설교한다면 당신이 이를 위해 싸워야 한다.³⁵

비록 IOR의 수장은 어떤 가능성에도 당황하지 않았지만 수년에 걸친 값비싼 소송, 때때로 재판 과정에서 발견되는 것이 교회를 당혹스럽게 할 수도 있을 가능성이 많은 고위 성직자들을 두렵게 했다. 말신커스만이 오직 전투적인 태도인 것처럼 보였다.

다음 달, 카사롤리 국무총리는 이탈리아의 새로 선출된 사회주의 주도의 연정 지도자들과 만났을 때, 그는 교회의 첫 번째 해결책을 제시했다. 카사롤리는 교회가 어떤 자산을 팔아서라도 지불할 수 있는 최대 금액은 1억 4천만 달러라고 말했다. 비록 이 금액은 자신들이 빚진 것 하나도 없다고 오래 주장했던 한 기구에게는 큰 액수였지만 이는 채권자들이 요구했던 것에는 한참 미치지 못했다.

그 제안은 거절되었다. 카사롤리는 **"현명한 돈의 남자들"**로 구성된 자신의 위원회가 갖는 협상에 더 많은 힘을 실어주었다. 그 남자들은 이민저축은행 전 CEO인 조셉 브레난, 거대 통신사 STET의 부의장인 칼로 케루티, 스위스은행연합회 이사인 필립 드 에크였다(그때쯤 논쟁의 대상인 헤르만 조셉 압스는 사임했다).

채권자들과의 수차례 회합 후, 그 세 사람은 교회에게 조언하기를, 그 금액에 천만 달러를 올리며 이는 **"교섭 불가"**임을 주장하라고 했다.³⁶ 더 이상의 교섭 불가라는 입장은 2-3 주 내에 무너지고 교회는 그 제안 금액을 1억 6천만 달러로 상향 조정했다.

채권자들은 꿈쩍하지 않았다. 이탈리아로부터의 압력에도, 바티칸은 침묵에 빠졌다.

지체하는 것은 바티칸 관료주의의 이차적 본성으로 수년이 아닌 수 세기 동안 여겨진 것이었다.

다음 달 3월, 판돈이 훨씬 높아졌다. 밀라노의 국가 검사인 마오리지오(Maurizio Grigo)가 말신커스, 멘니니 드 스트로벨에게 편지를 보내 그들이 범죄 수사의 공식적인 대상임을 통보했다. 그것은 밀라노의 지주 회사 이탈모빌리아레에 대한 8천 6백만 달러의 **1972년** 바티칸은행 대출 조사 건이었다.[37]

검찰은 그 대출이 교회 관리들과 금융인 칼로 페센티 간에 불법적인 리베이트(kick-back)를 숨기기 위해 기획된 것이라 주장했다. 페센티는 이탈모빌리아레의 회장이며 동시에 암브로시아노의 최대 지분을 가진 인물이었다.[38]

바티칸이 말신커스와 그 외 두 평신도 조력자에 대한 법적 커뮤니케를 수령하기를 거절했던 전년도의 자신들이 직면했던 문제를 피하기 위해 이번에 검찰은 그들에 대한 **"수사 공지"**를 이탈리아 외무성의 공식적인 외교 채널을 통해 전달했다.[39]

편지가 바티칸에 도착하던 날, 말신커스는 기자들에게 말했다.

> **나는 이탈리아 판사들에게 숨길 것이 하나 없다. 특별히 이 일(대출)이 가장 완벽하게 정상적으로 이루어졌기 때문이다.**[40]

하지만, 말신커스가 입고 있는 외양이 담대할지라도 그 범죄 조사는 두려운 사태의 전환이었다.

검찰은 그 대주교와 그의 조수들에 대해 파산 사기 죄목을 고려하고 있었다. 이탈리아 법은 민사상에서 어떤 손실을 입는 자들이 추가적 당사자로서 형사 재판 과정에 참여할 수 있도록 허락했다. 채권자들은 그렇게까지 하는 것을 거절했다. 그들은 이것이 IOR과의 법정 외 화해를 이끄는 기회들을 해칠 것을 염려했다.

하지만, 만일 그들의 교섭이 실패로 끝난다면 채권자들은 만장일치로 그들의 민사 사건을 형사 소추로 편승하고 즉각 이탈리아 내 모든 바티칸은행 자산을 동결시킬 법정 명령을 얻을 조치를 취할 것을 결정했다.

이 뉴스는 말신커스가 그의 바티칸은행 지위를 계속 유지할 수 있는가 하는 새로운 추축을 낳았다. 4월, 요한 바오로 2세는 17가지의 중요한 교황청 개혁을 발표했다. 이는 이탈리아 신문들이 지진(*il terremoto*)이라 칭할 만큼 대대적인 개혁이었다.[41] 관료주의적인 최고 성직자 일부를 개각하고 개혁자들을 임명함으로써, 교황은 교황청의 권력욕을 약화시키며 이탈리아 색깔을 줄이려 했다.[42]

조직 정비는 말신커스의 권력이 내려가는 추세라는 첫 번째 신호였다. 개혁 후 교황청 안에서 그는 바티칸시의 행정장관으로서 견제 받지 않는 행정적 힘을 더 이상 갖지 못했다.[43]

범죄 조사로 인한 여진의 가능성이 교회 내에서의 논의, 즉 암브로시아노 채권자들에게 얼마를 제시할 것인가가 지배적이었다. 만일 말신커스와 그의 고위 참모들이 형사적으로 책임이 있는 것으로 드러나면 이는 엄청난 민사 책임에 이르는 수문을 여는 꼴이 될 터였다.

말신커스는 여전히 자신의 동료들을 결집시키려고 했다. 주장하기를, 교회가 자금이 부족하고 희년동안 기부금을 청원하면서 동시에 암브로시아노 해결을 위해 대규모 자금 지출을 하기로 말하는 것은 그들에게는 위선적이라고 했다.

당신이 돈도 없으면서 빚도 지지 않은 돈을 갚을 것이라 말함은 어째서인가?

그의 주장이었다.

만일 교회가 어떤 것을 지불한다면 이는 **"그냥 창문 밖으로 내던지는 꼴"**이며 장기적인 **"오명"**을 만들 것이라고 주장했다.[44] 교회가 도덕적인 책임만 수용할 필요가 있게 되는 제안된 합의안에 대해 말신커스는 격분했다. 이것이 누구를 속이지 않지만 단순히 **"우리는 죄가 있을거야"**를 뜻한다고 그는 말했다.[45]

말신커스의 의견은 부결되었다. 요한 바오로 2세는 개인적으로 그의 반대안을 기각시켰다.[46] 5월 초, 바티칸과 120개의 채권 은행은 거래 성사를 발표했다. 로마교회는 암브로시아노와의 "도덕적 개입"을 인정하는 **"자발적 기부금"** 조로 놀라운 금액인 2억 4천 4백만 달러를 지불하기로 동의했다.[47]

서명 작업은 5월 25일 로마에서 행해졌으며 드 보니스와 침울한 표정의 말신커스가 IOR을 대신해 서명했다.[48] 161페이지의 합의서는 모든 과실에서 바티칸은행을 면제시켜 주었다.[49]

합의서는 그 용어에 대한 분쟁의 해결을 위해 이탈리아 법정에 배타적인 관할권을 주었다. 이는 바티칸이 이탈리아 사법권이 바티칸의 어떤 문제들에 대한 통제권을 갖도록 허락한 최초의 일이었다.[50]

비록 10억 달러의 1/4에 해당하는 금액의 지불은 IOR이 후원 편지들로 인해 떠맡은 액수의 1/5에 불과했지만, 시공국에게는 커다란 충격이었다. 일부 조사관들이 믿는 바로는, 쓸모없는 투자로 인한 수천만 달러의 손실액 중에서 암브로시아노은행의 붕괴의 여파로 인한 손실이 가장 큰 비중을 차지하게 되었다.[51]

이 해결책에는 바티칸의 모든 자금의 절반이 소모되었고 바티칸은 이탈리아 우량 건설 기업 비아니니(Vianini)의 잔존 지분인 3천 5백만 달러의 주식을 팔고 동시에 런던 은행들로부터 상당한 차입을 해야 했으며 프랑스와 미국 내 일부 주식과 부동산을 매각해야만 했다.[52]

로마교회의 **1929년** 협정에 대해 사회주의 정부가 요청한 광범위한 협정 수정의 교환 조건으로 이탈리아는 타결 금액 4억 6백만 달러의 나머지를 떠맡기로 동의했다.[53] **1929년** 협정의 변경은 한 번이라도 생각할 수 없는 것이었다.

하지만, 로마교회는 로마 가톨릭이 이탈리아 국교가 되어야 한다는 자신들의 주장을 내려놓았다. 더 나아가, 국가는 교회의 결혼 무효를 확인해야 했다. 부모에게는 아이들이 이전에는 필수였던 종교 교육 수업에서 벗어나 자신들이 선택하는 권리가 주어졌다. 로마는 더 이상 **"성시"**(聖市)로 인정되지 않았다. 이 성시 분류로 바티칸은 스트립 클럽과 포르노 산업이 발붙일 수 없게 할 수 있었다. 심지어 이탈리아는 교회가 유대인 카타콤에 대한 통제를 포기하기까지 힘썼다.

새로운 협정은 이탈리아의 시민의 삶에서 로마 가톨릭교회의 장악력이 감소하고 있다는 또 다른 예다.

「**뉴욕 타임스**」의 기사다.[54]

그 반대 급부로 이탈리아는 **"8/1000"** 세금을 제정했다. 이는 모든 일반 이탈리아인이 내는 소득세 중 0.8%가 정부가 인정하는 12개의 종교 기구에 분배되었다. 초창기에는 세금의 거의 90%가 가톨릭교회로 갔다(2010년 경에는 로마교회는 50% 미만으로 받았는데 이는 세금이 더 공정하게 분배된 결과다). 이 세금은 이탈리아 정부가 자국의 35,000명의 사제에게 지불하는 연간 보조금 1억 3천 5백만 달러에 대한 책임을 덜어주었을 뿐만 아니라 교회의 많은 필요한 소득에 대해 꾸준하고 신뢰할 만한 원천을 가지고 있음을 뜻했다.[55]

'8/1000' 세금은 바티칸에게는 유일한 희소식이었다. 대규모의 암브로시아노 해결책에도, 말신커스와 IOR은 계속 나쁜 기사를 접했다.

6월 9일, 바티칸이 역사적 협상안을 타결한 몇 주 후, 다이비드 얄롭(David Yallop)의 책 『하나님의 이름으로』(In God's Name)가 출판 전 상태에서 그 내용이 유출되어 언론의 관심을 끌었다. 이 책은 말신커스를 포함한 6명의 성직자 일당이 요한 바오로 1세를 살해했다고 주장했다.

비록 교회는 그 책이 비상식적임을 믿는다고 했지만 얄롭의 첫 페이지 폭로는-어떤 자들이 요한 바오로 1세를 제거하기 원했을 수 있었다는 소문의 이유에 대한 것 -무심한 독자에게는 그럴듯해 보였다.[56] 『하나님의 이름으로』는 부분적으로 말신커스에 대한 평신도의 인식을 바꾸어 놓았다. 즉, 수상한 구석이 있는 친구들과 함께하는 고집스런 IOR의 수장에서 이제는 자신의 권력을 지키기 위해 교황도 죽일 수 있는 인물로 생각되었다.

다음 달 법무성으로부터의 정보 유출로 윌리엄 윌슨 대사에 대한 머리기사가 넘쳐났다. 그가 말신커스를 위해 미검찰총장 윌리암 프렌치 스미스에게 행한 2년 전의 간섭에 대한 것이었다. 몇 달 전 로날드 레이건은 정치적 반대를 이기고 성좌와 공식 관계를 수립하고 바티칸 주재 미국 공사관을 작지만 정식 자격의 대사관으로 격상시켰다. 이제 이것은 처음으로 거센 비난 여론을 맞게 되었다.[57]

하지만, 입장이 완고한 레이건은 윌슨을 해임하는 요청을 거절했다.[58]

비록 자신의 영향력을 오용해 대중의 분노를 일으킨 인물이 윌슨이지만 말신커스가 미국의 범죄 수사를 받을 수 있다고 바티칸 주재 미국대사가 생각했다는 것은 IOR 수장의 주가가 얼마나 떨어졌는가에 대한 강력한 증거였다.*[59]

8월 하순, 윌슨 뉴스가 터진 한 달 후, 「**연합통신**」(*AP*)사의 "한 때 막강했지만 내리막길의 미국 고위 성직자의 경력"이란 제목의 뉴스가 널리 기사화 되었다.[60] 이 기사는 2년 전 말신커스가 "**바티칸 내에서 가장 강력한 미국인**"이었다고 썼다. 한 신상 미명의 대주교는 교황이 **"그를 내치길 꺼려하고 있다"**라고 말한 것으로 전해졌다. 대신에 교회 관리들은 **"전형적인 로마 해결책을 적용해"** 그를 따돌리고 그의 힘을 제약하고 있다는 것이었다.[61]

다음 달 이탈모빌리아레 회장 칼로 페센티가 이탈리아 검찰과 거래를 성사시켜 법정에 8천 6백만 달러의 IOR 대출에 대한 숨겨진 내막, 곧 자신이 무려 300%의 이자를 지불했음을 말했다는 소문이 돌았다. 이때 교황이 **"그를 내칠지도 모를"** 가능성이 있었다. 끈질긴 소문에 따르면, 그의 협조의 대가로 검찰은 페센티가 불법적으로 상당량의 암브로시아노 지분을 얻은 것에 대한 조사를 중단하기로 동의했다는 것이다.

하지만, 말신커스의 행운은 아직 끝나지 않았다. 77세의 페센티가 법정에 나타나기로 한 날 바로 전날, 자신의 변호사와 면담하는 도중 졸도했다. 그는 심장 마비로 몇 시간 후 병원에서 사망했다.[62]

말신커스가 자신의 처신을 낮추었어도 그는 뉴스에서 벗어날 수 없었다. 페센티가 죽고 한 달 후 미첼 신도나가 대중의 큰 관심을 끄는 수년 간의 법정 다툼 후 이탈리아로 송환되었다.[63] 삼엄한 경비 아래 그의 귀환은 이탈리아의 중요 뉴스였다.

처음에는 보도할 새로운 것이 없으므로 신문들과 잡지들은 교황 바오로 6세가 직접 선택한 은행가로서의 시실리 금융인과 그의 전례 없는 역할에 대해 진부한 이야기를 반복함으로써 지면을 채웠다.[64]

신도나의 떠들석한 재판 과정에서 바티칸은 기소된 공모자에서 빠진 것처럼 보였다. 어떻게 IOR이 반카유니온 투자를 통해 수백만 달러를 잃게 되었는지에 대한 수 주간 불편한 증언이 있었다.

다음 해 3월(**1985년**), 신도나에게 내려진 사기죄의 기소와 15년 형은 많은 법률 분석가가 왜 누구도 특별히 말신커스가 재판 과정에서 드러난 잘못된 금융 거래로 인해 2억 달러 이상의 손실에 대한 대가를 치르지 않는가 하는 의문을 낳게 했다.[65] 범죄인 인도 조약으로 미국은 신도나를 이탈리아로 보냈지만 그는 미국에서 형기를 마친 후 이탈리아의 선고를 살게 되어 있었다.

하지만, 이탈리아는 그를 붙들기를 원해서 **1979년**의 조지오 암브로솔리, 그의 이탈리아 금융 그룹에 대해 법원이 지명한 청산인의 살해에 대한 혐의를 내놓았다. 미국 법무성은 동의했다. 또 다른 재판인 바티칸-신도나의 협조 관계라는 추악한 뒷이야기에 대한 달갑지 않은 기사가 크게 지면을 차지하며 뒤따랐다.

1986년, 그의 사기 기소 후 거의 1년이 된 때 6명의 배심원과 2명의 재판관이 살인 죄목에 대해 유죄 판결을 내렸다. 신도나는 종신형을 받았다.[66] 그 드라마는 아직 끝나지 않았다. 이틀 후 그가 보안 강화를 위해 특별히 건설된 감옥 동에 있는 독방에서 아침을 배급 받은 후 신도나는 화장실에서부터 휘청거리더니 비틀거리며 감방 앞으로 다가와 헐떡거렸다.

나는 독에 중독됐다. 나는 독에 중독됐다!(*Sono stato avvelenato, Sono stato avvelenato!*)[67]

그는 쓰러졌다. 몇 분 후 의사가 도착했을 때 그는 이미 돌이킬 수 없는 혼수상태에 빠졌다. 그는 이틀 후 죽었다.[68]

경찰 실험실은 청산가리의 치명적인 투약을 사망 원인으로 지목했다. 나중에 조사관들은 거의 1그램의 독이 그의 에스프레소에 들어 있었다고 결론 냈다.[69]

많은 자가 그의 죽음을 의심했다. 특별히 법률 내부자들은 검찰이 P2로부터 칼비 까지, 마피아 돈세탁까지 모든 것에 대한 그의 협조를 대가로 신도나의 종신형에 대해 상당한 감형을 은밀히 제안했음을 알고 있었다.

자살과 타살을 방지하기 위해 간수들은 24시간 내내 그를 감시했으며 역시 12명의 간수를 배치해 교대로 일하게 했다(항상 세 사람이 근무 중이었다). 신도나의 식사는 감옥 부엌의 특별 부서에서 준비되었고 간수가 감독하며 그런 다음 봉인된 금속 컨테이너에 담겨 배달되고 그의 감방 안에서만 열리게 되어 있었다.[70]

8개월이 지난 후 수사 검사는 많은 주장에도 결코 부인되지 않는 결론을 내렸다. 감옥의 독극물 사건은 자살이다.[71] [*72]

신도나가 살해되었다는 것에 대한 논의조차 다음 해인 **1987년 2월**의 뉴스로 인해 어제의 옛 뉴스가 되고 말았다. 이탈리아 검사인 안토니오 피찌(Antonio Pizzi)와 레나토 브리체티(Renato Bricchetti)가 말신커스, 멘니니 드 스트로벨에 대해 놀랍게도 26페이지에 달하는 구속 영장을 발부했다. 그들의 죄목은 5년 전 암브로시아노의 붕괴에 관련된 파산 사기에 대한 종범 혐의였다.[73]

영장은 루가노의 고탈도은행 안에 있는 안전 금고에서 발견된 증거에 기초를 두었다.

유죄 입증 서류는 IOR과 암브로시아노가 유령 회사들을 공모했던 정도를 드러냈다. 그 문서들로 검찰은 바티칸이 암브로시아노의 파멸에 자신도 모르게 속은 자가 아니라 기획하는 데 매우 열심이었다고 확신했다.[74]

검사들은 안전 금고의 내용물이 세 명의 바티칸 관리가 "충분한 지식"을 가지고 있고 그들이 칼비를 도와 암브로시아노의 자금을 무가치한 해외 가공 회사들에 빼돌리게 했음을 증명하기에 충분하다고 믿었다.

구속 영장이 뉴스를 도배했다.[75] 신도나의 죽음과 함께 바티칸 내부의 많은 자에게 치욕거리는 언론이 말신커스를 **"하나님의 은행가"**로 언급하고 있었다는 점이었다.[76] 일부 타블로이드는 그의 사진을 싣고 표제를 다음처럼 붙였다.

지명 수배, 말신커스 경.[77]

「**펜트하우스**」의 프랑스판은 음란한 이야기를 야한 여자 나체 사진 사이에 끼워 실었다. 이탈리아 당국이 형사 고발장을 발행했을 정도로 나갔다는 점에서 바티칸시공국 안에서 엄청난 분노가 있었다. 미국과 바티칸의 이중 여권을 소지한 그 대주교를 향한 혐의들이 조명을 받은 것은 과연 이탈리아가 이탈리아 법을 위반해서 기소한 교회 관리들을 추적할 권리를 갖는가였다.

멘니니와 드 스트로벨은 두 사람 다 이탈리아 시민권자이지만 바티칸 내부에서 살고 있었다.[78] 말신커스에 대해 이미 며칠 전 바티칸의 성곽 밖인 로마의 빌라 스트리치에 나타났다. IOR의 수장은 거기서 작은 아파트를 가지고 있었고 몇 시간 전에 방문했다.[79]

양국 간에 범죄인 인도 조약이 없는 까닭에 법무성은 라테란조약 22조를 인용해 바티칸이 이탈리아 내에서 범죄를 저지른 것으로 기소된 자들을 넘겨줄 것을 요구했다.[80] 몇몇 법무성 관리는 미국이 바티칸으로부터 미국인 말신커스의 본국 송환을 명하도록 요청하는 것에 대한 시나리오까지 말했다. 이는 주목할 만하지만 가능할 것 같지 않는 말이었다.[81]

교회 안의 누구도 말신커스, 멘니니 드 스트로벨을 시공국을 떠나서 체포되도록 허락해 그 주권의 제한을 강요당하길 원하지 않았다. 그 세 사람은 바티칸 성곽 안에 머무는 한 안전했다.[82] 이탈리아인들은 교황이 '예'라고 말한 경우만 그들이 오직 그들을 잡을 수 있음을 뜻한다는 것을 알았다.

그 기소에 대한 교회의 첫 공개 반응은 **"심히 놀랍다"**는 것이었다.[83] 며칠 내 로마교회는 명확한 입장을 택했다. 교회는 어떤 성직자 평신도 관리를 이탈리아에 넘겨줄 **"어떤 의향도 절대로 없다"**는 것이었다. **"체포 영장에 대한 바티칸의 냉정한 반응, 말신커스는 절대로 이탈리아 감옥에 가지 않을 듯"** 하다고 콜리에르 델라 세라는 썼다.[84]

신원 미상의 바티칸 관리들은 영장을 비난하면서 이는 이탈리아 사회주의자들이 정치적 의도로 교회를 당혹하게 하기 위함이라고 했다.[85] 라테란조약 11조를 거론하며 바티칸은 검찰이 그런 권한이 없다고 주장했다. 11조에 따르면, **"가톨릭교회의 중앙 조직은 이탈리아 정부의 입장으로부터 모든 간섭에서 자유하다."**[86]

게다가 교회는 말신커스가 5년 동안의 조사 과정에서 **"방대한 문서와 노트를 생산함으로써 본질적이고 충실한 협조"**를 해주었음을 덧붙였다(비록 교회는 그가 어떤 인터뷰나 맹세 선언을 거절했음을 언급하지 않았다).

요한 바오로의 직감, 즉 이탈리아 중도좌파 연정이 이 대치 국면을 활용해 매 기회마다 바티칸을 모욕주려 한다는 것은 옳았다. 경찰은 기자들에게 그들이 세 사람을 체포할 수 있는 혁신적인 방식들을 흘렸다. 로마의 병원들은 수배자 누구라도 응급실에 들어오면 경찰(carabinieri)을 부르도록 예고되어 있었다.

관광객은 고급 아쿠아산타컨트리클럽 정면에 주차되어 있는 경찰차의 사진을 찍었다. 만일의 경우 말신커스가 몰래 들어와 골프를 칠 경우를 대비하기 위해서였다. 한 경찰은 대주교가 좋아하는 로마 식당 한 곳을 정기적으로 체크했다. 그 식당 주인은 그가 돌아올 경우 빈 테이블을 두어 돈들이지 않는 홍보를 했다.

스스로 초래한 유배 생활을 시작하면서 말신커스는 날마다 바티칸 정원 구석에 가서 이를 임시적인 퍼팅 그린으로 바꾸어 놓았다.

곧 이탈리아 추기경 중의 한 명이 그에게 편지를 보내 그에게 '잔디를 망치지 않도록' 지시했다.

미국 부대사 피터 머피의 회고다.

몇몇 이탈리아 동료는 그가 불행해지기를 오랫동안 기다려 왔다.[87]

언론의 지면은 열성을 다해 칼비의 전 변호사 프란치스코 파지엔자가 쓴 400페이지 이상의 『고백론』(confessions)에서 나온 발설을 실었다. 이제 그를 두고 이탈리아 언론은 "**밀고자**"(Deep Throat)라고 불렀다.[88] 근거 없는 이야기가 IOR의 발목을 잡았다. 유령의 영사에게 수백만 달러를 썼다는 것에서부터 니카라구아의 좌파 신디니스타가 게릴라를 훈련시킨 코스타리카의 농장을 웃돈을 주고 샀다는 것까지 온갖 근거 없는 이야기가 넘쳤다.

그 뉴스가 보도된 몇 주 뒤, 14명의 추기경이 긴급 회의를 소집했다. 그들은 이탈리아 사법 당국과 대치한 것에 대해 구체적인 말을 하지 않았다. 대신, 그들의 임무는 역대로 가장 큰 바티칸시의 예산 적자를 극복하는 길을 찾는 것이었다(1986년에 5천 6백만 달러가 부족했으며 계속 증가해 1987년에 거의 8천만 달러에 달했다).[89]

암브로시아노 채권자들에게 2억 4천 4백만 달러를 지불한 것 때문에 교회는 예비비 조차 거의 남지 않았으며 이런 논쟁 탓에 베드로성금이 75%나 감소했다.[90] 게다가 리라에 대한 달러의 급격한 약화는 미국의 달러가 이탈리아에서 환전할 때 더 적은 리라를 뜻했다.[91]

그 모든 화려함에도 바티칸은 거의 파산 지경이었다.

그해 12월 발간된 특별조사판의 「**포춘**」이 쓴 기사다.[92]

> 심각한 재정 압박은 크게 치솟는 경상비와 날로 증가하는 관료주의의 결과였다. 성좌는 수입보다 거의 두 배에 가까이 지출했다.[93]

단지 5년 사이 지출은 두 배가 됐다. 지출의 거의 60%가 인건비였다. 연금은 지속적인 부담이었다.[94] 보통은 수동적인 평신도바티칸고용인협회는 형편없이 낮은 인금과 적은 복리 후생에 대해 불평했다. 바티칸 신문 「**로세르바토레 로마노**」(L'Osservatore Romano)과 그 라디오 방송국은 돈의 출혈이 컸다.

「포춘」이 강조했던 한 가지 기초적 문제는 **"금융 관리가 실제적으로 믿음의 행위"** 라는 것이었다. 왜냐하면, 교회는 그 수입을 크게는 기부에 의존했기 때문이었다.

추기경들은 요한 바오로에게 보고서의 제출을 통해 일반 가톨릭 신자가 기부에 더욱 관대할 수 있도록 격려하려면 바티칸의 흠집난 이미지를 회복하는 것이 급선무라고 했다.[95]

하지만, 만일 그것이 말신커스에 대해 양보를 이끌어 내는 것이라면 교황은 이것이 의제가 아니라는 것을 그들이 알게 했다.[96]

말신커스는 계속 추기경들을 좌절케 했는데 이는 그가 IOR의 기본적인 경상비 금액까지 제공하길 거절했기 때문이었다.

그 은행은 결코 대차 대조표를 발행하지 않는다.

한 익명의 바티칸 관리가 「**뉴욕 타임스**」에 말했다.

> 추기경들은 줄기차게 대차표를 보기를 요구했지만 말신커스는 자신이 교황의 신임과 신뢰를 가진 까닭에 이를 거절할 수 있었다. … IOR이 2억 4천만 달러를 지불했을 때 이것은 자본금의 절반 ¾, 몇 %였을까?[97]

바티칸의 기준으로 볼 때 그들은 여전히 작은 돌파구를 이루어갔다. 1987년부터 지속적으로 성좌는 1년에 두 차례의 재정 보고서를 약 3천 명의 주교와 수도원장에게 내보내기로 동의했다. 그것은 기초적인 것으로, 바티칸은행으로부터 어떤 데이터도 포함하지 않았지만 처음으로 로마교회가 그렇게 많은 성직자에게 재정의 일부를 드러냈다는 점이 특징이었다. 추기경들은 재정 보고서가 암울하기 때문에 이를 받아본 자들은 그 숫자들을 활용해 기부금을 늘리고 교황을 도울 수 있다고 생각했다.[98]

바티칸은행이 추기경 위원회에 도울 수 있는 정도를 두고 벌인 줄다리기는 3월 말에 더 느슨하게 보였다. 이탈리아가 로마교회와 다시 한번 역사에 남는 일을 했기 때문이었다. 외무성이 공식적으로 세 명의 은행 관리자의 범죄 인도를 요청했다.[99]

며칠 후, 요한 바오로 2세는 이 문제에 대해 공식적 입장을 발표했다. 2주간의 순방 시작을 위한 남미행 비행 중 교황은 객실 뒤쪽으로 걸어와 기자단과 임시 기자 회견을 했다.

요한 바오로 2세는 교회가 이 사건을 **"권한 있는 당국"**과 이 사건을 연구했으며 이 문제를 "심각하게" 받아들이지만 말신커스가 "배타적이고 잔인한 방식으로 공격받고 있는 것"은 잘못된 것이라 결정했다고 말했다.[100]

교황의 강한 어조는 그가 말신커스, 멘니니 드 스트로벨이 언론의 마녀사냥의 희생자임을 여전히 믿고 있음을 확실하게 보여주었다.

교황의 입장에서 말신커스는 괜찮은 사람이며 IOR에서 수년 간 그가 한 착실한 업적이 홍수와 같은 사생활 폭로로 손상을 입은 인물이었다. 그와 일했던 자들은 언론에서 그려진 계산적인 은행장보다 더 신사적인 면을 그에게서 보았음은 의심할 바 없었다. 그의 친구들이 말하기 좋아했던 예들이 있었다.

즉, 말신커스가 찌는듯한 여름날에 어찌하든 비계에 올라가 건설 현장 노동자에게 물을 주려 했다던가, 아니면 뮌헨의 추기경인 조세프 라징거가 로마로 이사해서 신앙교리성(Congregatio pro Doctrina Fidei)을 맡게 되었을 때 말신커스가 의상 일습을 제공해 그를 놀라게 했다는 것 등이다.[101]

요한 바오로 2세는 때때로 다음과 같은 이야기를 반복해서 이야기하는 것을 좋아했다. 말신커스와 미국 주교 로버트 린치 간의 회의에 어떤 조수가 끼어들었다. 테레사 수녀가 불시에 바티칸을 방문해서 말신커스를 보기 원한다는 것이었다.

IOR 수장은 린치를 바라보고 웃으며 말했다.

이번 방문은 우리에게 최소 백만 달러가 들 것이오.

그리고 정말로 그리했다. 한 침대 회사가 2만 개의 매트리스를 그녀의 캘커타 자선 단체에 기부하기 원했다.

그러나, 그녀는 이것을 선적하기 위해 돈이 필요했다.[102]

말신커스의 잘 의도된 실수처럼 교황이 판단하는 바, 말신커스의 많은 선행을 가리는 일은-요한 바오로 2세의 생각으로-하나의 수치였다.

교황만 그런 생각을 가진 것이 아니었다.

피터 머피의 회고다.
그는 당시에 미국 대사관의 제2인자였다.

> 예컨대, 나는 말신커스가 어떤 거래에서든지 단 한푼이라도 벌었다고 생각한 적이 없었다. 문제는 그가 잘못된 일로 끝난 것이었고 그가 뒷배경이나 능력이 없어서 함께 수영하는 몇몇 상어를 이겨내지 못했다는 점이다.

머피는 자신을 포함해 많은 말신커스 지지자가 은행의 매일의 영업에 대한 책임을 가진 자는 멘니니로 인식했다고 말했다. 만일 누군가 IOR의 문제에 대해 책임이 있다면 이는 아마도 고위 평신도 경영진이었다.
머피는 말했다.

> 말신커스는 충성 같은 것이 없고 자신 밑에서 일어났던 모든 것을 온전히 책임지는 그런 남자 스타일은 아니었다.
> 하지만, 멘니니는 매우 똑똑한 친구임은 의심의 여지가 없다. 그는 모든 이탈리아와 국제 은행을 다루었다. 사업계와 정치계에서 누구나 알았다. 말신커스는 너무 신뢰할 만했지만 세상이 어떻게 돌아 가는지 잘 이해하지 못했다.[103] *[104]

교황은 인도 요청을 한 이탈리아 권력에 도전하는 법적 공방으로 이탈리아의 범죄인 인도 노력을 잠재우려고 마음먹었다. 교회의 변호사들은 그런 문제를 다루는 사법부의 특별부서(Tribunale della Libertà)에 청원했다. 4월 중순, 법정은 체포 영장을 옹호함으로써 바티칸을 놀라게 했다.[105]

최악의 상황은 끝낼 수 있으리라는 일말의 희망은 5월 초에 깨졌다. 이때 밀라노 검찰은 25명의 전직 암브로시아노 관리와 이사회 멤버에 대해 동반 체포 영장을 발급했다. 바티칸과 이탈리아 관계가 그 어느 때보다 최악임을 이보다 더 잘 나타내는 일은 없었다. 새로운 영장으로 검사들은 모든 피의자가 체포되는 것과 뉴스 사진사들 앞에서 포토 라인에 서는 수모를 당하는 일에서 면제되도록 했다. 대신, 이탈리아 내에 살고 있는 자는 매주 경찰서에 신원 체크를 해야 했고 외국에 사는 자는 규칙적으로 전화해야 했다. 이탈리아는 새로운 피고인들이 **"사회적으로 위험하거나 도피 가능성이 없는"** 자들임을 언급했다.[106]

하지만, 검찰은 그런 편의를 말신커스, 멘니니 드 스트로벨에게 제공하지 않았다. 이탈리아 검찰은 그들이 "위험하고" 재판 과장에서 체포되어 구속되어야 한다고 주장했다.[107]

바티칸은 불리한 판결을 이탈리아 최종 법정인 대법원(Corte Suprema di Cassazione)에 항소했다. 교회는 역시 그 구속 영장이 자국의 법정에서도 유효한가하는 질문도 제출했다.

6월 중순, 누구도 놀랄 일은 아니지만 바티칸 사법부는 그 영장을 근거 없는 것으로 거절했으며 이탈리아는 영장을 발부할 권한이 결여되어 있다고 결론지었다.[108]

일부 주석가는 바티칸이 암브로시아노 사건에서 이탈리아 관할권을 저항하는 것은 위선적이라 생각했다.

터키인 알리 아자가 1981년 교황 요한 바오로 2세에게 총을 쏘았을 때 공격 목표와 살인자가 될 뻔한 자는 바티칸 령 내에 있었다.

런던의 「**가디언**」의 명성있는 런던 특파원 조지 암스트롱은 이렇게 썼다.

> 바티칸이 기뻐한 것은 그를 이탈리아 내에서 이탈리아 법으로 구속하고, 재판하고, 선고하고 그의 종신형 선고는 이탈리아 납세자들의 비용으로 감당될 것이란 점이다. 바티칸은 막상 자신이 선택되자 다른 나라가 된다.[109]

암스트롱은 많은 자가 개인적으로 물었던 질문을 인쇄화했다.

> 바티칸 성좌 교황은 정말로 자신의 고유 은행을 필요로 하는가?
> 바티칸은 이탈리아를 포함해 어느 곳이든 은행 거래를 할 수 있었다.

1988년 6월 28일에 시작된 추기경회의 동안 IOR에 대해 열띤 논의가 있었다. 암브로시아노 채권자들과 2억 4천 4백만 달러의 해결책을 위해 교섭을 주도했던 3인 위원회 의장인 아고티노 감비노는 말신커스와 그의 연임을 위해 가슴 속에서 우러나는 변호를 했다. 감비노는 중대한 잘못이 있었다고 인정했지만 나쁜 의도는 없었다고 했다. 카사룰리 국무총리는 관리 부실이 너무 커서 추기경 회의는 교황이 그의 IOR 수장을 교체하도록 권고해야 한다고 생각했다.

추기경들은 감비노 편을 들었다.[110] 교회는 드 보니스 경을 이용해 일부 무자비한 언론을 대응하도록 했다. 드 보니스는 이상한 선택 같았다. 왜냐하면, 그는 칼비와 신도나 간의 많은 의심적은 IOR 거래에 있어 말신커스의 그림자였기 때문이다. 그 자신이 복잡한 세금 사기 사건으로 조사를 받고 있었다.[111]

하지만, 그의 단점이 무엇이던 간에 드 보니스는 화려한 부본(副本)을 만들었다. 그는 라 레푸브리카에게 세 명의 기소된 IOR 관리는 누명을 쓴 것이라 말했다.

> 어둡고 복잡한 상황의 희생자로, 누군가가 나쁜 믿음으로 세 사람의 어깨에 그들에 대한 지식도 없이 비난을 퍼붓기 원했다.

드 보니스는 그 기자에게 그 3인은 실종된 암브로시아노 자금 수백만 달러에 일어났던 것을 알지 못했다고 확신시켰다.

이것은 여기(IOR)에서만 끝나지 않았다.[112]

그럼 누가 그들을 함정으로 엮었냐고 추궁을 받자 그는 **"진짜 장본인은 다른 곳, 여기에서 먼 곳에 있다"**라고 제시했다.[113] 만일 바티칸 관리들이 이탈리아 법정은 구속 영장에 대한 대치 상태를 해결할 것이라 확신하는가에 대한 질문을 받자 드 보니스는 확고부동했다. 로마교회는 이탈리아 최고 법정에 대해 **"온전한 믿음"**을 가졌다.[114]

며칠 후 그 말은 선견지명이 있는 것 같았다. 그 법원이 이탈리아는 어떤 관할권도 없다고 결론 내렸다. 왜냐하면, IOR의 관리들은 바티칸의 **"중심적 실체"**의 멤버인 까닭이었다. 이는 하급 법정의 평결을 뒤집고 구속 영장을 무효화시켰다.[115] 이 분명한 최

종심의 결정은 암브로시아노 검찰이 그 세 사람을 추적하는 데 무력하도록 만들었다.[116]

드 보니스 경은 교황청 내 널리 확신된 감정을 보여 주었다.

우리는 악몽에서 깨어났다.[117]

한 기자가 말신커스에게 가서 코멘트를 요청하자 사면초가의 IOR 수장은 말했다.

나는 행복하다. 이탈리아 정의에 대한 내 믿음이 회복되었다.[118]

그리고 그는 보수적인 스페인교회 일간지 「야」(Ya)에, 그가 칼비와 행한 것은 무엇이나 "단순한 판단 착오이지 결코 죄가 아니다"라고 말했다.[119] 그는 일주일 내 아쿠아산타컨트리클럽에서 골프를 즐김으로 자축했다.[120 * 121]

하지만, 밀라노 검찰은 아직 끝나지 않았다. 12월, 그들은 이탈리아헌법재판소에 소송 사건 개요를 제출함으로써 교회의 측면을 공격했다. 그 내용은 바티칸 관리들을 이탈리아의 관할권으로부터 배제하는 판결은 법 앞에서 평등한 정의라는 헌법적 보장의 위반이란 것이었다. 수석 검사 안토니오 피찌는 똑똑한 주장을 폈다.

즉, 로마교회가 인용하는 협정 규정은 비헌법적이라는 주장이었다. 왜냐하면, 이는 사람에 대해 계급, 예컨대 고위 바티칸 관리들 같은 계급을 만들었는 바, 이는 법의 범위를 뛰어넘는 것이기 때문이다.[122]

피찌는 이탈리아는 최근 일련의 법규들을 제정해서 검찰에게 강화된 권한을 주어 이탈리아은행들에서의 불법 마약 수익금을 몰수했다고 언급했다.

하지만, 최고 법정의 결정으로 동일한 불법 자금이 마피아의 보스에 의해 바티칸은행 구좌로 입금된다면 비록 이것이 물리적으로는 이탈리아 심장부에 있어도 더러운 자금을 몰수하기에는 접근 불가가 될 것이다. 최고 법정의 판결의 결과로 일단 그 자금이 IOR의 문에 이르게 되면 어떤 형사적 불법 소득 행위에 대한 조사가 식게 될 것이다.

바티칸은행은 수색 영장이나 문서 생산 명령이 통하지 않았다. 그 전화도 법적으로 도청되지 않았고 법원 명령에 의한 편지 압수도 금지되었다. 종업원 누구도 증언할 필요가 없었다. 이는 매우 큰 함정이며 이는 이탈리아 법 집행을 웃음거리로 만들었다고

피찌는 주장했다.¹²³

헌법재판소는 5개월 후 검찰의 상고를 기각했다.¹²⁴ 헌재는 바티칸의 협정상 이탈리아 사법적 감독으로부터 면제가 이탈리아 헌법을 침해했는가에 대해 핵심적 문제를 회피했다. 대신, 전년에 이 사건을 결정 내렸던 이탈리아대법원이 최종 언도임을 결론지었다. 게다가 헌재는 밀라노의 검사들이 이 소추 과정에서 너무 늦었다고 언급했다.

범죄 수사에서 마지막 장이 마무리된 단 몇 주 후 교황은 또 한 번 교황청 개혁안을 제시했다. 대부분 금융에 주안을 두었다. **1981년**, 요한 바오로 2세는 추기경 위원회를 임명해 바티칸 수익의 증대 방안을 찾도록 했다.¹²⁵

이제는 111페이지의 문서 안에 나타난 변화들 가운데 교황은 위원회의 범위를 확대해 바티칸은행과 13명의 종업원에 대해 감독하도록 했다.¹²⁶ 그들 업무의 일부는 큰 적자의 일부를 손보기 위한 것이었다. IOR에서의 변화들과 동시에 바티칸은 또 다른 기록적인 경상 손실을 입었음을 밝혔다(손실액은 약 7천 8백만 달러로 이는 더 많은 베드로성금 기부를 위한 새로운 범세계적인 호소를 촉발했다).¹²⁷ * ¹²⁸

교회는 여전히 벌어들이는 것보다 더 많이 쓰고 있었고 베드로성금의 잔액도 거의 바닥났다.¹²⁹ 수천 개의 교구를 감당하는 전 세계의 대교구는 그 지출을 맞추기 위해 수고했고 로마에 보내 줄 추가적 자금 여력이 없었다.¹³⁰ 가톨릭 교인에 대한 독일의 교회세는 제2차 세계대전 중에는 바티칸의 돈궤가 차도록 해주었고 매년 30억 달러 이상을 벌어들였으나 지금은 거의 독일 교구에서 소진되었다.¹³¹

이탈리아의 8/1000 세금은 많은 돈을 유입케 했으나 교회가 흑자로 만들기에는 충분하지 않았다. 비록 몇몇 가톨릭 기구가 재정적으로 편안했지만 바티칸에 구제 금융을 줄 만큼 충분한 잉여금을 갖지 못했다.

적자를 줄이기 위한 몇 가지 제안이 떠돌았지만 거부되었다. 감독권을 갖는 몇몇 추기경은 베드로성금(Peter's Pence-[역자 주]. 여기서 Pence는 가장 작은 돈의 단위인 Penny의 복수형)이 말 그대로 작은 잔돈푼을 뜻하지 않는 새로운 이름을 갖는다면 더 많은 돈을 모을 수 있으리라 생각했다.

나는 지금 벌어지고 있는 것을 보여주는 이름들을 좋아하지 않는다.

토론토의 추기경 제랄드 포드의 말이다. 몇 가지 떠도는 이름들에는 '교황 자선,' '성부에 도움,' '교황 지원'이 포함되었다.[132]

어떤 것도 채택되지 않았다. 진지한 고려를 하게 된 다른 제안들은 노가라가 축적한 IOR의 금의 일부를 파는 것, 교황청의 평신도 종업원을 줄이는 것이었다(바티칸이 4년 후 그 금의 일부를 팔았을 때 그 타이밍이 좋지 않았을 때 금괴 가격이 거의 40% 떨어졌던 때였다).[133]

또 거의 2,000여 채의 교회 소유 아파트 일부를 평신도 종업원들과 성직자들의 임대료를 보조하는 대신에 시장 가격으로 렌트하는 논의도 있었다. 이탈리아의 임대 보호법의 경우 일반 이탈리아인들은 이를 대부분 무시했지만 임대 보호법은 교회에 의한 그런 움직임을 금지했다. 그 생각도 보류되었다.[134] 적자를 최상으로 줄이는 법에 대한 질문을 넘어 필라델피아의 추기경 크롤은 교회의 금융 거래 전반에 대한 연간 감사의 실시를 위해 국제적으로 공인된 회계 법인을 가질 때라고 제안했던 최초의 사람이었다.[135] *[136]

누구도 교황의 개혁에 감동받지 않았다. 일부 비평가는 그가 바티칸은행을 교황청에 흡수시키기를 바랐다. 새로운 추기경 위원회는 관료주의의 또 다른 층을 덧댄 것처럼 보였다. 어떤 것도 바티칸은행의 힘을 줄이지 못했고 이를 더욱 투명하게 만들지 못했으며 자립적인 평신도 전문가를 앉혀서 그 은행을 법률에 따르는 중앙은행으로 변화시키지도 못했다. 감독 추기경 누구도 금융 훈련을 받지 않아 바티칸은행이 수렁에서 벗어날 방법을 알지 못했다. 교황경제청을 운영했던 추기경 주세페 카프리오가 한 기자에게 말했다.

제안된 변화들은 실제적 이라기보다 더욱 형식적이었다.[137]

그렇지만 개혁자들에게 만족이 되는 것은 이 구조개혁이 과연 말신커스가 끝장이 날 것인가 하는 언론의 또 다른 추측을 불러일으켰다는 점이다.[138]

하지만, 그의 권력의 지속, 그에 대한 교황의 지속적인 신뢰는 바티칸 연구가들을 어리둥절하게 만들었다. 그들은 대여섯 번이나 말신커스의 즉각적인 축출을 잘못 예측했던 사람들이었다. 성공적인 은행가였던 아버지를 둔 59세의 도나토 드 보니스가 대신 승진해 말신커스와 동급의 고위 성직자가 되었다.[139] 드 보니스는 그 경력의 신중함으로 명성을 얻은 자로, 음지에서부터 떠올랐다. 그는 이제 감독권을 갖는 추기경 위원회와 바티칸은행 간의 연결고리가 되었다.[140]

마시모 스파다, 그는 신도나와 함께 일하기 위해 **1960년대** IOR을 떠나기 전의 수장으로서 권력의 이동을 알아차렸다. 스파다가 베니 래에게 말했다.

드 보니스는 말신커스에 비해 똑똑하다. 말신커스는 내리막길에 있었다 … IOR 내에서 그의 힘은 거의 말라버렸다.[141]

제28장

하얀 금융

드 보니스의 승진은 어떤 자들이 바랐던 것과 같은 말끔한 정리가 아니었다. 바티칸 연구가들은 카사롤리 국무총리가 바티칸은행을 운영하는 자로 외부인을 원했음을 알지 못했다. 카사롤리가 눈독을 드렸던 사람은 49세의 안젤로 카로야(Angelo Caloia)였다. 그는 가톨릭대학교의 경제학 교수이며 동시에 상업은행, 메디오크레디토롬바르도의 CEO였다.

카로야는 최고의 밀라노 가톨릭 금융학자요, 문화윤리금융그룹을 형성했던 엘리트 그룹의 일원이었다. 그들의 목표는 가톨릭 지배의 은행에 대한 비공식적 컨소시엄을 만들어 **"기독교적인 정체성"**을 희생하지 않고 이윤을 얻는 것이었다. 동시에 그들은 **하얀 금융**(*finanza bianca*)으로 알려졌다.[1]

카사롤리는 레나토 다도찌(Renato Dardozzi) 경을 파견해서 카로야가 IOR(바티칸은행)을 올곧게 만드는 도전을 좋아하는지 알고자 했다. 다도찌는 어느날 평신도 복장을 하고 카로야의 밀라노 사무실에 나타났다. 그가 너무 과장스럽게 문화윤리금융그룹을 찬양하는 바람에 카로야는 처음에는 이 모든 아첨성 발언이 큰 기부금을 얻으려고 하는 떡밥으로 생각했다. 대신에 회의가 끝나감에 다조찌가 카로야를 놀라게 했다.

내가 온 이유는 우리가 당신이 IOR의 총감독 자리를 갖는데 가장 합당한 인물로 생각하고 있음을 전하기 위함이다. 비록 내가 어떤 의심을 가졌지만 이 만남으로 의심은 사라졌다.[2]

카로야는 IOR의 자리에 전혀 관심이 없었다. 그의 전문 직업과 사생활은 아내와 네 자녀가 살고 있는 밀라노 중심으로 돌아갔다. 그는 로마로 이사할 생각이 전혀 없었다.

> 만남은 조금은 냉랭하게 끝났다. 내가 알고 있던 IOR에 대한 것은 내가 신문에서 읽은 것뿐이었다.
> 내가 거기서 일하는 것이 하나님의 도구가 되어야 하는가 아니면 악마의 도구가 되어야 하는가?
> 어떤 경우든 나는 문제가 해결되었다고 생각했다.

카로야의 회고였다.[3]

몇 달 후 다도찌가 카로야의 사무실에 다시 나타났다. 이번에 그는 성직자 복장을 했다.[4] 사소한 말은 없었다.

> **교수님, 당신은 우리에게 필요한 사람입니다. 로마로 이사할 필요가 없습니다. 그냥 우리를 도와 IOR을 새롭게 변화시켜 주십시오.**

다도찌는 5년의 어려운 기간이 지난 후 교황이 말신커스를 대체하려는 지경에 이르렀다고 설명했다. 카사롤리는 그런 대치를 두고 두 번씩이나 사임할 뻔했다.[5] 카로야는 작은 이사회의 의장이 될 것이며 바티칸은 그가 필요로 하는 어떤 지원도 아끼지 않을 것이다.[6] 바티칸에서 풀타임으로 있어야 할 필요가 없다면 그는 밀라노와 로마를 통근할 수 있다.

카로야는 원칙적으로 동의했다.

> 당신은 거룩한 로마교회에 복종해야 한다. 나는 내 앞에 한 사제를 두고 있었다. 그는 사제로서 말하고 있었다. 개인적인 문제는 뒷전으로 물러가야 했다.

나중에 그가 한 말이다.[7]

그것은 바티칸에서 카로야와 카사롤리 간에 일련의 비밀 회합을 낳았다.

나는 누구도 알아볼 수 없도록 변장하고 갔다.

카로야의 회고다.[8]

미래의 그런 벅찬 업무에 대한 논의들은 **"솔직함"**이었다. 카로야는 자신이 비오 12세와 베르나르디노 노가라에 의해 그려진 IOR의 헌장을 다시 쓰기 원한다고 말했다. 은행의 범위와 권한이 너무 광범위하다는 생각이었다. 카사롤리는 그것이 결코 쉬운 일이 아닌 것을 알았다. 왜냐하면, 교황이 그렇게 하라는 지시가 없는 한 어떤 교회 조직도 권력을 포기하지 않았기 때문이다.

1989년 3월 즈음, 카사롤리는 개인적으로 말신커스에게 후임이 도착할 때까지만 그 자리에 머무를 수 있다고 통보했다.[9] 이 말이 기자들에게 새어나갔다. 여전히 공식적인 발표는 없었고, 바티칸 연구가들을 당혹케 했다. 은행은 불확실한 상태로 있는 것 같았다.[10]

다음 달 이탈리아 내의 사건은 말신커스의 사임을 재촉하는 자극이 되었다. 피엘루이기 델오쏘(Pierluigi Dell'Osso) 검사가 수십 명의 전직 암브로시아노 경영진과 관련자에 대해 광범위한 새로운 기소 조치를 발표했다. P2의 수장인 리치오 겔리도 혐의를 받은 사람 중 한 명이었다. 델오쏘는 대주교 말신커스에 대해 혐의 면제를 선언한 이전 재판 결정이 없다면 그를 기소할 것을 분명해 했다.[11] 말신커스는 자신이 몇 년 전에 「포춘」지에 말했던 것을 다시 증거한 셈이었다.

나는 형편없는 은행가이겠지만 적어도 감옥에 가지 않는다.[12]

카로야의 임직을 서두르기 위해 카사롤리 추기경은 바티칸은행의 수장을 자신의 서재로 불렀다. 세 명의 다른 평신도 역시 거기에 있었다. 도이체방크 이사인 테오도르 피제커, 전 스위스연방은행(UBS) 의장인 필립 드 웨크 말타기사단의 유명 회원이며 미국 소매체인 얼라이드수토어즈의 회장인 토마스 마치오체이었다.[13]

카사롤리는 그들 모두 IOR을 감독하기 위해 권한이 주어진 평신도의 특별 감독위원회의 일원이 되어야 한다고 제안했다. 1주일 안에 반코빌바오비즈카야의 공동의장인 호세 앙헬 산체즈 아시엔(José Ángel Sánchez Asiaín)이 다섯 번째 멤버로 추가되었다

(카로야는 나중에 산체즈 아시엔이 교회 내에서 히스패닉 신도의 점증하는 영향력을 수용하는 방편으로 선택되었다고 언급했다. "그는 매우 괜찮은 바스크 인이지만 그의 영어는 이상해서 나는 그의 말을 이해하려고 매우 노력해야 했다.")[14]

IOR의 역사상 처음으로 평신도 이사회-카로야가 의장, 드 웨크가 부의장을 맡았다가 바티칸은행의 금융 거래를 감독했다.[15] 그동안 말신커스는 여전히 바티칸은행에 있었다. 과도기는 쉬어가면서 나아가는 일이었다. 다음 해(1990년) 3월이 되어서야 카로야는 지오바니 보디오를 IOR의 이사로 임명할 수 있었다. 그는 카로야의 메디오크레디토 롬바르도 경영진의 3인자로 **1960년대**의 앙리 드 마이야르도 이래 첫 평신도 이사였다.[16]

5월 말, 권력 이양을 신속히 행할 방법에 대한 일이 과거 은행 스캔들의 뉴스로 다시 어두운 그늘이 드리워졌다. 35명의 암브로시아노은행 피고인들에 대한 오랜 기다림의 형사 재판이 밀라노에서 시작되었다. 비록 말신커스, 멘니니 드 스트로벨에 대한 검찰의 기소가 막혔을지라도 그것이 바티칸은행의 역할에 대한 광범위한 증거를 드러내는 것을 막을 수는 없었다.

IOR은 피고인석에 있는 다른 어떤 피고인 못지않게 과실이 있는 것으로 치부되었다.[17] (로마교회에 큰 실망을 안겨준 프란시스 포드 코폴라의 대부 III가 그해 늦게 공개되었다. 그 이야기 전개는 암브로시아노 붕괴의 은행의 역할에 기초했다. 영화에서 마피아와 연계된 한 대주교가 바티칸의 계단에서 살해됨으로 그의 시체는 적그리스도의 패배라는 16세기 개신교 이미지를 복제한다.)

재판에 들어간 5개월 동안 멘니니와 드 스트로벨은 자신들의 은행직을 사임하고 바티칸시 밖으로 이사했다. 거의 모두에게 안도가 되는 것은 말신커스가 요한 바오로에게 공식적인 사임서를 제출했다는 것이다.

> 나는 성부에 너무 감사하게 생각한다. 그가 바티칸의 업무에서 떠나 미국으로 돌아가고자 하는 나의 요청을 용납하셨기 때문이다. 내가 내 교구-외교 업무상으로 교황의 여행에 대한 준비와 행사를 위해 일하는 것, 바티칸은행(Institute for Works of Religion)과 행정장관(Governorate)으로 봉사하는 것-에서 보냈던 40년이 나의 사제직을 풍성하게 했고 나에게 교회의 연합과 보편성에 대해 더 예민한 인식과 더 깊은 성찰을 주었다.

그리고 역시 각각의 사제의 삶에 목회적 일의 필요성에 대한 나의 확신을 확증시켜주었다. 이 교구의 사역은 언제나 나의 야망이었고 매일 나는 이 소명에 충실하려 힘썼고 모든 면에서 나의 일을 목회적 정신으로 임했다. 이제 나는 행정적 책임들로부터 자유하며 미국으로 돌아가려 한다. 나는 그런 목회적 사역에서 유용할 것이며 나에게 행하라고 주어질 것인 바, 이는 내 교구의 다른 많은 연세가 든 사제들도 마찬가지다."[18]

며칠 후 말신커스는 한 기자에게 말했다.

나는 어떤 잘못도 행하지 않았다. 나는 모든 기록을 올곧게 하고 싶다.[19]

말신커스의 퇴출은 마치 아리조나의 선시티에 있는 퇴직자회로 이루어진 주목할 것이 없는 교구에서 일반적인 사제가 그렇게 한 것과 같았다. 그의 새로운 교구에서는 누구도 왜 그런 고위직의 교황청 관리가 그들의 신부가 되었는지 잘 몰랐다. 잘못된 정보의 부족도 없었다. 말신커스는 **"은행 도적질과 관계된 것으로 로마에서 수배된 자였다."** 한 지방 수사관이 **2003년**에 인터폴에 답했던 말이다.[20]
「**뉴욕 타임스**」에게 말신커스는 말했다.

내가 떠날 것이라 그들에게 말했을 때 나는 그들이 놀랐다고 생각한다.[21]

많은 바티칸 연구가는 그것을 믿지 않았다.

나는 의심할 바 없이 칼비 사건 때문에 악당으로 기억될 것이다.[22]

이 말은 대부분이 동의했던 그런 것이었다.*[23]

제29장

현금 가방들

말신커스가 로마로부터 떠나자 안젤로 카로야(Angelo Caloia)는 열정적으로 바티칸 은행을 감독하는 일에 거칠 것이 없었다. 훨씬 더 많이 길들여진 조직 같았다. 카로야의 지휘 하에 바티칸은행이 괴한의 인상보다 행인의 모습으로 변할 것이라는 희망이 있었다.

비록 카로야가 독실한 가톨릭 신자요, 열성적인 오푸스데이 멤버이지만 그는 검은 귀족의 특징이었던 귀족적 유산을 갖지 않았다.*1

카로야는 **1939년**에 카스타노 프리모의 작은 북쪽 마을에서 노동자 계급 가족에게서 태어났다. 그의 어머니는 재봉사요, 아버지는 목수였다. 카로야가 8세 때 장티푸스에 걸렸고 복막염으로 발전했던 맹장 파열이 그의 회복을 어렵게 했다. 수개월 힘든 회복 기간 동안 그는 리카르도 롬바르디가 진행하는 **"하나님의 세미한 음성"**을 들었다.

잡음 많은 라디오 방송을 진행하는 그는 사회주의자임을 공언하며, **"노동자의 가톨릭 좌파 정당"**을 옹호하는 도발적인 정치가였다. 그 방송은 이 젊은이에게 잊을 수 없는 인상을 주었고, 후년에 그는 정치적으로 가장 가톨릭적인 금융인에 속하게 되었다.[2]

비록 그는 특권의 자리에 이르기까지 성공했지만 그런 지위에 따르는 엘리트주의를 거절했다. 이탈리아신문은 그를 이탈리아의 가톨릭 은행가라고 칭했다. 그는 한 동료에게 더 나쁜 것 하나는 교황의 은행가(Pope's banker)라 불리는 것일 것이라 말했다.[3]

카로야는 투명성과 엄격한 윤리를 설교했다.

하지만, 소수의 IOR(바티칸은행) 관리들이 깨달았던 것은 그의 의도가 아무리 순전하더라도 바티칸은행을 개혁하는 데 있어 큰 장애물들과 마주했다는 것이다. 그의 임명은 교황과 은행장 간의 인격적인 관계에 있어 상전벽해를 뜻하는 것이었다. 말신커스는 요한 바오로 2세와 정상적인 통로를 가지고 있었다.

카로야는 2년이 흐른 뒤에야 교황을 만났다. 그것도 아침 미사 후 잠깐 인사하는 것에 불과했다. 이 미사에 그는 아내와 아이들과 함께 했다. 그것은 그에게 하나의 충격이었다. 특별히 교황청 내의 많은 자가 교황에게 쉽고 자주 접촉하는 것으로 권력과 영향력을 측정하기 때문이었다. 카로야의 거리감은 몇몇 사람에게 그는 다른 누군가 아직 미정인 은행장을 위한 임시 방편이었다는 것을 믿도록 만들었다.

레나토 다도찌 경은 카로야를 설득해서 그 일을 맡도록 했고 그는 좋은 선택지라고 생각했다. 다도찌의 염려는 마치 카로야가 고참 IOR 관리들에 대해 아무 권한을 행사하지 않는 것처럼 그들 중 일부가 행동하는 일이었다.

다도찌는 3인 위원회에 있으면서 암브로시아노은행 채권자들에게 2억 4천 4백만 달러의 교섭을 도왔던 자였다. 그는 51세에 신부가 되기 전에 국영전화통신사 (STET)의 시니어 엔지니어였다.[4]

카사롤리 국무총리는 다도찌에게 은행의 진행 상황을 주시할 것을 요청했다. 이제 그는 가공의 자선 단체들부터 시작해 불법적인 정치 기부에 이르기까지 모든 것이 말신커스가 떠나간 이후 횡행하고 있음을 보고 그의 좌절은 커져 갔다.[5]

다도찌는 특별히 **1987년 6월 15일**에 바티칸은행에 개설된 한 계좌로 마음고생을 했다. 그것은 이탈리아의 구속 영장이 말신커스, 멘니니 드 스트로벨에게 집행될 수 있는가 하는 논의 와중에 있던 때였다. 이 계좌는 '추기경프란치스스펠만재단'(Fondazione Cardinale Francis Spellman)으로 바티칸은행 밖에서는 그런 실체가 없는 재단이었다.[6] 두 사람의 서명인은 은행 비서인 도나토 드 보니스 경이요, 이탈리아 여당 기독민주당 정치인 쥴리오 안드레오티였다(안드레오티가 2013년에 죽기 전 그는 이탈리아의 가장 영향력있는 전후[戰後]의 인사로, 수상으로서 일곱 정부를 이끌었고 34번의 장관직을 수행했으며 8번 국방부를 책임졌다).[7]

IOR은 모든 계좌 소유자가 자신의 유언장을 파일에 유지토록 요구했다. 계좌주가 죽은 경우 은행이 무엇을 해야 하는지 알 수 있기 위해서였다. 드 보니스의 유언장은 제공되어 자신이 죽으면 모든 기금은 "쥴리오 안드레오티 각하에게 그의 판단에 따라서 자선적 사업과 구조를 위한 것"으로 가도록 되어 있었다.[8]

제29장 현금 가방들　445

추기경 프란치스 스펠만재단의 계좌가 생긴 후 6년 동안-그동안 안드레오티는 다시 이탈리아 수상이 되었다-약 6천만 달러가 빠져 나갔다.[9] 그 계좌가 매우 민감한 것임을 교회가 알았다는 증거는 내부 편지에 있었다. 그 안에서 고참 관리들은 드 보니스를 가명인 로마(Roma)로, 안드레오티를 오미시스(Omissis)로 칭했다(다른 가명들, 예컨대 안코나와 시에나는 밝혀진 적이 없었다).[10]

속임수를 쓰는 이유는 그런 계좌가 밝혀지게 되면 엄청난 스캔들을 낳기 때문이었다 (그런 계좌에는 IOR의 최고 성직자들에 의해 관리되는 진짜 비자금 수백만 달러가 대부분 이탈리아의 기독민주당의 실권을 가진 정치인과 함께 관리되었다).

그런 돈의 일부가 스펠만의 재단에서 빠져나가 교단, 수도원, 수녀원으로 흘러 들어갔고 그 대부분은 안드레오티의 친구들과 동료들에게 나누어졌으며 그중에는 자신의 변호사 중 하나인 프로렌스의 보석 디자인도 포함되었다.[11]

또한, 드 보니스는 추적 불가능한 전신을 통해 스위스와 룩셈부르크은행들에 수백만 달러를 보냈다. 때로는 다도찌는 드 보니스가 바티칸을 떠날 때 현금 가방을 들고 떠난 다음 나중에 빈손으로 돌아오는 것을 목격했다.[12]

1992년, 저명한 사회주의 정치가인 마리오 키사(Mario Chiesa)가 뇌물을 받고 그 대가로 정치적 호의를 베푼 것으로 기소되었다. 키사의 구속은 폭넓은 사법 조사를 낳았다. 깨끗한 손(Mani Pulite)으로 불리는 이 조사는 결국 연립 정부를 와해시켰다. 깨끗한 손의 조사는 **「뉴욕 타임스」**의 표현에 따르면 "전후 유럽의 가장 특별한 스캔들의 하나"로 불렸으며 3년 동안 계속되었고 5천 명의 피고인이 붙잡혔으며 수백 명의 정치가와 사업가의 기소를 가져왔다. 그 가운데 놀랍게도 의회의 절반이 포함되었다.[13]

비록 깨끗한 손이 당시에는 초기 단계였지만 이는 바티칸에 상당한 염려를 불러 일으켰다. 키사의 구속 후 한 달만에 카로야는 스펠만재단 계좌에 대한 질문을 담은 예비적 보고서를 받았다. 이것은 카로야가 의장인 IOR의 감독이사회가 **1992년 4월 1일자** 칙령을 발표하게 만들었다. 즉, 누구도 "그가 종업원으로서 현직이든 은퇴든 간에, 관리자, 감사자, 회계사 고위 성직자든 간에" 자신들이 개인적으로 소유하지 않는 계좌를 거래 관리할 수 없다는 내용이었다.[14]

드 보니스는 이 지시를 무시했다. 카로야는 드 보니스가 순응하도록 강제하는 수단이 없음에 좌절했다.

모든 IOR 통제는 내부적이었다. 이는 감시되지 않았다. 추기경들은 거의 알지 못했으며 성부는 어두움 가운데 있었다.

카로야의 회고였다.[15]

비록 카로야가 드 보니스의 상관이었지만 바티칸 내부에서는 성직자는 평신도보다 더 많은 지위와 존경을 가진 것처럼 보였다.[16] 드 보니스의 지속적인 힘의 징표는 그가 IOR에서 "가장 아름다운 사무실"을 차지하고 있는 것, "로마에 있는 인사 누구나 만나는 것이었다. 이것이 정치적이든 아니든 간에. 프란치스코 코시가(Francesco Cossiga: 이탈리아 전대통령)는 그를 정감어린 애명 '도나티노'로 불렀으며 쥴리오 안드레오티는 그를 높이 평가했다. 유명한 귀족들, 금융인들, 소피아 로렌 같은 예술가들도 그리했다."[17]

오래지 않아 카로야는 스펠만재단이 그 자신의 문제만이 아님을 발견했다. 그는 문제되는 계좌들의 목록을 취합하기 시작했다. 표면상으로는 가톨릭 공동체 조직부터 트라피스트 관상 수도사들, 가르멜회 수녀들에 이르는 모든 것을 위해 개설된 계좌들이었다. 각 계좌에서 의심스럽게 드러나는 것은 과다한 금융 거래 행위였다. 어떤 계좌들, 예컨대 아마존을 위한 아시시, 성체 찬양자들, 로레토의 거룩한 집 성세라핌 기금은 외견상으로 실제 하지 않는 그룹이었다.[18]

7월 7일, 카로야는 자신의 동료 평신도 위원회 위원들에게 비밀(Classified)이라 낙인된 보고서를 배포했다. 보고서는 IOR 내부의 상황은 "매우 심각하며" 바티칸은행은 아마 말신커스 유형의 스캔들 문턱에 있을 수 있다고 결론냈다.[19]

카로야는 소위 번호로 매겨진 기금 구좌를 더 잘 통제하기 원했다. 드 보니스 같은 베테랑들은 생래적으로 자신들의 폭넓은 재량권에 제한을 두는 것에 저항했다.

대신 드 보니스는 자기의 최선을 다해 카로야를 무너뜨리려 했다. 뒷방에서 그는 카로야의 무경험을 비웃었고 평신도로서 그는 왜 IOR이 때로 과거에 그랬던 것처럼 영업해야 하는가 이유를 이해할 수 없을 것이라 경고했다.

카로야는 영국인 아내를 두었고 런던에서 수년 동안 살았고 공부했다. 드 보니스는 주장하기를, 이것은 카로야가 완전히 이탈리아인이 아닌 것이 분명하고, 따라서 그런 점에서 그는 신뢰할 수 없는 자라고 했다.

카로야가 교황에게 참으로 충성적이었을까, 아니면 대신에 그가 자신의 개인 경력을 얻고자 했는가?[20]

카로야는 너무 염려스러워 자신이 직접 요한 바오로에게 호소하기로 마음먹었다.

하지만, 교황은 악성 장 종양으로 수술을 받은 참이었고 의사들은 더 가벼운 스케줄을 명했다. 카로야는 기다리기에는 문제가 너무 중요하다고 생각했다. 그는 드 보니스와 다른 자들이 바티칸의 주권으로 보호를 받아 "로마 한복판의 세탁소"와 진배없는 짓을 운영하고 있음을 염려했다.[21]

그래서 8월 5일, 그는 요한 바오로의 비서인 스태니스로 드지비즈(Stanislaw Dziwisz)에게 메모를 보냈다. 카로야는 드 보니스가 관리했던 여러 재단에 대한 세부 사항을 포함했다. 드 보니스가 서명자로 있는 17개의 다른 의심스런 계좌도 포함되었다. 그것들은 한 번도 들어본 적이 없는 수도회들, 종교 성지들, 자선 단체로 알려진 곳들에 저당이 잡혀있었다.[22]

한 계좌는 그 자산을 IOR에 유증하게 되어 있는데 바티칸은행의 전 최고 성직자인 알베르토 디 조리오 추기경에 의해서였다.

디 조리오는 빌라 한 채, 채권 현금을 남겼는데 바티칸은행을 유일한 수혜자로 지명했다.

하지만, 그 역시 그 유언 집행자로 드 보니스를 지명했다. 드 보니스는 그 돈을 IOR로 이전하지 않았고 대신, 자신의 것처럼 그 계좌를 관리했다.[23]

한 기금은 미사에 참석한 신도들로부터 기부금을 받아 죽은 자를 위해 주도록 되어 있었다. 만 번의 미사를 위해 기부되었지만 단 한 건도 실행되었다는 증거가 없었다.[24]

또 다른 계좌는 3천만 달러 이상이 한 고위 경찰 간부와 한 주교에게 속했지만 이 두 사람은 이탈리아 최대의 정신 병원의 이사들이었다. 그 병원은 바리(Bari)에 있는데 800개의 침상을 갖춘 병원으로, 이전에 '하나님섭리수녀원'(Ancelle della divina Provvidenza-Bisceglie)의 소유였던 자리에 지어졌다.[25]

비록 카로야가 IOR의 비밀스런 네트워크를 완전히 알지 못했어도 그는 직설적인 권고를 했다. 교황은 바티칸은행 내부에서 번지고 있는 병행 은행업을 없애도록 해야 한다는 것이다.[26]

카로야는 재단들을 빠져나가는 모든 돈이 기부금과 유산일 것 같지 않다고 생각했다. 그가 옳았다. 바리의 정신 병원은 후 스캔들-이 사건은 보건부로부터 과대 계상된 공적

계약과 도난당한 기금의 건으로 결국 다수의 횡령과 돈세탁에 대한 기소를 가져왔다–에 휩싸였다. 가까운 수녀원의 한 수녀가 검찰에 증언하기를, 자신은 경찰 간부가 구두 상자에 현금을 쑤셔 넣고 차에 싣고는 바티칸으로 차를 몰고 가는 것을 보았다고 했다.[27]

더 심각한 것은 이 관련 사건에서 검찰은 제약사로부터 돈을 갈취했다는 혐의로 바티칸의 노동자 건강의 목회적 관리부서의 장인 피오렌조 안젤리니 추기경을 기소하기 원했다.[28]

하지만, 말신커스를 보호했던 동일한 절대적 주권의 방어권으로 안젤리니에 대한 어떤 조치도 취해지지 않았다.

카로야가 너무 심한 자금 이전으로 꼬리표를 붙인 계좌 가운데 두 개가 '로레토의 거룩한 집'(Santa Casa di Loreto)이었다. 이는 순례 마을의 원조격으로 인기 있는 자선 단체였다. **1988년** 요한 바오로는 교황 요한 6세의 측근 개인 비서인 파스칼 마치(Pasquale Macchi) 경을 로레토의 주교로 임명했다. 지금 드 보니스가 두 개의 지정 계좌를 관리하도록 도운 자는 믿음직스런 말신커스의 동료인 마치였다.[29] 카로야는 정신이 번쩍 드는 교훈을 배웠다.

사제의 복장 안에서도 인간의 연약함이 도사리고 있구나.

나중에 그가 한 말이다.[30]

대부분의 골치 아픈 계좌들은 말신커스 아래서 개설되었다. 수십 년 동안 이탈리아의 엘리트가 IOR을 이용해서 그들의 돈을 숨겼다는 것은 더 이상 비밀이 아니었다. **1981년**, 말신커스가 직책을 맡은 지 얼마 되지 않아 하나의 내부 검토 안은 추정하기를, 약 9,300개의 계좌가 "이탈리아의 특권층"에 속하며 그 중 은행의 엄격한 규칙에 부합하는 것은 오직 2,500개였다.

일부 계좌는 스파톨라(Spatola)와 인젤리로(Inzerillo) 범죄 집안을 위한 위임 계좌라는 소문이었다. 말신커스의 이직이 추적 불가한 현금 유입을 늦추지 못했다. 왜 그런 계좌들이 그처럼 중시되는지 이해하는 것은 어렵지 않았다. IOR은 예치금에 평균 약 9%의 이자를 지불할 뿐만 아니라 이는 세금 면제였다.[31]

그들은 실제로 실효적인 내부 통제를 갖지 못했다.

바티칸 주재 미국 부대사 피터 머피의 말이다.

폐쇄되어야 하는데도 오랫동안 활동 계좌들이 많다 (교황에게 파견된 신임 외교관으로 머피가 **1989년** 떠난 후 그는 더이상 IOR의 계좌 이용이 되지 않았다. 그 계좌는 그의 재임 중에 예방 차원에서 개설되었다. 바티칸은행은 22년이 지나서야 그 계좌를 폐쇄했다).

카로야는 마침내 4억 달러 이상의 돈이 말신커스가 이직한 첫 4년 동안(1989-1993), 17개의 인 네로(*in nero*, 막후에서 이루어지는 흑막의 거래-역자 주) 계좌들을 통해 움직였음을 발견하게 되었다.[32] 비록 그 현금이 거의 전적으로 미확정적인 출처에서 나온 것이었지만 이는 IOR의 장부에는 신도들로부터의 기부금으로 변함없이 기록되었다. 그 상당 부분이 스위스와 룩셈부르크로의 빈번한 전송 끝에 사라졌다. 그곳은 은행 비밀주의로 어떤 문의도 차갑게 거절되는 그런 관할권 지역이었다.

카로야의 좌절에 더해 바티칸의 관료주의는 거의 빙하의 속도로 움직였다.[33] 그가 교황으로부터 응답을 듣지 못했다는 것은 놀랄 일이 아니었다.

하지만, 그는 교황 비서 드지비즈가 요한 바오로에게 메모를 보여주었는지, 교황이 이는 급한 것이라는 생각이 들지 않았던 것인지 알지도 못했다.

교황을 기다리고 있는 동안 예기치 않는 일이 IOR의 계좌들에 대한 카로야의 불안감을 더했다. **1992년**, 검찰은 로마에 살고 있는 슬라브 주교 파벨 호니리카(Pavel Hnilica), 그와 함께 칼비의 전 동료이며 사르디니아 개발업자인 플라비오 칼보니를 기소했다. 오랫동안 없어진 칼비의 서류가방의 내용물을 염려해 바티칸이 강탈했던 복잡한 사건 때문이었다.[34] 위조 기소범이며 유명한 폭도 줄리오 레나(Giulio Lena)도 혐의를 받았다.[35]

경찰은 별도의 위조 사건 조사 차, 레나의 집을 압수 수색했고 여기서 호니리카의 바티칸은행 계좌로부터 서명되지 않은 수표를 발견하게 되었다.[36] 72세의 주교가 칼보니에게 2백 8십만 달러를 그의 IOR 계좌의 수표로 써 주었는데 이는 칼비의 서류가방을 사기 위한 것이라고 조사관들은 믿었다.[37] 로마의 공안 검사 프란치스코 드 레오(Francesco De Leo)는 레나와 칼보니가 칼비 건에 대해 바티칸으로부터 4천만 달러 이상을 챙기려 했다고 말했다.[38]

흐니리카 주교는 매일 하루 종일 검은 안경을 끼고 사제복 칼라 주위에 두꺼운 금목걸이를 두르고 순간적인 파파라치 행세를 좋아했던 자로, 그는 처음에 누군가 그 수표의 서명을 위조했다고 주장했다. 어떤 경우든 그는 그 서류 가방을 원하지 않았으며 다만 칼보니가 바티칸은행의 나빠진 이미지를 좋게 하려는 공개적인 캠페인을 착수하는 데 단지 돕고 있을 뿐이라고 말했다.[39]

나중에 그는 말을 바꾸어 자신이 칼비의 서류를 원했으며 이는 칼보니가 자신에게 그 서류가 암브로시아노의 붕괴에 있어 IOR의 어떤 잘못을 없앨 수 있다고 확신시켰기 때문이라고 했다.[40]

흐니리카는 자신은 "경험도 없고 어리석으며 이탈리아 법을 몰랐지만" 그럼에도 언제나 "거룩한 아버지와 교회를 위해 자신의 목숨을 줄" 의향이 있다고 주장했다.[41]

로마에 살고 있는 주교로 동유럽의 난민들을 위해 일하는 흐니리카의 개입은 문제의 답이 되기보다 더 많은 문제를 불러 일으켰다. 흐니리카는 칼비가 죽기 바로 직전에 그를 만났음이 밝혀졌다. 그들은 폴란드로의 은밀한 자금 이송을 통해 이제 초기 단계인 친민주주의 운동을 돕는 것을 논의했다.

로마교회는 난무하는 혐의들과 반혐의들에 대해 공개적 반응을 하지 않고 대신 침묵정책을 고수했다.[42] 흐니리카 사건은 카로야를 더욱 염려하게 만들었다. 그는 IOR의 내부에서 일어난 일을 알지 못함이 자신을 괴롭힐 것이라 두려워했다.

1993년 봄, 카로야는 자신이 이겼다고 생각했다. 드 보니스는 IOR로부터 전직되었다.

하지만, 이는 짧은 승리였다. 교황은 드 보니스를 책망하는 대신 그를 몬시뇰(경)에서 주교로 승진시켜 그를 '몰타의 주권구호기사수도회'(Sovrano Militare Ordine di Malta) 사제로 임명했다. 이 자리는 외교적 면책 특권이 있는 자리였다.[43] 드 보니스는 더이상 IOR 내에서 일하지 않았지만 몇몇 친구와 동료를 통해 바티칸은행에 여전히 영향력을 행사했다.[44] 추기경 스펠만 계좌와 다른 것들도 휴면은 됐지만 폐쇄되지는 않았다.

카로야는 곧 APSA(성좌의유중관리청) 회장이며 IOR의 추기경 감독위원회 의장인 로사리오 호세 카스틸로 라라(Rosalio José Castillo Lara) 추기경에게 호소했다. 카스틸로 라라

추기경은 교회의 재정 부서에서는 실세였으며 요한 바오로의 개인적인 총애자였다.[45]

아마도 카스틸로 라라가 교황과의 앞길을 터줄 것이라 카로야는 생각했다.

하지만, 베네수엘라 태생으로 교황청 내에서 뛰어난 정치적 인파이터로서 명성을 갖는 그 추기경은 드 보니스와 한 통속이었다.[46]

다음으로 카로야는 신임 국무총리인 안젤로 소다노(Angelo Sodano)에게로 갔다. 그는 **1990년**에 카사롤리 추기경을 대신했지만 그의 전임자와 달랐다.*[47] 그는 목소리가 컸고 대립적이었으며 신참자들을 자주 야단쳤다. 마키아벨리식의 교황청 관리로서 합당한 명성을 가지면서 동시에 권력에 대한 욕심, 친구들에게 호의를 베푸는 습관이 어우러진 이 목숨줄이 긴 외교관은 이미 한물 간 시대에서 온, 교회의 왕자와 같은 스타일에 젖어 있었다.[48]

카로야는 소다노의 형제 중 하나가 대대적인 깨끗한 손 조사 가운데 사기죄로 구속되어 기소되었음을 알았다.[49]

그해 7월 카로야는 소다노에게 6페이지의 손글씨 편지를 썼다. 그는 글을 매끄럽게 다듬지 않았다.

> 이제 점점 명확해지고 있는 것은 범죄 행위가 고의적으로 진행되고 있으며 그들은 자신들이 충분히 누리고 있는 선택된 생활 양식과 역할을 쫓는 것 대신에 엄격한 양심의 비판에 귀 기울여야 했다. 이제 이런 상황이 계속되고 있음을 이해하는 것은 더욱 어려워지고 있다. 즉, 문제의 인물(드 보니스)이 적지 않은 특권의 지위를 통해 IOR의 영업에 간접적인 관리를 지속하고 있다.[50]

하지만, IOR 수장은 곧바로 바티칸 내부에서 당혹스러울 수 있는 어떤 뉴스의 수습책에 대해 해결보다 봉인된 채로 두는 것이 소다노의 생각임을 깨달았다. 국무총리가 언젠가 어떤 교황 참모에게 나쁜 정보는 공개되면 이는 교회에 해만 끼칠 뿐이라고 말했다.[51]

10월, 카로야의 최악의 두려움이 현실이 되었다. 다시 한번 이탈리아 최고 실업인들이 소위 에니몬트(Enimont) 스캔들로 기소되었다. 이 스캔들은 수십 명의 정치 지도자에게 과다한 뇌물을 주었다는 것으로 이번에는 그 차이가 돈의 액수였다. 무려 1억 달러가 국영 석유 회사 ENI와 개인 소유 화학 회사 몬테디슨(Montedison) 간의 수십억 달러의 합작 투자로부터 기인한 불법적인 뇌물이었다.[52] 10월 4일, 밀라노의 수석 검사 프란치스코 사베리오 보렐리가 카로야에게 전화했다.

> 여보세요, 목소리를 들어서 반갑습니다. 이 전화로 무슨 기쁜 소식을 전할 것이라도 있습니까?

카로야가 말했다. 보렐리는 작은 목소리로 말할 기분이 아니었다.

> 교수님, 에니몬트와 관련해 IOR에 관한 문제가 있습니다.

에니몬트, 그 말만으로도 카로야를 떨게 만들었다. "우리는 탄젠토폴리(Tangentopoli) 스캔들의 와중에 있다. 이는 에니몬트, 곧 '모든 뇌물의 어머니'로 정의된다"라고 카로야가 나중에 작가 지안칼로 갈리(Giancarlo Galli)에게 설명했다.

> ENI의 가브리엘 카리아리 회장이 몇 개월 전 종신형에 처해졌다(카리아리는 재판을 기다리는 동안 자기 머리에 플라스틱 백을 뒤집어 쓰고 감옥에서 질식사했다). 페루찌 그룹의 소유주로 활달한 라울 가드니는 구속을 두려워해서 어느 여름 아침에 자신의 머리에 총을 쏘아 자살했다.[53]

보렐리는 카로야를 초청해서 자신의 조사실을 방문하게 했고 "우리는 신문이나 TV 없는 가운데 어떤 것을 분명히 할 수 있었다." 카로야가 다음날 도착했을 때 정신이 번쩍나게 하는 어떤 세세한 사항을 깨닫게 되었다. 더러운 에니몬트의 현금 약 4백만 달러가 드 보니스의 스펠만재단에 들어와 있었다.[54]

더욱 심각한 것은 모든 뇌물액의 절반 이상이(7천 5백만 달러) 루이기 비시나니의 이름으로 개설된 IOR 계좌를 통해 빠져 나갔다는 점이었다. 그는 전 P2의 멤버였으며 몬테디슨의 수석 공보책임자요, 동시에 소설가며, 이탈리아통신사(ANSA)의 편집장이었다(드 보니스는 비시나니의 **1990년** 결혼 미사를 집전했다).[55]

가장 활동적인 비시나니의 계좌는 루이스오거스터스요나스재단(USA)의 이름이었다. 이는 외견상 돈을 모아 "가난한 아이들을 돕기 위해" 만들어진 재단이었다. 사실 뉴욕시에 본부를 둔 그런 조직은 있었다.

그러나, 카로야는 정말로 원조격의 이름을 갖는 IOR의 구좌가 그것과 관계가 있을지 확신하지 못했다.[56] *[57]

밀라노 검찰은 카로야에게 바티칸에 대한 몇몇 취조서를 작성해 달라고 요청했다. 그는 거절했다. 그는 자신이 질문을 하게 된다면 이는 검찰에게 어려운 짐, 다시 말해 바티칸에 대한 법적 서류를 작성하는 짐을 덜어주는 것임을 알만큼 똑똑했다.

하지만, 그는 검찰에게 자신이 최선을 다해 IOR의 협조를 이끌어내겠노라 확신시켰다.[58] (검찰은 공식적 외교 경로를 통해 자신들의 취조서를 제출했다.)[59]

카로야는 암울한 뉴스를 가지고 소다노에게 두 개의 편지를 보냈다. 이즈음에 국무총리에게 이탈리아의 가장 유명하고 발이 넓은 변호사 중 하나인 프란조 그란데 스테벤스(Franzo Grande Stevens)가 있었다.[60] 스테벤스는 카로야와 자신의 평신도 동료들의 통제를 벗어난 '유사 IOR'(parallel IOR)을 다루는 법에 대해 충고를 할 수 있기를 바랐다. 바티칸에 오기 전 카로야의 메디오크레디토롬바르도에서 제3인자였던 지오바니 보디오(Giovanni Bodio)는 실망스러워 보였다.

보디오와 그의 두 명의 조수인 피에트로 치오치와 안토니오 키미넬로는 IOR의 위임 재단 계좌들을 공격적으로 파헤치는 것에 실패했기 때문이다. 의심스런 계좌를 폐쇄하는 대신, 그들은 새로운 계좌를 개설했지만 이것도 자주 의심스러웠다. 카로야는 보디오가 "매우 사람 좋고 관대하며 모범적인 사람이지만" 그가 성직의 힘 앞에서는 깜빡 죽는 모습이라고 생각했다.

> 그가 어떤 투자를 허락하는 모든 것은 붉은 망또를 입은 자로부터 아침식사에 초대 받은 것이었다.[61]

나중에 카로야는 보디오가 추기경들의 계좌 개설에는 너그러울 뿐만 아니라 그 자신이 부유한 이탈리아인들을 위해 IOR이 오랜 세월 동안 해왔던 일을 지속하고 있음을 발견했다. 바티칸은행의 규범 제 2조에 의하면 IOR은 "적어도 부분적으로는 미래의 종교적 사업을 위한 목적을 가진 상품"을 받도록 되어 있지만 보디오는 이탈리아의 거물들, 예컨대 실업인 도메니코 보니파치 같은 자를 위해 수백만 달러의 계좌들을 개설하도록 도와주었다.[62]

이탈리아에서는 이자와 주식 배당 이익에 대한 최고 세율이 30%에 달하기 때문에 보니파치에게는 바티칸은행은 싼 물건에 해당되었다. 현금에 대해 10%의 수수료 유가증권과 주식에 7% 수수료에도 불구하고 교회에 내는 모든 것은 매년 확정 기부금으로 처리되었다.

믿을 수 없게도 교회는 보니파치의 구좌에서는 손해를 보고 있었다. 왜냐하면, IOR은 어찌하든 그의 예치금에 대해 11.75%의 이자를 지불해야 하기 때문이며 이는 바티칸은행이 수도승, 수사, 소수의 종교 조직에만 보장하는 금리였다.[63] (보니파치는 바티칸에서 스스로 철저히 권력의 회랑에 환심을 사려고 했다. 그는 APSA의 카스틸로 라라 추기경이 로마교회를 위해 로마 외곽에 있는 역사적 고급 건물을 사도록 도왔다.)*[64]

1993년 가을 내내, 교회가 밀라노의 검찰과 협조해야 하는가라는 열띤 내부 논의가 있었다. 카로야와 개혁자들은 돕기를 원했다.

그러나, 반동적인 고위 성직자들로 인해 반대에 부딪쳤다. 그들은 교회가 그럴 의무가 없다고 생각했다. 카리스마적인 카스틸로 라라 추기경은 교회의 불가침적인 주권을 약화시킬 어떤 타협안에 반대하는 설득력있는 주장을 내세웠다. 교회는 이탈리아의 범죄 조사를 도울 어떤 의무도 지지 않는다는 것이 그의 주장이었다.[65]

카스틸로 라라는 바티칸은행이 그 자체로 붕괴되지 않는 한, 유사 바티칸은행(IOR)을 없애는 것은 가능하지 않을 것이라 믿었다. 매 순간 그는 은행을 더욱 투명하게 만들려는 카로야의 노력을 능숙하게 봉쇄했다.[66] 그동안 일부 개혁주의자는 그 추기경이야말로 개혁에 장애물 그 이상이라는 의혹을 가졌다. 그들은 막강한 APSA 수장을 언론 누설의 장본인으로 생각했다. 이는 카로야의 팀이 은행의 의심스런 행위를 억제하는 것에 실패했음을 명백하게 했다.[67]

이탈리아 검찰과의 협조에 대한 바티칸의 저항은 이탈리아의 주요 정치가들을 놀라게 하지 않았다.

에밀로 코롬보 전 수상-외무장관-은 나중에 동료들에게 바티칸은 무엇이든 자신이 원했던 것을 하며 따라서 "우리가 할 수 있는 것은 없다. 상호 간의 법적 조력을 위한 조약들이 있을 때 그 관계는 상호성에 기초한다. 나는 그들의 협조를 얻는 것은 불가능하다고 거의 확신한다"라고 말했다.[68]

그 문제에 대해 많은 이탈리아 정치가는 깨끗한 손을 감당하는 검찰을 돕는 일에 그리 열성적이지 않았다. 수상 베티노 크락시와 4명의 고위 장관이 1993년 4월 사임했을 때 다음 수상 실비오 베를루스코니 자신이 조사를 받았는데 자신의 회사 중 하나로부터 불법적인 지불 가능성에 대한 것이었다. 그는 행정 명령을 발표해서 반부패 십자군 전쟁을 늦추었다. 이 명령은 검찰의 가장 강력한 수단이었던 예방 투옥(preventive incarceration)의 사용을 엄격히 제한하는 것이었다.[69]

늦은 가을 즈음(1993년), 소다노는 교황에게 바티칸은행에 대한 최근 상황을 알려주었다. 그가 요한 바오로에게 말하기를, 상황은 단순히 더러운 위임 계좌들을 판별하고 폐쇄하는 것보다 훨씬 더 복잡하다고 했다. 이탈리아 검찰에 정보를 밝히는 것은 교회의 통제를 넘어서는 일련의 연쇄 작용을 유발할 것이라고 소다노는 자문했다.[70] 이 브리핑은 요한 바오로가 바티칸은행(IOR)은 지뢰밭이니 건들지 않는 편이 좋다는 생각이 들도록 했다.[71]

그해 늦가을, 베네수엘라 출신의 변호사 알베르토 제이미 베르티(Alberto Jaime Berti)가 혐의에 대한 기소 면제 조건으로 이탈리아 검사들에게 협조했다. 그 혐의는 소수의 고위 오푸스데이 관리들을 위해 스위스와 파나마은행들을 통해 수억 달러를 자금 세탁하는 중심에 IOR이 있다는 것이었다.[72] 이탈리아 언론은 베르티가 드 보니스를 자신의 바티칸은행의 연줄로 지목했으며 드 보니스 경의 서명으로 수십 장의 서류를 생산했다고 보도했다.

검찰은 드 보니스가 제네바의 파리페바은행(Banque de Paris et des Pays-Bas)의 안전금고의 키를 가지고 있다고 믿었다. 베르티는 말하길, 어떻게 바티칸은행(IOR)이 자금을 세탁했는지 정확하게 설명해주는 문서의 은익처가 그 금고 안에 있다고 했다. 몰타기사단의 지위 안에서 면책 특권으로 보호된 드 보니스는 베르티를 알지 못한다고 했다.[73] 검찰은 그에 대해 조치를 취할 수 없어 물러나야 했다.

1993년, 11월 13일, 카로야는 파두아에서 로마로 차를 운행 중 고속 도로 상에서 자신을 치려는 트럭을 피해 방향을 틀자 자기 자동차를 통제하지 못했다. 그는 크게 다쳤다. 헬리콥터가 그를 가까운 병원으로 데려갔고, 그는 곧 로마의 게멜리 외상 센터로 후송되었다.

> 무의식의 상태에서 나는 순간적으로 제정신이 들었다.

그는 하나님이 자신을 구했고 바티칸은행에 대해 옳은 일을 할 수 있다는 것을 믿었다. 만일 그가 회복된다면 그는 약속하기를, 자신의 개혁을 위해 배전의 노력을 할 것이라 했다.[74]

그동안 교황청은 그 사건이 타살시도의 결과라는 악의적 소문으로 넘쳐났다.[75] 카로야가 병원에서 회복되는 거의 한 달 동안 바티칸은행은 더 나쁜 머리기사를 얻었다.

사회주의 정치 지도자요, 금융인 세르지오 쿠사니가 깨끗한 손의 핵심부에 불법적 리베이트를 시도하려 한 혐의로 재판을 받는 과정에서 검찰은 그 더러운 돈의 상당 부분이 바티칸은행에 예치되어 있다는 증거를 제시했다. 게다가 로마교회는 당시 베티노 크락시 전 수상에게 뇌물로 사용된 재정증권을 현금화하는데 8백만 달러의 수수료를 챙겼다는 것이었다.[76] *[77]

전직 신문 기자인 루이기 비시나니는 그 돈의 대부분이 자신의 계좌로 빠져나갔던 계좌 소유자였다. 어떻게 그가 수백만 달러의 재무 증권을 크고 표식 없는 봉투에 담아 바티칸은행(IOR)에 가져왔으며, 어떻게 거기서 그 돈이 자신의 비자금으로 예치되었는지 집중적으로 설명을 했다.[78] 비시나니는 그 일을 한 대가로 현금 2백 6십만 달러를 받았으며, 그 돈으로 베니스에 집을 샀고 호화롭고 사치스런 삶을 누렸다.

이탈리아에서 피아트 다음 가는 최대 개인 기업 페루찌(Ferruzzi)의 전직 최고 경영자인 칼로 삼마(Carlo Sama)는 법정에서 어떻게 드 보니스가 자신과 아내 알레산드리아를 도왔으며, 17세기 쿠푸친 수사(修士)의 이름을 따라서 산세라피노재단 이름의 계좌를 개설했는가를 말했다. **1992년** 중반을 포함한 18개월 동안, 약 3천 8백만 달러가 그 계좌를 통했다. 그 돈은 두 스위스은행으로, 하나는 룩셈부르크로 전송되었다. 거기서 그 돈은 추적 불가한 무기명 채권(bearer bond)으로 전환되었다.[79] 삼마는 바티칸은행이 비밀스런 돈 거래에 최상의 은행인 이유가 "철저히 비밀"을 조장하기 때문이라고 증언했다.[80]

쿠사니의 재판은 카로야에게 또 다른 기회를 주어 그는 이탈리아 조사관들에게 더 협조하도록 소다노를 로비했다.[81]

하지만, 바티칸은 바티칸은행의 장부를 열어 보려는 이탈리아 조사관들의 줄기찬 모든 시도를 묵살했다.[82] 안드레오티 수상은 에니몬트 스캔들에서 어떤 혐의도 받지 않았다. 이는 바티칸은행이 그의 정체를 이탈리아 당국으로부터 기막히게 지켜준 점 때문이었다(안드레오티와의 연계는 2009년에야 공개되었다).[83]

평신도감독위원회 소속 금융인이 한 호소-소다노에게 18개의 요약된 질문을 담고 있는 분노의 편지-조차 묻혀 버렸다. 너무 지체되는 내부 조사는 결국 아무 성과를 보지 못했다. 카스틸로 라라 추기경은 최근의 사례가 비양심적인 평신도들이 바티칸은행을 이용해 먹었다는 또 다른 불행한 사례일 뿐이라는 이론을 다시 한번 옹호했다.[84]

에니몬트 스캔들이 터지는 때, 이탈리아는 이상하게도 바티칸은행에서의 범죄의 가능성을 추적하는 열의를 잃어버렸다. 심지어 뇌물 스캔들의 중심에서 바티칸은행이 그 계좌로부터 걷어드린 이윤을 되돌려 달라고 하는 진지한 노력조차도 없었다. 대신 검사들은 바티칸은행이 그 계좌를 통해 흘러갔던 수백만 달러의 마지막 도착지를 알 턱이 없다. 따라서 그 돈의 용도에 전혀 책임이 없다고 하는 교회의 변명을 수용했다.[85]

바티칸을 조사하는 일에 있어 이탈리아가 열정을 보이지 않아, 역시 1년 후도 교회는 더 이상 당황스럽지 않았다. 한 높은 직급의 마피아 밀고자인 프란치스코 마리노 마노이야는 수사관들에게 어떻게 P2의 리치오 겔리가 바티칸은행을 이용해 팔레모의 대부 살바토레 리이나에 속하는 불법 자금을 예치했는가 말했다.[86]

1994년, 경찰 심문에서 조직 폭력배 빈센조 칼카라는 자신이 개인적으로 말신커스 밑에서 바티칸은행이 6백 6십만 달러의 마피아 자금을 세탁하는 것을 도왔다고 주장했다. 선서한 증언에서 칼카라는 자신이 시실리에서 로마로 비행기를 타고 두 개의 큰 옷가방을 옮겼는데, 거기에는 1십만 리라의 은행 지폐가 가득했다고 말했다. 두 정치인이 붙어 다녔다.

로마의 피우미치노공항에서 말신커스와 소개받지 못한 한 추기경이 기다리고 있었다. 그 일행은 차롤 몰아 로마 북쪽 비아 카시아에 있는 변호사 사무실로 갔다.[87] 칼카라는 현금을 쏟아부었다. 그는 어떻게 말신커스가 이를 행했는지 알지 못했으나, 한 달 내 깨끗한 돈으로 입수되었다.

물론 바티칸은행의 서비스 수수료는 제외였다. 다른 높은 급의 폭력배이며 법원 증인인 로사리오 스파톨라는 자신이 말신커스가 그의 마피아 영향력에 대해 "자랑하는" 것을 들었다고 증언했다.[88]

우리는 이것이 순전히 지어낸 것임을 100% 확신한다.

카스틸로 라라 추기경이 한 기자에게 말했다. 아마도 자신의 말이 설득력이 있기를 바란 것처럼 들렸다.[89]

조직 폭력배가 바티칸은행 내에서 피난처를 찾았다는 믿을 만한 정보를 가지고 이탈리아 법무성이 무엇을 했는가?

검찰 수뇌부는 그 단서를 추적하지 않기로 결정했다.

바티칸을 쫓으라고?

팔레모 법정의 한 검사가 물었다.

우리는 이미 충분히 적을 만들지 않았는가?[90]

1994년, 교황과 소다노 추기경은 바티칸은행에서 드 보니스를 대체할 성직자를 택할 때가 마침내 되었는가 논의했다. 다도찌 경이 자신이 관심이 있음을 알도록 했다.

하지만, 소다노는 그 자리를 공석으로 두기를 원했다. 그는 국무총리실의 자신의 조수 중 한 명이자 베드로성금을 담당하는 경력 외교관 지안프랑코 피오바노(Gianfranco Piovano) 경이 바티칸은행의 업무를 익히도록 임무를 주었다.[91]

피오바노와 동시에 떠오르는 자는 레리오 스카레티(Lelio Scaletti)였다. 그는 특징 없는 65세의 평신도로, 비오 12세가 교황이었을 때 교회에서 일하기 시작해서 바티칸은행(IOR)의 상급 직책에 이르게 된 자였다. 또 다른 15년을 바티칸은행에 남아있게 될 전통주의자, 스카레티가 과감한 변화를 지지할 것인가 의심스러웠다.[92]

그동안 카로야와 그의 동료 이사 필립 드 웨크는 바티칸은행의 감독 추기경들을 설득해 외부 감사자들을 뽑도록 했다. 그들의 선택은 스위스의 레비스위스(Revisuisse)로, 프라이스 워터하우스의 자회사였다. 경제청의 장관이며, 미국 주교회의 전직 재무관리자였던 카시미르 스조카(Casimir Szoka) 추기경은 곧바로 레비스위스가 바티칸의 역사상 처음 "통합 대차 대조표"를 제공하는 일을 할 것이라고 공고했다.[93]

다도찌는 이때쯤 잘못을 보고하는 것은 본질적으로 시간 낭비라고 결정했다. 왜냐하면, 누구도 이에 대해 아무 일도 하려 하지 않는 것처럼 보였기 때문이었다. 그는 레비스위스의 감사자들이 바티칸은행의 위임 계좌 문제를 밝힐 수 있는 정보를 드러내는데 반복적으로 실패했던 것을 보았다. 레비스위스가 어떤 장부나 기록에 접근하지 않았던 부서의 하나가 바티칸은행이었다.

1994년 6월 중순의 기자 회견에서, 스조카 추기경은 바티칸의 연간 잉여금을 확증하는 "감사받은" 숫자를 제시했다. 이는 적어도 교회가 금융의 한 모퉁이를 돌았다는 강한 증거였다. 한 기자가 바티칸은행의 재무제표가 아직도 비밀이면서 외부 회계사를 갖는 것이 혁명적인가 물었다. 그 질문은 스조카를 짜증나게 했다.

바티칸은행은 성좌의 일부가 아니라는 게 그의 답이었다. 이는 별개의 부서요, 바티칸 내에서 독특한 부서다.[94] 이것은 모든 바티칸은행의 이윤이 오직 교황에게만 속하며 교황이 자신의 판단으로 그 이윤을 분배한다는 착각을 낳았다. 바로 3개월 전, 카로야는 요한 바오로에게 개인 서신을 써서 바티칸은행이 전년도에 이윤에서 7천만 달러를 벌었다는 뉴스를 전했다.[95]

1995년, 카로야는 바티칸은행(IOR)의 이사로서 거의 5년의 침묵을 깼다.
그는 「일 코리에르 델라 세라」의 기자에게 말했다.

> 우리는 투명성의 버튼을 두드리며 나아가길 노력했다. 불행하게도 최근 지난 몇 달 동안 (에니몬트 스캔들) 우리는 신문의 기사거리가 되고 말았다.
> 하지만, 우리 자신의 잘못은 없었다.[96]

카로야는 "투명성의 버튼"이 잘 작동되지 않음을 분명히 인식했다. 그해, 한 이탈리아 변호사가 다도찌와 스카레티와의 만남을 주선했다. 그는 죽은 한 이탈리아 부동산 거물의 상속자였다. 알레산드로 게리니(Alessandro Gerini)는 바티칸의 많은 건축 프로젝트에서 큰 역할을 맡고 있었기 때문에 이탈리아 내에서 "하나님의 건축가"로 불리는 자였다. 게리니는 하나의 교단인 살레시오회(Salesiani di Don Bosco)를 돕기 위해 그 이름을 딴 재단을 만들었다.[97]

이제 게리니의 손자들인 그 피상속인들이 게리니가 유산으로 남긴 1억 7천 5백만 달러에 가까운 돈을 환수하기 원했다. 말하는 가운데 바티칸은 우루과이에 있는 수백만 달러의 계좌 하나에 대해 알게 되었다. 이는 생각컨대, 칼비와 암브로시아노의 마지막 분주했던 나날 동안 사라져버린 돈의 일부였다.[98] 이는 곧장 교황에게 알려졌다.

그리고 소다노는 다시 한번 스테벤스의 조언을 구했다. 그 엘리트 변호사는 특별한 자문을 맡고 있었다. 교회는 어떤 우루과이 계좌를 추적하는 것이 크게 위험스럽다고 결정했다. 그 성직자들은 이탈리아가 암브로시아노에 대한 바티칸의 2억 4천 4백만 달러의 해결책을 재차 들여다보게 만들 수 있음을 두려워했다.

다도찌 경은 암브로시아노의 정보가 일종의 함정이 되어 소다노 국무총리에게 부담이 될 것을 두려워했다. 칼비 사건에 관련된 어떤 돈이 발견된다면, 이탈리아 관리들은 바티칸이 암브로시아노의 채권자들에게 더 많이 내놓아야 한다고 주장할 터였다.[99]*[100]

일부 바티칸은행(IOR)-칼비 돈이 남미의 버려진 계좌에 묻혀있으리라는 것은 바티칸은행의 숨겨진 지뢰라는 사실을 카로야에게 생생하게 상기시켜 주었다. 그가 은행에 대해 최악의 상황은 끝났으리라 생각했을 때 새로운 좌절을 맛보았다. 종교 운동으로 은사주의적인 아르헨티나 출신의 사제 도밍고 이찌(Domingo Izzi)에 의해 운영되는 루멘크리스티(Lumen Christi)에 속하는 한 계좌가 문제로 떠올랐다.

1991년에 계좌를 개설하자마자, 이찌는 가축, 헬리콥터 서비스 전국적 복권관리를 포함하는 색다른 아르헨티나 투자를 위해 바티칸은행(IOR) 대출을 요청했다.[101]

이찌는 약속하기를, 이 모든 것은 남미와 이탈리아에서 "루멘크리스티운동의 활동과 믿음의 홍보 가운데 그 운동의 활동으로 인한 필요한 것을 제공할" 것이라 했다. 6백만 달러가 IOR로부터 이찌 신부와 루멘크리스티에게 흘러갔다. 이는 그가 대출을 신청한지 24시간도 되지 않아서였다. 상환 기일이 2년이 지났다. 이찌는 단 한 푼도 갚지 않았다. 카로야가 바티칸은행에 회수를 지시했을 때, 바티칸은행은 루멘크리스티 몫의 이름만을 가진 로마의 아파트 두 채의 소유권을 가질 뿐이었다.

하지만, 그것마저 모기지로 저당을 잡혀 있어서 소유 가격보다 더 적은 가치였다.

만일 카로야가 집요하지 않았다면 그는 빈털터리였을 것이다. 카스틸러 라라 추기경과 아르헨티나 교황 대리대사에게 호소 돈을 갚으라는 이찌 신부에게의 개인적인 전화에도 불구하고 카로야는 그 대출에 대해 한 푼도 회수할 수 없었다. 그 대출금은 이자와 체납 벌금으로 **1995년**에 8백 2십만 달러로 불어났다.[102](비록 카로야가 그 대출을 몇 년 동안 추적했지만 좌절했으며 결국 IOR은 이를 대손 상각 처리해야 했다.)[103]

다음 해인 **1996년**, 바티칸은 에니몬트 스캔들로 인해 바티칸은행이 "자금 세탁을 방지하기 위한 조치에 관한 금융거래행위특별팀(FATF-Financial Action Task Force)이 정한 규칙"의 채용을 촉진하게 되었다고 자랑했다.[104] 이것은 처음 들으면 좋은 소리였다. 금융거래행위특별팀은 유럽의 16개국에 의해 **1989년**에 설립된 정부 간의 조직체로, "법적, 규제적 실무적 조치에 대한 기준을 세우고 그 효과적인 집행을 촉진해, 이로 인해 자금 세탁, 테러리스트 금융지원, 이와 관련된 국제금융시스템의 통합에 위협이 되는 것을 막기 위함이었다."[105]

하지만, 자신의 주장에도 불구하고 바티칸은 스스로 금융거래행위특별팀의 감독 규제에 복종하지 않았다. 다른 금융거래행위특별팀 멤버국들로 자금 세탁에 의심스런 명성을 가진 나라들, 예컨대 룩셈부르크, 스위스, 싱가폴 홍콩은 이미 그때 독립적 규제기관에 은행 내 시스템을 공개하는 점에 있어 바티칸에 비해 더 많은 구체적인 조치를 취했었다.[106]

바티칸은행의 내부자들은 금융거래행위특별팀 가이드라인에 대한 선언이 아무것도 변화시키지 못했음을 알았다.

제30장

나치 금의 흔적 묻기

교황 요한 바오로 2세 교황청의 고위층에게 크게 안심이 되는 일은 바티칸은행(IOR)이 에니몬트 스캔들 이후 상당 부분 뉴스거리에서 벗어나고자 힘썼던 일이었다. 무기명 계좌들에 대한 이야기, 교회 자금으로 가열된 정치적 뇌물, 자금 세탁 신도나와 칼비의 금융 제국 같은 불법적인 회사들에 대한 금융 지원, 이 모든 것이 과거의 일처럼 보였다.

예컨대, 한 시실리 출신의 대주교가 어떤 20세기 성당을 리노베이션 하기 위해 택한 하청업자들로부터 돈을 갈취하는 것으로 기소된다고 해서, 이것이 로마교회의 명성을 더럽히지는 않았다. 비록 조사관들이 어떤 바티칸은행의 계좌에 숨겨진 1백만 달러를 발견했을지라도, 바티칸 연구가들은 그 대주교를 악한 성직자로 간주할 뿐, 바티칸 관리들 스스로 잘못한 것으로 의심받는 예는 아니었다.[1]

'악성 채권'(bad ink) 금액의 감소는 카로야에게 희소식이었다. 그의 5년 임기는 **1995년**에 갱신되었다. 카스틸로 라라 추기경과 드 보니스는 그를 대신해 미국인 버질 디찬트(Virgil Dechant)를 원했다.

카로야는 컬럼버스기사단(騎士團)의 최고 기사였다. 디찬트는 현명한 대안이었다. 요한 바오로도 말 많은 이 미국인을 좋아했다. 그가 폴란드의 연대를 위해 많은 돈을 모았기 때문이었다.

하지만, 카로야는 감독위원회의 그의 모든 평신도 동료들의 지지뿐만 아니라 소다노 국무총리의 핵심적인 인정을 받았다.

카로야는 일련의 목표물을 가지고 자신의 2기 임기를 시작했다. 매번 기회가 있을 때마다 그는 IOR의 목적이 교회의 영적 필요를 채우기 위함이며 따라서 "투기와 비윤리적 금융 거래들을 배제하는 것"임을 재확신 시켰다.[2]

카로야는 은행의 종업원들에게 계좌를 개설하기 전에 "그들의 고객들을 잘 선별하도록" 촉구했다. 심지어 작은 일, 예컨대 여자들을 관리직에서 배제하는 불문율을 없애는 일에서, 그는 바티칸은행을 현대화하려고 노력했다(한 언론 보도는 여성 경영진의 배제는 "조만간에 여자들이 가정을 우선시 할 것이란 무언의 가정에 명백히 근거를 두고 있다"라고 언급했다).[3]

그의 첫 5년 임기 동안 해결되지 못한 하나의 도전은 어떻게 은행 계좌들의 오용을 막을 것인가였다. 그는 빠른 해답이 없음을 알았다. 많은 고객이 합법적으로 엄청난 현금 금액을 다루었다. 자선 단체와 교회 선교는 대부분 현금 기부금에 달려있으며, 그런 다음 세계로 전송되어 배분되었다. 현금 유입에 대해 많은 제약을 두는 것은 실제 계좌 소유주들로부터 반발을 불러일으킬 것이었다. 더 좋은 감시를 위해서는 IOR이 온전히 디지털화할 필요가 있었다.

하지만, 많은 기록이 여전히 손으로 작성되었다.

그의 재임이 시작된지 몇 개월 후, 카로야는 바티칸은행에 관한 한 자신이 직면한 장애물을 분명하게 일깨우는 사건에 봉착했다. 이탈리아에 살고 있는 전 CIA 장교인 로저 도노프리오(Roger D'Onofrio)가 무기, 마약 플로토늄의 국제적 밀수단의 중심 인물로 기소되었다.[4] 놀라운 발표 가운데 그는 바르셀로나의 리카르도 마리아 찰스 고르도(Ricardo María Carles Gordó) 추기경을 갱단의 중간책으로 지목했다. 도노프리오는 둘이 거의 1억 달러를 바티칸은행 계좌를 통해 거래했다고 주장했다.[5]

그 돈은 도노프리오의 스위스 사업 파트너에게 간 것으로 되어 있었다. 이탈리아는 왜 찰스 고르도 추기경의 이름이 바티칸 계좌에 있는지 그가 돈세탁에 대해 어떤 것을 알고 있는지 판단하기 원했다.[6]

이탈리아 검찰이 찰스 고르도에게 그가 조사 중임을 통보했을 때 36개 죄목의 기소장이 이미 발부되었다.[7] 골수 보수주의자 찰스 고르도는 그 조사를 좌파들에 의한 정치적 동기로 일축했다.

그는 전 첩자들, 용병들 갱단들의 잡색들과는 "어떤 관계도 없음"이라고 했다. 스페인 정부도 주권의 문제에 있어 로마교회 편을 들었고 이탈리아 조사관들이 그를 심문하는 것조차 막았다.[8] (찰스 고르도는 어떤 범죄 혐의도 받지 않았다. 다음 해 교황 요한 바오로 그를 승진시켜 교황 경제청의 장관으로 삼았으며 동시에 바르셀로나의 수석 성직자로 그의 **2004년** 은퇴까지 두었다.)[9]

찰스 고르도 에피소드에 대해 카로야를 가장 힘들게 했던 것은 1억 달러가 그 누구도 의문을 가져보지 않은 채로 바티칸은행을 통해 빠져 나갔다는 점이었다. 또 다른 당황스런 에피소드가 연이어 생겼다. 이탈리아 경찰이 나폴리의 추기경 미첼 지오르다노를 조사하고 있다고 발표한 것이었다. 강탈 횡령 바티칸은행 계좌에 불법적으로 얻은 이익금을 숨겼다는 혐의였다.

경찰은 그 추기경의 형제, 곧 카모라 범죄 가문의 수장인 그의 집을 급습할 때 범죄로 입증할 문서들의 획득물을 밝혀냈다. 그 증거물은 그 추기경이 마피아 자금을 움직이는 데 바티칸은행을 이용했음을 제시했다. 형사들이 추기경의 사무실을 급습했을 때 바티칸은 이탈리아에 공식적인 이의를 제기했다.[10]

결국에 로마교회는 뒤로 물러나는 전례가 없는 조치를 취하고, 검찰이 70세의 고위 성직자를 그의 형제의 고리대금 집단의 일환으로써 재판에 세우는 것을 용납했다(검사는 **2000년**에 그를 무죄 석방했다. 그러나, **2002년**, 그는 자신의 교구에 유증된 부동산을 불법적으로 전용한 것으로 기소되었다. 하지만, 그 기소는 **2005년**에 무혐의가 되었다).[11]

그 추기경이 유죄인가, 아닌가라는 문제보다 카로야에게 더욱 중요한 것은 왜 바티칸은행 내 누구도 그의 계좌가 오랫동안 적은 잔고로 있다가 갑자기 수백만 달러로 증가했다는 것을 알아차리지 못했느냐는 것이었다. 이는 다시 카로야로 하여금 더 큰 두려움을 느끼게 했다. 즉, 자신과 바티칸은행을 신문 머리기사로 채우게 할 것은 자신이 아무것도 알지 못하는 어떤 계좌 속에 숨겨진 그 무엇이었다.

하지만, 바티칸은행을 피고석으로 몰아넣은 것은 로마은행을 통해 들어오는 돈의 홍수와 아무 상관이 없었다. 대신에 바티칸과 그 은행은 홀로코스트 생존자 그룹과 세계유대인회의(WJC: World Jewish Congress)의 관심사가 될 참이었다. 이들은 도난당한 희생자들의 자산에 대해 스위스은행과 연합국의 설명을 주장하기 시작했다.

1996년 즈음, 언론의 관심과 대중의 동정심은 홀로코스트 생존자들의 아이들에게 쏠렸다. 그 아이들은 스위스를 여행하여, 살해된 부모의 은행 계좌들에서 남겨진 돈을 회수하려 했다.

하지만, 그들이 사망 신고서를 만들 수 없어서 빈손으로 돌아와야 했다.

"나치 금"은 스위스은행들에게로 사라지고 다시 보이지 않은 전시 약탈물을 표현하기 위해 주조된 말이었다(세계유대인회의는 이를 "희생자의 금"이라고 불렀다).

점증하는 압력으로 인해 스위스는 폴 볼커(Paul Volcker) 미국연준 전 의장이 이끄는 위원회와 협조하기로 했다. 볼커는 얼마나 많은 돈이 없어졌는지 결정하기 위해 상위 스위스은행들에 대한 일련의 법의학적 감사를 계획했다.[12] 뉴욕 상원의원 알폰스 다마토가 상원의 은행위원회 앞에서 다섯 번의 청문회 중 첫 번째를 개최했고, 여기서 스위스 은행가들이 희생자들의 돈에 대해 뜨거운 심문을 당했다.[13]

스위스는 휴면 구좌들에 약 4천만 달러가 있다고 추정했다. 일부 유대 기관은 그 금액이 이자 증가분을 합해서 70억 달러라고 보았다.[14] 많은 스위스은행은 개인적으로 그 배상 노력이 강탈이라 여겼다.[15] 그들은 철저히 발뺌했다. 그들의 비타협적 태도는 결국에 뉴욕 감사원장의 협박을 낳았다. 그는 스위스은행 지주사들에 대한 뉴욕시 연기금을 처분할 것이며 그 은행들을 장래의 시의 채무 인수에서 배제하겠다고 했다.[16]

1996년 10월, 한 홀로코스트 생존자가 100개의 스위스은행에 대해 200억 달러의 집단 소송을 브루클린의 연방법원에 제소했다. 이 소송은 그 은행들이 **"나치가 유대인 희생자들로부터 탈취한 금, 희생자들의 이빨에서 제거된 금까지 포함한 금을 획득하고 이전시켰다"**고 주장했다.[17]

이는 소송의 수문을 열었고, 스위스은행들뿐만 아니라 오스트리아, 독일 프랑스 내 은행에 대한 집단 소송을 낳게 했다. 독일 회사는 노예 노동으로 이윤을 얻었다는 것, 박물관은 나치에 의해 도난당한 예술품을 갖고 있다는 이유였다.[18]

바티칸은 처음에 전시 약탈과 사라진 금에 대한 피 튀기는 논쟁에서 비껴나 있었다. 바티칸은 희생자들 가족이 제기한 배상을 위한 주장의 주체가 아니었다.

하지만, 그 행운은 **1997년** 여름에 사라졌다. 제2차 세계대전 당시의 바티칸과 바티칸은행의 행동이 새로 조명을 받았다. 미국 국무성은 재무성 직원 에머슨 비겔로(Emerson Bigelow)에 의한 **1946년 10월 21일**자 한 페이지짜리 메모를 비밀 해제했다.

이 메모에서 그는 크로아티아 우스타샤의 도피자들이 전쟁 종료의 혼란기 동안 훔친 엄청난 약탈물에 대해 썼다. 비겔로의 결론은 "대략 2억 스위스 프랑이 안전 보관을 위해 바티칸 안에 원래대로 잘 보존되어 있다(2014년 달러 기준으로 약 2억 2천 5백만 달러).[19]

바티칸이 그 약탈물을 그 "파이프라인"을 통해 스페인과 아르헨티나로 보냈거나, 그 이야기를 "그 보물이 바티칸 내 원래 보장소에 남아있는 사실을 덮기 위한 연막"으로 사용했다고 그는 말했다.[20] *[21]

비겔로 메모는 바티칸과 바티칸은행(IOR)을 조명했다. 그 메모는, 미국 정부가 추정하기로, 여전히 비밀로 분류된 1천 5백만 개의 문서 중 "나치에 의해 약탈된 금에 대한 안전 보관"과 관련한 첫 문서였을 뿐이었다.[22]

비겔로 메모가 공개된 이틀 후, 시몬비젠탈센터의 감독인 랍비 마빈 헤어는 기자들에게 바티칸은행에 예치된 금은 "많은 주요 나치 전범이 바티칸 여권을 가지고 남미로 도망갔던 바티칸의 줄사닥다리"를 지원하기 위해 쓰였던 것 같다고 말했다.[23]

헤어의 주장은 오랫동안 잊혀진 교회와 크로아티아 내 나치 괴뢰정부 간의 연합에 대한 홍수 같은 보도를 쏟아내게 만들었다.[24] 일부 평론가는 이를 이용해서 요한 바오로 교황의 전년도의 논쟁적인 결정을 재평가했다. 그 결정은 자그레브의 전시 중의 추기경인 알로지제 빅토르 스테피나치(Alojzije Stepinac)의 묘에서 기도하는 첫 번째 교황이 되겠다는 것이었다. 스테피나치는 전시 중에 크로아티아 교회를 이끌었던 자로, 나중에 전범으로 기소되었다.[25]

비겔로 메모에 대한 로마교회의 초기 반응은 간결했다.

> 이 보고서들은 실체적 근거가 전혀 없다.

바티칸의 수석 대변인 조아껭 나바로-발스는 주장했다.

> 그 정보는 어떤 문서적 근거가 없는 것으로, 오직 이탈리아 내 어떤 믿을 만한 소식통에 근거할 뿐이며, 이는 실제로 존재할지라도 확인될 수 없으며 그 권위가 의심스럽다.[26]

에드가 브론프만(Edgar Bronfman)이 세계유대인회의의 자원(自願) 의장이었다. 시그램 주류 회사와 부동산 기업의 상속자인 그는 교황과 개인적 만남을 요청했다.

> 홀로코스트 동안 살해되었던 유대인의 재산을 두고 일어났던 일에 대한 질문에 답하는

것은 모두에게 해당되는 일이다. 그것은 바티칸도 포함한다.

기자들에게 브론프만이 말했다.[27]

랍비 헤어에 의한 또 다른 기자 회견은 바티칸이 전후 22개의 위원회를 세워서 수배된 나치를 유럽 밖으로 재빨리 자리를 뜨도록 도왔다고 주장했다.

그해 5월, 생존자들이 주요 유럽 보험사 7개 회사를 상대로 생명 보험 증서의 귀속과 보험 청구의 미지급에 대해 집단 소송을 제기했다.[28] IOR이 이탈리아 보험 회사들과 통합적인 파트너십을 통해 수익을 냈음을 잘 아는 소수 바티칸 내부자들에게, 로마교회가 피고인으로 거명되지 않은 점이 일시적으로 안도가 되었다. 그 보험사들이 제2차 세계대전 동안 나치 점령지인 동유럽에서 영업을 했기 때문이었다.

하지만, 바티칸은행과 그 전쟁에 대해 나쁜 소식이 없었던 것은 아니었다. 로이터통신은 새로 비밀이 해제된 미국 정보 문서들을 국가기록물보관소에서 취득하고, 이를 통해 밝힌 것은 제2차 세계대전 동안 적어도 세 번, 바티칸은행이 스위스 중개인들을 이용해서 독일제국은행으로부터 자금을 얻었거나 블랙리스트 상의 회사들을 통해 송금시켰다는 사실이었다.[29] 영국 거점의 자선 단체인 홀로코스트교육신탁은 25페이지의 보고서를 발간했다.

국가기록물보관소의 새로운 문서들에 따르면, 연합국이 300톤 이상의 중앙은행 금을 나치에 의해 탈취된 10개국에 돌려주었지만, 강제수용소의 희생자들로부터 몰수한 약 5.5톤의 금은 희생자들이나 그들 가족들에게 재분배되지 않았음이 드러났다고 이 보고서는 인용하고 있었다.[30] 이 보고서의 영향으로 미국과 12개 유럽 국가는 홀로코스트 보상 기금에 기부했다. 바티칸은 협조를 거부했다.

1997년 9월 10일, 시몬비젠탈센터의 유럽 감독인 시몬 사무엘스(Shimon Samuels)가 교황을 알현했다. 국제기독인 유대인위원회의 연례 회의차 로마에 있었던 그는 바티칸이 다음 달에 예정된 "새천년 양심 조사"를 오랫동안 계획했음을 알고 있었다.

그 초점은 유대인에 대한 로마교회의 불법의 역사였다. 그는 이때가 로마교회의 문헌창고를 열어서 바티칸은행이 크로아티아 파시스트와 공모했다는 것과 나치의 금을 통해 전범들이 남미로 갈 수 있도록 도왔다는 혐의를 해결하도록 교황에게 요청하는 이상적인 때라고 생각했다.

대부분 서방 나라는 기록물보관소의 문서들이 일정한 세월이 지나면 공개되는 규정을 가지고 있었다. 바티칸과 IOR의 경우, 그런 민감한 파일들의 개방은 교황에 의한 주권적 결정이 필요했다.

사무엘스가 이 요청을 했을 때 교황은 답하기를 거절했다. 나중에 그가 바티칸의 유대인관계종교위원회 비서인 레미 훼크만 경에게 질문했을 때, 그는 퉁명스러웠다. 교회는 **"그 문제를 말하지 않을 것이다. 이는 불가능하다."**[31]

사무엘스는 기자들에게 그 거절을 전했다. 교회 지도자들이 깨닫지 못했던 것은 자신들이 이길 수 없는 여론전의 한가운데 있었다는 점이다. 1주일이 안 되어, 한 아우슈비치 생존자가 베드로광장에서 시위했다. 그는 줄무늬의 죄수복을 입고 "비오 12세와 바티칸은 홀로코스트에 유죄다"라는 프래카드를 들고 있었다.

사무엘스는 청원을 위한 서명을 받았는데, 이 청원은 비오 12세가 홀로코스트 동안 침묵했고, 나치의 잔혹 행위를 묵인했으며 친나치 가톨릭 성직자들의 행동을 간과했던 것에 대한 국제적인 조사를 요구했다.[32]

기독교 사회에서의 반유대주의를 말할 바티칸의 심포지움이 그해 11월 열렸을 때, 뉴스가 주목한 것은 청중들에게 행한 교황의 연설이 아니라 비젠탈센터 발송, 요한 바오로 수신의 공개 편지였다. 이 편지는 다시 한번 교회의 비밀 수장고와 바티칸은행의 전시 장부들을 열기를 요청했다.

> 이 투명성의 시대에 바티칸은 마지막 거부 집단에 속하여 홀로코스트 당시의 충분한 기록 문서를 공유하지 않음으로 인해 그 교훈을 얻고 나치 전범들의 색출에 실제적인 협조조차 보편적인 교육의 기여를 막고 있다.[33]

국제적 압력이 시공국에 가해졌다. 그 달 말, 41개 국가가 런던에 모여 미국, 영국, 프랑스로 구성된 3국금위원회(Tripartite Gold Commission)에 의해 송환된 약 5.5톤의 강제수용소의 금을 어떻게 할 것인가 논의했다. 그 위원회는 도난당한 자산의 문제를 해결하기 위해 전후 세워진 기구였다. 바티칸은 처음에 참석을 거절했다. 교회는 모든 것을 밝혀 말했기 때문에 그 일원이 될 이유가 없다고 대변인이 말했다.[34]

이것을 믿는 자는 없었다. 미국, 프랑스, 독일로부터의 강력한 막후 로비를 받은 교황은 두 명의 대표자를 보냈다. 국무총리실의 외교자문관인 지오바니 다넬로 예수회 사제요, 역사교수인 마셀 채핀이었다.[35]

하지만, 다른 나라들은 멈칫했다.

교황이 그 두 사람을 오직 조용한 옵서버로 보냈음을 알았기 때문이었다. 더 많은 압력을 받은 후, 교황은 그들의 지위를 온전한 대리자로 격상시켰다.

회의에 들어간 첫 날, 국제루마니아조합의 사절단장인 도날드 켄릭은 거의 2백만 달러 가치의 금화와 반지가 크로아티아 강제수용소 야센노박에서 살해된 2만 8천 명의 집시들에게서 탈취된 것이라 주장했다. 켄릭은 이 돈이 종전이 되자 바티칸에 보내졌고 바티칸은행에 예치되었다고 말했다.[36] 비록 켄릭은 자신의 놀라운 주장에 대한 많은 증거를 제시하지는 않았지만, 이는 국제 뉴스 일면 감이었다.[37]

바티칸 대표자들은 3일 동안 침묵했다. 개인적으로 그들은 다른 대표자들에게 합동 종료성명서의 일원이 되지 않을 것임을 알렸다. 그들은 비밀 수장고를 역사가들에게 여는 논의나 바티칸은행에 감사관들을 허락하는 것을 거부했다.[38] 미국인들이 도난당한 예술품, 귀속된 보험 증서, 압수된 은행 계좌, 채권 유가 증권을 찾는 것을 포함하는 각 나라의 의무를 확장하자는 아이디어를 제창하자, 한때 그들은 항의 표시로 박차고 나갈 뻔했다.[39]

그 회의는 41개국이 다음 해 다시 만나 진전된 보고서를 낼 것을 약속하고 끝났다. 오직 바티칸과 러시아만이 다음 회합에의 동의나 임시적 도움을 주는 것을 거절했다.[40] 바티칸은 역시 스튜워트 아이젠스타트 미국무차관으로부터의 개인적 간청인 "바티칸의 문서를 열람하고 이를 공개하자"는 요청을 거절했다.[41]

교회의 대표자들은 **1999년 12월 31일**의 마감일을 따르려고도 하지 않았다. 이 날은 사라진 희생자의 자산에 대해 각 나라가 가질 수 있는 어떤 역할에 대한 역사적인 보고서를 제출하기로 다른 모든 나라가 동의한 날이었다.[42]

바티칸의 모든 비타협적 태도는 교회가 명확히 도덕적 쟁점이 되고 있는 와중에 국외자의 모습으로 보이도록 했다. 따라서 이것이 신문의 표제 기사가 되었다. 런던의 텔레그라프의 표제는 다음 같았다.

세계의 혹독한 비난을 받는 바티칸, 수장고가 나치 금의 열쇠를 갖다.[43]

누구나 불신으로 머리를 흔들면서 런던을 떠났다.

WJC의 대표자인 에란 스타인버그는 다음과 같이 회고했다.

친나치 크로아티아 정부의 200톤의 금이 바티칸으로 향했다. 여기서 세상의 가장 도덕적인 기구의 하나인 그들이 있지만, 어떤 약탈된 자산을 회복하는 일을 돕는 데 그들은 손가락 하나 까닥하기는 커녕 우리에게 그들의 견해가 무엇인지조차 말하길 거절했다. 이는 몹시 실망스럽다.[44]

런던 회의에서 발뺌을 한 후 닷새 만에, 바티칸 대변인 나바로-발스는 다음과 같은 주장으로 모두를 놀라게 했다. 로마교회는 "그 관련 문서들을 철저히 열람한 결과, 이미 발표된 것에 덧붙일 것이 없다는 것을 확신할 수 있으며," 게다가 "크로아티아에서 나치에 의해 약탈된 금에 대해 바티칸 수장고 내에서 이루어진 조사 결과는 그 주제와 관련된 문서들의 비존재를 확인했으며, 따라서 교황에게 귀속되는 어떤 종류의 가정된 거래도 배제한다."[45]

바티칸이 그 수장고와 바티칸은행(IOR)의 수장고를 열어야 한다는 많은 요구에 대해 나바로-발스는 그것은 일어나지 않을 것임을 분명히 했다.[46]

누구도 바티칸이 정말로 철저한 문헌 조사를 행했을 것이라고 생각하지 않았다. 빠른 속도는 달팽이가 기어가는 속도로 일하는 교회의 뿌리박힌 수 세기의 성향에 반하는 것이었다. 범법 행위에 대한 나바로-발스의 단언적인 부인으로 인해 생긴 일반적 회의론은 1주일 사이에 새로이 비밀 해제된 문서 뭉치들로 더욱 커졌다. 그 문서들은 바티칸이 불법적으로 독일 나치 문장이 새겨진 금괴들을 받고 저장했던 4개국 중의 하나로 확인했다(그런 금괴들은 보통 죽음의 수용소 희생자들에게서 나온 치아 충전재의 금을 포함했다).[47]

하지만, **1998년** 초경, 영국 정부는 교회 관리들과의 수개월 걸친 비밀 회의로 인해 조사관들이 바티칸의 수장고에 접근할 수 있는 동의서-비록 IOR은 여전히 제한적이었지만-를 얻으리라는 것에 낙관적이었다.

하지만, 그 약속은 공허한 것으로 드러났다. 3월, 교회의 유대인종교관계위원회는

"우리는 기억한다. 쇼아(홀로코스트에 해당하는 히브리어)에 대한 성찰"이라는 문서를 발표했다.[48]

이는 곤경에 빠져있는 바티칸이 그 논쟁의 민감성을 얼마나 어설프게 이해하고 있는지에 대한 큰 증거였다.

그 문서는 다음과 같은 내용을 기록하고 있다.

> 전쟁 동안과 그 후 유대 공동체와 유대 지도자들은 자신들을 위해 행해진 모든 것에 감사를 표했다. 여기에 교황 비오 12세가 개인적으로 그의 대표자들을 통해 수십만 명의 유대인의 목숨을 살렸던 것을 포함한다. 많은 가톨릭 주교, 사제, 종교인과 평신도는 이 이유로 인해 이스라엘 정부로부터 감사함을 받았다."

일부 생존자는 특별히 비오의 비호를 두고 매우 화가 났다.[49]

그 봄에(**1998년 6월 2일**) 발간된 180페이지의 미정부 보고서의 한 보충 문서는 바티칸을 포함한 중립국들이 나치의 금을 그들 중앙은행에 숨김으로 이윤을 얻었다는 더 많은 증거를 제시했다.[50] 로마교회를 언급하면서, 이 보고서는 다음과 같이 기록했다.

> 전시 중의 크로아티아 보물에 대한 전후의 처리가 불명확하기 때문에 전시 동안 전쟁 바로 직후의 바티칸 기록의 측면에 대해 질문이 있다. 그 답은 오직 바티칸 수장고에 있을 것이다.[51]

기자 회견 동안 이 보고서가 발표되었다. 스튜어트 아이젠스타트는 바티칸과 IOR에게 그 수장고를 열도록 촉구했다.[52] 클린턴 행정부는 그 달에 바티칸에게 또 다른 기회를 주어 홀로코스트 희생자들을 위한 기금에 기부하도록 했다. 이는 법적으로 해야만 해서가 아니라, 하나의 "도덕적 제스처"였다.[53] 그것은 애매한 말-"도덕적 개입"-로 되어 있었고, 이는 암브로시아노 사건을 해결했을 때 로마교회에 수용되었던 그런 말이었다. 바티칸은 그럼에도 무시했다.

나는 과거에 말했던 것에 더 보탤 것이 없다.

나바로-발스의 말이었다.[54]

그달 말경, 수십 개의 국가가 사라진 나치 금의 크기를 확인하고, 미지급된 생명 재산 보험 청구 금액을 확정하며 예술품을 목록화하기 위한 합동 조치를 시작했다.[55]

8월 하순경, 몇몇 국가의 컨소시엄이 중간 보고서를 발표했다. 31개국이 문서를 비밀 해제 했다. 새로운 정보가 연합국의 전후 금위원회뿐만 아니라 개인 은행으로부터 나왔다. 돈을 추적하고 오직 18개월이 남아있는 20세기가 끝나기 전 노약자 홀로코스트 희생자들에게 돈의 분배를 위해 더 많은 국제 협력에 대한 공통의 요구가 있었다. 영국의 제임스 맥케이 경은 바티칸을 지목하고, 그 파일들을 개방하지 않은 것, 그 은행이 수령했던 약탈물을 어떻게 했는지에 대해, 또 어떤 도움도 주지 않은 것에 대해 바티칸을 비난했다.[56]

"나치 금으로 인해 포화를 당한 바티칸"이란 주제가 뉴스판을 지배했다.[57]

1998년 8월, 첫 집단 소송 재판 전날 밤, 스위스은행들은 12억 5천만 달러에 모든 계류중인 법정 소송을 해결했다.[58] 이는 당시의 역사상 가장 큰 인권 해결책이었다. 스위스은행들이 언론 매체의 포화로부터 벗어나자, 바티칸이 중앙 전면에 등장했다.

> 스위스는 협상의 테이블에 이르는 모든 길에서 발로 차고 소리지르며 정말 마지못해 우리와 일했다.
> 하지만, 우리가 나중에 바티칸으로부터 정보를 얻으려 했던 것에 비하면 스위스는 열린 문이었다. 바티칸은 우리에게 꺼지라고 말했다.

WJC의 스타인버그의 말이었다.[59]

9월 말, 제2차 세계대전 당시 3국금위원회가 50년이 지난 후 해체되었다. 그 남아있는 문헌이 공개되었다. 그 문헌은 그 위원회가 나치 점령지에서 사라졌던 엄청난 금 177톤의 행방을 설명할 수 없다고 밝혔으며, 전쟁 종료시 금괴들이 11개국의 중앙은행으로 돌아왔지만, 그런 혼재된 상태에서 희생자들로부터 얻은 개인적 보유 금이 얼마나 많은지 추정할 수 없다고 했다. 아이젠스타트 미국무차관은 그 보고서가 다시 한번 바티칸이 그 기록물을 공개할 것을 탄원했다고 말했다.[60]

그 논쟁을 잊은듯, 병중의 78세의 교황 요한 바오로 역시 크로아티아를 방문했고, 이번에 자그레브의 전시 중 대주교였던 알로지제 스테피나츠를 시복했다. 교황은 "바티칸의 수장고에 온전히 접근해서 이에 근거해 스테피나츠의 전시 기록에 대한 완전한 연구가 끝나기 전까지" 그 시복식을 연기해 달라는 시몬비젠탈센터의 마지막 호소를 묵살했다.[61]

대신에 "바티칸 내부의 크로아티아인"으로만 밝혀진 정보원의 말이 언론 보도에서 인용되었다. 그 말은 스테피나츠의 전시 역할에 대한 질문들을 "오래 전부터 인정되지 않았던 옛 주장"으로 묵살했으며, "이런 비사실적인 것들이 언론에 의해 지속적으로 재생산되고 있다"라고 했다.[62] (그해 크리스마스에 크로아티아의 고위 성직자들이 두 번의 특별 장송 미사를 통해 우스타사의 살인 지도자 파벨리치를 기렸을 때, 교황은 어떤 비판이나 비난을 하지 않았다.)[63]

그해 11월, 아르헨티나가 제2차 세계대전의 문헌을 공개하기를 거절했다가 이를 공개하기 시작했을 때, 다시 바티칸에 대한 압력이 들어왔다. 이는 역사가들로 구성된 국제위원회에 의한 다년간의 검토에 대한 마지막 단계였다.[64 * 65]

미국에서는 정보 자료의 계속적인 비밀 해제를 두고, 클린턴 행정부에 의한[65] 보다 적극적인 개입과 함께 홀로코스트 자산 대통령자문위원회에 의해 수행된 업적은 수십억 달러에 이르는 희생자의 자산을 크게 도적질 하는 일에 있어 중립국이 나치를 도왔던 정도에 대한 역사를 다시 쓰게 했다.[66] 이는 역사가에게 하나의 분수령 같은 순간이었다.[67]

심지어 스위스 인들도 자신들의 좋지 않은 냄새를 가진 과거를 두고 투명함을 드러냈다. 스위스는 전문독립위원회를 만들어, 자체 문서를 발표했을 뿐만 아니라 바티칸 같은 다른 중립국이 스위스를 통해 전시에 했던 것을 조명했다.

1998년 11월, 이스라엘은 수십 개의 홀로코스트 당시의 수집 문헌 목록을 발간했다. 이는 "정보를 공유하는 데 있어 거부되거나 비협조적이었던" 목록이었다.[68] 여기에 바티칸, 프랑스, 러시아, 폴란드의 국가 문헌을 포함했으며, 동시에 더 작고 더 많은 목표를 가진 수집물, 예컨대 영국의 M15, 영국의 적국 재산 압류, 프라하의 유대박물관이 가진 문서도 있었다.

이스라엘인들은 호소했다.

우리는 목록에 나타난 각 기구에게 그들의 파일을 공개하라고 호소한다. 왜 문명 사회가 우리 국민의 안전, 생명, 자유 재산을 확실히 하는 기본적인 약속에 실패했는지 우리가 알기 위해서다.[69]

바티칸은 그 요청을 무시했다.

12월, 44개국이 1년 전에 약속했던 것처럼 다시 모여 4일간의 회의를 워싱턴 D. C.에서 개최했다. 이는 나치에 의한 "부당한 몰수를 바로잡고 전전(戰前)의 소유자들을 찾으며 그 후손이 발견되든지 않든지 간에 보상하기" 위함이었다.

첫날에 러시아가 마침내 약탈한 자산을 찾으며, 그 파일을 공개하는 데 있어 역사가들과 홀로코스트 조직과 함께 협조할 것을 선언함으로써 돌파구를 열었다. 미국무장관 마드레인 올브라이트는 가톨릭 신자로 자랐지만, 1년 전에 그녀의 체코 조부모가 나치의 유대 희생자였음을 알게 되어, 바티칸 대표들에게 감정적인 호소를 했다.

그녀는 때로 목이 갈라지는 소리로 말했다.

우리는 목숨을 다시 살리거나 역사를 다시 쓸 수 없다.
하지만, 우리는 그 원장이 조금은 대차에서 덜 벗어나도록 할 수 있다. 이는 우리의 시간, 에너지 자원을 쏟아부어 그 답들을 찾고, 재산을 반환하고 정당한 요구에 지불하는 것에 달려있다.[70]

올브라이트의 호소는 또 다른 막다른 길로 끝났다. 나바로-발스는 기자들에게 교회는 홀로코스트에 대한 어떤 유관한 파일도 갖고 있지 않으며 크로아티아 금에 대해 어떤 것도 갖고 있지 않다는 것을 상기시켰다.[71]

지금껏 로마교회는 침묵할 별도의 동기를 가졌다. 전달에 집단 소송이 샌프란시스코 연방지방법원에 제기되었다. 대상은 바티칸은행과 프란치스코 교단으로, 이들이 우스타샤 금으로 인해 부유하게 됐다는 내용이었다.[72]

그 소송은 IOR을 거명한 첫 번째 소송이었다. 요나단 레비, 단독 개업 변호사로 정치학박사 학위 소지자가 소송을 제기했다. 이는 비밀 해제된 국무부의 전시 보고서에 근거했다. 그 보고서는 IOR이 세르비아인과 유대인 희생자들로부터 우스타샤가 약탈한 수억 달러의 현금, 금, 은의 실종과 연관되었다고 했다.

나는 수백 건의 정보 열람권을 내가 생각할 수 있는 각 정부와 군부에 제출했다.

레비는 말했다.[73]

그는 처음에 과연 바티칸은행을 상대할 수 있을까 확신하지 않았다. 그는 안젤로 카로야에게 소송 사본을 우편으로 보냈다.

이는 일종의 성모 마리아 기도였다.

레비는 확신했다.

몇 주 후 카로야가 답장을 보내 우리가 소송을 취하도록 말했다. 소장 여백에 그가 주장하는 바를, 물론 우리가 생각하기에 틀린 것이지만, 기록했다. 우리는 법정에 그가 특기한 설명은 재판의 근거가 된다고 주장했다. 판사가 동의했다.[74]

초기의 정보 열람권의 일부 문서는 레비로 하여금 스위스은행들을 피고인으로 하는 소송으로 바꾸게 만들었다. 레비의 확대된 소송은 주장하기를, IOR이 시카고 거점의 크로아티아프란치스코그룹(크로아티아프란치스코의 성결 가족 양육)과 함께 고의로 나치 금과 현금을 스위스은행들을 통해 아르헨티나의 전범들에게 보냈다고 한 것이다.[75]

1948년 미군 정보 보고서는 우스타샤 금 2,400킬로그램이 바티칸은행을 통해 로마 교회의 스위스 비밀 계좌 중 하나로 이송되었다고 확인했다. CIA는 **1952년** 5백만 스위스 프랑이 스위스에서 아르헨티나로 간 것을 추적했다. 이것은 분명 바티칸의 우스타샤 금이라고 레비는 주장했다. 그 피의 돈은 부에노스 아이레스에 있는 전범 안트 파벨리치에서 종결되었다.

1999년 12월, 독일 정부와 사기업체는 노예 노동 주장 건에 대해 원고와 50억 달러 거래에 합의했다. 이는 전년도 스위스은행들에 의한 협상 타협액 12억 5천만 달러라는 가장 큰 인권법적 타협안이 빛을 잃게 만들었다.[76] 볼커위원회와 독립전문위원회로부

터의 매우 비판적인 최종 보고서가 스위스로 하여금 희생자 보상에 추가적 조치를 낳도록 했다.[77]

나치 금에 대한 런던회의는 6천 1백만 달러를 기부금으로 모금했다. 전직 미국무장관 로렌스 이글버거는 '홀로코스트 당시 보험청구국제위원회'(ICHEIC: International Commission on Holocaust-Era Insurance Claims)를 주도했다. 이 위원회는 실질적인 진전을 이루어, 희생자 가족들이 제기한 보험 청구에 필요한 증거 기준을 완화했다.[78]

바티칸은 여전히 어떤 것도 하기를 부인하는 유일한 국가였다. 교회 관리들은 IOR이 집단 소송에서 주된 피고인으로 거명된 이래 협조할 동기조차 없었다. 카로야는 IOR이 그 옛 기록과 원장들을 조사해야 하는지에 대해 어떤 견해도 표명하기를 피했다. 그것은 그가 어떤 역활도 떠맡지 않았던 역사였다. 비록 그가 수장고의 개방에 대한 요청에 일반적으로 마음으로 동조하지만, 그는 이것과 싸우기 위해 정치적 자산을 낭비할 수 없었다.

심지어 새로이 기밀 해제된 미국 문서들과 수십만 명의 가톨릭 신자가 매년 순례하는 포르투갈의 파티마성모성당에서의 사제들이 나치 금 110파운드를 숨겼다는 것을 폭로했을 때도 로마교회는 꿈쩍도 하지 않았다.

각 금괴는 '프러시아주조창-베르린-1942'(*Preußen Staatsmünze-Berlin*-1942)이란 글씨와 나치 문양이 새겨져 있었다. 그것은 화란 유대인에게서 훔친 금으로 주조된 것이었다 (2014년 기준으로 2백 8십만 달러).[79]

파티마 성직자들은 한 지방 은행의 안전 금고에 나치 금을 저장했다. 그 뉴스에 대한 교회의 초기 반응은 침묵이었다. 포르투갈 주교인 하누아리오 토갈 페레이라가 그 비난을 잠재우려 했다. 그는 지방 언론 기자들에게 파티마 금이 "끝내주는 과거를 가졌다." "돈은 참으로 악하다"고 말했다.[80]

오직 뒷 배경의 바티칸은 기자들에게 파티마에서 나치 금에 대해 일어났던 것이 무엇이든, 나치 문양의 금괴는 IOR에 온 적이 없다는 것을 확인시켰다. 파티마 주교는 자신들이 10년 전에 이미 모든 독일 3제국의 금괴를 팔아서 성당의 성전을 확장하는 데 썼다고 주장함으로써 그 이야기를 진화하려고 했다.

은행은 그 일에서 비켜나 있는 까닭에 기록이 없었다. 홀로코스트 생존자들과 세계유대인회의의 외침에 대한 반응으로 레이리아의 주교는 특정하지 않은 금액의 돈을

"나치 금괴의 기억을 없애기 위한 사회적 대의명분"에 부합하도록 기부할 것을 약속했다(필자는 만일 있다면 그 지방 교회가 어떤 기부를 했는지 확인하지 못했다).

결국, 바티칸이 생존자들과 유대인 그룹에게 주었던 모든 것은 교황 요한 바오로의 개인적 성명, 곧 로마교회의 오랜 반유대주의 조장에 대한 유감을 표하는 것이었다. **2000년 3월**, 야드 바셈, 이스라엘 홀로코스트 기념관에서 교황은 다음처럼 말했다.

> 로마의 주교 사도 베드로의 후계자로서 내가 유대민족에게 확신하는 바, 어떠한 정치적 고려를 배제하고 오직 진리와 사랑의 복음적 법칙에 의해 움직이는 가톨릭교회가 어느 때, 어느 곳에서나 그리스도인들이 직접적으로 유대인들에게 행한 미움, 박해 행위, 반유대주의를 표출한 일에 깊이 슬픔을 느낀다.[81]

하지만, 엘란 스타인버거가 필자에게 한 말이 있다.

> 그 연설에 사과가 빠졌다.

그는 세계유대인회의를 위한 많은 보상 운동의 선두 주자였다.

> 교황은 제2차 세계대전 동안 수백만 명의 유대인과 다른 무고한 자들의 죽음에 대해 교회가 행했거나 하지 않았던 어떤 것에 대해 자신이 미안하다고 말하지 않으려고 매우 조심스러웠다.[82]

더 많은 외교적 압력에도, 교황은 이스라엘에게 바티칸 수장고를 열기를 고려한다는 어떤 약속도 하지 않았다(**2003년**, 바티칸은 전쟁의 죄수들을 도와준 것에 대한 문서를 발표했고, **2005년**에 베를린주재 교황 대리대사로서의 비오 12세의 시대에 대한 일부 파일을 공개했다).[83]

다른 나라들의 경우, 역사가들을 지원하고 동시에 희생자들과 그 가족을 돕는 일에 상당한 진전을 이룬 것에 비하면, 교황의 언급은 공허했다. 교황 요한 바오로의 성명 즈음, 큰 집단 소송이 스위스은행들과 독일 회사들에 대해 해결되었다.

프랑스은행은 오스트리아은행과 사기업이 그랬던 것처럼 그해 초, 소송전 화해를 이루었다.[84] 두 개의 큰 미결 소송은 레비의 대 바티칸은행 집단 소송이며, 다른 하나는 이탈리아와 독일 보험사들에 대한 소송이었다. 독일이 미결된 반환 소송을 제기한 것에 대한 광범위한 동의서에 서명을 할 때, 독일 보험사들은 그 소송에서 제외되었다.*[85]

2000년 11월, 바티칸은행의 미국 변호사들은 연방 법원에 관활권 없음을 이유로 레비의 소송 기각을 요청했다.

> 원고는 외국 주권국에 전시의 정치적 결정에 대한 일반적 도전을 할 수 있는 지위가 없다.

교회의 변호사들은 41페이지의 항소문으로 주장했다.[86]
레비의 회고다.

> 바티칸이 어떤 발견도 원하지 않는다는 것은 우리에게 명백했다. 한 번 조사해보자는 생각은 정말로 그들을 두렵게 했다. 그들은 미국 정부 대표자가 중재자로 활동하여 우리가 화해를 이룰 수 있는지 없는지 결정하는 것도 받아드리려 하지 않았."[87]

그 사이에 레비는 바티칸은행과 약탈 자산에 대한 그 역할에 대해 더 많은 증거를 얻으려는 노력의 일환으로, 십여 개의 CIA를 포함한 미국 정부 기관에 소송을 제기했다. 그는 그 기관들이 유보하고 있거나 정보 열람권 청구에 답하면서 크게 편집했던 자료들의 발표를 강제하기 바랐다.

바티칸의 거절에 대해, 레비는 지방 법원의 허락으로 일부 예비적 발견이 법원이 정당한 관할권을 가졌는가?

이렇게 질문을 결정하는 것에 도움이 된다는 것을 확신했다.

법원은 또 다른 10년 동안 바티칸은행이 희생자들의 청구로부터 면제되는가 하는 질문을 판결하려고는 하지 않았다.

제31장

사제 세계의 지하 범죄

많은 바티칸 연구가는 홀로코스트 배상 청구에 모든 관심을 쏟고 있었다. 그렇지 않았다면, 그들은 바티칸은행(IOR) 내에서 무엇이 벌어지고 있는지 더 잘 관찰했을 터였다.

하지만, 가까이 지켜보는 자들에게는 바티칸은행에는 여전히 조직적인 문제들로 인해 어려움을 겪고 있다는 경고 신호가 있었다. **1999년**, 미국 금융인 마틴 프란켈(Martin Frankel)에 의한 2억 3천 2백만 달러의 사기 사건 전말이 드러났다.

FBI는 프란켈을 추적해서 독일에서 그를 구속했다. 검찰은 골치거리인 바티칸은행의 잉크를 발견했다. 프란켈은 빈자(貧者)를 섬기고, 돕고, 그 고통을 경감시키는 성 아시시프란치스코재단을 세웠다. 영국의 버진 아이랜드회사를 통해 그는 수백만 달러의 역외 금융을 운영했다. 그런데 상당 부분이 고객들로부터 훔친 것이었다.

79세의 에밀리오 콜라지오바니(Emilio Colagiovanni) 경은 프란켈이 바티칸은행에서 그의 별도 재단을 사용토록 허락했고, 프란켈의 자금 이동은 금융 감시 기구의 레이더로부터 비켜 있었다.[1]

콜라지오바니가 프란켈 같은 사기꾼과 연계되었다는 것은 검찰을 놀라게 했다. 나이든 그 주교는 바티칸이 인정한 정경법 계간지의 편집장인 학자였고, 교황의 명예로운 상소 법원인 로만로타(Roman Rota)의 명예 재판관이었다. 73세의 피터 제이콥스(Peter Jacobs) 역시 추문에 휩싸인 사제였다.

제이콥스 신부는 프란켈의 역외 재단의 회장이었다. 그는 사제 직분을 정직 당했는데, 유명한 맨해튼식당을 운영함으로써 일찍이 그의 대주교직을 더럽혔다는 이유에서였다. 이 식당은 그 수익금을 가난한 자들에게 주기로 되어 있었으나, 수상한 인물들에게 호화로운 생활을 부추기는 것으로 인해 언론의 이야기 소재가 되었다.[2]

프란켈은 바티칸에게 5천 5백만 달러의 기부를 약속했다. "기부"의 조건은 바티칸이 단지 5백만 달러를 가지며 그 나머지 5천만 달러는 바티칸은행과 연계된 재단 안에서 프란켈의 통제에 있어야 한다는 것이었다.[3]

하지만, 프란켈은 한 푼도 내지 않았다. 프란켈재단이 바티칸은행 제3자 계좌를 제한없이 사용하고 그 계좌를 통해 현금이 정기적으로 빠져나가는 것을 바티칸은행의 누구도 알아차리지 못했다는 것을 검찰은 믿을 수 없었다.

그리고 콜라지오바니가 바티칸의 세 번째 서열의 성직자이며 국무총리실의 총무감독인 지오바니 바티스타 레(Giovanni Battista Re) 추기경과 주미 교황 대리대사인 피오 라기(Pio Laghi) 추기경과 협의했음을 발견했을 때 그들의 의심은 더 커졌다.[4] 곧장 질문이 바티칸은행의 최고 성직자인 지안프랑코 피오바노(Gianfranco Piovano) 추기경에게 향했다. 밝혀진 바에 따르면, 피오바니는 여러 번 콜라지오바니, 제이콥스. 전설적인 뉴욕 변호사 로이 콘의 전 파트너이며 그들의 변호사인 톰 보란을 만났다.[5]

언론은 프랑켈 사건을 좋아했다. 그의 그린비치의 집을 수색하자, 은닉한 엄청난 양의 포르노 사진, 점괘판 문서를 분쇄하라는 메모, 미국과 범죄인 인도 협약을 맺지 않는 관할권을 검색한 인쇄된 메모들이 발견되었다.[6]

여전히 바티칸은행은 결국 자체 시민으로서의 책임에 대한 질의를 피했다. 바티칸은행은 대신에 어떤 불법 행위를 두 미국 사제 탓으로 돌리며, 말신커스 사건이 10년 전에 그리했듯이, 은행이 교묘한 사기꾼에 의해 부지불식 간에 희생물이 되었다고 주장했다.

가장 졸렬한 변명 중의 하나로, 바티칸 대변인 나바로-발스는 콜라지오바니의 지위를 낮추어, 그를 단순히 "연금 수령자"로 부르고 제이콥스를 "옛 유대인"이라 무시했다. 제이콥스 신부는 자신의 어머니는 가톨릭 신자이지만, 유대인 아버지를 둔 자였다. 그는 20대에 가톨릭으로 개종했고, 세례를 받았으며, **1955년**에 사제직으로 안수를 받았다.[7] 앞의 재단에 대해 나바로-발스는 재단이 "바티칸과는 무엇이든 간에 어떤 관련도 갖지 않는다"라고 말했다.

프란켈 조사가 카로아에게 준 또 다른 일깨움은 9년이 지났어도 자신이 여전히 바티칸은행의 무기명 재단 계좌들을 통제하지 못하고 있다는 점이었다. 이는 드 보니스와 추기경 프란치스코스펠만재단의 경우와 똑같이 그를 좌절시켰다. 카로야는 자신이 개선을 이루었다고 생각했지만, 그때마다 프란켈 추문과 같은 어떤 것이 자신의 진전 없음을 비웃는 듯했다.

심지어 카로야가 바티칸은행 내부를 파고 들어 프란켈의 경우 무엇이 잘못됐는지 밝혔지만, **1999년**, 그의 초점은 자신의 또 다른 5년의 임기를 위해 교황이 자신을 지명하는 일이었다. 그의 임기는 10월 끝나게 되어 있었고, 그의 적수들은 대체 인물을 찾으려 혈안이었다.

미국의 캐시미르 스조카 추기경은 카로야의 친구가 아니었다.[8] 스조카는 교황청 내에서 영향력이 있었다. **1990년**, 요한 바오로는 그를 교황경제청의 운영자로 임명했으며, 그는 **1997년**, 말신커스의 옛 직책의 하나인 시공국의 행정장관으로 임명되었다. **1990년**, 교황청에 도착하기 전에는 스조카는 디트로이트 대주교였으며 동시에 미국 주교회의 재정담당관이었다. 디트로이트에서의 어려운 10년 동안 교구의 상당한 기구 축소를 감독했다.

심지어 그의 비평가들도 축소된 행정을 운용했던 냉정한 의사 결정자였음을 인정할 정도였다(그는 재정 부족으로 인해 사목구[parish] 30개를 닫아야 했다).[9] 유창한 폴란드어를 구사하는 폴란드계 이민자의 아들로서, 그는 요한 바오로에게 영향력을 가졌다.[10] 스조카는 독일중앙은행의 총재인 사교적인 한스 티에트메이어를 바티칸은행의 수장으로 원했다.[11]

반(反)카로야의 대표단은 "바티칸 정보원"에 기초한 이야기를 지어내서 교회가 티에트메이어를 구애하고 있다고 했다.[12] 그 독일 은행가가 인상적인 이력서를 갖고 있음에도, 그의 후원자들은 요한 바오로와 그의 개인비서 스탠니스로우 드지비즈가 갖는 독일인들을 향한 적의, 곧 나치가 폴란드에 행했던 것을 과소평가했다.[13]

비록 요한 바오로가 카로야에 대해 특별히 좋아하는 감정은 없었지만, 바티칸은행 수장의 희끗희끗한 모습이 그에게 장점으로 드러났다. 그는 거의 10년을 일하는 동안 교황의 적이 되지 않았다. 결국 교황은 이탈리아어도 구사하지 않는 티에트메이어가 더 나은 후속인사라는 것에 동의하지 않았다. 스조카조차도 요한 바오로의 마음을 변화시키지 못했다. 모든 권력 다툼은 교황이 다음처럼 공언했을 때 끝났다.

내 살아 생전에는 바티칸 금융을 맡는 독일인은 없을 것이다.[14]

교황은 카로야의 세 번째 임기를 확인해 주었다.

그의 임기 첫 10년 동안 카로야는 종교계가 자주 바티칸은행에 대해 형편 없는 견해를 가지고 있음을 발견했다.

적어도 열성적은 아니더라도 불신의 벽이 있었다. 그들에게 바티칸은행은 '부당 이득'과 '투기'를 의도하는 은행이었다.

카로야의 말이었다.

많은 성직자가 돈으로 갈등했다. 그들은 교구를 운영하고, 가난한 자들에게 도움을 나누어주는 것이 필요함을 깨달았지만, 동시에 **"거룩한 수도승은 돈을 악마의 똥 정도로 생각한다."**[15] 카로야에 관한 한, "만일 돈이 악마의 똥이라면, 우리 기독교인의 도전은 이를 좋은 거름으로 바꿀 수 있어야 하는 것이다."[16]

2000년 즈음에 카로야는 자신의 역할을 다양한 욕구와 필요를 가진 "고객들"을 가진 "금융 자문관"의 역할 정도로 보게 되었다. 어떤 고객은 "10개국을 말하며 주식 시장을 쥐락펴락하는 관리인을 갖는" 부유한 교단이었다. 또 다른 고객은 가난하고 사기나 협잡으로 돈을 잃지 않기를 걱정하는 자였다. 그는 그런 차이들을 보살폈다. 이는 말신커스와 노가라가 전혀 예상하지 못했던 방식이었다. 그의 지도 하에 남아 있는 자는 바티칸은행 내부에서 오직 소수의 성직자뿐이었다. 바티칸은행의 근무자는 20년 전보다 3배나 늘었다. 그의 느긋한 관리는 사기가 올라갔음을 뜻했다.[17]

그의 세 번째 임기 끝에 노련한 카로야는 은행 안에서의 어떤 숨겨진 그늘로부터 예상치 못한 위기가 자신이 성취하고자 하는 비공식적인 작업 관리 목록에 방해가 될 수 있음을 알았다.

악마는 언제나 숨어있으며, 여러 얼굴을 하고 기만적이다.

그는 친구이며 작가인 지안칼로 갤리에게 말했다.[18]

하지만, 그가 당시에 생각할 수 없었던 일은 홀로코스트 회복을 두고 모든 힘을 소진시키는 싸움으로 최고 성직자들이 자신의 개혁안을 돌아볼 여유가 없었던 것처럼 하나의 놀라운 문제, 곧 사제들과 아동 성추행으로 인해 자신의 노력이 탈선될 수 있으리라는 것이었다. 성추행 추문은 캐기 좋아하는 바티칸 연구가들의 관심을 사로잡았고, 그들의 주목은 바티칸은행에서 빗켜 나갔다.

이는 곧 돈 문제로 모아졌다. 수십 억 달러가 소아성애증 사제들이 범한 수십 년 동안의 범죄로 지불되었다. 이는 바티칸은행을 다시 만들어 보겠다는 카로야의 근본적인 계획이 추악한 범죄의 홍수 속에서 교회의 최고위층의 불온적인 혐의들 가운데 묻혀지고 말았다는 뜻이었다.

수십 년 동안 바티칸과 교구(diocese)는 때때로 성직자에 의한 미성년자의 성추행 사건을 범법 행위를 저지른 사제 개개인의 특별한 일탈로 무시했다. 사제 중에는 일반 대중의 경우와 같이 어떤 성적 일탈이 있을 수 있었다. 로마교회에 따르면, 그런 경우는 거의 없었다.

하지만, 일부 내부자는 그것이 거짓임을 알았다. 루이지애나의 한 시골 사목구(parish)에 배속된 사제 길버트 고디가 **1984년**, 어린 7세 소년들에 대한 성적 강요의 죄목으로 체포되었다. 고디가 성애적 전력이 있었고 그의 상급자들이 행정 당국에 이를 경고하는 대신 그를 다른 사목구에 배치했다는 것을 부모들이 알자, 그들은 소송을 제기했다.[19]

이것은 루이지애나 거점의 끈질긴 탐사 기자인 제이슨 베리(Jason Berry)의 관심을 끌었다. 그의 초기 보고 동안 베리는 자신이 암호명으로 챌리스라고 부른 내부 고발자(Deep Throat)의 정보원을 두었다. 법원 파일을 검토하는 가운데 베리는 한 지방 주교가 당시, 자신의 사목구에서 두 번째 소아성애자를 알았다고 인정하는 법정 진술을 목격하게 되었다.

하지만, 그는 부모측 변호사에게 그의 신원을 밝히길 거부했다.[20]

그 이야기를 보도하는 동안, 베리 역시 미국 전역의 소통 창구에 자신의 기사를 내보냈다. 「배니티 페어」, 「롤링 스톤즈」, 「마더 존스」, 「더 내셔날」, 「뉴욕 타임즈」, 모두 허락했다. 베리의 획기적인 3편의 조사는 **1985년 5월** 시작되고, 이는 루이지애나의 무료 격주간지 「더 타임스 오브 아카디아나」(*The Times of Acadiana*)에 연재되었다.[21] 베리의

1편 서문에서 편집자들은 다음과 같이 진술했다.

> 어린 사람들을 보호하는 자들에 의한 근친상간과 성적 학대가 증가하고 있다. 이는 루이지애나 이외에 가톨릭교회의 문제이기도 하다. 캘리포니아, 오레곤, 아이다호, 위스콘신의 어린이들을 성적으로 학대하는 사제들을 포함하는 다른 사건들도 최근에 보고되었다.[22]

베리의 조사는 어떻게 루이지애나의 교회 관리들이 미성년자들에 대한 성추행의 보고들을 감추었으며, 희생자들로 입을 다물도록 돈 지급을 위해 나름의 최선을 다했는지에 대한 신랄한 고발이었다. 그의 이야기가 실리고 있는 동안, 고디가 범죄를 저질렀던 작은 라파에트 교구는 9명의 희생자 가족에게 비밀스런 합의금으로 4백 2십만 달러를 지출하고 다른 11개 소송에서 미지급 청구액 1억 1천 4백만 달러로 인해 크게 적자 상태였다.

「더 타임스 오브 아카디아나」의 구독 부수는 2만 5천 권이었다. 베리는 6월 자신의 기획물의 요약판을 게재하기로 **「내셔날 가톨릭 리포터」**(NCR: *National Catholic Reporter*)와 거래를 성사시켰다. 자매편에 대한 편집자 글에서 NCR의 출판업자 토마스 폭스는 다음과 같이 썼다.

> 미국 전역의 사건들에서, 가톨릭교회는 추문들에 직면하고 있고 그 사제들에 의해 성추행을 당한 아이들의 가족에게 청구액으로 수백만 달러를 지불해야 할 판이다.

하지만, 전국지 언론은 대부분 그 이야기를 무시했다.

> 당시에는 교회 내의 어린이 성추행이 어떤 문제가 되는 대중적인 감정이 없었다.

나중에 베리는 말했다.[23] (베리는 가톨릭언론협회상을 받았고 그 일로 인해 퓰리쳐상 후보에 올랐다.)

어떤 예외도 있었다. 베리의 냉철한 보고는 산호세머큐리뉴스(*San Jose Mercury News*)의 칼 캐논과 클리브랜드의 프레인 딜러(Plain Dealer)의 캐런 헨더슨에게 자기들 나름의 조사를 시작하게 하는 자극을 주었다.[24] 소 그룹의 미국 희생자는 **1988년** '사제의 성추행 피해 생존자 네트워크'(SNAP: Survivors Network of Those Abused by Priests)를 결성했다.[25]

같은 해, 베리는 「내셔날 로 저널」(National Law Journal)에 "미국 지도 전역에 작은 성적 워터게이트가 장식된 총체적인 끈이 있다"라고 말했다.[26] 베리와 캐논은 이를 필 도나휴 쇼(Phil Donahue Show)에서 다뤘다.

소수의 고위급 성직만이 심각한 문제가 있음을 깨달았다. 캐나다의 주교들은 **1992년** 추행 사제들을 더 잘 고르는 법에 대해 지침서를 발간했다. 이는 뉴파운드랜드(Newfoundland)의 어떤 고아원에서 추행에 대한 도덕적인 일이 밝혀진 때문이었다.[27]

하지만, 그것은 미국 언론 매체의 관심을 불러일으키지 못했다. 같은 해인 1992년, 베리는 중요한 책자를 발간했다. 『우리를 시험에 들게 말게 하시며: 가톨릭 사제들과 어린이 성추행』(Lead Us Not into Temptation: Catholic Priests and the Sexual Abuse of Children)은 미국의 성직자들과 숨겨진 어린이 성추행에 대한 것이었다(베리의 세간의 이목을 끄는 명성에도 불구하고, 10개 이상의 출판사가 이를 묵살했으며, [더블 데이](Doubleday)에서 종교 편집자였던 전 신학자가 최종 원고에 예스를 말함으로 출판되었다.)[28]

이 책이 비평적으로는 건전한 수용에도 불구하고 성추행과 사제의 주제는 대체로 신문 일면에서 비켜갔다.[29] 프랑크 부르니는 10년 후 「뉴욕 타임스」에 다음처럼 썼다.

> 가톨릭 지도자들은 사제들에 의한 어린이 성추행이 일탈적인 공포라고 주장하며, 전문가답게 미국 가톨릭교 내의 상당한 항의를 잠재우고 교회 전통을 개혁할 필요에 대한 논의를 말한다. 어린이들을 먹이감으로 삼는 사제들의 사건들은 왔다 흘러갔다. 비록 그런 사건 중 일부가 로마교회를 매우 당황스럽게 만들었지만, 결국은 어느 것도 그 교회를 흔들지 않았다.[30]

이것은 **2002년** 초까지 사실이었다.

하지만, 그해 문제가 미국에서 폭발했다.[31] 소아성애의 폭로와 여러 달에 걸친 소송이 달라스, 피츠버그, 뉴 햄프셔의 맨체스터, 보스톤, 턱산, 필라델피아에서 일어났다.[32] 직을 박탈당한 사제인 존 고간(John Geoghan)의 10세 소년의 추행으로 인한 형사

기소의 후폭풍으로 인해 「**보스톤 글로브**」는 봉인된 교회 파일의 공개를 요구하며 소송을 제기했다.

그 문서 보스톤 교구가 30년 동안 걸쳐 수십 건의 공포스런 추행 보고서를 무시하고, 고간의 재활 치료를 시도했지만 실패했으며 그 치료가 실패하자, 그를 이 사목구에서 저 사목구로 전근시켰음을 밝혔다. 버날드 로(Bernard Law) 추기경은 당시 미국의 최고 연장 성직자로서 여러 번의 전근을 승인했으며 희생자들과 그 가족들에게 비밀스런 협의 과정에서 1천 5백만 달러의 지불을 허락했다.

그 파일들은 보스톤 지역 사제의 80명에 대해 성추행 혐의를 기록하고 있으며, 어떤 것은 그날짜가 **1960년**대까지 소급되어 있었다.[33]

2002년 1월 즈음에, 아일랜드의 가톨릭교회는 20년 전으로 확대된 성추행 청구건을 해결했는데, 당시에는 기록적인 1억 7천 5백만 달러를 지불했다. 그때쯤에는 성직자의 성추행 사건은 호주에서 프랑스, 영국에까지 보고되었다.[34]

그해 3월, 요한 바오로 교황이 처음으로 성명을 발표했을 때, 그는 성추행 혐의는 모든 성직자에게 "어두운 의심의 그림자"를 덮은 일이라 말했다.

그는 말했다.

> 사제로서, 우리는 개인적으로 심대하게 우리 형제들의 일부의 죄로 인해 괴로워하고 있다. 그들은 세상에서 행해지고 있는 악의 신비라는 가장 통탄할 형태에 무릎을 꿇음으로써 서임(敍任)의 은총을 배반했다.[35]

이것은 많은 자가 바랐던 말에는 미치지 못했다. 교황 요한 바오로 2세는 희생자들에게 사과하지 않았다. 그는 모든 주교에게 지역 경찰들과 접촉하여 성추행이 드러나도록 하라는 명령을 내리지 않았다. 교황은 사제단에서 추행범들을 제거하는 일이 바티칸 대신에 교구들의 책임이라고 생각했다. 이는 미성년자의 성추행이 교회의 암적 행위임을 인식하는 가운데, 바티칸 내에서 이 문제는 몇몇 서방 나라, 특히 미국에 한정된 것이라 보았기 때문이었다.

「**내셔날 가톨릭**」 리포터의 바티칸 수석 통신원인 존 알렌은 「**보스톤 글로브**」에 바티칸 내부의 최고 성직자들은 "어린이 성추행이 미국에만 독특한 것이라는 점"을 믿지는 않았다고 말했다. 그는 이렇게 덧붙였다.

> 그들은 이를 보고하는 것이 미국인들에게 독특한 것이라 생각한다. 이는 반가톨릭주의에 의해 촉진되는 것이며 사기꾼 같은 변호사들이 교회의 주머니를 깊이 캐려고 분주하기 때문이다. 이런 생각은 미국 문화에 대한 더 큰 이해와 연결되는데, 이는 어떤 성적인 것 가톨릭교회의 몰이해에 대해 하나의 히스테리가 있다는 것이다."[36]

소다노 국무총리는 나중에 기자들에게 말했다.

> 미국의 성추행 스캔들은 언론으로부터 과도한 주목을 받았다 … 악을 비판하는 것은 정당하지만 사람은 이를 균형있게 지켜야 한다.[37]

교황은 로마가 개입해야 한다고 생각하지 않는다는 것을 확실히 했다.

그동안 미국 주교들에 의해 위임받은 조사 자료는 성추행이 미국 사제들 내에서 생각했던 것보다 더 큰 문제임을 보여주었다(**2002년**의 처음 보고서에 **1960년**대부터 고발당한 사제들이 850명임을 밝히고 있으며, 그중 350명이 성직을 박탈당했다).

희생자 그룹은 그 숫자가 더 크다고 주장했다. 그들이 맞을 수 있다는 개연성은 그해 후반에 호주의 교회 기록이 사제 10명 중 하나가 어떤 면에서 미성년 성추행으로 고발당했다는 것을 밝혔을 때였다.[38] (당시에 널리 알려지지 않았던 사실은 일부 성직자가 미성년자와의 성범죄로 감옥에서 보낸 후 사제직을 수행하기 위해 돌아왔다는 것이었다.)

2002년 4월, 교황은 12명의 미국 추기경과 두 명의 고위 주교를 로마로 소환해서 긴급 회의를 했다.[39] 준비된 인사말에서 교황은 그들이 자신에게 "최근 몇 개월 간 미국에서 일어난 복잡하고 어려운 상황에 대해 알려준" 것에 대해 감사를 표했다.

하지만, 이는 로마교회가 다시 한번 성직자의 성추행을 마치 최근의 미국적인 현상인 것처럼 간주함으로 많은 사람을 경악하게 만들었다.

교황이 사제들에 의한 미성년자 성추행을 "하나님의 안전(眼前)에 두려운 죄"로 비난했지만, 그 역시 그런 추행자를 발본색원하는 일에 일부 주교의 실패를 죄 없는 것으로 보는 듯했다.

교황은 그들이 "그 문제의 본질과 때때로 임상적 전문가의 조언에 대한 일반화된 지식의 결여" 때문에 미치지 못했다고 주장했다. 희생자들에게 사과하는 대신에 교황은 "나는 나의 깊은 연대감과 염려를 표합니다"라고 말했을 뿐이었다. 그리하여 그는 외적으로는 전반적인 위기적 충격과 사제직에 대한 영향을 무시함으로써 많은 자를 분노하게 만들었다.

위대한 예술 작품은 흠이 있을 수 있지만 그 아름다움은 남아있다.[40]

미국으로 귀환하기 전, 미국 추기경들은 자신들의 성명을 발표했다. 그 성명은 국가적인 회개와 기도의 날뿐만 아니라 신학교에서 더 나은 훈련을 요구했지만, 추행 성직자들의 추방을 약속하거나 성추행 죄가 일반 행정당국에 보고될 수 있는 틀을 제공하는 일에는 미치지 못했다.[41]

그 추기경들은 지방 경찰에 추행자들을 알릴 것인가는 말하지 않았으며, "원 스트라이크, 아웃" 기준을 세우는 것을 부인했다.[42] 사제들의 성직 박탈에 대해 그들은 성직자들이 "악명이 높고 계속되는 미성년자 성추행으로 유죄가 된" 자들에 대해만 조치를 취하겠다고 했다. 악명이 높지 않은 경우에는 개별 교구들이 그들을 다룰 것이라고 그 주교들은 말했다.[43]

LA의 로저 마호니 추기경은 기자들에게 집단 성명에 대해 부연 설명을 했다. 성적으로 추행 범죄로 유죄가 된 사제의 경우, 그 사건들이 수십 년이 지났고, 최근의 고발이 없다면, 그들은 예외가 될 것이라고 말했다. 수많은 세월 뒤에 그들을 처벌하는 것이 무슨 목적이 있는가 마호니는 물었다.[44]

그 추기경들이 미국에 돌아온 지 얼마 되지 않아, 유명한 교황법제처(Pontifical Council for Legislative Texts)의 처장인 훌리안 헤란즈 카사도 대주교가 밀라노 가톨릭대학교에서 강연을 했다. 카사도는 미국의 언론을 "교회와 가톨릭 사제직의 이미지를 훼손한다"라고 비난했다. 그는 거액의 금융 합의를 "부당한 것"으로 비난했으며 미국 주교들이 "과장, 금융 착취 소심함"이란 분위기에 먹잇감이 되었다고 비평했다.

성적 추행의 사제들의 기록물은 일반 행정당국에 넘겨지지 않아야 교회의 주권이 약화되지 않을 것이라 그는 경고했다. 마지막으로 그는 어떤 성추행 위기가 있다면, 이는 사제가 되었던 동애성자들의 결과라고 언급했다. 어린이 추행은 "동성애의 구체적 형태"라고 그는 말했다.[45] *[46]

다음 달, 바티칸의 가장 영향력 있는 정경법 학자의 하나인 지안프랑코 기르란다(Gianfranco Ghirlanda) 신부가 끼어들었다. 로마그레고리안대학의 정경법대학 학장으로, 라시빌타 카토리카에 쓴 바티칸 공인의 기사에서 그는 말했다.

> 정경법적인 관점에서, 주교 종교 지도자들은 도덕적, 법적으로 성직자 중의 하나로 인해 범해진 범죄 행위에 책임을 지지 않는다.

게다가 그는 교황에 대한 개인적 감정을 전하는 것으로 널리 보도하면서 말하기를, 어떤 사제가 "성추행의 전력으로 취급되어" 다른 사목구로 전출된 자는 "좋은 평판을 갖지 못할 것이니" 이는 미성년자들에 대한 성적 학대를 했음이 새로운 사목구에서 드러나기 때문이라고 했다.[46]

미국 주교회의는 직접 이 문제를 다루기 위해 그해 6월 달라스에서 3일간 열띤 회의를 개최했다. 그들은 239 대 13의 투표로 그들 대부분이 치한같은 성직자들에게 강경 정책을 고려하기로 찬성했다. 그 주교들은 행정적으로 어린이들과 일상적으로 접촉할 수 있는 모든 일에서 성범죄자들을 제거하기를 맹세했으며, 다만 그들의 성직을 박탈하지는 않도록 했다.[47]

> **오늘 이 날부터 어린이를 성적으로 추행한 것으로 알려진 자는 누구도 가톨릭교회에서 일할 수 없다.**

자신있게 회의 의장인 일리노이스 주교 윌튼 그레고리는 예견했다.[48]

누구도 이 새로운 규칙이 충분히 강경하다고 동의하지 않았다. 희생자의 변호인들은 추행범이 벌 받지 않도록 허락하는 헛점으로 인해 조롱당했다고 생각했다.[49]

> 이는 무관용(zero tolerance)이 아니다. 이는 단순히 가톨릭 신자들이 원했던 바가 아니다.

SNAP의 멤버인 피터 이슬리의 말이다.[50]

8월, 필라델피아에서의 125개의 고위 가톨릭 교단의 회의에서, 대표단들은 성추행 사제들이 종교 복장을 입는 권리를 빼앗기거나 교단으로부터 추방당할 수 없다는 것에 동의했다.

프란치스코 사제인 캐니스 코노르 주교는 그 회의 의장으로, 회중에게 추행 사제들에 대한 언론의 기사는 "악의적 분위기"를 만들려는 경향이 있다고 말하며, 희생자들의 요구인 추행범들에 대한 무관용 정책을 채택하라는 요구를 거절했다. 무관용은 "전쟁의 슬로건"으로, 가톨릭교회에게는 정당하지 않다고 코노르는 말했다(미국 주교들은 몇 개월 전에 그런 정책을 승인했지만, 어떤 효과적인 강제 장치가 없었다).[51]

당시에는 누구도 보스톤의 루(Law) 추기경에 의해 채택된 "이적(移籍)과 말하지 않기" 정책이 생각보다 훨씬 더 넓게 퍼졌다는 것을 알지 못했다.[52] 뉴욕의 에드워드 에간(Edward Egan) 추기경은 충실한 가톨릭 신자들마저 놀라게 만들었다. 그가 기자들에게 성 범죄에 대한 정보를 경찰과 검찰에 알릴 조건과 시기에 대해 교회가 스스로 결정할 것이라고 말했기 때문이었다. 에간은 교회가 그렇게 해야 할 어떤 의무를 지는 것이 아니라고 말했다.[53]

대중의 많은 항의에도 불구하고 뉴욕주 의회는 법적으로 모든 아동 추행 사건을 보고하도록 하는 의사와 교사가 포함된 전문가 집단의 목록에 교회를 추가하는 법안을 통과시키지 못했다. 가톨릭교회는 그런 법은 주권적인 일과 고해성사의 존엄성에 대한 부당한 주 정부의 간섭이 될 것이라 주장했다.

사실 미국 주교들은 지난 17년 동안 성직계에서 성 추문의 급속한 유행에 대한 경고들을 무시했다. **1985년**, 두 성직자가 사제 세계의 소아성애에 대한 보고서 초안을 썼다. "로마가톨릭 성직자에 의한 성추행 문제-포괄적이고 책임 있는 방안으로서 문제 해결"이란 보고서가 교회들에 제출되었다.[54] 그 필자의 하나가 토마스 도일(Thomas Doyle) 신부였다. 그는 워싱톤 주재 바티칸대사관의 정경 법률가로, 주교가 되는 빠른 길을 가는 자로 인정된 자였다.[55]

도일은 고디(Gauthe) 사건의 변호사인 레이 무튼 마이클 페터슨 신부의 도움을 받았다. 페터슨은 공개된 동성애자로, 몰몬교에서 가톨릭으로 개종했으며 성적 충동과 심신 장애를 가진 성직자들의 치료에 그 유일의 목적을 두고 있는 의료 진료소를 설립했다.⁵⁶ 93페이지의 "복사본 금지"(eyes only) 보고서에서 사제들에 의한 미성년자들의 성추행은 "오늘날 우리 교회가 직면하고 있는 단 하나의 가장 심각하고 광범위한 문제"라고 경고했다. 예방적 경고로 필자들은 다음과 같이 말했다.

> 특별히 어린이 추행과 같은 성적 잘못의 죄가 있는 것으로 추정되는 자들은 그 상황에 대한 격리된 치유책의 수단으로 절대로 다른 사목구 직책으로 이적되는 것은 안 된다.⁵⁷

그 필자들은 만일 주교들이 그 문제를 말할 마음가짐이 있게 행동한다고 해도, 교회는 여전히 희생자들의 해결책에 10억 달러 이상을 지불해야 할 것이라고 예견했다.

> 만일 교회 지도자들이 신자들을 돕는 것보다 감추기를 고집한다면, 세계 최대 기독교 기구는 재정적, 영적 절망의 구렁텅이에 빠질 것이다.⁵⁸

이 보고서에서 "추행의 의심이 있는 성직자들"은 어린이와 접촉이 되는 사목구 사제들이 되는 것은 안 된다고 촉구했다.

미국 주교들은 경고자로서의 이 자발적인 보고서를 무시했을 뿐만 아니라, 도일의 전도유망한 경력에도 재갈을 물렸다.⁵⁹ 그는 가톨릭대학교에서 자리도 잃었으며, 대사관의 직에서 처음에는 인디애나의 그리솜공군기지로, 다음에는 그린랜드의 극지(極地) 튤레(Thule)기지로 전임되었다.⁶⁰ (도일에 대해 징벌적 조치를 취한 당시의 교황 대리대사는 비오라기 대주교였다. 교황 요한 바오로는 곧이어 라기에게 붉은 모자를 주었다.)

그동안 페터슨은 성적 탐닉에 빠진 사제들을 치료했던 자신의 의료 진료소에 더 많은 "영업"이 되도록 하기 위해 그 보고서를 과대 광고했다는 비판을 받았다. **1987년** 즈음, 페터슨은 에이즈로 죽었다.⁶¹

이 보고서에 그런 저항이 있었다는 것은 로마교회의 고위 관리들이 그 문제를 대면하여 뿌리 뽑겠다는 것보다 이를 어찌하든 덮기를 바랐던 증거였다. 이 보고서가 제시했던 것-이는 희생자들에게까지 이르는 국가적 "위기 통제팀"에 대한 지침과 함께 매뉴얼을 포함했다-을 실행하는 것은 그 위기의 심각성을 인정한다는 뜻이었다. 이제 **2002년** 여름, 언론 매체의 기사에 의한 비판에 직면하여 주교들은 더 이상 이를 무시

할 수 없었다.[62]

미국 주교들이 너무 우물거리며 반응한다고 생각하는 많은 희생자가 바티칸과 요한 바오로 교황에게 도움을 기대했다.

하지만, 그들은 무망했다. 고소된 소아성애 사제들은 그들의 주교들이 자신들의 성직 박탈을 통해 근로권을 침해했다는 것을 이유로 주교들에게 법적 소송을 걸겠다고 위협했을 때도 교황은 침묵했다.[63]

성추행 희생자들에 대한 옹호자 그룹이 교황으로 하여금 고발자들에 대한 사제들의 악의적인 명예 훼손 소송을 제기하지 않도록 해달라는 요청에도 교황은 역시 공개적인 반응을 하지 않았다. 교황 요한 바오로는 미국교회가 조용하게 공격적인 새로운 법적 전략을 승인할 때도 방관자였다.

이 전략은 「**워싱턴 포스트**」가 밝힌 바로는, "영향력이 큰 법률 회사들과 개인 형사들을 고용해서 교회의 고발 자들의 개인사를 조사하고 문서를 비밀로 유지토록 싸우며 해결 금액을 축소하는 새로운 전술을 사용하는 것"을 포함했다.[64]

희생자들의 권리 그룹이 크게 실망한 것은 미국 주교들이 행정적으로 성추행 혐의를 받는 사제를 제거하는 권한을 가질 수 없다고 교황과 바티칸이 황급히 개입한 것을 알았을 때였다. 이 대신에 바티칸은 정경법상 고발된 사제들에 대해 충분한 교회 재판을 요구한다고 훈령을 내렸다.[65]

전년 12월 요한 바오로는 사제의 성직 박탈의 때와 방법을 규율하는 자주 당황스럽고 이해 불가한 규칙들을 감당하도록 신앙교리성(信仰敎理省, Congregatio pro Doctrina Fidei)의 권위를 공고하게 했다(신앙교리성은 **1965년**에 보다 덜 선동적인 이름이 주어지기 전까지는 이단심문소인 검사성성[檢邪聖省, Supreme Sacred Congregation of the Roman and Universal Inquisition]이었다.).[66] 독일 추기경인 조세프 라징거-후 교황 베네딕토16세-는 교리성의 성장(省長)이었다.

미국 주교들은 여러 해 동안 바티칸을 지배했던 번거로운 규칙들이 어린이 성추행범에게 유리하도록 되어 있음을 인식했다. 13년 전(1989년), 미국 주교들은 정경법 학자들을 바티칸에 보내 과정의 일원화를 위해 항변했지만 실패했다.

어떤 경우든 라징거에 의한 교리성의 비잔틴식 규칙들은 오직 일반 사제들의 성직 박탈에 적용되었을 뿐이었다. 어느 누구도 주교들을 손댈 수 없었다. 팜비치의 주교 안

쏘니 오코넬이 한 신학생을 추행했다고 인정했을 때, 유일한 방법은 그의 사임을 요구하는 것뿐이었다.[67]

대부분의 외부인에게 분명하지 않았던 것은 사제들의 성추행에 대한 바티칸의 반동적인 정책이 금융적 영향에 대한 염려에 크게 기인했다는 점이다. 희생자들에게 대한 교황의 사죄 없음은 두려움에 대한 직접적 결과였다. 즉, 전 세계적으로 수천 건의 소송이 수십 개의 교구에 제기되는 가운데, 원고들이 로마교회로 말미암아 "전문 증거(傳文證擧)의 예외"(admission against interests)로서 교황의 '내 탓이요'(mea culpa)를 이용할 것에 대한 두려움이었다.[68] 바티칸은 역시 로마교회의 막강한 미국 교구와 교구의 큰 지불금이 나쁜 전례를 만들어 조만간 국제적으로 교구들에 대해 심각한 결과를 초래할 것이라 염려했다.[69]

봄 즈음에 미국 내에서 거의 1천 건의 소송이 있었다. 교구들 중 일부는 합의금을 위해 수천만 달러를 비상금으로 적립했다.[70] 로마교회의 최고 자금 관리자인 카로야와 같은 자에게 베드로성금의 가장 큰 기부자인 미국의 교구들이 법정 소송과 합의금 비용 사이에서 돈에 쪼들릴 것이 분명했다. 그들은 그런 자금을 충당하기 위해 자기 교구 신자들에게 기부금 이야기를 꺼낼 것이요, 그들이 로마에 보낼 것을 대폭 삭감할 터였다. 바티칸은 축소된 소득에 준비할 필요가 있었다.

2002년, 격렬한 막후 전략 회기를 통해 바티칸은 추행 스캔들이 어떻게 전개되던 간에, 가능하면 금융 위기에 많이 노출되지 않도록 스스로 예방 주사를 놓을 필요가 있었다. 비록 바티칸이 예전적 기도에 사용된 말들을 포함해서 지방 교회의 삶에 대한 여러 면을 통제했지만, 교회는 개별적 교구들이 성추문 스캔들을 감당하는 충분한 책임을 진다는 것을 확실히 하기를 원했다.[71]

교회의 정책은 여러 나라에서의 성추행에 따른 더 많은 충격으로 더 지속하게 되어, 각 교구는 자기만의 별도 법무팀을 두며, 자기 부채에 대해 자기 책임을 지는 것이었다. 한 교구에서의 금융 문제들은 절연 처리되어, 이것이 부유한 이웃 교구에 영향을 주지 않았다. 각 교구는 자기만의 비영리 기구였고, 보통 소유 부동산에 대해 신탁을 가짐으로, 어떤 영수증 청구나 교구에 대한 재판은 다른 교구에게서 징수될 수 없었다.

특별히 바티칸 자체로부터 징수될 수 없었다. 시카고 같은 가장 큰 교구 중 일부는 오랜 역사의 별도의 은행 조직을 가지고 있었으며, 로마와의 금융 거래는 또 다른 복잡

한 층을 더한 셈이었다.[72]

　개별적 교구들의 더 많은 절연을 위해, 미국 주교들은 한 교구가 바티칸의 승인을 구하지 않고 그 자산을 청산할 수 있는 금액의 정도를 1천만 달러로 배가(倍加) 하기로 찬성 투표했다(로마는 이보다 더 높은 제한 금액을 승인했으며, 심지어 미국교회는 물가 인상율에 맞추어 시간을 두고 이 금액이 자동적으로 증액되도록 제안까지 했다).[73]

　로마교회에 소속된 변호사들이 확인차 재검한 결과, 전 세계적으로 가톨릭 교구(2,864개, 사목구 412,886, 로마 바티칸 포함)는 모두 법적으로 바티칸과 독립적이며, 성추행 소송으로 인한 재정적 피해는 시공국에 영향을 미칠 수 없게 되었다.[74] 개별 교구에 모든 압력을 넣는 것은 예견된 결과를 갖었다.

　1985년의 배심원의 큰 지급 판정 후, 미국 내의 보험사들은 그 배상 책임 보험에서부터 성추행에 대한 보상을 배제하기 시작했다.[75] 이는 많은 교구가 소송 비용과 추행 사건 합의에 대해 자가(自家) 보험을 들어야 함을 뜻했다.

　다음 해, 보스톤은 552명의 희생자의 사건 화해를 위해 8천 5백만 달러를 지불했다.[76] 보스톤은 부동산 보유만 약 140억 달러에 달하며 1억 6천만 달러 가치의 부동산이 사용되지 않고 있었다.[77] 여전히 현금이 부족하기에, 합의금을 모으기 위해 학교들을 닫아야 했고, 이는 많은 지역 가톨릭 신자를 마음 아프게 한 조치였다.[78] 한편, 오리건의 포트랜드는 어떤 완충 장치가 없었다. 5천 3백만 달러의 합의금을 앞두고, **2004년**에 파산을 선언하는 첫 교구가 되었다(두 교단과 11개의 다른 교구가 그 이래로 파산 선고를 했다).[79]

　그 첫 번째 파산으로도 교회는 홍수처럼 밀려드는 소송과 범죄 조사를 충분히 감당할 수 없었다. 즉, **2014년 현재**, 미국의 추행 사건으로만 30억 달러 이상 여전한 협의금과 지급 판정에 대한 논의, 성직자들의 연금과 퇴직 기금을 빼앗는 것, 교회와 학교, 때로 사목구 전체의 문 닫음, 일부 교구가 빚을 지지 않도록 하기 위해 일반 교구민의 지갑을 털게 하는 특별 과세가 그렇다.[80]

　때로는 생존 투쟁이 더 쓰디쓴 싸움으로 발전했다. 주교들이 "사목구를 장악하기 위해" 정경법을 의지하므로 마치 민간의 토지 수용(土地收用, eminent domain) 행위의 판박이처럼 자산과 돈에 대한 통제권을 가졌다.[81 * 83]

[82] 심지어 소목구의 파산 신청도 수백만 달러의 소송 비용으로 진흙탕에 빠졌다.

예를 들면, 포트랜드의 대주교는 자신이 교구의 자산과 부동산에 대한 "법적 자격이 없음"으로, 따라서 희생자들의 청구액을 만족시키기 위해 어떤 것도 팔 수 없다고 주장했다.

게다가 그의 변호사는 정교 분리라는 미국 헌법을 금융 방패로 인용하면서, 어떤 법정도 교회가 인정한 권한에 간섭할 수 없다고 말했다.[83]

주교도, 교구도 정경법 하에서 소목구 재산의 소유주는 아니다.

뒤켄법학대학의 학장이며 정경법 학자인 니콜라스 캐파디(Nicholas Cafardi)가 증언 선서에서 한 말이다.[84]

법적인 해자(垓子)를 바티칸에 두르기 위한 모든 조심스런 계획에도 불구하고, **2003년**에 로마교회는 놀라운 일을 당했다. 켄터키의 루이스빌 사람으로 총기 휴대자이며 의료 분쟁 변호사인 윌리엄 맥머레이(William McMurray)가 연방 집단 소송을 제기하고, 이를 성좌(Holy See)라 이름했다. 세 명의 루이스빌 사람은 자신들이 수십 년 동안 사제들에 의해 추행 당했으며, 성직자의 추행에 대한 모든 미국인 희생자를 위해 손배배상을 청구했다.

맥머레이는 자신의 소(訴)의 기초를 다른 소송 건에서 발견된 교황 요한 23세에 의해 서명된 1962년 문서에 두었다. 이 문서 사제들에 대한 성추행 고소는 "가장 비밀스런 방식으로 진행되어야" 한다는 교황의 지침이었다.[85]

고위 교회 관리들은 켄터키 소송에 대해 분노하면서, 교황은 독립된 주권국으로, 미국 법정에서 일반 소송으로부터 면제된다는 확고부동한 근거로 이를 무시하는 조치를 취했다. 소다노 국무총리는 미국의 상대역인 곤돌리자 라이스와의 만남에서 조지 부시 행정부의 개입으로 그 사건이 기각되도록 확신해 주기를 촉구했다.

소다노와 라이스 간의 왕복 전문을 기록했던 위키리크스(Wiki Leaks) 전문에 따르면, 국무성 관리들은 그가 "공격적인 변호사들"에 대해 불평했고, 그녀에게 "그들이 주교들에게 소송을 거는 것과 성좌에게 거는 것은 별개의 일이다"라고 말했다.[86] 라이스 국무장관은 그의 부탁이 미국의 삼권 분리 때문에 불가하다고 설명했다.[87] 소다노는 그녀가 교황에 대한 소송 중지를 막지 못한 것은 "바티칸 주권에 대한 존경심의 부족"을

나타낸다고 믿었다.[88]

　소다노가 라이스에게 한 특별한 청은 미국의 법정 시스템이 매우 예측 불가능하다는 것을 로마가 염려하고 있다는 증거였다. 법정 시스템 상, 결국 배심원이 추행에 대한 비도덕적인 세부사항으로 인해 화가 나서, 고집스런 사제들의 행동 추행범을 보호하는 가운데 추기경들과 주교들의 방조에 로마교회의 CEO인 교황이 책임이 있다고 결정하는 것 역시 로마의 염려거리였다.[89]

　하지만, 불미스러운 것은 바티칸은 소송 기각을 얻지 못했을 뿐만 아니라 켄터키의 소송 제기는 다른 미국 관할권에서 교황에 대한 비슷한 소송을 불러 일으켰다.*

　성추행 추문에 대한 전모는 **2004년 2월**의 145페이지 분량의 위기에 대한 조사 보고서로 명확해졌다. 이 보고서 '뉴욕존제이형법대학'(New York's John Jay College of Criminal Justice)이 맡아서 만든 것이었다.[90] 미국의 가톨릭주교회의가 그 연구를 인정했다.[91]

　이는 미국 교구의 95%가 사제에 의한 미성년자 성폭행에 대해 적어도 하나의 고발 건을 갖었다고 결론냈다(필자들은 1950년 이전 사건을 셈하지 않았다).[92] 50년 이상 동안 4,392명의 신부가 10,667명의 어린이를 추행한 것으로 고발되었고, 그 숫자는 몇 년 동안 모든 사제의 10% 이상이었다.[93] 적어도 143명이 연속 추행범으로, 이들은 다수의 교구들에서 추행을 저질렀다.[94] 다섯 희생자 중 네 명이 미성년 소년이었다.[95]

　　대부분의 사건이 경찰에 보고되지 않았다(보고율은 5% 미만).

　보고서의 결론이다.

　너무 많은 희생자가 아이들이었고, 그들이 자주 공소 시효가 지나간 후까지도 그 범죄를 보고하지 않기 때문이라고 필자는 추측한다. 심지어 경찰이 적절한 방식으로 이 추행에 대해 고지했어도, 오직 세 명 중 한 사제만이 범죄 혐의를 받았다. 그들 중 3% 미만이 형기를 마쳤다. 놀랍게도 "추행에 대한 **많은** 소문을 가진 사제일수록 다른 사제보다 혐의를 받거나 감옥형도 당하지 **않는** 것처럼 보였다."[96]

　그 연구 보고서에 추행 사제 중 상당수가 어린 시절에 추행을 당했으며, 성직자로서 그들은 자주 본질적 추행 문제-특히 과다한 알콜-혹은 치료받지 못한 정신병과 싸웠다고 결론냈다.

하지만, 오직 1/4만이 그들의 성직 상사들에 의해 어떤 치료를 받도록 보내졌다는 점이다.[97] 성적 충동에 대한 가해자를 치유하기 위해 그들은 자주 "정신 상담"을 받으러 보내졌다.[98]

그리고 로마교회에 당혹스럽게도, 추행 소송을 변호하기 위한 변호사 비용(3천 8백 4십만 달러)이 50년 동안 모든 문제 사제를 치유하는 것(3천 3백 3십만 달러)보다 많았다는 것이다.[99] 훨씬 나중에 드러난 것은 수백만 달러 이상이 변호사에게 사용되었고, 이들은 미국의회를 로비하여, 어린이 성추행 주장에 대한 공소 시효를 연장하려는 노력을 봉쇄했다.[100]

많은 희생자와 그 가족은 자신의 교회로 인해 배신감을 느꼈다. 많은 가톨릭 신자도 마찬가지로, 그들은 교회가 다른 소송 이야기에만 반응하는 것을 깨달았기 때문이다. 작가 제이슨 베리는 교황 요한 바오로 2세가 "성직자의 추행에 대한 지속적인 주장을 부인과 무기력으로 반응했다"고 썼다.

베리는 다음과 같이 썼다.

> 교황이 큰 국제적 정치적 이슈를 다루는 일에 있어서 "사령관의 모습"이었지만, 교회가 직면하는 가장 큰 내적 위기에 대해, 언제나 항상, 교황은 사제 세계의 지하 범죄의 분명한 증거, 곧 수만 명의 젊은이를 성적으로 외상을 초래하는 하위 문화를 없애는 일에 대응하는 일에 있어서 결단력 있는 조치를 취하는 일에 실패했다.[101]

노틀담신학교 교수인 라차드 맥브린 신부는 성직자의 성추행 추문을 **"16세기의 종교개혁 이래 가톨릭교회가 직면한 가장 큰 위기"**라고 불렀다. 추행자들을 뿌리 뽑는 점에 대해 맥브린은 교황 요한 바오로가 "고통스런 기록, 곧 완전 부인과 망설임"을 가졌다고 결론을 냈다.[102] 가장 세간의 이목을 끄는 사건의 하나로 인해 요한 바오로는 로마교회의 최고위층들에게 살벌한 메시지 보냈다.

하지만, 교황은 9명의 존경받는 신학생에 의해 주장된 마시알 마시엘 데골라도(Marcial Maciel Degollado)에 대한 성추행 증거를 들여다보려고도 하지 않았다. 마시엘은 영향력 있는 멕시코 사제로, '그리스도의 연대'를 창립하고 그리스도연대(Regnum Christi) 운동을 시작했던 자였다.[103] 그는 교황의 극단적 보수주의적 정치철학을 공유했고 제이슨

베리에 따르면, "현대 교회의 가장 큰 기금모금자"였다.[104] 마시엘은 자신의 교단에 선의를 세우고, 국무총리 소다노를 위한 성대한 파티부터 바티칸에 현금 선물까지 모든 것을 위해 자신의 돈을 뿌렸다.

1999년, 두 명의 추행을 당한 신학생이 신앙교리성 앞에서 절차에 의해 마시엘의 파문을 구했던 내부 사건에 교황은 개입했지만, 이를 없는 것으로 끝내도록 했다.[105] 거의 20년 동안 마시엘의 개인 조수였던 라파엘 모레노 신부는 **2003년**에 교황에게 경고하려 시도했으나, 교황 요한 바오로는 "듣지도, 믿지도 않았다." 모레노가 국무총리와의 알현을 얻어려 했으나, 노다노는 그를 만나기를 거절했다.[106]

마시엘은 결국 가면이 벗겨졌다. 소년들을 추행했을 뿐만 아니라 적어도 두 명의 여자와 성관계를 가졌으며, 여섯 자녀를 둔 아비가 되었다. 마시엘이 37년 동안 가정부와 낳은 소년 중 하나는 그 주교가 계속적으로 자신을 강간했다고 주장했다.[107]

요한 바오로가 영향력 있는 내부자를 보호한 뉴스가 공개됐을 때, 이는 지역 사목구에서 대단한 영향력도 없고 또 잘 알려지지 않은 어린이 추행 사제들에게 일어났던 일을 보다 더 큰 범위로 대표한 것처럼 보였다.[108]

제32장

그의 인박스(Inbox)는 재앙이었다

2005년 즈음, 요한 바오로 2세는 중병에 걸렸다는 끈질긴 소문과 싸워야 했다. 그의 개인 의사들은 **1994년**에 그를 파킨슨병으로 진단했으나, 수세기의 오래된 전통에 따라 교황의 건강에 대한 공개적 논의는 부적절한 것으로 여겨졌다. 따라서 바티칸은 의사들에게 비밀 엄수를 맹세케 했다. 10년 전에 퇴행성 신경통의 유일한 증상으로 교황 요한 바오로의 왼팔과 손에 약간의 떨림이 있었다.[1] 파킨슨병은 시간이 지남에 따라 큰 짐이 될 수 있었다.

하지만, 요한 바오로는 비록 자신의 의무를 행하는 것이 갈수록 어려워지고, 특히 외국 순방과 바티칸에서 공개 석상에서의 알현을 요구하는 일은 더 어려워졌지만, 자신의 투병이 소문나지 않아야 한다고 주장했다.[2]

그가 한동안 공개 석상에서 보이지 않으면, 그가 중병이라는 소문이 나돌았다. 전년에 83세의 교황이 성 사비나의 바실리카에서의 전통적인 재의 수요일 예배를 취소하고 대신에 베드로성당에서 더 간단한 미사를 주재할 것이라는 발표는 두 영국 출판사로 하여금 그의 다음 후계자에 대한 내기를 제안하도록 만들었다. 선호하는 자는 밀라노의 디오니지 테타만지(Dionigi Tettamanzi) 추기경이었다.[3] 요한 바오로가 부활절 예배를 할만큼 살아있음이 확실하기 전까지 그 내기는 끝나지 않았다.

누구도 요한 바오로가 자신의 아픔을 하나님의 뜻으로 간주했음을 몰랐다. 그는 하나님이 자신의 동료 추기경들을 인도해서 그리스도의 대리인으로 선택한 것을 확신했기 때문에 스스로 자신이 죽을 때까지 교황이라고 생각했다. 가톨릭교회에서는 명예교황의 여지는 없다고 그가 동료들에게 말했다.[4] 사임은 상상할 수 없는 일이었다. 대부분의 신자들도 동의했다.

> **교황이 은퇴하는 생각은 정말로 전례가 없었다. 교황직의 계속성은 한 사람이 죽으면 새로운 교황의 선출에 달려있다.**

기자인 제임스 머레이의 글이다.[5]

여론 조사에서 이탈리아인의 65%가 교황은 비록 어떤 목숨을 끝낼 질병으로 쇠약할지라도 절대로 사임해서는 안 된다고 말했다.[6]

설령 악화일로의 건강이 그가 성 베드로의 권좌에 앉아 있음을 방해하지는 않았지만, 이는 바티칸 내부에서 일어난 일에 영향을 주었다. 파킨슨병은 다른 질병으로 인한 만성적인 통증을 동반하기 때문에 이로 인해 그는 알현이나 보고서를 읽는 데 몇 시간을 보내기는 어려웠다.

미국 외교관 마이클 혼블로우는 말했다.

> 그는 정말 정력적이었다. 하지만, 위대한 관리자는 아니었다. 그의 인박스(Inbox)는 재앙이었다는 소리를 들었다.[7]

심지어 폴란드의 한 주교로서, 그는 사소한 일을 챙기는 관리자는 아니었다. 그의 병은 교황직 마지막 10년 동안 그가 오직 자신에게 가장 중요한 것에만 신경을 썼다는 뜻이었다. 그는 엄청난 시간을 자신의 특별한 외국 순방에 썼다. 파킨슨병 진단 이후, 이탈리아를 벗어나는 매번의 순방은 더욱 어려웠다. 순방은 더 많은 수송 계획이 요구되었다(교황직의 끝 무렵까지 그는 104번의 외국 여행을 했으며, 이는 전임자들의 모든 여행을 합한 경우보다 많았다).

1994년부터 2005년에 이르기까지 그는 60번 외국 순방을 했는데, 여기에는 부담이 큰 인도, 중동, 아프리카로의 여행, 두 차례의 미국 방문이 포함되었다. 각 순방 몇 주 전부터 요한 바오로는 성직자들, 그가 만나게 될 영향력 있는 신자들에 대한 연구로 이를 준비했다.

그가 더 이상 시간을 낼 수 없는 것 중 하나는 바티칸은행에 대해 살펴보는 일이었다. 안젤로 카로야는 홀로 남아 그 은행을 운영했으며, 은행은 추기경들과 평 이사들로 구성된 자문단으로 이루어진 바티칸은행위원회의 느슨한 감독을 받고 있었다.

은행 개혁이라는 카로야 자신의 생각이 때로는 논의가 되었으나, 어떤 긴급함을 요하는 위기가 없어, 이것이 청사진 단계에서 실행으로 옮겨지지 않았다. 카로야의 좋은 의도에도 불구하고, 요한 바오로의 건강이 악화되어 가는 10년 동안, 은행은 그럼에도 핵심적인 제도 개혁을 이루어야 했고, 그래야 역외 금융 천국으로서의 그 역할에 종지부를 찍을 수 있을 터였다.

바티칸은행의 확연한 평온함은 어떤 환상이라는 약간의 경고 신호가 있었다. **2000년**, 이탈리아 경찰은 21명의 폭력배를 체포했는데, 그들은 최초의 온라인 뱅킹 사기의 일당이었다. 이는 바이러스가 침투된 컴퓨터 파일과 패스워드를 활용해서 시실리의 중앙은행에서 9억 달러를 훔치는 전자적 음모였다. 합법적인 도청팀이 바티칸은행 내부의 공범들에 대한 갱들의 자랑을 들었다. 경찰은 절도가 이루어지기 전에 구속을 했다. 왜냐하면, 만일 이 일이 바티칸은행 내부에서 일어났다면, "이탈리아 국가가 그 돈을 회수하기 불가능할 수 있기 때문이었다."[8]

하지만, 신속한 행동의 결과로 인해, 검찰은 바티칸은행 내부에서 누가 그 음모의 일원이었는지를 결정할 수가 없었다. 같은 해, 멜버른대학교의 응용경제사회연구소(Institute of Applied Economic and Social Research)는 국제적인 돈세탁에 관한 광범위한 연구 결과를 발표했다.[9]

그 필자들은 200개 나라의 은행 시스템을 비교했다. 바티칸은행은 돈세탁 천국의 열 손가락 안에 들었고, 그 순위는 룩셈부르크, 스위스, 케이만 제도 리히텐스타인의 다음이었고 싱가폴에 앞섰다.[10], **2000년**에 '경제사회문제에 대한 UN회의'(United Nations' Congress on Economic and Social Issues)의 또 다른 보고서에서 바티칸은 "돈세탁 자들에게 가장 매력적인 국가" 중 열 손가락 안에 들었다.[11]

다음 해인 **2001년**, 런던 텔레그라프와 인사이드 프로드 불리틴(Inside Fraud Bulletin)에 의한 보고서는 바티칸을 최고의 선별(cutout) 국가로 선정했으며, 그런 역외 은행 천국으로는 나우루, 마카오 모리터스를 들었다. 이 선별은 은행의 비밀이 세탁된 자금을 그 원천부터 추적하는 것을 불가능하게 만드는 나라이기 때문이었다.

바티칸은행은 이탈리아의 불법 자금만으로도 연간 550억 달러에 이르는 주된 통로라는 것이 그 보고서의 결론이었다. 한 해에 세 차례나 바티칸은행은 최고의 역외 피난처로 이름을 얻었으며, 돈세탁 자들에게 가장 인기있는 은행 중 8위에, 4번째 선별 국가였다. 바티칸은행은 리히텐스타인, 스위스 바하마를 앞섰다.[12]

이런 불쾌한 목록의 높은 순위에도 불구하고, 그런 발표는 바티칸은행에 대해 가장 최악이라는 생각에 오래 길들여진 언론으로부터는 어깨를 으쓱하는 정도의 관심뿐이었다. 만일 이 보고서들이 카로야와 은행을 운영하는 그의 동료들의 염려가 되었을지라도, 그들은 바티칸은행이 불법 자금의 인기 있는 최종 목적지로 널리 이용되는 그 구조적 약점을 해결하려는 어떤 시도도 하지 않았다(멜버른과 UN 보고서의 수석 조사관, 존 워커는 2014년 필자에게, 바티칸은 "여전히 돈세탁의 최상의 장소로 머물고 있다"라고 말했다).[13] *[14]

하지만, 언론의 관심을 끌었던 것은 옛 스캔들의 새로운 전개였다. 미국에서 5개 주의 보험 사정사들은 '불법 이득을 위한 조직 범죄 조항'(racketeering statutes - RICO)을 이용해서 총액 6억 달러에 이르는 민사 소송을 바티칸은행과 교황을 두 명의 피고인으로 적시하여 제기했다. 이는 금융인 마티 프랑켈의 **1999년** 사기로부터 돈을 되찾기 위함이었다.[15] 각각의 주 소송은 프랑켈이 가톨릭 자선 단체를 전면에 내세워 투자자들을 사기 치는데 바티칸은행이 이를 알면서도 멈추지 않았다고 주장했다.[16]

로마교회는 바티칸은행이 그런 절차에서 면제되고 있다고 주장을 함으로써 결국 그 소송이 기각되도록 힘을 썼다. 왜냐하면, 프랑켈재단은 "바티칸의 사법적인 성격을 갖지 않았으며" "항상 바티칸의 맥락 밖에서 활동했기" 때문이라는 이유였다.[17]

로마에게 실망스럽게도, 그 사건은 계류 중에 많은 관심을 받았다(프랑켈과 그를 도왔던 두 명의 사제인 신부 콜라지오바니와 제이콥스는 공갈, 음모, 전송 사기 자금 세탁으로 유죄 선고를 받았다. 그들의 연로함으로 그들은 집행 유예를 받았다. 프랑켈은 여전히 17년의 감옥형을 살고 있다).

프랑켈 이외에도, 암브로시아노와 로베르토 칼비 죽음에 대한 결코 끝나지 않는 조사가 다시 신문의 머리기사가 되었다. 그 사건에 대한 영화의 시사회가 **2002년**에 이탈리아에서 있었지만, 이탈리아 판사는 극장 상영을 금지시켰다. 프라비오 칼보니, 사르디니아의 부동산 개발업자요 칼비의 동료였던 그가 명예 훼손의 소송을 제기한 까닭이었다.[18] 그해에 새로운 법의학적 검사는 칼비가 살해되었음을 제시했다.

누가 하나님의 은행가를 죽였는가?

2003년 경에 위와 같이 묻는 머리기사는 새로운 기사로 대체되었다. 이는 이탈리아 검찰이 4명의 갱을 살인 혐의로 조사하고 있다고 발표했기 때문이었다.[19] 살인이 개입되었다는 공식적 선언은 칼비의 시신이 블랙프라이얼스 다리에 걸린 채 발견되었던 이후 거의 21년 만에 나온 것이었다. 이는 그 살인자의 뒤에 누가 있었을 것인가 추측하는 이야기를 자아냈다.

마피아, 프리메이슨, 바티칸인가?[20]

2000년이 시작되면서, 5년 동안 바티칸은행에 대한 영어 뉴스 이야기의 절반 이상은 칼비의 살인에 대한 것이었으며, 암브로시아노은행 스캔들에 대해 적어도 일부 면에서의 재해석도 포함했다.[21]

교황 요한 바오로에 대해서는, 그는 바티칸은행이 어떤 새로운 분규에 개입되지 않는 것을 기뻐했던 것 같았다. 카로야의 의도적인 낮은 처신이, 그렇지 않았다면 외설스러웠을 이탈리아 타블로이드 신문에 완벽한 해독제가 되었다.

2005년, 카로야는 또 다른 5년의 임기를 앞두었다. 대부분의 바티칸 연구가는 교황이 그 연장에 도장을 찍을 것이라 예상했다.

하지만, 요한 바오로가 그의 바티칸은행 이사직을 연장하기 전에 84세의 교황은 **2005년 4월 2일에** 서거했다. 비록 그가 수년간을 만성 질병 가운데서 힘든 일을 계속했지만, 그의 서거는 여전히 많은 신자를 놀라게 했다.[22]

그의 교황직은 27년간 지속되었다. 젊은 세대의 신자들은 다른 리더를 알지 못했다.

제33장

왕이 된 킹 메이커

교황의 죽음 후 며칠 내, 난무하는 관심은 장례의 세부 사항과 누가 성 베드로의 다음 왕좌를 차지할 것인가 하는 추측이었다. 이런 뉴스가 바티칸은행을 신문의 뒷면으로 물러나게 했다. 비록 대중은 많은 관심을 주지 않았을지라도, 바티칸은행은 도착하는 추기경들의 마음속에 있었다.

교황 요한 바오로가 죽던 그날, 무명의 "교회 은행원"이 어떤 미국 기자에게 바티칸은행은 현금 보유액이 기록적으로 50억 달러에 이르렀다고 말했다. (「더 파이낸셜 타임스」에 의한 초기 추정액은 바티칸은행[IOR]과 APSA에 의해 통제되고 있는 각각 부동산과 주식 포트폴리오의 금액이 약 600억 달러에 달한다고 결론을 냈다. 그러나, 바티칸은 그 숫자는 부풀려진 것이라고 말했다.)[1]

하지만, 다음 교황을 기다리는 모든 경제 뉴스가 좋은 것만은 아니었다. 요한 바오로 서거 다음 날, **2003년**까지 지속되었던 10년간의 흑자 후 바티칸은 3년 연속 적자라는 언론 보도가 있었다. 교황경제청 장관인 세르지오 세바스티아니 추기경은 이것이 거의 20%에 이르는 달러 가치의 상승으로 인한 기대 밖의 환차손, 악화된 투자 환경 이 침체된 유럽 경제 탓이라고 했다. 수십 개의 나라에서 요한 바오로에 의한 로마교회의 외교 공관의 확장은 수백 명의 새로운 평신도 종업원을 필요로 했다.[2]

에드문드 스조카 추기경, 10년 이상 세바스티아니의 전임자로 있던 그는 기자들에게 적자로의 전환은 로마교회의 투자에 대한 낮은 수익 때문이라고 말했다. 왜냐하면, 바티칸의 모든 돈은 매우 보수적으로 관리됐기 때문이라는 것이었다.

만일 그것이 내 돈이었으면, 나는 훨씬 적극적이었을 것이다.

스조카가 「**월 스트리트 저널**」에 한 말이다.³

비록 어떤 관리도 이를 인정하지는 않았지만, 성추행 위기가 특히 미국인에 의한 로마에 대한의 기부금에 급격한 감소를 가져왔음은 의심할 나위가 없었다. 요한 바오로가 서거할 즈음에는 미국교회는 법정외 합의금으로 희생자들에게 8억 4천만 달러를 지불했으며, 턱선, 스포케인 포틀랜드의 세 교구는 파산을 선언했다.⁴ 존 폴라드 교수, 초기 교황의 금융에 대한 암울한 역사를 썼던 필자는 기자들에게 말했다.

> 미국 내에서 사제의 소아성애 추문의 영향으로 베드로성금은 1/3 내지 40%의 수준이 되었다.⁵

이익을 내는 기계에서 돈을 까먹는 기계로 전환된 근본적 이유가 무엇이던 간에, 이는 금융 거래의 관리에 유능함을 보였던 추기경들이 콘클라베에서 유리한 점을 얻을 수 있으리라는 것을 시사했다.⁶ 요한 바오로의 후계자는 역시 바티칸은행의 본질적 개혁을 최우선 순위로 할 것인가, 아닌가를 직면하게 될 터였다. 일부 바티칸 옵서버는 바티칸은행의 형편 없는 투자가 이익에서 손실로 전환된 배경의 이유일 것으로 추측했다.

바티칸은행의 모든 영업은 비밀이었기 때문에 교황의 소원한 역할이 이 은행으로 하여금 과도한 투기라는 옛 행태로 빠져드는 것을 허락했는지 아는 것은 가능하지 않았다.⁷ 이 은행의 여러 가지 역사는 가장 단순한 질문까지 조바심을 내게 만들었다. 다음 교황에게 어떤 속성이 필요한가라는 간단한 목록을 제공하면서, 한 평론가는 다음처럼 제시했다.

> **그는 바티칸은행의 스캔들을 피하려 할 것이다.**⁸

2005년의 콘클라베는 **1978년** 요한 바오로를 선택했던 것과는 다른 세상에서 치루어졌다. 그때는 지미 카터가 대통령이었고, 마가렛 대처는 아직 영국의 수상이 아니었다. 냉전 수천만 명의 가톨릭 신자에 대한 공산주의의 억압, 동구 국가들로부터의 강력한 반공주의자를 선택하게 이끌었던 요인은 이제 지나간 역사였다. 콘클라베에서의 선출자들의 구성 자체가 급격하게 바뀌었다.

다가올 콘클라베를 위한 117명의 유자격 추기경 중에 오직 세 명만이 지난 콘클라베에 있었다. 요한 바오로가 나머지 모두를 임명했다. 그것은 대부분의 바티칸 연구가에게 그 경선이 넓게 열려 있다는 것을 믿도록 만들었다. 한 해설가의 글처럼, 유일한 확실성은 "매우 불확실하다"는 것이었다.[9]

초기의 모든 추측에서 빠진 한 추기경은 조셉 알로지제 라징거(Joseph Aloisius Ratzinger)였다. 그는 추기경단의 가장 강력한 수장이며 신앙교리성 장관이었다.

> 교리적 정통주의에 대한 요한 바오로 2세의 강력한 보호자로서 그의 역할과 그의 '명성'은 바로 이 경쟁에서 그를 지배했다고 말할 수 있다.

어느 바티칸 연구가의 글이다.[10]

라징거가 요한 바오로의 이념적 영혼의 짝임을 누구도 부인하지 않았다.

하지만, 그것은 로마교회 내에서 외견상 새로운 방향을 위해 시효가 다한 약점으로 나타났다. 비록 일부 명망있고 교황청과의 좋은 안면을 가진 이탈리아 기자들이 교황 요한 바오로가 죽기 단지 몇 개월 전, 라징거가 교황이 될 수 있다고 썼지만, 대부분은 이를 근거 없는 가십으로 묵살했다.[11]

추기경들이 로마에 모이자, 라징거의 상급자적 지위와 교회 교리에 대한 지적 열성이 그를 논쟁 불가의 킹 메이커(*grande elettore*)로 만들었지만 결코 하나의 교황 후보자가 아니라는 전통적인 생각이 남아있었다. 어찌하든 77세인 그의 날은 지났다.[12] 폴란드의 지온 그로코레브스키는 심지어 다른 추기경에 대해 말하지 않는 불문율을 깨고, 기자들에게 라징거는 지적이지만 "너무 늙었다"라고 말했다.[13]

지난 마지막 콘클라베 이후 27년이 지났기 때문에 언론은 처음에는 지면 기사가 약간은 예전 같지 않았다. 그들은 이제 어디에나 있는 텔레비전 보도를 위해 일단의 새로운 입담꾼을 찾아야 했고, 정치적 선거의 경우처럼, 그럴듯한 추측의 홍수를 내놓고 다음 교황에 누가 선두 주자인지 이것이 세계 11억 가톨릭 신자에게 무슨 의미인지 다루었다. 교황은 역시 로마의 주교인 까닭에 일부 교황청 사람은 이제 다시 이탈리아인을 위한 때라는 말을 흘렸다.

가장 자주 언급되는 사람 중 한 명은 밀라노의 72세의 디오니지 테타만지로, 그는 유명한 신학자요 안락사와 낙태의 열렬한 반대자였다.

베니스의 63세의 추기경 안젤로 스콜라는 인기에서 높았다. 제노나의 추기경 탈치시오 베르토네는 열심히 일해서 자신이 뒤처지지 않았음을 확신시켰다. 베르토네는 요한 바오로에게 경의를 표하기 위해 평신도 조문객과 함께 긴 줄에 선 유일한 추기경이었다. 비록 교황의 시신이 베드로성당 내부에 안치되어 있음에도 그리했다.

베르토네는 카메라 조수를 데리고 와서 기다리는 시간 동안 자신이 악수하는 것과 아이들을 축복하는 것을 기록하도록 했다.[14] 베르토네는 댄 브라운의 베스트셀러인『다빈치 코드』를 반대하는 캠페인을 재개함으로써 자신이 건재하다는 것을 뉴스에서 각인시켰다.

하지만, 언론 매체는 보통의 의심스러운 것들을 뛰어넘는 이야기를 원했다.

아프리카 남미의 교황을 위한 때가 왔는가?[15]

신학적 강경론자인 프란치스 아린제(Francis Arinze) 추기경은 20년 동안 바티칸에서 있었던 나이지리아인으로 상위 목록에 있었다. 그는 요한 바오로 밑에서 내각 수준과 동급인 두 개의 직책을 감당하는 좋은 자격증을 가지고 있었다. 그는 교황청 종교간대화평의회(Pontifical Council for Interreligious Dialogue)의 회장이며 경신성사성(敬信聖事省: Congregation of Divine Worship)의 성장이었다. 첫 흑인 교황에 대한 생각은 아린제에 대한 언론의 추측을 과도하게 만들었다. 70세의 브라질의 크라우디오 휴메스 추기경은 호감이 있어 보였다. 만일 때가 맞다면 가톨릭 내 히스패닉계 근간의 지속적인 힘과 성장을 인정하는 셈이었다.[16]

언론은 선두 주자들의 인격성에 추점을 두었다. 그럼에도 추기경단 내부에서의 근본적인 투쟁은 **1958년** 비오 12세의 죽음 이래 각 콘클라베가 직면한 것과 동일한 것이었다.

즉, 로마교회가 개혁에 뜻을 두는 진보주의자를 선택할 것인가, 아니면 요한 바오로 같은 보수주의 정통주의를 보전할 것인가?

많은 진보주의자는 예수회 회원이며 밀라노의 전(前) 대주교인 칼로 마리아 마티니 추기경을 좋아했다. 문제는 마티니가 78세며, 은퇴하여 여러 해를 예루살렘에서 보내고 있으며, 자신이 초기 파킨슨병으로 보이는 것으로 인해 고통을 받고 있고, 반복적으로 교황이 될 욕망이 없다고 말했다는 점이었다. 일부는 그가 처음 투표에서 진보주의자의 힘의 정도를 시험하는 단순한 위장 입후보자라고 생각했다.

만일 그가 잘 했다면, 진보주의자들은 진짜 후보자, 즉 또 다른 예수회 회원인 부에노스 아이레스의 거침없이 말하는 조지 마리오 베르골리오 추기경을 중심으로 단결할 계획이었다(베르골리오에 대한 여세를 막기 위해 누군가가 그는 힘든 일을 감당하기에는 충분히 건강하지 않다는 소문을 퍼뜨렸다. 사실 그는 10대 때 폐 한쪽을 잃어버렸기 때문이었다).[17]

보수주의자들의 경우, 소다노 국무총리가 많이 언급되었지만, 77세인 그가 너무 늙었다고 많은 자가 생각했다. 일부 적들은 그들의 동료들에게 그가 한때 신학자 한스 큉을 과대하게 칭찬했다고 상기시켜 줌으로써 그의 기회를 약화시켰다. 큉은 나중에 가톨릭 신학자로서 교수직을 박탈당했던 자였다.[18]

71세의 부르셀의 추기경 갓프리드 다닐스는 신뢰할 만한 온건론자로, 그의 지지자들은 진보주의자들과 보수주의자들이 막다른 길에 이르기를 기대했다. 만일 그렇다면, 다닐스는 타협안으로 부상할 수 있었다.[19]

추기경들이 로마에 도착한 그때서야 라징거가 결국 도전자가 될 수 있으리라 말하는 어떤 사람이 있었다.

하지만, 그런 말은 항상 다음과 같은 해설로 기를 펴지 못했다. 즉, 그는 너무 분열을 초래한 자라서, 추기경들 2/3이 그 앞에서 허리를 굽혀 절하고 그의 반지에 키스하기를 동의할 것 같지 않다는 것이었다.

선두 주자들에 대한 논의에서, 런던의 **「데일리 메일」**은 라징거가 "개혁가 같은 것으로 유명해졌지만 실제로는 '극렬한 정통주의'를 구현하게 되었고 자유주의자들은 그를 미워한다"는 것으로 자신의 적들을 공고하게 만들었다고 전했다.[20]

그 이유를 이해하는 것은 어렵지 않았다. 모든 중요한 문제에 대해 그는 반동주의적인 옹호자였다. 그는 독신주의를 끝내는 것에 대한 논의나 여자의 사제 임직에 대해 생각하려고도 하지 않았다. 라징거는 여전히 이단적 신학자들의 파문에 챔피언이었다.

라징거는 동성애자는 **"객관적인 신체 이상"**을 겪고 있다고 말했다. 유대인은 그의 "신학적 반유대주의," 곧 그들이 그리스도를 영접하면 그들이 온전히 채워질 수 있다는 그의 견해를 개탄했다. 개신교도들은 그들이 "크게 부족하다"는 그의 표현, 그들의 예배의 집은 교회라 불릴 만한 가치가 없다는 그의 시사에 발끈했다.[21]

라징거가 다음 교황으로 고려될 수 있다는 것이 그의 적들을 두렵게 만들었으며, 그들 중 많은 자가 익명으로 기자들에게 말했다.[22] 한 "교회 소식통"이 말한 것을 인용하면, "라징거 추기경은 교황 요한 바오로 2세처럼 우편 성향의 교황을 원하는 것이 아니다. 그는 교황 요한 바오로 2세로부터 더욱 우편의 교황이 되고자 한다."

> 추기경 라징거는 순전하고 훈련된 교회를 원한다. 그는 교리에 많은 초점을 둘 것이며, 그가 사람들을 내쫓을 교회의 순전함에 집중할 것이다. 비록 그것이 그를 기쁘게 하지 않더라도 그는 이것에 조금도 개의치 않을 것이다.[23]

또 다른 "교회 소식통"이 한 말이다.

> 그가 많은 적을 가진 것은 그의 엄격하고, 중앙 집권적이고, 교만한 신학 접근법 때문이었다.

널리 인용된 "바티칸 내부자"의 말이다.[24]
이름이 언급되지 않는 이탈리아 추기경은 "독일 로트바일러 개"라고 말했다.[25]

> 이는 나를 두려움으로 채우게 만들었다.

신원 미상의 신학자의 말이다.

> **그는 아마도 위대한 교황이 될 것이다.**
> **그러나, 나는 집에 돌아가 내가 어떻게 그의 선택을 설명할 것인가를 모르겠다.**

이름을 밝히지 않는 한 서방 추기경이 인용한 말이다.[26]
일부의 염려는 라징거가 일반 신도들을 실망시킬 것이란 점이었다. 그는 인간적이고 매력적인 요한 바오로에 뒤이은 밋밋한 후계자처럼 보일 터였다. 전혀 유머 감각이 없고, 절대로 감정 통제를 잃어버린 적이 없는 라징거는 감수성이 부족했고 엄격한 규율과 기독교적인 순전함을 스스로 자랑했다.

요한 바오로는 성공적인 교황의 척도는 부분적으로 인기 있는 정치 지도자와 같은 동일한 기준, 즉 카리스마적인 질주, 때로는 쇼맨쉽에 있다고 깨달았다.

하지만, 라징거는 이중 어느 것도 갖지 않았다.

로마의 추기경 총대리(vicar general)인 카밀로 루이니는 기자들에게 말하기를, 가톨릭 신자들은 인민의 교황을 필요로 하며, 그는 "관료주의적 유자격자들(credentials)보다 신자들을 향한 사역"에 더 많은 관심을 두는 자라고 했다. 이는 라징거를 비평하는 말로 널리 해석되었다.[27]

요한 바오로는 락스타부터 유명 운동 선수, 원주민 댄서까지 모든 자와 혼합함으로써 기존의 틀을 깼다. 이것이 신자들로 하여금 그를 좋아하게 만들었을 뿐만 아니라, 40년 전 요한 23세의 짧은 재임 기간을 제외하고는, 근대의 모든 전임자에게서 멀어져 보인 교황직을 인간화했다.

요한 바오로는 1997년 밥 딜런의 볼로냐 콘서트에서 진정한 머리기사를 장식하는 자처럼 보였다. 이때 3십만 명의 팬이 딜런의 "천국 문을 두드릴 때"(Knockin' on Heaven's Door)의 노래에 맞추어 교황을 환호했다.[28] 이탈리아 텔리비전으로 생방송된 그 콘서트는 교황의 이미지를 현대의 아이콘으로 인쳤다.

오직 바티칸 내부의 고위 관리들만이 딜런 콘서트의 가장 큰 반대자가 라징거였음을 알고 있었다.[29] 인기있는 문화의 혼합은 교황에게 부적절하며, 그는 주장하기를, 어느 경우든, 딜런은 "예언자"의 잘못된 유형이었다.[30]

라징거의 주장은 유행 가수의 노래와 동시에 개인적 삶에서 나타난 때때로 느슨한 윤리에 대해 로마교회가 이를 승인한 것으로 해석될 수 있다는 것이었다. 요한 바오로는 2000년에 락콘서트에 참석했을 때 라징거의 동일한 경고를 무시했다.

이 콘서트는 제3세계 나라들의 참담한 빚을 경감시키기 위한 기금을 모으기 위함이었다(교황은 유리스믹스와 알래니스 모리세트에게는 인사했으나, 루 리드를 만났을 때는 지나쳤다. 그의 마약에 취한 듯한 음율이 너무 위험하다고 생각했다).

심지어 요한 바오로의 연례 크리스마스 파티는 전례가 없었다. 수년 동안 걸쳐 그는 라이오넬 리치, 탐 존스, 로린 힐, 글로리아 게이너, 디온 와익, 존 덴버, 휘트니 휴스톤과 함께 했다(라징거가 차기 교황이 된 후로 그는 첫 크리스마스에 어떤 음악 연주자들과 만나는 것을 거절했다. 이들은 요한 바오로가 살아 생전에 이미 초대되었던 자들이었다. 라징거는 그 다음부터 파티 행사를 취소했다).**31**

요한 바오로의 전향적인 인기주의가 가톨릭 신자에게 로마교회에 대해 개인적인 열망을 불어넣는데 수년이 걸렸다. 이제 일부는 라징거가 이 모든 것을 사라지게 할까봐 안달이 났다. 「**내셔날 가톨릭**」 리포터의 존 알렌은 5년 전에 라징거의 전기를 썼던 자인데, 이에 놀라지 않았다.

많은 관찰자가 라징거를 예수보다 더 가톨릭 신자로 본다.

알렌은 그 독실한 독일인에 대해 이같이 썼다.**32**

콘클라베는 4월 18일에 시작하도록 되어 있었다. 115명의 투표할 추기경들은 기록적인 2백만 명의 참배객이 베드로광장에 꽉 차서 요한 베드로를 추모하고 있음을 잘 알았다(두 명의 추기경, 멕시코의 아돌포 수아레즈 리베라 필리핀의 제이미 신은 너무 아파서 참석하지 못했다). 죽은 교황의 관을 지나기 위한 기다림은 때로 8시간이 걸렸다.*33 확실하게, 추기경 누구도 언론 매체의 무리에게 익숙하지 않다는 것이었다.

요한 바오로의 교황직 27년 동안, CNN은 24/7(매일 24시간/매주 7일) 방송을 시작했다. 이제 인터넷이 있어 그 수행원들이 매분마다 조사된다. 익명의 중상모략을 없애기 위한 조치로, 바티칸은 심지어 콘클라베를 봉사하기 위한 청소부들, 요리사들, 엘리베이터 작동자들에게 어떤 누설에도 즉각적인 파문을 위협하는 맹세에 서명하도록 명했다.**34** 시스틴성당은 전자 도청 장치를 막기 위해 세 차례나 조사했다(분명히 아무것도 발견되지 않았다).

첫 회기의 전날 밤, 런던의 「**선데이 타임스**」는 놀라운 머리기사, "유망한 교황은 전 히틀러 소년단"을 실었다. 라징거는 자신이 14세 때인 **1941년**에 히틀러의 소년단에 가입했음을 결코 숨기지 않았다. 소년단이 의무가 된 바로 이후였다. 그는 자신의 자서전에서 이를 말했다.**35** 겁 많은 아이로 다른 아이들과 함께 하기보다 혼자 있기를 좋아했던 그가 6세에 히틀러가 수상이 되었다.

그의 부친 쪽의 큰 할아버지, 게오르그 라징거는 바바리아 지역의 가장 유명한 작가 며 정치가로 역시 주도적인 반유대주의자였다.[36] 그의 부모-아버지는 경찰, 어머니는 지역의 BB 여관의 요리사였다-는 그가 12세 때 그의 장래를 결정해서, 그와 그의 형 게오르그를 소신학교에 보냈다. 그가 사제로 서임을 받은 것은 제2차 세계대전 후 6년 이 지나서였다. 혼자 있는 성격에 맞추어, 새로운 고위 성직자로서 그는 소목구의 삶을 원하지 않았다. 대신에 그는 독일 남부의 튀빙겐대학교에서 신학 교수가 되었고, 책과 철학이라는 격리된 세상에 첨착하여 상당한 성공을 얻었다.

1960년대 후반에 학생들의 폭동과 항의가 튀빙겐을 휩쓸 때, 이로 인해 라징거는 외부세계는 위험하고 불안정한 곳이라는 확신을 갖었다. 그는 레겐부르그대학교로 옮 겼는데, 그곳은 자신이 너무 마음 상했던 모든 정치적 불화와 거리가 먼 벽지였다.[37] 독 일 주교회의의 신학적 자문관으로 충실히 사역해서 **1977년**에 뮌헨의 대주교로 임명되 었다. 자신의 낮 생활을 고전 연구에 몰두하고 교회 교리를 토론하기 좋아했던 사람으 로, 그는 자신의 행정적인 의무들을 적응하는데 어려움이 있었다.

그는 5년간 혼신을 다해 그 교구를 운영했다. 뮌헨에서 그와 같이 일했던 자는 누구 도 그가 행정가, 리더로서의 천부적 재능, 최고의 대주교들이나 추기경들이 보통 자 랑하는 특성을 갖고 있다고 생각하지 않았다.[38] 뮌헨에서의 사역 이후, 요한 바오로가 그를 교회의 막강한 교리성의 장으로 임명했을 때, 그는 다시 학문의 세계와 교황청으 로 들어갔다. 그는 다시는 교구를 운영하는 것에 손을 대려 하지 않았다.

라징거의 전기 작가인 존 알렌은 그가 "잠깐 히틀러 소년단의 일원이었지만 열광적 인 자는 아니었다"라고 썼다.[39] 히틀러 소년단은 나치가 교회의 젊은이들에 대한 초기 영향력을 깨기 위한 것으로 의도되었기 때문에 새로 가입된 자들은 반가톨릭 선전으로 집중 세례를 받았다.

자신의 소신학교에서 교육과 확연히 대비되는 것이 그가 나치유년단을 열성적으로 품지 않게 한 이유였을까?

이는 분명하지 않다.

하지만, 반박할 수 없는 것은 그의 소년단 가입이 널리 숨겨진 것이 아니라는 점이었 다. 라징거 자신이 7년 전 이런 사실을 자신의 자서전에서 밝혔음에도 불구하고, 로마 교회의 많은 구성원조차 이를 알지 못했다고 **「선데이 타임스」**는 주장했다. **「선데이 타**

임스」는 이것이 "추기경들이 내일 시스틴성당에서 투표를 시작할 때 그를 괴롭히게 될 것이다"라고 예견했다.[40]

이것은 사실 수백만 사람에게는 뉴스였다. 히틀러 유년단에서 2년을 보낸 후, 라징거는 16세에 독일군 반공(反空)부대에 징집되어, 비행 엔진을 제조했던 BMW 공장을 지키는 일을 했다. 그 공장은 인근 다카우강제수용소의 수감자들로 구성된 강제 노역자를 활용했다. 라징거는 오랫동안 어떤 전투적인 역할을 해본 적이 없다고 주장했다. 그가 나중에 헝가리로 전출되어, 유대인이 죽음의 수용소로 보내지는 것을 보았을 때, 그는 탈영했다. 그 때가 **1944년 4월**이었다.[41]

불과 몇 년 전에 나치 희생자들의 보상에 대한 일련의 소송에서 바티칸과 성좌의 이름이 거명되었다. 물론 기각되었다.

하지만, 여전히 약탈된 금, 바티칸은행의 개연성 있는 역할에 대한 응답되지 않은 질문이 있었다.

독일인이며 동시에 제3제국과 젊을 때 연계를 가진 자를 선택하는 것을 추기경들이 부끄러워하고, 라징거에 대한 콘클라베의 지지는 사라질 것인가?

라징거는 끝까지 버티는 자는 아니었다.

대신에 최종의 사전 콘클라베 미사에서 그는 자신의 동료 추기경들에게 말했다.

> 우리는 상대주의라는 독재를 향해 가고 있다. 이 상대주의는 그 최고의 목표로써 자기 자신의 자아와 자기 자신의 욕망을 갖는다. … 성인의 믿음은 유행과 최신의 새로운 것을 좇는 그런 것이 아니다.[42]

누가 다음 교황이 될 것인가 하는 모든 어림셈의 최종적인 묘사는 도박꾼들에게 승부를 거는 세 영국 출판사에 의해 정해졌다. 이는 역시 얼마나 일반 평신도들이 바티칸의 정치를 알지 못하고 있는가에 대한 증언이기도 하다.

이탈리아의 테타만지와 나이제리아의 아린제가 집단을 4 대 1로 리드했다. 온두라스의 오스카 로드리게 마리디아가는 그 뒤를 이어갔다(9 대 2). 라징거는 뒤처진 7 대 1이었으며, 브라질의 휴민스는 9 대 1, 최근 갑자기 내기에서 떠오르는 오스트리아의 크리스토프 폰 쇤본은 14 대 1이었다.[43]

콘클라베의 첫 날, 4월 18일 월요일, 추기경들은 오후 늦게 한 번의 투표만 했다. 라징거와 마티니가 호각지세로 끝날 것이 예상되었다. 이는 이념적으로 양분된 진영 간에 백병전과 같은 전투를 위한 무대를 마련한 셈이었다. 놀란 일은 라징거가 교황이 될 필요 투표수 77에서 한참 뒤진 47표를 얻은 반면, 진보주의자의 표는 갈라졌다는 점이다. 부에노스 아이레스의 베르골리오는 10표를 당겼지만, 마티니와 루이니는 각각 6표를 얻었을 뿐이었다.[44]

라징거가 자신의 첫 투표를 바탕으로 탄력을 얻을 수 있을까, 아니면 진보주의자들이 한 후보자 뒤로 모일 것인가?

그 밤에 정치 공작의 결과로, 마티니는 베르골리오에게 자신의 지지를 던졌다. 81세의 추기경 아킬 실베스트리니는 너무 늦어 콘클라베에서 투표할 수는 없었지만, 자신의 동료 자유주의자들을 부추겨, 라징거를 막기 위해 적어도 함께 뭉치도록 했다.[45]

다음날 아침, 추기경들은 이른 투표를 해서, 하룻밤 생각한 뒤에 자신들이 어디에 서 있는지를 알고자 했다. 라징거는 자신의 지지를 더해서 이제 65표에 이르렀다.

베르골리오는 세 배 이상이 늘어 35표를 얻었다. 다음으로 높은 표를 얻은 자는 소다노 추기경으로, 훨씬 뒤쳐진 4표였다. 콘클라베 하루 만에 선거는 두 사람의 경주였.

베르골리오가 치고 올라옴은 일종의 놀라움이었다. 그의 적수들이 콘클라베 사흘 전에는 그의 기회를 무산시키려고 노력해서, 한 소송 사건을 공개해, 베르골리오가 당시 집권중인 아르헨티나 군부에 의한 **1976년**의 두 명의 좌파 예수회 회원을 납치한 일에 연루되어 있다고 주장했다. 그 추기경은 그 혐의를 부인했다.[46]

호주의 추기경 조지 펠은 콘클라베 전에는 자신이 도전자의 가능성이 있다고 말했지만, 투표 후 라징거에게 지지를 보냈다. 소다노 추기경은 교황이 되는 소망을 포기하고, 이탈리아인들을 로비하기 시작해서 라징거 뒤에 줄서도록 했다.

소다노는 말하기를, 자신은 너무 늦어서 교황직에 임시적인 자리를 맡는 자일 뿐이며, 신자들을 양극화하는 두려움은 과장된 것이라 했다.[47] 안젤로 스콜라는 불안감을 이기고 역시 라징거를 지지했다.

추기경들은 일을 서둘렀다. 점심 전에 그들은 세 번째 투표를 했다. 이는 라징거를 72표로 거의 최고의 자리로 올려놓았다(교황이 되기에 5표가 부족했다). 베르골리오는 5표를 더했지만, 40표로는 여전히 뒤에 처진 것처럼 보였다. 점심을 위한 휴식 시간 후, 고위 성직자들은 돌아와서 그날 오후의 마지막 투표를 했다. 이는 결정적이었다.

라칭거가 84표로 필요한 투표수보다 7표가 많았다. 대부분의 표는 베르골리오의 이탈자들로부터였다. 그들은 세상에 빠르고 통일된 전선이 지루한 전투보다 로마교회에 더욱 유익하다는 분명한 결심을 했다.[48] 제2차 세계대전 전에 비오 12세를 선택했던 콘클라베 이상으로, 100년 이상 만에 가장 빠른 선출이었다.[49]

많은 논쟁의 중심에 있던 인물이 베네딕토 16세가 되었다(이는 서구 수도원 생활의 교부였던 5세기의 수도승 제1차 세계대전을 예방하기 위해 힘썼던 베네딕토 15세를 기념하는 이름이다). 그에게 인사하는 환호하는 대중은 그가 교황으로 처음 나타나자, 마치 축구장 관객처럼 소리쳤다.

"베-네-딕-토! 베-네-딕-토!"[50]

라칭거는 1천 년 동안 교황으로 선출된 첫 독일인이었고 3세기 동안 가장 나이 많은 교황이었다. 그의 승진은 추기경들이 27년 전에 폴란인 교황을 선출했을 때처럼 역사적인 변화처럼 느껴졌다. 평신도 대중에게는 그의 승진은 어떤 현대 교황의 승진처럼 논쟁적인 것임에는 의심할 바가 없었다.

"히틀러 유년단에서 바티칸으로"는 런던의 **「가디언」**의 충격적인 머리기사였다. 또 이스라엘의 **「예디 오트 아하로노트」**(*Yedi'ot Aharonot*)는 "흰 연기, 검은 과거"라고 선언했다.

이틀 후, 추기경들이 로마를 떠나기 전, 베네딕토는 미사에서 그들을 축하하며 말했다.

> 나는 단순함과 사랑으로 누구나 환영하며, 로마교회는 사람과 사회의 진정한 선을 찾기 위해 열려있는 진실한 대화를 그들과 계속하기를 원하고 있음을 그들에게 확인하는 바다. … 나는 나에게 맡겨진 책임감에 부족함과 인간적인 혼란감을 가지고 있다.[51]

적어도 한 순간 만큼, 친구들과 적들이 한결같이 화해적인 목소리에서 위안을 찾았다. 그들은 **"진리는 다수결로 결정되지 않는다"**라는 모토를 가진 그 사람이 교황으로서 교회의 자비로운 아버지가 되기를 소망했다.

제34장

맛없는 김빠진 맥주처럼

라징거가 교황으로 선출되기 1주일 전, 샌프란시스코 소재의 의견이 갈린 미순회항소법정의 합의심은 나치 금의 집단 소송에 대한 바티칸의 기각 소송을 거부했다.[1] 다수결을 위한 변론에서 마가렛 맥기온 판사는 다음처럼 말했다.

> 우리 앞에 보인 전체 모습 가운데, 이 소송은 바티칸은행에 의한 약탈과 부당 이득의 주장에 대해 도시 내의 유일한 게임에 불과하다.

다수결은 바티칸은행(IOR)에 대해 알려진 바가 없다고 말하며 다음과 같이 진술했다.

> 바티칸과 바티칸은행 간의 정확한 관계는 소송 진행의 이 단계에서는 보다 분명하지 않다. … 그 은행의 실제적 거래는 흙탕물처럼 탁하다. … 참으로 바티칸은행의 보유 재산과 그 특별한 거래는 오리무중이다.[2]

암브로시아노은행과의 2억 4천 4백만 달러의 합의 과정을 경험했던 교황청 사람들은 교회의 명성과 재정이 위험하다는 사실뿐만 아니라 더 나쁘게도 바티칸이 예측 불가한 미국의 법정에 노출되어 있다는 것을 경고로 받아 드렸다. 베네딕토는 두드러진 염려를 보이지 않았다. 게다가 그는 교황청 내에서 다른 이들과 함께 이를 논의하지도 않았다.[3]

워싱턴 국무성으로 보낸 비밀의 전문에서-나중에 위키릭스로 인해 공개되었지만-바티칸 주재 미국대사관은 베네딕토 선출 한 달 뒤, 그는 종교적 강경파로 어떤 정치적인 재능도 없으며, 어떤 것을 얻기에는 너무 늦었다고 결론을 냈다.[4]

결과적으로, 미국 관리들은 이런 사실이 교황이 다루기 힘든 교황청을 효과적으로 통제하거나 명령 계통을 통일할 수 있을까 의심하게 만들었다고 환기시켰다. 그의 통치 스타일에 있어, 그는 대부분 관리의 충고를 무시했으며, "오직 소수의 전문가만이 결단의 긴급성을 깨닫고 있었다."[5]

몇 개월 내, 미국대사관 직원은 베네딕토가 심지어 효과적인 독재자도 아닌 것으로 심증을 굳혔다. 그들은 그가 어려운 결정을 피할 뿐더러 누구에게도 문제들을 다루도록 허락하지 않았음을 주목했다. 그해 7월, 그가 교황직에 오른 지 3개월이 안 되어, 헤이그에 있는 수석 UN 전범검사인 칼라 델 폰테(Carla Del Ponte)가 바티칸을 방문했다(그녀는 1982년 자기 고향 스위스에서 시실리 마피아와 로베르토 칼비를 조사하는 것으로 자신의 경력을 시작했다).[6] *[7]

그녀는 외무장관인 지오바니 라졸로(Giovanni Lajolo) 대주교를 만났다. 델 폰테는 전범으로 수배된 전직 크로아티아 장군이 크로아티아 내의 프란치스코 수도원에서 숨어 있음을 나타내는 단서를 가지고 있었다.[8]

크로아티아의 주교회의는 그 도망자들에 대해 "지지를 표명하는 도전적인 목소리"를 냈다고 그녀는 라졸로에게 말했다. 그는 그녀에게 딱 잘라 거절하면서, "바티칸은 국가가 아니기 때문에 아무것도 할 수 없다"라고 주장했다.[9] 델 폰테는 라졸로가 로마는 크로아티아 주교들에 대해 권한이 없다는 주장에 회의적이었다.

델 폰테는 베네딕토와의 만남을 주장했다. 교황은 단지 무엇을 해야 할지 확신하지 못해 거절했다. 베네딕토가 프란치스코수도원을 명해서 크로아티아 장군을 내놓으라 명하는 것, 전범 조사에 관해 UN과의 협조에 나서지 않는 모습 사이에서 선택하기를 원치 않음을 미국 외교관들은 나중에 알게 되었다.[10]

델 폰테는 끈질겼다. 그녀는 마침내 만일 그녀가 베네딕토를 만나기를 원한다면 성베드로광장에서 어떤 토요일이던 간에 군중 속에 있어야 한다는 말을 들었다. 그녀는 교황의 어부반지에 키스할 수 있도록 선택을 받은 만큼 충분한 행운이 있을지 모를 터였다.[11]

그해 9월, 런던의 「**데일리 텔레그라프**」는 놀랄 만한 머리기사, "바티칸, '전범'을 보호한 것으로 비난받다"를 실었다.

> 전범 중 최고 수배자 중의 하나가 로마 가톨릭교회와 바티칸 고위층에 의해 보호받는다고 전 유고슬라비아를 위한 UN의 수석검사가 어제 말했다.

신문의 보도 내용이었다.[12]

미국 외교관들은 베네딕토와 그의 팀이 공개된 이야기를 바꾸는데 머뭇거림으로써 시공국이 교회를 정의의 추구에 방해되는 존재가 되는 것을 바라보게 되었다고 지적했다. 바티칸의 대변인 나바로-발스는 처음에는 델 폰테가 로마교회가 행할 수 있는 충분한 세부 사항을 제공하지 않았다고 주장했다. 어떤 경우든 나바로-발스는 말하길, 행동의 부재는 델 폰테의 잘못이라고 했다. 그녀는 다른 부서를 접촉한 셈이었다.[13]

그런 무신경한 반응이 논쟁에 기름을 부었다. 나쁜 뉴스는 도망자 크로아티아 장군이 스페인에서 체포되었던 그해 12월까지 지속됐다. 4년 동안 도망하면서, 그는 아르헨티나, 중국, 칠레, 러시아, 체코, 모리터스, 심지어 타히티에 다녀왔다는 것이 드러났다.

만일 바티칸이 그를 보호하지 않았다면, 왜 바티칸이 수배된 전범을 보호하느냐는 비난을 그처럼 잘못 다루었겠는가?

이는 초보자의 실수였는가 아니면 베네딕토의 행정이 더 많은 심각한 문제를 갖고 있다는 징조였는가?

곧 나타날 그 답은 좋지 않았다. 또 다른 국무성의 비밀 메모는(역시 위키릭스의 발표) 새로운 교황직에 무엇인가 잘못된 것 그 이상을 강조했다.

전문은 다음과 같이 기록했다.

> 교황의 내부 핵심 가운데 세대적 지리적인 다양성의 부족이 있었다. 바티칸의 최고 관리들 대부분-모두 남자며 그것도 일반적으로 70대-은 현대 언론과 새로운 정보 기술을 알지 못했다. … 많은 관리가 심지어 공식적인 이메일 계정도 갖지 않는 문화다.

이는 다음과 같이 말했다.

> 교황의 가장 가까운 자문관들은 이탈리아 중심적 성격을 가지며, 미국인이며 교황청 총무장관인 제임스 하비 대주교 이외는 교황의 핵심 측근 중에서 친(親)앵글로 국가 출신은 없었다. 이는 누구도 미국의-아니 참으로 세계적인-난투(亂鬪)적인 언론과의 커뮤니케이션에 자신을 드러낸 자가 없음을 뜻한다.

교황의 자문관들이 대중 발표를 위해 무엇인가를 쓸 때마다, 그들의 스타일은 "너무 구식이며 안쪽만 쳐다보아" 철벽같은 핵심 인사들 이외 누구도 이를 이해하는 자가 없다." 미국 외교관들에 관한 한, 응답되지 않는 질문이 있으니, 이는 "만일 있다면 누가 교황의 관심에 반대 의견을 내는가" 였다.[14]

현대적 정보 조작을 능숙하게 다루어야 할 베네딕토와 그의 팀의 실패는 바티칸이 문제가 생길 때마다 항상 수세적이었다는 뜻이었다. 자기 자신의 메시지를 전달하고 통제하는 대신 바티칸은 스스로 화를 내고 도발적인 반응만을 보였으며, 그것도 너무 서툴렀다. 만사는 기다리는 때가 있다는 로마교회의 역사적 관점은 더 이상 타당하지 않는 것 같았다.

게다가, 교황은 계속 스스로 인간답게 만들고 대중 영합적인 선의를 낳을 수 있는 기회들을 놓쳤다. 그의 집단이 베네딕토가 자신의 이메일과 트위터 계정, 페이스북 페이지를 가졌노라 큰 소리를 내서 발표했을지라도 이는 오직 쇼윈도 장식일 뿐이었다. 교황은 여전히 모든 것을 손으로 썼다.

비록 그가 수십만 통의 이메일과 트윗을 받아도, 그는 단 하나도 본 적이 없었다. 그의 재직 기간 동안, 바티칸의 지상 전화는 보이스 메일을 갖지 않았으며 그나마 좋아하는 통신 수단은 팩스였다.[15]

만일 베네딕토가 신자들과의 카리스마 있는 접점을 갖지 않는다면, 그가 변함없고 희석되지 않는 교회의 비전과 자신의 역할인 자신의 가치를 적어도 증명하려 할 것인가?

그것은 교황청의 개혁을 위한 전제 조건일 것이다. 비오 12세 이래로 모든 교황은 로마의 베헤못과 같은 괴물과 싸우기로 약속했음에도, 때로는 교황이 괴물을 향해 달려가는 것보다 괴물이 교황을 향해 달려드는 것처럼 보였다.

교회의 "주먹을 불끈 쥔 지성"이 그런 일을 하기에 맞는 사람일 수 있다는 것이 가능한가?[16]

소망은 베네딕토로 인해 고조되었다.[17]

그의 교황직 첫 해에는 이렇다 할 진전이 없었다. 베네딕토는 수많은 회의를 했지만, 구체적인 실행은 없었다. 그는 교황청 내의 중첩된 책임과 권력을 간소화하는 희망에 찬 칙령도 발표하지 않았다. 기가 센 안젤로 소다노 국무총리는 베네딕토가 선출되었을 때 75살로 통상적인 은퇴 나이가 지났다.[18]

하지만, 교황은 그를 유임시켰다. 교회 이외에는 바티칸 내부에서 누구도 국무총리만큼 권력을 휘두르지 않았다.

그래서 바티칸 연구가들은 그 자리가 베네딕토의 첫 번째 임명일 것이라 기대했다.

그러나, 교황에 오른 지 1년 이상이 된 다음 해 6월, 그가 국무총리 교체를 발표했을 때 그 선택은 많은 사람을 놀라게 했다.[19] 교황은 제노아의 추기경인 타치시오 베르토네를 낙점했다.[20] 베르토네는 어떤 외교적 경험을 갖지 못했으며, 단 하루도 국무총리실에서 일해 본 적이 없었다.

하지만, 베네딕토는 그를 알았고, 존경했고, 신뢰했다. 그는 신앙교리성에서 7년 동안 베네딕토의 차석으로 있었다.[21] 교황은 절대적인 충성을 주장하며, 자신의 기반을 약화시킴으로 인해 자신이 염려해야 할 국무총리를 원하지 않았다.

추기경단(Sacred College of Cardinals)의 학장이 될 소다노는 분명하게 국무총리 일을 배우게 될 자에게 키를 넘겨주는 것이 분통 터지는 것임을 알았다. 소다노의 거만하고 때로는 무시하는 방식에 대해 누가 무엇을 생각하던 간에 누구나 그와 그의 작은 자문단이 경험 많은 베테랑들임을 인정했다.

요한 바오로가 교황직 말년에는 질병으로 인해 더욱더 절뚝거리게 됐을 때, 소다노와 그의 팀은 교회의 많은 매일의 행정을 지도했다.

베르토네의 승진이 9월 중순까지는 유효하지 않았기 때문에 소다노는 자신의 권력을 강화할 시간을 가졌다.[22] 그는 최고 보좌관들이 명예로운 직책으로 보상 받기를 확실히 하고자 했다.[23] 특별한 관심을 갖는 하나의 시도는 바티칸은행의 최고 성직자의 직책이었다. 그 직책은 드 보니스가 말타기사단으로 전출된 이래 13년 동안 공석이었다.[24]

소다노는 바티칸은행을 감독하는 추기경위원회의 의장이었다. 요한 바오로 밑에서, 그는 교황의 명시적인 승인 없이는 그런 핵심 임명을 관철하는 것이 가능하지 않음을 알았다.

하지만, 베네딕토는 보다 유연했다.

바티칸은행의 최고 성직자로서 소다노의 선택은?

그는 44세의 피에로 피오포(Piero Pioppo) 경, 자신의 오랜 개인 비서를 임명했다.[25]

일부 고참 고위 성직자들이 베네딕토에게 불만을 터트렸다. 피오포의 선택은 정실인사의 냄새가 나며, 바티칸은행의 최상의 이해에 부합하지 않다는 이유에서였다. 오랜 공석의 바티칸 직책은 새로 부임할 국무총리가 정해야 적절하다고 그들은 주장했다.

하지만, 베네딕토는 이를 번복하기를 거절했다. 대신, 그는 단지 자기 개인 비서요, 유명한 신학자 겸 정경법 교수인 게오르그 갠스바인(Georg Gänswein) 경에게 피오포를 잘 감시하라고 지시했을 뿐이었다.[26]

베네딕트가 어떤 강한 추기경으로 인해 휘둘림을 당하는 자같은 평판을 가졌음은 나쁜 일이었다. 더 나쁜 것은 베르토네가 국무총리로서 일하기에는 맞지 않는 자임이 드러난 점이었다. 그는 자신이 필요로 하는 옹호 세력인 핵심 교황청 사람들로부터 존경도 얻지 못했으며, 새로 얻은 권력을 지나치게 사용했다.

미국무성의 비밀 전문은 미국 관리들이 베르토네가 재앙임을 재빨리 결론냈음을 보여 주었다. 바티칸 주재 미대사관은 워싱톤에 교황청이 "베르토네의 리더십 아래서 이전보다 더욱 무질서하다"라고 전했다. 이것은 교황청이 오랫동안 말 그대로 엉망이었음을 고려한다면, 상당히 주목할 만한 판단이었다.[27]

특별히 직설적인 말로, 미국 외교관들은 "베르토네의 외교 경험의 부족(예컨대, 그는 오직 이탈리아어만 말할 수 있었다), 외교 정책과 관리보다 '목회적인' 일-전 세계적인 가톨릭 신자들의 영적인 필요에 초점을 두는 빈번한 해외 여행-을 중시하는 개인적 스타일"은 교황이 자신의 교황청 인선으로 인해 자신이 오히려 형편없이 대우받을 수 있다는 뜻이었다.[28]

일부 바티칸 연구가들이 베네딕토가 과감한 조치를 취할 것이라 예견했던 한 분야가 있다면, 이는 교회의 금융 분야였다. 교황의 참모들은 교황이 신비에 가까운 바티칸 돈의 세계를 더욱 투명하게 만들려고 한다는 말을 퍼뜨렸다. "베네딕토의 (개혁) 전략의 목표는 바티칸은행이다"라고 한 언론 보고는 말했다.[29] 심지어 바티칸은행과 성좌의유증관리청(APSA)를 합치려는 과감한 조치를 하려한다는 뉴스도 있었다.[30]

베네딕토는 피오포 경이 바티칸은행의 수석 성직자가 되는 것에 있어서 소다노가 자신의 뜻을 이루도록 허락했다. 이제 바티칸 연구가들은 지켜보았다.

과연 교황이 바티칸은행의 최고 평신도 관리자 안젤로 카로야에 대해 무엇을 할 것인가?

요한 바오로는 그를 재임할 것이라 기대했다. 카로야의 지지자들은 그가 바티칸의 정치에서 벗어나 있다는 것, 이는 그의 잘한 일이라고 지적했다. 그의 리더십 아래서 바티칸은행은 분명히 말신커스가 맡고 있을 때보다 나쁜 언론 기사가 더 적게 실렸다는 점은 의심할 바가 없었다. 저자세 방식으로 인해 카로야는 교황청 내부에서 많은 적을 만들지 않았다. 이는 역시 그가 강력한 후원자들이 없음을 뜻했다.

하지만, 언론 보도에 따르면, 카로야는 곧 역사가 될 터였다.*

> 안젤로 카로야, 이탈리아의 가톨릭 은행가로 오랫동안 수장으로 섬기고 있는 그는 금년에 잠정적으로 재임을 받았으나, 교황은 이것을 확인해야 할 것이다. … 누구도 거의 알지 못한 상태에서, 교황은 카로야의 시대를 끝내는 조치를 취했다.

런던 「**타임스**」의 리차드 오웬이 다음과 같이 썼다.[31]

> 카로야 씨는 심중함과 강직함으로 존경을 받고 있지만, 그는 구 정권과 동일시되고 있으며, 새로운 '하나님의 은행가'가 되려는 후계 싸움이 진행 중이다.

다른 보도는 말하길, 교황의 자문관들이 카로야뿐만 아니라 바티칸 금융의 두 명의 다른 유사한 실세인 경제청 장관인 세르지오 세바스티아니 추기경, APSA 수장인 아틸리오 니코라 추기경을 바꾸어야 한다고 교황에게 촉구하고 있다고 했다. 많은 보고 인용 없이 주장하기를, 베네딕토가 "국제적 자격증을 가진 독일 친구"가 바티칸은행을 운영하기를 좋아한다는 것은 확실하다고 했다.[32]

바티칸은행에서의 큰 변화에 대한 높은 모든 기대에도 불구하고, 베네딕토는 실상 아무것도 하지 않았다. 그는 카로야에게 또 다른 5년간의 임기를 갱신했다. 바티칸은 행을 재조직하기 위해 「**데일리 텔레그라프**」가 한때 독일탱크추기경(Panzercardinal)이라 불렀던 그 사람과 거래하고 있던 자들은 실망했다.

하지만, 그의 관리자로서의 약점을 감안한다면, 교회 돈 문제에 관해 그가 너무 공격적인 손놀림을 하는 것을 피했던 것은 그리 놀랄 일이 아니다. 개혁을 기대하는 자들에게 경고 신호가 있었어야 했음은 베네딕토가 교황이 되고, 시공국 행정장관과 APSA로부터 제시된 바티칸의 연간 예산을 의제로 올려 놓은 바로 그 직후였다.[33]

어떤 자들은 그것을 해석하기를, 그가 그 수치를 잘게 분석한 후 어려운 질문과 함께 두 부처(部處)에게 다시 갖다 주려고 준비하는 것을 뜻한다고 했다.

하지만, 교황이 단지 최종 예산안을 서명할 시간을 갖지 못했음이 드러났고, 추기경들과 주교들에게 그 안의 배포도 늦추어졌다.

이는 **1987년** 이 정책이 채택된 뒤 처음 있는 일이었다. 비록 이것이 교회가 돈을 모으고, 영수증을 지불하는 방법에는 실제적인 충격이 되지는 않았으나, 이는 베네딕토의 이미지를 금융과는 동떨어진 그런 자로 보게 만들었다.

그리고 이는 개혁을 손대는데 있어서 교황의 실패만이 아니었다. 그의 지지자들은 외견상의 모든 주요 문제에 대해 그의 한참 멀어진 접근법으로 인해 상당히 낙담했다.[34]

> 그의 선출 후 1년 간, 베네딕토는 그의 교황직을 정의할 만한 것을 거의 시작하지 않았다. 어떤 불안한 바티칸 사람이 본다면, 한 가지는 확실하다. 그는 요한 바오로가 아니다.

작가 마이클 발피의 글이다.[35]

베네딕토는 일반 가톨릭 신자들과 관계에서 어려움이 있었고, 이로 인해 교회와 교황직이 다시 한번 서로 상관이 없는 것처럼 보이게 만들었다.

2006년 9월의 독일 순방은 대부분 바티칸 연구가가 생각하기를, 그의 팀에게 그의 이미지를 부드럽게 하고, 그의 인기를 높일 중요한 기회를 줄 것으로 보였다.[36]

하지만, 대신 그 순방은 베네딕토가 감정적으로 무심함을 드러낼 뿐이었다. 빅터 심슨, 베테랑 AP 기자는 교황이 "시늉을 하는 것처럼" 보였다고 생각했다.[37]

자신의 고향집을 지나 걸을 때인 마크틀 앰 인(Marktl am Inn) 마을에서 그는 눈길 한 번 주지 않았고, 대신 빡빡한 일정으로 머물고 있다고 조바심을 냈다.

> 사진사와 카메라맨이 여러 시간 동안 그 집 밖에서 가슴 저미는 순간을 기다렸으나 빈손으로 떠나야만 했다.

수행 기자단의 일원이었던 **「가톨릭 뉴스 서비스」** 수석기자 존 타비스의 회고다.[38]
그가 유년 시절에 좋아했던 곳인 독일 남부의 성당에서 그는 회담 도중에 자신의 개인적인 연관을 언급조차 하지 않았다.[39]

> 이것이 대중 앞에서 감정을 드러내려 하지 않았던 교황의 모습이었다. 바바리아에서 그의 말과 설교는 김빠진 맥주처럼 맛이 없었다.

타비스의 결론이었다.[40]
레겐스부르그대학교의 연설에서, 그는 긴 담화를 준비했는데, 유럽의 세속주의와 이슬람의 완고한 정통주의 간의 차이에 관한 것이었다. 그는 14세기의 비잔틴 황제를 예로 들며 다음과 같이 말했다.

> 무하메드가 새 것이라고 가져왔던 것을 내게 보여주라. 거기에는 오직 악하고 비인간적인 것만을 보게 될 것이니, 그가 설교한 믿음을 칼로 전파하려는 그의 명령이 그것이다.[41]

교황과 함께 여행했던 기자들은 사전 연설 사본을 받았으며, 연설 전에 일부 기자는 그의 공격적인 언어에 대해 신임 언론 담당 비서인 페데리코 롬바르디 신부에게 지적했다.
하지만, 롬바르디는 "베네딕토에게 간섭하는 것을 마음내키지 않는 것 같았다."[42] *
기자들이 예견했듯이, 베네딕토의 연설은 핵폭풍을 불러일으켰다.[43] 수십 개 나라에서 폭력 사태가 일어났다.[44] 베네딕토에 대한 복수와 죽음을 요구하는 위협이 중동의 알카에다 분파에서부터 런던 웨스트민스터성당 밖의 반교황 집회의 과격이 이맘(imams)에 까지 이르렀다.[45] 주요 아랍 수도들에서의 대규모 집회에서 교황의 초상화가 불탔다. 그는 네 차례나 사과했고, 그때마다 지난번 보다 더 과장된 표현이었다.

하지만, 이야기는 그 자체의 생명을 뻤는 법이다. 팔레스타인 영토 내의 교회 6개가 불에 타고, 소말리아에서는 66세의 수도승이 사형을 당했으며, 한 이탈리아 사제는 터키 내 자신의 교구 교회의 계단에서 총에 맞아 죽었다., 한 EU 외교관은 모로코에서 칼에 찔려 죽었다.[46]

최근에 보석으로 풀려난 요한 바오로의 저격 미수범, 메메트 알리 아자는 기자들에게, 그가 베네딕토에게 말을 걸 수 있다면, 그는 다음처럼 말하겠노라 했다.

이런 문제를 잘 알고 있는 자로서, 나는 교황의 목숨이 위험하다고 말하겠다.[47]

폭력적인 반응은 교회가 대중에게 나타났을 때, 저격수가 지붕 위에서 자리를 잡고 있다는 뜻이었다. 그해 11월 교황이 터키를 방문했을 때 그는 자기 사제복 밑에 방탄조끼를 입었다. 3천 명의 정예 부대가 그를 보호했다.[48]

나중에 교회는 왜 베네딕토의 참모 중 누구도 무슬림에 대한 그의 말이 잘못 해석될 수 있다는 것을 경고하지 않았는가 하는 일련의 변명을 늘어놓았다. 베르토네 국무총리가 과도기에 있다는 것, 또 대변인 롬바르디의 첫 외국 여행이었다는 것, 아직 누구도 무슬림과의 관계를 책임지는 사교적인 수석 책임자를 맡지 않았다는 점이었다.[49]

물론, 바티칸 연구가들은 알고 있었다, 그 이유의 바탕은 베네딕토에게 영향을 끼치는 자들-여기에는 야심에 찬 그의 개인비서 독일인 게오르그 갠스바인 경, 중세 음악학자에서 수도승이 된 인그리드 스탬파가 포함된다- 어떻게 교황의 일거수일투족이 낱낱이 분석되는지에 대해 거의 이해하지 못했다는 데 있다. 어떤 것이 맥락에서 벗어나 입소문이 났을 때 그 파문을 누구도 깨닫지 못했다.[50]

이슬람의 재앙은 베네딕토의 남은 임기 동안 교황직에 대한 본보기로 남을 숙제였다. 교황과 그를 둘러싼 자들이 수차례 보여준 것은 그들이 홍보에 관한 한 서툴다는 것이었다. 자신의 무슬림 언급을 설명하는 대화에서, 그는 예수의 십자가형을 "유대인에게는 거치는 것"이라고 기술함으로써 유대인을 격분시켰다.[51]

교황 베네딕토가 남미 사람들과 브라질의 토착민을 화나게 만든 것은 식민지 개척자들이 저질렀던 범죄에 대한 언급을 빠트린 데 있었다. 그는 원주민들이 정복자들이 가져온 가톨릭 신앙을 "조용하게 바라고" 있었다고 말했다.[52]

교황과 그의 자문관들은 그의 교황직에서 가장 핵심적인 문제들 중의 하나인 성추행 추문의 폭로에 대해 그들이 느끼는 반응을 다루는 일에 더 좋아진 모습을 보이지 않았다. 그럴 가치가 있던 없던 간에, 대중은 베네딕토에 대해 나쁜 인식을 가졌고, 그가 신앙교리성을 운영했던 때 소아성애 사제들을 다루었던 그 열성보다도 덜하다는 판단을 하게 만들었다.

이 부처는 **2001년** 이래로 보고된 모든 추행 사건을 감독할 책임이 있었다(2010년 즈음에 미국의 여론 조사는 미국인의 12%만이 베네딕토가 성 추문을 다루는 일에 잘하고 있다고 생각했다).[53]

이런 견해는 '그리스도의연대' 창설자인 마시엘 데골라도의 성추행 혐의에 대한 느린 조사로 인해 심화되었다(조사는 마시엘이 **2008년**에 죽었던 때도 여전히 진행되었다).[54] 비록 전임 국무총리 소다노가 마시엘의 주된 옹호자였고, 그의 감찰을 지연시킨 책임이 있었지만, 비난 받은 자는 요한 바오로, 그런 다음은 베네딕토였다(베네딕토는 적어도 마시엘을 그의 적극적인 사역에서 벗어나 "기도와 회개의 삶"을 살도록 시켰다. 이 징계 조치를 요한 바오로는 거절했다).

수십 년이 된 성추행 고발들, 특히 스위스, 네델란드, 독일, 아일랜드, 벨기에, 오스트리아의 고발이 언론을 장식했을 때, 베네딕토와 그의 팀은 왜 교회가 여전히 그 범죄를 일반 행정 당국에 보고하지 않는지 수세적으로 설명했을 뿐이었다. 그들은 베네딕토가 취했던 입장에 대해 말을 표현하는 데 서툴렀다. 예컨대, 추행 사제들을 성직 박탈하는 절차를 간소화 했던 것과 같은 것이었다(베네딕토 재임 2년 동안인 **2011-2012년** 사이에 일어난 기록적인 숫자인 384명의 사제가 성직을 박탈당했다는 뉴스 발표는 **2014년 1월** 이전까지 없었다).[55]

교황의 명성을 빛내야 할 책임을 맡은 자들의 어설픔을 감안할 때, 바티칸이 자주 비난의 화살을 받았음은 놀랄 일이 아니다. 베네딕토가 추기경 시절에 밀워키의 사제에 의해 200명 이상의 난청 소년이 추행당한 것으로 고발되어 그를 제거하도록 명했으나 실패했다고 「**뉴욕 타임스**」 기사가 주장했을 때, 화가 난 그의 참모들은 외견상으로는

누가 가장 무능한가를 증명하는 데 서로를 지목하는 것 같았다.[56]

성 베드로성당에서의 어느 일요일 설교에서, 베네딕토가 앞좌석에 앉아 있을 때, 한 사제가 성추행 추문에 대한 로마교회를 향한 악의적 언론을 두고 홀로코스트 희생자들의 당한 일에 비교했다.

소다노 추기경은 기자단에게 강의를 통해 그 불을 끄려고 시도했지만, 성추행 혐의를 "한가한 소문"으로 묵살함으로써 그 자신이 또 다른 소동을 불러일으켰다. 몇 주 후 비엔나의 추기경 크리스토프 폰 쉔본은 자신이 기자들과의 오프 더 레코드 잡담이라고 착각해서, 어떻게 소다노가 **1995년**에 라징거로 하여금 쉔본의 전임자 한스 헤르만 그로에르 추기경의 성추행 조사에서 손을 떼도록 강요했는지를 밝혔다.[57]

심지어 일상적인 홍보 사건도 자주 문제가 되었다. 교황이 바티칸 크리스마스 파티에 참석했는데, 네 명의 곡예사가 상기된 교황 앞에서 셔츠를 벗었을 때 언론은 당혹스런 순간에 초점을 두었다.

"바티칸의 스트리퍼"는 유튜브에서 대단한 입소문이 났고, 그의 자문관들 사이에 누가 그 일을 예견했어야 하는가라는 또 다른 손가락질로 이어졌다.[58]

몇 주 후 코로냐에서의 크리스마스 축제에서, 사진사들은 전통적인 브론드 소녀인 젊은 처녀(Jungfrau)로부터 인사를 받는 교황의 사진을 찍었다. 코로냐 카니발에서의 처녀는 항상 여장한 남자임을 교황의 참모는 외견상으로는 알고 있었다. 여장 남자와 함께 뛰노는 교황의 사진들은 바티칸의 미숙한 홍보팀이 원했던 일은 아니었다.[59]

이런 낭패가 연출되면서, 교황청 관리들은 베르토네에게 국무총리로서 교황의 대중 이미지를 책임지라고 호소했다. 베르토네는 동료들에게 자신이 성좌를 도와 그가 더 이상 당혹스러움을 당하지 않도록 돕겠다고 약속했다.

하지만, 국무총리는 그 일을 하는 자가 아니었다.

한 폴란드 주간지가 교황 베네딕토의 최고 선택인 바르샤바의 대주교가 폴란드 공산주의 시절의 비밀 경찰과 협조했다는 비난을 발표했을 때, 베르토네는 이를 믿지 않았다. 당시 스타니스라브 빌구스(Stanislaw Wielgus)의 서임 며칠 전, 바티칸의 역사 패널은 베르토네에게 그 혐의가 사실이었다고 전했다. 그는 전 공산주의 블럭 국가에서의 그런 폭로의 파문을 과소평가했고, 따라서 베네딕토에게 그 임명을 막도록 권고하지 않았다.

하지만, 그 일은 교회의 수모를 유발했고, 빌구스는 바르샤바의 대주교가 된 지 몇 시간 만에 사임했으며, 자신의 공산주의 시절의 협조에 대한 많은 새로운 보도가 사실임을 인정했다.[60]

2009년, 교황 베네딕토는 부에노스 아이레스에 거주하는 영국 주교인 리차드 윌리암슨의 파문을 철회하고 후폭풍에 직면했다.[61] 윌리암슨의 신원 조회를 감당했던 베르토네는 보아하니 그에 대해 구글 검색도 하지 않았다. 만일 그가 검색을 했다면, 그 주교가 바로 3일 전에 스웨덴 TV 앞에서 홀로코스트에 대해 말하는 인터뷰를 발견했을 터였다. 그 인터뷰에서 다음과 같이 말했다.

> 내가 믿기로 역사적 증거는 아돌프 히틀러의 고의적 정책으로 인해 6백만 유대인이 고의적으로 가스실에서 가스형을 당했다는 것에 크게 반대한다. 나는 가스실이 없었다고 믿는다."[62]

나중에 미국대사관은 국무성에 비밀 전문을 보내어, 베르토네가 심지어 더 많은 존경을 잃었다고 보고했다. 홀로코스트를 부인하는 이 성직자에 대한 추문의 와중에 그는 "문제가 된 주교를 틀린 이름으로 언급하면서 당시에 언론 매체가 있지도 않는 문제를 '만들고 있다'고 비난했다."[63]

베르토네의 실책은 바티칸에서 가장 중요한 인사인 교황 베네딕토의 신뢰를 흔들지는 않았다. 교황은 자신의 홍보부로 인한 잘못된 행위로 기분 나빠하지도 않았다. 미디어와의 전쟁은 세속 권력이 교회에 대한 비방전을 펴려고 의도하고 있다는 증거였다.[64]

가톨릭교회가 세속주의자들과 전쟁 중이라는 것은 적어도 그의 가장 절친한 비공식적 자문관들의 하나인 수도승인 그리드 스탐파에 의해서 공유되었다.[65]

교황 베네딕토로 하여금 자신을 실망시켰던 자들에 대해 화나게 만들었던 것, 대신에 대중의 웃음거리가 그를 더욱 쓰라리게 만들었고, 그가 적대적인 세상으로 보았던 것으로부터 그를 더욱 멀어지게 만들었다.[66] 이것은 그의 의심스럽고 음모적이라는 견해를 더욱 강하게 심어 주었다. 세상에는 균형이 잡힌 보고와 같은 것은 없으며, 뉴스는 충실한 가톨릭 신자의 믿음을 어찌하든 흔들려는 하나의 숨겨진 의제 역할을 한다는 것이었다.

제35장

화이트 리스트를 쫓아서

2006년에 미국의 주택 버블의 꺼짐과 서브프라임 모게이지에 기초한 2차 투자 시장의 붕괴는 2년간 국제 금융의 충격적인 후퇴 국면을 불러 일으켰다. 바티칸은 항상 인접 국가들의 성장과 후퇴의 궤를 같이 하며 움직였다. 이탈리아는 유럽 내에서 위기에 직면한 가장 약한 경제를 가진 나라 중의 하나지만, 다른 어떤 나라보다 로마교회에 영향을 주었다.[1] 이탈리아의 GDP와 산업 생산은 40년 동안 경험하지 못한 수준으로 떨어진 반면, 실업율과 파산은 치솟았다.[2] 바티칸은 베드로성금의 급격한 감소를 포함해서 (2006년에는 1/3로 떨어졌다) 기부금에서 큰 하락을 실감했다.[3]

신뢰할 만한 숫자가 그 충격을 보여 준다. 바티칸은 **2006년**의 3백 1십만 달러의 예산 잉여에서 **2007년** 1천 3백 5십만 달러의 적자로 돌아섰고, 이는 수년 동안 가장 나쁜 실적이었다.[4] 국제 금융의 하락은 로마교회 내에서 통제되지 않는 자본주의의 내재하는 위험에 대한 두려움을 재점화 시켰다.

돈은 사라진다. 오직 견고한 실제는 하나님의 말씀이다.

교황 베네딕토가 시장의 자유 낙하 강론 가운데 한 말이다.[5]

심지어 로마교회의 금융인들, 그들은 말신커스가 한때 말했던, "당신은 성모 마리아 송(頌)만으로는 교회를 운영할 수 없다"라는 것이 옳았다는 것을 알았지만, 이제는 후폭풍을 대비해 교회를 완충시킬 수 있는 길을 찾아야만 했다.

바티칸의 신문 「**옵세르바토레 로마노**」에 기고한 두 금융 전문가는 이슬람의 금융이 서방 은행들에 모델이 될 수 있다고 썼다. 이론상, 안젤로 카로야와 그의 가톨릭 경제학자들이 변호했던 화이트 금융과 비슷했다.⁶

충격적인 최악의 순간인 **2008년 10월**, 언론을 꺼리는 카로야가 보기 드문 인터뷰를 했다. 뉴욕 투자 거인 리만 브라더스의 파산 이후 프랑스와 스페인의 일부 거대 은행이 엄청난 손실에 직면하여 생존 투쟁 중이라는 소문이 있자, 카로야의 몇몇 동료는 그에게 바티칸은행(IOR)이라는 비밀 조직의 상환 능력에 대해 그 파트너 은행들이 갖는 조바심을 잠재워야 한다고 촉구했다.

그가 주류 언론과는 거리를 두는 것이 잘 알려져 있듯, 그는 가톨릭 자매지인 「**파밀리아 크리스티아나**」(Famiglia Cristiana)와 독점 인터뷰를 했다. 그의 메시지는 재확인하는 것만이 아니었다. 이는 어디서나 중앙은행이면 바라는 것이었다.

> 우리의 자산은 견실하며 우리는 어떤 유동성의 부족함도 없다. 우리는 우리의 자원의 관리에 있어 항상 매우 신중했다. 나는 보수적으로 감히 말할 수 있다. 우리는 언제나 방어적으로 투자했다.

카로야의 말처럼, 바티칸은행의 자산은 위험하지 않았다. 왜냐하면, 그의 19년의 재임 기간동안 은행은 한 번도 파생 상품(매우 레버리지가 높은 금융 상품)은 말할 것도 없고 주식 옵션에도 참여하지 않았기 때문이었다. 그는 정확한 숫자는 밝히지 않았으나, 최근의 언론 보도를 나타내면서, 바티칸은행의 비모험 투자 철학은 그 자산의 80%는 낮은 수익의 트리플 A급 정부 채권들이며, 나머지는 금과 배당 주식들의 결합물이라는 것은 옳은 소리였다.⁷

바티칸은행은 대출을 하지 않았고 지불 불능의 그런 고객들을 두지 않았다.*⁸ 대신, 카로야는 바티칸은행이 "깨끗하고, 단순하고 윤리적으로 기반을 둔" 보수적인 투자를 고수한다고 언급했다. 바티칸은행은 국제 무기 거래같은 어떤 불명예스런 노력으로 이익을 내지 않는다고 그는 강조했다.

카로야는 금융 위기가 대체로 탐욕의 결과며, 동시에 그 위기가 곤경에 처한 국제 은행들을 크게 때린 것이라고 믿었고, 그들의 "행동이 부적합하여 사기의 관점으로 보였으며, 오늘날 국제 금융 시대에 누구도 다른 이를 믿지 않는 것"은 조금도 이상한 일이 아니라고 말했다.⁹ 개인적이고 기자들의 목소리로부터 멀리 떨어진 카로야는 말하기를, 자신은 미국의 일부 최고 성직자는 "월 스트리트에 너무 홀딱 반했다"고 생각한다고 했다.¹⁰

화이트 금융의 철학은 베네딕토가 그해 12월 금융 와해 대해 발행한 중요 정책 자료의 골격이었다. 직설적인 언어로, 그는 이 위기를 극복하기 위해 더욱 강력하고 더욱 빠르게 반응하지 않는 서방 국가들을 비난하면서, 특별히 신용 경색이 불균형적으로 세계의 가장 가난한 자들을 망치로 때리는 격이라고 했다.¹¹

개혁을 요구하면서, 베네딕토는 "필요한 첫 조치"로 모든 국제적 조세 피난처를 문닫을 것을 촉구하면서 다음과 같이 말했다.

> 이 피난처가 경솔한 경제와 금융 거래를 조장했으며, 역시 개발의 불균형에 중요한 역할을 했고, 조세 회피와 연계된 거대한 자금 이동을 허락했다. 역외 시장은 불법 행위로부터의 이윤의 재생산과 관계될 수 있다.¹²

교황의 성명은 가장 최악의 범죄적인 몇몇 "역외 중심지"로 "채널 아일랜드"를 거론하기까지 했다.

그러나, 수퍼 부자들이 바티칸은행을 그 탄생 때부터 조세 피난처로 이용했던 정도를 베네딕토가 충분히 깨달았는 지는 분명하지 않았다.

하지만, 그해 12월의 정책 성명은 다음 해 7월(**2009년**)에 발표된 교황 칙령의 맛보기였다. 이는 빽빽한 3만 단어의 논문으로 사회 정의에 관한 것이며, 자본주의의 잉여에 대한 비난, 특별히 왕성한 미국의 변화를 포함했다. 그 주제는 **"경제가 제대로 기능하기 위해서는 윤리가 필요하다. 그것도 어떤 윤리가 아니라, 사람 중심적인 윤리다."¹³** 이것은 베네딕토가 실천적인 관리자라기보다 학문적이고 철학자적인 면에 더 적합하다는 널리 퍼진 견해를 확증케 했다.

무엇이 서방 자본주의에 있어 잘못된 것인가라는 크게 홍보된 칙령은 불행히도 동시에 『바티칸 S.p.A.』(*Vaticano S.p.A*)라는 책의 출판과 맞물려 있었다. 이탈리아 신문 기자인 지안루이기 누찌(Gianluigi Nuzzi)가 쓴 이 책은 바티칸은행 내부에서 수십 년의 악용에 대한 전율할 만한 폭로로 채워 있었다. 전모를 밝히는 누찌의 폭로는 바티칸은행의 내부자인 레나토 다도찌(Renato Dardozzi) 경에 의해 수십 년 동안 도난당한 수천 장의 내부 문서에 기초했다. 어떻게 누찌가 비밀 서류를 입수했을까는 그 자체로 관심을 사로잡는 일이었다.

2003년 81세의 나이로 죽은 다도찌는 한 번도 인터뷰를 한 적이 없었고, 오직 그에 대해 몇 장의 알려진 사진뿐이었다. 이 운둔형의 사제는 내부 고발자 같지는 않았다. 다도찌는 드 보니스 아래서 바티칸은행에서 계속되는 악용으로 인해 좌절당하고 기분이 상했다.[14] 시간이 흐르면서 그는 자신이 목격한 불법 행위가 영원히 묻혀 지지 않게 할 것을 결심했다.

1990년대 후반에 그는 비밀 파일의 사본들, 개인적인 만남의 노트들 핵심적인 바티칸은행과 교황청 관리들과의 민감한 통신문을 은밀히 누설하기 시작했다. 그는 이 훔친 문서를 친구들에게 보관했다. 이들은 오늘날까지 익명으로 있지만, 이탈리아 국경 위쪽의 스위스의 티시오에 살고 있었다.

다도찌가 죽었을 때, 그의 유언 집행자들이 누찌를 접촉했다.

다도찌의 마지막 유언과 증언은 이러했다.

이 문서들이 발행되어야 누구나 여기서 무엇이 일어났는지 배울 수 있다.

누찌는 몇 개월을 걸쳐 업무문서를 스캔하고, 노트들에 대해 CD-ROM을 만들고 더 큰 파일들을 다운로드했다. 누찌가 마지막 여행을 마치고 이탈리아로 돌아왔을 때, 그는 두 개의 대형 삼손나이트, 각각 40 파운드의 사본들로 꼭꼭 채워진 가방을 들었다.[15]

이탈리아 주간지 「**파노라마**」(Panorama)에서 『바티칸 S.p.A.』에 대한 시사회에서 누찌는 말하기를, 말신커스가 드 보니스에게 "그 바톤을 그냥 전함으로써 현금과 정부채권을 포함한 돈의 강줄기는 역외 예치금의 조직인 일종의 유사 바티칸은행을 통해 움직였으며, 이는 존재하지 않는 자선 단체로 위장되어 있었다"고 확인했다.[16]

『바티칸 S.p.A.』는 쥴리오 안드레오티 이탈리아 총리의 정치적 비자금(slush fund)이 추기경 '프란치스코스펠만재단'으로 위장되어 있다는 것에서부터, 그 추정되는 자선 단체가 어떻게 바티칸은행을 활용해서 수백만 달러를 법의 규제와 금융 규제의 범위를 뛰어 넘어 움직였는가 폭로하기까지 모든 것을 밝혔다.

누찌가 자세히 폭로했던 내용은 정치적 뇌물이 가짜 바티칸은행 계좌들로부터 조금씩 나눠주었다는 것, 죽은 자를 위한 미사에서 신자들이 예치한 돈이 어떻게 사라지고 있는가, 수도승들의 한 교단이 소유한 한 계좌를 통해 흘러나간 수백만 달러가 단순히 사라졌던 일, 심지어 진짜 자선 단체에게 보내진 현금이 때로는 부정한 성직자들에 의해 유용되고 있다는 것이었다.

비록 누찌의 폭로의 대부분이 초기부터 **1990년** 중반 동안의 악용을 포함했지만, 이것을 은행 자체의 문서들로 상세히 설명한 이 책이 주는 누적된 충격은 엄청난 영향을 가져왔다. 신문 기자며 작가 필립 위란은 영국의 「**가디언**」 신문에 일반 신자들과 바티칸 연구가들 사이의 널리 퍼진 느낌을 요약하여 말신커스, 신도나, 칼비에 대해 다음과 같이 썼다.

> 정치적 금융적 추문이 30년 전에 가톨릭교회에 오랜 불신을 가져왔다는 것을 감안할 때, 그런 폭로는 마음을 낙담케 하는 것이다. … 우리는 평신도 은행가 안젤로 카로야에 의해 행사된 새로운 빗자루가 그 이후 바티칸은행 부지를 완전히 쓸었다고 믿게 되었다. … 카로야의 이런 최상의 노력에도 불구하고, 금융 윤리에 대한 교만한 태도는 계속되었던 것처럼 보인다.[17]

누찌의 책은 카로야가 바티칸은행 감독이사로서의 19년 재임 기간에 베테랑 성직자들이 계속적으로 개혁에 있어서 그와 그의 노력에 먼저 선수를 쳤다는 것을 매우 분명하게 보여 주었다. 설상가상으로, 누찌는 카로야가 바티칸은행의 누구도 신뢰하지 않았다고 결론을 내렸다.

> 충분한 협조가 약속되고 언론으로 공표되어도, 그들(바티칸은행)은 더 이상 숨길 수 없는 것만을 말하고 있다.[18]

누찌의 살육에 바티칸의 반응은?
전혀 없었다.
비록 전반적인 변호를 하기 위한 수십 번의 시도가 분명 있었으나, 어느 것도 초안의 단계를 넘지 못했다. 누찌가 자신의 사건을 바티칸은행 자체 문서들에 의존했고, 이를 해명하려는 시도는 설득력이 없고 방어적으로 보였다.[19] 드 보니스는 **2001년**에 죽었다. **2006년**에 이탈리아 상원의 대통령직에 대한 청원에 실패했던 안드레오티는 이제 추기경 스펠만재단과 그 재단으로부터 가족과 친구들에게 분배된 수백만 달러의 문제에 직면했다.

하지만, 그는 비꼬았다.

나는 이 계좌를 기억하지 못한다.[20]

하룻밤 사이에 카로야에 대한 대중의 인식은 바티칸은행의 명성을 빛냈던 화이트 금융에 대한 좋은 의도를 가진 변호자에서, 자신의 은행 안에서 진행되고 있는 바를 통제하지 못하는 무능한 자 자기 밑에서 커가고 있는 폭넓은 불법적 영업에 대해 알지도 못하는 자로 바뀌었다.

누찌의 폭로는 카로야가 바티칸은행의 감독이사가 된 2년 후 "유사은행(parallel bank)에 대해 의심했다"는 것을 분명히 했다.

하지만, 그의 노력에도 불구하고, "어떤 것도 일어나지 않았다."[21] 언론은 카로야를 공격하며, 기껏해야 그의 은행 감독은 안일했다는 주제를 들고 일어났다.

누찌의 폭로 기사는 바티칸은행의 통제를 둘러싸고 바티칸 내부에서 처절한 권력 투쟁을 불러 일으켰다.

카로야와 그의 평신도 팀이 남은 2년의 임기를 끝내야 하는가?

새로운 이사가 즉시로 통제를 해야 하는가?[22]

교황청유증관리청(APSA) 수장인 아틸리오 니코라 추기경은 친구 카로야를 위해 싸웠다. 니코라는 그 전문 은행가가 초기에 그의 재임(在任)에 잠재적 위협이 없이 헤쳐 나갈 수 있도록 도와주었던 자였다.

하지만, 카로야는 베르토네의 결정적인 지지를 잃었다.

국무총리는 교황에게 누찌의 책은 매우 당황스러운 것일 뿐더러, 그 폭로는 다른 나라들에게 그들의 역외 금융 피난처와 자본주의의 함정에 대해 말하기 전에 로마교회가 자체 금융의 집을 먼저 청소하는 데 중점을 두어야 함을 보여 준다고 말했다.

베르토네는 지금이야 말로 요한 바오로의 옛 친위병에 대한 마지막 그루터기들을 청소할 때라고 생각했다. 드 보니스 경과 다른 이들이 불운한 카로야 주위의 집단을 운영했다는 그 폭로는 적절한 핑계였다.[23] 바티칸은행을 감독했던 다섯 명의 추기경 위원회 의장으로서 베르토네는 카로야가 그만둘 때라고 제안했다.[24] 물론 베네딕토는 바티칸은행의 수장으로서 카로야의 오랜 섬김을 지원한다고 말하면서 그를 제거하려는 어떤 시도도 멈추게 할 수 있었다.

하지만, 이번 경우에는, 베네딕토의 생래적인 우유부단함과 함께 설상가상으로 그는 카로야와 개인적인 관계를 발전시켜 본 적이 없었다. 심지어 바티칸은행의 수장은 자신이 성좌와 "어떤 기능적인 관계를 갖고 있지 않다"고 인정했던 말을 했던 때가 바로 6개월 전이었다.[25]

교황청의 줄다리기의 승자는 9월 23일에 분명해졌다. 베르토네 추기경은 카로야의 사임에 대한 간결한 성명을 발표했다. 베르토네는 그의 "관용적인 섬김"에 감사를 표했으나, 경질에 대한 설명은 하지 않았다.[26] 사적으로 베르토네의 참모들은 몇몇 선별된 기자에게 자신들의 의견을 흘렸다. 카로야의 사임은 불화의 표시가 아니라, 개혁을 향한 조치라는 것이었다. 이것이 가능하게 보였던 이유는 카로야가 물러남과 동시에 베르토네가 바티칸은행 역사상 거의 20년 만에 첫 번째 새로운 이사로 에토레 고티 테데치(Ettore Gotti Tedeschi)를 공개했기 때문이다.

65세의 그는 보수주의 경제학자이며, 스페인의 산탄더은행(Banco Santander)의 이탈리아 영업 총책임자였다. 고티 테데치는 바티칸은행안에 있어본 적은 없었지만, 베르토네는 그를 알았다. 그해 초, 국무총리는 그의 자문을 구해서 교황이 금융과 사회 정의에 대한 자신의 회칙 '진리 안의 은총'(Caritas in Veritate)을 만들도록 도왔다(고티 테데치는 그 회칙에 너무 열성적이였고, 베네딕토를 노벨 경제학상을 위한 후보로 삼기 위해 이를 인용했다).[27] 고티 테데치는 자신의 산탄더은행의 일을 계속했는데, 자신은 바티칸은행의 일을 파트타임으로 완수할 수 있다고 믿었다.

카로야는 어떤 코멘트도 사양함으로써, 바티칸이 한 번 정도는 대중의 이야기를 통제할 수 있도록 했다. 이 변화를 "전반적인 정비"라 불렀던 「월 스트리트 저널」의 일면 보도가 전형적이었다. 베르토네는 바티칸은행의 영업을 현대화하기 위해 그 경영관리를 대대적으로 개편하기를 오랫동안 구해왔다는 것을 전제로 그 신문은 "고위 바티칸 관리"의 말을 언급했다.

게다가 그 저널은 바티칸은행의 개혁은 어려울 수 있지만, "우리는 큰 변화를 원한다"라고 말한 "한 바티칸 관리"의 말을 인용했다. 고티 테데치의 부임은 바티칸은행이 "더욱 투명성의 방향으로 가고 있다"는 것을 뜻했다.[28] 「내셔날 가톨릭」 리포터의 존 알렌은 그 변화가 "바티칸은행에서 더 큰 투명성과 더 나은 영업 행위를 향한 조치"라고 썼다.[29]

이런 조치가 협력적인 전면적인 개혁의 일환이라는 인상을 더하기 위해, 로마교회는 바티칸은행의 감독 위원회의 4명의 평신도 이사도 카로야와 함께 사임했다고 발표했다.

고티 테데치에 합류했던 신참자는 컬럼부스기사단의 미국단장인 칼 앤더슨, 도이체방크의 전 의장인 로날도 헤르만 슈미츠, 크레디토발테리네제 회장인 지오바니 드 첸시 스페인은행가인 마뉴엘 소토 세라노였다.[30] [*31]

고티 테데치의 기대치 않는 임명이 바티칸은행에 어떤 징조를 가져왔을까?

산탄더 역할에 더해서, 그는 인상적인 이력서를 자랑했다. 그는 밀라노가톨릭대학교에서 금융윤리를 가르쳤고, '예치금과 대출 기금'(Cassa Depositi e Prestiti)의 이사였으며, 이탈리아 재무성의 영업 담당, 튜린의 산바오로은행의 이사회 멤버 정부 설립의 사회기반시설기금(Infrastructure Fund)의 의장이었다.[32] 게다가 그가 독실한 가톨릭 신자요, 매일 영성체를 받은 자 오푸스데이 멤버임은 덤이었다.

고티 테데치는 자신이 "구체적이고 실제적인 경제학자"로, 수십 년의 사업 경험을 가지며, "학구적이거나 이론가는 아니다"라고 자랑했다.[33] 그는 금융에 있어 더 많은 윤리적인 행동의 필요성에 대한 카로야의 염려에 공감했으며 다른 선도적인 가톨릭 자유시장 주창자들의 이론을 옹호했다.[34]

하지만, 전임자와의 비교는 거기서 끝이었다. 고티 테데치는 부드러운 페달의 카로야보다 훨씬 도전적이었다.

2004년의 책에서 그는 기독교 신교가 이익 실현에 사로잡힘과 같은 자본주의의 "결함"의 일부에 책임이 있다고 주장했다.[35] 바티칸은행의 수장이 되기 9개월 전에 그는 옵세르바토레 로마노에 부유한 서구가 "좋은 은행"을 만들면, 이로부터의 대규모 투자가 개발 도상 국가에 행하여질 수 있다고 제안했다.

심지어 영국 수상 고든 브라운도 이를 주목해서, 고티 테데치의 대형 마샬 플랜 스타일의 은행을 인정했다. 실제로 일어날 기회는 없었지만, 고키 테데치는 폭넓고 과감한 새 계획을 부끄러워하지 않았다.[36]

테데치의 경제적 철학 이외에도, 그는 자신이 엄격한 도덕주의자로서의 자부심을 가졌다. 그는 처음 본 자들에게 자녀를 다섯을 두었다고 말할 때, 자주 "모두 똑같은 엄마에게서 낳다"라고 덧붙였다. 이것은 이탈리아의 이혼율과 혼외 출산의 증가를 두고 한 그의 은근한 빈정거림이었다.[37] 바티칸이 그를 바티칸은행의 자리에 선임하기 바로 전에, 그는 매우 논의가 활발하게 된 연설을 했는데, 여기서 그는 미국의 "부채 중독"이 세계 금융 위기의 주범이며, 그 기여 요인은 사람이 교회의 산아 제한 반대를 따르지 않기 때문이라고 주장했다.

테데치는 말하길, 이는 "삶의 거절과 출산의 억제"로 이어진다고 했다.[38] 그의 도전적인 글들, 발표된 강연들 이탈리아 정치가들을 위한 경제 정책 제안에서 완고한 개입 사이에서, 그는 여러 면에서 과묵한 카로야와는 정반대되는 자로 보였다.

고티 테데치는 바티칸은행의 화약통으로 들어왔다. **2000년 12월**, 바티칸은 EU와 함께 '통화 협약'(Monetary Convention)에 서명하므로써 로마교회도 자체적인 유로 동전(구별을 위해 바티칸시[*Città del Vaticano*]라는 낙인이 찍힌다) 기념 주화를 발행할 수 있게 되었다. 이는 수집가들에게 매우 높은 가격으로 팔렸다.[39] 그 약정은 바티칸이나 유로를 받아드린 다른 두 비EU 국가(모나코와 안도라)를 돈세탁, 테러 단체 자금 지원 화폐 위조에 대한 엄격한 유럽 규제로 묶지는 않았다.[40]

규제에 대한 순응이 없음은 브뤼셀의 EU 관리들에게 하나의 난제가 되었는데, 이들은 바티칸시공국이 유로 사용은 허락되면서 모든 회원국들에게 적용되는 규칙을 따르지 않아도 되는 일방적인 관계로 이윤만을 얻는다고 주장했다. EU의 불만은 1998년까지 거슬러 갔다. 그때 바티칸은 원칙적으로 단일 통화를 사용하기로 동의했다.*

같은 해, 34개 국가의 경제 무역 기구로, 국가 간의 세금 정보를 공유하는 공개성을 추구하는 경제협력개발기구(OECD)는 조세 피난처를 조사하기 시작했다. 금융 데이터를 공유하며 돈세탁에 대해 적절한 보장 장치를 두고 있는 나라들은 소위 '화이트 리스트'로 옷을 입었다.

그렇게 하기로 약속만 하고 행하지 않는 나라들은 OECD의 회색 리스트에 들어가며, 은행 비밀법을 개혁하기를 거절하는 나라들은 블랙 리스트로 격하되었다. OECD는 바티칸에게 협조를 강제할 수는 없었다. 왜냐하면, EU의 회원국이 아닌 까닭이었다. 그 기구는 시공국을 어떤 리스트에 올릴지 유보했다.[41]

그동안, 바티칸에서는 일단의 막강한 고위 성직자들이 EU에 의해 설교된 투명성의 원칙을 거절하면서, 바티칸은행의 불가침적인 비밀주의는 은행의 가장 큰 속성의 하나라고 주장했다. 현대 세계가 개방성의 방향으로 나아가고 있다고 해서, 교회가 반드시 따라야 할 이유가 없다고 그들은 주장했다.

만일 EU가 그 길을 가고 바티칸이 유럽의 돈세탁과 테러 단체 금융법에 순응해야 한다면, 바티칸은행은 독립적인 세속의 감독을 받아야 할 터였다. 많은 베테랑 성직자는 유럽 금융 규제자들이 바티칸은행의 기록들과 파일들에 접근한다는 생각에 몸서리를 쳤다.

EU 대표자들과 바티칸은행 관리들 간의 대치는 고티 테데치가 바티칸은행에 도착하기 바로 직전에, 바티칸에서 오찬 시간에 끓어올랐다. EU 규제자들의 하나가 바티칸은행이 돈세탁 방지 위해 갖고 있는 통제의 내용에 대해 어떤 정보를 얻는 것이 가능한가에 대해 물었다.

어떻게 당신이 우리에게 그런 질문을 할 수 있는가?

바티칸은행 관리의 하나가 소리쳤다.[42]
유럽 관리들은 브뤼셀로 돌아갔다.
고티 테데치가 보니, 바티칸은 상당히 진퇴양난 중이었다. **2000년**에 교회가 서명한 '통화협약'은 교회가 연간으로 주조할 수 있는 동전의 양을 제약했다.[43] 바티칸은 더 높은 상한선을 원했다. 브뤼셀은 이 요청을 지레대로 보고, 이를 통해 로마의 성직자들로 유럽의 돈세탁과 반테러리즘 조항에 순응하도록 밀어붙였다.

고티 테데치는 실용주의자들과 함께 영향력을 발휘했다. 그들은 바티칸은행에 대해 여하한 유럽의 감독을 생각한다는 것은 불쾌하기 짝이 없지만, 바티칸의 미래는 분명하게 유로와 함께 한다고 주장했다. 유로에서 빠져나와 자체 통화를 만든다는 것은 비현실적인 꿈이었다.

고티 테데치가 은행 이사가 된 지 3개월 만에 로마교회와 EU는 새로운 '통화협약'에 서명했다. 이는 시공국으로 1백 4십만 유로에서 연간 2백 3십만 유로를 주조할 수 있도록 했다. 그 급부로, 바티칸은 브뤼셀이 제정한 미국 911 테러 이후 강력한 금융법을 따르는 모든 필요한 조치를 취하기로 약속했다.[44] 특히, 자금 세탁 방지법을 갖지 않았던 시공국이 이제는 자체적인 금융 법규를 만들고 시행할 의무가 생겼다.[45]

바티칸은 역시 모든 금융 부처가 새로운 법에 따르고 있는지 확인할 수 있는 권한을 가진 독립적인 감시 기구를 만들 의무가 있었다. 이것들은 바티칸이 만들어 놓고 선반에 두어 썩히는 그런 단순한 약속들이 아니었다. 약속은 로마교회가 행해야 하는 진정한 의무를 부과했고, EU는 그 과정을 감시하게 되었다. 바티칸의 장기적인 목적은 OECD의 '화이트 리스트'의 자격을 충족하는 것이었다.[46]

새로운 '통화협약'을 두고 마지막 열띤 논의 가운데 거의 잃어질 뻔한 것은 12월 29일, 샌프란시스코의 9차 순회항소법정이 어떤 기대 밖의 희소식을 은행의 고티 테데치와 그 팀에게 전달했던 일이다. 그 법정은 **1999년**에 제기된 나치 금의 집단 소송에 대해 바티칸은행의 기각 요청을 확인해 주었다. 바티칸 변호사들이 승리한 이유는 외국 국가가 미국 법정에서 소송당하는 것을 막는 주권 면제법이 은행의 일반 행정 행위에 대한 완전한 방어책이 되기 때문이었다.[47]

10년 전의 염려, 곧 암브로시아노은행에게 2억 4천 4백만 달러를 바티칸이 지불했던 것처럼, 나치 금의 청구가 파괴적인 합의로 결론이 날까하는 염려는 이제 저멀리 사라졌다. 고티 테데치는 그런 것과는 어떤 역사적인 인연이 없었다. 하지만, 그는 소송이 끝난 것이 기뻤다. 그는 흠잡을 수 없는 경력을 가지고, 현대 유럽의 정치경제 현실에 부합한 은행을 만들기 위해 전진할 수 있게 되었다.

제36장

바뀐 세상

바티칸은 **2009년 12월**의 '통화협약' 아래서 그 의무 사항에 접근했으나 전형적으로 서두르지 않은 태도, 화이트 리스트의 자격을 얻기 위한 힘든 일을 시작하는 데 전혀 급할 것 없는 자세였다. 바티칸은행(IOR)은 외부 간섭 없이도 수십 년 동안 잘 행해왔다. 로마교회 내의 누구도 OECD의 공식적인 축복이 결론적으로 큰 차이를 낳을 것이라고는 생각하지 않았다. 브뤼셀의 관리들은 그동안 느린 발걸음에 익숙하지 않았다.

EU는 교섭 과정에서 그들이 분명히 했던 약속에 초점을 두었다. 그 약속은 교황 베네딕토가 칙령을 발표해서, 이를 통해 그가 로마교회의 유럽의 돈세탁과 반테러법을 순응할 뜻을 인정하는 것이었다. 여러 달 동안, 그들의 질문들이 응답은 없고 반응 없는 정보로 돌아올 때 EU 관리들은 화가 나서 발끈했다.

지난 봄, 바티칸은행과 OECD는 두 차례 만났다. 하지만 세금정책행정센터의 OECD 이사인 제프리 오웬에 따르면, 논의는 너무 포괄적인 관계로 인해 어떻게 바티칸교회가 어느 날 화이트 리스트에 이름을 올릴 수 있는가라는 입문서 정도밖에는 되지 못했다.

오웬은 말했다.

그들은 무엇이 표준인가를 알지만 그들이 그 표준을 따르려는 목적을 가지고 대화에 나아가길 원하는가?[1]

EU는 성좌가 '통화협약'의 의무들에 부합하려는 마음의 준비를 전혀 하지 않고 있다고 믿었다. 이는 부분적으로는 이탈리아와의 애정적인 관계로 인해 이탈리아은행에 개설된 바티칸은행 계좌들에 대해 법규와 규제의 엄격한 강제가 없었기 때문이었다. **2010년** 여름, 브뤼셀은 이탈리아중앙은행이 바티칸은행과 거래할 때 그 통제를 엄격하게 하도록 몰아갔다.

그 압력이 먹힌다는 결과가 곧 나타났다. 9월 9일, 이탈리아은행은 내부 고지 배부해서 모든 이탈리아은행이 바티칸은행과의 영업을 보다 공격적으로 점검할 것을 충고했다. 그 메모는 바티칸은행이 비EU은행이며 OECD의 화이트 리스트에 있지 않다고 강조했다.[2] 이탈리아는 최근에 바티칸 자체도 "준특별 공동체 국가가 아님"으로 규정했다.[3] 이것은 더 엄격한 표준을 받아야 한다는 뜻이었다.[4] 이는 바티칸과 이탈리아 간의 근친상간적인 관계가 오늘까지 마지막이라는 가장 명백한 신호였다. 여전히 로마교회는 새로운 통화협약 조건에서 그 의무를 행하기 위한 속도를 내지 않고 있었다. 고티 테데치와 그 팀은 특별히 염려하는 것처럼 보이지 않았다.

그들은 염려했어야 했다. **2010년 9월** 중순에 이탈리아국영방송(RAI)은 익명의 "사법통"을 인용해서, 고티 테데치와 그 은행의 바오로 치프리아니 총무이사가 이탈리아의 강화된 **2007년**의 돈세탁법의 위반 가능성에 대한 범죄 수사로 인해 조사 중에 있다고 보도했다.[5] 바티칸의 일부는 그 보고를 근거 없는 것으로 부인했다.

9월 20일, 이탈리아 검찰은 크레디토알티지아노(Credito Artigiano S.p.A.)의 로마 지점에 개설된 바티칸은행 계좌의 3천만 달러를 동결시켰다. 바티칸은행은 그 돈의 대부분을 J. P. 모건의 프랑크푸르트지점으로 그 나머지는 로마 거점의 방카델푸치노에 전금하기를 원했다.[6]

크레디토 아르티지아노는 법 규정을 따라 바티칸은행에 계좌 소유자의 정체와 송금의 이유를 요구했다. 바티칸은행은 그런 요구들을 무시했다. 이것은 크레디토 아르티지아노로 하여금 이탈리아중앙은행에게 "불합리한 점들"이 있다고 알리게끔 만들었다.[7] 이탈리아은행의 금융 정보 부서는 결국 로마 검찰에 이를 알렸다.*[8]

3천만 달러가 동결되었던 당일, 베네딕토의 홍보팀이 발휘할 수 있었던 것이라곤 신문 「**옵세르바토레 로마노**」에 발표된 기사를 가지고 약간의 시간을 버는 일이었다. 그 기사는 다음과 같이 기록했다.

> 성좌는 로마 검찰의 주도적인 행위로 인해 매우 당혹스럽고 놀랐다. 특별히 필요한 정보

가 이탈리아은행의 관련 부서에서 얻을 수 있다는 점에서 그렇다. …

고티 테데치는 그 일을 맡은 지 단지 1년 밖에 되지 않았다.
"성좌는 바티칸은행의 회장과 총무이사에 대해 최고의 확신을 표하고자 한다."[9]
이틀 후, 대변인 페데리코 롬바르디 신부는 「**파이낸셜 타임스**」에 더 긴 성명을 발표했다. 이제 그는 이는 모두 "오해이며 아주 간단하게 해결될 수 있다고"고 주장했다. 그는 브뤼셀과 로마에 눈썹을 치켜 올리며 주장하기를, "바티칸은행은 바티칸시공국의 영토 안에 있으며, 여러 국가은행의 관할권과 감시 밖에 있다"고 했다. 이는 교회가 말신커스 대주교의 체포영장의 집행을 피하기 위해 사용했던 변명으로 돌아간 느낌이었다.

하지만, 누구나 롬바르디의 결론에는 동의하는 듯했다.

> 바티칸은행은 그 용어가 보통으로 정의되는 그런 은행이 아니다.[10]

이탈리아은행 관리들은 놀람의 표현들이 꾸며진 것이라 생각했다. 그들의 마음에 스며든 생각은 바티칸이 3천만 달러에 대한 크레디토 알티지아노의 질문에 고의적으로 답하지 않는다는 것이었다. 아마 바티칸은행이 이탈리아의 법 집행 장치를 시험해 볼려고 했던 것이라고 일부는 주장했다. "이름을 밝히길 원하지 않으나 믿을 수 있는 이탈리아 관리"가 「**파이낸셜 타임스**」에게 말했다.

> 아마 그들은 과거의 특별한 지위로 돌아가길 원하고 있다.
> 하지만, 요즈음은 세상이 더욱 복잡하다. 아마도 이는 그들의 비밀의 문화이다. 어느 누구도 알 수 없다.[11]

다음달에 로마 검찰은 자금 세탁 조사의 범위를 넓혀, 이탈리아의 가장 큰 은행인 유니크레디트와 인테사산바오로 두 곳에 있는 바티칸은행 계좌에서의 인출 1백 3십만 달러를 이에 포함했다.[12] 별개의 사건으로, 경찰은 시실리에서 6명을 사기와 돈세탁 혐의로 구속했다. 그들 중 하나가 이탈리아인 사제로, 그는 자신의 아버지가 3십 5만 달러를 세탁하는 것을 도왔다.

이 돈은 EU 보조금으로, 바티칸은행 계좌를 통해 있지도 않은 물고기 농장의 개발을 위해 세탁한 돈이었다. 바티칸은행은 그 돈을 그 사제의 폭력배 삼촌에게 배분했다.[13] 이것은 이탈리아은행들에 개설된 바티칸은행 계좌들이 불법 자금의 흐름을 숨기는 데 여전히 쉽게 위장되고 있다는 브뤼셀의 두려움을 돋보이게 만들었다.

바티칸은행은 더 이상 이처럼 일할 수 없다. 사람들은 바티칸은행을 연막처럼 이용해 왔다.

익명의 이탈리아 관리가 「**파이낸셜 타임즈**」에 말했다.[14] *[15]

고티 테데치가 자신이 전임자들을 괴롭혔던 추문들에 대해 불편한 대중의 시선 가운데 있음을 깨닫는 데 단지 1년 밖에 걸리지 않았다. 막후에서 그는 동분서주하며 이탈리아 당국자들이 3천만 달러를 풀어 주기를 힘썼다. 바티칸 변호사들은 기금 해제를 위해 긴급 발의를 제기했으나, 두 명의 판사는 그 압수를 유지시키면서, 바티칸은행이 그 돈의 출처를 적절히 설명하는 데 실패했다고 언급했다.[16]

검찰은 그 판사들에게 추가적인 세부 문서를 제공하면서, **2009년도**의 바티칸은행의 가명에 의한 송금 **2010년** 한 이탈리아은행에서 바티칸이 현금의 수취인을 제공하기를 거부한 1백만 달러의 인출에 대한 질문을 제기했다.[17] 바티칸은행의 다음 단계는 이탈리아대법원에 상고하는 것이지만, 거기서 결정은 빠르지 않을 것이었다.

고티 테데치가 바티칸은행 내부에서 힘겹게 싸우고 있음을 누구도 알지 못했다. 그 기록들은 자신이 기대했던 것보다 훨씬 더 나쁜 상태였고 교황청이 자신의 의미하는 바인 투명성이 무엇인지 깨닫게 하기 위해 그는 힘겨운 시간을 보내고 있었다.[18] 그는 이 위기를 활용하여 바티칸을 금융 현대화 시대로 밀고 가기로 결정했다.

고티 테데치는 파리 거점의 '금융행동특위'(Financial Action Task Force: FATF)에 편지를 보냈다. 특위는 G7에 의해 설립된 정부 간의 조직체로 테러 지원 금융과 돈세탁을 막기 위한 것이다.[19]

FATF(금융행위특위)는 바티칸이 에니몬트 스캔들의 영향에 따라 **1996년**에 약속했던 그 원칙을 가진 조직이었다. 고티 테데치는 이제 FATF에게 바티칸은행은 그 조직의 기준을 엄격히 따르겠다는 것을 확신시켰다.

이는 바티칸은행이 FATF의 유럽 부문 곧 '돈세탁 방지 조치와 테러리즘 금융에 대한 전문가 위원회인 MONEYVAL(EU 감사기구)'에 의한 공동 심의에 복종한다는 뜻이었다.[20] 이탈리아 검찰이 고티 테데치의 설명에 대하여 들었을 때, 그들은 그가 동결된 3천만 달러에 대한 법적 투쟁에서 단순히 교회의 이미지를 좋게 하고 있다고 생각했다.[21]

하지만, 유럽의 관리는 이를 비꼬지 않고 고티 테데치가 진지하다고 여겼다. 그들의 유일한 질문은 그가 자신의 약속을 이행할 수 있느냐였다. 몇 주 후인 10월 15일, 바티칸은행과 EU 관리들이 만나서, 이번에는 베네딕토 교황이 바티칸의 법을 강력한 유럽 규제안과 궤를 같이 하는데 필요한 것은 무엇이나 할 것이라는 점에 동의했다.[22]

그 협의에 친숙한 익명의 고위 FATF는「AP」통신에게 말하길, 고티 테데치가 개인적으로 EU의 엄격한 규정에 순응할 것이란 바티칸은행의 의지를 보장했다고 했다. 이는 바티칸은행의 수장이 바티칸의 주권의 범위에 대한 교회의 오랫 논의의 중심에 선다는 뜻이었다.[23]

무솔리니의 '라테란조약'을 통한 독립 국가로서의 지위 회복 이래로, 로마교회 내에서 더욱 폭발성 있는 정치적 문제를 생각하는 것은 어려운 일이었다. 많은 성직자가 말신커스의 구속 영장을 두고 이탈리아 최고 법정으로까지 갔던 쓰라린 법정 투쟁에 대한 개인적인 기억을 갖고 있었다.

일부 최고 금융 담당 성직자, 예컨대, 전년도에 시공국 행정장관이 되었던 칼로 마리아 비가노(Carlo Maria Viganò) 대주교는 이 위기가 너무 커서 차라리 로마교회가 유로에서 탈퇴하고 다른 나라 통화와는 반대되는 가치로 움직일 바티칸 자체의 리라를 만들어야 한다는 생각을 했다.[24]

바가노와 다른 관리들은 바티칸의 자체 통화에 대한 불리한 리스크가 EU 관리들로 하여금 바티칸시에 들어오고 바티칸은행에 전례 없는 접근권을 갖는 것보다 낫다고 주장했다. 그들 생각으로는 EU 관리들의 대부분은 세속주의로 물든 자들로, 교회에 대해 노골적으로 무시를 하는 자들인 까닭이었다.

비가노의 많은 동료들은 어떤 희생에도 불구하고 바티칸은행의 주권을 보전하자는 구호에는 심정적으로 동조했으나, 이것이 가능하다고는 생각하지 않았다.[25] 만일 바티칸이 자체 통화를 개발하기를 원한다면, 몇 년 전에 시작했어야 했다. 브뤼셀로부터의 강한 압력에 대한 격한 반응은 돈세탁과 반테러 금융법에 있어서 다른 국가들로 하여금 시공국을 불한당의 국외자로 낙인찍을 터였다.[26]

게다가 미국과 유럽 은행들이 바티칸은행과의 영업을 중지할지도 모를 일이었다. 이것은 바티칸이 유통시킨 통화의 가치를 올릴 수 없을 것이다. 낙망이라는 상당한 암운에도 불구하고, EU를 떠나자는 비가노의 제안은 주목을 얻지 못했다. 교황과 가까운 소수의 참모는 대신에 교회가 브뤼셀에 약속했던 교황 선언의 초안을 작성하기 시작했다.

그 결과가 유명한 12월 30일자의 훈령으로, 이는 바티칸에게 다음해 4월 1일부터 발효되는 최초 돈세탁 방지법의 허락이었다.[27] "통화와 금융 거래의 분야에서의 불법 행위의 방지와 대책"은 역사적으로는 교황이 개인적으로 서명한 문서인 자의교서(自意敎書, motu proprio)의 형식으로 발표되었다.

교황 베네딕토가 이 결정의 온전한 책임을 지게 되었다. 501개 단어로 된 이 교서는 사도적인 편지나 교황 칙령의 기준으로는 짧은 것이었다. 교황은 돈세탁과 테러리스트 금융을 하나의 "현상"으로 간주했고, 전년 12월 '통화협약'에서 EU와 맺었던 바티칸의 언약을 인용했다. 가장 중요한 것은, 그가 바티칸의 첫 번째 내부적 감독과 집행기관인 금융정보국(Autorità di Informazione Finanziaria, AIF)을 개시했다는 점이었다.[28]

이 금융정보국은 한 추기경에 의해 운영되는 행정부서로 운영되는 것이 아니라, 5인의 금융정보국 멤버들 중에 회장은 성직자, 한 명의 평신도 이사로 되어 있다.[29] 이를 「포춘」지는 "미국의 증권거래소(SEC)의 바티칸판"이라고 불렀다. 교황은 이 기관에 포괄적인 힘을 주어서, 돈과 관계된 모든 바티칸 부처, 바티칸은행에서 APSA, 바티칸행정청(Governorate)까지 모든 돈의 의심스런 거래를 검사할 수 있도록 했다.[30]

금융정보국은 베네딕토에게만 보고하며, 그는 이 기관의 "충분한 자율과 독립"을 강조했다. 금융정보국은 모든 바티칸 금융 부처들을 감시할 뿐더러 위반자들을 엄격한 벌금(2백만 유로의 상한으로 정함)으로 벌할 수 있는 권위를 갖었다.

APSA의 이성적인 아틸리오 니코라 추기경이 회장으로 임명되었고, 프란치스코드 파스칼, 이탈리아은행 이탈리아증권사무소와 일하는 변호사가 첫 평이사가 되었다.[31] 세 명의 학자가 나머지 이사의 자리를 채웠다.[32]

베네딕토가 자의교서를 발표했던 같은 날에, 페데리코 롬바르디 대변인은 "국제적 연대"가 중요한 바, 이는 범죄자들이 더욱 "지능적이고 계속적으로 교활해졌기" 때문

이라는 준비된 성명을 내놓았다.[33]

이 성명은 교회가 수십 년 동안 실행한 비공식적인 금융 검사가 불행히도 부적절하다는 것을 인정하기에 이르렀다고 할 수 있다.

> 새로운 규범을 적용하는 것은 분명 큰 결단이 필요하다. … 여론과 신자들에게 너무 빨리 '스캔들'의 원인이 되는 그런 잘못은 방지될 것이다. 마침내 로마교회는 국제 사회의 모든 국가들 앞에 더욱 '신뢰받을' 수 있게 될 것이며, 이는 교회의 복음적 사명을 위해서 극히 중요한 바이다. … 이것은 투명성과 신뢰성을 향한 발걸음을 가지고 한 해를 마무리하는 좋은 길이다.[34]

OECD의 제프리 오웬은 기자들에게 금융정보국을 세우는 것은 "분명하게 올바른 길로 가는 한 발걸음"이라고 말했다.[35] 지안루이기 누찌, 『2009년의 책』 필자로 카로야의 낙마로부터 자의교서에 이르는 사건의 끈을 촉발시켰던 그는 다음 내용으로 많은 바티칸 연구가들의 감정을 대변했다.

> 몇 년 전에는 바티칸과 성좌에서 돈세탁 방지법은 행각할 수 없는 것이었다. 그들은 '우리는 주권 국가다. 이것은 우리의 일이다'라고 말하곤 했다. 중요한 것은 그들이 돈세탁 방지법과 이를 강제하는 기관을 만들었다는 점이다. 그것 없이는 바티칸은행은 여전히 하나의 역외 은행으로 남을 것이다.[36]

「뉴욕 타임스」는 베네딕토의 역사적 선언 안의 본질적인 약속과 도전에 대해 가장 잘 요약했다.

> 이는 역시 더 많은 공개를 원했던 자들에 대비해서, 바티칸의 주권을 변호하기를 선호하는 계층 내의 분파들을 넘어선 베네딕토에 의한 승리로 보여진다.
> 하지만, 시험은 어떻게 새로운 법이 특별히 바티칸은행에 의해 실제로 운영될 것인가이다. 바티칸은행은 과거 주기적으로 날카로운 검열 하에 있었다면, 이제는 돈세탁 조사의 목표물이 되었다.[37]

제37장

막후 실세

교황 베네딕토의 자의교서에 반대했던 성직자들은 교황을 비판하지 않았다. 그들이 브뤼셀과 세속의 규제자들에게 항복했다고 비난했던 대상은 누구나 생각하듯, 베네딕토 권좌 뒤의 권력자인 국무총리 타치시오 베르토네 성직자였다.

바티칸 외교단의 수장으로서, 베르토네는 다른 누구보다도 자의교서가 권위주의적인 정부들, 예컨대 미얀마, 이란, 쿠바, 중국과 같은 나라에서 교회의 능력을 어떻게 제약할 것인지에 대해 민감했어야 한다고 비평가들은 주장했다.

역외 금융 도피처인 투르크나 카이코스 케이만 제도에서 교회의 "독립적인 사명들"은 어찌 될 것인가?

베르토네가 어떻게 교회의 선교의 팔이 새롭고 엄중한 금융 감독에 따르도록 허락할 수 있는가?

자의교서에 대한 베르토네의 강력한 지원은 그를 교황청에서 밀어내려는 노력을 다시 강화시켰다. 영향력 있는 성직자들이 **2009년** 이래로 베르토네를 축출하려고 벼르고 있었다. 그해 시니어 대주교로 고위 성직자의 그룹을 대표한 안젤로 바나스코 추기경이 카스텔 간돌포에서 베네딕토를 만났다. 그는 자신이 생각하는 베르토네에 대한 무능력과 과도함에 대한 유감스런 예를 제시하며, 교황에게 그를 해고할 것을 간청했다. 베네딕토는 독일어와 이탈리아어로 충분하다 말하면서 바나스코에게 손을 저어서 떠나 보냈다.[1]

교황으로 하여금 자신의 국무총리를 해고하라는 추기경의 요청처럼 중요한 일은 바티칸 내부에서 오랫동안 비밀로 남아있을 턱이 없었다. 베르토네가 그 실패한 노력을 들자, 그의 반응은 자신의 권력을 더 공고히 하는 것이었다. 그는 이미 작년에 자신의 대적 리스트의 일부를 징계하기 시작했다. 그중 가장 눈에 뛰는 자는 대주고 피에로 피오포였다. 그는 베르토네가 권력을 잡기 바로 전에 전임자 소다노에 의해 바티칸은행의 최고 성직자로 임명된 자였다.

그때 이것은 베르토네에게는 모욕뿐만 아니라 베네딕토의 연약함의 증거로 해석되었다. 왜냐하면, 교황이 여러 추기경으로부터 그 임명을 피해달라는 호소를 무시했기 때문이었다. 베르토네의 지시로, 피오포는 적도 기니와 카메룬 주재 교황 대리대사로 발령이 났다(2014년 현재 그는 여전히 거기에 있다).[2]

자의교서에 대한 소동의 결과로, 베르토네는 충성팀을 강화했다. 국무총리는 자신의 교파인 사레지오파 성직자들을 선호했다.[3] [*4]

2011년 2월, 베르토네는 인기있는 밀라노의 전직 대주교이며 토니올로재단(Istituto Toniolo)의 재단장인 디오니기 테타만지 추기경에게 적대적인 조치를 취했다. 이 기관은 부유한 종교 재단으로, 명망 있는 가톨리카대학을 통제하는 기관이었다. 가톨리카에 대한 테타만지의 관리를 두고 논쟁하는 동안, 베르토네는 그 추기경에게 사임하라는 무뚝뚝한 팩스를 보냈다.

테타만지는 교황에게 호소했고, 교황은 양 추기경을 4월 카스텔 간돌포에서 만나기로 동의했다. 그 회의 후 베네딕토는 테타만지에게 두 달의 퇴직 기간을 주었다.

하지만, 그 메시지는 분명했다. 즉, 베르토네가 이겼다는 점이다.[5] 테타만지가 이것이 베네딕토와 베르토네의 이미지를 강화하기 위한 것이었음을 다른 사람들에게 털어놓았다. 즉, 한 사람은 교황이기에는 너무 약한 자라면, 다른 이는 국무총리이기에는 너무 야망이 큰 자라는 것이었다.

그해 5월, 베르토네는 고티 테데치를 로비해서, 2억 6천만 달러로 밀라노의 산 라파엘병원의 지배 지분을 매입 청구토록 했다. 이는 베를루스코니의 절친이었던 사제가 세운 병원이었다. 고티 테데치가 병원의 장부에 관심을 가지고 있을 즈음 그 병원은 미지급 부채로 수백만 달러가 있었다. 산 라파엘 관리자는 그해 10월 사무실에서 스미스 & 웨손 리볼버로 자살했다. "바티칸을 흔들었던 비밀의 자살"이 런던의 「**인디펜던트**」의 헤드라인이었다.[6]

지방 검찰은 사기 조사를 실시했다. 베르토네가 화나게스레, 고티 테데치가 난색을 표했다.

> 우리는 그 적자가 얼마만큼인지 알지 못한다. 회계 기록도 전혀 없다. 우리는 어두움 가운데 걷고 있다.

그가 동료들에게 한 말이었다.[7]

산 라파엘 건은 베르토네에게는 몇 가지 차질 가운데 하나였다. 전체적으로 그는 교황청 내에서 자신의 흔적을 남기고 있었다. 그가 선택했던 이탈리아인들이 다시 자리에 올라가고 있었다.[8] 그들은 **2011년** 즈음, 베네딕토의 고위 임명직의 절반 이상(25 자리 가운데 13)이었다.

교황이 다음에 22명의 붉은 모자를 택했을 때, 수십 년 동안 처음으로 유럽 추기경들이 다음 콘클라베를 위한 약간의 다수를 형성했다(125명 중에 67명).[9] 이탈리아인들이 다시 30명이 되어, 그들이 교황직을 되찾거나 적어도 킹메이커 역할을 할 기회를 높였다.[10]

일부 바티칸 옵서버가 불안해 했던 것은 어떤 책략으로든지 간에, "다음 교황에는 베르토네가 우승할 자라는 것이 어느 정도 확실하다고 생각할 수 있었다는 것이다"[11]

몇 사람이 베르토네의 권력 장악을 적어도 늦추고자 했다. 예수회 회장인 아돌포 니콜라스는 베네딕토에게 자신이 받았던 동봉한 편지를 보냈다. 그 편지는 베르토네의 지도력을 두고 바티칸 내부에서의 "마비될 지경의 두려움"에 대해 경고했다.[12] 익명의 "바티칸 분석가"가 영국의 **「가디언」**에게 다음과 같이 말했다.

> **나는 베르토네가 도적이라 생각하지 않지만, 그는 그 일에 맞지 않다.**[13]

하지만, 베네딕토는 신앙교리성에서 7년 동안 부관으로서 자신을 섬겼던 자를 신임했다.[14]

교황 베네딕토에 의해 자유 재량권이 부여되고 바티칸은행 감독위원회가 보고하는 추기경으로서, 베르토네는 금융에 관해서는 폭넓은 권위를 행사했다. 그는 전년도에 바티칸이 유로에서 철수해야 하는가에 대한 중지됐던 논의를 해결했다. 2월, 교황의 역사적인 자의교서 후 2개월만에 베르토네는 유럽평의회(the Council of Europe)의 사무총장에게 편지를 보냈다. 이 편지에서 그는 MONEYVAL, 즉 돈세탁과 테러리즘 금융 방지를 위한 EU의 일차적 감시기구에게 성좌와 바티칸시공국을 평가해줄 것을 요청했다.[15]

이는 정확히 고티 테데치가 2009년에 바티칸은행에 부임했을 때부터 촉구했던 바였다. 베르토네는 필수불가결한 것을 더 이상 늦추는 것은 쓸데없는 일로 여겼다. 만일 로마교회가 OECD의 화이트 리스트에 자격이 되는 기회를 갖으려면, 교회는 EU 감시기구(Moneyval)의 좋은 보고서가 필요했다. 바티칸은행과 교황청 내의 일부는 베르토네의 입장에 원칙적으로는 동의하지만, 이는 시기상조라고 생각했다.

만일 MONEYVAL(EU 감시기구) 조사관들이 일단 바티칸은행을 들여다 본 후 너무 많은 불법 행위를 발견한다면, 바티칸은 회색 아니면 아마도 블랙 리스트로 되지 않을까?

4월 초, 브뤼셀은 시공국을 평가할 것을 동의하는 말을 보냈다.[16] 이 동의서는 바티칸이 더 나은 신뢰의 표지로, 바티칸시에 현금 1만 유로 이상을 소지하고 들어오는 자는 누구나 이를 신고해야 한다는 것을 발표한 며칠 후의 일이었다.[17] 이는 바티칸은행에서 일했던 성직자들이 도나토 드 보니스 경이 현금으로 가득한 가방들을 들고 다녔던 것을 보았던 날들에 비하면 극적인 출발이었다.

MONEYVAL에서 온 대표자들과 바티칸은행은 평가의 세부 사항을 작성해야 했다. 이는 멀리 떨어져서는 될 수 없는 일이었다. 조사관들은 바티칸 내부에서 바티칸은행 파일과 장부에의 접근이 요구되었다. 이는 예전에는 다른 교황청 부처와도 결코 공유되지 않았던 일이었다. EU 감시기구는 수년간의 바티칸은행에 대한 평가를 해야 할 필요가 있었다.

2011년 6월1일, 이탈리아는 검찰이 크레디토 아티지아노에서 동결된 바티칸은행의 3천만 달러를 해제했다. 이는 EU 감시기구가 11월 20일부터 1주일 동안 바티칸은행과 다른 교황청 부처에 대한 완전한 접근권을 갖는 것으로 바티칸이 합의를 본 뒤에 이루어진 일이었다.[18] 후속적인 현장 방문은 다음 해 봄에 예정되었다.[19]

MONEYVAL은 7명으로 팀을 구성했다. 그 팀은 형법, 규제 문제 법집행에 대한 흠잡을 수 없는 우수한 자격을 갖춘 자들이었다.[20] 그해 11월, MONEYVAL이 바티칸시공국 내에 대한 첫 번째의 철저한 평가를 실시했을 때 걱정은 컸다. 그 방문은 이탈리아가 제2차 세계대전 이래 맞고 있는 가장 최악의 금융 위기와 우연히 때를 같이했다. 이 금융 붕괴는 바티칸은행이 이탈리아의 부채 상황 불능에 노출되는 가능성에 대한 두려움을 낳았다.[21]

로마교회 내 누구나 브뤼셀에서 온 팀에게는 활달한 얼굴을 지었다. 그들은 그 결과가 바티칸이 OECD의 화이트 리스트가 되는 것에서 가까울 것인가 아니면 멀리 있는가를 보여줄 것임을 알았다. 교회는 방문팀에게 투명성을 강조했다. 교황 베네딕토는 검사팀과 만났다. 고티 테데치 교회 돈과 관련된 명단의 등재된 자들 역시 그리했다.[22] 바티칸은행에서 조사관들은 "특별한 도전"에 직면했다. 그것은 자신들이 한 주권 국가 안에 있으면서 동시에 그 국가는 가톨릭교회가 있는 곳이라는 것이었다.

> 통상적이 않는 큰 규모의 세부문서가 평가 과정에서 보여졌다.

EU감시기구(Moneyval)의 사무국장 존 링구스가 후일에 기자들에게 말했다.[23]

그해 11월 EU감시기구와 바티칸은행 사이에 이루어졌던 것은 유럽을 넘어서까지 주목의 대상이었다. 미국의 전 재무부 관리인 아비 조리취는 세상에서의 회계 원칙 준거의 관리들과 법률 집행자의 마음에 무엇이 있는 것처럼 「포브스」에 다음과 같이 요약했다.

> 오늘날처럼 상호 연관된 금융 세계에서, 국제 금융 부문의 남용을 완화하기 위한 조치를 제도화하는 것, 이는 사업을 하는 비용의 일부다. 의심할 바 없이, 국제 사회가 머지 않는 장래에 직면하게 될 가장 진지한 공개적인 정책 도전들의 하나는 더러운 돈을 탐하는 자들에 대항하고, 진보를 이루기 위해 그 무기고에서 어떻게 각 도구를 사용하는가다. 바티칸이 더 높은 소명에 답하는 동안, EU, FATF MONEYVAL은 지상적 책임 동일하게 중요하다고 주장해야 한다.[24]

MONEYVAL의 조사관 누구도 당시에 알지 못했던 것은 베르토네가 칼로 마리아 비가노 대주교, 근면하고 직설적인 바티칸시의 행정장관을 미국으로 추방하는 것을 기획하고 있었다는 점이었다. 그는 주권국 바티칸에 유럽의 조사관들이 들어오는 것 대신에 로마교회가 유로에서 탈퇴해야 한다는 주장을 폈던 자였다.

하지만, 베르토네가 유로에 대한 그의 입장 때문에 그를 보낸 것은 아니었다. 그 주교가 로마로부터 전출된 것은 바티칸의 하부 구조를 책임지는 2인자로서 2년을 지내는 동안, 그는 강력한 적들을 만들었다. 퉁명스런 비가노는 바티칸 내부 일을 위한 계약 수주에 있어서 철통 같은 족벌주의, 부패 정실주의의 틀을 깨려고 헌신했다.[25]

베르토네의 굽힐 줄 모르는 자세는 "자존심을 깨는 자"(ballbreak)라는 명성을 얻게 만들었다. 비가노의 십자군 같은 태도는 바티칸이 겉으로는 EU감시기구(MONEYVAL)에 보여 주고자 하는 그런 자의 모습으로 만들었다. 심지어 돈세탁과 테러 금융법에 있어서 바티칸은행이 준수하고 있는가에는 영향을 주지 않더라도, 바가노와 같은 성직자는 브뤼셀에서 온 조사관들에게는 바티칸이 EU의 두 가지 주제인 투명성과 개혁을 감당하고 있다는 인상을 줄 터였다.

비가노에게 일어났던 일은 주의해야 할 이야기였다. 많은 장기 계약자가 바티칸의 옛 친위대들과 편안한 관계를 가졌다고 일단 그가 지적을 하자, 유출된 유언비어가 그를 불신임하기 시작했다. 바티칸 신문의 익명의 소식통은 그가 무능하고 고압적이라고 비난했으며, 심지어 개인적인 부를 축적하는 일에만 관심을 두는 자로 비난했다.[26]

하지만, 베르토네가 비가노의 고삐를 당기기 시작했을 때 누구도 막후에서 무엇이 일어나고 있는지는 알 수 없었다. 베르토네가 3월에 자기 사무실로 70세의 그 대주교를 불렀을 때, 이는 그의 행정장관 임기가 끝나기 전 거의 3년 만에 그가 전출된다는 것을 통보하기 위함이었다. 비가노는 "놀랐고" 규정을 어기면서 국무총리로서는 이해하기 어려운 일을 했다.[27] 그는 두 개의 특별한 편지를 썼다. 베르토네에게 하나는 간결했다. 그는 국무총리가 그런 결정을 이르게 한, 의존하고 있는 정보는 "거짓된 것이며 … 중대한 불의며 … 심각한 중상의 열매"라고 말했다.[28]

비가노의 두 번째 편지는 베네딕토에게의 손 편지였다. 그는 다음과 같이 경고했다.

> 행정장관으로부터의 나의 전출은 이 순간 여러 부처에 대한 관리를 통해 오랫동안 찌든 많은 부패의 행위와 권력의 남용을 교정하는 것이 가능할 것이라 믿는 모든 자를 크게 실망시키고 낙담케 할 것이다.[29]

베네딕토가 답하지 아니하자, 비가노는 개인적인 알현을 요청했다. 4월 초의 만남에서, 비가노는 교황에게 자신이 준비한 주목할 만한 메모를 전달했다. 교황에게의 소통은 통상적으로는 꽃다운 언어가 입혀져 어떤 비평은 너무 완곡해서 실제적으로 속내가 보여 지지 않았다.

하지만, 이 메모는 비가노가 **2009년**에 행정장관직을 시작한 때부터 발견했던 "폭넓은 부패" 자신이 이를 고쳤던 것을 자세히 기술했다. 그는 경고하기를, 중요한 바티칸시의 투자는 두 기금의 통제하에 있는데, 이는 일단의 이탈리아은행가에 의해 관리되며, 이들은 "우리 이익에 앞서 그들 자신의 이익을 우선하는 자들로 드러났다"고 했다. 그는 베네딕토에게 자신이 발견했던 만연된 불법 행위에 대한 여러 예를 예시했다.

한 눈에 보기에도 공급자들과 계약자들은 교회에 2백 5십만 달러를 과대 청구했다. 바가노는 이것이 예상될 수 있는 것이라 말했다. 왜냐하면, "일은 언제나 똑같은 회사에 주어지며, 바티칸 외부에서 매기는 비용에 비교해서 적어도 두 배의 비용이기 때문이다."³⁰

또 다른 예로, 그는 바티칸의 정원을 위한 연간 유지비로 1백 2십만 달러를 절약했으며 그 절약된 금액으로 시공국의 열발전소의 개량에 썼다.

그 대주교는 털어놓기를, 바티칸 자체의 관리 노동자들은 외부 판매자들이 교회에 심하게 바가지를 씌우는 것으로 인해 사기가 땅에 떨어졌다고 했다. 부당 이득에도 이에 대한 결과는 없고 오히려 더 많은 일을 따냈다는 것이다. 비가노는 베네딕토와 함께 자신이 행정장관으로 부임한 후 베드로광장에서 그리스도 탄생화가 7십만 달러 이상이 들었다는 것을 공감했다. 다음 해, 그 프로젝트를 공개 입찰하자, 교회는 3십만달러를 절약했다. 탄생화는 동일하게 보였다.³¹

경쟁 입찰은 전기 대기업 지멘스의 연간 청구액을 반으로 줄도록 만들었다. 그는 자신이 바티칸 창고에 감시 카메라를 설치한 이후 절도가 급격하게 줄었음을 나타내는 숫자도 제시했다. 비가노는 자신이 부임했던 해 행정청이 연간 천만 달러 이상의 적자에서 최근 3천만 달러 이상의 흑자를 낸 일에 자신이 산파 역할을 했다는 것을 자랑스러워했다.

모든 사람이 나의 파멸에 내기를 걸고 있다.

그가 베네딕토에게 말했다.

만일 교황이 행하지 않으면, 그 주교는 바티칸으로부터의 전출이 "모든 자에게는 내일에 대한 비판의 판결이요 처벌로 인식될 것이며," 역시 "나의 갱신 활동을 지지했던 자들도 복수와 치명적인 보복에 노출될 것"이라고 경고했다.[32]

바티칸 밖의 누구도 비가노의 운명이 매우 위태하다는 것을 알 턱이 없었다. 이탈리아의 가장 인맥이 좋은 바티칸 연구가들도 이 드라마를 알지 못했다. 「라 스탐파」가 연재한 보통이지만 선견적인 "바티칸 내부자"는 5월 하순에 교황청에서의 "의자 놀이"(musical chairs)라는 긴 이야기를 실었다. 이 기사는 그해 봄에 비가노가 베네딕토와 만났음을 언급했다.

"바티칸 내부자"에 따르면, 교황은 "그가 청소한 일과 낭비 방지를 위해 싸우는 일 2년동안 행정청이 7백만 유로의 적자를 바꾸어 3천만 유로의 수익을 낸 일에 대해 그를 신임했다."

그러면 교황청 내에서의 모든 자리바꿈이 비가노에게 유리한 것인가?

"바티칸 내부자"는 비록 비가노가 "바티칸시공국 행정장관인 지오바니 라졸로(Giovanni Lajolo) 추기경의 자연스런 후임으로 여겨져 왔지만, 이제 그의 이름은 재무성장(추기경이 맡는 자리)으로 거론되고 있다"고 예측했다.[33]

베르토네의 비가노를 향한 적대적인 조치에 대한 말이 교황청 내에 퍼졌다. 다른 사람들은 이를 베네딕토의 금융 개혁 열의에 대한 궁극적인 테스트라고 보았다. 4명의 고위 이탈리아 추기경이 개인적으로 베네딕토에게 호소해서 베르토네를 바꾸라고 요청했다.[34] 심지어 그 추기경들은 교황이 즉각적으로 비가노를 추기경으로 올려서, 결론적으로 그 자신과 그가 시행했던 열성적인 청산 작업에 대한 믿음을 보여주어야 한다고 제안하기까지 했다.

베네딕토의 가까운 절친 중의 하나인 인그리드 스탐파 수녀가 그를 개별적으로 만나 사면초가의 비가노를 위해 로비했다.[35] 용기를 가지고 널리 퍼진 부패를 밝히고 이 부패를 막는 데 교황의 도움을 원했던 고위 교황청 성직자인 비가노를 두고서 베네딕토는 복지부동 (伏地不動, 주어진 상황에서 몸을 사린다는 뜻- 편집자 주)이었다.

비가노는 "바티칸 내부자"가 예언한 것과는 달리, 추기경으로 승진하지도 못했고 재무성을 맡지도 못했다. MONEYVAL(EU 감시기구) 조사관들이 도착하기 몇 주 전에 그는 바티칸에서 4천 마일이 떨어진 곳에 보내져 워싱톤 주재 교황 대리대사로 섬기게 되었다. 다시 한번, 그의 교황 재임 기간 내내 그렇듯, 베네딕토는 자신의 국무총리와 대결하는 것을 피했다.

베르토네의 권력은 억제되지 않는 것처럼 보였다.

제38장[1]

집사

2011년 하반기에 소수의 내부자들이 베네딕토와 가까운 한 자문관의 바티칸 아파트에 모였다. 그들의 결론은 개혁자들과 옛 수구파들 간에 로마교회의 목숨을 두고 벌이는 싸움이 있다는 것이었다.

베네딕토의 마음이 개혁자들과 굳건히 함께 하는 동안, 그가 싸움의 흐름을 바꿀 수 없다고 그들은 확신했다. 국무총리에게 교황청의 고위직 임명에 대한 절대적(unchanllenged)인 결정권을 허락함으로써 교황은 자신의 행정적 권력을 양위한 셈이었다.

그날 밤, 무엇을 할 것인가라는 논의는 교황청 내에서 쿠테타가 가능한가라는 데까지 관심이 미쳤다.*

내부자들은 베르토네의 축출을 원했다. 그들의 주장은 결국 교황으로 선출된 자는 베네딕토이지 베르토네가 아니다는 것이었다. 이탈리아의 가장 존경받는 바티칸 연구가인 산드로 마지스터가 그날 밤에 모인 자들의 마음을 아프게 한 것이 무엇인지 본질을 잘 파악해서 말했다.

> 오직 교황만이 행할 수 있는 임명이 있다.
> 하지만, 베르토네는 마치 그 일이 자신에게 속하는 양, 만사태평으로 자신이 관리하는 습관에 젖어있다.[2]

만일, 국무총리가 마치 자신이 로마교회를 운영하듯 하는 행동을 베네딕토가 중지하게 하지 않는다면, 아마도 그들은 그에 대적하는 비정통적인 길을 찾을 수도 있었다.

이것은 그들 누구에게도 쉬운 일은 아니었다. 각자는 교회와 베네딕토 교황에게 충성했다. 누구도 그를 다치게 하는 어떤 일을 하길 원하지 않았다.

하지만, 그들은 역시 자신들이 베르토네를 그 자리에서 쫓아내려면 혼란이 있을 것임을 이해했고, 자신들이 품었던 어떤 기도(企圖)로 인해 예상치 못한 결과가 있으리라는 것도 알았다. 현실적인 옵션들은 없었다. 그들은 베네딕토와 개별적 만남을 갖으려 했다. 몇몇은 그와 가까웠고, 개인적 친구들로 교황이 오랫동안 의지했던 자들이었다. 함께하는 자리를 주선하는 것은 어렵지 않을 것이며, 공식적 일정에서 벗어날 수도 있었다.

하지만, 그들은 먼저 시니어 성직자들이 이미 교황을 만나 베르토네를 억제시키거나 해임토록 청원했지만, 모두 허사였음을 알았다. 아마도 그들은 베르토네의 동료 추기경들의 일부의 협력을 얻어야 했고 그들과 함께 국무총리를 견제할 전략을 세워야 했다.

하지만, 협력의 방편이 될 것이라는 그 추기경들은 많은 권력 투쟁에서 살아남은 자들이었다. 내부자들은 낮은 계급의 성직자 그룹의 요청 베네딕토가 일단 교황을 그만두면 떠나게 될 어떤 평신도들의 요구를 좇아서 베르토네의 일을 떠맡음으로 인해 자신의 정치적 자산을 위험에 둘 이유가 없었다.

그 밤에 모였던 작은 그룹의 베네딕토 지지자들은 단지 돈 문제가 엉망이 되었던 것에 속상한 것이 아니었다. 그 밤에 그들이 토론함에 따라 그들 대부분을 몸부림치게 만들었던 그 무엇이 있었다. 그들은 소위 말하는 "동성애 로비"의 증거를 보았다. 교황청의 최고위직의 동성 성직자들의 일반적 유대는 그들이 자신들의 독신주의 서약을 포기할 정도였다. 작은 그룹이 동의했던 그 문제는 그들이 야망이 넘치는 커가는 새로운 성직자들에게 승진을 위한 당근으로 섹스를 이용했다는 점이었다.

내부자들의 결론은 이는 개탄스런 일이었다. 빠른 경력 쌓기는 어떤 성직자들의 힘이 미치는 범위에서는 바티칸 판의 '배역을 위한 잠자리'(casting couch)에 기꺼이 응하는 것이었다.[3]* 내부자들은 로마교회 안에서의 반동성애 전통주의자를 지향하는 옛 세상의 구시대적 인물들은 아니었다. 한 사람은 동성애 누이가 있고, 또 다른 이는 형제 둘이 그 가정에서 커밍아웃했다. 그들은 바티칸 주위에서 자주 나도는 그런 성직자들의 섹스 행위들에 대한 상스런 소문들에 별로 관심을 두지 않았다. "놀라, 기도하지 말라"(play, don't pray)는 어떤 자들에게는 주문(呪文)이었다.

내부자들에 따르면 그들에게 성직자들과 창남의 디너 파티는 마약과 섹스의 밤으로 끝났다. 바로 전년도에 언론의 지면을 채운 것은 한 바티칸 합창단소년에 대한 음란한 이야기였다. 그 소년은 인류복음화성(人類 福音化省, Congregatio pro Gentium Evangelisatione)의 시니어 자문역으로 봉사하는 교황 시종에게 남창을 주선한 것이 발각되어 해고되었다.[4]

그 밤에 모인 자들 누구도 그들 눈으로 이를 직접 목격한 자는 없었다. 게다가 그들은 게이 로비의 대상이 된 성직자들의 일부가 교황청의 가장 적극적인 개혁론자이며 베네딕토의 고위 성직자들에 속한다는 점을 알고 있었다.

그 밤의 작은 그룹은 자신들이 발견한 섹스 로비가 바티칸 내에서 오랜 역사를 갖고 있었음을 알지 못했다. 무솔리니의 첩자들은 **1920년대**에 거슬러 올라가 교황의 핵심 참모들의 은밀한 동성애 삶에 대한 두꺼운 보고서를 작성한 바 있었다.

경찰까지도 개별적으로, **1928년**에 일어난 바티칸의 파시스트 중개자였던 타치 벤투리 신부에 대한 한 젊은이의 칼부림 사건은 다른 남자와 사랑의 외도를 두고 일어난 것이라 결론을 냈다.[5]

1984년부터 1989년까지 바티칸 주재 미국부대사였던 피터 머피는 필자에게 자신이 떠난 뒤의 바티칸에 대해 어떤 것도 확인할 수 없다고 말했다.

하지만, 그는 자신이 그곳에 있는 동안 생각한 것에 대해 다음과 같이 말했다.

> 나는 게이 로비가 사실임을 믿는다. 나는 이것이 절대로 사실이라 믿는다. 이는 매우 조심스럽지만, 나는 그 증거를 가지고 있었다. 내가 일하고 사회적으로 보았던 자들의 일부에 대해 그렇다. (머피는 미국주교회[美國主敎會]의 고위 관리였던 대주교와 함께 그 문제를 제기했다. "그는 내 말을 믿기를 거절했다." 머피의 회고다. 그는 역시 말신커스 대주교에게도 이를 말했다. "그는 그렇게 놀라는 것처럼 보이지 않았다. 하지만 어떤 말도 하지 않았다.")[6]

1999년, 한 작은 출판사가 루이기 마리넬리(Luigi Marinelli)의 책을 발간했다. 그는 바티칸에서 45년 동안 일했던 경(卿, 몬시뇰)이었다. 교회로부터의 보복을 두려워하여, 그는 가명으로 『바티칸에서 바람과 함께 사라지다』(*Via col vento in Vaticano*)를 썼다.[7] 72세의 고위 성직자는 간과 골수암으로 죽어가고 있었는데, 자신의 양심을 깨끗이 하기로 마음 먹었다. 때로는 지나치게 공들인 문체로, 마리넬리는 바티칸 내부에서의 부패와 금품 매수에 대한 잡다한 주장을 표현했다.

그의 가장 강한 비난 중 하나는, 자신이 일했던 교황청 내에서 단순하게 게이가 된다는 것은 다음과 같은 내용을 수반한다.

> 전도유망한 후보자가 더 빨리 승진하는데 도움이 되며 어떤 도전자가 승진을 바라는 욕망을 잃도록 만들게 하는 이유가 될 수 있다. … 허리 아래를 허락하는 자는 하나님과 그 형제에 대한 봉사를 위해 마음과 뜻을 주는 자보다 더 좋은 기회를 갖는다. 교황청 내에서 많은 고위 성직자에게는 미소년이 지적인 소년보다 더 많은 친절과 호의를 누린다.

마리넬리에 따르면, 역시 교황청 내에는 성적인 공갈 협박이 널리 퍼져있으며, 그 정도는 매우 심각하다.

> 국가의 형사법적으로 범죄로 처벌받을 만한 것이다. 하지만, 교회법적으로 성적 요구는 황금율인 "무엇이든지 남에게 대접을 받고자 하는 대로 남을 대접하라"(*promoveatur ut amoveatur*)라는 것으로 정당화 될 수 있다.[8] [*9]

2011년 그 밤, 즉 베네딕토의 내부자들이 재빨리 "게이 로비"라고 이름 붙였던 그 만남에서 논의했던 때부터 이에 대한 약간의 솔직하고 공개적인 말들이 오갔다. 다름 아닌 베네딕토의 후임자인 프란치스코 교황이 사제들, 수도승들, 수녀들의 소통을 맡는 기구인 **CLAR**(Latin American and Caribbean Confederation of Religious Men and Women: 남미캐리비안종교인연맹)의 대표자들과 함께 한 **2013년 6월**의 회의에서 모두를 놀라게 만들었다.

> 교황청 내에 거룩한 사람이 있다. 하지만 그곳에는 부패의 흐름이 있다. '게이 로비'가 거론되고 있으며, 이는 사실이고 존재한다. 우리는 무엇을 할 수 있는가 보아야 할 필요가 있다.[10]

한 달 후, 자문관들이 그런 주장은 불필요하고 잠재적으로 손실일 수 있다고 주장한 후, 프란치스코는 브라질에서 로마행 비행기 안에서 임시 기자 회견동안 자신의 입장을 철회했다.

> 게이 로비에 대해 너무 많이 썼다. 하지만 나는 바티칸의 정체성 카드 위에 단어 '게이'를 찾고자 한다. … 생각컨대, 우리가 동성애자를 만나면, 동성애자인 사실과 로비의 사실 사이에 구별을 두고자 한다. 왜냐하면, 로비는 좋은 것이 아닌 까닭이다.[11]

2014년, 스위스 경비대의 전 사령관인 엘머 매더(Elmer Mäder)가 한 스위스 신문에 "동성애의 조직"에 대해 전하면서, 그 조직은 "하나의 네트워크 일종의 비밀 단체가 되었으며, 나는 나의 의사 결정의 영역에서는 이를 용납하려 하지 않을 것이다"라고 말했다.[12] †[12]

어떤 자들은 전년도의 당혹스러웠던 언론 유출의 장본인으로 의혹하기도[13] 했다. 바티칸이 로마 중심부에 부동산을 가지고 있는데, 일부 추기경을 위한 집으로 사용할 뿐더러 유럽의 가장 큰 게이 대중목욕탕을 갖고 있다는 것이었다. (매주 '동성애 밤'[bear night]에서 사제 복장을 한 남자는 다음처럼 묘사된다. "브루노, 머리숱이 많은 영혼의 신부, 그는 자신의 몸과 영혼을 드러내기를 원한다.")[14]

베르토네에 대해 무엇을 할 것인가로 **2011년**의 그 밤에 모였던 그 그룹은 바티칸 내부에서 번지고 있는 게이 로비와는 아무 상관이 없는 최근 일련의 머리기사에 마음이 상했다. 그들은 로마교회가, 소문에 의하면, 벨트빌트(Weltbild)에서 발간되는 포르노 잡지로부터 이윤을 얻고 있다는 뉴스에 깜짝 놀랐다. 바티칸이 전적으로 23억 달러의 독일 출판사를 소유했다는 것이었다.

타블로이드 기사는 일부 벨트빌트의 보다 더욱 외설스런 제목들, 예컨대 "화냥년의 기숙사" "변호사의 창녀"를 재인쇄 했다. 그런 제목의 출판을 막는 대신에 교회는 일부 그런 타블로이드에 대해 법적 소송으로 협박했다.

그런 선정적인 자료는 벨트빌트의 출판물의 극히 일부를 설명할 뿐이었다. 문제되는 자료는 "성애물"(erotica)이었다. 이는 포르노에 대한 어떤 법적 정의에 부합하지 않았다. 게다가 한 대변인이 지적한 바와 같이, 다 팔아도 큰돈이 아닌 3십 9만 1천 달러일

뿐이었다.[15]

그 테이블에 있었던 자들의 하나가 베네딕토의 귀가 되었던 인그리드 스탐파에게 말을 전했다. 그녀는 로마교회가 당면한 모든 외침들은 너무 심각하여 어떤 강력한 조치가 있어야 한다고 말했다.[16] 이것은 설령 혼돈스럽더라도 그들이 행동해야 한다는 생각을 더해 주었다.

네 시간에 걸쳐 때로는 열띤 논의 후 그들은 한 계획을 세웠다. 이는 위험으로 가득한 것이었고 사람에 대한 진정한 위기는 이를 실행하자 나타났다.

쿠데타의 까마귀(il corvo)는 기대 밖의 선택이었다. 베네딕토 교황의 집사인 45세의 바오로 가브리엘(Paolo Gabriele)이었다. 그 사람은 탐문기자 지안루이기 누찌가 나중에 묘사한 대로, "경건한 가톨릭 신자로 교황에 너무 헌신적이고, 교황을 자기 아버지처럼 보았던 인물이었다."[17] 호감형의 가브리엘이 갖는 직책은 바티칸의 가장 선망인 평신도직의 하나였다.

교황의 집사는 교황이 깨어난 순간부터 그의 모든 필요를 돌본다. 가브리엘은 보통 하루 12시간, 1주일에 7일을 시계처럼 일했다. 그는 사도궁에 가까운 바티칸 내에서 독실한 신자인 아내 마누엘라 세 어린 아이들과 함께 살았다.

베네딕토가 국가원수와 만나든, 해외 여행을 하든, 유명 방문객으로부터 개인 선물 기부를 받든, 아니면 사도궁에서 다른 성직자들과 협의를 하는 간에 가브리엘은 그의 트레이드 마크인 말쑥한 검은 양복, 푸세한 흰 셔츠, 검은 넥타이, 광택나는 구두를 신고 항상 교황과 함께 있었다. 때로는 가브리엘은 교황의 식사 자리에 앉도록 초대받았다.

가브리엘은 처음부터 바티칸 직원은 아니었다. 10대에 교회를 떠난 후, 영화 회사에서 일했으며, **1990년대**에 가톨릭교에 다시 귀의했는데, 이는 어떤 중요한 개인적인 문제에 대한 기도가 신비한 폴란드 수녀인 성 파우스티나에 의해 응답된 이후였다. 그는 로마의 지역 교구 교회 주위에서 작은 사업을 하고 있었다.

그 신부는 폴란드인으로 요한 바오로2세를 알았다. 그는 이 열정적인 젊은이와 그의 가족을 좋아했고 요한 바오로의 개인비서 스탄니스보브 드지비쯔(지금은 크라쿠프의 추기경이다)에게 그를 추천했다.

오래지 않은 **2002년경**, 밀워키 태생의 제임스 하비 경이 교황 비서실장이 되었고,

그가 가브리엘을 불렀다. 그는 곧 바티칸 내에서 수위로 일하게 되었다.*18 누구나 조용하고 수줍어하고 열심히 일하는 그 신참자를 좋아했다. 가브리엘은 곧 승진해서 전설적인 교황 집사인 안젤로 구겔의 직접적인 감독 밑에 배속되었다. 구겔은 열렬한 충성심으로 명성을 쌓았던 인물로, 시공국에서 가장 선망 받는 입담에 대한 어떤 정보원이었고, 그의 직책이 보여주는 것보다 훨씬 더한 강한 힘을 행사했다.

요한 바오로 교황은 잘 생긴 젊은 견습생이 군인같은 자세와 티 하나 없는 깔끔한 옷차림을 주목했으며, 자주 가브리엘을 아는 체 했다. 그가 청내의 직원들 곁을 지나갈 때면 가브리엘을 바오레토(작은 바오로)라고 불렀다. 다른 자들은 가브리엘이 열성적인 수완가로서 빠른 명성을 얻었음을 알고 있었다. 라징거가 **2005년**에 교황이 되었을 때, 구겔은 선망의 집사 자리를 지켰다.

하지만, **2006년** 경에, 갠스바인 경이 스스로 베네딕토의 열성적인 문지기가 되어 구겔을 제거할 때라고 결정했다. 그는 집사로서의 자신의 역할을 너무 고귀하게 생각했다. 갠스바인은 하비 경에게 유능하고 충성심 있는(그러나, 뒷자리로 물러나는 자), 교황에게 영향을 행사하려는 야망이 전혀 없는 그런 자를 찾아 달라고 했다.

구겔은 자신의 일을 위해 뛰었으나, 변화가 긴요하다는 것을 깨닫게 되자, 그는 자신의 사위를 밀었다. 하비는 대신에 놀랍게도 가브리엘을 점찍었다.

가브리엘이 나중에 한 동료에게 설명했듯이, 그는 구겔이 자신을 그의 아파트로 부를 때 그 결정을 알게 되었다. 고참 집사는 "마치 누군가 죽었던 것처럼" 슬퍼 보였다고 가브리엘은 회고했다. 가브리엘이 앉자, 구겔은 그에게 그가 베네딕토의 집사로 선정됐다고 알려 주었다.

이는 매우 매우 어려운 일이다. 할 수 없다면 지금 말하라.

구겔이 말했다.

가브리엘은 구겔이 하비에게 돌아갈 어떤 변명과 가브리엘에게는 업무가 과중하다는 보고를 찾고 있음을 깨달았다.

아니요, 아니요, 좋습니다.

가브리엘은 그를 확신시켰다.

교황의 개인 아파트에 접근권을 가진 자는 오직 9명뿐이었다. 바티칸 역사상 기록적으로, 가브리엘은 그들 중 하나가 되었다.[19] 다음 두 달 동안, 구겔과 가브리엘은 인수인계 과정에서 함께 일했다. 그들 간의 관계는 서먹했고, 구겔은 필요한 최소한의 것만을 했고, 신참자는 속도를 내야 했다. 갠스바인은 그 둘을 눈여겨보았다. 항상 공손하고 겸손하며, 결코 험담할 뜻이 없는 가브리엘은 구겔과는 정반대였다. 가브리엘의 책상은 갠스바인이 일하는 같은 방 멀리 한쪽에 놓여 있었다. 그는 누가 말을 걸지 않는 한, 한마디도 하지 않았다. 그는 바로 갠스바인이 주문했던 자였다.

가브리엘이 맡았던 일의 첫째 신호가 빛을 보게 된 날은 **2012년 1월 25일**, 유명한 이탈리아 TV 프로그램, 실체가 없는 자들(*Gli Intoccabili*)이 방영된 날이었다. 지안루이기 누찌가 그 프로그램의 주인공이었다. 그는 **2009년**에 바티칸은행 문서에 대한 다도찌의 보석과 같은 수집물에 기초해서 바티칸은행에 대한 폭로 기사를 썼던 자였다.

어찌하든 누찌는 바티칸시 안의 부패를 뿌리 뽑으려는 비가노 대주교의 노력과 그의 미국으로의 전보 발령이 그의 뜻에 어긋난다는 것을 알게 되었다. 일단 다시 한번 바티칸 내부의 누군가가 누찌에게 정보를 주었다. 누찌는 행정청의 비가노 동료 일부뿐만 아니라 국무총리실의 성직자들이 부패한 계약을 보호하기 위한 은폐의 일부인 것처럼 묘사했다.[20]

대변인 롬바르디와 그의 참모는 9월 26일을 로마교회가 **2010년** 돈세탁 방지법을 개정했음에 대한 호의적인 언론 발표의 날로 잡았다. MONEYVAL 조사관들은 몇 달 전에 바티칸에 바티칸의 법 규정이 EU의 엄격한 기준에 부합하지 아니함을 통보했었다.[21]

그 수정안은 교회가 UN에 의해 신원이 확인된 자들로 대테러조직의 명단을 만들도록 의무화했으며, 여타 나라와 금융 데이터를 공유할 것을 약속하는 약정을 맺을 것을 요구했다. 동시에 바티칸은 뉴욕, 비엔나, 팔레모와 3개의 반범죄 조약을 비준했다. 이는 파리 거점의 금융행위특위(FATF)가 정한, 돈세탁과 테러 금융과의 싸움에 도움을 주는 기준에 부합하도록 하기 위함이었다.[22]

하지만, 로마교회가 EU와의 진척에 대해 말하려는 롬바르디의 계획은 무산되었다. 그가 일어나 누찌의 TV쇼에 대한 일면의 보도를 보았던 이후 누구도 바티칸의 금융의 미세 조정에 관심이 있지 않았기 때문이었다. 오전 중에 롬바르디는 이 프로그램을 비난하는 성명을 발표하면서, 프로그램의 "의심스런 저널리스트의 방법 바티칸과 가톨릭 교회에 대한 편향된 보도"에 대해 불평했다.[23]

하지만, 누찌 이야기의 실질적 핵심에 대해 그가 힘없이 말할 수 있는 것은 "비가노 대주교를 움직이게 했던 옳고 투명한 관리의 긍정적 기준이 행정청의 현재 이사들을 분명하게 계속 인도하고 있다"는 것뿐이었다.[24]

어떻게 누찌가 이 당혹스런 내부자 정보를 얻었을까?

누설자의 수색이 진행됐다. 도메니코 지아니 장군의 통제 아래 있는 바티칸 경찰이 수사를 담당했다.[25] 지아니는 이탈리아 금융경찰(Guardia di Finanza)의 전직 지휘자로, **1999년** 이래로 바티칸 경찰에 몸담고 있었으며, **2006년**부터 부서를 책임지고 있었다. 누찌가 시공국의 나폴레옹이라 부른 그 사람은 바티칸의 현대사에서 가장 능력 있는 보안 책임자로 간주되었다.[26]

며칠 후인 1월 31일에, 이탈리아 일간지 **「일 파토 쿠오티디아노」**(Il Fatto Quotidiano)는 영향력 있는 APSA 수장인 니코라 추기경으로부터의 비밀 메모의 내용을 발표했다. 그 메모에서 그가 행한 진지한 질문들은 과연 바티칸이 EU의 돈세탁 규정에 온전히 부합할 수 있는가였다. 이것은 개혁과 준수라는 점에서 바티칸이 진지한가 아닌가 하는 브뤼셀의 염려를 불러 일으켰다.[27]

당시에 누구도 알지 못했던 일은 베르토네를 축출하기 위해 한 계획을 짰던 바티칸 내부자들의 비밀 그룹이 개인적으로 누찌를 선택했다는 점이었다. 누찌는 큰 논란이 될만한 숨겨진 문서들을 계속 모았다.

매주 목요일마다, 로마의 프라티 지역의 한 가구 없는 아파트에서 그 기자는 자기 정체를 "마리아"라고 했던 가브리엘을 만났고, 매번 함께 할 때마다 비밀문서들을 받았다.[28] 그러면 누찌는 그 문서들을 스캔하고 이것들을 USB에 옮긴 후 이를 자신의 목에 걸고 다녔다. 이는 누군가 자신의 집이나 사무실에 침입해서 가브리엘의 문서를 빼앗아가지 못하는 안전 예방책이었다.[29]

기밀 누출이 쏟아지기 시작했다. 2월 1일, 베르토네와 고티 테데치 간의 진흙탕 싸움으로 인해 산라파엘병원의 매수 실패를 둘러싸고 일어났던 이야기가 실렸다.[30] 이 문서들에 따르면 베르토네는 교황을 포함한 거의 모든 자들의 충고를 무시하고 약 2억 5천만 달러의 매수 제안을 강압적으로 시도하려 했던 무모한 자로 비춰졌다.

1주일 후, 실체가 없는 자들의 다음 방영 에피소드는 기름을 부은 격이 되어, 언론이 말하는 바티리크스(Vatileaks)가 되었다.[31] 이탈리아 검찰은 4명의 사제들에 대해 그들 바티칸은행 계좌들이 마피아 자금을 세탁하기 위해 사용되고 있다는 범죄 조사를 개시했다. 그 방송에서 로마 검사인 루카 테스카롤리는 바티칸에 로베르토 칼비의 죽음과 관련된 정보를 위한 3개의 공식적 요청서를 제출했다고 말했다. 바티칸은 답하지 않았다.[32]

이때쯤에는 베네딕토의 교황실은 교회의 대중 이미지에 대해 6년 동안 서툰 대응을 했던 특징을 보여 주었다.[33] 바티리크스의 등장에도 불구하고 롬바르디와 그의 참모는 세계적인 여론 대응팀으로 바뀌지 않았다.

사실 이는 그들에게는 결코 쉬운 일이 아니었다. 그들은 누가 정보 유출자이며 무엇이 다음에 나올 것인가에 대해 전혀 몰랐다. 여전히 그들이 내놓는 일은 매번 후속적인 폭로에 반응을 보였지만, 자주 약한 대응이었다.

첫 주에 그들은 방어적인 태도를 보임으로써 그들의 접근 방식의 특징이 되었다. 바티칸은행 계좌를 통한 돈세탁에 관한 조사를 받고 있는 4명의 사제에 대해 롬바르디는 이 이야기를 "반복되는 고발과 불행히도 명예 훼손"이라고 묵살했다.[34] 일반적인 부인보다 더 나쁜 것은 바티칸이 정보 유출의 실체를 찾으려는 노력이었다.

비가노가 부패에 대한 불법 단속으로 인해 그가 전출되었다는 방송 후, 행정청의 전직 동료들이 성명을 발표해서, 누찌의 설명을 "잘못된 평가의 열매 입증되지 않는 두려움에 기초한 것"으로 묵살했다. 그들은 자신들의 빠른 조사 결과, 그런 "의심들과 주장들"은 "온전히 근거 없는 것"을 보여주었다고 자랑했다. 대부분의 관망자는 자기 편향적인 성명이 바티칸은 아직도 그 혐의들의 바닥에 이르는 데 진지하지 않다는 증거로 간주했다.[35]

누출된 정보의 다음 라운드는 「일 파토 쿠오티디아노」의 머리기사가 되었다. 이는 팔레모의 바오로 로메오 추기경이 전년도 11월 중국 여행 동안 말했던 것을 보고한 내부 메모였다. 누설자들이 바랐던 것은 이 언론이 로메오가 말했던 부분, 즉 베르토네-베네딕토의 관계가 "온전히 갈등에 차 있다"라는 것에 주목하는 것이었다. 이는 베네딕토가 다른 국무총리를 두면 더 좋아질 것이란 대중의 인식을 강화할 터였다.

하지만, 이와 반대로 언론의 시선은 로메오가 언급한 다른 부분으로 옮겨갔다. 즉, 로마교회 상층부에서의 권력 싸움이 너무 끔찍해서 베네딕토가 1년 안에 죽을 것이란 그의 예견의 말이었다.

이것은 로메오가 의미하는 바, 누군가가 교황을 살해하기 위해 음모를 꾸민다든가, 아니면 그가 믿기로, 스트레스가 거의 85세에 이르는 교황에게 큰 타격을 줄 것인가 하는 문제가 아니었다.

하지만, 그 유출의 결과는 가브리엘이 생각했을 수 있는 것과는 사뭇 달랐다. 베르토네의 명성에 금이 가는 대신에 교회의 전반적인 위계 질서가 내부 싸움의 와중에서 더욱 커져서 교황의 생명 자체가 위협 받을 지경이었다.[36]

하나의 기사가 터져 머리기사를 차지하자마자, 다음의 많은 문서가 그 촛점을 바꾸어 또 다른 당혹감을 낳았다. 빈번히 관심의 촛점이 베르토네에게서 멀어졌다. 바티리크스는 시공국에 대한 전혀 다른 뉴스를 쏟아냈다.

2월 초에 성추행 위기에 대한 바티칸 최고회의에서, 미국에서만 거의 1십만 명의 희생자에 의한 청구액의 해결을 위해 약 22억 달러가 지출되었다고 폭로되었다(그리고 또 다른 10억 달러가 변호사들에게 지불되었다고 추계되었다).[37]

이 놀라운 숫자들은 거의 주목받지 않았다. 성추행은 **2012년**경에는, 언론 매체가 가끔씩 다루었던 이야기였지만, 바티리크스와 교회를 뱀 소굴처럼 묘사하는 것은 모든 것을 아우르는 것이었다.[38]

2월 하순에 누찌는 가브리엘과의 인터뷰를 방송했다. 그의 얼굴은 모자이크 처리 되었고 목소리는 변조되었다.[39] 그는 국무총리 내부에서 일하는 내부 고발자라고 주장했다.

"아마도 사실이 수면 위에 떠오르는 것을 막고자 하는 일종의 범죄 은폐(omerta)가 있다. 권력 투쟁 때문이 아니라, 아마도 두려움 때문에" 라는 것이 그의 불길한 메시지였다.[40]

가브리엘-스스로 행한 것이라고 나중에 주장했지만 그럴듯하지 않는 주장이었다 – 작년 11월 모였던 전체 그룹은 속보의 이야기에 대한 통제의 어려움을 과소평가했다. 베르토네가 정보 유출의 목표물로, 자신의 시간 대부분을 교황청 내에서 자신의 영향력 확대에 쏟는 형편없는 관리자로 그를 찍어 내리기 위함이라는 많은 논평가들의 결론은 타당했다.

일부 바티칸 관망자는 베네딕토 자신이 목표물이라고 생각했다. 왜냐하면, 그의 무간섭의 관리 방식이 많은 문제들을 낳았기 때문이었다. 다른 자들은 이 정보 유출이 단 한 사람만을 목표물로 하지 않고 더 일반적으로는 바티칸의 금융 기관들 내부의 부패와 무능에 대한 것이라고 생각했다.

이 유출자들의 누구도 이 스캔들이 베네딕토에게 얼마만큼 짐이 되는지를 예견하지 못했다.

> 국무총리는 점점 외톨이가 되어 갔다. 교황청 내에서 그는 통제하지 않으며, 교황에게도 도움이 되지 않는다.

「레스프레쏘」의 산드로 마지스터의 글이다.[41]

베네딕토는 "교황의 권한"을 세 명의 추기경으로 구성된 특별 위원회에 주어 그들 자신이 조사하도록 했다. 의장은 82세의 훌리앙 헤란즈 추기경으로, 그는 오푸스데이 창립자의 오랜 개인비서였다. 그들의 단순한 일시적인 업무는 내부 고발자를 찾는데 필요한 모든 조치를 취하는 일이었다.[42]

당시에는 누구도 베르토네가 스스로 비밀 조사를 명했고 바티칸 경찰 지휘관 도메니코 지아니를 활용해 그로 하여금 교황청 내의 관리들의 전화를 도청하도록 했음을 알지 못했다. (나중이 이것이 공개되었을 때 대변인 롬바르디는 이를 최소화하기 위해, "오직 몇 번의 도청, 아마도 세 번 정도"라고 말했다.)[43]

유출된 문서에 그려진 금융의 관리 잘못에서 생긴 손상에 대해, 이탈리아 언론 보도는 "교회 관리들 간의 정치적인 책략이며, 이들은 지속적으로 연약하고 나이든 교황을 의식해서 이미 하나의 콘클라베를 준비하고 있는 것"이라 했다.[44] 베네딕토가 오래 교황이 될 수 없다는 생각은 그의 외모의 연약성에서 더 드러났다.

베드로성당의 2월 예배에서 그는 공식적으로 22명의 새로운 추기경에게 붉은 모자, 베레타(사각모자), 반지를 주었다. 그때 교황은 움직이는 단상에서 휠체어를 타고 있었다. 쿠바와 멕시코로 예정된 여행의 경우, 공개 행사는 계획되지 않았다. 시니어 성직자들이 베네딕토에게 국무총리에 대해 불평했을 때, 교황의 일관적인 반응은 이제 "우리는 늙은 교황이야"였다.[45]

바티칸의 베테랑 기자인 니콜 윈필드는 말하길, 베네딕토가 "최근에 기력이 쇠해졌다"는 것은 "콘클라베가 신참이든 고참이든 추기경들의 마음에 더 많이 자리 잡고 있다"는 뜻이라 했다.[46]

베네딕토는 **2007년**에 베르토네를 자신의 카메르렝고(Camerlengo), 곧 자신의 죽음 후, 새 교황의 선출 전 사이에 교회를 운영하는 책임을 맡는 자로 임명했다. 베르토네가 도전 받지 않고 교회를 운영한다는 것은, 아주 간단하게 말하면, 추기경들 누구도 기대하는 전망이 아니었다.

제39장

불신임 투표

모두 나쁜 뉴스만 바티리크스에서 나온 것은 아니었다. 미국무성은 3월초에 처음으로 바티칸을 돈세탁을 하나의 "염려"로 간주하는 68개국의 목록에 추가했다.[1] 며칠 후 투자은행 J. P. 모건 체이스는 밀라노에 있는 바티칸은행 계좌를 폐쇄하겠다고 발표했다. 바티칸은행이 2년 동안 그 계좌에 대한 여러 질문에 답하지 않았기 때문이었다. 그 계좌는 소위 청소 기계로, 매일의 마감에 어떤 자금이든 독일 내의 한 바티칸은행 계좌로 전금되었다는 뜻이다.

약 18개월간, J. P. 모건이 그 계좌에 있는 돈의 출처에 대해 답을 기다리는 동안, 약 22억 달러가 그 계좌를 통해 빠져 나갔다.[2] J. P. 모건은 바티칸은행의 대리은행들의 하나였다. 대리은행은 바티칸은행이 이를 통해 해외 거래를 행하는 금융기관이다. 모든 대리은행은 자체적으로 유럽 규제자들에 의한 엄격한 규정 준수를 따르고 있었다. 그들은 바티칸은행에 의한 어떤 질척거린 거래를 보호할 마음이 없었다.[3]

미국의 대형 투자 은행이 돈세탁 방지법에 의해 요구되는 정보를 갖지 못해서 살아있는 바티칸은행 계좌를 폐쇄해야 한다는 것은 OECD의 화이트 리스트에 오르려고 열심히 일하는 것으로 생각되는 금융 기관에게는 좋은 모습으로 보이지 않았다. 이는 고티 테데치에게 나쁜 인상을 주었다.

그가 J. P. 모건의 요청을 알았음에도 이를 무시했는가, 아니면 그의 관리 방식이 은행의 세부 사항에는 개입하지 않는 것인가?

그 어느 것도 편한 답은 아니었다.

그해 봄, EU감시기구(MONEYVAL)는 바티칸에 예비적인 결론을 가진 한 비밀 초안을 보냈다.⁴ 그 기관은 보고서가 그해 7월 발표되기 전에 로마교회에게 이를 언급할 수 있는 기회를 주고자 원했다. 고티 테데치는 동료들에게 자신이 EU 기준에 맞추려는 일에 상당한 진전을 이루었음을 느꼈다고 말했으나, 자신이 발표한 지시 사항이 작동하기 위해서는 얼마나 오래 걸릴 것인가로 좌절했었다.

은행의 이사로 3년째 되면서 그는 개별 금융업의 효율성과 행태 시공국 내에서 은행으로 통하고 있는 실제 간에 있는 여전히 큰 간극에 놀랐다.⁵

EU감시기구(MONEYVAL)의 초안은 분명했다, 즉 바티칸이 OECD가 정한 화이트 리스트의 자격이 되기 위한 투명하고 준수하는 것에는 아직 너무 멀다는 것이었다. EU감시기구의 권고는 금융정보국(AIF)의 재정비와 금융 문제에 대한 국무총리의 권력의 축소를 포함했다.

유럽 조사관들은 바티칸은행을 감독하는 금융정보국에 대해 베르토네가 만들었던 변화를 좋아하지 않았다. 그 변화는 어떤 감찰이든 국무총리의 명확한 인가가 필요하다는 내용이었다. 베르토네는 개인적으로는 그 초안의 권고가 로마교회의 주권에 대한 합당하지 않는 간섭으로 비판했다.

하지만, 다른 자들, 예컨대 성좌의유증관리청(APSA)의 니콜라 추기경은 합당하다고 느꼈다. 니콜라는 돈 문제에 있어 베르토네가 권력을 쥐는 것을 반대했고, 동시에 국무총리에게 비밀 편지를 보내 경고했다.

    우리는 후퇴하고 있고 여전히 조세 피난처이다.⁶

고티 테데치는 가장 논리적인 주장을 폈다. 바티칸이 EU의 감독에 동의한 이상, 변화는 어찌하든지 올 것이다. 이 필요불가한 것을 연기해 보아야 쓸모가 없다는 것이었다.⁷

EU감시기구(MONEYVAL)가 금융정보국의 재조직화를 제안한 것은 그 조직에 더 많은 힘을 실어주는 것이었다. 이 제안은 이탈리아 검찰이 한 시실리 사제가 개설했던 바티칸은행 계좌에 대한 기록들을 소환했다고 투덜거렸던 5월에 탄력을 얻었다. 바티칸은 한 달 동안 의도적으로 회피했다. 그 범죄 조사는 2년 동안 그 성직자의 바티칸은행의 계좌를 통해 빠져나간 150만 달러에 초점을 두고 있었다. 그 조사는 역시 그 사제와 그의 지방 주교 두 사람에 의한 여러 부동산 투자와 매매에 촛점이 있었고, 이 모든 거래는 위장 상태에서 폭력단의 이익을 세탁하려는 것이었다.

　　우리는 트라파니 교구에 의해 이루어진 금융 거래상의 모든 돈에 대한 조사에 관해 협조의 정신으로 바티칸시공국에 정보 요청을 했다.

검사가 공개 성명에서 말했다.[8]

처음에는 로마교회의 누구도 어떤 코멘트도 하지 않았다. 그들이 말한 것이라곤, 검찰이 원했던 서류가 분실되었다고 말하는 것이었다.[9] (그 사제가 일반 행정당국에 증인으로 출두했을 때, 교황은 그를 자격 정지시켰고 그 주교를 해고했다.)[10]

5월 9일, 지안루이기 누찌는 그의 새로운 책, 『베네딕토 16세 각하의 비밀 문서들』(Sua Santità: Le carte segrete di Benedetto XVI)을 출간했다. 이는 가브리엘에 의해 자신에게 유출된 정보 보고에 바탕을 두었다. 누찌는 처음으로 자신의 정보원은 **2005년** 요한 바오로 2세가 죽은 후부터 문서들을 수집했다고 밝혔다.[11]

누찌는 이 책에서 수십 개의 개인 편지, 내부 메모, 팩스 심지어 교황의 개인 노트까지도 재생산했다. 그는 사생활에 대한 것은 삭제하고 오직 자신이 생각하는 투명성이 필요한 것에만 촛점을 두었다고 주장했다. 그럼에도 이 책은 바티칸의 더러운 세탁에 대한 자극적이고 굴욕적인 모습이었고, 이탈리아에서 즉각 베스트셀러가 되었다.[12]

누구나 이 책이 폭로한 것들의 일부를 말하는 것 같았다. 예컨대 최고의 저명인사가 교황과의 개인적으로 알현하기 전에 교회에 큰 "기부"를 했다는 것, 아니면 유명한 사업가가 1십만 달러의 흰 트러플(송로버섯)의 교환 조건으로 베네딕토로부터 은혜를 입었다는 것 등이다(이는 홈리스를 위해 바티칸이 운영하는 보호소에서 수프로 사용되었다).[13] 누찌가 비밀 노트에서 밝힌 것들 중에는 교회 직원의 딸인 15세의 에마누엘라 올란디의 **1983년** 실종 사건과 이로 인해 고위 성직자들이 얼마나 당황했으며 마음을 빼앗기게 됐는가도 있었다. 그 소녀는 가족이 사는 바티칸 아파트를 떠나서 음악 레슨을 받으려 나간 후 발견되지 않았다.[14]

그가 사생활은 밝히지 않겠다는 확증에도 불구하고, 누찌는 디노 보포, 한 가톨릭 신문의 전직 편집장의 비밀 편지를 공개했다. 여기서 보포는 베네딕토와 한 고위 추기경에게 불평하면서, 또 다른 가톨릭 신문 편집장이 가짜 문서를 유출해서, 보포 자신이 성추행으로 인해 "이미 경찰에게는 알려진 공개적인 동성애자"라고 주장했다고 말했다.

그 정보 유출은 **2009년**에 언론 매체의 광분을 불러 일으켰다. 보포는 자신의 직장을 잃게 되었다. 누찌는 보포가 교황의 강력한 개인비서 게오르그 갠스바인 경에게 보낸 두 개의 비밀을 재인쇄했다. 여기서 그 신문 편집장은 베르토네가 인격 살인을 꾸몄다고 비난했다.[15]

이 책은 역시 고위 바티칸 관리들이 어떻게 미국을 판단했는지를 보여주었다. 즉, 성추행의 전염과 방종한 세속 정책들로 인한 도덕적 쓰레기 나라라는 것이었다. 비가노 대주교에게 이루어진 일처럼, 워싱턴의 자리에 임명되는 것은 말할 것도 없이 징벌이었다.

바티칸 내부에서 벌어진 가장 중요한 하나의 이야기가 있었다. 이는 가브리엘이 이에 대해 아직 깨닫지 못해서 누찌도 역시 모르는 일이었다. 고티 테데치가 바티칸은행에 대한 비밀 문건을 조직적으로 수집했는데, 이는 교황 베네딕토에게 제시하기 위한 의도였다.[16] 바티칸은행 수장은 너무 폭발성이 있는 것으로 생각되는 정보를 우연히 접하게 되었다. 그것은 어떻게 바티칸은행이 폭력조직-때로는 내부에서 일하는 성직자들의 가족 구성원들-에 의해 남용되고 있는지 대한 것이었다. 그는 자신이 베네딕토에 이르기 전에 만일 다른 사람들이 이를 알면 자신의 목숨이 위험할 수 있다고 두려워했다.[17]

오랜 역사를 가진 이탈리아 신문인 **「일 코리에르 델라 세라」**는 고티 테데치가 "정치가들, 그늘에 가린 중개인들, 계약자들 고위(이탈리아) 관리들, 그뿐 아니라 사람들이 생각하는 마피아 보스를 위한 위장된 자들"의 이름으로 된 계좌들을 발견하게 되었다고 나중에 결론지었다.[18]

고티 테데치가 발견했던 것의 일부분은 시실리의 두 성직자들에 의해 개설된 한 은행 계좌를 두고 제기된 이탈리아 검찰의 문의에 대해 지난 2년 동안 바티칸은행의 설명 불가한 업무 방해와 연관되어 있었다.

역시 고티 테데치는 어떤 이름을 발견하게 되었는데, 그는 이로 인해 전율을 느꼈다. 그 이름은 마테오 메시나 데나로였다. 그는 무기와 마약 왕으로, 지난 20년 동안 수십

건의 살인 의혹을 받은 자였다.[19] 악마라는 별명의 이 자는 **1993년부터** 도망 중이었고 지금도 여전히 도망자이다.

> 내가 죽였던 자들과 함께 나는 공동묘지를 만들 수 있다.

그가 한때 자랑했던 말이다.

적어도 두 번, 고티 테데치는 베네딕토의 비서인 갠스바인에게 자신이 교황을 만나기를 바란다고 말했다. 그는 갠스바인과 그 자세한 사항들은 공유하지 않았다. 비록 이것이 자신을 혼돈스럽게 하지만, 이는 "극도로 긴박함이 필요한" 일이라고 확신했다.

갠스바인과의 마지막 대화는 5월 21일이었다. 바티칸은행 수장은 대답을 듣지 못했다.[20] 고티 테데치는 종이 달력을 가지고 자신의 약속을 잡는 자였다. 6월 1일, 금요일이 갠스바인에게 주의를 환기시킬 가장 가까운 날이었다. 시간이 아주 중요했다.[21] 이때쯤에 고티 테데치의 메모는 이메일, 노트들, 관련 서류들의 복사본으로 50개 이상의 첨부물을 가지고 있었다.[22]

갠스바인은 바티칸은행의 수장이 교황을 만나도록 주선하는 데 서두르지 않았다.[23] 바티칸 경비대장인 도메니코 지아니가 은밀히 갠스바인에게 고티 테데치의 정신 안정에 대한 의문들이 제기되었다는 것을 전해 주었다. 로마의 정신 요법 의사인 피에로 라 살비아는 직장 스트레스에 대한 심리학을 전공했다. 그는 바티칸은행의 2011년 크리스마스 파티에서 고티 테데치를 관찰했고, 자신이 관찰한 것에 "실망해서" 바티칸은행의 총무이사인 바오로 치프리아니에게 편지를 썼다.

우연한 관찰의 결과로, 정신 심리 치료사는 고티 테데치가 "자기 중심적, 나르시스적이며 부분적인 현실로부터의 단절 성향을 보이고, 이는 정신 병리학적 역기능이 될 것"이라고 생각했다.[24] 라 살비아는 자신이 3개월 동안 품었던 견해가 임상 진단은 아니라고 강조했지만, 무언가 고티에게 잘못될 수 있을 것이란 말은 교황청과 바티칸은행의 수뇌부에 빨리 퍼졌다.

5월 24일, 목요일에 바티칸과 이탈리아의 모든 자가 누찌의 새로운 전방위적 폭로에 빠져 있을 때, 바티칸은행의 평이사들로 구성된 감독 이사회는 그날 오후 늦게 모여서, 예정된 분기 회의를 열었다. 미국인 이사인 칼 앤더슨이 단지 며칠 전에 고티 테데치에게 이사회가 불신임 투표를 고려하고 있으며 이것이 그의 해고로 이어질 수 있다는 것을 알려줌으로 그를 놀라게 했다.

고티 테데치는 그때는 자신의 동료들이 이미 마음을 먹었다는 것을 아직 모르고 있었다. 이사회의 부회장인 도이체방크의 전 의장, 로날도 헤르만 슈미츠는 먼저 베르토네에게 바티칸은행의 수장에 대한 불만 사항들을 썼으며 고티 테데치가 짐을 싸지 않으면 자신도 그만 두겠노라 말했다.[25]

회의에서 고티 테데치는 자신의 3년 재임에 대한 열띤 변호를 했다. 그에 관한 한, 은행의 문제는 전임자 안젤로 카로야에 의한 여러 해 동안 관리 부실의 결과였다(그 내용이 마침내 공개되었을 때 카로야는 바티칸의 사과를 요구했지만, 허사였다).[26]

하지만, 그의 동료 이사들-앤더슨, 슈미츠, 산탄더은행의 마누엘 세라노, 이탈리아 공증인 안토니오 마로코-은 적대적인 질문으로 그에게 고추 가루를 뿌렸다.

고티 테데치는 자신의 변호가 쓸모없음을 깨달았다. 70분 후, 그는 서류를 챙겨서 뛰쳐나갔다.[27] 한 스위스 경비원이 옛 건물에서 금방 일어난 드라마를 알지 못하고, 바티칸에서부터 끼익 소리를 내며 과속 운전을 하며 나가는 그에게 거수경례를 했다.[28]

네 명의 바티칸은행 이사는 만장일치로 고티 테데치에 대해 불신임 결의를 통과시켰다.[29] 그들은 그의 해고의 타당성에 대한 9가지 이유를 적시한 열띤 내부 메모를 제출했다. 그것들 중에 그는 "통지 없이 은행의 토지를 포기했다"는 메모가 있었다.[30]

또한, 그는 "점차적으로 잘못된 개인적 행동"을 보였으며, 그가 짐을 싸게 된 이유는 "그의 직무에 대한 여러 주요한 역할의 이행 실패, 기본적인 직무의 달성 실패, 오직 회장의 소지품에 있는 것으로 알려질 수밖에 없는 문서들의 유출건에 대한 공식적인 설명의 제공 미비" 때문이라는 메모도 있었다.[31]

이 메모는 이틀 만에 기자들에게 유출되었고 그 내용이 이탈리아 신문의 앞면을 채웠다.[32]

"문서들의 유출"에 대한 언급은 그들이 다 같이 갖었던 믿음에 대한 확실한 언급이었다. 그들은 고티 테데치가 바티칸은행이 다른 부처와 비교해서 더 잘 보이도록 만들기 위해 여타 바티칸 부처들 내부의 금융 관리 부실에 대한 정보를 유출할 수 있으리라 믿었다.[33]

하나의 특별한 정보 유출, 즉 바티칸의 돈세탁 방지법으로 인하여 지게 된 부담을 불평하는 금융정보국의 총무이사가 보낸 고티 테데치에게의 이메일의 유출은 오직 고티 테데치만이 할 수 있었다고 그들은 결론을 냈다.³⁴

그 유출이 고티 테데치를 긍정적인 시각으로 보게 한다고 대부분의 사람들이 생각했던 사실은 그들에게는 그가 그런 문서들을 제공했다는 더 확실한 증거였다. 왜냐하면, 그 문서들은 무엇이 바티칸을 위해서 최선인가에 초점을 두는 진지한 금융인으로 그를 보게 만든다면, 반면에 교황청 동료들은 자신들의 적들을 없애거나 시공국에 금융 규제를 적용하려는 EU의 노력을 훼손시키는 것에만 관심이 있는 자들처럼 보이도록 하기 때문이었다.

바티칸은행의 평이사회는 "은행의 관리 방식"에 대한 빈번한 경고에도 불구하고, 고티 테데치의 재임 아래서는, "상황이 더욱 나빠졌다"고 언급했다.³⁵ 이사들은 그가 안나 마리아 타란톨라, 이탈리아은행의 감사실의 2인자와 이야기하면서 어떤 문제되는 바티칸 계좌들을 폐쇄하는 데 중앙은행의 도움을 구하는 것을 자신들이 알았을 때, 자신들이 얼마나 분노했는지는 언급하지 않았다.³⁶

베르토네 국무총리가 의장을 맡고 있는 바티칸은행의 추기경위원회는 다음날 만나서 "앞으로의 조치"를 논의하겠다고 발표했다. 그동안 고티 테데치는 이탈리아 통신사 ANSA에 다음과 같이 말했다.

> 나는 사실을 말하려는 염려와 성부를 괴롭게 하기를 원치 않는 것 사이에서 갈피를 잡지 못하고 있다. 교황에 대한 나의 사랑은 내 명성의 변호보다 더욱 중요하다. 이것이 비겁하게도 의문이 들었다.³⁷

그가 로이터 통신에게 말했다.³⁸

> 나는 투명성을 위해 값을 치루었다.

고티 테데치는 베네딕토가 자신을 구하기 위해 개입하지 않음에 놀랐다. 그때 그가 알지 못했던 것은 교황도 그를 해고하기 위한 공모된 노력을 전혀 인식하지 못했다는 것이다. 베네딕토가 나중에 그의 추방을 알았을 때 그는 "대단히 놀랐다."³⁹

베네딕토 교황이 바티칸은행의 통제를 위한 투쟁에 대해 알지 못했다는 것은 교황청 내 적이 부분적으로 횡행하고 있다는 또 다른 나쁜 신호였다. 왜냐하면, 이 싸움을 끝장낼 수 있는 강한 교황이 없었기 때문이었다.

제40장

시한폭탄

고티 테데치의 해임 다음날인 5월 25일, 금요일, 지아니의 교황청 경찰은 바오로 가브리엘을 그의 바티칸 아파트에서 체포했다. 그들은 기밀문서들을 담은 상자들을 발견했다. 지아니는 좁혀진 혐의자들의 첫째 대상자로 그를 3일 전에 탐문했다. 베네딕토의 집사에 대한 최종 조사는 갠스바인이었다.

누찌의 책을 읽었을 때, 갠스바인은 이 유출된 문서들 중 세 가지는 오직 자신과 가브리엘만이 접근할 수 있는 문서들임을 깨달았다. 베네딕토의 허락 하에, 갠스바인은 "교황의 가족"을 구성하는 작은 그룹을 심문했다. 그들 중 하나인 크리스티나 체르네티 수녀 역시 가브리엘이 유출자인 것을 알아차렸다.

그가 탐문을 받은 후, 왜 수줍고 독실한 집사는 범죄 혐의를 주는 문서들을 파기하지 않았을까?

그와 그의 아내 세 자녀는 자이니의 길 건너 쪽에서 살고 있었다.

더 높은 누군가가 가브리엘의 신분 보장을 약속했는가, 아니면 들켜도 아무것도 그에게는 일어나지 않을 것이라고 그에게 확인해 주었는가?

어떤 공개된 보도는 10명 이상의 공범이 그 집사를 도왔다고 추측했으며, 다른 보도는 그 음모는 교황의 가장 가까운 절친 몇 명도 포함하고 있다고 말했다.

여론의 도전을 받은 바티칸은 이탈리아 검찰로 하여금 누찌를 끌고와 심문하면 어떻겠는가 논의도 했다. 그는 자신의 정보원의 이름 대기를 거절했기 때문이었다.

내가 무슨 죄를 범했단 말인가?

누찌는 그 말을 들었을 때 물었다.

> 나는 그 글자들이 어디에서 왔던가는 관심이 없다. 오직 그 글자들이 담고 있는 뉴스만이 관심이다.[1]

가브리엘은 자신의 아파트에서부터 길을 건너, 바티칸이 사용한 적이 없는 사방 12피트 크기의 감옥으로 갔다. 그때 즈음에 인터넷과 방송 매체는 이미 "집사가 이를 했다"는 것이 주요 기사가 되었다. 그를 가장 잘 알았던 자들은 이 경건한 집사가, 그것도 임무를 다해 교황을 섬겼던 자가 교황을 해하기 위해 무언가를 하려 했다는 것을 믿기가 어려웠다.

그가 자기 아파트에서 그 문서들을 갖고 있음은 경찰이 오기 전에 그것들을 취하지 않았던 자를 위해서라고 변명한다면, 가브리엘이 오직 중간책일 뿐이다라는 것이 가능한가?

그의 구속의 날, 늦은 시간에 바티칸의 많은 사람은 가브리엘의 조련사가 가면을 벗는 것은 오직 시간 문제라고 생각했다.[2]

고티 테데치의 강요된 사임과 교황 집사의 구속 사이에서, 로마교회는 두 가지의 큰 이야기로 흔들렸다. 이는 교회가 아무리 열심히 노력하더라도 통제할 수 없는 노릇이었다.

바티칸은행(IOR)의 칼 앤더슨은 가브리엘의 구속 다음날, 「라 스탐파」의 "바티칸 내부자" 기명 기사를 위해 인터뷰를 받았다.

왜 고티 테데치가 해고되었는가?

이 질문에, 앤더슨은 다음과 같이 말했다.

> 그는 참모와 바티칸은행의 수뇌부의 신임을 잃어버렸다. 그는 분열을 낳았다.[3]

고티 테데치의 2인자인 바오로 치프리아니는 나중에 자신의 전임 보스에 대해 다음과 같이 말했다.

그는 일을 손에 취하지 않았다. 그가 자리에 있었을 때라도 마치 자리에 없는 것 같았다.[4]

치프리아니는 고티 테데치가 자신에게 문제된 계좌들을 보여주기를 거절했다고 주장했다.[5](고티 테데치는 적어도 자신이 바티칸은행에서는 충분한 시간을 보내지 않았을 수도 있다는 생각에 약간의 신빙성을 주었다. 그는 검찰에게 자신은 주말에만 바티칸은행 사무실에 왔으며, 주중에는 스페인의 산탄데르은행을 운영하기 위해 시간을 보냈다고 말했다. 그 은행 직책은 그가 2009년에 바티칸에서 일을 시작했을 때도 보유하고 있었다.)[6]

앤더슨은 자신과 동료 이사들이 고티 테데치에 대한 불신임 투표를 언젠가 하기로 고려하고 있었으나, 이사회가 분기마다 열리는 관계로 그 투표가 우연히 가브리엘의 구속과 동일한 날이었다는 것에는 요지부동이었다.

이것은 그냥 우연이다. 그 이상도 아니다.

음모를 사랑하는 이탈리아인들이 이를 믿기 어려워해도 앤더슨은 그렇게 말했다.[7]

베르토네가 네 이사들에게 압력을 행사했느냐는 것에 대해, 그는 다시 한번 그렇지 않다고 맹세했다. 그들은 국무총리에게 자신들이 할려고 하는 바를 통보했다. 그것도 "선의의 제스쳐로." 하지만 "어떤 압력, 어떤 영향력"도 없었다고 주장했다.[8]

앤더슨, 이제 바티칸은행의 임시 회장인 로날도 헤르만 슈미츠는 그들의 불신임 투표 바로 며칠 전에, 베르토네에게 편지를 썼다. 그 편지들이 이제 편리하게도 교회가 선호하는 기자들 몇몇에게 유출되었다.

J. P. 모건이 밀라노의 바티칸은행 계좌에 대한 정보를 요구하고 폐쇄했던 때, 앤더슨은 그 편지에서 고티 테데치의 "적절한 반응을 하지 않는 모습"을 비난했다.

슈미츠는 바티칸은행이 "극도로 취약하고 위태로운 입장에 있었으며," 고티 테데치 아래서는 그 국제적인 명성이 그런 두들김을 당해, 자신이 두려워하는 최종적이면서 "즉각적인 위험"에 있다고 말했다. 슈미츠는 고티 테데치의 "충성심 결여"를 한탄했다.[9]

6월 1일, 베네딕토 교황은 3일의 밀라노 방문을 위해 바티칸을 떠나는 필요한 휴식을 취했다. 야외 미사의 기념식에 1백만 명 이상이 참석했다. 자주 잘못된 정보 유출전을 활용함으로써 베르토네를 몰아내려 한 자들에게 크게 실망스럽게도, 교황이 베르토네를 초청해 그 여행에 포함시켰다. 그 두 사람은 많은 공공 행사에 함께 서기로 되어 있었다. 이는 사면초가의 국무총리에 대한 베네딕토의 강한 신임이었다.

6월 3일, 일요일, 교황 방문 마지막 날, 「라 레푸브리카」는 자신들이 받았던 익명의 기사를 실었다. 그 기사는 20명에 이르는 내부 고발자들이 범죄 요건의 문서들을 언론 매체에 지속적으로 보낼 것이라 주장했다. 즉, 베르토네가 국무총리로 남아있으며, 갠스바인이 베네딕토의 개인비서로 있는 한 그렇게 하겠다는 주장이었다.[10]

더 추가적인 유출자들이 있는가, 아니면 누군가가 바티리크스와 연계된 것은 무엇이나 발표하려는 언론 매체의 열성을 단지 이용해 먹으려는 짓인가를 누구도 확신하지 못했다(여론을 다루는 데 있어 한 수 아래임을 알았다는 바티칸의 증거가 바로 그달 하순에 폭스 TV 방송 진행자였던 그렉 버크를 고용한 일이었다. 그는 베르토네의 첫 번째 언론 담당 자문관인 셈이었다).[11]

교황은 얼마되지 않아 바깥 세상이 다시 비호감스럽게 보일 때 바티칸 내부로 돌아왔다. 팔레모 검찰은 한 시실리 대부가 한 바티칸은행(IOR) 계좌를 통해 조직 폭력단의 현금 수백만 달러를 세탁했다는 주장들을 조사하고 있다고 발표했다.[12] 한 무명의 "교회 관리"는 바티칸은행과 더러운 마피아 현금을 집어삼키게 될 "시한폭탄"이 있음을 경고했다.

또 다른 익명의 성직자는 "때 묻은 돈"이 바티칸은행 계좌들에 있다고 털어놓으면서, 「라 스탐파」에 말했다.

> **수면에 떠올랐던 것은 용암이 튀는 것에 불과하다. 그 밑에는 시한폭탄이 있다. 이것이 곧 폭발할 것이다.**[13]

이 정보는 고티 테데치가 수집했던 것의 일부로, 그가 떠나기 전에 교황에게 보이길 원했던 것인데 당시에는 누구도 이를 알지 못했다.

6월 5일, 금요일, 이른 아침에 긴박한 드라마가 예상 밖의 전환을 맞았다. 밀라노 북쪽 40마일 떨어진 피안첸자의 작은 마을에서, 고티 테데치는 3시간 반의 로마행의 고속 열차 여행을 할 것인가를 생각하고 있었다.[14]

그는 자신이 여전히 바티칸은행 내부에서의 남용에 대하여 경고 소리를 내어 "기록

에 남기기를" 원했다.[15]

교황을 다시 한번 보는 것보다 더 좋은 길이 있을까?

승산은 자신에게 불리하다. 그는 그것을 알 만큼 충분히 현실적이었다. 하지만, 아마도 거기 누군가가 바티칸이 "꼭 보아야 할" 서류를 가진 해고된 바티칸은행 수장을 돌려보냈다는 말이 밖으로 나가면 그 후폭풍을 알아볼 자가 있을 것이다.

고티 테데치는 꼼꼼한 옷차림으로 이름이 난 자였다. 그날 아침, 보수적인 앙상블을 걸치고, 로마교회의 전직 동료들에게 심각한 일 때문에 그 자리에 있다는 인상을 심어주길 원했다. 그는 흑색 모직 프라넬과 곤추세운 옷깃을 택하고, 이를 줄무늬 셔츠와 펼쳐진 칼라에 맞추고 아주 검은 실크타이를 맸다.

가죽 가방을 집고서, 옛스런 비아 쥬세페 베르디 위에 지어진 자신의 집으로부터 발걸음을 뗐다. 네 사람이 그의 차 주위에 서 있었다. 그의 본능적 반응은 그들이 자신을 죽이려고 거기에 있구나 였다.[16]

하지만, 그들은 특별금융범죄팀의 경찰들로, 로마와 나폴리 검찰이 보낸 자들이었다. 그들은 그에게 그날 아침에 받았던 수색 영장을 제시했다. 이는 국영 방위항공회사인 핀메카니카(Finmeccanica)에 대한 계속적인 부패조사와 관련된 건이었다.

핀메카니카의 회장은 고티 테데치의 가까운 친구로, 검찰은 어떤 군사 장비가 J. P. 모건에 있는 바티칸은행 계좌를 이용해 인도에 팔렸다는 것을 혐의로 두고 있었다. 고티 테데치는 아직 그 조사의 타겟은 아니었으나, 그는 그 조사와 관련된 서류들을 갖을 수 있었다. 그들은 그의 집으로 그를 밀치고 들어와 그의 집사무실을 샅샅이 뒤졌다.

고티 테데치는 자신의 밀라노 변호사인 파비오 팔라쪼에게 전화했다. 그는 이탈리아의 가장 유명한 화이트칼라 범죄 전문가 중 하나였다. 동시에 형사들은 밀라노의 산탄더 사무실에 대한 또 다른 수색영장을 집행했다. 그의 사무실은 라스칼라오페라하우스로부터 모퉁이에 있었다. 그날 아침 늦게 그들은 역시 산바오로의 마을에 있는 그의 시골집도 수색했다.

경찰은 파일들, 작업 서류, 쓰리 링의 바인더들로 꽉 찬 두 개의 캐비넷을 압수했으며, 게다가 많은 노트북, 일정표, 가방 몇 대의 컴퓨터 역시 그리했다. 그들은 심지어 자신들의 요청으로 고티 테데치가 열어둔 벽장금고에서 무더기의 메모들을 가져갔다. 이들 서류들에는 바티칸은행의 비밀들도 있었고, 여기에는 어떻게 일부 은행관리들이

EU의 돈세탁 방지와 반테러 금융에 대한 완전한 집행을 저항했는지를 보여주는 이메일들도 포함되었다.[17]

또한, 몇 가지의 의심스런 번호 계좌에 대한 정보도 있었다.[18] 고티 테데치의 집에서부터 옮겨진 47개의 폴더에서 어떻게 전 바티칸은행의 회장이 어려움에 처하게 됐으며, 여전히 바티칸은행을 자신들의 개인 신탁인 것처럼 사용하는 성직자들의 조직망을 그가 깨려고 노력했다는 점에 대해 검찰은 폭넓은 윤곽을 발견하게 될 터였다.

고티 테데치는 자발적으로 경찰청에 갔다. 거기서 자신의 변호사가 기다리고 있었다. 검찰 역시 거기에 있었다.[19] 그들은 몇 시간 동안 이야기 한 후 다음날 다시 만나기로 약속했다. 그들의 논의 과정에서, 고티 테데치는, 한 동료에게 나중에 인정했던 것처럼, 그들에게 모든 것을 말하지는 않았다.

테데치의 염려는 바티칸이 경찰이나 검찰 사무실에 내부 정보원을 두었을 수도 있다는 것, 아니면 요원은 아닐지라도, 아마 형제, 조카 사촌이 교황청 내 자신의 성직자 적들에 속할 수 있다는 것이었다.[20]

고티 테데치는 검찰에 자신이 "교회의 이름으로 있지 않은 계좌들에 대한 정보"를 보기를 요구한 바로 직후부터 바티칸은행(IOR)에서의 자신의 문제가 시작됐다고 말했다.[21] 그는 자신이 보았던 은행치고는 이상했던 것을 털어놓았다.

즉, 바티칸은행이 수천만 유로를 암호화된 자금 송금을 통해 보냈는데, 이는 규제 당국이 이들 거래의 배경에 누가 있는지를 알아내기 힘들게 하려는 목적이었다(고티 테데치의 보좌관, 치프리아니는 나중에 바티칸은행이 어떠한 암호화된 전송도 사용하지 않았다고 부인했다).[22] 그의 메모 중의 하나에서 경찰은 고티 테데치의 손으로 쓴 서두를 보았다.

"나를 겁먹게 한 바티칸 내의 일들을 보았다."[23]

고티 테데치가 나중에 로마 검사 주세페 피나토네에게 말했다.

만일 베르토네가 바티칸에서 권력을 유지하고 있다면, 바티칸은행은 결코 OECD의 화이트 리스트에 올라갈 수 없을 것이다. 베네딕토는 거룩하고 좋은 의도를 가진 교황이지만, 그는 단순하게 말해서 바티칸은행을 정화하는 데 필요한 분명한 지침들을 발표할 수 있는 능력이 없다.[24] 검찰은 고티 테데치의 말이 믿을 만하다고 보았다.[25]

하지만, 때로는 그는 믿기 어려울 정도의 과장된 어떤 이론들을 들고 나와서, 그가 그들에게 말한 것들이 맞는 것인가 하는 의심도 들게 만들었다. 그는 유대인-프리메이슨 음모는 그가 오푸스데이 멤버가 된 이래로 그를 사로잡은 것이었다고 주장했다.[26]

그는 피나토네에게 공모자 두 사람을 말했다. 한 명은 30세의 미첼 브리아몬테 변호사였다. 그는 프랑조 그란데 스테븐스의 파트너이며 오랫동안 바티칸의 수석 고문의 하나였다.

또 다른 한 명은 33세의 마르코 시메온으로, 이탈리아 공영TV에서 바티칸 데스크의 감독이었다. 그는 제프리 레나를 의심했는데, 그자는 캘리포니아 버클리에서의 개업 변호사로, 다른 사건은 물론, 홀로코스트 희생자들에 의한 바티칸은행과 나치 금 약탈에 대한 집단 소송에서 바티칸을 변호했던 자였다.[27]

이탈리아 경찰이 고티 테데치의 집과 사무실을 수색한 결과로 바티칸은행의 비밀 파일들을 갖었으리라는 생각은 바티칸의 큰 염려거리였다. 바티칸은 "우리는 검찰과 이탈리아 사법 체계가 이런 문서들과 관련하여 우리의 국제적으로 인정된 주권을 존중할 것이란 믿음을 갖는다"는 공개 성명을 발표했다.[28] 그 무대 뒤에서는 바티칸은 고티 테데치를 더욱 불신임 하기를 결정했다.

그의 "점진적인 일탈적인 개인 행동"에 대해 이미 유출된 내부 메모와 편지들 이외에도, 여러 기자는 이제 정신 심리 치료사의 생각처럼 고티 테데치가 "정신 병리학적인 역기능"의 가능성을 겪고 있다는 익명의 정보를 가지고 있었다.[29] 일단 이탈리아 신문이 이 이야기를 여러 인쇄판으로 반복했다. 지난 기사보다 새로운 기사에서 이를 더욱 극적인 표현으로 반복하자, 고티 테데치가 미쳤다는 것이 곧 "기정사실"이 되고 말았다.

하지만, 언론의 집착에 가까운 관심거리는 바티리크스 바티칸은행 내의 불화 사이에서의 홍수 같은 놀라운 뉴스를 생산하는 것 대신에 오직 고티 테데치의 명성을 흠집 내는 것에 있었다. 바티칸 내부에서는 언론을 다루는 법에 대한 좌절감이 커졌다.

6월 중순, 베르토네는 이런 스캔들에 대해 언론을 탓하면서 맹렬히 비난했다. 그는 한 이탈리아 가톨릭 주간지에 기자들이 "악의에서 나오는 분열을 조장하는 뜻"을 가지고 있으며, 그들은 "이야기를 지어내고 또 전설을 되풀이 연출하는 댄 브라운(소설 『다빈치 코드』의 필자)인 척하고 있다"고 말했다.[30]

6월 28일, 목요일, 롬바르디는, 자신 스스로 베르토네가 생각하기를, 고티 테데치와 바티리크스로부터 관심을 접을 수 있는 일을 마련했다. 처음으로 기자들이 15세기 리콜라스 5세 탑에 있는 바티칸은행 사무실 내부로 초대를 받았다. 4부 권력(fourth estate)의 51명의 기자는 더 많은 것을 보도하는 것이 허락되지 않음을 알았다. 대신에 「**월 스트리트 저널**」이 말한 대로, "철저히 연출된" 것이었다.[31]

> 그들이 사진을 찍을 수 있을까?
> 허락되지 않았다.
> 말 녹음?
> 아니요.
> 건물 천장을 볼 수 있는가?
> 제한적으로.
> 질문은 어떤가?
> 문서가 우선적으로.

대신 그들은 장식된 회의실에 앉아 아주 지루한 세 시간 반의 파워포인트 프리젠테이션을 보아야 했다. 이 프리젠테이션은 은행의 임시이사인 바오로 치프리아니가 행했으며, 고티 테데치의 이름은 거론조차 되지 않았다. 어떤 단계에서, 치프리아니는 "돈세탁 방지 전문가"라고 선명하게 새긴 티셔츠를 자신의 설교단에 덮어 씌었다.[32]

그는 그 자리의 기자들에게 말했다.

> 바티칸은행(IOR) 위에 드리운 이 베일, 그림자를 우리는 치워야 할 필요가 있다.

그 기자들은 빈손으로 떠났다. 더욱 중요한 것은, 다른 청중 곧 EU의 금융 집행 관리들은 모든 것이 바티칸은행에서 좋다는 확신을 하지 못했다는 것이다. 바티리크스와 지켜보지 않는 부패와 교회 지도자들 간의 내부 알력은 바티칸 내부의 일반적인 혼돈을 드러낼 뿐, 이는 브뤼셀에 어떠한 확신도 주지 못했다.

제41장

스위스 제임스 본드

고티 테데치의 해임을 둘러싼 논란은 7월 18일자 일면 기사로 인해 잠시 동안 밀려났다. 그날, EU감시기구(MONEYVAL)가 오래 기대했던 241페이지의 자료를 발표했다. 『상호 평가 보고서: 자금 세탁 방지와 테러리즘 금융 전쟁 – 성좌(바티칸시공국 포함)』[1] 역사상 처음으로 대중은 바티칸은행의 내부를 들여다보았다. 거기에는 33,000개 이상의 계좌와 약 83억 달러의 자산이 있었다.[2] 이는 미국 기준으로도 결코 중간 크기의 은행도 아니었다.

유럽의 참관인들은 로마교회가 "아주 짧은 기간 안에 먼 길을 왔다"는 것 역시 완전한 금융 투명성과 규제들을 위해서 "방어벽 쌓기"를 자리 잡게 했다는 점에서 교회를 칭찬했다.

그러나, 이런 칭찬을 퇴색시킨 것은 바티칸이 EU감시기구의 45가지 권고들 중 절반을 따르지 않고 있다는 뉴스였다. 이것이 16가지의 "중요 핵심 권고들"의 경우, 이 모든 것에 대해 바티칸이 통점(通点)을 얻어야 OECD가 정한 화이트 리스트의 자격을 얻을 수 있음에도, 바티칸은 7개 부문에서 실패했다.[3]

하나의 가장 중요한 문제는 바티칸의 지극히 중요한 감독 기관인 금융정보국(AIF)이 낙제점을 받았다는 점이었다. EU감시기구는 금융정보국의 실패가 의미 있는 독립성의 결여와 동시에 분명한 사명에 대한 정의(定義)가 없음을 들었다. 바티칸의 3년 된 감찰 감독부서는 기껏해야 중립적이었다. EU감시기구는 바티칸은행이 안고 있는 하나의 지속적인 문제를 강조했다.

즉, 굉장한 숫자의 현금 거래에 그 돈의 원천을 결정하는 효과적인 통제가 없는 것,

특히 그 자금이 제3세계의 격지에 있는 교회에서 온 돈의 경우였다.

바티칸은행(IOR)의 규칙들, 즉 전신 송금, 의심적은 거래의 신고, 고객의 상당한 주의 의무에 대한 기준이 모두 부족한 것으로 판단되었다. 바티칸은행의 관리자들도 역시 더 엄격한 기준으로 선발될 필요와 함께 더 나은 감독을 받아야 할 필요가 있었다.[4]

가장 강력한 추기경들 중의 하나인 성좌의유증관리청(APSA) 수장인 아틸리오 니콜라에 대한 약간의 나쁜 뉴스도 있었다. EU감시기구(MONEYVAL)는 그의 두 가지 역할, 즉 금융정보국(AIF)의 장과 바티칸은행(IOR)의 감독위원회의 이사직은 "심각한 이해 상충"이며, "그러므로 강력히 권고하는 바, 동일인이 두 직위를 가져선 안 된다"고 결론을 냈다.[5] (니콜라는 AIF의 7인 이사회에 남고 바티칸은행직은 사임했다.)

EU 조사관들은 역시 무언가 이상한 것을 발견했다. 즉, 바티칸은행에서 계좌를 보유한 추기경들의 10%가 사망했다는 것이다(236개 계좌, 오직 213개의 계좌만이 살아있는 추기경의 계좌였다).

많은 바티칸 연구가와 금융 옵서버는 바티칸이 기대했던 만큼 잘 했다고 생각했다. 이는 모든 회원국 중 EU감시기구 순위에서 중간에 속했고, EU의 모든 권고안 중 바로 절반 이하를 준수했다. EU감시기구가 그 보고서를 발표한 같은 날, 바티칸은 시공국이 "국제 사회에서 믿을 만한 파트너"가 될 수 있기 위해 모든 권고 사항을 따를 생각이라고 말했다.[6] 그 목표를 향해 EU감시기구와 바티칸은 다음 해에 업데이트된 평가에 합의했다.

7월, 바오로 가브리엘은 작은 바티칸시 감옥에서 풀려났다. 그는 교황의 비밀 서류들을 불법적으로 소지한 혐의로 60일 동안 억류되었다.

8월, 어떤 역할도 부인한 후 가브리엘은 자신의 뜻을 바꾸어, 자신이 누찌의 내부고발자였음을 인정했다.[7] 그는 이제 혼자서 행동했다고 완강히 주장했다. 그달 말 즈음, 이 집사의 변호사는 사건에서 손을 뗄 것을 요청했다. 그의 고객이 어떤 법적 조언에 귀 기울이려 하지 않는다는 것이었다.

9월 말, 희한한 일이 바티칸시 내에서 벌어졌다. 즉, 형사재판이었다(이탈리아 경찰은 바티칸의 보통 사소한 범죄들, 예컨대 소매치기 여행객에 대한 바가지 요금만을 다룬다).*[8]

재판 전의 중요한 결정에서, 세 명의 판사는 3명의 추기경으로 구성된 베네딕토의 바티리크스의 조사위원회가 수집한 증거들 어느 것도 증거로 인용될 수 없다는 판결을 내렸다. 이것은 가브리엘이 도움을 받았는가 하는 것, 그렇다면 얼마나 많이 누구에 의해라는 질문에 답할 기회를 없애는 것이었다. 만일 이것이 전체 진실에 이를 수 없게 할 수 있다면, 로마교회는 단순히 베네딕토의 집사만을 벌주는 것으로 사뭇 만족할 수밖에 없는 것처럼 보였다.

바티리크스 재판은 기자단에 의해 취재되어 실시간 뉴스가 되었다. 가브리엘이 증언대에 섰고 감옥에서의 부당한 대우에 대해 불평했던 이야기는 국제적으로 일면 뉴스였다(그가 있던 감옥은 너무 작았고 또 조명이 항상 켜져 있어 잠을 방해 했으며, 이로 인해 그는 "심리적 우울증"을 겪었다).[9]

방청석의 사람들은 부드러운 목소리의 집사의 말을 듣기 위해 앞으로 몸을 숙였다. 그는 개인 아파트에 있는 교황의 문서들을 복사한 것을 시인했지만, 이것이 왜 범죄인지 알지 못했다고 주장했다. 그는 자신이 베네딕토를 "마치 아들이 그리하듯" 사랑했다고 말했다. 가브리엘 증언의 주제는 그가 홀로 개입한 것이며, 그가 어떤 해를 입히려 하지 않았다는 것이었다.

> 내 의도는 감당할 수 없는 상황에 대한 내 마음의 상태와 내 당혹감을 공유할 수 있는 믿을 만한 자를 찾는 것이었다. 이는 나만이 아니라 바티칸 내의 많은 자들을 위함이다.

그의 증언이었다.[10]

그의 유죄가 확정되자, 판사들은 징역 30개월을 선고했다.

그러나, 그가 나쁜 의도가 없다는 것을 인정하고 18개월로 감형했다. 기자들은 베네딕토가 자신의 전임 집사를 사면할 것인가라는 질문으로 바티칸 공보실에 후추를 뿌렸다. 롬바르디는 이를 논하기에는 너무 이르다고 말했다.

비록 판사들이 가브리엘을 가택 연금 하에서 형기를 채우도록 명령했지만, 1주일 후 그는 바티칸의 사용되지 않는 감옥으로 되돌아왔다(11월, 롬바르디는 교황이 진정으로 가브리엘을 용서했으며 그가 곧 풀려나 크리스마스를 위해 그의 가족의 품으로 합류할 것이라고 발표했다. 교회는 그를 급료 명단에 계속 올렸으며, 그가 언론에 말하지 않는다는 조건으로 그를 바티칸 소유의 밤비노제수[Bambino Gesù]병원에 입원시켰다).

가브리엘의 재판은 바티칸의 금융과 바티칸은행(IOR)에 관해 바티칸에서의 어떤 실제적인 진전을 이루기 위한 지엽적인 일이었다. 가브리엘의 재판이 진행되는 그날, 9월 30일, 바티칸은 금융정보국(AIF)을 운영할 르네 브륄하트(René Brülhart)를 고용했다(수석 대행인 프란치스코 드 파스칼은 이사회의 일원으로 남았다).

브륄하트는 40세의 스위스 출신의 자금 세탁 방지 전문가로, 지난 8년 동안, 리히텐스타인의 금융 정보국을 지휘했다.[11] 그의 호감스런 외모와 고급 양식의 맞춤 양복을 선호하는 것으로 인해, **한 잡지는 그를 두고 금융계의 제임스 본드라고 불렀다.** 그가 그런 매끈한 스타일 동의하는 것은 자신이 작은 리히텐스타인을 깨끗하게 한 것으로 얻은 실상 때문이었다.

브륄하트가 리히텐스타인에 도착했을때 그곳은 바티칸처럼 세금과 돈세탁의 천국으로 상당한 악명을 떨치고 있었다. 그는 비밀에 뿌리박은 은행 시스템과 변화에의 저항에 직면했을 뿐만 아니라, **2006년**의 엄청난 지멘스 뇌물 스캔들의 후유증을 없애는 일을 거들어야 했다.

이 스캔들은 이 작은 주권국을 부패의 문화로 감염시켰던 사건이었다. 리히텐스타인에서의 그의 많은 업적과 함께, 그는 사담 후세인의 전임 정부에 의해 소유된 자산들을 찾아내서 이를 이라크의 새로이 선출된 지도자들에게 돌려줌으로써 기사 작위를 얻었다.[12]

그의 동료들도 감동을 받은 점은 **2010년**에 그가 에그몬트 그룹, 국가금융정보국의 말 많은 조직에서 2년 임기의 부국장으로 임명되었다는 것이다. 이 기관은 테러리즘 금융과 싸우고 돈세탁과의 더 나은 전투를 위한 정보를 공유하는 곳이었다.

그가 리히텐스타인에서 임기를 끝내자, 그 나라는 OECD의 블랙 리스트에서 화이트 리스트로 옮겨졌다. 이는 로마교회가 이제 실행하기로 약속했던 동일한 EU 규제들을 그 나라가 준수하게 되었다는 뜻이었다.[13] 브륄하트의 고용은 시공국이 마침내 그 금융의 집에 대한 청소를 진지하게 보고 있다는 강한 신호였다.

바티칸은 브륄하트가 든든한 가톨릭 신자의 자격을 갖었음을 좋아했다. 바티칸의 금융 부처에서 일했던 고티 테데치와 다른 많은 전임 평신도들과는 달리, 그는 오푸스데이 멤버가 아니었음에도 그리했다.[14] 프리부르그에서의 학창 시절에 그는 간단하게나마 정경법을 공부했다.

브륄하트는 자신이 이 일을 지원했을때 분명히 한 것은 자신이 비록 가톨릭 신자이지만, 이것이 금융정보국에서의 자신의 역할에 관한 한, 로마교회에게 어떤 자유 재량권도 허락하지 않는다는 점이었다. 그는 자신이 성공하기 위해서는 전권이 주어져야 한다고 주장했다.

> 만일 그렇지 않는다면, 나는 수락하지 않겠다. 만일 내가 도착했는데 그렇지 않다면, 나는 떠날 것이다. 나는 예스라고 말하기 전에 내가 필요로 하는 확신을 갖아야 한다. 나는 자유인으로서 왔다.[15]

그 자리에 동의하기 전에 브륄하트는 베르토네에게 자신은 금융 정보 부서를 만들어 바티칸 전반에서 움직이고 있는 모든 의심스런 돈을 조사할 수 있 수 있도록 하겠다고 말했다. 비록 그는 금융정보국(AIF)에서 하루도 보내지 않았지만, 그 종업원 명단을 검토하면서 비록 그들이 좋은 일을 하려는 의지는 가질 수 있으나, 기본적인 훈련이 되어 있지 않음을 의심하지 않았다.

또한, 브륄할트는 EU감시기구(MONEYVAL) 보고서로부터 금융정보국(AIF)은 기록물과 장부 기타 중요한 데이터의 접근권을 요구할 수 있는 명시된 권리가 없다는 것을 알았다. 이 조직을 독립적인 기구로 만들기 위해 필요한 것, 즉 바티칸 내의 누구로부터 간섭이 없는 것은 금융정보국(AIF)의 탑승에 또 다른 선결 요건이었다.

> 무에서부터 무엇을 만든다는 것, 이것은 내가 좋아하는 도전이다.

그의 말이었다.[16]
브륄하트를 고용하기 위해서 서명을 해야 하는 자로서, 베르토네는 그의 조건에 동의했다.[17] 그 일을 맡은 첫 주 동안 그는 위기 관리팀을 조직하기 시작했고, 금융정보국는 계좌들과 바티칸은행의 돈의 흐름을 보다 잘 감시할 수 있었다.[18]

> 일을 시작할때, 나는 취약점이 어디에 있는지 완전히 이해했다.

그가 필자에게 한 말이다.

대부분 현금을 포함한 바티칸은행의 위험 노출을 줄이기 위해 우리가 무엇을 해야만 했던가?

이에 대한 몇 가지는 단지 그들의 법적 의무에 대해 경각심을 주는 것과 그들에게 은행을 돕는 보호적인 조치를 하는 수단를 주는 것이었다.[19]

2013년은 바티칸과 브륄하트에게는 평탄치 않은 출발의 발걸음이었다. 신년에, 이탈리아중앙은행은 시공국 내에서의 모든 현금 카드 신용 카드의 거래를 중지하겠다고 발표했다.

이것은 두려운 뉴스였다. 로마는 여전히 휴일 관광객들로 꽉 차있었고 바티칸의 가게들과 박물관들에서 돈을 쓰는 그들 대부분은 마찬가지로 신용 카드와 현금 카드를 썼다. 바티칸을 오직 현금 사용으로 제한함은 급격히 수익을 감소할 것이었다.

교회 관리들은 이는 오해일 것이라 생각했다. 그들은 이를 기술적 문제로 급히 묵살했지만, 24시간 내에 해결되어야 할 문제였다.[20]

이탈리아은행에 따르면, **2010년** 일상적인 검토 결과, 과거 15년 동안 바티칸시를 위한 카드 서비스를 제공했던 '도이체방크이탈리아'(Deutsche Bank Italia)는 이탈리아은행으로부터 필요한 인증을 얻은 적이 없음을 보여주었다. 이탈리아중앙은행이 도이체방크에 통보하면, 그 은행은 신청했다.

하지만, 이탈리아은행은 갑자기 그 신청을 거절했다. 그 조사에 대한 익명의 "가까운 정보원"은 「**뉴욕 타임스**」에 말했다.

이탈리아은행이 도이체방크의 허가 요청을 승인하지 않았다. 왜냐하면, 이탈리아는 바티칸을 돈세탁 방지법을 충분하게 준수하는 국가로 보지 않기 때문이다."[21]

바티칸은행(IOR)의 대리은행의 익명의 "고위 은행가"도 「**파이낸셜 타임스**」에 다음처럼 말했다.

보내진 메시지는 간단하다. 당신이 현대 세상에 참여하길 원한다면, 당신도 현대 규칙을 따라야 한다.[22]

시공국의 금융 관리들은 이탈리아은행의 결정에 기습을 당한 셈이었다. 그들은 자신들이 생각하는 이탈리아의 연극적인 제스처에 분노했다. 이 위기는 브륄하트의 공개 데뷔가 되었다.

바티칸 라디오와의 인터뷰에서 그는 말했다.

> 나는 참으로 놀랐다. 바티칸시공국의 특별한 성격을 고려한다면, 돈세탁과 테러 금융에 대한 경계와 예방 투쟁을 위해 실제는 적절한 조치가 이미 취해졌다.[23]

금융정보국(AIF)의 수장이 바티칸 라디오에 말하지 않았던 것을 몇 개월 후 (2013년 9월) 로마에서 필자와 나누었다. 즉 그가 중앙은행의 결정에 대해 24시간 이내에 발견했던 것은 "바티칸 내부의 누군가 크리스마스 이틀 전에 현금 지급기에서 무슨 일이 생길 것임을 알았다는 것이다. 그들은 우리가 신용 카드를 쓸 수 없다는 것을 알았지만, 이를 다른 누구에게도 말하지 않았다."[24]

브륄하트는 자신에게 이를 알려주지 않는 실수가 상당한 약속 위반으로 간주했다. 그는 바티칸 금융이라는 신비한 세상에 들어와 평탄치 않은 소개 인사를 받은 셈이었다.

하지만, 그 역시 이탈리아은행이 도이체방크에 대해 징계 조치를 취하는 동안, 그 결과의 손실을 입는 자는 바티칸임을 깨달았다.

> 이탈리아인들은 바티칸을 이탈리아의 일부로 생각한다. 그들은 바티칸에 대해 편견을 가진다. 하지만, 그들은 바티칸이 국제 기구임을 알아야 한다.

브륄하트의 결론이다.[25]

바티칸의 주권에 대한 그의 보호적 태도는 즉각적으로 베테랑 교황청 사람들로부터 그가 사랑받는 이유가 되었다.

브륄하트의 자신감은 전염성이 있었다. 바티칸은행(IOR)과 성좌의유증관리청(APSA)에서 일하는 다른 자들도 필자에게 - 브륄하트가 금융정보국을 맡은지 10개월 후 로마에서 행해진 인터뷰에서 한 말이다 - 그의 모습은 바티칸의 자금부서들 내부에서 태도와 관련해서 변화의 조짐을 보여주었다고 했다. 그가 오기 전에는 아틸리오 니콜라 추기경의 금융정보국(AIF)은 EU감시기구(MONEYVAL)이 원하는 것과 같은 세속적 조직과 항상 궤를 같이 하지 않는다는 느낌이 있었다.

마치 그들은 서로 다른 언어를 말하는 듯 했다. 또 다른 문제는 바티칸의 엄격한 위계질서는 상급자의 명령은 절대적 복종으로 따라야만 하는 것을 뜻했다.

수백 년 동안 존재했던 교황청 부처들의 경우, 이것은 문제가 아니었다. 누구나 누구에게 보고하고 따라야 하는지 정확히 알았기 때문이었다. 하지만, 금융정보국은 생긴 지 3년 미만이었고, 베르토네가 이를 통제하기 위해 상당한 노력을 기울였다.

혹은 적어도 금융정보국(AIF)가 처음에 베르토네의 축복을 얻지 못했다면, 바티칸은행에 대해 구체적인 어떤 일을 이루지 못했다는 점만은 확실했다. 국무총리의 금융정보국의 간섭은 EU감시기구(MONEYVAL)의 가장 큰 불만 사항의 하나였다. 많은 중간계층의 종업원은 브륄하트가 그 대단한 자격을 감안할때, 바티칸의 법강제 집행 부서를 맡고 있음에 열광했다.

1월 25일, 브륄하트는 신용카드 위기를 해결하기 위해 이탈리아은행 총무이사, 파브리지오 사코만니 도이체방크 이탈리아 대표자와 함께 만났다. 카드 불용으로 바티칸은 상당한 수익을 잃었다. 대화는 느릿했으나, 이탈리아은행은 그 금지 푸는데 있어 완강했다. 이는 브륄하트의 첫 번째 진짜 테스트였다.

그러나, 그는 이를 곧 통과했다. 그는 소수의 참모와 일하면서 도이체방크를 대체할, 바티칸의 신용 현금 카드의 프로세서로서 새로운 회사를 조사했다. 그는 이탈리아은행이 어떤 부정적 말을 하는 유일한 이유는 도이체방크의 독일인 소유주들이 유럽공동체(EC)의 멤버인 까닭임을 알았다. 은행 접촉을 통해서, 그가 물색한 새로운 은행인 아두노(Aduno)는 바티칸을 위해 일하려 했다. 이는 스위스 회사로, 스위스은행들이 전적인 소유권을 갖는 회사였다. 브륄하트는 스위스는 EU 멤버가 아닌 까닭에, 이탈리아은행이 그 승인을 더이상 주지 않거나 유보할 수 없다는 뜻임을 알았다.

2월 12일, 위기가 시작된 6주 후 이는 끝났다.

  관광객 뿐만 아니라 순례객, 매일 성 베드로성당을 방문하는 자는 바티칸 박물관들의 입장료를 포함해서 이제 일반적인 지불 서비스를 이용할 수 있다.

대변인 롬바르디의 발표였다.

누구나 브륄하트로 인해 감명을 받았다. 그 다음 주에는 일부 추기경이 그에게 들려서 자신들을 소개하기도 했다. 교황청 내에서 이보다 더 좋은 수용의 표시는 없었다.

브륄하트의 경우, 이탈리아은행과의 대치는 로마교회 내에서 남들이 어떻게 자신을 보는지에 대한 자신의 대본을 쓸 기회를 준 셈이었다. 금융정보국의 평신도 수장으로서, 그는 쉽사리 경찰 부서의 내무반장이나 진배없이 여겨졌다. 예컨대, 성직자들이나 금융 관리들이 다루어야 할 자가 있는데, 그자가 그들이 신뢰하거나 좋아하는 자가 아닌 경우에 그러했다.

이제 그들은 브륄하트의 금융정보국의 역할을 다르게 보았다. 금융 감독을 맡고 있는 누군가를 갖는다는 것, 그것도 EU와 인접한 이탈리아의 미로 같은 규율들을 가장 잘 헤쳐 나가는 법을 아는 자를 가짐으로, 바티칸은 이 기구를 현대 시대로 이끄는 데 도움을 줄 수 있는 누군가를 찾았다고 볼 수 있었다.

이런 선의는 그가 금융정보국을 자신이 원하는 감독과 규제 부서로 만들 수 있는 자유 재량권을 가진다는 뜻이었다. 베네딕토가 고티 테데치를 대신할 누군가를 임명해야 한다는 점에서 이는 바티칸에게 중요한 순간이었다. 바오로 치프리아니 총무이사는 대부분의 참관인들에게는 능력은 있어 보이나 그들이 고개를 끄덕일 것 같지 않게 여겨졌다.

어떤 자들은 바티칸은행의 부회장 도이체방크의 로날도 헤르만 슈미츠가 크리스마스 전에 이름이 올려질 것이란 잘못된 생각을 했다.

브륄하트는 바티칸은행(IOR)을 운영하는 능력 있는 사람이 있는 것은 중요하지만, 만일 자신이 금융정보국(AIF)을 강한 강제력을 가진 강력한 감독 기구로 만들려 한다면, 바티칸은행장의 자리는 과거와는 달리 그리 중요하지 않다는 것을 알았다.

바티칸의 금융적 명성은 은행의 수장에 더 이상 달려있지 않을 것이다. 브륄하트 스타일의 금융정보국은 말신커스의 신도나와 칼비와의 거래를 누그러지게 했을 것이며, 드 보니스와 다른 성직자들에 의한 범죄적인 바티칸은행의 계좌들을 훨씬 전에 깨끗이 정리했을 것이다.

여전히 브륄하트는 필자에게 말하길, 바티칸은행을 운영할 합당한 자는 그가 다음처럼 생각하는 자였다.

나는 상호 협조적이고 유익한 동료를 원했다.

그가 말했다.[26]

독일인의 사고를 가진 자는 상당히 좋을 터였다.

2월은 고티 테데치가 해임된 지 9개월째였다. 새로운 두 명의 이름이 전면에 드러났다. 모두 추기경으로, 하나는 레오나르도 산드리, 동방교회성 장관(Prefect of the Congregation for Oriental Churches)이며 국무성의 전 차관, 또 하나는 도메니코 칼카노, 니콜라의 후임인 APSA 장이었다. 두 사람은 거의 70세였다(산드리는 몇 개월 미치지 못했다). 비록 그들은 능력이 있는 것으로 생각되었으나, 둘 다 탁월한 선택이라는 공감대는 없었다. 논의는 정지됐다.

2013년 2월 11일, 누가 바티칸은행을 맡을 것인가라는 온갖 추측은 베네딕토의 역사적 선언이란 전적인 충격 가운데 휩싸이고 말았다. 베네딕토가 로마교회의 600년 동안 처음으로 교황직에서 사임한 것이었다. 2월 28일자로 교황직을 떠나겠다는 그의 간단한 성명의 뉴스는 너무 놀란 나머지 착각할 정도였다.

그 성명은 다음과 같았다.

> 하나님 앞에 내 양심을 반복적으로 조사한 후, 내가 확신하게 된 것은 노년으로 인한 나의 기력이 교황의 사역을 적절히 행사하기에 더 이상 합당하지 않다는 것이다. …오늘날의 세상에서, 너무 많은 변화를 겪으며 믿음의 삶에 대한 깊은 상관성의 의문들로 인해 흔들리는 가운데, 성 베드로의 배를 지휘하고 복음을 선포하기 위해서는 몸과 육의 기력이 필요하다.
>
> 하지만, 지난 수 개월 동안 나에게 위임된 사역을 적절히 완수하기에는 나의 무능력을 깨달아야 할 정도로 기력이 내 안에서 악화되었다.[27]

예상했던 바대로, 교황의 역사적 사임에 대한 언론의 기사는 왜 그가 퇴임했는가, 누가 그를 대신할 것인가 그 양쪽으로 양분되었다. 만일 누군가 왜에 대한 답을 안다면, 이는 확실히 그의 개인비서 게오르그 갠스바인 경이었다.

하지만, 그는 말하지 않을 것이다. 다른 모든 것은 어림짐작이었다.

그리고 그런 것은 많았다. 몇몇 가설이 가장 인기있는 것으로 선두를 달렸으나, 대부분이 반드시 정확한 것은 아니었다. 바티리크스에 의해 드러난 권력 투쟁은 베네딕토가 더 이상 나아갈 수 없을 정도로 그에게 고통을 주었다.

아니다.

이는 바티칸은행에서의 끝없는 연속극이며, 이는 압도적으로 증명됐다.

사실이 아니다.

그는 패배한 자였다. 왜냐하면, 교회의 성추행 추문이 기록적인 수의 사제들의 성직 박탈에도 불구하고 계속되었기 때문이다. 어느 음모설에 의하면, 돈세탁과 테러 금융 방지법을 실행하기 위한 최후 통첩을 베네딕토에게 준 후 브륄하트가 사임을 강요했다는 것이었다(필자가 그런 것에 대해 묻자, 그는 웃으며, '아니요'라고 말했다).[28]

하지만, 어떤 가설도 연약한 교황이 너무 놀라서 사임에 이르게 된 것은 권력과 동성애의 만연이라는 것에는 당하지 못했다. 교황은 세 추기경을 임명해서 바티리크스를 조사하도록 했고, 그들은 300 페이지에 이르는 고위 성직자들의 상세한 "게이 조직"을 드러내는, 입이 떡 벌어질 극비 보고서를 그에게 제출한 후 그의 사임이 발표되었다.

이 보고서 안에는 정기적인 섹스 파티에 대한 세부 사항 그들이 그룹으로서 교황청 내에서 "부당한 영향력"을 행사하고 그들 중 일부는 평신도 외부인들로부터 협박 공갈을 받고 있다는 혐의를 담고 있었다.[29]

의심의 연기를 더하는 것은 라 레푸브리카의 설명이었는데, 이 보고서는 교황 비밀(Segreto Pontificio)이란 인(印)이 찍힌 붉은 표지의 두 권으로 된 책으로, 전년 12월 17일 베네딕토에게 전달되었고, 그 당일날 그는 퇴임하기로 결정했다는 것이다. 그 책은 조사를 맡은 붉은 모자들이 행한 수십 개의 비밀스런 인터뷰에 대한 노트들로 가득차 있었다.

충분해.

이 말은 베네딕토가 그 충격적인 세부사항을 살펴본 후 이 모두를 다른 누군가에게 남겨주며 했던 말로 추정된다.[30] 그의 분노와 좌절의 증거는, 일부가 주장하기를, 며칠 후 그가 동성애와 동성혼을 **"순리(順理)의 역리(易理)"**라고 부르며 비난했던 일이었다.

그 원인을 베네딕토에게서 찾는 것 이외에는 누구도 왜 그가 교황직을 떠나려는 결정을 했는지 명확히 알 수는 없다. 이는 하나님이 그로 하여금 그의 죽음을 통해 "가장 좋은 때"를 알도록 하기 위해 기다리는 것과 반대되는 일이었다.*31

그의 사임 7개월 후 로마에서 필자가 가진 여러 믿을 만한 교황청 종업원들, 베네딕토의 두 명의 자문관의 대화에서, 이 사임은 하나의 단순한 스캔들로 인해 촉발된 것이 아니었다.

대신에 많은 자의 입에 오르내리는 각각의 이론이 어느 정도 진실의 요소를 가졌다는 점이다. 이런 모든 문제는 자신의 강점으로 '가르치는 교황'(a teaching Pope)이 되는 것을 항상 인식했던 교황을 정신적으로 짓눌렀다. 내분이 일어나는 시점에서 로마교회를 인도하도록 선택된 것은 그의 불행이었다. 그 내분은 교황청을, 한 고위 성직자의 표현처럼, "작은 보르지아들"(보르지아는 15세기의 이탈리아 추기경, 군인, 정치가로 권모술수의 대가 – 역자 주)의 한 부서로 만들었다.32

이런 관점에서, 고위 관리들에게 인기 있는 것은, 베네딕토의 사임은 사심없는 행위였다. 왜냐하면, 그는 자신이 현대교회를 인도하고 필요한 어려운 결정들을 내리기에는 무능하다는 것을 깨달았기 때문이라는 것이다.

> 이는 한 가지가 아니라, 모든 것의 총합이다.

일 폴리오의 베테랑 바티칸 기자인 바오로 로다리의 결론이다.
그는 말했다. 바티리크스는 "교황에 대한 지속적인 북소리였다."33

> 라징거는 교착 상태의 로마교황청에 개입하기를 두려워했다. 한쪽에는 개혁가들이, 다른 한쪽에는 환전상들이 있었다.

작가 지안루이기 누찌의 글이다.

> 그래서 그는 퇴임하고 강한 교황의 선출을 위한 길을 열어줌으로써 새로운 슬레이트를 깔기로 결정했다.34

신부 페데리코 롬바르디 교회 대변인은 기자회견에서 비슷한 것을 언질 했다.

> 로마교회는 더욱 육체적 정신적 활력을 가진 자가 필요했다. 그가 이러한 변화무쌍한 현대적 세상에서 교회를 통치하는 데 대한 문제들과 도전들을 극복할 수 있었을 것이다."[35]

2월 11일, 일부 추기경과 대화 가운데 일단 그가 자신의 사임 뉴스를 발표하자, 모두 교황이 그만두는 17일 동안까지 관리인 교황이 될 것이라 생각했다. 그가 지난 8년 동안 선동가적인 면이 없다는 것을 감안할때 그는 가만히 나갈 가능성이 높았다.

하지만, 사임하기를 발표했던 후로부터 나흘 뒤에, 많은 바티칸 연구가를 놀라게 했다. 추기경위원회의 권고를 비준하고 마침내 새로운 바티칸은행 회장을 지명했다.

그 회장은 53세의 에른스트 폰 프레이버그(Ernst von Freyberg)로, 독실한 가톨릭 신자요 독일 귀족이며 존경받는 사업가이자 인수 합병의 전문 변호사였다.[36] 그는 역시 몰타주권기사수도회(Sovereign Military Order of Malta)의 고위 회원이며, 여가 시간에는 순례객을 인도하여 프랑스 루르드(Lourdes)의 치유물(治癒水) 순례에 나선 인물이기도 했다.[37]

프레이버그를 찾는 데 있어 바티칸은 처음으로 인재 스카웃 회사를 이용했으며, 40명의 막강한 최종 후보자들 그룹에서 고른 것이었다. 브륄하트는 그 선택이 탁월한 것이라고 생각했다. 프레이버그는 독일 조선소 브룜+보스(Blohm + Voss)의 경영 이사회의 의장으로서 견고한 명성을 가진 인물이었다.*[38]

바티칸은행(IOR) 수장을 제자리에 두고서, 베네딕토는 3월 12일 콘클라베를 시작하도록 정했다. 자신이 명예 교황(Pope Emeritus)-그를 무엇이라 부를 것인가에 대한 열띤 논의 후의 명칭-이 되기 2주 전에 바티칸에 대한 키를 자신의 카멜렌고인 베르토네 국무총리에게 넘겨 주었다.

제42장

인민의 교황 프란치스코

이는 활짝 트인 넓은 들판이었다. 열 명 이상의 추기경들이 선두 주자들로 논의될 정도였다. 베네딕토의 사임은 일반 대중에게 만큼이나 많은 놀람으로 붉은 모자들에게도 놀랄만한 일이었다.

교황이 되고자 하는 야망을 가진 자들은 정치력을 발휘할 기회를 갖지 못했었다. 이런 정치 공작은 자주 교황이 병중 임종을 앞둔 마지막 몇 주 동안 일어난다.

그러나, 이번에는 누구나 같은 출발 선상에서 단거리를 달리게 되었다.

부에노스 아이레스의 추기경인 조지 베르골리오는 8년 전에 베네딕토 다음의 2등을 했지만, 이번에는 경쟁자가 될 것 같지 않았다. 비록 남미가 다른 어느 곳보다 더 많은 가톨릭 신자들을 갖고 있지만, 추기경단이 다음의 지도자를 거기로부터 뽑지 않을 것이란 넓은 공감대가 있었다. 117명의 추기경들 중에 단지 19명이 라틴 아메리카인이며 게다가 그들이 지정학적으로 블럭을 형성해 투표할 것 같지도 않았다.[1]

「내셔날 가톨릭 리포터」의 존 아렌은 방송 CNN의 자문관으로 냉철한 논평을 제공하는 자로, 2005년 2등으로 끝난 베르골리오에 대한 이야기를 썼다. 알렌은 뛰어난 교황청의 정보원들로 인해 어떤 이탈리아인 바티칸 연구가들만큼이나 정보에 밝은 자였다. 그의 견해는 많은 인정을 받았다. 베르골리오의 기회를 요약하면서, 알렌은 그가 "적어도 한번 볼 만한 가치는 있으나" 그가 교황으로 부상할 것 같지 않다고 썼다.

지난 콘클라베 출신 추기경들 중 50명이 다시 투표하게 되었다.

알렌은 언급했다.

"그들은 이번에는 그 결과가 사뭇 다를 것이라는 것에는 회의적일 것이다."

알렌이 왜 베르골리오가 일부 투표를 끌어모을 것인가 하는 여러 이유들을 댔지만, 결국 그는 다음과 같이 말했다.

> 베르골리오에게 교황이 되는 기회의 창문은 이미 닫혀져 있음을 믿을 분명한 이유들이 있다.

탈진과 나이가 베네딕토로 하여금 사임케 하는 원인이 되었다는 점에서, 베르골리오 같은 나이든 후보자에게는 또 다른 일격이었다. 그는 베네딕토가 선출되었을 때보다 단지 2년이 젊을 뿐이었다.

알렌에 따르면, "고위직의 예수회에 대한 표준적인 양면성"이 있고 그가 한 번도 바티칸 내부에서 일해 본 적이 없었다는 사실이다. 이 부에노스 아이레스 추기경에게 나쁘게 작용하는 마지막 요인은 다음 때문이다.

> 8년 전에 베르골리오의 강경함에 대해 회자(膾炙)된 의심은, 주장컨대, 이제 더욱 해가 될 것이다. 바티칸의 관료 체계를 통치하고 통제하는 능력은 이번에는 많은 추기경의 소원 목록에서 더욱 중요한 것으로 보인다는 점을 감안하면 … 그 자리를 손에 쥐는 그의 능력에 대한 염려가 있을 수 있다.[2]

베르골리오는 알렌의 평가에 동의할 수 있었다. 그가 지난 콘클라베에서 라징거에 이어 둘째로 끝난 후, 부에노스 아이레스로 돌아와, 동료들에게 은퇴를 고려하고 있다고 말했다. 부에노스 아이레스에서 이웃한 라스 프로레스의 성직자들을 위한 오래 된 집, 즉 그가 태어났던 그 집이 은퇴 후 돌아가고 싶은 곳이었다.

2010년에 그는 "나는 모든 것을 뒤에 남겨두려는 것을 생각하기 시작했다"고 말했다. 그는 **2011년** 75세가 되자 교황에게 사임 편지를 전했다.

그러나, 베네딕토는 이에 대해 아무것도 하지 않았다.[3]

"내부 선두 주자 목록들" 어느 것도 베르골리오를 포함시키지 않았다. 가장 많이 입에 오르내리는 이름은 두 사람의 미국 추기경이었다. 뉴욕 추기경으로 뜨거운 악수로 인기 있는 티모디 도란 그의 정반대자인 보스톤의 겸손한 션 오말리였다. 이탈리아인들은 두 사람의 강력한 추기경 사이에서 갈라진 것처럼 보였다.

밀라노의 안젤로 스콜라는 요한 바오로 2세가 자신을 대신할 자로 개인적 선택을 입은 자로 말해졌다. 제노아의 안젤로 바나스코는 이탈리아 수상 실비오 베를루스코니의 형편없는 도덕에 대한 최근의 비난으로 인해 호감을 얻은 자였다.

1960년대 이래로 매번의 콘클라베에 서주곡처럼, 과연 로마교회가 첫 번째 흑인 교황을 위한 준비가 되어 있느냐 하는 추측이 있었다. '래드브로크스와 패디 파워'(Ladbrokes and Paddy Power)는 가나의 추기경 피터 아피아 턱산을 5:2의 선두 주자로 보았다. 그 뒤를 이어 캐나다의 마크 우웰레(Marc Ouellet)가 3:1, 나이지리아의 프란치스 아린제가 4:1이었다. 다른 자들에 대한 승산은 매우 낮아서, 티모디 도란은 25:1, 반은퇴 중인 80세의 코맥 머피 오코너는 가장 낮은 승산의 150:1이었다.[4] 베르골리오는 이 리스트에 없었다.

3월 12일 화요일, 115명의 투표 추기경은 시스틴 성당에서 만났다. 그들은 오후까지는 투표를 진행하지 않았고, 오후에 가까스로 한차례를 했을 뿐이었다.

그 결과는 검은 연기.

누구도 모든 추기경의 2/3의 지지를 얻지 못했다. 그날 밤의 뉴스 보도는 이탈리아의 안젤로 스콜라와 브라질의 오딜로 쉐러가 비등한 경주를 달렸다고 말했다. 스콜라는 많은 이탈리아 추기경의 견고한 호의를 가졌다. 그들은 교황직이 폴란드인 독일인 아래서 35년 후에는 이탈리아로 돌아오기를 원하는 자들이었다.

스콜라의 문제는 개혁자들이 그가 너무 바티칸 내부자라고 두려워했던 점이며, 전통주의자는 그가 교황청의 개조를 너무 과격하게 할 것이라 생각한 점이었다. 사실 그는 첫 투표에서 대부분의 추기경이 예상한 것보다 적은 표를 얻었고, 캐나다의 마크 우웰레와 실제적인 동점으로 끝났다. 베르골리오는 강한 3등으로 모두를 놀라게 했다.[5]

두 번째 날, 스콜라의 지지는 껍질이 벗겨지기 시작했다.[6] 추기경들은 자신들이 어느 한 사람을 빨리 뽑는 것으로 일치됨을 보여 준다면 신자들에게 좋은 신호가 될 것이라는 것을 동의했다.

세 번째 투표에서, 우웰레와 베르골리오 간의 2인 경주였다.

네 번째 투표에서, 베르골리오가 앞서 나갔고, 우웰레가 자신의 지지를 그에게 던졌다(나중의 추측으로는 우웰레가 국무총리가 된다는 두 사람 사이에 거래가 성사되었다는 것이다. 실

제로는 그는 새 교황으로부터 어떤 자리도 약속받지 않았다).[7]

한차례 더한 다섯 번째 투표에서, 베르골리오가 선두를 달렸고, 이는 1300년 전에 시리아인 그레고리 3세 이래로 첫 비유럽계 교황이 되도록 했다.

이름들이 불려질 때 굉장히 감동적이었다.

아일랜드의 추기경 션 브래디는 나중에 기자들에게 설명했다.

베르골리오, 베르골리오, 갑자기 매직 넘버인 77이 이르렀다.

추기경들은 기쁨에 들떴다.

나는 그 집에 눈물이 마른 자가 있었다고는 생각하지 않는다.

뉴욕의 디모티 도란의 말이다.[8]

브라질의 크라우디오 흄스는 베르골리오 옆에 앉아 있었다. 그는 그의 아르헨티나 친구에게 기대며 그를 껴안고, 그의 이마에 키스했다.

가난한 자를 잊지 마시오.

흄스가 말했다.

가난한 자 … 이 말이 나를 때렸다. 즉시, 나는 아시시의 성 프란치스코를 생각했다. 프란치스코는 평화의 사람, 빈곤의 사람, 창조를 사랑하고 보호했던 사람이었다. 어떻게 내가 가난한 교회를 사랑하며, 가난한 자를 사랑할 것인가.

베르골리오의 회고다.
그의 새로운 이름에 대해 질문을 받을 때, 그는 망설이지 않고 프란치스코라 했다.[9]

뉴스 망을 통해 걸러져 나온 말은 "기대 밖의 선택" "놀라운 선출"이라는 머리기사로 표현됐다.[10] 그 이야기의 일부는 2005년의 콘클라베의 주장들을 반복했다.

이미 프란치스코의 짧은 교황직이 논쟁으로 번졌다.

그것은 그가 아르헨티나의 군사정권에 의해 두 좌파 예수회 회원이 납치된 것에 어떻게든 공모했다는 진부한 주장들이었다. 이 골치 아픈 이야기의 여러 변주곡은 비오 12세와 홀로코스트의 경우처럼, 군부정권의 인권 유린 시기 동안 그가 침묵했다는 것이었다.[11]

바티칸은 다음날, 그런 주장들을 근거 없는 중상모략과 같은 것으로 묵살했다. 롬바르디는 그런 주장은 "좌파적, 반성직적" 음모에 의한 얼룩과 같은 것이라고 제시하기까지 했다.

베르골리오는 그런 논쟁에 동요하지 않아 보였다. 그도 전에 이를 들었다. 번창하는 언론 매체와 넘치는 타블로이드의 홍수 속에서 큰 도시의 한복판에서 한 교구를 운영하면서, 그는 때로는 저돌적인 대중을 다루는 법에 익숙해졌다. 일반 가톨릭 신자들은 바티칸의 담장 내부에서 그를 무엇이라 생각하는지 알 턱이 없었다.

하지만, 그의 첫 1주일 동안, 프란치스코는 재미없는 베네딕토와는 완전한 대비되었다. 그는 미소 짓고, 심지어 자기 길을 벗어나 하층 노동자들에게 말을 걸며, 농담하며, 그가 만나는 자들의 삶에 진정으로 관심이 있어 보였다.

1936년, 부에노스 아이레스에서 이탈리아 이민자 다섯 아들 중 장남으로 태어난 (그의 아버지는 철도 노동자였고 어머니는 가정주부였다) 베르골리오는 화학자가 되기를 계획했다.

그러나, 21세에 화학자 대신에 예수회가 되기로 결단했다. 그 동기는 가난한 자를 섬기기 위한 것이었고, 그가 개인 사업에서는 잘 할 수 있다는 생각을 하지 않았던 때문이기도 하다.[12]

다른 과목 중에서도 그는 철학과 심리학을 가르쳤고, **1973년**부터 6년 동안 아르헨티나 예수회 지부회원으로 있다가, 나중에 자신이 졸업한 신학교의 교목 사제가 되었다.[13] 베르골리오는 자신의 동시대인들에게 유행했던 진보적 자유주의신학에 휩쓸린

적이 없었다. 라틴 아메리카에서는 예수회보다 더 과격한 그룹은 없었다.

하지만, 그 자신의 행동의 범위는 특권을 갖지 못한 자들을 위해 강한 사회적 정의라는 주제를 자신의 믿음과 합하는 것이었다.

12년 후인 **1992년**, 그는 부에노스 아이레스의 주교보(主教補)로 이름을 올렸다. 1998년 추기경 안토니오 쿠아란치노가 심장 마비로 죽었을 때, 베르골리오는 그의 자리를 이어받았다. 3년 뒤에 교황 요한 바오로는 그에게 붉은 모자를 하사했다. 그는 이때쯤에는 교회 교리에 대한 확고한 전통주의자로서의 상당한 명성을 얻었다.

즉, 동성애, 동성혼 낙태를 비난했을 뿐만 아니라, 피임 반대에 대한 활달한 변호를 했다.[14] (2010년, 아르헨티나의 대통령 크리스티나 페르난데즈 드 키르흐너는 동성애 입양은 어린애들에 대한 일종의 차별이라는 베르골리오의 주장을 두고 그를 비난했다.)

부에노스 아이레스의 1,350만 명의 가톨릭 신자를 놀라게 했던 것은 프란치스코가 바티칸에서 받았던 환대였다. 그는 아르헨티나에서도 충분히 좋아할 만한 추기경이었는데, 세계의 무대에서 그런 인기 있는 교황으로 바뀔 것이란 어떤 징후도 없었다. 프란치스코는 사면초가의 베네딕토에 대비되는 것으로 득을 보았다. 하지만 이는 훨씬 그 이상이었다. 그는 대중을 대하는 방법을 아는 포퓰리스트였다.

베르골리오가 선출되던 날, 성 베드로성당 발코니에서의 첫 모습에 그는 전통주의적인 흰 담비털로 장식된 붉은 망토와 실크 실리퍼를 입기를 거절했고, 보석 박힌 금 십자가를 들려고 하지 않았다. 그는 사도궁에서의 교황의 대형 거처를 피하고 대신에 카사 산타 마리아의 단순한 아파트, 시공국의 수수한 게스트하우스로 옮겼다.

베르골리오는 교황 비서실에 남아있는 게오르그 갠스바인에게 모든 장식적인 제의(祭衣)를 치우게 했으며, 대신에 가장 단순한 흰 카속과 두개모(skull cap)를 걸쳤다. 보석이 박힌 삼층교황관(triple tiara)은 창고에 두었다. 그가 직을 맡고 있는 한은 제국적 교황의 세간은 없게 될 터였다.[15]

만일 베네딕토가 현대 세상에 의해 짐진 인물처럼 때로는 패한 것처럼 보였다면, 프란치스코는 자신이 21세기의 도구의 주인 됨을 보여주었다. 그는 자신의 대중 이미지를 관리하는 데 본능적인 재능을 보였다.

성 베드로에서는 형편없이 얼굴이 일그러진 자와 포옹하고 여죄수의 발을 씻고 77세의 생일잔치에 한 노숙자를 초대해 자신의 개인 아파트에서 함께 아침을 먹었다.

그는 일반인처럼 보여, 자신의 차에 친구들을 태우고 심지어 베드로광장에서 아이들과 방문객들과 사진도 같이 찍었다.

로마 밖의 첫 여행은 이탈리아 섬, 람페두사의 굶주린 "보트 피플"을 만나는 것이었다. 그가 거기서 이민자들과 함께 기도하는 이미지는 대단한 입소문을 탔다. 그는 자신의 트위터 글을 내보냈다. 작지만 전면적인 면죄부가 트위터 상에 자신을 따르는 자들에게 주어졌다.

또 다른 면죄부가 리오데자이네로의 세계청소년날을 참석한 가톨릭 신자들에게 주어졌고, 거기서 그는 백만 명의 사람에게 설교했다.

프란치스코는 심지어 자신에게 편지를 썼던 자들 가운데 일부를 임의로 전화해서 그의 참모들을 놀라게 했다(4명의 수녀는 수십 명의 기자에게 자신들이 얼마나 놀랐는지 반복했다. 수녀원에 돌아오니 자신들의 통화녹음기에 교황으로부터의 신년 메시지를 받았다는 것이었다). 신자들이 그를 좋아하게 만들었던 예측 불가능함은 때로는 그의 개인 참모를 불안하게 했다. 그들은 베네딕토 아래서 엄격하게 정해진 계획표와 거기에서 조금도 변화가 허락되지 않는 것에 익숙해진 자들인 까닭이었다.[16]

가톨릭 신자들과 비가톨릭 신자들 모두 그를 대단히 좋아하게 된 것은 상징주의 그 이상이었다. 즉석 기자 회견 동안 때로는 준비된 연설 동안도 그가 종이를 버리고 즉흥적으로 말할 때, 자신을 낮추는 교황은 언제나 관용과 다름을 상기하는 무언가를 말했다.

동성애자들에 대하여 그는 다음과 같이 말했다.

만일 한 동성애자가 선의가 있고 하나님을 찾는다면, 내가 누구를 판단하겠는가?

그는 다음과 같이 덧붙였다.

동성애자들은 "교회가 언제나 자신들을 비난한다고 느낀다. 하지만, 로마교회는 이것을 행하고자 하지 않는다."

여자들이 강간을 당해 낙태를 고려하는 경우는 어떤가?

"그런 고통스런 상황 앞에서 누가 가만히 있겠는가?"[17]

이혼하거나 재혼한 예배자들이 다시 성찬을 받을 수 있는가라는 분열을 낳는 질문에 대해, 그는 개혁의 소망을 드러내며 말했다. 성찬식은 "완전한 자를 위한 상급이 아니라, 연약한 자를 위한 강력한 약과 자양분이다."[18] 그는 예수회 신문인 「라 시빌타 카톨리카」에게 말했다.

많은 가톨릭 신자와 사회 보수주의자가 "낙태, 동성혼, 피임 방법의 사용과 관련된 문제들만에" 매몰되어 있으나, 대신에 그들이 "새로운 균형 … 목자적인 사역"에 집중해야 한다.[19]

이런 예들의 하나 하나에서, 프란치스코의 말은 조심스럽게 사용되었다. 그는 결코 어떤 실체적인 개혁을 한다든가, 오랜 역사의 교리를 바꾸겠노라 약속하지 않았다. 그는 자신이 아르헨티나에서 수십 년 동안 앞장서서 지켜온 전통적 입장으로부터 그 과정을 급격히 바꾸겠노라 언급한 적이 없었다.

하지만, 일반 대중은 그런 문제들에 대해 교황의 솔직한 말-너무 공감되는 것은 말할 것도 없이-에 익숙하지 않았다. 그것은 전임 교황들 밑에서는 가톨릭 신자들이 오직 따라야 할 강의와 규칙으로써의 그런 문제들이었다.

프란치스코의 개방성은 사람들의 상상력을 사로잡았다. 스타일에서의 눈에 띄는 차이는 많은 자들에게 실체적인 변화가 가깝다는 믿음을 심어주었다. 어떤 점에서는 그는 일종의 인격 진단 검사(Rorschach test)가 되었다. 사람들은 어떤 교황 안에서 자신들이 원하는 바를 그의 안에서 발견했다. 온라인 세상에서는, 수천 개의 블로그가 있어, 프란치스코의 교황직 아래서 로마교회가 수년 내에 어떻게 될 것인가를 예견하고 있다.

대부분은 블로그를 만든 블로거들에 의한 소원 목록에 불과하지만, 그것은 수백만 명이 프란치스코에게 투자했던 약속을 보여주는 것이다. 동성애자들은 그가 동성애를 "객관적인 무질서"라고 보았던 전임자들의 비난의 입장을 완화해 줄 것이며 동성혼에도 문을 열어줄 것이라 믿었다. 여자들은 프란치스코가 가난한 자를 위한 피임의 절대적 반대 강간과 근친상간의 경우 낙태의 금지를 완화하는 최초 교황이 될 것을 확신했다.

어떤 자들은 그가 전통을 깨고 여자들의 사제를 고려할 것이라 예견했다. 각각의 특별한 이해 집단은 새로운 교황에게 헌신하는 온라인 같은 것을 갖고 있다. 그는 사제들의 독신을 끝낼 것이다. 성추행범들은 사제 세계로부터 뛰어나와 시민 행정당국으로 넘겨져야 할 것이다. 가톨릭교는 가난한 자를 들어 올리고 부자를 징계하는 데 초점을 둘 것이다.

> 나는 오히려 교회는 제한되거나 그 자체의 안일함으로 빠져들어 건강하지 않는 것보다, 교회가 상처 받고, 다치고 더러운 것을 선호한다. 왜냐하면, 교회는 길거리에 나가 있기 때문이다.

그가 교황직을 맡은 후 얼마되지 않아 쓴 글이다.[20]

교황이 "인민의 교황"이라 불리는 것은 놀랄 일이 아니다. 「**타임**」은 "올해의 인물"로 선정했고, ("70대의 수퍼스타가 한 세기의 변화를 측정하는 장소를 바꾸려고 하다.") 주요 LGBT 잡지 「**더 애드보키트**」도 그리했다("그의 전임자들과는 다른 말에서의 극명한 변화").[21] 「**롤링스톤**」은 교황으로는 처음으로 그를 표지에 싣고, 그들의 기사를 "그들은 시대를 변화시키고 있다"로 제목을 정했다.[22]

> 교황 프란치스코는 자유주의자다.

온라인 잡지 「**슬레이트**」가 쏟아낸 말이다.[23] 웹사이트의 모니터는 그가 **2013년**에 인터넷 상에서 가장 많이 언급된 인물이라고 결론냈다.[24] 프란치스코의 트위터 계정(@Pontifex)은 10개 언어로 4백만 이상의 추종자를 가졌다. 전체적인 프란치스코의 포장은 "놀랍다"는 것이 대부분 바티칸 연구가의 동의였다.[25]

결정적으로 로마교회에 중요한 것은 프란치스코가 수천만 명의 젊은 가톨릭 신자의 믿음을 다시 활기 있게 했다는 점이다. 그들은 로마의 성직자들이 자신들의 삶에 관련이 있으리라는 희망을 포기했던 자들이었다. 수십 개 나라의 사제들은 미사 참석자들이 급증했다고 보고했다. 가톨릭 구호와 자선 단체들을 위한 자원봉사들이 모여들고, 베드로성금의 기부금이 폭증했다.[26]

최고의 정치가들은 자연스런 카리스마, 일종의 화학 작용이 있음을 알며, 이를 통해 소수의 그들이 사람들과 연결하되 대부분이 오직 꿈꿀 수 있는 그런 방식으로 그리한다. 약속에 대한 결점, 기대에 미치지 못한 실패에도 불구하고, 이런 남자들과 여자들은 여전히 확신을 불어넣으며, 여론 조사에서 높은 호감도를 얻는 것은 사람들이 덜 매력적인 인격들에 대해 싫증을 내었던 후일 것이다. 프란치스코가 이런 특정 집단에 가입한 것처럼 보였다. 교황으로서 그의 첫 해 동안 사람들은 그의 행동과 말이 자신들의 좋아하지 않았던 것임에도 무시했다.

교황직을 맡은지 6개월째인 9월, 그는 유명한 가톨릭 잡지인 「**아메리카**」에 폭넓은 인터뷰를 행했다. 여기서 그는 자신의 가장 인기 있는 즉흥적인 일부 말에 대해 입장을 바꾸었다.

> 여러 이슈, 예컨대 낙태 , 동성혼 피임 방법의 사용의 경우, 그런 문제에 대한 로마교회의 가르침은 분명하다. 나는 로마교회의 아들이다. 하지만, 항상 이런 문제들만을 이야기할 필요는 없다.[27]

같은 달에 가톨릭 부인과 의사들에게 행한 연설에서, 낙태에 대해 강력한 비난을 발표했고, 이는 베네딕토 요한 바오로가 항상 말했던 바였다.

프란치스코는 말했다.

> 생명에 대한 확고한 망설임 없는 '예스'임을 감안할 때," 낙태는 "'쓰고 버리는 문화'(throwaway culture)라는 널리 퍼진 이윤에 대한 사고방식의 산물로, 이는 오늘날 너무 많은 자의 심령을 사로잡고 있다.[28]

그는 나중에 낙태 반대 시위에 대한 찬성을 트위터하면서 말했다.

가톨릭 신자들에게 생명은 **"자궁 안에서 시작한다"**는 것을 상기시키고, "또한 이것은 개혁 '현대화'라고 주장되는 것에 종속되는 그런 것이 아니다. 인간 생명을 제거하므로써 문제를 해결하려는 시도는 '진보적'인 것이 아니다."[29]

프란치스코가 추기경으로서 아르헨티나 국회의원들 앞에서 동성애 결혼 상정을 반대했을 때, 그가 **2009년**에 했던 말을 수위를 낮출 수 있는가 하는 물음에 그는 답변을 거절했다.

순진해 빠지지 맙시다. 우리는 하나의 정치적 싸움에 대해 말하고 있는 것이 아닙니다. 이것은 하나님의 계획에 반하는 파괴적 주장입니다. 우리는 단지 하나의 법안에 대해 말하는 것이 아닙니다. 이 법안은 오히려 거짓의 아비가 하나님의 자녀들을 혼돈시키고 미혹시키려는 교묘한 술책일 뿐입니다.[30]

2013년 7월, UN어린이권리위원회가 프란치스코에게 바티칸의 성추행 사건들의 조사와 결과에 대한 "상세한 정보"를 요청하는 서한을 보냈다.

UN은 이전의 범행자들에 대한 투명성을 원했고, 특별히 그렇게 함으로써, 베네딕토 아래서 성직을 박탈당한 자가 누구도 알아차리지 못한 채, 소아성애자로서 시민 사회에 발붙일 수 없도록 하기 위함이었다. 성좌는 **1994년**에 어린이를 보호할 책임이 있는 법적인 구속 수단인 UN어린이권리헌장(CRC: Convention on the Rights of the Child)을 비준했다.[31]

하지만, 19년만에 바티칸은 어떤 상세한 내용도 없이 간단한 요약분만을 **2012년**에 제출했다. UN은 프란치스코 아래서는 로마교회가 더욱 선뜻 도와줄 것이라 생각했다. 그러나 11월, 바티칸은 성직자의 성소아성애자들에 대해 수년에 걸쳐 수집했던 그들의 이름이나 세부사항을 UN어린이권리헌장(CRC)에 제공하기를 거절했다.[32]

> 사제직의 사제들에 대한 종교적 징계 정경법에 따른 종교적인 것에 대해 정보를 공개하는 것은 성좌의 관행이 아니다.

다음 해인 **2014년 1월**, 제네바의 한 청문회에서, CRC 위원들이 협조를 거절한 로마교회를 공개적으로 혹평할 때 바티칸 대표들은 잠자코 앉아 있었다.

> 성좌는 지속적으로 로마교회의 명성의 보전과 그 범법자들의 보호를 어린이들의 최상의 이익보다 높이 두고 있었다.

어느 CRC 변호사의 주장이었다. CRC는 5월, 다시 바티칸을 비난하며, 교회가 "효과적인 조치를 취할 것"을 촉구했다. 9월, 바티칸은 이를 맞대응해, CRC가 교회의 주

권에 대해 "심대한 오해"를 한 것으로 비판했다.[33]

교황을 가장 잘 아는 자들은 진보적이며 반동적인 프란치스코에 어떤 모순이 있다고 생각하지 않는다. 보스톤이 좋아하고 교황의 가장 가까운 미국의 절친, 추기경 션 오말리는 **「보스톤 글로브」**의 한 기자에게 주의를 환기하며, 프란치스코가 교회의 목소리를 부드럽게 했지만, "나는 교황이 교리를 바꾸는 것으로 보지 않는다"고 말했다.[34 * 35]

미국의 정치적 우파-러시 림바우(Rush Limbaugh)는 프란치스코가 자본주의를 "순수한 마르크스주의"처럼 보는 태도에 대해 비난했다-의 소수를 제외한다면, 바티칸 내부에서 변화를 원하는 수백만 명은 신경 쓰지 않았다. 사회적으로 자유주의적인 그의 지지자들은 외견상 자신들이 동의하지 않는 그의 메시지의 일부를 듣지 않으며, 대신에 공통적 근거, 특별히 가난한 자들에 대한 그의 지칠 줄 모르는 약속에 초점을 두었다.[36]

프란치스코는 개혁과 연민에 관한 한, 자신이 진정한 가치며, 전임자들의 말소리를 낸 자신의 보수적인 언급들은 자신의 특별한 호소를 훼손하는 것은 아니라고 지지자들에게 납득시켰다.

2013년 말에, 그는 많은 중대한 사회적 이슈를 철회한 후에도, 많은 여론조사가 확인해 주는 것은 모든 흥분과 대부분의 칭찬 일색인 언론 보도가 프란치스코를 현시대의 가장 최고의 호감도를 가진 종교인의 하나로 만들었다는 것이다.

미국 가톨릭 신자의 92%가 로마교회를 운영하는 그의 방식을 인정했다고 ABC는 전했다.

CNN 여론조사에서 비슷한 숫자가 그에 대한 "인정 비율이 하늘처럼 높다"는 것을 보여 주었다. 심지어 비가톨릭 신자의 75%가 그를 좋아했다.[37] 놀랄 일은 85%가 프란치스코는 너무 자유적이지도 너무도 보수적이지도 아니며, 그가 현대의 세상과 일체가 된 첫 번째 교황이라고 생각했다는 점이다. 런던의 타블로이드 **「엑스프레스」**는 물었다.

교황 프란치스코가 언제나 가장 인기 있을 수 있는가?[38]

교회의 베테랑들이 프란치스코가 하늘에서 보내진 자라고 생각하는 것은 놀랄 일이 아니다. 그들은 너무 다음을 잘 기억하고 있다. 즉, 요한 바오로의 재임 종료 18개월 전인 **2003년**에 실시된 비슷한 여론조사는 미국 가톨릭 신자의 절반 이상이 교황은 자신의 삶과는 동떨어져 있으며 그 어느 때보다 자신들에게 교회는 더 이상 의미와 영향이 없다고 생각했음을 보여 주었다.[39]

프란치스코의 **2013년**의 교황직으로부터 9개월 동안, 바티칸의 운명에서의 주목할 만한 변화는 미국의 종교 담당 기자인 케이 캠벨에 의해 다음과 같이 가장 잘 요약된다.

내 인생의 여정 가운데, 가톨릭교회는 사회의 천덕꾸러기에서 락스타가 되었다.

제43장

죽었다 살아난 것

프란치스코의 믿을 수 없는 인기가 지속될 수 있는가에 대해서는 모두 추측거리였다. 하지만, 그의 역사적이고 전 세계적인 환영은 그에게 새로운 교황으로서 강화된 힘을 주었다. 어떤 성직자 분파가 그와 힘겨루기를 한다는 것은 정말 어리석은 일이었다. 누구도 감히 그를 비판하지 않았다. 바티칸 내부의 대부분은 그런 상황 전개를 함께 길을 가야 하는 하나의 현상으로 여겼다.

결과적으로 프란치스코는 전례 없는 기회를 가지고 의미 있는 교황청 개혁을 시도할 수 있게 되었다. 그 도전은 컸다. 교황은 12억 명의 추종자, 6백만 명의 평종업원, 4천 5백 명의 주교, 4십 1만 2천 명의 사제, 8십 6만 5천 개의 종교 기구, 학교를 갖는 하나의 기구를 감독한다. 가톨릭 자선 단체는 세계에서 가장 크다(약 2천만 명이 어떤 형식이든 간에 도움을 받고 있다).[1]

자신이 해야 할 목록 중 최상에 가까운 것은 바티칸은행이었다. 그는 자신이 시공국 금융을 성공적으로 정비하여 간다면, 그곳의 개혁이 자신의 교황직의 중심물이 될 것임을 알았다. 베네딕토가 첫해에 기대를 채우지 못했던 것을 반복하는 대신, 프란치스코는 행했다. 그것도 자주 결단력 있게. 그는 사무실에 오래 있지 않아서 재검을 신속히 하고 더욱 투명한 감독을 제공할 수 있는 두 가지의 교황 칙령을 발표했다.

익명의 이탈리아은행 소식통은 「**파이낸셜 타임스**」에 그런 빠른 칙령은 "법적 제도적인 틀이라는 진정한 개혁을 향한 중요한 발걸음을 뗀 것"이라고 말했다.[2]

그러나, 그것들은 미봉책의 조치였다. 프란치스코는 하나의 역사적인 결단에 직면했다. 즉, 바티칸은행을 닫고 로마교회가 다른 나라들의 은행들을 이용할 것인가, 아니면

자신의 전임자들을 좌절케 만들었던 조직적 변화를 취할 것인가.[3]

르네 브륄하트의 금융정보국(AIF)은 **2012년도** 년간 보고서를 **2013년 5월** 발표했다. 이 보고서는 현금 거래 보고를 위한 강화된 검증 시스템을 강조하면서 의심스런 거래를 찾아내는 데 더 많은 성공을 이루었음을 자랑했다.

여섯 건이 조사를 받았는데, 이는 전년도의 한 건과 대비된 셈이었다.[4] 그동안 바티칸은 7월의 마감일에 맞추어 검사관들이 미비하다고 판단했던 그런 분야에서 이루었던 진보를 보여줌으로써 EU감시기구(MONEYVAL)에 갱신된 정보를 제출했다.

에른스트 폰 프레이버그는 5월, 회장으로서의 첫 번째 온전한 인터뷰 가운데 바티칸은행에 대해 공세적으로 나아갔다. "금융 위기 가운데서도 우리는 어려움에 있지 않았다. 어떤 정부도 우리에게 구제금융을 하지 않았을 만큼, 우리는 매우, 매우 안전하다"고 언급하면서, 그는 바티칸은행의 **2012년** 수익이 1억 1천 3백만 달러라고 자랑했다. 바티칸은행의 좋지 않는 명성에 대해 그는 대개는 언론의 "중상"의 결과라고 주장했다.

> 내가 여러분께 말할 수 있는 것은, 나 자신이 신문에서 발견했던 모든 이름들을 택해서 그것들을 살펴보았지만 그 이름 중에서 단 하나도 찾지 못했다. 이 마피아 보스, 이 정치가, 오사마 빈 라덴. 그들 중 누구도 여기에 계좌를 갖지 않고 있다. 게다가 그들은 계좌들에 대한 위임자들도 아니다.

프레이버그의 인터뷰는 바티칸 라디오와 갖은 것이었기 때문에, 계좌의 실제 소유주들의 정체를 숨기기 위해 어떻게 비밀 대리인들이 그 은행에서 수십 년간 활용되었는가를 두고 누구도 그를 압박하지 않았다. 단 한 번의 이름 검색이었다면, 그때나 지금이나 그것들을 밝혀내는 데는 충분하지 않았을 것이다.

하지만, 그의 언급은 좋은 기사거리가 되었다.[5] 그가 공개적으로 갔던 진짜 이유는 고위 바티칸은행(IOR) 관리자들이 바티칸은행의 생존을 위해 로비할 필요가 있음을 결정했기 때문이다. 바타칸은행의 해체가 임박했다는 소문이 속도를 냈다. 프레이버그는 아직 프란치스코와의 개인적 알현을 갖지 못했다.

이는 교황이 은행의 미래를 결정했을 때까지 이 은행에 대한 정당성을 부여하지 않으려고 교황이 이를 연기하려 하고 있다는 염려를 낳았다.

> 만일 우리가 '바티칸은행(IOR)을 닫아야 하는가?
>
> 이런 질문을 한다면, 우리 고객들 99.99%가 이에 반대할 것이다.

프레이버그의 말이다.[6]

총무이사 바오로 치프리아니는 기자들에게 오프 더 레코드 조건으로, 은행의 교황청 내 적들이 악한 중상모략전을 시작했다고 덧붙여 말했다. 공식 회견에서는, 바티칸은행이 교회와 독립적인 관계를 가지며, 이는 "단지 필수적이 아니라, 하나의 의무"라고 말했다.[7]

6월 26일, 프란치스코는 5인 위원회를 만들고, 여기에 폭넓은 권한을 주어 바티칸은행에 대한 위로부터 아래까지의 철저한 검토를 하도록 했다. 이 위원회는 바티칸은행의 모든 파일에 대해 접근할 수 있는 완전한 권한을 가졌으며, 그 위원들은 어떻게 바티칸은행을 그 원래의 교회적 사명과 "조화"되도록 할 것인지에 대한 지침을 프란치스코에게 제공하도록 하는 임무가 주어졌다.[8]

이는 교황이 바티스타 마리오 살바토레 리카(Battista Mario Salvatore Ricca) 경을 임시 고위 성직자로 택해서 피오포 경을 대신하게 한 후 2주일 내에 생긴 일이었다. 피오포는 **2011년**에 적도 기니아로 추방당했다.[9] 리카의 발탁은 교황에 의한 진보적 선택이었다. 몇 주일이 되어, 리카는 우루과이에서 교황 대리대사로 섬기는 동안 그의 사생활을 두고 「레스프레쏘」가 상세한 추문을 보도함으로 인해 공격을 받았다.[10]

그 신문에 따르면, 리카는 한 스위스군 장교와 반(半)공개적 관계를 가졌고, 이는 로마 주교들 사이의 끊이지 않는 추문의 주제가 되었다. 한 번은 리카가 게이 바에서 두들겨 맞았다.

또 다른 경우는, 소방관들이 대사관의 엘리베이터에 갇힌 그를 구조했을 때, 그는 옷을 반쯤만 걸친 젊은 남자와 함께 있음이 발견되었다.[11]

일부는 프란치스코가 리카를 선택했던 것을 씁쓸해 했다. 하지만, 다른 자들은 그가 진정한 개혁자며, 불결한 과거의 책장을 들추는 것은 옛 친위대에 의한 인신공격이라고 주장했다.[12] 며칠 후 바티칸은 "교황이 모든 자의 말을 경청했으며 리카에 대해 확신한다"는 성명을 발표했다.[13] 프란치스코는 자신의 선택을 고수했다.

바티칸 밖을 알지 못하는 프란치스코는 바티칸은행(IOR)의 개혁을 씨름하는 일에 전례없는 열심을 보였다. 그해 여름, 그는 6명의 최고 가톨릭 금융인들을 세계 각곳에서 로마로 불러들였다.¹⁴ 자신의 카사 산타 마타 영빈관에서의 하루 종일의 회합에서, 프란치스코는 그 금융인들에게 도움의 필요를 요청했다. 교황은 이탈리아어로 말하고 통역에 의존하여, 로마교회가 안고 있는 금융 문제에 대한 장황한 설명을 늘여 놓으며 말했다.

> 여러분은 전문가입니다. 나는 여러분을 신뢰합니다. 이제 나는 이런 문제들에 대한 해답을 원하며 가능한 빨리 그 답을 원합니다.¹⁵

이들 평신도 전문가들은 새로운 자문위원회의 이사가 되어, 교황이 개혁을 펼쳐나가는데 그를 지도하게 되었다.¹⁶

그렇지만, 프란치스코는 그의 모든 행운에도 불구하고 바티칸은행에 대해서만큼은 어떤 둔턱도 없이 **2013년**을 그럭저럭 지낼 수는 없었다. 그가 특별감독위원회를 임명한 이틀 후, APSA의 최고 회계사인 61세의 눈지오 스카라노(Nunzio Scarano) 경이 구속되었다.

검찰의 혐의는 그가 친구들의 세금 회피를 돕는 주모자며, 그 금액은 2,620만 달러로, 이중 상당량이 스위스에서 한 개인 비행기에 실려 이탈리아로 흘러 들어왔다는 것이다.¹⁷

스카라노의 돈은 바티칸은행의 두 계좌를 통해 움직였다(그는 하나는 개인 계좌, 또 다른 하나는 자선 재단으로 관리했다). 바티칸은행(IOR)이 다시 언론의 표지를 차지했다(전형적인 것은 다음과 같은 **「뉴욕 타임스」**의 머리기사다. "2천 6백만 달러의 음모로 구속된 성직자, 바티칸은행에 새로운 흠을 남기다"). 스카라노의 이야기는 그해의 뉴스거리가 될 수 있는 모든 요소를 가지고 있었다.

전에 금융인이었던 그는 35세에 사제로 안수 받았던 자였다. 스카라노는 한 달 전에 검찰에 의한 한 조사건으로 자신의 APSA 직에서 정직 당했다. 그 조사는 그가 마피아 자금 75만 달러를 자신의 바티칸 계좌를 통해 세탁했다는 혐의였다.¹⁸

그의 별명은 **돈 싱크센토**(Don cinquecento - 미스터 500)인데, 이는 그가 습관적으로 두툼한 현금 뭉치를 내보이며 500유로 지폐가 자신의 좋아하는 것이라 자랑했기 때문이었다. 그가 살레노의 '7,500스퀘어피트'(210평) 고급 아파트에서 수백만 달러의 예술품 도난을 신고할 때, 경찰은 어떻게 단순히 경(卿, 몬시뇰)-경의 경우 연간 약 4만 달러를 받았다-이 이 모든 것을 감당할 수 있느냐 물었다. 그의 답은 "친구들로부터의 기부금이요."[19] 였다.

그의 바티칸은행(IOR)의 계좌를 통해 그가 빼돌린 수백만 달러는, 주장하는 바로는, 부유한 이탈리아 선박 제조사 집안의 세 형제의 것에 속했다. 그들은 이탈리아 수상 실비오 베를루스코니의 절친들이었다. 스카라노와 함께 구속된 자는 이탈리아의 FBI와 같은 정보부의 정직된 정보요원이었다(스카라노의 재판은 **2014년 9월** 시작되었으며 그는 유죄 시 20년의 징역형을 받게 된다).[20]

스카라노 구속 며칠 후, 바티칸은 바티칸은행 내부의 인사이동을 발표했다. 은행의 총무이사 바오로 치푸리아니 그의 보좌 마씨모 툴리가 나갔다.[21] 바티칸은 그들의 퇴직이 "은행과 성좌의 최선의 이익에 부합한 것"이라 말했다.[22]

하지만, 누구도 그 말을 있는 그대로 믿지 않았다. 그들의 퇴임은 서둘러 행해진 것이며 계획되지 않았다. 특별히 총무이사를 대신할 자를 아직 두지 않았기 때문이었다. 사기업에서 넓은 국제적 경험을 갖은 두 명의 이탈리아 은행가가 들어왔다. 한 명은 툴리의 자리를 차지하고, 다른 한 명은 바티칸은행이 새로 만든 수석 리스크 관리자가 되었다.[23] 프레이버그 자신이 회장직을 유지하면서 치푸리아니의 역할을 잠정적으로 떠맡는다고 공지했다.

그 사임은 브륄하트를 놀라게 했다. 그는 에그몬트 그룹의 연례 회의 참석차, 남아프리카 선시티를 가는 도중에 이 소식을 들었다. 그 주에 그가 받은 희소식은 바티칸이 에그몬트에서 우수 회원 자격을 얻었다는 것이었다. 이는 바티칸은행이 돈세탁과 테러리즘 금융을 없애는 싸움을 위해 자유롭게 금융 정보를 공유하는 목적을 갖는 클럽의 일원이 됐다는 뜻이다.

브륄하트가 알지 못했던 것은 무엇이 바티칸은행의 두 사람을 급하게 그만 두게 했는가였다. 그 배후에서, 스카라노 사건 검사들은 바티칸에게 자신들이 전화 통화의 도청 결과, 스카라노가 자신의 계좌들을 통해 엄청난 양의 현금을 움직이는 데 두 사람의 승인을 얻기 위해서 정기적으로 치푸리아니와 툴리와 접촉했다는 것이다.[24]

브륄하트가 그것에 대해 알게 되었을 때, 그는 완전한 공개를 압박했으며, 자신의 동료들에게 그들이 두 사람의 은행 관리자를 해고하는 신속한 조치를 취했던 것으로 점수를 받아야 한다고 주장했다. 옛 IOR은 그런 행동을 취하지 않았을 것이다.

그러나, 이제 그것이 일어난 것은 바티칸의 탓이었다.

하지만, 그의 말은 받아들여지지 않았다. 시공국에 살지 않기 때문에, 그는 자신의 주장을 힘 있게 주장할 수 없었다. 그런 크기의 잘못을 공개적으로 인정함은 로마교회가 수준 높은 투명성을 아직 준비하지 않았다는 뜻이었다.[25]

하지만, 브륄하트가 맞다는 것이 증명되었다. 1주일 후 이탈리아금융경찰은 로마의 검사 지휘 아래 25페이지의 보고서를 발표하면서, 어떻게 바티칸은행이 수년간 돈세탁방지법의 헛점을 피했는지 보여 주었다. 그 결론은 낯익은 것으로, 바티칸은행이 로마 심장부에 역외 은행처럼 영업했다는 것이다.[26]

며칠 후, 누군가가 로이터에 문서들을 유출했다. 이 문서들은 치푸리아니와 툴리가 스카라노의 송금 거래에 대해 충분한 정보를 제공하지 않음으로 인해 이탈리아의 돈세탁 규정을 위반했다는 것이 로마 검찰의 결론이었음을 밝혀주었다.[27]

곧, 미셸 브리아몬테, 바티칸은행의 법률 상담가로서 전용 비행기와 호화스런 삶으로 잘 알려진 그가 내부 거래의 가능성으로 인해 범죄 조사를 받게 되었다(브리아몬테에게는 어떤 혐의도 적용되지 않았지만, 치푸리아니와 툴리는 **2014년 3월**에 돈세탁 위반으로 기소되어 재판을 기다리고 있다).*[28]

다시 한번 바티칸은행은 브륄하트가 제시했던 것처럼 앞서 나가는 대신에 단순히 반응을 보이는 것 같았다. 브륄하트가 남아공에서 돌아오자, 그와 프레이버그는 이 추문을 활용해서 이 사건을 통해 금융 자문 회사를 고용하도록 압력을 넣었다. 바티칸 역사상 처음으로 자문사를 둠으로 이것이 금융정보국의 감시력과 강제력에 도움이 될 수 있었다.

그들의 선택은 프로몬터리금융그룹(Promontory Financial Group)으로, 자칭 "리스크 관리와 규제순응 상담회사"였다. 쉽게 말해서 모든 형태의 금융 문제들에 대한 해결사였다. 프레이버그와 브륄하트는 백만 달러의 의뢰 비용에 대한 승인을 얻기 위해 열심히 로비했다.[29]

프로몬터리의 파트너인 엘리자베스 맥콜이 프레이버그와 만났을 때, 바티칸은행 수장은 대뜸 말했다.

당신은 내가 남겨놓았던 마지막 총알이요.

며칠 이내로 맥콜은 25명의 팀을 이루어 들어온 후, 사용되지 않고 있는 엄청나게 큰 총무이사 사무실에 잠정적으로 자리를 잡았다. 그들은 방대한 작업 서류를 컴퓨터 파일과 비교 검토하여 각 계정마다 적절한 문서화가 됐는지 돈 거래에 대한 문서상의 추적이 투명한지를 확인했다(바티칸 내부에서의 프로몬터리의 역할은 거의 2년 동안 지속됐다. 최종 청구서는 9백만 달러였다).[30]

향후 몇 달 동안, 바티칸은행은 웹사이트(www.ior.va)를 개설했고, 연차 보고서를 발행했다. 그 웹사이트는 온라인 뱅킹은 갖지 않았고 연차 보고서도 고객 리스트를 갖지 않았다. 대신에 이 사이트는 바티칸은행이 무엇이며, 무엇을 하는 곳인지를 설명했다.

역사적으로 바티칸의 연감에도 그 주소와 전화번호를 기재하지 않았던 바티칸은행(IOR)으로서는, 이는 변화가 진행되고 있다는 것을 나타내는 현대적 방법이었다.[31]

8월 말에, 프란치스코는 새로운 국무총리로 베르토네 대신에 피에트로 파로린(Pietro Parolin) 대주교를 임명했다. 그는 베네수엘라 주재 교황 대리대사로, 1930년대에 유제니오 파첼리 이래로 그 자리를 맡은 가장 젊은 자였다.[32] 골드만삭스인터내셔날의 비경영 의장인 피터 서더랜드는 교황의 최고의 고위 자문단에게 간략히 말했다.

투명성은 중요하고 필요하다.[33]

교황은 바티칸은행의 개혁을 개인적으로 감독하겠음을 분명히 밝힌 이상, 전반적인 분위기 조성을 계속했다. 그해 10월 그는 8명의 추기경을 교황청 구조 조정을 위한 특별 자문단으로 임명했다.

교회의 머리들은 자주 나르시스트가 되었다. 그들 조신(朝臣)들의 아첨과 협박으로 인함이다.

프란치스코가 그들과의 처음 회합에서 그들에게 말했다.

교황청은 교황직의 나병이다.[34]

같은 달, 그는 **자의교서**(自意敎書)를 발표했다. 이는 돈세탁과 테러리즘 금융을 반대하고, 분명한 언어로 정경법의 자구대로 따라야 하는 교황청 부처의 중요성을 강화했으며, 역시 로마교회의 내부 금융에 있어서 브륄하트의 금융정보국(AIF)의 감독 권한을 재강조했다.[35] 한 달 후 프란치스코는 브륄하트의 제안들에 대해 후속 조치를 했으며 금융정보국을 더욱 강화하기 위한 새로운 자의교서를 발표했다.[36]

봄맞이 대청소 후 행해진 회견에서, 프레이버그는 기자들에게 말했다.

> 오늘날 분명한 것은 우리가 이 변화 과정의 발걸음을 빨리하기 위해 새로운 지도력이 필요하다.

하지만, 거의 다섯 달이 걸린 11월 28일에야, 대중은 교황 프란치스코와 그의 바티칸은행이 의미하는 "새로운 지도력"이 무엇인지를 보게 되었다. 프란치스코는 자신의 충실한 개인비서, 55세의 알프레드 크수렙(Alfred Xuereb)경을 바티칸은행(IOR)의 새로운 감독의 역할로 임명했다.[37]

바티칸은행을 연구하는 두 위원회의 진척과 활동에 관해서는 그 몰타 출신은 교황의 눈과 귀였다. 비록 크수렙이 금융의 경험은 없지만, 그의 역할은 은행을 운영하는 것이 아니었다. 대신에 그는 교황의 절대적 신임을 가졌다. 그의 선택으로 프란치스코는 바티칸은행을 바라보고 있는 자들에게 하나의 메시지를 보낸 셈이었다.[38] *[39]

한 달 후인 12월, EU감시기구(MONEYVAL)가 EU 돈세탁과 테러리즘 금융 지원의 방지 투명성의 규정을 준수하기 위한 바티칸의 진척에 대한 최신의 보고서를 발표했을 때, 다사다난했던 한 해가 마무리되었다. 이 보고서는 시공국이 큰 진전을 이루었음을 칭찬하면서, "대단히 넓은 범주의 입법과 다른 조치들이 단시간 안에 성좌에 의해 성취되었다"고 언급했다.

그럼에도, 이 보고서는 더 많은 감독이 필요하다고 결론냈다. 여전히 바티칸은행과 성좌의유증관리청(APSA) 양쪽에 금융 범죄를 예방하기에는 부적절한 통제가 있었다. 브륄하트의 금융정보국(AIF)에 대한 직접적 언급에서, EU감시기구는 그의 정보부서가 바티칸은행이나 성좌의유증관리청(APSA)에 대해 충분한 검사를 아직껏 행사하지 못했음은 "상당히 놀라운" 일이라고 말했다. 하지만, 금융정보국(AIF)이 여러 의심스러운 바티칸은행 계좌들을 폐쇄하는 것과 일부 잠재적인 돈세탁을 줄였던 점은 공이 있다고 했다.

그해가 끝나기 전, 팡파레도 울리지도 않고, 브륄하트의 금융정보국은 독일, 이탈리아, 미국, 스페인, 네델란드, 벨기에 슬로베니아의 상대 당사자들과 함께 의심스런 거래에 대한 정보 공유를 이해하는 각서에 서명했다.[40] 그는 20개국 이상과 협상을 더해 나갔다.[41]

그동안 더 큰 이름의 자문사들이 프로몬터리에 가입해서 바티칸은행(IOR)을 방탄복으로 만들기를 노력했다. 여기에는 EY(이전의 Ernst & Young), KPMG, 드로이트 & 투치가 포함되었다.

별도로, 프란치스코는 미국 거점의 맥캔지사(社)와 BBC의 전사장인 크리스토퍼 패턴 경을 고용해서 바티칸의 언론 관계를 점검토록 했다.

성좌 주재 영국대사인 나이겔 베이커 같은 바티칸은행에 대한 관망자들에게, 프란치스코 아래서의 개혁의 속도는 "전례 없는" 것이었다. 베이커는 자신이 **2011년** 대사로 임명받았을 때 느낀 바를 다음과 같이 말했다.

> 판에 박은 농담처럼, 기자들은 IOR에 대해 기사를 쓸 때마다 반드시 암브로시아노은행과 블랙프라이얼스 다리 밑의 로베르토 칼비를 포함시켰다. 하지만, 그 스캔들이 일어났던 것은 30년 전이었다. 많은 논평가의 감정은 성좌가 과거에는 그 금융 구조의 변화 필요성에 립서비스만을 주었다는 것이었다.

그는 개혁, 투명성 현대화를 향한 움직임은 베네딕토 밑에서 시작되었으나 프란치스코는 이를 최우선 사항으로 만들었다고 말했다.[42]

2014년은 프란치스코가 바티칸은행의 문화를 영원히 변화시키겠다는 약속을 증명한 해였다.

1월 16일, 그는 바티칸은행(IOR)의 고위 관리들을 숙청했다. 그 개혁의 속도에 만족하지 않았기 때문이었다.

이번에 그의 목표는 추기경들로 구성된 은행의 전통적인 감독위원회였다. 사임 전에 베네딕토는 위원회 멤버에 대한 계약 조건을 갱신했었다.

베르토네 추기경, 이탈리아의 도메니코 칼카노, 브라질의 이딜로 쉐러, 인도의 테레스포어 톱 프랑스의 쟝-루이 토랑이 그 위원이었다. 그들의 5년 계약 기간 중 1년이 안되어 프란치스코는 토랑을 제외한 모든 자들을 바꾸었다.

신임 국무총리인 피에트로 파로린은 베르토네의 자리인 의장을 맡았다. 추기경으로 구성된 새로운 후보군은 개혁자들로 알려졌고, 이들은 자신의 교구에서 금융 문제에 있어 포괄적인 경험을 가진 자들이었다.[43]

바티칸은행의 관망자들은 다시 감명을 받았다.

> 이것은 바티칸의 정치 경제에서 중요한 전기다. 이는 바티칸 금융에 대한 투명성을 향한 교황 프란치스코의 새로운 정치 노선을 따르는 것이다.

로마의 LUISS대학의 경제학자 주세페 디 타란토 교수의 말이다.[44]

프란치스코는 아직 끝나지 않았다. 2주 후인 1월 31일, 교황은 옛 금융의 마지막 친위대를 갈아치웠다. 나간 자는 금융정보국(AIF)의 회장이자 76세의 추기경 아틸리로 니콜라였다. 그의 후임자는 66세의 조지오 콜벨리니(Giorgio Corbellini) 주교로 평신도 근로자들을 다루는 직임을 가진 시공국의 노동부서의 장이며 법률 전문가였다. 콜벨리니는 역시 개혁가로 간주되었다.[45] 그의 선택은 바티칸 금융을 감사하는 두 국제 회사를 고용하는 때와 일치했다.[46]

그들 모두에게 실패의 결과를 생각나게 하는 것은 바티칸은행이 OECD의 화이트 리스트에 올리는 것을 신뢰했던 때만큼은 없었다.[47] 마감일이 정해졌다. 이는 2년 정도가 남았다. EU감시기구(MONEYVAL)가 전년 12월 그 평가를 끝냈을 때, 바티칸에 대한 다음 보고서는 **2015년**으로 정해졌다.

바티칸은 끊임없는 변동의 자리였다. 2월, 프란치스코가 **자의교서**를 발표해, 새로운 부처인 경제청(Secretariat for the Economy)을 만들었다. 이는 전임자 베네딕토가 **2010년**에 바티칸이 처음 돈세탁 방지법을 약속하기 위해 사용했던 동일한 형식의 강력한 칙령이었다.

경제청장은 폭넓은 권한이 주어져 시공국의 모든 돈 문제를 통제할 수 있었다.[48] 8명의 추기경과 7명의 평신도 금융전문가로 구성된 감독위원회는 거의 24개의 교황청 부처의 예산을 조절하는 임무가 주어졌다. 프란치스코는 자신의 가장 가까운 자문관의 하나인 호주의 몰상식적이지 않는 추기경 조지 펠(George Pell)을 그 장관으로 선택하므로써 새로운 부처에 개인적인 힘을 실어주었다.[49] **자의교서**는 역시 성좌의유증관리청(APSA)도 바티칸은행처럼 운영하는 조치로 나아가도록 분명히 했다.

4월, 프란치스코는 마침내 바티칸은행을 폐쇄하지 않을 것임을 선언하여 1년 간의 추측을 잠재웠다. 홍보실은 바티칸은행이 "신중함으로 봉사를 계속할 것이며 전 세계적으로 특별한 금융 서비스를 로마 가톨릭교회에 제공할 것"이라는 성명을 발표했다.[50] (**"바티칸은행은 죽었다 살아난 것."** 이는 「데일리 비스트」의 머리기사였다).[51]

브륄하트의 금융정보국(AIF)은 5월 하순에 얼마나 그 규제 시스템이 잘 작동하고 있는지 보여주었다. **2013년**에 바티칸은행 내에서 202건의 수상한 거래를 밝혀냈고, 이는 전년의 오직 6건과 대비되었다.[52]

오랫동안 바티칸을 연구한 마씨모 파기올리, 이탈리아 신학교수에 따르면, 프란치스코는 단호히 행동했다. 왜냐하면, 그는 지난 35년 만에 실체적인 개혁을 이룬다는 것이 얼마나 중요한가를 이해하는 첫 번째 교황이기 때문이다.

> 교황 요한 바오로 2세는 바티칸은행을 손대지 않았다. 왜냐하면, 은행이 바티칸으로부터 폴란드의 연대에 자금을 대주는 목적을 감당했기 때문이었다. 교황 베네딕토가 은행에 손대지 않았던 것은 이를 통제하는 데 관심을 갖지 않았기 때문이었다. 교황 프란치스코는 다르다. 왜냐하면, 이 작은 은행과 그 스캔들의 역사로 인해 로마교회의 신뢰도에 가해졌던 손상을 알기 때문이다.[53]

5월 독일 신문 「**빌트**」는 전임 국무총리인 베르토네가 전임 바티칸은행(IOR) 수장인 고티 테데치의 반대에도, 한 친구의 TV 생산 업체에 2천만 달러의 바티칸 대출을 승인한 것으로 인해 범죄 조사를 받고 있다고 보도했다. 오푸스데이(*Opus Dei*, 하느님의 사역) 회원인 베르토네의 친구는 그 의심스런 대출에 대해 채무 불이행을 했다(이 조직은 1928년 법률 문필 교육을 받은 사제 호세 마리아 에스크리바가 세웠고, **1950년** 교황청으로부터 승인을 받았다. 구성원들은 그리스도인으로서 개인의 완성을 추구하고 그리스도의 이상을 따라가는 성직자 단체다 - 역자 주).[54]

「**빌트**」에 따르면, 종교 주제 영화를 만들었던 그 회사의 93세의 사주가 국무총리실에 일부 돈을 리베이트로 주었다는 의심이 있었다. **2013년**의 기록을 재검토했을 때, 외부 감사자들은 그 대출을 발견했으며 바티칸은행이사회는 그 다음에 이를 대손상각 해야 했다.[55]

이것은 예상 밖의 이야기의 예로, 과거에는 새로운 스캔들로 되어 교회를 수세적으로 몰아넣었던 그런 전조였다.

하지만, 프란치스코는 그 보고를 곪도록 허락하지 않고, 대신에 바로 그 다음날, 페데리코 롬바르디 대변인을 보내어 그 진실성을 분명하게 부인하게 했다.[56] 2주 내에 교황은 브륄하트의 금융정보국이사회의 모든 이사 5명을 해고하는 극적인 발표로 인해 베르토네의 조사에 대한 지속적인 소문이 잊혀 지도록 확실히 했다.[57]

이스라엘에서 로마로 돌아오는 비행기 안에서, 프란치스코는 기자들에게 자신이 새로운 임명을 했다면서, 그 이유로 다음처럼 말했다.

> 경제적 관리는 정직과 투명성을 요구되며 … 그 핵심은 더 이상의 스캔들이 있는 것을 피하려고 노력하는 일이다.[58]

브륄하트는 성공적으로 교황을 설득시켜 그의 다섯 명의 "옛 친위대" 이사를 교체하고, 자신과 비슷한 자격을 가진 독립적 교수들로 채웠다.[59] 그리고 브륄하트는 새로운 부감독으로, 토마소 디 루짜를 얻었다. 그는 존경받는 법학자로, 바티칸의 돈세탁 방지 규정의 초안에 도움을 주었던 자였다.[60]

해고와 새로운 임명에 대한 언론 기사는 전반적으로 긍정적이었으며, 교황은 자신이 물려 받은 금융의 수렁을 청소하는 대담한 조치를 기꺼이 취하는 자로 그려졌다.[61]

프란치스코는 한때 말했다.

> **돈은 모든 것을 움직이는데 유용하다. … 하지만 당신의 마음에 돈에 붙어있다면, 이는 당신을 죽인다.**

이런 그가 바티칸 금융에 대한 자신의 혁명에 마지막 붓질을 했다.[62] 그것이 7월이었다. 그는 바티칸은행의 수장 에르느토 폰 프레이버그를 교체하고, 장-밥티스트 드 프랑수(Jean-Baptiste de Franssu)를 앉혔다. 그는 인베스코 유럽의 전 CEO이며, 인수 합병 상담에 전문화된 회사의 창립자였다.⁶³ 이사회에 그와 합류하는 자들은 새로운 이사들로, 사금융과 월 스트리트에서 대단한 경험을 가진 자들이었다.

마이클 힌쯔는 솔로먼브라더스에서 일했으며, 크레딧스위스를 위해 유럽내 양도 증서 부분의 책임자가 되기 전에 골드만삭스에서 모든 영국 거래를 담당했다. 마침내는 자신의 헷지펀드(CQS)를 세웠다. 또 다른 이사는 도이체방크의 전 의장인 크레멘스 보어시그였다. 처음으로 프란치스코는 여자로 이사를 삼았는데, 매리 앤 그렌돈은 74세의 하버드대학교 법학교수이며 바티칸주재 전 미국대사였다.⁶⁴

바티칸이 은행을 고치기 위해 월 스트리트로 돌아오다.

이는 CNN의 주요 기사였다.⁶⁵

바티칸은행은 이사진 개편과 동시에 2013년도의 연간보고서를 발표했다. 이 보고서는 옛 체제의 완전한 개편이 시공국의 담벼락 뒤에서 맹렬히 진행되고 있다는 더 많은 증거를 제공했다. 약 3,500개의 바티칸은행 계좌들이 전년도에 폐쇄되었다. 어떤 것들은 휴면 상태였거나, 어떤 것들은 처음부터 자격이 되지 않았다.⁶⁶

이탈리아의 수퍼 부자가 개설했거나 정치적으로 잘 연결된 개인 계좌들, 수십 년 동안 바티칸은행을 괴롭혀왔던 많은 스캔의 원천인 그 계좌들은 개혁자들에 의해 공격을 받았다.

하지만, 다른 의미있는 구조 조정이 전개되었다. 바티칸은행의 투자업무는 새로이 만들어진 부서, 바티칸자산관리로 이전될 것이다.⁶⁷ 앞으로 나아가면서 바티칸은행은 우선적으로 지불 서비스와 종업원, 가톨릭 자선 단체들 교단들을 위한 금융 자문을 행하게 된다.⁶⁸

바뀐 바티칸은행은 노가라와 말신커스 아래서 한창 좋을 때 했던 부동산과 주식은 더 이상 거래 할 수 없게 될 것이다.

바티칸 돈을 떠맡은 새로운 최고 성직자가 된 추기경 조지 펠은 대대적인 개혁에 반발하는 바티칸의 옛 친위대를 모두 흔들어버렸다.

그는 **2014년**의 기자 회견에서 그 점을 잘 납득시켰다.

우리의 야망은 때때로 스캔들의 원인이 되기보다 금융 관리의 모델같은 것이다.[69]

펠은 「**보스톤 글로브**」에 말했다.

야망은 지루할 정도로 평범하게 성공하는 것, 가십 페이지에서 벗어나는 것이다. 목적은 금융 관리에서 좋은 관행의 모델이 되는 것이다. 이 길을 따라가면, 우리는 교회의 일을 위한 수익에는 미치지 못할 것이다.[70]

2014년이 끝나갈 즈음, 펠은 자신이 직면한 문제의 깊이를 보여 주었다. 바로 바티칸이 보여준 금융에 대한 때때로의 왕당파 같은 접근법을 끝내는 일에 있어서의 문제였다.

펠은 현금 10억 달러 이상을 발견했는데, 이는 대차 대조표에도 나타나지 않고 또 어떻게 쓰였는지에 대한 감독도 없고, 설명되어 본 적이 없는 돈이었다. 이 현금은 성좌의 각기 다른 부처에서 "꼬불쳐 둔" 돈이라고 그는 말했다. 비록 펠은 어떤 잘못을 발견한 것은 아니지만, "전체적으로 되어가고 있는 것을 정확히 아는 것은 불가하다"는 것은 인정했다.

2015년 4월은 프란치스코의 금융 개혁에 대한 과정을 더 이상 돌이킬 수 없는 이정표가 되었다. 이는 이탈리아와 바티칸이 역사적인 세금정보교환협정(TIEA: tax information exchange agreement)에 서명한 때였다.[71] 이탈리아는 과거에는 스위스, 모나코, 리히텐스타인과 세금정보교환협정(TIEA)을 서명했지만, 이탈리아보다 더욱 중요한 나라는 없었다.

이 협정은 부유한 이탈리아인들이 세금을 회피하고 외환 규정을 우회하기 위해 역외 투자처로 바티칸은행을 활용하는 것의 실질적인 종언을 뜻했다. 이는 이탈리아의 주요 정치가들의 이름으로 있는 정치적 비자금을 확실히 끝내기 위한 투명성과 데이터의 공유를 공식화했다.

이탈리아와의 세금정보교환협정은 언론에서 환영 받았다.

"성좌가 집을 청소하다"(AP), "돈세탁과 세금 회피의 천국은 더 이상 없다"(「**인터내셔날 비즈니스 타임스**」). 이탈리아에서의 "마지막 재정과 금융의 벽의 종언"(「**라 레푸브리카**」), "새로운 결정적 발걸음"(「**파노라마**」).[72]

협정이 서명되기 8일 전, 필자는 세금 전문가들을 위한 주요 간행지에 의견란을 썼다.

바티칸은행의 옛날 나쁜 시절이 참으로 끝났다는 것을 이탈리아가 확증할 수 있는 유일한 길은 TIEA를 로마교회와 서명하는 것이다. 그것이 일어난다면, 일부 내부자의 말에 의하면, 아마 3월 말 쯤에는 된다고 하는데, 그러면 이탈리아는 한걸음 더 나아가, 많은 관리자가 역외 은행이 로마 한복판에서 영업하고 있다고 생각하는 것에서 자유로울 수 있을 것이다.[73]

2013년 9월, 필자는 르네 브륄하트를 만났다. 그곳은 바티칸시 곁에 있는 아래로 길이 난 로마의 16세기 팔라조의 정원으로 지금은 순례자와 방문객의 호텔이다. 두 시간 동안, 브륄하트는 당시 진행되고 있는 대규모 개혁에 대한 집중적이고 철저한 내부자의 견해를 제공했다. 바티칸은 독특하다고 그는 말했다. 리히텐스타인과 달리, 그가 자신의 조국 스위스에서 행하던 일과는 달리, 시공국은 금융 중심지가 아니었다.

어떤 상업적 행위도 없다. 그는 바티칸은행이 엄정하게 화이트 리스트에 추가되기를 준비하고 있음을 확실히 하기 위해, 자신이 필요로 하는 모든 권한과 자유를 가지고 있었다고 그는 나에게 확언했다. 그는 "대부분의 어려운 일정이 앞에 있다"고 생각했으며 "완전히 이행하기에는" 3년에서 5년이 걸릴 것이라 예상했다.[74]

그는 말했다.

나는 어떠한 기대도 갖지 않고 여기에 왔다. 그러나, 나는 결국 한 금융 기관을 성좌에게 책망할 것 없는 것으로 돌려드리려 한다. 이는 분명 쉽지 않은 일이지만, 이룰 수 있는 것이다.

만일 말신커스가 오늘날 운영되는 바티칸은행을 보았다면?

나는 그가 이를 인정할 것이라 생각하지 않는다. 그것은 좋은 일이다.

미주

제1장

1. Anthony Huntley가 1982년 6월 23일에 런던경시청에 한 진술이다. Carlo Calvi가 필자에게 준 복사본에 따르면, 그가 경찰에 한 이야기는 다음과 같다. "나는 처음에는 알아채지도 못했다. 그러나, 더 오래 살펴본 후 교수형을 당한 시체가 있는 것을 보았다." 다음 책 참조, Philip Willan, *The Last Supper: The Mafia, the Mason and the Killing of Roberto Calvi* (London: Robinson, 2007), 1-2.
2. Larry Gurwin, *The Calvi Affair: Death of a Banker* (London: Pan, 1983), 122. 역시 Willan, *The Last Supper*, 2.
3. Alberto Calvi의 죽음에 대한 광역도시 경찰청의 보고(London, June 19-22, 1982). Carlo Calvi가 제공한 사본. 런던경시청의 형사(PC: Police Constable) John Palmer의 진술(June 23, 1982)
4. 런던경시청 PC Donald Bartliff의 진술(June 28, 1982). 역시 Willan, *The Last Supper*, 2.
5. Peter Popham, "The Case of God's Banker: Roberto Calvi the Trial Begins," *The Independent* (London), October 6, 2005.
6. 런던시경의 PC John Palmer의 진술, June 23, 1982.
7. Rupert Cornwell, *God's Banker* (New York: Dodd, Mead, 1983), 198.
8. Roberto Calvi의 죽음에 대한 런던 Metropolitan Police의 보고서, June 19-22, 1982.
9. 만일 경찰이 그의 옷을 더 철저히 검사했다면, 하루 전에 그의 진짜 정체를 알았을 것이다. 그의 이름이 양복 상의 안쪽 가슴 주머니 라벨 위에 인쇄되어 있었다. Public Prosecutor's Office, Preliminary Hearing File, Public Prosecutor's memorandum on the murder of Roberto Calvi, Rome, December 28, 2004, 2-3. 역시 Willan, *The Last Supper*, 3, 5.
10. 이탈리아 군정보기관(Servizio per le Informazionie la Sicurezza Militare, 약칭 SISMI)의 장교, Lieutenant Colonel Francesco Delfino는 Calvi 시체가 발견된 이틀 후 도착했다. 그는 런던경시청을 돕지 않고, 대신 그의 영국 MI5 소속 동료들과 함께 그 조사 과정을 감시했다.
11. 그가 형사건으로 재판을 받기 전, 법정은 Calvi의 여권을 그가 런던에 도착하기 전 거의 1년 전에 몰수했다. Calvi의 가짜 여권은 세관원들을 속이기에 충분할 만큼 좋았다.
12. Popham, "The Case of God's Banker."
13. 1982년 6월 17일부터의 Ambrosiano은행 이사회의 세부 사항. published in *Il Mondo*, July 12, 1982.
14. Charles Raw, *The Moneychangers: How the Vatican Bank Enabled Roberto Calvi to Steal $250 Million for the Heads of the P2 Masonic Lodge* (London: Harvill/HarperCollins, 1992), 414-19; 역시 Penny Lernoux, *In Banks We Trust: Bankers and Their Close Associates: The CIA, the Mafia, Drug Traders, Dictators, Politicians,*

and the Vatican (New York: Anchor/Doubleday, 1984), 192.

15 런던의 Claridge's Hotel의 법인 계좌를 가지고 있었던 Calvi는 120평방 피트의 두 싱글 베드의 Chelsia Cloisters 을 싫어했다. Testimony of Silvano Vittor and Margaret Lilley, Coroner's Inquest of June 13-27, 1983, Carlo Calvi의 자료제공.

16 Carlo Calvi와의 필자 인터뷰. September 27, 2005.

17 한 달 후 경찰이 인정한 것은 그들이 그 다리에서 처음 시체를 수색했을 때 그 조끼의 단추를 풀었으리라는 것과 그다음 사진을 찍기 전에 잘못 단추를 채웠다는 점이다. 이탈리아의 *L'Espresso*는 잘못 단추가 채워진 조끼를 입은 시체를 일면으로 발행했다. 이는 살인추정에 대한 첫 번째 쟁론을 불러일으켰다. Report of Detective Inspector John White, July 20, 1982. Willan, The Last Supper, 8에서 인용

18 Roberto Calvi의 죽음에 대한 런던메트로풀리탄경찰 리포트, June 19-22, 1982; filed London Police investigation/case summaries dated July 1982.

19 Fabiola Moretti의 증언. 인용, Willan, *The Last Supper*, 183-84.

20 Calvi의 행방에 대한 널리 인정된 사실로써, 목격담 중 하나는 사건 후 20년이 지난 한 웨이터의 회고다. 그는 Knightsbridge의 인기 있는 *trattoria* 식당인 San Lorenzo에서 일한 자로, 사건을 조사 중인 이탈리아 조사관들이 묻자, 그는 사진으로 칼비를 알아보았고, Umberto Ortolani를 꼭 집어냈는데, 그는 프리메이슨 비밀결사의 일원이며, 그 밤에 Calvi와의 식사를 함께 한 일행의 하나로 추정된 자였다. 그러나, 오랜 시간이 흘렀던 관계로 조사관들이 Calvi의 사진을 보여주기 전에 그 종업원이 이미 언론을 통해 그의 사진을 보았음을 인정한 까닭에 San Lorenzo의 목격담은 기껏해야 추측에 불과한 셈이 되었다. 일반적 내용은 Willan, *The Last Supper*, xxxi-xxxiii.

21 사망시 증서는 40억 리라로, 약 3백만 달러다.

22 Thomas T. Noguchi and Joseph DiMona, *Coroner At Large* (Coroner Series) (Premier Digital Publishing, 1985; Kindle edition, location 2756 of 2971).

23 경찰에게는 불행히도, Chelsia Cloisters Hotel의 전화시스템은 오래된 관계로 교환대를 통해 작동되었다. 교환원은 수신전화를 객실로 연결하면서 아무 기록도 남기지 않았다. 발신전화의 경우, 손님은 외부선을 교환원에게 부탁을 해야 했고, 요율은 그 전화가 국내인지 국제인지에 따라 단위(units) 별로 책정되었다. 통화된 전화번호에 대한 기록은 관리되지 않았다. 기록상으로 Calvi는 외부 통화를 17차례 요청한 것으로 되어있지만, 이 전화 요청 모두가 성공적으로 이루어졌는지 어떤 경우 수신불가였는지는 확정지을 수 없었다. Calvi는 463청구 단위를 사용했는데, 이는 그의 아내와 딸이 증거한 통화에 충분한 단위 이상이었다. 나머지 여분의 단위에 대해 그가 누구와 전화했는지 경찰은 결정하지 못했다. Raw, *The Moneychangers*, 431-32; Cornwell, *God's Banker*, 196; Carlo Calvi와의 필자 인터뷰, September 27, 2005.

24 PC(Police Constable) Donald Bartliff의 조서 in Willan, *The Last Supper*, 6-7.

25 Simpson은 나중에 이 사건을 공표한 그의 손글씨 노트에서, 그 사체가 발견된 아침에 그가 받았던 첫 통화 동안 그 경찰이 그 죽음은 "전혀 특이한 점이 없으며" "범죄처럼 보이지 않습니다. 박사님, 당신도 이를 보기 원합니까?"라고 말했다고 언급했다. 역시 Colin Evans, A Question of Evidence: *The Casebook of Great Forensic Controversies, from Napoleon to O.J.* (Hoboken, NJ: John Wiley, 2003), 191.

26 검시관 사인규명의 전사요약, July 23, 1982과 June 13-27, 1983. Carlo Calvi의 허가; *Associated Press*, International News, A.M. cycle, July 23, 1982.

27 검시관 사인규명의 전사요약, July 23, 1982, Carlo Calvi의 허가.

28 "The Vatican's Business; Ambrosia Again," *The Economist*, April 25, 1992, 58 (UK edition, 56).

29 Evans, *A Question of Evidence*, 195.

30 Gurwin, *The Calvi Affair*, 147.

31 "Jury in London Declares Italian Banker a Suicide," *The New York Times*, July 25, 1982, 5.

32 Barnaby J. Feder, "Calvi's Family Asks New Inquest," *The New York Times*, Section D, March 29, 1983, 5.
33 David Willey, *God's Politician: John Paul at the Vatican* (New York: St. Martin's, 1993), 213.
34 1988년, 밀라노의 민사법정은 Calvi가 살해되었음이 유력하다고 언도했고, 보험 회사 Assicurazioni Generali는 Calvi 가족에게 보험금 전액을 지급하라고 결정했다.
35 Francesco Delfino 중령은 런던의 조사를 추적관찰하면서, 영국 형사들이 이 사건을 마치 함정 자살처럼 취급하고 있다고 생각했다. Willan, *The Last Supper*, 9-10. 역시 Paul Lewis, "Italy's Mysterious, Deepening Bank Scandal," *The New York Times*, July 28, 1982, A1.
36 다음을 보라, "Banco Ambrosiano Liquidated," *Facts on File World News Digest*, Nexis, August 13, 1982
37 Richard Owen, "Plea to Pope from 'God's Banker' Revealed as Murder Trial Begins," *The Times* (London), October 6, 2005.
38 Andrea Perry, Mark Watts, and Elena Cosentino, "Help Me. Murdered Banker Calvi's Last Desperate Plea to the Pope," *Sunday Express* (London), April 16, 2006, 39.
39 Owen, "Plea to Pope from 'God's Banker' Revealed as Murder Trial Begins."
40 Lefteris Pitarakis and Philip Willan, "So Who Did Kill Calvi?," *The Sunday* Herald, June 10, 2007, 28; Perry, Watts, and Cosentino, "Help me."
41 "Italy Liquidates Ailing Banco Ambrosiano," *The Globe and Mail* (Canada), August 10, 1982.
42 "Banco Ambrosiano: Come Again?," *The Economist*, August 14, 1982, 61.
43 이탈리아에서 언론은 이미 Calvi를 "바티칸의 은행가"(Vatican's Banker) "교황의 은행가"(Pope's Banker)로 불렀다.
44 "Calvis Claim New Evidence Shows Banker Was Murdered," *United Press International*, International Section, A.M. cycle, March 28, 1983.
45 Ed Blanche, "Judge Accepts Family's Challenge to Suicide Verdict," *Associated Press*, A.M. cycle, January 13, 1983; Barnaby J. Feder, "Calvi's Family Asks New Inquest," *The New York Times*, Section D, March 29, 1983, 5; Michael Harvey, "Star Solicitor of Causes Celebres," *Press Association*, September 26, 1994.
46 "Court Orders New Inquest in 'Hanging' Italian Banker's Family Wins Reopening of Case," *Miami Herald*, March 30, 1983, A9.
47 "Inquest Jury Undecided on Calvi," *The New York Times*, Section D, June 28, 1982, 1; "Open Verdict in Italian Banker's Death," *Associated Press*, P.M. cycle, International Section, June 27, 1983; "Calvi Inquest Indecisive," *The Globe and Mail* (Canada), June 28, 1983.
48 Carlo Calvi와 필자 인터뷰, September 27, 2005.
49 Chester Stern, "New Forensic Evidence May Reopen Calvi Case; 'God's Banker' Murder Probe," *Mail on Sunday* (London), October 18, 1992, 2.
50 Michael Gillard, "Calvi-The Tests That May Point to Murder," *The Observer* (London), January 31, 1993, 27; David Connett, "Calvi Was 'Murdered,' Tests Find," *The Independent* (London), October 18, 1992, 3; Willan, *The Last Supper*, 8-9. 1994년 Kroll은 Calvi 가족을 뉴욕 연방법원에 4.5백만 달러 중 3백만 달러의 미지급건으로 소송을 제기했다. 다음을 보라, Chris Blackhurst, "Cash-Strapped Kroll Sues Calvis for Pounds 2M," *The Observer* (London), August 7, 1994, 1.
51 Gillard, "Calvi-The Tests May Point to Murder."
52 "Italy Exhumes 'God's Banker' to Review Earlier Suicide," *The New York Times*, December 17, 1998, A19; Bob Beaty, "Mystery Extends from Alberta to Italian Mafia: Family of Roberto Calvi Allege Vatican Also Involved in Banker's Death," *Calgary Herald* (Alberta, Canada), December 31, 1998, B5.
53 Philip Willan, "DNA May Solve Banker's Murder," *The Guardian* (London), December 30, 1998, 11;

"Bruising Found on Remains of Italian Banker Calvi," *Agence France-Presse*, English edition, International News, January 25, 1999; 역시 "New Evidence Supports Theory Death of 'God's Banker' Was No Suicide, Family-Hired Expert Says," *Associated Press* Worldstream, International News, December 10, 2000.

54 Jim McBeth, "Who Killed God's Banker," *The Scotsman*, October 1, 2002, 2; Peter Popham, " 'God's Banker' Believed Murdered; New Autopsy Rejects Suicide Theory," *Hamilton Spectator* (Ontario, Canada), February 18, 2003, 4.

55 John Phillips, "Mason Indicted over Murder of 'God's Banker,' " *The Independent* (London), July 20, 2005, 20. 네 사람이 기소되었고, 다섯 번째 인물이 몇 개월 후 추가되었다. "Italy: 4 Charged in Banker's 1982 Death," World Briefing, *The New York Times*, April 19, 2005, A11. Calboni와 Pippo Calo는 유명한 폭도 지도자로, Calvi의 살해 음모로 1997년에 기소되었으나, 사건은 증거력 부족으로 공소 제기되지 않았다. 2002년의 기소장은 죄목들이 대체되고 확대된 고발건수을 담고 있었다. "Italy Exhumes 'God's Banker' to Review Earlier Suicide," *The New York Times*, December 17, 1998, A19.

56 " 'God's Banker' Murder-Five Cleared," *Sky News* (U.K.), June 6, 2007.

57 "Italy: 5 Acquitted in Banker's 1982 Death," World Briefing, *The New York Times*, June 7, 2007, A17; Frances D'Emilio, "Jury Acquits All 5 Defendants of Murder in Death of Italian Financier Called 'God's Banker,' " *Associated Press*, International News, June 7, 2007.

58 "'God's Banker' Was Murdered, Judges Say," *ANSA English Media Service*, July 15, 2010.

59 Ibid.; Tony Thompson, "Mafia Boss Breaks Silence over Roberto Calvi Killing," May 12, 2012.

제2장

1 Vatican의 이름은 언덕을 뜻하는 고대 로마어, 바티카누스(*Vaticanus*)에서 유래한다. 이 바티카누스 위에 성 베드로성당은 세워졌다. 교황(Pope)은 아버지를 뜻하는 희랍어 파파스(*pappas*)에서 유래한다.

2 Paul Hoffman, *Anatomy of the Vatican: An Irreverent View of the Holy See* (London: Robert Hale, 1985), 16.

3 로마의 Curia는 공식적으로는 Urban II가 그 조직을 명명한 1089년 전까지는 존재하지 않았다. 그러나, '종교재판위원회'(the Congregation of the Inquisition)라는 첫 공식 조직이 형성되는 16세기 중반까지는 작은 조직으로 남아 있었고, 그 후 40배로 확대되었다. 1960년대에 교황 바오로 6세(Paul VI)에 의해 교황법정(pontifical court)은 공식적으로 폐지되었다.

4 John F. Pollard, *Money and the Rise of the Modern Papacy: Financing the Vatican, 1850-1950* (Cambridge: Cambridge University Press, 2005), 22-23.

5 Robert W. Shaffern, " 'Buying Back' Redemption," as part of a discussion, "Sin, and Its Indulgences," *The New York Times*, February 13, 2009.

6 "하지만, 실상은 어느 누구도 면죄부를 사지 않았지만, 이는 기부를 요구하는 경건 자선의 이유, 예컨대 빈자의 구제나 교회 건축과 같은 이유로 돈을 기부하려 했을 것이다." ibid.

7 J. N. D. Kelly, *The Oxford Dictionary of Popes* (New York: Oxford University Press, 1986), 231-32.

8 Martin Luther는 성지순례지를 정죄하면서, 사도는 12명이었는데 독일에서만 묻힌 사도가 26명이라고 말했다. Bartholomew F. Brewer, *Pilgrimage from Rome* (Greenville, South Carolina: BJU Press, 1986), 132.

9 Dominique Chivot, *Vatican* (New York, Assouline, 2009), 81.

10 묵주 면죄에 대한 규칙은 세월이 흐르면서 변화되었다. AgeofMary.com에 따르면, "복된 성모 마리아의 가장 거룩한 묵주"는 "무조건적인 면죄부. 이것은 (보통의 조건 하에서) 默珠神功이 교회 안, 가족 집

단 안, 종교 집단 안에서 드려질 때 얻어질 수 있다. 보통의 조건은 (1) 은총의 상태에 있는 것, (2) 면죄 행위를 실천함에 대해 8일 안에 고해하러 가는 것, (3) 실제로 면죄를 얻으려고 하는 의도이다. 묵주신공의 무조건적 면죄부를 얻기 위한 부가조건은 다음과 같다. 즉, 50년간의 묵주기도가 계속 기도되어야 한다는 것이다. 묵주신공의 기도는 소리내어 해야 하며, 사람은 묵주의 비밀을 묵상해야 한다. 만일 묵주신공의 암송이 공개되면, 그 비밀은 발표되어야 한다. 부분적 면죄의 경우, 사람은 다른 상황에서 전체 부분적으로 묵주신공의 암송으로 인해 부분적 면죄를 얻을 수 있다." http://holyrosary.ageofmary.com/indulgences-of-the-rosary/.

11 Tetzel sources: James MacCaffrey, *History of the Catholic Church from the Renaissance to the French Revolution*, Vol. 1 (Maynooth, Ireland: St. Patrick's College, 2011); John Woolard, "Luther's Protest For The Ages; Stand Up: He questioned the Catholic Church, leading to a new religious direction," *Investor's Business Daily*, December 14, 2007, A3.

* 역사가들에 의하면, Johann Tetzel은 유명한 16세기 도미니칸수도회 사제이며 면제부 판매자로, 처음 징글벨을 광고했다고 한다. 즉, "금고 안에서 동전의 징글벨 소리가 나면 연옥에서 영혼이 깨어난다."

12 John L. Allen Jr., "Part of a Culture War? Hardly," as part of a discussion, "Sin, and Its Indulgences," *The New York Times*, February 13, 2009; 역시 MacCaffrey, *History of the Catholic Church from the Renaissance to the French Revolution*, 73-74.

13 John L. Allen Jr., *All the Pope's Men: The Inside Story of How the Vatican Really Thinks* (New York: Doubleday, 2004), 99: "면죄부에 대한 이상한 요구는 하나의 국면에서는 종교개혁으로 이어졌다."

14 대립교황들에 대한 모든 혼돈은 때로는 동일 이름을 가진 두 교황의 존재로 이어진다(Innocent III, an antipope in 1179 and a Pope in 1198; John XXIII, a 1410 antipope and a 1958 Pope; and two antipopes named Victor IV, in 1138 and 1159). 도전에 대한 특별한 예들: Urban VI (1378-1389) Boniface IX (1389-1404)는 Robert of Geneva ("Clement VII")(1378-1394)와 Pedro de Luna ("Benedict XIII")(1394-1417) Baldassare Cossa ("John XXIII")(1400-1415)에 의해 반대를 받았다. Innocent VII (1404-1406) 역시 Pedro de Luna ("Benedict XIII")(1394-1417)와 Baldassare Cossa ("John XXIII")(1400-1415)에 의해서 반대를 받았고, Gregory XII (1406-1415)는 부분적으로는 Pedro de Luna ("Benedict XIII")(1394-1417)와 Baldassare Cossa ("John XXIII")(1400-1415)에 의해, 그러나, 가장 많이는 Pietro Philarghi ("Alexander V")(1409-1410)에 의해 반대를 받았다. Eugene IV (1431-1447)은 Amadeus of Savoy ("Felix V")(1439-1449)에 의해 도전 받았다. 역시 Kelly, *The Oxford Dictionary of Popes*. A digital chronological list of some antipopes is at http://www.philvaz.com/apologetics/a13.htm.

15 Kelly, *The Oxford Dictionary of Popes*; Owen Chadwick, *A History of the Popes*, 1830-1914 (New York: Oxford University Press, 1998).

* 교황청의 공식 안내 책자는 39명의 대립교황(즉, 참칭 로마교황)과 265명의 교황을 나열한다. 다른 소식통은 47명의 대립교황을 기록하기도 한다. 정확한 숫자는 어려운데, 이는 교황 옹립의 기준이 천년 이상 자주 바뀌었기 때문이다. 어떤 교황은 나중에 반대파로 분류되기도 했다. 대립교황은 12-15세기에 절정을 이루었고, 때로 두 명 이상의 대립교황이 교황권을 주장하기도 했다.

16 "Working Out the Road to Salvation: A Study of the Catholic Christian Faith," July 11, 2012. http://catholicischristian.wordpress.com/.

17 Chivot, *Vatican*, 81.

18 MacCaffrey, *History of the Catholic Church from the Renaissance to the French Revolution*, Vol. 1, 79.

19 MacCaffrey, *History of the Catholic Church from the Renaissance to the French Revolution*, Vol. 1, 72-73.

20 "독일의 개혁자들에게 성 베드로의 바실리카성당은 특별히 달콤 씁쓸한 광경이다. 왜냐하면, 성당 건축 비용을 위한 면죄부의 판매가 종교개혁을 일으킬 단초를 제공했기 때문이다." Allen, *All the Pope's Men*,

79.

21　정실 인사라는 말은 교황궁(the Papal Court)에 기원을 둔다. 라틴어 네포스(*nepos*)는 조카(nephew)와 손자(grandson)를 동일하게 뜻한다. 르네상스를 거치면서 교황들은 "추기경 조카"(Cardinal Nephew)를 갖는 것을 정상적인 것으로 생각했다.

22　Joseph McCabe, "The Popes and Their Church," *Rationalist Encyclopædia*, 1948, p. 6e. "McCabe는 자유사상가며 합리주의자로 29세에 사제직을 그만두었다. 그의 일련의 글은 가톨릭교회에 매우 비판적이어서, 어떤 비평가들은 그를 "가톨릭 매도자"(Catholic basher)로 불렀다. 그의 전기작가는 다른 책에서 과연 McCabe의 많은 글이 그를 단순히 "반가톨릭 광신자"(an anti-Catholic bigot) 같은 자로 폄하될 수 있는가 의심한다. 그의 결론은? 그런 주장보다 그는 "가톨릭변증론자"(Catholic apologists)라는 것이다. McCabe의 글들에 대한 리뷰는 그가 분명 편견이 심한 자가 아니었음을 보여주었다. 편견에 대한 증거가 없다면, 우리는 McCabe의 적들에게 그 책임을 돌려야 한다. 이는 드물지 않게 편견과 겸양을 교묘하게 혼합하는 자들 가운데 있다." Bill Cooke, *A Rebel to His Last Breath: Joseph McCabe and Rationalism* (Amherst, NY: Prometheus Books, 2001), 211-12.

23　John Julius Norwich, *Absolute Monarchs: A History of the Papacy* (New York: Random House, 2011), Kindle edition, location 5557 of 8891.

24　Shaffern, " 'Buying Back' Redemption"; McDowell, *Inside the Vatican*, 38-39.

25　Cameron, "Papal Finance"; "Modern Rome and the Papal Government," *Foreign Quarterly Review* 11 (1833): 661-62.

26　Pollard, *Money and the Rise of the Modern Papacy*, 23.

27　Pius VI quoted in Chivot, *Vatican*, 82.

28　Edward Elton Young Hales, *Revolution and Papacy*, 1769-1846 (Garden City, NY: Hanover House, 1960), 247-54.

29　Bolton King, *A History of Italian Unity-A Political History of Italy from* 1814-1871, 2 vols. (London, 1909), Vol. 1, 75.

30　초대교회는 성직자가 대부에 이자를 부과하는 것을 불법으로 만들었다(314년의 아를레스 종교회의와 325년의 니케아종교회의). 1311년의 비엔나종교회의는 그 금지를 가톨릭 신자에게도 확대하여, 이자를 부과하는 자는 이단으로 선언했다. 그런 무이자의 역사라는 관점에서 일부 현대 역사학자들은 Vix Pervenit가 작은 함정을 만들었다고 생각했다. 베네딕토가 고리대금을 "상궤를 벗어난 이자"로 정의했을 때문이다. Vix Pervenit의 영어 전문, http://www.papalencyclicals.net/Ben14/b14vixpe.htm.

31　Pollard, *Money and the Rise of the Modern Papacy*, 23.

32　David I. Kertzer, *The Popes Against the Jews: The Vatican's Role in the Rise of Modern Anti-Semitism* (New York: Alfred A. Knopf, 2001), 80. 그에 의하면, "땅의 소유는 법으로 금지되어 있었고 길드에 의해 통제되는 사업들에서 제외된 유대인은 금융과 대출업에서 유일한 경제적 출구를 찾아 번영의 길로 나아갔다."(79). 역시 David Willey, *God's Politician: John Paul at the Vatican* (New York: St. Martin's, 1993), 206.

33　Niall Ferguson, *House of Rothschild: Money's Prophets* 1798-1848, Kindle edition, Vol. 1, (6419 of 14008). 이 교황 대출건에 있어, Rothschilds은 한 이탈리아은행가 Torlonia와 함께 일했다.

34　Egon Caesar Corti (Count), *The Rise of the House of Rothschild* (New York: Cosmopolitan Book Corporation, 1928), 이 책에서는 Rothschilds이 19세기 중반의 정치적 소용돌이로부터의 금융 위기를 겪은 세속 정부의 안정화에 어떻게 기여했는지에 대한 다양한 예가 기술되어 있다. 역시 Virginia Cowles, *The Rothschilds: A Family of Fortune* (New York: Alfred A. Knopf, 1973); Rothschilds의 파리소재 지점은 사르디냐에 대한 중심적 은행 역할을 했고, 마침내 통일이탈리아공화정에 첫 대출을 제공했다. 역시 Rondo E. Cameron, "French Finance and Italian Unity: The Cavourian Decade," *American Historical Review*, Vol.

LXII, no. 3 (April, 1957).

35 전반적인 내용은 다음을 참조. Niall Ferguson, *House of Rothschild: Money's Prophets* 1798-1848, Vol.1 (New York: Viking, 1998); Niall Ferguson, *The House of Rothschild: The World's Banker*, 1849-1999, Vol. 2(New York: Viking, 1999).

36 Cameron, "*Papal Finance*," 133.

37 Ferguson, *House of Rothschild*, Kindle edition, Vol. 1, 6419 of 14008.

38 두 인용문은 Ludwig Börne 재인용. Ferguson, *House of Rothschild*, Kindle edition, Vol. 1, 6425 of 14008.

39 6685 of 14008 and Vol. 2, locations 92, 195-96 of 15319.

40 Michael P. Riccards, *Vicars of Christ: Popes, Power, and Politics in the Modern World* (New York: Crossroad, 1998), 5-6; Owen Chadwick, *A History of the Popes*, 1830-1914 (New York: Oxford University Press, 1998), 50.

41 54세에 교황이 된 Pius의 삶에 대한 요약은 다음 참조. Jason Berry, *Render Unto Rome, The Secret Life of Money in the Catholic Church* (New York: Crown, 2011), 41-42.

42 Kelly, *The Oxford Dictionary of Popes*, 309.

43 Riccards, *Vicars of Christ*, 15; Mario Rossi, "Emancipation of the Jews in Italy," *Jewish Social Studies*, Vol. 15, No. 2, April 1953, 121.

44 Riccards, *Vicars of Christ*, 7; Chadwick, *A History of the Popes*, 64.

45 Chadwick, *A History of the Popes*, 73.

46 Edward Elton Young Hales, Pio Nono: *A Study in European Politics and Religion in the Nineteenth Century* (New York: P. J. Kenedy, 1954), 71.

47 Chadwick, *A History of the Popes*, 74-79.

48 호화스런 Palazzo della Cancelleria (Palace of the Chancellery)는 추기경 Raffaele Riario를 위해 건축되었으며, 그는 삼촌 교황 Sixtus IV를 위한 추기경총리(Cardinal Chancellor)였다. 이를 짓는 비용은, 소문에 의하면, 그와 유럽의 부자 귀족들과 단 하룻밤의 큰 도박판에서 나왔다고 한다.

49 David Alvarez, *Spies in the Vatican: Espionage and Intrigue from Napoleon to the Holocaust* (Lawrence: University Press of Kansas, 2002), 11.

50 Norwich, *Absolute Monarchs*, Kindle edition, location 7162 of 8891.

51 Rossi, "Emancipation of the Jews in Italy," 131.

52 John Cornwell, *Hitler's Pope: The Secret History of Pius XII* (New York: Viking 1999), 300. 비오는 유대인에게 적용되는 고해성사를 크게 제약하는 중세법을 재제정했으며, 벌금으로 특별 세금을 매겼다. 그는 새로운 자극을 주어 강제 세례 계획을 만들도록 했다. 역시 Rossi, "Emancipation of the Jews in Italy," 130.

53 *Annuaire de l'économie politique et de statistique* (Paris: Guillaumin, 1859), 279-80.

54 Pius IX는 Pedro de Arbués를 성인 추대했으며, 이는 세계적으로 유대인과 심지어 일부 가톨릭신자의 항의를 촉발한 결정이었다. 그것은 de Arbués가 스페인종교재판 당시에 아라곤 지역의 첫 번째 종교재판관이었기 때문이다. 그는 개인적으로는 수천 명의 유대인의 고문과 살해 책임이 있었고, 그 자신도 누이가 사형선고를 받았던 유대인 상인에 의해 피살되었다. 로마교회 내 일부는 이상하게 그의 성인 추대를 옹호했는데, 그 주장의 이유가 de Arbués보다 더 나쁜 재판관도 있었다는 것이다. Chadwick, *A History of the Popes*, 554-56.

55 Corti, *The Rise of the House of Rothschild*, 279; Ferguson, *The House of Rothschild*, Kindle edition, location 2337, 2341 of 15319.

* 바티칸은 5% 8%의 이자를 지불하는 상당액의 채권을 발행했다. Rothschild가는 교회로부터 상업어음을 75% 할인된 가격에 샀다. 그들이 바티칸에 지불한 것은 대출이 된다. 그런 다음 Rothschild가는 이 어음

을 채권의 형태로 대중에게 되팔았다. 이때 그들의 이윤은 그들이 교회에 지불했던 것과 최종 판매가격 간의 차이가 된다. 구매자에게 지불할 이자는 액면가에서 할인한 형태로 주어졌다. 이런 상거래 방식은 바티칸이 성경을 따르면서 투자금액에 이자를 얻거나 지불하지 않았다는 눈감고 아웅하는 해학을 허락한 셈이다.

56 Ferguson, *The House of Rothschild*, Kindle edition, Vol. 2, 2331-2348 of 15319.
57 교황령 내의 유대인 인구의 추정은 *Statistica della popolazione dello Stato Pontifico dell'anno* 1853 (Rome: Ministerio del Commercio e Lavori Pubblici, 1857).
58 Ferguson, *The House of Rothschild*, Kindle edition, Vol. 2, location 13169 of 15319, n. 10.
59 Frank J. Coppa, *Cardinal Giacomo Antonelli and Papal Politics in European Affairs* (New York: New York University Press, 1990), 82.
60 Chadwick, *A History of the Popes*, 128-29.
61 Ferguson, *The World's Banker*, vol. 2, 27-29, 590; 역시 Pollard, *Money and the Rise of the Modern Papacy*, 29; Norwich, *Absolute Monarchs*, Kindle edition, location 6954 of 8891. 무성벽의 로마 게토는 제2차 세계대전 중에도 남아있었다.
62 Ferguson, *The House of Rothschild*, Kindle edition, Vol. 2, location 2854 of 15319.
63 Giancarlo Galli, *Finanza Bianca. La chiesa, i soldi, il potere* (Milan: Arnoldo Mondadori, 2004), 17.
64 Cameron, "Papal Finance." 불신과 프리메이슨에 대한 부분은 Frank J. Coppa, *Cardinal Giacomo Antonelli and Papal Politics in European Affairs* (New York: New York University Press, 1990).
*   Antonelli는 추기경이 된 마지막 부제 중 하나였다. 베네딕트 15세는 1917년 오직 안수받은 사제만 추기경이 되도록 법령을 제정했다. 많은 성직자가 Antonelli가 사제가 아니었던 관계로 그를 충분히 신뢰하지 않았고, 많은 사람이 그가 비밀 프리메이슨 일원이라 믿었다.
65 Carlo Falconi, *Il Cardinale Antonelli: Vita e carriera del Richelieu italiano nella chiesa di Pio IX* (Milan: Mondadori 1983); Pollard, *Money and the Rise of the Modern Papacy*, 28; Riccards, *Vicars of Christ*, 18. 국무총리직은 17세기 중반, Innocent X 의 교황 당시에 바티칸에서 정규적으로 사용되었다. 원래 그 직은 국내비서(Domestic Secretary)로 불렀다.
66 Coppa, *Cardinal Giacomo Antonelli*, 2.
67 Chadwick, *A History of the Popes*, 92-93; Peter Godman, *Hitler and the Vatican: Inside the Secret Archives That Reveal the New Story of the Nazis and the Church* (New York: Free Press, 2004), 14.
68 Coppa, *Cardinal Giacomo Antonelli*, 225-29.
69 Ferguson, *The House of Rothschild*, Kindle edition, Vol. 2, location 2348 of 15319.
70 Isadore Sachs, *L'Italie, ses finances et son développement économique*, 1859-1884 (Paris, 1885), 456; Cameron, "Papal Finance," 134.
71 Cameron, "Papal Finance," 134-36; Coppa, *Cardinal Giacomo Antonelli*, 51, 85.
72 *L'Osservatore Romano* in English at http://www.vatican.va/en/; at http://www.osservatoreromano.va/it/; La Civiltà Cattolica at http://www.laciviltacattolica.it/it/. 20세기에 *L'Osservatore Romano*는 농담조로 때로는 소련연방 기관지 「프라우다」로 비유되었다. John L. Allen Jr.는 National Catholic Reporter의 바티칸 기자였는데, 그가 이 비유를 다음처럼 썼기 때문이다. *L'Osservatore Romano*가 "위대한 지도자의 사진과 글로 채워져 있고 비판을 잠재웠기 때문이다." 그는 1914년의 사례를 인용했다. 그 신문사는 비오 10세가 감기걸렸다는 보고를 비난하는 "통렬한 사설"을 인쇄했는데, 그 교황은 다음날 죽었다. Allen, *All the Pope's Men*, 48.
73 Pollard, *Money and the Rise of the Modern Papacy*, 8-9.
74 Cameron, "Papal Finance," 136.

75 Blount는 영국인이었지만 젊은 은행원으로 파리로 이사했다. 그 시대의 가장 뛰어난 프랑스 거주 금융인들의 하나가 되었다.

76 James Carroll, *Constantine's Sword: The Church and the Jews* (New York: Houghton Mifflin, 2002), 442.

77 Garry Wills, *Papal Sin: Structures of Deceit* (New York: Doubleday, 2000), 40. 볼료나에서 사는 유대인 수는 200명이 되지 않았다. 16세기 동안 바티칸은 그 번성하는 지역사회를 일련의 규제 법안으로 죽였다. 교황 클레멘스 8세는 1593년, 드디어 교황령으로부터 유대인을 추방했다. 하지만 소수가 점차 돌아왔다. Mortora 가문같은 집안은 안전하다고 생각했다, 왜냐하면, 교회정책이 부모 동의 없이는 출생 부모와 살고 있는 아이를 세례주지 않는 것이었기 때문이었다. 하지만, 그들이 알지 못했던 것은 바티칸이 중병에 걸린 때 세례를 받은 아이들을 위한 예외 조항을 만들었다는 점이었다. 예컨대, 어떤 명백한 병이 없어도 교회 관리들은 계속적으로 세례를 실시했다. David I. Kertzer, *The Kidnapping of Edgardo Mortara* (New York: Alfred A. Knopf, 1997), Kindle edition, 59. 어린 Mortara는 11개월 되었을 때 침례가 아닌 물뿌림으로 세례를 받았다. 교회는 그가 7살이 되도록까지 이를 알지 못했다. Rossi, "Emancipation of the Jews in Italy," 130.

78 Kertzer, *The Kidnapping of Edgardo Mortara*, Kindle edition, 32-33-34, 55, 255. Kertzer는 "유대 어린이를 취하는 것은 19세기 이탈리아에서 보통 일어나는 일이었다"고 쓰고 있다. 부모로부터 강제적으로 떨어진 많은 아이는 1844년의 19개월 된 유대 소녀의 경우처럼, "교리문답의 집"(Casa dei Catecumeni: House of the Catechmen)에 갇히는 것으로 끝나고 말았다. 이 집은 예수회의 창시자 이그나티우스 로욜라(Ignatius of Loyola)에 의해 시작된 16세기의 가톨릭기관의 하나였으며, 비가톨릭인을 개종하는데 목적이 있었다. 유대인 부모는 자신의 출생 아이를 방문하는 것이 금지되었다. Cesare, *The Last Days of Papal Rome*, chapter XII, 176-84. Edgardo의 경우, 그는 대부분 로마의 교리문답의 집에서 신학생들과 함께 있었고, 성탄일에는 교황과 함께 했다.

79 교회는 부모가 가톨릭 교리로 회심하면 그 아들은 돌아갈 수 있다는 가능성을 내보였다. 그들은 재결합할 수 있다는 철석 같은 약속에 그들은 합의했다.

80 Chadwick, *A History of the Popes*, 130-31. 10년 후, 로마에서 가장 인기있는 연극 중 하나는 A Hebrew Family이었다. 이는 Mortara 사건을 가볍게 차용한 연극이었다. 바티칸과 그 성직자들은 악당으로 묘사되었다. Cesare, *The Last Days of Papal Rome*, 179.

81 Kertzer, *The Kidnapping of Edgardo Mortara*, 158.

82 Kenneth Stowe, *Popes, Church, and Jews in the Middle Ages: Confrontation and Response* (Surrey, UK: Ashgate, 2007), 57-59.

83 Kertzer, *The Kidnapping of Edgardo Mortara*, 113, 136-37; Wills, Papal Sin, 41.

84 "Il piccolo neofito, Edgardo Mortara," *Civiltà Cattolic*a, ser. 3, vol. 12 (1858), 389-90, Kertzer의 인용.

85 Kertzer, *The Kidnapping of Edgardo Mortara*, 32, 81, 85, 157; Giacomo Martina, SJ, *Pio IX (1851-1866), Miscellanea historiae ecclesiasticae in Pontifica Universitate Gregoriana* 51 (1986).

86 Edgardo가 교황청 내에서 Pius와 함께 있을 때 그 소년은 때로 교황의 예복 밑에 숨기도 했다. 교황은 방문객에게 묻기를 즐겼다, "소년이 어디에?" 그러면 그는 자신의 옷을 들쳐 그 아이를 내보이곤 했다. Edgardo 가 사제가 되어, 자신이 "아버지"라 부르는 교황을 기념하여 자신의 이름에 Pio를 더했다. 대부분 그의 삶은 유대인을 개종하는 선교사로 보내졌다. 하지만, 그는 자기 어머니의 개종 시도에는 성공하지 못했다. 많은 나라에서 가톨릭 신자들은 그와 친숙하게 되었는데, 그가 자신의 회심 이야기로 청중을 기쁘게 했기 때문이다. 그는 장수해서 Pius IX의 시복식에 증언했다. "나는 하나님의 종의 시복과 시성을 크게 원한다." 그는 벨기에의 한 수도원에서 1940년에 죽었다.

87 Kertzer, *The Kidnapping of Edgardo Mortara*, 257-59.

* 1864년, 로마에 대한 압력이 커지자, 비오는 다른 유대 소년을 붙들고 있음을 변호했다. 이때는 9세의

Giuseppe Coen으로, 로마 게토지역에 살고 있었다. 교회는 이 소년이 가톨릭 신자가 되기를 원했으며 자발적으로 사제를 찾았다고 주장했다. 대중의 분노는 다시 한번 불붙었다. 프랑스인 주도의 유럽 가톨릭 신자들은 Pius에게 Coen을 석방하도록 탄원했다. 그는 다시 그들을 무시했다.

88 Coppa, *Cardinal Giacomo Antonelli*, 82.
89 Norwich, *Absolute Monarchs*, Kindle edition, location 7314 of 8891.
90 "The Catholic Church and Modern Civilization," *The Nation*, September 19, 1867, 229-30; Chadwick, *A History of the Popes*, 175-77; Wills, Papal Sin, 239-44.
91 Pius IX의 1864 encyclical Quanta Cura 와 the Syllabus of Errors에 대해서는 http://www.papalencyclicals.net/Pius09/p9quanta.htm http://www.papalencyclicals.net/Pius09/p9syll.htm. 그가 유론표를 발표하기 전에, 비오는 그 내용을 두고 주교들과 상의했다. 96명이 견해 표명을 거절했고, 159명이 답을 했으니, 1/3이 반대한 셈이다.
92 Wills, *Papal Sin*, 244.
93 Chadwick, *A History of the Popes*, 176-78.
94 Chadwick, *A History of the Popes*, 195-98.
95 총계의 공개가 없는 관계로 정확한 투표율을 얻기는 불가했다. 초기 보고서는 주교 중 찬성 451, 반대 88이었다. 그러나, 일부 역사가는 더욱 제한적인 교황무오류성의 내용을 가진 수정안을 찬성한 자가 그 중 62명이라고 믿는다.
96 Hales, *Pio Nono*, 244.
97 Ferguson, *The House of Rothschild*, Kindle edition, location 2792 of 15319.
98 Frank J. Coppa, *The Italian Wars of Independence* (New York: Longman, 1992), 139-41.
99 Chadwick, A *History of the Popes*, 216.
100 Riccards, *Vicars of Christ*, 28.
101 Carlo F. Passaglia (trans. by Ernest Filalete). *De l' obligation pour le Pape Eveque de Rome de rester dans cette ville quoque elle devienne la capitale du Royame Italien* (Paris: Molini, 1861), 77-82.
102 Alvarez, *Spies in the Vatican*, 51; Chadwick, *A History of the Popes*, 226.
103 Coppa, *Cardinal Giacomo Antonelli and Papal Politics in European Affairs*, 165.
104 Pollard, *Money and the Rise of the Modern Papacy*, 30; Cameron, "Papal Finance," 137.
105 Carlo Crocella, *Augusta miseria: aspetti delle finanze pontificie nell' età del capitalismo* (Milan: Nuovo 1st ed. Italia, 1982), 66.
106 Coppa, Cardinal Giacomo Antonelli, 169.
107 Corrado Pallenberg, *Inside the Vatican* (New York: Hawthorn Books, 1960).
* Corrado Pallenberg는 그의 1971년의 책, *Vatican Finances*에서, Pius는 "나는 무오류일 수 있지만, 나는 분명히 파산된 자다"고 재담했다고 전한다. 하지만, 인용은 없으며, 필자 역시 이를 다른 곳에서 찾지 못하고 있다.
108 Pollard, *Money and the Rise of the Modern Papacy*, 30.
109 Segreteria di Stato (SdS), Spoglio di Pio X, b. 4, fasc. 16, Pensioni, undated, *Archivio Segreto Vaticano*, Vatican City, cited in Pollard, *Money and the Rise of the Modern Papacy*.
110 Obolo dil San Pietro: http://www.vatican.va/roman_curia/secretariat_state/obolo_spietro/documents/index_it.htm; Chadwick, *A History of the Popes*, 145. 18세기까지 교회역사가들은 그의 라틴 이름 Denarius Sancti Petri 으로만 언급했다. F. Lieberman, "Peter's Pence and the Population of England about 1164," *The English Historical Review*, Vol. 11, no. 44, October 1896, 744-47.
111 Ralph Della Cava, "Financing the Faith: The Case of Roman Catholicism," *Church and State* 35 (1993): 37-

61. 1990년대를 통해 베드로성금은 모두 현금이었다. 많은 경우, 가톨릭교는 교황과 함께 하는 청중이 많은 현금 선물을 했던 것을 인정했다(교황은 대신에 그의 수행원 중 누구에게 건네주었다). 21세기에는 베드로성금을 디지털시대에 맞도록 조정해서, 신자들이 헌금을 위해 신용카드나 은행 자동이체를 사용할 수 있도록 허용했다. 바티칸의 웹사이트에는, 베드로성금은 "여전히 오늘날에도 살아있는 옛 전통"이며, "거룩한 아버지를 향한 신실한 자들에 의해 제공된 금융 지원은 베드로의 후계자에 대한 관심을 함께 하는 징표며, 보편적 교회의 많은 다양한 필요를 위해 가장 도움을 필요로 하는 자들의 구제를 위함이다"고 기술되어 있다. http://www.vatican.va/roman_curia/secretariat_state/obolo spietro /documents/index_en.htm.

112 Thomas J. Reese, SJ, *Inside the Vatican: The Politics and Organization of the Catholic Church* (Cambridge: Harvard University Press, 1996), 225; Benny Lai, *Finanze Vaticane: Da Pio XI a Benedetto XVI* (Rome: Rubbettino Editore, 2012), 9.

113 Chadwick, *A History of the Popes*, 24. 역시 쿠폰 판매도 있었으니, 이것은 매입자가 일단 천국에 이르면 현금화 될 수 있다는 것이다. 그것이 교회의 축복으로 이루어졌던 것인지 분명하지 않다. Nino Lo Bello, *The Vatican Empire* (New York: Trident, 1968), 57-58.

114 Crocella, *Augusta Miseria*, 108.

115 Ambasciata d'Italia agli Stati Uniti, Pacco 33, 1903-07, April 17, 1903, Archivio Storico del Ministero degli Affari Esteri, Archive of the Italian Foreign Ministry (Rome), Pollard, *Money and the Rise of the Modern Papacy*에서 인용.

116 Sachs, L'Italie, *ses finances*, 456; Lo Bello, *The Vatican Empire*, 54-56.

117 Cameron, "Papal Finance," 137.

118 James Gollin, *Worldly Goods: The Wealth and Power of the American Catholic Church, the Vatican, and the Men Who Control the Money* (New York: Random House, 1971), 63-70.

119 1745년 11월 1일, 교황 베네딕토 14세는 "Vix Pervenit: 고리대금과 다른 부정직한 이유"를 발표했다. 그 전문은 http://www.papalencyclicals.net/Ben14/b14vixpe.htm; Pollard, *Money and the Rise of the Modern Papacy*, 210, n. 1. 이자수익은 아직도 무슬림 국가에서는 논쟁 사항이다. 코란이 이를 금하고 있는 까닭이다. 그러나, 무슬림들은 대체로 그 금지를 애둘러가는 바, 이슬람 은행들과 투자회사들은 지불된 이자를 예금된 돈으로부터의 "이윤"으로 간주한 때문이다. 이는 코란에서는 금지되지 않은 금융거래다.

120 Joseph Clifford Fenton, "Sacrorum Antistitum and the Background of the Oath Against Modernism," CatholicCulture.org. www.vatican.va/holy_father/pius_x/motu_proprio/documents /hf_p-x_motu-proprio_19100901_sacorum-antistitum_it.html/.

* 이자수익의 금지는 1800년대 중반까지 완화되지 않았으며, 제1차 세계대전 중반까지 완전히 철폐되지 않았다. 1903년 늦게, Pius X가 교황이 되었을 때 반자본주의적 주제는 현대주의에 대항하는 맹세(*Sacrorum Antistitum*) 안에서 지속되었다. 이 칙령은 모든 사제로 하여금 Pius가 여기는 "미국주의," 곧 현대주의로 향하는 은밀한 경향으로 어떤 것을 배격하는 맹세를 하도록 요구했다.

121 Guido Mazzoni, *Papa Pio IX*, 1849, pamphlet collection at Duke University Libraries, E.331.VI.

122 Pollard, *Money and the Rise of the Modern Papacy*, 38.

123 211; Kertzer, *The Popes Against the Jews*; Wills, *Papal Sin*, 37-38.

124 David Chidester, *Christianity, A Global History* (New York: HarperCollins, 2000), 479-480.

125 Donald A. Nielsen, "Sects, Churches and Economic Transformations in Russia and Western Europe," *International Journal of Politics, Culture, and Society*, vol. 2, no. 4 (summer 1989), 496-97, 503-04, 517. 개신교의 격려는 노동자가 자유 기업에 종사해야 한다는 것으로, 그 상징은 1904년의 독일 사회학자 막스 베버가 쓴 책,『프로테스탄트의 윤리와 자본주의 정신』이다.

126 Chidester, *Christianity*, 480
127 Samuel Gregg, "Did the Protestant Work Ethic Create Capitalism," *The Public Discourse*, January 21, 2014. Chidester, *Christianity*, 487.
128 그 법은 185대 106으로 통과되었고, 기권은 217이었다.
129 Chadwick, *A History of the Popes*, 228-29.
130 Falconi, *Il Cardinale*, 488; Coppa, *Cardinal Giacomo Antonelli*, 118. Pius 는 예수가 그 법안을 통과시킨 "성도착적이고 간음적인" 의원들에게 긍휼을 베풀기를 기도했다.
131 회칙 Ubi Nos("우리가 있는 곳")의 영어 전문은 http://www.papalencyclicals.net /Pius09/p9ubinos.htm.
132 회칙 Ubi Nos("우리가 있는 곳")의 영어 전문은 http://www.papalencyclicals.net /Pius09/p9ubinos.htm.
133 Pius가 항의하지 않는 유일한 것은 교회의 가장 큰 빚을 정부의 부채로 전환했던 부분이다. Cameron, "Papal Finance," 139.
134 Chadwick, *A History of the Popes*, 231-34.
135 Chadwick, *A History of the Popes*, 271-72; John Thavis, *The Vatican Diaries: A Behind-the-Scenes Look at the Power, Personalities and Politics at the Heart of the Catholic Church* (New York: Viking, 2013), 7.
136 Collections in Segreteria di Stato, Archivo Nunziatura Napoli, scatole 125-27, Archivio Segreto Vaticano, Vatican City (ASV), Alvarez, *Spies in the Vatican*에서 인용.

제3장

1 Reese, *Inside the Vatican*, 96.
2 Chivot, *Vatican*, 49.
3 Norwich, *Absolute Monarchs*, Kindle edition, location 7538 of 8891.
4 Carlo Fiorentino, *La questione romana intorno al 1870: studi e documenti* (Rome: Archivo Guido Izzi, 1997), as relates to footnote f, 215.
5 Cameron, "Papal Finance," 13; Pollard, *Money and the Rise of the Modern Papacy*, 35.
6 Phillipe Levillain & François-Charles Uginet, *Il Vaticano e le frontiere della Grazia* (Milan, 1985), 100-101.
7 R. de Cesare, *The Last Days of Papal Rome* (Boston: Houghton Mifflin, 1909), 259. Sage Endowment Fund의 도움에 따른 이 책 디지털 사본은 http://archive .org/stream/lastdaysofpapalr00dece#page/n7/mode/2up. Coppa, *Cardinal Giacomo Antonelli*, 3, 80; Michael Walsh, *The Cardinals: Thirteen Centuries of the Men Behind the Papal Throne* (Grand Rapids, MI: Wm. B. Eerdmans Publishing, 2011), 188.
8 검은 귀족의 권력은 19세기 후반 정점에 이르렀다. 베네딕트 14세는 20세기 초, 그 수를 줄였다. 1968년 교황 바오로 6세는 여전히 통용되는 그 명칭을 없앴다.
9 Falconi, *Il Cardinale*, 494-95.
10 Crocella, *Augusta miseria*, 177-78.
11 Coppa, *Cardinal Giacomo Antonelli*, 181.
12 Chadwick, *A History of the Popes*, 93-94; Coppa, *Cardinal Giacomo Antonelli*, 181. Lambertini가 일으킨 유명한 법정사건이 대중의 관심을 받았다. 재판관들은 그녀가 Antonelli의 딸일 것으로 생각했지만, 증거가 충분하지 않다고 말했다. 그 결과 그의 원래 유언장은 그대로였다.

13   Benny Lai, *Finanze e finanzieri vaticani tra l' ottocento e il novecento da Pio IX a Benedetto XV*(Milan: A. Mondadori, 1979), 87, 89 n. 2 (이 책은 2012년에 다른 이름으로 업데이트됨. *Finanze Vaticane: Da Pio XI a Benedetto XVI*, 두 책은 이 주석에서 별도로 인용).

14   Ron Chernow, *The House of Morgan: An American Banking Dynasty and the Rise of Modern Finance* (New York: Grove, 1990), 285; iBook edition, 513.

15   프리메이슨조합(Freemasonry)은 16세기 영국에서 설립되었으며, 오래지 않아 그 멤버들은 유럽 전역의 유명한 합리주의자와 세속주의자로 간주되었다. 특별히 오스트리아와 프랑스에서는 프리메이슨은 교회의 안전을 파괴하고 무신론을 촉진시키는 일을 했다. 1738년 이래, 가톨릭 교인은 프리메이슨이 되면 파문을 위협받았다. Chadwick, *A History of the Popes*, 304-7 and John J. Robinson, B*orn in Blood: The Lost Secrets of Freemasonry* (New York: M. Evans, 1989), 307-12, 344-59.

16   Pollard, *Money and the Rise of the Modern Papacy*, 63.

17   Alberto Caracciolo, *Roma capitale. Dal Risorgimento all crisi dello stato liberale* (Rome, 1956), 162-64.

18   Richard A. Webster, *Industrial Imperialism in Italy*, 1908-1915 (Berkeley: University of California Press, 1975), 154-55.

19   Malachi Martin, *Rich Church, Poor Church* (New York: G. P. Putnam's Sons, 1984), 175-76; Lo Bello, The Vatican Empire, 58.

20   파시스트는 도시국가 내 작은 연합체로, 모두 로마경찰의 수장 Arturo Bocchin에 의해 운영되었다. 제 2차 세계대전 중에 중간 수준의 성직자 Monsignor Enrico Pucci가 다른 세 명을 임명했다. 국무총리 종업원 Stanislao Caterina, *L' Osservatore Romano*의 저널리스트 「Virgilio Scattolini」, 바티칸 경찰Giovanni Fazio다. Eric Frattini, *The Entity: Five Centuries of Secret Vatican Espionage* (New York: St. Martin's Press, 2008), 265, 460. Alvarez, *Spies in the Vatican*, 53-55.

21   Levillain, and Uginet, *Il Vaticano e le frontiere della Grazia*, 104.

22   The Irish Catholic Directory and Almanac for 1900 with Complete Directory in English (Dublin: James Duffy and Co., 1900).

23   Mocenni quoted in Lai, *Finanze e finanzieri vaticani*, 178.

24   Pollard, *Money and the Rise of the Modern Papacy*, 67, n. 66.

*   Ernesto의 사촌 Eugenio는 사제가 되었다. 그는 바티칸의 총리보가 되었으며, 1920년에는 독일주재 교황대사가 되었다. 그후 1930년에 그는 추기경국무총리로 승진되었으며, 1939년 Eugenio Paccelli는 교황 Pius 12세로 선출되었다.

25   비오는 교회에서 연주되는 적합한 음악에 대해서도 고루한 견해를 갖고 있었다. 거세 소년을 사용하는 관행을 끝낸 것 이외에도 합창단에서 여자들을 제외시켰다. 오케스트라는 폐기되고 피아노 역시 그랬다. 비오는 오직 오르겐과 그레고리안 찬가만을 선호했다.

26   Chadwick, *A History of the Popes*, 280.

27   Michael Phayer, *Pius XII, the Holocaust, and the Cold War* (Bloomington: Indiana University Press, 2008), 138-39; 회칙 전문, http://www.vatican.va/holy_father/leo_xiii/encycli cals /documents/hf_l-xiii_enc_15051891_rerum-novarum_en.html; Berry, *Render Unto Rome*, 51. 교황 회칙에 대한 더 많은 논의와 그 시대의 정치적 맥락에 있어서의 가톨릭거래조합에 대한 영향은 다음 참조. Chadwick, *A History of the Popes*, 312-20.

28   역사가들은 이 분명한 모순에 대해 당황한 것처럼 보인다. Pollard, *Money and the Rise of the Modern Papacy*, 76-77.

29   Giovanni Grilli, *La finanza vaticana in Italia* (Rome: Editori Riuniti, 1961), 26.

30   John F. Pollard, "Conservative Catholics and Italian Fascism: The Clerico-Fascists" and "Religion and the

Formation of the Italian Working Class," in Martin Blinkhorn, ed., *Fascists and Conservatives: The Radical Right and the Establishment in Twentieth-Century Europe* (London: Routledge, 2003), 45, 171.

31 Chadwick, *A History of the Popes*, 281-84; 32030; 516-17.
32 Riccards, *Vicars of Christ*, 38-39.
33 Leo XIII는 1899년 1월 미국주의를 바난했다. 또 1901년 이탈리아에서 기독교 민주주의의 문제(Graves de Communi)를 연설했다. 그는 "자유의 시대가 영적 지향을 덜 필요로 하는 것"임을 두려워했다. Allen, *All the Pope's Men*, 315; "Religion: America in Rome," *Time*, February 25, 1946.
34 Thomas T. McAvoy, "Leo XIII and America," in *Leo XIII and the Modern World*, ed. Edward T. Gargan (New York: Sheed & Ward, 1961); John Tracy Ellis, *The Life of James Cardinal Gibbons*, Vol. 2 (Milwaukee: Bruce Publishing, 1952); John C. Fenton, "The Teachings of the Testem Benevolentiae," *American Ecclesiastical Review* 129 (1953): 124-33.
35 *Diuturnum*, an encyclical on Civil Power, issued June 29, 1881. 디지털 사본은 http://www.vatican.va/holy_father/leo_xiii/encyclicals/documents/hf_l-xiii_enc_29061881_diuturnum_en.html.

제4장

1 Reese, *Inside the Vatican*, 88; 가장 긴 교황 선출(conclave)은 13세기에 있었으며, 18번의 교착 상태에서 추기경들은 3년이나 논쟁 끝에 그레고리 10세를 선출했다.
2 Hoffman, *Anatomy of the Vatican*, 59-60.
3 Francis X. Seppelt and Klemens Löffler, *A Short History of the Popes* (St. Louis: B. Herder, 1932), 498; Chadwick, *A History of the Popes*, 332-41.
4 Kelly, *Dictionary of Popes*, 313.
5 Riccards, *Vicars of Christ*, 58.
6 Katherine Burton, *The Great Mantle: The Life of Giuseppe Melchiore Sarto, Pope Pius X* (New York: Longmans, Green, 1950), 157-58; Chadwick, *A History of the Popes*, 345.
7 교황청(Curia)의 역사에 대한 상세한 것은 Reese, *Inside the Vatican*, 106-39, 158-72; Norwich, *Absolute Monarchs*, Kindle edition, location 1736 of 8891; Allen, *All the Pope's Men*, 28-44, 68.
8 Chadwick, *A History of the Popes*, 367.
9 Norwich, *Absolute Monarchs*, Kindle edition, location 7544 of 8891.
10 Francis Xavier Murphy, "A Look at the Earth's Tiniest State," *Chicago Tribune*, August 31, 1982, 11.
11 Sapienti Consilio (Wise Counsel)에서 비오는 18개 부서(dicasteries: departments of the Roman Curia)을 없애려 했다. 그중 10개를 닫고, 2개를 만들었다. 그러나, Curia의 일하는 자는 실제적으로 동일했다. 다음 참조: http://www.vatican.va/holy_father/pius_x/apost_constitutions/documents/hf_p-x_apc_19080629_ordo-servandus-normae-1_lt.html.
12 Alvarez, *Spies in the Vatican*, 73-74.
13 Anthony Rhodes, *The Power of Rome in the Twentieth Century* (New York: Franklin Watts, 1983), 195.
14 Lamintabili Sane (Lamentable Certainly—Syllabus Condemning the Errors of the Modernists), July 3, 1907. 디지털 사본은 http://www.papalencyclicals.net/Pius10/p10lamen.htm.
15 Cornwell, *Hitler's Pope*, 36-39.
16 Norwich, *Absolute Monarchs*, Kindle edition, location 7544 of 8891.

17 이는 "현대주의에 반대하는 맹세"(Motu Proprio Secrorum Antistium)이다. 50명 이내의 사제가 이 수용을 반대했으며, 대부분 독일인이었다. Chadwick, A *History of the Popes*, 355-59; Cornwell, *Hitler's Pope*, 39-40.

18 역사가 John Cornwell은 고해성사의 나이를 낮추는 비오의 칙령이 7가지의 부적절한 "성적 컴플렉스에 끌리게" 하며, 또 아동성애 성직자가 이를 이용해 자신의 범죄 희생 목표로 삼게한다고 이론화했다. John Cornwell, *The Dark Box: A Secret History of Confession* (New York: Basic Books, 2014).

19 M. De Bujanda and Marcella Richter, ed., *Index librorum prohibitorum: 1600-1966*, Vol. XI (Geneva: Librairie Droz, 2002).

* 금서목록은 1559년부터 교황 바오로 6세가 폐기한 1966년까지 유효했다. 가톨릭 신자들은 금서를 지니고 읽는 것만으로 파문될 수 있었다. 코란과 탈무드도 금지되었다. 3,000 명 이상의 작가, 5,200권 이상의 책이 수 세기 동안 금지되었다. 그 작가들은 고대 작가들, 예컨대, Aristotle과 Plato부터 철학자들, 곧 Voltaire와 Kant, 소설가들, 예컨대, 유고와 발작까지였다. 때로는 외형적으로 부적절한 책들은 제외되었는데 예를 들면, Charles Darwin의 『종의 기원』 같은 진화론에 대한 것이나, Adolf Hitler의 『나의 투쟁』이 그렇다.

20 Chadwick, *A History of the Popes*, 356.

21 1907년의 칙령에서 비오는 대두하는 "현대주의 운동"을 이단으로 비난했다. 이것은 부분적으로는 Sigmund Freud, Albert Einstein, Friedrich Nietzsche 작품에 의해 대표된 것이다. 지성인들은 대체적으로 비오의 생각을 교회에 대한 거대한 후퇴의 발걸음이라고 혹평했다.

22 Archivo Segreto Vaticano, SdS, Spoglio di Pio X, fasc. 1, letter of April 2, 1905; fasc. 10, 총액 50만 리라에 대한 세 영수증(dated August 14, 1907, and September 28, 1914); Pollard, *Money and the Rise of the Modern Papacy*.

23 Riccards, *Vicars of Christ*, 67.

24 비오는 폴란드의 가톨릭 신자들이 집중한 후 러시아 통제를 받는 자들에 집중했다. 러시아 황제는 이를 러시아의 서족 지방에 대한 교황의 간섭으로 간주했다.

25 Lai, *Finanze e finanzieri vaticani*, 262; Burton, *The Great Mantle*, 157, 205-6.

26 Lai, *Finanze e finanzieri vaticani*, 210-13. 다음 책에서는 약간 달리 인용된다. Spadolini, ed., *Il Cardinale Gasparri e la questione romana: Con brani delle memorie inedite* (Florence: 1971), 234: "바티칸은 로마 변두리에 있는 정원 딸린 궁전에 불과하다."

27 Lai, Finanze e finanzieri vaticani, 207.

28 Lai, Finanze e finanzieri vaticani, 259-60; Benny Lai와의 필자 인터뷰, September 20, 2006.

29 SdS, Spoglio de Pio X, fasc. 1, letter from Pius of September 28, 1912, ASV; Pollard, *Money and the Rise of the Modern Papacy*.

30 Christopher Seton-Watson, *Italy from Liberalism to Fascism*, 1870-1925 (Oxford: Routledge & Kegan Paul, 1979), 323.

31 Seton-Watson, *Italy from Liberalism to Fascism*, 323; Lai, Finanze e finanzieri vaticani, 262-63.

32 Daniel A. Binchy, *Church and State in Fascist Italy* (New York: Oxford University Press, 1941), 157-58. 외형적으로 교회 내 누구나 Karl Marx가 유대인임을 알았다. 비록 그는 세속적 유대인이었지만, 대부분 고위 성직자는 그의 믿음이 사회주의에 불을 댕긴 그의 정치적 논문에 도구가 되었으리라 잘못 생각했다. 1848년의 공산당선언(Communist Manifesto)이 - Marx가 Friedrich Engels와 공동으로 작성했다 - 바티칸에게는 반성경적이었다. 이는 유대인은 생래적으로 혁명적이므로 기존 왕권과 교회를 의도적으로 불안정하게 한다는 폭넓은 편견을 강화시켰다. 반유대주의자는 혁명적 노동자 코뮌의 요원에 의한1871년의 파리의 대주교에 대한 암살을 마르크스가 찬양했음을 지적했다. "모든 것의 배후 유대인이 있다"(The

Jew is behind it all). 이는 대단한 성공을 얻은 가톨릭 인기주의자 Edouard Drumont의 글이다. Carroll, *Constantine's Sword*, 426-38.

33　Richard A. Webster, *The Cross and the Fasces: Christian Democracy and Fascism in Italy* (Stanford: Stanford University Press, 1960), 14-15; Chadwick, *A History of the Popes*, 404.

34　Seton-Watson, *Italy from Liberalism to Fascism*, 388-89.

35　John F. Pollard, "Conservative Catholics and Italian Fascism: The Clerico-Fascists," in Martin Blinkhorn, ed., *Fascists and Conservatives: The Radical Right and the Establishment in Twentieth-Century Europe* (London: Routledge, 2003), 32-33.

36　Chadwick, *A History of the Popes*, 232; ibid., Lai, *Finanze e finanzieri vaticani*, 242, 243, n. 3; *Italia e Principato di Monaco*, 43, 80-84, Archivio degli Affari Ecclesiastici Straordinari, Archive for Extraordinary Ecclesiastical Affairs, Vatican Archives, Secretariat of State, Vatican City.

37　종교재판(Holy Office of the Inquisition)을 운영했던 성직자의 옛 명칭이 Inquisitor General이다. 어떤 성직자들은 Secretary of the Inquisition를 선호했다. Inquisitor General은 유대인을 개종시켰던 어두운 스페인 십자군의 의미를 떠올리게 만듦에 따라 1929년에 마지막으로 사용되었다.

38　Luigi De Rosa and Gabriele De Rosa, *Storia del Banco Di Roma*, Vol. 1 of 3 (Rome: Banco di Roma, 1982), 268; Account summaries listed in SdS, Spoglio di Pio X, fasc. 7, Rendiconto per il primo Trimestre del 1912, ASV, Rendiconto del secondo Trimestre del 1913, cited Pollard, *Money and the Rise of the Modern Papacy*.

39　Alberto Theodoli, *A cavallo di due secoli* (Rome: La Navicella, 1950), 49.

40　Richard A. Webster, "The Political and Industrial Strategies of a Mixed Investment Bank: Italian Industrial Financing and the Banca Commerciale, 1894-1915," *VSWG: Vierteljahrschrift für Sozial-und Wirtschaftsgeschichte*, 61. Bd., H. 3 (1974), 354. See note 25, Webster, *Industrial Imperialism in Italy*, 367; Anna Caroleo, *Le banche cattoliche dalla prima guerra mondiale al fascism* (Venice: Studio Bibliografico Malombra, 1976), 30.

41　Lai, *Finanze e finanzieri vaticani*, 259; Pollard, *Money and the Rise of the Modern Papacy*, 100.

42　Webster, *Industrial Imperialism in Italy*, 157.

43　Webster, *The Political and Industrial Strategies of a Mixed Investment Bank*, 357-59, 362, 364.

44　Riccards, *Vicars of Christ*, 69.

45　Annibale Zambarbieri, "La devozione al papa," Part of the collection of Fondazione per le scienze religiose Giovanni XXIII, *Catalogo pregresso della Biblioteca Giuseppe Dossetti* (1953-2000), Location G-I-a-29bis-(22/II), Bologna, 71.

46　Webster, *Industrial Imperialism in Italy*, 150-55.

제5장

1　Benedict의 선출로 이끌었던 conclave에서의 무대 뒤의 정치책략이 많이 알려지게 된 것은 비엔나의 추기경 Friedrich Gustav Piffl이 매일의 일지를 씀으로 해서 그 규칙을 어겼던 까닭이었다.

2　Alvarez, *Spies in the Vatican*, 86-87.

3　Walter H. Peters, *Life of Benedict XV* (Milwaukee: Bruce, 1959), 32-35.

4　Riccards, *Vicars of Christ*, 74; Cornwell, *Hitler's Pope*, 59.

5　John Pollard, "The Vatican and the Wall Street Crash: Bernardino Nogara and Papal Finances in the Early

1930s," *The Historical Journal*, 42, 4 (1999), 1081.

6   George Seldes, *The Vatican—Yesterday, Today and Tomorrow* (New York: Harper & Bros., 1934), 246; John N. Molony, *The Emergence of Political Catholicism in Italy: Partito Popolare*, 1919-1926 (London, Croom Helm, 1977), 59.

7   John F. Pollard, *The Unknown Pope: Benedict XV (1914-1922) and the Pursuit of Peace* (London: Bloomsbury Academic, 2000), 115.

8   Molony, *The Emergence of Political Catholicism in Italy*, 59-61; Lo Bello, *The Vatican Empire*, 6263; Gollin, *Worldly Goods*, 437. 바티칸교회에 대한 베네딕토의 금융 독재에 대한 반대 논증은, see Pollard, *Money and the Rise of the Modern Papacy*, 110-26.

9   Douglas J. Forsyth, *The Crisis of Liberal Italy: Monetary and Financial Policy*, 1914-1922 (Cambridge: Cambridge University Press, 1993), 330.

10 Klaus Epstein, *Matthias Erzberger and the Dilemma of German Democracy* (Princeton: Princeton University Press, 1959), 103-5.

11 De Rosa, *Storia del Banco di Roma*, Vol. 1, 82.

12 De Rosa, *Storia del Banco di Roma*, Vol. 3, 101.

13 Il Massager (Pisa), L'Eco di Bergamo and Il Corriere d'Italia (Rome), Il Momento (Turin), and L'Avvenire (Bologna); Pollard, "The Vatican and the Wall Street Crash," 1081.

14 Records of the Apostolic Delegation in Washington (DAUS), b. 70, Prestito a favore dell'Unione Editoriale Romana (1915-16), letter of Archbishop Farley to Archbishop Bonzano, January 5,1916, ASV; Pollard, *Money and the Rise of the Modern Papacy*, 118-19.

15 Archives of the Vatican Secretariat of State, 1914-1918, 335, 833, 930; 인용 Pollard, *Money and the Rise of the Modern Papacy*.

16 Franz von Stockhammern은 로마에 주재한 독일 외교관이었으며, 이탈리아에서의 정보와 선전 프로그램을 책임을 맡고 있었다. Alvarez, *Spies in the Vatican*, 92-94, 98.

17 Alvarez, *Spies in the Vatican*, 91-93, 95-96.

18 Henri Daniel-Rops [Henri Jules Charles Petiot], *A Fight for God*, trans. John Warrington (New York: E. P. Dutton,1966), 234.

19 Dragoljub Zivojinovic, *The United States and the Vatican Policies: 1914-1918* (Boulder, CO: Colorado Associated University Press, 1978), 12-14.

20 Forsyth, *The Crisis of Liberal Italy*, 120.

21 Gaetano Salvemini, *Chiesa e stato in Italia* (Milan: Feltrinelli, 1969), 384.

22 General Directorate of Public Security (DGPA), H4, Vaticano, Notizie, Commissarato del Borgo, 1915, October 22, 1915, Archivio Centrale dello Stato, Italian Central State Archives, Rome(ACS).

23 Alvarez, *Spies in the Vatican*, 92.

24 William Renzi, *In the Shadow of the Sword: Italy's Neutrality and Entrance into the Great War 1914-1915* (New York: Peter Lang, 1987), 156-58; Epstein, Matthias Erzberger, 102.

25 Renzi, *In the Shadow of the Sword*, 156-57; Alvarez, *Spies in the Vatican*, 92, 305.

26 Peters, *Life of Benedict*, 127-38; Pollard, *The Unknown Pope*, 103-7.

27 Memo (unsigned), March 24, 1917, Uffico Centrale d'Investigazione, busta 3, f. 39, Direzione Generale della Pubblica Sicurezza, *Archivo Centrale dello Stato*, 인용 Alvarez, *Spies in the Vatican*.

28 Letter, Monsignor Giuseppe Aversa to Cardinal Secretary of State, Pietro Gasparri, January 1917, Guerra Europe, 1914-1918: Iniziative Pace Santa Sede, January 1916-April 1917, Archivio degli Affari Ecclesiastici

Straordinari, ACS.

29 Alvarez, *Spies in the Vatican*.

* Gerlach의 간첩 행위에 대한 유죄 판결에도 불구하고, 바티칸은 전쟁 내내, 계속적으로 독일에 관한 문제에 대해 그의 조언을 구했다. 게르라크가 전후 사제직을 떠났을 때 독일, 오스트리아, 터키는 군복무 장식품으로 그를 보상했다.

30 Frank J. Coppa, ed., *Controversial Concordats: The Vatican's Relations with Napoleon, Mussolini, and Hitler* (Washington, DC: Catholic University of America Press, 1999), 84.

31 이탈리아 정보부는 비엔나와 베를린에 은밀한 관계를 갖는, 스위스 내의 3명의 고위 성직자가 교황의 화평안의 초안을 작성했다는 보고서를 받았다. 이는 확인되지 않았다. John Francis Charles, 성좌에 대한 영국특별사절단장은 나중에 이를 듣고, 터무니없는 것으로 묵살했다. See generally Alvarez, *Spies in the Vatican*, 107.

32 Alvarez, *Spies in the Vatican*, 110-11.

33 Memorandum, *Eastern Report* No. 37, *Foreign Office*, October 11, 1917, 24/144/12, 109-11, *British Cabinet Papers, National Archives*, Kew, UK; Alvarez, *Spies in the Vatican*, 110.

34 Pollard, The Unknown Pope, 68.

35 Pollard, The Unknown Pope, 103.

36 Alvarez, *Spies in the Vatican*, 112. 이탈리아의 반성직자적인 외상 Boron Sidney Constantino Sonnino이 런던조약의 조항 15조의 배후 세력으로, 이 조항은 교황의 어떤 참여도 금지했다.

37 제1차 세계대전의 후유증으로 인한 공산주의의 확산에 대한 두려움에 대한 것은 다음을 보라. Directorate of Intelligence, A Monthly Review of Revolutionary Movements in British Dominions Overseas and Foreign Countries, No. 32, June 1921, (CP 3168), 24/126/70, Cabinet Papers, National Archives, Kew, UK.

38 Giovanni Spadolini, ed., *Il Cardinale Gasparri* (Grassina, Italy: Le Monnier, 1997), 376-77; Pollard, *Money and the Rise of the Modern Papacy*, 121.

39 Molony, *The Emergence of Political Catholicism*, 59-60.

40 Molony, *The Emergence of Political Catholicism*, 59.

41 Zambarbieri, "La devozione al papa," 72; Chadwick, *A History of the Popes*, 398.

42 Pollard, *Money and the Rise of the Modern Papacy*, 121; Scottá, ed., *La Conciliazione Ufficiosa*, Vols. 2, 3, January 3, 1917.

43 James J. Hennesey, *American Catholics: A History of the Roman Catholic Community in the United States* (New York: Oxford University Press, 1981), 234-36.

44 DAUS, letter of Bishop John T. McNicholas to Cardinal Giovanni Bonzano, September 27, 1919, Box 284, ACS, cited in Pollard, *Money and the Rise of the Modern Papacy*.

45 Berry, Render Unto Rome, 61; Seldes, *The Vatican*, 249; "Una firma per l'Italia pensando al mondo," *L'Osservatore Romano*, http://www.vatican.va/news_services/or/or_quo/cultura /2009/034q04a1.html); Indice Dei Fondi e relative mezzi di descrizione e di ricerca dell'Archivio Segreto Vaticano 2011, 바티칸 수장고의 Bonaventura Cerretti의 추가적 자료, http://www.archiviosegretovaticano.va.

46 Pollard, *Money and the Rise of the Modern Papacy*, 114.

47 Lai, *Finanze Vaticane*, 12; Lo Bello, *The Vatican Empire*, 62, 131, 280. 일부 역사가의 주장으로는, 대출은 필요 없었다고 한다. Gasparri는 전 교황의 책상의 잠긴 상자에서 그가 필요로 하는 돈을 찾았다는 것이다. 하지만, 가스파리 자신은 교황의 숙소에는 오직 7만 5천 리라만 있었다고 말했다. 그는 장사 지내는 것과 이어지는 콘클라베에 수백만 리라가 필요했다. 다른 자들은 지적하기를, 미국 주교들이 그 차액을

메웠다고 했다. 하지만, 시카고 대주교회로부터의 차입은 베네딕토 사후 6년 뒤인 1928년까지 이루어지지 않았다. John Pollard 교수는 교황 역사학자로서 차입의 보고서는 "거의 분명하게 과장"이라고 말한다. 왜냐하면, Rothschild의 문서관리인이 1998년 그에게 편지 한 통을 썼는데, 은행은 그런 기록을 가지고 있지 않다는 것이다. 하지만, 어떤 대출이 일어났다면, 로스차일드가의 비엔나 지점으로부터였을 것이다. 나치가 1939년 그 은행 기록들을 압수한 이후 이것은 확인할 길이 없다. 기록들이 발견되지 않았기 때문이다.

48 Riccards, *Vicars of Christ*, 103.
49 Kertzer, *The Pope and Mussolini: The Secret History of Pius XI and the Rise of Fascism in Europe* (New York: Random House, 2014), Kindle edition, location 1628 of 10577.
50 Ministry of the Interior, Direzione Generale della Pubblica Sicurezza (General Directorate of Public Security), 1926, Box 113, H4, *Notizie Vaticane*, reports of October 3, 1926, and November 1, 1926, ACS; Luigi Lazzarini, *Pio XI* (Milan: Sesto San Giovanni, 1937), 312.
51 Pollard, *Money and the Rise of the Modern Papacy*, 132.
52 John F. Pollard, *The Vatican and Italian Fascism, 1929-32: A Study in Conflict* (Cambridge: Cambridge University Press, 2005), 22.
53 Peter C. Kent, *The Pope and the Duce: The International Impact of the Lateran Agreements* (New York: St. Martins, 1981), 5.
54 Thomas B. Morgan, *A Reporter at the Papal Court: A Narrative of the Reign of Pope Pius XI* (New York: Longmans, Green, 1937).
55 See generally E. Pacelli, *Erster Apostolischer Nuntius beim deutschen Reich, Gesammelte Reden*, ed. Ludwig Kaas (Berlin, 1930), 58 ("Primate des Reichsgedankens/Triumph über den düsteren Dämon der Gewalt").
56 Kertzer, *The Pope and Mussolini*, Kindle edition, location 1684 of 10577; Edward R. Tannenbaum, *The Fascist Experience: Italian Society and Culture, 1922-1945* (New York: Basic Books, 1972), 186-88.
57 William Teeling, *Pope Pius XI and World Affairs* (New York: Fredrick A. Stokes, 1937), 129.
58 Coppa, *Controversial Concordats*, 20-21.
59 Pollard, *Money and the Rise of the Modern Papacy*, 133.
60 Coppa, *Controversial Concordats*, 22-23.
61 Alexander J. De Grand, *Italian Fascism: Its Origins and Development* (Lincoln: University of Nebraska Press, 2000), 46; Binchy, Church and State in Fascist Italy, 139-40.
62 Pollard, "Conservative Catholics and Fascism: The Clerico-Fascists," 39.
63 William Teeling, *Pope Pius XI*, 112-13.
64 Pollard, *Money and the Rise of the Modern Papacy*, 133.
65 Pollard, "Conservative Catholics and Fascism: The Clerico-Fascists," 38-39; John N. Molony, *The Emergence of Political Catholicism in Italy: Partito Popolare 1919-1926* (London: Rowman and Littlefield, 1977), 130-31.
66 Pollard, *Money and the Rise of the Modern Papacy*, 130, n. 9; Lo Bello, The Vatican Empire, 59-61.
67 Caroleo, *Le banche cattoliche*, 120.
68 Leone Castelli, *Quel tanto di territorio: ricordi di lavori ed opera eseguiti nel Vaticano durante il Pontificato di Pio XI (1922-1939)* (Rome: Edizioni Fuori Comercio, 1948), 46-50.
69 일반적인 내용은 다음 참조, Italo Insolera, *Roma Moderna* (Turin, 1971); Pollard, *Money and the Rise of the Modern Papacy*, 134-35.
70 DAUS, b. 70, Prestito a favore dell' Unione Editoriale Romana (1915-16), letter of Bonzano to Gasparri,

January 10, 1916, ASV, cited in Pollard, *Money and the Rise of the Modern Papacy*.

71 Edward R. Kantowicz, *Corporation Sole: Cardinal Mundelein and Chicago Catholicism* (North Bend, IN: University of Notre Dame Press, 1983), 47, 562; Berry, *Render Unto Rome*, 64; Lo Bello, *The Vatican Empire*, 59. 심지어 교황은 미국의 몬시뇰 Francis Spellman에게 자동차 3대를 요구했다. See Berry, *Render Unto Rome*, 64.

72 Riccards, *Vicars of Christ*, 117.

73 Riccards, *Vicars of Christ*, 49; see also Pollard, *Money and the Rise of the Modern Papacy*, 136-37.

74 Thomas E. Hachey, ed., *Anglo-Vatican Relations, 1914-1939: Confidential Annual Reports of the British Ministers to the Holy See* (Boston: G. K. Hall, 1972), 70-71.

75 Seldes, *The Vatican*, 23.

76 Kertzer, *The Pope and Mussolini*, Kindle edition, location 1067 of 10577; Lo Bello, *The Vatican Empire*, 64.

77 Coppa, *Controversial Concordats*, 94. 파시스트가 교회와 조정을 이루었으리라는 견해는 1919년에 그 당의 제일차 전국회의에서 소란을 야기했다. 교회와 협정에 대한 파시스트의 반대의 역사에 대해 더 자세한 것은 다음 참조. Arnaldo Suriani Cicchetti, "L'Opposizione italiana (1929-1931) ai Patti Lateranensi," *Nuova Antologia*, July 1952; see also Berry, *Render Unto Rome*, 63.

78 OSS의 후일의 결론은 Tacchi Venturi는 두 명의 고위 Jesuit 의 한 사람으로, 그는 "이탈리아를 포함한 모든 나라에서 파시스트 정치 운동에 대한 지칠줄 모르는 지지자"였다. 그는 "바티칸과 파시스트정부 간의 합력을 위한 교섭을 주도했던"자였다. J.C.H. to A.W.D.(Allen Dulles), OSS, September 10, 1942, RG 226, E217, Box 20, Location 00687RWN26535, National Archives and Records Administration (NARA), Washington, DC/College Park, Maryland. 역시 Riccards, *Vicars of Christ*, 107; "Why the Pope Chose to Sign the Concordat," *The New York Times*, March 31, 1929; citations to the Lateran Treaty: 디지털 사본은 http://www.vaticandiplomacy.org/laterantreaty1929.htm. 이는 Vatican Archives에 남아있는 원본의 정확한 영어본이다.

79 F. Pacelli, *Journal de la réconciliation*—With an appendix of records and documents, Libreria Editrice Vaticana, Vatican City 1959: 이 노트들은 Francesco Pacelli의 것으로, 1959년까지는 공개되지 않도록 지시되어 있는 Eugenio Pacelli의 유산이다. 이 때 Journal of the History of the Church in Italy의 이사인 Monsignor Michele Maccarrone에 의해 공표되었다. See the discussion in Lai, *Finanze Vaticane*, 103.

80 Francesco는 Ernesto Pacelli의 사촌으로, 그는 비오 10세의 금융자문관이었다. Salvatore Cortesi, "Italy to Indemnify Church, Rome Hears," *The New York Times*, February 11, 1928, 4. *The Times*은 Tacchi Venturi가 "역사와 문학 분야의 학자이며, 바티칸의 최고 교섭가"이지만, 동시에 "어두움과 남겨진 자요, 거의 알려지지 않는 자"로 묘사했다. 교황이 그의 국무총리를 보내서 대화하게 했을 가능성은 없다. 교회가 이탈리아의 주권을 아직 승인하지 않았기 때문이며, 그것에 대해서는 더욱 그럴듯한 정보유출이 있는 바 한 고위 관리가 바티칸을 대표했다는 것이다. Kertzer, *The Pope and Mussolini*, Kindle edition, location 1872 of 10577.

81 퇴임하는 Pietro Gasparri는 Pacelli의 멘토였고, 그의 지명을 강력히 지지했다.

82 Arnaldo Cortesi, "Vatican and Italy Sign Pact Recreating a Papal State: 60 Years of Enmity Ended," *The New York Times*, February 12, 1929, 1. Lateran Pacts의 원본은 바티칸에 의해 보존 중이다.

83 Chivot, *Vatican*, 70; P. C. Kent, *The Pope and the Duce: The International Impact of the Lateran Agreements* (London: Macmillan, 1981), Ch. 9, 10.

84 Coppa, *Controversial Concordats*, 95-99.

85 Thomas J. Reese, SJ, *Inside the Vatican: The Politics and Organization of the Catholic Church* (Cambridge: Harvard University Press, 1996).

* 바티칸은 세계에서 가장 작은 주권국으로, 오직 2/3 마일의 폭과 1/2마일의 남북 길이를 가진다. 그 주변은 약 40분의 여유있는 걸음걸이로 걸을 수 있다. 작은 모나코도 6배가 더 크다. 바티칸의 1/3은 무성하고 잘 가꾸어진 정원과 화려한 장식의 동굴로 지정되어 있다. 천연 자원도 없으며, 모든 식량, 에너지, 노동을 수입해야 한다. 라테란조약 체결시에는 그 나라의 시민권자는 973명 뿐이었고, 그들 중 압도적인 다수는 독신 사제들이었다.

86 Susan Zuccotti, *Under His Very Windows: The Vatican and the Holocaust in Italy* (New Haven: Yale University Press, 2002), 19.
87 Gerhard Besier, with the collaboration of Francesca Piombo, translated by W. R. Ward, *The Holy See and Hitler's Germany* (New York: Palgrave Macmillan, 2007), 67-71.
88 Pollard, "The Vatican and the Wall Street Crash," 1079. Pollard는 교환 비율을 달러당 19 lire로 추정했다.
89 Mussolini는 훗날 이탈리아가 바티칸에 주었던 금액을 축소하려고 했다. 의회 연설에서 그는 채권 상 수십 억 리라는 "오직" 800,000,000리라에 불과하다고 주장했다. 다른 사람들도 교회에 그런 엄청난 지불금의 충격을 최소하려 노력했다. 그러면서 바티칸은 그 지불금의 대부분을 다시 이탈리아로 환원하여 고용, 건설 부동산 구입에 나설 것이라 했다. Ibid., 1080; M. McGoldrick, "New Perspectives on Pius XII and Vatican Financial Transactions During the Second World War," *The Historical Journal* 55, no. 4 (December 2012): 1030; Gollin, *Worldly Goods*, 438. the Lateran Financial Convention의 텍스트: http://www.concordatwatch.eu/showtopic.php?org_id=878&kb_header_id=39241. 하나의 양해로써, Vatican은 적어도 10년 합의의 일부로써 받은 채권을 팔지 않기로 동의했다. 그것은 교회가 무솔리니의 성공에 직접적 지분을 갖었음을 뜻했다. "Pope and Politics," *The Nation*, December 11, 1937, 662.
90 Francesco Pacelli, *Diario della conciliazione* (Libreria Editrice Vaticana, 1959), 19, 26, 39. Pollard, *Money and the Rise of the Modern Papacy*, 138-43, and Lai, *Finanze Vaticane*, 8; Salvatore Cortesi, "Italy to Indemnify Church, Rome Hears," *The New York Times*, February 11, 1928, 4.
91 Lo Bello, *The Vatican Empire*, 67.
92 *L'Osservatore Romano*, February 12, 1929; "Pope Praises Agreement," *The New York Times*, February 14, 1929; *Il Monitore Ecclesiastico*, March 1929; Berry, *Render Unto Rome*, 65.
93 Godman, *Hitler and the Vatican*, 15.
94 Ronald J. Rychlak, *Hitler, the War, and the Pope* (Columbus, MS: Genesis, 2000), 36-37.
95 Ludwig Kaas, "Der Konkordatstyp der faschischten Italien," in the *Zeitschrift fur auslandisches offentliches Recht und Volkerrecht* (Berlin: 1933), 510-11.
96 Lo Bello, *The Vatican Empire*, 66.
97 Cornwell, *Hitler's Pope*, 115; Kertzer, *The Pope and Mussolini*, Kindle edition, location 2065 of 10577.
98 Riccards, *Vicars of Christ*, 109.
99 Binchy, *Church and State in Fascist Italy*, 186.
100 Quoted in Godman, *Hitler and the Vatican*, 11; see also Paul Blanshard, "The Roman Catholic Church and Fascism," *The Nation*, March 1948, 392.
101 Robert Dell은 *The Nation*에서, 다음과 같은 concordat에 대해 당시에 널리 퍼진 가정을 했다. "이 협정이 교회를 파시즘과 연합하며 따라서 이탈리아에서 함께 흥하거나 망할 것은 의심의 여지가 없다. 국내외서 파시즘 정책을 지지하는 것은 교황의 관심이 되고 있다. 왜냐하면, 비록 파시즘 다음에 어떤 정부가 오더라도 '바티칸시'를 받아드릴지라도, 다른 어떤 정부가 이 조약을 용납하지는 않을 것이다." 델과 다른 자들은 이 조약이 불가분하게 교회와 파시스트 국가를 묶게 한다는 것은 맞았다. 잘못은 다른 어떤 세속 정부도 무솔리니가 중개한 거래를 품지 않을 것이라 믿는 것에 있었다. 사실, 이탈리아인들이 1943년 파시즘을 포기했어도, 훗날의 이탈리아 정부는 라테란조약의 본질에 도전하지 않았다. 일반적인

내용은 Robert Dell, "The Papal-Fascist Alliance," *The Nation*, March 27, 1929, vol. 128, no. 3325, 368-69.

제6장

1. Lai, *Finanze Vaticane*, 105-6.
2. 학부 학생 때 그 역시도 Brescia에서 단순한 광부 직업을 가졌다.
3. 그때, BCI는 단순히 은행보다 훨씬 더한 것이었다. 이것은 국제적 신디케이트 중 금융적 요소로, BCI에 여러 산업에서의 복잡한 소유권과 관리 지분이 주어졌다.
4. Nogara는 여러 벤쳐회사에서 Volpi를 위해 일했다. Bulgaria에서는 광산일(Société Minière de Bulgarie) 이스탄불에서는 BCI가 자금을 댄 대기업 Società Commerciale d'Oriente이었다. Montenegro에서는 Nogara는 정부 담배독점회사에서 볼피와 작은 지분을 가졌다. 볼피 역시 Thessaloniki Limited Partnership G. Volpi, A. & C. 와 Corinaldi at Geneva에서 노가라를 자문역으로 활용했다.
5. BCI는 자신의 경력을 시작한 이래로 Volpi의 사업투자에 대한 일차적 금융공급원이었다. 때로 바티칸은 행은 그런 프로젝트에 작은 소유권적 이해를 갖기도 했다. 이스탄불에서 BCI가 큰 금액이 위험을 당했었다. 교수 Richard Webster는 자신의 최고작인 20세기 시작 시점의 이탈리아의 산업발전사에서, 볼피와 노가라를 "Banca Commerciale의 큰 국제적 대리인"이라고 불렀다. Webster, *Industrial Imperialism in Italy*, 158. Volpi의 남아있는 서류와 서신은 로마의 외무성과 Banca Commerciale & Banca d'Italia (Bank of Italy)의 개인 수장고에 분산되어 있고, 대부분 로마에 있다. See also Lai, *Finanze Vaticane*, 105-6.
6. 로마상공회의소(The Rome Chamber of Commerce)는 Ottoman Empire에 대한 이탈리아 채권단의 대표였다. Donald Quataert, *The Ottoman Empire,* 1700-1922 (Cambridge: Cambridge University Press, 2000); see also Memorandum, Treaty of Peace with Turkey from the Supreme Council of the Allied Powers, February 17, 1920, 24/98/65, 253, Cabinet Papers, *National Archives*, Kew, UK; see also Webster, *Industrial Imperialism in Italy*, 195, 255.
7. Pollard, *Money and the Rise of the Modern Papacy*, 145; and "The Vatican and the Wall Street Crash," 1078.
8. Pollard, "The Vatican and the Wall Street Crash," 1079. Nogara는 이스탄불에서 일하는 동안 역시 1914년 바티칸을 위해 일부 채권을 샀다. Pius가 그 일을 알았는지 이것이 Nogara를 고용하는데 한 요인이 됐는지 분명하지 않다.
9. Alessandra Kersevan and Pierluigi Visintin, *Giuseppe Nogara: luci e ombre di un arcivescovo*, 1928-1945 (Udine: Kappa Vu, 1992), 10-11.
10. Gollin, *Worldly Goods*, 439-40.
11. Chernow, *The House of Morgan*, iBook edition, 513.
12. Lai, *Finanze Vaticane*, 108, citing an interview by Lai of Massimo Spada, March 7, 1979.
13. Pollard, *Money and the Rise of the Modern Papacy*, 143-49; Giovanni Belardelli, "Un viaggio di Bernardino Nogara negli Stati Uniti" (November 1937), in Storia *Contemporanea, XXIII*, (1992), 321-38.
14. Pollard, "The Vatican and the Wall Street Crash," 1080.
15. Lai, *Finanze Vaticane*, 13.
16. Chernow, *The House of Morgan*, iBook edition, 514.
17. Lai, *Finanze Vaticane*, 10-11.
18. Nogara는 Pius 11세와의 만남에 대한 노트를 작성했으나, Pius 12세가 교황이 된 1939년부터는 중지했다. 그 일지는 Nogara의 가문에 보관품으로 있고, 이는 선별적으로 역사가들, 특히 포괄적으로는 John F.

Pollard의 2005년 책에 사용되었다, *Money and the Rise of the Modern Papacy: Financing the Vatican,* 1850-1950 (Cambridge: Cambridge University Press); Renzo De Felice also cited information from Nogara's journals in "La Santa Sede e il conflitto italo-etiopiconel diario di Bernardino Nogara," *Storia Contemporanea*, 4 (1977): 823-34; as did Belardelli in "Un viaggio di Bernardino Nogara," 321-8. 노가라 가문에 대한 나의 요청은 응답이 없었다. 나는 Pollard 교수에게 도움을 요청했다. 2013년 2월, 그는 나에게 이메일을 보내, 자신이 그 가문으로 그 서류들을 발간하도록 "설득을 시도했으나", 그들이 거절했다고 알려주었다. 내가 개인적으로 그 일지를 열람할 수 없었음으로, Archivo Famiglia Nogara (AFN)에 대한 인용은 별도의 표시가 없는 한, Pollard의 책으로부터이다.

19 Tardini quoted in Lai, *Finanze Vaticane*, 110.
20 Corrado Pallenberg, *Inside the Vatican* (New York: Hawthorn, 1960), 188.
21 Archivo Famiglia Nogara, Personal Papers of Bernardino Nogara, Rome, diary entry for January 18, 1933, cited in Pollard, *Money and the Rise of the Modern Papacy*, 156.
22 Nogara는 다른 교황청 부처들이 적자를 내고 있어 자신의 재원이 충분한 ASSS로부터 보조금을 기대하리라는 것을 당시에는 생각하지 않았다. 그의 일지는 바티칸 내부에서의 적절한 감독의 부재에 대한 좌절을 보여주었다. See generally Pollard, "The Vatican and the Wall Street Crash," 1084.
23 Massimo Spada, Special Administration에서 1929년부터 일했던 평신도는 당시에는 "오직 채권들만 있었다"고 했다. Lai, *Finanze Vaticane*, 107; Benny Lai interview with Spada, March 7, 1979.
24 Lai, *Finanze Vaticane*, 14, 17; Hachey, *Anglo-Vatican Relations*, 202, 226; Chernow, *The House of Morgan*, 286.
25 Seldes, *The Vatican*, 307-8.
26 Mark Aarons and John Loftus, *Unholy Trinity: The Vatican, the Nazis, and the Swiss Banks* (New York: St. Martin's/Griffin, 1998), 294-95.
27 Mark Aarons and John Loftus, *Unholy Trinity: The Vatican, the Nazis, and the Swiss Bank*, 294-95.
28 Giuseppe Guarino and Gianni Toniolo, eds., *La Banca d'Italia e il sistema bancario,* 1919-1936 (Bari and Rome: 1993), 582-83. Also Pollard, "The Vatican and the Wall Street Crash," 1083. See digital copy at http://www.bancaditalia.it/pubblicazioni/pubsto/collsto/docu/coll_sto_docum.pdf.
29 Pollard, *Money and the Rise of the Modern Papacy*, 150.
30 Pollard, *Money and the Rise of the Modern Papacy*, 150-53; Pollard, "The Vatican and the Wall Street Crash," 1082-83.
31 Lai, *Finanze Vaticane*, 13.
32 모든 확장 공사가 계획대로 된 것은 아니었다. 전신국은 예컨대 대체로 놀고 있었고 헌신기도문을 내보낼 때만 이용되었다. 우체국 직원들은 바티칸 기념 우편을 팔았는데, 그 돈을 교회 금고에 넣는 대신에 자신들이 챙겼다. 철도는 한 번도 이익을 낸 적이 없었다. See generally Cameron, "Papal Finance." 바티칸 감옥은 한 번도 사용된 적이 없었고 1960년대에 폐쇄되었다(2012년에 감옥은 잠시 다시 문을 열었다). Lo Bello, *The Vatican Empire*, 42-48. 하지만, 바티칸시의 확장은 대단해서, 결국 상호 연결된 빌딩 안에서 11,000에서 12,000의 방이 생겼다.
33 Castelli, *Quel tanto di territorio*, 47-49.
34 Pollard, *Money and the Rise of the Modern Papacy*, 151, n. 5. 건축의 열기는 미니공국의 담장 안에서의 부동산에 제한되지 않았다. Trastevere에 있는 교회 토지에 Palazzo San Calisto이 바티칸의 관료주의를 위해 지어졌다. 교황 거처인 Castel Gandolfo 옆에는 현대적 전망대가 세워졌다. Via della Conciliazione이 지어져, 결국 티베르강에서부터 바티칸에까지 장광한 모습의 길을 만들어 낸 것이다.
35 Pollard, "The Vatican and the Wall Street Crash," 1082.

36   Hachey, *Anglo-Vatican Relations*, 228.
37   Arnaldo Cipolla, "Due Giorni in Vaticano," *La Stampa*, November 16, 1931.
38   Binchy, *Church and State*, 514, 517-22.
39   A digital copy of the encyclical at http://www.papalencyclicals.net/Pius11/P11FAC.HTM.
40   Alvarez, *Spies in the Vatican*. 159-65.
*   제1차 세계대전 후, 이탈리아 정보부는 바티칸에 침투했던 바, 성직자 내부정보원은 물론, 요리사, 하인에서 경찰까지 평신도 요원들을 심어 두었다. 그들은 정치적으로 중요한 정보뿐만 아니라 고위 성직자들의 성편애에 대한 타협 자료 일체의 수집에 중점을 두었다. 그런 추문은 협박만큼 유용했다. 내부 정보원들이 사전 고지를 제공하는데 실패한 몇 가지 사례 중 하나가 비오의 1931년 반정부 회칙이다. 무솔리니는 이로 인해 다시는 놀라지 않을 수 있도록 자신의 정보부의 지휘부를 확 바꾸었다.
41   전월, Pius는 또 다른 회칙인 마흔 번째 해(*Quadragesimo Anno*)를 발표했다. 이것은 국제 금융에 대한 유대인의 통제에 대한 완곡한 비판을 담고 있다. 그 내용은 다음과 같다. "분명한 것은 우리 시대에는 부가 집중되고 있을 뿐만 아니라 막강한 권력과 전제적 경제독점이 소수자의 손 안에 공고히 되고 있다는 점이다. 이들은 투자기금에 대한 소유자들이 아니라 오직 신탁자들과 관리이사들로, 자신들의 자의적 의지와 기분에 따라서 관리하는 자들이다. 이 독재는 대부분 강제적으로 행사되고 있는 바, 그들이 돈을 보유하고 이를 온전히 통제하고 있는 까닭에 신용도 통제하며 돈의 대출도 지배한다. 따라서 그들은 흐름, 다시 말해, 생명의 피의 흐름을 규제하고 있다. 이 흐름을 통해서 모든 경제 시스템은 살아나고 확실하게 영혼, 즉 경제적 생명의 영혼을 그들의 손아귀로 붙듦으로 누구도 그들의 뜻에 반해서는 숨쉴 수 없다." See Quadragesimo Anno at http://www.vatican.va/holy_father/pius_xi/encyclicals/documents/hf_p-xi_enc_19310515_quadragesimo-anno_en.html.
42   Kent, *The Pope and the Duce*, 119-24; see Kertzer, *The Pope and Mussolini*, Kindle edition, location 1173, 1912 of 10577.
43   Pollard, *Money and the Rise of the Modern Papacy*, 157.
44   Hachey, *Anglo-Vatican Relations*, 229.
45   Hachey, *Anglo-Vatican Relations*, 259.
46   R. J. B. Bosworth, "Tourist Planning in Fascist Italy and the Limits of Totalitarian Culture," *Contemporary European History* 6, no. 1 (March 1997): 17. '거룩한 해'(Holy Years)는 항상 로마교회에는 이익이 되며, 보통은 매 25년마다 개최되었다. 때로는 새로운 성인들이 성인식 과정을 통해 가입되며, 이로 인해 순례객들과 관광객들을 끌어모은다. 예를 들면, 1950년의 거룩한 해 기념식 마감일을 맞추기 위해, 비오 12세는 11세의 이탈리아 소녀 Maria Goretti의 성인식을 했던 바, 이는 거의 기록적인 일이었다. 그녀는 강간에 저항하다 살해당했던 소녀였다. 연륜의 교회 인사들은 성인에 대한 그녀의 자격에 회의적이었다. 하지만, 그녀의 경우는 신문의 일면 보도를 장식했고, 그녀의 성인 반열은 그해의 일에서 기록적인 이탈리아 예배자들을 불러드렸다. See Hoffman, *Anatomy of the Vatican*, 118. See also Kertzer, *The Pope and Mussolini*, Kindle edition, location 1567 of 10577.
47   Archives of the Archdiocese of Chicago, *Mundelein Papers*, 1872-1939, 3/36, letter of Pius to Cardinal Mundelein, December 12, 1933; 이 편지에서 Pius는 자신이 심각하게 대공항의 영향을 과소평가했다고 밝히고 있다. 특히 자신이 생각할 때 미국의 가톨릭 신자가 믿을 만한 돈줄인 점에서 이것이 미국에 영향을 주었던 영향에 대해 그러했다는 것이다.
48   Archivo Famiglia Nogara, Personal Papers of Bernardino Nogara, Rome, diary entry for February 25, 1931, cited in Pollard, *Money and the Rise of the Modern Papacy*.
49   March 23, 1932; Pollard, "The Vatican and the Wall Street Crash," 1086.
50   Pollard, "The Vatican and the Wall Street Crash," 1086.

* Kreuger & Toll은 20세기의 가장 큰 사기극의 하나를 자행함이 드러나자 붕괴되었다. 바티칸은 사기를 당한 수백 기업의 하나였을 뿐이다. 회사의 스웨던 의장, Ivar Kreuger는 "성냥왕"(Match King)으로 알려졌는데, 회사의 기만책이 드러나자 자결했다. Kreuger 가족과 몇몇 후대 작가는 사실 그 자살은 살인이었다고 주장했다.

51 April 6, 1933.
52 August 19, 1932, and July 30, 1933.
53 Pollard, "Conservative Catholics and Fascism: The Clerico-Fascists," 39.
54 Lai, *Finanze Vaticane*, 13.
55 Pius는 Nogara가 행했던 것에 대해 너무 많은 세부사항으로 인해 마음쓰지 않는 것이 하나의 안도거리라고 생각했을 수 있다. 한 작가가 그의 책에서 말한 현대 바티칸에 대한 한 특징은 당시의 교회 관리자들에 대해서도 사실이다. 즉 "바티칸 관리들은 돈보다 섹스를 더 빨리 말할 것이다." Kenneth L. Woodward, *Making Saints: How the Catholic Church Determines Who Becomes a Saint, Who Doesn't, and Why* (New York: Touchstone, 1996), 110.
56 Archivo Famiglia Nogara, Personal Papers of Bernardino Nogara, Rome, diary entry for September 21, 1933, cited in Pollard, *Money and the Rise of the Modern Papacy*.
57 Lai, *Finanze Vaticane*, 108. 이는 장기 전략으로, 1933년에는 더 많은 구매로 나서게 됐다.
58 로마교회는 Nogara가 샀던 부동산의 일부를 지금도 여전히 소유중이다. David Leigh, "How the Vatican Built a Secret Property Empire Using Mussolini's Millions," *The Guardian*, January 21, 2013, 1; 당시 노가라에의해 취해진 행위들에 대해서는, see Nogara's diary, entry of Archivo Famiglia Nogara, Personal Papers of Bernardino Nogara, Rome, diary entry for July 24, 1933, as cited in Pollard, *Money and the Rise of the Modern Papacy*, AFN; McGoldrick, "New Perspectives on Pius XII and Vatican Financial Transactions During the Second World War," 1033.
59 Archivo Famiglia Nogara, Personal Papers of Bernardino Nogara, Rome, diary entry for February 15, 1932, cited in Pollard, *Money and the Rise of the Modern Papacy*; Gollin, *Worldly Goods*, 442-44.
60 Nogara의 8년간의 일기 내용은 그가 바티칸의 돈을 투자했던 방법, 장소 이유에 대해서는 세부사항을 제공하지 않고 있다. 대신에 매 10일에 한 번씩의 Pius XI와의 알현에 대한 일반적 목록을 적고 있다. 이는 포괄적인 개인 일기라기보다 확대된 하루 일정표와 더 비슷하다.
61 John F. Pollard, "The Vatican and the Wall Street Crash: Bernardino Nogara and Papal Finances in the Early 1930s," *The Historical Journal* 42, no. 4 (December 1999): 1087-88.
62 Nogara는 자신이 콘스탄틴노플에 있을 때 오토만제국 신하에게만 발급될 수 있는 정부계약을 제출한 1913년 처음으로 가공회사(shell company)를 이용했다. 그가 거의 20년 후 바티칸에서 가공 지주회사들을 활용할 즈음에는 그는 요즈음의 어느 은행가들과 같은 지식을 갖게 되었다.
63 1939년 3월, Henri de Maillardoz가 Credit Suisse에서 바티칸으로 옮겨온 지 얼마되지 않아, 그가 Nogara의 Luxembourg 지주회사인 Grolux의 특별이사회를 주재했다. Maillardoz는 그 회사의 내규가 그처럼 개정되도록 확정지어, 회사는 전시 동안 스위스로부터 비밀리에 영업할 수 있었다. 룩셈부르크 지주회사의 온전한 이름은 Groupement Financier Luxembourgeois (Grolux S.A.)이었다. Grolux는 역시 노가라의 스위스 지주회사들의 하나인 Profima와 제휴하여 영업했다. Memorial du Grand Duché de Luxembourg, Recueil Special, 1931. 1037-44, 1177-78; see also Ernest Muhlen, *Monnaie et circuits financiers au Grand Duché de Luxembourg* (Luxembourg, 1968), 105; Pollard, *Money and the Rise of the Modern Papacy*, 161; and McGoldrick, "New Perspectives on Pius XII and Vatican Financial Transactions During the Second World War," 1032-35.
64 Companies House, London, File 270820, British Grolux Ltd., Annual Returns, 1932-33; 1936-37; 1945-

46; Pollard, *Money and the Rise of the Modern Papacy*, 160-61; see also Archivo Famiglia Nogara, Personal Papers of Bernardino Nogara, Rome, diary entry for April 20, 1932, cited in Pollard, *Money and the Rise of the Modern Papacy*.

65 Pollard, "The Vatican and the Wall Street Crash," 1088.
66 OSS files, Box 168, XL 1257, report from Berne, July 7, 1945, NARA.
67 Chernow, *The House of Morgan*, 96, iBook edition, 514.
68 Chernow, *The House of Morgan*, 96, iBook edition, hardcover edition, 495-97.
69 Chernow, *The House of Morgan*, iBook edition, 514.
70 ScdA, "CV di Bernardino Nogara," November 14, 1958, Archivo Storico della Banca Commerciale Italiana, Historical Archive of the Banca Commerciale Italiana, Milan, ASBCI. Nogara는 Montecatini Company, 다음에는 Montecatini Edison의 이사회의 이사가 되었다. 거기서 그의 경험은 그가 다음에 합성고무, 섬유, 전력회사에 투자할 수 있도록 해준 셈이었다.
71 Nogara는 다른 무엇보다 주요 은행과 보험사의 이사가 되었다. Istituto Italiano di Credito Fondiario 과 Italy 최대 보험사 Assicurazioni Generali이다. 그 나라의 최대 철도회사 Società Italiana per le Strade Ferrate Meridionali, 부동산의 거인 Istituto Romano per di Beni Stabili, 화학 대기업 Società Elettrica ed Elettrochimica del Caffaro, petrochemical society per l'Industria Petrolifera e Chimica, 광산회사 Società Mineraria e Metallurgica de Pertusola, 종이회사 Cartiere Burgo, 전기공급업체 Società Adriatica di Elettricità의 이사가 되었다.
72 Pollard, *Money and the Rise of the Modern Papacy*, 173.
73 Vera Zamagni, *The Economic History of Italy, 1860-1990: Recovery After Decline* (Oxford: Clarendon Press, 1997), 300-3.
74 Gollin, *Worldly Goods*, 445-46.
75 De Rosa and De Rosa, *Storia del Banco di Roma*, Vols. 1-3, an authorized history of the bank.
76 Lo Bello, *The Vatican Empire*, 70-71.
77 Pollard, *Money and the Rise of the Modern Papacy*, 172-73.
78 Ibid., 173; Christopher Kobrak and Per H. Hansen, eds., *European Business, Dictatorship, and Political Risk 1920-1945* (New York: Berghahn Books, 2004), 225-26.
* 1930년대에 이탈리아는 소비에트연방 이외에서는 가장 크게 기업에 대한 국가 소유권을 가지고 있었다. 1943년 Mussolini 집권 말기에는 모든 이탈리아 은행의 80%가 여전히 IRI의 통제하에 있었다.
79 Raghuram Rajan and Luigi Zingales, *Saving Capitalism from the Capitalists: How Open Financial Markets Challenge the Establishment and Spread Prosperity to Rich and Poor Alike* (New York: Random House, 2003), 213.
80 Lo Bello, *The Vatican Empire*, 69-70.
81 Archivo Famiglia Nogara, Personal Papers of Bernardino Nogara, Rome, diary entry for September 21, 1933, cited in Pollard, *Money and the Rise of the Modern Papacy*; Grilli, *La finanza vaticana*, 71; Nogara가 택한 핵심 이사들 중에는 다음과 같다. Felippo Cremonesi, 후작 Giuseppe Della Chiesa (Benedict XV의 조카), Giuseppe Gualdi, Francesco Mario Odasso, Giovanni Rosmini, Prince Francesco Boncompagni Ludovisi, Count Franco Ratti (Pius XI의 조카).
82 Gianni Toniolo, *L'economia dell'Italia fascista* (Bari, Italy, 1980), 135; Gollin, Worldly Goods, 446-47.
83 Archivo Famiglia Nogara, Personal Papers of Bernardino Nogara, Rome, diary entry for November 4, 1931, cited in Pollard, *Money and the Rise of the Modern Papacy*: The church was the most powerful financial force in Rome. 밀라노에서 Nogara는 자신의 사위를 그 시의 가장 큰 부동산 매입자가 된 한 지주회사의 사장

으로 취임시켰다.
84 Pollard, *The Vatican and Italian Fascism*, 154, 187-89; Pallenberg, *Inside the Vatican*, 31. Pacelli는 Pius XI가 일련의 반공산주의 칙령의 초안 작성을 도왔다. Godman, *Hitler and the Vatican*, 99.
85 Pollard, *Money and the Rise of the Modern Papacy*, 176-77.
86 Owen Chadwick, *Britain and the Vatican During the Second World War* (Cambridge: Cambridge University Press, 1986), 28.
87 Frederic Sondern Jr., "The Pope: A Great Man and a Great Statesman Works for the Peace of the World," *Life*, December 4, 1939, 86-87. Pacelli의 공산주의에 대한 태도나 나중에 교황으로 재직에 영향을 준 방식에 대해서는, see Ludwig Volk, D*as Reichskonkordat von* 20 *Julie* 1933 (Ostfildern: Matthias Grünewald Verlag, 1976), 64-65. See also the concerns of the Vatican about unrelenting oppression of religion in Russia: Memorandum, Alleged Religious Persecution in Russia, Arthur Henderson, *Foreign Office*, March 3, 1930, 24/210/24, 171-74, Cabinet Papers, National Archives, Kew, UK.
88 Alvarez, *Spies in the Vatican*, 130-31, 133, 141-43; Coppa, *Controversial Concordats*, 27.
89 Quadragesimo Anno, May 1931; Nova Impendet, October 1931; and Caritate Christi Compulsit, May 1932.
90 Claudia Carlen, IHM, ed., *The Papal Encyclicals*, 5 vols. (Ypsilanti, MI: Pierian Press, 1990), vol. 3, 431-32, 475.
91 Claudia Carlen, IHM, ed., *The Papal Encyclicals*, Vol. 3, 481.
92 Gollin, *Worldly Goods*, 440; Lo Bello, *The Vatican Empire*, 26.
93 Gollin, *Worldly Goods*, 131, 451-52; Pollard, *Money and the Rise of the Modern Papacy*, 165-66.
94 Archivo Famiglia Nogara, Personal Papers of Bernardino Nogara, Rome, diary entry for February 15, 1932, cited in Pollard, *Money and the Rise of the Modern Papacy*.

제7장

1 Quoted in Cornwell, *Hitler's Pope*, 106.
2 Quoted in Cornwell, *Hitler's Pope*, 106.
3 Carroll, *Constantine's Sword*, 495-97; Phayer, *Pius XII, the Holocaust, and the Cold War*, 139.
4 Anthony Rhodes, *The Vatican in the Age of the Dictators,* 1922-1945 (London: Hodder & Stoughton,1973), 167; Cornwell, *Hitler's Pope*, 133.
5 Coppa, *Controversial Concordats*, 22-23; Klaus Scholder, *The Churches and the Third Reich*, trans. John Bowden (Philadelphia: Fortress Press, 1988), 52-73; 146-67.
6 나치 바티칸 중 누가 협정 교섭의 그 첫 서곡을 울렸는지는 역사가들 사이에 약간의 논쟁이 있다. 믿을 만한 증거는 제3제국이 촉수를 뻗쳤고 바티칸이 이를 받아드렸다는 점이다. 독일과의 회담은 국무총리 Pacelli에게는 중요했다, 왜냐하면, 그 협상이 실패하면 자신의 경력이 끝장날 것을 두려워했기 때문이었다. 그는 역시 그 협상을 위해 제3제국을 쫓았다는 비난을 받았다. For a summary of the conflicting sources; Coppa, *Controversial Concordats*, 129-30; and Besier, *The Holy See and Hitler's Germany*, 165-67.
7 *Germania* 1937-38, Pos. 720, fasc. 329, 23-24, ASV, AES. Pacelli 는 직접 교섭했는데, 이는 독일 주교들에게는 매우 실망스런 것이었다. 그들은 이 협상에서 대체로 배제되었는 바, 이 협상으로 가장 많은 영향을 받을 자들이 그들이었기 때문이었다. Cornwell, *Hitler's Pope*, 145-46. See also Reinhold Niebuhr,

"Pius XI and His Successor," *The Nation*, January 30, 1937, 120-22.
8   Carroll, *Constantine's Sword*, 508.
9   우뢰 기병(the storm troopers)는 SS, Schutzstaffel, SA (Sturm Abteilung)을 포함했다.
10 Clifford J. Hynning, *Germany: Preliminary Report on Selected Financial Laws, Decrees and Regulations*, Vol. 2, Appendices (Washington, DC: Treasury Department, Office of the General Counsel, 1944), E48.
11 Gregg J. Rickman, *Conquest and Redemption: A History of Jewish Assets from the Holocaust* (Piscataway, NJ: Transaction Publishers, 2006), 10.
12 Hynning, *Germany: Preliminary Report*, E48-50. See also Gerald D. Feldman, *Allianz and the German Insurance Business, 1933-1945* (Cambridge: Cambridge University Press, 2001), 67.
13 나치는 상이한 개념을 만들었다. 즉 두 명의 유대인 조부모를 가진 자는 온전한 유대인으로 간주되었다. 그런 독일인들은 Geltungsjude(법적 유대인)로 분류되었다. 한 유대인 조부모의 경우, 그 후손은 아리안족이 아니며 Mischlinge(혼합종)으로 불렸다. 나치는 그들의 종족법을 모든 그룹에 동일하게 적용하지 않았다. 제국을 위해 싸웠던 약 150,000명의 독일 병사는 일찍이 개종했던 Mischlinge Geltungsjude이었다. See Bryan Mark Rigg, *Hitler's Jewish Soldiers: The Untold Story of Nazi Racial Laws and Men of Jewish Descent in the German Military* (Lawrence: University Press of Kansas, 2004), 7. Document Archives, Laws and Legislation, NSDAP, 1933-1936, Archives, National Holocaust Museum, Washington, DC. See also Klaus Hentschel, editor, and Ann Hentschel, editorial assistant and translator, *Physics and National Socialism: An Anthology of Primary Sources* (Berlin: Birkhäuser, 1996). 로마교회는 종교재판 동안 피의 정의로 유대인을 판단했으나, 독일의 이런 조치를 반대하기로 결정했다. 왜냐하면, 이는 가톨릭교로의 개종의 매력을 반감시켰기 때문이었다. 하지만 제2차 세계대전 늦게까지 예수회는 사제가 되고자 하는 자들에게 "피의 순수성"에 의한 제한조치를 적용했다. See generally Robert A. Maryks, *The Jesuit Order as a Synagogue of Jews: Jesuits of Jewish Ancestry and Purity-of-Blood Laws in the Early Society of Jesus* (Boston: Brill Academic Publishers, 2009).
14 그해 4월 뉴욕과 비엔나의 유명한 랍비들로부터 나치 박해에 대한 비난의 호소문이 Pius 11세에게 제기되었다. 오스트리아 랍비 Dr. Arthur Zacharias Schwarz는 Pius를 그의 밀라노의 추기경 시절부터 아는 사이었다. Pacelli의 사무실은 그 편지를 가로챘으며, 그런 문제들은 독일 주교들에게 맡기는 편이 낫겠다는 판단을 했다. 하지만, 그 어떤 호소문도 독일 성직자들에게 전달되지 않았다. Besier, *The Holy See and Hitler's Germany*, 126-27.
15 나치는 유대 작가들의 작품을 금지했을 뿐만 아니라 많은 비유대인 작품도 금서 목록에 올렸다. Thomas Mann은 타부시되는 작가로, 아내가 유대인이었기 때문이었다. Helen Keller는 귀먹고 보지 못한 그녀의 핸디캡으로 인해 목록에 올려졌다. Ernest Hemingway도 마찬가지인데, 『무기여 잘 있거라』(*A Farewell to Arms*)는 반전으로 간주되었기 때문이었다. "Book Burnings in Germany, 1933," *PBS: American Experience*, April 25, 2006.
16 Carroll, *Constantine's Sword*, 508, n30, 684.
17 Bertram quoted in Ibid; see also Godman, *Hitler and the Vatican*, 32-34.
18 Faulhaber quoted in Guenter Lewy, *The Catholic Church and Nazi Germany* (New York: McGraw-Hill, 1964), 41. 추기경 von Faulhaber는 1933년의 재림 설교 가운데, 자신은 구약을 옹호하는데 관심이 있을 뿐임을 강조하면서, 독일 유대인에 영향을 주는 현재적 문제들에 대해서는 언급하지 아니했다. 그 추기경은 Hitler가 재능있는 지도자라고 믿었으며, 그의 주일 설교들에 반유대적인 관용구를 집어넣기 시작했다. Godman, *Hitler and the Vatican*, 124.
19 Ernest Christian Helmreich, *The German Churches Under Hitler: Background, Struggle and Epilogue* (Detroit: Wayne State University Press, 1979), 276-77.

20　Pius가 나치 활동을 약화시키기 위해 했던 많은 것 중의 하나는 유럽 전역의 교구 사제들에게 그들의 세례증서들을 없애거나 숨기라고 지시한 것이었다. 이는 그 증서들이 유대 조상을 밝히는데 사용되는 것이 명확해지자 내려진 지침이었다. 소수의 사제들은 나치로부터 그 기록들을 지켰으나, 그들은 예외에 속했다. See generally Cornwell, *Hitler's Pope*, 154.

21　AES, *Germania* 1932-36, Pos. 632, fasc. 150, 3-5; see also Godman, *Hitler and the Vatican*, 36-37.

22　AES, 51; see also Friedländer, *Nazi Germany and the Jews*.

23　Gitta Sereny, *Into That Darkness: An Examination of Conscience* (New York: Vintage, 1983), 75, 282.

24　Godman, *Hitler and the Vatican*, 40-42, 47; See also Chad Ross, *Naked Germany: Health, Race and the Nation* (New York: Berg Publishers, 2005).

*　로마 가톨릭교회의 관리들이 강제 불임에 대해 침묵하는 동안, 그들은 독일 내에서 다른 논쟁, 즉 나체주의 운동(*Freikörperkultur Entwicklung*)으로 광분했다. 공공장소에서 옷을 갈게 자르는 것은 1920년대와 30년대에 일부 보헤미안 진영에서 인기있는 전위적 흐름이었다. 고위 성직자들이 어떻게 교회가 이와 싸울 것인가에 대해 수십 번의 회의를 열었다. 바티칸은 이를 "육신의 집착"이라 비난했다. Pacelli는 누드를 "성도착"이라 간주했으며, 이를 "순수한 가톨릭 결혼 가정"의 출산율 저하에 크게 기여하는 요인으로 판단했다. 그는 무솔리니를 확신시켜, 그가 누드를 장려한 화란 작가의 책의 모든 사본을 몰수하여 파괴토록 했다. 파첼리의 말로는, 독일은 그 진원지며, 약 5백만 명의 "정신적으로 불균형한" 지지자들이 있다. 추기경 메리 델 발은 누드주의를 "우리 시대의 가장 혐오스럽고 치명적인 일탈이며… 그리스도의 도덕성에 대한 공격"의 하나라고 불렀다. 교회는 히틀러와 무솔리니의 반유대주의 인종정책에 대해서는 한 번도 그처럼 일치된 비난의 언어를 말한 적이 없다.

25　As for Pacelli and his view of the Reichskonkordat, see Hubert Wolf, *Pope and Devil: The Vatican's Archives and the Third Reich*, trans. Kenneth Kronenberg (Cambridge, MA: Belknap Press of Harvard University Press, 2010), 170-78. For an English language translation of the Concordat Between the Holy See and the German Reich, July 20, 1933, see http://www.newadvent.org/library/docs_ss33co.htm.

26　비록 나치가 가톨릭 교육에 대한 권리를 확약했으나, 그들은 이를 흔들려고 최선을 다했다. 나치는 자주 부모가 왜 국가 학교보다 가톨릭 학교를 선택했는가를 설명하도록 주장했다. 이 압력은 효과가 있었다. 예컨대, 뮌헨의 가톨릭 강세 지역에서는 제국협약 이후 4년 이내에 아이들을 가톨릭 학교로 보냈던 가정의 수가 655에서 20으로 뚝 떨어졌다. See Coppa, *Controversial Concordats*, 148.

27　Besier, *The Holy See and Hitler's Germany*, 102-23; Coppa, *Controversial Concordats*, 139-42.

28　심지어 Hitler는 교회세도 지불했다. 제국협약의 13조에 따른 부속 프로토콜에는, 양측은 "세금을 부과하는 로마교회의 권리가 보장됨을 동의했다." David Cymet, *History vs. Apologetics: The Holocaust, the Third Reich, and the Catholic Church* (Lanham, MD: Lexington, 2010), 60. 제3제국이 교회세의 국가 징수를 완전히 실시한 것은 1935년부터이다. See generally Stephanie Hoffer, "Caesar as God's Banker: Using Germany's Church Tax as an Example of Non-Geographically Bounded Taxing Jurisdiction," *Washington University Global Studies Law Review*, Vol. 9, no. 4, January 2010.

29　Robert P. Ericksen, *Complicity in the Holocaust: Churches and Universities in Nazi Germany* (Cambridge: Cambridge University Press, 2012), 54-57; see also Ira Katznelson and Gareth Stedman Jones, *Religion and the Political Imagination* (Cambridge: Cambridge University Press, 2010), 322.

30　Margherita Marchione, *Man of Peace: Pope Pius XII* (Mahwah, NJ: Paulist Press, 2004), 15; Cornwell, *Hitler's Pope*, 164.

*　제국협약(Reichskonkordat)이 일부 고위 나치의 교회 공격을 막지 못했다. 1938년의 연설에서, 히틀러의 군사비서, Martin Bormann은 말했다, "우리 독일인은 기독교를 없애는 운명을 약속 받은 최초의 사람이다. 이는 우리에게 영광일 것이다." Bormann은 비밀 메모에서 나치 지방 주지사들에게 환기시키기

를, 독일 교회는 "절대적으로 궁극적으로 부서져야 할 것이다." 그의 책, 『20세기의 신화』(*The Myth of the Twentieth Century*)에서 Alfred Rosenberg, 나치당의 철학자 겸 이데올로기인 그는 유대인을 공격했으며, 역시 기독교, 특히 가톨릭에 대해 지독한 공격을 해댔다. 바티칸이 로젠버그의 책을 금서로 지정하자, 히틀러는 그를 승진시켜, 나치당의 "세계관"에 대한 감독관으로 임명해 대응했다.

31 Lewy, *The Catholic Church and Nazi Germany*, 3; Coppa, *Controversial Concordats*, 126-27; Cornwell, *Hitler's Pope*, 10. 독일의 주교들은 3월 나치당원에 대한 파문에 대한 금지를 해제하여, 제국협약을 위한 길을 걸었다. 독일 역사학자 Michael Hesemann의 결론, "역사가 우리에게 말하는 것은 이것이 결국은 잘못이었다는 것, 하지만 예견될 수 없었던 잘못이었다." Gary L. Krupp, ed., *Pope Pius XII and World War II—The Documented Truth: A Compilation of International Evidence Revealing the Wartime Acts of the Vatican* (Wantagh, NY: Pave the Way Foundation, 2012), Kindle edition, location 446 of 5877.
제국협약(Reichskonkordat)이 독일의 가톨릭중앙당의 와해로 이어졌다는 것은 로마교회가 어떤 열성을 가지고 제3제국과 그런 맞교환을 받아드렸다는 뜻이 아니다. 영국 외교관 Ivone Kirkpatrick은 1933년의 런던에의 보고에서 말하길, 파첼리가 자신에게 "그가 그들 제3제국의 노선을 동의하든지 아니면 제국 내에서 가톨릭교회를 실제적으로 없앨 것인지 사이에서 선택해야 했다"고 말했다. Pacelli quoted in Wolf, *Pope and Devil*, 177.

32 Lewy, *The Catholic Church and Nazi Germany*, 71-72. See also Robert A. Krieg, "The Vatican Concordat With Hitler's Reich," *America*, September 1, 2003.

33 John Jay Hughes, "The Reich Concordat 1933: Capitulation or Compromise?" *Australian Journal of Politics and History* 20 (1974): 165.

34 Reichskonkordat은 가톨릭 언론과 제3제국 간의 관계를 말하지 않았다. 분명히 로마교회는 신문이 어떤 문제를 불러일으키지 않은 것같은 종교 문제에만 집중하기를 의도했다. 나치의 가톨릭 언론에 대한 통제는 기자들에 대한 국가자격제 실시로 시작됐다. 제국협약 체결 9개월 후인 1934년 4월 24일, 제3제국은 모든 가톨릭 일간지를 폐쇄했다.

35 Pierre Blet, SJ, *Pius XII and the Second World War: According to the Archives of the Vatican* (New York: Paulist Press, 1997), 153. Blet은 2009년에 죽었는데, 그는 프랑스 예수회 회원으로, 주요한 교회역사가였다. 그는 제2차 세계대전과 Pius에 대한 비밀 수장고로부터의 제1차 방대한 양의 해제된 문서들의 편집을 도왔다. *Actes et Documents du Saint Siège relatifs à la Seconde Guerre Mondiale*. Blet의 1997년도 책은 본질적으로 11권 분량의 Actes에 대한 392 페이지의 압축판이었다.

36 Carroll, *Constantine's Sword*, 509-10.

37 로마교회는 세례받은 유대인에 대한 권리를 주장했다. 주교들과 다른 관리들이 제3제국을 비판할 때마다, 그들이 사용하는 "인종주의" 라는 언어는(왜냐하면, 인종의 정의는 개종자들을 포함했다) "반유대주의"에 반대되는 것이다(이는 오직 반유대주의라고 비난 받았을 것이다). Walther Hofer, *Der Nationalsozialismus Dokumente,* 1933-1945 (Frankfurt: Fischer Taschenbuch Verlag GmbH, 1957), 130; see also Klaus Scholder, *The Churches and the Third Reich: Preliminary History and the Time of Illusions* (Philadelphia: Fortress Press, 1988), 228, 240. 개종한 유대인으로 말미암아 제기된 위험에 대한 나치의 견해에 대해서는 다음을 보라. Phayer, *The Catholic Church and the Holocaust*, 10. 가톨릭 개종자들은 나중에 자신들의 유대 조상의 정체성을 드러내는 노란 다윗 별을 착용해야 했고, 자주 다른 가톨릭 신자들로부터 회피를 당했다(어떤 자들은 미사 참석이나 성찬의 떡을 받으려 기다릴 때 그들 옆에서 무릎 꿇는 것을 거절했다).

38 독일 역사가 Michael Hesemann은 바티칸의 Pius 12세의 수장고 접근이 특별히 허락되었다. 2008년 교황이 출국비자를 구했다는 4장의 편지의 발견은 신문의 머릿기사가 되었다. 교황을 변호하는 자들은 "비(非)아리안 가톨릭 신자들"은 박해 받은 유대인을 위한 암호적 단어라고 주장하는 그런 편지들을 입

수했다. 하지만, 교황이 그 단어를 바꿔가며 썼는지는 확실하지 않다. 오직 나치에게는, 유대주의에 대한 엄격한 종족적인 해석에 따르면, 비아리안 가톨릭 신자들은 유대인과 동일한 자였다. Pacelli의 노력은 세례받은 개종 유대인들, 로마교회의 눈으로는 가톨릭 신자들의 목숨들을 구했다. For more on the letters, see generally Michael Hesemann, *Der Papst, der Hitler trotzte. Die Wahrheit über Pius XII* (Augsburg: Sankt Ulrich Verlag GmbH, 2008); David G. Dalin, *The Myth of Hitler's Pope: How Pope Pius XII Rescued Jews from the Nazis* (Washington, DC: Regenery; annotated edition, 2005).

39   Cornwell, *Hitler's Pope*, 130.
40   Cornwell, *Hitler's Pope*, 507.
41   Carroll, *Constantine's Sword*, 499-506.
42   영국은 제국협약이 바티칸으로 하여금 모든 높고 낮은 추종자가 Hitler를 반대하도록 모을 수 있는 가능성을 없앴다는 점에서 실망했다. Memorandum, The German Danger; A collection of Reports from His Majesty's Embassy at Berlin between the accession of Herr Hitler to Power in the Spring of 1933 and the end of 1935, January 17, 1936, 24/259/13, 60-61, Cabinet Papers, National Archives, Kew, UK.
43   See generally Michael Berenbaum, *The World Must Know: The History of the Holocaust as Told in United States Holocaust Memorial Museum* (New York: Back Bay, 1993), 40; see also, Ludwig Volk, *Das Reichskonkordat*; Klaus Scholder, "The Churches and the Third Reich," Vol. 1, Ch. 10, "Concordat Policy and the Lateran Treaties" (1930-33); and Vol. 2, "The Capitulation of Catholicism" (February-March 1933); see also Krieg, "The Vatican Concordat With Hitler's Reich," *America*.
44   Lewy, *The Catholic Church and Nazi Germany*, 104; see also Coppa, *Controversial Concordats*, 142.
45   Walther Hofer, ed., with commentary. *Der Nationalsozialismus Dokumente,* 1933-1945 (Frankfurt: Fisher Bucherei, 1959), 129-30; Cornwell, *Hitler's Pope*, 130, 152.
46   Cymet, *History vs. Apologetics*, 94.
47   Ludwig Volk, *Das Reichskonkordat* vom 20, Juli, 1933. Von den Ansätzen in der Weimarer Republik bis zur Ratifizierung am 10, September 1933, Veröffentlichung der Kommission für Zeitgeschichte (VKZ), B, 5 (Mainz, 1972).
48   Cymet, *History vs. Apologetics*, 95. 예수회 정기간행물 *La Civiltà Cattolica*은 나치를 반유대주의라는 교회적으로는 순수하지 않은 것으로 비평하기까지 나아갔다. 왜냐하면, 이는 "종교적 확신이나 기독교적 양심에서 나온 것이 아니었기" 때문이라는 이유였다. *La Civiltà Cattolica*는 크리스천 아이들에 대한 이른바 유대인의 의식적 살인에 대한 이야기를 발간했었다. Benedict 15세는 1915년에 비타칸 신문이 피의 비방에 대한 어떤 것도 싣는 것을 금지했다. 하지만, 그의 죽음 수십 년 후 그 금지는 엄격히 강제되지 않았다.
49   Archivo della Congregazione per la dottrina della fede, S.O., 125/28 [R.V. 1928 n. 2], vol. 1.
50   Kevin J. Madigan, "Two Popes, One Holocaust," *Commentary*, December 1, 2010; see also Godman, *Hitler and the Vatican*, 25.
51   Theodor Herzl, Account of Audience with Pope Pius X (1904), *Dialogika*, Council of Centers on Jewish-Christian Relations, online at http://www.ccjr.us/dialogika-resources/primary-texts-from-the-history-of-the-relationship/1253-herzl1904.
52   Godman, *Hitler and the Vatican*, 24-26; see Wolf, *Pope and Devil*, 108-17.
53   "Obelisk arrives back in Ethiopia," *BBC*, April 19, 2005.
*   악숨의 오벨리스크는 로마 중앙 광장에 설치되었다. 그 앞에는 유엔식량농업기구가 있게 되어 있었다. 이탈리아는 수십 년 동안 반환을 거절했지만, 마침내 2000년에 반환했다.
54   바티칸은 자주 무솔리니의 큰 야망을 격려했으며, 1933년 망타를 두고 영국과의 첫 다툼에서 그를 지지

했다. Cabinet 50 (33), September 5, 1933, 23/77/1, 29-30, Cabinet Papers, National Archives, Kew, UK.
55 Bernard Bridel, "Le Temps Les ambulances à Croix-Rouge du CICR sous les gaz en Ethiopie," International Committee of the Red Cross archives, August 13, 2003.
56 6년 후인 1941년, Nogara는 미국의 전시금융 제약에 대한 면제를 신청했다. 바티칸은 주식의 일부를 안전을 위해 뉴욕 JP모건으로 옮기기를 원했다. 그 주식은 에티오피아 침공의 초기 단계 동안 바티칸으로 옮겨졌던 것들이었다. 미국 관리 수신의 편지에서 노가라는 그 유가증권들이 미확인 기부자의 선물이라고 했다. 그 증권을 받은 이래로, 바티칸은 추정상 스위스의 Banque de l'Etate de Fribourg에 예치 상태로 이를 보관했었다. McGoldrick, "New Perspectives on Pius XII and Vatican Financial Transactions During the Second World War," 1031-32.
57 예를 들면, 국제연맹이 석유에 대한 제재를 발표하려고 했을 때, 영국과 프랑스는 주장하기를, 자신들이 석유를 이탈리아에 팔도록 허락되지 않는다면, 미국 – 당시는 연맹 회원국이 아니었다 – 이 그 공백을 완전히 채울 것이요 큰 이익을 얻을 것이라 말했고 성공적으로 먹혀들었다.
58 Gollin, *Worldly Goods*, 447.
59 Coppa, *Controversial Concordats*, 115; see also Anthony Rhodes, *The Vatican in the Age of the Dictators*, 69.
60 Chadwick, *Britain and the Vatican During the Second World War*, 8.
61 Rhodes, *The Vatican in the Age of the Dictators*, 77.
62 Paul I. Murphy, *La Popessa: The Controversial Biography of Sister Pascalina, the Most Powerful Woman in Vatican History* (New York: Warner, 1983), 138; Lo Bello, *The Vatican Empire*, 72.
63 Murphy, *La Popessa*, 140. 영국 교수 John F. Pollard는 그의 현대 바티칸 금융에 대한 연구에서 (*Money and the Rise of the Modern Papacy*), 바티칸의 대출은 "아주 가능성이 없는" 것이며, 다른 계좌에서의 이에 대한 언급은 로마교회가 "이탈리아 정부 주권과 IRI채권을 대규모로 보유함으로 인해서 전쟁의 효과를 간접적으로 진작시키려는 것"을 의미했다고 그는 믿는다. 하지만, Paul Murphy는 Pascalina 수녀 곧 Pius 12세의 절친에 대한 전기에서(*La Popessa*), 대출은 파시스트 정부에 의해 촉발되었으며 교회는 이탈리아와 관련되어 있는 그 다른 투자들의 보호를 하기 위해 동의했다고 기술한다. 1979년, Nogara 의 이인자 Massimo Spada는 Benny Lai에게 자신은 이탈리아에 전시대출을 하는 것을 반대했다고 했다. 그는 대출이 바티칸에게 너무 위험스럽다고 생각했다. Lai, *Finanze Vaticane*, 109, citing Lai interview with Spada, March 7, 1979.
64 Lo Bello, *The Vatican Empire*, 132.
65 See generally Renzo De Felice, "La Santa e il confitto Italio-Etiopico del diario di Bernardino Nogara," *Storia Contemporanea* 9 (1977): 821-34.
66 Archivo Famiglia Nogara, Personal Papers of Bernardino Nogara, Rome, diary entry for November 23, 1935, cited in Pollard, *Money and the Rise of the Modern Papacy*.
67 Lo Bello, *The Vatican Empire*, 170.
68 Cooney, *The American Pope*, 66-71; Cornwell, *Hitler's Pope*, 176-77.
*   Pacelli가 그해 11월 미국을 방문했을 때 그는 미국교회교구16개 중 12 교구에서 온 79명의 주교와 만났다. Franklin Roosevelt 대통령의 재선이 끝난 다음날, 파첼리는 그의 하이드파크 집에서 대통령을 만났다. 에티오피아 침공에 대해 논의되었는지에 대해서는 알 수 없다. 대신 Roosevelt는 미국의 사제, Charles Coughlin의 인기있지만 편견이 심한 방송에 대해 우려했다. Pacelli는 미국을 권장하여 바티칸과의 관계를 재수립하기를 원했다(마지막 미국의 대사는 1867년에 철수했다). 비록 그 회담의 실체는 밝혀진 바 없지만, 그 결론은 확실하다. 회담 이틀 후, 30,000,000명의 청취자를 갖는Coughlin은 자신의 도발적인 모습의 방송이 마지막임을 알렸다. 결국 Roosevelt는 성좌와의 외교관계의 회복을 위한 의회내의 저항을 우회하여 기업인 Myron Taylor를 자신의 개인 사절로 파견했다.

69 서방 정부들 역시 바티칸이 묵시적으로 스페인의 내전에서 Generalissimo Francisco Franco의 파시스트를 지원했다고 언급했다. Chadwick, *Britain and the Vatican During the Second World War*, 8-9.

70 Belardelli, "Un viaggio di Bernardino Nogara," 321-38.

71 Belardelli, "Un viaggio di Bernardino Nogara," 327; see also Pollard, *Money and the Rise of the Modern Papacy*, 180-81.

72 Pollard, "The Vatican and the Wall Street Crash," 117.

73 Coppa, *Controversial Concordats*, 159; Cornwell, *Hitler's Pope*, 180-81; see also Rychlak, *Hitler, the War, and the Pope*, 63-64.

74 Alvarez, *Spies in the Vatican*, 163-65.

75 Riccards, *Vicars of Christ*, 122. 주요한 Vaticanologist인 Andrea Tornielli 는 좋은 평가를 받는 자서전에서 Pacelli의 반히틀러 자격을 부각시키려 했다. 그는 1933년부터 1937년까지 국무총리가 성좌를 위해서 베르린에 발표했던 "70가지의 쓸모없는 항변들"에 대해 한 장 전체를 할애했다. 이는 나치의 제국협약(Reichskonkordat)의 위반에 대한 모든 불평을 담고 있다. (See Andrea Tornielli, *Pio XII: Eugenio Pacelli. Un uomo sul trono di Pietro* [Pio XII: Eugenio Pacelli. A Man on the Throne of Peter] [Milan: Arnoldo Mondadori. 2007], chapter 7). 하지만, 대부분의 항변은 상대적으로 사소한 문제들에 대한 것이며, 나치 이념과의 구체적인 불화나, 독일의 유대인에 대한 차별 운동에 대한 것은 아니었다. Roy Domenico, 교수며 University of Scranton(a Jesuit school)의 역사학과장은 "이 항변들의 대부분은 일요일에 나치 군중을 붙드는 것 종교 교육에 대한 세부 사항을 다루었다"고 말한다. (Roy Domenico, "Pio XII: Eugenio Pacelli. Un uomo sul trono di Pietro [review]," *The Catholic Historical Review* 94, no. 4, October 2008, 752-53.)

76 "The Holy Office's First Proposed Condemnation of National Socialism 1935," ACDF, R.V. 1934, 29; Prot. 3375/34, Vol. 1, fasc. 3b (May 1, 1935), 16-26; "The Holy Office's Revised Condemnation 1936," ACDF, R.V., 1934; Prot. 3375/34, Vol. 4, fasc. 13 (October 1936); "The Holy Office's Comparison Between Its Draft Condemnations and Mit brennender Sorge 1937," ACDF, R.V., 1934; Prot. 3375/34, Vol. 4, fasc. 18 (April 1937); see also description of early drafts at Godman, *Hitler and the Vatican*, 141-49.

77 See the English translation of the encyclical at the Vatican's archival online website: http://www.vatican.va/holy_father/pius_xi/encyclicals/documents/hf_p-xi_enc_14031937_mit-brennender-sorge_en.html.

78 Allen, *All the Pope's Men*, 201-2. *The Nation*지의 편집장 Paul Beecher Blanshard은 Mit Brennender를 다음처럼 말했다. "교황이 반파시스트라는 것을 증명하기 위해 미국 내에서 가톨릭 선전에 사용된 것은 이 회칙이다. 실상 교황은 무솔리니를 파시스트가 아니라, 반교권적(anti-clerical)이라 비난했다." "The Roman Catholic Church and Fascism," *The Nation*, April 10, 1948, 393.

79 Ludwig Volk, "Die Enzyklika Mit brennender Sorge," in *Katholische Kirche und Nationalsozialismus*, ed. Dieter Albrecht (Ostfildern: Matthias Grünewald Verlag, 1987), 34-55.

80 Martin Rhonheimer, "The Holocaust: What Was Not Said," *First Things*, November 2003, 18-28.

81 Besier, *The Holy See and Hitler's Germany*, 167.

82 Rychlak, *Hitler, the War, and the Pope*, 93-94; Cornwell, *Hitler's Pope*, 182-83.

83 Coppa, *Controversial Concordats*, 157-58.

84 1941년 7월, Hitler는 자신이 남들에게 개인적으로 말했던 바를 공개적으로 표현했다, "기독교는 인간성을 때리는 가장 강한 강타다. 볼세비즘은 기독교의 사생아다. 이 양자는 유대인의 무서운 문제다." 몇 달 후, 그는 경고했다. "전쟁은 끝날 것이다. 나는 로마교회 문제를 청소하는 나의 최종 과업을 보게 될 것이다." Cornwell, *Hitler's Pope*, 261; John S. Conway, *The Nazi Persecution of the Churches*, 1933-45 (London: Weidenfeld & Nicolson, 1968), 236-39; 243-44; 254-61; Coppa, *Controversial Concordats*, 178.

85 Bergen to Berlin, July 23, 1937, Documents of German Foreign Policy, 1918-1945, Series D, Vol. 1,

990-92.

86 Rychlak, *Hitler, the War, and the Pope*, 94; Cornwell, *Hitler's Pope*, 183.

87 Wills, *Papal Sin*, 29.

88 Robert G. Weisbord and Wallace P. Sillanpoa, *The Chief Rabbi, the Pope, and the Holocaust: An Era in Vatican-Jewish Relations* (New Brunswick, NJ: Transaction, 1992), 36. Pacelli는 자신이 반유대주의와 로마교회의 문제를 재고하고 있다는 어떤 신호도 보이지 않았다. 그해 5월, 그는 부다페스트의 International Eucharistic Conference의 교황 대표였다. 330명의 주교와 15명의 추기경과 함께 100,000명 이상의 신자가 참석했다. 그 회의는 헝가리 의회의 최초의 반유대주의 법률을 통과시킨 날과 같은 날이었다. Pacelli가 "심지어 오늘에도 그 입술은 그리스도를 저주하고 그 마음은 그를 거절하는 자들"을 비난했을 때 어떤 자들은 유대인을 향한 무시함으로 해석했던 언급을 했다. See "Pope Pius XII and the Holocaust." Online at www.general-books.net/sw2.cfm?q=Pope_Pius_XII_and_the_Holocaust.

89 Conway, *The Nazi Persecution of the Churches*, 166; see Weisbord and Sillanpoa, *The Chief Rabbi, the Pope, and the Holocaust*, 35.

90 Alexander Stille, *Benevolence and Betrayal: Five Italian Jewish Families Under Fascism* (New York: Picador 2003), 70.

91 Peter C. Kent, "A Tale of Two Popes: Pius XI, Pius XII and the Rome-Berlin Axis," *Journal of Contemporary History* 23 (1988): 600.

92 Osborne이 런던에 보낸 암호 전신은 몇 년간의 비오의 변화를 다음처럼 비유했다, 즉 "파시스트 교황"에서 "늙고 아마도 죽어가는 자"로 변했다. 그 이유가 무엇이든, 그는 참으로 우리의 것과 밀접히 관련이 있는 원칙의 중요한 문제들에 상응하는 국제 문제의 한 정책을 따르고 있다." Chadwick, *Britain and the Vatican*, 25-26. 오스본의 공식 직함은 Envoy Extraordinary and Minister Plenipotentiary to the Holy See.

93 Cornwell, *Hitler's Pope*, 190; see also Godman, *Hitler and the Vatican*, 160; Berry, *Render Unto Rome*, 66.

94 John LaFarge, *Interracial Justice as a Principle of Order* (Washington, DC: Catholic University of America Press, 1937); see also Wills, *Papal Sin*, 30.

95 한 사람은 독일인, Gustav Gundlach로, Pius의 1931년도 회칙 *Quadragesimo Anno*(40주년)에서 일했던 자였다. 여기서 그는 자본주의 하에서의 평등과 노동자의 권리에 대한 비사회주의적 대안책을 제시했다. 다른 예수회 회원은 Gustave Desbuqois로, 프랑스인이며, 같은 1931년의 회칙을 위해 일했으며 동시에 1937년 반공산주의 회칙인 *Divini Redemptoris*(신적 구속주에 대하여)에도 일했다.

96 Alvarez, *Spies in the Vatican*, 167. 다른 것들과 함께, 독일 주교들의 연례 회의에 대한 비밀한 세부 일정을 제공한 정보원은 익명으로 남아있다. 이는 전시의 풀지 못한 큰 첩보 비밀들의 하나다.

97 J.C.H. to A.W.D. (Allen Dulles), OSS, September 10, 1942, RG 226, E217, Box 20, Location 00687RWN26535, NARA; see Weisbord and Sillanpoa, *The Chief Rabbi, the Pope, and the Holocaust*, 36; and Wills, *Papal Sin*, 31. 독일 정보부는 Ledochowski's inner circle에 요원을 심어 놓으려 노력했다. see Report of Interrogation of Walter Schellenberg, June 27 to July 12, 1945, Top Secret, RG 226, E119A, Folder 2051, NARA.

98 Georges Passelecq and Bernard Suchecky, *The Hidden Encyclical of Pius XI*, translated from the French by Steven Rendall, with an introduction by Garry Wills (New York: Harcourt Brace, 1997), 124-35; Wolf, *Pope and Devil*, 116-17; see also Wills, *Papal Sin*, 38.

99 일부 역사가는 비오가 간질병을 앓았던 어린 시절 이래 고통 받았다고 믿는다. 몇몇 과거사는 이 결론을 지지해준다. 하지만, 그런 조건과 관련된 발작의 확증된 보고는 없다. 대신에 그의 재임 중에 불같은 통제할 수 없는 성미와 동시에 욕설과 잔혹함을 갖는 공격적인 언어적 폭발로 특징지어진 많은 예가 있다.

그런 이유가 무엇이든 간에, 그런 감정 폭발과 화는 교황으로서 그의 두려움의 상표가 되었다. Godman, *Hitler and the Vatican*, 133, 143; Chadwick, *Britain and the Vatican During the Second World War*, 43, 56.

100 Wills, *Papal Sin*, 39; Lo Bello, *The Vatican Papers*, 23.

101 Maura Hametz, "Zionism, Emigration, and Anti-Semitism in Trieste: Central Europe's 'Gateway to Zion,' 1896-1943," *Jewish Social Studies*, New Series, Indiana University Press 13, no. 3 (Spring-Summer, 2007): 121-24. Michele Sarfatti, *The Jews in Mussolini's Italy: From Equality to Persecution*, trans. John and Anne C. Tedeschi (Madison: University of Wisconsin Press, 2006), 103-5, 130.

102 "Italy's 'Race Laws Take 15,000 Jobs: Jews to Be Restricted to Labor and Small Trade—Police Warn 'Aryan' Servants," *The New York Times*, November 20, 1938, 33.

103 *Germania* 1938, Pos. 742, fasc. 354, 40ff, ASV, AES; see also Besier, *The Holy See and Hitler's Germany*, 185.

104 Phayer, *The Catholic Church and the Holocaust*, 16, n. 90.

105 Rychlak, *Hitler, the War, and the Pope*, 103.

106 Chamberlain이 Pius를 만나기 전날, 수상은 Mussolini를 만났다. 그 만남에서 Il Duce는 Chamberlain에게, "또 다른 유럽 전쟁은 문명의 종말을 뜻하는 것일 것이다"고 했다. Chamberlain은 외무상 Lord Halifax가 함께 했으며, 무솔리니는 국무총리 Count Galeazzo Ciano가 함께 했다. 그들 역시 "유대인 난민 문제"에 대해 말했으며, Mussolini는 영국 대표자들에게, 상당한 여유의 땅을 가진 어떤 나라 안에 하나의 "주권 유대국"을 고려할 것을 촉구했다. Il Duce는 브라질, 러시아 미국을 제시했다. 체임벌린은 무솔리니에게 자신이 히틀러에게 다음을 탄원할 수 있는지 물었다. 즉 Hitler가 독일 유대인으로 독일을 떠나게 할 뿐만 아니라 그들이 수중에 돈도 가져갈 수 있도록 할 것인지를 보고 싶다고 했다. 무솔리니는 말했다, "큰 거래를 요구하는 것은 크게 쓸모가 없을 것이다. 독일인들이 큰 곤경을 겪고 있었고 유대인의 행동의 결과로 인해 대단히 가난해졌기 때문이다." 그는 "유대인의 박해는 독일 내의 내정이다"고 말했다. "The Visit to Rome of the Prime Minister and the Secretary of State for Foreign Affairs from January 11 to January 14, 1939," Foreign Office, War Cabinet, January 11, 1939, 24/282/8, 81-82, Cabinet Papers, National Archives, Kew, UK. Chamberlain은 런던에 돌아올 때, Mussolini에 대해 "매우 호의적인" 인상을 가지고 돌아갔다. Cabinet 1 (39), January 18, 1939, 23/97/1, 4, Cabinet papers, National Archives, Kew, UK.

107 "The Visit to Rome of the Prime Minister," 86.

108 Pius 11세가 죽던 아침에, Massimo Spada 는 Pacelli가 교황 곁에서 남겨진 돈을 발견했다고 나중에 다시 설명했다. "Monsignor Angelo Pomato와 나는 Camerlengo Pacelli 가 죽은 교황의 서재에서 찾은 돈을 모두 취했다. 손수건으로 싸인 것은 이탈리아은행권으로, 금액은 1,650,000리라와 1,200달러였다. 그 리라는 바티칸은행 계좌 번호 1617에 예치되어 국무총리에게 지불되게 했고, 미 달러는 다른 계좌처럼 같은 이름을 갖는 현금 계좌 51170에 예치되었다." Lai, *Finanze Vaticane*, 111, citing an interview by Lai with Massimo Spada, March 7, 1979. As for Pius's desire to personally deliver a speech to the cardinals on February 11, see Kertzer, *The Pope and Mussolini*, Kindle edition, location 274, 295 of 10577.

109 Jean Charles-Roux, "How the Rumors Began that Pius XI was Murdered," *The Catholic Herald*, July 7, 1972; Peter Eisner, "Pope Pius XI's Last Crusade," *Huffington Post*, April 15, 2013.

* Pius가 나이들고 아프다는 것이 바티칸 내부의 어떤 자들에 의한 그의 죽음에 대한 음모론을 갖지 못하도록 하는 것은 아니었다. 프랑스 추기경 Eugène Tisserant은 그가 살해 당했다고 믿었다. 그에 따르면, 비오의 주요 의사들의 하나(그는 Mussolini의 영화에 나오는 여배우의 아버지인 것으로 드러났다)가 일 두체의 명에 따라 독을 주사했다는 것이다. 심지어 그는 Pacelli가 공모자일 수 있다고 생각했다. 그 동기는 추측컨대 몸져 누워 있는 Pius가 모든 주교에게 파시즘을 공격하는 교황 편지를 발표하지 못하게 하

는 것이었다. 어떤 편지도 아직 발견되지 않은 상태다.
110 Weisbord and Sillanpoa, *The Chief Rabbi, the Pope, and the Holocaust*, 36; Cornwell, *Hitler's Pope*, 192.
111 Jim Castelli, "Unpublished Encyclical Attacked Anti-Semitism," *National Catholic Reporter*, December 15, 1972, 1.
112 Georges Passelecq and Bernard Suchecky, "The Hidden Encyclical of Pius XI," available at washingtonpost.com/wp-srv/style/longterm/books/chap1/hiddenencyclicalofpiusxi.htm; Wills, *Papal Sin*, 32.
113 Archivo della Congregazione per la dottrina della fede, S.O., 125/28 [R.V. 1928 n. 2], Vol. 1.
114 Georges Passelecq and Bernard Suchecky, *The Hidden Encyclical of Pius XI*, translated by Steven Rendall (New York: Harcourt Brace, 1997), 247-49; "Humanis Generis Unitas," paragraphs 133-36; Wills, *Papal Sin*, 36.
115 Cornwell, *Hitler's Pope*, 191.
116 Passelecq and Suchecky, *The Hidden Encyclical*, 251-53; "Humanis Generis Unitas," paragraphs 141-42; Lo Bello, *The Vatican Papers*, 22-23.
117 "Humanis Generis Unitas," 88. 이 회칙의 사본은 Boston College(Burns Library)의 the Father Edward Stanton papers에서 찾을 수 있다.
118 작가 겸 편집장인 Conor Cruise O'Brien은 이 회칙의 발표 실패는 "역사상 가장 비극적인 기회의 손실의 하나"라고 생각했다. 그는 수백만 명의 유대인의 목숨이 구해질 수 있었으리라 주장한다. 반면, 신부 Walter Abbot, 예수회의 「America」 편집 작가는 Hitler는 그런 회칙의 발표의 후유증으로 더 심하게 단속했을 것이라 믿는다. 이 경우 희생자들은 유대인뿐만 아니라 주교들과 평신도들이었을 것이다. Conor Cruise O'Brien, "A Lost Chance to Save the Jews?," *The New York Review of Books*, April 27, 1989, 35. And see generally Weisbord and Sillanpoa, *The Chief Rabbi, the Pope, and the Holcaust*, 38.

제8장

1 Cornwell, *Hitler's Pope*, 205-8.
* 20세기에는 용어 Vaticanologists가 많이 사용되었다. 이는 보통 바티칸을 다루는 저널리스트들을 뜻하는 말로 사용된다.
2 Alvarez, *Spies in the Vatican*, 170-71.
3 Chadwick, *Britain and the Vatican*, 40-42.
4 비오는 언어의 마술사였다. 그는 독어, 이탈리아어, 영어, 스페인어, 포루투갈어에 능통했다. 그는 스웨덴어, 화란어, 덴마크어로 짧은 연설도 했다. 그의 죽음 전에 그는 러시아어를 배웠으며, 러시아인들에게 연설하기를 소원했다.
5 Rychlak, *Hitler, the War, and the Pope*, 184.
6 Alvarez, *Spies in the Vatican*, 168-70.
7 See generally, Godman, *Hitler and the Vatican*, 32-38. Pacelli는 때로는 Hitler에 대한 개인적 경멸감을 보이기도 했지만, 오직 사적으로만 그랬다. Hitler의 온건파가 되는 불가론에 대한 파첼리의 언급은 1937년, 베르린 주재 미국총영사인 Alfred Klieforth에게 한 말이었다. Klieforth는 Pacelli와의 대화를 요약하여 미국무성에 전신으로 보냈다. 추기경 국무총리는 역시 자신은 반나치 입장에서 독일 주교들을 지지한다고 말했다. (Frances D'Emilio, "Jesuit Researcher Says Wartime Pope's Anti-Nazi Stand Was Strong in 'Private' Contacts," *Associated Press*, International News, Vatican City, August 21, 2003). 대사 Joseph Kennedy에 대한 언급의 경우, 그 두 사람이 제2차 세계대전 발발 6개월 전인 1938년, 로마에 있

을 때 일련의 회합 가운데서다. Pacelli는 Kennedy에게 한 문서를 주었는데, 그는 말하길, 이는 자신의 "개인적 견해이며, 당신이 비밀한 사용을 조건으로 주는 것"이라 했다. 여기에서 그는 나치즘을 "친이교주의"라고 혹평하고, 새로운 문화전쟁(독일 재상 오토 폰 비스마르크가 1870년대에 재정했던 반가톨릭 정책을 뜻한다)에 대해 불평했다. 파첼리는 케네디에게, "자신의 개인적 사견을 당신의 친구에게 전하는 것"은 괜찮다고 말했다. 그 친구는 Franklin Roosevelt를 뜻했다. 그 문서는 2003년, the John F. Kennedy Library에 의해 공개되었다. (Charles R. Gallagher, "Personal, Private Views," *America*, September 1, 2003).

8 John P. McKnight, *The Papacy: A New Appraisal* (New York: Rinehart, 1952), 218.
9 Frederic Sondern Jr., "The Pope: A Great Man and Great Statesman Works for the Peace of the World," *Life*, December 4, 1939, 88.
10 Besier, *The Holy See and Hitler's Germany*, 2–3.
11 *La Conciliazione Ufficiosa: Diario del barone Carlo Monti "incaricato d' affari" del governo italiano presso la Santa Sede* (1914-1922), (Vatican City: Antonio Scotta, 1997), 51; see also Cornwell, *Hitler's Pope*, 62. 비오의 변호자들은 Monti를 불신하려 한다. 왜냐하면, 그는 Pacelli에게 개인 악감을 갖었기 때문이다. 게다가 그가 교황에게 Pacelli를 비평했다고 해서, 교황이 그렇게 불쾌해하지 않았을 것이라고 그들은 주장한다. See Rychlak, *Hitler, the War, and the Pope*, 293.
12 Sondern "The Pope," 86-95.
13 Sondern "The Pope," 91; Hoffman, *Anatomy of the Vatican*, 20.
14 Rychlak, *Hitler, the War, and the Pope*, 107-8.
15 Pius 12세는 자신의 서재에 International Telephone & Telegraph에 의한 전화기를 설치했다. 그의 개인 전화기는 완전 금수화였으며, 그 위에는 교황의 문장이 새겨졌다. 그는 이 전화기를 바티칸 내선 교환기 외에 교황청 관리들, 보통은 짧은 모든 업무상의 독백을 위해 사용했다. See Paul L. Williams, *The Vatican Exposed: Money, Murder, and the Mafia* (New York: Prometheus, 2003), 59; see also Sondern, "The Pope," 91; and Hoffman, *Anatomy of the Vatican*, 19.
16 Murphy, *La Popessa*, 60, 88.
17 Murphy, *La Popessa*, 66. 교황청에서 일하는 일부 이탈리아 사제들은 수년간 부모와 집에서 살지 않고 바티칸 내부의 일을 돌본다. 하지만, 파첼리는 집에 머물고자 자신에게 주어진 관사를 거절했다.
18 Carl Steinhouse, *Improbable Heroes: The True Story of How Clergy and Ordinary Citizens Risked Their Lives to Save Jews in Italy* (Bloomington, IN: AuthorHouse, 2005), 30.
19 Murphy, *La Popessa*, 54. 그녀는 태어날 때 Josefine Lehnert 이었으나, 수녀의 맹세를 할 때 그 이름 Pascalina를 얻었다. 그녀는 수녀원의 수녀원장이 된 적이 없으나, 그런 직책을 가진 자로 널리 인정받았다. 교황 Benedict XV가 제정한 Canon code 133은 고위 성직자들의 가솔을 책임지는 여자들은 "정경적 나이"를 넘어설 수 있다고 규정했다. 이는 "어떤 악한" 의심을 주지 않기 위해서였다. 정경법은 사제들이 자신의 모친, 이모와 고모 나이든 여자들을 가정의 감독으로 쓰도록 장려했다. 정경법 상의 나이는 경수에 대한 교회의 완곡어법이다. See generally Hoffman, *Anatomy of the Vatican*, 134.
20 Pius가 교황이 된 후 미국무장관 John Foster Dulles가 바티칸에서 그를 만났다. 회합 도중에 수녀 Pascalina가 예고 없이 들어와 Pius에게 기댄 채 독일어로 엄하게 말했다. 그의 수프는 테이블 위에 있었다. 교황이 변명했다. Hoffman, *Anatomy of the Vatican*, 22; "Pope Takes Orders from Housekeeper," *Sarasota Herald-Tribune*, UPI, April 25, 1954, 32.
21 Pius는 Pascalina를 바티칸의 살림 우두머리로 삼았다. 하지만 그녀는 그것 이상을 해서, 가장 신뢰 받는 절친으로 섬겼다. Paul Hoffman이 1970년대에 *The New York Times*에 바티칸에 대해 기사를 썼고, 나중에는 교회에 대한 책을 저술했다(*Anatomy of the Vatican*). Hoffman은 오직 소수의 여자들만이 "교황의

참모로서 영향력"을 행사했다면 - 예컨대 14세기의 신비가 Catherine of Siena, 17세기의 Swedish Queen Christina - 파스칼리나는 "현대에서 바티칸에서 상당한, 비록 비공식적이라도 권력을 행사했던 유일한 여성"이라고 썼다. See generally "Pope Takes Orders from Housekeeper," 32. 역시 Pascalina는 비오의 죽음 이후 그에 대한 자신의 사역에 대해 성인전 같은 이야기를 썼다. 영어판은 2014년까지는 출판되지 않았다. Pascalina Lehnert and Susan Johnson, *His Humble Servant: Sister M. Pascalina Lehnert's Memoirs of Her Years of Service to Eugenio Pacelli, Pope Pius XII* (South Bend, IN: St. Augustine Press, 2014).

22 Peter C. Kent, *The Lonely Cold War of Pope Pius XII: The Roman Catholic Church and the Division of Europe, 1943-1950* (Montreal: McGill Queens University Press, 2002), 64.

23 "Religion: America in Rome," *Time*, February 25, 1946.

24 Murphy, *La Popessa*, 54-55, 57, 59. 20명 이상의 기자들이 로마의 중앙 철도역에서 진을 치고 Pacelli와 Spellman의 귀환의 순간을 포착하려고 했다. 그들은 기자들이 알지 못하게 빠져나갔다. Pacelli는 큰 선글라스를 낀 채, 일반 사제의 복장을 했고 Spellman은 평신도로 위장했다. 한 방문 중인 뉴욕 사제는 고향에 돌아가 자기 친구들에게 Spellman이 Pacelli로 인해 참으로 넋이 나갔다고 언급하며, 농담조로 말하길, Spellman은 꼭 푸들같이 보여, 주인의 자랑거리가 되어 5번가를 걷는 것 같았다고 했다. 스펠만의 경우, 그는 Pacelli에 대해 자기 어머니에게 다음처럼 썼다. "그는 정말 친절하고 즐거우며 나를 신뢰한다." Spellman은 조금은 익살스럽게 집에 쓰기를, 교황(비오 12세)가 자신을 "소중한 몬시뇰"로 부른다고 했다. 1939년, 교황으로서 Pacelli의 첫 번째 행동들 중 하나가 스펠만을 뉴욕의 대주교로 임명하는 것이었다. 이는 Pius 11세가 신시내티의 대주교 John McNicholas를 임명하려 의도했으나, 종이에 서명하기 전에 죽었음을 알았던 고위 성직자들 간에 소동을 불러 일으켰다. 7년 후, 제2차 세계대전이 끝났을 때, Pacelli는 Spellman을 추기경으로 만들었다. (see generally, Francis Beauchesne Thornton, *Our American Princes: The Story of the Seventeen American Cardinals* [New York: Putnam, 1963], 200-202.) Spellman의 전기 작가 John Cooney는 까다로운 대중 도덕론자인 Spellman이 사실은 동성애자였다는 여러 전해 듣는 이야기를 자세히 설명했다. John Cooney, *The American Pope: The Life and Times of Francis Cardinal Spellman* (New York: Crown, 1984). 이 책이 발간되었을 때 이 주장은 큰 소동을 낳았다. Spellman의 오랜 개인성직자 조수는 이 주장을 "실로 웃기는 일"이라 묵살했다. 뉴욕의 기자 Michelangelo Signorile는 Cooney 책의 단서를 더 추가 조사해서, 2002년에 Spellman은 "미국 가톨릭교회 역사상 가장 악명높고, 강력하며 성적으로 게걸스런 동성애자들 중의 하나"라고 결론냈다. 한 가까운 동성 남자는 "여러 합창 소년들과 기타 사람들에게 '프랜니'라고 알려진" 자였다. Michelangelo Signorile, "Cardinal Spellman's Dark Legacy," *New York Press*, May 7, 2002. 작가 Paul Murphy가 *La Popessa*에서 Spellman에 대해 제공된 정보는 추기경의 형제 Dr. Martin Spellman에 의해 제공된, 부분적으로는 개인서류, 일지, 추기경 Spellman의 편지에 대한 Murphy의 배타적 접근권에 바탕을 두었다.

25 Phayer, *Pius XII, the Holocaust, and the Cold War*, 9; see also Besier, *The Holy See and Hitler's Germany*, 2-3.

26 Domenico Cardinal Tardini, *Memories of Pius XII*, trans. Rosemary Goldie (Westminster, MD: Newman Press, 1961), 73. 많은 사람이 Pacelli는 자신의 조심스럽고 순응적인 전임자, 추기경 Pietro Gasparri에 의해 영향을 받았다고 생각했다. Gasparri는 열정적인 국무총리였다. 하지만, 그의 동료들 중 누구도 그가 로마교회를 운영할 능력이 있다고는 생각하지 않았다. See Frank J. Coppa, *The Policies and Politics of Pope Pius XII: Between Diplomacy and Morality* (New York: Peter Lang, 2011), 57.

27 Godman, *Hitler and the Vatican*, 82-83.

28 Osborne quoted in Rhodes, *The Vatican in the Age of the Dictators*, 222-23; McKnight, *The Papacy*, 257, 291; Tardini, *Memories of Pius XII*, 73.

29 Chadwick, *Britain and the Vatican*, 50-52.

30 투표할 수 있는 62명의 추기경 중의 2/3 과반수가 교황 선출에 필요했다. Pacelli는 첫 투표에서 가장 많

은 표를 얻었다. 그러나, 두 번의 추가 투표에서 그는 필요한 수인 48표를 얻었다. See Cornwell, *Hitler's Pope*, 207. Pacelli의 대관식은 미국이 사절단을 보낸 처음의 일이었다. FDR는 가톨릭 신자 Joseph Kennedy, 당시에 주영 미국 대사를 파견했다. 영국은 유럽의 긴장 상황으로 보아 새 교황과의 친한 관계를 가지는 것이 중요하다고 인식하고 Norfolk 공작을 교황 대관식을 위한 주 바티칸 특별대사로 임명했다. Cabinet 1 (39), January 18, 1939, 23/97/1, 380, Cabinet Papers, National Archives, Kew, UK.

31 J. N. D. Kelly, *Dictionary of Popes*, 318. Pacelli의 대관식은 현대에 들어와 가장 화려한 것이었다. 원칙적으로 라테란조약 이래 처음이며, 그 결과로 백년 만에 야외에서 거행된 식이었다. See also G. A. Borgese, "Pius XII and the Axis," *The Nation*, March 11, 1939, 285-88.

32 Chadwick, *Britain and the Vatican*, 57; see also *The Pope Speaks*, with a preface by Cardinal Arthur Hinsley (London: Faber & Faber, 1940), 60-63.

33 Blet, *Pius XII and the Second World War*, 53-54.

34 Cornwell, *Hitler's Pope*, 208-9.

35 Pie XII à Hitler (minute de letter), Records and Documents of the Holy See Relating to the Second World War (Vatican City: Liberia Editrice Vaticana, 1965-1981), Vol. 2, Appendix No. 6, 420.

36 Coppa, *Controversial Concordats*, 165; Phayer, *The Catholic Church and the Holocaust*, 45. Pius 12세와 Franklin Roosevelt는 교황의 1936년 미국 여행 동안 있었던 두 사람의 만남 이래로 우호적 상호관계를 유지했다. Pacelli가 교황이 된 한 달 후, FDR는 Roosevelt가 Hitler와 Mussolini에게, 그들이 적어도 십 년 동안 더 이상의 침략이 없기를 동의해 달라는 요청을 교황이 지원해 주길 원하는 편지를 썼다. 비오는 거절하며 그에게 말하기를, 바티칸은 Hitler와 Mussolini 모두 좋은 시절에 자신의 조건 위에서 다루려 한다고 했다. See generally Blet, *Pius XII and the Second World War*, 9-10.

37 Sondern, "The Pope," 91, 93-94. Pius는 바티칸 밖에서의 통화를 위한 전화기를 신뢰하지 않았으며, 이탈리아의 보안 서비스가 자신의 전화들을 감시한다고 확신했다. 전쟁 동안 그는 소비에트가 정기적으로 바티칸과 Castel Gandolfo 간의 전화 통화를 가로챈다는 것을 알아차렸다. See Hoffman, *Anatomy of the Vatican*, 253.

38 Sondern, "The Pope," 91, 93-94.

39 Mother Pascalina는 Pius의 19년 재임 동안 그는 오직 한 번 조용한 식사 전통을 깼다고 훗날 설명했다. 이는 한 미팅이 늦게 끝난 관계로 저녁 식사를 위해 뮌헨의 추기경 von Faulhaber를 초청했을 때였다. 매일 그를 만나는 독일인 예수회 회원인 그의 비서 Robert Leiber같은, 그를 잘 아는 사람들조차도 그의 말 없는 큰 침묵을 깨는 것은 어려운 일임을 주목했다. "그의 학교 친구들의 하나는 말했다. 소년의 때도 그는 접근하기가 쉽지 않았다. 그는 그대로 있었다…그는 혼자 남아있었다. 그의 영혼의 깊이를 파고드는 것은 어려웠다." Hoffman, *Anatomy of the Vatican*, 21-22, 140.

40 Chernow, *The House of Morgan*, iBook edition, location 789.

41 Murphy, *La Popessa*, 85.

42 Webster, *Industrial Imperialism in Italy*, 153, 58.

43 Giovanni Preziosi, *Germania alla Conquista dell'Italia: Con prefazione di G.A. Colonna di Cesaro' e con nota del prof. Maffeo Pantaleoni* (Florence: 1915).

44 Lo Bello, *The Vatican Empire*, 28; Martin, *Rich Church, Poor Church*, 41-42; Gollin, *Worldly Goods*, 453-54.

45 Giovanni Preziosi, *Germania alla Conquista dell'Italia*. Preziosi, 이전에 사제였으나 교단을 떠나 무솔리니의 파시스트당의 수석 반유대주의 대변인이 된 그는 이탈리아상업은행(BCI)에서의 외국인, 유대인, 프리메이슨에 대한 국수주의적 의심을 제기했다. Mussolini는 Preziosi를 1942년에 국무장관의 임명으로 보상했다. 그는 전후 연합국에 의한 체포가 임박하자 자살했다.

46 Lo Bello, *The Vatican Empire*, 28; Martin, *Rich Church, Poor Church*, 41-42; see also Murphy, *La Popessa*, 76.

47 Lai, *Finanze Vaticane*, 21-22; see also Martin, *Rich Church, Poor Church*, 42.
48 가장 예상되는 후임은 Monsignor Alberto di Jorio으로, 노가라가 가장 신뢰했던 교황청 관리였다. 그는 노가라가 검토를 받고 있는 동안 돈의 균형을 맞추었다.
49 Martin, *Rich Church, Poor Church*, 42. Gollin, *Worldly Goods*, puts the sum as low as $150 million, while Lo Bello, *The Vatican Papers*, puts it as high as $2 billion.
50 Martin, *Rich Church, Poor Church*, 42.
51 McGoldrick, "New Perspectives on Pius XII and Vatican Financial Transactions During the Second World War," 1031. Nogara는 Pius 11세와 10년 동안 그의 만남의 노트를 기록했다. 어떤 문서화 된 기록도 남기지 않는다는 결정이 Pius Nogara에 의해 이루어졌는지는 확실하지 않다. 그 답은 아마도 바티칸의 비밀 수장고에 봉인되어 있다. 바티칸은 교황의 재임 동안 그 두 사람이 만났던 날과 시간의 기록부도 공개하지 않았다.
52 Pius는 Hilter가 폴란드를 침공하기 전에 여러 달 동안 하나의 외교적 제안을 제시했다. 그는 바티칸이 체코와 오스트리아 간의 경합 땅을 두고 독일과의 교섭을 중재하기 원했다. 프랑스와 영국은 그 생각을 거절했다. Cabinet 27 (39), May 10, 1939, 23/99/6, 161, Cabinet Papers, National Archives, Kew, UK. 나치가 폴란드를 취하고 핀란드로 전진한 후 Pius는 그해 12월 역시 정전을 제안했다. 연합국은 이는 두려운 아이디어로 생각했다. 이런 소강 상태가 독일에게 짧은 휴식을 주어, 그 후 독일이 더욱 힘차게 전쟁을 할 것이라 보았다. Notebook, Foreign Policy in Europe, December 11, 1939, (WP-39-155), 66/4/5/1, Cabinet Papers, National Archives, Kew, UK.
53 Veröffentlichungen der Kommission für Zeitgeschichte, Series A, Vol. 34, 550-51.
54 다음 달에 제3 제국은 안락사 프로그램(Gnadentod)를 제도화했다. 이는 신체적 이상과 정신적 병을 지닌 사람들을 제거하기 위한 목적이었다. 제국 내에서는 거의 비밀에 가까운 것으로 여겨졌다. 하지만, 이는 불가능했다. 왜냐하면, 그 프로그램은 그 관리와 집행에 1,000명 이상의 일손이 필요했기 때문이다. 무엇이 벌어지고 있는가 하는 소문은 곧 독일 전역으로 퍼졌다. 독일 주교 August von Galen는 침묵하라는 바티칸으로부터의 간청을 무시하고 그의 설교에서 그 프로그램을 비난했다. Martin Bormann 같은 고위 나치는 Galen를 체포해서 처형하기를 원했다. 하지만, 나치는 그를 대적하는 조치를 하지 않았다. 왜냐하면, 그들이 그를 해치면 대중의 지지를 잃을까 두려워했기 때문이었다. 시간이 흐름에 따라, "은밀한" 살인에 대한 공개적인 비난이 커졌다. Hitler의 반응은 이 년 후 그 독일 프로그램을 총 70,273명의 죽음으로 끝내는 것이었다. 나치는 그 살해를 폴란드와 러시아로 옮겼다. 하지만, 그들은 전투의 혼돈 속에서 지고 말았다. 전쟁이 끝나기 전에 또 다른 130,000명이 살해당했다. 하지만, 나치가 독일에서 후퇴해야 했음이 몇몇 학자에 의해 더 많은 가톨릭 신자의 항의가 홀로코스트를 늦추거나 멈추게 할 수 있었다는 증거로써 인용되었다. See Cornwell, *Hitler's Pope*, 195-99.
55 See Documents on German Foreign Policy, Series C, Vol. 1, No. 501; Series D, Vol. 13, No. 309, cited in George Kent, "Pope Pius XII and Germany: Some Aspects of German-Vatican Relations, 1933-1943, *American Historical Review* 70 (October 1964). Pius는 유명한 이탈리아인들과 함께 Il Duce가 Führer를 품는 것을 막도록 하는 교회의 영향력을 사용하지 않았다. 대신에 교황은 단지 영국에 은밀히 불평했을 뿐이었다. 영국 정부는 알아차렸으나 물론 무솔리니에 있어서는 어떤 움직임도 없었다. Summary of the War Cabinet, March 6, 1940 (WM-40-61), 65/6/6, 39-40, Cabinet Papers, National Archives, Kew, UK.
56 Friedländer, *Nazi Germany and the Jews*, 223.
57 Moshe Y. Herczl, *Christianity and the Holocaust of Hungarian Jewry*, trans. Joel Lerner (New York: Harper & Row, 1971), 118.
58 미국 외교관 George Kennan은 나치의 장악 때까지 프라하에 배속되었다. 그의 회고록의 설명에 따르면, Rudolph Mikuš, 슬로바키아의 영향력 있는 예수회 회장이 1939년, 반관영 신문사에 "매우 조심스럽게

준비된 인터뷰"를 했다. Mikuš는 "유대인의 분리와 슬로바키아에서의 정치, 경제적 삶에서 그들의 영향력 제거를 좋아한다." 그는 오직 세례 받은 유대인만 예외를 허락했다. George F. Kennan, *From Prague After Munich: Diplomatic Papers,* 1938-1940 (Princeton: Princeton University Press, 1968), 51-52.

59 Phayer, *The Catholic Church and the Holocaust,* 87; Gabriel Wilensky, *Six Million Crucifixions: How Christian Teachings About Jews Paved the Road to the Holocaust* (San Diego, CA: Qwerty Publishers, 2010), Kindle edition, 3906 of 8032.

60 Quoted in Ladislav Lipscher, "The Jews of Slovakia: 1939-1945," *The Jews of Czechoslovakia,* ed. Avigdor Dagan, *Vol. 3 of Historical Studies and Surveys* (New York: Society for the History of Czechoslovak Jews, 1984), 166.

61 Michael Robert Marrus, *The Nazi Holocaust, Part 8: Bystanders to the Holocaust,* Vol. 3 (Berlin: De Gruyter, 1989), 1313.

62 Phayer, *The Catholic Church and the Holocaust,* 46.

* 일 년 후 Tiso는 개종한 유대인과 가톨릭 신자 간의 결혼을 금지하는 새로운 법을 통과시켰다. Pius의 이해로는, 유대인이 그 개종을 자신들을 차별과 처벌로부터 면하게 함을 확신하지 않는다면, 교회는 개종자들을 갖는 데 어려운 시간을 가질 것이란 점이었다. Tiso가 사제였기 때문에, 비오는 그가 그런 주장을 받아주리라 기대했다. 그러나, 티소는 까딱도 하지 않았다. 교황은 Tiso의 卿(몬시뇰)의 직을 박탈했고, 그를 일반 사제로 격하시켰다.

63 See generally Le nonce à Berlin Orsenigo au cardinal Maglione (Report of Apostolic Nuncio Cesare Orsenigo regarding his meeting with Hitler), Vol. 1, No. 28-29, 128ff, Records and Documents of the Holy See Relating to the Second World War, *Actes et Documents du Saint Siège relatifs à la Seconde Guerre Mondiale, Le Saint Siège et la guerre en Europe* (Vatican City: Liberia Editrice Vatican), (ADSS); Notes du cardinal Maglione (Note of the Italian Ambassador [Ciano] the Vatican Secretary of State [Maglione]), May 9, 1938, No 36, 138, Records and Documents of the Holy See Relating to the Second World War, ADSS; Sir Neville Henderson to the British Foreign Office, Series 371/23790/190, file of the Foreign Office, National Archives, Kew, UK. Pius 와 Maglione가 이탈리아 정보부와 협력한다는 프랑스의 의심은 크게 다음과 같은 사실에 기초한다. 즉 전쟁이 터지기 바로 직전인 1939년 여름 동안 바티칸이 무솔리니 정부와 너무 뒤얽혀 있다는 점이었다. See generally the archival documents relating to British Foreign policy, 3rd Series, 1919-1939, Vol. 7, National Archives, Kew, UK; see also Chadwick, *Britain and the Vatican,* 65, 68.

64 Ronald Modras, *The Catholic Church in Poland and Anti-Semitism,* 1933-1939 (Abingdonon-Thames: Routledge, 2000), 186.

65 Chadwick, *Britain and the Vatican,* 82.

66 Phayer, *The Catholic Church and the Holocaust,* 25.

67 Memo, Harold H. Tittmann, U.S. Department of State, Foreign Relations of the United States, Diplomatic Papers, Europe, 1942, University of Wisconsin, Digital Collection, http://digicoll.library.wisc.edu/cgi-bin/FRUS/FRUS-idx?type=turn&entity=FRUS.FRUS1942v03.p0783&id=FRUS.FRUS1942v03&isize=text.

68 Walter Hannot, *Die Judenfrage in der katholishen Tagespresse Deutschlands and Osterreichs,* 1923-1933 (Mains: Grünewald, 1990), Series B of Veröffentlichungen der Kommission für Zeitgeschichte, Vol. 51, 286ff.

69 Modras, *The Catholic Church and Anti-Semitism,* 195. In 1995, on the fiftieth anniversary of the end of World War II, the Polish clergy issued a formal apology for not having condemned the Nazi slaughter of Polish Jews.

70 피의 비방을 촉발했던 폴란드 추기경들은 Józef Sapieha Karol Radonski를 포함한다. Paper presented by

Andrzej Bryk, "Polish-Jewish Relations During the Holocaust: The Hidden Complex of the Polish Mind," at the History and Culture of the Polish Jews, 1988, Jerusalem; see also Friedländer, *Nazi Germany and the Jews*, 47-48; Phayer, *The Catholic Church and the Holocaust*, 14-15. Hlond는 훗날 자신의 반유태적 언사를 누구러뜨리고 나치 범죄의 비판자가 되었다. Hlond의 유대인에 대한 주장은 1936년의 목회서신의 일부로, 폴란드 전역의 교회에서 일요일 미사 동안 읽혀졌다. Cymet, *History vs. Apologetics*, 152. See generally Besier, *The Holy See and Hitler's Germany*, 134-35; Natalia Aleksiun, "The Polish Catholic Church and the Jewish Question in Poland, 1944-1948," Holocaust Studies, Yad Vashem, vol. 33, 2005.

71 나치는 자신들이 생각하는 새로운 German General Government에 열성을 보이지 않는 성직자들을 목표물로 삼기 시작했다. Richard C. Lukas, *The Forgotten Holocaust: The Poles Under German Occupation, 1939-1944* (Lexington: University Press of Kentucky, 1986), 13-14; August Hlond, *The Persecution of the Catholic Church in German-Occupied Poland. Reports presented by H. E. Cardinal Hlond, Primate of Poland, to Pope Pius XII, Vatican Broadcasts and Other Reliable Evidence—preface by Cardinal Hinsley* (New York: Longmans, Green, 1941), 110-17; see also Phayer, *The Catholic Church and the Holocaust*, 22-23; and Phayer, *Pius XII, the Holocaust, and the Cold War*, 21-24, 28.

72 George La Piana, "Vatican-Axis Diplomacy," *The Nation*, November 30, 1940, 530-32.

73 Phayer, *The Catholic Church and the Holocaust*, 25.

74 Lukas, *The Forgotten Holocaust*, 16.

75 Phayer, *The Catholic Church and the Holocaust*, 29.

* 계속되는 탄원으로 인해 소집된 행동가 성직자들의 최고는 2년 후 Pius가 쓴 사적 편지였다. 그는 5천 장의 사본이 교회 지하를 통해 배포될 수 있도록 허가했다. 그 편지에서 교황은 폴란드 가톨릭과의 연대를 표명했다. 심지어 그때도 그는 유대인을 언급하지도 않았으며, 유대인과 교회에 대한 나치의 폭력도 비판하지도 않았다.

76 Burzio의 상세한 경고는 1942년 3월초의 편지로, 여기서 그는 임박한 80,000명의 Slovakian Jews의 추방을 보고했다. Burzio to Maglione, March 9, 1942, Vol. 8, 153, ADSS; see Livia Rothkirchen, "The Churches and the Deportation and Persecution of Jews in Slovakia," Shoah Resource Center, The International School for Holocaust Studies, 2000; Morley, *Vatican Diplomacy and the Jews During the Holocaust*, 78-81; Chadwick, *Britain and the Vatican*, 205, citing the diary of British envoy D'Arcy Osborne.

77 Phayer, *The Catholic Church and the Holocaust*, 87.

78 Ibid., 88. See also Livia Rothkirchen, "Vatican Policy and the 'Jewish Problem' in 'Independent' Slovakia 1939-1945," *Yad Vashem Studies*, 6 (1967), 36. Secretary of State Maglione made a more direct appeal in May 1943.

79 "Notes de Mgr Tardini," Vol. 8, Doc. 426, 597-98, Records and Documents of the Holy See Relating to the Second World War, ADSS; see also John S. Conway, "The Vatican, Germany and the Holocaust," in *Papal Diplomacy in the Modern Age*, ed. Peter C. Kent and John F. Pollard (Westport, CT: Praeger, 1994), 113.

80 Phayer, *Pius XII, The Holocaust, and the Cold War*, 10.

81 Marco Aurelio Rivelli, *L'arcivescovo del genocidio: Monsignor Stepinac, il Vaticano e la dittatura ustascia in Croazia, 1941-1945* (Milan: Kaos, 1999), 12-13. Pavelić이 군부의 vicar로서 두 사람의 임명을 했다. 그 한 사람은 Monsignor Stipe Vučetić, 다음은 Stepinac이다. Stepinac이 전후 전범의 혐의를 갖게 되자, 군부 vicar로서의 그의 지위는 기소장에 인용되고 있다. See generally Stella Alexander, *The Triple Myth: A Life of Archbishop Alojzije Stepinac* (Boulder, CO: East European Monographs, 1987), 86-87.

82 Mussolini 역시 초기 Ustaša 지지자였으며, 그들에게 병참 군사 지원을 제공했다.

83 Alexander, *The Triple Myth*, 57-58, citing Katolički List, the semi-official journal of the Zagreb diocese, as

KL 8 (92) 20.2.41, 93.

84 Blet, *Pius XII and the Second World War*, 108; see also Harold H. Tittmann Jr., *Inside the Vatican of Pius XII: The Memoir of an American Diplomat During World War II* (New York: Image Books/Doubleday, 2010), Kindle edition, location 746 of 3089.
85 Blet, *Pius XII and the Second World War*, 108-9.
86 Quoted in Aarons and Loftus, *Unholy Trinity*, 71.
87 Miha Krek는 Ljubljana의 주교 Gregory Rozman를 통해 Pius 12세에게 청원했다; see Mark Aarons, *Sanctuary: Nazi Fugitives in Australia* (Melbourne: William Heinemann, 1989), 19.
88 Alexander, *The Triple Myth*, 59-60.
89 Menachem Shelah, "The Catholic Church in Croatia, the Vatican and the Murder of the Croatian Jews." Included in *Remembering for the Future: The Holocaust in an Age of Genocides*, Vol. 1 (Oxford: Pergamon, 1988), 266, 274.
90 Aarons and Loftus, *Unholy Trinity*, 71-72; Pavelić이 Pius를 만났던 당일에, 국무총리 Maglione는 한 편지를 발표해서, 그 방문이 새로운 크로아티아 정부에 대한 공식적 승인은 아니라고 선언했다. Blet, *Pius XII and the Second World War*, 109.
91 Alexander, *The Triple Myth*, 63-65. See also Raul Hilberg, *Destruction of European Jews*, Vol. 1 (New Haven: Yale University Press, 2003), 710-11; see also Phayer, *The Catholic Church and the Holocaust*, 32-33. Pius는 그날 Pavelić를 만난 것 이외에, Great Crusader's Brotherhood, a Croatian nationalist group의 대표단을 축복해 주었다. 그들의 목표는 세르비아인을 가톨릭으로 개종하는 것이었다.
92 Chadwick, *Britain and the Vatican*, 193-95; Phayer, P*ius XII, the Holocaust, and the Cold War*, 39-40.
93 German High Command에 의해 작성된 통계에 따르면, 1941년 6월의 침공의 때부터 전쟁 종료 때까지 모든 나치 희생자의 90% 이상이 동부 전선상에서 이루어졌다.
94 Fritz Menshausen to State Secretary Weizsäcker, September 12, 1941, Documents on German Foreign Policy 1918-1945, Series D, Vol. 13 (Washington, DC: United States Government Printing Office, 1964), 489.
95 *Encyclopedia of the Holocaust*, ed. Israel Gutman (New York: Macmillan, 1990), 39.
96 Jonathan Steinberg, *All or Nothing: The Axis and the Holocaust,* 1941-43 (London: Routledge, 2002), 36; Phayer, *The Catholic Church and the Holocaust*, 33, n. 11
97 Aarons, *Sanctuary*, 61-62. Pavelić 정부의 첫 달에 반유대 슬라브 종족 간 전쟁이 진행되고 있었다. 세르비아인은 푸른색 완장을, 유대인은 다윗별을 차도록 명령이 내려진 상태였다. 모든 대중 교통과 소매상은 다음과 같은 간판을 내걸어야 했다. "세르비아인, 유대인, 집시 개는 출입금지."
98 Cornwell, *Hitler's Pope*, 250-51. 바티칸은 1942년까지 강제 개종에 대한 불승인을 공식적으로 표명하지는 않았다. See Rychlak, *Hitler, the War, and the Pope*, 303, citing a memorandum from the Vatican Secretary of State to the Legation to Yugoslavia, January 25, 1942.
99 Quoted in Shelah, "The Catholic Church in Croatia, the Vatican and the Murder of the Croatian Jews," 266-80; see also Aarons, *Sanctuary*, 59-60. Sarić는 유대인의 부동산과 은행계좌를 몰수했다. 전후 그는 로마의 Pontificium Institutum Orientalium, 동방기독교를 공부하는 한 교황청 학교에서 피난처를 찾았다. Wilensky, *Six Million Crucifixions*, Kindle edition, 3207 of 8032.
100 Carlo Falconi, *The Silence of Pius XII*, English translation (Boston: Little, Brown, 1970), 273-75, 307-8.
101 Cornwell, *Hitler's Pope*, 254; Phayer, *The Catholic Church and the Holocaust*, 34-35, 38.
102 Williams, *The Vatican Exposed*, 67; 3명의 사제는 Josef Culina, Zvonko Brekalo, Zvonko Lipovac.
103 Phayer, *The Catholic Church and the Holocaust*, 34, n. 14.
104 Falconi, *The Silence of Pius XII*, 308.

105 Branko Bokun, *Spy in the Vatican*, 1941-45 (London: Vita, 1973), 11.
106 1941년간에, Bokun은 반목적으로 Pius에게 파일을 보내려고 했다. 심지어 한때 교황의 공중 축복 도중에 이를 전해주려 했다. 교황의 자문단이 Bokun이 그런 문서를 건네주려는 것을 막았다. See generally Bokun, *Spy in the Vatican*; Cornwell, *Hitler's Pope*, 255-57.
107 Phayer, *The Catholic Church and the Holocaust*, 37.
108 Aarons, *Sanctuary*, 62; see also Stevan K. Pavlowitch, *Hitler's New Disorder: The Second World War in Yugoslavia* (New York: Columbia University Press, 2008). 여기서 Pavlowitch는 Pavelić이 이탈리아 외상에게 오직 12,000명의 유대인만이 Ustaša 지배의 영토 안에 있음을 자랑했다는 것을 인용하고 있다. see also Sergio Romano, *Giuseppe Volpi: industria e finanza tra Giolitti e Mussolini* (Milan: Bompiani, 1979) and Sergio Romano, *Giuseppe Volpi et l'Italie moderne: Finance, industrie et état de l'ère Giolittienne à la Deuxième Guerre Mondiale* (Rome: Ecole Française de Rome, 1982). 여기서 작가 Ronald Rychlak는 1942년 8월 4일자 편지를 인용하는데, 자그레브의 수석 랍비 Miroslav Freiberger 발신, 교황 수신의 한 편지에서, 랍비는 교황이 "성좌의 대표들과 교회 지도자들이 우리의 가난한 형제들에게 보였던 무한한 선"에 대해 교황에게 감사의 뜻을 표하고 있다. 그러나, Rychlak은 그 랍비의 교황에게의 긴급한 호소를 빼먹었다. 여기에는 "이제 우리 사회의 마지막 생존자들이 가장 중요한 상황에 처해있는 이 순간에, 다시 말해, 그들의 목숨에 대해 결단이 이루어지고 있는 한 순간에, 우리의 눈은 각하를 바라보고 있습니다. 우리는 각하께 간청하오니, 강제수용소에서 도움을 필요로 하는 수천 명의 여자와 아이의 이름으로, 과부와 고아의 이름으로, 노인과 연약한 자의 이름으로 그들을 도와서, 가능하다면 가장 천한 상황 가운데서라도, 그들이 그들 집에 머물 수 있도록 거기서 그들의 나날을 보낼 수 있도록 하소서." 바티칸은 베네딕토 수도원장 Giuseppe Ramiro Marcone를 통해 응답했으며, 그는 크로아티아의 사실상의 교황 대리대사로 활동했다. 교회는 항상 고통받는 자들에게 도울 수 있는 바를 했으며 그렇게 할 것이라고 그는 Freiberger에게 말했다. Freiberger와 그의 아내는 다음 해에 Auschwitz에서 죽었다. See Mordecai Paldiel, *Churches and the Holocaust: Unholy Teaching, Good Samaritans, and Reconciliation* (Brooklyn, NY: Ktav Publishing House, 2006), 302.
109 Cornwell, *Hitler's Pope*, 283. 1944년부터 독일은 비오에 대해 분노했는데, 이는 그가 독일 도시들에 대한 연합국의 융단폭격을 비난하지 않는 데 따른 것이었다. 이 폭격으로 수십만 명의 민간인이 죽었다. 전쟁 말기에 Pius의 침묵이 누가 전쟁터에서 이길 것인가 하는 그의 견해의 변화 때문인지는 확실하지 않다. See generally Chadwick, *Britain and the Vatican*, 198-99, 207.
110 Chadwick, *Britain and the Vatican*, 193-95; see also Phayer, *Pius XII, the Holocaust, and the Cold War*, 39-40.
111 The Minister in Switzerland (Harrison) to the Secretary of State, March 19, 1942, *Foreign Relations of the United States, Diplomatic Papers, Europe*, 1942 (Washington, DC: U.S. Government Printing Office, 1964), 785-86.
112 Report by Oliver Lyttelton, MP, on his Period of Office as Minister of State, Oliver Lyttelton, (WP-42-139), 66/23/19, 79-80, Cabinet Papers, National Archives, Kew, UK.
113 Phayer, *The Catholic Church and the Holocaust*, 45.
114 Letter, Robert Leiber to Cardinal Konrad Graf von Preysing, October 28, 1945, Diözesanarchiv Berlin, V/16-4, Collection of Preysing, Berlin.
115 Phayer, *The Catholic Church and the Holocaust*, 45-46.
116 Coppa, *Controversial Concordats*, 163-65, 177; see also Phayer, *The Catholic Church and the Holocaust*, 67-81. 몇몇 독일 주교는 행하지 않은 이유로 1942년 홀랜드에서 일어난 것을 인용했다. 거기서 주교들은 나치의 인종정책과 추방에 대해 비난 성명을 발표했다. 독일군은 유대인의 일제 검거의 확대로 응답했

고, 약 2만 명을 아우슈비츠의 죽음의 수용소로 보냈다. 그들 가운데는 Edith Stein이 있었는데, 그녀는 전쟁 전에 유대교에서 개종한 가르멜회 수녀였다(1998년에 성인이 되었다). 전후 비오의 개인 참모 겸 바티칸 안주인인 Pascalina Lehnert는 주장하기를, Pius가 나치의 잔혹상을 공개적으로 비난하려 의도했으나, 네델란드에서의 나치의 반응이 그로 하여금 그런 비난의 결과를 두려워하게 만든 뒤, 그의 손글씨 성명을 바티칸 부엌에서 파괴했다고 했다. Pascalina에 따르면, Pius는 다음처럼 말했다. "이제 만일 그 주교들의 편지가 40,000명의 목숨을 앗아간다면, 내 자신의 주장은 더 큰 목소리이기에 아마도 200,000명의 유대인의 목숨을 앗아갈 것이라 나는 생각한다." 그녀는 이 사건이 일어났다고 주장하는 바대로 26년이 지난 1968년 처음으로 이 이야기를 말했다. 그녀가 이를 밝힌 것은 Pius가 성인 조사를 끝내기 위한 시복식재판(beatification tribunal) 앞의 증언 가운데였다. Pascalina는 어떻게 Pius가 네델란드의 유대인이 가스사를 당했는지 알게 됐는지 설명하지 않았다. 어찌됐든 그날 저녁 그곳에 있었던 하인 Maria Conrada Grabmair는 교황이 어떤 종이들을 태우고 있음을 보았지만 그 안에 무엇이 쓰여있는지는 알지 못했으며 그가 무엇을 말하는지 듣지 못했다고 증언했다. Pius의 조카 역시 시복식재판에서 증언했다. 그 역시도 Pascalina의 설명을 확인할 수는 없었으나, 자신의 삼촌은 전쟁 동안 단순히 침묵으로 있는 것 이상의 무엇을 할 수 있다고 말했다. 한밤 중에 교황의 예배당에서, Pius는 자주 히틀러에게서 마귀를 쫓아내는 맞춤형의 퇴마의식을 행했다고 그는 주장했다. See also Pascalina Lehnert, *Pio XII il privilegio di servirlo*, trans. Marola Guarducci (Milan: Rusconi, 1984), 148-49.

117 Alexander, *The Triple Myth*, 102. Pius에게로의 여행에 Stepinac과 동행한 자는 신부 Krunoslav Draganović로, 그는 주교 Ivan Sarić의 개인비서들 중 하나였다. Draganović 는 전후 역할에 주요한 일을 한 바, 전범 혐의를 갖는 우스타샤당원들이 사법 정의를 피하도록 도왔다. See Chapter 12, The Ratline. Also Phayer, *The Catholic Church and the Holocaust*, 169.

118 See "Fate of the Wartime Ustaša Treasury," Report of U.S. State Department, June 2, 1998, 2-4; see also, Alexander, The Triple Myth, chapter 8, "The Disenchantment," 88-106; Rychlak, *Hitler, the War, and the Pope*, 304; Phayer, *The Catholic Church and the Holocaust*, 31-40 and *Pius XII, the Holocaust, and the Cold War*, 11-12. 비록 Stepinac이 1946년에 통합된 유고슬라비아에서 권력을 장악한 공산주의 정부에 의해 전범의 유죄를 선고받았으나, 바티칸은 그는 교회 관리들에 대한 소비에트에 의해 사주된 마녀사냥의 희생자라고 주장했다. 그는 가택 연금 상태에서 1960년에 죽었다.

119 Carroll, *Constantine's Sword*, 230-31; Robert S. Wistrich, "Reassessing Pope Pius XII's Attitudes Toward the Holocaust," *Jerusalem Center for Public Affairs*, October 19, 2009.

120 Carroll, *Constantine's Sword*, 231.

121 Carlo Falconi, *The Popes in the Twentieth Century: From Pius X to John XXIII* (Boston: Little, Brown, 1968), 260.

122 비록 Pius가 민간인 살해에 대한 비난을 인가해주지는 않았지만, 그는 나치의 소련연방의 침략을 기뻐했다. 대주교(훗날 추기경) Celso Constantini, 포교성성(布教聖省) 장관이 독일군을 "사탄의 하수인들"과 전쟁하는 "용감한 군인들"로 성직자들이 찬양한다는 연설을 하도록 허락했다. 연합국은 교황에게 항변하기를, 독일 침략행위가 가톨릭 신자들 가운데 지지를 낳게 되었던 반공 십자군으로 바뀔 수 있는 말을 삼가해 달라고 했다. Memorandum, Reports for the Month of June 1941 for the Dominions, July 21, 1941 (WP-R-41-48), 68/8/48, 50-51, Cabinet Papers, National Archives, Kew, UK.

123 Conclusion, Confidential Annex (WM-43-114), 65/39/10, 47, Cabinet Papers, National Archives, Kew, UK. 는 1941년의 교회 전신의 하나를 가로챘다. 여기에는 Hoffman 신부라고 알려진 한 사제가 분명하게 게슈타포를 위해 일했고 큰 베네딕토 수도원의 부원장이었던 자가 바티칸에 침투했다는 염려를 담고 있었다. See NNO32947, September 29, 1941, RG 59, IWG (Nazi war crimes working group), FBI Secret Intercepts, NARA.

124 See generally "Le president de la Unione delle comunità israelitiche Alatri au cardinal Maglione,"(interpretation over the failure of the church to reply to a plea for help in August 1941 from the Union for the Israelite Community of Altari), Vol. 8, 250, Records and Documents of the Holy See Relating to the Second World War, ADSS.

125 Le métropolite de Léopol des Ruthènes Szeptyckyj au pape Pie XII (Szeptycyki to Pius XII), August 29-31, 1942, (Vatican City: Liberia Editrice Vaticana, 1965-1981), Vol. 3B, Doc. 406, 625, ADSS. 3년 전에 Szeptycyki는 Pius에게 나치 범죄에 대한 항의의 표시로 자신의 자결 허가를 요청했으나 실패했다. Pius는 그 탄원을 무시했다. 1942년 8월의 편지에서, 그는 역시 교황에게 나치가 "수십만 명의 크리스천을 죽이고 일제 검거하고 있음을 알렸다. 2주 후 교황의 반응은 사제 안수의 15주년을 두고 Szeptycyki를 축하하고, "사제들"이 러시아에서 겪고 있는 어려움을 강조했다. 유대인 나치의 살해에 대한 언급은 일절 없었다.

126 See generally "La Nonciature en Italie au Ministère des affaires étrangères," 8, Doc. 276, 431, Records and Documents of the Holy See Relating to the Second World War, ADSS; John F. Morley, *Vatican Diplomacy and the Jews During the Holocaust* (New York: Ktav, 1980), 136-37; Phayer, *The Catholic Church and the Holocaust*, 47-48.

127 Sereny, *Into That Darkness*, 139.

128 Memorandum of Sir R. Geoffrey A. Meade, British Foreign Office, August 12, 1942, Foreign Office collection, National Archives, Kew, UK, cited in Chadwick, Britain and the Vatican, 209.

129 Harold Tittmann, Taylor의 조수는 적대 행위가 벌어질 때 로마에 머물렀으며, 바티칸시 안에서 피난처를 찾았다. 그는 뒤에서 지지해 주었던 D'Arcy Osborne과 기타 외교관들에 의해 가입되었다. Taylor 같은 사절들은 자기 고국으로 돌아갔고 멀리서 외교직을 수행하면서, 오직 가끔씩 로마를 방문했다. 바티칸이 공항을 갖지 않았던 관계로, 로마교회의 후원자인 무솔리니 정부는 테일러의 이착륙을 승인했다.

130 Harold Tittmann to the U.S. State Department, Memo No. 114, September 15, 1942, Myron C. Taylor Papers (also available at the Harry S. Truman Library, Independence, MO); also listed as The Minister in Switzerland (Harrison) to the Secretary of State, August 3, 1942, Foreign Relations of the United States, Vol. 3, 1943, 926-28, NARA; Chadwick, *Britain and the Vatican, citing diary of D'Arcy Osborne*, 204-5.

131 See Memorandum, Mr. Myron Taylor's visit to Rome, Anthony Eden, October 13, 1942 (WP-42-466), 66/29/46, 228-32, Cabinet Papers, National Archives, Kew, UK; Blet, Pius XII and the Second World War, 159.

132 Riccards, *Vicars of Christ*, 135. 비록 Pius가 히틀러나 무솔리니를 파문하지는 않았지만, 서방 강국들은 전후 그에게 공산주의 리더들에게 그리할 것인지 물었을 때, 그는 1949년의 칙령으로 그들 모두를 교회로부터 파문하게 되었다. 1955년, 그는 Juan Perón에게도 동일한 조치를 취했는데, 이는 아르헨티나 독재자가 친나치적이고 전범들에게 피난처를 제공했다는 것 때문이 아니라, 페론이 이혼법을 도입했기 때문이었다. 이 법은 학교에서의 종교 교육을 금하고, 성체축일(Catholic Feast of Corpus Christi)을 국가휴일에서 제외하는 명령이다. See generally Records of the German External Assets Branch of the U.S. Allied Commission for Austria (USACA), Section 1945-1950 in USACA Semi-Monthly Flash Reports 15 January-31 July 1949, No. 21-34, File 28, Roll 113, 3-4, NARA.

133 Coppa, *Controversial Concordats*, 175; Cornwell, *Hitler's Pope*, 288-90; Phayer, *The Catholic Church and the Holocaust*, 49, 39.

134 "A Summary of the Conversations Between His Holiness Pope Pius XII and Myron Taylor, Personal Representative of the President of the United States of America to His Holiness Pope Pius XII at Vatican City, September 19, 22, 26, 1942," 25, Vatican: Taylor, Myron C.: Report on 1942 trip (i467) Index, Box 52,

Franklin Roosevelt Presidential Library, Hyde Park, NY.

135 "Memorandum of His Holiness Pope Pius XII re Prisoners of War," September 26, 1942, 25, Vatican: Taylor, Myron C.: Report on 1942 trip (i467) Index, Box 52, Franklin Roosevelt Presidential Library, Hyde Park, NY; see also Pope Pius to Myron Taylor, 7001/42, 723, ADSS, cited and reprinted in Margherita Marchione, *Pope Pius XII: Architect for Peace* (Mahwah, NJ: Paulist Press, 2000), 240.

136 See generally "Informal Notes of Myron Taylor," September 27, 1942, 49, Vatican: Taylor, Myron C.: Report on 1942 trip (i467) Index, Box 52, Franklin Roosevelt Presidential Library, Hyde Park, NY.

137 "Strictly Personal Memorandum, Giving Summary of Considerations Expressed by H. E. Monsignor Tardini, in Conversation with H.E. Mr. Myron C. Taylor," September 26, 1942, 73, Vatican: Taylor, Myron C.: Report on 1942 trip (i467) Index, Box 52, Franklin Roosevelt Presidential Library, Hyde Park, NY.

138 Taylor-Maglione 대담의 통역자들은 바티칸에 머물고 있었던 미국 사제 Walther Carroll이었다. 만남 며칠 후 Carroll은 급하게 휘갈긴 노트를 자세한 설명으로 썼다.

139 Cornwell, *Hitler's Pope*, 290; see generally Friedländer, *Nazi Germany and the Jews*.

140 Chadwick, *Britain and the Vatican During the Second World War*, 214, citing Maglione to Taylor, Vol. 5, September 1942, ADSS, 705, 721.

141 Notes of Montini, memo from Myron Taylor, 7247/42, Vatican City, September 27, 1942, ADSS; see also Blet, *Pius XII and the Second World War*, 159-60.

142 Telegram from the Minister in Switzerland (Harrison) to the Secretary of State, October 16, 1942, United States Department of State, Foreign Relations of the United States, "Diplomatic Papers," Europe, 1942 (Washington, DC: U.S. Government Printing Office, 1964), 777.

143 바티칸에서 얻을 수 있는 현장 정보의 형식은, 크로아티아의 Vlatko Maček 경이 가톨릭주교단(Catholic Episcopate)과 스위스의 한 OSS 정보원에게 보낸 우스타샤의 잔혹상의 설명같은 것이 전형적이다. "L'Episcopat Catholique en Croatie: Son point de vue à l'égard du raceme-Son attitude à l'égard e la persecution des Orthodoxes-Son activité charitable," RG 226, Entry 210, Box 94, Proj. 974345, NARA. Phayer, *The Catholic Church and the Holocaust*, 43; 비오는 1942년동안 전쟁의 광란에 대한 몇가지 공개 성명을 발표했다. 예컨대 5월, 그는 무모한 시민의 죽음을 탄식했다. 그는 유대인에 대해 말하지 않고, 오히려 수천 명의 민간인 죽음을 낳게 한 연합국의 일본, 독일의 비행폭격을 두고 한 것이었다. See Rychlak, *Hitler, the War, and the Pope*, 170.

144 1965년과 1981년 사이에, 바티칸은 제2차 세계대전과 Pius 12세에 대한 11권 세트의 문서를 발간했다. 4명의 예수회 역사가가 그 문서를 정리했다. (*Actes et Documents du Saint Siège relatifs à la Seconde Guerre Mondiale, Le Saint Siège et la guerre en Europe*-ADSS.) 대부분 역사가가 ADSS를 중요한 역사적 기여물로 인정하지만, 일부 단점이 주목된다. 미국 교수로 교황 12세와 제2차 세계대전에 대한 두 권의 저명한 책을 썼던 Michael Phayer는 ADSS 자료의 공개는 "많은 삭제로 인해 근본적으로 흠이 있다"고 비판했다. 예컨대 독일 주교들에 대한 문서는 하나도 발표되지 않았다. 나치의 동조자 Alois Hudal 주교의 개인 문서들은 봉안 해제되지 않았다. 동구, 죽음의 수용소의 심장부로부터의 문서들도 포함되지 않았다. 베를린 주교 Konrad von Preysing의 Pius에게의 편지(1943년과 1944년 편지)가 빠졌다. 그런 문서들이 바티칸의 수장고에 있는지 아니면 전후 파괴되었는지 확실하지 않다. 전시에 망명중인 폴란드 대표자들로부터 성좌에게 보낸, 바티칸에 주어진 결정적 문서들은 역사가 Gitta Sereny가 그것들의 없음을 지적하고 추가되었다. See generally Phayer, *The Catholic Church and the Holocaust, xvii; see also* Sereny, *Into That Darkness*, 329, 334. As for the frequency of the meetings between Pius and Leiber, see Chadwick, *Britain and the Vatican*, 187.

145 For more information, see http://www.imdb.com/title/tt0035177/.

146 Cornwell, *Hitler's Pope*, 271; John O'Hanlon, *The Life of St. Malachy O'Morgair, Bishop of Down and Connor, Archbishop of Armagh* (Memphis, TN: General Books LLC, 2013), 111-12.

* Pastor Angelicus는 12세기 수도사 St. Malachy O'Morgair에 의한 추정된 예언적 말들에서 유래했다. 이는 Pius가 믿기로는 미래의 교황직이 바로 자신임을 설명한다고 보았다. 일부 가톨릭 학자가 그 "예언적 말들"을 16세기의 위조라고 무시했지만, Pius는 마음 깊이 그 말을 가슴에 품었고, 그것이 바로 자신이 신적 운명을 갖었음을 예견했다고 믿었다.

147 Cornwell, *Hitler's Pope*, 270-71.

148 "영화는 여기서 만들어지고 있다," D'Arcy Osborne가 1942년 7월 31일자 일기에 썼던 내용이다. "세상의 배포를 위해…나는 얼마나 이를 탄식하는지 말할 수 없는 정도다. 이는 헐리우드 홍보물과 같다." 별도로 Osborne은 "교황의 침묵이 독일의 범죄에 귀를 막고 있다"고 썼다. Osborne의 일기는 전쟁에서 다치지 않고 살아남은 바티칸에 주재했던 어떤 외교관의 개인적 회고록일 뿐이었다. 그는 영국으로 귀환할 때 이를 가져갔다. 다른 외교관들은 나치가 1943년 로마를 점령했을 때 바티칸의 국무총리의 요청으로 그들의 파일을 불태웠다. Cornwell, *Hitler's Pope*, 285; see also Chadwick, *Britain and the Vatican*, 210-11.

149 John Evangelist Walsh, *Bones of St. Peter: The First Full Account of the Apostle's Tomb* (New York: Doubleday, 1982), 17; Pallenberg, *Inside the Vatican*, 231-33; Kaas와 Pius는 교황(당시 파첼리)이 1920년대에 독일의 교황 대리대사로 섬길 때 친구가 되었다. Pacelli는 Kaas의 몬시뇰(경) 임명을 위해 로비했다. Mother Pascalina는 그 두 사람이 "매우 친했다"고 말했다. Kaas는 자신의 팀을 위해 두 명의 예수회 회원 Engelbert Kirschbaum과 Antonio Ferrua를 선별했다. 바티칸의 그 당시 건축가는 Bruno Appolonj-Ghetti였다. 인류학 교수 Enrico Josi는 Inspector of the Catacombs의 명칭을 가졌다. See also Paul Hoffman, *The Vatican's Women: Female Influence at the Holy See* (New York: St. Martin's Griffin, 2003), Kindle edition, location 822 of 2992.

150 Pallenberg, *Inside the Vatican*, 232-33; see also Walsh, *Bones of St. Peter*.

151 Walsh, *Bones of St. Peter*, 27.

152 Pallenberg, *Inside the Vatican*, 235-36. Kaas가 1952년에 죽었을 때, 그는 처음에 바티칸의 Campo Santo 묘지에 묻혔다. 하지만, Pius는 베드로성당 지하에 그의 시신을 다시 묻게 했고, Kaas는 20세기 교황들 옆에 실질적으로 묻힌 유일한 몬시뇰이 되었다. Walsh, *Bones of St. Peter*, 57-58.

153 Robert Katz, *The Battle for Rome: The Germans, the Allies, the Partisans, and the Pope, September 1943-June 1944* (New York: Simon & Schuster, 2003), 54. Katz는 새로운 증언과 새로 공개된 자료들을 자신의 책의 기초로 삼았다. 이 책은 그 출판으로 폭넓게 중요한 찬사를 받았다. Katz는 Pius 12세가 사전에 - 19시간 전- Ardeatine Caves에서의 나치의 민간 대학살을 사전 경고했다고 주장했다. Pius가 알았지만 행하기를 실패했다는 Katz의 증거는 정황적이다. 바티칸은 그 책을 비난했다. 죽은 교황의 여동생과 조카가 로마에서 Katz를 고소했다. 이탈리아 법은 살아있는 친척이 명예훼손에 대해 고소할 수 있도록 허락한다. 로마의 재판관은 가족의 손을 들어주고, "Robert Katz는 어떤 객관성이나 어떤 증거가 그로 행하도록 하지 않았음에도 행위, 결정, 감정을 그의 탓으로 돌림으로 해서 Pius 12세의 명예를 더럽히려 했다"고 결론 냈다. 그 법정은 Katz에게 벌금과 13개월의 집행유예를 선언했다. Ronald Rychlak 교수 같은 일부 친바티칸 역사가들은 법원의 결정이 "Pius 12세에 대한 진리에 정말로 관심이 있는 자들은 카즈의 작품에 의존하려 하지 않을 것이다." 이 작가는 Pius의 그 대량학살의 사전 인지에 대해 카즈가 제공한 증거는 정황적으로 설득력이 있지만, 결정적은 아니라고 믿는다. 그러나, 그의 책 나머지 내용은 잘 탐구되고 보고되어 있다. Katz 작품에 대한 인용은 나치가 로마인들을 죽이려 한다는 것을 Pius가 사전에 알았는지 하는 문제와 별개의 것이다.

154 Walsh, *Bones of St. Peter*, 59.

155 McDowell, *Inside the Vatican*, 30-31.
156 Walsh, *The Bones of St. Peter*, 122-26, 128-31; Hoffman, *The Vatican's Women*, Kindle edition, location 822 of 2992; "Vatican displays Saint Peter's bones for the first time," *The Guardian*, November 24, 2013.
* 이것은 Pius가 자신의 믿는 바로는 베드로의 무덤이 발견된 것 같다고 공표한 1950년의 8년전 일이다. 그는 어떤 뼈도 언급하지 않았다. 그 뼈들은 아직 그의 아파트에 있었다. 또 다시 14년이 흐른 뒤, 한 이탈리아 고고학자가 이를 조사한 뒤, 그 뼈들은 여러 사람의 것이며 심지어 몇몇 동물에 속한다고 결론내렸다. 같은 해 1964년 Margherita Guarducci, 로마대학의 그리스금석학의 교수가 책을 발간하고, 그 뼈의 일부는 정말로 베드로 사도의 것이라 주장했다. 그녀의 주장의 근거는 발굴 현장에 있는 그리스어 낙서에 대한 의심스런 번역에 있었다. 비록 선두적인 인류학자들이 그녀의 결론을 비웃었지만, 바티칸으로서는 매우 중요한 의미를 가졌다. 1968년 6월 26일, 교황 바오로 6세(그는 몬티니 경으로 발굴 당시에 베드로성당에 비오와 합류했던 자다) 교회가 베드로의 뼈들을 발견했다고 선언했다. 2013년 11월, 교황 프란치스코는 믿음의 해로 결론내고, 그 뼈의 발견 이후 처음으로 그것들을 대중에게 전시했다.
157 Sereny, *Into That Darkness*, 142.
158 Polish Ambassador to Secretary of State, December 19, 1942, Vol. 8, ADSS, 755.
159 Papée는 전시에 로마에 있는 동안 10번 비오를 만났다. 그는 추기경 Maglione와 Montini와도 자주 만났다. 1944년, Pius와의 마지막 만남에서 교황은 양손을 들어 그를 환영했다. "나는 폴란드에서의 우리의 불행한 어린시절에 대한 너의 이야기를 듣고 또 들었다. 다시 똑같은 이야기를 들려줄 것인가?"라고 마치 화난 듯이 말했다. Sereny, *Into That Darkness*, 330, 332.
160 Summary from a War Cabinet Meeting, December 12, 1939 (WM-39-112), 65/2/46, 264-65, Cabinet Papers, National Archives, Kew, UK.
161 Rafael Medoff, "Sidestepping Genocide, Then and Now," *Commentary*, December 13, 2007; see the declaration at http://www.jewishvirtuallibrary.org/jsource/UN/un1942a.html.
162 A digital copy of Pius's 1942 Christmas address is at http://www.papalencyclicals.net/Pius12/P12CH42.HTM; Cornwell, *Hitler's Pope*, 268, n. 1.
163 Ronald Rychlak 같은 Pius의 옹호자들은 Pius가 "종족을 뜻하는 라틴어 혈통(stirps)을 사용했으며," 이 단어가 "유럽 전역에서 수세기 동안 유대인의 명시적 의미로 사용되고 있기" 때문에 이는 교황이 유대인을 언급하는 것으로 주장한다. Rychlak, *Hitler, the War, and the Pope*, 177. 그런 주장의 문제는 Pius가 다른 경우에 유대인을 말할 때 혈통을 사용하지 않았다는 점이다. 왜 교황은 홀로코스트에 대한 자신의 교황직으로서의 가장 중요한 연설에서 유대인을 유대인이라 부르는 것에 간접적 표현을 사용하기로 결정했을까?
164 Cornwell, *Hitler's Pope*, 291; see also, Chadwick, *Britain and the Vatican*, 216-17.
165 Chadwick, *Britain and the Vatican*, 219.
166 Palazzo Ciano, *Diary 1937-1947, English reprint of 1947 book* (New York: Enigma, 2002), 536-38. Pius의 옹호자들은 1942년 크리스마스 메시지의 포괄적인 언어는 나치 범죄에 대한 강력한 비난이라고 해석한다. 그들이 특별히 강조하는 것은 "그들의 국적 종족 때문에 죽음에 이르게 되거나 점점 기울어 가는 자들"이란 문장이다. 다른 역사가들은 그 단순한 문장 하나는 44분의 연설에서 불행히도 사라졌다고 주장한다. 부인하지 못하는 것은 말할 것도 없이 아무 영향력을 끼치지 못했다는 점이다. See generally Rychlak, *Hitler, the War, and the Pope*, 177-78; Justus George Lawler, *Popes and Politics: Reform, Resentment, and the Holocaust* (New York: Continuum, 2002), 109-17.
167 M. James Hennesey, "American Jesuit in Wartime Rome: The Diary of Vincent A. McCormick, SJ. (1942-1945)," *Mid America: An Historical Review* 56, No. 1 (1974): 36.
168 Phayer, *Pius XII, the Holocaust, and the Cold War*, 58.

169 Myra Noveck, "Israel's Holocaust Museum Softens Its Criticism of Pope Pius XII," *The New York Times*, July 1, 2012.

170 The Minister in Switzerland (Harrison) to the Secretary of State, recounting Tittmann meeting with Pius XII, January 5, 1943, *Foreign Relations of the United States*, 1943, Volume II, Europe (Washington, DC: U.S. Government Printing Office, 1964), 911-12; see Lawler, *Popes and Politics*, 110-11. 교황 Pius의 옹호자들은 1942년의 폴란드에서의 잔혹 행위에 대한 바티칸 라디오 방송은 로마교회가 그런 범죄들에 대해 목소리를 높인 증거로 인용한다. 소수의 방송이 로마교회에 대한 학대를 두고 말했지만, 유대인들에 대한 나치 전쟁을 두고는 아니었다. 미국 주교들도 1942년 11월의 성명을 통해, "피점령지에서의 유대인에 가해지는 잔혹한 치욕에 대하여 깊은 혐오감"을 표명했다. 이것은 대부분의 외교관이 바티칸이 발표하기를 원했던 바로 그런 형식의 성명이었지만, 그 소망은 이루어지지 않았다. See generally Rychlak, *Hitler, the War, and the Pope*, 175.

171 Tittmann to Secretary of State, October 6, 1942, *Foreign Relations of the United States*, Vol. III (Europe), (Washington, DC: U.S. Government Printing Office, 1964), 777.

172 Lawler, *Popes and Politics*, 116.

173 Phayer, *The Catholic Church and the Holocaust*, 86-87, 89-90. Slachta는 역시 헝가리 교회 지도자들이 그들의 슬로바키아 상대역들에게 영향을 주었음을 개탄했다. 자신이 슬로바키아에서 목격했던 유대인에 대한 "지옥같고 사탄같은" 대우가 헝가리로 퍼져갈 수 있음을 두려워했다. 그녀는 몬시뇰 Tiso, 그 나라의 수상이며 매일 영성체를 받는 자인 Bella Tuka의 파문 가능성을 묻기도 했다. 그녀의 청원은 응답되지 않았다.

174 Maria Schmidt, "Margit Slachta's Activities in Support of Slovakian Jewry, 1942-43." Included in *Remembering for the Future: The Holocaust in an Age of Genocides*, Vol. 1 (New York: Pergamon, 1989), 207-11.

175 Morley, Vatican Diplomacy and the Jews During the Holocaust, 82.

176 Rychlak, *Hitler, the War, and the Pope*, 304-6. See also Livia Rothkirchen, "Vatican Policy and the 'Jewish Problem' in 'Independent' Slovakia 1939-1945," *Yad Vashem Studies*, 6 (1967), 36.

177 ADSS 9.147, Pressburg (Bratislava), Chargé d'affaires Bratislava, Giuseppe Burzio to Cardinal Maglione, April 10, 1943, ADSS. Reference: Report number 1517 (AES 2754/43), location and date: Presburg (Bratislava). On March 7, 1943, Burzio sent an Italian translation of the letter dated February 17, 1943 (No. 403/I/1943, AES 2754/43).

178 Phayer, *Pius XII, the Holocaust, and the Cold War*, Kindle edition, location 632 of 4256. Phayer에 따르면, Stepinac는 일 년 뒤인 1942년 4월 교황 Pius를 방문했을 때 보고서를 건넸다. 그가 암울한 보고서를 제출한 정확한 방문 일자는 분명하지 않다. 왜냐하면, 바티칸이 그 문서에 대한 세부사항을 해제하지 않았기 때문이다. 하지만, 국무총리 Maglione가 1943년 방문 한 달 뒤 Stepinac에 편지를 써서, 크로아티아 내에서의 유대인과 세르비아인에게 일어난 바를 문서화한 것에 대해 그에게 감사를 표했다. Maglione는 분명 9페이지의 보고서를 말하고 있다. See Alexander, *The Triple Myth*, 102-3.

179 George Weigel, "The Vatican Secret Archives Unveiled," National Review Online, June 27, 2012; Aarons and Loftus, Unholy Trinity, 73; Cromwell, Hitler's Pope, 260.

* 스테피낙의 9페이지 보고서에 대해 바티칸은 이를 비밀 수장고 안에 자물쇠를 채웠을 뿐만 아니라 아직도 봉인되어 있었으나, "우연히" 문헌 중 바티칸의 전후 생산물의 하나에서 보류되었다. 비밀 수장고는 추정되기를 52마일 길이의 선반이 문헌들로 채워있고, 그중 어떤 것은 7세기까지도 거슬러 올라간 것이다. 그 수집물은 오늘날 온도 조절과, 화재로부터 보호된 지하방들에 저장되어 있으며, 이를 "벙커"라고 불린다. 수 세기에 걸쳐, 중요 서류들이 손실되었다. 많은 종교재판의 역사는 1559년 불탔다. 수장고의 일부는 나폴레옹 군대에 의해 파리로 이전되는 1810년에 손실되었다. 어떤 문헌들은 이송 과정에 분실

되었거나 이후 종이 가격으로 통째로 팔리기도 했다. Pius 12세에 대한 대부분의 파일들은 그의 교황 취임 이후부터 75년 동안 봉인되어 있다. 그것들이 공개되어야 할 날은 2014년 3월 12일이지만, 바티칸은 어떤 문서도 발표하지 않고 지나갔다.

이때쯤 곧 1943년 5월 크로아티아의 살인괴수, Ante Pavelić가 다시 교황 방문을 원했다. 비록 그때까지 바티칸이 크로아티아 내에서의 살육에 대한 일차적 보고서로 넘쳐났을지라도, 국무총리 마리오네가 그것은 전혀 문제가 없다고 확인해 주었지만, 파벨리치가 "주권자로서 영접될 수 없다"고 그에게 알려주었는데, 이는 그 이유를 설명할 수 없는 일이었다. Pius는 Pavelić에게 또 다른 사도적 축복을 약속했다. 오직 전장에서의 악화되어 가는 상황으로 인해 Pavelić는 그 방문을 취소했다.

180 Phayer, *The Catholic Church and the Holocaust*, 96-97. Marie-Benoît가 Pius에게 준 문서는 역시 제2차 세계대전 전투와 관련된 바티칸의 11권의 ADSS에서 빠져있다. *Actes et Documents du Saint Siège Relatifs á la Seconde Guerre Mondiale*, ADSS. See also Susan Zuccotti, *Père Marie-Benoit and Jewish Rescue* (Bloomington: Indiana University Press), 2013.

181 Phayer, *The Catholic Church and the Holocaust*, 96.

182 Confidential Annex, Conclusions, Minute 3, Air Policy—Bombing Policy, 65/39/3, 16, Cabinet Papers, National Archives, Kew, UK; "로마 가톨릭교는 로마의 공중 폭격으로 크게 상심해 있을 것이다." 영국의 민간 군부 지도자들에게 배포된 비밀 메모의 결론이다. Report of 1940 Vatican notice to the Allies, see The Minister in Switzerland (Harrison) to the Secretary of State, January 5, 1943, Foreign Relations of the United States, 1943, Europe, 1943, 913-14; see also Blet, *Pius XII and the Second World War*, 106.

183 Myron Taylor to FDR, January 1, 1943, *Foreign Relations of the United States, Diplomatic Papers, 1943, Volume II, Europe* (Washington, DC: U.S. Government Printing Office, 1964), 910-11; see also Minister in Switzerland (Harrison) to the Secretary of State, summarizing Tittmann's audience with Pius XII, January 5, 1943, Foreign Relations of the United States, Europe, 1943, 911-12, 910-53; Blet, *Pius XII and the Second World War*, 201-2; Phayer, *The Catholic Church and the Holocaust*, 62, n. 97.

184 비록 로마가 교황의 간곡한 간청이 있었지만, 국무총리 Maglione는 폭격기들이 나폴리의 자신의 옛 집을 때리지 말아달라고 로비했다. 반면 연합국은 교황이 1942년의 나치의 공습으로 인한 버밍햄과 코벤트리에서의 대규모 민간인 사상자들을 두고 비난해 주기를 바랬으나 실패했다. 교황의 참모 중 하나인 Tardini 경은 영국 특사에게, Pius가 이런 폭격으로 인해 "대단히 마음이 상한" 지경이지만, 교황이 공개적으로 언급하지는 않을 것이라 말했다. As for FDR's assurance about the bombing, see President Roosevelt to Pius XII, June 16, 1943, reprinted in *Foreign Relations of the United States, Diplomatic Papers*, 1943, Volume II, Europe (Washington, DC: U.S. Government Printing Office, 1964), 919-20. As for Eden's threats, see in the same volume "Memorandum by the Acting Chief of the Division of European Affairs (Atherton) to the Under Secretary of State (Welles), March 8, 1943, 915-16. 배후에서는 영국은 로마를 폭격할 것인가 하는 옵션을 적극적으로 열어두었다. 처칠 자신도 Myron Taylor와의 만찬에서 이 문제를 강조했다. The Ambassador in the United Kingdom (Winant) to the Secretary of State, London, December 8, 1942, Foreign Relations of the United States, Europe, 794.

185 Osborne quoted in Chadwick, *Britain and the Vatican*, 216.

186 Blet, *Pius XII and the Second World War*, 208; Memorandum, Report for the month of July 1943 for the Dominions, India, Burma and the Colonies and Mandated Territories, August 27, 1943 (WP-43-381), 66/40/31, 125, Cabinet Papers, National Archives, Kew, UK.

187 Blet, *Pius XII and the Second World War*, 207-08; Phayer, *The Catholic Church and the Holocaust*, 63.

188 Pius XII to President Roosevelt, July 20, 1943, *Foreign Relations of the United States, Diplomatic Papers*, 1943, Volume II, Europe (Washington, DC: U.S. Government Printing Office, 1964), 931-32; Phayer, *The Catho-*

lic Church and the Holocaust, 63, n. 103.

189 비록 Mussolini 같은 수상들이 효과적으로 전권을 잡고 지배했으나, 이탈리아는 기술적으로는 왕조국가였다. 왕의 지배는 1946년 6월 2일의 일반 국민투표로 완전히 해체되었다.

190 Daniel Jonah Goldenhagen, *Hitler's Willing Executioners: Ordinary Germans and the Holocaust* (New York: Alfred A. Knopf, 1996), 159-60.

191 Cornwell, *Hitler's Pope*, 273.

192 Mussolini는 새로운 정부 - 이탈리아사회공화국(Repubblica Sociale Italiana) - 를 수립했다. 그곳은 Lake Garda의 Salò로 이탈리아 북부에 있는 나치 요새였다. See generally Katz, *The Battle for Rome*, 49.

193 Pius의 가능한 납치를 위한 나치의 계획에 대한 상세한 것은, see Dan Kurzman, *A Special Mission: Hitler's Secret Plot to Seize the Vatican and Kidnap Pope Pius XII* (New York: Da Capo, 2008).

194 Katz, *The Battle for Rome*, 39.

195 David Alvarez and Robert Graham, *Nothing Sacred: Nazi Espionage Against the Vatican, 1939-1945* (Studies in Intelligence) (London: Routledge, 1998), 83-85.

196 독일 점령이 시작되었을 때 Nogara가 로마에 있었는지는 분명하지 않다. 나치가 시공국에 들어갈 경우, 금융 기록들을 보호하기 위해, 만일 있다면, 바티칸은행 내부에서 무엇이 이루어졌는지에 대한 어떤 보도도 없다.

197 Saul Friedländer, *Pius XII and the Third Reich: A Documentation* (New York: Alfred A. Knopf, 1966), 182.

198 Weisbord and Sillanpoa, *The Chief Rabbi, the Pope, and the Holocaust*, 118.

199 Eugenio Zolli, *Before the Dawn: Autobiographical Reflections* (San Francisco: Ignatius Press, 2008), 169-70.

200 Rychlak, *Hitler, the War and the Pope*, 204-05; Zolli, *Before the Dawn*, 170; Weisbord and Sillanpoa, *The Chief Rabbi, the Pope, and the Holocaust*, 120-21.

201 Letter from Nogara to Cardinal Maglione, Vol. 9, ADSS, 494. See also Weisbord and Sillanpoa, *The Chief Rabbi, the Pope, and the Holocaust*, 118-22, 135; Rychlak, *Hitler, the War and the Pope*, 204-05.

* 어떤 역사가는 금 모으기에 대한 도움의 손길이 위험 회피적인 비오의 성격에서 벗어난 일로 생각해 왔다. Pius의 변호자들이 자주 왜곡하는 바는 대출의 제안에서 대출을 직접적인 선물로 이해한다는 점이었다. 어떤 자들은 Zolli가 Nogara를 전적으로 제치고 교황에게 직접 호소했다고 보았다. 다른 자들은 Pius가 1,000,000리라를 금덩이 위에다 선물로 덤으로 얹어주었다고 주장하기도 한다. 반면에 Pius에 대한 강한 비평가들은 바티칸의 그런 역할을 믿기를 거절한다. 그것이 바티칸의 도움의 제안에 대한 이야기가 1954년까지는 들려지지 않다가, 그 사건 11년 뒤 전직 랍비 수반의 책으로 알려졌기 때문이다. 그때까지 Zolli와 그의 아내는 1945년 가톨릭으로의 놀라운 개종을 했으며, 교황의 이름인 유제니오를 취했다. 그는 교회의 교황성경기구에서 일자리를 얻었다. Zolli는 단순히 그 이야기를 조작해서 전쟁 중에 교회의 친유대주의를 강화하기 위함이었다고 일부는 주장했다. 그러나, Nogara가 국무총리 Maglione에게 보낸 동시대의 편지 하나는 Zolli의 회고가 사실에 기초한다는 점을 의심할 바 없게 한다. 1943년 9월 29일자 편지에, Nogara는 바티칸이 Zolli가 부탁했던 금을 다 모았음을 확인했다.

202 Weisbord and Sillanpoa, *The Chief Rabbi, the Pope, and the Holocaust*, 121.

203 Robert Katz, *Black Sabbath: A Journey Through a Crime Against Humanity* (West Sussex, UK: Littlehampton Book Services, 1969), 85-87.

204 Katz, *The Battle for Rome*, 103.

205 Zuccotti, *The Italians and the Holocaust*, 101, 104.

206 Eitel Friedrich Molhausen, 로마주재 독일 영사는 우연히 SS 대장 Heinrich Himmler로부터 헌병대장 (Obersturmbannführer) Kappler에게의 비밀 메시지를 보았다. 거기에는 로마의 유대인에 대한 Final Solution의 완수를 명령하는 것이었다. Molhausen는 Weizsäcker에게 경고했고, 그는 이 말을 바티칸

에 전했다. Leonidas G. Hill, "The Vatican Embassy of Ernst Von Weizsäcker," 1943-1945, *The Journal of Modern History*, 39, no. 2, June 1967, 144-47; Weisbord and Sillanpoa, *The Chief Rabbi, the Pope, and the Holocaust*, 65-66; Robert Katz, *Death in Rome* (New York: Macmillan, 1967), 25.

207 Weisbord and Sillanpoa, *The Chief Rabbi, the Pope, and the Holocaust*, 65-66.
208 Morley, *Vatican Diplomacy and the Jews*, 151; Cornwell, Hitler's Pope, 301, 304.
209 Maglione quote in Morley, *Vatican Diplomacy and the Jews*, 152,181.
210 Phayer, *The Catholic Church and the Holocaust*, 100.
211 Katz, *The Battle for Rome*, 106.
212 Hudal이 찬양한 독재자는 히틀러뿐만이 아니다. 그는 Mussolini를 "훌륭한 Duce" 라 불렀다. Archivo della Congregazione per la dottrina della fede, S.O., R.V. 1934, 29; Prot. 3373/34, Vol. 1, 3-4; see also, Godman, *Hitler and the Vatican*, 76-81; 116-24.
213 Godman, *Hitler and the Vatican*, 169-70. Hudal에게 개입토록 요청한 자는 교황의 조카인 백작 Carlo Pacelli, 바티칸국의 총영사였다. 그 주교의 독일 연줄은 나무랄 데가 없었다. 바티칸은 그를 이상적인 중재자로 간주했다.
214 Phayer, *Pius XII, the Holocaust, and the Cold War*, 77; Steinacher, *Nazis on the Run*.
215 Blet, *Pius XII and the Second World War*, 216-17. As for the Hudal-Pius friendship, see Alfred Persche, unpublished manuscript titled "Die Aktion Hudal: Das letzte Aufgebot des Abendlandes," 72-73, archives of Dokumentationsarchiv des Österreichischen Widerstandes (Documentation Center of Austrian Resistance), Vienna. See generally Aarons and Loftus, *Unholy Trinity*, 31-33.
216 Telegram from Weizsäcker to Foreign Office, Berlin, October 17, 1943, Inland Il Geheim, quoted in full in Katz, *Black Sabbath*, 215. Pius의 옹호자들은 교황이 개인적으로 로마 유대인의 일제 검거의 중지를 위해 개입 바로 Gary L. Krupp와 그의 뉴욕거점의 Pave the Way Foundation을 열정적인 예로 든다. *La Stampa*의 "Vatican Insider" 컬럼은 Pave the Way를 다음처럼 기술한다. "유대인 Gary Krupp가 세우고 이끄는 미국의 재단은 수 년 동안 교황 Pacelli의 인물과 업적에 대한 균형잡힌 역사적 진실을 밝히기 위해 노력해 왔다. 60년대에 창립되어, 유대인과 그리스도인, 양 측면의 많은 역사가가 이를 떨쳐 버리려고 하는 노력에도 불구하고 지금은 활발히 활동하고 있는 이 재단은 'black legend'의 희생자다." Krupp의 주장으로는, Pius가 자신의 조카 Carlo Pacelli 신부 Pankratius Pfeiffer, Salvatorian Order의 사령관을 파견하여 로마의 독일군사령관, Generalleutnant Reiner Stahel에 탄원한 것은 "이 일에 개인적으로 개입하기 위함"이라는 것이다. Krupp는 주장하기를, Stahel이 나치친위대장 Heinrich Himmler에게 개입하여, "그로 로마의 유대인 박해를 중단토록 설득했다"는 것이다. 하지만, 그 설명은 로마교회에 의해 비오의 시복식을 위한 사건을 정당화하도록 임명을 받은 예수회 사제로부터, 그것도 전후 수십 년 뒤 이중으로 전해 들은 말에 근거를 두고 있다. Stahel에게 생겼던 이야기는 신부 Peter Gumpel이 말한 설명에 의존하고 있다. Gumpel은 자신이 또 다른 독일 장군 Dietrich Beelitz와 나누었던 대화에 관련을 지었는데, 그 장군이 Stahel과 Himmler 사이의 전화 통화를 엿들었다고 주장했던 소문에 의한 것이었다. 문제는 신부 Gumpel이 Pius 12세를 성인 추대하기 위해 제시한 2004년의 발표 이전까지는 이에 대해 어떤 것도 밝히지 않았던 점이다. 그때쯤에는 Stahel과 Beelitz는 죽었고, 그 설명은 독립적으로 확인될 수 없었다. 더욱이 이 설명에 대한 의혹은 Pius 12세에 대한 Gumpel의 객관성이 의심이 생겼다는 점이다. 예컨대 2009년에, 그는 Pius를 성인 반열로 올리려는 것을 막는 세계유대회의(World Jewish Congress)와 반명예훼손연맹(Anti-Defamation League, ADL)을 비난했다는 점이다. 2014년 91세의 Gumpel은 "조만간 Pius 12세의 시복식이 생길 것이라"는 자신의 믿음을 확신했다. (Gumpel quoted in Sarah Delaney, "Pope Pius XII Promoter Says Jewish Pressure an Obstacle to Sainthood," Catholic News Service, June 23, 2009; Gumpel quoted in Federico Cenci, "Sooner or Later, Pius XII Will Be Beatified," *Zenit*, Vatican City, June

30, 2014; description of Pave the Way in Marco Tosatti, "Pius XII and October 17, 1943: new documents," "Vatican Insider," *La Stampa*, July 31, 2011); Gary L. Krupp, *Pope Pius XII and World War II*, Kindle edition, location 1528-53).

217 일부 역사가는 Pius가 두려워했다고 제시했다. 만일 그가 항의하면, 독일이 그를 구류하거나 포로로 독일로 데리고 갈 것이라 생각했다.

218 See Zuccotti, Under His Very Windows, 155; see also Weisbord and Sillanpoa, The Chief Rabbi, the Pope, and the Holocaust, 63; Katz, The Battle for Rome, 109.

219 Susan Zuccotti, "Pius XII and the Holocaust: The Case in Italy," in The Italian Refugee: Rescue of Jews during the Holocaust, eds. I. Herzer, Kathleen Voight, and J. Burgwin (Washington, DC: Catholic University of America Press, 1989), 133.

220 Carroll, Constantine's Sword, 524.

221 Phayer, *The Catholic Church and the Holocaust*, 98. 영국의 Joanna Bogle같은 일부 가톨릭 작가는 유대인을 숨겼던 수녀들과 사제들이 Pius 12세의 위임된 명령의 일부로서 그렇게 했다고 주장했다. 하지만, 유대인을 구한 많은 개별적인 성직자와 수녀의 용감성을 강조하는 그 일은 결정적으로 이것이 교회의 공식적 정책이라 확립하기에는 부족한 점이 있다. See Joanna Bogle, *Courage and Conviction: Pius XII, the Bridgettine Nuns and the Rescue of the Jews* (Herefordshire, UK: Gracewing, 2013). See also Dalin, *The Myth of Hitler's Pope*, Kindle edition, location 1465-1563 of 4813.

222 Weisbord and Sillanpoa, *The Chief Rabbi, the Pope, and the Holocaust*, 65, 69-82; 121; Blet, *Pius XII and the Second World War*, 165, 200, 218; Krupp, *Pope Pius XII and World War II*, Kindle edition, location 2449 of 5877.

* Pius 12세의 옹호자들은 로마유대인에 대한 더 이상의 일제 검거는 없었으니, 이는 교황이 은밀하게 개입했기 때문이라고 주장한다. Gary Krupp는 10월 16일 이후, 독일군은 "로마 내의 유대인 한 명"도 잡지 않았다고 주장한다. 그러나, 이탈리아 수도 이외 지역에서는 또 다른 천명의 유대인이 그날 이후 체포되었고, Pius의 단 한마디 항의의 말도 없었다. 나치에 의해 발견되지 않았던 또 다른 2,500명에서 3,000명의 로마 유대인은 숨었으며, 많은 자가 안전처를 수도원과 수녀원에서 찾았다. 로마 수녀원 Santa Quattro Coronati의 오거스틴회 수녀의 일기는, Pius가 "수녀원과 그의 아이들 유대인에 친절을 베풀어줄 것을" 명했다고 주장한다. 이 수녀의 일기는 2006년 교회가 비밀 수장고에서 밝힌 것이다. 2013년, 예루살렘의 Yad Vashem Holocaust Memorial은 전시회에서 설명문장을 부드럽게 표현하여 다음처럼 인정했다. "바티칸에 의한 명확하고 분명한 인도가 없음이 유대인 구출을 착수하는 결정권을 가톨릭교회의 지도자들에게 주어지게 했다. 수녀원들, 수도원들, 다른 기관들의 소수의 연장자가 유대 도망자들에게 문을 열어 주었고 때로는 이는 바티칸이 아는 가운데 이루어졌다." 동시대의 전시문서들은 교황청이 과연 가톨릭기관이 유대인의 보호소가 되어야 하는가를 두고 반분되었음을 보여 준다. 많은 로마 유대인을 구한 공로는 Père Marie-Benoît에게 돌아간다. 이 사제는 이탈리아 점령지의 프랑스 지역 내의 유대인을 위해 간섭하기를 3개월 전에 비오에게 간청했던 자였다. 이스라엘은 1966년에 그의 용감한 행위를 두고, 그를 국가의인(Righteous Among Nations)의 하나로 추대했다. 평신도 이탈리아인들과 교구 사제들의 대부분의 동시대인 네트워크는 도망 중인 유대인을 도왔다.

223 *L'Osservatore Romano*, June 21, 1948. 이때가 Pius가 자신의 교황직 가운데 가장 중요한 두 가지의 회칙 발표를 위해 일했던 때이다. 이 회칙들은 이런 전대미문의 민간인 학살의 때 가톨릭의 전쟁 도덕적 문제에 초점이 있는 것이 아니었다. '신비한 그리스도의 몸에 대하여'(*Mystic Corporis Christi*)는 6월에 발표되었다. 이는 교회적인 내부자 담론으로 왜 교황이 교회는 그리스도의 살아있는 그리스도 몸의 비밀임을 믿는가 하는 것이다. http://www.papalencyclicals.net/Pius12/P12MYSTI.HTM. 두 번째 회칙은 '성경공부의 촉진에 대하여'(*Divino Afflante Spiritu*)이며, 몇 개월 뒤인 9월에 발표되었다. 이는 현대주의자

들의 영적 해석을 강하게 비난하고 있다. http://www.papalencyclicals.net/Pius12/P12DIVIN.HTM.
224 Chadwick, *Britain and the Vatican*, 289.
225 Chadwick, *Britain and the Vatican*, 289.
226 Osborne's memo describing the meeting was not declassified by the British government until December 1998; Richard Z. Chesnoff, *Pack of Thieves: How Hitler and Europe Plundered the Jews and Committed the Greatest Theft in History* (New York: Doubleday, 1999), 249-50.
227 Hoffman, *Anatomy of the Vatican*, 281-82.
228 Martin Gilbert, *The Holocaust: A History of the Jews of Europe During the Second World War* (New York: Holt, Rinehart & Winston, 1985), 623. 1944년, 교황은 은밀하게 미국정부에 이탈리아 북부 지역에 유대인의 재정착에 최선을 다해 중지토록 해달라고 요청했다. 하지만, 그때쯤 독일군은 로마를 떠났고 비오도 유대인의 곤경에 반대하는 것에는 여전히 억눌려 있었지만, 조금은 용감하게 느꼈을 것이다.
229 Vol. 9, ADSS, 426, 274, as cited in Marrus, *The Nazi Holocaust, Part 8: Bystanders to the Holocaust*, Vol. 3, 1264.
230 Wistrich, "Reassessing Pope Pius XII's Attitudes Toward the Holocaust."
231 Herczl, *Christianity and the Holocaust of Hungarian Jewry*, 206.
232 비오는 1943년에 헝가리의 두 번째 서열의 주교로 Josef Grosz를 임명했던 그 나라에서의 나쁜 전례를 가지고 있었다. Grosz는 헝가리의 파시스트당, Arrow Cross의 열렬한 지원자였다. 많은 헝가리 가톨릭 신자, 다른 고위 성직자들은 Grosz의 임명을 신임 주교의 정치적 견해에 대해 Pius가 암묵적으로 승인한 것이라 해석했다.
233 Blet, *Pius XII and the Second World War*, 166.
234 Amiram Barkat, "New Research Bares Vatican Criticism of Nazi-Era Pope," *Haaretz*, December 1, 2006, 1. 주교 Burzio와 Roncalli의 설명은 바티칸이 1944년 5월까지 Auschwitz Protocols을 가졌음을 나타낸다. 교회의 공식 입장은 비오가 그 문서를 10월까지는 보지 못했다는 것이었다.
235 Blet, *Pius XII and the Second World War*, 166-67; see also David B. Woolnera and Richard G. Kuria, eds., *FDR, the Vatican, and the Roman Catholic Church in America*, 1933-1945 (New York: Palgrave Macmillan, 2003), chapter 13.
236 Katz, *The Battle for Rome*, 188.
237 Blet, *Pius XII and the Second World War*, 223-24.
238 Katz, *The Battle for Rome*, 189.
239 Foreign Office files, 371/43869/21, National Archives, Kew, UK, cited in Chadwick, Britain and the Vatican, 290; see also Robert G. Weisborg and Michael W. Honhart, "A Question of Race: Pope Pius XII and the 'Colored Troops' in Italy," *The Historian*, vol. 65, issue 2, winter 2002, 415).
240 1920년 초처럼, Pacelli가 국무총리였던 시절, 프랑스의 검은 군대의 배치 - 대부분 아프리카 출신으로 라인란트의 싸움에 종사했다 - 를 막아달라는 Pius 11세의 개입을 요청했다. 이는 그들이 늘상 독일 여자들과 아이들을 강간했다고 그가 말했기 때문이다. 이는 프랑스군이 단호하게 거절하는 혐의였으며, "끔찍스럽다"고 불렀다. 그런 널리 퍼진 행동에 대한 믿을 만한 증거는 결코 나타나지 않는다. Foreign Office Papers, in Public Records Office, Kew, UK, 371/43869/21. For more information on the British national archives depository, see http://www.national archives.gov.uk/default.htm See also Cornwell, *Hitler's Pope*, quoting an interview with P. Gumple, S.J., 319, 320.
241 Katz, *The Battle for Rome*, 157.
242 Blet, *Pius XII and the Second World War*, 287.
243 Katz, *The Battle for Rome*, 324-25.

244 Hoffman, *Anatomy of the Vatican*, 21-22.

245 Squires, "Wartime Pope Pius XII 'More Concerned About Communism than Holocaust,' " 1, referring to the discovery of previously classified wartime correspondence from D'Arcy Osborne to the British Foreign Office recounting details of one of his meetings with Pius XII.

246 David Kranzler, "The Swiss Press Campaign That Halted Deportations to Auschwitz and the Role of the Vatican, the Swiss and Hungarian Churches," in *Remembering for the Future: The Holocaust in an Age of Genocide*, Vol. 1, 162. 몇 달 전의 나치의 침공 이래로, Horthy는 상당히 나치에 경도되었으며, 국가 권력은 나치 총독이며 SS여단장(SS Brigadeführer)의 Edmund Veesenmayer의 수중에 있었다.

247 Phayer, *The Catholic Church and the Holocaust*, 107.

248 Phayer, *The Catholic Church and the Holocaust*, 108-9.

249 Cooney, *The American Pope*, 141.

* 국무총리 Maglione가 1944년 8월에 죽었을 때 Pius는 그의 옛 친구, 추기경 스펠만을 그 역할로 생각했다. 1945년 4월 12일자의 FBI의 내부 메모에 따르면, Spellman은 소수의 후보자 중 선두주자라는 "끈질긴 소문"을 말하고 있다. 하지만, 교황청 내에서 Spellman에 대한 반대는 극심했다. Pius는 자신의 외교적 능력을 확신해서 후보자 누구도 임명하지 않았고, 대신 그 직무를 감안해서 Maglione의 두 총리보 Domenico Tardini 경과 Giovanni Montini 경의 도움을 받았다. "나는 자문관을 원하지 않고 내가 말하는 대로 하는 사람을 원한다"고 Pius는 Tardini에게 말했다. Pius는 자신의 남은 재임 기간 동안인 14년간을 국무총리직에 대해 공석으로 두었다.

250 2014년 5월, 교회의 전통주의자들에게 실망스럽게도, 교황 Francis는 자신은 Pius의 시복식을 허락할 준비가 되지 않았다고 발표했다. "여전히 어떤 기적도 없다." Francis는 이틀 동안의 이스라엘 방문을 마치고 로마로 돌아온 직후 기자들에게 말했다. "만일 어떤 기적도 없다면, 앞으로 더 나갈 수 없다. 이는 거기서 멈추었다." 1983년 전에, 시복에는 두 가지 기적이 필요했다. 지금은 하나만 요구된다. Nicole Winfield, "Pope Francis Says Pius XII's Beatification Won't Go Ahead," *The Times of Israel*, May 27, 2014.

251 See generally Lawler, *Popes and Politics*, 133.

252 Phayer, *The Catholic Church and the Holocaust*, 25-26; see also Chadwick, *Britain and the Vatican*, 259-60, 275; Cornwell, *Hitler's Pope*.

253 Lawler, *Popes and Politics*, 125. See generally Christina Susanna House, "Eugenio Pacelli: His Diplomacy Prior to His Pontificate and Its Lingering Results," (thesis, Bowling Green State University, August 2011). Charles R. Gallagher, 예수회원이며 역사교수인 그에 따르면, "적어도 외교적으로는 제2차 세계대전 동안, Pius 12세가 19세기의 비밀의 실제를 20세기의 공개 대화와 대중토론의 원칙에 적용하려는 힘겨운 씨름을 해왔다는 것은 분명하다." Gallagher은 당시 추기경 Pacelli가 Joseph Kennedy에게 주었던 나치를 비난하는 하나의 1938년의 문서를 발견했던 자다. "역시 파첼리도 개인적으로, 즉 고위직 외교관들에게 공식적 대화의 문맥 안에서 그런 언급을 행하길 우선시했다. 그의 당시에 다른 많은 외교관들처럼, 그는 여전히 외교적 행동이라는 옛 규칙을 완전히 깰 수는 없었다." Gallagher, "Personal, Private Views."

254 Foreign Office files, Osborne to Halifax, December 7, 1940, 380/106, National Archives, Kew, UK.

255 Kertzer, *The Pope and Mussolini*, Kindle edition, location 468 of 10577.

256 Pacelli가 제1차 세계대전 후 독일에 있었을 때, 격렬한 친공산주의 시위들이 있었다. Pacelli는 바티칸 국무총리에게 어떻게 세 명의 붉은 지도자가 모두 유대인일 수 있냐고 글을 썼다. 이 경험이 사회주의, 공산주의 유대인이 모두 뒤엉키었다는 그의 나중의 견해를 형성하는 데 기여했다. 그가 동료와 함께 당시 뮌헨을 통제했던 새로운 볼셰비키 정부의 대표자들을 만나는 여행을 다음처럼 묘사했다. "일단의 종업원들이 이리저리 뛰면서, 주문을 내며, 종이들을 흔들며 이 가운데 수상한 모습의 한 무리의 젊은 여자, 다른 모든 자들처럼 유대인, 호색적인 태도와 의미있는 웃음으로 모든 사무실을 어슬렁거린다. 이

여자 무리들의 보스는 Levien의 정부, 젊은 러시아 여자, 유대인이며 이혼한 자를 맡고 있다…이 Levien 은 젊은 남자로, 30에서 35세 쯤 러시아인이며 유대인이다. 창백하고 더럽고, 흐리멍텅한 눈, 쉰 목소리, 천하고, 역겨운, 지적이며 교활한 얼굴을 가진 자다." (Max Levien은 뮌헨소비에트운동의 장이었다.) See also Cornwell, *Hitler's Pope*, pp. 295-96. 예수회 역사가 Pierre Blet 같은 비호의 변호자들은 바티칸 국무총리에게의 편지는 아마도 오직 Pacelli에 의해 서명되었다고 설명한다. 보통 그런 문제들은 교황 대리대사의 참모들 중의 하나에 의해 준비되었다. 물론 이는 Pacelli의 섬세한 관리태도를 간과한 것이다. Pacelli가 그런 편지를 자신의 상관들에게 한 마디 말도 서명하지 않고 보낸다는 것은 그의 성품에서 벗어난 것일 것이다.

[257] David L. Kertzer, "The Popes Against the Jews: The Vatican's Role in the Rise of Modern Anti-Semitism," *The New York Times*, September 23, 2001.

[258] The International Catholic-Jewish Historical Commission - 이는 바티칸에 의해 임명되는 세 명의 가톨릭 신학자들과 한 그룹의 유대조직에 의해 선별된 세 명의 유대 학자로 구성됨 - 은 2009년에 발표된, 비오 12세의 질문과 제2차 세계대전 동안의 그의 역할에 대한 10년의 연구를 마무리 지었다. Pius의 재평가는 다음과 같다, "Pius 12세는 '히틀러의 교황'도 아니요, '의로운 이방인'도 아니다. 이 빛나는 외교관은 결국에 홀로코스트의 가공스런 시험을 맞아, 양심의 목소리를 누르고 이겼다." 2012년 7월, Yad Vashem, *Israel's Holocaust Memorial and Museum*은 한 전시회 중 글자를 수정해서 비오에 대해 조금은 덜 비평적이 되었다. 전시회의 이 부문의 제목은 "Pius 12세"에서 "바티칸"으로 바뀌었다. 이전의 문자는 Pius가 독일과의 제국협약을 서명했으며, "이는 나치의 인종 정부를 승인함을 뜻했다"는 것을 언급했다. 수정본은 제국협약이 교섭 중일 때 Pius는 오직 교황 대리대사였다고 언급하고 마지막 문장을 뺐다. 다른 예에서는 이전 텍스트가 로마의 유대인 추방을 Pius가 "개입하지 않았다"고 결론내며 설명했다. 수정본은 Pius는 단지 "공개적으로 항의하지 않았다"고 기술한다. 2013년 9월, Yad Vashem은 그 입장을 더욱 완화해서, 바티칸은 때때로 수도원들이 나치로부터 피하는 유대인의 보호소가 되었음을 알고 있다고 부가했다. 비록 그 변화들은 작아 보이지만, 홀로코스트에 대한 이스라엘의 가장 중요한 헌사에서 이 변화들이 만들어졌다는 점에서 의미가 있다. 이는 시간이 흐르면서 더 많은 문서의 공개로 비오의 전시 행동을 판단함이 더욱더 복잡하며 미묘해졌다는 어떤 확신이다. 이는 역시 바티칸의 승리로, 바티칸은 수년 동안 Yad Vashem의 글을 매우 항의했던 까닭이다. 2007년, 이것 때문에 대주교 Antonio Franco, 이스라엘과 팔레스타인지역 주재 교황 대리대사는 이스라엘의 홀로코스트 기념일 예식에 참여하지 않겠다고 협박하기도 했다. 이런 변화 이후, Franco는 Catholic News Service에게 그 수정은 "한 걸음 나아가는" 것이라 말했다. Wistrich, "Reassessing Pope Pius XII's Attitudes Toward the Holocaust."

제9장

[1] 나치는 역시 개신교도들을 위해서도 동일한 세금을 징수했다. 모든 독일인의 95%가 히틀러가 집권하는 동안 교회세를 납부했다. 교회세의 개념이 이후로 다른 나라들에 퍼져서, 현재는 독일, 스웨덴, 오스트리아, 덴마크, 핀란드, 아이슬란드 역시 스위스와 이탈리아 일부 지역의 가톨릭 교인을 대상으로 하고 있다. 평균적인 세금은 개인소득세의 9%이다. 어떤 사람이 5,000달러의 소득세를 낸다면, 별도의 450달러를 교회세로 납부하게 된다. 2010년, 로마교회가 정보를 발표한 마지막 해에는, 유입된 세금이 약 140억 달러였으며, 바티칸의 경비의 70%를 지불하고 있다. 그해에 한 은퇴한 독일 교수가 교회법에 대하여 소송을 제기했는 바, 자신은 성찬을 받도록 허락되어야 하고 가톨릭 묘지를 가져야 하며, 그렇지 않다면 교회세를 납부할 이유가 없다고 주장했다. 독일 법정은 그에게 패소 판결을 내렸다. 이는 독일

신문이 "기도를 위한 납부"라고 부르는 결정이었다. 자본이익에 대한 교회세의 확대는 2015년 현재 수천 명의 독일인으로 자신들의 교구를 떠나게 만들었다. See Tom Hehegan, "Capital Gains Mean Church Losses in New German Tax Twist," *Reuters*, August 29, 2014. See also Doris L. Bergen, "Nazism and Christianity: Partners and Rivals? A Response to Richard Steigmann-Gall, *The Holy Reich: Nazi Conceptions of Christianity, 1919-1945*," *Journal of Contemporary History* 42, no. 1 (January 2007): 29-30.

2   Clemens Vollnhals, "Das Reichskonkordat von 1933 als Konfliktfall im Alliierten Kontrollrat," *Vierteljahrshefte für Zeitgeschichte*, 35, Jahrg., October 4, 1987), 677, 695-97. See also Paul L. Williams, *The Vatican Exposed* (Amherst, NY: Prometheus Books, 2003), Kindle edition, 428 of 2622.

*   교회세가 없다면, Nogara는 교회의 금융을 가지고 곡예하는데 훨씬 압박을 받았을 것이다. 나치는 전쟁 기간 중에 바티칸에 교회세를 수금하고 지불했다. 1943년 세금 소득은 당시에 신기록을 달성해 1억 달러를 넘어섰다(2014년 환가로 17억 달러다). 아직도 비밀 수장고에 봉인된 자료들은 나치의 잔혹 행위들에 대한 비오의 침묵의 반응이 부분적으로 어떤 비난으로 인해 히틀러가 세금 수금을 거절하고 대신에 이를 제3제국을 위해 수금하고 가질 것이란 두려움으로 인해 촉발되었다는 것을 답해 줄 것이다. 이 소득에 대한 바티칸의 의존은 훗날 전시에 연합국과 러시아의 독일의 무조건적 항복 요청에 대한 지속적 반대를 설명케 한다. 외국 세력에 의해 독일이 점령된다면 교회세가 살아남을 것이란 보장이 없었다 (그러나, 교회세는 살아남았다.)

3   회사 파일의 접근에 대한 룩셈부르크의 제약 때문에, 어떻게 Grolux가 결국 해체되었으며, 36,000,000 룩셈부르크 프랑(당시 가치는 약 2,250,000달러)은 어떻게 되었는지 아는 것은 불가하다. McGoldrick, "New Perspectives on Pius XII and Vatican Financial Transactions During the Second World War," 1033.

4   RG 226, Office of Strategic Services (OSS), Box 168, XL12579, NARA.

5   Pollard, *Money and the Rise of the Modern Papacy*, 190.

6   William Harvey Reeves, "The Control of Foreign Funds by the United States Treasury," *Law and Contemporary Problems*, Duke University Law School, 1945, 22.

7   Pollard, *The Vatican and the Wall Street Crash*, 1085, 1091. 일부 보도는 이전된 금의 양이 실상은 더 크며, 약 2200만에 이른다고 주장한다. see Lo Bello, *The Vatican Empire*, 27; see also McGoldrick, "New Perspectives on Pius XII and Vatican Financial Transactions During the Second World War."

8   Gollin, *Worldly Goods*, 457-58; see Pollard, *Money and the Rise of the Modern Papacy*, 190. Nogara는 전시 동안 교회의 미국 금보유를 늘렸다. 1942년 2월 말에는 바티칸은행은 금괴 1,500,000달러를 구입했다. See Memo, National City Bank to Amministrazione Pontificia per le Opere di Religione, "Purchase of Gold Value $1,499,935.35 by Vatican," FBI Intercepts, RG 59, IWG (Nazi war crimes working group), Section 2, NNU32771, NARA.

9   2012년, 영국의 국립기록물보관소에서 해제된 문서들은 1941년부터 1943년 중반까지 미국과 영국에 대한 바티칸의 투자에 대하여 영국정부는 많은 바티칸 전신과 통신을 가로챘음을 밝혀주었다. 그 문서들은 노가라의 전반적인 전략에 대해 제한적인 견해를 보여 준다. 더 상세한 노가라의 금융관리의 실상을 제공하는 다른 문서들은 여전히 영국보관소에 봉인되어 있다. J. P. Morgan에서의 1년 간의 ABSS 명세는 누락, 바티칸 주재 영국 사절인 Sir D'Arcy Osborne의 일기들은 영국 도서관에 있지만, 많이 편집되어 있다. U.S. Treasury Department, Treasury Financial Agent, Form 1, November 10, 1941, part of the collection of T series, 231/140, National Archives, Kew, UK; also McGoldrick, "New Perspectives on Pius XII and Vatican Financial Transactions During the Second World War," 1032.

10 Executive Order No. 8839, April 10, 1940, Documents Pertaining to Foreign Funds Control, U.S. Treasury Department, Washington: March 30, 1943, 6, Papers of Bernard Bernstein, Subject File, Box 23, Harry S. Truman Library, Independence, MO.

11 미국의 고립주의자들은 동결명령에 반대했는 바, 이는 추축국으로 하여금 미국에 대해 보복을 하게 만드는 도발적 조치라고 비평했다. FDR는 자신의 행정명령의 권위를 주장했다. 즉, 행정명령은 제1차 세계대전 시대의 규정인 적성국교역법(the Trading with the Enemy Act)에서 연유한 것이다.

12 U.S. Treasury Department, "Documents Pertaining to Foreign Funds Control," Washington, March 30, 1943, 6, Papers of Bernard Bernstein Subject File, Box 23, Harry S. Truman Library, Independence, MO; see also Mira Wilkins, *The History of Foreign Investment in the United States*, 1914-1945 (Cambridge: Harvard University Press, 2004), 451-52, 829, citing U.S. Department of the Treasury, Documents Pertaining to Foreign Funds Control (Washington, DC, 1945).

13 Executive Order 8785, 6 Federal Register, 2897, 1941. And in Documents Pertaining to Foreign Funds Control, U.S. Treasury Department, Washington: March 30, 1943, 6, 11, Papers of Bernard Bernstein, Subject File, Box 23, Harry S. Truman Library, Independence, MO.

14 그 경제방위백서수정 직후 나치는 소비에트연합을 침공했다. 당시 러시아는 블랙리스트에서 제외되어 있었다.

15 "Italians Take $480,000,000 from the U.S.," *New York Post*, May 3, 1941.

16 General License No. 44, Roman Curia—Generally Licensed National, Documents Pertaining to Foreign Funds Control, U.S. Treasury Department, Washington, March 30, 1943, 44, Papers of Bernard Bernstein, Subject File, Box 23, Harry S. Truman Library, Independence, MO.

17 "Nephew of Pius XI Dies," *The New York Times*, January 29, 1953, 28.

18 경신성사성(敬信聖事省)의 장관이며 Pius의 최측근 자문관인 추기경 Carlo Salotti, "친파시스트며 비오 12세의 절친한 친구인" 추기경 Adolf Bertram, 독일주교회의의 감독은 "나치와 동조하는 연약한 자다." 제노아의 추기경, Pietro Boetto는 "의심할 바 없이 추기경단 내에서 파시스트 도당의 우두머리," 추기경 Raffaele Carlo Rossi, 추기경 심의회 회장은 "적극적인 친파시스트다." 추기경 Celso Benigno Luigi Constantini는 "파시스트며," 아르헨티나 추기경 Santiago Luis Copello는 "파시스트요 반미다." 파리의 추기경 Cardinal Emmanuel Célestin Suhard는 "동조자이며," 추기경 Nicola Canali, 바티칸시 대통령은 "파시스트다." J.C.H. to A.W.D. (Allen Dulles), OSS, September 10, 1942, RG 226, E217, Box 20, Location 00687RWN26535, NARA.

19 Foreign Office files, 37150078, Financial Activities of the Vatican, John Crump, Ministry of Economic Warfare, to Peter Hebblethwaite, Foreign Office, March 29, 1945, National Archives, Kew, UK; U.S. Treasury Department, "Documents Pertaining to Foreign Funds Control," Washington, March 30, 1943, 24, Papers of Bernard Bernstein, Subject File, Box 23, Harry S. Truman Library, Independence, MO.

20 Besier, *The Holy See and Hitler's Germany*, 163.

21 RG 131, Department of Justice, Foreign Funds and Control Records, Box 487, Letter of John Pehle to Henry Morgenthau, April 21, 1942, NARA; see also Charles Higham, *Trading with the Enemy: An Exposé of the Nazi-American Money Plot, 1933-1949* (New York: Delacorte, 1983), 191. 미국은 바티칸을 대통령의 행정명령 하의 봉쇄국가로 목록에 올리지도 않았다. 때로는 미국은 로마교회에게 교황 12세의 조카 Carlo Pacelli의 지시하에서 연합국 해군 봉쇄지역을 통해 물품 공급을 하는 허가를 내어주었다.

22 Harold H. Tittmann Jr., *Inside the Vatican of Pius XII*, Kindle edition, locations 665-77.

23 Ibid.

24 McGoldrick, "New Perspectives on Pius XII and Vatican Financial Transactions During the Second World War," 1045; Phayer, *Pius XII, the Holocaust, and the Cold War*, 96, citing J. Edgar Hoover, FBI Director, to Adolf Berle Jr., Assistant Secretary of State, September 22, 1941, Decimal File 1940-44, Box 5689, File 866A.001/103, RG 59, NARA. For details on the Pope's personal account, see Memo from Chase National

Bank to Ferdinando Federici, September 30, 1941, and to Nelson A. Rockefeller, December 6, 1941, "Pope's Account with Chase National Bank, New York," RG 59, IWG (Nazi war crimes working group), FBI Secret Intercepts, NARA.

25 "Authorizing a Proclaimed List of Certain Blocked Nationals and Controlling Certain Exports," July 22, 1941, Documents Pertaining to Foreign Funds Control, U.S. Treasury Department, Washington: March 30, 1943, 14-15, Papers of Bernard Bernstein Subject File, Box 23, Harry S. Truman Library, Independence, MO. See also Reeves, "The Control of Foreign Funds by the United States Treasury," 57.

26 남미만 - 대부분의 나라는 전시 중에 중립적이었다 - 을 위한 선포 리스트에 대한 역사적 관찰에 의하면, 첫해에 약 6천 개의 사업체가 목록에 올랐다. 국무성에 의해 친추축국으로 표시된 사업체는 FBI에 의해 수집된 밝혀지지 않는 증거들에 주로 의존하며, 여러 그룹을 포함하는데, 회계사, 변호사, 심지어 독일, 이탈리아, 일본 국적인과 거래하는 지주까지 광범위했다. Max Paul Friedman, Economic Warfare, Enemy Civilians, and the Lessons of World War II Nazis and Good Neighbors: The United States Campaign Against the Germans of Latin American World War II (Cambridge: Cambridge University Press, 2005), 418.

27 F. W. W. McCombe's Report on Vatican Funds, May 16, 1941, T 231, 1131, National Archives, Kew, UK. The TWE (Trading with the Enemy) files were released by the British government mostly between 1999 and 2008 and are maintained at the Department of Trade and Industry: Enemy Property Claims Assessment Panel (EPCAP) Secretariat; Database of Seized Property, Reference Section NK 1, National Archives, Kew, UK. The British published a "Statutory List," which was their blacklist.

28 McGoldrick, "New Perspectives on Pius XII and Vatican Financial Transactions During the Second World War," 1043.

29 2013년 1월 21일, *The Guardian*은 "특별조사"라는 헤드라인 아래, "어떻게 바티칸은 무솔리니의 수백만 달러를 활용해서 비밀스런 부동산 제국을 세웠는가"를 발표했다. 그 신문은 Lateran Pacts의 돈을 쫓았다. 그 돈은 로마교회가 수년 동안 획득한 부동산을 목록화하기 위해 British Grolux에 예치되었다. "가장된 역외회사의 구조 뒤에서, 교회의 국제적 포트폴리오는 세월에 따라 커져 갔으며, 이는 1929년 이탈리아 파시스트 정부에 대한 교황의 인정에 대한 댓가로 무솔리니에 의해 본래 주어진 현금의 활용을 통해서였다. 그때 이래로 무솔리니가 준 밑천의 국제적 가치가 올라가 이제는 5억 파운드가 넘는다." 바티칸 대변인은 이를 다음날 부인했다. "나는 가디언지의 이 기사에 놀랐다. 이는 소행성 가운데 있는 어떤 자로부터 온 것처럼 보인다…이런 일들은 80년 동안 공개된 지식이었다." David Leigh, Jean François Tanda, and Jessica Benhamou, "Mussolini, a Vatican Vow of Silence and the Secret £500m Property Portfolio: Offshore Structure Veils List of London Properties Fascist Origins of Papacy's Wealth Hidden from 1931," *The Guardian*, January 22, 2013, 1. As for Nogara's transfer of the Vatican's share of British Grolux to the Morgan Bank, see Foreign Commonwealth Office files, 371/30197, letter of P. W. Dixon to F. W. Combe, Trading with the Enemy Branch, August 27, 1941, National Archives, Kew, UK; see also Pollard, *Money and the Rise of the Modern Papacy*, 189, and "The Vatican and the Wall Street Crash," 1088.

30 Conclusion Former Reference regarding the Foreign Secretary: WM (40) 99, 65/6/44, 388, Cabinet Papers, National Archives, Kew, UK.

31 Foreign Office files, 37150078, Financial Activities of the Vatican, John Crump, Ministry of Economic Warfare, to Peter Hebblethwaite, Foreign Office, March 29, 1945, National Archives, Kew, UK; see also Nechama Janet Cohen Cox, "The Ministry of Economic Warfare and Britain's Conduct of Economic Warfare, 1939-1945," King's College London, 2001, online at https://kclpure.kcl.ac.uk/portal/files/2935689/246631.pdf; see Pollard, *Money and the Rise of the Modern Papacy*, 190.

32 Maurizio Pegrari, *Dizionario Biografico degli Italiani*, Vol. 78, (Rome: Istituto della Enciclopedia Italiana,

33   "Italy's Money Mart Here Shut by U.S. Order," *New York Herald Tribune*, June 22, 1941.
34   RG 84, Safehaven Files, Banca della Svizzera Italiana, memo from managing director to United States consul in Berne, March 30, 1943, Entry 323, Box 6, NARA. 1947년, Banca della Svizzera Italiana는 로마은행과 파트너쉽을 형성했으며, Banco di Roma per la Svizzera를 열었다. Pius 12세의 조카들 중 하나인 Prince Marcantonio Pacelli가 회장으로 임명되었다. See Hoffman, *Anatomy of the Vatican*, 181.
35   Sudameris는 실제로는 다섯 나라에서 영업하는 8개 은행의 집합이었다. Phayer, *Pius XII, the Holocaust, and the Cold War*, 108; see generally Chernow, *The House of Morgan*, iBook edition, 795-96. Sudameris 은행들은 Nogara의 상호 연결된 네트워크 안에 지분을 가졌다. 이 네트워크는 Nogara가 독일 회사들이 자산을 남미로 옮기는 데 사용했던 것과 같은 것이었다.
36   RG 226, Research and Analysis Branch, Letter from R. Fenton, UK, Entry 19, Box 90, XL6425, NARA; see also Pollard, *Money and the Rise of the Modern Papacy*, 191; and Leigh et al., "Mussolini, a Vatican Vow of Silence and the Secret £500m Property Portfolio."
37   전후 Malagodi는 이탈리아 자유당의 서기로 일했으며, 1980년대에 이탈리아 상원의 대통령이 되었다. Pegrari, *Dizionario Biografico degli Italiani*.
38   Fondo AD2 (Nogara), Cart. 15, fasc. 40-45, telegram of Giovanni Malagodi to Bernardino Nogara, May 15, 1943, ASBCI, cited in Pollard, *Money and the Rise of the Modern Papacy*.
39   Phayer, *Pius XII, the Holocaust, and the Cold War*, 110-11; Confidential cable dated December 21, 1945, RG 59, Department of State, Rome Embassy, File 851, Box 161, NARA.
40   The State Department Report that covers Sudameris, Nogara, and the Vatican is the "Report of Recent Activities of the Banque Francaise et Italienne pour L'Amerique du Sud (Sudameris)," by Virginia Marino of the Economic Warfare Section of the War Division of the U.S. Department of Justice, May 9, 1944, Entry 16, Box 850, File 70712, RG 226, Location 190/2/28/6, NARA.
41   Ministry of Economic Warfare, letter to Berne Embassy, April 10, 1945, National Archives, Kew, UK; see also Pollard, *Money and the Rise of the Modern Papacy*, 192; see also Phayer, *Pius XII, the Holocaust, and the Cold War*, 110.
42   See generally Pollard, *Money and the Rise of the Modern Papacy*, 192.
*   노가라는 영국과 미국으로 하여금 수다메리스의 블랙리스트를 돌려놓도록 하기 위해 힘썼지만 허사였다. 그 회사를 운영할 두 개의 로마 거점의 수령자를 지정하겠다는 그의 제안은 실패했다. J.P. 모건의 이사, 톰 라몬트(Tom Lamont)는 자신의 절친했던 루즈벨트의 행정관리들을 로비했다. 라몬트가 진척이 없자, 노가라는 마이론 테일러에게 부탁해서 블랙리스트에서의 삭제 댓가로 프로피머 과반 주식을 팔겠노라 제안했다. 그 제안 역시 거절되었다. 유럽 전쟁이 끝난 4개월이 지나서야 노가라는 프로피머의 절반의 지분을 뉴욕의 모건에 이전할 수 있었다. 1945년 11월 수다메리스가 블랙리스트에서 삭제되자, 노가라는 마이론 테일러에게 과장스런 감사편지를 썼다.
43   Nogara to J. P. Morgan & Co., New York, November 10, 1941, T 231, 140, National Archives, Kew, UK; see also McGoldrick, "New Perspectives on Pius XII and Vatican Financial Transactions During the Second World War," 1039.
44   General Ruling No. 17, 8 Federal Register, 14, 351, 1943; Reeves, The Control of Foreign Funds by the United States Treasury, 42-43; US Treasury Department, "Documents Pertaining to Foreign Funds Control," Washington, March 30, 1943, 6-17, 19-20; Treasury Department, Office of the Secretary, April 13, 1943, General License No. 68A, As Amended, 67, 106, Papers of Bernard Bernstein, Subject File, Box 23, Harry S. Truman Library, Independence, MO.

45　Journal entries for January 2, 1942, and March 19, 1942, Series T 231, 141-42, *National Archives*, Kew, UK.
46　Reeves, *The Control of Foreign Funds by the United States Treasury*, 31. 바티칸 조사는 조사의 엄청난 양으로 인해 길을 잃어버릴 가능성이 있으며, 재무성에 홍수처럼 밀려드는 경제전 법률의 저항 가능성으로 빠질 수 있다. 재무성은 4년 동안 6십만 건의 위반 사례를 접수했다.
47　U.S. Treasury Department, "Documents Pertaining to Foreign Funds Control," Roman Curia—Generally Licensed National—General License No. 44, Washington, March 30, 1943, 44-45, Papers of Bernard Bernstein, Subject File, Box 23, Harry S. Truman Library, Independence, MO.
48　독일과 일본은 바티칸이 영업할 수 있는 그런 나라의 리스트에서 제외되었다. 1943년 봄에, 미국 관리들은 SS 전신을 가로챈 후 분노했는데, 이는 바티칸이 일본으로 상이군인의 보호를 목적으로 45,000달러를 보냈다는 보고 때문이었다. 재무성은 로마교회의 특별 지위를 끝장내겠다고 위협했지만, 바티칸은 그 돈이 그곳 교회의 사도 대표에게 보낸 것으로, "일본 손 안에 있는 전쟁 포로의 구호"를 위한 것이라 주장한 후 어떤 처벌도 받지 않았다. Phayer, *Pius XII, The Holocaust, and the Cold War*, 103-5; see also Memorandum, U.S. Treasury Department, regarding the transfer of sums in U.S. currency to the currency of European countries, Box 5690, RG 59, Location 50/34/11/1, and letter to Secretary Morgenthau, "Treasury Provision of Swiss Francs for the Holy See," March 8, 1943, RG 131, APC-FFC General Correspondence 1942-60, Box 482, Transfer of Funds, Vatican City, NND 968103, NARA.
National Archives, RG 59, Records at the IWG (Nazi war crimes working group), FBI Secret Intercepts는 수백 페이지에 이르는 미국내의 바티칸 소유 은행과 국외 은행 간의 거래뿐만 아니라 교회가 그 U.S 계좌로 보유한 주식으로부터의 주식과 채권의 배당에 대한 세부사항에 대한 정부의 내역을 가지고 있다. 로마교회의 사명의 존재가 그렇지 않다면 블랙리스트 대상이 되거나 제재를 받는 나라에 속했을 것이기 때문에 이는 제2차 세계대전 이후부터 줄곧 미국과 바티칸 간의 하나의 문제였다. WikiLeaks 전신에 담겨있는 정보는 2002년 말에 미재무성이 쿠바로 보낸 바티칸 기금을 봉쇄했는 바, 이는 교회의 국무총리로부터 분노의 반응을 낳게 했다. 재무성은 제2차 세계대전에 그리했듯, 뒷걸음질하고 그 돈을 해제했다. https://www.wikileaks.org/plusd/cables/02VATICAN83_a.html.
49　바티칸은행의 뿌리는 교황 레오 13세가 임명한 1887년의 추기경위원회로 거슬러 올라간다. 그들의 역할은 신자들로부터의 어떤 현금 기부금을 이용해 부동산을 사기 위함이었다. 이 위원회는 1904년에 Pius 10세 하에서 종교사업위원회로 바뀐다. 1908년에, 교황 Pius 10세는 "오직 추기경만의" 지위를 없애고 작은 그룹인 성직자의 종교사업행정위원회로 개명했다. 그의 후계자 Pius 11세는 1934년 약간 더 확대된 권력을 승인해서 그 위원회가 다른 바티칸 지점들을 위한 금융결제소 일을 하도록 했다. 1941년, 바티칸은행의 창립 일 년 전에, Pius 12세는 그 위원회를 일단의 추기경 패널의 감독 아래 두었으며 일부 성직자들로부터, 오직 "종교와 기독교 경건의 일"만을 위해서 예치금을 받는 제한적인 권리를 주었다. 위원회는 바티칸은행에 포함되고 있다. See generally Raw, *The Moneychangers*, 53.
50　See Reese, *Inside the Vatican*, 205-6.
51　See J. Paul Horne, "How the Vatican Manages Its Money," *Institutional Investor*, January 1971, 78. 정경법 법률가는 바티칸은행이 "바티칸 안에"(in Vatican City) 있는 기관이지, "바티칸에 소속된"(of the Vatican)이 아니라고 주장한다. 이는 바티칸은행이 어떤 어려움에 빠지게 되는 경우, 바티칸은행과 교황 간에 어떤 거리를 두는 것처럼 보였다. See Hoffman, *Anatomy of the Vatican*, 185.
52　"Marcinkus Comments," *Il Sabato*, October 22, 1982.
*　"이탈리아에서는 누구나 우리를 은행처럼 여긴다." 주교 Paul Marcinkus의 말이다. 이 말은 1970년대와 80년대에 바티칸은행의 수장이었던 그가 카톨릭 주간지 *Il Sabato*에게 한 말이다. "실제로 우리는 우리 자신의 절차로 영업하는 기관이다."

53　Martin, *Rich Church, Poor Church*, 45.
54　Pollard, *Money and the Rise of the Modern Papacy*, 200; Martin, *Rich Church, Poor Church*, 45.
55　Raw, *The Moneychangers*, 53.
56　The countries that share a border with Italy are France, Switzerland, Slovenia, Austria, San Marino, and the Vatican.
57　"Declaration of attorney, Franzo Grande Stevens, in support of the IOR's motion to dismiss plaintiff's third amended complaint," October 30, 2000, Turin, Case No. C-99-4941 MMC, United States District Court, Northern District of California, § 21: "It is the custom and practice of the IOR not to retain records after ten years."
58　Raw, *The Moneychangers*, 54.
59　바티칸의 금융거래를 추적했던 미국정보부의 노력의 예들에 대해서는, see in general Federal Bureau Investigation, Secret, Interagency Working Group (IWG), Nazi War Crimes, FBI Secret Intercepts-Vatican, RG 59, NARA.
60　Executive Order 8785, 6 Federal Register, 2897, 1941.
61　연합국 역시 한 파시스트 금융관리가 바티칸은행의 평신도 관리인들 중 하나인 Massimo Spada에게 감사함을 표하는 것을 알았다. 바티칸은행이 파시스트 발행의 채권을 매입함으로 인해 무솔리니 정부를 지지하는데 도움이 됐다는 내용이었다. Lai, *Finanze Vaticane*, 24-25.
62　Susan Headden, Dana Hawkins, and Jason Vest, "A Vow of Silence: Did Gold Stolen by Croatian Fascists Reach the Vatican," *U.S. News & World Report*, March 22, 1998.
63　Bank Suisse Italienne of Lugano를 1940년에 블랙리스트에 처음으로 올린 나라는 영국이었고, 미국은 다음해에 이 조치를 따랐다.
64　"Papers Link Vatican to Illegal Deals with Nazis Swiss Bankers Used as Conduit, U.S. Intelligence Documents Say," *The Toronto Star, Reuters*, August 4, 1997, A3; see also Arthur Spiegelman, "Vatican Bank Dealt With Reichsbank in War-Document," *Reuters, International*, August 3, 1997.
65　독일 내의 계좌들은 큰 투자는 아니었다. 하지만, 발견되지 않고 로마교회가 그 계좌들을 갖고 있을 수 있었음은 연합국이 돈의 추적을 충분히 감당하지 못했다는 증거다. Files maintained at Entry 1069, Box 287, RG 59, Location 250/48/29/05, NARA; Phayer, *Pius XII, the Holocaust, and the Cold War*, 103-6.

제10장

1　2005년부터 시작한 내 연구 진척에 따라 어떤 바티칸은행 관련 정보가 비밀 수장고에 있는가를 정확히 알고자, 나는 바티칸으로부터 접근권을 구했다. 마이애미 대주교 Thomas Wenski가 나의 청원을 미국 주재 사도대리대사인 대주교 Carlo Maria Viganò에게 보내주었다. Viganò는 다음에 나의 청원을 비밀 수장고의 문서보관 책임자인 대주교 Jean-Louis Bruguès에게 전달했다. 수 주 후, 접근권을 위한 나의 청원은 2013년에 정식으로 거절되었다.
2　Feldman, viii-ix.
3　Feldman, xii.
4　Joseph Belth, ed., "Life Insurance and the Holocaust," *The Insurance Forum*, Special Holocaust Issue 25, no. 9 (September 1998): 81, 92-3.
5　전후 이탈리아와 독일 사업가들은 열심으로 연합국에게 그들의 파시스트와의 협력은 오직 사업의 편

리성 때문이지, 이념 때문이 아니라고 확신시키려 노력했다. 예컨대, Allianz's General Director인 Kurt Schmitt에 대한 심문의 경우다. 이 심문은 July 8, 1947, Office of Military Government, RG 260, Folder 2/58/2-7, NARA. 이는 독일에서도 동일했다. see generally Feldman *Allianz and the German Insurance Business*, 51. 전시 동안, 사업 관계는 소수의 대기업 간에는 근친상간적인 모습을 보였다. 예컨대, U.S. 정보부는 Schmitt가 비밀리에 Generali의 미국 자회사의 지분을 소유했음을 밝혀냈다. See "The Pilot Reinsurance Company of New York Shareholders of Record," February 4, 1942, RG 131, Box 26, Folder 230/38/110/5, NARA.

6   Ranking Officials, Assicurazioni Generali, also Washington Reports 1943, RG 59, Department of State, Rome Embassy, File 851, Box 161, NARA.
7   Webster, "The Political and Industrial Strategies of a Mixed Investment Bank," 329.
8   The company was Galata, a mining and mineral exploration firm. See *Transactions of the Institution of Mining Engineers*, ed. Percy Strzelecki, Vol. 34, (Newcastle-upon-Tyne, UK: The Institution, 1908), 234.
9   Webster, "The Political and Industrial Strategies of a Mixed Investment Bank," 329.
10 Webster, *Industrial Imperialism in Italy* 1908-1915, 111; Romano, Giuseppe Volpi, 18. 그 당시에, BCI는 단순한 은행 이상이었다. BCI는 많은 회사의 지분을 소유하고 관리했는데, 가장 큰 이해는 군수, 조선 철강이었다. 이탈리아는 때때로 BCI가 주도하는 산업, 즉 국가에 중요하다고 생각되는 산업(예컨대, 1912년의 이탈리아 중부의 화학 산업)에 대중의 돈을 위탁하거나 특별세금우대조치를 주었다. BCI산업 신디케이트에 영국은행, 모건 가문, 멜론 가문이 소액 지분을 가지고 있었다.
11 Romano, *Giuseppe Volpi*, 52, citing Carte Nogara, correspondence between Nogara and Volpi between 1912 and 1914. BCI 문헌고는 Merkur Gewerkschaft(German)와 Monte Amiata (Italian) 광산과 거래한 두 가지 파일을 가지고 있다. 그 기간은 1919년부터 1926년까지 다루고 있으며, 당시 BCI의 경영진이며 광산엔지니어인 노가라에 의한 어떤 시도, 즉 Amiata사가 1920년부터 1922년 사이에 Anatolian mining (Turkish)의 지분을 갖도록 한 일에 대한 파일이다. 터키와의 평화회담에서 Volpi가 이탈리아 수석 대표가 되었을 때, 그는 자신으로 인해 공석이 된 Ottoman Public Debt Administration에 노가라를 뽑았다. "Italy: Volpi's Commission," *Time*, November 2, 1925; Donald Quataert, *The Ottoman Empire,* 1700-1922 (Cambridge: Cambridge University Press, 2000); see also Memorandum, Treaty of Peace with Turkey from the Supreme Council of the Allied Powers, February 17, 1920, 24/98/65, 253, Cabinet Papers, National Archives, Kew, UK.
12 Webster, "The Political and Industrial Strategies of a Mixed Investment Bank," 359.
13 Franco Amatori, "Entrepreneurial Typologies in the History of Industrial Italy (1880-1960)," *The Business History Review* 54, no. 3 (Autumn, 1980): 371.
14 Bosworth, "Tourist Planning in Fascist Italy and the Limits of Totalitarian Culture," 13, n. 62.
15 Volpi는 이탈리아 내에서 알아주는 실력자일 뿐더러 다른 서방국에서도 존경받는 사업가였다. 1928년, '타임지'는 약세 리라를 금본위제와 고정시키고 이탈리아 부채를 포괄적으로 재협상했던 볼피를 다루는 기사는 그를 "자수성가한 사업가의 가장 전형적인 타입"으로, 무솔리니를 위한 그의 업적을 "뛰어난" 것으로 묘사했다. 그는 번쩍거리는 사회 생활로 유명했다. 15,000퀘어피트(422평)의 궁전은 형식을 갖춘 정원으로 둘러싸였으며, Via del Quirinale에 있는 스페인광장 끝자락에 있었으며, 바티칸 밖에서는 가장 호화로운 집 중의 하나로 널리 인정되었다. 거기서의 현란한 파티에는 정례적 손님들은 윈저의 공작 부부, 콜 포터, 잔 콕토, 세실 비톤, 마리아 칼라스 올슨 웰리스 모두였다. 그의 1933년 베니스필름페스티발은 그의 특대한 인격과 어울리는 것이었다.
16 파시즘 하의 이탈리아에서 사기업으로 성공하는 것은 쉬운 일이 아니었다. 1930년대 중반 경에는, 오직 소비에트연합만이 이탈리아정부보다 사기업에 대한 더 많은 지분을 가졌다. Nogara 와 Volpi 같은 사업

가들의 배경이 되는 자본주의는, 많은 나라에서 단어 "자유시장"을 무색케 하는, 정부정책의 특혜와 정부 보조금의 지속적인 유입 위에서 성장하게 된다. See Franco Amatori, "Entrepreneurial Typologies in the History of Industrial Italy (1880-1960)," *The Business History Review* 54, no. 3 (Autumn 1980): 361; and L'Italia di Fronted alla Prima Guerra Mondiale by Brunello Vigezzi, review by Richard Webster, *The Journal of Modern History* 41, no. 4 (December, 1969): 626.

17 Webster, "The Political and Industrial Strategies of a Mixed Investment Bank," 329.

18 "The Regeneration of Tripolitania," La Rinascita Della Tripolitania: Memorie e studi sui Quattro anni di governo del Conte Giuseppe Volpi di Misurata, *The Geographical Journal* 71, no. 3 (March 1928): 280-82; "Italy: Volpi Out," *Time*, July 16, 1928.

19 그 회사의 정식명은 Compagnie Internationale des Wagons-Lits다. Bosworth, "Tourist Planning in Fascist Italy and the Limits of a Totalitarian Culture," 17-18; see Pollard, "The Vatican and the Wall Street Crash," 1087.

20 Romano, *Giuseppe Volpi*, 218. Volpi는 이탈리아의 경쟁자들보다 크로아티아에서는 우위를 점했다. 무솔리니는 그를 택해, 파시스트 정부가 파벨리치와 서명했던 1941년 경제 조약에서 주요 교섭자로 삼았다. 이는 Volpi가 가톨릭 크로아티아에서 경쟁자들이 당할 수 없는 어떤 지위를 가졌음을 뜻한다. Srdjan Trifković, "Rivalry Between Germany and Italy in Croatia, 1942-1943," *The Historical Journal* 36, no. 4 (December 1993), 886.

21 이탈리아에서는 누구나 지주회사로 Bastogi를 언급한다. 이 이름은 1862년에 그 회사를 설립했던 이탈리아공화국의 첫째 재무장관 Pietro Bastogi의 이름을 딴 것이었다. 이 공식 이름은 Italiane Strade Ferrate이다. Luciano Segreto, "Models of Control in Italian Capitalism from the Mixed Bank to Mediobanca, 1894-1993," *Business and Economic History* 26, no. 2 (Winter 1997): 652. See also Parliamentary Commission Report of Inquiry on the Case of Sindona, Chamber of Deputies Senate, VIII Legislature, Doc. XXIII, Read 22 May 1980, n. 204, June 23, 1981, 27-28.

22 Marco Parenti는 공동 창업자이며, Rothschild 가문과 사업적 연계를 맺었다. Generali의 다른 유대 창업 맴버는 다음과 같다. Vidal Benjamin Cusin, 그 회사의 장래 2명의 이사의 할아버지, 변호사인 Giambattista Rosmini, 경쟁 보험사 경영진 Alessio Paris, 조선사 Michele Vucetich, 프랑크푸르트 출신의 Giovanni Cristoforo Ritter de Zahony이다. Morpurgo의 아버지는 은행가로, 제도화된 이탈리아 반유대주의와 너무 친숙했다. Benedict 14세의 교황 시절에 그가 사업차 바티칸을 들어갔던 몇 경우에는, 그는 색깔있는 작은 천조각을 저고리에 부착해서 그와 거래하는 자들이 그가 유대인임을 알도록 할 것이 요구되었다. John Authers and Richard Wolffe, *The Victim's Fortune: Inside the Epic Battle over the Debts of the Holocaust* (New York: HarperCollins, 2002), 108-9.

23 Pollard, *Money and the Rise of the Modern Papacy*, 171; Segreto, "Models of Control in Italian Capitalism," 652; Tom Weiss, interviewed by Brendan Howley, November 13, 2005.

24 Maura Hametz, "Zionism, Emigration, and Anti-Semitism in Trieste," 126-32.

25 The resignation of Edgardo Morpurgo caused an international outcry, but the Italians ignored the criticism.

26 RAS의 신임 의장은 단호한 파시스트인 Fulvio Suvich로, 전 주미 대사였다. 이 트리스트 출신은 볼피와 좋은 친구였다. 이탈리아 유대인 보험사 경영진은 인종법에 의해 내동댕이쳐진 유일한 자들은 아니었다. 나치는 모든 독일 사업계로부터 유대인을 제거하는 예들을 보였다. 보험회사의 주주와 이사에서 제거함도 포함되었다. 유대인에 대한 폭력이 보험사들에게 금융 문제들을 만들 즈음에 그들은 업계로부터 퇴출되었다. 예컨대, 독일 내에서의 국가 조직의 폭력은 Kristallnacht - 1938년 11월 깨어진 유리창의 밤 - 에서 절정이었고, 이날 밤에 유대 사업체와 회당들은 전국적으로 불에 타고 약탈당했다. 독일 보험사들은 보험 가능한 손실액이 수천만 달러에 이를 정도로 위태로웠다. 하지만, 그들 경영진들은 제3제국과

함께 그 청구액 대부분의 지불을 회피할 방안을 강구했다. 그들은 여러가지 핑계를 이용해 고객들을 속였다. 가장 일반적인 변명은 폭도와 반달리즘이 대중의 폐해이며 보상에 속하지 않는다는 것이었다. 일부 보험사는 청구액의 미지불은 "독일보험산업의 명예의 옷에 묻은 검은 얼룩"이라는 것에 조바심을 냈고, 나치와 공모하여 유대인에 대해 10억 마르크의 벌금을 부과했다. 이 돈에서부터 일부 자금이 희생자들에게 다시 회전되어 깨어진 유리와 도난된 상품을 위한 지불금이 되었다. 결국 독일 보험사들은 유대인이 인종법하에서 보험 대상이 되지 않음이 확실해짐에 따라, 유대인 고객들로부터 생명보험증서들을 대규모로 재매입하기 시작했다.

27 Pollard, *Money and the Rise of the Modern Papacy*, 105, 171.
28 See Report on Internationale Unfall & Schadensversicherungs Ges A.G. from GEA Branch, NARA, Exhibits 6-12, 18, 26A, 30-31; Confidential Memo from the American Embassy in Rome to the Secretary of State, March 19, 1945, RG 59, Department of State, Rome Embassy, File 851, Box 161, NARA; Tom Weiss, interviewed by Brendan Howley, November 13, 2005.
29 Joseph B. Treaster, "Holocaust Survivors' Insurance Ordeal," *The New York Times*, April 8, 2003, 8.
30 Authers and Wolffe, *The Victim's Fortune*, 109. Morpurgo는 동유럽, 발칸지역, 러시아의 유대인 정착지(Pale of Settlement)에 대리인들을 보냈다. 유대인 정착지는 18세기에 러시아가 유대인이 살고 일할 수 있도록 허락된 별도로 정해놓은 광활한 지역이다. Pale of Settlement은 서부 러시아의 20% 정도를 차지하며, 오늘날 대부분 폴란드, 리투아니아, 우크라이나, 벨라루스, 몰도바이다.
31 Franz Kafka worked in Generali's Prague office for nine months. According to company records, he left because of a "nervous ailment."
32 Belth, "Life Insurance and the Holocaust," 90.
33 Christopher Kobrak and Per H. Hansen, eds., *European Business, Dictatorship, and Political Risk*, 1920-1945 (New York: Berghahn, 2004), 43.
34 Ibid., 42. Generali accounted for 8 percent of Italy's GDP. In comparison, in 2013, ExxonMobil had revenues of $500 billion, but accounted only for .03 percent of U.S. GDP.
35 독일 보험사들은 "위험 추가요금"(risk supplement)을 도입해서 생명보험 요금을 20%와 30% 사이에서 인상했다. 여전히 전쟁이 길어질수록 보험업주에게는 큰 부담이 되었다. 예를 들면, 1942년 동안, Allianz 독일의 최대 보험사는 17,537명의 증서소유자가 전투에서 사망했으며, 그 결과 지불액이 4천 3십만 독일 마르크였다. Stalingrad 전투에서 1943년 첫 3개월 동안 또 다른 2만 명의 증서 소유자가 죽었고, 그 보험사는 추가로 5천만 독일 마르크의 비용을 지급했다.
36 Feldman, *Allianz and the German Insurance Business*, 347.
37 Kobrak and Hansen, *European Business, Dictatorship, and Political Risk*, 51-52.
38 Kurt Schmitt to Giuseppe Volpi, Action Note (Aktennote), September 24, 1938; and Volpi to Schmitt, September 27, 1938, FHA, MR A 1/2; Kobrak and Hansen, European Business, Dictatorship, and Political Risk, 51; see also Stefan Karlen, Lucas Chocomeli, Kristin D'haemer, Stefan Laube, and Daniel C. Schmid, "Schweizerische Versicherungsgesellschaften im Machtbereich des Dritten Reich" (Swiss insurance companies in the area governed by the Third Reich), Independent Commission of Experts, ICE, Vol. 12 (Zürich: Pendo Verlag GmbH, 2002).
39 *Elimination of German Resources for War*, Vols. 1-9, U.S. Congress, Hearings Before the Subcommittee of the Senate Committee on Military Affairs, 79th Congress, 2nd Session, (Washington, DC: U.S. Government Printing Office, 1945), 381. There are additional volumes of documents and testimony printed from these hearings under the same general title, but it is in the book published as Volumes 1-9 covering German and Italian insurance companies.

40 Memorandum re Assicurazioni Generali, Rome, August 17, 1945, RG 59, Department of State, Rome Embassy, File 851, Box 161, NARA; *Elimination of German Resources for War*, Senate Military Affairs Subcommittee on War Mobilization,1945, RG 226, Files 184-212, 222-230. 볼피가 사업에서 이득을 얻기 위해 사용했던 본보기는 유럽의 세 번째 크기의 보험사인 오스트리아 유대인 소유의 Phönix Life의 1936년 붕괴였다. 독일의 콘소시엄인 Munich Re, Austria's Städtische, Italy's Generali이 그 전리품을 분배했다. Records of the German External Assets Branch of the U.S. Allied Commission for Austria (USACA) Section, 1945-1950, Società Anonima Di Assicurazioni "Acciai Alpine," Milan, Italy, General Records series, publication Microfilm Series M1928, File 2-203, Roll 0095, catalogue identification 1561456, NARA; see also Aktennote Kissakalt, September 17, 1935, Archives of Munich Reinsurance Company, A 2.13/46, Munich.

41 Nogara는 콘스탄티노플에서 일했던 때부터 가공회사(shell company)들에 친밀했다. 그곳에서 1913년에 그는 첫 가공회사를 만들어 야심찬 해안 개발에 있어서의 개발권을 얻기 위한 입찰에 외국인들을 금하는 터키 정책을 우회했다. See Webster, *Industrial Imperialism in Italy*, 262.

42 See generally Kobrak and Hansen, *European Business, Dictatorship, and Political Risk*, 55.

43 Munich Re (Münchener Rück)는 보험업계에서 뮌헨재보험사(Münchener Rückversicherungs-Gesellschaft AG)를 뜻한다. Munich Re and RWM, September 28, 1939, A. 2.14/55, Center for Corporate History of Allianz, historical archives of the Munich Reinsurance Company, Munich; Economic Advisory Branch report, undated, Property Control, German Intelligence and Investments 1945-50, Appendix II, "German and Italian Insurance Companies known to have been operating in German Occupied and Allied Countries," RG 260, Records Property Division, Box 651, 3, NARA.

44 See Feldman, *Allianz and the German Insurance Business*, 321, 321n, Aktennote Kurt Schmitt, May 12, 1941; see Stefan Karlen et al., "Schweizerische Vericherungsgesellschaften im Machtbereich des 'Dritten Reichs' " (2002).

45 See Italian Foreign Ministry files generally for Volpi's efforts to keep the Germans from getting any business in Croatia; Trifković, "Rivalry Between Germany and Italy in Croatia, 1942-1943," 879-904; R. A. H. Robinson, *The English Historical Review* 101, no. 398 (January 1986): 303.

46 Richard J. Overy, "The Economy of the German 'New Order,' " ed., Richard J. Overy, Gerhard Otto, and Johannes Houwink ten Cate, Die *"Neuordnung" Europas. NS-Wirtschaftspolitik in den besetzten Gebieten* (Berlin: Metropol, 1997), 11-26; Harm G. Schröter, *Außenpolitik und Wirtschaftsinteresse: Skandinavien im außenwirtschaftlichen Kalkül Deutschlands und Großbritanniens,* 1918-1939 (Frankfurt/Main: Peter Lang, 1983), 15-19, available at Columbia University Collection, New York; see generally Alice Teichova, "Instruments of Economic Control and Exploitation: The German Occupation of Bohemia and Moravia," in Richard J. Overy, G. Otto and Johannes Houwink ten Cate, Die *'Neuordnung' Europas: NS-Wirtschaftspolitik in den besetzten Gebieten* (Berlin: Metropol, 1997), 83-107.

47 Report to Arnoldo Frigessi, January 21, 1941, papers of Arnoldo Frigessi di Rattalma, Banca Commerciale Archives, Milan, Cart. 108, fasc. 3; see also Kobrak and Hansen, European Business, Dictatorship, and Political Risk, 56.

48 Protocol of Meetings, September 20-21, 1942, and appended documents, FHA, MR, C/210; see also Kobrak and Hansen, European Business, Dictatorship, and Political Risk, 58-59. Volpi는 역시 Croatia 내에서도 활발히 사업을 전개하여, 자신의 전기수도 기업체 SADE의 영업 확장을 통해 전시동안 결국 그 나라의 전력의 절반을 공급했다.

49 Report on Internationale Unfall & Schadensversicherungs Ges A.G. from GEA Branch, Records of the

German External Assets Branch of the U.S. Allied Commission for Austria (USACA) Section, 1945-1950, Reports on Businesses, compiled 1945-1950, see particularly report "Preliminary Report on Internationale Unfall & Schadensversicherungs-Gesellschaft A.G., September 5, 1947," RG 260, M1928, 49B, Roll 0017, NARA.

50 Economic Advisory Branch report, undated, Property Control, German Intelligence and Investments 1945-50, RG 260, Records Property Division, Box 651, 13-14, NARA.

51 Volpi는 이탈리아 내의 부동산과 미국내 봉쇄된 자금의 맞교환을 통해 미국의 금지조치를 회피하고자 했다. See RG 131, Box 26, Folder 230/38/10/5; and Louis Pink, Superintendent of Insurance, New York State, to John Pehle, Assistant to the Secretary, Treasury Department, July 22, 1941, RG 131, NN3-131-94-002, Box 15, Folder 48B, 230/8/3414, NARA; see telex from J. W. Pehle to Herbert Kimball, October 28, 1942, RG 131, NN3-131-94-002, Box 15, Docket Files of 1940/60, Bis Enterprises, Folder 48/A, 230/38/34/4, NARA.

52 See for instance the shares owned in Riunione Adriatica di Sicurtà, an investment that Nogara duplicated across all top-shelf Italian insurance companies. Report on Internationale Unfall & Schadensversicherungs Ges A.G. from GEA Branch, Records of the German External Assets Branch of the U.S. Allied Commission for Austria (USACA) Section, 1945-1950, Reports on Businesses, compiled 1945-1950, RG 260, M1928, 49B, Roll 0017, Exhibit 4, NARA.

53 Phayer, *Pius XII, the Holocaust, and the Cold War*, 115, citing a file summarizing foreign insurance company operations in Italy, Entry 196, Box 16, File 30, RG 226, location 190/10/9/5, NARA.

54 Nogara는 Fondiaria Vita(생명보험 지점) Fondiaria Infortuni(사망보험) 양측의 지배 지분을 매입했다. 이 정보는 국가문헌보관소의 소위 Safehaven Report의 일환으로 얻어진 것이다. 제2차 세계대전 중에 미국은 중립국들로 하여금 각 나라에 예치된 독일 자산을 몰수하도록 설득하려 했다. See Donald P. Steury, "The OSS and Project Safehaven," CIA, at https://www.cia.gov/library/center-for-the-study-of-intelligence/csi-publications/csi-studies/studies/summer00/art04.html. 그 노력의 코드명은 Operation Safehaven이다. Fondiaria와 Vatican에 대한 정보는 다음 참조, Safehaven Report, April 1, 1945, Entry 210, Box 337, RG 226, Location 250/64/28/1, NARA. The Safehaven probe of all Italian insurance firms is April 1945, COI/OSS Central Files, Entry 92, Box 502, File 8, RG 226, Location 190/6/1/4, NARA.

55 Nogara는 Istituto di Credito Fondiario의 이사였고, Volpi의 도움 없이도 사전에 최신 정보를 얻을 수 있었다.

56 Webster, "The Political and Industrial Strategies of a Mixed Investment Bank," 356.

57 Phayer, *Pius XII, the Holocaust, and the Cold War*, 115.

58 U.S. Treasury Department, "Documents Pertaining to Foreign Funds Control," Washington, March 30, 1943, 23-24, Papers of Bernard Bernstein, Subject File, Box 23, Harry S. Truman Library, Independence, MO; see Phayer, *Pius XII, the Holocaust, and the Cold War*, 111-20.

59 Economic Advisory Branch report, undated, Property Control, German Intelligence and Investments 1945-50, RG 260, Records Property Division, Box 651, 10-13, NARA. 독일과 이탈리아 보험업자들과 그 관계에 대한 가장 포괄적인 정보 감독의 하나는 다음 참조. Memo, Saint JJI to Saint BB, Response to Questionnaire by Reinhard Karl Wilhelm Reme, October 25, 1945, Washington Registry SI Intel Field Files, records of the Office of Strategic Services, RG 226, Box 214, NND 897108, Entry 108A; see also "Memorandum for Listing: Insurance," RG13, NN3-131-94-002, Box 15, Folder 48B, 230/8/3414, NARA.

60 Confidential Memo, No. 2236, Subject: Status of Assicurazioni Generali, September 11, 1945, RG 59, Department of State, Rome Embassy, File 851, Box 161, NARA.

61　Economic Advisory Branch report, undated, Property Control, German Intelligence and Investments 1945-50, Appendix II, "German and Italian Insurance Companies known to have been operating in German Occupied and Allied Countries," RG 260, Records Property Division, Box 651, 3, NARA.

62　Memo, Saint JJI to Saint BB, Response to Questionnaire by Reinhard Karl Wilhelm Reme, October 25, 1945, Washington Registry SI Intel Field Files, records of the Office of Strategic Services, RG 226, Box 214, NND 897108, Entry 108A, NARA, 16. Also, Economic Advisory Branch report, undated, Property Control, German Intelligence and Investments 1945-50, Appendix II, "German and Italian Insurance Companies known to have been operating in German Occupied and Allied Countries," RG 260, Records Property Division, Box 651, 5-6, NARA; see also in the same document and file, Appendix 3, one page, "The distribution of foreign business of German Insurance Companies."

63　Albula가 없었다면, 독일은 매각 회사인 Dorna Vatra가 요구하는 통화인 스위스프랑을 결코 구할 수 없었다. See Ibid., Memo, Saint JJI to Saint BB, NARA, 8-10.

64　From Vincent La Vista to Herbert J. Cummings, Subject: SAFEHAVEN Italian Insurance Companies, October 24, 1945, Record Group 84, PRFSP State Department, Rome Embassy and Consulate, Confidential Files, 1946, 851 A.C. Finance, Section 851.5, Box 11; also Economic Advisory Branch report, undated, Property Control, German Intelligence and Investments 1945-50, RG 260, Records Property Division, Box 651; and Memorandum, untitled, August 17, 1945, Rome, State Department, NARA.

65　See memorandum regarding reinsurance in Chile, to the Foreign Funds Control, U.S. Treasury, February 23, 1942, RG 131, NN3-131-94-002, Box 15, Folder 48B, 230/8/3414, NARA; see generally list of companies involved, in part, M1928, "Records of the German External Assets Branch of the U.S. Allied Commission for Austria (USACA) Section, 1945-1950, part of RG 260, 2003, NARA.

66　"Copy for US Embassy," Board of Trade, Secret, January 24, 1945, RG 84, File 850.6, 851, Box 272, NARA.

67　Memo, for the Ambassador, August 29, 1945, RG 59, Department of State, Rome Embassy, File 851, Box 161, NARA; "The Export of Insurance, Business and Finance Section," *The Economist*, August 25, 1945, 24.

68　Confidential Memo, No. 2236, Subject: Status of Assicurazioni Generali, September 11, 1945, RG 59, Department of State, Rome Embassy, File 851, Box 161, NARA.

69　Report of Finance Sub-Commission, HQ AC for February, 1945, from Headquarters of the Allied Commission, APC 394, March 10, 1945, RG 59, Foreign Service Post, Rome Embassy and Consulate, General Records, 1945, Box 861, 850.9.851, NARA; see also "Italians Take $480,000,000 from the U.S.," *New York Post*, May 3, 1941.

70　See generally Annual Statement of The Generali Insurance Company, United States Branch, 1940, RG 131, Box 15, folder 48B, setting forth reinsurance dealings between Generali and some blacklisted firms; see also Phayer, *Pius XII, the Holocaust, and the Cold War*, 116-17.

71　For a straight listing of their status in fascist Italy, see "Who's Who in Fascist Italy," Confidential memorandum, December 26, 1942, RG 226, E179, Box 4, NARA.

72　McGoldrick, "New Perspectives on Pius XII and Vatican Financial Transactions During the Second World War," 1044.

73　바티칸은 연합국의 여러 나라, 캐나다, 코스타리카 도미니카공화국뿐만 아니라 기술적으로는 중립적이지만 추축국에 기운 아르헨티나, 브라질, 스페인 칠레같은 나라의 채권 소득을 얻었다. Nogara는 여전히 나치 점령하의 그리스와 이탈리아의 정부 채권, Pirelli Tire같은 블랙리스트화 된 이탈리아회사채도 보유했다. See Memo from National City Bank to Amministrazione Pontificia per le Opere di Religione, March

3, 1942; and J. P. Morgan to Amministrazione Speciale della Santa Sede, March 6 and March 10, 1942; National City Bank to Amministrazione Pontificia per le Opere di Religione, February 16, 1942; and National City Bank to Amministrazione Pontificia per le Opere di Religione, titled "Vatican City Holdings in U.S.A.," January 17, 1942; J. P. Morgan & Co. to Amministrazione Speciale Della Santa Sede, titled "Vatican City Holdings in U.S.A.," January 30, 1942; Amministrazione Special della Santa Sede to J. P. Morgan & Co., titled "Vatican Holdings of Italian Bonds in U.S. Dollars," January 24, 1942, RG 59, IWG (Nazi war crimes working group), FBI Secret Intercepts, NARA.

74 McGoldrick, 1044. McGoldrick은 바티칸의 미국 포트폴리오를 로마교회와 노가라가 연합국을 좋아했던 증거로 인용한다. 왜냐하면, 바티칸이 투자했던 거대산업체들은 "전쟁유관산업체"요 "그 기업들은 모두 미국 전시경제의 군생산에 직접적으로 반영되었기 때문이다." Nogara가 이탈리아와 독일 보험사에 직접 투자한 것과 비교해서, McGoldrick는 주장하기를, "만일 투자의 무게가 중요하다면, 바티칸의 돈은 분명 연합국의 뒤에 쳐진다." Ibid., 1045. 하지만, Nogara가 교회 돈을 투자하는 데 유익성과 안정성을 넘는 다른 방안을 이용했는지에 대한 증거가 없다. 상장 거래된 대형 미국산업체는 보수적인 투자이며 동시에 일정한 배당익을 제공했다. 그 회사들이 연합국의 전쟁 노력에 개입했는지 아니했는지는 Nogara에게는 어떤 유인책도, 관심의 원인도 아니었음은 거의 확실하다. Nogara의 주된 초점 - 전쟁의 양 측면에서의 그의 모든 투자에 있어서- 은 안전하게 수익을 극대화하고 자본을 보전하는 것이었다. 심지어 McGoldrick도 인정하는 바는, "이 투자들은 바티칸의 대표자 노가라의 현명한 판단을 나타냈다고 주장할 수 있다. Nogara는 전쟁이 수익성이 있음을 알았으며 자신의 주도하에 수익을 극대화하는 눈으로만 이런 투자들을 했다." Ibid., 1045.

75 Insurance, Confidential, Series 24932, RG 131, NN3-131-94-002, Box 15, Folder 48B, 230 /8 /3414, NARA.

76 See generally Ranking Officials, Assicurazioni Generali, Record Group 59, Department of State, Rome Embassy, File 851, Box 161, NARA.

77 Phayer, *Pius XII, the Holocaust, and the Cold War*, 108.

78 Memo to S. S. Gilbert and S. Klotz, June 22, 1942, RG 131, NN3-131-94-002, Box 15, Folder 48B, 230/38/34/4, NARA. 그 메모에서 Mexican bank는 Banco Nacional de Mexico로 확인되었다. 하지만 이는 오래 전에 Banco Mercantil Mexicano와 합병해서 Banamex가 되었다.

79 Memorandum for the Files, 1942, recounting a July 25, 1942, meeting, NND 968123, NARA.

80 금은 독일인들과 이탈리아인들이 통화 제약을 피하는 선호 방식이었다. Switzerland and Gold Transactions in the Second World War (*Die Schweiz und die Goldtransaktionen im Zweiten Weltkrieg*), The Independent Commission of Experts, Switzerland: World War II, Vol. 16.

81 RG 84, Safehaven Files, Banca della Svizzera Italiana, memo from managing director to United States consul in Berne, March 30, 1943, Entry 323, Box 6, NARA.

82 See generally Authers and Wolffe, *The Victim's Fortune*.

83 "Life Insurance and the Holocaust," 81-100; *Becker to Bernstein*, November 27, 1946, RG 260, OMGUS, Finance, Box 60, 17/60/10, NARA. 독일에서 보험사는 제3제국과 파트너가 되었다. Reichsbank는 그 돈의 출처를 가려주는 대가로 보험증서로부터 수익의 75%를 취했다.

84 Author interview with Elan Steinberg, April 2, 2006; Interagency Task Force on Nazi Assets Directed by Under Secretary of State Stuart Eizenstat: U.S. Department of State, "U.S. and Allied Efforts to Recover and Restore Gold and Other Assets Stolen or Hidden by Germany During World War II: Preliminary Study" (1997); see also Authers and Wolffe, *The Victim's Fortune*. As for the figure of, that is from Professor Joseph Belth, Insurance Forum 25, no. 9 (September 1998). Belth는 홀로코스트에서 죽었던 자들의 반이 생명보

험을 가졌으며, 평균 증서는 몇 천 달러를 위한 것으로 보고 계산했다. 2004년에, Holocaust Insurance Claims Research Project는 동일한 결론에 도달해, 보상액의 이전 추계액은 부동산 보험 청구액을 포함하지 않았으며 은행계좌는 청구하지 않았다고 했다. See Sidney Zabludoff, "Restitution of Holocaust-Era Assets: Promises and Reality," *Jewish Political Studies Review*, March 1, 2007; see also Reports on Archival Research, The International Commission on Holocaust Era Insurance Claims, April, August and October 2004.

85 *Becker to Bernstein*, November 27, 1946, RG 260, OMGUS, Finance, Box 60, 17/60/10, NARA.

86 Author interview wiThelan Steinberg, April 2, 2006; see generally "Subject to Questionnaire by Reinhard Karl Wilhelm Reme," October 25, 1945, Washington, records of the Office of Strategic Services, RG 226, Box 214, NND 897108, Entry 108A, 16-17, 24, NARA. See also Belth, "The Insurance Forum," 82.

87 Letter from Archbishop Carlo Maria Viganò, Apostolic Nuncio to the United States, to Archbishop Thomas G. Wenski, March 20, 2013, in the Gerald Posner collection, Howard Gotlieb Archival Research Center, Boston University. 교수 Gerald Steinacher는 이렇게 말한다. "바티칸은 현대 역사가들에게 그 문헌고에 접근을 유보하고 있는 유일한 유럽국가다" Gerald Steinacher, *Nazis on the Run: How Hitler's Henchmen Fled Justice* (Oxford: Oxford University Press, 2012), Kindle edition, 2342 of 9472; see also Wolf, *Pope and Devil*, 15.

88 From Vincent La Vista to Herbert J. Cummings, Subject: SAFEHAVEN Italian Insurance Companies, October 24, 1945, Record Group 84, PRFSP State Department, Rome Embassy and Consulate, Confidential Files, 1946, 851 A.C. Finance, Section 851.5, Box 11, NARA.

89 Economic Advisory Branch report, undated, Property Control, German Intelligence and Investments 1945-50, RG 260, Records Property Division, Box 651, 13-14, NARA. 크로아티아에서는, 예를 들면, Mussolini가 직에서 떠난 지 오래지 않아, 새로운 법은 Croatian Reinsurance Company of Zagreb를 만들었고, 이 회사는 예전에 이탈리아와 독일 크로아티아 회사들이 영역이었던 거의 모든 보험 일을 다시 감독했다.

90 Ranking Officials, Assicurazioni Generali, RG 59, Department of State, Rome Embassy, File 851, Box 161, NARA.

91 Romano, *Giuseppe Volpi*, 235-36.

92 Romano, *Giuseppe Volpi*, 236.

93 See generally Headquarters Allied Commission, Finance Sub-Commission, APO 394, Confidential, RG 59, Department of State, Rome Embassy, File 851, Box 161, NARA.

94 Headquarters Allied Commission, Finance Sub-Commission, APO 394, Confidential, RG 59, Department of State, Rome Embassy, File 851, Box 161, NARA; also Memo, Saint JJI to Saint BB, Response to Questionnaire by Reinhard Karl Wilhelm Reme, October 25, 1945, Washington Registry SI Intel Field Files, records of the Office of Strategic Services, RG 226, Box 214, NND 897108, Entry 108A, NARA, 24-26. See also Claudio Lindner and Giancarlo Mazzuca, *Il leone di Trieste: il romanzo delle Assicurazioni Generali dalle origini austroungariche all'era Cuccia* (Milan: Sperling & Kupfer), 1990.

* 전쟁 동안 술피나와 그 가족은 "비차별적"으로 대우 받았다. 이 의미는 인종법이 그들에게는 강제되지 않는다는 것이었다. 술피나가 제네랄리에서 자신을 대신할 한 새로운 총괄 매니저를 훈련시키는 동안 그는 바티칸 소유의 로마 건물에서 살았다. 전후 미국정보부와 국무성 간에 뜨거운 내부 논쟁이 있었으니, 즉 술피나가 협조자인가 아니면 단순히 볼피의 친절함의 수혜자인가에 대해서였다. 같은 논쟁이 전직 RAS의장을 포함한 여러 다른 유대인 사업가들을 두고도 일어났다. 합의점은 술피나는 필경 나치협력자였으나, 미국은 이탈리아인들이 그를 전후 제네랄리에서 제거하도록 확신을 주는 데서는 결국 실패했다. 그는 1948년부터 1953년까지 잘 연계된 전(前)파시스트 Gino Baroncini와 함께 제네랄리를 효율

적으로 운영했다.

95 See Giorgio Bocca, *La Repubblica di Mussolini* (Bari, Italy: Laterza, 1977); Romano, *Giuseppe Volpi*, 236.
96 Romano, *Giuseppe Volpi*, 237. 파시즘 제재를 위한 연합국고등위원회(Allied High Commission for Sanctions Against Fascism)는 독일인들이 놓친 볼피의 자산들을 몰수했으며 파시스트를 도운 죄목으로 그를 고발했다. 그는 재판 도중에는 스위스에 체류했으며, 1947년 1월 유죄 판결을 받았다. 하지만, 법정은 그에게 사면을 허락했다. 그때쯤에는 독일 이탈리아 사업가들 누구도 추축국의 전쟁 노력을 도왔다는 것으로 대가를 치루어 하지 않았음은 분명했다. 미국대사관은 전쟁 종료시에 국무성에 이렇게 불평했다, "로마에는 45명의 고위 보험 경영진들이 있으며, 이것을 연합국위원회가 '바람직하지 않은 요소'라고 간주한다." 이탈리아인 누구나 재판 받는 것에 저항했다. 독일에서는 미국군정청장관 Lucius Clay 장군은 독일보험산업 경영진에 대한 모든 전범 재판을 기각했다. 볼피의 독일 상대역들은 자유로운 몸이 되어, 많은 자들이 자신들의 본업인 보험사로 돌아갔다.

제11장

1 Declaration on Gold Purchases, February 22, 1944, Documents Pertaining to Foreign Funds Control, U.S. Treasury Department, Washington: March 30, 1944, 15-16, Papers of Bernard Bernstein, Subject File, Box 23, Harry S. Truman Library, Independence, MO.
2 BIS는 미국과 기타 나라들 내에서 분노하는 전시 토론의 주제였다. U.S. 재무장관 Henry Morgenthau는 BIS가 나치에 의해 실제적으로 통제되고 있는 까닭에 미국의 대표자는 없어야 한다는 사실을 강조했다. Higham, *Trading with the Enemy*, 26-33.
3 BIS는 초창기부터 저명인사들을 불러모았다. 초대회장은 Gates McGarrah로, Chase National Bank의 회장이었으며 나중에 New York Federal Reserve Bank 의장이 되었다. U.S. 재무장관 Henry Morgenthau는 전쟁 초기에 BIS가 추축국 통제의 기구가 된 것을 염려했다. William C. Bullitt to Henry Morgenthau, May 9, 1939, Telegram 907, Charles Higham "Trading with the Enemy" Collection, Box 1, Folder 1, University of Southern California Cinematic Arts Library.
4 Schröder는 J. H. Stein Bank를 관리했다. 국제금융가문의 독일 쪽은 런던의 가장 오래된 상업은행들의 하나인 Schrobanco를 포함했다. John Foster Dulles는 Sullivan and Cromwell의 파트너로서, Schrobanco의 미국자회사를 대표했다. 영국과 미국 정부 양측으로부터 Schrobanco가 블랙리스트 회사들과 사업을 한다는 염려가 있었다. 영국에서 1944년 공개된 보고서는 그 회사가 독일에 충성하고 있다고 제시했다. 여전히 한 고위 Schrobanco 경영진이 카이로와 취리히의 OSS를 위해 일하고 있었다. 전후, 미군이 Kurt von Schröder를 구류했을 때, 그는 정보를 제공하여 검찰이 전범 재판을 준비할 수 있도록 도왔다. 대신에 그는 개인적으로 전범 혐의를 받지 않았다. 연합국이 SS가 그의 은행 J. H. Stein을 전시 동안 약탈자산의 보관소로써 자유롭게 이용했음을 알아도 그리했다. See Richard Roberts, *Schroders: Merchants and Bankers* (London: Macmillan, 1992), 292-97; U.S. Counsel for the Prosecution of Axis Criminality 1945-46, Miscellaneous Reference Materials, Transcripts of Interrogations, Baron Kurt von Schröder, RG 238, World War II War Crimes, Box 2, NARA.
5 See generally Murphy to Mowinckel, Records of the OSS, Office of the Director, RG 226, Entry 116, June 4, 1945, NARA.
6 독립전문가위원회(the Independent Commission of Experts)는 금융, 정치, 역사 연구가들의 그룹으로 1996년에 시작하여 6년 동안 다음 분야에 대해 연구를 조사 준비했다. armaments industry/trade;

Swiss insurance companies in the Third Reich; use of Switzerland as a financial center; gold transactions and Aryanization in Austria; and Franco-Swiss financial relations. 최종 보고서는 2002년에 발간되었다. *Switzerland, National Socialism and the Second World War* (Zürich: Pendo Verlag GmbH, 2002); see also Jean Ziegler, *Die Schweiz, das Gold und die Toten* (Munich: Bertelsmann, 1997); and Werner Rings, *Raubgold aus Deutschland. Die 'Golddrehscheibe' Schweiz im Zweiten Weltkrieg* (Munich: Piper, 1996).

7   Die Schweiz und die Goldtransaktionen im Zweiten Weltkrieg Überarbeitete und ergänzte Fassung des Zwischenberichts von 1998: http://www.uek.ch/de/publikationen1997-2000/gold.pdf. Unabhängige Expertenkommission Schweiz—Zweiter Weltkrieg—Switzerland, National Socialism and the Second World War, Final Report, the Independent Commission of Experts, Switzerland, March 22, 2002.

8   Interrogation of Walter Funk, July 6, 1945, Collection of World War II War Crimes Records, RG 238, 1933-50 and 1943-50, Box 73, NARA.

9   Elizabeth White, "The Disposition of SS-Looted Victim Gold During and After World War II," *American University International Law Review*, 14, no. 1, Article 15 (January 1998): 212-13; see also Higham, *Trading with the Enemy*, 39-40.

10 Interrogation of Walter Funk, October 22, 1945, Box 186, PS 3544, Collection of World War II War Crimes Records, NARA. 제2차 세계대전 당시와 전쟁 직후의 약탈된 나치금의 처분 역시 금과 제국은행에 관한 분실된 파일에 대한 문제의 심층적 조사를 위해서는, see the two reports issued by the Interagency Task Force on Nazi Assets Directed by Under Secretary of State Stuart Eizenstat: U.S. Department of State, "U.S. and Allied Efforts to Recover and Restore Gold and Other Assets Stolen or Hidden by Germany During World War II: Preliminary Study (1997)," and U.S. Department of State, "U.S. and Allied Wartime and Postwar Relations and Negotiations with Argentina, Portugal, Spain, Sweden, and Turkey on Looted Gold and German External Assets and U.S. Concerns About the Fate of the Wartime Ustaša Treasury (1998)."

11 "BIS Archive Guide," *Bank of International Settlements* (Basel: 2007), 2, https://docs.google.com/viewer?url=http%3A%2F%2Fwww.bis.org%2Fabout%2Farch_guide.pdf; see also Aarons and Loftus, *Unholy Trinity*, 296.

12 Aarons and Loftus, *Unholy Trinity*, 276.

13 Higham, *Trading with the Enemy*, 32-33, citing Interrogation Statement of Heinrich Otto Abetz to U.S. military, June 21, 1946. See generally Robert O. Paxton, *Vichy France: Old Guard and New Order*, 1940-1944 (New York: Columbia University Press, 2001), 100, 108, 124; Roland Ray, *Annäherung an Frankreich im Dienste Hitlers? Otto Abetz und die deutsche Frankreichpolitik*, 1930-1942 (Munich: Oldenbourg Wissenschaftsverlag, 2000); Aarons and Loftus, *Unholy Trinity*, 276-77. Statement of Heinrich Otto Abetz to U.S. military, June 21, 1946. 비시 프랑스(Vichy France) 주재 독일 대사 Abetz는 프랑스 유대인을 죽음의 수용소로 보낸 역할로 인해, 재판을 받고 전범으로 유죄 판결을 받았다. 그는 25년형 선고 가운데 5년을 복역했다.

14 Heinrich Otto Abetz가 미국 심문관들에게 말한 바로는, 이익을 나누는 대가로 바티칸의 첩보단은 Pierre Pucheu, Vichy 정부 내각의 장관이며 파리 개인은행의 이사에게 비밀을 알려주었다. Pucheu는 그 대가로 Yves Bréart de Boisanger, 프랑스은행 은행장이며 BIS 이사에게 비밀을 전달해 주었다. Higham, *Trading with the Enemy*, 32-33, citing Interrogation Statement of Heinrich Otto Abetz to U.S. military, June 21, 1946. See generally Paxton, *Vichy France*, 100, 108, 124; Ray, *Annäherung an Frankreich*; Aarons and Loftus, *Unholy Trinity*, 276-77. Statement of Heinrich Otto Abetz to U.S. military, June 21, 1946.

15 Bretton Woods Conference로 알려진 United Nations Monetary and Financial Conference는 1944년에 BIS는 해체되어야 한다고 권면했다. 왜냐하면, BIS가 추축국 중심의 정체성을 가지고 그 중립적 헌장을 명

백히 위반하면서 영업했기 때문이었다. 하지만, 주로 Allen Dulles에 의한 그 견고한 영업과 정부 연계는 해체 명령을 성공적으로 잘 이기는 데 도움이 되었다. 오늘날 BIS는 국제통화기금(IMF)의 거울이 되는 가운데 번영하고 있다. See generally "BIS Archive Guide," 2.

16 U.S. State Department Post Files, Switzerland, 1945, Interrogation of Allen Dulles, NARA; see also Aarons and Loftus, *Unholy Trinity*, 277.

17 Aarons and Loftus, *Unholy Trinity*, 277-78.

* 1945년, 미 재무성은 제국증권(Reich Security) 본사에서 일했던 기세비우스가 독일 돈을 스위스로 옮겨 세탁했으며 덜리스는 많은 헝가리 재무증권을 나치 은행들을 통해 스위스도 옮기는 데 산파 역할을 했다는 죄목으로 기소했다. 덜리스는 죄목을 부인했으며 재무성 조사도 전쟁의 후유증의 혼돈 가운데 중지되었다.

18 Aarons and Loftus, *Unholy Trinity*, 295.

19 SCI Unit Memo, May 27, 1945, supplementary Interrogation Report of Reinhard Karl Wilhelm Reme, Abwehr II Recruiter, Washington Registry SI Intel Field Files, records of the Office of Strategic Services, RG 226, Box 214, NND 897108, Entry 108A; the document is an attachment to a longer memo dated October 25, 1945, "Subject to Questionnaire by Reinhard Karl Wilhelm Reme," NARA.

20 Aarons and Loftus, *Unholy Trinity*, 38.

21 1945년 5월 27일자 레메에 대한 2페이지의 심문 요약본이 있다. 또 다른 요약본은 1945년 6월 6일자이다. 이 문서는 "Reinhard Karl Wilhelm REME에 대한 보충심문이 첨부됨"을 말하고 있으나, 첨부물은 "Appendix C"뿐이다. 역시 1945년 10월 25일자 26페이지의 질문과 Reme의 답이 있다. 국가기록물보관소는 2006년 4월 28일 이 세 문서를 비밀 해제했다. 2006년 6월 22일, 그 보관소는 Reme와 관련된 보충 문서들을 공개했고, 여기에는 Reme와 그의 정보업무, 그의 밀라노 사무소의 그림이 포함된 12페이지의 "극비" 요약, 그의 보충 심문에 대한 노트가 들어 있다. 미 정보부는 SD agent인 Sicherheitsdienst, the SS spy agency가 Jauch and Hübener에 침투했다고 보고 있었다. "Eilers, Edith, PF 608.624," OSS Archives, London, RG 226, DSS E119A, subdocument "Eilers, Edith Ida Johanna," June 6, 1945, Folder 309, 2, NARA. 실제로 SD는 그 요원의 하나를 1941년 그 회사에 잠입시켰는 바, 그가 Dr. Herbert Worch였다. See also Memo, Saint JJI to Saint BB, Response to Questionnaire by Reinhard Karl Wilhelm Reme, October 25, 1945, Washington Registry SI Intel Field Files, records of the Office of Strategic Services, RG 226, Box 214, NND 897108, Entry 108A, NARA, 12.

22 Report on "FIDE Group, Abwehr II, Background Notes, Top Secret, RG 226, Box 13, File 79, 2.

23 Appendix C of SCI Unit Memo, May 27, 1945, supplementary Interrogation Report of Reinhard Karl Wilhelm Reme, Abwehr II Recruiter, Washington Registry SI Intel Field Files, records of the Office of Strategic Services, RG 226, Box 214, NND 897108, Entry 108A, NARA.

* 본 책의 하드커버 출판(2015년 2월 3일) 이후, 필자는 미국 국가문헌보관소에서 두 번째 OSS 문서를 발견했는데, 여기서도 압베어의 Nogara가 성으로만 언급되어 있다. 날짜가 없는 4페이지의 문서는 극비로 분류되어 있으며, 제목은 "북이탈리아에서의 독일정보부 HQ, 학교 등"이며, Nogara를 26개 이름들 중의 하나로 올려놓고 있다. 그 문서는 명단상의 이름적힌 자들에 대한 추가적 정보를 갖고 있는데, 그들의 독일정보부 담당자, 주소, 심지어 약간의 가명도 포함하고 있다. Nogara의 명단은 오직 "Abwehr HQ: Dienststelle KEISER"만을 갖는데, 이는 그가 답하는 독일 내의 사령부를 뜻한다. ("German Intelligence HQs, Schools etc. in Northern ITALY," Top Secret, Copy No. 4, undated, records of the Office of Strategic Services, RG 226, File 174, Box 4, NND 917114.)

24 Preliminary Interrogation Report of Reinhard Karl Wilhelm Reme, SCI Unit Rome, Top Secret, May 18, 1945, OSS Archives, RG 226, OSS E119A/File 1359, NARA.

25 Supplementary Interrogation Report of Reinhard Karl Wilhelm Reme, May 27, 1945, Washington Registry SI Intel Field Files, records of the Office of Strategic Services, RG 226, Box 214, NND 897108, Entry 108A, NARA, 2.

26 Preliminary Interrogation Report of Reinhard Karl Wilhelm Reme, SCI Unit Rome, Top Secret, May 18, 1945, OSS Archives, RG 226, OSS E119A/File 1359, NARA. 다른 곳, 동일 파일에서 타이프가 된 노트에서는, 익명을 요구한 어떤 사람은 Reme가 "밀라노에서 이탈리아 사보타주 기관을 위한 요원들을 충원했다"고 말한다. 이는 "체포된 공작원 Antonio Calrari"에 의한 정보에 기초를 두었다.

27 아르헨티나 보험사인 Mackenzie Limitada는 추축국과의 사업상 거래로 인해 미재무성에 의해 블랙리스트에 오른 회사였다. 그 회사는 제노아와 밀라노에서 영업했던 것으로 보고되었다. 레메의 심문과 조사 과정에서, Angleton는 Reme의 영업 가명이 Carlo Mackenzie임을 발견했다. Angleton이 알지 못했던 것은 그 본래의 이름은 블랙리스트화된 회사로 아르헨티나에 있고, 같은 보험업계에서 영업하고 있으며, Reme가 밀라노로 전출되기 전에 고위 경영진이었다는 사실이었다. 필자가 조사한 비밀 해제 파일들은 블랙리스트에 오른 회사와 레메 사이에 중첩 Mackenzie insurance가 단지 우연인지 어느 정도는 연계되어 있는지 말해 주지 않고 있다. See generally "Memorandum for Listing, Insurance," British Embassy, Washington, DC, February 6, 1942, RG 131, Box 15, Folder 48B, 230/8/34/4, NARA.

28 SS와의 전투에 대한 일부 Abwehr 파일들은 소위 Himmler Collection에서 찾아볼 수 있다. 이는 9천 페이지의 문서로, 게슈타포 정보와 방첩 파일들이며, 2002년에 국립기록물보관소에 의해 발표되었다. Interagency Working Group, the Nazi War Crimes and Japanese Imperial Government Records Interagency Working Group.

29 Reme가 심문관들에게 전한 바는, SD의 Ämter VI의 "일부 요원들"이 1941년에 Jauch and Hübener의 고위 파트너들에게 접근했다. 그들이 요청한 일은 회사를 "심각한 어려움으로 몰아넣는" 것이었다.

30 "Zeidler, PF. 602.690," OSS Archives, London, RG 226, DSS E119A, subdocument "Obtaining of Technical Intelligence," Folder 1617, NARA.

31 Interim Report of Dr. Hans Martin Zeidler, AMT VI Wi, Secret, "Incorporation of OK/AMT AUSLAND u ABWEHR I Wi IN AMT VI Wi (Feb 44), No. 15, RG 319, Entry Oskar Turina XE1G186, Box 469, NARA. Reme는 이탈리아를 떠나지 않았는데, 이는 그가 이 행위가 "자살일 수 있다"고 생각했기 때문이라고 Angleton은 말한다. Supplementary Interrogation Report of Reinhard Karl Wilhelm Reme, May 27, 1945, Washington Registry SI Intel Field Files, records of the Office of Strategic Services, RG 226, Box 214, NND 897108, Entry 108A, NARA, 2

32 Schellenberg의 말로는, 바티칸 내부의 Abwehr 요원들은 "연합국이 로마를 장악했을 때 깨어졌다." 하지만 이는 Schellenberg의 추측일 수 있다. 왜냐하면, 그의 그룹은 Abwehr 요원들이 로마 점령 이후 무엇을 했는지 알 길이 없었기 때문이다. Report of Interrogation of Walter Schellenberg, June 27 to July 12, 1945, Top Secret, RG 226, E119A, Folder 2051, NARA. See also Reinhard R. Doerries, ed., Hitler's Last Chief of Foreign Intelligence: Allied Interrogations of Walter Schellenberg (London: Cass, 2003).

33 See generally Report of Interrogation of Walter Schellenberg, June 27 to July 12, 1945, Top Secret, RG 226, E119A, Folder 2051, NARA.

34 Frattini, , 277-79.

35 Angleton의 내부정보자들의 하나는 Virgilio Scattolini로, 그는 역시 독일 측에도 정보를 제공했다. 비록 그가 기회주의자요 포르노그래픽 작가였지만, 바티칸 내부에 아주 좋은 연줄이 있었다. Angleton의 또 다른 정보원은 Monsignor Enrico Pucci로, 매일 언론 브리핑을 하는 바티칸 참모였다. Pucci는 은밀히 파시스트 정부들에 동일한 보고들을 팔았고 연합국에도 보따리 장사를 했다. Cooney, *The American Pope*, 144. See also Frattini, *The Entity*, 278.

36 Aarons and Loftus, *Unholy Trinity*, 301-2.
* 로마데스크의 OSS 장으로 일하는 동안, 앵글톤은 비밀 바티칸 전신이라 주장하는 몇 가지 문서를 위조했다. 그는 그 문서들을 JVX의 코드 이름으로 정부 문서들 안에 끼워 두었다. "바티칸 전신들", 이것은 나중에 나치 탈주자들을 돕는 OSS로부터 책임을 회피하기 위한 것으로, 국가기록물보관소에 들어온 것이었다. 저널리스트 역사가들은 때로 그것들에 의지했는데, 40년 후 가짜임이 밝혀지게 되었다. 앵글톤이 레메의 명령 계통 차트에 Nogara를 집어넣어, 어떤 미지의 정보 목적을 알고자 했을까? 필경 그렇지는 않다. 비록 앵글톤이 자신의 생각으로 미국의 최상의 이해에 관해 몇 가지 한계를 알았을지라도, 그는 CIA에서 수십 년을 살아남아 4명의 대통령을 섬겼다. 쉽게 오류가 밝혀질 수 있는 정보 조작은 그를 위험에 빠뜨렸을 것이다. 만일 Nogara가 앵글톤의 창작이라면, 이는 다른 미국 영국 심문관이 레메에게 질문 하나만 해도 밝혀졌을 것이다. 정보학교 신참자도 그처럼 무분별하지는 않았을 터였다.

37 London, OSS Archives, Appendix F, RG 226, OSS E119A, Folder 1359, NARA.

38 Webster, *Industrial Imperialism in Italy*, 252, 여기서 그가 다루는 것은 어떻게 전시 중에 Nogara가 거기, 곧 "콘스탄티노플이 국제적 요원들, 영향력 있는 장사꾼들 자신의 펜을 파는 저널리스트들의 중심지가 되고, 게다가 외국의 후원을 주장하는 관세영업권을 추구하는 자들이 있는" 곳에 있게 되었는지에 관해서다.

39 Webster, *Industrial Imperialism in Italy*, 252-53; *Roman Giuseppe Volpi*, 37-38. Nogara는 1912-1913년 간 콘스탄티노플에서 독일 사업들과 함께 터키와 신흥국 알바니아 간의 철도 연결 계획을 위해 일했다.

40 "Subject: Nogara Bruno, BIETOLETTI Nino, FABRI William, MENEGAZZI Angelo," from HQ Fifteenth Army Group, 1456/523/GSI(b), to the GSI Eighth Army, copy to 2 SCI Unit, April 23, 1945, War Office/Headquarters Papers, Allied Forces in North Africa, Italy and France 1942-1945, WO 204/12143, UK National Archives, retrieved by Tina Hampson.

* "무관한 노가라"에 대한 질문은 본 책 양장본에 나타나 있다. "세 나라의 국가문헌보관소에 있는 수백만 파일, 기업, 은행, 독립적 국제 기관과 정치적 조직체의 사적인 문헌보관소에 동일한 양이 있다고 할 때, 한 명의 작가가 모든 전시 문헌을 들여다본다는 것은 가능하지 않다. 비록 어떤 정부도 모든 파일을 온전히 디지털 작업을 하지 않았기 때문에 보편적인 이름 탐색도구는 없더라도, 모든 주요 정부 보관소는 파일에 대한 탐색도구를 가지고 있다. 여전히 어떤 자를 배제하는 것, 예컨대 얼마나 많이 노가라라는 이름이 거론되는가 하는 것은 특정 주제에 대한 특정 문서를 찾는 것보다 쉽다. 제2차 세계대전 동안 이탈리아 내의 압베어 요원일 수 있는 무관한 노가라는 없다고 절대적 확신을 가지고 말하는 것은 가능하지 않겠지만, 필자는 어떤 증거도 찾지 못했다."

41 Giuseppe Casarrubea, *Storia segreta della Sicilia: Dallo sbarco alleato a Portella della Ginestra* (Tascabili Saggi) (Secret History of Sicily by the Allied Landing at Portella della Ginestra) (Turin, Italy: Bompiani, 2012), Kindle edition, location 5955 of 6114. Angleton이 Reme에 대한 보고를 듣고 작성한 차트상에는 Pfannenstiel's unit이 Abwehr II, 즉 Außenstelle-lager FAI의 지휘하에 이탈리아 북부 지역을 감당하는 4개의 독립 지점의 하나가 정확히 기록되어 있다.

42 Schmidt-Bruck는 1944년 5월경에 Abwehr unit 254를 맡기 위해 옮겼다. 그전에는 이탈리아 중부와 남부 지역의 사보타주를 일으키는 책임을 맡은 unit 253을 지휘했다. Schmidt-Bruck의 조수, Dr. Viktor Fadrus가 그 unit 253을 떠맡았다. Op. Cit. "Key: FIDE Group (ABWEHR II), I. Background Notes," 19, NARA.

43 대강 1944년 5월까지 Reme는 밀라노에서 남쪽으로 70마일 떨어진 Bozzolo에 있는 Abwehr unit 253을 맡고 있었다. 그 후로 그는 unit 254에서 Reggio Emilia의 북부 도시에서 수석 요원 채용자로 있었다. Op. Cit. "Key: FIDE Group (ABWEHR II), I. Background Notes," NARA (in that document Bozzolo is misspelled as Boxxolo).

44 "Subject: Nogara Bruno, BIETOLETTI Nino, FABRI William, MENEGAZZI Angelo," from HQ Fifteenth Army Group, 1456/523/GSI(b), to the GSI Eighth Army, 6, U.K. National Archives.
45 Two-page letter within the SCI Unit Memo, May 27, 1945, supplementary Interrogation Report of Reinhard Karl Wilhelm Reme, Abwehr II Recruiter, Washington Registry SI Intel Field Files, records of the Office of Strategic Services, RG 226, Box 214, NND 897108, Entry 108A, NARA.
46 Ibid.
47 Nogara의 1958년 이탈리아 부고란은 그를 로마의 지하저항운동인 Committee of National Liberation의 바티칸 대표자로 기술하고 있다. 필자는 노가라에 대한 정부기록물과 Committee of National Liberation의 역사에 관한 접근 가능한 파일들에서 그런 제휴를 입증할 수 없었다. 그 기술은 바티칸에 의해 노가라의 가족에 의해, 사후 반파시스트 자격을 얻기 위한 방편으로 삽입되었을 수도 있다. 이는 서방정보기관에 의해 Abwehr와의 어떤 연결을 덮기 위한 방법으로 그의 전기물에 추가되었을 수도 있다. 결국 Nogara는 바티칸의 투자를 최상으로 보전하기 위해 독일 Abwehr에, Committee of National Liberation에 소속되었다는 추측이 가능하다.

제12장

1 Generally Briefing by Stuart Eizenstat, Undersecretary for Economic, Business, and Agricultural Affairs, regarding release of the report, U.S. and Allied Wartime and Postwar Relations and Negotiations with Argentina, Portugal, Spain, Sweden, and Turkey on Looted Gold and German External Assets and U.S. Concerns About the Fate of the Wartime Ustaša Treasury, June 2, 1998.
2 Report of Interrogation of Walter Schellenberg, June 27 to July 12, 1945, Top Secret, RG 226, E119A, Folder 2051, Section 107, "Faked Pound Notes," NARA. Schwend의 이름은 몇몇 미군 파일, 역사가들의 몇몇 책에는 Schwendt라고 스펠링이 되어 있다. 첫째 스펠링은 Schwend가 자신의 이름을 서명한 문서들에 사용되고 있으며, 여기서는 't'가 없다. For more on Schwend and his counterfeiting plot-Operation Bernhard-see Auszug aus den Akten Friedrich Schwendt, RG 242, T-120, Roll 5781, Frame FH297319-55, NARA. See Dr. Kevin C. Ruffner, "On the Trail of the Nazi Counterfeiters,", September 20, 2014.
3 OSS는 Schwend를 수배 중인 나치를 찾기 위한 소위 bird-dog 작전에 활용했다. 그의 암호명은 Flush였다. Schwend는 OSS를 위한 자신의 화폐위조 작전에 대한 긴 보고서를 썼다. 하지만, 정보기관과 CIA 후임자에 의하면, 그 보고서는 우연히 파괴되었다. 미국정보부는 1946년 Schwend와 관계를 끊었는데, 그가 이탈리아에서 또 다른 화폐위조 작전을 운영하고 있음을 발견했기 때문이다. 그는 페루에서 체포됐는데, 거기서 그는 위조 달러를 만들고 작은 무기들을 암거래했다. Cables of December 12, 1966, and August 19, 1969, Memorandum for CIA Deputy Director for Plans, RG 263, Freidrich Schwend Name File, Vol. 2, NARA. See generally Kevin C. Ruffner, "On the Trail of the Nazi Counterfeiters," (2002), 44, https://www.cia.gov/library/center-for-the-study-of-intelligence/kent -csi6P_/vol40no5/html/v40i5a12p.htm. See also release of "Studies in Intelligence" document by the CIA, September 18, 2014.
4 Aarons and Loftus, *Unholy Trinity*, 297; see also Auszug aus den Akten Friedrich Schwendt, RG 242, T-120, Roll 5781, Frame FH297319-55, NARA; Richard Breitman, Norman J. W. Goda, Timothy Naftali, and Robert Wolfe, (Cambridge: Cambridge University Press, 2005). As for the exchange of British sterling in 1945, see John Hooper and Richard Norton-Taylor, "The Pope Has a Problem; The Vatican Is Still Trying to Hide What May Be Ugly Secrets About Nazi Loot," February 12, 1998, 19. 현금 이외에

도 Schwend는 약 7,000개의 금조각을 오스트리아 시골 격지에 묻어 두었다. 하지만, 그가 이를 되찾아 바티칸이나 다른 피난처에 보내기 전에 OSS는 Schwend와의 복잡한 거래조건의 일환으로 이를 취했다. Ruffner, "On the Trail of the Nazi Counterfeiters."

5 유고정부는 258파운드의 금이 도난당했다고 훗날 주장했다. 보유금에 대한 Ustaša의 약탈에 대한 초기의 상세한 설명은 James Jesus Angleton로부터의 1946년 1월의 정보보고서다. 그는 Ustaša의 탈주자들이 두 상자분의 금을 가지고 오스트리아로 도망쳤다고 보고했다. U.S. Strategic Services Unit report of James Angleton, January 22, 1946, Entry 210, Box 6, RG 226, Location 250/64/28/02, NARA; see also Phayer, 211, Aarons and Loftus, , 301-2. 크로아티아 금이 희생자들로부터 탈취한 것을 포함하고 있다는 미정보부의 분석에 대하여는 see "Subject: Pending Release of Amb. Eizenstat's Vol. II Report on WWII Victim Gold," CIA, Secret, May 29, 1998, declassified pursuant to the Nazi War Crimes Disclosure Act, available online at http://www.foia.cia.gov/sites/default/files/document_conversions/1705143/DRAGANOVIC,%20KRUNOSLAV_0094.pdf. CIA 요약본: "획득가능한 정보는 로마, 오스트리아 스위스의 우스타샤가 처분할 수 있는 상당량의 금이 있었음을 제시해준다. Ustaša 정권의 성격과 그 전시행동의 본질로 본다면, 이 양은 분명히 일부 희생자의 금을 포함했다."

6 Deposition of William E. W. Gowen, Emil Alperin v. Vatican Bank, Case No. C99-04041 MMC, USDC Northern District of California, March 9, 2006, Vol. 4, 759-61, 775.

* 미육군 방첩대(CIC: Counter Intelligence Corps)의 한 요원은 훗날 파벨리치를 의문시했다. 그 크로아티아 지도자는 자신과 그의 집단이 오스트리아로 건너갔을 때 영국이 그들을 억류했음을 인정했다. 영국은 새로운 유고슬라비아 공산주의 정부에 전범으로 수배 중인 그들을 넘겨주겠다고 협박했다. 대신 파벨리치는 두 트럭 분의 금을 영국군에게 넘겨준 후 자유롭게 되었다고 주장했다. CIC 장교는 파벨리치가 "이 돈이 어디에 있는지" 숨기기 위해 거짓말을 하고 있다고 생각했다. 그 돈의 진짜 흔적을 숨기기 위해 파벨리치가 "인정"한 것은 앵글톤이 만들어낸 일이지 않을까 하는 일말의 의혹도 역시 CIC 내부에서는 있었다.

7 "바티칸으로 넘어온 크로아티아정부 금에 대한 가장 큰 추정액은 재무부가 작성한 1946년 10월 보고서에서 나타나는데, 이는 20억 스위스프랑(약 47억 달러)은 원래 바티칸이 보유하고 있다가 스페인과 아르헨티나로 옮겨졌을 것으로 추정했다." ibid., "Subject: Pending Release of Amb. Eizenstat's Vol. II Report on WWII Victim Gold," CIA, Secret, May 29, 1998; 역사가 John Pollard은 Ustaša가 Belgrade의 Yugoslav National Bank를 비우지 않는 한, 그 총액이 "믿을 수 없는 것"이라 생각한다. "그들이 그리했다는 어떤 증거도 우리는 갖고 있지 않다." Pollard, , 198-99. See also Bigelow to Glaser, July 19, 1946, Entry 183, Box 27, RG 226, Llocation 190/9/22/05, NARA.

8 Argentina: Economic/Safehaven: German Capital Invested in Argentina, Report F-3627-A, RG 260, Office of the Military Government, United States (OMGUS), Property Division, Box 645, Argentina, NARA.

9 Emerson Bigelow는 Strategic Services Unit, 곧 OSS를 접고 CIA를 시작하는 사이에 잠시 존재했던 정보조직을 위해 일했다. 그는 정보관리가 아닌 금융분석가로, 재무성의 금융연구장인 Harold Glasser에게 보고서를 보냈다. Bigelow의 메모는 1996년 12월 31일에 국무성의 역사문서의 정상적 열람의 일환으로 비밀해제되었다. 1997년 7월, 두 명의 TV 프로듀서인 Gaylen Ross과 Stephen Crisman이 Freedom of Information and Privacy Act에 의거한 요청을 따라 그 문서가 공개되었으며, 이들은 Arts and Entertainment Network를 위해, 어떻게 스위스가 전시와 전후 나치의 금을 다루었는지에 대한 두 시간 분량의 다큐멘터리를 영화화했다. 국무성이 그 문서를 너무 늦게 공개해서, 7월 26일자 방영에서는 이를 포함하지 못했는데, 대신에 프로듀서들은 이를 여러 신문기자와 통신사에 공개했다. Bigelow to Glaser, July 19, 1946, Entry 183, Box 27, RG 226, Location 190/9/22/05; Memo from Emerson Bigelow to Harold Glasser, Director of Monetary Research, U.S. Treasury Department, October 21, 1946, RG 226, Entry 183, Box

10　29, File 6495; also Entry 183, Box 27, RG 226, Location 190/9/22/05, NARA.
10　Gowen의 아버지 Franklin은 동시에 Myron Taylor의 조수로 국무성의 바티칸 일에 배속되었다.
11　영국 군인들과 사제들이 진짜인지 아니면 훔친 복장으로 위장한 Ustaša 관리들인지에 대해 CIC 조사관들 사이에 약간의 논의가 있었다. CIC 요원 Gowen은 그 군복은 도난당한 것이며 영국 8사단 본부에서 얻은 것이라 믿었다. Letter from Dr. Jonathan Levy to Rene Brülhart, Autorita di Informazione Finanziaria, March 25, 2013, Re: Offer to Compromise Without Prejudice on the Matter of the Ustaša Treasury; Deposition of William W. Gowen, Emil Alperin v. Vatican Bank, Case No. C99-04041 MMC, USDC Northern District of California, December 12, 2005, 56.
12　그 중령은 Ivan Babic이다. 그는 훈장을 받은 Ustaša의 퇴역군인으로 러시아군에 대항해 싸웠던 자이다. Deposition of William W. Gowen, Emil Alperin v. Vatican Bank, Case No. C99-04041 MMC, USDC Northern District of California, December 12, 2005, 45.
13　Headden, Hawkins, and Vest, "A Vow of Silence," 34.
14　Headden, Hawkins, and Vest, "A Vow of Silence," 34; Declaration of William W. Gowen, , Case No. C99-4941 MMC, USDC Northern District of California, January 16, 2003, 6.
15　Aarons and Loftus, *Unholy Trinity*, 113.
16　Declaration of William W. Gowen, *Unholy Trinity*, Case No. C99-4941 MMC, USDC Northern District of California, January 16, 2003, 5-6; see also Deposition of William W. Gowen, Emil Alperin v. Vatican Bank, Case No. C99-04041 MMC, USDC Northern District of California, December 12, 2005, 45-47. See also Steinacher, xx, 13.
17　Wilensky, *Six Million Crucifixions*, Kindle edition, 3207 of 8032.
18　Deposition of William W. Gowen, *Emil Alperin v. Vatican Bank*, Case No. C99-04041 MMC, USDC Northern District of California, March 9, 2006, 796; see also Exhibit, Declaration of William W. Gowen, January 16, 2003.
19　Declaration of William W. Gowen, January 16, 2003, 15-18. 이 관리는 J. Graham Parsons이다. 그는 Myron Taylor의 조수인 Gowen의 아버지 Franklin을 대신했다. 아버지 Gowen은 1945년 그 아들이 CIC를 위해 이탈리아에 도착한 바로 직후 그 직을 그만두었다.
20　Declaration of William W. Gowen, 18. 수십 년 후, Gowen은 자신의 조사에 대한 공식적인 은폐가 있었음을 믿는다고 말했다. "많은 다른 문서, 나의 로마 CIC 보고서 일부 Leo Pagnotta 대위의 보고서가 수면에 떠오르지 않았다. Ante Pavelic을 위한 Rome CIC hunt의 이야기에 빈자리가 많았다. 내가 증언했듯이, 내가 믿는 바, 23명의 '도주한' SS 장교를 추적하는 것에 대한 많은 문서, Registration Files of San Girolamo 우리의 1946-47 'Operation Circle' 보고서가 이상하게 사라졌으며 의도적으로 파괴되었을 것이다." Letter from William E. Gowen to Jonathan Levy, Esq., September 29, 2008, made available by Jonathan Levy.
21　Letter from Dr. Jonathan Levy to Rene Bruelhart, Autorita di Informazione Finanziaria, March 25, 2013, Re: Offer to Compromise Without Prejudice on the Matter of the Ustašan Treasury. Secret Staff Summary for the Director, CIA, "Subject: Pending Release of Amb. Eizenstat's Vol. II Report on WWII Victim Gold," pages 1-3CIA, Secret, May 29, 1998, declassified and released by the CIA under the Nazi War Crimes Disclosure Act. Secret Staff Summary for the Director, CIA, Subject: Pending Release of Amb. Eizenstat's Vol. II Report on WWII Victim Gold, May 29, 1998, pages 1-3, declassified and released by the CIA under the Nazi War Crimes Disclosure Act.
22　Deposition of William W. Gowen, *Emil Alperin v. Vatican Bank*, Case No. C99-04041 MMC, USDC Northern District of California, December 12, 2005, 82-84.

23 From Vincent La Vista to Herbert J. Cummings, Subject: SAFEHAVEN: FLIGHT OF CAPITAL BY PETACCI FAMILY, Secret, Report No. 11, Rome, June 19, 1946, RG 84, PRFSP, State Department, Rome, Embassy and Consulate, Confidential Files, 1946, 851 AC, Finance Section, 851.5, Box 11, NARA.
24 From Vincent La Vista to Herbert J. Cummings, Subject.
25 From Vincent La Vista to Herbert J. Cummings, Subject.
26 Rick Hampson, "Pope Changed the World," *USA Today*, April 3, 2005.
27 Myron C. Taylor to Secretary of State (Edward Stettinius), April 20, 1945, RG 59, Box 28, Entry 1069, Location 250/48/29/05, NARA.
28 이탈리아 공산당 당수는 Palmiro Togliatti였다. Phayer, *Pius XII, the Holocaust, and the Cold War*, 135. 비오는 전후 소비에트의 막강한 권력을 허용한 연합국을 비난하기도 했다. 그는 만일 미국과 영국이 독일을 그처럼 철저하게 파괴하지 않았다면, 러시아는 유럽 절반을 장악하지 못했을 것이라 확신했다.
29 Cooney, 145, citing undated OSS documents in note 54.
30 Phayer, 141.
31 Phayer, 238.
32 Aarons and Loftus, , 25.
33 Pascalina는 Church Asylum를 맡도록 되었다. 이는 부분적으로는 거대한 연합국 임시억류자수용소에 있는 독일 POW에 초점을 두었다. See Steinacher, , 102. Montini는 전시동안 크로아티아 난민을 위한 사실상의 대표로서 Draganović와 함께 일했다. Subject Dr. Krunoslav DRAGANOVIC, Secret: U.S. Officials Only, Date of Info: 1945-1952, Date Acquired: July 1952, Date of Report, July 24, 1952, Approved for release Feb 1998, (262), NARA; see also Phayer, , 233. 전후의 Confraternity of San Girolamo는 1945년 7월 크로아티아 난민을 위해 설립된 자선단체였다. 이는 Draganović가 바티칸과 Montini 경과 함께 자신의 일을 계속하도록 하는 구실을 제공했다.
34 연합국은 Central Registry of War Crimes and Security Suspects (CROWCASS)을 취합했다. 1948년에 이 일이 끝날 즈음에 이 중앙등기소는 수배된 범죄자들에 대해 85,000개의 수배 보고서와 40권의 책 분량의 보고서를 가졌다. 이런 종류로는 가장 큰 데이터 베이스로, 십여 개 국의 조사관이 군부와 헌병대 파일뿐만 아니라 CROWCASS를 활용해서, POW로서 구류되고 분산된 이들의 수용소 내의 수백만 명의 이름을 상호 대조했다. Christopher Simpson, (New York: Weidenfeld & Nicolson, 1988), 67.
35 바티칸 여권은 오직 성직자를 위한 것이었고, 예외적으로 소수가 검은 귀족들에게 발행되었다. 로마교회의 국제적십자와의 연합은 자연스러웠다. 국제적십자는 난민의 유입으로 인해 엄청난 압박을 받고 있었으며 총력을 다해 일하고 있었다. 나치 탈주자들이 사용한 일부 적십자 여권들은 가짜였다.
36 See generally Sereny, , 275-91.
37 Stephanie Stern, "Papal Responses to the Holocaust: Contrast Between Pope Pius XII and Pope John Paul II," 8, Article 5 (Fall 2010). Pius에게 전시 동안의 로마교회가 보인 무능력의 일부를 만회할 수 있는 기회가 주어졌음에도 그는 그리하지 않았다. 전후 5개월 후, World Jewish Congress의 Gerhart Riegner가 Montini 경과 Pius를 만났다. Riegner는 죽음의 수용소에서 살아남을 수 있는 유대 아이들을 찾는 데 있어 도움을 탄원했다. 그는 그 두 사람의 교회 지도자에게 나치가 1,500,000명의 유대인 어린이를 죽였다고 알려주었다. 몬티니는 이를 과장으로 여겨 묵살했다. 비오는 교회가 도울 것이라 약속했다. 그러나, 로마교회는 아무것도 하지 않았다. 2004년에 이르러 역사가들이 프랑스에서 Pius 12세가 승인한 서명되지 않는 편지들을 발견했는데, 이것은 가스실로부터 살아나기 위해 세례를 받았던 유대 아이들은 그들을 가톨릭 신자로 키울 것을 약속한 가정에만 맡겨져야 한다고 지시한 내용이었다. 유대 그룹은 난리를 쳤다. 바티칸 대변인 Sergio Pagano 신부는 그 편지는 "버려진" 아이들에게만 적용되었던 것이라 주장했다. 그는 말했다. "만일 아이들이 그들 부모에 의해 돌려달라는 청이 있다면 별개의 문제일 것이다."

John Thavis, "Vatican Not Impressed with Threat to Sue over Access to Archives," January 28, 2005.
38 Headden, Hawkins, and Vest, "A Vow of Silence," 34. Schellenberg는 나중에 영국으로 보내졌다. 광범위한 심문 가운데 그는 나치의 전시 정보에 대한 가장 완벽한 설명을 해주었다. See Ruffner, "On the Trail of Nazi Counterfeiters."
39 뉴욕의 World Peace Rally에서, 추기경 Spellman은 군중들에게 Stepinac의 유일한 죄는 "하나님과 조국에 대한 충성"이었다고 말했다.
40 Uki Goñi, (London: Granta, 2002), 346; Michael Phayer, "Canonizing Pius XII: Why Did the Pope Help Nazis Escape?," Ohlendorf testimony in Case 9 Transcripts, RG 238, Entry 92, Box 1, Vol. 2, 510, NARA.
41 Catherine Epstein, (Cary, NC: Oxford University Press USA, 2012), 330-31. Greiser의 경우는 교황이 관용을 위해 개입했던 전형적 예였다. Greiser는 비오와 두 명의 영국 정치가 Anthony Eden와 Alfred Duff Cooper에게 편지했는데, 이들은 사형 언도를 피하고자 하는 자신의 호소에 동정적일 것이라 그가 생각했던 자들이었다. 두 정치가는 그의 말을 무시할 만큼 똑똑했으나, 오직 Pius만이 반응했고, 부분적으로는 폴란드인에게 "십자가 상에서 자신의 박해자들을 위해 기도했던 우리 주의 신적 예를 따라서 Greiser를 살려주기를 청했다. Greiser는 1938년 로마 방문시 교황(당시에는 국무총리 Pacelli)을 만났다.
42 Epstein, 330; see also Goñi, , 346.
43 Glenn Yeadon, (Palm Desert, CA: Progressive Press, 2008), 276.
44 Phayer, *The Catholic Church and the Holocaust*, 154, 201; see also *Suzanne Brown-Fleming*, (Notre Dame, IN: Notre Dame University Press, 2006).
45 *Brown-Fleming*, 88, 188-89; Phayer, 136.
46 Aarons and Loftus, 148-49.
47 Jakob Weinbacker interview with Gitta Sereny, in Sereny, 305-6.
48 William Gowen and Louis Caniglia, Counter Intelligence Corps, Rome, August 29, 1947, RG 319, Box 173, File IRR XE001109 Pavelić, Location 270/84/1/4, NARA; Antonio Vucetich, El Socorro, Argentina, to Olga Vucetich-Radic, May 6, 1947, RG 59, Box 17, Entry 1068, Location 250/48/29/01-05, NARA. See also for a general discussion Phayer, , 234-45.
* 줄사닥다리(ratline)는 16세기의 선박 용어로, 배의 양측에 있는 밧줄로 만들어진 투박한 사다리들이다. 가라앉는 배의 선원들은 구명정에 닿기 위해 줄사닥다리를 타고 내려온다. 제2차 세계대전과 관련되어 사용될 때 이것은 나치대원들에게의 마지막 도피줄을 뜻한다.
49 Aarons, Sanctuary, 216-17; Phayer, *Pius XII, the Holocaust, and the Cold War*, 245-46, 263.
50 Pavelić는 탈주자로서 이탈리아에 처음 온 자가 아니었다. 1934년 세르비아 왕 Alexander와 프랑스 외상을 암살한 이후 로마에서 피난처를 찾았다. 무솔리니는 그를 본국 송환하기를 거절했다. 1941년 그는 새로운 파시스트 국가를 이끌기 위해 크로아티아로 돌아갔다.
51 Phayer, *Pius XII, the Holocaust, and the Cold War*, 222-23, 225.
52 Goñi, *The Real Odessa*, 343, citing CIC memorandum, Life and Work of Dr. Dominik Mandic, October 10, 1946, CIA Operational Files M; Blazekovic, *Studia Croatica*, 1973, Issues 50-51; Headden, Hawkins, and Vest, "A Vow of Silence," 34.
53 Headquarters of Counter Intelligence Corps, Allied Forces Headquarters, APO 512, Subject: Father Krunoslav DRAGANOVIC, Re: PAST Background and PRESENT Activity, February 12, 1947, NARA. San Girolamo는 줄사닥다리신학교 중에서 가장 바쁜 곳이었다. 하지만, 유일한 곳은 아니었다. 신학교는 크로아티아 탈주자들에게 음식을 제공했다. 리투아니아인들은 Via Lucullo에 있는 한 신부인 Jatulevicius에게 갔다. 반면 헝가리인들은 신부 Gallov가 운영하는 Via dei Parione 지역의 한 작은 집으로 인도되었다. See generally Simpson, Blowback, 179.

54 Headden, *Hawkins, and Vest*, "A Vow of Silence," 34.

55 Lt. Col. G. F. Blunder, Headquarters, Mediterranean Theater of Operations, to Col. Carl Fritzsche, Assistant Deputy Director of Intelligence, November 8, 1947, RG 319, Box 173, File IRR XE001109 Pavelić, Location 270/84/14, NARA.

56 Headden, Hawkins, and Vest, "A Vow of Silence," 34. 영국 외무성은 1998년에 우스타샤 탈주자들의 도망에 어떤 개입 사실도 부인했다. 그러나, Pavelić에 관한 군정보 기록의 공개는 거절했다.

57 바티칸은 50년이 지난 후 바티칸이 Pavelić의 도망을 도왔다는 그런 주장들에 대해 반응했다. 이는 비엔나 거점의 나치 사냥꾼 Simon Wiesenthal이 Pavelić의 전후 보호라는 로마교회의 역할에 대해 비난조의 보고서를 발표한 직후였다. 바티칸의 반응은 어땠는가? 바티칸은 바티칸은행의 기록상으로 Pavelić이라 이름한 자에게 어떤 지불의 증거도 없다는 주장뿐이었다. "Vatican Will Attend Nazi Gold Conference in London," *Agence France-Presse*, December 1, 1997 See also Yossi Melman, "Pope Paul VI Allegedly Helped Croatian Fascists," *Ha'aretz*, January 16, 2006.
크로아티아 난민들을 위한 일반적 기금은 주로 미국 추기경들이 운영하는 자선 조직인 American National Catholic Welfare Council로부터였다. 시카고 추기경 Samuel Stritch는 최고의 기금 모집자였으며, 그가 그렇게 하는 그럴 만한 이유가 있었다. 그는 미국에서 가장 큰 크로아티아 회중을 감독했기 때문이다. See generally Phayer, *Pius XII, the Holocaust, and the Cold War*, 247-48. CIA의 해제문서는 자신들이 주장했던 바, Draganović에 대해 그들이 가진 것 중에, 마지막 두 페이지에 불과하며, 그것도 상당히 편집되었다.

58 "Ante Pavelic Dies in Madrid at 70," *Reuters*, Madrid, December 29, 1959; Aarons and Loftus, *Unholy Trinity*, 143-50.

* 파벨리치는 부에노스 아이레스의 1957년의 암살 시도로 크게 상처를 입었고, 상처의 후유증으로 2년 후 스페인 마드리드 소재의 독일 병원에서 죽었다. 드라가노비치의 경우, 그는 1967년 벨그라다 기자회견에 나타나, 티토의 공산주의 정부를 찬양함으로 모두를 놀라게 했다. 그는 거기서 살다가 1983년에 죽었다. 그가 자발적으로 변절했는지 아마도 처음부터 공산주의자의 이중첩자였는지, 심지어 그가 유고슬라비아 정보부에 의해 납치되었는지에 대한 논의는 역사가들 사이에 뜨겁게 남아있다.

59 Telegram from Weizsäcker to the Foreign Office, Berlin, October 17, 1943, Inland II Geheim, quoted in full in Katz, *Black Sabbath*, 215.

60 Steinacher, *Nazis on the Run*, 119-20. 오스트리아 난민 조직으로 위장한 Austrian Liberation Committee와 Hudal은 다른 어떤 교회조직들 가운데서도 미국 가톨릭주교회의로부터 금융지원을 받았다.

61 Stangl interview with Gitta Sereny in Sereny, *Into That Darkness*, 274

62 Stangl interview with Gitta Sereny in Sereny, *Into That Darkness*, 289.

63 Tony Paterson, "How the Nazis Escaped Justice," *Independent Press*, January 28, 21=013, 26.

64 Yitzhak Arad, *Belzec, Sobibor, Treblinka: The Operation Reinhard Death Camps* (Bloomington, IN: 1987), Kindle edition, location 4025 of 9931. 1979년, BBC의 탐사저널리스트 Tom Bower이 Wagner를 Sao Paulo까지 추적했다. 인터뷰에서, 죽음의 수용소에서 자신의 사나운 역할에 대한 물음을 듣고, 그는 이렇게 말했다. "나는 감정이 없었다. 비록 처음에는 있었지만. 이는 또 다른 일이 되었을 뿐이었다. 저녁에 우리는 우리 일에 대해 토론한 적이 없고, 오직 마시고 카드 놀이만 했다…나는 일반인처럼 느꼈고, 다른 자들과 다르지 않다고 느꼈다." Tom Bower, "The Tracking and Freeing of a Nazi Killer: The Life and Deaths of Gustav Wagner," *The Washington Post*, August 19, 1975, E1.

65 See Holger M. Meding, *Flucht vor Nurnberg?: Deutsche und osterreichische Einwanderung in Argentinien, 1945-1955* (Vienna: Köln, Weimar, Wien, Böhlau Verlag, 1992).

66 Sereny, *Into That Darkness*, 290.

67 Interrogation Report on SS-Standartenführer Rauff Walther. CSDIC.SC/15AG/SD 11, May 29, 1945, RG 263, Walter Rauff Name File (note: different spellings of Walther/Walter are as reflected in the files), NARA.

68 Sworn statement (translated) of Hermann Julis Walter Rauff Bauermeister, Santiago, Chile, December 5, 1962, Simon Wiesenthal Center, Los Angeles; see Aarons and Loftus, *Unholy Trinity*, 38; see also Simpson, *Blowback*, 92-94.

69 Aarons and Loftus, *Unholy Trinity*, 38.

70 Kevin Freeman, "Wiesenthal Center Releases Documents Which Link Rauff to Important Figures in the Catholic Church," *Jewish Telegraph Agency*, May 9, 1984; see also Simpson, *Blowback*, 93-94.

71 Simon Wiesenthal interview with Mark Aarons and John Loftus, *Unholy Trinity*, 28; Steinacher, *Nazis on the Run*, 134.

72 Sereny, *Into That Darkness*, 319.

73 Summary Report, by Special Agent Robert Mudd, RG 262, Box 12, Entry A1-86, NARA; see also Phayer, *Pius XII, the Holocaust, and the Cold War*, 235.

74 Anton Weber interview with Gitta Sereny in Sereny, *Into That Darkness*, 318. 세례받은 유대인을 용납하려는 일부 국가에서는 그들이 정말로 진정한 개종자이며 살해를 면하기 위해 가톨릭 신자들이라고 주장하는 단순한 유대인은 아닌지 확실히 하고자 했다. 예컨대 브라질에서는 바티칸에게 3천 개의 비자를 제공하면서 주장한 것은 그 여권은 적어도 2년은 가톨릭 신자로 있었던 유대인에게만 발급되어야 한다는 것이었다.

75 Anton Weber interview with Gitta Sereny in Sereny, *Into That Darkness*, 319.

76 Adolf Eichmann, "Meine Flucht: Bericht aus der Zelle in Jerusalem," CIA, War Crimes, CIA name files, IWG, RG 263, Box 14, Eichmann, Adolf, Vol. 1, NARA.

77 Sereny, *Into that Darkness*, 321-22.

* 베버와 후달을 돕는 성직자들은 때때로 개신교 SS 탈주자들을 가톨릭 신자로 세례를 주었다. 비록 그것은 정경법에 반하는 것이지만, 사제들은 자신들이 구했던 사람들이 이제 로마교회의 일원이 되었음을 좋아했다.

78 Monsignor Karl Bayer interview with Gitta Sereny, *Into That Darkness*, 309; Goñi, *The Real Odessa*, 342. Ustaša가 그 나라로 돌아가 권력을 잡을 것이란 바티칸의 지도자들의 전도된 희망에 대해서는 다음을 참조하라. Phayer, *Pius XII, the Holocaust, and the Cold War*, 234.

79 Ustaša와 다른 전범을 자유케 하려는 Pius의 공개적 지지 노력에 대한 대부분의 파일은 2001년과 2002년의 영국 국립기록물보관소에 의해 해제되었다. 이런 파일들을 역사적 맥락으로 올린 최초 저널리스트들의 한 사람이 Uki Goñi 였다. Uki Goñi, *The Real Odessa*, 328-34. Osborne to Foreign Office, August 27, 1945, Foreign Office, 371/48920 R14525; Appeal of the Vatican, March 27, 1946, War Office 204/1113; Osborne to Foreign Office, January 16, 1947, Foreign Office, 371/67370 R 1166, all files at the National Archives, Kew, UK.

80 Appeal of the Vatican, March 27, 1946, War Office 204/1113, National Archives, Kew, UK.

81 사실 이탈리아인들과 연합국은 군주제를 구하지 않았다. 교회 관리들은 성공적으로 그들의 Lateran Pact 상의 주권을 학교, 교회, 수도원에 확대했다. See Steinacher, *Nazis on the Run*, 143-46.

82 Quoted in Goñi, *The Real Odessa*, 330

83 Osborne, instructions provided by the Foreign Office, 1947, Foreign Office files, 371/59423 R17521 and R17586, cited in Goñi, *The Real Odessa*, 330-31.

84 Quoted in Goñi, *The Real Odessa*, 331.

85 D'Arcy Osborne to Foreign Office, January 16, 1947, Foreign Office files, 371/67370, R1166, National Archives, Kew, UK.
86 Deposition of William E. W. Gowen, Emil Alperin v. Vatican Bank, Case No. C99-04041 MMC, USDC Northern District of California, December 12, 2005, 40-41.
87 Aarons and Loftus, *Unholy Trinity*, 59, citing Draganović's statement to the Yugoslav authorities, September 1967, 26; Ibid., 108, citing the report of a British diplomat in Italy in 1947. Stephen Clissold 대위는 제노아에 보내져 일부 Ustaša 전범들을 구류했다. 하지만, 그들은 배로 도망하려 했다. Clissold에 따르면, 탈주자들은 "Pontifical Commissione de Assistenza에 의해 후원되고 Draganović의 "신뢰받는 공조자들"이 그들이 제노아에 있는 동안 피난처를 주었다. citing telegram from Rome to Foreign Office, February 22, 1947, Public Records Office, Foreign Office, 371 673372, and an unpublished manuscript of Stephen Clissold. See also Goñi, *The Real Odessa*, 332. Pius가 개인적으로 Draganović를 보호했던 더한 증거는 그 크로아티아인이 San Girolamo의 교장으로 1958년 Pius의 죽음 때까지 그 자리에 남았다는 점이다. 신임 교황 요한 23세는 즉각 그를 퇴거시켰다.
88 Aarons and Loftus, *Unholy Trinity*, 32.
89 Father Ciro Benedettini quoted by Diana Jean Schemo, "A Nazi's Trail Leads to a Gold Cache in Brazil," *The New York Times*, September 23, 1997, 1.
90 추기경 국무총리 Maglione의 1944년 죽음 이래, Pius는 모든 외국 정책과 난민 문제에 있어 두 명의 국무총리보인 Monsignors Domenico Tardini Giovanni Montini에 의존했다. Goñi, *The Real Odessa*, 331; see also Aarons and Loftus, *Unholy Trinity*, 34-35.
91 CIA memorandum, "A Dangerous and Uncompromising Extremist," Subject: Dr. Krunoslav DRAGANOVIC, Report No (redacted), Date of Intelligence Information 1945-1952, Date of report, July 24, 1952, CIA Operational Files, Declassified, NARA.
92 Deposition of William W. Gowen, Emil Alperin v. Vatican Bank, Case No. C99-04041 MMC, USDC Northern District of California, March 9, 2006, 760-61; John Triggs, "The True Story of the Looted 'Nazi Gold,'" *The Express*, November 20, 2004, 53.
93 Triggs, "The True Story of the Looted 'Nazi Gold,'" 53.
94 "Illegal Emigration Movements in and Through Italy," Vincent La Vista to Herbert J. Cummings, May 15, 1947, Holocaust-Era Assets, Civilian Agency Records, RG 19, File 10, NARA.
95 Memo to J. Graham Parsons, State Department, July 28, 1947, "Political General 1947," RG 59, Box 17, Entry 1068, Location 250/488/29/01-05, NARA; see Aarons and Loftus, *Unholy Trinity*, 44.
96 CIC 문서는 Draganović와 함께 일하면서 "잠정적인 합의"를 보여주었다. 이는 그를 "난민들을 위한 바티칸의 재정착프로젝트의 대표"로 있다. Steinacher, *Nazis on the Run*, 200. 벨그라다 주재 미대사인 John Moors Cabot가 연합국 정보인 바티칸 줄사닥다리를 알았을 때, 그는 워싱턴에 이렇게 불평했다. "우리는 사람들로 하여금 아르헨티나에서 피난처를 구하게 하는 바티칸과 아르헨티나를 방조하고 있다." OSS는 Draganović에 대해 오해하지 않고, 그를 "파시스트 전범"이라 불렀다. "Klaus Barbie and the United States Government," A Report to the Attorney General of the United States, August 1983, Office of Special Investigations, U.S. Department of Justice, 136; see also Mark Fritz, "The Secret History of World War II: From Hot Conflict to Cold War; US Made Moral Compromises in Using Former Nazi Spy Network Against Soviet Threat," *The Boston Globe*, Part 9 of 9, December 26, 2001, 1.
97 작전명 Paperclip and Overcast는 OSS program으로, 전후 10년 동안 765명의 로케트 과학자와 엔지니어를 뽑는 것이었다. 그 신참들은 Wernher von Braun, "로케트 과학의 아버지"부터 Dachau 강제수용소에서 의학 실험에 개입했던 Hubertus Strughold까지였다. Reinhard Gehlen, 가톨릭 신자 겸 Wehrmacht

장교는 동일 이름의 방첩 그룹이 동독과 소비에트를 첩보했다는 혐의를 받았다. Gehlen Group은 전 나치 요원들로 구성되었는데 그들 중 소수는 전시 잔혹행위에 개입되었다. (Gehlen Group은 결국 서독의 연방정보부 Bundesnachrichtendienst, the BND로 흡수되었다.) 동일한 일은, 예컨대, 화학전, 전자 더 작은 의학 암호통신 같은 다른 분야에서의 연합국 정보 채용에도 적용되었다. 어떤 경우에는 정보를 제공한 후 탈주자들에게는 간단하게 자유 통행권이 주어져 안전국으로 갔다. SS Officer Klaus Barbie가 가장 대표적인 예였다. See generally Linda Hunt, *Secret Agenda: The United States Government, Nazi Scientists, and Project Paperclip, 1945 to* 1990 (New York: St. Martin's/Thomas Dunne, 1991); Heinz Hone and Hermann Zolling, *The General Was a Spy: The Truth About General Gehlen and His Spy Ring* (New York: Putnam, 1972); Magnus Linklater, Isabel Hilton, and Neal Ascherson, *The Nazi Legacy: Klaus Barbie and the International Fascist Connection* (New York: Henry Holt, 1985); Simpson, *Blowback*.

98 Paul S. Lyon, "Rat Line from Austria to South America," appendix to "Klaus Barbie and the United States Government," A Report to the Attorney General of the United States, August 1983, Office of Special Investigations, U.S. Department of Justice, http://www.justice.gov/criminal/hrsp/archives/1983/08-02-83barbie-rpt.pdf.

99 Bishop Hudal to Juan Perón, August 31, 1948, Collegio Santa Maria dell'Anima, Nachlass Hudal, Box 27, August 1948.

100 John Hobbins, "Memorandum for the Record, Subject: Informant Disposal, Emigration Methods of the 430th CIC Detachment," Top Secret, reproduced in "Klaus Barbie and the United States Government," A Report to the Attorney General of the United States, August 1983, Tab 96 and 145n.

101 Dianne Kirby, "Divinely Sanctioned: The Anglo-American Cold War Alliance and the Defence of Western Civilization and Christianity, 1945-48," *Journal of Contemporary History* 35, no. 3 (July 2000): 385-412.

102 Kent, *The Lonely Cold War*, 239.

103 Adriano Ercole Ciani, "The Vatican, American Catholics and the Struggle for Palestine, 1917-1958: A Study of Cold War Catholic Transnationalism" (PhD thesis, University of Western Ontario, Canada, 2011).

104 Cooney, *The American Pope*, 161, citing undated Spellman memo to Marshall; Simpson, Blowback, 91.

105 Telegram to the State Department from J. Graham Parsons, January 16, 1948, J. Graham Parsons Papers, Series 4, Special Collections, Georgetown University. Myron Taylor 역시 미 국무성에 한 보고서에서, 비오의 주된 염려거리는 그 선거가 쉽게 "좌파 독재"로 결과될 수 있으며 공산주의자들이 "가장 잘 조직화되고 또 대부분 지칠 줄 모르는 의지를 갖는 적극적 당이 되어 권력을 얻고 또 외형적으로 무한한 자금을 얻을 것이라"는 것이었다.

106 Griffiths memo to Cardinal Spellman, March 4, 1948, cited in Cooney, *The American Pope*, 159.

107 "Pope Sees Senators; Says Hate and Greed Bar Peace," *The New York Times*, November 11, 1947, 29; Pope Receives Congressman," *The New York Times*, 42; Cooney, *The American Pope*, 157; see also Pollard, *Money and the Rise of the Modern Papacy*, 224.

108 Phayer, *Pius XII, the Holocaust, and the Cold War*, 145-46.

109 Martin, *Rich Church, Poor Church*, 48.

110 Aarons and Loftus, *Unholy Trinity*, 56, 237-38.

* 1948년의 선거 준비 기간 중에, CIA는 인터마리움(Intermarium: 양대륙 간)과의 연맹의 기초를 쌓았다. 강한 평신도 가톨릭조직은 주로 동부 유럽의 피난민들로 이루어졌다. 적어도 6명의 인터마리움의 주요 간부들은 전 나치 협력자들이었다. 드라가노비치는 집권위원회의 크로아티아 대표였다. CIA의 도움으로 인터마리움은 라디오자유유럽(Radio Free Europe)으로 흡수되었다. 영국의 CIA 조직인 M16은 바티칸은행을 통해서 관계된 반공 단체인 반볼셰비키국가연합에 돈을 대주었다.

111 이탈리아의 공산주의 선거단 승리에 대한 Truman 행정부 내의 두려움의 정도는 George Kennan의 말에서 드러났다. 당시 국무성의 정책계획의 수석 참모인 그는 유럽의 외교관들에게 다음의 전문을 보냈다. "유럽에 관한 한, 이탈리아는 분명히 요점이다. 공산주의자들이 선거에서 이긴다면, 지중해에서 유럽 전역에서의 우리의 모든 지위는 확실하게 손상을 입을 것이다." Kennan은 공산당이 이긴다면, 미 군부의 개입과 이탈리아 점령을 권면했다. Thomas Powers, *The Man Who Kept the Secrets: Richard Helms and the CIA* (New York: Alfred A. Knopf, 1979), 31-32; Simpson, *Blowback*, 89-92; Steinacher, *Nazis on the Run*.

112 Author interview with Elan Steinberg, April 12, 2006. See also Chalmers Johnson, *Dismantling the Empire: America's Last Best Hope* (New York: Metropolitan Books/Henry Holt), 79; James E. Miller, "Taking Off the Gloves: The United States and the Italian Elections," *Diplomatic History* 7, 1983. See generally George J. Gill, "The Truman Administration and Vatican Relations," *The Catholic Historical Review* 73, no. 5, July 1987; Martin A. Lee, "Their Will Be Done," *Mother Jones*, July/August 1983.

113 Quoted in Gollin, *Worldly Goods*, 464.

114 John F. Pollard, "The Vatican, Italy and the Cold War," in Diane Kirby, *Religion and the Cold War* (London: Palgrave Macmillan, 2002), 110.

115 Pollard, *Money and the Rise of the Modern Papacy*, 202; Cooney, *The American Pope*, 155-58; Phayer, *Pius XII, the Holocaust, and the Cold War*, 146-47.

116 인민민주전선(Popular Democratic Front)은 이탈리아 공산당과 이탈리아 사회당으로 구성되었다. 쓰여진 돈(1백만 달러가 중도우파정당에게)의 일부에 대한 공개는 1975년 미 하원 특별정보위원회에 제출된 40인위원회(National Security Council)에게의 CIA 보고서 안에서 만들어졌다. 미국 정부는 선거에 이르는 일 년 동안 이탈리아에 3십 5만 달러(2014년 달러 기준 36억 달러) 초과의 명시적 지원을 제공했다. 공산주의자들은 투표자들 가운데서 국무총리실의 한 사제인 Edward Prettner Cippico의 예를 공개하여 바티칸 영향력에 대응하려 했다. 그는 투표 전에 체포되었는데, 바티칸은행을 활용해 외환 규제를 회피하려는 부유한 이탈리아인들로부터 돈을 훔친 혐의였다. 로마교회는 Cippico를 성직박탈했다. Cippico의 폭로는 이탈리아인들을 흥분시켰으나, 선거에 큰 영향을 주지 못했다. (9년의 투옥이 선고되었으나, 상고법정은 그의 유죄를 번복했고, 선거 후 교회는 그를 다시 사제직에 앉혔다.) See Hoffman, *Anatomy of the Vatican*, 182-83. 로마교회와 CIA는 단순히 한 나라가 자유선거를 갖지 않는다고 해서 그 일에 방해받지 않았다. 과테말라에서는, CIA와 추기경 Spellman은 1954년 쿠데타를 지원하는 군대에 합력해서 장애인 반공주의자 Colonel Castillo Armas을 권좌에 오르게 했다. See generally Dermot Keogh, "Ireland, The Vatican and the Cold War: The Case of Italy, 1948," *The Historical Journal* 34, no. 4 (December 1991): 931-52.

117 John Tagliabue, "Giulio Andreotti, Premier of Italy 7 Times, Dies at 94," *The New York Times*, May 6, 2013, 1. Mussolini는 1927년 De Gasperi에 의해 투옥되었다. 하지만 2년 후 교황 Pius 11세의 "보호"하에 석방되었다. See Berry, *Render Unto Rome*, 25.

118 Cardinal Francis Spellman, "The Pope's War on Communism," *Look*, May 24, 1949.

119 "Vatican Decree in Scots Churches: Anti-Communist Move," *The Glasgow Herald*, August 9, 1949, 5; "Catholic Communists to Be Excommunicated," *The Advocate*, July 15, 1949, 3.

제13장

1. Simpson, *Blowback*, 67.
2. Martha Hopkins, "For European Recovery," *Library of Congress, Information Bulletin*, Vol. 56, No. 11, June 23, 1997.
3. 1943년 9월 29일, 이탈리아와의 휴전협정에서 제37조는 이탈리아를 위한 연합국통제위원회를 설립케 했다. 점령지의 연합국 군사령부는 이탈리아 평화조약이 1947년 파리평화회의에서 서명되기까지 그 나라를 통치했다. 연합국 군부 명령하에서, 이탈리아의 상장회사들은 비거래조건부 계정에 상응하는 가운데 유지되었고 바티칸 같은 주주들도 1947년까지 기다린 후, 그들 회사들에 대한 소유권이 온전히 회복되었다.
4. Hoffman, *Anatomy of the Vatican*, 181.
5. Pollard, *Money and the Rise of the Modern Papacy*, citing H. J. A. Sire, *The Knights of Malta* (New Haven: Yale University Press, 1994), 258-59; see also Paul Hoffman, "Curia Cardinals Rule Informally," *The New York Times*, October 8, 1958, 3.
6. Pollard, *Money and the Rise of the Modern Papacy*, 208.
7. Cornwell, *Hitler's Pope*, 200; see also Gollin, *Worldly Goods*, 465. Carlo Pacelli는 바티칸 관리로서, 주교 Hudal에게 나치의 로마 유대인 일제 검거에 대해 독일 대사와 함께 한 1943년 10월의 회담에서 로마교회를 대표해 달라고 요청했던 자였다. Pacelli 역시 가족 스캔들의 한가운데 있었는데, 이는 Sister Pascalina와 비오의 주치의 Ricardo Galeazzi-Lisi의 사진을 찍어, 바티칸 내부자들이 "의심을 사게 할 만한 입장"을 만들었다. 그 사진은 분명히 Pius에게 향하는 것이었지만, 그 사적인 후폭풍이 무엇이든 간에, 그의 의사, 조카, 파스칼리나 수녀에 대한 비오의 가까운 애착에는 영향을 주지 못했다. Cornwell, *Hitler's Pope*, 201.
8. Cornwell, *Hitler's Pope*, 350-51.
9. Lai, *Finanze vaticane*, 107, citing Lai interview with Spada, March 7, 1979. 그 부서는 사기업과 비교해 비슷한 수준의 연봉을 지급하는 몇몇 부서중의 하나였다.
10. Pollard, *Money and the Rise of the Modern Papacy*, 207.
11. Lai, *Finanze vaticane*, 12; Grilli, *La finanza vaticana in Italia*, 76-77; see also Raw, *The Moneychangers*, 53.
12. 대부분의 자료는 Mennini의 자녀수를 14명으로 말하며, 한 작가만 10명으로 본다. Hebblethwaite, *Pope John Paul II and the Church*, 108.
13. Martin, *Rich Church, Poor Church*, 39; Gollin, *Worldly Goods*, 465. Mennini의 아들 중 하나는 Jesuit 사제이며 딸 하나는 수녀였다. See generally Raw, *The Moneychangers*, 64.
14. Lai, *Finanze vaticane*, 107, n. 24.
15. See Pollard, *Money and the Rise of the Modern Papacy*, 189; Chernow, *The House of Morgan*, hardcover, 286.
16. Grilli, *La finanza vaticana in Italia*, 61.
17. See John Lukacs, "The Diplomacy of the Holy See During World War II: Review Article," *The Catholic Historical Review* 60, no. 2 (July 1974): 273; and Pollard, *Money and the Rise of the Modern Papacy*, 192, citing APSS (Ambasciata presso la Santa Sede), pacco 71, memorandum to the minister, 4 and 24, November 1942.
18. Nogara의 절친한 관계를 이룬 소수의 사람들 이외에, 두 번째 부류가 있어서 더 작지만 여전히 상당한 영향력을 행사하는 자들이 있었다. 어떤 자들은 바티칸 내부에서 일했으며, 몇몇은 교회 밖에서 어떤 공식적 주선 없이도 Nogara를 대표했다. 그들에는 다음 사람들이 포함되었다. Carlo Pacelli의 두 명의 조카인 Marcantonio Giulio Pacelli, Baron Francesco Maria Oddasso, Nogara의 SNIA Viscosa(이탈리아 최대 섬유업체)의 이사, Luigi Gedda, Catholic Action의 전 회장은 Nogara의 내부자이며 Antonio Rinaldi, Apostolic Chamber의 부회장이며 바티칸은행과 영업하는 개인금융회사 회장이었다. 또 Nogara의 오

랜 친구들이 있었다, Vittorio Cerruti, Giovanni Battista Sacchetti, Count Enrico Galeazzi, Count Paolo Blumensthil(그의 아버지 Colonel Bernardino Blumensthil은 바티칸의 마지막 교황군을 지휘했다. 1906년 해체되었다). See Romano, *Giuseppe Volpi*, 46-47; Grilli, *La finanza vaticana in Italia*, 27, 97, 135; Martin, *Rich Church, Poor Church*, 39; "Who's Who in Fascist Italy," December 26, 1942, RG 226, Box 4, File 174, NARA.

19 Pallenberg, *Inside the Vatican*, 188; Lai, *Finanze vaticane*, 14, 17; see Hachey, *Anglo-Vatican Relations*, 202, 226; and Chernow, *The House of Morgan*, hardcover, 286.

20 Gollin, *Worldly Goods*, 466-67.

21 Gollin, *Worldly Goods*, 467.

22 Pollard, *Money and the Rise of the Modern Papacy*, 207.

23 Grilli, *La finanza vaticana in Italia*, 131-32, 159-60.

24 Martin, *Rich Church, Poor Church*, 53.

25 Lai, *Finanze vaticane*, 18.

26 Ibid., 20; see also Martin, *Rich Church, Poor Church*, 52-53.

27 Grilli, *La finanza vaticana in Italia*, 91-92, 102; Pollard, *Money and the Rise of the Modern Papacy*, 207.

28 회사들의 소유지분을 사는 것 이외에 바티칸은 역시 채권을 샀는데, 정부 이탈리아 정부 소유의 석유가스 기업인 Ente Nazaionale Idrocarburi 같은 채권이었다. 1950년 즈음에는 교회는 이탈리아 채권투자에서 나오는 이자로 매년 3,000,000달러를 벌었다. See Martin, *Rich Church, Poor Church*, 52-54.

29 Lai, *Finanze vaticane*, 20, citing Lai interview with Massimo Spada, March 7, 1979; Lo Bello, *The Vatican Empire*, 100.

30 Ernst A. Lewin, "The Finances of the Vatican," *Journal of Contemporary History* 18, no. 2 (April 1983): 195; Grilli, *La finanza vaticana in Italia*, 116, 119-20, 122-23; see also Horne, "How the Vatican Manages Its Money," 80.

31 "Italy: Hens Nesting on Rocks," *Time*, September 19, 1969.

32 Romano, *Giuseppe Volpi*, 238. See also "German Penetration into European Insurance," Economic Advisory Branch, Financial Investigative Branch, RG 260, Box 651, file 390/46/1, 6-7; Supplementary Reports, June to October 1946, RG 260, OMGUS Records, Property Division, Box 647, file 742, 1-5.

* Volpi는 전후 파괴된 이탈리아 보험산업을 복구하려면 한 세대가 걸릴 것으로 생각했다. 그러나, 연합국은 보험을 포함한 모든 산업들이 냉전으로 인해 빨리 부흥되기를 원했다. 이탈리아와 독일 내에서 개인부문은 공산당이 있는 나라들에서는 전후의 빈곤과 경제적 마비라는 끔찍한 이야기를 활용해서는 이윤을 얻을 수 없다는 것을 확신시키는 최상의 방법이었다. 연합국은 1947년 이탈리아인들에게 사기업에 대한 감독을 포기했다. 제네랄리는 다시 일어나 몇 달 후 영업을 재개했으며, 그 모든 자산은 미국회사들에 의해 재보험되었다. 비록 미군 사령부가 새로운 제네랄리 지도부가 몇몇 강경 파시스트로 이루어진 것을 불평했지만, 더이상 이것에 대해 관할권을 갖지 못했다.

33 Nogara와 그의 금융 관리자들은 전후 시대를 준비하는 동안, Pius 역시 가톨릭교에 대한 영구적 표지를 만들려고 했다. 1950년, 그는 **지극히 관대하신 하나님**(*Munificentissimus Deus*), 즉 성모승천(Assumption of Mary)의 교리를 발표했다. 이는 하나님이 예수의 모친의 육체를 하늘로 들어올렸다는 선언이다. 이 교리는 수 세기 전부터 논의 되었으나 다른 교황들에 의해 거부되었다. 왜냐하면, 성경이 이를 뒷받침하지 않기 때문이었다. 비오는 결정적으로 교황의 무오류성 교리를 적용하여 이 문제를 해결했다(어떤 다른 교황도 믿음의 문제에서는 무오류성을 주장하지 않았다). 4년 후, 그의 회칙 *Sacra Virginitas*에서 교황은 마리아가 그 처녀성이 결혼으로 더 완벽해졌다는 개념을 언급했다. See *Sacra Virginitas*, March 25, 1954, http://www.vatican.va/holy_father/pius_xii/encyclicals/documents/hf_p-xii_enc_25031954_

sacra-virginitas_en.html . See generally Hoffman, *Anatomy of the Vatican*, 21.
34 Martin, *Rich Church, Poor Church*, 57.
35 Grilli, *La finanza vaticana in Italia*, 131, 139-41.
36 1944년의 추기경 말리오네의 사망 이래 공석이었던 직을 비오의 엄격한 감시 아래 몬티니와 도멘니코 타르디니 경이 공동으로 그 직을 이어받았다.
37 Steinacher, *Nazis on the Run*, 106.
38 Martin, *Rich Church, Poor Church*, 57-58.
39 Hoffman, *Anatomy of the Vatican*, 136.
40 "New Cardinals Receive Symbolic Hats from Pope," *The Boston Globe*, January 14, 1953, 8.
41 Pius는 그의 국무총리보 Monsignor Tardini를 제외시켰다. 1953년 1월 12일의 몇몇 추기경의 모임에서, Pius는 자신이 Montini 와 Tardini 양인을 지명하기를 원했으나 그들이 거절했다고 말했다. 그들의 결정은 "그들의 덕에 대한 뚜렷한 증거"라고 그는 말했다. 교황청의 누구도 이 두 사람이 자발적으로 추기경이 되는 기회를 거절했다고는 믿지 않았다. Hoffman, *Anatomy of the Vatican*, 112.
42 Francis Xavier Murphy, "City of God," *The Wilson Quarterly* 6, no. 4 (Autumn 1982): 105.
43 See Roland Flamini, *Pope, Premier, President* (New York, Macmillan, 1980), 166-67; Michael Novak, *The Open Church* (New Brunswick, NJ: Transaction, 2002), 31-32. 이론상으로는 어떤 가톨릭 신자도 콘클라베에서 교황으로 섬길 수 있도록 선출될 수 있다. 하지만, 마지막 비추기경, Urban 6세는 1378년에 뽑혔고, 그의 선택은 교회분열(Western Schism)로 이어져, 정통성을 두고 Clement 7세와 싸워야 했다.
44 Lo Bello, *The Vatican Empire*, 22.
45 Pollard, *Money and the Rise of the Modern Papacy*, 146; Lo Bello, *The Vatican Empire*, 29.
46 Martin, *Rich Church, Poor Church*, 52-56.
47 See generally Raw, *The Moneychangers*, 52. Ceramica Pozzi (예전에는 Pozzi-Ginori)에서, Paolo Nogara가 Prince Marcantonio Pacelli와 함께 일했다. 황태자 Pacelli는 그 회사에서의 교회의 투자를 대표했다. Paolo 역시 바티칸이 투자했던 화학회사에서의 일련의 이사회에서 일했다.
48 Grilli, *La finanza vaticana in Italia*, 114-15, 156-57.
49 Grilli, *La finanza vaticana in Italia*, 114-15.
50 Arnaldo Cortesi, "Pope over Crisis, His Doctors Feel; New Therapy Set," *The New York Times*, December 5, 1954, 1; Lehnert, *His Humble Servant*, 155.
51 Pascalina는 후일에 Niehans에 대해 칭찬의 글을 썼다. See generally Lehnert, *His Humble Servant*, 154-58, 179.
52 Sister Pascalina는 그녀의 회고록에서, Pius의 "심각한 병" "그의 위가 모든 음식을 거부했던" 것에 대하여 썼다. 그는 날마다 메스꺼움과 "계속적이고 아주 쇠약하게 만드는 딸꾹질"로 괴로움을 당했으며, "오직 한숨을 돌리는 유일한 때가 30분 정도의 낮잠을 잘 때였다." Lehnert, *His Humble Servant*, 155.
53 Hoffman, *Anatomy of the Vatican*, 22-23.
* 바티칸 내의 누구도 갈리찌-리시가 교황의 건강과 때로는 신문과 잡지들을 위한 어떤 일반적인 교회 가십거리에 대한 비밀스런 정보원이었음을 알지 못했다. 많은 자들이 그에게 정기적인 의뢰비용(retainer)을 댔다. Paul Hoffman은 당시 「뉴욕 타임스」의 로마 데스크의 쥬니어 기자로, 그의 로마 사무실 가운데서 그 의사의 "의뢰비용 수수료 봉투"를 떨어뜨렸다. "전화시에는 그는 자신을 언제나 '딕'(Dick)으로 소개했다. 왜냐하면, 바티칸의 전화는 교황청 경찰에 의해 도청되고 있었기 때문이었다." 훗날 Hoffman이 쓴 글이다. 「뉴욕 타임스」는 "그가 다른 고객으로부터 더 많은 그런 봉투들을 받고 있었는지를 그 당시에는 몰랐다."
54 Niehans은 교황에게 무엇이 그의 위에 문제를 일으키는지를 조사하는 탐색적인 수술을 받지는 않을

것임을 확신시켰다. 대신에 Niehans는 자신의 특별히 조제한 주사약과 수혈의 조합으로 다스렸다. Lehnert, *His Humble Servant*, 158.

55. Lehnert, *His Humble Servant*, 156-57.
56. 그때 쯤에, Niehans는 자신의 스위스 진료실을 만들었고, 세계적으로 자신의 제품을 선적했다. 그가 1981년에 죽었지만, 그의 이름을 딴 진료실이 번성했다. 웹사이트 http://www.paulniehans.ch/clinic.htm에서, Clinic Paul Niehans은 "당신의 몸을 다시 젊게 만들고 활력을 줄 수 있다"고 주장하며, 유명한 환자로는, 교황 Pius 12세, Charlie Chaplin, 사우디 왕 Ibn Saud 독일 재상 Konrad Adenauer를 인용한다.
57. Niehans은 돌아와 1958년 10월 비오를 치료했다. 그는 교황의 마지막 날에 그곳에 있었다. Pascalina "Niehans never left the bedside." Lehnert, *His Humble Servant*, 187, 190, 192.
58. Robert A. Ventresca, *Soldier of Christ: The Life of Pope Pius XII* (Cambridge: Harvard University Press/Belknap Press, 2013), 294. "나는 어느날 갑자기 죽을 것이다. 나는 내 언약을 썼던 것을 기뻐한다...나는 하나님께 하루를 구했다." Lehnert, *His Humble Servant*, 164.
59. Sister Pascalina는 후일에 어떻게 그녀와 몇몇 다른 교황의 절친이 교황의 어떠함을 보려고 시도했으나 실패했는가를 설명했다. "다음 날은 일요일이었다. 기대에 가득차 그 정경을 보기를 바라며 우리는 정원으로 나갔다. 하지만 실망한 채 집으로 돌아왔다. Lehnert, *His Humble Servant*, 136. See also Hoffman, *Anatomy of the Vatican*, 20-21.
60. Ventresca, *Soldier of Christ*, 292-93.
61. See for example Cortesi, "Pope over Crisis, His Doctors Feel; New Therapy Set," 1.
62. 비록 시신방부처리가 바티칸의 전통과는 어긋나지만, Dr. Galeazzi-Lisi는 추기경 Tisserant을 설득하여, Pius가 은밀하게 자신에게 이를 하도록 권한을 주어, 그 의사의 맹세에 따르면, 예수를 위해 썼던 동일한 고대 방식의 방법을 사용했다. 하지만 그는 약초 화학적 준비를 망쳤다. Pius의 시신이 아직 죽은 자리인 Castel Gandolfo에 있는 동안, 그는 시신을 플라스틱으로 싸서, 역겨운 냄새를 적게 하려고 시도했지만 실패했다. 여름 궁전에서 로마로의 공개 진행 동안, 비오의 가슴은 폭발했고 시신의 일부가 놀란 군중 앞에서 떨어져 나가기 시작했다. 시신을 밤새워 수습한 후인 다음날, 비오는 베드로광장의 거대한 관대에 투명한 피복을 입고 누웠다. 수천 명이 천천히 경의를 표하고 지나갈 때 노란색과 회색 반점이 비오의 얼굴에 나타났다. 썩는 냄새가 너무 강해 스위스 경비대의 하나는 졸도했다. 밤에 군중이 떠나고 없자, Galeazzi-Lisi는 사다리를 타고 올라가 더 많은 자신의 약초제조물을 부었다. 쓸모가 없었다. 관은 봉인되어야 했고 더 큰 납관에 안치되었고, 그 후 별다른 일 없이 묻혔다. Galeazzi-Lisi는 자신의 실패한 방부처리를 더 심각하게 한 것은 죽은 교황의 사진들과 자신이 주장하는 비오의 삶의 마지막 나흘 간의 자신의 일기를 Paris Match에 팔았다는 점이다. 이탈리아의료협회는 "오명스런 행위"로 인해 그를 추방했다. 가톨릭교회도 그를 비난했다. 하지만 그는 믿을 수 없게도 자신의 의료면허를 주장했다. 자신에 대한 행정 절차의 기술적 결함의 이유를 댔다. "Funeral of Pope Pius XII and Coronation of John XXIII," 1958, DO 35/8036 (reference prior department CON 221/1), National Archives, Kew, UK; see generally Hoffman, *Anatomy of the Vatican*, 23-26; Cornwell, *Hitler's Pope*, 356; and Murphy, *La Popessa*, 15-16.
63. Flamini, *Pope, Premier, President*, 31; Cooney, *The American Pope*, 258; see also Arnaldo Corteri, "Cardinal Roncalli Elected Pope; Venetian, 76, Reigns as John XXIII," *The New York Times*, October 29, 1958, 1.
64. Peter Hebblethwaite, *The Year of Three Popes* (Cleveland, OH: William Collins, 1978), 73-74.
65. 베니스가 공화국이었을 때, 그 최고 성직자는 교부(Patriarch)의 직책으로 불렸다. 이 직책이 교황 제국의 날들부터 오늘날까지 이어지고 있다. "Elections of Popes John XXIII and Paul VI; visit of Archbishop of Canterbury to Rome, 2 December 1960," 1958-1963, PREM 11/4594, National Archives, Kew, UK.
66. Reese, *Inside the Vatican*, 95.
67. Cooney, *The American Pope*, 260; see also Flamini, *Pope, Premier, President*, 41. 계속적인 음모 이론이 콘

클라베로부터 나왔다. 이것은 추기경 Siri가 사실상 선출되었고, 그런 다음 교황이 되는 것이 허락되지 않았거나 무슨 분명하지 않은 이유로 그 자리를 수용하기가 두려워했다는 것이었다. 소위 Siri Thesis은 Sirianist로 불리는 가톨릭의 전통주의자들의 작은 패거리에 의해 촉진되었다. 이들은 Roncalli의 선출은 개혁 지향적인 제2차 바티칸공의회를 요청함으로써 교회를 자유화한 것이라 믿는다. "시리가 선택되었다는 논제"는 둘째 날의 한 투표 이후 흰 연기에 대한 여러 회의록 일부, 부정확한 이탈리아신문의 설명에 바탕을 두었다. 이는 자체 발간 책부터 유튜브 비디오까지 어느 곳에서나 반복되어 왔다. 일부 옹호자들은 그 이론을 지지하기 위해 여전히 비밀 분류된 FBI 보고서들(독립적인 열람은 편의상 가능하지 않다)을 인용한다. 다음 세 번의 콘클라베가 있던 1963년과 1978년(그해 두번), Siri는 첫 투표에서는 최고 득표를 얻는 자였다. See Reese, *Inside the Vatican*, 78, 85, 91, 93, 95.

68 Flamini, Pope, Premier, President, 41; "Religion: I Choose John . . . ," *Time*, November 10, 1958.
69 "Religion: I Choose John…," *Time*.
70 Hoffman, *Anatomy of the Vatican*, 111-12.
* 1944년 Roncalli는 이스탄불에서 암호 전신을 받았는데, 이는 그에게 해방된 파리 주재 대리대사로의 임명이었다. 믿을 수 없어 그는 로마로 달려가서 국무원의 Tardini 경을 만났다. 그가 물었다. "당신 미쳤소? 어떻게 당신이 나에게 그런 어려운 자리를 맡으라고 요구할 수 있소?" 보통은 입심 좋은 탈디니가 한동안 말없이 그를 바라보더니 대답했다. "당신보다 여기 우리 모두가 더 놀랐음을 당신도 알 것이요."
71 Flamini, *Pope, Premier, President*, 48.
72 Wynn, *Keepers of the Keys*, 17-18; Flamini, *Pope, Premier, President*, 48-49.
73 Cornwell, *Hitler's Pope*, 325.
74 Sereny, *Into That Darkness*, 323, note.
75 Wilton Wynn, *Keepers of the Keys: John XXIII, Paul VI, and John Paul II—Three Who Changed the Church* (New York: Random House, 1988), 17-18.
76 Flamini, *Pope, Premier, President*, 19.
77 Lehnert, *His Humble Servant*, 189.
78 한 해설(Murphy, *La Popessa*, 301)은 Pascalina가 Tisserant를 쳤다고 전한다. See also Hoffman, *Anatomy of the Vatican*, 137--38; and Cooney, *The American Pope*, 262.
79 Spellman quoted in Cooney, *The American Pope*, 261.
80 John XXIII 는 바티칸 일간지 *L'Osservatore Romano*에게 명하여, 자신을 "빛나는 거룩한 아버지," "최고의 교황"으로 지칭하지 말고, 대신에 더 간단한 "교황"을 사용하라고 했다. "Religion: I Choose John…," *Time*.
81 Hoffman, *Anatomy of the Vatican*, 27.
82 Wynn, *Keepers of the Keys*, 236.
83 Patrick Allitt, "Catholics and the New Conservatism of the 1950s," *U.S. Catholic Historian* 7, no. 1, "Transitions in Catholic Culture: The Fifties" (Winter 1988): 15-37. The U.S. intelligence report is from Cooney, *The American Pope*, 278-79, citing memorandum, CIA staff report, "Change in the Church," No. 27-63, May 13, 1963.
84 Flamini, *Pope, Premier, President*, 14-17.
85 교황 John은 이탈리아 선거에서 기독민주당을 위해 교회를 움직여야 한다는 보수주의자들로부터의 지속적인 간청을 거절했다. 남미에서 John은 미국의 지지를 받고 있는 일부 전제정부에 대해 주교들의 비평을 허락했다. Spellman이 니카라과를 방문했을 때, 교황은 개인적으로 뉴욕 추기경이 우익 독재자 Anastasio Somoza와 어떤 사진도 찍지 말기를 부탁했다. Spellman은 이 지시를 묵살했으며, Somoza와 함께 사진이 찍혔을 뿐만 아니라 독재자와 함께 우편에 사용할 수 있는 자신의 초상권을 허락해 주었다.

"Visit by Cardinal Spellman, Archbishop of New York to Nicaragua," Code AN File 1781, FO 371/139625, National Archives, Kew, UK.

86 "Nogara, 88, Directed Vatican's Finances," 「The New York Times」, November 16, 1958, 88.

87 See for instance "Bernardino Nogara," The Boston Globe, November 16, 1958. The Globe는 다른 많은 신문이 그러하듯, 노가라가 시공국 안에서의 25년 동안 무엇을 했는지 기술하는 데 어려움을 갖었다. 몇몇 부고란은 그를 몬시뇰(monsignor)로 잘못 언급했다. 역시 소수의 책과 기사는 노가라의 죽음에 추기경 Spellman에게 기인하는 말을 인용한다. 즉 "예수 그리스도 다음으로 가톨릭교회에 생겨난 가장 큰 일은 Bernardino Nogara." 하지만, 어떤 인용도 없다. 추기경의 포괄적인 자서전(The American Pope)에서, John Cooney는 이를 반복하지 않으며, John Pollard 역시 그의 책(Money and the Rise of the Modern Papacy)은 Nogara를 대단하게 있지만, 그렇게 말하지 않는다.

88 R. García Mateo, Rafael Wirth, and J. M. Puig de la Bellacasa, "Las finanza del Vaticano," El Ciervo 19, no. 198 (August 1970): 10-11.

89 Francis Xavier Murphy, "A Look at the Earth's Tiniest State," Chicago Tribune, August 31, 1982, 11; Murphy, "City of God," 104.

90 제1차 바티칸공의회는 Pius 9세에 의해 1864년에 개최되어 현대주의 운동 가운데서의 로마교회의 역할을 논의했으며, 교황은 신앙의 문제에 있어 무오류한 것인가를 다루었다. 교회 역사상 초기의 공의회(Ecumenical Councils) - 한 번은 부활절을 정하기 위해 325년에, 또 한 번은 마리아의 성모 선언을 위해 431년 - 는 모든 주교들이 로마에 모일 것을 요구하지 않았다.

91 Cornwell, Hitler's Pope, 361. 제2차 바티칸공의회는 가장 뜨거운 그러면서 수 세기 동안 가톨릭 예식의 보증마크가 된 반유대적 표현의 일부 제거로 이어졌다. 많은 전통주의자들은 그 변화를 싫어했으며, 그것의 제거는 믿음을 연약하게 했다고 주장했다. 몇몇 보수적 회중은 새로운 규칙을 따르는 것을 거절했다. 프랑스 대주교 Marcel Lefebvre는 1970년에, 비타협적인 보수주의자들의 별도 분리 그룹인 Society of Saint Pius X (SSPX)을 인도했다. Lefebvre는 2009년에 파문당했지만, 교황 Benedict 16세는 사적으로 그 파문을 번복했다.

92 "Pope Acts to Unite All Christians: Summons First Ecumenical (World-Wide) Council in Nearly a Century," The Boston Globe, January 26, 1959, 1.

93 Wynn, Keepers of the Keys, 153.

94 Lai, Finanze vaticane, 35.

95 Lewin, "The Finances of the Vatican," 187; Lo Bello, The Vatican Empire, 96-97. 바티칸의 부동산 보유가치의 최상의 평가중 하나는 대부분 공개자료에 의해 외국의 교구들이 갖는 부동산을 제외한, International Herald Tribune에 의한 1978년 조사이다. 이 신문은 360억 달러(2014년 달러로 1,760억 달러)의 가치를 매겼다. 1985년, 「뉴욕 타임스」 기자 Paul Hoffman은 로마교회가 로마시 범위 내에서 모든 땅의 20% 모든 빌딩의 25%를 소유하고 있다고 보도했다. Hoffman, Anatomy of the Vatican, 171.

96 Raw, The Moneychangers, 51; Lo Bello, The Vatican Empire, 97.

제14장

1 Anonymous business colleague of Sindona quoted in Gordon Thomas and Max Morgan-Witts, Pontiff (Garden City, NY: Doubleday, 1983), 145.

2 Sindona의 아버지는 정규직을 갖는 데 어려움이 있었다. 그의 어머니는 병약했다. 신도나의 외할머니가

그와 그 형제들을 키웠다. Raw, *The Moneychangers*, 56.

3   Galli, *Finanza bianca*, 65. 작가 John Cornwell은 전후 즉시 Sindona는 "곡물의 부당한 거래를 했는데, 섬 시실리에 대한 연합국 군부의 우호적 묵인으로." 그리했다. Cornwell, *God's Banker*, 36. Cornwell은 그 주장에 대한 인용을 제시하지 않으며, 본 필자는 이를 지지할 문서적 증거를 발견하지 못했다.

4   Luigi DiFonzo, *St. Peter's Banker: Michele Sindona* (New York: Franklin Watts, 1983), 13-14, 22.

5   Jennifer Parmelee, Untitled, *Associated Press, International News, Rome*, BC cycle, May 18, 1986.

6   Gianni Simoni and Giuliano Turone, *Il caffè di Sindona: Un finanzieri d'avventura tra politica, Vaticano e mafia* (Milan: Garzanti Libri, 2009), 33-34; see also Galli, *Finanza bianca*, 72.

7   Hoffman, *Anatomy of the Vatican*, 189.

8   Hoffman, *Anatomy of the Vatican*, 190.

9   DiFonzo, *St. Peter's Banker*, 31; Thomas and Morgan-Witts, *Pontiff*, 146. 일부 작가들, 예컨대, Charles Raw(*The Moneychangers*)는 Sindona가 1958년까지는 Spada를 만나지 않았다고 믿는다. 하지만 그들의 서신은 그보다 앞선다.

10 Giorgio Montini was a member of the Partito Popolare.

11 Nick Tosches, *Power on Earth* (New York: Arbor House, 1986), 22; see also Galli, *Finanza bianca*, 65.

12 Murphy, "City of God," 111. 역사가 Carlo Pellegrini Bellavite는 2002년의 『Banco Ambrosiano의 역사』(*Il caso del controllo del Banco Ambrosiano*)라는 책에서, "Montini는 Sindona에 대해 좋은 인상을 받았다. 두 사람처럼 서로 다른 자들을 발견할 수 없을 것이다. Montini는 한편으로 마른 모습, 금욕적, 마리탱의 제자 같고, 다른 인물은 차갑고 무자비한 시실리 금융인이었다." Cited in Galli, *Finanza bianca*, 69.

13 Michael Arthur Ledeen, *West European Communism and American Foreign Policy* (New Brunswick, NJ: Transaction, 1987); "Chief Italian Red Sees Rightist Plot," *The New York Times*, August 2, 1948, 3.

14 DiFonzo, *St. Peter's Banker*, 35.

15 비록 Montini와 Sindona가 거래조합의 통제를 위한 싸움에 몰두했던 것은 Secchia가 공산주의자였기 때문일지라도, 누구도 노동조합들을 좋아하지 않았다. Sindona의 생각으로는 그들이 국제적으로 경쟁하는 빠른 성장의 이탈리아 기업들을 절름발이로 만들고 있었다. Montini는 만일 그들이 너무 강대해지면 바티칸의 육체노동자들도 조직을 원하는 것은 시간 문제일 것이라고 두려워했다. 사실 1979년, 많은 바티칸 종업원이 Association of Lay Vatican Workers에 가입했다. 비록 조합들은 시공국 안에서 여전히 금지되어 있지만, 그 연합은 급료 인상, 노동 시간 조정 연금 권리에 대한 변화의 경우에는 핵심적인 협상력으로 쉽게 작용했다. DiFonzo, *St. Peter's Banker*, 34-35; Tosches, *Power on Earth*, 37.

16 "Italy: Beating the Cycle," *Time*, September 25, 1964; Malachi Martin, *The Final Conclave* (Briarcliff, NY: Stein & Day, 1978), 28; Galli, *Finanza bianca*, 72.

17 교황직을 맡은 지 3주 내에 교황 John은 372년의 역사를 깨고, 추기경단을 가장 큰 숫자인 70명으로 확대했다. 그의 교황 재직동안 그는 미국인 5명을 포함해 또 다른 15명을 더했다. 시니어 추기경들은 이 확대 조치를 좋아하지 않았다. 왜냐하면, 이는 자신들의 배타적 클럽을 묽게 하는 것이기 때문이었다. 비록 John이 필리핀과 일본에서 첫 추기경을 임명하여 가끔 개혁자로 보이지만, 추기경단은 20세기 이래로 그 어느 때보다 그 아래서 더욱 이탈리아적이 되었다. 그는 역시 교황청 관리가 되는 추기경의 수를 1/3만큼 늘렸다.

18 Account of unnamed priest recounted in DiFonzo, *St. Peter's Banker*, 35.

19 Martin, *Rich Church, Poor Church*, 59.

20 David Yallop, *In God's Name: An Investigation into the Murder of Pope John Paul* (New York: Carroll & Graf, 2007), 97-98; Paul L. Williams, *The Vatican Exposed: Money, Murder, and the Mafia* (Amherst, NY: Prometheus Books, 2003), 100-1.

* 어떤 출처 불명의 공개보고서는 CIA가 신도나의 퇴직자 수용시설 자금의 원천으로 말한다. Victor Marchetti, 논란의 전 CIA 장교인 그는 미정보부가 케네디 대통령을 죽였다는 이론을 주창한 자로, 추측하기를, 그 돈이 CIA에서 나왔다는 "가능성이 있다"고 했다. 비록 그의 증명되지 않는 주장이 이탈리아 신문에서 상당한 호응을 얻었지만, 필자는 이를 지지할 믿을 만한 증거를 발견하지 못했다. 1970년대에 Victor Marchetti는 CIA가 교황 Paul 6세에게 그의 교황직에 영향을 끼치기 위해 비밀스런 지불금을 보냈다고 보고했다. 교회는 이를 "터무니 없는 거짓"으로 무시했다. 20

21 1958년과 1965년 사이에 이탈리아 가정의 TV 보유 비율은 12%에서 49%로, 냉장고는 13%에서 55%로, 세탁기는 3%에서 23%로 올랐다. Paul Ginsborg, *A History of Contemporary Italy: Society and Politics,* 1943-1988 (Basingstoke, UK: Palgrave Macmillan, 2003), 239; see also William Easterly, "Reliving the 1950s: The Big Push, Poverty Traps, and Takeoffs in Economic Development," *Journal of Economic Growth* 11, no. 4 (December 2006): 289-318; see also Cornwell, *God's Banker,* 33.

22 Galli, *Finanza bianca,* 72-73; see also Thomas and Morgan-Witts, *Pontiff,* 146.

23 Simoni and Turone, *Il caffè di Sindona,* 34-35.

24 Nogara가 만든 SNIA Viscosa 섬유기업 - Sindona가 법적 일을 감당했다 - 은 10%의 BPF의 주식을 샀다. 또 다른 10% 주식은 Sindona의 친구, Tito Carnelutti에게 갔다. 그는 Banque de Financement of Geneva의 소유주였다. See generally Martin, *Rich Church, Poor Church,* 59; and Tosches, *Power on Earth,* 44-45.

25 Cornwell, *God's Banker,* 38; DiFonzo, *St. Peter's Banker,* 37-38. Sindona는 거래에 있어 자신의 고객의 신분을 지키기 위해 변호사-고객의 비밀 보호 특권을 적극적으로 활용했다.

26 Simoni and Turone, *Il caffè di Sindona,* 34-35; DiFonzo, *St. Peter's Banker,* 38-42; as for Di Jorio's role, see Lai, *Finanze vaticane,* 38-39.

27 Tosches, *Power on Earth,* 47.

28 The two Liechtenstein firms were Ravoxr A.G. and Tuxanr A.G. See generally DiFonzo, *St. Peter's Banker,* 56-57; Martin, *Rich Church, Poor Church,* 59.

29 "Italy: Beating the Cycle," Time.

30 Simoni and Turone, *Il caffè di Sindona,* 33.

31 Tosches, *Power on Earth,* 60-61.

32 Tosches, *Power on Earth,* 53.

33 Tosches, *Power on Earth,* 118; Simoni and Turone, *Il caffè di Sindona,* 3536.

34 마피아에 카르텔에 의한 Sindona의 후원은 증명되지 않지만 자주 반복된다. Larry Gurwin의 *The Calvi Affair*에서는, Vito Genovese가 모든 시실리 조직폭력배 가정들을 대표해서 Sindona를 점찍어 제2차 세계대전의 마지막 몇 년 동안 암시장 농산물 사업을 운영하도록 했으며, 그에게 종잣돈을 주었고 그의 경력을 변호사로서 세웠으며 동시에 신도나에게 영원히 마피아에게 빚지도록 했다(페이지10). Paul Williams는 *The Vatican Exposed*에서, 로마교회와 연결해서 주장하기를, Sindona는 Messina의 대주교에 의해 Genovese에게 소개되었다고 했다(페이지104). 성직자들이 폭력단에 개입되었지만, - 4명의 프란치스코 수도승이 1962년에 시실리 마피아의 일원이 된 것으로 유죄를 선고받았으며, 로마 St. Angelo's Cathedral의 원장이 1978년에 자신의 마피아 가정을 위해 보석금을 세탁한 혐의로 유죄 판결을 받았다 - 어떤 범죄적 성직자들과 신도나의 연계에 대한 믿을 만한 증거는 없다. 1972년, Jack Begon, ABC의 비상근기자가 한 이야기를 제출했는데, 1957년 신도나가 Palermo's Hotel et des Palmes의 펜트하우스에서 지도급의 Mafiosi와의 정상회담에 참석했다는 것이다. 추정컨대, 그를 가입시킨 자들은 폭력단의 태두들로, 여기에는 Lucky Luciano, Joseph Bonanno, Carmine Galante, 제노바의 대표자들인 Lucchese와 Gambino 가문들이었다. 그 회담에서, Begon에 따르면, 폭력단 두목들은 이 젊은 변호사에게 "유럽 북남아메리카에서의 투자를 위해 마약 거래의 수익금에 대한 전적인 통제권"을 주었다. Begon의 주장은 다음 해에 어

떤 익명의 Mafiosi가 자신을 납치하고 심문해서 그의 정보원을 알아냈다는 것이다. 한 조사 후 이탈리아 당국은 결국 Begon을 그 자신의 납치 조작과 ABC로부터 5천 달러의 횡령 혐의로 고발했다. 로마법정은 그에게 어떤 범법적 법적 책임으로부터 무죄를 선언했으나, 대부분의 저널리스트는 Begon의 이야기를 연구한 후 이를 사실이 아닌 것으로 묵살했다. Nick Tosches, *Power on Earth*는 여기에 속한 전형적인 자로, 그는 이를 "환상적" "위작의 역사"로 불렀다. 여전히 다른 필자들, 예컨대, Luigi DiFonzo, *St. Peter's* Malachi Martin, *Rich Church*, *Poor Church* 는 어떤 경고도 없이 이 이야기를 반복했다. Williams 는 *The Vatican Exposed*에서, 폭력단이 주문했던 식품과 술의 목록까지도 제시할 정도이며, 그 밤에 "La Costra Nostra가 존재하게 되었다"고 말한다. 반면에 전후 농산물 이야기와 Hotel et des Palmes 얘기는 거짓으로 보이지만, 그 이야기들은 널리 퍼져서, 많은 사람이 신도나와 마피아의 연계를 논쟁할 것 없는 사실로 단순하게 받아들였다. 하지만 신도나와 지하범죄 연계의 가능성에 대한 하나의 풀리지 않는 문제가 있다. 1967년 11월 1일, Fred J. Douglas, Washington, D.C.의 인터폴 대장이 밀라노 경찰에 한 통의 편지를 보냈다. 이는 네 사람에 대한 질의로, 신도나 그의 신임받는 미국인 경영진의 하나요 회계사인 Daniel Porco가 포함되었다. 그 질의의 내용은 그 사람들이 "이탈리아와 미국 여타 유럽 지역에서 진정제, 흥분제 환각제의 불법적 암거래에 개입되어 있다"는 것이었다. Sindona에 관해서 생겨난 모든 민형사 문제들을 궁극적으로 조사했던 이탈리아의 의회위원회의 최종보고서에 따르면, "밀라노의 그 감독자가 관료적 형식의 편지로 응답했는데, 이는 Porco와 Sindona 사이의 사업적 관계를 인정하는 것이나, 그러나, '우리에 의해 진행된 조사의 지위에 기초해서, 여기에 언급된 자들, 특별히 Porco와 Sindona가 이탈리아와 미국 간의 마약 거래에 개입하고 있다고 말하는 아무 증거가 없다'고 단정적으로 결론을 내렸다." 밀라노 경찰이 공식적 조사를 개시했으며, 몇 가지의 우연한 질의를 묻고 그들이 받았던 부인에 대한 신뢰를 의지하는 것 이상을 했다는 조짐은 없다. (Relazioni di Commissioni Parlamentari di Inchiesti, Relazione conclusiva della Commissione parlamentare d'inchiesta sul caso Sindona e sulle responsabilità politiche ed amministrative ad esso eventualmente connesse, VIII legislatura-Doc. XXIII n. 2-sexies, Relazione conclusive di maggioranza, relatore on. Giuseppe Azzaro, Rome, March 24, 1982, 163.) 1970년대 후반, 신도나의 제국이 무너지고 그가 금융 범죄들로 인해 투옥되었던 후, 몇몇 갱들, 예컨대 Francesco Marino Mannoia와 Antonino Giuffrè가 마약 거래에 그를 연루시켰다. 그런 설명들은 분명히 받고 있는 혐의의 경감 조건이거나 검찰이 생각하는 진짜 배후인물이 되는 혐의자들로부터 그 조사의 방향을 바꾸려 하기 위함이다. 1982년 1월, 신도나는 역사상 당시에 가장 큰 헤로인 밀수 사건에서 이탈리아 내에서 기소된 470명의 하나였다. 하지만 그에 대한 혐의는 재판 시작전에 기각되었다. 그 증거가 전적으로 한 갱두목의 설명에 의존했기 때문으로, 그는 부분적으로 그 금융인을 지목하여 자신의 자유를 살리려고 했던 자였다. 1985년, 신도나는 감옥에서, 작가 Nick Tosches에게 다음처럼 자랑했다. "나는 결코 마피아에 엎드리지 않았다…그들의 엄청난 노력에도, 협박에도 꿈에도 불구하고, 여기 미국의 검찰은 달리 말하는 한 사람의 Mafioso도 만들 수 없었다. 그들의 모든 통신감청에도 그들은 Michele Sindona가 언급된 것을 들었던 적이 없었다." Tosches, *Power on Earth*, 98, 240-42. Ivan Fisher, 유명한 뉴욕의 형사 피고변호사는 신도나를 대표해서 1979-1980년에 상소했다. Fisher는 당시에는 몇몇 마약 거래 두목들과 이탈리아 갱들을 대표하여 세간의 관심이 높은 변호사로 전문성을 쌓았던 자였다. 그는 1973년의 Pizza Connection, 당시의 가장 큰 헤로인 음모의 변호에서 수석 변호사로 있었다. "어느 정도는 나는 부정적인 인간이지만, 나는 신도나가 마약에 관여했거나 마피아의 일원이 아님을 안다. 내 정보는 그와 내가 논의했던 것 이상으로 형통하다. 정부는 그를 마피아와 엮으려고 했으나 이는 가능하지 않았다. 그는 뉴욕의 큰 갱들 일부를 알았다. 하지만 이는 그가 미국 내의 이탈리아인들에게는 록스타 같았기 때문이었다. 누구나 Michele과 같이 어울리기를 원했다. 하지만 그는 그들의 일원이 아니었다." Fisher의 말이다. Author interview with Ivan Fisher, June 19, 2013.

35 DiFonzo, *St. Peter's Banker*, 44; Simoni and Turone, *Il caffè di Sindona*, 34.

36 "Cardinal Canali Is Dead at 87; Administrative Head of Vatican," *The New York Times*, August 4, 1961, 21; Grilli, *La finanza vaticana in Italia*, 76.
37 Wynn, *Keepers of the Keys*, 47-48.
38 Hebblethwaite, *The Year of Three Popes*, 15.
39 Flamini, *Pope, Premier, President*, 96-98.
40 Flamini, *Pope, Premier, President*, 97-98.
41 Cooney, *The American Pope*, 278-79.
42 Flamini, *Pope, Premier, President*, 168-69; Cooney, *The American Pope*, 278.
43 Cardinal Siri quoted in Hebblethwaite, *The Year of Three Popes*, 142; see also Hoffman, *Anatomy of the Vatican*, 29.
44 Flamini, *Pope, Premier, President*, 162-63.
45 Victor L. Simpson, "Today's Topic: Inside the Conclave," *Associated Press, Vatican City*, P.M. cycle August 8, 1978.
46 Hoffman, *Anatomy of the Vatican*, 151-52; See also *Persona Humana*, Sacred Congregation for the Doctrine of the Faith, Declaration on Certain Questions Concerning Sexual Ethics, December 29, 1975; Franco Bellegrandi, *Nichitaroncalli: Controvita di un papa* (Rome: Edizione Internazionali di Letteratura e Scienze, 1994; Hoffman, *Anatomy of the Vatican*, 151; Author interviews with a U.S. diplomat stationed in Rome during 1975 to 1979, October 13, 2012; Author interview with an Italian priest who had worked for the Secretariat of State during Pope Paul VI's Papacy, June 5, 2006.

* 교황청 안팎에서 자주 반복되는 소문은 Montini가 게이라는 것이었다. 이것은 30년 전에 추기경 Pacelli를 두고 교황청 내부에서 퍼졌던 그런 부류의 음란한 잡담이 아니었지만, 이는 지속적인 이야기였다. 이를 퍼트린 자들은 장소와 시간에 대한 세부사항을 알고 있다고 주장하며, 몬티니의 오랜 연인이 이탈리아 배우 Paolo Carlini라고 말했다. 일부 성직자들은 그가 교황의 이름으로 Paul로 한 것은 칼리니에 대한 비밀스런 헌사 때문이며, Carlini는 그 뒤 교황의 아파트에 자주 방문했다. 1976년 Montini 곧 교황 Paul 6세는 전통주의자들과 동성애 권리 옹호자들에게 화를 내고, "성적 윤리에 관한 어떤 질문들에 대한 선언"을 승인했다. 이 선언에는 교회는 "과도적"인 것과 "치유불가한 동성애"를 구별했다. 프랑스의 인기 소설가 Roger Peyrefitte는 게이 운동가로, 매우 화를 내며 한 이탈리아 잡지에 말하기를, "교황이 남자 친구인 한 영화 배우를 가지고 있다. 나는 그 이름을 언급하지 않겠지만, 내가 매우 잘 아는 자다." 비록 Peyrefitte가 Carlini를 거명하지는 않았지만, 그 소문에 대한 공개 발표는 소동을 불러일으켜, Montini는 1976년 4월 18일 주일설교에서 이를 언급했다. 교황은 전례없이 직설적인 말로, Peyrefitte의 주장을 "무섭고 중상적인 풍유"로 일축했다. 이탈리아 경찰은 Peyrefitte의 인터뷰가 실린 주간지 사본들을 몰수해서 파괴했다. 바티칸은 교황을 위한 "위로의 날"을 별도로 정했다. 다음 해에 자비 출판의 책『니키타 론칼리, 교황에 대한 논쟁』(*Nichita Roncalli: Controvita di un papa*)에서 더 광범위한 주장이 Paul 6세를 겨누고 있었을 때 대중적 드라마는 훨씬 작았다. Franco Bellegrandi, 곧 '각하의 망토와 칼의 시종'(교황 시종)은 그의 주장하는 것이 Montini의 사생활에 대한 정통한 세부사항임을 폭로했다. 금융인 Michele Sindona는 1960년까지 Montini의 연인이 젊은 피후견인 Sergio Pegnedoli(후 추기경)이었다는 주장을 들었다. 하지만 그는 게이 소문에 대해 진실은 없다고 생각했다. 경찰청장 General Giorgio Manes은 반대했다. 훨씬 후 Manes는 *L'Espresso*에 말하기를, Montini가 그의 은밀한 생활에 대해 협박공갈을 받았을 때 그가 이탈리아 수상 Aldo Moro의 도움을 구했다고 했다. 소문의 진상이 무엇이든 간에 Montini의 사생활에 대한 오랜 소문은 1963년 교황 선출에 방해물이 되지 않았다.

47 Hoffman, *Anatomy of the Vatican*, 145-51. Sindona는 Macchi를 잘 알았고, 그가 야망이 있지만 비천한 영혼의 문지기라고 생각했다. "그는 모택동처럼 말하지만 루이 14세처럼 살고 있다." Sindona가 그에

대해 한 말이다. Tosches, *Power on Earth*, 51.
48 Thomas and Morgan-Witts, *Pontiff*, 31.
49 다른 추기경들은 Chicago의 Albert Meyer, St. Louis의 Joseph Ritter, Pittsburgh의 John Wright, Boston의 Richard Cushing이었다. Cooney, *The American Pope*, 280.
50 Reese, *Inside the Vatican*, 84; see also Giancarlo Zizola, *Quale papa?* (Rome: Borla, 1977).
51 봉인된 콘클라베가 외부에 발표되기 전에 CIA가 새로운 교황에 대한 소식을 알았다는 이탈리아 신문들의 보도는 어떤 논쟁을 낳았다. 이것이 CIA가 사도궁(Apostolic Palace)을 도청했다는 추측으로 이어졌다. Flamini, *Pope, Premier, President*, 173-74.
52 "Reign of 'Pope of Unity' Studded with Landmarks," *Chicago Tribune*, June 4, 1963, 8; Hoffman, *Anatomy of the Vatican*, 28.
53 Wynn, *Keepers of the Keys*, 126-27.
54 "Reign of 'Pope of Unity' Studded with Landmarks," *Chicago Tribune*, 8.
55 Hoffman, *Anatomy of the Vatican*, 30.
56 1966년에, Paul은 사도궁 위에 자신의 아파트로 직접 연결되는 지붕 정원을 만들었다. 이는 그가 신선한 공기를 필요로 할 때 더 많이 공개적인 바티칸 정원을 통할 필요가 더이상 없다는 뜻이었다. "Faceliftng Due on Papal Palace," *AP*, Vatican City, July 10, 1966.
57 Lewin, "The Finances of the Vatican," 193; Peter Hebblethwaite, *Paul VI: The First Modern Pope* (London: HarperCollins, 1993). See also Hoffman, *Anatomy of the Vatican*, 169.
58 Hoffman, *Anatomy of the Vatican*, 52.
59 Hoffman, *Anatomy of the Vatican*, 164-65.
60 "Vatican's Budget Is Vetoed by Pope," *The New York Times*, January 23, 1975. 「뉴욕 타임스」는 Paul 6세에 대해 다음처럼 보도했다. "그는 예산 문제에 있어 개인적 관심을 갖는 것으로 알려졌다. 그는 밀라노의 대주교 당시에 최고 행정가로서 명성을 얻었다."
61 David S. McLellan and Robert McLellan, "The 1963 Italian Elections," *The Western Political Quarterly* 17, no. 4 (December 1964): 671-89.
62 Martin, *Rich Church, Poor Church*, 53; Lo Bello, *The Vatican Empire*, 112.
* 비록 바티칸이 개인 기업체에 있어서 새 정부에 의한 점증하는 간섭의 정도를 염려했지만, 교회는 IRI 채권, 곧 이탈리아의 준국영 은행당국에 의해 발행된 부채의 가장 큰 투자자였다. 바티칸은행 역시 국영 기업 전화 독점사인 STET(Società Finanziaria Telefonica)의 지분을 가지고 있었다.
63 "Italy: Hens Nesting on Rocks," *Time*, September 19, 1969; DiFonzo, *St. Peter's Banker*, 59-64.
64 See generally Tosches, *Power on Earth*, 53-55.
65 Robert C. Doty, "Italian Collector's Treasures Include 2 American Companies," *The New York Times*, August 16, 1964, F1; see DiFonzo, *St. Peter's Banker*, 74, and Martin, *Rich Church, Poor Church*, 59.
66 Moneyrex의 법적 이름은 Euro-Market Money Brokers, S.p.A.이다. 이 회사는 신도나의 룩셈부르크 거점의 지주회사 Fasco에 의해 리히텐슈타인에서 법인이 되었다. See Raw, *The Moneychangers*, 58, and Tosches, *Power on Earth*, 139, 145; Parliamentary Commission of Inquiry into the Case of Sindona and Responsibilities and the Political and Administrative Connected To It, 41.
67 Gianni Simoni and Giuliano Turone, *Il caffè di Sindona: Un finanzieri d'avventura tra politica, Vaticano e mafia* (Milan: Garzanti Libri, 2009), 35, 162; Raw, *The Moneychangers*, 66-67, 331.
* 함브로스은행은 1848년 설립된 소수의 영국 상업은행들 중의 하나로, 1930년대부터 시작해서 Nogara가 의존했던 은행이었다. 함브로스는 Nogara의 은퇴 후에도 바티칸은행과의 긴밀한 관계를 유지했다. 스파다는 신도나를 그 은행 의장인 Jocelyn Hambro에게 소개했고, 그 두 사람은 친구가 되었다. 함브로스

는 신도나의 초기 거래, 예컨대, 내셔날시티뱅크(지금의 시티뱅크), 체이스내셔날뱅크(지금의 JPmormo Chase), 로스차일드&선스, Lazard Frères와 크레딧스위스 같은 거래의 불가결한 일부가 되었다.

68 Parliamentary Commission of Inquiry into the Case of Sindona and Responsibilities and the Political and Administrative Connected To It, n. 204, and June 23, 1981, n. 315, 26; DiFonzo, *St. Peter's Banker*, 75-84.
69 그의 가장 수익성 높은 두 은행은 밀라노의 Banca Unione 시실리의 Messina Banca이었다. Tosches, *Power on Earth*, 118; Simoni and Turone, *Il caffè di Sindona*, 35-36.
70 Banca Unione은 어떻게 Sindona나 바티칸과 휘말리게 되었는가 하는 전형적인 것이었다. 로마교회는 출판사 Giangiacomo Feltrinelli와 동등한 파트너였으며, 바티칸은행은 신도나가 그 은행을 사도록 자금을 제공했다. 교회는 20%의 지분을 보유했다. Luigi Mennini는 은행의 경영이사요, 이사회 멤버였다. Mennini 역시 신도나의 Finabank와 Banca Privata Finanziaria의 이사회 일원이었다. Tosches, *Power on Earth*, 118; Raw, *The Moneychangers*, 56-57.
71 Spada quoted in Raw, *The Moneychangers*, 57.
72 Hoffman, *Anatomy of the Vatican*, 189; Gurwin, *The Calvi Affair*, 12.
73 Ginder in *Our Sunday Visitor*, quoted in Gollin, *Worldly Goods*, 6. 1969년에, Ginder는 유아 포르노 소지 혐의로 체포되어 보호관찰 10년 형을 받았다. 그가 1976년에 책을 출판했는데, 여기서 그는 성에 대해 교회의 교리를 훼손시켰다. 이로 인해 그는 사제직에서 강제 퇴출당했다. 2년 후인 1978년, 그는 구속되 재판을 받았으며 두 명의 미성년 소년을 강간한 것으로 유죄 판결을 받았고, 4년 감옥형을 선고받았다. "5 Pittsburgh Priests Went to Prison," *Pittsburgh Post-Gazette*, February 28, 2004.
74 "Italy: Beating the Cycle," *Time*.
75 *Business Week, Part* 2, referring to an article "Italy: A Sicilian Financier" (New York: McGraw-Hill, 1972), 928; *Fortune, Volume* 88 (New York: Time Inc., 1973), 174; Doty, "Italian Collector's Treasures Include 2 American Companies," F1; Nick Tosches, *The Nick Tosches Reader* (Boston: Da Capo, 2000), 257. 몇 년 후인 1969년, 타임지는 Sindona에 대해 말하길, "누구도 그 나라의 옛 금융구조를 이보다 더 많이 흔들었던 적은 없었다. 세 개 대륙에 걸쳐 있는 그의 금융제국은 그로 하여금 무명인사에서 국제적 저명인사로 발돋움하게 만들었다." "Italy: Hens Nesting on Rocks."
76 "Watergate's Landlord," *The Economist*, June 16, 1973, 105-6.
77 DiFonzi, *St. Peter's Banker*, 68-69. For the fullest biography of Gelli, see Gianfranco Piazzesi, *Gelli: La carriera di un eroe di questa Italia* (Milan: Garzanti Libri, 1983).
78 Mussolini가 1943년 7월에 몰락한 뒤, 파시스트 Gelli가 SS과의 연락장교가 되었다는 것을 그 누구도 알지 못했다. 그는 후일에 작가 Charles Raw에게, 자신의 유일한 선택은 SS와 일하던지 아니면 독일포로 수용소에 보내지든지 하나였다고 말했다. 그는 연합국에 의해 나치와 협조했다는 의심으로 네 번이나 같은 이유로 구류되었다가 풀려났다. 어찌하든 그는 미방첩대와 일하게 되었고, 나중에 전후 이탈리아의 정보부를 도왔다. Willan, *The Last Supper*, 118-19; Raw, *The Moneychangers*, 140; Gurwin, *The Calvi Affair*, 50-51.
79 일부 설명은 962명의 이름을, 다른 설명은 953명의 이름을 언급한다. Henry Tanner, "Italian Elite Embroiled in Scandal," *The New York Times*, May 24, 1981, 1, and Willan, *The Last Supper*, 15. Gelli는 자신의 집회소(lodge) 이름으로 "Propaganda"를 선택했다. 이는 Giuseppe Mazzini에 의한 집회소로 같은 이름이 사용되었기 때문이었다. Mazzini는 통일국가 정부를 만들게 한 1848년의 이탈리아 혁명의 영웅들의 하나였다.
80 Memo, "Cossiga Orders Study of CIA-Terrorism Links," Ref: AU2307110890 Paris, Source ROME ANSA in English, Approved for Release May 1998, pages 0089-0091, released pursuant to a Freedom of Information and Privacy request to the CIA.

81 Victor L. Simpson, "Scandal in Italian Masonic Lodge Clouds Movement Long Criticized by the Church," *Associated Press*, A.M. cycle, May 27, 1981.

82 1925년의 Anti-Masonic Law을 도입하면서, Mussolini는 Freemasonry이 "국가의 평화와 안위에 위험"이라고 말했다. 1948 Official Proceedings, Grand Lodge of Missouri, The Grand Lodge of Ancient Free and Accepted Masons of the State of Missouri, The One Hundred Twenty-Seventh Annual Communication, St. Louis, September 28-30, 12c-13c, available at http://issuu.com/momason/docs/gl_proceedings_1948.

83 Simpson, "Scandal in Italian Masonic Lodge Clouds Movement Long Criticized by the Church"; Willan, *The Last Supper*, 118.

84 Willan, *The Last Supper*, 120.

85 Hearings Before the Committee on Standards of Official Conduct, House of Representatives, 1976.

* 1970년, Miceli는 모든 군안전정보부(Servizio per le Informazioni e la Sicurezza Militare - SISMI) 지휘관이 되었다. 미하원의 정보조사 분과위원회는 훗날 로마에서 CIA 주둔에 대한 반대를 두고 당시 미국대사가 Miceli에게 1972년 현금 800,000달러를 주었음을 폭로했다. 아무 전제 조건이 없는 돈 지불은 국가안전보장 자문인 Henry Kissinger의 승인을 얻은 것이었다. 그 희망은 미첼리가 반공 선전 활동에 이를 쓰는 것이었다. 대신에 그 돈은 사라졌고 이유가 결코 설명되지 않았다.

86 Tosches, *Power on Earth*, 167. 작가 Nick Tosches와의 인터뷰에서, Sindona는 1974년에 Gelli와의 만남을 설명했다. 하지만 이탈리아 당국이 몰수한 P2 자료집에 따르면 이는 10년 전이 거의 분명했다.

87 이탈리아 당국이 P2 기록물을 압수했을 때, 비록 Sindona가 자신은 P2 멤버쉽의 제안을 거절했으며, 그와 Gelli는 오직 정치적 동지라고 주장했으나, 그들은 Sindona의 가입 번호가 장부에 #1612로 되어 있음을 발견했다. P2 파일에 리스트된 몇몇 다른 자들도 자신들은 실제로 회원이 아니라고 주장했으나, 조사관들은 그 문서가 정확하다고 판단했다. Tosches, *Power on Earth*, 169; Willan, *The Last Supper*, Notes on Text. DiFonzo의 *St. Peter's Banker* (65-71)에는, "어떻게 그 맹세가 읽히며 어떻게 취해지는지 확실히 하는 길은 없다. 왜냐하면, Gelli가 너무 자주 의식과 그 맹세를 자신의 기분에 따라 바꾸려 했기 때문이었다." 여전히 DiFonzo는 4페이지를 통해서 그 의식이 어떤 모습이었는지에 대한 해석집을 내놓았다. KKK 같은 검은 두건을 온전히 뒤집어 쓰고, Hitler, Mussolini Peron의 사진들, 살아있는 뱀들, 피의 맹세 이방신 의식 가운데 Sindona는 죽음의 위험 아래서도 Gelli와 P2에게 충성을 맹세했다. Sindona가 실제로 P2 멤버인 것은 확실하며, 몇몇 신입 가입자는 요란한 프리메이슨 의식을 겪었지만, Sindona가 그런 것을 겪었다는 증거는 없다.

88 Clyde H. Farnsworth, "Sindona's Empire: Sharp Trading, Big Losses," *The New York Times*, September 30, 1974, 57.

89 Tosches, *Power on Earth*, 168-69.

90 Lo Bello, *The Vatican Empire*, 90-97; see also Martin, *The Final Conclave*, 26-27.

91 Martin, *The Final Conclave*, 27.

92 Lo Bello, *The Vatican Empire*, 94-96.

93 See generally ibid., 100-104. Montecatini는 1966년에 Edison사와 합병해 Montedison이 되었다.

94 "Finance: Diversification at the Vatican," *Time*, January 25, 1971; Lewin, "The Finances of the Vatican," 194; see also Horne, "How the Vatican Manages Its Money," 34; Martin, *Rich Church, Poor Church*, 65.

95 이는 Black Nobles에게 자주 주어진 직책이었다. 제2차 바티칸공의회 이전에는 이는 '칼과 망토의 교황 시종'(Cameriere di spada e cappa)이었다. John Hooper, "Luigi Mennini: Shadow over the Vatican," *The Guardian*, August 14, 1997, 14.

96 See Nostra Aetate, Declaration on the Relation of the Church to Non-Christian Religions Proclaimed by His Holiness Pope Paul VI on October 28, 1965.

* 교회가 마지막으로 모든 유대인은 예수의 죽음에 대한 집단적 역사적 죄책을 짊어지고 있다는 믿음을 폐기한 것은 제2차 바티칸공의회였다. *Nostra Aetate*(우리 시대 가운데)에서, 교회는 다음처럼 선언했다. "유대인은 하나님에 의해 거절된 자 저주받은 자로 표현되어서는 안 된다." 교회는 유대인의 개종은 가톨릭 신자의 의무라는 수 세기 동안의 옛 정책을 폐기했다.

97 Cardinal Siri quoted in Hebblethwaite, *The Year of Three Popes*, 142.
98 James Franklin, "John Paul and Changes in Vatican," *The Boston Globe*, August 27, 1978, 11.
99 "Catholics Plan Aid to Hanoi," *The Boston Globe*, April 1, 1967, 1; "Pope Eyed Trip to Hanoi," *The Boston Globe*, November 22, 1968, 3. 두 명의 몬시뇰은 교황 바오로의 개인비서 Don Pasquale Macchi Paul Marcinkus로, 그는 당시 교황청 내에서 전도유망한 미국 성직자였다. "2 Papal Aides Visited Viet, Vatican Says," *Chicago Tribune*, October 29, 1966, 5. 기자들이 그 여행에 대해 알고서 말신커스에게 왜 떠났는가 하는 이유를 묻자, 그는 간단히 말했다. "휴가."
100 Flamini, *Pope, Premier, President*, 6. 1973년에, 바오로 6세는 외교관들 중의 하나인 Monsignor Agostino Casaroli를 파견해 모스크바로 보냈다. 2년 후 Casaroli(나중에 국무총리)는 쿠바와 Fidel Castro에 국빈 방문을 했다. 보수적 교황청 사람들은 각 여행에 대해 의구심을 가졌다.
101 http://www.vatican.va/holy_father/paul_vi/encyclicals/documents/hf_p-vi_enc_26031967_populorum_en.html; Horne, "How the Vatican Manages Its Money," Jan. 1971, 30.
102 교황은 더욱 좌측으로 갔다. 그가 모택동의 무신론적인 철학은 가톨릭교의 "기독교적인 가치"와 공유된 것이라 말해서 큰 소동을 일으켰다. Paul Hoffman, "Vatican Sees Christian Ideas in Maoism," *The New York Times*, April 19, 1973, 3; Flamini, *Pope, Premier, President*, 5. See also for the full encyclical: http://www.vatican.va/holy_father/paul_vi/encyclicals/documents/hf_p-vi_enc_26031967_populorum_en.html.

그의 재임중, Paul 6세는 추기경단(College of Cardinals)을 자신이 물려받은 수인 80명의 수에서 136명의 기록적인 수로 확장했다. 그는 많은 비이탈리아인 수임자들이 있는 교황청으로 "국제화했으며," 그들이 전통적인 로마 관료주의와의 어떤 관계를 갖지 않도록 분명히 했다. 어떤 경우들, 예컨대, Benin의 Bernardin Gantin, Brazil의 Alosio Lorscheider와 Paulo Evaristo Arns, Argentina의 Eduardo Pironio, 필리핀의 Jaime Sin, Senegal의 Hyacinthe Thiandoum의 경우처럼, 그는 공인된 진보주의자들을 뽑아, 전통주의자들 이탈리아 중심의 권력이 희석되는 것을 보고 싶어하지 않는 대부분의 교황청 사람들의 가슴을 아프게 만들었다. 그는 앞으로의 콘클라베가 더 젊은 교회를 선택하도록 그 방향을 바꾸게 해서, 모든 추기경들은 75세가 되면 사임서를 제출하도록 결정했다. 심지어 교황이 그들로 계속 섬기도록 요청한 경우에도 80세의 생일에는 옆으로 물러나야 했다. 80세 이후부터 그들은 더 이상 콘클라베에서 투표를 행사할 수 없었다. 교황 Paul이 1970년에 이 칙령을 발표했을 때, 이는 127명의 추기경들 중에 25명은 자동적으로 다음 교황 선출에서 제외된다는 뜻이었다. 이 포고령은 영향을 받는 자들로부터 상당한 불만을 낳았다. See generally Hoffman, *Anatomy of the Vatican*, 72-73; and "Roman Catholics: Princely Promotions," *Time*, April 4, 1969.

103 Lo Bello, *The Vatican Empire*, 108-22. 비록 투자들이 솔직하게 보였으나, 보통은 지주회사들과 대리적 자회사를 통해 이루어졌다. 예를 들면, 바티칸은 다른 은행들과 함께, 제노아 옆의 작은 지방은행 Banca Naef Ferrazzi Longhi of Spezia에 이해관계를 가졌다. 그 소유권은 Istituto Bancario Italiano라는 금융지주회사 이름으로 숨겨져 있었다. 이 회사는 1967년 시멘트 제조회사 Italcementi에 의해 설립된 회사였다. Naef Ferrazzi Longhi 같은 새로 취득된 은행들에 있어서의 로마교회의 역할에 대한 유일한 유형적 증거는 Italcementi의 회장이 Massimo Spada를 부회장 새 금융 컨소시엄의 이사로 임명한 것이었다.

104 Lo Bello, *The Vatican Empire*, 168-69.

† 같은 해에 시실리은행의 총재가 사기죄로 구속되어 유죄가 되었다. 8년 동안 그는 약 백 명의 친척들을

고용했으며, 그들 중 일부는 단 하루도 일터에 나타난 적이 없었다. 대중은 바티칸은행이 그 은행의 지배지분을 갖고 있음을 알지 못했다.

105 Lewin, "The Finances of the Vatican," 194-95.
106 부유한 이탈리아인들은 대리인을 통한 국외가공회사에 그들의 주식을 보유함으로써 관세를 피하고자 했다. 그 주식을 보유한 국외 에이전트가 이탈리아 세금 목적상 소유주로 등록될 것이며, 오직 15%만을 지불할 것이었다. 국외 에이전트는 그때 서비스 수수료를 떼지만, 이탈리아 납세자는 이탈리아의 가혹한 30%의 세금보다 훨씬 적은 금액을 내게 되었다. 신도나의 법률업무 중에 번창한 부문이 스위스의 수탁계약의 활용으로 부유한 고객들을 위해 세금을 회피하는 것이었다. See Commissione Parlamentare D'inchiesta Sul Caso Sindona E Sulle Responsabilita Politiche Ed Amministrative Ad Esso Eventualmente Connesse, hereinafter Parliamentary Commission of Inquiry into the Case of Sindona and Responsibilities and the Political and Administrative Connected to It), Chamber of Deputies of the Senate, VIII Legislature, Doc. XXIII, May 22, 1980, n. 204, and June 23, 1981, n. 315, 44-45, 49-50.
107 Lai, *Finanze vaticane*, 139; Lo Bello, *The Vatican Empire*, 132.
108 Lo Bello, *The Vatican Empire*, 126.
109 Sindona interview in Tosches, *Power on Earth*, 87.
* 또 다른 새로운 세금, 곧 개별 은행 계좌에서 얻는 이자의 15%의 이자소득세는 바티칸은행에 예치금의 폭주를 가져왔다. 심지어 Nogara 아래에서도 바티칸은행은 부유한 이탈리아인들에게 소위 *in nero*(in black) 이전을 통해 세금과 외환 규제를 회피하도록 도우면서 이익을 얻었다. 신도나는 "대부분의 사람들이 (자금을) 숨기는 것과 세탁하는 것을 혼동하고 있다"고 언급했다. 돈이 in nero로 움직이면 모든 것이 괜찮다고 신도나는 나중에 작가 Nick Tosches에게 말했다. 왜냐하면, 이는 "존경할 만한 사람들에게 속하고 적법하게 부로 간주되었기 때문이었다." 로마교회는 오직 "세금을 회피할 목적으로" in nero로 돈을 움직였다. 반면에 "더러운 돈은 범죄를 통해 만들어진 돈이다." 교회의 중개적 in nero 역할은 수익성이 좋아 원금의 10%에 이르렀다. 움직인 많은 돈은 검은 귀족들, 그들의 개인적 친구들 여당인 기독민주당원을 위한 것이었다.
110 Lewin, "The Finances of the Vatican," 195.
111 Horne, "How the Vatican Manages Its Money," 31-32; Lo Bello, *The Vatican Empire*, 127-28.
112 Robert C. Doty, "Vatican Is Stunned by Plan to Tax It," *The New York Times*, July 13, 1968, 1.
113 언론실이 있기 전에는 바티칸은 비공식적으로 몇몇 고위성직자들로 기자들에게 매일의 타이핑된 교황의 알현 목록과 바티칸 뉴스 중 다른 사소한 것들을 팔도록 허락했다. Monsignor Emilio Pucci의 오렌지 껍질 같은 종이의 단신 뉴스는 비록 언제나 믿을 만한 것은 아니지만, 십 년 이상 뉴스 회사가 읽어야 할 필요가 있었다. Pucci는 제2차 세계대전 후 국무총리실 직에서 사임해야 했는데, 이는 그가 Mussolini의 비밀 경찰을 위한 고용된 내부정보원으로 드러났기 때문이었다. 그 일의 후임자는 평신도인 Virgilio Scattolini이었으나, 이야기를 지어내 이를 뉴스로 건네준 것이 밝혀짐에 따라 수감되게 되었다. (그의 가짜 이야기는 미국과 영국 신문에 실렸다). See Hoffman, *Anatomy of the Vatican*, 255-61.
114 "An Official Press Office Is Established by Vatican," 「*The New York Times*」, October 19, 1966, 27. Vallainc 이 다루었던 또 다른 초기 문제는 Robert Katz의 비판적인 찬사를 받은 책 『로마의 죽음』(*Death in Rome*)의 출판에 대한 공공성이었다. 이 책에서 Katz의 주장은 비록 Pius 12세가 사전 약 19시간 전에 Ardeatine Caves에 있는 민간인의 대량학살에 대한 나치의 계획을 알았을지라도, 교황은 아무 일도 하지 않았다는 것이다. "이것은 역사 책이 아니라, 논쟁으로 필자의 특별한 이해관계가 지배적이며 사실에 대한 연구제시의 이익과도 상충한다." 이는 Vallainc이 말한 것이다. 사실에 대한 항변 추가적 정보의 제공도 없는 이런 유형의 일반적 묵살은 언론실이 수반되는 질문들, 즉 홀로코스트 동안 비오가 침묵했다는 보다 넓은 문제를 두고 역사가들이 제기한 문제들을 어떻게 다룰 것인가에 대한 본보기가 되었다.

115 Doty, "Vatican Is Stunned by Plan to Tax It," 3.
116 Reese, *Inside the Vatican*, 204-5. 그 보조금은 최종적으로 끝날 때는 연간 280,000,000 달러(2014년 기준으로 506,000,000달러)에 이르렀다. See also Lai, *Finanze vaticane*, 46.
117 "Finance: Diversification at the Vatican," *Time*, January 25, 1971; Horne, "How the Vatican Manages Its Money," 31.
118 Lewin, "The Finances of the Vatican," 187.
119 Maillardoz는 Nogara 밑에서 특별행정청을 운영하는 것을 도왔다. 유동자산의 일부는 수년간에 걸쳐 바티칸은행으로 옮겨졌고, 대부분의 실제 부동산은 새로 만들어진 APSA의 핵심으로 남게 되었다.
120 Horne, "How the Vatican Manages Its Money," 31; Lai, *Finanze vaticane*, 43-44; Raw, *The Moneychangers*, 52.
121 Lai, *Finanze vaticane*, 44.
122 Lai, *Finanze vaticane*, 122, Lai interview with Massimo, April 3, 1972.
123 James Franklin, "John Paul and Changes in Vatican," *The Boston Globe*, August 27, 1978, 11.
124 Lewin, "The Finances of the Vatican," 189.
125 Hoffman, *Anatomy of the Vatican*, 176.
126 추기경 Egidio Vagnozzi, 경제청의 신임 장관(Prefecture)의 주장은 적어도 그는 대차대조표는 읽을 수 있어야 한다는 것이었다. 그의 초기 목표의 하나는 돈과 관계를 가지고 있는 모든 바티칸 부처를 아우를 수 있는 하나의 대차대표를 만드는 것이었다. 하지만 꿋꿋하게 독립적인 바티칸은행은 그런 말을 바로 중지케 했다. See Horne, "How the Vatican Manages Its Money," 32.
127 Lo Bello, *The Vatican Empire*, 32.
128 Francis Xavier Murphy, "City of God," *The Wilson Quarterly* (1976), 6. no. 4 (autumn 1982): 110-11.
129 Lo Bello, *The Vatican Empire*, 31-32.
130 Lai, *Finanze vaticane*, 46-47, 57.
131 Francis Xavier Murphy, "A Look at the Earth's Tiniest State," *Chicago Tribune*, August 31, 1982, 11; Murphy, "City of God," 111. Vagnozzi는 곧 추가적인 두 명의 추기경, 시카고의 John Cody 콜로냐의 Joseph Höffner를 참모로 두었다. 비록 그들이 자신들의 교구를 운영했다는 점에서 이론상으로는 금융 관리에서는 더욱 적합했지만, 그 두 사람은 바티칸에서 매일 매일의 사건에서 제외되었기 때문에 그들은 어떤 가이드를 할 수 없었다.
132 Reese, *Inside the Vatican*, 203-4.
133 Walter Scott, "Personality Parade," *The Boston Globe*, October 12, 1969, C2; Thomas and Morgan-Witts, *Pontiff*, 140; Lewin, "The Finances of the Vatican," 199; see also Hoffman, *Anatomy of the Vatican*, 177.
134 Horne, "How the Vatican Manages its Money," 80.
135 Grilli, *La finanza vaticana in Italia*, 149.
136 교황 John 23세는 한 위원회를 만들어 산아 제한에 대해 무슨 정책이 로마교회가 택할 수 있는 최상인가를 연구하도록 했다. 1960년대 초에 매일의 피임 약품의 출현은 산아 제한을 적절하고 널리 사용가능하게 만들었다. 로마교회의 이전 공표는 Pius 12세의 1951년 선언으로, 여기에서 교회는 생체리듬 방식의 사용을 피임의 "자연스런" 방식으로 허가한다는 것이었다. 그전에는 오직 승인된 옵션은 금욕이었다. 교황 John의 위원회는 그의 죽음 이후 그 일을 완수했다. Paul 6세에게 행한 그 위원회의 권면은 교회는 모든 형태의 인공적인 산아 제한에 대한 금지를 풀 것을 고려해야 한다는 것이었다. 그 위원회에서 보수주의자들은 패널의 제안의 말을 흘렸다. 전통주의자들은 분노했다. 교황은 인간생명(Humanae Vitae)이라는 전면금지를 발표할 수 밖에 없었다. See http://www.vatican.va/holy_father/paul_vi/encyclicals/documents/hf_p-vi_enc_25071968_humanae-vitae_en.html.

나중에 바티칸은행을 운영할 주교 Paul Marcinkus는 피임약 제조사에 대한 교회의 주식은 "누군가 유언으로 남겨놓았던 오직 한 주"라고 주장했다. 물론 증거는 없다. See Marcinkus interviewed in John Cornwell, *A Thief in the Night: Life and Death in the Vatican* (New York: Penguin, 2001), 134. Marcinkus는 역시 주장하기를, 1969년에 바티칸은행을 맡은 이후부터, "나는 명령을 내렸다. 즉, 제약사는 안 된다. 군수업자는 안 된다. 어떤 종류든 간에 고급 빌딩도 안 된다." 그는 자신의 명령 안에서 바티칸은행은 "남 아프리카에 어떤 노출도 없었다"고 주장했다. 당시에는 그 나라는 백인 통치의 분리정책정부를 두고 국제적 제재로 인한 제약이 없을 때였다. "하지만, 우리 고객의 일부가 노출되었다." Handwritten notes by Philip Willan of audiotaped interviews between John Cornwell and Marcinkus, February 8, 1988, 6b, 7a, provided to author courtesy of Willan.

137 "Investment: Low Profile for the Vatican," *Time*, November 28, 1969; Andrew Blake, "Financier's Fall Costly to Vatican," *The Boston Globe*, February 2, 1975, 21; see also Martin, *The Final Conclave*, 24.

138 Thomas and Morgan-Witts, *Pontiff*, 146-47. 1978년 Paul 6세의 죽음 이후, Macchi는 교회의 관료주의를 따라서 Paul을 성인으로 추대하기 위한 조치의 일을 했다. 그런 연간에, Macchi는 기자들에게 바오로는 한번도 Sindona를 만나지 않았다고 주장했다. 다른 자들에게는 그들은 오직 한 번 만났는데, "뉴욕의 공식 식사 자리에서"라고 했다. 작가 Giancarlo Galli가 썼듯이, Macchi는 Sindona의 교황 바오로 6세와의 우정을 "가장 잘 삭제된 그림자"라고 생각했다. *Finanza bianca*, 71.

139 Neal Ascherson, "Revolution on World's Campuses: Students' Target: The Bureaucratic State," *The New York Times*, May 27, 1968, 13; "Students in Rome Gain Supporters," *The New York Times*, March 4, 1968, 8.

140 Wynn, *Keepers of the Keys*, 155.

141 "Investment: Low Profile for the Vatican," *Time*; Wynn, *Keepers of the Keys*, 156; see Raw, *The Moneychangers*, 52; Hoffman, *Anatomy of the Vatican*, 190; and Lai, *Finanze vaticane*, 47.

142 DiFonzo, *St. Peter's Banker*, 11-12.

143 Cardinal Vagnozzi interview, in Horne, "How the Vatican Manages Its Money," 32.

144 Ibid., 30

145 "Paul 6세는 Sindona를 위대한 금융 천재라고 간주했다." 나중에 Sindona 사건의 조사위원이었던 국회의원 Giuseppe D'Alema의 언급이다. See Gurwin, *The Calvi Affair*, 13.

146 Clyde H. Farnsworth, "Michele Sindona, the Outsider as Insider in Worldwide Finance," *The New York Times*, May 20, 1974, 47. Malachi Martin는 *Rich Church, Poor Church*에서 주장하기를, 교황 Paul은 "신도나에게 모든 바티칸 투자를 전적으로 통제권을 주는" 한 문서에 서명했다고 했다. 그 주장에 대한 원천은 없다. 작가는 그런 문서가 작성되었다는 어떠한 독립적 증거도 찾지 못했다.

147 "Investment: Low Profile for the Vatican," *Time*.

148 Thomas and Morgan-Witts, *Pontiff*, 147; Andrew Blake, "Financier's Fall Costly to Vatican," *The Boston Globe*, February 2, 1975, 21.

149 수년 후 그 판매의 지혜가 공격을 받았을 때, 바티칸은행의 최고 성직자인 대주교 Paul Marcinkus는 표리부동하게 말했다, "APSA가 Immobiliare를 위해 그 주식들을 Sindoan에게 팔아버렸다…나는 그것과는 아무 관계가 없다." Cornwell, *A Thief in the Night*, 131-32. For details of the sale, see Horne, "How the Vatican Manages Its Money," 80. As for Spada's role, see Lai, *Finanze vaticane*, 48.

150 "Investment Shift by Vatican Seen," *The New York Times*, June 19, 1969, 19. 판매는 기술적으로는 APSA로 인한 것이었다. Nogara가 바티칸은행과 APSA의 전신 부서인 특별행정청을 운영했을 때, 그는 이 두 기관 간의 책임과 의무의 구분을 명확히 하지 않았다. 구조조정된 바티칸 내부에서, 회사 투자와 주식은 APSA에 의해 팔렸다. 하지만 재투자된 돈은 바티칸은행의 지시를 받았다. See also "Hear Vatican Disposing of Italy Stocks," *Chicago Tribune*, June 19, 1969, A6.

151 "Vatican Stock Sale Hinted," *The Boston Globe*, June 19, 1969, 3; see also "Vatican Confirms Sale of Holdings," *The New York Times*, June 21, 1969, 9. As for the Sindona purchase of the church's shares, see Cornwell, *God's Banker*, 40-41.

152 어떤 기자도 신도나가 로마교회의 SGI 지분을 샀다는 것을 알지 못했다. 그는 전형적으로 복잡다단한 신도나 스타일로 일을 처리했다. 그는 먼저 바티칸은행의 소유 주식들을 Paribas Transcontinental of Luxembourg로 옮겨지도록 처리했는데, 그 회사는 Banque de Paris et des Pays-Bas(Paribas)의 100% 소유의 자회사였다. 그런 다음 Paribas는 그 주식들을 Sindona의 룩셈부르크 지주회사 Fasco로 보냈다. 두 개의 다른 스위스 지주회사는 주식 이전의 각 단계마다 소유주로서 활동했다. 돈의 경우, Fasco는 영국의 상업은행 Hambros에 가입해서 룩셈부르크 지주회사인 Distributor를 만들었다. 대부분의 자금은 이 새로운 회사를 통해 빠져 나가되, Sindona의 Banca Privata에서 일부 신탁 예치금과 함께 지불되었다. See generally "Sindona, Self-Made Man of 53, Rules a Vast Industrial Empire," *The New York Times*, May 13, 1974, 48; Farnsworth, "Michele Sindona, the Outsider as Insider," 47; see also Raw, *The Moneychangers*, 59; and Lai, *Finanze vaticane*, 48; see also Parliamentary Commission of Inquiry into the Case of Sindona and Responsibilities and the Political and Administrative Connected To It. SGI는 Sindona가 로마교회의 주식을 산 1년 동안 300%가 올랐다. 1972년, 6주 만에 두 배가 되었다. "Italian Bourse: Is Now the Time?," *The Economist*, July 6, 2002, 104.

153 Farnsworth, "Michele Sindona, the Outsider as Insider."

154 Horne, "How the Vatican Manages Its Money"; "Finance: Diversification at the Vatican," *Time*, January 25, 1971, 32, 35. 교황경제청은 약간의 자산을 가졌다. 그러나, IOR나 APSA가 통제했던 것보다 훨씬 작았다. Horne에 의한 인터뷰는 **기관투자자**(Institutional Investor)에 의해서 "처음으로 바티칸 금융관리가 자유롭게 한 기자와 이야기했다"는 것으로 선전되었다. 당시의 IOR 회장인 주교 Marcinkus는 Horne을 만나길 거절했지만, 전화로 그와 통화했다. 그 기자는 그를 "과묵한 자"로 그렸다. Marcinkus는 바티칸은행이 어떤 변화를 이루기 위해서는 시간이 걸릴 것이라 말했으며 바티칸은행의 보유분에 대한 크기를 낮추어 말했다.

155 **기관투자자**(Institutional Investor)의 기사는 바티칸의 실제 부의 가치에 대해 낮은 쪽에서 실수했다. 왜냐하면, Horne은 바티칸은행에 대해 어떤 정확한 정보를 얻는 길이 막혔기 때문이었다. 하지만, 다른 보고서들은 교회의 부를 상당히 부풀렸다. 성공회 주교 James Pike는 전에 SEC에서 일했던 자로, Playboy에 기사를 써서 주장하기를 예수회만도 Bank of America의 51%를 소유하고 있다고 했지만, 이는 어떤 증거도 없다. Pike의 주장으로는, 그들은 Phillips Petroleum에 과반수 지분을 갖고 있으며 Boeing과 Lockheed의 큰 지분을 소유하고 있다는 것이다. Pike는 예수회의 투자는 연간 2억 5천 달러라고 주장했다. Gollin, *Worldly Goods*, 12-13.

156 바티칸 투자자산의 크기에 대한 추정액은 이탈리아 언론에서는 50억 달러로부터 130억 달러의 범위였다. 바티칸 신문 *L'Osservatore Romano*는 심지어 Vagnozzi보다 더욱 나아가서, 교회의 총투자 자본금이 오직 128,000,000달러라고 추정했다. 그 신문은 어떻게 그렇게 낮은 금액의 결론을 이루게 됐는지에 대해 전혀 세부사항이나 원천이 없었다. See Horne, "How the Vatican Manages Its Money," 35.

157 1971년 현재, Vagnozzi가 *Institutional Investor*에 이야기했을 때, 바티칸은 여전히 58개의 이탈리아 상장기업의 소액 주식 보유를 가지고 있었다. 이는 일 년 전의 그 소유권의 일부였다.

158 심지어 바티칸은행 내부에서도 평신도들이 압도적이었다. 투자정책의 상견벽해가 이루어지고 있을 때, 60명의 종업원 중 오직 4명만이 성직자였다. Horne, "How the Vatican Manages Its Money," 78; see also Gurwin, *The Calvi Affair*, 13.

제15장

1 출생신고서상의 이름은 Paulius Casimir Marcinkus이지만, 가족과 친구들은 언제나 그를 그 이름의 영어식 표현인 Paul로 불렀다.

2 Hoffman, "Bishop with Chicago Roots Is Managing Pope's Travels." *The New York Times*, October 1, 1979. Marcinkus는 훗날 말했다. "당신은 나에 대해 이 책들을 읽는다. 길거리의 Al Capone에 의해 양육받았다는 인상을 갖는다. 이는 Cicero 때문인가, 정말로?" Marcinkus interviewed in Cornwell, *A Thief in the Night*, 81. Al Capone/Cicero의 연결은 *Chicago Tribune*에 거의 70년을 Cicero 이발소를 운영했던 85세의 이발사에 대한 프로필에도 인쇄되었다. 그는 트리뷴지에 자랑하기를, 자신의 두 명의 가장 유명한 고객은 Marcinkus와 갱단 Ralph "Bottles" Capone(Al의 동생)였다고 말했다. Kristen Scharnberg, "A Traditional Cut Above the Rest," Chicagoland, *Chicago Tribune*, March 18, 2001, 1. Francesco Pazienza, 이탈리아 정보요원은 Marcinkus의 친구였다. 그는 필자에게 말하길, "어느날 말신커스는 자기 아버지가 알 카포네가 제일 좋아하는 운전사였다고 털어놓았다. 그는 직선적으로, 허튼 소리가 아닌 투로 말했다." 이를 뒷받침할 증거는 없다. 그러나, Marcinkus는 Pazienza에게 자신에 대한 인상을 심어주기 위해 말한 듯하다. Pazienza는 자칭 "터프 가이"로 명성을 얻고 있었기 때문이었다. Author interview with Francesco Pazienza, September 18, 2013.

게다가 Capone의 고향으로 유명했던 Marcinkus는 Cicero가 "인종 폭동으로 유명해졌다"고 말했다. (1951년 폭동은 수천 명의 백인 거주자들이 첫 흑인들의 도착을 두고 격렬히 항의했던 사건이었다.) Handwritten notes by Philip Willan of audiotaped interviews between John Cornwell and Marcinkus, January 15, 1988, 1a, provided to author courtesy of Willan.

3 Marcinkus interviewed in Cornwell, *A Thief in the Night*, 81; Jim Gallagher, "The Pope's Banker," *Chicago Tribune*, March 13, 1983, G15-16.

4 Handwritten notes by Philip Willan of audiotaped interviews between John Cornwell and Marcinkus, January 15, 1988, 1b, provided to author courtesy of Willan.

5 그는 13세 이후로 중학교 수준의 낮반 신학교(Quigley Preparatory Seminary) 학생이었다. 이 학교는 전통적인 가톨릭 교육을 실시했고, 사제가 되고자 하는 청소년을 위한 목적이었다. 그가 자랐던 리투아니아인 이웃들은 압도적으로 가톨릭 신자들이었으며, 반경 4블럭에 3개의 교회가 있을 정도였다. 수년 후, 그가 18세에 풀타임 신학교에 들어가기 전에 소녀와 데이트를 해본 적이 있느냐는 물음에, 그는 "아마도 가끔은 데이트를 나가고 싶었다. 나는 아무것도, 아무도 두려워하지 않았다"고 말했다. Marcinkus interviewed in Cornwell, *A Thief in the Night*, 82. 그는 훗날 학창 시절의 자신을 묘사하길, "운동광으로서, 나는 아이로서 했던 것 중에 다른 무엇보다 스포츠를 즐겼다." Marcinkus interviewed in Gallagher, "The Pope's Banker," G16.

6 Handwritten notes by Philip Willan of audiotaped interviews between John Cornwell and Marcinkus, February 8, 1988, 2a, provided to author courtesy of Willan.

7 Galli, *Finanza bianca*, 62.

8 결혼국에서 일했을 때, 그는 주민 90%가 흑인이었던 교구 안에서 살았다. Handwritten notes by Philip Willan of audiotaped interviews between John Cornwell and Marcinkus, February 8, 1988, no. 3, 2b, provided to author courtesy of Willan.

9 "Cicero Priest Makes Good in Vatican Post," *Chicago Tribune*, January 4, 1969, A12. 7년 전의 Chicago Tribune 의 기사에서, Marcinkus의 첫째 유일한 시카고 교구는 Holy Cross로 등록되어 있었다. 시카고 교구장은 필자에게 St. Christina 교구가 바른 교구명이라고 알려주었다. "Mrs. Kennedy in New Delhi," *Chicago Tribune*, May 12, 1962, 1-2; Cornwell, *A Thief in the Night*, 63-64.

10 Jim Gallagher, "The Pope's Banker," *Chicago Tribune*, March 13, 1983, G12.

* 35년 뒤 하나의 스캔들이 밝혀지는 과정에서 Marcinkus는 솔직하지 못한 주장을 Chicago Tribune 기자에게 했다. 즉 "나는 여기 바티칸에서의 경력이 나의 원한 바가 아니었음을 밝히고자 한다. 내가 진정으로 원했던 모든 것은 교구 사제였다. 하지만 나는 안수식에서 순종하기로 약속했기에 그것 뒤에 나에게 일어난 것은 내 상사들의 손에 있음을 알았다. 나는 결코 특정한 업무를 요구한 적이 없었고 나에게 주어진 일을 결코 거절해본 적도 없었다. 짐작컨대 당신이 나를 팀플레이어라 부를 것이다. 코치가 나를 어떤 위치에 밀어넣든지 나는 뛴다."

11 Marcinkus는 "자신의 논문은 결혼과 관련한 세례에 대한 것이었다"고 말했다. Handwritten notes by Philip Willan of audiotaped interviews between John Cornwell and Marcinkus, February 8, 1988, 2a, provided to author courtesy of Willan. See also Henry Gaggiottini, "Marcinkus Consecrated Bishop," *Chicago Tribune*, January 7, 1969, A9; Gallagher, "The Pope's Banker," G18.

12 Marcinkus는 1955년 1월부터 1956년 9월까지 볼리비아 주재 교황 대리대사의 비서로 섬겼다. 거기서 그는 교황시종(Papal Chamberlain)의 직이 주어졌으며, 명칭은 "Very Reverend Monsignor"이었다. 그런 다음 그는 오타와의 대리대사의 사무실에서 일하다가 1960년에 로마로 돌아갔다.

13 Handwritten notes by Philip Willan of audiotaped interviews between John Cornwell and Marcinkus, February 8, 1988, 2a, provided to author courtesy of Willan.

14 Nino Lo Bello, "Bodyguard to Pope," *The Boston Globe*, January 5, 1969, A19.

15 "Cicero Priest Makes Good in Vatican Post," *Chicago Tribune*, 124.

16 Marcinkus interviewed in Cornwell, *A Thief in the Night*, 77.

17 Cornwell, *A Thief in the Night*, 64-65.

18 Gallagher, "*The Pope's Banker*," G18.

19 "Cicero Priest Makes Good in Vatican Post," *Chicago Tribune*; see Gallagher, "The Pope's Banker," 22.

20 Hoffman, "Bishop with Chicago Roots Is Managing Pope's Travels."

21 Marcinkus interviewed in Cornwell, *A Thief in the Night*, 86.

22 Marcinkus interviewed in Cornwell, *A Thief in the Night*,, 142-43.

23 Marcinkus interviewed in Cornwell, *A Thief in the Night*, 142. "바티칸의 홀에서는 누구나 많은 동료들을 둘 수 있으나 친구들은 없다," Hoffman의 글이다. *Anatomy of the Vatican*, 11.

24 Marcinkus interviewed in Gallagher, "The Pope's Banker," G18.

25 Author interview with Peter K. Murphy, Deputy Chief of Mission at the embassy, 1984-89, January 31, 2014.

26 "In Italy, Presidentessa: In India, Amriki Rani," *The Boston Globe*, May 27, 1962, E11.

27 Marcinkus interviewed in Gallagher, "The Pope's Banker," G18.

28 Marcinkus는 유고슬라비아인 이민자 Stefano Falez와 일했다. 그가 로마에서 만났던 자로, Falez는 Catintour를 세웠는데, 이는 가장 성공적인 바티칸의 승인된 여행사 중 하나가 되었다. See Willey, *God's Politician*, 209.

29 Cornwell, *A Thief in the Night*, 65.

30 Marcinkus interviewed in ibid., 140.

31 Marcinkus는 후일에 말하길, "나는 한번도 여행사 대리점을 운영하지 않았고, 그것에 관여한 적도 없었다. 나는 거기에 관계된 사람을 썼을 뿐이다. 나는 물류, 티켓, 가방을 다루는 법을 아는 자가 필요했다. 우리는 가방 하나도 잃어버리지 않았다. 교황의 여행에서도 마찬가지였다." Cornwell, *A Thief in the Night*, 140. 교황 John 23세가 죽었을 때 말신커스는 교황이 장례식에 자신을 명예 경비대로 섬기도록 한 오직 4명의 성직자 중의 하나임을 알게 되었다.

32 Gwen Morgan, "Pope in Death, Tranquil and Benign Figure," *Chicago Tribune*, June 5, 1963, 1; "Chicagoan

in Guard," *Chicago Tribune*, June 5, 1963, 3.

33 Marcinkus interviewed in Gallagher, "The Pope's Banker," G18. Also handwritten notes by Philip Willan of audiotaped interviews between John Cornwell and Marcinkus, February 8, 1988, 3b, provided to author courtesy of Willan.

34 Robert C. Doty, "Pope Paul, Class of '23, Visits Vatican's School for Diplomats," *The New York Times*, January 18, 1965, 6; see also Cornwell, *A Thief in the Night*, 65.

35 Marcinkus interviewed in Gallagher, "The Pope's Banker," G18.

36 Barry Bishop, "Bogota Meet Is Aided by Cicero Priest," *Chicago Tribune*, August 20, 1968, A5.

37 Galli, *Finanza bianca*, 74; Wynn, *Keepers of the Keys*, 159-60; Paul Hoffman, "Bishop with Chicago Roots Is Managing Pope's Travels," A9. Marcinkus는 7번의 해외 여행에 대한 선발인이었다. 그 여행은 India, New York, Portugal, Chile, Turkey, the Philippines, Uganda였다. 그는 교황의 모든 개인여행을 감당했다. 그 여행들은 역대교황 중에 처음으로 제트기로 여행한 것이 되었다. See Gallagher, "The Pope's Banker," G18.

38 Marcinkus interviewed in Cornwell, *A Thief in the Night*, 85-86.

39 Handwritten notes by Philip Willan of audiotaped interviews between John Cornwell and Marcinkus, January 15, 1988, 2b, provided to author courtesy of Willan.

40 Wynn, *Keepers of the Keys*, 160; Gallagher, "The Pope's Banker," G18.

41 Marcinkus interviewed in Cornwell, *A Thief in the Night*, 84-85.

42 Bishop, "Bogota Meet Is Aided by Cicero Priest," A6. Marcinkus는 자신이 그 일에 "좋은 사람이었다"고 생각했다. 왜냐하면, 그는 "매우 꼼꼼하고 좋은 기억력을 가졌기" 때문이었다. Handwritten notes by Philip Willan of audiotaped interviews between John Cornwell and Marcinkus, January 15, 1988, 2a, provided to author courtesy of Willan.

43 Handwritten notes by Philip Willan of audiotaped interviews between John Cornwell and Marcinkus, January 15, 1988, 2a, provided to author courtesy of Willan.

44 The Chicago Tribune은 "시골 소년이 성공하다"는 Marcinkus와 Paul 6세가 시카고 시장 Richard Daley (1964)와 함께 하는 이야기와 사진을 실었다. Martin Luther King Jr. (1964); British Prime Minister Harold Wilson (1965); and Robert Kennedy (1967): see "Pope Greets Daleys," *Chicago Tribune*, May 10, 1964, 1; Richard Philbrick, "Professor Recalls His Doggedness and Integrity," *Chicago Tribune*, April 7, 1968, A4; "Prime Minister, Wife Visit Pope," *Chicago Tribune*, April 30, 1965, A13; "Kennedy Sees Loss of U.S. Prestige over War in Viet," *Chicago Tribune*, February 5, 1967, 4.

45 Marcinkus interviewed in Gallagher, "The Pope's Banker," G18.

46 Robert C. Doty, "Pope Will Visit New York Oct. 4," *The New York Times*, September 9, 1965, 16; "Two Papal Aides Arrive," *The New York Times*, September 9, 1965, 16. Johnson 대통령은 교황에게 미국은 바오로 6세가 한 흑인을 뉴올리언스의 부주교로 임명한 것"을 "굉장히 격려가 되었다"고 알려주었다. See Douglas Kiker, "Pontiff's Visit 'May Be Just What World Needs'—LBJ," *The Boston Globe*, October 5, 1965, 11.

47 1968년에, Paul 6세는 Marcinkus를 St. Mary of the Lake villa의 교구장으로 임명했다. 이는 비공식으로는 Opus Dei의 미국 지부를 세웠던 시카고 추기경의 이름을 따서 Villa Stritch로 불렸다. 또 다른 시카고 추기경 George Mundelein은 1935년 로마의 큰 Borghese Park에 인접한 곳에 담장이 있는 빌라를 샀다. Mundelein는 이 집을 로마에서 공부하는 미국 성직자들의 센터로 아껴두었다. 교황청의 많은 자들이 그 센터를 단순히 Chicago House라 언급했다. Marcinkus가 교구장으로 임명되었을 때는 바티칸에 미국인은 오직 열 명뿐이었다. 그는 1963년, 수백만 달러가 드는 빌딩개축을 감독했다. 그의 이탈리아 동료

들이 놀랄 정도로 그는 정시에 원래 예산 안에서 이를 마무리했다. See Gwen Morgan, "Meyer in Villa," *Chicago Tribune*, June 16, 1963, 5; Gallagher, "The Pope's Banker," G18.

48 Timothy M. Dolan, " 'Hence We Cheerfully Sent One Who Should Represent Our Person': A Century of Papal Representation in the United States," *U.S. Catholic Historian* 12, no. 2, *The Apostolic Delegation/Nunciature* 1893-1993 (Spring 1994): 21.

49 Marcinkus가 그런 접촉을 가졌는지, 아니면 Spellman의 죽음이 승진을 위해서 기회를 제공한다는 바람에서 이를 단지 과장했는지는 확실하지 않다. 그는 특별히 교황 Paul의 가까운 개인조수인 Pasquale Macchi 신부에게 로비했다. Tosches, *Power on Earth*, 122; see also Gurwin, *The Calvi Affair*, 13. See also Lehnert, *His Humble Servant*, 105. Spellman의 후임은 Terence Cooke이 되었는데, 그는 1969년 3월까지는 추기경으로 승진되지 못했다.

50 Sylvana Foa, "Vatican's American Priests Are Bitter," *Chicago Tribune*, July 31, 1977, 12.

51 "U.S. Priest in Vatican Post," *The New York Times*, 45.

52 Marcinkus interviewed in Cornwell, *A Thief in the Night*, 83. Marcinkus는 말하길, 자신의 "진짜 금융 경험은 내가 주일 헌금을 셀 때였으며, 이는 틀린 적이 없었다." 그는 역시 훈련의 부족이란 초점이 잘못 놓인 것이라 말했다. "실제로, 당신도 알다시피, 이 사람들은 내가 거래를 하지 않고 다만 정책을 세울 뿐임을 이해하지 못한다. 우리는 30년에서 40년을 동안 금융에 종사하고 있는 기술자들인 사람들을 갖고 있다." Handwritten notes by Philip Willan of audiotaped interviews between John Cornwell and Marcinkus, January 15, 1988, 1b, 2a, provided to author courtesy of Willan.

53 Hoffman, *Anatomy of the Vatican*, 188.

54 New York Times 기자 Paul Hoffman은 Marcinkus가 하버드에서 영업관리과정을 받았다고 썼다. 그 작가는 Marcinkus가 거기서 어떤 수업을 받았는지를 확인할 수 없었다. Marcinkus의 바티칸은행 수장 임명 45년 후, BBC의 전 바티칸 특파원인 David Willey는 교황이 그 주교를 하버드로 보내서 6주 동안의 단기집중 금융과정을 받도록 했다고 썼다. 대학교에 따르면, 그런 일은 결코 일어나지 않았다. David Willey, "The Vatican Bank Is Rocked by Scandal Again," *BBC News*, July 17, 2013, http://www.bbc.co.uk/news/business-23289297.

55 Handwritten notes by Philip Willan of audiotaped interviews between John Cornwell and Marcinkus, January 15, 1988, 1b, provided to author courtesy of Willan.

56 Handwritten notes by Philip Willan of audiotaped interviews between John Cornwell and Marcinkus, January 15, 1988, 4a.

57 Marcinkus에 관한 한, 어떤 경우든 간에 "돈은 한 도구다. 이는 수단이지 그 자체 목적이 아니다." Handwritten notes by Philip Willan of audiotaped interviews between John Cornwell and Marcinkus, February 8, 1988, 41, provided to author courtesy of Willan. See also Thomas and Morgan-Witts, *Pontiff*, 142.

58 Colleague of Marcinkus quoted anonymously in Willey, *God's Politician*, 210.

59 Sindona interviewed in Raw, *The Moneychangers*, 64.

60 Tosches, *Power on Earth*, 123.

61 Sindona quoted in Lernoux, *In Banks We Trust*, 209.

62 기자 Jim Gallagher는 Sindona가 사기죄로 인해 연방 감옥에 수감되어 있는 동안인 1983년 그와 인터뷰했다. Gallagher, "The Pope's Banker," G15.

63 Sindona 역시 Marcinkus가 자신으로 인해 기분이 상했다고 생각했다. 바티칸은행이 Immobiliare을 Sindoan에게 팔았을 때 Marcinkus는 그 회사 소유의 로마 골프장에서의 지위를 상실했다. 신도나는 Marcinkus가 그의 VIP지위에서 떨어진 것으로 자신을 비난했다고 믿었다.

64 Galli, Finanza bianca, 79; Raw, *The Moneychangers*, 62.

65 Leo Sisti and Gianfranco Modolo, *Il banco paga: Roberto Calvi e l'avventura dell'Ambrosiano* (Milan: Mondadori Milano, 1982). 일부 오류를 가진 출판물은 BCI 지점이 Lecce에 있다고 했다.
66 Galli, *Finanza bianca*, 80.
67 Cornwell, *God's Banker*, 27.
68 Raw, *The Moneychangers*, 17; Hoffman, *Anatomy of the Vatican*, 195-96.
69 Grilli, *La finanza vaticana in Italia*, 32, 34.
70 "Marcinkus-Sindona con l'oro a Milano Fini la Capitale Morale," *La Repubblica*, April 19, 1992; Gurwin, *The Calvi Affair*, 5-6; see also Giovanni Bazoli, "The Ambrosiano Failure," *The American Banker*, July 12, 1983, 16.
71 Calvi의 사업 옷차림은 항상 동일한 검은회색 양복, 흰 셔츠, 검은 푸른색 타이, 검은 구두였다. 여름에는 그는 더 밝은 회색으로 바뀌었다. See Francesco Pazienza interviewed in Willan, *The Last Supper*, 39; see also Gurwin, *The Calvi Affair*, 6; Cornwell, *God's Banker*, 31.
72 "Marcinkus-Sindona con l'oro a Milano Fini la Capitale Morale," *La Repubblica*; Willan, *The Last Supper*, 35.
73 Calvi 는 밤에 독학으로 어학 공부를 했다. Galli, *Finanza bianca*, 81-82.
74 "Marcinkus—Sindona con l'oro a Milano Fini la Capitale Morale," *La Repubblica*; Cornwell, *God's Banker*, 31.
75 Cornwell, *God's Banker*, 32; Willan, *The Last Supper*, 35; Lo Bello, *The Vatican Empire*, 115.
76 Gurwin, *The Calvi Affair*, 7, citing Andrea Barberi et al., "L'Italia della P2 (Milan: Mondadori, 1981). 해외 뮤추얼 펀드에 지분을 제공하는 바티칸 기관은 Banca Provinciale Lombarda La Centrale 금융지주회사였다.
77 Galli, *Finanza bianca*, 82.
78 Raw, *The Moneychangers*, 62-63.
79 Rosone interviewed in Willan, *The Last Supper*, 34-35.
80 사위 Piersandro Magnoni는 Sindona의 딸 Maria Elisa와 1967년에 결혼했다. Sindona는 자신의 사업에 그를 끌어들였다. Piersandro의 아버지 Giuliano Magnoni는 대학 때부터 Sindona를 알았다. Calvi를 알았고 신도나가 그를 만나기를 원했던 자가 아버지 Magnoni였다. 아들 Magnoni는 단지 메시지만을 전달했다. See Simoni and Turone, *Il caffe di Sindona*, 121.
81 Tosches, *Power on Earth*, 118-19.
82 Sindona describing conversation with Calvi in ibid., 120.
83 Marcinkus는 훗날 자신은 "밀라노의 교황청"을 통해 Calvi를 만났다고 주장했지만, Sindona의 설명은 자신이 Calvi를 바티칸은행 관리자들의 수녀부에게 소개시켰다는 것이다. Luigi Mennini도 나중에 이를 확인했다. See generally Cornwell, *God's Banker*, 54. See also Simoni and Turone, *Il caffe di Sindona*, 122; and Raw, *The Moneychangers*, 62.
84 Gurwin, *The Calvi Affair*, 26; Raw, *The Moneychangers*, 64-65.
85 모든 주교들은 명목상의 직함을 갖게 되어 있다. Marcinkus는 카트리지의 Bishop of Horta(이탈리아어로는 Orta)였다. 이방 부모 출신의 키프로스 아들이 가톨릭교로 개종하고, 248년에 카르타고의 주교가 되었던 이름을 딴 것이다. Marcinkus의 어머니 Helen은 시카고 추기경 John Cody와 함께 그 축성식을 위해 로마로 여행했다. "Cicero Priest Named Bishop by Pope Paul," *Chicago Tribune*, December 25, 1968, C19; "Mother to See Son Become Bishop," *Chicago Tribune*, December 27, 1968, 3; "Cody to See Marcinkus Elevated, *Chicago Tribune*, December 26, 1968, B3.
86 "Cicero Native Named Vatican Financial Aide," *Chicago Tribune*, December 21, 1968, 11. "Finance: Di-

versification at the Vatican," *Time*, January 25, 1971. See generally "Names and Faces," *The Boston Globe*, February 25, 1969, 40.

87 *The New York Times*, "Investment Shift by Vatican Seen,"는 Sindona를 "밀라노의 변호사"이며 Generali의 "비서"로 언급했지만, 그는 공개적인 언급을 하지는 않았다. *The Boston Globe*, "Vatican Stock Sale Hinted," June 19, 1969, 3 는 Marcinkus를 "바티칸의 미국 출생 '재무장관'"이라 했으며, *The Chicago Tribune*은 "주교의 옷을 입은 Marcinkus의 새 직책은 바티칸은행의 2인자, 실제로는 1인자," "Cicero의 주교가 바티칸 자리를 꿰차다," January 4, 1969, A12. See also Hoffman, "Bishop with Chicago Roots Is Managing Pope's Travels." See also Lai, *Finanze vaticane*, 51.

88 교황 Paul에게의 직접적 접근권을 얻는 데 있어 Marcinkus는 자신이 통상적으로는 보고를 했어야 하는 대주교 Giovanni Benelli, 국무총리 서리를 노련하게 압도했다. 두 사람은 교황청 내에서 자주 충돌했다. Marcinkus는 교황에게 Benelli에의 보고는 바티칸은행에서의 자신의 업무에 대한 방해라는 점을 분명히 했다. 교황청 내에서 Benelli의 닉네임이 "the Master Sergeant"라 불리듯이, 그는 권위주의적인 "세세한 것에 까다로운 자"의 태도를 갖었다. 따라서 Benelli는 Marcinkus가 전통적인 권위의 사슬을 지나친 것은 모욕적인 일로 생각했다. Bishop Marcinkus, and Director of FBI field office in Rome, Tom Biamonte, both interviewed in Cornwell, *A Thief in the Night*, 17-18, 85-86, 170-71. For Benelli's reputation, see Hoffman, *Anatomy of the Vatican*, 116.

89 Marcinkus interviewed in "Finance: Diversification at the Vatican," *Time*. "From the organizational viewpoint," Marcinkus는 후일에 말했다, "내 생각으로는 아마도 나는 항상 꼼꼼했다." Handwritten notes by Philip Willan of audiotaped interviews between John Cornwell and Marcinkus, January 15, 1988, 1b, provided to author courtesy of Willan.

90 "Finance: Diversification at the Vatican," *Time*, January 25, 1971.

* 타임지는 Marcinkus의 연봉이 6,000달러로, 이는 "어느 뉴욕시 은행의 창구직원 급여 정도"라고 했다. 그의 통제를 받은 로마교회의 주식 가치에 대해, 타임은 100억 달러에서 150억 달러로 추정했다(2014년 달러 가치로 940억 달러에서 1,530억 달러).

91 Lai, *Finanze vaticane*, 52-53. Paul 6세가 교황직에 오른 직후 바로 경(Monsignor)으로 승진했다.

92 Henry Gaggiottini, "Marcinkus Consecrated Bishop," *Chicago Tribune*, January 7, 1969, A9.

93 Francesco Pazienza, 이탈리아 정보요원은 필자에게, "교황은 바티칸은행이 어떤 미친놈이 필요하다는 것을 알았다"고 말했다. Author interview, September 18, 2013.

94 Cody interviewed in "Cody to See Marcinkus Elevated," Chicago Tribune, December 26, 1968, B3.

95 Hooper, "Luigi Mennini: Shadow over the Vatican," 14. 의심할 바 없는 것은 말신커스가 중요한 때 맡았다는 것이다. 바티칸 금융에 대한 엷은 정보에도 불구하고 광범위하게 다룬 책이 우연히도 그의 임명 전에 출간되었다. *The Vatican Empire*에서 Boston Globe의 전직 기자, Nino Lo Bello는 바티칸은행이 130억 달러(2014년 기준 850억 달러) 가까이의 현금을 갖고 있으며, 그 은행의 비밀 사업 거래의 일부를 밝혔다. 독일의 *Der Spiegel*과 이탈리아의 *Il Mondo*는 그 책의 폭로를 크게 다루었던 기사에, 바티칸은 교회의 *L'Osservatore Romano*의 무기명 기사에서 그 문제를 발표하면서, 교회의 현금 자산은 Lo Bello가 주장했던 것의 "실제로는 1/100" 밖에 되지 않는다고 항변했다. 로마교회는 Lo Bello의 주장, 곧 말신커스는 부분적으로 좋은 관리자인 바, 이는 그가 "로스차일드 은행의 이해관계와 밀접한 연결고리를 만들었기" 때문이라는 것에 대해서는 언급하지 않았다. Alfred Friendly Jr., "Vatican Denies It Has Billions: Book on Wealth Is Termed Greatly Exaggerated," *The New York Times*, July 22, 1970, 8.

96 15세기 타워는 때로는 Nicholas 5세의 요새라고 불렸다. 그 벽은 바닥 가까이에는 거의 30 피트 두께였다. 이는 무장 공격에 견딜 수 있도록 지어졌다.

97 Cornwell, *A Thief in the Night*, 159. Marigonda는 로마의 미국 대사관에 배속된 USIA의 전직 장교였으며,

후 말신커스와의 직책을 맡기 위해 거기서 떠났다. email from Peter K. Murphy to Gerald Posner, January 30, 2014.

98　Sindona interviewed in Tosches, *Power on Earth*, 124.

99　Hoffman, *Anatomy of the Vatican*, 187.

100　Eight-page attachment to Letter from William Wilson to William French Smith, July 15, 1982, William A. Wilson Papers, Box 2, Folder 66, Georgetown University Library, Special Collections Research Center, Washington, D.C.

101　Marcinkus and Marigonda interviewed in Cornwell, *A Thief in the Night*, 87-88, 141.

*　15년 후 큰 스캔들에 휩싸였을 때, Marcinkus는 작가 John Cornwell에게 그 반대로 말했다. "나는 네 번씩이나 말했다. '각하, 정신 나가신 것이 아닙니까? 나는 말했다. '왜 각하는 다른 자를 택하지 않습니까? 나는 금융에 경험이 없습니다!' 그들이 말했다. '당신은 그런 일들을 그저 보살피기만 하면 되오.' 나는 말했다. '나는 그것에 무능력합니다!' 이것이 이곳에서 그들이 일을 행하는 방식이다." 그는 가톨릭 주간지 Il Sabato에도 "나는 결코 경영자가 아닙니다. 나는 어디서 시작할지 알지 못할 것입니다"라고 말했다. 하지만 Marcinkus는 자신이 그 자리를 받아들이는 수밖에 다른 길이 없었다고 말했다. "나는 어떤 일을 요구한 적도 없었고 거절한 적도 없었다. 나는 거절할 권리를 가지고 있다고 믿지 않는다."
"그는 기술적으로 한 번도 은행을 운영한 적이 없었다. 은행은 거의 40년 동안을 루이기 맨니니에 의해 운영되어 왔다." 그의 개인 비서 Vittoria Marigonda의 말이다.

102　Sindona interviewed in Tosches, *Power on Earth*, 124-25.

103　Author interview with Philip Willan, Rome, September 19, 2013; Philip Willan, "Three Jailed for 1969 Milan Bomb," *The Guardian*, July 1, 2001, 14; "U.S. supported anti-left terror in Italy," June 24, 2000, 19; Giovanni Mario Ceci, "The Explosion of Italian Terrorism and the Piazza Fontana Massacre Seen by the United States," *Historia*, vol. 31, February 9, 2013, 29-40. See also Hutchinson, *Their Kingdom Come*, 269-75. Author interview with Francesco Pazienza, Rome, September 21, 2013.

*　Nixson이 맞닥뜨린 시위는 P2 프리메이슨 집회 회원들에게는 이탈리아가 군부 좌파에 의해 포위되었다는 또 다른 징표였다. 4월, 밀라노의 주요 철도역이 폭발되었다. 8월, 폭탄이 여러 기차들을 쳤다. 1969년 크리스마스 연휴 바로 전에, 로마의 피아짜 분수대에 있는 국립농업은행, 국립노동은행 빅토르 엠마누엘 2세의 국립기념관에 폭탄이 터졌다. 17명의 무고한 행인들이 죽었고, 거의 백명이 다쳤다. 다음 달에 과격 막시스트 그룹인 붉은 여단이 결성되었으니, 그들의 목표는 정부를 폭력적으로 전복시키는 것이었다. 신도나와 다른 P2 회원들은 자신들이 질서와 혼돈의 마지막 경계선이라 생각했다. 폭력 사태는 리라화의 급격한 하락과 함께 바티칸은행에는 안정 투자처를 찾는 부유한 이탈리아인들의 새로운 유입을 가져왔다. Piazza Fontana 폭발의 경우, 경찰은 이것이 좌파와 무정부주의자들의 소행으로 보았다. 하지만 결국 조사관들은 우익 극렬분자들의 책임이라고 믿었다. 1995년, 많은 자들의 구속, 기소, 재판 항소라는 26년이 흐른 뒤에 경찰과 검찰은 패배를 인정했다. 누구도 그 폭발로 유죄를 선고 받은 자가 없었다. 이에 대한 음모 이론들이 이탈리아에서 유행했으니, 마치 미국에서의 케네디 암살이론들과 비슷하다.

104　Robert C. Doty, "Pontiff Sees a Difficult Road to Unity," *The New York Times*, June 11, 1969, 14.

105　"Pope to Meet African Heads on Next Trip," *Chicago Tribune*, July 23, 1969, A5; "Pope Paul, Nigerian Peace Official Meet," *Chicago Tribune*, August 2, 1969, W13.

106　Hoffman, "Bishop with Chicago Roots Is Managing Pope's Travels."

107　Nino Lo Bello, "Bodyguard to Pope," *Boston Globe*, January 5, 1969, A19.

108　"그들은 이 단어(Italy)를 사용했는데, 이탈리아 사람이라면 누구나 이것이 경호원을 뜻하는 것임을 안다." Handwritten notes by Philip Willan of audiotaped interviews between John Cornwell and Marcinkus,

January 15, 1988, 2a, provided to author courtesy of Willan. See also Thomas and Max Morgan-Witts, *Pontiff*, 139; and see also Marcinkus interviewed in Cornwell, *A Thief in the Night*, 84.

109 "Archbishop Paul Marcinkus: Vatican Bank Head Hit by Scandal," *The Independent (London)*, February 23, 2006.

110 공개 보고서들은 Compendium이 룩셈부르크 지주회사였음에 동의한다. 이를 칼비는 Banco Ambrosiano Holding로 개명했으며, Calvi는 Compendium를 활용해서 Cisalpine(그 의미는 알프스의 남쪽)을 시작했다. 3명의 작가는 Compendium이 1963년에 Liechtenstein 지주회사인 Lovelok과 관련하여 Ambrosiano에 의해 설립되었다고 쓰고 있다. Robert Hutchinson, *The Kingdom Come: Inside the Secret World of Opus Dei* (New York: St. Martin's, 1999), 241; Raw, *The Moneychangers*, 63; Rupert Cornwell, *God's Banker*, 33. 반면에 다른 두 작가들은 Sindona가 Compendium을 소유했으며, 칼비가 1970년에 이를 Sindona에게서 매입했다고 쓰고 있다. Gurwin, *The Calvi Affair*, 17; Tosches, *Power on Earth*, 120. Tosches는 Sindona에 대한 무제한의 접근권을 가진 유일한 작가였다. 그러나, 그 사건 몇 년 후, 신도나의 회고는 이것이 정확하다는 것을 보증하지 않는다. 그의 회상은 문서적 기록과는 자주 상이하다. Compendium이 정확히 언제 누구에 의해 설립되었는지의 문제 해결에 그 기록이 더이상 공개 열람이 룩셈부르크에서 가능하지 않으며, Cisalpine Bank에 대한 어떤 기록도 바하마에서 얻을 수 없다는 점이다. 모든 작가들은 1980년 즈음에, 칼비가 Cisalpine을 바하마에서 두 번째 크기의 은행으로 바꾸어, 5억 달러가 은행의 통제하에 있었다. "Banks Ranked," *The American Banker*, July 25, 1980. *Time*지는 1982년의 특별조사에서, Ambrosiano에 의해 1963년 Compendium 법인화가 되었으며 Sindona의 어떤 개입도 없었다는 것을 옳다고 보았다. Peter Stoler, with Jonathan Beaty and Barry Kalb, "The Great Vatican Bank Mystery," *Time*, September 13, 1982, 24.

111 바티칸은행은 처음 제안받은 15,000 Class A 지분 중에서 5,000주식을 사는 것으로 시작했다. 수 년 동안 걸쳐 로마교회의 주식 규모는 시살파인의 16,667주, 8.3%였다. Sindona는 자신의 Finabank를 통해 2.5%를 가졌다. Tosches, *Power on Earth*, 120; Rupert Cornwell, *God's Banker*, 50; memorandum of Paul Marcinkus to the Joint Investigating Committee, Vatican and Italy, into the Affairs of the IOR, quoted in Raw, *The Moneychangers*, 67; see also pages 66-71.

112 Unnamed Bank of Italy official quoted in Gurwin, *The Calvi Affair*, 17. Cisalpine이 Calvi, Sindona, 로마교회와의 연결이 훗날 공개됐을 때, Nassau bank는 음모론자들의 버팀목이 되었다. 가장 자주 반복되는 것들의 하나가 Cisalpine이 마피아의 마약 수익을 한 아시아은행을 통해 세탁했다는 것이었다. 그 은행은 CIA 연계의 추방된 쿠바인에 의해 운영되는 은행이었다. 모두 부족한 것은 믿을 만한 증거였다.

113 Ann Crittenden, "Growing Bahamian Loan Activity by U.S. Banks Causes Concern," *The New York Times*, March 3, 1977, 1. Penny Lernoux는 그녀의 1984년, *In Banks We Trust*에서 다음처럼 썼다. "그때는 지금처럼(1984), 유로통화는 거대한 떠다니는 crap game [주사위게임에서 주사위에 나온 숫자대로 돈을 갖는다]이었으며, 그 안에서 통화 딜러들(대부분 은행들)은 자국 통화의 오르고 내리는 것에 돈을 걸었다."

114 Sindona quoted in Stoler, Beaty, and Kalb, "The Great Vatican Bank Mystery."

115 Handwritten notes by Philip Willan of audiotaped interviews between John Cornwell and Marcinkus, February 8, 1988, 7a, provided to author courtesy of Willan.

116 Marcinkus quoted in Raw, *The Moneychangers*, 71.

* 훨씬 후에 로마교회가 갖는 Calvi와 그의 복잡한 영업 네트워크와의 관계 범위에 대해, 바티칸은행이 혼란스런 질문을 접하게 되었을 때, Marcinkus는 그의 사살파인의 역할을 축소하려 했다. 그는 BBC의 *Panorama* 텔리비전에서 말하기를, 자신은 Calvi를 거의 보지 못했으며, 시살파인에 대해서는 "나는 다른 곳의 위원회 때문에 이사회에 참석한 적이 없다"고 했다. 사실 기록상으로 11년 이상 동안 말신커스는 22번의 이사회 중 딱 한번 불참했다. 그는 이사회를 위해 파리, 런던, 뉴욕, 제네바, 쥬리히 나쏘에

여행했다.

117 Raw, *The Moneychangers*, 8, 219; Cornwell, *God's Banker*, 50.
118 Cornwell, *God's Banker*, 50.
119 Willey, *God's Politician*, 211.
120 Clara Calvi quoted in Gurwin, *The Calvi Affair*, 26.
121 Marcinkus also visited the following year. Raw, *The Moneychangers*, 94; Cornwell, *God's Banker*, 50, 54; DiFonzo, *St. Peter's Banker*, 65; Tosches, *Power on Earth*, 170.
122 Stoler, Beaty, and Kalb, "The Great Vatican Bank Mystery."
123 Raw, *The Moneychangers*, 81-83. 'back-to-back' 영업은 뉴욕에서의 Cisalpine 이사회의 회의 날인 1972년 4월 25일 이후부터 분발하기 시작했다. Marcinkus와 Calvi는 예탁금 범위를 확대하기로 합의했다. 이는 다른 이사들 Cisalpine의 명목상의 회장 Peter Siegenthaler에게는 비밀이었다. Calvi 소유의 리히텐슈타인지주회사인 Radowal이 바티칸은행과 칼비제국의 다른회사들 간의 핵심 정거장이 되었다.
124 'back-to-back' 거래는 Lugano에 있는 Banca del Gottardo의 바티칸은행과 Ambrosiano의 공동 계좌들을 포함했으며, 처음에는 구두 합의였으나, 1976년 11월의 Calvi 발송, 말신커스 수신의 두 편지들에서 문서로 약속되었다. Stoler, Beaty, and Kalb, "The Great Vatican Bank Mystery"; Raw, *The Moneychangers*, 74, 131-37.
125 Marcinkus는 Paul Horne에게 그 약속을 했다. 이는 전화 인터뷰에 의한 것으로, 로마교회의 금융에 대해, *Institutional Investor*의 1971년 심층 기사를 위한 것이었다. Horne은 이를 "한 사람의 바티칸 내부자"로 언급하여 공개했다. 하지만 이는 그자가 Marcinkus라는 것은 바티칸 내에서 잘 알려진 일이었다. (Horne, "How the Vatican Manages Its Money," 83.) 나중에 Marcinkus는 이 언급에서 한 발자국 뒤로 물러났다. "우리가 여기서 하는 은행업은 로마교회를 위한 하나의 서비스 기구다. 이는 특별히 사도적 행위에 관련된다. 예전에 누군가 나에게 물었다. '왜 이것을 하느냐?' 나는 답했다, '여기 나의 노동자들이 은퇴할 때 그들은 연금을 기대한다. 그들에게 "내가 당신에게 400개의 성모송을 지불하겠소" 하는 나의 말은 아무 쓸데가 없다.' 이제 이 말은 모든 곳에서 잘못 인용되고 있다. 그들은 이를 언제나 사용하고 있다. 알겠는가? 나는 '당신은 성모송만으로는 교회를 운영할 수 없다'고 말한 것으로 인용되고 있다. 교회가 이런 것들에 의존하지 않고 살아갈 수 있다면 너무 좋은 일일 것이다. 하지만 당신이 한 교회를 발견한다면, 당신은 벽돌을 사야 하고, 벽돌공을 가져야 한다." Marcinkus interviewed in Cornwell, *A Thief in the Night*, 76. See also reference to a November 1982 interview by Marcinkus with *Il Sabato*, the weekly publication of the influential lay organization Comunione e Liberazione (Communion and Liberation); Cornwell, *God's Banker*, 58. See also Hooper, "Luigi Mennini: Shadow over the Vatican," 14; and see also Gurwin, *The Calvi Affair*, 14.

제16장

1 두 대주주 간의 내분으로 Calvi는 그 회사를 장악할 기회를 얻었다. Raw, *The Moneychangers*, 69; Tosches, *Power on Earth*, 127-28; see also Henry Tanner, "Italy Suspends All Stock Trading: Moves to Halt Price Collapse," *The New York Times*, July 9, 1981, D4.
2 Carl Bernstein, "The CIA and the Media," *Rolling Stone*, October 20, 1977. Sindona interviewed in Tosches, *Power on Earth*, 131-32. *The Daily American*은 제2차 세계대전 후 3명의 미군에 의해 시작된 것으로, 이탈리아 내에서 *International Herald Tribune*의 유일한 경쟁 상대였다. 1986년 사업을 접었다.

3   Hoffman, *Anatomy of the Vatican*, 191.
4   Felix Kessler, "Italy's 'Howard Hughes' Said to Prepare for Sizable Increase in His U.S. Investments," *The Wall Street Journal*, February 17, 1972, 12.
5   Felix Kessler, "Italy's 'Howard Hughes' Said to Prepare for Sizable Increase in His U.S. Investments."
6   H. Erich Heinemann, "Loews Sells Million Franklin Shares," *The New York Times*, July 13, 1972, 47.
7   H. Erich Heinemann, "A Question of Control: European Encounters American Bank Rules," *The New York Times*, F5. Sindona가 Fasco를 통해 18.4%의 Franklin의 지분을 샀으나, Federal Reserve에 은행지주회사로서 등록되기 위해 필요한 25%에는 미치지 못했다. 이는 즉시로 Fasco가 더 많은 검사를 받는 원인이 되었다. 뉴욕 주 법은 한 은행의 통제는 10%의 소유권으로도 존재한다고 추정했다.
8   H. Heinemann, "Loews Sells Million Franklin Shares, 47; see also DiFonzo, *St. Peter's Banker*, 138-39; "Sindona: He's Popped Up Again," *The Economist*, July 23, 1972.
9   1972년 6월, Calvi 회사들 중의 하나인 Cimafin Finanza Anstalt가 Sindona의 Zitropo Holding S.A.와 Pacchetti S.p.A를 44,317,876 달러에 매입했다. (바티칸은행은 이 매매에 대한 환전 수수료로 860,000달러를 벌었다. Calvi를 위한 리라의 환전을 통해 연간 56,000,000달러를 벌게 됐다.) 소유권의 완전한 이전과 Franklin의 대전 지불은 1973년 3월까지는 이루어지지 않았다. 모든 돈은 Sindona의 Fasco를 통해 빠져 나갔다. "Sindona Speaks," The Economist, September 16, 1972, 100. See also Turone, *Il caffè di Sindona*, 123-24, 126; DiFonzo, *St. Peter's Banker*, 145-47; Raw, *The Moneychangers*, 84-86, 94-95.
10 Sindona interviewed in Manny Topol and Adrian Peracchi, *Newsday*, October 17, 1982, 1
11 H. Erich Heinemann, "Roth Asks Inquiry on Bank-Stock Sale," *The New York Times*, July 18, 1972, 41.
12 Ibid.; DiFonzo, *St. Peter's Banker*, 148-49. Tisch는 Sindona를 더욱 의심하는 Roth의 캠페인을 무시했다. 6년 후(1978년), FDIC, 그 당시에 그 역할이 파산된 Franklin의 인수자로서, Tisch를 상대로 연방법원에 제소했다. 제소의 내용은 그가 신도나의 신의성실(bona fides)에 대한 철저한 조사를 하지 않았다는 주장이었다. FDIC는, 그 소장에서, Tisch에게 그가 Franklin 주식을 Sindona에게 팔면서 얻은 수익을 반환할 것을 요구했다. 그 소송은 재판 없이 합의로 해결되었다. See Max H. Seigel, "F.D.I.C. Suit Against Franklin National Head," *The New York Times*, July 13, 1978, D6.
13 John V. Conti, "Oxford Electric, Interphoto Data Show Tangled Debts and Conflict of Interest," *The Wall Street Journal*, January 17, 1972, 10; see also Farnsworth, "Sindona's Empire: Sharp Trading, Big Losses," 57.
14 Kessler, "Italy's 'Howard Hughes' Said to Prepare for Sizable Increase in His U.S. Investments," 12.
15 연방규제당국은 주 규제당국에 의해 매입자에게 주어진 분류에 보통은 따랐다. Sindona가 파스코를 활용해서 Franklin을 샀을 때, 그는 파스코의 유일 소유주인 까닭에 뉴욕주의 은행 법규에 따르면 그는 "개인 구매자"로 간주되었다. 이는 어떤 회사가 받아야 하는 실사를 받지 않아도 된다는 뜻이다. "Sindona Speaks," *The Economist*, 100. 뉴욕의 은행 감독원은 주법의 변화를 제안해서 프랜클린 이후 모든 개인도 회사처럼 동일한 엄격한 검사를 받아야 했다. See also Heinemann, "A Question of Control," F5.
16 Bordoni는 1965년 Citibank에서 해고당했는데, 이는 은행이 정한 거래 한도를 넘어선 것 때문이었다. Continental Illinois의 존경받는 의장인 David Kennedy의 충고에도 불구하고, 신도나는 Bordoni를 뽑아 Moneyrex를 운영케 했다. Bordoni는 나중에 Banca Unione의 이사가 되었다. See Raw, *The Moneychangers*, 58. Sindona는 특별히 창설된 경영이사회에 임명되었는데, 이는 그가 이탈리아 시민권자임에도 미국금융기관에서 정상적인 이사의 모든 의무를 행할 수 있도록 허락하는 기술적 차별이었다. 당시에는 외국인은 미국 은행 이사회에 직접적으로 일할 수 있게 되어 있지 않았다. "Sindona Is Named to Bank's Board," *The New York Times*, August 18, 1972, 45.
17 이 돈은 바티칸은행으로부터 24,000,000달러의 대출의 일부로 왔다. Gurwin, *The Calvi Affair*, 22; Raw, *The Moneychangers*, 98.

18   Author interview with Carlo Calvi, September 10, 2006.
19   David Burnham, "Sindona Discusses Issuing Role with U.S. Controller," *The New York Times*, May 15, 1974, 61; Robert E. Bedingfield, "Franklin Bank Solvency Reiterated by Controller," *The New York Times*, May 23, 1974, 59. Kennedy와 Sindona가 만난 때는 Continental Illinois Bank가 Sindona-IOR소유의 금융기관인 Banca Privata의 소액 지분을 샀을 때였다. see Farnsworth, "Michele Sindona, the Outsider as Insider."
20   Tosches, *Power on Earth*, 77. Kennedy와 Sindona는 오랫동안 음모이론의 중심에 있었는데, 이는 Continental Bank가 1967년에 4,000,000달러를 Sindona의 PBF로 전금했고, PBF는 그 댓가로 우익의 그리스 육군 대령 Georgios Papadopoulos에게 대출했다는 설이었다. 그해 4월, Papadopoulos는 자기 고국에서 쿠데타를 지도했다. 음모론자들은 이는 그리스를 전복코자 하는 P2의 부차적 계획의 일환으로, 이 일이 이탈리아 군부를 자극해 이탈리아에서도 동일하게 일어나도록 바란 것이라고 믿었다. 비록 이 계획이 한 책에서 사실처럼 기록되어 있지만(DiFonzo, *St. Peter's Banker*), 필자는 이에 대한 믿을 만한 어떤 증거도 찾을 수 없었다.
21   Lucinda Franks, "Sindona's $1-Million Offer to Nixon Group Examined," *The New York Times*, July 15, 1974, 1. 외국인은 소위 그린 카드(Green Card)라 불리는 영주권 허가증을 갖지 않는 한, 미국 선거에 기부하는 것이 허락되어 있지 않다. Stans은 나중에 말하길, 만일 은행원이 그린 카드 단순히 워킹 비자를 가짐으로 미국에서 잠정적으로 영업을 할 수 있다는 것을 확신하지 못했다고 말했다.
22   Tosches, *Power on Earth*, 134; "Hambros in Italy," *The Economist*, October 16, 1971, 100, 103; Raw, *The Moneychangers*, 79-80, 91-93. Calvi는 Le Centrale에 있는 Hambros Bank 주식을 샀다. (바티칸은행은 역사적으로 Hambros에 대해 실제적인 소액 지분을 소유했다.) Calvi는 Credito Varesino와 Pacchetti Group이 갖고 있는 Le Centrale 지분의 주식을 갖었다. 그 두 회사는 Sindona의 지주회사 Zitropo 아래서 통합되었다. 그 거래에서의 마지막 요소로써, Sindona는 Calvi에게 중개회사인 Invest를 살 수 있는 그가 가진 첫째 옵션을 주었다. Marcinkus는 1972년 11월 30일에 Cisalpine에 435,000,000달러의 단기 대출을 허락함으로써 개입했다. 이 돈은 Calvi가 Sindona에게 Varesino, Pacchetti Zitropo로 인해 여전히 빚지고 있는 것을 갚기 위해 썼다. Marcinkus는 Varesino 주식의 매도자들이 이들의 수익금을 Lugano지주회사에 옮길 수 있도록 도왔고, 이를 통해 바티칸은행은 이 자금을 리라에서 스위스 프랑으로 환전하면서 추가적으로 930,000달러를 벌었다. See also Cornwell, *God's Banker*, 62-63.
23   Raw, *The Moneychangers*, 134.
24   1978년, 이탈리아의 규제당국은 바티칸은행의 회계사 Pellegrino de Strobel이 1975년 편지 한 통을 Ambrosiano에게 썼던 것을 알아냈다. 이는 Suprafin S.p.A.의 Calvi 소유 지분을 감추려는 서투른 노력이었다. Ambrosiano 지분을 은밀하게 모으려는 계획에는 로잔에 있는 Ambrosiano 지주회사, Banca del Gottardo뿐만 아니라 스위스의 두 은행인 Zurich의 Credit Suisse Chiasso와 Union de Banques Suisses가 포함되었다. 두 개의 역외 계좌인 Ehrenkreuz Anstalt Radowal Financial Etablissement이 사용되었다. Calvi의 아내 Clara는 각각의 역외회사에서 익명의 위임장을 사용했다. Benton E. Gup, *Bank Failures in the Major Trading Countries of the World: Causes and Remedies* (Westport, CT: Greenwood/Quorum, 1998), 31-32; Tosches, Power on Earth, 135.
25   Tosches, *Power on Earth*, 131.
26   제2차 세계대전 중에는 Banca Cattolica는 Mussolini 정부 소유였으나, 1946년 바티칸이 개인 소유권을 얻었다. See Raw, *The Moneychangers*, 56.
27   Gallagher, "The Pope's Banker," G15-16.
28   Raw, *The Moneychangers*, 70.
29   Gurwin, *The Calvi Affair*, 19.
30   Calvi quoted in ibid.

31　Pollard에 따르면, "Banca Cattolica의 과반수 지분을 IOR로 넘기도록 총괄한 자는 Spada였다." Pollard, *Money and the Rise of the Modern Papacy*, 207; Tosches, *Power on Earth*, 135. Calvi는 그의 Le Centrale 지주회사를 활용해 Cattolica 매입에 나섰다. Raw, *The Moneychangers*, 77-78.

32　Raw, *The Moneychangers*, 77-78.

33　Raw, *The Moneychangers*, 70.

34　최초 12,000,000 달러는 스위스 지주회사 Lovelok에 의해 바티칸은행으로 지불되었고, 그런 다음, 동일한 날에 말신커스에 의해 Cisalpine에 예치되었다. 각각의 뒤따르는 분할금은 별도의 복잡한 과정을 포함했다. Calvi는 또 다른 리히텐슈타인 지주회사 Vertlac을 만들었다. Cisalpine는 바티칸은행에 주어야 할 각 분할금의 정확한 금액 안에서 Vertlac에 대출을 했다. 그런 다음 Vertlac은 그 돈을 바티칸은행에 전송하고, 바티칸은행은 그 댓가로 Cisalpine에 6개월짜리 예치증서로 이를 예치했다. 바티칸은행은 분할금 지불 시 사용된 미국 달러를 리라로 바꾸면서 Cisalpine에 인위적인 고환율을 적용하고 25,000,000 달러의 수익금을 챙겼다. Raw, *The Moneychangers*, 70, 74, 78; see also Gurwin, *The Calvi Affair*, 19.

35　Raw, *The Moneychangers*, 110.

36　Marcinkus's reported dismissal of Luciani is cited. in Gurwin, *The Calvi Affair*, 20-21.

37　See generally Gallagher, "The Pope's Banker," 20.

38　"A Pontiff from Cicero?," *Chicago Tribune*, June 25, 1972, A6.

39　As for the directors' meeting, see generally Raw, *The Moneychanger*s, 89.

40　Securities and Exchange Commission, *39th Annual Report*, for the fiscal year ending June 30, 1973, U.S. Government Printing Office, 73-74.

41　SEC News Digest, A Daily Summary from the Securities and Exchange Commission, "Irving Eisenberger, Able Associates Enjoined; Trading Suspended in Vetco Offshore Industries Stock," Issue No. 73-42, March 2, 1973, Court Enforcement Actions, 1; Felix Belair Jr., "Court Bars Sale of Vetco Stock," *The New York Times*, March 2, 1973, 47.

42　Everett Hollis, "Vatican Refund Sought by Vetco," *The New York Times*, March 5, 1973, 43; see also Belair Jr., "Court Bars Sale of Vetco Stock," 47. See "Statement on Behalf of Ragnar Option Co. and Victor Sperandeo," included as an attachment in an unsigned letter from Willkie Farr & Gallagher to Richard Kraut, Harold Halperin, and Charles Lerner, all of the Securities and Exchange Commission, Re: Vetco Offshore Industries-Ragnar Option Co., October 31, 1973, copy in possession of author.

43　Fiduciary Investment Services는 Sindona의 소유였다. 누가 Marcinkus와 Eisenberger를 소개했는지는 분명하지 않다. 한참 후, Sindona는 작가 Charles Raw에게 자신은 바티칸은행과 Eisenberger 간의 연계에 책임이 없다고 말했으며, 자신은 계속적으로 Marcinkus에게 작은 자문단과 함께 사업하는 것을 반대한다고 경고했다고 했다. Raw, *The Moneychangers*, 101; Hollis, "Vatican Refund Sought by Vetco," 43.

44　Hollis, "Vatican Refund Sought by Vetco," 43.

45　Raw, *The Moneychangers*, 101; Thomas and Morgan-Witts, *Pontiff*, 149; Martin, *The Final Conclave*, 30.

46　Belair Jr., "Court Bars Sale of Vetco Stock," 47. For later Vetco legal problems with a Swiss subsidiary and U.S. tax laws, see United States v. Vetco, Inc., 691 *Federal Reporter*, 2d Series, 1981, 1282-91.

47　Paul VI이 Luciani를 추기경으로 승진시킨 때는 1973년 3월 5일이었다.

48　Robert J. Cole, "U.S. Inquiry in 1973 at Vatican Bank Is Disclosed," *The New York Times*, August 7, 1982, 34.

49　Author interview with William Aronwald, February 16, 2007; Richard Hammer, *The Vatican Connection* (New York: Charter, 1983), 150-53. Hammer의 책은 Operation Fraulein(독일 처녀 작전)에 대한 것이다. 이 책은 1982년 그해의 최고 범죄서적 분야의 Edgar Award을 받았다. Aronwald 과 Tamarro는 나에게

이 책의 실제적 실수는 사건에 대해 너무 Coffey의 설명에 의존한 것이라 말했다. "이 책은 Joe Coffey가 그 작가에게 말한 이야기다. Dick Tamarro와 나는 이 책을 위해 인터뷰를 받은 적이 없었다." Aronwald 의 말이다. "Coffey와 나는 그 종이 픽션 책이 발행된 뒤에 말하지 않았다," Tamarro가 나에게 한 말이다. 1982년 9월 13일판 *Newsweek*는 *The Vatican Connection*에 대한 리뷰에서, Coffey는 이 책의 중요 정보원이지만, Hammer는 자신의 이야기를 주로 흠잡을데 없는 정보와는 거리가 먼 것에 기초하고 있다. 즉 사기꾼으로 기소된 두 사람과 한 공범의 맹세 없는 증언이다."

50 Hammer, *The Vatican Connection*, 51-52.
51 Ibid., 64-70.
52 Jane Mayer, "Vatican Bank's Marcinkus Was Queried in U.S. Counterfeiting Case 9 Years Ago," *The Wall Street Journal*, August 6, 1982, 2.
53 Hammer, *The Vatican Connection*, 100.
*   그때의 한 의회위원회는 위조와 도난당한 미증권의 암시장의 크기가 약 500억 달러에 이를 것으로 추정했다. 1970년 후반 뉴욕과 LA에서 코카콜라 주식의 큰 뭉치가 도난당했다. 2년 뒤 리쪼의 독일 회의 즈음에 잃어버린 코카콜라 주식의 일부가 유럽, 레바논 파나마에서 수면으로 올라오기 시작했다.
54 Author interview with William Aronwald, February 16, 2007; Hammer, *The Vatican Connection*, 76-98.
55 Hammer, *The Vatican Connection*, 77-78.
56 Hammer, *The Vatican Connection*, 210-11.
57 Alfred Scotti, Deputy District Attorney, New York, quoted in Arnold H. Lubasch, "Disposal of Illicit Paper Is Charged Here," *The New York Times*, July 12, 1973, 1.
58 Author interview with William Aronwald, February 16, 2007. Aronwald의 Strike Force는 Organized Crime and Racketeering Division 내에서 특별히 만들어진 그룹으로, 뉴욕의 Southern District에 배속되었다.
59 Author interview with William Aronwald, February 16, 2007; Mayer, "Vatican Bank's Marcinkus Was Queried in U.S. Counterfeiting Case 9 Years Ago," 2.
60 Hammer, *The Vatican Connection*, 154-55.
61 Hammer, *The Vatican Connection*, 158-59.
62 Hammer, *The Vatican Connection*, 210-12.
63 Author interview with William Aronwald, February 16, 2007. Tamarro의 독일 여행 전에, FBI는 국외 사건의 경우, 전적으로 미대사관의 법률담당관에게 의존했다.
64 Author interview with Richard Tamarro, February 28, 2007.
65 Author interview with Richard Tamarro, February 28, 2007.
66 Author interview with William Aronwald, February 16, 2007; Hammer, *The Vatican Connection*, 219.
67 Cole, "U.S. Inquiry in 1973 at Vatican Bank Is Disclosed," 34.
68 Author interview with William Aronwald, February 16, 2007; DiFonzo, *St. Peter's Banker*, 108-14; "Hambros in Italy," *The Economist*, October 16, 1971, 100, 103; "The End: Bastogi," *The Economist*, October 23, 1971, 103, 104; "End of the Italian Affair," *The Economist*, January 8, 1972, 72-73; Simoni and Turone, *Il caffè di Sindona*, 122.
69 Author interview with William Aronwald, February 16, 2007.
70 Author interview with William Aronwald, February 16, 2007.
71 1946년, 추기경 Tisserant - 제1차 세계대전 당시에 프랑스 정보요원이었다 - 는 바티칸에서 아르헨티나 추기경 Antonio Caggiano을 만났다. 두 고위 성직자들은 프랑스 전범들의 아르헨티나행 탈주를 용이하게 했다. 이 정보가 2003년에 공개된 이래, 바티칸은 그 문제에 대해 어떤 파일의 해제도 거절했다. 아르헨티나 가톨릭교회는 필자에게 그 관련 기록들은 1955년 화재로 없어졌다고 주장했다. Kevin G. Hall,

"Argentina's New President Pressured to Open Perón Files on Nazis," Knight Ridder Washington Bureau, International News, June 1, 2003.

72 Author interview with Richard Tamarro, February 28, 2007; author interview with William Aronwald, February 16, 2007; Hammer, *The Vatican Connection*, 235-38.
73 Author interview with William Aronwald, February 16, 2007; Mayer, "Vatican Bank's Marcinkus Was Queried in U.S. Counterfeiting Case 9 Years Ago," 2.
74 Hammer, *The Vatican Connection*, 216.
75 Author interview with Richard Tamarro, February 28, 2007.
76 Lubasch, "Disposal of Illicit Paper Is Charged Here."
77 Author interview with Richard Tamarro, February 28, 2007.
78 Hammer, *The Vatican Connection*, 249-50.
79 Mayer, "Vatican Bank's Marcinkus Was Queried in U.S. Counterfeiting Case 9 Years Ago," 2; author interview with William Aronwald, February 16, 2007.
80 James Bacque, "How a Manhattan Detective Trailed a Small-Time Hood and Ended Up Investigating Some Strange and Possibly Illegal Dealings of the Vatican Bank," *The Globe and Mail (Canada)*, January 15, 1983.
81 Hammer, *The Vatican Connection*, 215-16.
* 발비에리는 그의 빈티지 마세라티와 수제 양복으로 로마에서 잘 알려진 자였다. 그 역시 비밀 情婦를 두고 있었는데, 바티칸은 나중에 그의 성직을 박탈했다.
82 Author interview with William Aronwald, February 16, 2007; author interview with Richard Tamarro, February 28, 2007; Hammer, *The Vatican Connection*, 241-45.
83 Author interview with Richard Tamarro, February 28, 2007.
84 Author interview with William Aronwald, February 16, 2007; author interview with Richard Tamarro, February 28, 2007.
† FBI는 나중에 편지상의 서명과 말신커스의 서명을 비교했다. 비슷했지만, 결정적으로 일치한다고 하기에는 판독 불가했다. FBI는 종교봉헌회 내부의 누구의 서명 샘플을 요구하지 않았으며, 역시 타자기 검증을 위한 허가도 요구하지 않았다. 그들은 그 편지를 타자 치는데 사용된 타자기를 밝힐 수 있었다. 편지 상의 봉헌회의 이름은 1968년에 봉헌생활회(Sacra Congregazione per I Religiosi e gli Istituti Secolari)로 바뀌었다. 그러나, 교황청 부서들은 이름이 바뀔지라도 때때로 기존의 편지지가 소진될 때까지 그것을 썼다. 이 부서는 거의 종이 편지 쓰기를 하지 않아 조사관들은 그 편지들이 진짜일 수 있다고 결론 냈다.
85 Author interview with William Aronwald, February 16, 2007.
86 Author interview with William Aronwald, February 16, 2007.
87 Author interview with William Aronwald, February 16, 2007.
88 Seymour는 최근에 개인적 사유로 자신의 사임을 발표했다. Nixon은 그의 후임으로 Paul Curran, 뉴욕주 조사위원회 의장을 발표했다. 하지만 상원은 그를 승인하지 않았다. Aronwald는 그 만남에서 Curran에게 충분히 설명했고, 한달 뒤 그가 다시 그 조사위원회를 맡았다(April 1973).
89 Author interview with William Aronwald, February 16, 2007.
90 Hammer, *The Vatican Connection*, 301-2. Aronwald가 필자에게 한 말. "분명 그[Coffey]는 기분이 상했다. 하지만 이는 이 단계에서는 단순히 우리의 관할권이었다. 바티칸에서의 만남은 매우 민감한 일이었고, 우리는 거기 많은 그룹을 택함으로써 이를 망치고 싶지 않았다. Coffey 이외에도 많은 자들이 가고 싶어했다. 나의 가장 큰 염려는 만일 우리가 우리 쪽에서 너무 크게 시작하면, 바티칸이 그 마음을 바꾸어 취소할까 하는 것이었다." 수년 뒤 Coffey는 작가 Richard Hammer에게 Nixon 행정부가 더 힘든 조사

를 뒤로 미루웠는데, 이는 대통령이 재선 전에 가톨릭 투표자들을 기분 상하게 할 것을 두려워했기 때문이었다고 추측했다. 하지만 Aronwald는 주장하기를, "누구도 나를 압박하지 않았고 나는 그 일을 위해 뛰었다."

91　Author interview with William Aronwald, February 16, 2007.
92　Author interview with Richard Tamarro, February 28, 2007.
93　Author interview with Richard Tamarro, February 28, 2007.
94　Author interview with Richard Tamarro, February 28, 2007.
95　Author interview with Richard Tamarro, February 28, 2007.
96　Author interview with William Aronwald, February 16, 2007. Tom Biamonte, 로마 주재 미국대사관의 FBI 연락관이 Marcinkus를 로비해서 법무성 3인방과 만나도록 했다. "우리는 특별히 초청받지 아니하면 바티칸에 들어갈 권한이 없었다. 하지만 관례를 벗어나, 대사관의 우리에게 Marcinkus는 그들이 던지기를 원하는 어떤 질문들에도 답하기를 동의했다." Biamonte가 훗날 한 말이다. Biamonte interviewed in Cornwell, *A Thief in the Night*, 172.
97　Author interview with Richard Tamarro, February 28, 2007.
98　Author interview with William Aronwald, February 16, 2007; author interview with Richard Tamarro, February 28, 2007.
99　Biamonte interviewed in Cornwell, *A Thief in the Night*, 172.
100　Fornasari 경은 유명한 바티칸 변호사로, 교회의 최고법정격인 Apostolic Tribunal of the Roman Rota 앞에서 일했으며, 역시 부업을 갖고 있었는데, 로사리와 십자가를 제조했다.
101　Hammer, *The Vatican Connection*, 305-6.
102　FBI File summary of the interview with Marcinkus, quoted and cited in Raw, *The Moneychangers*, 102.
103　Mayer, "Vatican Bank's Marcinkus Was Queried in U.S. Counterfeiting Case 9 Years Ago," 2.
104　Cornwell, *A Thief in the Night*, 172.
105　Author interview with William Aronwald, February 16, 2007; author interview with Richard Tamarro, February 28, 2007.
106　Jane Mayer, "Vatican Bank's Marcinkus Was Queried in U.S. Counterfeiting Case 9 Years Ago," *The Wall Street Journal*, August 6, 1982, 2.

*　법무성과 Marcinkus와의 회의의 이야기가 9년 후인 1982년에 알려졌을 때, 그 대주교는 훨씬 단정적이었으며, 월 스트리트저널 기자에게 말했다. "나는 그런 이름들을 들어본 적도 없었다. 나는 내 인생에 그들을 만나거나 말한 적도 없다. 어찌하든 이것에 어떤 근거도 없다." 물론 그때 쯤에 그는 때늦은 깨달음을 가지고 자신은 어떤 혐의도 받지 아니했으며 다른 자들이 위조 음모로 인해 감옥에 갔다는 것을 알았다. 그 역시 Calvi의 암브로시아노의 새로운 스캔들에 휩쓸리게 되었고, 그는 위조 이야기가 공개되었을 때 이를 빨리 잠재우려는 추가적인 동기도 있었다.

107　Author interview with William Aronwald, February 16, 2007.
108　Author interview with Richard Tamarro, February 28, 2007.
109　Interview with William Aronwald, February 16, 2007.

†　엔제와 바르그는 면제거래의 일환으로 미국에 와서 대배심원 앞에서 증언했다. "그들의 증언은 결정적이었다." Aronwald의 회고다. 독일 검사들은 나중에 미국 당국에 그들의 봉인된 증거 사본을 요구했다. "나는 그들을 배반하지 않도록 입장을 취했다." 그가 말했다. 그러나, 법무성은 독일 요청에 부응하여 면제의 허락이 오직 미국 공소건만을 담고 있다고 결론냈다. 바르그는 독일에서 미국 대배심원 앞에서 한 말에 근거한 죄목으로 유죄 선고를 받았다. "그것은 창피한 일이었다. 우리는 그에게 약속을 지켰다. 그 결정은 연방정부의 영원한 불명예가 될 것이다." Aronwald의 말이다.

110 Lubasch, "Disposal of Illicit Paper Is Charged Here," 1; Mayer, "Vatican Bank's Marcinkus Was Queried in U.S. Counterfeiting Case 9 Years Ago," 2.
111 Lubasch, "Disposal of Illicit Paper Is Charged Here," 1; the case, U.S. v. Amato, et al., is on Pacer, the legal database, at 1:73-cr00672-MGC, filing date of July 10, 1973.
112 Rizzo는 마약거래 혐의와 함께 유죄 선고를 받고 5년 감옥형이 주어졌다. 정부는 재판 받지 않았던 Ledl Foligni에 대해 본국송환요청을 청하지 않았다.
113 Mayer, "Vatican Bank's Marcinkus Was Queried in U.S. Counterfeiting Case 9 Years Ago," 2; author interview with William Aronwald, February 16, 2007.
114 Author interview with William Aronwald, February 16, 2007.

제17장

1 Paul Hofmann, "War Raids Incite Anti-U.S. Feelings in Italy," *The New York Times*, January 3, 1973, 8. 그해 1973년 미국무성에서, "바티칸의 베트남의 공산주의자들과의 접촉"을 두고 많은 전신 교통이 있었다. 이는 교황이 베트콩에 손을 뻗칠 것이라는 두려움에 대한 것이었다. See generally 09-25-73 WikiLeaks Vatican "Contacts" with Communists Cable: 1973ROME10199_b; https://www.wikileaks.org/plusd/cables/1973ROME10199_b.html; also 09-28-73 WikiLeaks Audience with Pope Paul VI (Held at Vatican Suggestion) Cable: 1973ROME10410_b; https://www.wikileaks.org/plusd/cables/1973ROME10410_b.html.
2 "Two Bombings in Milan," *The New York Times*, January 16, 1973, 14.
3 Paul Hofmann, "El Al Employe [sic] in Rome Is Shot to Death by an Arab: 3 Seized at Beirut Airport," *The New York Times*, April 28, 1973, 6.
4 Paul Hofmann, "Italian Neo-Fascists Are Linked to a Synagogue Fire in Padua," *The New York Times*, April 30, 1973, 3.
5 "Anarchist Seized in Blast in Milan," *The New York Times*, May 18, 1972, 7.
6 Paul Hofmann, "If Surge of Gunfire Is a Sign, Sicilian Mafia Is in Trouble," *The New York Times*, May 15, 1973, 41.
7 Paul Hofmann, "Italians Suspect Violence Is Plot: International Police Aid Is Asked After Milan Blast," *The New York Times*, May 21, 1973, 9.
8 "Again Italy's Premier: Mariano Rumor," *The New York Times*, July 9, 1973, 3.
9 "Again Italy's Premier: Mariano Rumor," *The New York Times*, July 9, 1973, 3.
10 "Milan Offices Bombed," *The New York Times*, July 29, 1973, 3.
11 "Libyan Jets Attack an Italian Warship off African Coast," *The New York Times*, September 22, 1973, 2.
12 William D. Smith, "The Arab Oil Weapon Comes into Play," *The New York Times*, October 21, 1973, 185; DiFonzo, St. Peter's Banker, 194-95.
13 Robert D. Hershey Jr., "10 Years After Oil Crisis: Lessons Still Uncertain," *The New York Times*, September 25, 1983, 1.
14 "Europeans Move to Conserve Oil," *The New York Times*, November 8, 1973, 71.
15 Clyde H. Farnsworth, "Oil: Alarms Growing in Europe and U.S.: Continent Worries About a Possible '74 Recession," *The New York Times*, November 21, 1973, 51; "Deep Recession Seen for Europe," *The New York*

Times, December 1, 1973, 47; "Oil Shortage Abroad Puts Stocks in Different Light," *The New York Times*, December 3, 1973, 63.

16 Terry Robards, "Oil-Short Europe Is Facing Hardest Winter Since War," *The New York Times*, December 11, 1973, 1

17 "Kuwait Considers Giving Hijackers to Guerrilla Group for Trial," *The New York Times*, December 21, 1973, 14.

18 "Pope Urges Italians to Shun A 'Mafia-Style Mentality,'" *The New York Times*, January 2, 1974, 13.

19 Martin Andersen, "Argentina Can't Exorcise Fascination with Perón," *The Miami Herald*, July 3, 1987, Q17; Martin Andersen, "$10 Million Demanded for Return of the Hands Cut from Perón's Body," *The Globe and Mail (Canada)*, July 3, 1987; Susana Viau and Eduardo Tagliaferro, "Carlos Bartffeld, Mason y Amigo de Massera," December 14, 1998, 12.

20 Tosches, *Power on Earth*, 169-71.

21 언제 Calvi와 Gelli가 만났는가에 대한 상충되는 설명들이 있다. 그러나, 비록 그들이 다음해까지는 함께 정식 사업을 하지 않았지만, 최상의 증거는 1974년 어느 때이다. 칼비의 아내, Clara는 이는 1973년 초일 것이라 생각했다. 그러나, 그녀는 그때는 없었다. Willan, *The Last Supper*, 112-13. See also Raw, *The Moneychangers*, 139.

22 Sindona interviewed in Tosches, *Power on Earth*, 171

23 Calvi quoted in Willan, *The Last Supper*, 112.

24 Gelli interviewed in ibid., 126-27.

25 경찰이 마침내 Gelli의 P2 기록물을 압수했을 때, 이 자료는 Calvi가 1974년 로마 지부에 입회되었으며, 다음해에 제네바 로지(lodge)의 멤버가 되었음을 보여주었다. See Willan, *The Last Supper*, 111-12. 일부 출판물도 Calvi를 런던 프리메이슨 로지에 연결시킨다. 하지만 그가 그곳의 멤버라는 증거는 없다. P2는 런던 로지와 제휴했음이 나타나며, 칼비가 영국 회원들의 하나에게 전화할 필요가 있었던 경우로서 그 증거는 충분하다.

26 Sindona interviewed in Tosches, *Power on Earth*, 172.

27 Sindona interviewed in Tosches, *Power on Earth*, 172-73.

28 Bastogi는 이탈리아의 전기수도, 광산 시멘트 산업에 큰 이해관계를 갖고 있었다. Giuseppe Volpi 백작이 제2차 세계대전 중에는 이를 소유했다. Sindona는 1960년 후반부터 일부 주식을 은밀히 모으기 시작했다. 1971년, 그는 Calvi와 영국상업은행 Hambros를 등록시켜 조용하게 Bastogi의 주식을 더욱 모았다. 이는 스위스 지주회사인 Ultrafin을 활용한 것인데, 그들에게까지 쉽게 추적할 수 없는 회사였다. Bastogi의 이사회가 Sindona와 Calvi의 적대적 인수 의향을 알고, 강력한 전투를 실시해서 - 이 전투의 많은 부분이 공개적으로 진행됐다 - 성공적으로 지배권을 지켰다. 적대 인수는 그 당시에는 이탈리아에서는 들어본 적이 없었다. 그 후유증으로 Sindona는 대인관계의 실패자가 되고, 이탈리아 비즈니스 기준으로는 너무 배고픈 포식자로 비추어졌다. See Galli, *Finanza bianca*, 82.

29 The Pierre는 오성급 고급호텔로 잘 알려져 있으며, 역시 77개의 콘도미니엄 아파트를 가지고 있으며, 그 호텔의 일반 관리 하에 유지되고 있었다. Parliamentary Commission of Inquiry into the Case of Sindona and Responsibilities and the Political and Administrative Connected To It, n. 315 (citing Exhibit Carli, January 28, 1981 Mec. I/5), 18.

30 Affidavit of John McCaffrey, February 3, 1981, quoted at length in DiFonzo, *St. Peter's Banker*, 1046; Willan, *The Last Supper*, 86-87.

*   Sindona가 이탈리아를 떠나려했던 또 다른 이유는 강력하고 친자본주의적, 친미적 정부가 언젠가 곧 권력을 잡으리라는 믿음을 잃어버렸음에 있다. Hambros Bank 의 이탈리아 대표이며 전시 영국 첩보원이

있던 John McCaffrey는 가까운 Sindona의 사업동료였다. 1981년의 선서진술에서, 그는 신도나가 자신에게 다가와, 보수정권을 세우고 모든 사회주의 공산주의 국회의원과 장관을 청산시킬 "그의 쿠테타 계획안"을 제시했다고 했다. "신도나와의 이런 대화에서 나에게 분명한 것은 그가 모든 일에 핵심이었다는 것이다." McCaffrey의 말이다. 그에 따르면, 그 쿠테타의 실패는 주로 "노하우, 용기의 부재, 이탈리아 정치가들에 대한 확신의 부족 이탈리아 군부 지도자들의 용기 부족 때문이었다."

31 Marcinkus interviewed in Cornwell, *A Thief in the Night*, 132.
32 Tosches, *Power on Earth*, 149.
33 Parliamentary Commission of Inquiry into the Case of Sindona and Responsibilities and the Political and Administrative Connected To It, 20-22.
34 Farnsworth, "Sindona's Empire: Sharp Trading, Big Losses," 57. Sindona's merged bank had no assets: Lai, *Finanze vaticane*, 53.
35 이탈리아은행은 Sindona의 사업에 대한 4가지 조사를 실시했고, 이는 Bastogi의 인수 시도의 실패로 거슬러 올라간다. Farnsworth, "Sindona's Empire: Sharp Trading, Big Losses," 57. See also Turone, *Il caffè di Sindona*, 122; and "Hambros in Italy," *The Economist*, October 16, 1971, 100. As for the questions over the Bank of Italy's failure to find evidence during its regularly scheduled annual reviews, see Parliamentary Commission of Inquiry into the Case of Sindona and Responsibilities and the Political and Administrative Connected To It, 19-20; Turone, *Il caffè di Sindona*, 40.
36 DiFonzo, *St. Peter's Banker*, 182-83. 일부 공개된 보고서들의 주장은 기부의 댓가로 Sindoan가 자신의 친구 Mario Barone을 요구하여 Bank of Rome의 행장으로 임명케 했다는 것이다. (Willan, *The Last Supper*, 81.) 본 필자는 이것이 Sindona의 반이혼전투에의 기부에 대한 댓가(quid pro quo)인 것을 확인할 수 없었다. See also William Tuohy, "Italy Retains Divorce, 3-2; Rebuff to Vatican, State," *The Boston Globe*, May 14 1974, 1.
37 John O'Neill, " 'Coition Death': Are Only the Famous Prone to Final Fun?" *Sydney Morning Herald* (Australia), July 1, 1987, 21; Alexander Chancellor, "Long Life," *The Spectator*, July 27, 2013; author interview with a priest recounting a personal conversation with Sindona, September 21, 2013.
* Sindona는 정치적 국민투표에 기부함으로써 그의 친구 Paul 6세를 단순히 돕는 것 이상을 했다. 같은 5월, 프랑스 추기경 Jean Daniélou이 24살의 나이트클럽 스트리퍼의 아파트에서 숨진 채 발견되었다. 그녀의 남편은 포주로서 한 번의 범죄 경력을 갖고 있었다. 경찰은 5년 전에 Paul 6세에 의해 임명된 그 추기경이 자기 몸에 현금 10,000달러를 갖고 있음을 발견했다. 교황은 신도나에게 은밀한 메시지를 보내, 그의 프랑스 사업 접선들이 이 이야기가 스캔들이 되지 않도록 막아줄 수 있느냐고 요청했다. 신도나는 은행 동료들을 불렀고, 그들은 파리 형사들에게 형사들의 서류철이 가장 잘 비밀스럽게 지켜지고 있음을 확실하게 확신시켜 주었다.
38 Robert E. Bedingfield, "Strains at Bank Multiplied in Big-City Competition," *The New York Times*, May 18, 1974, 39; "Banking, A Shocking Drama," *Time*, May 27, 1974.
39 DiFonzo, *St. Peter's Banker*, 163-65. This trade was a staple of Sindona financial institutions: see Parliamentary Commission of Inquiry into the Case of Sindona and Responsibilities and the Political and Administrative Connected To It, 28-30.
40 Farnsworth, "Sindona's Empire: Sharp Trading, Big Losses," 57.
41 Harold Gleason quoted in DiFonzo, *St. Peter's Banker*, 191.
42 Parliamentary Commission of Inquiry into the Case of Sindona and Responsibilities and the Political and Administrative Connected To It, 14.
43 John A. Allan, "Lag at Franklin Cited," *The New York Times*, May 2, 1974, 75.

44 Richard E. Mooney, "When a Big Bank Stumbles," *The New York Times*, June 9, 1974, 164.
45 Tosches, *Power on Earth*, 152.
46 "Sindona, Self-Made Man of 53, Rules Vast Industrial Empire," *The New York Times*, May 13, 1974, 48.
47 John H. Allan, "Franklin National Bank Dismisses Its President," *The New York Times*, May 14, 1974, 1; Robert E. Bedingfield, "Franklin Urged to Omit Payment," *The New York Times*, May 11, 1974, 39; "Banking: A Shocking Drama," *Time*; "Poor Sindona," *The Economist*, May 18, 1974, 126.
48 DiFonzo, *St. Peter's Banker*, 198.
49 John H. Allan, "10-Day Ban Intended to Allow Bank to Arrange Affairs," *The New York Times*, May 15, 1974, 61.
50 Farnsworth, "Sindona's Empire: Sharp Trading, Big Losses," 57.
51 Robert D. Hershey Jr., "Tremors in the Banking System," *The New York Times*, May 19, 1974, 159.
52 "Poor Sindona," *The Economist*, 126.
53 Sindona interviewed in Tosches, *Power on Earth*, 170-71.
54 Sindona interviewed in Tosches, *Power on Earth*, 171.
55 Sindona interviewed in Tosches, *Power on Earth*, 171.
56 Sindona interviewed in Tosches, *Power on Earth*, 172.
57 DiFonzo, *St. Peter's Banker*, 158.
58 Raw, *The Moneychangers*, 111.
59 Farnsworth, "Sindona's Empire: Sharp Trading, Big Losses," 57; Turone, *Il caffè di Sindona*, 42-43.
60 Parliamentary Commission of Inquiry into the Case of Sindona and Responsibilities and the Political and Administrative Connected To It, 33-35; "Loan to Sindona by Rome Bank Is Not Expected to Aid Franklin," *The New York Times*, July 12, 1974, 55.
61 Paul Hofmann, "Italian Financier Said to Make Concessions for $100-Million Loan," *The New York Times*, July 10, 1974, 51; Farnsworth, "Sindona's Empire: Sharp Trading, Big Losses," 57.
62 Farnsworth, "Sindona's Empire: Sharp Trading, Big Losses," 57.
63 "Sindona: A £100m Loss?," *The Economist*, September 21, 1974, 119.
64 "Franklin Fizzles Out," *Time*, October 21, 1974; see generally Parliamentary Commission of Inquiry into the Case of Sindona and Responsibilities and the Political and Administrative Connected To It, 120-22.
65 DiFonzo, *St. Peter's Banker*, 206.
66 Farnsworth, "Sindona's Empire: Sharp Trading, Big Losses," 57; "More Collateral Put Up by Sindona," *The New York Times*, July 16, 1974, 51. Sindona가 자신의 금융회사들의 손실로부터 어떻게 SGI를 보호하려고 노력했는지는 see generally Parliamentary Commission of Inquiry into the Case of Sindona and Responsibilities and the Political and Administrative Connected To It, n. 315, 35-36.
67 Farnsworth, "Sindona's Empire: Sharp Trading, Big Losses," 57. See also advertisement, "A Great Bank Is Born, Banca Privata Italiana," *The Economist*, July 6, 1974, 121. Sindona의 연속적인 불운은 그달에 이탈리아 법정에서도 계속되었다. 그의 금융회사 Finambro의 주주들이 그의 증자 시도를 중지시키려는 소송에서 이겼다.
68 John H. Allan, "63-Million Lost by Franklin Bank in 5 Months of '74," *The New York Times*, June 21, 1974, 1.
69 John H. Allan, "Sindona Associate Leaving Franklin," *The New York Times*, June 24, 1974, 43.
70 Tosches, *Power on Earth*, 153; DiFonzo, *St. Peter's Banker*, 206.
71 "Franklin Fizzles Out," *Time*.

72 Michael C. Jensen, "S.E.C. Said to Be Investigating Franklin Bank's Sindona Deals," *The New York Times*, July 18, 1974, 49; Robert J. Cole, "S.E.C. Files Fraud Charges Against Nine Once at Franklin," *The New York Times*, October 18, 1974, 57. Sindona는 사실상 Franklin과 그의 다른 사업체 간의 돈 바꿔치기에 관여했다. 이는 은행의 거래 손실을 최소화하고, 인위적으로 명목상의 수익을 올리기 위함이었다. See generally DiFonzo, *St. Peter's Banker*, 192-94.

73 "Sindona Said to Vow to Save Franklin," *The New York Times*, July 2, 1974, 54. "많은 이탈리아인이 미국에 와서 야채 장사를 하거나 갱단에 가입 후, 여기 지금 월 스트리트가 귀를 기울이고 있는 자가 있지만, 그들은 나를 돕는 것이 아니라 나를 공격하고 있다." Sindona가 Corriere della Sera에게 한 말이었다. 그는 Francis Ford Coppola의 1972년도 The Godfather의 전세계적인 상업적 성공에 화를 냈다. 그는 친구들과 사업 동료들에게, 그 영화는 미국내 이탈리아인들의 가장 악한 고정관념을 강화해 주며 사업가들이 자신과 일하는 것을 어렵게 한다고 말했다. 반면, Sindona의 전 파트너인 칼비는 미국인들이 자신을 어떻게 판단하는지에 별로 걱정하지 않았다. 미국에서 사업을 하지 않았기 때문이다. 그는 그 영화를 사랑했다. 한 동료 금융인에게 말하길, "대부를 아는가? 이는 걸작이다, 모든 것이 그 안에 있기 때문이요." Calvi quoted in Gurwin, *The Calvi Affair*, 36.

74 "Sindona, Big Franklin Holder, Reported Selling a Bank in Italy," *The New York Times*, September 5, 1974, 62; Raw, *The Moneychangers*, 119.

75 DiFonzo, *St. Peter's Banker*, 175-77.

76 Clyde H. Farnsworth, "Bank Closes in Germany; Sindona Owned Half of It," *The New York Times*, August 24, 1974, 31.

77 "Vatican Denies Report of Big Banking Losses," *The New York Times*, August 28, 1974, 39.

78 Herbert Koshetz, "Sindona Unit Selling 53% of Talcott for 5.6-Million," *The New York Times*, September 28, 1974, 35; "The American Connection," *The Economist*, October 5, 1974, 106.

79 Parliamentary Commission of Inquiry into the Case of Sindona and Responsibilities and the Political and Administrative Connected To It, 22, 37-42.

80 See Raw, *The Moneychangers*, 119-20.

81 비록 이탈리아 당국이 그해 9월 Finabank의 이탈리아 지점을 폐쇄했지만, 스위스는 다음해 1월까지는 그 본부를 닫지 않았다. See Turone, *Il caffè di Sindona*, 41-42.

82 DiFonzo, *St. Peter's Banker*, 89.

83 Tosches, *Power on Earth*, 171-72.

84 Farnsworth, "Sindona's Empire: Sharp Trading, Big Losses," 57.

85 Ibid.; Clyde H. Farnsworth, "Italy Is Making Good on the Failure of Sindona's Bank: $500-Million in Losses Books Examined," *The New York Times*, September 20, 1974, 51.

86 "Sindona Reported in a Court Inquiry," *The New York Times*, September 16, 1974, 54.

87 한 가지 예를 들면, Sindona는 Banca Privata Finanziaria에 있는 고객 예탁금을 전용해서 자신의 지주회사들의 하나인 Moizzi & Co의 부채 문제에 대한 담보물로 이용했다는 점이다. 그런 자금들은 때로는 바티칸은행으로 전송되었으며, 바티칸은행은 그 대가로 제네바에 있는 Finabank 계좌에 그 돈을 활용하게 만들었다. 그 계좌의 별명은 MANI로, 이는 신도나의 두 아들들의 이름(Marco 와 Nino)의 첫 두 글자를 딴 것이었으며, 외환 투기를 위한 담보물로 이용되었다. See generally DiFonzo, *St. Peter's Banker*, 91.

88 Farnsworth, "Sindona's Empire: Sharp Trading, Big Losses," 57.

89 Farnsworth, "Sindona's Empire: Sharp Trading, Big Losses," 57.

90 John A. Allan, "Sindona Resigns His Post as Franklin Bank Director," *The New York Times*, September 22, 1974, 1.

91 John A. Allan, "F.D.I.C. Rejects Franklin's Plan," *The New York Times*, October 4, 1974, 1.
92 For a full background of the criminal charges filed against Sindona, see M. De Luca, ed., *Sindona. The Indictments of the Courts of Milan* (Rome: Riuniti, 1986); and Israel Shenker, "Warrant Seeks Sindona Arrest," *The New York Times*, October 10, 1974, 81.
93 Martin, *The Final Conclave*, 30.
94 European-American Bank이 Franklin의 잔존 자산을 $125 million 에 매입했다. 이는 Manufacturers Hanover의 매수가 2,000,000 달러를 훨씬 넘는 것이었다. DiFonzo, *St. Peter's Banker*, 213-14.
95 Patrick J. Sloyan, "Franklin Failure Almost Caused World Panic, Burns Says," *The New York Times*, December 22, 1974, 58; "Franklin Fizzles Out," *Time*.
96 "Italy Is Liquidating Bank in the Group Headed by Sindona," *The New York Times*, September 29, 1974, 4. "Sindona: Worse and Worse," *The Economist*, October 5, 1974, 106.
97 Generale Immobiliare, Revealing All," *The Economist*, April 5, 1975, 84.
98 See generally Untitled, *Associated Press, Rome*, A.M. cycle, August 8, 1979.
99 Sindona quoted in "Sindona Declares He Can Incriminate Leading Italians," *The New York Times*, April 7, 1975, 33.
100 Cole, "S.E.C. Files Fraud Charges On Nine Formerly at Franklin," 57. 비록 SEC가 그 행위를 "은행과 그 관리자들애 대해 행하여진 가장 큰 행위들의 하나"라고 기술했지만, 동시에 그 조사가 어떤 "약탈의 증거"는 발견하지 못했음을 인정했다.
101 Ibid., 57, 68.
102 Israel Shenker, "Warrant Seeks Sindona Arrest," *The New York Times*, October 10, 1974, 81; "Sindona Picks Defense Lawyers," *The New York Times*, October 16, 1974, 67.
103 DiFonzo, *St. Peter's Banker*, 214.
104 Gelli quoted in Ibid., 215.
105 Ibid., 218-19; Sindona의 정부는 한 미국인에게 결혼했으나, 그녀가 1960년에 뉴욕의 Lehman Brothers 리셉션에서 만났을 때는 이혼 상태였다. 비록 Sindona는 결혼했지만, 수 년 동안 여러 정부들을 두었었다. 그는 다른 여자들보다 그녀와 더 오랜 관계를 갖었다.
106 DiFonzo, *St. Peter's Banker*, 219.
107 Leonard Sloane, "Sindona Appears in Public to Address College Group," *The New York Times*, April 16, 1997, 51; Terry Robards, "Sindona Says He Lives on Help," *The New York Times*, November 27, 1975, 55. Sindona는 친구들과 동료들에게, 비록 자신이 the Pierre의 콘도미니엄에서 살고 있지만, 돈을 모으기 위해 이를 팔았으며 이름을 밝힐 수 없는 매입자로부터 세를 살고 있다고 말했다. 사실 신도나는 여전히 그 집을 소유했다. 이는 다음해 그가 보석을 신청하기 위해 그 집 증서를 내놓았을 때 밝혀졌다.
108 Sindona quoted in DiFonzo, *St. Peter's Banker*, 220.
109 *The New York Times*, January 8, 1975, 51 (no article title or byline).
110 Lloyd Shearer, "Intelligence Report," *The Boston Globe*, Parade supplement, titled "The Vatican Takes a Bath," March 23, 1975, H16, referring to how Pope Paul VI "also brought in his old friend, Michele Sindona [to the IOR]." See also "Allah Be Praised," *Forbes*, February 15, 1975, 8; "Vatican's Budget Is Vetoed by Pope," *The New York Times*, January 23, 1975, 14. No article title for the statement by Vatican spokesman, Federico Alessandrini, about the church's limited losses, *The New York Times*, February 1, 1975, 4. *The New York Times*, January 23, 1975, 14 (no title to article and no byline). And Raw, *The Moneychangers*, 120.
111 Italian magazine Panorama, cited in "Report Chicagoan Out as Vatican Bank Head," *Chicago Tribune*, November 22, 1974, 1.

112　Italian magazine Panorama, cited in Andrew Blake, "Financier's Fall Costly to Vatican," *The Boston Globe*, February 2, 1975, 21.
113　Kay Withers, "Vatican Aide Denies Pope May Fire Him," *Chicago Tribune*, November 23, 1974, D11.
114　Kay Withers, "Vatican Wealth: The Bottom Line Isn't Too Blessed," *Chicago Tribune*, April 20, 1975, A1.
115　"Vatican's Finances: Paul's Pence," *The Economist*, February 8, 1975, 71.
116　"Vatican's Budget Is Vetoed by Pope," *The New York Times*, January 23, 1975, 14; "Vatican Finances; Paul's Pence," *The Economist*, 71.
117　Edward Magri, "Vatican Reportedly Lost $56m in Bank Scandal," *The Boston Globe*, January 31, 1975, 40.
118　"Vatican's Finances; Paul's Pence," *The Economist*, 71.
119　Cornwell, *God's Banker*, 131-34.
120　Sindona quoted in Tosches, *Power on Earth*, 173; Brendan Jones, no title to article, *The New York Times*, February 21, 1975, 41.
121　DiFonzo, *St. Peter's Banker*, 222.
122　"People and Business: Problems as Banks Flee Saigon," *The New York Times*, April 10, 1975, 62.
123　Sloane, "Sindona Appears in Public to Address College Group," 51. 이 기사는 Sindona가 "매우 강한 액센트 영어를 말한다"고 기술하며, 그의 영어가 좋지 않다는 것을 언급한 몇 가지 중의 하나이다. 뉴욕 형사피고 변호사, Ivan Fisher가 나에게 한 말은, 자신이 처음 신도나를 만났을 때 "그를 대변하는 나의 가장 큰 문제들의 하나는 그가 영어를 매우 서툴게 말한다는 것이었다. 그는 우리의 첫 만남에서 내가 A를 만나 그가 도울 수 있는지를 알아보아야 한다고 나에게 말했다. A가 누군지를 내가 알지 못함을 인정하지 않기를 바라는 마음으로 그는 이를 말했다. 세 번째 만남에서야 나는 그가 말하는 A가 Haig를 말하고 있음을 깨달았다 (그는 당시 NATO 최고 사령관이었고, Haig가 Nixson의 비서실장으로 재임하던 때부터 신도나가 알고 있는 그런 자였다). 나는 아주 편안한 마음으로 그에게 가까이 다가갈 수 없었다. 왜냐하면, 그의 말을 알아듣기가 너무 어려웠기 때문이었다. 나는 통역자를 제안했다. 그는 정말로 기분이 상했다. 그는 자신의 영어가 훌륭하다고 생각한 까닭이었다." Author interview with Ivan Fisher, June 19, 2013.
124　DiFonzo, *St. Peter's Banker*, 222.
125　"An Unlikelääy Lecturer," *Time*, December 8, 1975. Between 1975 and 1977, Sindona spoke at sixteen university business schools.
126　Michael C. Jensen, "Sindona Assails Governmental Bailouts," *The New York Times*, June 13, 1975, 51.
127　Prosecutors were particularly incensed by photos in the New York Post of Sindona partying with New York Mayor Abraham Beame.
128　"Carli and Others Are Investigated," *The New York Times*, June 27, 1975, 47.
129　Arnold H. Lubasch, "8 Former Aides of Franklin Bank Indicted by U.S.," *The New York Times*, April 13, 1975, 1.
130　Kay Withers, "Legendary Vatican Wealth May Be Just a Myth," *The Boston Globe*, May 11, 1975, B2.
131　Horne, "How the Vatican Manages Its Money."
132　Withers, "Vatican Wealth: The Bottom Line Isn't Too Blessed," A1; Kay Withers, "Legendary Vatican Wealth May Be Just a Myth," B2.
133　Vagnozzi는 임금이 성좌의 예산의 10%를 차지한다고 밝혔다. 그들의 고용에는 일반 건강 연금 지원을 포함하며, 약 1,500명의 평신도 은퇴자도 남은 평생 100%의 급료를 받았다. "국제화로의 경향"은 "교황청 내에서의 많은 평신도 비이탈리아인들"이 있음을 뜻하는 것이었다. 이는 그들이 교회의 비용으로 로마에 그 가족을 데려옴으로 인해 "상당한" 비용 상승을 결과했다는 뜻이다.

134　Withers, "Vatican Wealth: The Bottom Line Isn't Too Blessed," A1.
135　"Milan's Prosecutor Visiting U.S. to Ask Sindona Extradition," *The New York Times*, November 25, 1975.
136　"An Unlikely Lecturer," *Time*.
137　Robards, "Sindona Says He Lives on Help," *The New York Times* 55. Sindona는 주장하기를, 자신은 자살하라는 무기명의 전화와 편지를 받았다고 했다.
138　Enrico Cuccia quoted in Tosches, *Power on Earth*, 167.
139　Lubasch, "Ex-Franklin Bank Aide Pleads Guilty," 43.
140　Raw, *The Moneychangers*, 119.
141　Tosches, *Power on Earth*, 120; Raw, *The Moneychangers*, 138-39.
＊　사실 Ambrosiano는 Sindona의 가공회사인 시살파인에 대한 대출 실패로 약 9,000,000 달러의 손실을 입었다. 하지만, Calvi는 현명하게 일년 이상에 걸쳐 이를 상각처리했으니, 이는 Sindona의 퇴출에 대한 시장의 초기 두려움이 지난 한참 후의 일이었다.
142　Gurwin, *The Calvi Affair*, 28.
143　Willan, *The Last Supper*, 36-37; see Calvi statement to judicial magistrates in July 1981, quoted in Raw, *The Moneychangers*, 146.
144　Willan, *The Last Supper*, 113.
145　Raw, *The Moneychangers*, 145, 149. Marcinkus interviewed in Cornwell, *A Thief in the Night*, 134.
†　Sindoan는 Ortolani가 "뛰어난 변호사이지만, 은행가는 아니다"고 생각했다. 1975년 10월, Calvi는 스위스 거점의 United Trading(여기에 바티칸은행은 지분을 가지고 있었다)을 활용해, Ortolani의 며느리 이름으로 제네바의 스위스유니언뱅크의 한 구좌에 3억 2천5백만 달러를 지불했다. Calvi는 역시 Ortolani의 아들 Piero의 이름의 계좌로 그해 늦게 또 다른 3백만 달러를 보냈다. 다음 6년 동안 Calvi는 Ortolani가 통제하는 은행구좌에 2억 5천 달러를 보냈다. 이탈리아 조사관들은 Ortolani가 다른 힘 있는 이탈리아인들에 대한 통로 역할을 했으며, 심지어 Calvi와 아마도 바티칸은행에 다시 돈을 되돌려주기도 했다고 믿는다. "만일 그것이 그랬어도 나는 이를 본 적이 없었다." Marcinkus가 훗날 필자 John Cornwell에게 주장한 말이다.
146　Gurwin, *The Calvi Affair*, 31; Willan, *The Last Supper*, 36-37.
147　Handwritten notes by Philip Willan of audiotaped interviews between John Cornwell and Marcinkus, February 8, 1988, 4b, 5a, 9b, provided to author courtesy of Willan.
148　Handwritten notes by Philip Willan of audiotaped interviews between John Cornwell and Marcinkus, February 8, 1988, 4b.
149　Raw, *The Moneychangers*, 119, 125-26, 129-31.
150　Raw, *The Moneychangers*, 124-25.
151　Laura Colby, "Vatican Bank Played a Central Role in Fall of Banco Ambrosiano," *Wall Street Journal*, April 27, 1987, 1.
152　Raw, *The Moneychangers*, 135-36.
153　Raw, *The Moneychangers*, 137.
154　달러와 스위스프랑의 back-to-back 거래는 Calvi에게는 유용했고, Marcinkus에게는 수익이 나는 일이었다. 1975년 12월 경에는 그 두 사람은 back-to-back 리라 전금을 시작했다. Raw, *The Moneychangers*, 161-72, 176, 184-94, 209-12, 247-49, 365-66.
155　Calvi의 새로운 충고에 따라 Marcinkus는 리히텐스타인 거점의 명목상의 자회사(Teclefin Imparfin)와 함께 파나마 지주회사인 United Trading Corporation에 실제적인 투자를 했다. Cornwell, *God's Banker*, 71; see also Raw, *The Moneychangers*, 49, 95, 108-9. 1974년 12월, 바티칸은행은 United Trading에 첫 번째

분할금을 지불했는데, 이때는 나쏘의 Cisalpine를 통해서 자금을 보냈다. 바티칸은행은 1972년 5월 Radowal에 4억 3천 5백만 달러의 대출을 했는데, 이 회사는 리히텐스타인의 회사로 나중에 United Trading이 되었다. Marcinkus는 1973년 말에 Manic에 4천 5백만 달러의 바티칸은행 대출을 승인했는데, 이는 룩셈부르크에 본부를 둔 새로이 생긴 칼비의 회사였다. 각각의 경우에 바티칸은행은 그 돈에 대해 시장금리 이상의 이자와 그 대출에 대해 거의 4백만 달러에 이르는 한몫의 수수료를 받았다. 훗날 범죄 조사관들은 그런 수수료를 점검했을 때, 이는 여러 나라에 있는 은행과 지주회사의 장부에 흩어져 있었고, 이 수수료가 로마교회의 돈을 사용한 것에 대해 Marcinkus에게 뇌물이 되는가를 따졌다. 비록 검찰은 그렇다는 의혹을 가졌지만, 범죄가 될 만한 충분한 증거로 발전하지 못했다.

1978년 즈음에는 바티칸은행은 은밀히 United Trading을 소유했는데, 바티칸은행의 변호사들은 나중에 바티칸은행이 이 회사를 "통제하지 않았다"고 주장했다. 이것은 변호사들이 Calvi에 의해 행사되는 행정적 통제를 고려하는 점에서, United Trading은 "Ambrosiano Group이 그 자체의 유일한 이해를 좇아 직접적으로 관리되었다"고 보았기 때문이었다. See generally Colby, "Vatican Bank Played a Central Role in Fall of Banco Ambrosiano," 1; see also "Memo prepared by IOR's lawyers re Laura Colby's article," reproduced in its entirety in Cornwell, *A Thief in the Night*, 354-58.

제18장

1 Raw, *The Moneychangers*, 177. 바티칸은행의 돈을 빚졌던 회사들의 일부, 예컨데 12,000,000 달러의 대출을 안고 있는 Zitropo 같은 회사들은 근본적으로 파산되었다. 그러나, Calvi는 Zitropo에게 "배당금"처럼 가장하여 돈의 교환을 계속하여, 이 회사가 바티칸은행에 적어도 이자 지불을 할 수 있도록 했다. Marcinkus가 대출 이자율을 11%에서 1975년 말에는 2%까지 경감하기로 동의했지만, 그가 Zitropo의 심각한 상황을 알았는지는 확실하지 않다.

2 Bafisud는 Banco Financiero Sudamericano의 머릿글자다. Calvi는 Ambrosiano와 Bafisud 에 투자한 바티칸은행을 총괄했을 뿐만 아니라, 당시 이탈리아 최대 은행인 Banca Nazionale del Lavoro(BNL)를 설득해서 지분 파트너가 되도록 했다. BNL 고위 경영진 5명은 전부 P2 멤버였다. See Gurwin, *The Calvi Affair*, 56.

3 Minutes of Cisalpine shareholders meeting of February 4, 1976, in Geneva, cited in Raw, *The Moneychangers*, 177.

4 Minutes of Cisalpine shareholders meeting of February 4, 1976, in Geneva, cited in Raw, *The Moneychangers*, 177-78.

5 Law 159 는 여전히 이탈리아 내에서 유효하다. See generally Cornwell, *God's Banker*, 81.

6 Raw, *The Moneychangers*, 178-79.

7 Raw, *The Moneychangers*, 183-94.

8 Raw, *The Moneychangers*, 197. Marcinkus와 Calvi는 Cisalpine의 이사회에 참석했는데, 파리의 Bristol Hotel에서 열린 1977년 10월 20일자 회의, 쥬리히에서의 1978년 3월 2일자 회의였다. 어떤 회의에서 간에 Marcinkus는 Calvi가 Cisalpine의 모회사인 United Trading의 비공개 주식을 사기 위해 바티칸은행의 도움으로 Cisalpine의 돈을 쓰고 있다고 언급하지 않았다. 대신 Calvi는 그 돈이 바티칸은행에 예치된 것으로 보여 주었으나, 이는 그와 말신커스는 거짓임을 아는 바였다.

9 Calvi to Marcinkus, letter, July 26, 1977, cited in Raw, *The Moneychangers*, 198.

10 Colby, "Vatican Bank Played a Central Role in Fall of Banco Ambrosiano," 1; Cornwell, *A Thief in the*

Night, citing "Marcinkus Replies to the Wall Street Journal," 354-58; Raw, *The Moneychangers*, 358-62, 373.

* 나중에 Marcinkus와 Calvi 간에 격렬한 손가락질의 불화로 이어지게 되었는데, 이는 United Trading의 무기명 주권을 포함한 그 거래가 부정하게 1974년 11월 21일로 날짜가 소급되었느냐 (이것은 말신커스의 주장이었다), 이 거래가 1974년 실제로 서명되고 단지 3년 후 칼비의 편지에서 확인된 것인가(칼비의 확언)에 대한 다툼 때문이었다. Marcinkus, Pellegrino de Strobel과 가까이서 일했던 Donato De Bonis, 바티칸은행의 비서며 수석 회계사는 그들이 그 문서를 서명했지만, 날짜를 적지 않았다고 주장했다. 바티칸이 나중에 칼비의 영업망과 거리를 두려고 했을 때, 1974년처럼 그렇게 일찍 유나이티드 트레이딩을 지배하지 않았다고 주장했다. 그날은 매우 의심적은 금융 조작의 시작을 알리는 날이었다. 이탈리아 검찰과 두 의회 위원회 소속의 조사관들의 결론은 바티칸은행이 1974년 당시 실제적 소유주였으며, Marcinkus가 Calvi의 호의를 위해 소급에 동의했다는 것이었다. Calvi가 그에게 1977년의 "소급된" 합의서 사본을 보냈을 때, Marcinkus는 그 이유를 결코 설명할 수 없었다. 그 대주교는 추정상 잘못된 날자에 대해 불평하지 않았다.

11 Raw, *The Moneychangers*, 62, 126-29. 몇몇 역외 회사들과의 관리 계약에도 불구하고, 바티칸은행은 나중에 이탈리아 변호사들을 통해 "그 경영진들 누구도 Calvi 음모의 존재와 비윤리적 성격을 깨닫지 못했다"고 주장했다. 그 변호사들은 그 반대로 이는 "어떤 증거에 의해 지지되지 않는 추측과 가정"에 기초했다고 말했다. "Memo prepared by IOR's lawyers re Laura Colby's article," reproduced in its entirety in Cornwell, *A Thief in the Night*, 354-58.

12 그해 11월, Calvi는 Cisalpine, Vatican Bank, United Trading 간에 수 년 동안 존재했던 back-to-back 거래에 대한 하나의 확인서를 썼다. 별도의 편지는 마찬가지로 Gottardo-IOR의 back-to-back 예치금에 대해였다. 무엇 때문에 이 두 사람이 그들 거래의 일부를 문서로 약속했는지는 분명하지 않다. See generally Raw, *The Moneychangers*, 132.

13 Marcinkus interviewed in Cornwell, *A Thief in the Night*, 131.

14 "Milan's Prosecutor Visiting U.S. to Ask Sindona Extradition," *The New York Times*, November 25, 1975; Parliamentary Commission of Inquiry into the Case of Sindona and Responsibilities and the Political and Administrative Connected To It, 122-32.

15 "Sindona Is Sentenced to Prison in Italy," *The New York Times*, June 26, 1976, 34.

16 Sindona는 Carter의 당선에 실망했다. 하지만, 전직 땅콩 농부가 대통령이 되어 미국에서는 무엇이나 가능하다는 생각을 그에게 심어주었다. Tosches, *Power on Earth*, 181. See generally Parliamentary Commission of Inquiry into the Case of Sindona and Responsibilities and the Political and Administrative Connected To It.

17 "Sindona Bail $3m," *The Boston Globe*, September 9, 1976, 27. 1976년 10월, 이탈리아의 통화법을 회피했던 그의 시도 일부를 취합한 상세한 기소 내용으로 이탈리아 정부는 신도나에 대한 혐의를 확대했다.

18 Gelli는 Spagnuolo에게 Sindona에 대한 사건은 좌파의 중상모략적 음모임을 확신시켰다. Robert J. Cole, "Court Papers Filed by Sindona in Fight to Bar Extradition," *The New York Times*, December 14, 1976, 66.

19 Terry Robards, "Sindona to Face Charges in Italy After Surrender," *The New York Times*, September 9, 1976, 57; "Ex-Franklin Aides File Guilty Pleas," *The New York Times*, January 21, 1976, 76.

20 Lubasch, "Ex-Franklin Bank Aide Pleads Guilty," 43.

21 Robards, "Sindona to Face Charges in Italy After Surrender," 57; Raw, *The Moneychangers*, 205, Raw는 그 금액을 $334 million으로 보았다. 왜냐하면, 결국 그 금액이 되었기 때문이다.

22 Robert Lenzner, "Mario Barone: Muscle at the Banco," *The Boston Globe*, July 30, 1976, 33. Barone는 수십 년간 이탈리아은행을 운영했던, 이탈리아 금융업계의 강자였다. 그 다음 해에 그는 그 지위에서 물러났

는데, Sindona가 통제하는 스위스은행 계좌들에 돈을 예치했던 500명에 달하는 이탈리아 사업가들과 정치가들의 이름을 알아내려 하는 검찰에의 협조를 그가 거절했다는 한 내부 감사가 발견된 다음이었다. 신도나의 제국의 붕괴 직전에 Barone는 로마은행의 2억 달러의 대출을 승인하는 책임을 지는 최고 관리였다.

23 "Sindona Loses in Court in Banco di Roma Case," *The New York Times*, July 7, 1976, 66.
24 Raw, *The Moneychangers*, 205; Andreotti는 수상에서 사임했었는데 이는 제1차 세계대전 이래 59번째였다. 그는 1976년에 이탈리아의 62번째 수상으로 복귀했다.
25 Parliamentary Commission of Inquiry into the Case of Sindona and Responsibilities and the Political and Administrative Connected To It, 18-20.
26 Raw, *The Moneychangers*, 205.
27 Simoni and Turone, *Il caffè di Sindona*, 123-24.
28 Raw, *The Moneychangers*, 207.
29 See generally Parliamentary Commission of Inquiry into the Case of Sindona and Responsibilities and the Political and Administrative Connected To It, 151-59.
30 Simoni and Turone, *Il caffè di Sindona*, 125-26.
31 The names of the accounts were Ehrenkreuz and Rolrov. Gurwin, *The Calvi Affair*, 38-39; Simoni and Turone, *Il caffè di Sindona*, 125; and Raw, *The Moneychangers*, 205-6.
32 Robert Hutchison, *Their Kingdom Come: Inside the Secret World of Opus Dei* (New York: Thomas Dunne Books/St. Martin's Griffin, 1997), 246.
33 Cornwell, *God's Banker*, 83-84; Gurwin, *The Calvi Affair*, 37-38; Tosches, *Power on Earth*, 184; and Di-Fonzo, *St. Peter's Banker*, 228.
34 See Tosches, *Power on Earth*, 184, 193-93.
* Sindona, Calvi Marcinkus에 관해서는 가장 단순한 일들도 자주 처음 드러난 것보다 더욱 복잡한 것으로 나타났다. Cavallo가 Sindona를 위해 일했는가? Sindoan의 변호사 Guzzi는 나중에 Sindona의 지시로 Calvallo를 고용했다고 주장했다. 그리고 Guzzi는 나중에 이 문제로 인한 공갈죄가 인정되었다. Sindona는 Cavallo와는 관련을 부인하면서, 작가 Nick Tosches에게 그 선동꾼은 이탈리아 정부를 위해 일한 것 같다고 주장했다. 그러면 Cavallo의 입장에서는? 증언대에 서지 않는 말에서 그는 검사들에게 Sindoan가 자신을 고용해서 Calvi로부터 될 수 있는 한 많은 돈을 뜯어내라 했다고 말했다. 하지만 나중에 법정 맹세와 위증의 위험 아래서 카발로는 Assize 법정에게 자신 스스로 이 일을 행했으며 신도나가 지속적으로 자신을 중지토록 힘썼다고 말했다.
35 Cavallo letter to Calvi, December 1977, quoted in part in Simoni and Turone, *Il caffè di Sindona*, 126-27; and Raw, *The Moneychangers*, 206. Sindona의 자금 압박은 Calvi에게는 엄청난 골치거리였다. Calvi는 니카라구아에 야심찬 확장세를 이어가고 있는 중이었다. Bosco Matamoros, 비타칸 주재 니카라구아 대사는 Calvi로 그 나라에서 부동산을 사며, 그와 그 아내를 위한 니카라구아 여권을 만들고 새로운 자회사 Ambrosiano Groupo Banco Comercial를 마나구아에 열도록 부추겼다. Calvi는 그 나라의 우파 독재자 Anastasio Somoza와 매우 죽이 잘 맞았다. Somoza는 곧 나라의 역외은행법의 변화를 제시하는데 칼비를 활용했다. 대신에 그 따뜻한 환영에 답하기 위해 Calvi는 소모자 유관 기업들에 우호적 조건으로 수백만 달러의 대출을 주선했다. (니카라구아에의 Calvi의 대출 총액은 약 8,000,000달러였으며, 그 절반이 Somoza에 관련된 기업으로 갔다.) Marcinkus는 한때 니카라구아에의 확장에 주의를 촉구하기도 했다. 그는 Calvi에게, 좌파 게릴라 Sandinistas가 Somoza의 군대와 격렬한 전투를 하고 있음에 그 확장은 위험하게 보인다고 말했다. Marcinkus의 제안으로는, 멕시코가 미국과 인접하기 때문에 더 나은 투자처일 것이라 했다. 하지만 Calvi는 듣지 않았다. 그 역시 페루 거점의 회사 Central American Service를

시작해, 석유와 귀금속 투기를 위해 대규모 땅을 샀으며, 페루 군부에 이탈리아 군수물자 판매의 주선을 위한 대리인으로 활동했다.

36 Galli, Finanza bianca, 83-84; Willan, *The Last Supper*, 54; Gurwin, *The Calvi Affair*, 38-39.
37 Calvi는 Sindona의 변호사인 Rodolfo Guzzi를 로마 중심부의 인기 많은 Caffè Greco에서 만났다. Guzzi는 그에게 종이 한 장을 건네주었는데, 이는 Calvi가 그 돈을 전송해야 할 은행과 계좌 번호를 손으로 쓴 표시였다. Calvi는 그 종이를 자신의 금고에 넣어두었고, 그의 죽음 이후 검찰은 이를 수거해 필적을 분석했다. 이는 신도나에게 속한 것이었다. United Trading을 활용하는 것에 대해, Calvi는 Marcinkus에게 한마디도 하지 않았다. United Trading은 이미 바티칸은행에 대출에 대한 이자 지불로 연간 15,000,000달러를 책임지고 있었다. See generally *The Sunday Times* (London), February 13, 1983.
38 Raw, *The Moneychangers*, 218-20.
39 Cornwell, *God's Banker*, 114-15; Raw, *The Moneychangers*, 213, 308-9.
40 Raw, *The Moneychangers*, 215.
41 Raw, *The Moneychangers*, 362-66.
* Calvi가 보인 바티칸은행과의 개입의 깊이에 대한 또 다른 증표는 1978년 1월에 확실했다. 이때 바티칸은행은 Calvi에게 그의 모든 대출 금액을 Ambrosiano의 바티칸은행 예치금으로 잘못 기술한 편지들을 보냈다는 점이다. Calvi는 나중에 이탈리아 조사관들을 피할 수 있는 이것들이 필요한 경우를 대비해 그 편지들을 잘 보관했다.
42 The Bank of Italy had dispatched a remarkable quarter of all its inspectors for the Ambrosiano probe. See generally Cornwell, *God's Banker*, 90.
43 See generally Tosches, *Power on Earth*, 235.
44 Raw, *The Moneychangers*, 207, 259.
45 Sindona는 Luigi Cavallo를 고용해서 Bank of Italy 검사관들에게 30페이지 분량의 칼비의 스위스은행 계좌들 일부에 대한 사본을 보냈다. See Willan, *The Last Supper*, 55; Cornwell, *God's Banker*, 82.
46 Gurwin, *The Calvi Affair*, 53.
47 "Sidona's [sic] Extradition Tentatively Approved," *The New York Times*, November 12, 1977, F32; Arnold H. Lubasch, "Sindona's Extradition to Italy Is Granted by Court," *The New York Times*, May 19, 1978, D11.
48 Arnold H. Lubasch, "3 Franklin Indictments," *The New York Times*, July 14, 1978, D3.

제19장

1 Hoffman, *Anatomy of the Vatican*, 148.
2 Paul Hoffman, "Speculation on Pope: Will He Resign at 80?," *The New York Times*, August 29, 1977, 6.
3 Henry Tanner, "Election to Be Held," *The New York Times*, August 7, 978, A1.
4 Hoffman, "Speculation on Pope: Will He Resign at 80?," 6; 바오로는 몇몇 동료들에게 말하길, 자신은 "내 생의 끝이 오고 있음을 보았다"고 했다." William Claiborne, "Thousands Mourn Pope's Death; Cardinals Gather for Rites, Election," *The Washington Post*, August 8, 1978, A1.
5 Hoffman, "Speculation on Pope: Will He Resign at 80?," 6.
6 소수의 Vaticanologist들에게는, Paul 6세가 교황직에 오른지 4년만에 사임하는 첫 번째 교황일 것인가 하는 질문이 1967년에 처음으로 제기되었다. 이는 그가 Fumone Castle, 로마와 나폴리 사이에 있는 격리된 산 정상의 휴양지에 즉흥적으로 방문한 때였다. 거기서 그는 여생을 위해 은퇴하는 감정을 말했다. 그

의 말은 교황직에서 내려오고픈 자신의 소망에 대한 감추어진 언질로 해석되었다. Fumone Castle은 소위 은자의 교황, Celestine V이 1296년 교황직에서 은퇴한 후 자기 인생의 마지막 5개월을 보냈던 장소였다. Hoffman, "Speculation on Pope: Will He Resign at 80?," 6; Thomas and Morgan-Witts, *Pontiff*, 37; "Rumors Pope May Retire Laid to Vatican Rifts," *The New York Times*, September 1, 1977, 5; "Pontiff Turns 80; He Shows No Sign of Wanting to Quit," *The New York Times*, September 27, 1977, 13.

7   Martin, *The Final Conclave*, 86.
8   Hoffman, *Anatomy of the Vatican*, 32.
9   John Deedy, "The Clergy's Revolution in Sexual Mores," *The New York Times*, February 6, 1977, E16.
10 Martin, *The Final Conclave*, 49. Martin, 전 예수회원은 바티칸에 대해 몇 가지 논픽션을 썼다. *The Final Conclave*는 예상밖의 혼합으로, 첫 112페이지 전부는 논픽션이며, Martin은 페이지 113부터, 바오로 6세의 죽음으로 생겨난 콘클라베의 설명에서 "참가자들은 픽션이다"고 썼다. "필자 노트"에서 그는 픽션의 부분은 "교황 바오로의 선택 과정에서의 제기된 문제들과 당파들에 대한 정확한 지식"에 기초한다고 주장한다. 여전히 그 작가는 첫 112페이지 분량의 넌픽션 부분에 대한 *The Final Conclave*의 정보와 인용에 제약을 두고 있다.
11 "Pope Paul Distressed over Defection of Priests," *The Boston Globe*, February 11, 1978, 7.
12 "Murdered Congo Cardinal Is Buried in Brazzaville," *The New York Times*, March 28, 1977, 5.
13 이 제안이 특별히 위험한 것은 교황이 '붉은 여단'(Red Brigades)의 암살 일 순위였기 때문이다. Tanner, "Election to Be Held," A1.
14 Moro 암살에 대한 우연 일치적인 각주는 Moro의 마지막 고해성사를 들었던 신부가 Antonio Mennini이며, 그는 바티칸은행 이사인 Luigi Mennini의 아들들 중의 하나였다는 점이다. Peter Hebblethwaite, *Pope John Paul II and the Church* (Kansas City: Sheed & Ward, 1995), 108. 2015년 교황 프란치스코는 고해성사의 신성함이 깨져서는 안 된다는 바티칸의 교리에서 벗어나, Mennini(당시 대주교로 영국 주재 교황대리대사)로 하여금 폐회 기간동안 이탈리아의회위원회 앞에서 증언하도록 했다. "Pope Orders Priest who Confessed Aldo Moro to Testify Before Parliamentary Committee," *Malta Independent*, March 7, 2015.
15 교황이 그 살해자들의 죄를 용서하기를 거절했다는 확인되지 않은 보도들이 있었다. 이는 모든 죄는 그것이 얼마나 흉악하던 간에 고해 성사와 회개를 통해 용서 받을 수 있다는 가톨릭의 가르침에 어긋나는 것이었다. See generally Thomas and Morgan-Witts, *Pontiff*, 25.
16 Tanner, "Election to Be Held," A1.
17 "Bitter Family Buries Moro Privately," *The Boston Globe*, May 11, 1978, 1.
18 "General and Aide Are Killed in Spain," *The New York Times*, July 22, 1978, 3.
19 Michael T. Kaufman, "12 White Teachers and Children Killed by Guerillas in Rhodesia," *The New York Times*, June 25, 1978, 1.
20 Jonathan Kandell, "2 Slain at Terrorist Siege in Paris Embassy," *The New York Times*, August 1, 1978, A1.
21 "Bomb Kills Five on Jerusalem Bus," *The Boston Globe*, June 3, 1978, 24.
22 See generally about fighting in the Curia, Thomas and Morgan-Witts, *Pontiff*, 93.
23 James L. Franklin, "Catholic Scholar Says Vatican Is Tilting to the Left," *The Boston Globe*, March 2, 1978, 1. 콘클라베를 수정했던 1975년의 칙령에서, Paul 6세는 새로운 교황의 투표권을 확대하여 동방정교 교부들 다른 비가톨릭 성직자들에게 주는 것을 분명하게 거절했다. 하지만, 보수주의자들은 그를 신뢰하지 않았다. 그들은 교황이 그 입장을 유지하는 것은 자신이 보다 자유주의적인 안건을 밀어붙이기 위한 광범위한 충분한 지원을 갖지 못하기 때문이라 생각했다.
24 Robert D. McFadden, "Cardinals to Meet to Elect Successor," *The New York Times*, August 7, 1978, A14; see Martin, *The Final Conclave*, 57, 73.

25　Franklin, "Catholic Scholar Says Vatican Is Tilting to the Left," *Boston Globe*, 1. Martin gave his Boston Globe interview to promote his just published book, *The Final Conclave*.

26　Thomas and Morgan-Witts, *Pontiff*, 140. An unidentified Monsignor interviewed in Cornwell, *A Thief in the Night*, 90. 이 소문은 Marcinkus와 Macchi같은 힘있는 성직자들을 흠집내기 위한 것으로, 자주 은밀한 섹스의 삶에 중점을 두었다. Macchi와 교황 간의 너무 가까운 관계라는 많이 무시된 이야기들이 돌고 돌았다. Marcinkus의 경우, 대신에 그 이야기는 그가 전 미스 프랑스와 관계를 가졌다는 것으로, 그녀는 말신커스의 친구인 Steve Barclay와 결혼했다. 그는 한 이탈리아 영화에서 스타가 되었던 전직 헐리우드 B급 배우였다. 1970년대 중반 수년을 걸쳐서, Marcinkus는 일주일에 몇 번씩 그 부부의 집에 있었다. 이것이 교황청의 소문의 물래방아를 돌렸다. 교황청 내에서 대부분의 빈정거림과 언짢은 말이 그렇듯, 증거는 필요하지 않다. See Biamonte interviewed in Cornwell, *A Thief in the Night*, 173-74. 전 이탈리아 정보요원인 Francesco Pazienza는 훗날 국무총리의 요청으로 먼지를 털기 위해 Marcinkus를 조사했지만, 그는 바티칸은행의 수장이 어떤 성적 약점을 가졌다고는 믿지 않았다. "그는 권력과 '근심걱정 없는 삶'(la dolce vita)을 사랑했지, 여자들이 남자들이 아니었다." Pazienza가 필자에게 한 말이다. 말신커스 자신도 한 번은 이를 언급한 적이 있었다. "불에 데이고 싶지 않으면 불 장난하지 않아야 한다. 당신이 사제직을 맡고자 원한다면, 이는 독신 삶이다." Handwritten notes by Philip Willan of audiotaped interviews between John Cornwell and Marcinkus, February 8, 1988, 2a, provided to author courtesy of Willan.

27　Galli, *Finanza bianca*, 64.

28　Peter Steinfels, "Andrew M. Greeley, Priest, Scholar and Scold, Is Dead at 85," *The New York Times*, May 30, 2013.

29　Greeley는 미국 거점의 그룹인 Committee for the Responsible Election of the Pope (CREP)을 설립했다. 그는 전 세계적으로 모든 사제들이 후임 교황들을 위해 투표해야 한다고 주장했다.

30　Andrew M. Greeley, *Furthermore! Memories of a Parish Priest* (New York: Tom Doherty Associates, 2000), Google ebook edition 2011: 88-89.

31　Ibid., 88.

32　Kenneth A. Briggs, "Center of Strife Under Cody: All Charges Denied," *The New York Times*, September 20, 1981, 20.

33　Clements, Mustain & Larson, "Federal Grand Jury probes Cardinal Cody's Use of Church Funds," *Chicago Sun-Times*, September 10, 1981, 1; D. Winston, "Chicago Archbishop Under US Inquiry on Funds," *The New York Times*, September 11, 1981, 16. See also Andrew M. Greeley, *Furthermore! Memories of a Parish Priest* (New York: Tom Doherty Associates, 2000), Google ebook edition 2011, 88-89; Hoffman, *Anatomy of the Vatican*, 64; Alexander L. Taylor III, "God and Mammon in Chicago," *Time*, September 21, 1981; Linda Witt and John McGuire, "A Deepening Scandal Over Church Funds Rocks a Cardinal and His Controversial Cousin," *People*, September 28, 1981.

*　다른 많은 부적절한 행동들과 비교해서, Cody가 독신주의 맹세를 어겼으리라는 제시는 중요한 것 같지 않았다. 하지만 이삼 년 내에 Helen Dolan Wilson과의 관계는 코디 그가 교회 자금 1 백만 달러 이상을 66살의 이혼녀에게 전용시켰는지에 대한 연방 대배심원 조사의 근거가 될 터였다. 그때 교황은 Cody가 추기경 임직식에 Wilson(그녀는 추기경의 배다른 사촌이었다)을 로마에 데려왔던 것을 알지 못했다. 그는 플로리다, 보카 라톤에 별장을 사도록 그녀에게 돈을 빌려주었고, 대교구의 급여대장에 그녀 이름을 올렸으며, 그녀의 근로시간 기록을 손대서 더 많은 연금을 받게 했고 많은 시카고 사제들의 생명보험 일감을 Wilson의 보험대리인 아들에게 몰아주었다.

34　Ibid.; Barry W. Taylor, "Diversion of Church Funds to Personal Use: State, Federal and Private Sanctions,"

Journal of Criminal Law and Criminology 73, no. 3, Article 16, 1205-06. See also Thomas and Morgan-Witts, *Pontiff*, 28-29, 71, 109.

35 Greeley, recounting his talk with Cardinal Baggio, May 11, 2007. Marcinkus는 소문을 들었으나, 자신의 견해를 말하지 않았다. 그는 Cody가 자신의 자리를 떠나지 않기를 바랬다. 왜냐하면, 그는 자신의 친구가 "모함을 받았으며, 그것도 너무 많이…사람들이 시카고의 그를 있는 그림은, 내 생각으로는, 비현실적이며 너무 잔혹하다." Handwritten notes by Philip Willan of audiotaped interviews between John Cornwell and Marcinkus, February 8, 1988, 9b, 10a, provided to author courtesy of Willan.

36 Greeley, *Furthermore! Memories of a Parish Priest*, 88-89. Thomas and Morgan-Witts, *Pontiff*, 71-72; see generally Peter Hebblethwaite, "Obituary: Cardinal Sebastiano Baggio," *The Independent (London)*, March 23, 1993.

37 Thomas and Morgan-Witts, *Pontiff*, 71. Greeley, *Furthermore! Memories of a Parish Priest*, 544-45.

38 Thomas and Morgan-Witts, *Pontiff*, 67-68.

39 Moshe Brilliant, "Israeli Jets Strike Lebanon to Avenge Bombing in Tel Aviv," *The New York Times*, August 4, 1978, 1.

40 Thomas and Morgan-Witts, *Pontiff*, 67.

41 Hebblethwaite, *The Year of Three Popes*, 1-2.

42 Ibid., 72-73. 교황이 죽은 후, 어떤 자들은 의사들이 다른 경우에는 의사들을 공개적으로 비판하지 않는 전통을 깼다고 언급했다. 남아프리카의 심장이식 선구자 Christiaan Barnard 박사는 이탈리아 건강잡지인 「Salve」에 말하기를, 교황 Paul 6세의 목숨은 건질 수 있었다고 말했다. "정확히 아픈 환자에게 집중적인 치료법이 주어진다. 이것이 교황 Paul 6세에게는 이루어지지 않았다. 나는 그 의사의 행위가 받아들일 수 없는 것이라 말하겠다." See also Thomas and Morgan-Witts, *Pontiff*, 72-73.

43 Hebblethwaite, *The Year of Three Popes*, 2. 교황의 형제는 Ludovico Montini, 이탈리아 상원의원이며, 조카는 Marco Martini이다.

44 교황의 죽음을 확정하기 위해 은 망치를 전통적으로 사용하는 것에 대해 Russell Watson, Loren Jenkins, Paul Martin, and Elaine Sciolino, "A Death in Rome," *Newsweek*, October 9, 1978, 70을 보라.

45 *Associated Press, Rome*, P.M. cycle, August 7, 1978.

46 Hebblethwaite, *The Year of Three Popes*, 2-3.

47 Dennis Redmont, no title, *Associated Press*, Vatican City, A.M. cycle, August 6, 1978.

48 Villot quoted in Thomas and Morgan-Witts, *Pontiff*, 78.

49 Thomas and Morgan-Witts, *Pontiff*, 78.

* Villot의 의무들의 일부는 각 교황을 위해 맞춤형식의 Fisherman's Ring(어부의 반지: 교황의 국새에 해당)을 보관하는 것이었다. 다음에 열리는 추기경 콘클라베 기간에 국무총리는 그 반지를 다른 추기경들이 증인으로 보는 가운데 깨뜨린다. 옛날에는 밀납 봉인이 공식적 문서의 진품 표시였을 때는 죽은 교황의 반지와 그의 모든 인장들을 파괴하는 것이 중요했다. 이는 누구도 죽은 교황의 행세를 할 수 없도록 보장하기 위함이었다. Villot는 바오로의 오른손에서 반지가 없어진 것을 보고 놀랐다. Villot는 Macchi에게 콘클라베 전까지 이를 찾으라고 명했다. 나흘 후 그는 이를 찾았다. 교황 서재의 책상 서랍의 뒤편에 있는 몇 장의 종이들 밑에 껴있었다.

50 Claiborne, "Thousands Mourn Pope's Death," *The Washington Post*, August 8, 1978, A1.

51 Telegram cited in full in Thomas and Morgan-Witts, *Pontiff*, 81. See also "Cardinal Villot Takes the Reins," *Boston Globe*, August 7, 1978.

제20장

* 이 구절은 1978년 가톨릭 신문에 의해 처음 사용되었고, 다음에는 주류 언론에서 사용되었다. 이는 고인이 된 바티칸 연구가 Peter Hebblethwaite의 책 제목이기도 하다.

1. Stephen Schloesser, "Against Forgetting: Memory, History, Vatican II," *Theological Studies* 67, no. 2 (June 1, 2006).
2. 사도 헌장인 "로마교황선출"(Romano Pontifici Eligendo)은 교황 선출의 방식에 대한 교황 Paul 6세의 1975년도 개혁안이다. 80세 이상 추기경의 투표권 제한 이외에도 사전 콘클라베 모임에 대한 여타 규칙도 제정했다(추기경들은 어떤 정치 행위도 해서는 안되며, 허가된 "자문"을 위해서만 함께 모일 수 있도록 허용되었다). Eligendo는 역시 conclave 자체의 새로운 방식을 정했는데, Sistine Chapel의 모든 창문을 판자로 막는 것 같은 예다(John Paul II이 1996년에 인기가 없는 변화를 폐기했다.) 비록 교황 Paul 6세 자신은 교황의 삼층교황관(triple tiara crown)을 포기했지만, Eligendo는 그 관을 원하는지는 후임 교황들에게 일임했다. John Paul II 역시 1996년에 그 옵션을 없앴다. 그는 "교황의 세속적 권한의 상징"인 까닭에 "잘못된 것"이라 말했다. See http://www.vatican.va/holy_father/paul_vi/apost_constitutions/documents/hf_p-vi_apc_19751001_romano-pontifici-eligendo_it.html. Hebblethwaite, *The Year of Three Popes*, 4-5.
3. Thomas and Morgan-Witts, *Pontiff*, 97. Kelly, *The Oxford Dictionary of Popes*, 326.
4. Thomas and Morgan-Witts, *Pontiff*, 106. 때로는 전에 콘클라베에 참석하지 않았던 추기경들을 교육하기 위해서는 추가적인 시간이 필요할 수도 있다. 전통주의자들은 St. Louis의 추기경 John Carberry가 미국 기자들에게 다음처럼 말할 때 얼굴을 찡그렸다, "이는 나의 첫 콘클라베다. 우리가 어디로 가야할지 실마리를 잡지 못하겠다. 우리가 원탁 테이블의 토론을 하는지 아닌지를 나는 알지도 모른다. 나는 지금도 모르며, 내가 밖으로 나올 때 비밀의 맹세를 했음으로 나는 여러분에게 말할 수도 없다. 로마에서 일부의 짜증에 더해서, Carberry의 말은 미국 교황의 때일거라는 추측을 하는데 널리 인용되었다. 즉, "이탈리아인들은 수 년 동안 이 일을 해 왔다." "Cardinal Unsure on Rules," *The Boston Globe*, August 10, 1978, 18.
5. Pope Paul VI 는 1975년 conclave선출 규칙을 바꾸었다. 콘클라베 규칙은 1179년 교황 Alexander III에 의해 제정되었고, 현대 선거를 위한 수정은 처음 Pius 12세 (1945년 12월)에 의해, 그 다음에는 John XXIII (October 1962)에 의해서였다. See also "115 Cardinals to Vote for Pope," *The Boston Globe*, August 7, 1978.
6. Hebblethwaite, *The Year of Three Popes*, 41.
7. Thomas and Morgan-Witts, *Pontiff*, 104; Victor L. Simpson, "Today's Topic: Inside the Conclave," *Associated Press*, Vatican City, P.M. cycle, August 8, 1978. 콘클라베가 진행되는 즈음, Monsignor Macchi가 작은 세미나를 위해 바티칸을 떠났다. 그는 9년 동안 모은 "여러 트럭 분"의 개인물품을 가지고 떠났다. 여기에는 그가 얻은 "예술 작품"도 포함되었다. See generally Hoffman, *Anatomy of the Vatican*, 149.
8. Cibin의 공식 직함은 Inspector General of the Corpo della Gendarmeria.
9. See generally about security concerns in Thomas and Morgan-Witts, *Pontiff*, 134, 173.
10. Thomas and Morgan-Witts, *Pontiff*, 134, 172-73; Aidan Lewis and Jim Krane, "New Challenge for Papal Conclave: Feast of Spy Technology for Prying Eyes and Ears," *International News*, Vatican City, *Associated Press*, April 11, 2005.

* 바티칸라디오는 초보적 전송기를 심는데 성공했다. 이는 시스틴성당에 있는 평신도 수행원들 중 하나의 상의 단추에 숨겨진 것으로, 목소리를 잡을 수는 없으나, 대신에 낮은 음의 땡 소리를 바티칸라디오 사무실 내의 감추어 둔 수신기에 전하게 된다. 수행원은 교황의 선출 시에 이를 세 번 누르도록 지시되어 있었다.

11 Harry F. Waters and Loren Jenkins, "Cardinal Candidates," *Newsweek*, August 21, 1978, 50. Hebblethwaite, *The Year of Three Popes*, 45-46.
12 Waters and Jenkins "Cardinal Candidates." The Secretariat for Non-Christians이 종교간대화평의회(the Congregation for the Evangelization of Peoples)으로 이름이 바뀌었다.
13 Tammy Oaks, "Bookmakers Lay Odds on New Pope," *CNN*, April 19, 2005, http://www.cnn.com/2005/WORLD/europe/04/18/pope.betting.
14 Henry Tanner, "Election to Be Held," *The New York Times*, August 7, 1978, A1.
15 *Associated Press, Vatican City, The Boston Globe*, October 13, 1978, 2.
16 David Browne, "Ladbrokes Regret but Carry On Taking Bets," *Catholic Herald (UK)*, August 11,1978, 5.
17 노동당 국회의원 Simon Mahon이 그 도박을 공개적으로 비난하며, Ladbrokes에게 중지할 것을 요청했다. 하지만, 그 런던 거점의 출판사는 거절했다, "이런 도박에 대한 전례가 있다. 우리는 1974년 캔터베리의 새로운 대주교, 1976년의 웨스트민스터의 대주교에 대해 어떤 어려움도 일으키지 않고 도박을 했다. 이번 주에 신문들은 '선두주자, 경쟁자, 국외자 등등에 대해 온통 추측이 난무한다. 우리가 하는 모든 것은 스포츠의 방식으로 그런 전망들에 가격을 매기는 것이다. 만일 우리가 불편을 주었다면 미안하다." Ladbrokes는 1978년에 이를 도입한 이래 그 전통을 고수하고 있다.
18 Thomas and Morgan-Witts, *Pontiff*, 149.
19 수 명의 정보원에 기초한 각투표에 따른 그 투표수의 세부적인 명세는 바로 기자들에게 알려졌다. see Hebblethwaite, *The Year of Three Popes*, 81-82.
20 82번째 콘클라베에 대한 Paul 6세가 제정한 변화 가운데는 만일 추기경들이 3일 안에 합의에 이르지 않으면, 다시 투표하기 전에 하루를 쉬며 기도하고 묵상하도록 되어 있다.
21 2012년, Luciani의 100살이 되는 기념일에 그의 전직 사제 비서 Diego Lorenzi 신부는 이탈리아 주교의 네트워크인 Sat2000에서 한 시간의 라디오 인터뷰를 했다. Lorenzi는 Luciani가 승산 없다는 것을 평가절하하며, 그 추기경 자신도 투표 전에 자신에 대한 이야기가 있었음을 알았다고 주장했다. Luciani가 자신의 승산을 어떻게 생각했던 간에 그의 동료들은 그가 경쟁자가 될 것이라 기대하지 않았다는 것은 분명하다. John L. Allen, Jr., "Debunking Four Myths About John Paul I, the 'Smiling Pope,'" *National Catholic Reporter*, November 2, 2012.
22 Hebblethwaite, *The Year of Three Popes*, 63-64, 79-80.
23 Kelly, *Oxford Dictionary of Popes*, 325. 비록 그가 작은 건강상의 문제, 즉 천식의 병치레 정맥염으로 인해 절뚝거리고, 고통스런 혈액순환 조건을 안고 있지만, 그런 것들은 그의 선출에 장애가 되지 않았다. 추기경들 누구도, 특별히 더 나이 많은 자들은 건강 문제에서 자유할 수는 없었다. Luciani의 혈압은 그가 끊임없는 걱정거리를 안고 사는 자라는 점에서 더 좋아지지 않았다. "Pope Had a History of Minor Illnesses," *The Milwaukee Journal*, September 29, 1988, 1. 그의 교황직에 오른 한달 후, 병자들에 대한 공개 축복의 자리에서, 교황은 자신의 건강을 말하므로써 그들에게 어떤 안위를 주었다. "나는 여러분이 이 추기경도 당신을 대단히 잘 이해하고 사랑한다는 것을 알기를 원합니다. 여러분은 아마도 여러분의 교황이 8번이나 병원에 입원했고 4번이나 수술을 받았음은 몰랐을 것입니다." 입원은 두 번은 담석으로, 한 번은 눈 감염으로, 다른 한 번은 깨어진 코의 교정 때문이었다. Watson, Loren, et al., "A Death in Rome," 70.
24 Hebblethwaite, *The Year of Three Popes*, citing the pastoral letter of Cardinal Joseph Höffner, 77.
25 현대 교황들의 이름의 일부가 된 로마자의 숫자는 처음 Gregory 3세에 의해 731년에 사용되었다. 그러나, 11세기까지는 확고한 규칙이 되지 않았다. Gregory 전에는 만일 어떤 교황이 어떤 전임자와 같은 이름을 택하면, junior의 호칭이 사용되었다. 만일 어떤 이름이 세 번째로 사용되면, 이는 secundus junior가 되었다. See Philippe Levillain, *The Papacy: An Encyclopedia* (Oxford: Routledge, 2002), 1065. As for the

first original name in one thousand years, see *Associated Press, Vatican City, The Boston Globe*, August 27, 1978, 1; Kelly, *The Oxford Dictionary of Popes*, 121.

26 William Tuohy, "The 263rd Pope: John Paul I: The Man A Career Shaped by Simplicity," *The Boston Globe*, August 27, 1978, 1; Thomas and Morgan-Witts, *Pontiff*, 217.

27 그의 아버지의 첫째 아내가 죽고 그에게 두 명의 어린 딸을 남겨두었는데, 전부 벙어리였다. "Whence Albino Luciani," *Reuters, The Boston Globe*, August 28, 1978, 11; Raymond and Lauretta Seabeck, *The Smiling Pope: The Life and Teachings of John Paul I* (Huntington, IN: Our Sunday Visitor Publishing, 1988), 11.

28 "Whence Albino Luciani," *Reuters, The Boston Globe*, 11. Hebblethwaite, *The Year of Three Popes*, 89-90.

29 Luciani의 첫 신학교 학장이 훗날 Kay Withers, *Chicago Tribune* 기자와 인터뷰를 했다. 젊은 신학도가 소녀들에게 관심을 보였는가 하고 그녀가 물었을 때, 그 학장은 그가 신학교에 등록한 이래로 전혀 아니었다고 말했다. "그렇다면, 그가 소년들에게 관심이 있었습니까?" 하고 그녀가 물었다. "응, 그 사제는 거의 죽었다," Marcinkus는 나중에 회고했다. Handwritten notes by Philip Willan of audiotaped interviews between John Cornwell and Marcinkus, February 8, 1988, 11a, provided to author courtesy of Willan.

30 Seabeck, *The Smiling Pope*, 20; "Whence Albino Luciani," *Reuters, Boston Globe*, 11; Official Vatican summary, "Highlights of the Life of His Holiness John Paul I," http://www.vatican.va/holy_father/john_paul_i/biography/documents/hf_jp-i_bio_01021997_biography_en.html.

31 그의 논문은 "Antonio Rosmini-Serbati 에 따르는 인간 영혼의 기원" (그는 19세기의 사제요 철학자였다.) Hebblethwaite, *The Year of Three Popes*, 91-92.

32 Seabeck, *The Smiling Pope*, 22; "A Product of Italy's Countryside," *Associated Press*, Vatican City, A.M. cycle, August 27, 1978.

33 Hebblethwaite, *The Year of Three Popes*, 97-99.

34 "A Product of Italy's Countryside," *Associated Press*.

35 Tuohy, "The 263d Pope: John Paul I: The Man A Career Shaped by Simplicity," 1; Kelly, *Oxford Dictionary of Popes*, 325.

36 Bernard Nossiter, "The Election: Cardinal Luciani, Patriarch of Venice," *The Boston Globe*, August 27, 1978, 1.

37 Hebblethwaite, *The Year of Three Popes*, 112-13.

38 Watson, et al., "A Death in Rome," 70.

39 Hebblethwaite, *The Year of Three Popes*, 42; Waters and Jenkins, "Cardinal Candidates."

40 Marcinkus quoted in Gurwin, *The Calvi Affair*, 20, 21.

41 그 기일은 John Paul 1세의 죽음으로부터 75년으로 정해진다.

42 "Pope's Popularity Helps Improve Financial Situation at Vatican," *Vatican City, Associated Press*, August 25, 1979, 이 기사에 따르면, John 23세의 교황 재임 말기에 베드로성금(Peter's Pence)이 15,000,000 달러의 피크를 이루었으며, 15년 전 Paul 6세가 죽었던 때는 오직 4,000,000 달러에 불과했다. 반면에 인기있는 John Paul 2세의 교황 재임 도중인 1992년에는 베드로성금은 든든한 67,000,000 달러였다. Reese, *Inside the Vatican*, 225.

43 Thomas and Morgan-Witts, *Pontiff*, 231, 233-34.

44 그 헌장은 Acta Apostolicae Sedis, 8 (1942), Chirographus, 1에서 인용된 것이다.

45 "Russian Prelate Dies During Papal Audience," *The Boston Globe*, September 6, 1978, 66; "Deaths," *Newsweek*, September 18, 1978, 93; Edward Magri, "Today's Focus: The 34 Days," *Associated Press*, A.M. cycle, September 29, 1978. Thomas and Morgan-Witts, *Pontiff*, 236-37.

46　Hebblethwaite, *The Year of Three Popes*, 126-27.
47　부검을 하지 않는 것이 러시아정교의 믿음에서의 확실한 정책인 까닭에 시신부검을 하지 않는 결정에 어떤 나쁜 의도가 있었던 것은 아니다. 이탈리아 법은 죽은 자가 근래에 의사를 보지 않아서, 갑작스런 설명되지 않는 죽음의 경우 부검을 요구한다. 하지만 주권국인 바티칸은 그런 규칙이 없고 항상 시공국 안에서 죽은 자신의 고위 성직자들의 부검은 피했다. 각 종교마다 부검이 어떻게 달리 처리되는지에 대한 논의는 다음 참조, Walter E. Finkbeiner, Philip C. Ursell, and Richard L. Davis, *Autopsy Pathology: A Manual and Atlas* (Philadelphia: Saunders, 2009), 21. Nikodim의 이전 심장마비의 횟수에 대해, 공개된 설명에는 2번에서 5번에 이른다. (Hilmi Toros, *Associated Press*, A.M. cycle, September 5, 1978).
48　Hoffman, *Anatomy of the Vatican*, 35.
49　Michael Dobbs, "Ukraine Prelate Predicts Legalization of Church; Gorbachev, Pope Expected to Find Accord," *The Washington Post*, November 29, 1989, A31. John Koehler, *Spies in the Vatican: The Soviet Union's Cold War Against the Catholic Church* (New York: Pegasus, 2009).
50　Magri, "Today's Focus."
51　Cornwell, *A Thief in the Night*, 334.
52　Marcinkus interviewed in Cornwell, *A Thief in the Night*, 131-32.
53　Ibid., 138-39.
54　Magee interviewed in Cornwell, *A Thief in the Night*, 254.
55　Cornwell, *A Thief in the Night*, 85.
56　Marcinkus interviewed in ibid., 85, 138.
57　교황 Paul의 죽음 바로 후, 캐나다 대주교 Édouard Gagnon이 교황청의 어느 부문이 정리해고 되어야 하는지 잉여 인력의 경우 정리할 수 있는지를 결정하기 위한 위원회를 지도했다. 이 보고서는 새로운 교황에게 제출될 것이었다. Hebblethwaite, *The Year of Three Popes*, 24-25, 42.
58　Thomas and Morgan-Witts, *Pontiff*, 251.
59　Watson, et. al., "A Death in Rome," 70.
60　Luciani quoted in Hebblethwaite, *The Year of Three Popes*, 127.
61　Marcinkus interviewed in Cornwell, *A Thief in the Night*, 79.
62　Hebblethwaite, *The Year of Three Popes*, 103-04.
63　Seabeck, *The Smiling Pope*, 70. Pascalina와 Pius 12세가 소문의 주제가 되었던 방법과 비슷하게, Luciani와 Sister Vincenza의 관계도 그러했다. 그녀는 새 교황에게 통상적으로 접근할 수 있고, 교황은 위급시에는 그녀가 그의 방에 제일 먼저 올 수 있는 허가를 가졌다고 참모들에게 말했다. 교황청 사람들은 그녀가 말한 것을 분석하며 몇 시간을 보냈다. 예컨대 그녀가 교황의 잘 다듬어진 연설문을 쓰는데 도왔는지 그렇지 않는지 그가 식사를 하면서 토론에서 어떻게 그가 그녀를 언급하는지 등이었다. 바티칸에서 그녀는 처음 몇 주 동안, Paul의 특징이었던 단조로운 베이지와 회색에 색깔을 입혔다. Vincenza가 Luciani에게 영향력을 갖었음은 의심할 바가 없었다. 문제는 얼마나 많이 얼마나 최상으로 그녀가 다루어 질 수 있는가 였다.
64　"Pope Had a History of Minor Illnesses," 1; Paul Hoffman, *The Vatican's Women: Female Influence at the Holy See* (New York: St. Martin's, 2002), Kindle edition, location 2091 of 2992; Cornwell, *A Thief in the Night*, 187.
65　Magee interviewed in Cornwell, *A Thief in the Night*, 234-35. Lorenzi는 '하나님 섭리의 아들들'(Orione Fathers)의 멤버로서, Luciani의 개인비서로 베니스에서 2년 동안 섬긴 후, 콘클라베 이후 교황과 함께 로마로 옮겼다.
66　Sister Irma interviewed in Cornwell, *A Thief in the Night*, 215.

67 Lorenzi interviewed in Cornwell, *A Thief in the Night*, 110; recounted in Thomas and Morgan-Witts, *Pontiff*, 258-59.

68 Lorenzi interviewed in Cornwell, *A Thief in the Night*, 247-48; Hutchison, *Their Kingdom Come*, 253-54; Thomas and Morgan-Witts, *Pontiff*, 258-9.

* 단 몇 분 후 도착했던 Lorenzi 경은 훨씬 나중에 다음처럼 회고했다. "파일의 종이들은 잘 정돈되었다. 그의 손에서 빠졌거나 바닥에 떨어지지 않았다. 내 자신이 그의 손에서 서류들을 집었다. 내가 그랬다!" 로렌지도 알지 못하게, 수녀 빈센짜는 흩어진 종이들을 집어들어 그가 오기 전에 서류철 안에 다시 넣어두었다.

69 Buzzonetti and Magee interviewed in Cornwell, *A Thief in the Night*, 220, 247; Christopher Hudson, "20 years ago this week John Paul I died after 33 days as Pope. Now even one of his own cardinals says he may have been poisoned," *Daily Mail (London)*, August 27, 1998, 11. Seabeck, *The Smiling Pope*, 70.

70 Recounted in Thomas and Morgan-Witts, *Pontiff*, 258-60. Sister Vincenza 는 오직 두 번 인터뷰를 받았는데, 한 번은 동료 수녀 Sister Irma로부터, 다른 한 번은 작가David Yallop으로부터였다. 그녀는 1983년 6월 28일에 죽었다.

71 Magee는 후일에 두 명의 다른 수녀가 자신에게 왔다고 회상했다. 분명히 그 하나는 Vincenza이고 나중에 도착했던 다른 수녀들과 함께 했었다. See Cornwell, *A Thief in the Night*, 247.

72 Magee interviewed in Cornwell, *A Thief in the Night*, 248.

73 Ibid.; Thomas and Morgan-Witts, *Pontiff*, 260. 그의 34일 되는 날에 John Paul의 죽음은 교회 역사상 7번째로 짧은 교황재임을 기록했다. 교황 Stephen II는 752년 선출 후 사흘만에 죽었다. 1555년의 Marcellus, 1590년의 II Urban VII는 각각 교황으로 13일 만에 죽었다. Boniface VI는 15일(896년), Leo XI는 17일(1605년) Theodore II는 20일(897년) 재임했다.

74 "Villot는 John Paul 1세와 매일 산책을 했다." Marcinkus의 나중 회고다. "그는 교황의 죽음으로 인해 망했다." Handwritten notes by Philip Willan of audiotaped interviews between John Cornwell and Marcinkus, February 8, 1988, 10b, provided to author courtesy of Willan.

75 "Cardinal Villot, Holder of Vatican's Second Highest Post," *The Boston Globe*, March 10, 1979, 15; Buzzonetti interviewed in Cornwell, *A Thief in the Night*, 219.

76 Lorenzi interviewed in Cornwell, *A Thief in the Night*, 104.

77 John Julius Norwich, "Was Pope John Paul I Murdered?," *The Daily Mail*, May 7, 2011. 이것 이외에, 며칠 후 *Associated Press*와의 인터뷰 이외에는 Dr. da Ros는 모든 인터뷰를 의사-환자의 비밀을 언급하며 피했다. 이로 인해 그가 Luciani의 죽음 일주일 전에 어떤 종류의 시험을 했는지 분명하지 않다. 다른 의사들에 의한 질문은 비록 아직 답변되지 않고 있지만, 만일 da Ros가 심전도 테스트를 했는가였다. 이 테스트는 교황의 심장 상태에 대한 좋은 정보를 줄 수 있었을 것이다. See generally "Doctor Warned John Paul of Stress," *Associated Press*, Vatican City, P.M. cycle, October 4, 1978. "Pope Had a History of Minor Illnesses," *The Milwaukee Journal*, 1.

78 Da Ros quoted in Untitled, Hilmi Toros, dateline *Vatican City*, A.M. cycle, *Associated Press*, October 16, 1978.

* 그날 아침에 베니스발 로마 도착의 유일한 비행기는 완전 예약이 되어 있어서, da Ros는 그의 차를 타고 9시간을 운전하여 로마에 나타났다. 그 시체는 다 로스가 도착했을 때 접근 금지였다. 며칠 후, AP기자와의 인터뷰에서 말하길, da Ros는 자신이 자기의 오랜 환자를 죽기 일주일 전에 검사했을 때, "그의 새로운 직위의 스트레스가 컸다… 그는 그런 책임지는 일에 준비도, 익숙하지도 않았다. 나는 그에게 이런 속도로는 계속할 수 없다고 말했고, 그는 이것에 대해 어떤 것도 할 수 없다고 대답했다."

79 Cornwell, *A Thief in the Night*, 249.

80　Norwich, "Was Pope John Paul I Murdered?"; John Julius Norwich, *The Popes: A History* (London: Chatto & Windus, 2011).
81　Victor L. Simpson, *Associated Press, Vatican City*, A.M. cycle, September 29, 1978.
82　Russell Watson, Loren Jenkins, Paul Martin, and Elaine Sciolino, "A Death in Rome," *Newsweek*, October 9, 1978, 70; Cornwell, *A Thief in the Night*, 244; Untitled, dateline *Canale D'Agordo*, Italy, P.M. cycle, *Associated Press*, September 29, 1978; Untitled, Dennis Redmont, dateline Vatican City, P.M. cycle, *Associated Press*, September 29, 1978; "The Original Engelbert," *Irish Daily Mail*, October 19, 2012, 38.

† John Paul이 심장 질환을 가졌는가에 대한 질문은 이후 뜨겁게 논의되었다. 바티칸의 처음 정보는 그는 "어떤 만성 심장 문제를 가졌던 것으로는 알려지지 않았다"였다. 이어지는 미확인된 언론 보도들은 루치아니가 네 번의 심장 마비를 당했다는 것이었으나, 그의 가족과의 인터뷰와 그의 의사들이 나중에 제공한 정보에 기초한 확인은 전혀 없었다. Petri Lina(Pia) Luciani 경, John Paul의 의사 조카는 1978년 AP에 교황은 심장병의 병력은 전혀 없다고 말했다. 즉, "그가 연약했지만, 충고하건대, 그는 걸어다니는 병원은 아니었다." 10년 후 그녀는 삼촌이 1975년에 로마의 게멜리병원에서 망막 동맥의 혈전증(血栓症)으로 입원한 적이 있었다고 말했다. 하지만 그것도 전혀 확인되지 않았다. 역시 교황 사후 10년 뒤, 로렌찌 경은 한 이탈리아 기자에게 자신의 기억으로는, 요한 바오로가 죽었던 그 밤에 그는 흉부에 "엄청난 고통"을 가졌지만, 로렌찌가 의사를 부르지 못하게 "절대적으로 막았다"고 말했다. "그래서 나는 순종했다. 누구나 교황에게는 순종해야 하니까." 로렌찌는 누구에게도 그의 새로운 기억을 말하지 않았다. 이는, 그의 주장에 따르면, "나는 이것[심장의 고통]을 매우 가까운 심장 마비와 연결짓지 않았고 또 나는 이런 것들을 공부해본 적이 없었기 때문이다." 마기 경은 10년 후, 작가 존 콘웰에게 교황은 "계속적으로 죽음을 이야기 했다"고 말해 주었다. 요한 바오로가 죽었던 그 밤에 마기는 추정상 수녀 빈센짜에게 다음처럼 말했다, "바오로 6세를 잃어버린 후 한 교황을 잃어버림은 비참한 일일 것이다. 이제 며칠 지났는가? 33일?"

83　Buzzonetti interviewed in Cornwell, *A Thief in the Night*, 218.
84　Lorenzi interviewed in Cornwell, *A Thief in the Night*, 111.
85　Claiborne, "Thousands Mourn Pope's Death," A1.
86　Villot quoted in Thomas and Morgan-Witts, *Pontiff*, 263; Hoffman, *The Vatican's Women*, Kindle edition, location 2091 of 2992; and Sister Irma interviewed in Cornwell, *A Thief in the Night*, 215.
87　Magee interviewed in Cornwell, *A Thief in the Night*, 249.
88　Hoffman, *The Vatican's Women*, Kindle edition, location 2077 of 2992; Thomas and Morgan-Witts, *Pontiff*, 263.
89　두 페이지의 "Vatican Memorandum Supplied to Episcopal Conference, dated 1984"에서 바티칸은 누가 먼저 교황을 발견했는지의 중요성을 대단치 않게 생각했다. "교황의 죽음이 수녀에 의해, 아니면 바티칸 성명서의 말처럼, 교황의 개인비서인지에 대한 차이는 없다. 사실, 그 비서는 무언가 잘못되었으리라 의심했던 그 수녀에 의해 부름 받았을 때 John Paul 1세의 침상에 즉각 달려간 자였다. The 1984 Vatican memo is reprinted in English in Cornwell, *A Thief in the Night*, 347-48.
90　Ibid., 196, 201.
91　Pope Paul VI 는 영국 소설가 Graham Greene의 광적인 팬이었으며, 심지어 그와의 만남을 주선하기도 했다. Marcinkus의 회고로는, 교황이 그린에게 자신이 "당신의 책들의 하나 하나"를 다 읽었다고 말하자, 그는 "거의 죽을 지경이었다." 바티칸은 Paul 6세의 인기있는 문화적 선호에 대한 뉴스는 결코 발표되지 않았음을 확인했다. Handwritten notes by Philip Willan of audiotaped interviews between John Cornwell and Marcinkus, January 15, 1988, 1a, provided to author courtesy of Willan. See also Farusi interviewed in Cornwell, *A Thief in the Night*, 202-3; "1984년의 Vatican Memorandum Supplied to Episcopal

Conference"에서는, "어떤 공식적 문서도 그것[그리스도를 본받아]을 언급한 적이 없음"을 강조하고 있었다. Cornwell, *A Thief in the Night*, 347-48. For an example of how the story ran internationally, see "Book a 15-Century Work," *The Boston Globe*, September 30, 1978, 9.

그 사건 이후 25년만에, Lorenzi는 *National Catholic Reporter*의 기자 John L. Allen Jr. 에게 말하길, 요한 바오로의 손에 있는 종이들은 그가 베니스의 총대주교(Patriarch)로서 있던 날부터 모은 어떤 메모들이며, 이는 다음 일요일 설교 준비를 위해 그가 검토하고 있었다고 했다. "어떻게 어떤 자들이 다른 것을 말할 수 있는지 나도 알고 싶다," Lorenzi가 Allen에게 한 말이다. "다른 누가 거기 있었는가? 오직 우리 [Lorenzi, Magee, Vincenza]만이 거기 있었다." John L. Allen Jr., "Lessons from a 33-Day Pontificate: John Paul I's Secretary Reminisces on the Man and His Life," *National Catholic Reporter*, September 5, 2003.

92 Arnaldo Signoracci interviewed in Cornwell, *A Thief in the Night*, 271. Signoracci 형제는 formaldehyde을 기초로 하는 자신들만의 비밀스런 처방전을 사용한다고 주장했으며, John XXIII가 그들의 가장 정교한 일이었다고 생각했다. 그의 관은 그의 죽음 이후 38년만에(2001년) 열렸다. 이는 그의 시신을 성 베드로 성당의 꽉찬 지하실에서 위쪽 바실리카에 있는 새로운 무덤으로 옮기기 위함이었다. 그의 몸은 여전히 완전하게 보존되어 있었다. Signoracci의 영업은 마지막 형제인 Renato의 죽음 이후인 2002년에 종료되었다. 그 당시에 *La Repubblica*는 그때 81세 그의 교황 재임 24년에 있는 John Paul 2세가 교황의 시신방부사들보다 오래 살았다는 것이 아이러니하다고 했다.

93 Cornwell, *A Thief in the Night*, 283-85.

* *ANSA*통신사의 이야기는 그 사망의 아침에, 신원미상의 사람이 아침 5시에 시노라치 형제들에게 전화했으며 - 교황의 시체가 발견되기 전 - 바티칸의 차를 그들에게 보내서 사도궁으로 오게 했다는 잘못된 보도를 했다. 그것은 부정확했다. 이 이야기를 썼던 기자 Mario di Francesco는 가족회사의 Renato Signoracci라는 바티칸에 가지 않았던 다른 형제로부터 틀린 시간을 받았다. 그럼에도 음모이론들은 이를 요한 바오로의 죽음에 있어서의 악한 놀이의 증거로 계속 인용하고 있다.

94 Arnaldo and Ernesto Signoracci interviewed in Cornwell, *A Thief in the Night*, 272-73, 275.

95 Thomas and Morgan-Witts, Pontiff, 263; unidentified Curial monsignor quoted in Cornwell, *A Thief in the Night*, 52.

96 비록 비티칸의 입궁기록이 장의사들이 그 아침에 도착했음을 보여주지만, 정신적 쇼크와 같은 일을 목도한 자는 항상 이를 정확히 기억하지 못한다. 십년 후, Lorenzi 경은 작가 John Cornwell에게 자신은 Signoracci 형제들의 도착을 저녁까지도 기억하지 않았다고 말했다. 그는 당시에 자신, Villot Dr. Buzzonetti가 시신을 배치했다고 설명했다. 사실 장의사들이 이를 했다. Signoracci 형제들에 대해서는 Cornwell이 십년 후 그들과 인터뷰했을 때, 그들이 언제 바티칸에 들어갔는지 정확하게 기억하지 못했다. Ernesto는 말했다, "이는 아침 7시일 수 있다…아침 10시일 수도 있다…아니면 오후 3시일 수도 있다, 나는 잘 모른다."

97 Arnaldo Signoracci interviewed in Cornwell, *A Thief in the Night*, 278; Thomas and Morgan-Witts, Pontiff, 263.

98 Ernesto Signoracci interviewed in Cornwell, *A Thief in the Night*, 275-77.

99 Evan Whitton, "The Road to Rome," *Sydney Morning Herald*, November 22, 1986, 41; Norwich, "Was Pope John Paul I Murdered?" 나중에 그 방에 있었던 것으로 확인된 약물은 Effortil, 중추신경자극제다. 이는 혈압을 안정화시키기 위해 사용되며, 자주 만성저혈압의 경우에 처방된다. See also Watson, et. al., "A Death in Rome," 70. As for the missing pages in the records of the Vatican pharmacy, see Cornwell's interview with Brothers Fabian and Augusto in *A Thief in the Night*, 312-13. "He [Pope John] had no medical attention throughout his brief pontificate." Peter Hebblethwaite, "Death of a Rumour," *The Spectator*, June 16, 1989, 30.

100 *Associated Press, Vatican City*, A.M. cycle, September 29, 1978. For the way the press release by the Vatican was placed into full news coverage, see generally "Pope John Paul Dies in Sleep: Succumbs to Heart Attack After Month in Office," *Associated Press, The Boston Globe*, September 29, 1978, 1.

101 Paul Hoffman, "Bungling and Surmises," *The New York Times*, July 8, 1984, BR32. 다음 3월 Villot가 "급성 기관지폐렴"으로 73살의 나이로 죽었을 때, 그는 Gemelli 병원에 있었다. 그는 이틀 전에 입원했다. 하지만 이것은 그의 죽음이 교황청 내에서의 거짓된 추측의 주제가 되는 것을 막지는 못했다. 익명의 몬시뇰은 John Cornwell에게 말하길, "진짜" 이야기는 "Villot가 바티칸 외부에서 쓰러져, Gemelli로 옮겨진 것이다. 바티칸 사람들은 그 시신을 쫓아가 찾아왔다…그들은 시체가 여전히 살아있는 것처럼 가장하여, 바티칸으로 가져와, 그가 침상에서 거룩하게 죽었다 말했다." Unnamed monsignor interviewed in Cornwell, *A Thief in the Night*, 96.

102 "Catholic Group Calls for Inquest into John Paul's Sudden Death," *The Globe and Mail* (Canada), October 4, 1978.

103 Thomas and Morgan-Witts, *Pontiff*, 269.

104 Magee interviewed in Cornwell, *A Thief in the Night*, 251, 253.

105 Magee interviewed in Cornwell, *A Thief in the Night*, 253.

106 Thomas and Morgan-Witts, *Pontiff*, 269; Sandra Miesel, "A Quiet Death in Rome: Was Pope John Paul I Murdered," *Crisis Magazine*, April 1, 2009.

107 Obituary: "Archbishop Romeo Panciroli: Ponderous Vatican Press Officer," *The Independent(London)*, March 21, 2006, http://www.independent.co.uk/news/obituaries/archbishop-romeo-panciroli-470769.html.

108 Thomas and Morgan-Witts, *Pontiff*, 270.

109 추기경 Felici는 다음 이틀간을 비밀 수장고를 뒤져, 사후 시신 검사에 대한 전례가 있는지를 찾아보았다. 그는 Agostino Chigi, 르네상스 은행가의 상속자의 일기장에서, 비밀 부검이 Pius 8세에 대해 1816년 11월 30일의 그의 죽음 하루 후 행해졌다는 것을 밝혀냈다. 비오는 교황으로서 18개월이 지난 후 69살로 죽었다. 그 목적은 그의 장기가 그가 독살되었다는 어떤 증거를 알고자 함이었다(그는 독살되지 않았다). Thomas and Morgan-Witts, *Pontiff*, 271, 277-79.

110 Whitton, "The Road to Rome," 41; Thomas and Morgan-Witts, *Pontiff*, 272.

111 교황 Paul 6세의 사도헌장 17조는 묵시적으로 어떤 부검을 배제하고 있다. 왜냐하면, 교황의 죽음을 확증하는데 승인된 유일한 공식적인 방법은 Camerlengo가 증인들의 현존 가운데 그 죽음을 확인하고 그런 다음에 사망증서를 쓰는 것이다. 일부 뉴스 중 잘못된 설명은 부검이 명시적으로 배제된다는 것이다. See for instance, Watson, et al., "A Death in Rome," 70: "[t]he papal constitution forbids autopsies for popes."

112 Sari Gilbert, "Some Wonder Why No Autopsy on Pope," *The Boston Globe*, October 2, 1978, 2. 이탈리아의 저명한 외과의사 Dr. Pier Luigi Prati는 La Stampa 와 Associated Press의 기자들에게, 교황 John Paul이 심장마비로 죽었다는 가능성이 있다고 말했다. "하지만 이 역시 뇌출혈일 수도 있었다…이를 확실히 하기 위해, 부검은 필요할 것이다." Dennis Redmont, *Associated Press, Vatican City*, A.M. cycle, September 30, 1978.

113 Lorenzi interviewed in Cornwell, *A Thief in the Night*, 111-12.

114 Ernesto Signoracci interviewed in Cornwell, *A Thief in the Night*, 277. Signoracci 형제들에게 그들의 일처리에 대한 대가가 지불되지 않았다. "일전 한푼 없었다, 오직 메달뿐이었다." Arnaldo의 나중의 회고다. "그들은 우리에게 그레고리 훈장, 증서 한장 그런 비슷한 것을 만들어주었다," Ernesto의 확언이다. Arnaldo and Ernesto Signoracci interviewed in Cornwell, *A Thief in the Night*, 279.

115   Hilmi Toros, *Associated Press, Vatican City*, A.M. cycle, October 2, 1978.
116   Signoracci interviewed in Cornwell, *A Thief in the Night*, 272.
*   이탈리아 법은 사망 후 첫 24시간 내의 방부처리를 금했다. 시노라치 형제들은 이탈리아 법을 어기는 것을 염려하지 않았다. "우리는 교황 요한에게도 똑같이 했다." Ernesto가 작가 Johm Cornwell에게 전한 말이다. "우리는 그가 죽은 같은 날에 시작했다. 문제가 없었다. 왜냐하면, 바티칸은 외국이고… 그들은 이탈리아 치안 판사에 제한 받지 않으며 …특별히는 갑작스런 죽음인 까닭이었다."
117   Jose Torres, *Associated Press, Rome*, P.M. cycle, October 6, 1978. For Pope Paul VI and his comment on Satan entering the Vatican, see Donald R. McCleary, "Pope Paul VI and the Smoke of Satan," *An American Catholic*, December 4, 2011.
118   Gilbert, "Some Wonder Why No Autopsy on Pope," 2.
119   Thomas and Morgan-Witts, *Pontiff*, 283.
120   바티칸은 그 점에서 어떤 별도의 열람을 위한 John Paul의 죽음에 관계된 기록들을 만들지 않기로 결정했다. 작가 John Cornwell는 1988년에 교황 서거에 대한 사망선고서부터 의료기록에서 그의 유언까지의 어떤 문서 접근권이 거부되었다. 25년이 지난 그런 자료들에 대한 필자 자신의 요청도 답을 받지 못했다. David Yallop은 *In God's Name*에서, 교황이 독살되었다고 주장했다. 많은 비평가들이 이를 쓰레기 취급한 사실에도 이 책은 베스트셀러가 되었다. Steve Weinberg , *Investigative Reporters and Editors*의 편집장은 *Balitmore Sun*지에 다음처럼 썼다, "출판의 수치다. 즉, 진리는 전혀 관심 밖이고, 사실적 정확성, 전반적 정직성 많은 출판사들에 의해 진지하게 받으드려지지 않는다." (Steve Weinberg, "The Shame of Publishing," *Baltimore Sun*, August 2, 1998, p. 11F). Columbia Journalism Review에서의 꼼꼼한 분석 기사에서, Weinberg는 이를 "Kitty Kelley 신드롬"이라 부르며, Yallop의 책은 "환상적인 주장에 대해 어떤 것도 증명하지 않으며" 정보원의 노트나 참고서적도 전혀 없다고 언급했다. (Steve Weinberg, "The Kitty Kelley Syndrome; Why You Can't Always Trust What You Read in Books," *Columbia Journalism Review* 30, no. 2 [July/August 1991]: 36). *Chicago Tribune*는 『In God's Name』이 "너무 음모적이어서 터무니 없는 것에 맞닿아 있으며" 비록 Yallop이 자신의 정보원을 날조했더라도" "야만적인 리뷰, 반복되는 바티칸의 비난과 어리둥절함, 그가 인터뷰했다는 자들의 분노에도 불구하고," 책 판매는 천정부지였다. (Peter Former and John Blades, "Fiction Passing as Fact Fuels a Crisis in Print," *Chicago Tribune*, May 5, 1985, p. C1).
121   David Yallop, *In God's Name: An Investigation Into the Murder of Pope John Paul I*, 240-42, 289-92; Cornwell, *A Thief in the Night*, 313-25. See also George Rush and Joanna Molloy, for church comments regarding *In God's Name*, see generally Untitled, dateline *Vatican City, International News*, A.M. cycle, *Associated Press*, June 12, 1984. "Elton John's Movie Plans Provoke Vatican's Wrath," *The Toronto Star*, February 17, 1999. 2014년에, John Paul의 죽음에 있어서의 나쁜 행위에 대한 성공적인 연극이 *The Last Confession*의 제목으로 토론토에서 국제순회를 시작했다. "The Last Confession Probes Papal Death, Vatican Intrigue," *CBC News*, April 19, 2014.
†   1984년 John Paul 1세의 죽음에 있어서의 나쁜 행위에 대한 소문들은 영국 작가 David Yallop에 의한 외설스런 넌픽션 책, 『하나님의 이름으로』(*In God's Name*)의 주제였다. 그는 Marcinkus와 Cody에 대한 의심점들을 섞어 복잡한 살인 음모로 만들었다. 이는 다름 아닌 Sindoan, Calvi, 추기경 Villot P2의 겔리에 의해 주도되었다는 것이다. John Paul은 디기탈리스라는 강심제의 과용에 의해 독살된 것이 가장 유력하다고 Yallop은 주장했다. 교황이 죽은 후 Villot의 은폐는 부검의 실시 - 신부 Andrew Greeley가 "진짜 순전히 멍청한 짓"으로 불렀던 행위 - 를 하지 않는 것과 함께 Yallop의 먹이감이었다. 그의 소설은 많은 자들에 의해 비판받았는데, 그들은 이 소설을 믿을 만한 증거로 뒷받침되지 않는 추측적인 이론으로 보았다. 그런 책들을 보통은 무시했던 바티칸은 여러 번 비난을 하면서, 이를 "더러운 쓰레기," "터무니 없

는 환상," "놀랍고 개탄할 만한 것"으로 불렸다. 바티칸이 이를 비난 할수록, 더 많이 그 책은 팔려, 6백만 권으로 추정되었다. 엘튼 존과 그의 파트너 David Furnish는 책의 영화 제작권을 매입하므로써 교회의 분노를 더했다.

1989년, 작가 John Cornwell은 『밤의 도적』(A Thief in the Night)을 발표했다. 거기서 그는 Yallop의 가정을 폐기했다. Cornwell은 대신 부주의에 기초하는 자신의 놀라운 가설을 제안했다. 그의 설명에 따르면, John Paul의 비서들의 하나인 Magee 경이 그 전날 밤 11시 경에 교황이 죽은 것을 발견했다. 마기는 로렌찌 경을 설득해 그가 자신을 도와 교황을 침대에 눕히고 자세를 바르게 할 수 있도록 돕게 했고, 수녀 Vincenza가 다음날 아침에 그를 발견하게 했다는 것이다.

교황 사후 10년이 지난 1988년 즈음, 새로운 이론이 탄력을 얻었다. 즉, CIA가 John Paul을 죽였는데, 이는 그가 미국이 후원하는 Aldo Moro에 대한 살인자의 신원을 밝히려 했기 때문이라는 것이었다. 이 음모론에서는, Marcinkus가 CIA를 위해 일한 것으로 되어 있다.

122 Martin, *Final Conclave*; Thomas and Morgan-Witts, *Pontiff*, 295.
123 Thomas and Morgan-Witts, *Pontiff*, 309.
124 그들은 Madrid's Vicente Enrique y Tarancón, Samoa's Pio Taofinu'u, Holland's Johannes Willebrands, England's Basil Hume, and São Paulo's Paulo Evaristo Arns을 포함한다.
125 Malula quoted in "A Foreign Pope," *Time*, October 30, 1978.
126 Günther Simmermacher, "Electing a Pope: The Conclave of October 1978," *The Southern Cross*, March 7, 2013; see also Hebblethwaite, *The Year of Three Popes*, 152.
127 König interviewed in George Weigel, *Witness to Hope: The Biography of Pope John Paul II* (New York: Cliff Street, 1999), 253.
128 Author interview with Andrew Greeley, May 11, 2007.
129 Simmermacher, "Electing a Pope: The Conclave of October 1978"; Thomas and Morgan-Witts, *Pontiff*, 313-14.
130 Hebblethwaite, *The Year of Three Popes*, 153.
131 Whitton, "The Road to Rome," 41; see also Thomas and Morgan-Witts, *Pontiff*, 314-16.
132 Wojtyla quoted in Thomas and Morgan-Witts, *Pontiff*, 319.
133 Simmermacher, "Electing a Pope: The Conclave of October 1978"; Whitton, "The Road to Rome," 41.
134 Cardinal Hume quoted in Hebblethwaite, *The Year of Three Popes*, 156.
135 그는 동부 유럽의 6명의 추기경의 기준으로 본다면 온건파이지만, 서방의 기준으로 본다면 보수주의자로 간주되었다.
136 Ronald Koven, "Cardinal Wojtyla of Poland Breaks Line of Italian Popes," *The Washington Post*, October 17, 1978, A1.
137 Weigel, *Witness to Hope*, 254.

제21장

1 Weigel, *Witness to Hope*, 16, 23. 그의 모친의 가족은 Silesia 출신이며, 그의 아버지는 Austro-Hungarian 군대에서 복역했다. 이는 Wojtyla의 두 번째 언어가 집에서는 독일어였음을 뜻한다. Hebblethwaite, *Pope John Paul II and the Church*, 260.
2 Edward Stourton, *John Paul II: Man of History* (London: Hodder & Stoughton, 2006), 25; Weigel, *Witness*

to Hope; see also Hebblethwaite, *The Year of Three Popes*, 157-60.
3   Official biography [short] of John Paul II, Holy See Press Office, last updated June 30, 2005.
4   Weigel, *Witness to Hope*, 44.
5   수년 후 그는 전쟁 동안 자신의 부모 형제의 장례식에 참석하지 못했음을 애석해 했다. "20살 때 나는 이미 내가 사랑하는 모든 사람들을 잃었다." Stourton, *John Paul II: Man of History*, 60. As for Kraków's Black Sunday, see generally Norman Davies, *Rising '44: The Battle for Warsaw* (London: Viking, 2004), 253-55.
6   See "When Karol Wojtyla Refused to Baptize an Orphan," *Zenit*, January 18, 2005, online at http://www.zenit.org/en/articles/when-karol-wojtyla-refused-to-baptize-an-orphan.
*   전후 26세의 사제는 특별한 상황을 맞게 되었다. 한 가톨릭 가정이 한 유대인 소년을 나치로부터 숨겼고, 독일군이 그 아이의 부모를 죽였음을 알았다. 그들은 그 어린이를 보이티와에게 데려와서 세례를 해달라고 요청했다. 교황 Pius 9세가 두 유대인 소년을 납치해서 세례를 강제했던 것과 대비하여 그는 거절했다. 그 소년은 그 부모의 전통에 따라서 유대인으로 자라야 한다고 보이티와는 부모에게 말했다.
7   Patricia Rice, "They Call Him 'Wujek,' " *St. Louis Post-Dispatch*, January 24, 1999, 18.
8   Hebblethwaite, *The Year of Three Popes*, 165-66.
9   Whitton, "The Road to Rome," 41.
10 Ibid., citing National Foreign Assessment Center report for the CIA, 59.
11 Koehler, *Spies in the Vatican*, 257.
12 Thomas and Morgan-Witts, *Pontiff*, 347.
13 See Lai, *Finanze vaticane*, 149.
14 Thomas and Morgan-Witts, *Pontiff*, 348.
15 Marcinkus는 리투아니아어가 그의 첫째 언어인 집에서 자랐다. 그의 부모는 집에서 이 말만 사용했다. 그 역시도 학교에서 이 언어를 공부했다. Handwritten notes by Philip Willan of audiotaped interviews between John Cornwell and Marcinkus, January 15, 1988, 1b, provided to author courtesy of Willan. "Marcinkus spoke good Polish": Curzio Maltese, in collaboration with Carlo Pontesilli and Maurizio Turco, "Scandal, Intrigue and Mystery; The Secrets of the Vatican Bank," translated by Graeme A. Hunter, *La Repubblica*, January 26, 2008.
16 그 순례지는 미국 펜실베니아 주의 도일스타운(Doylestown)에 있는 바, 필라델피아에서 약 30마일 떨어진 교외에 있다. 미국에서는 이 수도 교단은 Pauline Fathers을 뜻하지만, 폴란드에서는 770년된 분파로 공식적으로 Order of St. Paul the First Hermit로 알려져 있다.
17 Gannett는 자신의 조사 연속물로 1980년 Pulitzer for Public Service을 받았다. 그는 역시 110,000,000달러의 명예회손 소송을 전직 Pauline shrine의 최고위 신부로부터 당했다. 그 소송은 기각되었다.
18 잘못되고 있는 것의 첫째 징조는 빌라델피아 교구가 행한 1972년의 정기 감사 후 드러났다. See generally Ben A. Franklin, "Cover-Up Alleged in Monastic Scandal," *The New York Times*, September 21, 1979, 14; "Pope Reportedly Blocked Investigation of Pauline Father's Financial Dealings," *The Washington Post*, September 10, 1979, A3.
19 Vatican report cited in "Pope Reportedly Blocked Investigation of Pauline Father's Financial Dealings," *The Washington Post*, A3. See also "Vatican Refuses to Comment," *Observer-Reporter (Pennsylvania)*, September 11, 1979, A7.
20 "Gannett Sued for $110 Million," *Associated Press, Domestic News, New York*, P.M. cycle, September 16, 1980; see also "Catholic Order's Squandering of Millions in Contributions, Loan, Investments Alleged," *The Blade (Ohio)*, September 10, 1979, 8.

21 "Pope Reportedly Blocked Investigation of Pauline Father's Financial Dealings," *The Washington Post*.
22 Untitled, *Associated Press*, Washington, A.M. cycle, September 10, 1979.
23 Franklin, "Cover-Up Alleged in Monastic Scandal," 14.
24 Untitled, *Associated Press, Washington*, A.M. cycle, September 10, 1979; see also Franklin, "Cover-Up Alleged in Monastic Scandal."
25 "Probe of Monks Cites Kickbacks," *Pittsburgh Post-Gazette*, September 11, 1979, 3; Untitled, *Associated Press*, Washington, A.M. cycle, September 10, 1979.
26 Untitled, *Associated Press, Washington*, A.M. cycle, September 10, 1979.
* 바티칸은 보고서 전부를 발표하지 않았고, 이를 열람하려는 필자의 청은 답이 없었다.
27 Untitled, *Associated Press*, Washington, A.M. cycle, September 9, 1979; see also "Pope Reportedly Blocked Investigation of Pauline Father's Financial Dealings," *The Washington Post*.
28 "Pope Reportedly Blocked Investigation of Pauline Father's Financial Dealings," *The Washington Post*.
29 Franklin, "Cover-Up Alleged in Monastic Scandal"; untitled, *Associated Press*, Washington, P.M. cycle, September 10, 1979.
30 Untitled, *Associated Press*, Washington, A.M. cycle, September 11, 1979.
31 추기경 Krol은 개인적으로 자신의 교구를 통해 그 돈의 배분을 감독했다. 그 돈의 원천이 로마에게는 반대되게, 필라델피아에서 오는 것으로 보였다. 지불 순서는 필라델피아 법률회사 Eastburn & Gray 의 변호사의 조력으로 결정되었다. 일부 Pauline의 빚을 갚기 위한 신자들 사이의 기금 모집 운동 - 그들 폴란드 선조들을 기리기 위해 - 은 2,000,000달러를 모금했다. 필자는 그 돈이 Marcinkus와 IOR에게 돌려졌는지는 판단할 수 없었다. Francesco Pazienza recounting contemporaneous conversations with Marcinkus, interview with author, September 18, 2013. See also Untitled, *Associated Press*, Domestic News, Camden, NJ, A.M. cycle, September 12, 1979. "Marcinkus가 이 돈이 빨리 갈 수 있도록 만들었을 때, 그는 요한 바오로의 즉각적인 신임을 얻었다," Francesco Pazienza의 말이다.
32 Willan, *The Last Supper*, 177-78, citing in part Pazienza's autobiography, *Il Disubbidient* (Milan: Longanesi, 1990).
33 See generally Roy Larson, "In the 1980's, a Chicago Newspaper Investigated Cardinal Cody," Niemen Reports, The Niemen Foundation for Journalism at Harvard, spring 2003; John Conroy, "Cardinal Sins," *Chicago Reader*, June 4, 1987.
* 보이티와의 선출은 Marcinkus에게 그리하듯, 추기경 코디에게도 다행스런 일이었다. Cody의 파일을 읽은 후, 새 교황은 자신이 시카고를 방문할 때까지 아무것도 하지 않기로 했다. 그 여행은 1979년 10월로 예정되었는데, 결국 John Paul이 거기에 갔을 때, Cody는 그에게 소문난 1,000,000달러 선물을 주었고, 자신을 변호하기 위해 열심히 로비했다. 비록 John Paul이 계속적으로 자신의 수행원들에게 Cody를 제거하려 했다고 말했지만 그는 결코 그리하지 않았다. 대신에 시카고 교구 출신의 평신도 내부자가 다음해에 미국 연방검사와 접촉했다. 금융 착복의 이야기는 대배심원이 선정되기에 충분했다. *Chicago Sun-Times*는 곧바로 탐사 기자단을 꾸려, Cody에 대한 많은 소문들을 추적했다. 1981년, 그것은 그 신문사 137년 역사 중에 가장 조심스럽게 점검된 조사의 하나로 남게 되었다. 이것은 모든 것을 털어놓는 충격적인 것으로, Paul 6세와 John Paul 2세가 Cody를 물러나게 하지 않았던 것은 잘못이었음을 보여주었던 사건이었다.
34 See generally about Vienna's Cardinal König aware of the KGB's Department D; Thomas and Morgan-Witts, Pontiff, 265-66.
35 Author interview with Francesco Pazienza, September 22, 2013.
36 Willey, *God's Politicians*, 234.

37 이 편지는 페이지 1에 날짜 소인 "March 23, 1979"을 제외하고는 날짜가 없다. 이 편지는 P. Peter Sarros, 바티칸 주재 대통령부특사에 의해 1979년 3월 26일에 Marcinkus에 전달되었다. See Letter from P. Peter Sarros, Deputy Presidential Envoy, to Bishop Marcinkus, March 26, 1979, with handwritten notation in the upper-right-hand corner of the one-page cover note "Rcd 26-3-79 BM." Sarros의 편지는 세 페이지의 부속 텔렉스가 첨부되었다. Benjamin R. Civiletti, 미법무성 검찰차장으로부터의 편지의 내용과 동일한 첨부는 주교 Paul C. Marcinkus, President, Institute of Religious Works를 수신으로 하며, 날자 소인은 1979년 3월 23일이었다. William A. Wilson Papers, Box 2, Folder 66, Georgetown University Library, Special Collections Research Center, Washington, D.C.

38 그 계좌들은 1974년 Howard Mitnick에 의해 ATS의 의장인 Ellis Shore의 위임장을 통해 개설되었다. 36,000,000달러를 갖는 한 계좌는 RAE Advertising, ATS의 전적 소유 자회사의 이름으로 개설되었고, 41,000,000달러를 갖는 다른 하나는 다른 ATS 자회사, Analysis and Research Associates의 이름으로 개설되었다. Letter from Benjamin R. Civiletti, Deputy Attorney General, Department of Justice, to Bishop Paul C. Marcinkus, President, Institute of Religious Works, date-stamped March 23, 1979, William A. Wilson Papers, William A. Wilson Papers: Box 2, Folder 66, Georgetown University Library, Special Collections Research Center, Washington, D.C.

39 Marcinkus는 Civiletti에게, 바티칸은행은 "Pope Leo 13세가 자신의 돈을 유증하여 이를 전 세계적으로 로마교회의 종교적 행위를 위한 목적으로 그 교황에 의해 세워진 조직"이라고 잘못 말했다. Leo 13세는 포괄적인 전임 조직인 Administration of Religious Works을 시작했고, Marcinkus가 언급한 바티칸은행은 1942년 6월 Bernardino Nogara와 Pope Pius 12세에 의해 출발되었다. See Letter from Paul C. Marcinkus to Benjamin R. Civiletti, April 3, 1979, William A. Wilson Papers, Box 2, Folder 66, Georgetown University Library, Special Collections Research Center, Washington, D.C.

40 Letter from Paul C. Marcinkus to Benjamin R. Civiletti, April 3, 1979, William A. Wilson Papers, Box 2, Folder 66, Georgetown University Library, Special Collections Research Center, Washington, D.C., 2.

41 바티칸은 바티칸은행의 기록물 어떤 것에도 접근권이 필자에게 허락되지 않았다.

42 Letter from Paul C. Marcinkus to Benjamin R. Civiletti, April 24, 1979, William A. Wilson Papers, Box 2, Folder 66, Georgetown University Library, Special Collections Research Center, Washington, D.C.

43 Ibid.

44 Author interview with William Aronwald, February 16, 2007.

제22장

1 Galli, *Finanza bianca*, 83-84.

2 이탈리아은행이 어떻게 주로 파나마와 리히텐스타인에 거점을 둔, 알려지지 않는 소유주의 역외 회사들이 Ambrosiano의 대규모 지분을 매입했는지를 알게 됐는가를 논의하는 가운데, 그 보고서의 결론은 "위에 언급된 구매자들이 'Ambrosiano 그룹'의 일부일 것이란 점은 배제될 수 없다. 이는 은행들과 외국 금융 관련사들에 의한 조작 바티칸은행의 조작에 대한 광범위하고 통제불가한 가능성이라는 점에서 그렇다."

3 이 보고서는 조사의 종결로. 이 조사는 이탈리아은행 조사관들이 Ambrosiano의 본사에 예고없이 나타난 1978년 4월에 시작됐다. 이는 Sindona가 조사관들에게 제공한 정보로 촉발된 내사였다. 수석 조사관인 Padalino나 그의 팀의 누구도 P2 멤버는 아니었다. Calvi가 Licio Gelli에게 도움을 요청했을 때 P2 수

장은 전혀 도움이 되지 않았다. See Cornwell, *God's Banker*, 91; Tosches, *Power on Earth*, 191.

4 바티칸은행은 한 주권국가의 중앙은행이기 때문에 Bank of Italy가 이에 대한 법률적 관할권을 갖지 않는다. 대신 그 조사는 Ambrosiano에서 시작하고 거기서 끝났다. 바티칸의 역할에 대한 모든 질문에 대해서는 응답되지 않는 채 남아있었다. Gurwin, *The Calvi Affair*, 41-43.

5 Sergio Bocconi, "Quelle missioni da Berlinguer e Craxi per i crediti del vecchio Ambrosiano," *Corriere della Sera*, October 26, 2007, 35.

6 Padalino Report excerpt quoted in Cornwell, *God's Banker*, 91.

7 Gurwin, *The Calvi Affair*, 41.

8 이 부서는 경제금융성 산하의 이탈리아 군대이며 경찰의 지위를 갖는다.

9 See Cornwell, *God's Banker*, 96.

10 *L'Espresso* cited in Cornwell, *God's Banker*, 96; Raw, *The Moneychangers*, 272.

11 Henry Tanner, "Italian Prime Minister Defends Government's Record as Terrorism Rises: Communists Withdrew Support," *The New York Times*, January 30, 1979, A2.

12 "Parliament Is Cool to Andreotti Plea," *The Boston Globe*, January 30, 1979, 4; Henry Tanner, "Andreotti Resigns, Bringing Fears of Rise in Italian Terrorist Activity: Murder Is Linked to Politics," *The New York Times*, February 1, 1979, A3; Raw, *The Moneychangers*, 255. Calvi가 Alessandrini의 죽음에 관련되어 있지 않다는 사실에도 불구하고 많은 작가들은 이를 마치 어떤 큰 음모에 연관된 것처럼 보고했다. "Alessandrini는 매수될 수 없었다," David Yallop이 *in In God's Name*에서 썼다. 수사 검사는 Calvi, Marcinkus, Gelli Sindona에게 대단히 심각한 위협이 되며…무언가를 행하여져야 했다"는 입장이었다.

13 Tanner, "Andreotti Resigns, Bringing Fears of Rise in Italian Terrorist Activity: Murder Is Linked to Politics."

14 Raw, *The Moneychangers*, 255.

15 Raw, *The Moneychangers*, 138, 272.

16 Gurwin, *The Calvi Affair*, 56.

17 Calvi는 결국 Banco Ambrosiano Andino로 송금하는 그의 모든 Latin American operations을 끝냈다. 이는 Sandinistas가 Somoza 군을 이긴 지 4개월 후였다. See Raw, *The Moneychangers*, 265.

18 Gurwin, *The Calvi Affair*, 56, 58.

19 Marcinkus는 훗날 Ambrosiano에 대한 이탈리아정부조사위원회에 제출된 문서에서 주장하기를, United Trading에서 Andino로의 대출의 이전은 "바티칸은행이 알지 못하는 가운데 지시되고 집행된" 것이었다고 했다. 하지만, 정부 조사관들은 그의 사실성은 의심했다. Calvi가 Marcinkus에게 1979년 12월 17일에 편지들을 보냈다. 여기서 그는 바티칸은행의 의무들은 Andino에게까지 확대되었다고 말했다. 나중에 Marcinkus는 주장하기를, 그 편지는 바티칸은행에 충분한 통지가 아니라고 했지만, 정부 조사를 완전히 만족시켜 주는 것은 아니었다. The Joint Investigating Committee(합동조사위원회) submission by Marcinkus, cited in Raw, *The Moneychangers*, 266-67.

20 Raw, *The Moneychangers*, 263.

21 Sindona quoted in Lernoux, *In Banks We Trust*, 209.

22 Raw, *The Moneychangers*, 282, 284, 323.

23 Raw, *The Moneychangers*, 214-16, 227-28, 261-62, 306-9.

24 Arnold H. Lubasch, "A Nixon Treasury Secretary Queried on $200,000 He Got from Sindona," *The New York Times*, January 23, 1979, B7. 결국 Kennedy는 면제 허락이 없는 가운데 대배심원 앞에서 증언했다. Kennedy가 1974년 Sindona에게서 20만 달러의 단기대출을 받음과 공시하지 않음으로 법을 위반했는지에 대한 질문들이 있었다. Kennedy는 Sindona와는 아무 관련이 없는 Arizona의 대지개발을 위해 그 돈

을 썼다고 말했다. 검찰 역시 신도나의 Fasco 지주회사에서 이사로 그의 일에 대해 Kennedy에게 물었다. Kennedy에게 어떤 혐의도 제기되지 않았다. Kennedy-Marcinkus의 우정에 관해서는 다음 참조, Simoni and Turone, *Il caffe di Sindona*, 34, 37. 역시 Marcinkus는 작가 John Cornwell에게, 자신을 "Continental Bank의 사람들"에게 소개시켜준 시카고의 몇몇 "친구"에 대해 이야기했다. Kennedy가 그 은행의 의장이 된 해는 교황 바오로 6세가 Marcinkus를 바티칸은행의 수석 성직자로 임명했던 같은 해로, 두 사람은 좋은 친구였다. See Marcinkus interviewed in Cornwell, *A Thief in the Night*, 83; also Robert D. Hershey, Jr., "David Kennedy, Ex-Treasury Chief, Dies at 90," *The New York Times*, May 3, 1996.

25 Arnold H. Lubasch, "3 Former Officials of Franklin Bank Convicted of Fraud," *The New York Times*, January 24, 1979, A1. Harold Gleason이 chairman, Paul Luftig이 president, J. Michael Carter 이the senior vice president였다.

26 Paul Serafini, *Associated Press*, Business News, New York, A.M. cycle, March 19, 1979; DiFonzo, *St. Peter's Banker*, 237.

27 "U.S. Indicts Sindona on Bank Role: U.S. Accuses Sindona of Fund Misappropriation," *The New York Times*, March 20, 1979, D1. 기소장에 언급된 은행들은 Banca Unione 와 Banca Finanziaria이다. 이 은행들은 1974년에는 실패했으나 Sindona의 새로운 Banca Privata Italiana로 합병되었다. "Gunshots and Persons Unknown," *The Economist*, October 6, 1979, 114; Parliamentary Commission of Inquiry into the Case of Sindona and Responsibilities and the Political and Administrative Connected To It, 63-77.

28 Robert Fiske Jr. quoted in "U.S. Indicts Sindona on Bank Role: U.S. Accuses Sindona of Fund Misappropriation," *The New York Times*. Robert Fiske, 미국 검사는 기소장 제출이 된 몇 시간 내에 언론에 말하길, 이 사건으로 Sindona에 대한 본국송환 절차가 끝난 것은 아니라고 했다. 만일 정부가 그를 이탈리아로 돌려보내는 소송에서 이긴다면, 추방명령은 미국범죄혐의에 대한 결과가 나올 때까지 유예될 것이다.

29 Paul Serafini, *Associated Press, Business News, New York*, A.M. cycle, March 19, 1979. 기소 후 8일 만에 Thomas C. Platt Jr. 연방 판사는 Franklin 재판들의 각각을 검토하고, 각 사건들의 사실을 숙지했으나, Sindona의 사건에서 자신은 물러났다. 이는 그가 공개법정에서 말한 한 농담을 두고 변호인단에 의해 제기된 소동의 결과였다. 이 농담은 실제로 앞선 할로윈에 행해진 것으로, Sindona의 변호사들은 그들의 고객이 정식으로 기소되기 전까지 이를 재판부 기피의 근거로 사용하지 않았다. 이 농담이 무엇인지는 정확하게 말할 수 없다. 판사 Platt가 그 농담을 담고 있는 원고를 봉인했던 때문이다. 하지만 피고변호사로부터의 누설은 이것이 주요 Franklin 경영진들을 "fairy tale"로 언급했음을 보여 준다. 뉴욕지방법원에서의 가장 유명한 판사들 중 하나인 Jack B. Weinstein이 신도나 재판을 떠맡았다. See Robert J. Cole, "Judge Out in Sindona Bank Suit," *The New York Times*, March 29, 1979, D1.

30 Marcinkus interviewed in Cromwell, *A Thief in the Night*, 132.

31 Robert Suro, "Sindona Gets Life Term in Murder Case in Italy," *The New York Times*, March 19, 1986, D17.

32 Luigi DiFonzo, "Justifiable Homicide," *New York*, April 11, 1983, 31-32.

33 Parliamentary Commission of Inquiry into the Case of Sindona and Responsibilities and the Political and Administrative Connected To It, 37-40, 44.

34 Raw, *The Moneychangers*, 86. Ambrosoli는 Sindona가 그 자신의 돈을 사용해 Franklin 을 사지 않고, 대신에 Zitropo/Pachetti 거래의 소송비용으로 부당하게 사용했음을 증언했다.

35 "Gunshots and Persons Unknown," *The Economist*, 114.

36 Ambrosoli Report cited in Raw, *The Moneychangers*, 87. See also Galli, *Finanza bianca*, 84; and Gurwin, *The Calvi Affair*, 45.

37 Alexander L. Taylor III, "Scandal at the Pope's Bank; Outside Experts Are Called in to Investigate Some Shady Financial Dealings," *Time*, July 26, 1982, 34; "Official Italian sources later confirmed that Ambrosoli

was referring to Marcinkus and Calvi." Lernoux, *In Banks We Trust*, 187. Jennifer Parmelee, Untitled, *Associated Press*, International News, Rome, BC cycle, May 18, 1986. 1982년, Sindona는 *Newsweek*에 자신은 칼비의 아내에게 그 금액의 절반을 지불했지, Marcinkus에게는 어떤 돈도 주지 않았다고 말했다. 신도나가 사실을 말했는지는 의심스럽다. 그는 이탈리아로의 송환을 기다리며 미국 내 감옥에 있었다. 신도나는 역시 *Newsweek*에 자신은 이탈리아 검사의 죽음과는 어떤 관계가 있음을 부인했다. 이 사건에 그는 결국 살인을 지시한 것으로 기소되었다. Harry Anderson with Rich Thomas in London and Rome and Hope Lamfert in New York, "Inside the Vatican Bank," *Newsweek*, September 13, 1982, 62.

38 Giacomo Vitale, Mafia don Stefano Bontade 사위가 전화를 건 자로 알려졌다. See judicial hearings, Palermo, December 18, 1997, and February 24, 1998, on the basis of the declarations made by collaborators of justice Angelo Tullio Siino and Cinnamon (Palermo Court, judgment of 23 October 1999 Andreotti, ch. VI, § 1, p. 1845ss).

39 Tosches, *Power on Earth*, 192.

40 Andrew Gumbel, "Obscure Magistrate Began Downfall of a Corrupt Generation," The *Independent (London)*, March 23, 1995, p. 11; see Raw, *The Moneychangers*, 258; and Gurwin, *The Calvi Affair*, 45.

41 Sindona's U.S. trial은 1979년 9월 시작될 예정이었다. U.S. Attorney's Office는 Ambrosoli가 추가적인 정보를 밝힐 것을 기대했다. Raw, *The Moneychangers*, 258.

42 "Gunshots and Persons Unknown," 114.

43 Henry Tanner, "A Sindona Inquiry by Italian Parliament Gets Support," *The New York Times*, August 10, 1979, B3.

44 Joseph P. Fried, "U.S. Bids to Send Sindona to Italy," *The New York Times*, December 18, 1983, 49.

45 Tosches, *Power on Earth*, 196; DiFonzo, *St. Peter's Banker*, 240.

46 Luigi DiFonzo, "Justifiable Homicide," 30; see Raw, *The Moneychangers*, 87.

47 Ibid., Di Fonzo, *St. Peter's Banker*; Raw, *The Moneychangers*, 259.

48 See generally Claire Sterling, *The Terror Network: The Secret War of International Terrorism* (New York: Henry Holt, 1981).

49 Tanner, "A Sindona Inquiry by Italian Parliament Gets Support," B3.

50 Tanner, "A Sindona Inquiry by Italian Parliament Gets Support," B3; DiFonzo, *St. Peter's Banker*, 241.

51 Gurwin, *The Calvi Affair*, 44, 46.

52 "Execution Deadline for Sindona Passes," *The Boston Globe*, August 12, 1979, 18; "Indicted Italian Financier Reported Kidnapped in US," *The Boston Globe*, August 7, 1979, 11.

53 Arnold H. Lubasch, "Sindona Missing; Suspect in Fraud at Franklin Bank," *The New York Times*, August 7, 1979, A1; "Disappearance of Italian Financier Indicted in Fraud Is Still a Mystery," *The New York Times*, August 8, 1979, B3; "A Letter from Missing Financier Reported by Lawyer," *The New York Times*, August 16, 1979, B3.

54 Arnold H. Lubasch, "Family Awaits News of Fate of Sindona," *The New York Times*, August 12, 1979, 35.

55 "Death Threat for Sindona," *The Boston Globe*, August 11, 1979, 11.

56 Arnold H. Lubasch, "Caller Asserts Missing Sindona Is to Be Shot 'at Dawn,' " *The New York Times*, August 11, 1979, 1; "Family Awaits News of Fate of Sindona," *The New York Times*, August 12, 1979, 35; "Death Threat for Sindona," 11.

57 Lubasch, "A Letter from Missing Financier Reported by Lawyer," B3; Arnold H. Lubasch, "A Letter in Sindona's Handwriting Says Captors Do Not Seek Ransom," *The New York Times*, August 22, 1979, A21.

58 "Message Reported in Sindona Case," *The New York Times*, September 1, 1979, 23.

59 "Key Sindona Witness Gets Protection," *The Boston Globe*, August 10, 1979, 10; "The City: Public Aid Sought in Finding Sindona," *The New York Times*, August 15, 1979, B4.
60 "The City: Search for Financier," *The New York Times*, August 9, 1979, B3. 이탈리아에서 Sindona의 실종은 신문 헤드라인을 도배했으며, 의회에서 한바탕 소동을 일으켰다. 이탈리아 의원들은 그 상당수가 신도나는 뉴욕에서 형사재판의 시작을 피하기 위해 단지 도망한 것이라 의심했기 때문에, 새로운 위원회를 만들어 전권을 가지고 Sindona와 주요 정부 장관들 기독민주당과의 연계 가능성을 조사하는 것으로 대응했다. Tanner, "A Sindona Inquiry by Italian Parliament Gets Support," B3.
61 "Banker Sindona's Family Asks Help," *The Boston Globe*, August 22, 1979, 16.
62 Nicholas Gage, "Sindona Photo Received; Kidnap Report Bolstered," *The New York Times*, September 24, 1979, B1.
63 Ibid.; see also Paul Hoffman, "Sindona Lawyer Receives a Photo," *The New York Times*, September 15, 1979, 22; "Photo of Sindona Reported," *The Boston Globe*, September 15, 1979, 19.
64 DiFonzi, *St. Peter's Banker*, 249.
65 "2 Suspects Arrested in Sicily," *The New York Times*, October 18, 1979, A19; Tosches, *Power on Earth*, 199.
66 DiFonzo, *St. Peter's Banker*, 256-57.
67 DiFonzo, *St. Peter's Banker*, 215-16, 221-22.
* Sindona는 십년 이상을 여러 정신과 의사로부터 치료를 받았다. 그때마다 항우울/정신/불안의 복합 투약이 처방되었다. 그는 부작용으로 인해 일부 항정신병치료제를 먹지 않았다. 그는 역시 때로는 마약성 진통제와 아편으로 인한 변비 부작용을 없애기 위해 완하제에 의존하기도 했다. 정신과 의사들 누구도 치료 처방전을 밝히지는 않았지만, 그의 사업 동료들과 몇몇 가족 식구들은 그 처방이 조울증(bipolar disorder)이었을 것이라 추측했다. 그의 최악의 사업 결정은 거의 잠을 자지 않는 것과 엄청난 에너지를 발산함으로 이루진 것으로, 정신과 의사들은 그런 마음의 병으로 인한 조울증 양상을 보인 것으로 생각한다.
68 Joseph B. Treaster, "Sindona Enters a Hospital Here with a Wound," *The New York Times*, October 17, 1979, A1.
69 "Sindona Account Blames 'Leftists,'" *The Boston Globe*, October 21, 1979, 83; Selwyn Raab, "Sindona Gives Account of 10-Week Disappearance," *The New York Times*, October 21, 1979, 1.
70 Joseph B. Treaster, "Sindona in U.S. Court, Recounts Abduction Ordeal," *The New York Times*, October 25, 1979, A1.
71 DiFonzo, *St. Peter's Banker*, 256-57.
72 Joseph B. Treaster, "Judge Orders Silence on the Sindona Case," *The New York Times*, October 20, 1979, A1.
73 Paul Serafini, "How Federal Agents Discovered Sindona Was Not Kidnapped," *Associated Press*, New York, A.M. cycle, April 3, 1980.
74 Raab, "Sindona Gives Account of 10-Week Disappearance"; see also Joseph B. Treaster, "Italian Suspect Said to Have Been in City at Time Sindona Vanished," *The New York Times*, October 22, 1978, B3.
75 Serafini, "How Federal Agents Discovered Sindona Was Not Kidnapped"; Gurwin, *The Calvi Affair*, 45, 64-65.
76 Raw, *The Moneychangers*, 261.
77 Marjorie Hyer, "U.S. Catholic Budget Set," *The Washington Post*, November 16, 1979, C1; Theodora Luriealso, "$20 Million in Debt, Says the Vatican in Its First-Ever Public Disclosure," *The Globe and Mail (Canada)*, November 10, 1979; correspondent Leslie Childe for The Telegraph, cited in Raw, *The Money-*

changers, 274.

78 Lurie also, "$20 Million in Debt, Says the Vatican in Its First-Ever Public Disclosure." John Paul 2세가 Pius 12세부터 새로 선출된 교황의 단골 메뉴였던 교황청의 기구 축소를 고려하고 있으며 바티칸은행의 개편이 목전에 있을 수 있다는 추측이 있었다. John Paul 2세는 바티칸은행에 어떤 변화도 주지 아니했다. See generally Joseph McLellan, "The Vatican: John Paul II May Make the Bureaucracy That Runs the Church Change," *The Washington Post*, October 7, 1979, 22.

79 Victor Simpson, *Associated Press*, International News, Vatican City, A.M. cycle, November 9, 1979.

80 Lai, *Finanze vaticane*, 59-60.

81 Marcinkus set the meeting with Garner for the day after a Cisalpine board meeting in Geneva. Raw, *The Moneychangers*, 274-75.

82 Garner는 그 만남 5일 후 12월 10일에 그 만남에 대한 몇 페이지의 문서화된 노트를 만들었다. 그 노트는 그들의 논의에서 무엇이 일어났는지에 대한 간략한 그림의 기초가 된다. 1985년, Cisalpine의 청산인들은 그 회사 회계에서의 큰 부주의가 있었다고 주장하면서 Coopers & Lybrand를 고소했다. 반대로 Coopers & Lybrand는 Marcinkus 와 바티칸은행을 맞고소 했다. 그들은 Marcinkus가 "사기적으로 아니면 잘못으로 만들어진 허위진술의 이유로 말미암아" 회계사들로 잘못된 정보에 의존하게 한 이유라고 주장했다. 이 답변의 일부로 바티칸은행은 12월 5일의 만남에 대한 Garner의 노트가 맞다고 인정하지 않았지만, 다른 내용의 견해도 제공하지 않았다. See generally Raw, *The Moneychangers*, 276.

83 Raw, *The Moneychangers*, 279.

84 Raw, *The Moneychangers*, 279-80.

* 10주 후인 2월 21일, 런던의 클라리지호텔에서 시살파인 전체이사회가 가너 다른 회계사들과 함께 열렸다. 이사들은 바티칸은행이 시살파인에 2억 2천 8백만 달러를 빚고 있음을 확증하는 재무제표를 승인했다. 오직 칼비와 Marcinkus만이 그것이 사실이 아닌 것을 알았지만, 누구도 이를 반대하지 않았다. 쿠퍼스 & 라이브랜드 회계사들은 한정의견을 나타내는 관리 편지를 제출했다. 즉 "우리의 이해로는 Marcinkus 주교 이외의 시살파인의 이사들 누구도 이 회사의 현재의 금융 상황을 알지 못하고 있다." Marcinkus는 바티칸은행에서 일어나고 있는 것에 대해 온전한 지식을 가진 유일한 이사로 적시되는 것에 분명하게 반대했다. 가너는 그 편지를 수정해서 대신에 온전한 정보는 "바티칸의 매우 제한적인 수의 개인에게만 구할 수 있다"고 했다.

85 바티칸은행은 1978-79년간 Cisalpine에 빚진 금액을 9천만 달러까지 줄였다. 바티칸은행이 1980에 샀던 약속어음들은 Andino 와 BAH가 발행했던 것이었다. Raw, *The Moneychangers*, 279-80, 310.

86 Hoffman, *Anatomy of the Vatican*, 193.

87 Tosches, *Power on Earth*, 217.

88 Hoffman, *Anatomy of the Vatican*, 193; Tosches, *Power on Earth*, 217.

89 Raw, *The Moneychangers*, 279. 교황 John Paul 2세는 Casaroli를 국무총리에 승진시킨 것이 1979년 4월 30일이었다.

90 Tosches, *Power on Earth*, 218.

91 Gurwin, *The Calvi Affair*, 46.

92 몇 년 후 작가 Nick Tosches는 Guerri추기경에게 Sindona대해 물었다. 추기경의 답은 다음이었다, "모든 교섭 과정에서 Avvocato Sindona는 극도로 정확한 태도와 최고의 공정함으로 행동했다." Tosches, *Power on Earth*, 218-19.

93 Author interview with Francesco Pazienza, September 20, 22, 2013. 대주교 Celata는 인터뷰 요청에 응하지 않았다. 필자와 6차례 이상의 인터뷰에서 Pazienza는 수년 전, 특히 1986년 회견에서 기자들에게 제공했던 정보를 반복하고 그 내용을 늘렸다. 그 회견은 그가 이탈리아로의 송환을 기다리면서 맨해튼

의 메로로폴리탄 교정센터에서 수감되는 동안 작가 Charles Raw와 갖었던 인터뷰였다. See also Pazienza interviewed in Raw, *The Moneychangers*, 323. 일부 공개된 계좌에서는 Santovito와 Pazienza는 친적 관계로 기술되어 있다, (see Gurwin, *The Calvi Affair*, 180). "That is completely false," Pazienza told the author. "Our families come from the same town in Italy, that's all." Author interview with Francesco Pazienza, September 20, 2013.

94 Author interview with Francesco Pazienza, September 21, 2013.
95 Author interview with Francesco Pazienza, September 21, 2013.
96 Author interview with Francesco Pazienza, September 21, 2013.
97 Tosches, *Power on Earth*, 219.
98 Sindona는 실제로 8월 2일에 미국을 떠났다. 그날 그는 실종이 보도된 날, 그는 Bonamico의 가명으로 비엔나행 TWA 비행기를 타고 여행중이었다. 그는 Gelli가 보낸 프리메이슨 친구들의 영접을 받았고, 겔리는 그를 시실리로 보냈다. 1985년, Sindona가 필자 Nick Tosches에게 자신의 거짓 납치 뒤의 동기에 대한 복잡한 설명을 할 때 그 스스로 기발한 우화 이야기꾼이 되었다. Sindona에 따르면, 시실리의 공산주의자들이 미군기지에서 핵미사일을 훔칠 것을 음모했다. 그는 Tosches에게 말하기를, "이 지역에서의 내 명성은 매우 강력해서 엄청난 시실리인들을 매혹케 할 수 있다"고 했다. 그냥 그곳에 있음으로, 그는 자신이 Gelli의 프리메이슨을 도와 공산주의자의 음모를 깰 수 있었다는 것이다. See Simoni and Turone, *Il caffè di Sindona*, 14, n. 2; Tosches, *Power on Earth*, 203-9; DiFonzo, *St. Peter's Banker*, 243-57.
99 Parliamentary Commission of Inquiry into the Case of Sindona and Responsibilities and the Political and Administrative Connected To It, 163-74; see also statement made by Francesco Di Carlo at the hearing on October 30, 1996, of the Andreotti trial (Palermo Court, Judgment of October 23, 1999, cap. VI, § 1, p. 1910).
100 "Financier Indicted in Mafia Drug Investigation," *Associated Press, International News, Palermo*, A.M. cycle, December 11, 1981.
101 DiFonzo, *St. Peter's Banker*, 254-56.
102 Paul Serafini, "Financier's Bail Revoked Before His Trial Begins," *Associated Press*, Domestic News, New York, A.M. cycle, February 6, 1980.
103 Arnold H. Lubasch, "Ex-Associate Heard at Sindona's Trial," *The New York Times*, February 8, 1980, D3. 그의 증언의 대가로, Bordoni는 7년 징역형의 선고 중에 5개월만을 Danbury의 코네티컷의 최소보안캠프에서 복역했다. 보석으로 자유롭게 된 그가 이탈리아에서 Massimo Spada와 그외 사람들에 대한 불리한 증언을 준비하는 동안 사라졌다. 그는 이탈리아 내에서 결국 발견되어서 재판을 받고 금융 범죄로 기소되었다. See Parliamentary Commission of Inquiry into the Case of Sindona and Responsibilities and the Political and Administrative Connected To It.
104 "Govt. Set to Rest Case on Sindona with Charge of Faked Kidnapping," *The American Banker*, March 6, 1980. 신도나 재판 후 4년 반이 지나, 뉴저지의 U.S. Attorney는 Rosario Gambino를 기소했다. 그는 Gambino 범죄 가문의 보병같은 자로 신도나의 거짓 납치극을 조장했다. 이 혐의는 다음에 기소되고 유죄로 확정된 heroin trafficking 에 포함되었다.
105 Ann Crittenden, "Sindona Faces a Lifetime in Jail, Here and Abroad," *The New York Times*, March 30, 1980, E6.
106 원래의 99개 죄목이 1980년 1월 11일, 69개 죄목의 대체기소로 교체되었다. Sindona는 65개 죄목에서 유죄였다. Arnold H. Lubasch, "Sindona Is Convicted by U.S. Jury of Fraud in Franklin Bank Failure," *The New York Times*, March 28, 1980, A1; "Michele Sindona: Convicted," *The Economist*, April 5, 1980, 78. See also Harry Anderson and Rich Thomas, "Inside the Vatican Bank," *Newsweek*, September 13, 1982, 62.

107 Sindona interviewed in Tosches, *Power on Earth*, 229-30; DiFonzo, *St. Peter's Banker*, 258.
108 "Sindona Back in Jail," *The New York Times*, June 11, 1980, B5.
109 Lee A. Daniels, "Sindona Is Given a 25-Year Term, Fined $207,000," *The New York Times*, June 14, 1980, 25. 미국 연방검사는 10월 7일, Sindona를 다시 기소했다. 이는 Franklin National로부터 수백만 달러를 전용한 사기 유죄 판결로부터 5개월 후였다. 새로운 혐의는 그의 납치 이야기와 관련된 보석 위반과 위증에 대한 것이었다. 그는 1981년 4월 유죄 판결을 받았고, 2년 반이 그의 25년 프랭크린 선고에 더해졌다. See generally DiFonzo, *St. Peter's Banker*, 258-59.
110 Hill이 JFK공항에서의 6,000,000달러 Lufthansa 화물의 강탈에 대해서뿐만 아니라 대학 농구 시합을 조작했던 폭력단에 대해도 FBI에 결정적인 정보를 제공했다. Joseph P. Fried, "U.S. Bids to Send Sindona to Italy," *The New York Times*, December 18, 1983, 49.
111 See also Gregg Hill, *On the Run: A Mafia Childhood* (New York: Warner, 2004).
112 DiFonzo, "Justifiable Homicide," 32.
113 Hill은 독립적으로 FBI에게, Sindona와 그의 아들 Nino가 식품수입회사를 투자했는데 이는 마약을 밀수하기 위한 위장이라고 말했다. 많은 의심점에도 불구하고, FBI는 Ace Pizza가 불법 사업을 위한 위장 업체라는 것을 증명할 충분한 증거를 확보하지 못했다.
114 Nino Sindona interviewed in DiFonzo, "Justifiable Homicide," 33. DiFonzo는 그의 1983년「뉴욕 타임스」기사에서 다음처럼 썼다, "미국정부 소식통은 Nino Sindona가 구속될 것이며, 사법 방해로 기소될 것을 기대한다고 말했지만, 부가적인 추후 해설이 되었다." 연방검찰은 Sindona를 지렛대로 활용해서 그 아들에 대해서도 기소할 수 있으리라 확신했지만, Nino는 결코 기소되지 않았다고 DiFonzo는 썼다.
115 DiFonzo, "Justifiable Homicide," *New York Magazine*.
* Sindona의 아들 Nino는 당시에 35살의 사업가로, 그의 아버지와 함께 일했으며, 그 당시에 기자 Luigi DiFonzo와의 인터뷰에서 Sindona 가족이 암브로솔리를 싫어하는 정도를 보여주었다. 죽은 암브로솔리를 논의하면서, Nino는 말하길, "나는 그 친구에 대해 어떤 연민도 없다. 그는 죽어도 싸다. 이것은 그같은 개자식에게는 충분치 않다. 나는 그가 고통 없이 죽어서 미안하다. 이 점을 분명히 하자… Ambrosoli는 이 지구 상에 존재할 가치가 없다." (Nino Sindona는 본 필자와의 인터뷰 요청을 거부했다.)
116 "Italian Police Charge Sindona with Ordering Murder," *Associated Press*, Milan, International News, A.M. cycle, July 17, 1981.
117 "Alleged Sindona Hit Man Dies in Escape Attempt," *Associated Press*, New York, Domestic News, A.M. cycle, February 20, 1984.
118 Arico가 1984년 이탈리아로 송환되어 Ambrosoli의 총살로 재판 받기 수 개월 전에, 그는 Manhattan's Metropolitan Detention Center에서 탈출을 시도하다가 죽었다. 경찰의 주장으로는, 그가 9층 감방의 막대기를 자른 후 침대시트로 꿰어맞춘 임시줄을 쥐는 것을 놓쳐 5층에서 떨어졌다. "Alleged Sindona Hit Man Dies in Escape Attempt," *Associated Press*. 신도나를 이탈리아에서의 재판에 세우기 위한 배후의 이탈리아 노력에 대해서는, see generally Parliamentary Commission of Inquiry on the Case Sindona and Responsibilities both Political and Administrative related to it, VIII legislature, Doc No. XXIII, 2-series, Final Report of the majority, Report of Joseph Azzaro, Rome, March 24, 1982.
119 Cornwell, *God's Banker*, 125-26; Gurwin, *The Calvi Affair*, 63.
120 "Police Arrest Two Suspected Accomplices of Michele Sindona," *International News*, Rome, A.M cycle, Feburary 5, 1981.
121 "Vatican Banker Linked to Sindona Is Arrested," *The New York Times*, February 6, 1981, A3; Raw, *The Moneychangers*, 316.
122 John Hooper, "Luigi Mennini: Shadow over the Vatican," *The Guardian*, August 14, 1997, 14.

123 Forty days in jail according to Paul Hoffman, *Anatomy of the Vatican*, 195; Raw, *The Moneychangers*, 316; As for Mennini released without any charges, see "Vatican Banker to Stand Trial in Sindona Case," *International News*, Rome, P.M. cycle, July 22, 1982.
124 Gurwin, *The Calvi Affair*, 64.
125 Gelli는 Castiglion Fibocchi 소재의 섬유회사 Giole의 Arezzo 지점에 사무실을 가지고 있었다, Simoni and Turone, *Il caffè di Sindona*, 130.
126 Gurwin, *The Calvi Affair*, 51.
127 Rupert Cornwell, *God's Banker*, 134.
128 Lernoux, *In Banks We Trust*, 179; Craig Unger, "The War They Wanted, the Lies They Needed," *Vanity Fair*, July 2006; see also Tosches, *Power on Earth*, 238.
129 Simoni and Turone, *Il caffè di Sindona*, 130, citing Massimo Teodori, Commissione parlamentare d'inchiesta sul caso Sindona, Relazione di minoranza (Minority Report of the Parliamentary Commission of Inquiry on the Case and Sindona Report), Rome, April 15, 1982, 550ss.
130 Michele Sindona에게 체포 영장이 즉시 집행되었다, cited in Gurwin, *The Calvi Affair*, 67; Cornwell, *God's Banker*, 134.
131 P2에 대한 의회조사위원회는 1981년 9월 23일에 세워지고, 1984년 7월 12일에 종료되었다. 그 최종 보고서는 Dossier P2의 이름으로 2008년 밀라노의 Kaos Publishing에서 출간되었다.
132 See generally A. Barbieri, E. Scalfari, G. Turani, and N. Pagani, *L'Italia della P2* (Milan: Mondadori Editore, 1981); Gianfranco Piazzesi, *Gelli: La carriere di un eroe di questa Italia* (Milan: Garzanti, 1983).
133 Vanni Nisticò quoted in *L'Espresso*, July 6, 1981, cited in Gurwin, *The Calvi Affair*, 51. 필자와 인터뷰한 뉴욕 사제 Lorenzo Zorza 신부는 이탈리아 정보요원이며, Calvi의 친구인 Francesco Pazienza와 절친이었다. Zorza는 교황의 나신의 사진을 보았고 잘 알고 있었다. "이는 Gelli로부터 얻은 것이며, 이것은 부분적으로 그의 힘을 보여 주기 위함이었다"고 Zorza는 필자에게 말했다. "In part to show his power." Interview with Father Lorenzo Zorza, September 6, 2013.
134 Raw, *The Moneychangers*, 299, 320-21.
135 Ortolani는 역시 가톨릭 귀족으로 한때 우르과이 주재 말타기사단 대사로 섬겼다. Grand Military Order of the Knights of Malta는 하나의 가톨릭교단으로, 모든 회원들에 대한 교황의 권위를 인정한다. 이 교단은 100개 이상의 나라들과 주권적인 외교 관계를 갖고 있다. 그 대표적 나라가 스페인, 이탈리아, 러시아, 오스트리아, 이집트, 브라질이다. 말타기사단은 EU에 완전한 대사를 파견하고 있다. 1994년부터 UN의 영구 옵서버다. Parliamentary Commission of Inquiry into the Case of Sindona and Responsibilities and the Political and Administrative Connected To It, 16. See also ww.orderofmalta.int.
136 Philip Pullella, "Italian Government Collapses over Masonic Scandal," *UPI*, International News, Rome, A.M. cycle, May 26, 1981; see also Cornwell, *God's Banker*, 46-47.
137 Louise Branson, "Italian Masonic Leader Arrested at Swiss Bank," *UPI*, International News, Geneva, P.M. cycle, September 14, 1982; Tanner, "Italian Elite Embroiled in a Scandal."
138 이 리스트에 포함된 자는 Marcinkus 이외에도 IOR monsignor인 Donato de Bonis 국무총리 Villot, 외무장관 Casaroli가 포함되었다. See Nuzzi, *Vaticano S.p.A.*, 17; Willan, *The Last Supper*, 121; Raw, *The Moneychangers*, 145. 바티칸 내부의 프리메이슨에 관해, Marcinkus는 말하길, "그런 것은 없다. 약속한다. 내가 맹세한다"고 했다. Handwritten notes by Philip Willan of audiotaped interviews between John Cornwell and Marcinkus, February 8, 1988, 8b, 9a, provided to author courtesy of Willan. 후일에 교황 John Paul 2세는 프리메이슨에 대한 징계 이유로 인한 파문 조치를 없앴다. 비록 기술적으로는 그 회원가입은 로마교회의 교리와 양립되지 않음에도 그리했다. See Nuzzi, *Vaticano S.p.A.*, 26 and 29, n. 14.

139 Paddy Agnew, "Andreotti Verdict Welcomed by Right and the Vatican," , October 25, 1999, 9.
* 프리메이슨-바티칸의 연계에 대한 이야기의 뒤를 캐는 기자, Carmine "Mino" Pecorelli는 다음 해에 소음기를 단 권총으로 무장한 저격병에 의해 총에 맞아 죽었다. 16년 후 Giulio Andreotti, 7차례 총리가 된 그는 수십 명의 두목 갱단과 함께 재판을 받게 되었다. 그가 현안의 뇌물 이야기를 덮기 위해 Pecorelli의 살해를 명했다는 죄목이었다. 안드레오티는 독실한 가톨릭 신자요, 매일 미사에 참석하는 자로, 나중에 모든 혐의를 벗었을 때, 바티칸의 대변인 Joaquín Navarro-Valls는 요한 바오로 2세가 "만족하게" 그 평결에 대해 들었다는 성명서를 발표했다.

제23장

1 Henry Tanner, "2 Bullets Hit Pontiff," *The New York Times*, May 14, 1981, A1.
2 교황은 마리아가 자신을 구하기 위해 중보했다고 믿었다. 그는 이를 나중에 "하나님의 음성"이라 불렀다. Hebblethwaite, *Pope John Paul II and the Church*, 94.
3 "Bulgaria and the Pope," The MacNeil/Lehrer Report, transcript, January 5, 1983. Ağca가 터키의 편집장을 죽인 후, 그는 죽은 자의 신문에 편지를 보내, 만일 교황이 터키를 방문한다면, 자신은 "십자군 사령관"을 죽일 것이라 경고했다. Koehler, *Spies in the Vatican*, 115. See generally Paul Henze, *The Plot to Kill the Pope* (New York: Charles Scribner's Sons, 1983).
4 Wendy Owen, "Agca Wasn't the Only One Who Said There Was a Plot," *Associated Press,* International News, Rome, A.M. cycle, March 29, 1986.
5 "Bulgaria and the Pope," The MacNeil/Lehrer Report.
6 Owen, "Agca Wasn't the Only One Who Said There Was a Plot." 2년 후 불가리아 정부는 여전히 교황의 암살음모의 배후라는 혐의를 받고 있었지만, 한 보고서를 발표해서, 요한 바오로 1세가 1978년 독살되었다는 것이 유력하다고 결론을 내렸다. 불가리아는 요한 바오로가 바티칸 내부자들에 의해 살해당했는 바, 이는 교황청의 구조조정을 막기 위함이었다고 말했다. "Bulgaria Suggests John Paul I was Poisoned," *UPI,* International News, A.M. cycle, Vienna, February 4, 1983.
7 "Bulgaria and the Pope," The MacNeil/Lehrer Report.
8 Koehler, *Spies in the Vatican*, 117-19, 127.
* Ağca가 나중에 포토 라인업에서 세 명의 불가리아 국가 공무원들과 정보 요원들을 공범으로 뽑았을 때 그는 엄청난 억측을 더했다. 이탈리아 검찰은 3명의 불가리아인과 4명의 터키 국수주의자를 포함한 다른 이들을 기소했지만, 유죄를 내리는 것에는 실패했다. Ağca는 정신적으로 불안정했고, 자주 자신이 세상의 메시아라고 주장했다. 나중에 그는 자신의 이야기에서 그 불가리아인들을 빼고 대신 말하기를, 소비에트의 지원을 받은 훈련소가 있는 시리아에서 군사 훈련을 받았다고 했다. 그 훈련소는 테러 집단인 팔레스타인해방전선을 위한 곳이었다. 2010년에 터키 감옥에서 석방된 뒤에 그는 Ayatollah Ruhollah Khomeini, 이란 근본주의 혁명의 아버지가 자신에게 "당신은 알라의 이름으로 교황을 죽여야 한다. 당신은 지상에서 악마의 대변인을 죽여야 한다"고 말했기 때문에 교황을 쏘았다고 주장했다.9
9 See Willan, *The Last Supper*, 279-81; Thomas and Morgan-Witts, *Pontiff*, 331; Abdul Alim, "Khomeni himself asked me to kill the Pope," *The Muslim Times*, February 2, 2013.
10 Vladimir Zhirinovsky quoted in "Russia's Zhirinovskiy Tries to Justify Attempt on Polish Pope's Life," BBC Monitoring Former Soviet Union—Political, Supplied by *BBC Worldwide Monitoring*, January 12, 2006; see also Matthew Day, "CIA 'Framed Bulgaria' for Shooting Pope John Paul II," *The Daily Telegraph*, April 22,

2011, Edition 3, 20.

11   Victor L. Simpson, "Close Encounters with St. Peter's Successors on Papal Plane and Behind Vatican's Bronze Doors," *Postmedia Breaking News, Associated Press*, February 27, 2013.
12   George Brodzki, "Strikers Reportedly Form Unified Committee," *International News*, A.M. cycle, Gdańsk, Poland, *Associated Press*, August 17, 1980.
13   Carl Bernstein and Marco Politi, *His Holiness: John Paul II and the History of Our Time* (New York: Penguin, 1996), 231, 244–47. See generally Jack M. Bloom, "The Solidarity Revolution in Poland, 1980–1981," *The Oral History Review* 33, no. 1 (Winter/Spring, 2006), published by Oxford University Press on behalf of the Oral History Association, 33–64; Gregory F. Domber, "The AFL-CIO, the Reagan Administration and Solidarność," *The Polish Review* 52, no. 3 (2007), published by the University of Illinois Press on behalf of the Polish Institute of Arts & Sciences of America, 277–304.
14   Thomas and Morgan-Witts, *Pontiff*, 406–7.
*   요한 바오로는 브레즈네프에게의 편지를 보냄이 '연대'에 대한 대치 상태에서의 결정적인 간섭으로 믿었다. 교황은 여러 명의 사절들로, 국무장관 추기경 Casaroli, 비엔나 추기경 König, 자신의 개인 비서 Monsignor Stanislaw Dziwisz이 있었다. 카사롤리는 러시아어를 할 수 있는 장점이 있었다. 말신커스는 약간의 러시아어는 말했지만, 그가 선택된 것은 교황이 확신하기로, 그는 소비에트나 브레즈네프로부터 가장 겁을 먹지 않을 자같았기 때문이었다.
15   Owen, "Agca Wasn't the Only One Who Said There Was a Plot"; "Bulgaria and the Pope," *The MacNeil/Lehrer Report*.
16   Wojciech Adamiecki, the editor of the underground Solidarity newspapers, interviewed by Carl Bernstein, "The Holy Alliance," *Time*, February 24, 1992. "교황이 소비에트에게 경고하기를, 소련이 폴란드에 들어오면, 그가 폴란드로 날아가 폴란드 국민과 함께 할 것이라 했다는 것을 우리는 들었다. 로마교회가 최우선의 도움이었다."
17   Agostino Bono, "Officials Say Pope, Reagan Shared Cold War Data, but Lacked Alliance," *Catholic News Service*, November 17, 2004, 31.
18   Bernstein and Politi, *His Holiness*, 267. KGB는 White House와 Krol의 관계를 인지하고 있었다. See generally Koehler, *Spies in the Vatican*, 97–98.
19   Laghi는 항상 남서문을 이용해서 기자들을 따돌릴 수 있었다. "친한 관계를 유지함으로써, 우리는 선을 넘지 않았다. 내 역활은 우선적으로 Walters와 the Holy Father의 만남을 성사시키는 것이었다. 성부는 그의 국민을 알았다. 이는 매우 복잡한 상황이었다." Bernstein, "The Holy Alliance."
20   Bernstein and Politi, *His Holiness*, 269; see also Koehler, *Spies in the Vatican*, 188, n. 6.
21   Author interview with Michael Hornblow, January 28, 2014.
22   Author interview with Michael Hornblow, January 28, 2014.
23   Koehler, *Spies in the Vatican*, 187.
24   Ronald Reagan interviewed in Bernstein, "The Holy Alliance."
25   Author interview with William P. Clark, September 15, 2005. 같은 해인 1984년, 레이건 행정부는 멕시코시티의 세계인구회의(World Conference on Population)에서, 미국은 국제 가족계획에 대한 수 년 동안의 약속을 바꾸어 United Nations Fund for Population Activities은 물론 International Planned Parenthood Federation로부터의 기금을 인출한다고 발표했다. 미국과 바티칸 간의 현상유지(quid pro quo)는 레이건이 유럽에 새로운 세대의 더욱 강력한 미사일을 도입했을 때도 지속되는 것 같았다. 보통은 평화적인 교황은 반대하지 않았다. 국내적으로 대통령은 사립학교 등록금의 세금공제를 제안했으며, 이를 National Catholic Educational Association 앞에서의 연설에서 소개했다. 이것은 헌법의 정교분리를 위반한다는 반

대자들에 의해 수십 년간의 법정 투쟁으로 이어졌지만, 성공적이지 못했다.

26 Richard Allen interviewed in Bernstein, "The Holy Alliance."
27 Robert M. Gates, *From the Shadows: The Ultimate Insider's Story of Five Presidents and How They Won the Cold War* (New York: Simon & Schuster, 1996), 237.
28 Bernstein, "The Holy Alliance." According to Bernstein, "Lech Walesa 와 다른 Solidarity 지도자들은 전략적 충고를 받았는데, 사제들이나 폴란드에서 위장으로 일하는 미국과 영국의 노동 전문가에 의해서였다. 이는 바티칸과 레이건 행정부의 사고를 반영했다."
29 Koehler, *Spies in the Vatican*, 177–79, citing a document in the Archive of the former East Germany Ministry for State Security [Stasi], 1083/81 BSTU Nr. 00008, translated from the Russian.
30 Koehler, *Spies in the Vatican*, 177–79, citing a document in the Archive of the former East Germany Ministry for State Security [Stasi], HA XX/4-233 BSTU Nr. 000058.
31 Ibid., citing a document in the Archive of the former East Germany Ministry for State Security [Stasi], HA XX/4-8751 BSTU Nr. 000197.
32 "바티칸으로부터의 정보는 때로는 우리가 얻었던 것보다 더 나았다." 국무성의 Hornblow의 회고다. Author interview with Michael Hornblow, January 28, 2014.
33 계엄령이 선포된 한달 뒤에, General Jaruzelski는 "반혁명은 분쇄되었다"고 말했다. 하지만 Brezhnev는 계엄령의 강요가 결국은 "오직 파멸의 길"이 될 것이라 느꼈다." Koehler, *Spies in the Vatican*, 203.
34 See generally Bernstein, "The Holy Alliance;" William A. Wilson Papers, Georgetown University Library, Special Collections Research Center, Washington, D.C. Also Hutchison, *Their Kingdom Come*, 359.
35 Laura Colby, "Vatican Bank Played a Central Role in Fall of Banco Ambrosiano," *The Wall Street Journal*, April 27, 1987, 1.
36 Galli, *Finanza bianca*, 84–85; see also Lernoux, *In Banks We Trust*, 212. Marcinkus는 더 큰 야망을 부인했다. "아니다, 무엇이던 간에…나는 왜 그들이 나를 추기경으로 만들려고 하는지 그 이유를 알 수 없다. 누구도 추기경이 될 권리는 없다." Handwritten notes by Philip Willan of audiotaped interviews between John Cornwell and Marcinkus, February 8, 1988, 11a, provided to author courtesy of Willan.
37 Raw, *The Moneychangers*, 277–78.
38 Calvi quoted in Gurwin, *The Calvi Affair*, 103; handwritten notes by Philip Willan of audiotaped interviews between John Cornwell and Marcinkus, February 8, 1988, 8a, provided to author courtesy of Willan.
39 Author interview with Francesco Pazienza, September 18, 2013. Pazienza에 따르면, 그 자금의 3,500,000달러가 바티칸으로부터, 500,000달러가 Ambrosiano에서 왔다.
40 See generally Hebblethwaite, *Pope John Paul II and the Church*, "Pope Repudiates Liberation Theology," 113–19, 264–65; Willey, *God's Politician*, "Salvation Politics," 113–37.
41 1981년 5월, 과테말라에서 Vernon Walters 장군이 레이건 행정부의 친선 무임소 대사로 그 나라를 방문했다. Walters는 룩셈부르크 거점의 회사, Basic Resources International SA (BRISA)의 대표였다. 영국의 거물 Sir James Goldsmith가 BRISA의 소유자였으며, Antonio Tonello는 이사였다. Tonello는 칼비의 La Centrale Toro Assicuranzioni에서 경영진이었으며, P2의 Licio Gelli의 친한 동료였다. Tonello는 역시 Cisalpine의 이사로, 이사회에서 말신커스와 함께 일했다. Walters의 방문 동안, 과테말라 군정부는 BRISA와 수년간의 석유 수출 거래에 서명했다. 그 수익의 일부는 바티칸은행이 지분을 갖고 있는 Ambrosiano의 자회사들을 통해 빠져 나갔다. See generally Gurwin, *The Calvi Affair*, 194; Lawrence Minard, "I Don't Give a Damn What Anybody Says!," *Forbes*, September 18, 1979, 41.
바티칸으로부터의 돈의 유입은 1980년에 지속되었다. 비록 우파 살바도르 군대의 멤버들이 4명의 Maryknoll 수녀들을 살해한 것으로 인해 유죄판결을 받았음에도 불구하고 그리했다.

*1989년부터 시작된 동구와 소비에트 연합에 걸친 공산주의의 몰락이 워싱톤-바티칸 동맹을 덜 긴박하게 만들었다. 폴란드에서의, 연대는 다시 합법화되었고, 다음 해 Lech Walesa를 폴란드 대통령으로 선출되었다. 그 협력 관계의 어떤 균열 징조는 그해에 분명했다. 12월, 파나마의 독재자 Manuel Noriega가 파나마시티의 바티칸대사관에 망명했다. 그 전년에 교회와 레이건 행정부는 노리가의 피난처를 제공할 남미 유럽 국가를 찾는 것을 논의했다. 교회는 노리가를 받아줄 스페인을 얻기 위해 열심히 일했다. 하지만 AP 보도에 따르면, 조지 부시 대통령 하에서 미국은 교황과 그 외교관들을 "대단히 강한 어조"로 비난했다. 바티칸은 미국 당국이 노리가를 미국으로 다시 데리고 가서 법정에 세우는 것을 허락했다. 미국과 바티칸 간의 협력관계는 다시는 결코 예전 같지 않았다.

42 Francis Rooney, *The Global Vatican: An Inside Look at the Catholic Church, World Politics, and the Extraordinary Relationship between the United States and the Holy See* (New York: Rowman & Littlefield, 2013), 268–70; Willey, *God's Politician*, 191; "Vatican Blasts U.S.: Calls It 'Occupying Power' and Urges Noriega to Leave," *Los Angeles Times*, December 29, 1989, 1.

43 "Marcinkus—Pope Is Not Commission's Formal President," *UPI*, International News, Vatican City, P.M. cycle, September 29, 1981; "American in Key Vatican Job," *The New York Times*, September 30, 1981, A12.

44 "Marcinkus—Pope Is Not Commission's Formal President," *UPI*, International News, Vatican City, P.M. cycle, September 29, 1981; "Pope Names American Bishop as Top Vatican Manager," *Associated Press*, International News, Vatican City, P.M. cycle, September 29, 1981; "American in Key Vatican Job," *The New York Times*.

제24장

1 Gurwin, *The Calvi Affair*, 67. 4월, 검찰이 칼비에 대한 사건을 수집하는 동안, 그는 이탈리아의 가장 유명한 출판사의 하나인 Rizzoli의 매수 요청을 성공적으로 마무리지어 자신의 손상된 명성을 회복시키려 노력했다. Calvi는 투자자들로부터 200,000,000달러를 모금하려 했다. 이는 Rizzoli의 훌륭한 이름 때문으로, 그는 그 주식에 상당한 프리미엄과 큰 수수료를 지불했다. 조사관들은 나중에 그 프리미엄이 칼비의 일부 역외 은행들의 기금을 일부 전용했다는 것을 결론냈다. See generally Raw, *The Moneychangers*, 286–87, 290–91.

2 Cornwell, *God's Banker*, 138; Gurwin, *The Calvi Affair*, 71.

3 "7 Arrested in Italy on Lire Outflow," *The New York Times*, May 21, 1981, D14; "Italian Financiers Arrested over Alleged Illegal Funds Transfers," *Associated Press*, Business News, Milan, A.M. cycle, May 20, 1981. 외환 규제에 대한 논의는 see generally Parliamentary Commission of Inquiry into the Case of Sindona and Responsibilities and the Political and Administrative Connected to It, 110–11.

4 *United Press International*, Milan, Financial, BC cycle, May 29, 1981; 7월 8일에 집중적인 매도 열풍으로 주가 지수는 20%의 폭락을 가져왔는데, 이날 재무성은 시장 회복을 위해 주식 거래를 유예시켰다. "Financier Attempts Suicide," *Associated Press*, International News, Milan, P.M. cycle, July 8, 1981.

5 Paul Lewis, "Italy's Mysterious, Deepening Bank Scandal," *The New York Times*, July 28, 1982, A1; "3 Named by Vatican to Study Bank Ties," *The New York Times*, July 14, 1982, D1.

6 Author interviews with Carlo Calvi, September 27, 2005, and September 10, 2006.

7 Cornwell, *God's Banker*, 123–24; see generally Benten E. Gup, *Bank Failures in the Major Trading Countries of the World: Causes and Remedies* (Westport, CT: Quorum, 1998), 31–33.

1973년, Manic이 룩셈부르크에서 세워졌을 때, IOR은 이 신생 회사로부터 40,000,000달러의 채권 발행에 응했다(그 돈은 Ambrosiano 에서 Manic으로의 대출로부터 얻어졌다). 바티칸은행은 동시에 문서에 기록된 금액인 오직 5백만 달러로 Manic의 지배권을 샀다. 1979년, 바티칸은행은 약속된 10%의 이자와 함께 그 4천 5백만 달러를 상환 받았다. 하지만, 바티칸은행은 Manic의 소유권을 지배함을 뜻하는 그 회사의 물리적 주식을 보유하고 있었다. 칼비의 전체적인 회사망이 붕괴된 후, Marcinkus는 바티칸은행과 역외 자회사들 간에 거리를 두려고 했다. 이탈리아 의회조사위원회에 제출한 1982년의 성명에서, Marcinkus는 Manic에서의 바티칸은행 소유권의 정도를 안 것은 그해 초이며, 그것의 증거는 1997년 뒤부터 대차대조표를 바티칸은행이 받지 못했던 것이라고 말했다. 누구도 그것이 사실임을 믿지 않았다. 왜냐하면, Manic은 나쏘 거점의 Cisalpine에 의해 경영되는 7개의 자회사들을 갖고 있었고, 말신커스는 Cisalpine의 이사였기 때문이었다. Cisalpine을 수신으로 하는, 1980년 3월 6일자 소인과, 단순히 "Manic S.A."라고 타이핑된 서명된 편지는 "당신이 우리를 위해서 관리하고 있는 우리의 여러 파나마 자회사들"에 대한 것이었다. 이 편지는 나중에 Marcinkus의 다음 주장을 막지는 못했다, "이 회사들같은 것들을 나는 한번도 들어본 적이 없다. 나는 정말로 정직하게 말한다." See generally Laura Colby, "Vatican Bank Played a Central Role in Fall of Banco Ambrosiano," *The Wall Street Journal*, April 27, 1987, 1; "Memo prepared by IOR's lawyers re Laura Colby's article," reproduced in its entirety in Cornwell, *A Thief in the Night*, 354–58; Raw, *The Moneychangers*, 347–49; see also Marcinkus interviewed in Cornwell, *A Thief in the Night*, 132.

8 Raw, *The Moneychangers*, 352.
9 Gurwin, *The Calvi Affair*, 72–73.
10 Simoni and Turone, *Il caffè di Sindona*, 135–36.
11 Clara Calvi account recounted in Lernoux, *In Banks We Trust*, 199; see also Cornwell, *God's Banker*, 143; and Raw, *The Moneychangers*, 338.
12 Gurwin, *The Calvi Affair*, 69–70; see also Willan, *The Last Supper*, 147.
13 Cornwell, *God's Banker*, 140; Tosches, *Powers on Earth*, 242–43; Raw, *The Moneychangers*, 322–23.
14 See generally, Lernoux, *In Banks We Trust*, 216–17.
15 Author interview with Francesco Pazienza, September 18, 2013.
16 Tosches, *Power on Earth*, 236.
17 Ralph Blumenthal, "Italian Ex-Agent Ordered Extradited from U.S.," *The New York Times*, September 12, 1985, A12.
18 Author interviews with Francesco Pazienza, September 18, 20, and 21, 2013. See also Loren Jenkins, "Italian Judge Said to Drop Probe of Agca Being Coached," *The Washington Post*, December 19, 1985, A31; "Rome Inquiry: Was Agca Coached?," *The New York Times*, October 8, 1985, A3; Blumenthal, "Italian Ex-Agent Ordered Extradited from U.S."

*이탈리아의 형사전담 검찰이 Pazienza를 수사했는데, 이는 그가 교황의 미래 암살범을 범죄적인 불가리아 비밀요원으로 안내한 첩보 계획의 "주역"이라는 것이었다. 그러나, 어떤 기소 혐의도 제기되지 않았다. 그는 다음에는 칼비의 암브로시아노에 대한 사기로 기소되었고 1986년 미국으로부터 송환당했는 바, 거기에서 그는 1984년 구속되었다. (파지엔자는 필자에게 자신은 주요 사건들에서 미국 보안관들과 FBI를 도왔으며, 본국 송환은 "미국인의 완전한 배신"으로 간주한다고 말했다.) 비록 그는 암브로시아노 혐의에 대해 무죄 선고가 되었지만, 1980년 볼로냐에서의 테러리스트의 기차 폭발로 85명이 죽은 사건에 대한 대규모 수사를 방해하려 한 혐의로 기소되었다. 검찰은 파지엔자가 외국 극단주의자들의 소행으로 돌리는 거짓 증거의 흔적을 놓았다고 말했다. Licio Gelli는 궐석재판으로 기소되었다. 두 사람은 10년형을 언도받았다. 상고법정은 1990년에 그 기소장을 번복했다. 그러나, 파지엔자의 기소는 4년 후

다시 확정되었다. 그는 2009년에 가석방되었다. 필자는 이탈리아 사제인 신부 Lorenzo Zorza 를 통해 그의 소재지를 알아냈다.

19 Author interviews with Francesco Pazienza, September 18, 20, 21, 2013; Ralph Blumenthal, "Italian Ex-Agent Ordered Extradited From U.S.," *The New York Times*, September 12, 1985, A12; Lernoux, *In Banks We Trust*, 216–17; Tosches; *Power on Earth*, 242–43, 260–61.

20 Author interview with Carlo Calvi, September 10, 2006. 심지어 미국무성은 정보열람권에 따라서 약 350페이지의 문서를 공개할 때, 그 문서에서 Pazienza 을 "해결사"(fixer)로 언급했다. Author interview with Francesco Pazienza, September 18, 2013.

21 Author interview with Francesco Pazienza, September 18, 2013.

22 Pazienza가 Ambrosiano를 팔려는 자신의 노력에 마음에 두었던 자들의 하나가 Roberto Armao였다. 신자들로부터 기부금을 모았던 사모(私募) 성격의 바티칸 평신도 재단의 회장이었던 Armao는 이란의 Shah를 위해 일했으며, David RockefellerChase Manhatta의 고위 경영진과 친했다. Armao의 연줄은 후일에 음모이론에 기름을 부었고, Ambrosiano는 더욱더 광범위하고 더욱 복잡한 세계적 정보 사업 음모와 연결되게 되었다. Author interviews with Francesco Pazienza, September 18 and 19, 2013. See generally Lernoux, *In Banks We Trust*, 216. Also see Cornwell, *God's Banker*, 170–73; and Raw, *The Moneychangers*, 323–25, 377–78, 382–84, 413.

23 Carlo Calvi는 그 은행을 우량 개인은행인 영국의 Coutts의 지점인 것으로 회고했다. 하지만, 차후의 정부 조사에서의 문서가 밝힌 바로는, 아버지 칼비는 문서와 신문기사 항목에 대해 1,500페이지를 Roy-west의 안전금고에 두고 있었다.

24 Author interview with Carlo Calvi, September 10, 2006.

25 Author interview with Carlo Calvi, September 10, 2006.

26 Author interview with Francesco Pazienza, September 18, 2013.

27 Author interview with Francesco Pazienza, September 20, 2013; Raw, *The Moneychangers*, 339.

28 Raw, *The Moneychangers*, 352.

29 Gurwin, *The Calvi Affair*, 70. 팔레스타인에 기부금으로 교회 돈 10만 달러 이상을 보냈다는 점에서, Cheli 자신이 무언가 논쟁적이었다. 팔레스타인을 위해 교황의 사명을 바티칸의 외교적 우선권으로 만든 자는 Cheli였다. UN에서의 배후서는 그는 이스라엘에 대해 자주 신랄한 비판을 하는 자로 알려져 있다. See generally "Vatican Gives $10,000 to Refugees," *Associated Press*, International News, Vatican City, A.M. cycle, November 27, 1981.

30 "Report Archbishop Marcinkus Has Resigned," *UPI*, International News, Vatican City, A.M. cycle, July 7, 1982.

31 Raw, *The Moneychangers*, 58.

32 Author interview with Father Lorenzo Zorza, September 6, 2013. See "Association Between the Families of Victims, the Massacre at the Station of Bologna," August 2, 1980, 5th Assize Court, Rome, http://www.uonna.it/bologna-strage-1980-sentenza.htm; author interview with Francesco Pazienza, September 19, 2013.

33 Zorza는 St. Agnes 에서 "거주자"(in residence)로 있었다. 이는 사제가 특별한 임무 - Zorza의 UN의 직원 같은 - 를 가진 상황을 뜻한다. 그런 경우에 그자는 목회 사역이 없이 지역 교구에 거주할 수 있다. Author interview with Father Lorenzo Zorza, September 6, 2013; William G. Blair, "Priest Arrested in Smuggling of Art Is Suspended from his U.N. Duties," *The New York Times*, March 3, 1982, B3.

34 Author interviews with Carlo Calvi, September 27, 2005, and September 10, 2006.

35 이전에 발표된 계좌들은 Zorza, Pazienza 또 다른 이탈리아 사업가가 Antigua 에서 가까운 작은 섬을

4,500,000달러에 매수 제안을 했다는 것을 알려준다. 이는 독립 화폐, 중앙은행 자유세금법을 갖는 그들만의 나라를 만들고자 하는 소망 때문이었다. 하지만, 그런 보고들에 따르면, 그 거래는 성사가 되지 않았는데, Antigua가 그 섬에 대한 주권을 양보하기를 거절했기 때문이었다. See generally Rick Hampson and Larry McShane, "Accusations of Drug, Art Smuggling; Odyssey Takes Priest Outside Law, the Church," *Los Angeles Times*, August 13, 1988, Part 2, 7.

하지만 Zorza 신부는 본 필자에게, 자신은 주권국을 갖기 위한 Pazienza의 거래에 개입하지 않았다고 말했다. Zorza의 주장은 Pazienza의 소국가를 만들려는 시도의 배후 말타騎士團이 있었다는 것이다. 그 섬은 Belize에 속하지, Antigua에 속하지 않으며, 건설장비 수백만 달러의 비용이 도로를 만들기 위해 Belize가 필요로 하는데, 매매 가격은 결코 전달되지 않았고 거래는 성사되지 않았다. Author interview with Father Zorza, September 6, 2013. Ambrosiano에 5 백만 달러 대출 신청 원금의 50%에 해당하는 리베이트의 필요에 대한 Zorza의 주장의 경우, 이는 10 페이지에 달하는 날자 없는 문서에서 나온 것으로, 제목이 "Subject: My Life: Some explanations…"이다. 이는 Zorza 신부가 쓴 것이요, 필자에게 2013년 9월 6일에 제공된 것이다.

* 그 다음 3월, 42살의 Zorza는 도난당한 이탈리아 르네상스 그림들을 미국으로 반입한 것으로 인한 연방 기소로 인해 구속되었다. 재판과정에서 한 내부 정보자는 증언하기를, Zorza가 2평방피트의 외교 행랑을 운반했으며, 도난당한 그림들에 대해서는, "접으면 더 좋다"고 자신이 선호하는 고객에게 말했다고 했다. 그는 유죄 선고에도 집행유예 3년을 받았다. 5년 후 뉴욕시 경찰은 Zorza를 구속했는데, 도난당한 브로드웨이 표 40,000달러를 팔려고 한 혐의였다. 그 사건은 재판에 회부되지는 않았다.

1988년4월, Zorza는 미국에서 기소되었는데, 뉴저지의 가출 소녀들의 집을 미국에 시실리 마약 수백만 달러어치를 선적하는 위장지로 활용한 때문이었다. 뉴욕 신문은 Zorza를 "Pizza Priest"로 불렀다. 이탈리아 경찰은 그를 볼로냐에서 체포해서 기소했다. 죄목은 "마약 밀매, 마약 수입, 예술품의 위조와 불법 반출을 위한 조직 범죄, 범죄 집단과의 교류"였다. 미국의 기소는 기각되었는데, 그의 변호사는 고수임료의 마이애미 거주 형사사건 변호사 Frank Rubino였다. Rubino는 파나마의 독재자 Manuel Noriega를 변호했다. 이탈리아에서는 Zorza는 결국 유죄 확증되어 18개월의 감옥을 살았다. 유일한 재소자 사제로서 그는 잘 대우를 받았고 남은 시간에는 감옥의 축구팀 감독으로 즐겼다. 본 필자가 2013년에 Zorza의 소재지를 파악했을 때 그는 유럽, 미국 브라질을 여행 중이었다. 그는 여전히 견고한 교황청의 연줄을 자랑했으며, 그 연줄의 몇몇은 필자도 확인했다. 자신을 Larry 신부라고 불러달라는 그자는 아마존 거점의 약초회사를 홍보했고 교황 베네딕토와 프란치스코에게 거대한 우림지역 사원에 대한 투자를 청하고 있었다. "나는 내 과거에 몇가지 실수를 범했다." 그는 인정했다. "그것이 나로 하나님께 더 나은 사역자로 만들었다."[36]

36 William G. Blair, "Priest Arrested in Smuggling of Art Is Suspended from his U.N. Duties," *The New York Times*, March 3, 1982, B3; "Priest Held in Theft," *The New York Times*, August 21, 1987, A8; Ralph Blumenthal, "U.S. and Italy Join in Breaking a Vast Drug Ring," *The New York Times*, April 1, 1988, A1; "Priest Arrested in Italy On U.S. Drug Charges," *The New York Times*, April 7, 1998; Hutchison, Their Kingdom Come, 324; Assorted author email and interviews with Father Zorza, 2013 and 2014.

37 Author interviews with Carlo Calvi, September 10, 2006; and Lorenzo Zorza, September 6, 2013.

38 Author interviews with Carlo Calvi, September 27, 2005, and September 10, 2006.

39 Author interview with Carlo Calvi, September 10, 2006.

40 "Financier on Trial Dies," *Associated Press,* International News, Milan, A.M. cycle, June 15, 1981; Cornwell, *God's Banker*, 143–44.

41 Raw, *The Moneychangers*, 345–46.

42 "Financier Attempts Suicide," *Associated Press,* International News, Milan, P.M. cycle, July 8, 1981; Corn-

well, *God's Banker*, 145.

43 "Financier Attempts Suicide," *Associated Press*; as for the warden, see Gurwin, *The Calvi Affair*, 75.
44 Author interview with Carlo Calvi, September 10, 2006.
45 Raw, *The Moneychangers*, 349–50.
46 Raw, *The Moneychangers*, 355.
47 Cornwell, *God's Banker*, 145.
48 Gurwin, *The Calvi Affair*, 76.
49 Willan, *The Last Supper*, 58–59.
50 Cornwell, *God's Banker*, 148–49; Raw, *The Moneychangers*, 353.
51 Marcinkus interviewed in Cornwell, *A Thief in the Night*, 134.
52 Gurwin, *The Calvi Affair*, 79.
53 Raw, *The Moneychangers*, 353.
54 Viviane Hewitt, "Lawmen: Mobster May Help Destroy Mafia for First Time Since Middle Ages, Italians Speak of Ending Mob Rule," *The Miami Herald*, October 7, 1984, 1. Gurwin, *The Calvi Affair*, 80.
55 Raw, *The Moneychangers*, 264, 266.
56 Raw, *The Moneychangers*, 197–98. 바티칸은행은 이 시점에서 $205 million의 위험 부담을 갖고 있었으며, 부채를 해결해주겠다는 칼비의 약속 이외는 아무 담보도 없었다.
57 Simoni and Turone, *Il caffè di Sindona*, 133.
58 Calvi는 Pazienza와 함께 있었고, Ambrosiano 를 위한 잠재적 투자자들을 만나고 즐겁게 해주었다. Raw, *The Moneychangers*, 355, 358.
59 그 회사들은 Ambrosiano-Vatican 사업 관계의 핵심에 있는 회사들이었다. 이는 Panama (Astolfine, Bellatrix, Belrosa, Erin, Laramie, Starfield, United Trading, and Worldwide Trading)부터 Liechtenstein (Nordeurop), Luxembourg (Manic)까지였다. 돈은 그 회사들 간에 때로는 현기증이 날 정도로 돌고 돌았다. 1980년 봄, Nordeurop은 Ambrosiano에 아무 빚도 없었다. 9월 즈음에 Nordeurop의 Ambrosiano 부채는 4억 달러였다. Colby, "Vatican Bank Played a Central Role in Fall of Banco Ambrosiano," 1.
그 회사들은 나중에 이를 잘 모르는 대부분 기자에게 하나의 미스터리로 나타났다. 뉴욕 타임스는 그 회사들의 하나에 대해 다음처럼 말했다, "이 돈의 대부분은 그 다음에 Bellatrix Inc., Manic Inc., Astrolfine Inc.라는 이름을 가진 일련의 파나마 회사들에게 대출되었다. 이 회사들의 대부분은 우편 주소 이외는 없는 것으로 생각된다." Paul Lewis, "Italy's Mysterious, Deepening Bank Scandal," *The New York Times*, July 28, 1982, A1. '후원의 편지'(the letters of patronage)가 쓰여진 문방구 용지는 머릿글이 Istituto per le Opere di Religione, Città del Vaticano이었다. See also Gurwin, *The Calvi Affair*, 83.
60 Cornwell, *God's Banker*, 151; Raw, *The Moneychangers*, 358.
61 Ambrosiano 에서의 Alessandro Mennini의 영향력에 대하여는, see generally Gurwin, *The Calvi Affair*, 69; see also author interview with Father Lorenzo Zorza, September 6, 2013.
62 Colby, "Vatican Bank Played a Central Role in Fall of Banco Ambrosiano," 1; Raw, *The Moneychangers*, 358.
63 De Strobel 역시 Lugano에서 7월3일에, Gottardo의 숫자들을 검토했다. 그는 후원 편지에 첨부로 있는 그 숫자들은 잘못임을 알았다. de Strobel과 Mennini가 후원 편지를 서명했을 때, 그들 역시 8페이지의 대차대조표 첨부물 각각에 이니셜을 했다. Raw, *The Moneychangers*, 358, 361, 367; also Willan, *The Last Supper*, 191.
64 Gurwin, *The Calvi Affair*, 83.
65 바티칸은행은 15일 전의 통보로 어느 때고 그 대출의 만기를 요구할 수 있는 계약적 권리를 가졌다. 하지만 Marcinkus는 Calvi가 로마교회에 갚을 돈을 갖지 못함을 알았다. 이는 채권자의 위기만을 불러 일

으킬 것이었다. Raw, *The Moneychangers*, 363-65.

66 Raw, *The Moneychangers*, 359; Simoni and Turone, *Il caffè di Sindona*, 136. 면제편지(indemnity letter)는 이 후원편지들(patronage letters)에 목록화되지 않는 4개의 회사들에 대한 바티칸의 출구를 확장했다. 이 회사들은 Inparfin, Intermax, Suprafin, Intermax였다. See also Assize Court of Rome, 6 June 2007, Calò + 4, cit., 22; referring to April 22, 1998, interview with Orazio Bagnasco by the magistrate.

67 Calvi는 후원 편지들을 다른 회사들 가운데 Banca del Gottardo Ambrosiano Services 지주회사에 주었다. Harry Anderson, Rich Thomas, and Hope Lamfert, "Inside the Vatican Bank," *Newsweek*, September 13, 1982, 62; Raw, *The Moneychangers*, 372-73.

68 Marcinkus interviewed in Cornwell, *A Thief in the Night*, 133. Marcinkus의 강력한 옹호자들도 여전히 그를 변함없이 변호하고 있다는 사실들을 인정한다. 전형적인 인물이 교황 요한 바오로 2세의 전기작가 George Weigel이다. "이는 어떤 자들에게는 사기처럼 보였다. 하지만 말신커스를 아는 자들에게는 이는 그의 순전함을 시사한다." Weigel, *Witness to Hope*, 747.

69 Sindona interviewed in Tosches, *Power on Earth*, 247-48.

70 Calvi는 결국 8백 8십만 달러 이상을 Pazienza의 지배 계좌들, 즉 유령회사인 Realfin와 Finanzco에 보냈다. 이 돈의 얼마는 나중에 Carboni에게로 흘러갔다. 그는 분명 이 돈을 자동차와 보석을 사는데 썼다. Pazienza는 요트 두 척에 2백5십만 달러를 사용했다.

71 Galli, *Finanza bianca*, 85-86.

72 이탈리아 조사관들은 후원 편지들이 칼비와 말신커스 간의 고도로 상충하는 '일단 채택된 증거'(prima facie evidence)라고 결론을 내렸다. See Colby, "Vatican Bank Played a Central Role in Fall of Banco Ambrosiano," 1. As for the October 26, 1981, letters, signed by de Strobel and Mennini, they are cited in Raw, *The Moneychangers*, 373-74. (The Wall Street Journal reported the power of attorney letter as being dated October 16.)

73 "Memo prepared by IOR's lawyers re Laura Colby's article," reproduced in its entirety in Cornwell, *A Thief in the Night*, 354-58.

74 이는 Marcinkus가 1971년 이사가 된 후 Cisalpine의 19번째 이사회였다.

75 Henry Kamm, "Pope Vows to Assist Bank Study," *The New York Times*, November 27, 1982, 35.

76 George Cornell, "Church Plans to Open Books on Troubled Vatican Finances," *The Globe and Mail (Canada)*, September 19, 1981.

77 Benny Lai interview of Cardinal Palazzini, in Lai, *Finanze vaticane*, 141.

78 Lai, *Finanze vaticane*, 58-59.

79 Paul Lewis, "Sharing Ambrosiano's Losses," *The New York Times*, December 18, 1982, 35.

80 Assize Court of Rome, 6 June 2007, cit., 4; Simoni and Turone, *Il caffè di Sindona*, 137. Carboni 역시 장래에 이탈리아의 수상을 세 차례 연임한 Silvio Berlusconi와 파트너였다. 베르루스코니는 당시 TV방송을 소유했고, 광범위한 부동산 이해관계를 가졌다. 그들은 사르디니아 북부 해안의 동일한 대형 빌라Villa Certosa를 공유했다. See generally Philip Willan, *The Vatican at War: From Blackfriars Bridge to Buenos Aires* (iUniverse LLC: Bloomington, IN, 2013), Kindle edition, locations 5132, 5080 of 6371.

81 Raw, *The Moneychangers*, 356-57; Willan, *The Last Supper*, 184.

82 예컨대 Calvi는 Carboni가 Giovanni Spadolini와 가깝다는 것을 알았다. Spadolini는 공화당의 당수며 당시 수상이었다. 하지만 Calvi가 묵과한 것은 이 사르디아인이 조직폭력배 Domenico Balducci와도 친구라는 사실이었다. 이는 Carboni의 다른 정치적 지인들도 마찬가지였다.

83 Cornwell, *God's Banker*, 174-75.

84 Gurwin, *The Calvi Affair*, 85-86.

85 "Carlo de Benedetti; Yesterday Italy, Today Europe, Tomorrow the World?," *The Economist*, February 22, 1986, 70 (U.S. edition, p. 68).
86 Cornwell, *God's Banker*, 153-54; Gurwin, *The Calvi Affair*, 87-91.
87 Galli, *Finanza bianca*, 85.
88 Author interview with Carlo Calvi, September 10, 2006.
89 Lewis, "Italy's Mysterious, Deepening Bank Scandal," A1. See also Cornwell, *God's Banker*, 155-62.
90 "Banco Ambrosiano: Exit de Benedetti," *The Economist*, January 30, 1982, 83 (U.S. edition, p. 77); Gurwin, *The Calvi Affair*, 91. 11년 후인 1992년에, De Benedetti는 Ambrosiano의 붕괴에 있어서 사기죄로 기소되었다. 그는 그 은행의 부행장으로 겨우 65일을 재직했다. 상고법정은 1996년에 그의 기소를 파기했다. 하지만 1998년, 이탈리아 대법원은 이를 뒤집었다. Alan Riding, "Olivetti's Chief Convicted in Collapse of Bank in 1982," *The New York Times*, April 17, 1982; "High Court Overturns Conviction of Olivetti Chairman in Bank Collapse," *Associated Press,* Business News, Rome, April 22, 1998; Raw, *The Moneychangers*, 380-82, 388-91.
91 Colby, "Vatican Bank Played a Central Role in Fall of Banco Ambrosiano," 1. Colby의 기사에서 신원미상의 관리는 훗날 Benedetti에 의해서 추기경 Casaroli로 알려졌다. Calvi와 De Benedetti는 그 짧은 이혼이 누구탓인가의 비난에 대해 자신들의 이야기를 언론에 흘렸다. "왜 내가 De Benedetti와 결혼했는가?"는 1981년 12월의 *L'Espresso*에 실린 Calvi의 입장이었다. De Benedetti는 3개월 후 이탈리아의 *Panorama*에 "나의 Calvi의 65일"을 실었다.
92 Raw, *The Moneychangers*, 385.
93 "Banco Ambrosiano; Calvinism," *The Economist*, June 19, 1982, 103 (U.S. edition, p. 93); Raw, *The Moneychangers*, 392-93; see also Galli, *Finanza bianca*, 85.
94 Cornwell, *God's Banker*, 163.
95 Typical was *the Financial Times*: "Banco Ambrosiano Is Doing Fine." Raw, *The Moneychangers*, 402. See also Gurwin. *The Calvi Affair*, 93.
96 Cornwell, *God's Banker*, 168-69.
97 Gurwin. *The Calvi Affair*, 93.
98 Gurwin. *The Calvi Affair*., 79.
99 Calvi quoted in Raw, *The Moneychangers*, 408.
100 2007년 6월 6일, Anna Calvi는 로마의 Assizes 법정에서의 선서증언 가운데 이 말을 했다. cit. 86.
101 Raw, *The Moneychangers*, 403.
102 "Banco Ambrosiano; Liquidated," *The Economist*, August 28, 1982, 59 (U.S. edition, p. 61); see also Cornwell, *God's Banker*, 175; and Raw, *The Moneychangers*, 403-4.
103 Author's written inquiries to Vatican Press Office, 2006.
104 Calvi quoted in Raw, *The Moneychangers*, 403.
105 "Banco Ambrosiano; Liquidated," *The Economist*, 59 (U.S. edition, p. 61).
106 Cornwell, *God's Banker*, 170.
107 Gurwin, *The Calvi Affair*, 102.
108 Letter, Calvi to Palazzini, quoted in Simoni and Turone, *Il caffè di Sindona*, 139-40.
109 Carboni interviewed in Raw, *The Moneychangers*, 400.
110 Raw, *The Moneychangers*, 389.
111 Gurwin, *The Calvi Affair*, 103.
112 Raw, *The Moneychangers*, 406.

113 Hoffman, *Anatomy of the Vatican*, 214, 230–31, 270; see also Simoni and Turone, *Il caffè di Sindona*, 139.

114 Willan, *The Last Supper*, 46–48; Cornwell, *God's Banker*, 177. Opus Dei와의 승산 없는 거래를 위해, Calvi는 Madrid의 Banco Occidental에 있는 자신의 사업적 개인적 인맥에 의존했다. Gregorio de Diego, 그 은행의 소유주와 대부분의 고위 경영진들은 Opus Dei 멤버였다. Calvi 는 1970년대 중반부터 그 은행과 거래 관계를 가졌다. Hutchison, *Their Kingdom Come*, 264–66, 282–84.

115 칼비의 사후 발견된 편지들은 - 아마도 위조된 것이지만 - 때로는 곤란을 당한 금융인이 Carboni를 통해서 Opus Dei와 Hilary Franco경과 접촉했음을 보여 주는 데 때로는 인용된다. Franco는 교황의 고위 성직자라는 명예직을 갖었던 자였다. 그의 이름은 칼비의 시신이 블랙프라이어스 다리 밑에서 발견되었을 때 그의 양복 상의 안에 다른 자들의 이름과 함께 구겨진 종이에 쓰여져 있었다. Monsignor Franco는 1986년, 1천 3백 2십만 달러의 불법 외화 유출로 기소되었다. 그의 변호 중에, 그는 자신의 세 명의 공모자들이 교회의 자선단체에 너그러운 기부자들이며, 그들의 "선하고 경건한 의도"를 믿었다고 말했다. Franco는 무죄 석방되었다. Lernoux, *In Banks We Trust*, 215–16; Gurwin, *The Calvi Affair*, 102–3; Raw, *The Moneychangers*, 406, 421; Cornwell, *God's Banker*, 198.

116 Cornwell, *God's Banker*, 127–29, 166; Gurwin, *The Calvi Affair*, 100–101; Raw, *The Moneychangers*, 386–87.

117 Raw, *The Moneychangers*, 410.

118 Gurwin, *The Calvi Affair*, 105; Lernoux, *In Banks We Trust*, 197–98, 218.

119 Lewis, "Italy's Mysterious, Deepening Bank Scandal," A1; Cornwell, *God's Banker*, 180.

120 Lewis, "Italy's Mysterious, Deepening Bank Scandal," A1; Cornwell, *God's Banker*, 179; Raw, *The Moneychangers*, 408.

121 Richard Owen, "Plea to Pope from 'God's Banker' Revealed as Murder Trial Begins," *The Times* (London), October 6, 2005.

122 Andrea Perry, Mark Watts, and Elena Cosentino, "Help Me. Murdered Banker Calvi's Last Desperate Plea to the Pope," *Sunday Express* (London), April 16, 2006, 39.

123 Owen, "Plea to Pope from 'God's Banker' Revealed as Murder Trial Begins."

124 For a full copy of the June 5, 1982, letter, see Simoni and Turone, *Il caffè di Sindona*, 141–43.

125 Raw, *The Moneychangers*, 410–11.

126 Raw, *The Moneychangers*, 410–11, 419, 440; Cornwell, *in God's Banker*, 185–86, 여기서 Calvi가 48시간 내에 Luigi Mennini에게 전화한 것으로 되어 있으나, 실제 그 전화를 받은 자는 칼비의 로마 변호사 두 사람이었다.

127 Gurwin, *The Calvi Affair*, 108. Calvi는 참착하지는 않았다. 6월 5일, Luciano Rossi, 특별 금융범죄조사단의 중령이 로마의 사무실에서 총에 맞아 죽었다. Rossi는 P2와 몇몇 역외 Licio Gelli 계좌 들에 관련한 부패를 법집행하는 조사의 핵심에 있었다. 비록 어떤 노트나 모순되는 법의학 증거가 없음에도 그 죽음은 자살로 기록되었다. 칼비는 Rossi가 살해되었다고 확신했다. 또 다른 금융 조사관 Salvatore Florio 중령이 몇 년 전에 자동차 사고로 죽었던 것도 마찬가지라고 그는 믿었다. See generally Charles Ridley, "Colonel Linked to Scandal Commits Suicide," *United Press International*, International News, Rome, A.M. cycle, June 5, 1981.

128 신부 Lorenzo Zorza에 따르면, Pazienza는 말타기사단을 통해 여권을 얻도록 도와주었다. "그때는 말타기사단의 여권은 영국의 입국에 좋았다." Zorza 의 말이다. Author interview with Father Lorenzo Zorza, September 6, 2013.

* Pazienza는 필자에게 자신은 칼비의 이탈리아 도피행 비행기에 대해 놀라지 않았다고 말했다. 몇 달 전에 Pazienza는 정교한 도피계획에 대해 초기 준비를 했는데, 여기에는 칼비의 대역, 할리우드 분장 아티

스트, 챔피언 운전자가 함께 하는 쾌속선이 포함되며, 콜시카에서의 정박, 모로코에서의 군비행기 마침내는 최종 목적지가 파나마였다. 그 계획은 칼비가 이탈리아에서 빠져나갈 다른 방도가 없는 경우의 비상 계획이었다.

129 Raw, *The Moneychangers*, 424.
130 대출금은 총액이 123,965,000 스위스 프랑으로, 당시에 달러 대 2.03 스위스프랑이었다.
131 Raw, *The Moneychangers*, 424.
132 Handwritten notes by Philip Willan of audiotaped interviews between John Cornwell and Marcinkus, February 8, 1988, 7a, provided to author courtesy of Willan.
133 See generally Hoffman, *Anatomy of the Vatican*, 201–2.
134 Lai, *Finanze vaticane*, 61.
135 Lai, *Finanze vaticane*, 64.
136 Handwritten notes by Philip Willan of audiotaped interviews between John Cornwell and Marcinkus, February 8, 1988, 9a, provided to author courtesy of Willan.
137 Willan, *The Last Supper*, 247–48; Cornwell, *God's Banker*, 188.
138 Gurwin, *The Calvi Affair*, 109–10, 171; Cornwell, *God's Banker*, 188.
139 Raw, *The Moneychangers*, 430–31.
140 Rosone quoted in Gurwin, *The Calvi Affair*, 110.
141 Cornwell, *God's Banker*, 188.
142 Leemans and Marcinkus quoted in Raw, *The Moneychangers*, 436–37; see also Cornwell, *God's Banker*, 189; and Gurwin, *The Calvi Affair*, 119–20.
143 어떤 기자들은 이것을 5층 창문으로 보도한다. Hoffman, *Anatomy of the Vatican*, 199.
144 Cornwell, God's Banker, 191; "Italy Banker Linked to Scandal Found Hanged," *Miami Herald*, June 20, 1982, A6. 어떤 공개된 설명에서는 그 편지는 다음처럼 말한 것으로 되어 있다. 즉 "그가 우리 모두에게 행한 잘못을 두고 그를 저주하라. 우리가 한때 그처럼 자랑스러워한 그자의 이미지를 가진 은행과 사람들로부터 저주를." See generally Mark S. Smith, untitled, *Associated Press, International News, London*, A.M. cycle, June 19, 1982.
145 Cornwell, *God's Banker*, 186.
146 Author interview with Father Lorenzo Zorza, September 6, 2013.
147 Sindona 는 Calvi가 살해당했다고 확신했다. "Calvi의 죽음은 확실히 자살이 아니었다… 그는 고소공포증이 있었다. 그가 다리 위로 올라가 높은 비계에 있었을 리가 없었다… Calvi는 살해당했으며, 그를 죽였던 자들은 어떤 프리메이슨식 사형집행처럼 보이게 만들었다." Sindona interviewed in Tosches, *Power on Earth*, 245.

제25장

1 Michael Sheridan, "Loss of Face—and Funds—Worries Church," *Chicago Tribune*, July 7, 1982, A5.
2 "Archbishop Quit Bank, Paper Says," *The Miami Herald*, July 8, 1982, A2, cited in Cornwell, *God's Banker*, 207.
3 그 은행가의 아내 Clara Calvi는 거리낌 없는 자로, 검찰의 Ambrosiano 파멸의 조사 뿐 아니라 의회조사위원회에서 증언했다. "나는 그녀가 말한 것으로 매우 기분이 상했다." Marcinkus가 훗날 John Cornwell

에게 한 말이다. "그녀는 나에 대해 온갖 욕을 해대며 많은 것으로 나를 저주했다. 그것은 그녀가 책임져야 하는 것이지 나는 아니다." Marcinkus interviewed in Cornwell, *A Thief in the Night*, 132.

4   Beniamino Andreatta quoted in "Italian Bank Probe Faces Wall of Silence," *The Globe and Mail (Canada)*, July 24, 1982; Daniela Iacono, "Official Links Vatican to Scandal-Ridden Bank," *United Press International, International News, Rome*, A.M. cycle, July 3, 1982; Kay Withers, "Marcinkus Says He'll Stay, Denies Tie to Bank Scandal," *Chicago Tribune*, July 8, 1982, 1.

5   Cornwell, *God's Banker*, 210.

6   Beniamino Andreatta quoted in John Winn Miller, "Says Pope Should Order Bank Liable for $1.2 Billion," *Associated Press*, International News, Rome, A.M. cycle, October 8, 1982.
재무장관은 역시 IOR이 Ambrosiano에 대해 얼마나 소유하고 있는지를 알려고 굉장히 열심이었다. 바티칸은 그 지분이 1.58%라고 말했지만, 어떤 언론보도들은 그 지분이 더 높은 16%에 이른다고 했다. See "Special Commission to Probe Dealings of Vatican Bank," *United Press International*, International News, Vatican City, A.M. cycle, December 24, 1982.
Calvi의 아들, Carlo는 16%를 가지고도 바티칸은 Ambrosiano의 실제적 소유주라고 주장했다. See Gurwin, *The Calvi Affair*, 172.
조사관들은 정확한 숫자를 파악하기가 어려웠다. 바티칸은행이 그 지분의 일부를 칼비의 역외 대리인들을 통해 소유할 경우 수가 크고, 이탈리아 조사관들이 접근할 수 없는 계좌들이기 때문이었다. 바티칸은행이 추가적으로 Ambrosiano의 지분 7.5%를 룩셈부르크의 지주회사 Manic을 통해 지배하고 있음을 제시하는 증거가 있었다. Marcinkus는 로마교회가 부적절하고 불법적인 방식으로 그 모회사에 더 큰 지분을 갖고 있음을 밝히려 하지 않았다. 그는 그 지분율이 2%이든 16%이든 간에, 일단 이탈리아 감독당국이 이 은행을 해체시키면 가치가 없다는 것을 알았다. 바티칸 변호사들은 훗날 가공회사들이 Ambrosiano를 "사실상(de facto) 지배했음"을 인정했지만, 그 가공회사들은 "결코 바티칸은행이 소유한 적이 없는" 회사임을 강조했다. See generally Colby, "Vatican Bank Played a Central Role in Fall of Banco Ambrosiano," 1; and "Memo prepared by IOR's lawyers re Laura Colby's article," reproduced in its entirety in Cornwell, *A Thief in the Night*, 354–58.

7   그 조사관들은 Giovanni Arduino Antonio Occhiuto로 베테랑 은행가들이었다.

8   "Italian Bank Probe Faces Wall of Silence," *The Globe and Mail* (Canada); Cornwell, *God's Banker*, 208–9.

9   Cornwell, *God's Banker*, 208–9.

10 Sheridan, "Loss of Face—and Funds—Worries Church," A5.

11 Franco Calamandrei quoted in "Financier Linked to Arms Deal," *The Globe and Mail* (Canada), July 8, 1982.
이 이야기는 영국의 비밀첩보국 M16이 Ambrosiano를 목표로 했다는 것으로 발전되었다. 왜냐하면, Calvi의 은행이 Argentine 양국 간의 Falklands War 당시에 Exocet missiles을 사는데 $200 million을 금융지원했기 때문이었다. 비록 소수의 전(前)정보요원들이 놀랄 만한 주장을 했어도 Ambrosiano가 그런 역할을 했다는 실증이 없었다. Marcinkus가 IOR-Ambrosiano ventures로부터의 일부 돈이 아르헨티나 거래를 성사하게 했느냐는 물음에 그는 말하길, "나는 이를 보지 못했다." See generally Lewis, "Italy's Mysterious, Deepening Bank Scandal," A1; Lernoux, *In Banks We Trust*, 207; Marcinkus interviewed in Cornwell, *A Thief in the Night*, 134.

12 "Vatican Bank's Head Is Reported Resigning," *The New York Times*, July 8, 1982, A4; "Report Archbishop Marcinkus Has Resigned," *United Press International*, International News, Vatican City, A.M. cycle, July 7, 1982.

13 Withers, "Marcinkus Says He'll Stay, Denies Tie to Bank Scandal," 1; "Vatican City Bank Chief's Job on Line," *Chicago Tribune*, July 7, 1982, 1; "Report Archbishop Marcinkus Has Resigned," *United Press Inter-

national. 기자들이 Romeo Panciroli신부, 바티칸의 대변인에게 Marcinkus가 추기경이 되느냐고 전화해서 물었을 때, 그는 no comment했다. John Winn Miller, Untitled, *Associated Press,* International News, Rome, A.M. cycle, July 7, 1982.

14 "Archbishop Quit Bank, Paper Says," *The Miami Herald*, A2; Kay Withers, "Marcinkus Says He'll Stay, Denies Tie to Bank Scandal," *Chicago Tribune*, July 8, 1982, 1.

15 Hornblow는 1989년 바티칸으로 돌아와 6개월간의 추가적인 업무를 맡았다.

16 Author interview with Michael Hornblow, January 28, 2014.

17 "Pope Reportedly Asked to Remove Marcinkus," *Chicago Tribune*, July 9, 1982, 8, citing *The Daily American*, reporting from Rome.

18 Marcinkus interviewed in Withers, "Marcinkus Says He'll Stay, Denies Tie to Bank Scandal."

19 "Marcinkus Link Seen in Choice of Bernardin," *Chicago Tribune*, July 12, 1982, A5.

20 Marcinkus quoted in "Marcinkus Vows to See Scandal 'Through to End,'" *United Press International,* International News, Vatican City, A.M. cycle, November 27, 1982.

21 "Banco Ambrosiano: Enter God's Sleuths," *The Economist*, July 17, 1982, 76 (U.S. edition, p. 80); Paul Lewis, "Italy's Mysterious, Deepening Bank Scandal," *The New York Times*, July 28, 1982, A1.

22 John Winn Miller, "Under Pressure, Vatican Calls in Bank Consultants," *Associated Press,* International News, Vatican City, A.M. cycle, July 13, 1982.

23 "3 Named by Vatican to Study Bank Ties," *The New York Times*, July 14, 1982, D1. Cerutti는 Pius 12세 이래 교황들의 금융자문관으로 일했다. Cornwell, *God's Banker*, 209.

24 "일부 이탈리아은행가들과 관리들은, de Wech [sic]의 경우를 제외하고는, 위원회는 비효율적인 그룹으로 느꼈다. 그 위원회가 바티칸의 거대한 행정 조직에 영향력을 끼칠 수 없기 때문이었다." Lewis, "Italy's Mysterious, Deepening Bank Scandal," A1.

25 Miller, "Under Pressure, Vatican Calls in Bank Consultants."

26 Untitled from LexisNexis, *The Wall Street Journal*, July 16, 1982, 20.

27 Paul Lewis, "Italy Bank's Subsidiary Defaults," *The New York Times*, July 17, 1982, 25.

28 Cornwell, *God's Banker*, 210.

29 Robert Trigaux, "The Ambrosiano Affair: 'Gang of 88' Wants Its Money Back," *The American Banker*, July 12, 1983.

30 "Italy liquidates Ailing Banco Ambrosiano," *The Globe and Mail* (Canada), August 10, 1982.

31 "Rome Suicide Widens Freemason Scandal," *The Globe and Mail* (Canada), June 6, 1981.

* 나중에 말신커스는 다음처럼 주장했다. "칼비는 나에게 연대에 대해 말한 적이 없었다. 나는 그런 의미로는 그와 함께 같이 앉아 특별한 것을 말한 적이 없었다. 그는 결코 나에게 연대에 대해 말하지 않았다. 만일 그가 연대에 대해 무언가를 주었다면, 좋다. 그러나, 나는 그것에 대해 아무것도 알지 못했다."32

32 Marcinkus interviewed in Cornwell, *A Thief in the Night*, 136.

33 "Vatican Banker to Stand Trial in Sindona Case," *United Press International*, International News, Milan, July 22, 1982; Tosches, *Power on Earth*, 246.

34 Mennini가 재판 받기를 거절한 까닭에, 그는 궐석재판 가운데 유죄 판결을 받았다. Mennini의 변호사들은 항소했다. 이는 로마교회와 이탈리아 간에 즉각적인 위기를 불러일으켰다.

35 Hebblethwaite, *Pope John Paul II and the Church*, 108–9.

36 통보는 소환장(subpoena)이 아니었다. 그러나, 여전히 바티칸은행 내부에서 염려를 낳았다. "Says Italy Investigating American Archbishop," *Associated Press*, International News, Rome, A.M. cycle, July 29, 1982; Cornwell, *God's Banker*, 225.

37　Wilson의 독실한 믿음에 대해 author interview with Michael Hornblow, January 28, 2014.
38　See Substitution of Co-Trustees, June 11, 1985, William A. Wilson Papers, Georgetown University Library, Special Collections Research Center, Washington, D.C.
39　Wilson은 1918년 2월 이래 바티칸 주재 대통령의 개인사절로 있었다. 나중에 교황과의 완전한 외교적 승인으로 대사직으로 승진되었다. Author interview with Peter K. Murphy, Deputy Chief of Mission (DCM) at the embassy, 1984-89, January 31, 2014. The Vatican embassy는 오직 세 명의 영사로 구성되었다. 즉 대사, the DCM, 정치 장교다. 역시 세 명의 풀타임 비서들을 두었지만, 로마주재 미국대사관의 지원에 의존했다. See also the Association for Diplomatic Studies and Training, Foreign Affairs Oral History Project, Peter K. Murphy, interviewed by William D. Morgan, Initial Interview Date, April 4, 1998, Copyright 1998 ADST, 84-85.
40　Letter, William Wilson to Robert H. McBride, July 30, 1982, Box 1, Series 2, Correspondence 1982, William A. Wilson Papers, Georgetown University Library, Special Collections Research Center, Washington, D.C.
41　Author interview with Michael Hornblow, January 28, 2014.
*　Marcinkus와 대사관 간의 비밀스런 관계는 필자가 국무성에 정보열람권의 요청의 일환으로 밝혀졌다. 국무성 안에는 160 페이지에 달하는 42개의 문서들이 2007년 8월 15일에 해제되었다. 이런 문서들 중에는 예컨대, 1980년 10월 1일자 윌슨 대사의 조수인 마이클 혼블로우 부대사로부터 국무성 본부로의 전신이 있었는데, 여기에는 말신커스가 교황의 다가오는 동아시아 여행에 대한 개인적 세부사항을 제공하고 있었다. 문서의 상단에는 "비밀"이라 표시된 전신에서, 혼블로우가 쓴 것은 다음 같다. "말신커스는 다음과 같은 정보를 나에게 매우 비밀리에 밝혔다. 이는 매우 중요한데, 정보의 원천으로서의 말신커스는 매우 엄격히 보호되어야 한다." 국무성은 미국 태생의 주교 이외에는 바티칸 내에서 고위층의 비밀 정보 소스를 가진 적이 없었다.
42　Cable from Michael Hornblow, U.S. Embassy, Rome, to Secretary of State, Washington, DC, Secret, Section 01, October 1, 1980, part of the Department of State Freedom of Information request by the author. Also see the collected 1982-84 correspondence of William A. Wilson, William A. Wilson Papers, Georgetown University Library, Special Collections Research Center, Washington, D.C.
43　Cable from Michael Hornblow, U.S. Embassy, Rome, to Secretary of State, Washington, DC, Secret, Section 01, October 1, 1980, part of the Department of State Freedom of Information request by the author.
44　Cable from Michael Hornblow, U.S. Embassy, Rome, to Secretary of State, Washington, DC, Secret, Section 01, October 1, 1980, part of the Department of State Freedom of Information request by the author.
45　Cable from Michael Hornblow, U.S. Embassy, Rome, to Secretary of State, Washington, DC, Secret, Section 01, October 1, 1980, part of the Department of State Freedom of Information request by the author, point 8.
*　미국대사관과 말신커스 간의 특별 관계는 정치와 국가 안보의 문제들에만 국한된 것이 아니었다. 혼블로우를 대신했던 외교관 피터 머피는 대중 가수 마이클 잭슨으로부터 전화를 받았다. 그는 자신이 유럽 순회 콘서트의 일환으로 로마를 방문할 때 교황과의 개인적 알현을 원했다. "만일 내가 이탈리아인들 중 한 사람에게 요청했다면, 그들은 바로 '노'라고 말했을 것이다. 나는 말신커스에게 갔다." 바티칸은행 수장은 교황이 잭슨과 만나는 것이 좋은 생각이라 여기지 않았다. 하지만 그는 시스틴 성당의 이른 아침 개인 순회를 알선했다. 말신커스는 바티칸시공국 주위를 도는데 잭슨과 그의 수행원들을 데리고 다녔다. 잭슨이 바티칸시공국을 떠났을 때, 그는 말신커스에게 봉인된 봉투 하나를 주었다. 이것은 백만 달러의 수표를 담고 있었고, 수신은 로마의 이름있는 교회부속 소아병원(Ospedale Pediatrico Bambino Gesù)이었다.46

46 Author interview with Peter K. Murphy, Deputy Chief of Mission at the embassy, 1984–89, January 31, 2014.
47 See generally letter, William Wilson to Robert H. McBride, July 30, 1982, Box 1, Series 2, Correspondence 1982, William A. Wilson Papers, Georgetown University Library, Special Collections Research Center, Washington, DC.
48 Richard Hammer, *The Vatican Connection: The Astonishing Account of a Billion-Dollar Counterfeit Stock Deal Between the Mafia and the Church* (New York: Holt, Rinehart & Winston, 1982).
49 Letter from William Wilson to William French Smith, July 15, 1982, William A. Wilson Papers, Box 2, Folder 66, Georgetown University Library, Special Collections Research Center, Washington, DC.
50 Letter from William Wilson to William French Smith, July 15, 1982.
51 Letter from William Wilson to William French Smith, July 15, 1982.
52 Letter from John G. Roberts Jr. to William A. Wilson, August 9, 1982, William A. Wilson Papers, Box 2, Folder 66, Georgetown University Library, Special Collections Research Center, Washington, DC.
53 Robert Wagner to Stanley Frank, August 20, 1982, Correspondence Files, William A. Wilson Papers, Box 2, Folder 66, Georgetown University Library, Special Collections Research Center, Washington, DC.
54 Letter from William A. Wilson to His Excellency, Archbishop Paul Marcinkus, August 12, 1982, William A. Wilson Papers, Box 2, Folder 66, Georgetown University Library, Special Collections Research Center, Washington, DC. Roberts로부터의 편지는 8월 11일 Wilson에 의해 수취된 소인이 되었었다. Wilson은 오직 하루 지나서 Marcinkus에게 답을 한 것이다.
55 Ibid.
56 Marcinkus 발신, Wilson 수신의 8월 30일자 편지에서, 그 대주교는 자신이 Wagner와 그 참모들에게 말했음을 밝혔다. "우리가 오랜 과정의 법적 소송에 개입되지 않고는 우리가 할 수 있는 일이 거의 없는 것 같다." William A. Wilson Papers, Box 2, Folder 66, Georgetown University Library, Special Collections Research Center, Washington, DC.
57 Susan Dentzer and Hope Lambert, "A Book of Revelations," *Newsweek*, September 13, 1982, 69.
58 Letter, William Wilson to Robert H. McBride, July 30, 1982, Box 1, Series 2, Correspondence 1982, William A. Wilson Papers, Georgetown University Library, Special Collections Research Center, Washington, DC.

제26장

1 Gurwin, *The Calvi Affair*, 162.
2 Louise Branson, "Italian Masonic Leader Arrested at Swiss Bank," *United Press International*, International News, Geneva, P.M. cycle, September 14, 1982; "Gelli Deported Back to Italy," *BBC News*, October 16, 1998.
3 Lernoux, *In Banks We Trust*, 209; Gurwin, *The Calvi Affair*, 165–66; Cornwell, *God's Banker*, 239–40; DiFonzo, *St. Peter's Banker*, 259.
4 Henry Kamm, "Pope Vows to Assist Bank Study," *The New York Times*, November 27, 1982, 35.
5 Henry Kamm, "Cardinals Discuss Tie to Bank," *The New York Times*, November 26, 1982, 25; Gurwin, *The Calvi Affair*, 170.

6   Gurwin, ibid., 170-71; Cornwell, *God's Banker*, 213-14.
7   Marcinkus quoted in Cornwell, *God's Banker*, 233.
8   Lai, *Finanze vaticane*, 66, in particular Lai interview with Cardinal Giuseppe Caprio, December 4, 1982, 135.
9   Hoffman, *Anatomy of the Vatican*, 204.
10 See Laura Colby, "Vatican Bank Played a Central Role in Fall of Banco Ambrosiano," *Wall Street Journal*, April 27, 1987, 1.
11 Untitled, *Associated Press*, International News, Rome, A.M. cycle, December 5, 1982; Raw, *The Money-changers*, 34-49.
*   12월 초, 이탈리아 신문들은 클라라 칼비의 주장에 대해 일면 기사를 실었다. 그녀는 남편의 "살해"는 바티칸은행이 "파산되었다"는 "사실을 감추기 위해서"라고 했다. 몇 달 전에 그녀는 그 동기는 자기 남편이 감당했던 "위험한 사업"을 감추기 위한 것이라 말했다. 즉 오푸스데이에 의해 바티칸은행의 부채를 떠안는 것"을 조정하는 일이었다.12
12 Clara Calvi quoted in Willey, *God's Politician*, 213-14; "Bank President's Wife Says Husband Killed, Not Suicide," International News, A.M. cycle, Turin, *United Press International*, October 7, 1982; Untitled, dateline Rome, International News, A.M. cycle, *Associated Press*, December 5, 1982 (referring to Clara mistakenly as Carla).
13 "Special Commission to Probe Dealings of Vatican Bank," *United Press International*, International News, Vatican City, A.M. cycle, December 24, 1982.
14 Joan Goulding, "Jewish Groups Protest Sparks Vatican Probe," *United Press International*, Domestic News, Los Angeles, BC cycle, January 5, 1983.
15 "Vatican Said Investigating Banker's Alleged Ties to Nazis," *Associated Press*, Domestic News, Los Angeles, P.M. cycle, January 6, 1983.
16 Jay Arnold, "Jews Ask Pope to Rescind Appointment of Alleged Nazi Collaborator," *Associated Press*, Domestic News, Los Angeles, A.M. cycle, December 29, 1982.
17 "Vatican Said Investigating Banker's Alleged Ties to Nazis," *Associated Press*.
18 Pawlikowski quoted in Joan Goulding, "Catholic Theologian Calls for Probe of Papal Appointee," *United Press International*, Domestic News, Los Angeles, A.M. cycle, January 7, 1983.
19 그 회사명은 Deutsche Solvay-Werke A.G. 로, 벨기에가 독일군에 의해 1940년 함락된 뒤에 나치에 의해 통제받는 벨기에의 대기업이었다. "Records Show Papal Appointee Helped Run Nazi Camp Where Pope Worked," *United Press International*, Domestic News, Los Angeles, P.M. cycle, January 11, 1983. 작가 Charles Higham는 Abs를 "Hitler's Banker"로 불렀다. 그의 1983년의 책(*Trading with the Enemy*)은 어떻게 연합국과 독일 회사들이 전쟁 중에 비밀히 영업을 했는가에 대해서다. 그는 Abs가 "Hitler's immediate circle"의 일원이었다고 주장했다(p. 240).
20 John Paul quoted in "Pope Cautions Faithful Against News Reports," *Associated Press*, International News, Rome, A.M. cycle, February 27, 1983.
21 Author interview with Rabbi Marvin Heir, June 24, 2006.
22 Sergio Itzhak Minerbi, "Pope John Paul II and the Jews: An Evaluation," *Jewish Political Studies Review* 18: 1, 2 (Spring 2006).
23 Heir quoted in Untitled, *United Press International*, International News, Rome, A.M. cycle, April 25, 1983.
24 Michael Day, "Vatican Turns to Fox News Man Greg Burke for Image Makeover," *The Independent* (London),

June 25, 2012.

제27장

1. "Red Hats for Six Continents," *Time*, January 17, 1983.
2. Pope Paul VI가 추기경단(College of Cardinal)에서 이탈리아인의 영향력을 줄이기 위한 변화에 발맞추어, 18명의 새로 임명된 자 중에 3인만 이탈리아인이었다. "Pontiff Names Bernardin and Glemp Cardinals," *Chicago Tribune*, January 6, 1983, 1; "Josef Glemp Is Among 18 New Cardinals," *The Boston Globe*, January 5, 1983, 1; see also Hoffman, *Anatomy of the Vatican*, 206.
3. "Pontiff Names Bernardin and Glemp Cardinals," *Chicago Tribune*, 1.
4. "Answers to Quiz," *The New York Times*, January 8, 1983, 12; see Henry Kamm, "Inside the College of Cardinals," *The New York Times*, January 9, 1983: "Archbishop Paul C. Marcinkus, the head of the Vatican Bank, did not receive the accolade that before the bank scandal was assumed to be a certainty." And "18 Become Cardinals Today: Family and Friends Gather in Vatican City for Ceremonies," *The Boston Globe*, February 2, 1983, 1: "Archbishop Marcinkus had been expected to be named a cardinal but was not."
5. Henry Kamm, "Vatican-Italy Study Set on Ambrosiano Links," *The New York Times*, December 25, 1982, 29; see also Nancy Frazier, "Vatican, Italy Form Ambrosiano Commission," *Catholic Courier Journal* (New York), January 5, 1983, 18. Charles Raw says that all three Vatican appointees were lawyers. *The Moneychangers*, 47.
6. Raw, *The Moneychangers*, 43, 47. See formation order of the commission in Nuzzi, *Vaticano S.p.A.*, 19.
7. "Vatican Pact Reported on Banco Ambrosiano," *The New York Times*, May 11, 1984, D1.
8. 희년(Jubilees)을 위한 교황의 완전한 면죄부에 대한 오랜 규칙은 가톨릭 신자가 로마의 4개의 basilica를 일년 동안 15번 방문하는 것이 필요 요건이었다. 로마 사람들은 30번 방문해야 했다. 요한 바오로는 그 제약을 낮추어, 4개의 basilica중 하나만 일회 방문하는 것으로 충분하도록 했다. 이로 인해 수백만 명이 로마로 방문해, 훨씬 쉬운 목표의 면죄부를 얻을 수 있게 되었다.
9. Nuzzi, *Vaticano S.p.A.*, 19.
10. 보나파시오 8세가 1300년에 처음 Holy Year를 불렀고, 이후 거룩한 해는 50년마다 열렸다. 하지만, 1425년 경에 이는 너무 인기가 있고 수익성이 좋아, 매 25년마다 개최되도록 계획되었다. 요한 바오로는 이번의 Holy Year를 예수의 십자가형인 예수의 죽음과 부활 1950주년 기념일을 기념하는 원인으로 인용했다. James L. Franklin, "Unusual Holy Years Starts This Weekend," *The Boston Globe*, March 27, 1983, 1; see also Sari Gilbert, "Rome Expects Millions for the Holy Year," *The Boston Globe*, February 27, 1983, 1; Gurwin, *The Calvi Affair*, 176–77.
11. 이는 7년간(1973–80) 유류세 회피사건으로, 이탈리아 세관원들과 석유회사 종업원이 공모하여 관세 서류를 바꿔치기 하여 고급 유류를 더 낮은 세금의 난방유로 둔갑된 사건이었다. "Petroleum Scandal Touches Vatican Bank Official," *Associated Press*, International News, Rome, A.M. cycle, February 10, 1983; see also "3 Priests Implicated in Rome Tax Scandal," *The New York Times*, February 11, 1983; and "Vatican Bank Officials Linked to a Major Financial Scandal," *The New York Times*, February 3, 1983, A17. See generally John Winn Miller, "Career of Once Powerful American Prelate in Decline," *Associated Press*, International News, Vatican City, BC cycle, August 26, 1984. 검찰은 두 명의 다른 사제들을 조사했는데 하나는 Monsignor Mario Pimpo, '로마 대리인'(Vicariate of Rome)의 비밀 일을 맡는 비서이

고, 다른 하나는 Giacomo Ceretto, 로마교구 사제였다.
12 See generally Untitled, *The Wall Street Journal*, February 14, 1983, 21.
13 See generally Hutchison, *Their Kingdom Come*, 290.
14 Lai, *Finanze vaticane*, 87.
15 바티칸은행에서 수십 년을 보냈던 Massimo Spada는 말하길, De Bonis는 Ambrosiano 사건의 대상이 되지 않으려 했다고 했다. 왜냐하면, 그가 "그때는 오직 사무직원이었기" 때문이었다. Benny Lai interview of Massimo Spada, January 14, 1998, and June 7, 1989, in Lai, Finanze vaticane, 145; and see also Nuzzi, *Vaticano S.p.A.*, 62, citing Giancarlo Zizola, "Banchiere di san Francescon," Panorama.
16 Raw, *The Moneychangers*, 62, 126, 134.
17 John Corry, "TV Reviews Based on Early Tapes," *The New York Times*, February 16, 1983, C31.
18 Raw, *The Moneychangers*, 42.
19 "New Inquest Set in Calvi's Death," *The New York Times*, March 30, 1983, D5.
20 Raw, *The Moneychangers*, 9.
21 Raw, *The Moneychangers*, 42–43.
22 발표된 최종보고서에서, 합동위원회는 세 사람이 "인터뷰가 불가능했다"고 간략하게 언급했다. 독립검사, Antonio Pizzi는 Ambrosiano 붕괴에서의 바티칸은행의 역할을 조사하고 나중에 언론에 "그들은 언제나 이 사건에 대해 질문 받는 것을 거절했다"고 불평했다. 이탈리아의 파기원(破棄院: Court of Cassation)은 법률 절차만을 다루는데, 바티칸 관리들을 조사하는 Pizzi의 권한을 옹호했다. 하지만 누구도 그들을 강제해서 질문에 답할 수 있도록 할 수는 없었다. "Arrest Warrant Issued for Marcinkus in Bank Collapse," *Associated Press*, International News, Milan, A.M. cycle, February 25, 1987.
23 어떤 자들은 언론에 자신의 사건을 주장하기도 했다. 예컨대 쾰른의 추기경 Joseph Höffner은 "능력 있는" 평신도 금융인이 바티칸은행을 운영하는 것을 선호한다고 말함으로 결코 부드럽지 않는 비평을 말신커스에게 했다. "Shift Is Urged at Vatican Bank," *The New York Times*, March 8, 1983, D4. In 1986 Höffner asked John Paul to replace Marcinkus with a noncleric as the IOR's chief.
24 IOR/Marcinkus memorandum, July 1, 1983, quoted in Raw, *The Moneychangers*, 45.
* 6월, 15세의 소녀 Emanuela Orlandi가 음악 수업 참석차 자기 집인 바티칸시 아파트를 떠난 후 실종되었다. 그녀는 발견되지 않았고, 그 실종에 대한 이론들은 수십 년 동안 이탈리아를 사로잡았다. 2008년, 어떤 죽은 마피아 우두머리의 정부가 자신의 전 연인의 갱이 그 소녀를 납치했다고 주장함으로써 당국을 놀라게 만들었다. 이 설명에 따르면, 그 갱은 말신커스의 요청으로 가학적 섹스 파티를 위해 젊은 소녀들을 매춘부로 알선했었다. 경찰이 그녀의 주장을 입증할 수 없었기 때문에, 그녀의 이야기는 말신커스의 이야기에 하나의 별난 주석과 같이 되었다.25
25 Andrew Malone and Nick Pisa, "Was This Girl Murdered After Being Snatched for Vatican Sex Parties? Police Try and Solve the Mystery of the 15-Year-Old Who Vanished in 1983," *Mail* Online, May 30, 2012; See Willan, *The Last Supper*, 283–84.
26 Uli Schmetzer, "Extradition Cloaked in Intrigue," *Chicago Tribune*, February 18, 1988, 18; Cornwell, *God's Banker*, 246–47. 합동위원회(Joint Commission) 역시 Gelli의 오른손인 Umberto Ortolani 의 도움을 얻기를 원했지만, 그는 본국 송환을 거부하며 브라질에 머물고 있었다.
† Gelli는 4년 동안 체포를 피했지만, 붙잡혀 이탈리아로 돌아왔다. 거기서 많은 죄목으로 재판을 받은 그는 암브로시아노 건에서는 사기로 기소되었다. 그는 1998년 가택연금 제한 상태에서 다시 사라졌다. 그는 프랑스 남부까지 추적된 후 다음 해에 이탈리아로 돌아왔다. 믿을 수 없게도, 판사는 그가 가택연금으로 돌아갈 수 있도록 명령했다.27
27 "Gelli, Fugitive Italian Financier, Gives Himself Up in Switzerland," *The Philadelphia Inquirer*, September

22, 1987; "Top Italian Fugitive Licio Gelli Arrested in France," *International News*, Rome, *Associated Press*, September 10, 1998; "Gelli Deported Back to Italy," *BBC*, October 16, 1998; Raw, *The Moneychangers*, 9, 158, 484.

28 Final Report of the Joint Commission, October 1983, in Raw, *The Moneychangers*, 45.

29 Memo to Cardinal Secretary of State, from Agostino Gamboni, Pellegrino Capaldo, and Renato Dardozzi, Vatican City, August 17, 1983, reproduced in Nuzzi, *Vaticano S.p.A.*, 23–24.

30 Statements of Santa Maria and Cattaneo in Final Report of the Joint Commission, October 1983, quoted in Raw, *The Moneychangers*, 47.

31 Statement of Chiomenti in Final Report of the Joint Commission, October 1983, quoted in Raw, *The Moneychangers*, 31–32.

32 "Vatican Bank Is Target," *The New York Times*, March 28, 1983, D2.

33 Raw, *The Moneychangers*, 32–34.

34 Draft document, "The Spirit of Luca," dated August 10, 1983, quoted in Raw, *The Moneychangers*, 33.

35 자신의 견해와 바티칸이 Ambrosiano의 채권자들의 해결에 관한 논의에서 그가 말한 모든 Marcinkus의 언급은 다음 책의 인터뷰 참조. John Cornwell, *A Thief in the Night*, 136–37. Cornwell과의 인터뷰는 바티칸 내부에서 벌어졌던 뜨거운 논의에 대한 최초의 공개 증거였다.

36 Raw, *The Moneychangers*, 35.

37 John Winn Miller, Untitled, *Associated Press*, International News, Rome, A.M. cycle, April 1, 1984. Italmobiliare는 대형 보험사 RAS 뿐만 아니라 이탈리아 최대의 시멘트 제조사 Italcementi의 지배 지분을 가지고 있었다.

38 Miller, "Career of Once Powerful American Prelate in Decline."

39 "Vatican Bank Inquiry in Italy," *The New York Times*, April 2, 1984, D5.

40 "U.S. Archbishop Says He Has Nothing to Hide in Vatican Loan Probe," *Associated Press*, Business News, Rome, P.M. cycle, April 3, 1984. "Curia 내에서의 그의 적들은 그가 기소되자 매우 기뻐했다. 그들은 자신들의 기쁨을 감추지 않았다," Peter Murphy의 말이다. 그는 나중에 바티칸 주재 U.S. embassy의 Deputy Chief of Mission이 되었다. Author interview with Peter K. Murphy, Deputy Chief of Mission at the embassy, 1984–89, January 31, 2014.

41 "John Paul Completes His Team," *Time*, April 23, 1984.

42 가장 주목 받았던 임명은 Benin의 추기경 Bernardin Gantin 으로, 그는 주교단(Congregation for Bishops)의 단장이 되었다는 점이다. 이는 Gantin이 최초의 비이탈리아인으로서, 교회의 주교들을 임명하는 권한 - 물론 교황의 승인을 전제로 한다 - 을 갖는 자가 되었음을 뜻한다. Gantin은 역시 나중에 Marcinkus 퇴출 이후 금융 문제를 일반적으로 감독하는 5명의 추기경 위원회에서 일하게 되었다.

43 "John Paul Completes His Team," *Time*. 비록 Marcinkus가 동일한 직책을 가지고 있었으나, 요한 바오로에 의한 변화들은 바티칸시의 행정에 관해서는 말신커스의 권위가 이제 더이상 견제 받지 않는 것이 아님을 뜻했다.

44 Marcinkus interviewed by John Cornwell, *A Thief in the Night*, 136–37.

45 Marcinkus statements from interviews in ibid.

46 Raw, *The Moneychangers*, 36–37.

47 첫 보도에 따르면, 협정안은 109개 채권 은행들이 포함했다. 하지만 최초 합의안은 120개 은행이었다. Paul Lewis, "Vatican Pact Reported on Banco Ambrosiano," *The New York Times*, May 11, 1984, D1; "A Moral Duty," *Time*, May 21, 1984. 역시 최초에는 바티칸은 2억 5천만 달러를 12개월에 걸쳐 3회 분할로 지불하는 것이었으나, 은행들은 교회에 6백만 달러를 할인해 주고, 대신에 June 30, 1984까지 일회 지불

로 했다. "Vatican to Pay in Bank Failure," *Chicago Tribune*, May 22, 1984, B3. 사실 환율 변동에 기초해서 바티칸은 7월2일, 월요일에 2억 4천 9십만 달러를 지불했다. 6월 30일이 토요일인 관계였다. Lewis, "Vatican Pact Reported on Banco Ambrosiano," D1. See also "Tentative Agreement Reportedly Reached on Banco Ambrosiano," *Associated Press*, Business News, Rome, P.M. cycle, May 21, 1984; "Payment by Vatican," *The New York Times*, July 4, 1984, D14. See also Galli, *Finanza bianca*, 88.

48 Lai, *Finanze vaticane*, 69.

49 바티칸의 지불액은 4억 6백만 달러의 타결 금액의 60%가 채권자들에 의해 동의된 것이다. 이는 Ambrosiano group에 대한 그들 주장 금액의 2/3에 해당된다. 이탈리아는 암브로시아노의 붕괴 이후 회복된 자금 그 일부 자산에 대한 폭탄 세일로부터의 기타 지불금을 주선했다. 그 자산 중에는 Banca del Gottardo가 포함되며, 이를 일본의 Sumitomo Bank가 1억 4천 4백만 달러에 샀다. 5천 3백만 달러는 Licio Gelli의 스위스 은행 구좌에서 취득된 것이었다. "Vatican Pact Reported on Banco Ambrosiano," D1. See also "Payment by Vatican," *The New York Times*, July 4, 1984, D14; "Vatican Payment Reported," *The New York Times*, May 26, 1984, 42. 이 협정서의 집행은 비밀로 숨겨졌다. 은행가들과 바티칸 대표자들은 제네바의 고급 Hotel des Bergues에 모였다. 기자들이 도착했을 때 그 그룹은 알려지지 않는 European Free Trade Association의 빌딩으로 옮겼다.

50 "Vatican Pact Reported on Banco Ambrosiano," *The New York Times*, D1.

51 Charles Raw, *London Sunday Times* 기자는 9년 동안 이 문제를 조사했으며, 많은 자들이 이 위기의 금융의 세부사항에 대해 그가 썼던 책—*The Moneychangers*—이 확정적이라 생각한다. 그는 Vatican이 약 250백만 달러를 Ambrosiano 와 Calvi와의 거래 관계에서 손실을 입었다고 믿는다. See *The Moneychangers*, 39.

52 "A Moral Duty," *Time*; see also "Vatican Pact Reported on Banco Ambrosiano," *The New York Times*, D1.

53 Stella Shamoon, "Untangling the Banco Ambrosiano Scandal; Shadowy Web of Financial Dealings Spreads," *United Press International*, Financial, London, BC cycle, May 6, 1984. For a full copy of the 1984 changes, see the articles reproduced as Accordo tra la Repubblica italiana e la Santa Sede che apporta modificazioni al Concordato lateranense, Massimo Teodori, *Vaticano rapace: Lo scandaloso finanziamento dell' Italia alla Chiesa* (Venice: Marsilio Editiori, 2013), 145–71. See also "New Concordat with Vatican Is Approved by Italian Senate," *The New York Times*, August 4, 1984.

54 Henry Kamm, "Italy Abolishes State Religion in Vatican Pact," *The New York Times*, February 19, 1984.

55 2010년, 그 세금은 교회에 약 9억 달러의 이익을 가져다 주었다.

56 어떻게 "살인 계획"의 뉴스를 발표할 것인가는 Jonathan Cape, the U.K. publisher과 Bantam, the U.S. distributor에 의해 협의되었다. 그 책의 독점적 주장이 북클럽에의 선판매 권리의 수 개월 기간 출판 다음 달의 필자의 TV 쇼의 스케줄 동안에도 비밀이 지켜진 것은 일종의 쿠테타로 간주되었다. Curt Suplee, "How the Book Industry Kept Its Pope Story Secret," *The Washington Post*, June 14, 1984, B1.

57 "Envoy's Plea Was Opposed," *The New York Times*, July 10, 1984, A10.

58 Wilson에 대한 압력이 가해진 것 이외에 그가 국무성으로부터 두 회사 곧 Earle M. Jorgensen, 캘리포니아 소재의 철강회사 Pennzoil의 이사회 이사를 지속했다는 특별 면제를 받았다는 폭로가 있었다. 대사는 보통 기업의 이사직으르 사임하므로써 잠재적인 이해 상충을 피해야 한다. Mary Thornton, "U.S. Envoy to Vatican Got Special Exemption," *The Washington Post*, July 13, 1984, A2; "Ambassador from Pennzoil?," *Chicago Tribune*, July 20, 1984, 22.

* 윌슨은 1986년 자신이 리비아 리더인 무아마르 가다피 대령을 허가받지 않고 만났다는 것이 밝혀져 사임했다.[59]

59 Loren Jenkins, "Envoy to Vatican Denies Wrongdoing; Wilson Refuses to Discuss Controversial Ties, Travel

to Libya," *The Washington Post*, May 22, 1986.
60 Miller, "Career of Once Powerful American Prelate in Decline."
61 AP 기자가 Marcinkus를 붙들고 물었을 때, 바티칸은행 수장은 말했다. "내 인생의 99.9%가 열린 책이었다고 말할 수 있다. 아마도 그것은 내 문제다. 아마도 나는 너무 솔직하다." Ibid.
62 "Italian Financier Suspected in Vatican Bank Collapse Was 77," *United Press International*, International News, Milan, A.M. cycle, September 21, 1984.
63 로마와 워싱톤 간에 마피아 마약 신디케이트와 싸우기 위한 새로운 조약으로 가능했을 것이다. "Financier Sent to Italy to Face Charges," *The Globe and Mail* (Canada), September 26, 1984.
64 "바티칸에서의 누구도 신도나의 주제를 입에 올리는 일을 하려 하지 않았다," 당시 미대사관의 Peter Murphy, the Deputy Chief의 회고이다. "그리고 그들은 모든 것을 Marcinkus에게 몰아붙였다." Email from Peter K. Murphy to author, January 30, 2014.
65 "Italian Financier Jailed for Fraud," *The Globe and Mail* (Canada), March 16, 1985.
66 "Ex-Adviser to Vatican Gets Life for Murder," *United Press International*, Milan, A.M. cycle, March 18, 1987.
67 Uli Schmetzer, " 'I've Been Poisoned,' Stricken Financier Sindona Told Jailers," *Chicago Tribune*, March 22, 1986, 6.
68 "Italian Bank Swindler Rushed to Hospital in Coma," *United Press International*, International News, Voghera, Italy, P.M. cycle, March 20, 1986; "Jailed Italian Financier Dies of Cyanide Poisoning," *The Washington Post*, March 23, 1986, A18.
69 E. J. Dionne Jr., "Italy Says It Found Cyanide in Sindona," *The New York Times*, March 22, 1986, 3; "Cyanide Was in Sindona's Coffee, Investigators Say," *Associated Press*, International News, Milan, A.M. cycle, April 1, 1986.
70 Uli Schmetzer, "Jailed Italian Financier in Coma After Poisoning," *Chicago Tribune*, March 21, 1986, 6; "Poisoning Baffles Jail Officials," *The Globe and Mail* (Canada), March 22, 1986, A15.
71 "Magistrate Rules Financier Killed Himself," *United Press International*, International News, Milan, A.M. cycle, November 3, 1986.
* Ivan Fisher, 뉴욕의 유명한 형사전담변호사로, 신도나의 변호사의 하나였던 그는 필자에게 말했다. "내가 아는 미첼을 감안할 때, 나는 그가 스스로 독살했다고 믿는다. 어떻게 그의 머리가 작동했을까 하는 그에 대한 나의 모든 생각은 그는 이탈리아 내에서는 사기와 살해 혐의는 이길 수 있으며 자신의 명성을 되찾을 것이라 순전하게 믿었다는 것이다. 일단 그것이 불가능하고, 일단 그가 감옥에서 죽어야 할 것을 깨닫자, 나는 그가 자신의 끝을 자신이 마무리하기로 결정했다고 생각한다."
72 Author interview with Ivan Fisher, June 19, 2013.
73 Piero Valsecchi, "Arrest Warrant Reportedly Issued for American Archbishop," *Associated Press* International News, Milan, BC cycle, February 25, 1987; "Arrest Warrant Issued for Marcinkus in Bank Collapse," *Associated Press*, International News, Milan, A.M. cycle, February 25, 1987.
74 Uli Schmetzer, "Vatican Bank Official Can Be Arrested, Italy Says," *Chicago Tribune*, March 1, 1987, 27.
75 Valsecchi, "Arrest Warrant for American Prelate in Bank Scandal."
76 See for example Uli Schmetzer, "Italy Trying to Arrest Bishop," *Chicago Tribune*, February 26, 1987, 5. 미국 정부 관리들은 비밀 전신에서 말신커스를 "the Pope's Banker" 로 오랫동안 언급했다. See generally cable from U.S. Embassy, Rome, to Secretary of State, Washington, DC, Secret, Section 01, October 1, 1980, part of the Department of State Freedom of Information request by the Author, August 15, 2007, 15 of 162.
77 Uli Schmetzer, "Marcinkus Among 23 Sought by Italy," *Chicago Tribune*, February 27, 1987, 14.

78 St. Martha Hospice는 1891년 지어졌는데, 죽음의 콜레라 전념병이 로마에 퍼질 것이란 두려움 때문이었다. 처음에는 대부분 순례자들을 위한 병원으로 이용되었는데, 훗날 시공국 내의 성직자들을 위한 거주지로 전환되었다. 1996년 새로운 건축물이 Casa Santa Marta 자리에 지어졌다. 이는 성직자의 게스트 하우스일 뿐만 아니라 교황 Francis가 2013년에 거처를 옮겼던 곳이다. 이는 사도궁(Apostolic Palace)에 있는 더 웅장한 교황 아파트보다 훨씬 단순한 건물이다.
79 Frances D'Emilio, "Independence of Holy See Complicates Scandal Probe," *Associated Press*, International News, Vatican City, A.M. cycle, February 28, 1987.
80 John Tagliabue, "Vatican Prelate Said to Face Arrest in Milan Bank Collapse," *The New York Times*, February 26, 1987, A1; John Tagliabue, "Warrants for Vatican Bankers Raise Legal Problem for Italy," *The New York Times*, February 27, 1987, A6.
81 Schmetzer, "Marcinkus Among 23 Sought by Italy."
82 Cornwell, *God's Banker*, 226; Hoffman, *Anatomy of the Vatican*, 203.
83 "'Astonished' by Warrants for 3 Bank Officials: Vatican," *Los Angeles Times*, February 27, 1987, 2.
84 D'Emilio, "Independence of Holy See Complicates Scandal Probe," *Associated Press*.
85 John Tagliabue, "Vatican Denounces Attempt by Italy to Arrest Bank Chief," *The New York Times*, February 28, 1987, 2.
86 Loren Jenkins, "Vatican Issues Defense of Top Bank Officials; American, 2 Aides Charged in Fraud Case," *The Washington Post*, February 28, 1987, A17; see also Lai, *Finanze vaticane*, 72–73, 139.
87 Author interview with Peter K. Murphy, Deputy Chief of Mission at the U.S. Embassy, 1984–89, January 31, 2014.
88 Uli Schmetzer, "Vatican Bank Official Can Be Arrested, Italy Says," *Chicago Tribune*, March 1, 1987, 27.
89 1987년의 원래 추정액은 6천3백만 달러가 적자였으나, 이제 8천만 달러의 적자가 되었다. Ruth Gruber, "Vatican Faces 'Radical Insufficiency' of Funds; Appeal for Money Goes to Catholics Worldwide," *The Toronto Star*, March 29, 1987, H5; William Scobie, "Secrets of the Holy See," *Sydney Morning Herald*, May 20, 1987, 17; see also "Vatican Expects Record Deficit, Appeals to Local Churches," *Chicago Tribune*, March 27, 1987, 1.
90 Benny Lai interview with Cardinal Giuseppe Caprio, December 11, 1988, 여기서 그는 기부금이 최고 300억 리라에서 약 60억 리라 떨어졌다고 말했다," in Lai, *Finanze vaticane*, 143.
91 Shawn Tully and Marta F. Dorion, "The Vaeican's Finances," *Fortune*, December 21, 1987, 28–40.
92 Shawn Tully and Marta F. Dorion, "The Vaeican's Finances," *Fortune*, December 21, 1987, 28–40.
93 Shawn Tully and Marta F. Dorion, "The Vaeican's Finances," *Fortune*, December 21, 1987, 28–40.
94 2014년 현재, 연금기금은 여전히 교회의 당면한 가장 큰 문제들의 하나다. 40년 이상의 장기 근속자는 평생 동안 자신의 급료 80%를 받고 은퇴한다. 많은 종업원이 시공국에서 젊은 때부터 일하기 시작해서 완전 은퇴 때까지 일한다. 비록 바티칸이 더 작은 "고정 후생" 계획을 앞으로 적용하려고 했지만, 오는 수십 년간에 1,800명의 퇴직자들에게 퇴직 급여를 주어야 한다. 무명의 "바티칸 내부자"는 Fortune 지에 교회의 연기금이 "몇 억 달러" 만큼 부족하다고 말했다. Quoted in Shawn Tully, "This Pope Means Business," *Fortune*, September 1, 2014.
95 "The global image of the Church has suffered," Cardinal Giuseppe Caprio, head of the budget office, told *Fortune*: ibid.; Lai, *Finanze vaticane*, 70.
96 "Cardinals Tackle Vatican's $56M Budget Shortfall," *The Telegraph*, March 25, 1987.
97 Unidentified cleric quoted in Alan Riding, "U.S. Prelate Not Indicted in Italy Bank Scandal," *The New York Times*, April 30, 1989, 22. 토론토의 추기경 Gerald Emmett Carter는 *Fortune*에게, "우리[추기경들]은 더

많은 계좌들을 열도록 5년 동안을 싸워왔다"고 말했다. Tully and Dorion, "The Vatican's Finances."

98 Rocco Palmo, "God's Bankers: Not Afraid," *Whispers in the Loggia*, October 14, 2008, online at http://whispersintheloggia.blogspot.com/2008/10/gods-bankers-not-afraid.html; see also Tully and Dorion, "The Vatican's Finances."

99 "Italy Asks Vatican Extradition," *The New York Times*, March 29, 1987, 13; Bill Scott, "Law Closes In on Wanted Vatican Bank Boss," *The Advertiser*, March 27, 1987.

100 "Marcinkus Treated Brutally, Pope Says," *Chicago Tribune*, April 2, 1987, 5; Tana De Zuleta, "Vatican Stands Firm over Calls to Extradite Marcinkus: Pope Fights to Defend His Banker in Scandal," *The Sunday Times* (London), April 5, 1987.

101 Gianluigi Nuzzi, *Ratzinger Was Afraid: The Secret Documents, the Money and the Scandals that Overwhelmed the Pope* (Rome: Adagio, 2013), Google edition, 27.

102 Recounted by Bishop Lynch at Marcinkus's funeral, reported by Margaret Ramirez, "A Final Farewell for 'God's Banker'; Family, Friends Share Their Memories of Cicero Native Who Became Archbishop," *Chicago Tribune*, March 3, 2006, 1. 1981년, 이탈리아 공공 검찰은 Mother Teresa와 74명의 성직자들에게 이탈리아의 엄격한 외환규정을 위반한 것으로 조사를 받고 있음을 통지했다. 그 의심은 부유한 이탈리아인들이 바티칸은행과 일부 외국 가톨릭 자선단체를 활용해서 이탈리아에서 자금을 빼돌린다는 것이었다. 공식적인 기소는 결국 제기되지 않았다. Robert McCartney, "Vatican Bank, Charity Groups Face Currency Probe," *Associated Press*, International, Rome, A.M. cycle, November 17, 1981.

103 Author interview with Peter K. Murphy, Deputy Chief of Mission at the U.S. Embassy, 1984–89, January 31, 2014. "상어들"이란 말에서 머피는 다른 고위 성직자들이 아닌, Sindona, Calvi, P2, Gelli를 지칭했다. 말신커스가 바티칸은행에서 다루었던 평신도 사업가들의 일부도 포함된다.

* 머피가 어느날 말신커스와 앉아있을 때 바티칸은행 수장이 전화를 받았다. 말신커스는 곧장 화를 냈다. "그는 감옥을 제집 같이 드나드는 자입니다. 무슨 생각을 하는 것입니까? 왜 당신이 그를 추천했습니까?" 일분도 안되어 그는 전화기를 끊었다. 머피가 무슨 일이냐고 물었다. 한 이탈리아 추기경이 어떤 젊은 회계사를 바티칸은행 내의 제2인자 자리로 추천했다는 것이다. 말신커스는 그자가 전과기록이 있음과 이제 막 감옥에서 풀려났음을 알았다. 그는 그 추기경으로부터 왜 그 젊은이를 제안했는지를 알고자 했다. "왜냐하면, 그는 내 동생의 아들, 곧 조카다"가 그의 답이었다. "그것은 교황청을 대부분 구성하고 있는 이탈리아인들에게는 전형적인 일이었다," 머피가 필자에게 한 말이다. "많은 자들이 말신커스가 도덕에 있어 미국적 기준을 적용하는 것을 좋아하지 않았다. 특별히 호의를 가족에게 나누어 주는 일에 있어서는 그랬다."

104 Ibid.

105 Piero Valsecchi, "Court Upholds Arrest Warrant for Marcinkus," *Associated Press*, International, Milan, P.M. cycle, April 14, 1987. 몇몇 성직자들은 실망했다. 왜냐하면, 그들은 성 베드로와 성 바울의 6월 축제, 곧 전통적으로 신자들이 가장 큰 기부를 하는 기간 전에 그 법적 대립이 끝나기를 바랬기 때문이었다. 그들은 관대한 가톨릭 신자들이 이탈리아 검찰 교황 중 누가 먼저 항복할 것인가 하는 날마다의 신문 머릿기사로 인해 기부에 대한 흥미를 잃게 될까 두려워했다. Clare Pedrick, "Storm Clouds at Vatican Bank: Officials Urge Sacking of Notorious President as Donation Day Looms," *The Financial Post* (Toronto), May 4, 1987, 11. 그 스캔들이 얼마만큼 기부의 급감을 야기했는가에 대한 영향에 대해 "Poor Image Depletes Vatican Coffers," *Chicago Tribune*, March 18, 1986, 5를 보라..

106 Piero Valsecchi, "More Warrants Issued in Collapse of Banco Ambrosiano," *Associated Press*, International, Milan, A.M. cycle, May 6, 1987.

107 Lai, *Finanze vaticane*, 73.

108 "Vatican Court Reportedly Rejects Extradition of Marcinkus," *Associated Press*, International, Turin, P.M. cycle, June 19, 1987.
109 George Armstrong, "The Vatican Gives Haven to a Fugitive," *Los Angeles Times*, July 19, 1987, Part 5, 2.
110 Nuzzi, *Vaticano S.p.A.*, 22.
111 Nuzzi, *Vaticano S.p.A.*, 37.
112 "Vatican Backs 3 in Bank Case," *The New York Times*, July 14, 1987, D21.
113 "Vatican Official: Marcinkus 'Victim' of Bank Scandal," *Associated Press*, International, Vatican City, P.M. cycle, July 13, 1987.
114 "Vatican Official: Marcinkus 'Victim' of Bank Scandal."
115 검찰은 바티칸은행이 여러 세속적인 투자와 사업에 깊이 관여했기 때문에 "중심적 독립체"가 아니라고 주장했지만 실패했다. See "3 Won't Face Charges in Vatican Bank Case," *Chicago Tribune*, June 9, 1988, 23.
116 "Italy Can't Charge Vatican Bank Archbishop—Court," *Los Angeles Times*, July 17, 1987, 2.
117 Benny Lai interview with De Bonis, July 28, 1987, in Lai, *Vaticane finanze*, 140.
118 Marcinkus quoted in Samuel Koo, "Top Court Upholds Vatican, Rejects Arrest Warrants for Marcinkus," *Associated Press*, International News, Rome, P.M. cycle, July 17, 1987; Roberto Suro, "Top Italy Court Annuls Warrants Against 3 Vatican Bank Officials," *The New York Times*, July 18, 1987, 2. *Finanze vaticane*의 필자 Benny Lai가 Marcinkus와 만나자, 바티칸은행 수장은 그에게 말했다. "나는 이 판결로 인해 기쁘다. 이것은 정의가 존재한다는 증거를 주었기 때문이다. 나는 언제나 정의에 대한 믿음을 갖었고 내가 옳았다." (interview by Lai of Marcinkus, July 28, 1987).
119 Uli Schmetzer, "Court Bars Arrest of Marcinkus," *Chicago Tribune*, July 18, 1987, C1.
120 See generally George Armstrong, "Bank Officials Free to Leave Vatican," *The Guardian*, July 18, 1987.
* 이탈리아 최고 법정으로부터의 희소식 한달 후, 말신커스는 Doubleday와 작가 A. J. Quinnell을 대상으로 미국 내에서의 첩보 소설의 출판을 금지하는 가처분 신청을 했다. 이 소설에서 그는 소비에트 수상을 암살하는 음모의 중심적 인물로 그려졌다. 말신커스는 법원 명령을 통해 롱 아일랜드 창고에 쌓여있는 소설 77,000부가 파괴되도록 요구했다. 뉴욕 대법원은 두 가지 요청을 기각했다.[120]
121 Paul Marcinkus v. Nal Publishing Inc., 138 Misc.2d 256 (1987), Supreme Court, New York County, December 3, 1987, available online at http://scholar.google.com/scholar_case?case=8865799868810149066&q=138+Misc.+2d+256&hl=en&as_sdt=4,33.
122 Roberto Suro, "Italy Presses Case Against Vatican Bank Officials," *The New York Times*, December 11, 1987, A8.
123 "Laywer Asking Court to Rule on Marcinkus Prosecution," *Associated Press*, International, Milan, December 11, 1987. 2008년에 법무장관 Angelino Alfano이 대법원의 말을 본질상 모방해서 행정명령, Lodo Alfano (Alfano Law)을 발표했다. 이것은 4명의 최고 정부 조직에 대해 검찰기소 면제를 허락하는 내용이었다. 즉 대통령, 의회 상하원 의장 수상이었다. Lodo Alfano는 이탈리아 수상 Silvio Berlusconi의 어떤 조사를 끝내기 위한 목적이었다. 하지만 2009년 10월, 이탈리아 헌법재판소에 의해 무효화되었다.
124 Uli Schmetzer, "Bishop Gets Immunity in Bank Case," *Chicago Tribune*, May 18, 1988, C6; "High Court Rules Italian Courts Can't Prosecute American Archbishop," *Associated Press*, International, Rome, June 8, 1988.
125 Tully and Dorion, "The Vatican's Finances."
126 바티칸은행은 수십 년 동안 종업원이 12명을 넘긴 적이 없었다. 그 중 누구도 MBA를 가진 자는 없었다. 2012년 즈음에는 바티칸은행은 100 명의 종원원을 두었다. 크게 늘어난 결과는 2000년 이후 생긴 일이다. Ibid.

127　Victor L. Simpson, "Vatican Forecasts Record Deficit; Announces Bank Overhaul," *Associated Press*, International, Vatican City, P.M. cycle, March 9, 1989. John Cornwell, "The Dues of the Fisherman; Burdened by Scandal and Bureaucracy, the Vatican Is Living Beyond Its Means, and the Crisis Is Undermining Its Mission. A Miracle is Needed to End the Shortage of Peter's Pence," *The Independent* (London), April 15, 1990, 10; see also Raw, *The Moneychangers*, 38.

*　1985년, 신자들은 베드로성금으로 2천 8백만 달러를 기부했다. 이는 1986년에 3천 2백만 달러로 증가했다. 하지만 바티칸을 위한 돈은 적었다. 왜냐하면, 많은 기부금이 미국에서 왔으며, 리라가 달러 대비 강세였기 때문이었다. 이는 환율로 인해 50억 리라가 실제로는 작았다. 1987년 베드로성금은 5천만 달러로 껑충 뛰었으나 그 출혈을 멈추기에는 여전히 충분치 않았다. 1988년과 1989년의 적자 전에 그런 기부금 수령으로 인해 바티칸은 심각한 경고를 발표했다. "준비금이 이제 거의 완전히 바닥났다." 바티칸은 재정의 곤란함으로 인해 1989년 일본의 닛뽄TV와 4,175,000달러의 논쟁적인 계약을 체결해서 미켈란젤로의 시스틴 성당의 프레스코의 보수 과정을 필름에 담기로 했다. 그 돈은 닛뽄 TV가 독점권을 사서 삼 년 동안 그 그림들을 이용하는 것이었다.[127]

128　Roberto Suro, "Vatican Expects Record '88 Deficit," *The New York Times*, March 6, 1988; "Nippon TV and the Vatican," *The New York Times*, May 29, 1990. 1985년 예산의 숫자에 대한 특이한 점에 대해 Jason Berry가 일반적인 최종 대차대조표와 손익계산서를 "background source"라고 말한 자로부터 얻었다. See Berry, *Render Unto Rome*, 37, 367 n. 5.

129　Tully and Dorion, "The Vatican's Finances."

130　수 년 동안 바티칸(Vatican)은 Roman diocese을 보조했다. 그 교구(diocese)가 비용을 감당하는데 어려움을 갖었기 때문이었다. See Berry, *Render Unto Rome*, 39–40.

131　German tax의 경우, 예컨대, Cologne같은 대교구는 세금으로 모든 비용의 75%를 충당했다. See Tully and Dorion, "The Vatican's Finances." Desmond O'Grady, "Vatican Plan for Tax on Catholics," *Sydney Morning Herald*, August 28, 1987, 10. Joseph Höffner 추기경은 신도들에게 전세계적인 세금을 제안함으로써 대부분의 가톨릭 신자들을 떨게 만들었다.

132　Tully and Dorion, "The Vatican's Finances."

133　Lai, *Finanze vaticane*, 84–85.

134　"우리는 거의 확실히 임대보호법이 심각하게 적용되는 이탈리아 내의 유일한 기구다," 한신원미상의 고위 성직자가 「포춘」에 불평한 말이다. Tully and Dorion, "The Vatican's Finances."

135　Krol 이외에도 그 위원회는 뉴욕의 추기경 John O'Connor이 포함되었다. "The Pope Creates Vatican Bank Panel," *Lexis Nexis, Herald*, Business Section, June 29, 1988, 21. See also Tully and Dorion, "The Vatican's Finances."

*　지역 교구들도 여전히 많은 영수증에 허덕였고, 이를 로마교회가 감당해야 한다고 생각했다. 바티칸은, 예컨대, 1987년 9월 미국으로의 10일 방문을 위해 교황과 수십 명의 수행원을 위한 전세기 비용을 지불했다. 미국 정부와 미국 교회는 그 나머지를 댔다. 미국의 납세자들은 추가적인 비밀 경호대와 경찰 보안 비용으로 6백만 달러를 감당했고, 교구들은 스타디움 임차부터 청소 비용까지, 음향까지 약 2천만 달러의 모든 것을 감당했다. 이로 인해 교구들은 몇 년 동안 그 비용들을 청산해야 했다.[135]

136　Shawn Tully and Marta F. Dorion, "The Vatican's Finances," *Fortune*, December 21, 1987.

137　Benny Lai interview with de Caprio, July 28, 1987, in Lai, *Finanze vaticane*, 140.

138　APSA, IOR 이외의 바티칸의 중요 금융부서는 이때쯤에는 평신도의 통제 아래 있었다. Benedetto Argentieri, Brussels' Banque Européenne d'Investissement의 전 시장 분석가가 26명의 평신도 전문가들을 지휘했다. Marcinkus와 바티칸은행에 비교해서, APSA는 더욱 신뢰할 만한 부서로 진화했다. Tully and Dorion, "The Vatican's Finances." See also Religious News Service, "American Head of Vatican Bank May

Be Ousted," *Los Angeles Times*, July 16, 1988, Part 2, 7.
139 Nuzzi, *Vaticano S.p.A.*, 35.
140 Lai, *Finanze vaticane*, 148, citing G. Zizola, "banker of St. Francis," *Panorama*, March 26, 1989.
141 Benny Lai interviews of Massimo Spada, January 14, 1998, and June 7, 1989, in Lai, *Finanze vaticane*, 142, cited in Nuzzi, *Vaticano S.p.A.*, 62, as "1 2 de julio de 1987." Giancarlo Zizola, "Banchiere di san Francescon," *Panorama*. Author interview with Lai, September 20, 2006.

제28장

1 Caloia는 그 그룹의 비서였으며, 다른 창립 멤버는 최고의 은행가들을 포함했다. 즉, Giovanni Bazoli of Banca Intesa, Cesar Geronzi of Capitalia, Banca d'Italia's Antonio Fazio이었다. 이 그룹에는 역시 다음 종교인들이 포함되었다. Bishop Attilio Nicora, Milan's Cardinal Martini의 조수; Lorenzo Ornaghi, the Catholic University of the Sacred Heart의 장래 총장; Father Giampiero Salvini, Jesuit 소속 지식인이며 La Civiltà Cattolica의 장래 편집장. Sandro Magister, "The Pope's Banker Speaks: 'Here's How I Saved the IOR,' " *L'Espresso*, No. 25, June 18–24, 2004.
2 Account provided by Caloia in Galli, *Finanza bianca*, 129. Caloia는 때로는 필자와의 인터뷰에 흥미를 가진 것처럼 보였으나 결국 거절했다.
3 Account provided by Caloia in Galli, *Finanza bianca*, 129–30.
4 Caloia interviewed in Galli, *Finanza bianca*, 130.
5 Galli, *Finanza bianca*, 130.
6 Lai, *Finanze vaticane*, 79.
7 Caloia interviewed in Galli, *Finanza bianca*, 131.
8 Caloia interviewed in Galli, *Finanza bianca*, 131.
9 Lai, *Finanze vaticane*, 77.
10 Michael Sheridan, "Vatican Ends Archbishop's Scandalous Reign," *The Independent* (London), March 10, 1989, 10.
11 Alan Riding, "U.S. Prelate Not Indicted in Italy Bank Scandal," *The New York Times*, April 30, 1989, 22.
12 Marcinkus quoted in Tully and Dorion, "The Vatican's Finances," *Fortune*.
13 "Vatican Bank Gets New Supervising Council," *United Press International*, Vatican City, BC cycle, June 20, 1989.
14 Caloia interviewed in Galli Financial News, *Finanza bianca*, 132.
15 Angelo Pergolini, "Dimenticare Marcinkus," *Espansione*, November 1, 1988, n. 222. Philippe de Weck, the UBS president는 Casaroli에게 Caloia가 IOR's lay supervisory council의 의장이 되어야 한다고 확약했다. See also Lai, *Finanze vaticane*, 79–80.
16 대부분의 언론 설명은 Bodio의 임명이 잘못 보도되어, 그가 최초의 평신도로 바티칸은행의 수장이 되었다는 것이었다. 그것은 Nogara와 Maillardoz를 간과했기 때문이다. Typical was the coverage in "First Layman Named to Lead Vatican Bank," *Chicago Tribune*, March 18, 1990, 20; and "Vatican Names New Director of Bank," *Associated Press*, International News, Vatican City, A.M. cycle, March 17, 1990
17 See generally "Ambrosiano Crash: 35 on Trial in Milan," *Australian Financial Review*, May 30, 1990, 57.
18 See Lai, *Finanze vaticane*, 81, n. 45; see also Charles Ridley, "Archbishop Marcinkus Resigns from Vatican

Service," *United Press International*, International News, Vatican City, BC cycle, October 30, 1990.

19 Marcinkus quoted in Victor L. Simpson, "Former Vatican Bank Head Returning to United States," *Associated Press*, International News, Vatican City, P.M. cycle, October 30, 1990.

20 Memo from Interpol Washington to Justice, Memo of Conversation, 2003/04/05755, 23 April 2003, 450PM, FOIA release to author.

21 Author interview with Peter K. Murphy, January 31, 2014.

22 Marcinkus quoted in Clyde Haberman, "Former Head of Vatican Bank Retires," *The New York Times*, October 31, 1990, A3.

* Marcinkus는 폐기종의 합병증으로 인해 84살의 나이로 2006년에 죽었다. 그는 일단 미국으로 돌아온 후 자신의 바티칸 재직에 대해 전반적인 인터뷰를 결코 한 적이 없었다. 필자가 2005년에 전화로 그와 통화했을 때, 그는 말했다, "나는 그때로 돌아가고 싶은 생각이 조금도 없다." 필자는 말신커스의 개인적 서류나 기사를 찾는데 성공하지 못했다. 특별히 시카고교구는 말신커스가 자신의 개인 일기와 서류들을 그 교구에 남겼다는 공개된 보도가 맞는 것인지에 대한 문서 요청에 대해 결코 답하지 않았다. 말신커스의 두 평신도 동료들, 그들 역시 자신들의 사역에 대한 마지막 연간(年間)을 퇴색하게 했던 논쟁들을 해명하지 않고 죽었다. 멘니니의 아들 바오로(Paolo)는 지금 바티칸 APSA의 특별부서의 부서장으로 있다.²³

23 Margalit Fox, "Archbishop Marcinkus, 84, Banker at the Vatican, Dies," *The New York Times*, February 22, 2006; John Hooper, "Luigi Mennini: Shadow Over the Vatican," *The Guardian*, August 14, 1997, 14. Author request for information to the Archdiocese of Chicago, December 18, 2013.

제29장

1 * '오푸스데이'(Opus Dei)의 멤버는 교황 요한 바오로 하에서 바티칸의 요직을 위한 평신도의 자리를 거의 차지했다. 교황은 예수회에 의해 행사되는 영향력을 줄였다. 예수회는 오푸스데이가 교황의 개인적 고위 성직자로 올라가는 것을 오랫동안 반대했던 교단이었다. 15년 전에, 교황 바오로 6세는 그런 특별한 지위에 오푸스데이의 지원을 거절했다. 요한 바오로 2세는 1982년에 이를 허락했다. 그것은 로베르토 칼비가 자신의 가족에게 말했던 것과 같은 것이었다. 오푸스데이는 암브로시아노의 구제금융에 대하여 그가 갖었던 것을 원했고, 이는 논의의 실패로 끝났다.¹

1Hebblethwaite, *Pope John Paul II and the Church*, 104-7; Willey, *God's Politician*, 196-97; Hoffman, *Anatomy of the Vatican*, 237-41.

2 1Hebblethwaite, *Pope John Paul II and the Church*, 104-7, Galli, 93.

3 Caloia interviewed in Ibid., 89.

4 바티칸에서 재직하는 동안, Dardozzi는 Pontifical Academy of Sciences 의 교무담당관으로, Libreria Editrice Vaticana의 이사회의 멤버로, Pontifical Council for Culture의 작가로 활동했다. Lai, *Finanze vaticane*, 78. See Sandro Magister, "All the Denarii of Peter. Vices and Virtues of the Vatican Bank," *L'Espresso*, June 15, 2009.

5 Statement of an anonymous witness to television journalist Paolo Mondani, reported in Willan, *The Vatican at War*, location 5338-5392 of 6371.

6 Spellman Foundation 계좌는 1960년대로 거슬러 올라간다는 어떤 증거가 있었다. 이것은 단지 새로운 계좌(IOR number 001-3-14774-C)를 개설하는 것이었다. Nuzzi, *Vaticano S.p.A.*, 39; Willan, *The Vatican*

at War, location 5301 of 6371.

7   Photocopy of the account application, Istituto per le Opere di Religione, Ufficio Amministrativo, June 15, 1987, stating that the De Bonis was managing the account on behalf of Andreotti. Reproduced in Nuzzi, *Vaticano S.p.A.*, 41.

8   Giacomo Galeazzi, "Karol Wojtyla and the Secrets of Vatican Finances," "Vatican Insider," *La Stampa*, June 6, 2011. De Bonis는 나중에 이를 바꾸었으며, 일부 수익금은 오직 자선단체로 갔고, 그때 쯤에는 그 계좌는 폐쇄되었다. Last Will and Testament of Donato De Bonis, in Nuzzi, *Vaticano S.p.A.*, 39, 42, 143.

9   €26.4 million, see Nuzzi, *Vaticano S.p.A.*, 43. Fifty billion lire transferred in, and 43 billion out, in Philip Willan, "The Vatican's Dirty Secrets: Bribery, Money Laundering and Mafia Connections," *AlterNet*, June 4, 2009.

10 Willan, *The Vatican at War*, location 5320 of 6371; Nuzzi, *Vaticano S.p.A.*, 42.

11 Nuzzi는 Spellman account 에서의 자선 기부금은 거의 "한계적"이라고 묘사한다. Nuzzi, *Vaticano S.p.A.*, 45; see also Willan, *The Vatican at War*, location 5320–25 of 6371.

12 Nuzzi, *Vaticano S.p.A.*, 44, 47. de Bonis가 계좌주인들을 Nicholas V Tower의 계단을 오를 때 동행하면서 말하길, 그들이 "천국에 더 가까이" 있다고 했다. Curzio Maltese, in collaboration with Carlo Pontesilli and Maurizio Turco, "Scandal, Intrigue and Mystery: The Secrets of the Vatican Bank," translated by Graeme A. Hunter, *La Repubblica*, January 26, 2008.

13 새로운 단어, 'tangentopoli'는 대충 bribsesville(뇌물촌)으로 번역되며, 전체 이야기를 표현하는 데 제격이었다. Alan Cowell, "Web of Scandal: Broad Bribery Investigation Is Ensnaring the Elite of Italy," Special Report, *The New York Times*, March 3, 1993, A1; see also Jean-Louis de la Vaissiere, "Clean Hands Probe Enters Its Third Year," *Agence France-Presse*, International News, Rome, February 15, 1994.

14 The 1992 directive is quoted in Nuzzi, *Vatican S.p.A.*, 47, 165, citing from the "reminder to the Board of Superintendence" of February 1994, signed "VP." 이런 이니셜은 Vincenzo Perrone, 바티칸은행 자문관이며 자칭 Angelo Caloia의 절친의 것이다.

15 Caloia interviewed in Galli, *Finanza bianca*, 149.

16 Maltese, "Scandal, Intrigue and Mystery."

17 Ibid.

18 Magister, "All the Denarii of Peter. Vices and Virtues of the Vatican Bank." See also Nuzzi, *Vaticano S.p.A.*, 45, 53–58.

19 Nuzzi, 48.

20 Angelo Caloia quoted in ibid., 146.

21 Angelo Caloia quoted in ibid., 62.

22 그것들 가운데 있는 것은 the Cardinal Francis Spellman Foundation, Account No. 001-3-14774-C; the Augustus Louis Jonas Foundation, Account No. 001-3-16764-G; St. Seraphim Fund, Account 001-3-17178; the Mama Roma Fund for the Fight Against Leukemia, Account 001-3-15924; the Rome Charity Fund, Account No. 051-3-10054; Our Lady of Lourdes Fund, Account No. 051-3-02370; Holy House of Loreto, Account No. 001-3-16899; Sanctuary of Loreto and Sacro Monte di Varese, Account No. 051-3-10840; St. Martin Fund, Account No. 001-3-14577; Tumedei and Alina Casalis, Accounts No. 051-1-03972, 051-6-04425, and 051-3-05620; 숫자 계좌가 아닌 계좌, Sisters of Divine Providence-Bisceglie.

23 Nuzzi, *Vaticano S.p.A.*, 145.

24 Nuzzi, *Vaticano S.p.A.*, 57–58.

25 Nuzzi, *Vaticano S.p.A.* 68. 그 수녀들은 Bisceglie의 Santa Chiara수녀원으로 옮겼다. 수년 후(2007), 그 수

녀들은 뜨거운 뉴스 보도로 장식되었고 때로는 수녀원의 수도승같은 생활양식이 변해야 한다고 싸우는 전투적 모습의 기사로 그려졌다. 수녀원장 Sister Liliana는 Pope Benedict에게 편지를 보내, 교황이 개입하여 그녀의 동료 수녀들 가운데 어떤 교단에 회복시켜 주기를 탄원했으나 실패했다. "Nun Sends Plea to Pope over Unholy Row in Convent," *The Guardian*, October 3, 2007, 19.

26 Handwritten letter, Angelo Caloia to Stanislaw Dziwisz, August 5, 1992, reproduced in *Vaticano S.p.A.*, 50.

27 Nuzzi, *Vaticano S.p.A.*, 68–70, also citing the independent investigative work of freelance journalist Gianni Lannes.

28 Enzo D'Errico, "Uno sponsor politico per ogni farmaco," *Corriere della Sera*, October 27, 1993, 11.

29 Galli, *Finanza bianca*, 133, 149; Nuzzi, *Vaticano S.p.A.*, 67.

30 Caloia interviewed in Galli, *Finanza bianca*, 133.

31 Alessandro Speciale, "Unmasking the Vatican's Bank," *Global Post*, January 25, 2011.

32 Nuzzi, *Vaticano S.p.A.*, 63; see the typed one-page document attached to the letter from Caloia to Pope John Paul II, reproduced in *Vaticano S.p.A.*, 66; Galeazzi, "Karol Wojtyla and the Secrets of Vatican Finances."

33 Michael Hornblow는 몇 년 동안 바티칸에 주재했던 미국의 외교관으로, 시공국 안의 모든 것은 늦은 동작으로 움직였다고 설명했다. "내가 항상 들었던 단어는 pazienza [인내]였다." Author interview with Michael Hornblow, January 28, 2014.

34 "Bishop Indicted in Ambrosiano Case," *Associated Press*, Business News, Rome, A.M. cycle, April 21, 1992.

35 Bruce Johnston, "Quietly among the sound and fury of falling politicians, a court case has opened that could finally explode the Italian timebomb," *South China Morning Post* (Hong Kong), March 8, 1993, 17.

36 Raw, *The Moneychangers*, citing the March 24, 1992 report of Rome Investigating Magistrate, Mario Almerighi, 478; see also James Moore and Bruce Johnston, "Murder Squad Revisit Roberto Calvi Following the Testimony of Mafia Supergrasses in Rome, Police in London Have Opened a Murder Inquiry into the 1982 Death of the Banker," *The Daily Telegraph* (London), October 4, 2003, 36.

37 "Rome: Slovak Bishop Given Three-Year Sentence," *The Tablet*, April 10, 1993, 10; see also "$4M Vatican Payout," *Sunday Mail* (QLD), May 10, 1992. 어떤 자들은 Hnilica가 3백만 달러와 6백만 달러 사이의 금액을 Calvi의 서류가방을 위해 지불했다고 주장했다. See Philip Willan, *The Vatican at War: From Blackfriars Bridge to Buenos Aires* (Bloomington, IN: iUniverse Books, 2013), Kindle edition, 154 of 6371.

38 Raw, *The Moneychangers*, citing De Leo, 478; see also Johnston, "Quietly among the sound and fury of falling politicians, a court case has opened that could finally explode the Italian timebomb," and A. G. D. Maran, *Mafia: Inside the Dark Heart* (New York: Random House, 2011), 25–26.

39 Viyiane Hewitt, "Rome Court Opens Vatican Row," *The Catholic Herald* (UK), October 27, 1989, 1; see also "Rome: Slovak Bishop Given Three-Year Sentence," *The Tablet*. 추가적인 증거는 Hnilica의 초기 변호 즉 서명들이 위조된 것이라는 주장에 대해 의심을 낳게 했다. 처음 두 개의 수표 총액 6억 리라 (500,000달러) 이후, Hnilica는 추가적인 12개의 수표, 총액 7십만 달러를 서명하고 Lena에게 건네주었다. See Hutchison, *Their Kingdom Come*, 331–32.

40 "Czech Cigarettes," *USA Today*, April 23, 1992, 10B; see also Hutchison, *Their Kingdom Come*, 330–338.

41 검찰은 3인이 바티칸을 흔들려고 공모했다는 것을 증명하기를 바랐다. 하지만 그 고발은 피고인들에게 유리하게 되는 혼돈스런 재판이 되었다. 결론적으로, 이 세 사람들은 형법 648조, 도난 물건의 알고도 수령하는 죄목으로 기소되었다. Carboni는 최고 5년 형, Hnilica는 3년 형, Lena는 2년반의 형을 받았다. 작가 Robert Hutchison에 따르면, 세 사람의 평결은 "나중에 '법절차의 흠결'로 모두 번복되었다." 작가 Philip Willan은 "그 평결은 나중에 상고심에서 뒤집어질 것이다. 이탈리아 대법원은 그 손가방이 원래 칼비가 자신의 자유 의지로 Carboni에게 맡겨진 것이 아니라는 증거가 없다고 판결했다." Willan,

The Vatican at War, 3169-3171 of 6371; Hutchison, *Their Kingdom Come*, 338. As for the sentences, see "Rome: Slovak Bishop Given Three-Year Sentence," *The Tablet*. See also Richard Owen, " 'God's Banker' to be exhumed: Murder or Suicide? Mafia-linked financier's death still a mystery," *Calgary Herald* (Alberta, Canada), December 16, 1998, A11.

42 로마교회는 적극적으로 대처하는 것이 합당한 듯한 어떤 문제들에 대해 이때는 이상하리 만큼 조용했다. 적극성으로 요한 바오로는 초기부터 명성을 얻었다. 9월 15일, 신부 Guiseppe Puglisi가 자신의 56살의 생일날에 Palermo 의 자기 교구 앞에서 아주 가까이 겨눈 총으로 인해 살해당했다. Puglisi는 마피아에 대항하는 운동을 3년 동안 앞에서 주도했다. 그의 공개적 살해는 교황이 그 장례식에 참석해야 한다는 시실리 성직단의 즉각적인 요구를 불러일으켰다. 하지만, 그들에게 실망스럽게, 교황은 죽은 사제를 위한 기념미사에 가지 않았다. 바티칸은 심지어 한 사람의 대표자도 보내지 않았다. 교황은 마피아와 이탈리아 사회 내의 그 악취나는 영향력을 비난하는 성명서도 발표하지 않았다.

43 Galli, *Finanza bianca*, 76; Magister, "The Pope's Banker Speaks"; see also Lai, *Finanze vaticane*, 86.

44 Magister, "All the Denarii of Peter. Vices and Virtues of the Vatican Bank."

45 Reese, *Inside the Vatican*, 206-8.

46 Magister, "All the Denarii of Peter. Vices and Virtues of the Vatican Bank." See also Nuzzi, *Vaticano S.p.A.*, 150. 그들의 첫 만남에서, Castillo Lara 는 Caloia가 자신에게 충분한 관심을 보인다고 생각하지 않아, 짐으로 가득한 방 앞에서 그 은행가를 막아섰다. "이봐, 나는 구두 광내려고 여기 있는 것이 아니야." Caloia가 나중에 공개적으로 인정했던 것들 중 최고는 그가 Castillo Lara와 "가깝지 않다"는 것이었다. 왜냐하면, "라라는 옛 시스템의 멤버들에게 둘러싸인 자"였기 때문이었다. Angelo Caloia interviewed in Galli, *Finanza bianca*, 152.

* 작가 Jason Berry는 자신의 핵심적인 책 *Render Unto Rome*에서 Sodano에 대해 썼다. 그는 "공언된 반좌파"로 자신이 칠레의 교황 대리대사로 있을 때 그곳 독재자 Augusto Pinochet와 가까웠다. 베리에 따르면, 교황 요한 바오로 2세는 "교황청 정치노름에 매우 싫증을 냈으며, 내부 싸움으로부터 방화벽을 소다노 안에 두었다." Berry는 역시 Sodano가 독일 추기경 Joseph Ratzinger(후 교황 베네딕토 16세)을 압박해서 세간의 이목을 끄는 두 명의 사건에서 성폭력 혐의에 대한 조사를 막게 했다는 뉴스를 밝혔다. 이들은 비엔나의 대주교 Hans Hermann Groër이며, Legion of Christ 라는 교단의 창립자 Marcial Maciel Degollado였다. 추기경 소다노와의 인터뷰를 위해 바티칸 언론실에 반복적인 신청에도 답은 없었다. [47]

47 Berry, *Render Unto Rome*, 103, 162, 175, 278, 336-39; Author faxes to Father Federico Lombardi, September 2013.

48 Berry, *Render Unto Rome*, 100-104, 181, 184, 186.

49 Berry, *Render Unto Rome*, 184-85. 이 구속은 로마교회가 이탈리아 안에서 터지고 있는 확산일로의 범죄망에 끼여들고 있는가라는 언론의 추측을 낳았다. 심지어 *National Catholic Reporter*는 "교회의 개입 수준은 누가 어떻게 적극적으로 '가톨릭교'와 '로마교회' 간에 구별을 내릴 수 있는가에 달려있다"고 언급했다. Peter Hebblethwaite, "Scandal in Rome Has Buffeted the Church; Italian Political Corruption Purges," *National Catholic Reporter* March 26, 1993, 16.

50 Caloia to Sodano, Memo, July 27, 1993, quoted in Magister, "All the Denarii of Peter. Vices and Virtues of the Vatican Bank." And in Nuzzi, *Vatican S.p.A.*, 101n12. 역시 Caloia는 Sodano는 "예외적으로 신뢰와 인간성의 사람"으로 생각했지만, 그들의 대화에서 그들은 "IOR의 사명에 대해 동의하지 않으려는" 것을 깨달았다. Angelo Caloia interviewed in Galli, *Finanza bianca*, 152.

51 Author interview with a former Papal advisor/assistant, identity withheld at their request, in Rome, September 2013.

52 Alessandro Bonanno and Douglas H. Constance, *Stories of Globalization: Transnational Corporations, Re-*

53 Recounted by Caloia in Galli, *Finanza bianca*, 159–60; Paddy Agnew, "Vatican Pledges to Help Bribes Inquiry," *The Irish Times*, October 18, 1993, 10; see also John Glover, "New Suicide Stuns Italy," *The Guardian*, July 24, 1993, 1; Nuzzi, *Vaticano S.p.A.*, 84–85.

54 Galli, *Finanza bianca*, 159–60; Willan, *The Vatican at War*, location 5320 of 6371; see also Nuzzi, *Vaticano S.p.A.*, 43. 검찰을 만나기 전에, Caloia는 자신이 신뢰하는 IOR lieutenant인 Monsignor Dardozzi에게 말했다. 그는 그 성직자에게 은행이 다시 한번 "젠장할" 상태로 되었다고 말했다. Maltese, "Scandal, Intrigue and Mystery."

55 Paddy Agnew, "Illegal Funds Hint Soils the Image of the 'Clean' League," *The Irish Times*, November 25, 1993, 10; Maltese, Pontesilli, and Turco, "Scandal, Intrigue and Mystery; The Secrets of the Vatican Bank"; Launch Ansa, "P2 Lodge: List Names," May 21, 1981, Fasc. 020203, Group 6, cited in Nuzzi, *Vaticano S.p.A.*, 100n4, Dr. Luigi Bisignani, Rome, Code E. 1977, Card 1689 date Init. 1.1.1977, date scad. 31.12.1980.

56 Nuzzi, *Vaticano S.p.A.*, 76, 84. 이 계좌, 001-3-16764-G는 1990년 10월 11일에 개설되었다.

* Manhattan foundation은 비수익기구로, 완전 장학금 뉴욕 라임벡에서의 초청 방식의 리더쉽 훈련 기관을 운영했으며, 14살에서 16살의 남자 아이들 대상이었다. George Edward (Freddie) Jonas는 제2차 세계대전 동안 OSS 장교였고 펠트 모자 생산회사의 재산 상속자로, 1930년 이 재단을 설립했다. Bisignani에 따르면, Jonas와 Marcinkus는 1970년대 초에 바티칸은행에 계좌를 개설했고, 그들은 나중에 이를 드 보니스에게 넘겨주었다.[57]

57 Obituary, George E. Jonas, *Poughkeepsie Journal* (New York), August 27, 1978, D6; see Gianni Barbacetto, "Luigi Bisignani, l'uomo che college," *Il Fatto Quotidiano*, March 8, 2011.

58 Andrea Gagliarducci, "I.O.R., Is Something Going to Change?" *MondayVatican: Vatican at a Glance*, June 6, 2011; Galli, *Finanza bianca*, 163.

59 Gagliarducci, "I.O.R., is Something Going to Change?" Galli, *Finanza bianca*, 163.

60 Letters from Caloia to Sodano, October 5 and October 20, 1993, in Nuzzi, *Vaticano S.p.A.*, 99, 101.

61 Angelo Caloia interviewed in Galli, *Finanza bianca*, 151; see also Nuzzi, *Vaticano S.p.A.*, 80; and see also "Vatican Bank Director," *Newsday*, March 18, 1990, 12. Antonio Chiminello는 여전히 Vatican에 있다. April 30, 2012에 Pope Francis은 교황직에 오른지 6주 후 Chiminello를 the prefecture for the Economic Affairs of the Holy See의 자문관에서 Auditors Office of Vatican City State의 부감독자로 승진시켰다.

62 Domenico Bonifaci는 3 구좌를 개설했다. July 11, 1991에 No. 91003, 이 계좌 후 바로 No. 001-3-17624, August 12, 1992에 No. 001-6-02660 -Y. 모든 구좌들은 특별 금리의 신청을 허가하는 것이었다. 그 구좌들은 바티칸은행의 최고 이자율을 누릴 수 있었고, Bodio가 모두 승인했다.

63 Nuzzi, *Vaticano S.p.A.*, 153.

* Caloia는 Bodio를 교체하고 대신 Andrea Gibellini를 세웠다. 그는 63세의 은행가이며 베르가모 인민은행(Banca Popolare di Bergamo)의 이사였다. Gibellini는 강한 엄격주의자로 명성을 가졌다. 카로야가 때로는 밀라노의 친구며 경영업계의 교수인 Vincenzo Perrone에게 도움을 구하기 시작했다. 그 사이에 소다노는 그의 개인 비서 42살의 미국인 Timothy Broglio 경을 Stevens 와 Caloia를 돕도록 임명했다.[64]

64 David Agazzi, "Gibellini: Sorry for the IOR in the dirt and no more secrets," *L4B Local ANSO*, May 30, 2012. Nuzzi, *Vaticano S.p.A.*, 164–66, showing for example the memo to the IOR board of supervisory oversight, February 18, 1994, from "VP."

65 Agnew, "Vatican Pledges to Help Bribes Inquiry," 10; Nuzzi, *Vaticano S.p.A.*, 84–85, 121.

66　Nuzzi, *Vaticano S.p.A.*, 97–98.
67　Nuzzi, *Vaticano S.p.A.*, 99. Caloia가 Cardinal Castillo-Lara를 의심했던 것 만큼, 그 역시 APSA내의 Castillo의 수석 금융 자문관 Monsignor Robert Devine을 믿지 않았다. Devine은 성공적인 캐나다 개인 사업가로 큰 규모의 돈을 번 후 환자를 돌보고 대부분의 개인 재산을 나누어주었던 자였다. 그는 52살에 사제가 되었으며, 로마에 정착해서, 1991년에 APSA 내에서 Castillo Lara의 투자자문관이 되었다. Caloia에 관한 한, Devine은 천부적인 투자자가 될 수 있으나, 그가 너무 추기경의 자리를 도우려고 했기 때문에 "밝히지 않는 것이 최상의 정책"이라는 입장을 취했다. See generally Alfred LeBlanc and Mark Anderson, "Devine Intervention," *The Financial Post* (Toronto), *The Magazine*, February 1, 1996, 18.
68　Emilio Colombo quoted as part of a "recent unpublished evidence" in Nuzzi, *Vaticano S.p.A.*, 95; Colombo는 1980년대에 말신커스의 구속 영장을 두고 줄다리기가 연출되고 있을 때 외무장관이었다.
69　Peter Semler, "Berlusconi Decree Shackles Top-Level Corruption Probe," *The Sunday Times* (London), July 17, 1994.
70　Author interview with former official in the Secretary of State's office, November 2013.
71　Ibid. Monsignor Dardozzi는 모두가 타이타닉호의 갑판 위에 있는 것처럼 느꼈다. 배가 빙산에 부딪힘으로 인해 그 사건이 얼마나 끔찍한가를 말하지만, 정작 누구도 가라앉는 배를 구하려고 아무것도 하지 않았다고 했다. Nuzzi, *Vaticano S.p.A.*, 87. 1993년 가을 즈음, Caloia에게 희소식은 의심가는 De Bonis 구좌에 공동서명했던 Pietro Ciocci Monsignor Carmine Recchia, 바티칸은행 archive 의장이며, De Bonis의 절친이 바티칸은행으로부터 전출되었다는 점이었다. 바티칸은행의 평신도감독위원회 멤버의 하나이며 전 UBS의장인 Philippe de Weck은 제안하기를, 모든 바티칸은행의 악화된 이미지를 고치는 것은 단순히 그 이름을 바꾸어, "과거와 깨끗히 절연되는 것"이라고 했다. 물론 누구도 지지하지 않았다.
72　Peter Hebblethwaite, "Vatican Bank Scandal Reappears in Venezuela," *National Catholic Reporter*, December 24, 1993.
73　Peter Hebblethwaite, "Vatican Bank Scandal Reappears in Venezuela," *National Catholic Reporter*, December 24, 1993.
74　Galli, *Finanza bianca*, 163–64.
75　Author interview with a former official in the Secretary of State's office, November 2013.
76　"Trial Testimony: Scandal Figures Turned to Vatican Bank," *Associated Press*, International News, Milan, December 13, 1993; Piero Valsecchi, "Financier Sentenced to 8 Years for Kickback Scandal," *Associated Press Worldstream*, International News, Milan, April 28, 1994.
*　Cusani의 1994년도 기소로 그는 거의 6년 간 투옥되었다. 바티칸은 황당하게도 정부에게 그의 사면을 청원했다.77
77　See John Tagliabue, "In a Courtroom in Milan, Italian Society is on Trial," *The New York Times*, February 6, 1994.
78　"Alleged Money Courier: Funds Carried to Vatican Bank," *Associated Press*, International News, Milan, A.M. cycle, January 12, 1994.
79　Bonanno and Constance, *Stories of Globalization*, 98.
80　Caloia to Sodano, March 1 1994, citied in Willan, *The Vatican at War*, 324–25. See also John Tagliabue, "In a Courtroom in Milan, Italian Society Is on Trial," *The New York Times*, February 6, 1994, A3.
81　Gagliarducci, "I.O.R., is Something Going to Change?"
82　Bonanno and Constance, *Stories of Globalization*, 97.
83　Willan, *The Vatican at War*, location 5356 of 6371.
84　Author interview with a former consultant to the IOR, identity withheld at his request, in Rome, September

30, 2013.
85   Maltese, "Scandal, Intrigue and Mystery; The Secrets of the Vatican Bank."
86   Ibid. See also "Mobster Laundered Cash at Vatican Bank," *Daily Telegraph*, July 9, 1998, 6.
87   "Vatican Rejects Claim of Bank Links to Mafia," *The Herald* (Glasgow), November 18, 1994, 9.
88   Rosario Spatola quoted in "Witness Accuses Marcinkus of Laundering $6.5 m of Mafia Money," *The Irish Times*, November 18, 1994, 14.
89   Castillo Lara quoted in "The Vatican Denies That Cardinal Rosalio Castillo Lara was Involved in Money Laundering for the Mafia," *Daily Record*, November 18, 1994, 19; "Cardinal Denies Turncoat's Account of Money Laundering," *Associated Press* Worldstream, International News, Rome, November 17, 1994.
90   Maltese, Pontesilli, and Turco, "Scandal, Intrigue and Mystery; The Secrets of the Vatican Bank."
91   Magister, "All the Denarii of Peter. Vices and Virtues of the Vatican Bank."
92   Galli, *Finanza bianca*, 151.
93   "Vatican in Black for Third Successive Year," *Agence France-Presse*, International News, Vatican City, June 19, 1996.
94   Nuzzi, *Vaticano S.p.A.*, 194–95.
95   March 16, 1994, letter from Caloia to Pope John Paul II, reprinted in its entirety in Nuzzi, *Vaticano S.p.A.*, 195–97.
96   Caloia quoted in Antonio Macaluso, "Il risanamento raccontato dal president Angelo Caloia 'Con questa cura ho guarito lo IOR,' " *Corriere della Sera*, March 27, 1995.
97   Philip Willan, "Papal Aide Tried to Swindle €99m From Inheritance Left by Vatican land baron," *The Times* (London), July 22, 2014.
98   The Foundation Gerini의 바티칸은행 계좌는 90970였다. see Nuzzi, *Vaticano S.p.A.*, 173–74,188, n. 12. Dardozzi가 당시에 준비했던 메모는 다음과 같다. 즉 "어떤 변호사가 자신의 좋은 사무실을 이용하라고 바티칸은행을 설득하려 했다. 이는 그가 그 재단이 지불하는 수수료를 얻으며 Gerini의 다른 상속자들(손자들)과 '타협할 것'에 대한 총액에 끼여들려고 했다. 그 변호사는 Montevideo 은행에는 이전의 Banco Ambrosiano 와 Gerini의 성격에 맞을 수 있는 큰 (그러나, 난공불락같은) 금액의 돈이 있을 것이라는 암시를 했다."
99   Nuzzi, *Vaticano S.p.A.*, 174–75.
*   Gerini의 상속자들과의 분쟁의 해결에 12년이 걸렸다. 차기 국무총리 Tarcisio Bertone는 자신이 살레시오 회원으로서 그해결책을 교섭하고 서명했다. 하지만, 그 일로부터 5년 후 살레시오회는 파산 상태에서 벗어나기 위해 매우 노력했다. 이는 재판에서 졌기 때문인데, 이 재판에서 Bertone는 더 자세히 살펴보면 실제는 살레시오회의 최상의 이해에 반하는 협정에 서명한 것은 오도(誤導)되었기 때문이라고 주장했다. 2014년 7월, 로마 검찰은 한 시리아 사업가, 한 이탈리아 변호사 살레시오회를 위한 수석 금융 책임자였던 사제에 대해 혐의를 발표했다. 그 혐의는 문서 위조와 Gerini의 자산 가액의 부풀리기로 인해 그들이 1억 달러 이상의 수수료를 챙겼다는 것이었다.[100]
100 " 'Così mi truffarono' Salesiani, Bertone sentito in Vaticano «Così mi truffarono»," *Corriere della Sera*, April 19, 2013; "Salesian Congregation Faces Bankruptcy After Losing Case," Rome, *Agence France-Press*, November 28, 2012; Philip Willan, "Papal Aide Tried to Swindle €99m from Inheritance Left by Vatican Land Baron," *The Times* (London), July 22, 2014.
101 Nuzzi, *Vaticano S.p.A.*, 189.
102 Letter addressed from Caloia to Sodano, February 1, 1996. "모든 것이 Father Izzi 앞에서는 조용했다. 그러나, 그 교파의 악의는 작은 에피소드로 확인되는 바, 예컨대 한 사람이 나더러 BNL account에 있는 천

만 달러 당좌계좌를 수금하라고 했지만, 우리는 그 계좌가 예전에 폐쇄되었음을 알고 있었다."

103　Caloia to Sodano, February 1, 1996, cited in Nuzzi, *Vaticano S.p.A.*, 176.
104　See generally "Money Laundering: Unequal Fight," Spotlight Section, No. 243, *Intelligence Newsletter*, June 23, 1994.
105　See "History of the FATF" at http://www.fatf-gafi.org/pages/aboutus/historyofthefatf/; and "Who Are We" at http://www.fatf-gafi.org.
106　Nuzzi, *Vaticano S.p.A.*, 33.

제30장

1　Paddy Agnew, "Trial of Sicilian Archbishop on Fraud and Corruption Charges Adjourned," *The Irish Times*, February 27, 1997, 10.
2　"바티칸은행의 핵심적이고 주된 요점은 그 기관에 위임된 자금과 자원의 보전과 관리다. 이는 종교적 정체성을 강화하고 자금 지원을 위한 것이며, 교회, 교단, 교구 사역지의 필요에 따라서 하는 것이되, 동시에 투기와 비윤리적 금융거래를 배제하는 것이다." Angelo Caloia interviewed in Galli, *Finanza bianca*, 150.
3　Celestine Bohlen, "Rome Journal; For Vatican's Lay Staff, Tighter Rules to Live By," *The New York Times*, July 25, 1995, A4.
4　"Italians Hold Ex-CIA Agent in Global Crime Probe: Mafia, Yugoslav Factions Linked to Network Trading in Illegal Arms and Drugs," *The Vancouver Sun*, December 4, 1995.
5　Andrew Gumbel, "Death, Drugs and Diamonds in Tale of Global Conspiracy; A Web of Intrigue Unearthed in Italy," *The Independent* (London), June 3, 1996, 10.
6　"American Arrested in Italian Money-Laundering Investigation," *Associated Press*, International News, Naples, Italy, A.M. cycle, December 2, 1995; John Hooper, "Odd Deals in High Places," *The Observer*, June 2, 1996, 7.
7　Hooper, "Odd Deals in High Places," 7.
8　"Italian Police Crack Down on International Mafia," *Agence France-Presse*, International News, Rome, June 2, 1996.
9　"Italians Hold Ex-CIA Agent in Global Crime Probe," *The Vancouver Sun*, A7.
10　"Cardinal Michele Giordano of Italy Dies at 80," *The New York Times*, December 4, 2010.
11　John L. Allen, Jr., "A Hint of Accountability in a New Vatican Financial Scandal," *National Catholic Reporter*, June 21, 2010; see also "Prosecutors Pursue Inquiry into Cardinal Despite Church-State Fears," *Birmingham Post*, August 25, 1998, 9; Philip Willan, "Loan-Sharking Case Fails Against Naples Cardinal," *The Guardian*, December 23, 2000, 12. Giordano retired in 2006. "Retired Naples cardinal Giordano dies at 80," *The Seattle Times*, December 3, 2010.
12　"Investigations: A Status Report on the Volcker Commission," *PBS Frontline*, June 1997; See also John Authers and Richard Wolffe, *The Victim's Fortune*, 27-29.
13　See Greg Bradsher, "Searching for Records Relating to Nazi Gold Part II," *The Record*, May 1998; Rickman, *Conquest and Redemption*, 210-11.
14　"Echoes Of The Nazis' Crimes Still Resound / Swiss Banks List Old Accounts, Invite Heirs To Come For-

ward," *The Philadelphia Inquirer*, July 23, 1997, A01.

15 스위스의 경제장관, Jean-Pascal Delamuraz는 그 폭로를 "공갈협박"으로 불렀던 것을 사과했다. 미국 주재 스위스 대사 Carlo Jagmetti는 어떤 문서가 언론에 유출된 후 사임했는데, 그 문서에서 그는 그 혐의를 홀로코스트 집단에 의한 "전쟁"이라고 불렀다.

16 David E. Sanger, "McCall and State Dept. Clash on Sanctions Against Swiss Over Gold," *The New York Times*, July 23, 1998; Authers and Wolffe, *The Victim's Fortune*, 63-69; 89-92.

17 World Jewish Congress의 Elan Steinberg는 Holocaust asset litigation을 "원고의 외교"라고 불렀다. Author interview with Elan Steinberg, April 2, 2006. Friedman v. Union Bank of Switzerland, Eastern District of New York, 1996 and Weisshaus v. Union Bank of Switzerland, Eastern District of New York, 1997가 핵심 사건으로, 소위 Swiss Bankers litigation으로 불렀다. Michael Bazyler, *Holocaust Justice: The Battle for Restitution in America's Courts* (New York: New York University Press, 2003), Kindle Edition, 325 of 9290; see also Itmar Levin, "Holocaust Survivor Files $20 Bln Class Action Against 100 Swiss Banks," *Globes* (Israel), October 7, 1996.

18 Michael Bazyler, *Holocaust Justice*, 75 of 9290; see in particular Adolf Stern, et al., v. Assicurazioni Generali, California, District Court, SF, 1996.

19 David Briscoe, "U.S. Memo Says Vatican Held Nazi Loot," *Associated Press*, Washington, A.M. cycle, July 21, 1997; see also "Papers Link Vatican to Illegal Deals with Nazis Swiss Bankers Used as Conduit, U.S. Intelligence Documents Say," *The Toronto Star*, August 4, 1997, A3.

20 Memo from Emerson Bigelow to Harold Glasser, Director of Monetary Research, U.S. Treasury Department, October 21, 1946, RG 226, Entry 183, Box 29, File #6495, NARA.

* Bigelow memo는 212-page Eizenstat Report 의 끝자락에 붙어 발표되었는데, 이 레포트는 국무차관 Stuart Eizenstat의 이름을 따랐다. 그는 빌 클린턴 대통령이 택한 자로, CIA, NSA, 국방성, 국무성 재무성을 포함하는 11개 정부부처들의 기록물보관소에 있는 전시 기밀 파일들의 열람을 조정했다. 그 보고서는 폭탄이었다. 특히 나치와의 전시 사업을 한 스위스를 강타했으며 중립국이 이익을 보았던 정도를 낱낱이 보여주었다. 그 결론은 나치가 금만으로 약 5억 8천만 달러(2014년 기준으로 76억 달러)를 약탈했으며 그 절반을 스위스로 보냈다는 것이다. Eizenstat Report는 스위스가 금 외에도 금 아닌 약탈 자산으로 동일한 금액을 숨겼다고 추정했다.[21]

21 "The Eizenstat Report and Related Issues Concerning United States and Allied Efforts to Restore Gold and Other Assets Looted by Nazis During World War II," Hearing Before the Committee on Banking and Financial Services, House of Representatives, One Hundred Fifth Congress, First Session, June 25, 1997, Volume 4 (Washington, DC: U.S. Government Printing Office), 1997.

22 Slobodan Lekic, "Clinton: U.S. Pursuing Facts on Nazi Gold," *Associated Press*, International News, Washington, July 22, 1997

23 Transcript, "Rabbi Marvin Heir Discusses the Latest Developments in the Nazi Gold/Holocaust Victims/Swiss Banks Investigation," *CNN* Early Edition with Martin Savidge, July 23, 1997; Bruce Johnston, "Vatican Tainted by Holocaust Gold Memo," *Calgary Herald*, July 27, 1997, D1.

24 예컨대 다음, "U.S. Memo Says Vatican Held Nazi Puppet's Cash," *San Francisco Examiner*, July 22, 1997.

25 Lekic, "Clinton: U.S. Pursuing Facts on Nazi Gold."

26 "Vatican Denies Report It Stored Fascists' Gold," *San Jose Mercury News*, July 23, 1997, 16A; Bruce Johnston and Tim Butcher, "Vatican Denies Receiving $184 Million Stolen from Jews During War," reprinted from The Telegraph in *The Vancouver Sun*, July 23, 1997, A7; see also Lekic, "Clinton: U.S. Pursuing Facts on Nazi Gold"; "U.S. Memo Says Vatican Held Nazi Puppet's Cash," *San Francisco Examiner*.

27 Bronfman quoted in Brian Milner, "Settling Holocaust Accounts: Bronfman Turns Sights from Swiss to Vatican in Bid to Open Last Locked Doors of Nazi Era," *The Globe and Mail* (Canada), July 26, 1997, A1.
28 "Survivors Sue Insurance Firms for Failing to Honor Policies," *Jewish Telegraph Agency*, June 5, 1997. Bazyler, Holocaust Justice, location 2489 of 9290; Authers and Wolffe, *The Victim's Fortune*, 119–34; see generally "Life Insurance and the Holocaust," *The Insurance Forum*, Special Holocaust Issue, 25, no. 9 (September 1998): 81100; Becker to Bernstein, November 27, 1946, RG 260, OMGUS, Finance, Box 60, 17/60/10, NARA.
29 이 문서들은 1944년과 45년에 스위스은행의 전송에 대한 연합국의 가로채기 문서들로, 바티칸 거래를 "불쾌한" 것으로 분류한다. 1945년 1월 27일자의 한 비밀 문서는 November 12, 1944자의 거래를 목록하고 있는데, 여기서는 Credit Suisse가 바티칸은행에게 보낸 메시지가 있었다. "우리는 Reichsbank Berlin의 지시로 6,407.50 프랑을 예치한다." 이 거래는 Allied war code을 스위스가 위반한 사항 가운데 들어있었다. 제목이 "Secret Intelligence Material Confidential"라는 두 번째 문서에 따르면, 1945년 4월, 바티칸은행은 Union Bank of Switzerland에 100,000 스위스 프랑을 지불하고, Swiss central bank가 Bank Suisse Italienne of Lugano에게 200,000 프랑을 지불하라고 지시하고 있었다. 그런데 이 회사는 연합국이 1940년 6월, 블랙리스트로 올린 회사였다. 1945년의 세 번째 문서가 전하는 바는 바티칸은행이 한 포루투갈 은행에게 "2,500 large dollar note(=2천 5백만 달러)를 봉인된 봉투에 넣어서 리스본의 교황 대리대사의 중개상을 통해 바티칸으로 보낼 것"이라 되어 있었다. See generally "Papers Link Vatican to Illegal Deals with Nazis Swiss Bankers Used as Conduit, U.S. Intelligence Documents Say," *The Toronto Star* A3; "News in Brief: Vatican Bank 'Dealt with Nazis,'" *The Guardian*, August 4, 1997.
30 Edith M. Lederer, "Nazi Victims Should Be Given dlrs 63 Million in Looted Gold," *Associated Press*, International News, London, March 21, 1997.
31 Hoeckman quoted in "Vatican Won't Open Archives: Pope Remains Silent on Accusations of Wartime Crimes," *The Daily Telegraph*, September 12, 1997, A8.
32 Gordon Legge, "Auschwitz Survivor to Protest at Vatican," *Calgary Herald*, September 18, 1997, B7.
33 Letter from Shimon Samuels, quoted in Bruce Johnston, "Pope's Holocaust Speech Falls Short, Jewish Leaders Say," *Daily Telegraph*, November 2, 1997, C10.
34 Bruno Bartoloni, "Vatican Resists Pressure to Open Archives on Relations with Nazis," *Agence France-Presse*, International News, Vatican City, November 30, 1997.
35 "Vatican Will Attend Nazi Gold Conference in London," *Agence France-Presse*, International News, December 1, 1997.
36 Maureen Johnson, "Vatican Has Gold Wrested from Gypsy Victims, Delegate Claims with BCNazi Gold Conference," *Associated Press*, International News, London, December 3, 1997.
37 다른 가장 주목받은 순간은 스위스 조사관들이 제2차 세계대전 동안 제국은행을 통해 거래된 금의 양이 $120.05 billion에 이르는 것으로 결론을 내렸다고 발표했을 때였다. 이는 이전에 추정된 것보다 훨씬 더 많은 금액이었다. 적어도 13억 달러는 나치의 희생자들로부터 온 것이었다.
38 Henry Meyer, "Nazi Gold Conference Fails to Generate International Solidarity," *Agence France-Presse*, International News, London, December 4, 1997.
39 Christopher Lockwood, "Vatican Comes Under Heavy Flak, World: 'Archives Hold Key to Nazi Gold,'" *Hamilton Spectator* (Ontario), December 5, 1997, C4.
40 Ray Moseley, "41 States Unite on Probes of Nazi Era Their Aim: Justice for Surviving Victims by Turn of Century," *The Toronto Star*, December 5, 1997, A20.
41 Christopher Henning, "Vatican Remains Mute on Looting—US Calls for Disclosure of Documents," *The*

Age (Melbourne), December 6, 1997, 20.

42 Christopher Henning, "Vatican Remains Mute on Looting—US Calls for Disclosure of Documents," *The Age* (Melbourne), December 6, 1997, 20.

43 Lockwood, "Vatican Comes Under Heavy Flak, World: 'Archives Hold Key to Nazi Gold.' "

44 Author interview with Elan Steinberg, April 2, 2006.

45 Navarro-Valls quoted in "Vatican Denies Handling Nazi Gold from Croatia," *Agence France-Presse*, International News, Vatican City, December 9, 1997; Frances D'Emilio, "Vatican Insists Its Archives Don't Back Up Croatia Link," Vatican City, *Associated Press*, December 9, 1997.

46 D'Emilio, "Vatican Insists Its Archives Don't Back Up Croatia Link," *Associated Press*.

47 "Looted Gold Kept at Bank in New York Canada, IMF Owned Bars Marked with Swastikas," *The Toronto Star*, December 18, 1997, A17; John Sweeney, "Steal of the Century: Wall of Silence Guards Gold," *The Observer*, December 7, 1997, 12.

48 "British Legislators to Study Vatican WWII Archives," *Associated Press*, International News, London, February 9, 1998. "We Remember: A Reflection on the Shoah," Commission for Religious Relations with the Jews, Presentation by Cardinal Edward Idris Cassidy, Vatican City, March 12, 1998, online at http://www.vatican.va/roman_curia/pontifical_councils/chrstuni/documents/rc_pc_chrstuni_doc_16031998_shoah_en.html.

49 Dimitri Cavalli, "The Commission That Couldn't Shoot Straight," *New Oxford Review*, July/August, 2002. 바티칸의 반응은 그 수장고에서 이미 많은 문서들을 해금시켰다는 것이었다. 특히 1965년과 1981년 사이에 발간된 수장품의 문서가 그것이었다.

50 U.S. Government Supplementary Report on Nazi Assets, U.S. Government Printing Office, June 1998; see generally Sid Balman Jr., "Vatican WWII Role Questioned," *United Press International*, Washington, DC, BC cycle, June 2, 1998. As for the controversy over the change of language between a late draft and the final report, see David E. Sanger, "U.S. Says Nazis Used Gold Loot to Pay for War," *The New York Times*, June 1, 1998, A1.

51 John M. Goshko, "Trade with Neutral Countries Propelled Nazi Army, U.S. Says," *The Washington Post*, June 3, 1998, A3.

52 Transcript of Stuart Eizenstat, Undersecretary of State, briefing, *Federal News Service*, June 2, 1998. See also "US Study Links Neutral Countries, Switzerland to Nazi War Machine," *Agence France-Presse*, June 2, 1998.

53 "Neutrals Give Mixed Reaction to U.S. Call to Contribute to Holocaust Victims," Section VIII, Law of War, International Enforcement Law Reporter 14, no. 7 (July 1998).

54 Navarro-Valls quoted in David Briscoe, "Nazi Puppets Used Vatican Ties to Protect Gold, Report Says," *Associated Press*, Business News, Washington, P.M. cycle, June 3, 1998.

55 처음에는 39개 나라였으나 곧 41개국으로 확대되었다. Barry Schweid, "39 Nations to Search for Loot Taken from Holocaust Victims," *Associated Press*, Washington, A.M. cycle, June 30, 1998.

56 "Report on Nazi Gold Conference Notes Vatican Failure to Open Archives," *Associated Press*, Business News, London, A.M. cycle, August 24, 1998.

57 See generally "Vatican Under Fire over Nazi Gold Riddle," *Birmingham Post*, August 25, 1998, 16.

58 See Stephanie A. Bilenker, "In Re Holocaust Victms' Assets Litigation: Do the U.S. Courts Have Jurisdiction over the Lawsuits Filed by Holocaust Survivors Against the Swiss Banks?" *Maryland Journal of International Law* 21, no. 2, Article 5 (1997). See also Authers and Wolffe, *The Victim's Fortune*, 96–100.

59 Author interview with Elan Steinberg, April 2, 2006.

60 "US Asks Russia, Vatican to Release Information on Nazi Gold," *The White House Bulletin*, September 9, 1998.

61 Bruce Johnson, "Pope Prepares to Beatify Controversial Cardinal," *The Daily Telegraph*, October 1, 1998, C5.

62 Bruce Johnson, "Pope Prepares to Beatify Controversial Cardinal," *The Daily Telegraph*, October 1, 1998, C5.

63 바티칸은 새로 독립국이 된 크로아티아를 1991년에 제일 먼저 승인했다. Journalist Stanko Vuleta 는 "Croatia of 1991는 제2차 세계대전의 크로아티아의 이념, 이름, 국기, 문장, 통화 언어를 그대로 채택했다"고 썼다. in "Mere Words No Consolation," *The Ottawa Citizen*, March 19, 2000, A17.

64 Uki Goni, "Argentina Confronts Role as Safe Place for Nazis; Auschwitz Doctor Josef Mengele Spent Decades in Argentina," *The Guardian*, November 18, 1998, 19.

* 본 필자는 아르헨티나의 나치 파일의 공개에 간접적 역활을 했다. 1991년 11월 13일, *New York Times* op-ed, "The Bormann File"에서 - 이 기사는 아르헨티나 대통령 Carlos Menem이 조지 부시 대통령을 방문한 때와 우연히도 같은 때였다 - 나는 히틀러의 비서였던 Martin Bormann에 대한 파일을 아르헨티나로 하여금 공개하도록 했지만 실패했던 나의 7년 동안의 노력에 대해 썼다. 나는 1984년 연방경찰의 비밀 기록물보관소에 있었을 때 그 서류철을 보았다. 그때는 내가 아우슈비치의 의사 Josef Mengele의 전기를 연구조사하던 중이었다. 당시에는 아르헨티나는 그 파일을 열람하는 것을 부인했다. 「뉴욕 타임스」 기사에서 나는 아르헨티나에게 요청하고 말했다. "보르만 서류를 공개하고, 대량 살육자의 파일들을 위한 안전처가 있어서는 안된다." 아르헨티나 관리들은 처음에는 그런 입증문서들은 갖고 있지 않다고 부인했으나, 그럼에도 수 년 동안의 벽을 쌓은 후 그들은 그 존재를 인정했다. 1997년에 이르러서야 아르헨티나는 나치행위의 확증을 위한 위원회를 설립했다.[65]

65 Gerald Posner, "The Bormann File," *The New York Times*, November 13, 1991; see also Viviana Alonso, Argentina: Commission Admits Gov't Helped Nazi War Criminals, Buenos Aires, *Inter Press Service*, November 19, 1998.

66 Desson Howe, "A Wealth of New Information on Holocaust; Declassified Wartime Documents at Archives Are Generating Lots of Interest," *The Washington Post*, November 18, 1998, B1.

67 "Every now and then, you find something that truly surprises, that blows you out of the water." 나중에 Holocaust 학자 Sybil Milton의 인용 in ibid.

68 이 리스트는 Bobby Brown이 공개한 편지에 있다. 그는 수상 Benjamin Netanyahu의 Diaspora affairs 문제의 자문관이었다. Nicolas B. Tatro, "Israel Calls for Opening of International Holocaust Archives," *Associated Press*, International News, Jerusalem, P.M. cycle, November 26, 1998.

69 Ibid.

70 Madeleine Albright quoted in Laura Myers, "Albright Asks Holocaust Conference Delegates to Return Nazi-Looted Art," *Associated Press*, Washington, A.M. cycle, December 1, 1998.

71 "Vatican Denies Secret Records on Holocaust," *Agence France-Presse*, International News, Vatican City, December 3, 1998.

72 Emil Alperin v. Istituto per le Opere di Religione, U.S. District Court, San Francisco, November 1999. 이 소송은 불특정 숫자의 무기명의 은행들을 피고로 삼고 제기되었다. 소위 John Doe defendants의 활용이 일반적인데, 이는 원고가 거명된 당사자 이외의 다른 자들이 개입되었음을 믿으나, 그들을 거명할 어떤 증거를 갖지 않는 경우에 사용되는 경우다. 법정이 변호를 허용하는 경우는 그 주장이 좋은 신뢰의 믿음 위에서 만들어지고 원고가 발견 과정을 통해 거명되지 않는 당사자들의 정체를 밝힐 것이라 생각하는 때이다.

73 Author interview with Jonathan Levy, February 21, 2012.

74 Author interview with Jonathan Levy, February 21, 2012.

75 Levy가 고소를 수정할 즈음에, 그는 새로운 주장을 펴서 스위스 은행들 - 그들은 원래의 집단소송에서 이미 합의를 했기 때문에 어떤 혐의에서 자유했다 - 을 다시 법정으로 나오도록 만들려 했다. 그는 주장하기를, 전후의 불법적 금과 현금의 이송이 바티칸은행과 함께 스위스 공모자들이 되게 했으며, 우스타샤 금에 대한 그들의 행위는 그들의 합의의 범주 밖에 있다고 주장했다. Levy의 주장은 성공적이지 않았다.

76 독일 회사들과 원고는 합의 교섭을 시작했을 때 상당히 입장이 달랐다. 독일 회사들은 그 모든 소송을 스위스 은행들이 지불했던 동일액인 12억 5천만 달러에 해결할 수 있으리라 생각했다. 원고는 강제 노동의 소송만으로 $30 billion을 자신의 청구액으로 요구했다. Authers and Wolffe, *The Victim's Fortune*, 213, 218–21, 235–40; Bazyler, *Holocaust Justice*, location 75 of 9290; see also Authers and Wolffe, *The Victim's Fortune*, 188–91.

77 Independent Commission of Experts, Switzerland and Gold Transactions in WW2, May 25, 1998. 이 보고서는 자주 the Bergier Report라 불리는데, 이는 위원회의 장이 Jean-François Bergier인 까닭이다.

78 "Prepared testimony of Stuart E. Eizenstat, Treasury Deputy Secretary, Before the House Banking and Financial Services Committee," *Federal News Service*, February 9, 2000. See also Authers and Wolffe, *The Victim's Fortune*, 254–65.

79 Vignolo Mino, "Fatima, ultimo segreto Nel conto del santuario oro rubato dai nazisti," *Corriere della Sera*, April 5, 2000; see also Giles Tremlett, "Nazi Gold Taints Fatima," *Scotland on Sunday*, April 16, 2000, 23.

80 Januario Torgal Ferreira quoted in ibid., Tremlett, "Nazi Gold Taints Fatima."

81 Pope John Paul quoted in Jocelyn Noveck, "In Historic Speech at Holocaust Memorial, Pope Says Church Deeply Saddened," *Associated Press*, International News, Jerusalem, March 23, 2000.

82 Author interview with Elan Steinberg, April 2, 2006.

83 See 10-31-02 WikiLeaks Vatican Archives: Archivist Confirms Partial Opening for Nazi Germany and WWII Documents Cable: 02Vatican5356_a, https://www.wikileaks.org/plusd/cables/02VATICAN5356_a.html; and 03-13-03 WikiLeaks Holocaust Museum Delegation Works in Secret Archives, Offers Collaboration to Catalogue Closed Records Cable: 03vatican1046_a, ttps://www.wikileaks.org/plusd/cables/03Vatican1046_a.html.

84 Authers and Wolffe, *The Victim's Fortune*, 321–23.

* 오스트리아와 스위스 보험사들은 그 소송이 기각되거나 화해되었다. 오직 이탈리아의 Generali - 이 회사는 '홀로코스트 당시 국제보험청구위원회'(International Commission for Holocaust-Era Insurance Claims)에 1억 달러를 기부했다 - 만이 거의 또 다른 10년 동안 소송 중이었다. Generali는 결국 희생자들에게 또 다른 3억 5천만 달러를 주기로 하고 화해함으로써, 총 지급액은 5,500 건의 청구에 1억 3천 5백만 달러에 이르렀다. "그들은 가볍게 손을 뗐다. 그들은 수십 억 달러를 벌었지만, 전후 60년 후 달러 대비 페니 몇 푼만 갚은 셈이다. 그런 보험회사들에게 범죄는 돈이 되었다." Elan Steinberg가 필자에게 한 말이었다.85

85 Joseph B. Treaster, "Settlement Approved in Holocaust Victims' Suit Against Italian Insurer," *The New York Times*, February 28, 2007, reporting on a federal judge's approval of the settlement reached in 2006. Authers and Wolffe, *The Victim's Fortune*, 269–73; Author interview with Elan Steinberg, April 2, 2006.

86 "Vatican Claims Immunity in Lawsuit," *Reuters, San Francisco*, November 24, 2000.

87 Author interview with Jonathan Levy, February 21, 2012.

제31장

1. Colagiovanni 재단명은 the Monitor Ecclesiasticus Foundation이었다. See generally Alessandra Stanley, "How 2 Priests Got Mixed Up in a Huge Insurance Scandal," *The New York Times*, June 26, 1999, C1; see also Tom Lowry, "Scandal's Cost: Consumers Probably Will Pay," *USA Today*, July 26, 1999, 3B.
2. See generally Stanley, "How 2 Priests Got Mixed Up in a Huge Insurance Scandal."
3. Simon Fluendy, "Vatican Bank Is Sued in US over Charity Scandal," *Mail on Sunday* (UK), August 11, 2002, 6.
4. Simon Fluendy, "Vatican Bank Is Sued in US over Charity Scandal," *Mail on Sunday* (UK), August 11, 2002, 6.
5. Lowry, "Scandal's Cost: Consumers Probably Will Pay," 3B.
6. Fluendy, "Vatican Bank Is Sued in US over Charity Scandal," *Mail on Sunday*.
7. See generally Stanley, "How 2 Priests Got Mixed Up in a Huge Insurance Scandal."
8. Author interview with a former consultant to the IOR, identity withheld at his request, in Rome, September 30, 2013.
9. Lai, *Finanze vaticane*, 82. See also "A Life of Faith: Father Edmond C. Szoka, Former Detroit Archbishop, Dies at 86," *The Michigan Catholic*, August 21, 2014.
10. 다른 추기경들은 Szoka가 폴란드 유산을 가진 자이기 때문에 요한 바오로에게 영향력을 가졌다는 것에 반대했다. "만일 당신이 참 모습의 Szoka를 보려면, 비오지 않는 아침에 일찍 일어나라. 예컨대 5시에 일어나 Castel Sant'Angelo 뒤로 가보라. 그가 조깅하는 것을 볼 것이다. 그가 폴란드 모친을 가진 것 이상으로 그는 미국인이다." 추기경 Giuseppe Caprio가 작가 Benny Lai에게 한 말이다. Lai interview with Caprio, February 10, 1997, in Lai, *Finanze vaticane*, 150.
11. Galli, *Finanza bianca*, 157.
12. "Vatican Bank Sounds Out Tietmeyer," *The Australian*, June 1, 1999, 25; Richard Owen, "German Favoured as 'God's Banker,'" *Independent* (Ireland), May 31, 1999.
13. Richard Owen, "Benedict Eager to Modernise Arcane World of Vatican Bank: Averse to Inefficiency, the Pope Is Forming His Own Team to Control Church Finances," *The Times* (London), September 18, 2006.
14. "Vatican Bank Sounds Out Tietmeyer," *The Australian*; Pope John Paul quoted in Sandro Magister, "The Pope's Banker Speaks: 'How I Saved the IOR.'" *L'Espresso*.
15. All the quotes relating to Caloia's reappointment to a third term are from an interview with Caloia set forth in Galli, *Finanza bianca*, 164–66.
16. Caloia interviewed in ibid., 173.
17. Galli, *Finanza bianca*, 169–70.
18. Caloia interviewed in ibid., 179.
19. Thomas P. Doyle and Stephen C. Rubino, "Catholic Clergy Sexual Abuse Meets the Civil Law," *Fordham Urban Law Journal* 31, no. 2, Article 6, (2003): 549. 루이지아나의 부모들이 발견했던 것, 곧 사목구 간에 그 추행범을 빼돌렸던 것은 일반인이 생각하는 것 이상으로 자주 일어나는 일상적인 일이었다. 또 다른 초기의 예는 1980년대 초에 Joseph Lang 신부가 오하이오 클리블랜드에서 여러 미성년자들에 대한 성추행으로 고발되었을 때의 일이었다. 1988년, Bishop Anthony Pilla는 British Columbia 북쪽 지역 사목구를 그에게 빌려주었다. 캐나다인들은 Lang의 추행 전과를 통보받지 못했다. 왜냐하면, 그는 기술적으로는 클리블랜드 교구의 통제를 받는 것으로 되어 있었던 까닭이었다. 2012년에 이르러서야, Lang은 마침내 성직 의무를 정직 당했다. 이는 그가 캐나다로 전근한 뒤 성추행에 대한 형사 조사 하에 있음이 드러난 뒤였다. David Briggs and James F. Carty, "Prosecutors Didn't Get Names of Four Who Faced Alle-

gations," *The Plain Dealer* (Cleveland), April 11, 2012. 이런 식의 이야기들은 불행히도 통상적이 되었다.

20 이는 Bishop Gerard Frey의 민사 법정진술이었다. See Carl M. Cannon, "The Priest Scandal: How Old News at Last Became a Dominant National Story . . . And Why It Took So Long," *American Journalism Review*, May 2002. Chalice는 정보의 중요한 원천을 제공했다. 그의 1992년 책은 교회의 소아성애 추문에 대한 것으로, Berry는 Chalice가 죽었다고 밝혔다. 비록 그의 실명을 밝히지는 않았지만, 베리는 그가 평신도로, "교회에 관계된 일을 통해 교구의 사목구 안에서 십대를 성희롱했던 자였다. 그는 결국 투옥되었고 에이즈로 죽었다." See also Jason Berry, *Lead Us Not into Temptation: Catholic Priests and the Sexual Abuse of Children* (New York: Doubleday, 1992), 79-82, 167.

21 Jason Berry, "The Tragedy of Gilbert Gauthe," pt. 1, May 23, 1985, *Times of Acadiana*, May 23, 1985, pt. 2 May 30, 1985; "Fallen Priests," *Times of Acadiana*, June 13, 1985; and "Anatomy of a Cover-up," *Times of Acadiana*, January 30, 1986. 全美 출간을 위한 그의 제안의 거절과 그 이유들에 대해서는 다음을 보라. Michael D'Antonio, *Mortal Sins: Sex, Crime, and the Era of Catholic Scandal* (New York: Thomas Dunne Books, St. Martin's Press, 2013), 33-35.

22 Michael D'Antonio, *Mortal Sins: Sex, Crime, and the Era of Catholic Scandal* (New York: Thomas Dunne Books, St. Martin's Press, 2013), 33-35.

23 Thomas Fox and Jason Berry in Murray Dubin, ibid. "Church Secrecy on Sex Abuse Has Long History," *The Philadelphia Inquirer*, March 10, 2002.

24 왜 성추문 이야기가 초기에는 더 중요한 이야기가 되지 않았을가하는 이유에 대한 철저한 관찰을 위해서는, see Carl M. Cannon, "The Priest Scandal: How Old News at Last Became a Dominant National Story . . . And Why It Took So Long," 18.

25 See SNAP's self-described history at http://www.snapnetwork.org/about.

26 Berry interviewed in Rorie Sherman, "Legal Spotlight on Priests Who are Pedophiles," *National Law Journal*, April 4, 1998.

27 Robert Matas, "B.C. Priest Goes on Leave as Past in U.S. Revealed; U.S. Investigation into Sexual Abuse by Catholic Clerics Reverberate from Florida to Terrace, B.C."; *The Globe and Mail* (Canada), April 11, 2002, A3.

28 D'Antonio, Mortal Sins, 152; Cannon, "The Priest Scandal"; see also Jason Berry, "What Explains Andy Greeley?," America, *The National Catholic Review*, July 2013, online at http://www.americamagazine.org/issue/what-explains-andy-greeley.

29 See generally D'Antonio, *Mortal Sins*.

30 Frank Bruni, "Sins of the Church," *The New York Times*, April 8, 2002, A1.

31 John L. Allen Jr., the National Catholic Reporter의 선임기자는 나중에 작은 것에서부터 전면 기사로 바꾼 미국 주류 언론을 비판했다. "조금 맥락을 살펴보자면, 같은 해에 성추행 추문은 뉴욕 타임스의 전면 기사로 41일 동안 연속적으로 장식되었다.미국 내에서는 2백 7십만 명의 어린이가 가톨릭 학교에서 교육을 받으며, 거의 1천만 명이 Catholic Charities USA에 의해 도움을 받고 있으며 가톨릭 병원은 28억 달러를 쓰면서 수백만 명의 가난한 저소득층의 미국인들에게 무보상의 건강을 책임지고 있다." John L. Allen Jr., *All the Pope's Men: The Inside Story of How the Vatican Really Thinks* (New York: Doubleday, 2004), 226.

32 Dubin, "Church Secrecy on Sex Abuse Has Long History."

33 Steven Edwards, "Secrets Shatter Church's Peace: The Archdiocese of Boston Struggles to Deal with Allegations of Sexual Abuse and a Cover-up in Its Highest Office," *National Post* (Canada), March 4, 2002, A12. Boston의 추문은 처음에는 2001년 *Boston Phoenix*의 대안 가자인 Kristen Lombardi에 의한 7,000자의 탐

사기사로 다루어졌다. *The Boston Globe*는 2002년에 보스톤 대교구에서의 성추행에 대한 2002년 시리즈 물로 Pulitzer상을 받았으며, 그해 12월 Cardinal Law의 사임을 가져왔다. http://www.boston.com/globe/spotlight/abuse/extras/pulitzers.htm. 그의 사임 2년이 안 되어 교황 요한 바오로는 Law를 로마로 전근시켜 그를 대중의 상당한 반대에도 불구하고 월 1만 2천 달러의 Santa Maria Maggiore 성당의 감독으로 임명했다. Law는 Congregation for Bishops의 멤버로, 이 기구는 새로운 주교를 뽑는데 도움을 준다. As for the controversy over Law's appointment, see John Phillips, "Reaction Mixed over Cardinal Law's Duties," *The Washington Times*, August 16, 2004, A15.

34 Miro Cernetig, "Pope Speaks Out on Abuse; Says Priests Who Molest Children Cast 'a Dark Shadow of Suspicion' over Innocent Clergymen," *The Globe and Mail* (Canada), March 22, 2002, A14.

35 Pope John Paul quoted in Michael Paulson, "Pope Decries 'Sins' of Priests," *The Boston Globe*, March 22, 2002.

36 John L. Allen Jr. interview in Michael Paulson, "World Doesn't Share US View of Scandal," *The Boston Globe*, April 8, 2002. See also Allen, *All the Pope's Men*, 229-30.

37 Sodano quoted in "Top Cardinal Says Media Overplay Sex Scandal," *The New York Times*, October 11, 2003, A7.

38 Alan Cooperman, "Hundreds of Priests Removed Since '60s; Survey Shows Scope Wider than Disclosed," *The Washington Post*, June 9, 2002, A1; Laurie Goodstein, "Scandals in the Church; the Sexuality Issue; Homosexuality in Priesthood Is Under Increasing Scrutiny," *The New York Times*, April 19, 2002, A1; Frank Walker, "One in 10 Clergy Accused; Church Sex Abuse Total Revealed," *The Sun Herald* (Sydney), July 7, 2002, 24. As for the latest estimate on the possible number of victims—more than 100,000—see "Data on the Crisis: The Human Toll," http://www.bishop-accountability.org/AtAGlance/data.htm.

39 Transcript, "Pope Meeting with American Cardinals at Vatican," reporters Daryn Kagan and Miles O'Brien, *CNN Live Today*, April 23, 2002.

40 "Address of John Paul II to the Cardinals of the United States," April 23, 2002, online at http://www.vatican.va/holy_father/john_paul_ii/speeches/2002/april/documents/hf_jp-ii_spe_20020423_usa-cardinals_en.html; see also Berry, "The Shame of John Paul II."

41 "Cardinals Stop Short of Policy of 'Zero Tolerance' for Priests, *Boston Globe*, April 25, 2002. See also "Bishops Reject Zero Tolerance: U.S. Clerics Demur on One-Time Abuse Cases; Mahony Sees Blanket Policy Emerging in Church's Future," *San Bernardino Sun*, April 29, 2002.

42 Julia Duin, "Bishops Lenient for Past Sex Abuse; Propose Mercy in Isolated Cases," *The Washington Times*, June 5, 2002, A1.

43 "Cardinal's Compromise Comes Up Short," *The Globe and Mail* (Canada), April 27, 2002, A18.

44 "Bishops Reject Zero Tolerance" *San Bernardino Sun*.

45 Herranz Casado quoted in "Spanish Archbishop Casado: Civil Penalties for Sexual Abuse are Unwarranted," April 29, 2002, online at http://skepticism.org/timeline/april-history/5453-spanish-archbishop-casado-civil-penalties-for-sexual-abuse-are-unwarranted.html

* Herranz 대주교는 다른 고위 바티칸 관리들의 견해를 반복했는데 그들 역시 성직자의 미성년 성추행은 오직 동성애와만 연관된다고 공개적으로 밝혔다. 이는 명백히 틀렸다. 사회 전체적으로는 대부분의 소아성애자는 이성애자다. 이는 놀랄 일이 아니다. 왜냐하면, 이성애자들이 인구의 절대 다수를 차지한 까닭이다. 하지만 모두 남성만의 사제직에서는 성추행 사건의 80%가 성인대 소년이라는 점에서 다르다. 추기경 Joseph Ratzinger는 1986년 10월 1일자 모든 주교에게 "동성애자들에 대한 목회적 보살핌에 대하여"란 편지를 썼는데 이는 많이 인용되고 있다. 거기에서 라진거는 쓰기를, "동성애자는…근본적으로

방종적인 것이며, 병든 성적 취향을 갖는 자다." 단순히 동성애자가 되는 것은 "본능적인 도덕적 악을 향해 따르는 강한 경향을 보인다." "동성애의 실행은 대다수 사람의 생명과 복지를 심각하게 위협할 수 있다"는 라진거의 결론은 전통주의자들에 의해 자주 인용된다. 이를 바탕으로 그들은 교회의 성추행 문제가 단순히 너무 많은 동성애 사제들의 결과로부터 온다는 손쉬운 주장을 편다. 그런 게이 때리기는 언론에서 진행되는 대중적 논의, 즉 "어떻게 사제들 가운데 동성애가 널리 퍼졌는가"를 촉진했을 뿐이었다. 1980년대부터 사망 선고장을 연구한 한 보고서는 "AIDS로 인한 사제들의 사망율은 일반인들의 그것에 비해 적어도 4배이다"고 결론을 냈다. 2011년 하반기에, Bill Donahue, 영향력 있는 '종교시민권리를 위한 가톨릭연맹'(Catholic League for Religious and Civil Rights)의 회장은 성추행 위기를 근본적으로는 게이 사제들로 인한 것으로 일축하기를 계속했다. *National Catholic Reporter*에서 그는 다음처럼 썼다, "대부분의 동성애 사제들이 색한(色漢)이 아닌 것은 사실이지만, 대부분의 색한은 동성애가 된 사제들이었다," 사제들 가운데 추행 사건들은 증가했는데 이는 "바티칸 2차 공의회 이후의 이성애자 사제들의 탈출이 있었고 동시에 신학교에 동성애자들의 급증이 있었다."⁴⁶

46 Ghirlanda quoted in Goodstein, "A Vatican Lawyer Says Bishops Should Not Reveal Abuse Claims."
47 Bishop Gregory quoted in Edward Walsh, "Bishops Pass Compromise on Sexual Abuse Policy," *The Washington Post*, June 15, 2002, A1.
48 Bishop Gregory quoted in Edward Walsh, "Bishops Pass Compromise on Sexual Abuse Policy."
49 Alan Cooperman, "Catholics Question Gray Areas of Abuse; Critics Say Some Priests' Misconduct Goes Unpunished Under New Guidelines," *The Washington Post*, November 30, 2002, A2.
50 Peter Isely quoted in Edward Walsh, "Bishops Pass Compromise on Sexual Abuse Policy."
51 Mark Vincent Serrano, "Church unlikely to get tough with all abusive priests," *USA Today*, June 3, 2002; Sam Dillon, "Catholic Religious Orders Let Abusive Priests Stay," *The New York Times*, August 10, 2002, A8. See also Jason Berry, "The Shame of John Paul II: How the Sex Abuse Scandal Stained His Papacy," *The Nation*, May 16, 2011.
52 Matas, "B.C. Priest Goes on Leave as Past in U.S. Revealed," A3.
53 Egan quoted in Cernetig, "Pope Speaks Out on Abuse."
54 Father Thomas P. Doyle and F. Ray Mouton, J.D., "The Problem of Sexual Molestation by Roman Catholic Clergy: Meeting the Problem in a Comprehensive and Responsible Manner," June 1985.
55 Washington, DC의 바티칸 대사관이 Father Gilbert Gauthe - 루이지아나의 고위 성직자로 11명의 소년들을 성추행한 것으로 결국에는 유죄가 되었다 - 의 악명 높은 추행으로부터의 후폭풍을 염려했을 때, 대리대사는 Doyle 신부에게 그 사건을 연구토록 숙제를 주었다. Doyle은 나중에 CBS의 60 Minutes에서 그 사실들이 자신을 "당황스럽고 기분을 상하게" 했으며 "무엇인가 이루어져야 해"라고 확신케 됐다고 말했다. David Kohn, "The Church on Trial: Part 1, Rage in Louisiana," *60 Minutes*, June 11, 2002. For further details about Doyle, see Colleen Barry, "Former Church Insider, Now Military Chaplain, Helps Victims of Clerical Sexual Abuse," *Associated Press*, International News, Ramstein, Germany, BC cycle, April 18, 2002.
56 Caroline Overington, "Hundreds Sue Vatican over Child Sex Abuse," *Sydney Morning Herald*, April 6, 2002, 21. Peterson의 진료소는 The St. Luke Institute로, Maryland의 Silver Spring에 있다. http://www.sli.org.
57 Thomas P. Doyle, A. W. Richard Sipe, and Patrick J. Wall, *Sex, Priests, and Secret Codes: The Catholic Church's 2,000 Year Paper Trail of Sexual Abuse* (Boulder, CO: Taylor Trade Publishing, 2006). See also Michael D'Antonio, *Mortal Sins: Sex, Crime, and the Era of Catholic Scandal* (New York: MacMillan / Thomas Dunne Books, 2013), Kindle edition, 233, 331, 452, 651 of 7845.
58 Berry, "The Shame of John Paul II." For conclusions of the Doyle-Peterson Report, see Michael Powell and

Lois Romano, "Roman Catholic Church Shifts Legal Strategy; Aggressive Litigation Replaces Quiet Settlements," *The Washington Post*, May 13, 2002, A1. For citations to the text quoted from the report, see Martin Edwin Andersen, "Bearing Witness on Sex Scandal Ends Whistleblowing Priest's Career," *The Washington Times*, May 21, 2002, A21; and Fintan O'Toole, "Ruination of Lives, Ruination of Church—The Catholic Church Has Not Learned from the Brendan Smyth Scandal," *The Irish Times*, October 19, 2002, 50. 이 보고서의 내용은 다음 참조, see http://www.eurekaencyclopedia.com/index.php/Category:Tom_Doyle.

59 Andersen, "Bearing Witness on Sex Scandal Ends Whistleblowing Priest's Career," A21. For more on Doyle, see also Berry, *Lead Us Not into Temptation*, 92–101, 341–44.

60 Cannon, "The Priest Scandal"; see also Steve Twomey, "For 3 Who Warned Church, Fears Borne Out; Priest, Journalist and Professor Who Foresaw Sex Abuse Scandal Frustrated by Bishops' Response," *The Washington Post*, June 13, 2002, A1. See also D'Antonio, *Mortal Sins*, 1959 of 7845.

61 Lindsey Tanner, "Panel Studying Pedophile Priests Brings Praise, Skepticism," *Associated Press*, Domestic News, Chicago, March 20, 1992; Vickie Chachere, "Lawsuit Accuses Vatican, Three Dioceses of Conspiring to Protect Priests Who Molested Children," *Associated Press*, International News, St. Petersburg, Florida, April 4, 2002.

62 Michael Paulson and Thomas Farragher, "Bishops Move to Bar Abusers," *The Boston Globe*, June 15, 2002. See also Harold H. Martin, Untitled, *United Press International*, Domestic News, Philadelphia, BC cycle, November 28, 1992; Overington, "Hundreds Sue Vatican over Child Sex Abuse," 21.

63 Alan Cooperman, "Bishops Urged to Halt Lawsuits; Abuse Victims Group Complains About Defamation Cases," *The Washington Post*, August 31, 2002, A13.

64 Powell and Romano, "Roman Catholic Church Shifts Legal Strategy; Aggressive Litigation Replaces Quiet Settlements," A1.

65 Sarah Schmidt, "Priests Launch Appeal to Vatican over Expulsions: Sexual Abuse Cases: Canadian Expert Says New U.S. Church Policy Contravenes Canon Law," *National Post* (Canada), August 27, 2002, A8; Sheila H. Pierce, "Vatican Approves Policy Revisions For U.S. Church; Those Accused of Abuse to Get Hearing," *The Washington Post*, December 17, 2002, A3.

66 D'Antonio, *Mortal Sins*, 779 of 7845.

67 Transcript, "Palm Beach Bishop Resigns over Sexual Misconduct," American Morning with Paula Zahn, *CNN*, March 12, 2002.

68 "Cardinal's Compromise Comes Up Short," *The Globe and Mail* (Canada).

69 Author interview with a former consultant to the IOR, identity withheld at his request, in Rome, September 30, 2013.

70 Overington, "Hundreds Sue Vatican over Child Sex Abuse."

71 Paulson, "World Doesn't Share US View of Scandal."

72 Berry, *Render Unto Rome*, 59.

73 Berry, *Render Unto Rome*, 80–81; 97. See also Nicholas P. Cafardi, "The Availability of Parish Assets for Diocesan Debts: A Canonical Analysis," *Seton Hall Legislative Journal* 29, no. 2 (2005): 361, available online at: http://works.bepress.com/nicholas_cafardi/2.

74 Gregory Viscusi, "Balancing the Vatican Budget: 'The Market Giveth and the Market Taketh Away,' " *The Calgary Herald*, April 10, 2005, E7.

75 "The Catholic Sex Crisis: Money," http://members.shaw.ca/eye-openers/Catholicsexcrisis.htm. (See also "Coverage and Liability Issues in Sexual Misconduct Claims," *American Re Insurance Company*, Edition 4,

2005; Jerold Oshinksy, Gheiza M. Dias, "Liability of Not-for-Profit Organizations and Insurance Coverage for Related Liability," *The International Journal of Not-For-Profit Law* 4, nos. 2, 3, March 2002. 1950-2002 동안 Sexual Abuse에 대한 *John Jay College Report*에 의하면, 52년간의 합의금 중, 교구들이 지불한 $475 million 중에서 2억 5백만 달러가 보험으로 보장되었다. 보장 금액은 시간을 두고 급격히 줄었다.

76 Dan Gilgoff, "The Archdiocese Agrees to a Record $85 Million. Will Others Follow?," *U.S. News & World Report*, September 22, 2003.

77 Jack Sullivan and Eric Convey, "Land Rich: Archdiocese Owns Millions in Unused Property," *The Boston Herald*, August 27, 2002, A1.

78 See Berry, *Render Unto Rome*, 80-86.

79 Portland filed on 7/6/04; Tucson on 9/20/04; Spokane on 12/6/04; Davenport, Iowa, on 10/10/06; San Diego on 2/27/07; Fairbanks, Arkansas, on 3/1/08; the Oregon province of the Jesuits on 2/17/09; Wilmington, Delaware, and Maryland on 10/18/09; Milwaukee on 1/4/11; the Congregation of the Christian Brothers on 4/28/11; Gallup, New Mexico, on 11/12/13; Stockton, California, on 1/15/14; Helena, Montana, on 1/31/14; and St. Paul-Minneapolis, on 1/16/15. See generally "Bankruptcy Protection in the Abuse Crisis," at http://www.bishop-accountability.org/bankruptcy.htm. Also see Berry, *Render Unto Rome*, 40-41.

80 See "Sexual Abuse by U.S. Catholic Clergy; Settlements and Monetary Awards in 97-98, Civil Suits," http://www.bishop-accountability.org/settlements/. In 2012, John Allen Jr. in "Vatican Abuse Summit: $2.2 Billion and 100,000 Victims in U.S. Alone," *National Catholic Reporter*(February 8, 2012)의 추계액은 총지급액이 적어도 22억 달러이다. 미국 내에서의 중요한 민사 합의를 보면, Dallas diocese는 1998년에 단 한사람의 사제로 인한 추행으로 12명의 희생자들에게 3천 9십만 달러를 지불했다. 켄터키주의 Louisville diocese는 2003년에 240 pending lawsuits에 2천 5백 7십만 달러를 지불했다. 같은 해에 Boston 대교구는 552명의 희생자에게 $85 million을 지불하여 법정외 합의에 이르렀다. 다음 해인 2004년, California의 Orange County diocese는 90 건에 일억 달러를, 2007년에 Oregon의 Portland diocese는 177 희생자들에게 7천5백만 달러를, Seattle diocese는 160 건에 4천 8백만 달러의 합의금을 지불했다. 같은 해 Los Angeles diocese는 500명의 추행 희생자들에게 놀라운 6억 6천만 달러를 지불했고 (전해 12월, 45건의 소송에 6천만 달러를 지불), 2007년, San Diego diocese는 144명에게 $198.1 million을, 2008년에 Denver는 상대적으로 적은 5백 5십만 달러를 18명의 희생자에게 지급했다. 사목구 폐쇄의 결과, 특별 평가 사제 연금과 퇴직 기금에 대한 영향에 대해서는, see Berry, *Render Unto Rome*.

81 Berry, *Render Unto Rome*, 105-8.

* Cardinal Sodano의 조카 Andrea Sodano가 호사스런 젊은 이탈리아 사업가 Raffaello Follieri - 미국에서는 여배우 Anne Hathaway와 데이트하며, 한 달에 3만 7천 달러의 Fifth Avenue Manhattan의 펜트하우스에 사는 것으로 잘 알려진 자 - 와 사업 관계를 갖고 있음이 대중에게 알려졌을 때 미국 내에서는 반감이 쌓였다. Follieri는 자신이 내부 정보를 가지며 어려운 미국 교회의 자산 중에 1억 달러를 살 수 있는 바티칸 계약을 가짐을 자랑했다. Follieri는 빌 클린턴과 친구였으며 교황 베네딕토와 만나는 것을 자랑했던 자인데, 그는 2008년 전신 사기의 14개 죄목으로 유죄 선고되었고, 연방 법원에서 54개월 투옥이 언도되었다. 그가 2012년에 석방되자, 본국 이탈리아로 송환되었다. Andrea Sodano의 경우, FBI는 그를 기소되지 않는 공모자로 간주했다. "사제복을 입은 삼촌을 갖는 것이 도움이 되었다." 작가 Jason Berry의 글이다.[83]

82 Jason Berry, "Cardinal's Profit Mission and an FBI Investigation into Sale of Church Property," *Irish Times*, January 17, 2012; Jose Martinez, "Star's Ex in Vatican Con Plot: High-Living Longtime Hathaway Beau Gets 21M Bail in Money-Launder Rap," *New York Daily News*, June 25, 2008, 4; Thomas Zambito and

Corky Siemaszko, "Off to Jail for Hathaway's Ex in Vatican Scam," *New York Daily News*, September 11, 2008, 3; Corinne Lestch, "Arrivederci to Anne's Ex!," *New York Daily News*, May 26, 2012, 15. As for Sodano, see also Berry, *Render Unto Rome*, 120–24, 126–32.

83 Joseph A. Rohner IV, "Catholic Diocese Sexual Abuse Suits, Bankruptcy, and Property of the Bankruptcy Estate: Is the 'Pot of Gold' Really Empty?" *Oregon Law Review*, Vol. 84, 2005, 1203-4; see also Berry, *Render Unto Rome*, 112.

84 Affidavit of Nicolas P. Cafardi, U.S. Bankruptcy Court, Eastern District of Washington, case no. 04–08822, The Catholic Bishop of Spokane Debtor, Committee of Tort Litigants v. Catholic Bishop of Spokane et al., May 27, 2005, 16, cited in Berry, *Render Unto Rome*, 112, n. 48.

85 그 문서는 2003년에 수면에 떠올랐다. 이는 오직 내부 교회 재판을 말하고 있으며, 일반 행정당국에게 알려야 하는가 하는 광범위한 질문은 다루지 않았다. See generally transcript of "Abuse Victims Seek Court Date with Vatican," *National Public Radio*, with hosts Linda Wertheimer and Renee Montagne, December 22, 2008. Riazat Butt, "Vatican to Be Sued over Sex Abuse Claims," *The Guardian*, December 15, 2008, 23.

86 As for the Sodano-Rice meeting, see 11-25-05 WikiLeaks Vatican Unhappy with Lawsuits Cable, 05VATICAN538_a; https://www.wikileaks.org/plusd/cables/05VATICAN538_a.html.

87 Ibid., WikiLeaks. Also, "Vatican's Global Importance Evident In Leaked Cables," *EWTN, Catholic News Agency*, December 14, 2010. "Pope Wants Exemption from U.S. Law," *Vermont Guardian* (Texas), May 31, 2005.

88 Ibid., "Vatican's Global Importance Evident In Leaked Cables," *EWTN*; See 01-08-02 WikiLeaks, "Vatican PM Wants His Money Cable, See also Berry, *Render Unto Rome*, 119–20. 02VATICAN83_a; https://www.wikileaks.org/plusd/cables/02VATICAN83_a.html.

89 John L. Allen Jr., "Vatican Ask Condoleezza Rice to Help Stop a Sex Abuse Lawsuit," *National Catholic Reporter*, March 2, 2005.

* 성좌가 피고인으로 이름을 올리는 몇몇 사건들, 예컨대 2005년의 휴스턴 건은 주권 면제에 기초해서 기각되었다. 하지만 그 방어권은 언제나 약발이 먹히지 않았다. 예컨대 2007년, 루이스빌 건에서 미국 지방판사 John G. Heyburn III는 그 소송이 진행될 수 있다고 판결했다. 2008년, 6차 상고순회재판은 바티칸은 대부분의 소송에서 면제되지만, 최고의 교황청 성직자가 미국 사제들에 의한 성추행을 의도적으로 덮으려 했던 것에 대한 좁은 질문의 건에 대해서는 사건이 진행될 수 있다고 결정했다. 2009년, Ninth Circuit U.S. Court of Appeals는 또 다른 소송인 *Doe v. Holy See*이 주권면제조약의 예외 하에서 진척될 수 있다고 판시했다. 2011년, 연방 판사는 포트랜드 건을 더 다루도록 했으며, 원고는 "성좌가 추행하는 사제들의 성향을 알았으며 어떤 경우에는 성좌가 동일한 성적 불법행위로 인해 고발된 개별 사제들에 대한 행위, 배치 제거를 직접 통제했다는 것을 보여주는 증거"를 생산했다고 판결했다. 대법원은 포트랜드 건의 상소 청문을 거절했다. 2012년에 이르러, 미국의 지방 판사는 교황에 대한 청구에 실제적인 끝을 냈다. 그 판결은 성좌가 추행 사제들의 고용주가 아니라는 것이다.

90 Karen Terry et al., *The Nature and Scope of Sexual Abuse of Minors by Catholic Priests and Deacons in the United States, 1950–2002*, prepared by the John Jay College of Criminal Justice for the U.S. Conference of Catholic Bishops (Washington, DC: U.S. Conference of Catholic Bishops, 2004) (hereinafter The John Jay College Report on Sexual Abuse). 2년 후 보충 보고서가 발간되었다. Karen Terry, et al., *The Nature and Scope of Sexual Abuse of Minors by Catholic Priests and Deacons in the United States: Supplementary Data Analysis* (March 2006). And again Karen Terry et al., *The Causes and Context of Sexual Abuse of Minors by Catholic Priests in the United States, 1950–2010*, May 18, 2011. The 2011 report focused on the "causes and context

91 The *John Jay College Report on Sexual Abuse*, 2, 5. 195개의 교구와 대교구가 이 연구에 참여했다. 140 religious communities가 John Jay College가 보낸 비밀 설문지에 응했다. 연구 필자들은 통계적 기법을 사용해서 미국 내의 모든 교구들에서 그 발견들을 추론했다. 필자들의 연구 방법론에 대해서는 다음을 보라. The John Jay College Report on Sexual Abuse, 13-25.

92 The John Jay College Report on Sexual Abuse, 26.

93 "고발된 사제들의 비율은 1970년에 최대 거의 10%, 이후 줄어들어 1980년에 8%, 1990년에는 4% 이만이다." Ibid., 26.

94 상습 성추행자들이 추행의 거의 ¼에 이르렀다. Ibid., 35, 40, 52.

95 Ibid., 47-50, 62.

96 Emphasis added. Ibid., 39, 57.

97 Emphasis added. Ibid., 40-43, 45, 47.

98 Emphasis added. Ibid., 48, 100.

99 Emphasis added. Ibid., 105-20.

100 Tony Kennedy, "Archdiocese Led Lobby to Stop Abuse Law Change," *Star-Tribune* (Minneapolis), November 5, 2013.

101 Berry, "The Shame of John Paul II."

102 Richard McBrien, "The Beatification of John Paul II," *National Catholic Reporter*, February 7, 2011.

103 Ibid. Maciel의 정확한 설명, 즉 그의 과용과 추행 로마교회가 수 년 동안 그에 대한 조치를 하지 않는 것, 이는 Jason Berry의 *Render Unto Rome*에 쓰여있다. Berry와 *The Washington Post*의 종교 편집자 Gerald Renner는 1997년 2월 23일, *Hartford Courant* 기사에서, 그의 성추행의 혐의를 폭로했다. 그들은 9명의 신학생이 여러 건의 추행을 말했다고 언급했다. Berry 와 Renner의 언급에 따르면, Maciel은 만성 통증으로 인한 아편 중독자였다. 그는 자신이 중독자가 되자, 그는 신학생들에게 말하길, 비오12세가 자신의 고통을 경감시키기 위해 개인적으로 자신에게 섹스를 할 수 있는 허가를 주었다는 것이다. Maciel의 옹호자들은 Berry와 Renner를 공격하는 것과 그의 주교를 옹호하는 일에 가차없었다. 교황은 Maciel을 로마의 핵심적인 신학위원회 멤버로 임명하므로써 그에 대한 지지를 보였다.

104 Berry, "The Shame of John Paul II."

105 교황이 신앙교리성에 지시하고 또 소다노의 촉구에 의해 Ratzinger는 그 조사를 중지했다. "하지만 Ratzinger는 요한 바오로의 승인이 없었다면, 마시엘의 건을 무덤처럼 의제로 상정할 수는 없었을 것이다." Jason Berry의 글이다. *Render Unto Rome*, 186. See also Obituary, The Rev. Marcial Maciel, *The Guardian*, April 28, 2008.

106 Gianluigi Nuzzi, *Sua santità, le carte segrete di Benedetto XVI* (Milan: Chiarelettere, 2012), 196-99, 295; Nuzzi는 바티칸의 비밀 문서들을 그의 책 *One of them*에서 재생산했다. An October 19, 2011, handwritten note from Benedict's private secretary, Monsignor Gänswein, summarized his meeting with Moreno in which Maciel's abuse was addressed. See also Jason Berry, "The Legion of Christ and the Vatican Meltdown," *National Catholic Reporter*, June 21, 2012.

107 Hugh O'Shaughnessy, "Pope Throws the Book at Wealthy Catholic Legion," *Sunday Tribune* (Ireland), August 8, 2010, N16.

108 See generally Doyle and Rubino, "Catholic Clergy Sexual Abuse Meets the Civil Law."

제32장

1. "Jean Pull II souffirait de la maladie de Parkinson," *Le Monde*, September 10, 1996, 3.
2. "Recovering Pope Keeps Trembling Hand Hidden," *Hobart Mercury* (Australia), October 15, 1996.
3. Freddy Gray, "Pope's Health Prompts Betting Frenzy: Channel 4," *Catholic Herald*, January 16, 2004, 3; 두 출판사 명은 Betfair 와 Paddy Power였다.
4. Weigel, *Witness to Hope*, 782–83.
5. Murray는 *The Australian*의 종교 기사 편집장이었다. "A Retiring John Paul Is Hard to Imagine," *The Australian*, January 12, 2000, 11.
6. David J. Lynch, "Rumor of Papal Retirement Drifts About Rome," *USA Today*, January 25, 2000, 10A.
7. Author interview with Michael Hornblow, January 28, 2014. "John Paul는 형편없는 행정가였다." 교황의 한 친구가 필자 Paul Elie에게 한 말이다. "그가 신체적으로 최고일 때도 그는 항상 바티칸의 운영 운영에는 무관심했으며, 이제는 그는 거의 그 운영을 따라잡지 못했다." Elie의 결론이다. See also Paul Elie, "The Year of Two Popes," *The Atlantic*, January 1, 2006.
8. Philip Willan, "Mafia Caught Attempting Online Bank Fraud," *Network World*, October 9, 2000; "Vatican Bank Involved in Mafia's On-Line Washing Money," *Xinhua General News Service*, Rome, October 3, 2000.
9. John Walker, "Money Laundering: Quantifying International Patterns," *Australian Social Monitor* 2, no. 6 (February 2000).
10. Ibid., 142. 은행들을 통해 세탁된 돈의 금액 때문에 U.S.과 U.K.은행이 역시 선두 목록이다.
11. "Legislative and Economic Factors Determining International Flow of Laundered Money," John Walker Crime Trends Analysis, attached paper to the United Nations 10th Congress on Economic and Social Issues, Vienna, Summer 2000, table 1.
12. Michael Becket, "Gangster's Paradise Across the Atlantic," *The Daily Telegraph*, November 19, 2001, 31; Emil Alperin v. Istituto per le Opere di Religione, U.S. District Court, San Francisco, November 1999. See also online summary at http://www.vaticanbankclaims.com/vatpr.html.
13. Email from John Walker to author, January 15, 2014. Walker가 이런 결론을 내렸지만, 그는 더욱 자세한 계산을 위해서는 많은 데이타가 "바티칸의 경우에는 가능하지 않음"을 인정했다.

* 2005년, 한 멕시코 주교가 교회에 돈을 헌금하는 것이 이를 "깨끗하게 만든다"고 말했다. 일부 바티칸 연구가들은 이는 마약 거래자들로 하여금 그들의 종교적 기부에 더욱 관용적 태도를 갖게 하는 직설적 권유의 말이라고 생각했다. 한 멕시코 몬시뇰(경)은 그 문제를 더욱 직접적으로 말했다. "마약 거래로 인한 기부금이 기원한 곳은 비물질적이며, 따라서 그 돈의 원천을 조사하는 것은 우리에게 달려 있지 않다." 그런 기부금은 멕시코에서는 마약구제(*narco limosnas*)로 불린다. 멕시코 성직자들이 현금의 일부를 다시 마약거래인에게 돌려주지 않는 한 자금세탁방지법에 위배되는 것은 아니다. 하지만, 미국마약단속청(U.S. Drug Enforcement Administration)은 많은 현금 선물에 대해 묻지 않는 멕시코교회의 의도가 왜 그곳 가톨릭교회의 부가 최근에 급증하고 있는가에 대한 중요한 이유라고 믿고 있다.[14]

14. Phillip Smith, "Latin America: Mexican Catholic Church in Narco-Dollar Embarrassment," *Drug War Chronicles* 531, April 11, 2008; Jo Tuckman, "Pope's Visit to Mexico Refocuses Attention on Narco-Church Relations," *The Guardian*, March 22, 2012; Leonor Flores, "Narcolimosnas: Que partidos e Iglesia reporten operaciones," *El Economista*, February 24, 2011; "Iglesia reconoce recibir limosnas de narcos," *El Economista*, October 31, 2010.
15. See George Dale, Commissioner of Insurance for the State of Mississippi et al. v. Emilio Colagiovanni and The Holy See et al., United States District Court for the Southern District of Mississippi, Jackson Division (Case No. 3:01CV663BN).

16 Simon Fluendy, "Vatican Bank Is Sued in US over Charity Scandal," *Mail on Sunday* (UK), August 11, 2002, 6.
17 See also Lynne Touhy, "Frankel Associate Gets Probation, $10,000 fine," *Hartford Courant*, May 25, 2005, A18.
18 Alexander Walker, "Banned: The Film God's Bankers Don't Want You to See," *The Evening Standard* (London), April 4, 2002, 35.
19 Jim McBeth, "Who Killed God's Banker?," *The Scotsman*, October 2, 2002, 2; "Top Banker 'Murder by the Mafia,'" *The Mirror* (UK), July 24, 2003, 14.
20 Simon Edge, "Leader Italian Police Have Concluded After 21 Years That 'God's Banker' Was Murdered; Who Killed Roberto Calvi . . . The Masons, Mafia or Vatican?," *The Express* (UK), July 25, 2003, 13. For a straightforward review of the developing police and forensics examinations, see James Moore and Bruce Johnston, "Murder Squad Revisit Roberto Calvi," *The Daily Telegraph* (London), October 4, 2003, 36.
21 Author review of LexisNexis search results for "Vatican Bank" in all English language news sources from January 1, 2000, to December 31, 2005; 59 of 111 stories were primarily about Calvi.
22 1996년에, 예컨대, 급성 맹장 수술 다음에, 널리 퍼진 소문은 그의 건강이 너무 나빠서 그가 사임할지도 모른다는 것이었다. 파킨스병은 특별히 "그의 교황직의 장래에 영향"을 가졌다. 왜냐하면, 그런 병에 걸린 자들은 자주 "우울증과 치매 증상으로 인해 어떤 정신적 변화를 가지기 때문이었다." Ray Moseley, "Health of Pope Has Vatican Guessing," *Hamilton Spectator* (Ontario), October 19, 1996, B8.

제33장

1 Charles W. Bell에 따르면, "몇 년 전에 *the Financial Times*는 바티칸의 부동산 보유 평가액을 $37.2 billion, 주식 포트폴리오를 239억 달러로 보았다." Charles W. Bell, "Church Rich in Art, Cash," *New York Daily News*, April 3, 2005, 21.
2 Cardinal Sergio Sebastiani quoted in Victor L. Simpson, "Next Pope Can Add Vatican's Financial Woes to Long List of Responsibilities," *Associated Press*, International News, Vatican City, BC cycle, April 12, 2005. 로마교회에 대한 저명한 필자인 Father Thomas Reese의 말이 Simpson에 의해 인용되었다. "달러가 정말로 큰 타격이었다. 우리는 미국에서 오는 돈만을 말할 뿐 아니다. 제3세계의 모든 부자도 역시 달러로 준다."
3 Szoka quoted in "Trouble at God's Bank," *The Toronto Star*, April 17, 2005, A20.
4 Simpson, "Next Pope Can Add Vatican's Financial Woes to Long List of Responsibilities."
5 John Pollard quoted in "Trouble at God's Bank," *The Toronto Star*, A20.
6 Simpson, "Next Pope Can Add Vatican's Financial Woes to Long List of Responsibilities."
7 Simpson, "Next Pope Can Add Vatican's Financial Woes to Long List of Responsibilities."
8 Deirdre Macken, "Next Pope's ID Is in Da Vinci Code; Relativities," *Australian Financial Review*, April 9, 2005, 31.
9 Calum MacDonald, "Politicking Begins as the Cardinals Go into Conclave; Secret Body That Will Choose New Leader," *The Herald* (Glasgow), April 5, 2005, 6; see also Paddy Agnew, "How the Kingmaker Became King," *The Irish Times*, April 23, 2005, 1.
10 Agnew, "How the Kingmaker Became King," 1.

11 그런 이야기들은 *La Repubblica*의 Marco Politi *L'Espresso*의 Sandro Magister에 의한 것으로 그들은 훌륭한 교황청 정보원들을 두고 있었다.
12 Peter Stanford, "Pope John Paul II: Who Will Lead One Billion Souls?: The College of Cardinals Must Now Elect a New Pope," *The Observer* (London), April 3, 2005, 16.
13 Grocholewski quoted in Stephen McGinty, "Campaigning Candidates Are Reined In as Agreement Made to Stop All Media Interviews," *The Scotsman*, April 7, 2005, 4.
14 Ibid; see also "Political Wrangle for Potential Popes," *St. Petersburg Times*, April 6, 2005.
15 See generally Lydia Polgreen and Larry Rohter, "Third World Is New Factor in Succession," *The New York Times*, April 5, 2005, 1.
16 Sandro Contenta, Cardinals Divided in Choice for Pope," *Toronto Star*, April 5, 2005, A1; Julia Duin, "Latin America Eyed for Next Pope," *The Washington Times*, April 7, 2005, A14.
17 Charles W. Bell, "The Games Cardinals Play. Mud's Flying as They Angle for Big Job," *New York Daily News*, April 15, 2005, 16.
18 Ibid.
19 Stanford, "Pope John Paul II: Who Will Lead One Billion Souls?"
20 "Will the Cardinals Look Beyond Italy Again?" *Daily Mail*, April 2, 2005, 4.
21 See Dominus Iesus: On the Unicity and Salvific Universality of Jesus Christ and the Church, http://www.vatican.va/roman_curia/congregations/cfaith/documents/rc_con_cfaith_doc_20000806_dominus-iesus_en.html. Ratzinger was the principal author and it was issued in 2000.
22 John Follain and Christopher Morgan, "Lobbying Begins for Papal Rivals," *Sunday Times* (London), April 10, 2005, 23.
23 Both quotes repeated widely, see for instance Stephen McGinty and Richard Gray, "Meet the Cardinal Who Will Play Kingmaker in Rome," *Scotland on Sunday*, April 10, 2005, 8.
24 Bruce Johnston, "Swing to Ratzinger Boosts Chance of Becoming Pope," *The Daily Telegraph*, April 13, 2005, A12.
25 Bell, "The Games Cardinals Play," 16.
26 Justin Sparks in Munich and John Follain and Christopher Morgan in Rome, "Papal Hopeful Is a Former Hitler Youth," *The Sunday Times* (London), April 17, 2005, 23.
27 Ruini quoted in Charles W. Bell, "A People's Pope Favored. Hints That New Pontiff Will Be Like John Paul," *New York Daily News*, April 22, 2005, 7. Quote is the reporter's summary of the Ruini comments.
28 "Briefly," *The Toronto Star*, September 28, 1997, A11; Thavis, *The Vatican Diaries*, 278-79.
29 Philip Pullella, "Pope Opposed Bob Dylan Singing to John Paul in 1997," *Vatican City, Reuters*, March 8, 2007.
30 Joseph Ratzinger, *while Pope Benedict, John Paul II, My Beloved Predecessor* (Miami: Pauline Books, 2007): "회의적일 이유가 있었다 - 과거에도 어떤 의미에서는 지금도 나는 - 과연 이런 종류의 선지자들을 개입토록 하는 것이 정말로 옳은 일인지 의심하고 있다."
31 Thavis, The Vatican Diaries, 279-80; Alessandra Stanley, "Pope's Labor Rally Joins Mass and Rock Concert," *The New York Times*, May 2, 2000, A6. See Eric J. Lyman, "Vatican Pop Culture Guru Backpedals on Lou Reed Tribute," *The Salt Lake Tribune*, October 29, 2013.
32 John L. Allen Jr., *Cardinal Ratzinger: The Vatican's Enforcer of Faith* (New York: Continuum, 2000); John L. Allen Jr., *Pope Benedict XVI: A Biography of Joseph Ratzinger* (London: Bloomsbury Academic, 2005).
* 미국의 성추행 희생자들은 불명예스런 추기경 Bernard Law가 로마에서 9번의 공식적 장례 미사의 하나

를 인도하는 것에 분노했다. 그는 보스톤 교구장을 사임했는데, 이는 그가 유아성애 사제들을 징계하기보다 어떻게 그가 그들에 대해 자리 바꿈을 했는지의 폭로로 인한 열화같은 비난으로 인해서였다. 그들의 격분 가운데서, 그는 80살이 넘지 않아 콘클라베의 투표할 추기경들의 하나가 되었다.[33]

33 Joan Vennochi, "A Vote for Pope, an Insult to Abuse Victims," *The Boston Globe*, February 17, 2013.
34 Charles W. Bell, "Vatican Gets Tough to Thwart Leaks," *New York Daily News*, April 15, 1005, 16.
35 Joseph Cardinal Ratzinger, *Milestones: Memoirs, 1927–1977* (San Francisco: Ignatius, 1998).
36 Allen, *Cardinal Ratzinger*, 8, citing Uriel Tal, *Christians and Jews in Germany*.
37 Allen, *Pope Benedict XVI*, 49.
38 See generally "Profile: Emeritus Pope Benedict XVI," *BBC News*, Europe, May 2, 2013; Greg Sheridan, "Administration Was Not Benedict's Forte," *Real Clear World*, February 11, 2013.
39 Allen, *Cardinal Ratzinger*, 15; see generally David Gibson, *The Rule of Benedict* (NY: Harper, 2006).
40 Sparks, Follain, and Morgan, "Papal Hopeful Is a former Hitler Youth," 23.
41 Ibid.
42 Ratzinger quoted in Charles W. Bell, "New Pope? Nope. 'Relativist' Catholics Ripped by Hardliner," *New York Daily News*, April 19, 1005, 4.
43 가장 낮은 확률은 캐나다의 Marc Ouellet(80 to1) Jean-Claude Turcotte(100 to 1)이었다. Scott Stinson, "Italian Favoured in Online Pope Betting," *National Post* (Canada), April 6, 2005, A16.
44 이번 conclave에 대한 정확한 투표수는 5개월 후 이탈리아 정치 잡지인 Limes 이 콘클라베 일지를 발표하므로써 알려지게 되었다. 이는 추기경 Carlo Maria Martini가 작성하여 보관한 것으로 여겨졌다. 이는 각 투표마다 투표 총수를 담고 있었다. 과거에는 미확인 보고는 나중에 그 투표를 걸러내서 나온 것이지만, 이 동시적인 일지보다 신뢰할 수 없는 것이었다. See generally "TV Report: Cardinal's Unauthorized, Anonymous Diary Says Pope Was Elected with 84 Votes," *Associated Press* Worldstream, International News, Vatican City, September 22, 2005; Nicole Winfield, "Cardinal Diary Details Papal Conclave," *Associated Press*, International News, Vatican City, September 24, 2005.
45 Bruce Wilson, "Cardinals Set a Ratzinger Trap—Liberals Against Papal Frontrunner—Electing a Pope," *Daily Telegraph* (Sydney), April 19, 2005, 13.
46 John L. Allen Jr., "Profile: New Pope, Jesuit Bergoglio, Was Runner-up in 2005 Conclave," *National Catholic Reporter*, March 3, 2013.
47 See generally Wilson, "Cardinals Set a Ratzinger Trap," 13.
48 마지막 투표에서 한 표가 불명예스런 보스톤 추기경 Bernard Law를 위한 것이었다. 그 역시 투표자들 중 하나였지만, 누군가 Ratzinger에 대한 항의 표시를 던진 것이라고는 분명하지 않았다. 왜냐하면, 당시에 Ratzinger가 교황이 될 것이 확실했기 때문이었다. 아니면, Law가 자신을 투표했는지, 그렇다면 그는 마지막 투표에 이상한 주석으로 영원히 남을 터였다. 추기경들의 투표 동기에 대한 정보는 Cardinal Martini's diary의 발표가 나온 후 계속적으로 논의의 일부가 되었다. See Daniel J. Wakin, "Ritual and Secrecy Surround Conclave," *The New York Times*, March 11, 2013.
49 Agnew, "How the Kingmaker Became King,"
50 John Hooper, "A Moment Of Doubt, Then A Cry Went Up," *The Guardian*, April 20, 2005.
51 Benedict XXI quoted in "New Pope Admits To 'Inadequacy And Turmoil' " *The Telegraph* (London), April 20, 2005.

제34장

1 U.S. Court of Appeals, Ninth Circuit, Opinion No. 03-15208, D.C. No. CV-99-04941-MMC, Alperin v. Vatican Bank, Argued and Submitted October 7, 2004—San Francisco, California, filed April 18, 2005, online at "Court Clears Way for Suit Against the Vatican Bank for Nazi Gold," *Silicon Valley Business Journal*, April 18, 2005, reporting on the judgment of the Ninth U.S. Circuit Court, April 12, 2005; see "Nazi Gold–Vatican Bank Ruling, U.S. Ninth Circuit Court of Appeals," *Jurist, University of Pittsburgh School of Law*, April 18, 2005.

2 "Court Clears Way for Suit Against the Vatican Bank for Nazi Gold," *Silicon Valley Business Journal*. 바티칸 은행의 미국변호사는 그해 가을에 U.S. Supreme Court에 항소했다. 미국 대법원에서의 9회 순회항소법정에 대한 이송명령장(Writ of Certiorari)의 청원에 대하여는, in Istituto per le Opere di Religione v. Emil Alperin et al., October 2005, courtesy of Jonathan Levy.

3 Benedict는 이탈리아 신문들의 옛 IOR-Calvi 스캔들 기사로 가득했던 그해 가을에도 무사 태평이었다. 5명이 마침내는 Ambrosiano의 의장의 살인죄로 기소되어 재판을 받게 됐다. 교황을 제외한 누구나 검사의 변론을 이야기했다. 그는 말하기를, "Ambrosiano 내에서 대표되는 많은 다양한 종류의 이해들이 있었다. 거기에는 바티칸, 마피아, 프리메이슨 정치가들이 있었다. 이 재판은 이 모든 이야기의 한 부분만을 말해줄 것이다." 바티칸 대변인은 언론의 질문에 기존의 "no comment"를 발표했다. 새 교황은 또 다른 책에 대한 뉴스로 신문 헤드라인을 채웠던 그해 12월에는 주저하지 않았다. 그 책은 John Paul I가 살해당했다는 주장을 실었다. 이번에는 그 살해 동기가 바티칸은행 내부에서 돈세탁에 관한 것을 그가 알았기 때문이라는 가정을 내세웠다.

4 Ulrich Schwartz, "'Coded Language' and Yes Men: Cables of Confusion from the Heart of the Vatican," Der Spiegel, December 13, 2010; See 02-20-09 WikiLeaks The Holy See: A Failure to Communicate Cable, 09VATICAN28_a; https://www.wikileaks.org/plusd/cables/09VATICAN28_a.html.

5 Ulrich Schwartz, "'Coded Language' and Yes Men: Cables of Confusion from the Heart of the Vatican,"

6 Carla Del Ponte and Chuck Sudetic, *Madame Prosecutor: Confrontations with Humanity's Worst Criminals and the Culture of Impunity* (New York: Other Press, 2011), Kindle edition, location 365 of 7695.

* 2001년, 델 폰테는 인종학살 조사를 4명의 르완다인을 상대로 벌였다. 그들 중 두 명은 가톨릭 신부로, 이탈리아 내에서 가명으로 살고 있으며 다른 이는 스위스에서 가명을 쓰며 숨어살고 있었다. 바티칸이 이탈리아 안에 있는 그 사제들을 설득해서 자수하도록 바티칸에 도움을 호소한 후, 그녀는 나중에 "교회 관리들이 그를 숨겨 주었다"는 것을 발견했다. 그녀는 자기 책 『여검사』(*Madame Prosecutor*)에서, "나는, 부드럽게 말하자면, 매우 화가 났다"고 썼다.[7]

7 Del Ponte and Chuck Sudetic, *Madame Prosecutor*, Kindle Edition, 3586 of 7695.

8 See copy of August 26, 2005 U.S. cable, subject "Del Ponte Makes 'Ugly Impression' at the Vatican," at http://racconta.espresso.repubblica.it/espresso-wikileaks-database-italia/dettaglio_eng.php?id=55. Del Ponte even provided a list of the monasteries to assist the search; see Del Ponte and Sudetic, *Madame Prosecutor*, location 5040, 5057 of 7695.

9 Lajolo quoted in Del Ponte and Sudetic, Madame Prosecutor, location 5067 of 7695.

10 See generally Ulrich Schwarz, "'Coded Language' and Yes Men: Cables of Confusion from the Heart of the Vatican," *Der Spiegel*, December 13, 2010. See also August 26, 2005, Del Ponte Makes "Ugly Impression" at the Vatican, https://www.wikileaks.org/plusd/cables/05VATICAN516_a.html.

11 Del Ponte and Sudetic, *Madame Prosecutor*, location 5077 of 7695.

12 See also David Rennie, "Vatican Accused of Shielding 'War Criminal,'" *The Daily Telegraph*, September 20, 2005.

13 "Vatican Denies Knowledge of Indicted War Criminal's Whereabouts," *Agence France-Presse*, Vatican City, September 20, 2005; "Vatican Hits Back at UN Prosecutor over Wanted Croatian," *Deutsche Presse-Agentur*, Vatican City/Zagreb/London, September 20, 2005.

14 이스라엘 대사는 예컨대, 이스라엘에 긍정적인 메시지를 담은 것으로 생각되는 바티칸 성명을 받았으나, 너무 가리워져 있어 그는 이를 알지 못했다. 심지어 그것이 저기 있다는 소리를 들었어도 그랬다. 02-20-09 WikiLeaks The Holy See: A Failure to Communicate cable.

15 Rachel Donadio and Jim Yardley, "Vatican Bureaucracy Tests Even the Infallible," *The New York Times*, March 19, 2013, 1.

16 Tony Blankey, "Pope Benedict in the Lion's Den; A Teacher to Unwilling Students Across the World," *The Washington Times*, November 29, 2006, A19, citing *Time* from the previous week.

17 Thavis, *The Vatican Diaries*. Thavis, Catholic News Service의 로마지부장에서 최근 은퇴한 그는 베네딕토와 교황직을 떠맡기 위한 그의 인간적인 결점에 대한 가장 빈틈없는 면을 제공하고 있다. See Chapter 10, "The Real Benedict," 278–306.

18 통상적으로 교황청 관리들은 75세가 되면 은퇴하지만, 교황의 요구에 따라 바뀔 수 있다. 교황 선임 이틀 뒤에 베네딕토는 Sodano를 국무총리로 재임명했다.

19 According to Edward Pentin, a reporter with the *National Catholic Register*, "A source close to the Vatican said the announcement was made now to halt widespread speculation about new Vatican appointments in the Italian press." Edward Pentin, "Benedict Names Cardinal Bertone Secretary of State," *National Catholic Register*, July 3, 3006, referring to a statement of Pope Benedict dated June 22, 2006

20 Pentin, "Benedict Names Cardinal Bertone Secretary of State," *National Catholic Register*, July 3, 2006, referring to a statement of Pope Benedict dated June 22, 2006.

21 Emiliano Fittipaldi, "Vaticano, le due cordate," *L'Espresso*, May 28, 2012.

22 Rocco Palmo, 바티칸 거점의 베테랑 저널리스트는 그 과정을 "Widows of Sodano"로 불렀다. 국무총리가 "자신의 아끼는 참모들을 고위직에 둠으로 하여 그들의 충성의 보상으로 삼았기 때문이었다. "Rome Notes," *Whispers in the Loggia*, July 12, 2006. Sodano 역시 자신이 국무총리직을 갖는 한에 있어 자신의 대형 아파트에서 나가길 거부했다. 이는 Bertone로 하여금 불편한 flat(다세대공동아파트)에 비집고 살도록 만들었다. 이를 두고 대부분의 교황청 사람들은 개인적인 모욕으로 해석했다. Fittipaldi, "Vaticano, le due cordate." *L'Espresso*. Sodano는 자신의 사무실도 일년 동안 떠나지 않았고, 추기경 단장으로서 새로운 사무실이 완전히 리노베이션이 된 후에야 떠났다. 이는 Bertone가 옆의 작은 방에 갇혀있어야 함을 뜻했다. See Nuzzi, *Ratzinger Was Afraid*, 133.

23 Rocco Palmo, "Rome Notes," *Whispers in the Loggia*, July 12, 1996, online at http://whispersinthe loggia.blogspot.com/2006/07/rome-notes.html.
수차례 Benedict는 교황청의 자리를 채우는 일에 있어 수동적이었다. 예컨대 수도회성(the Congregation for Religious Life and Societies of Apostolic Life)의 장관 자리에 Benedict는 추기경 Crescenzio Sepe을 선호했다. 그러나, 그에 대한 끈질긴 반대가 영향력 있는 Brigittine Sisters의 수녀원장 Tekla Famiglietti으로부터 있었다. Benedict는 Sepe를 나폴리 교구로 보냈고, 그 결과 Franciscan 사제인 Franciscan Father Gianfranco Gardin이 타협안이 되었다. 2007년에, Sepe가 큰 추문에 휩싸였다. 그는 무료의 Propaganda Fide 아파트들을 이탈리아 정치가들에게 주고, 대신에 공적인 돈 수백만 달러를 자신의 사무실에 내도록 했지만, 결코 재건축 일을 하지 않았다. 2010년에, 이탈리아 수사검사들이 정식 조사를 했을 때 Sepe는 어떤 범죄행위도 부인했으며, 무혐의 처리가 되었다. John Allen Jr., "Facing Financial Scandals, Pope Creates New Vatican Watchdog," *National Catholic Reporter*, December 30, 2010; see also Philip Pullela, "Vatican Enacts Laws on Financial Transparency; New Laws Adopted in the Wake of Money Laundering Al-

legations," *Reuters*, January 1, 2011.
24 Rocco Palmo, "Rome Notes," *Whispers in the Loggia*, July 12, 1996.
25 Lai, *Finanze vaticane*, 93–94; see also Rocco Palmo, *Whispers in the Loggia*, July 12, 1996, online at http://whispersintheloggia.blogspot.com/2006/07/rome-notes.html.
26 Benny Lai interview with Angelo Caloia, June 1, 2007, in Lai, *Finanze vaticane*, 152.
27 02-20-09 WikiLeaks The Holy See: A Failure to Communicate cable.
28 Benny Lai interview with Angelo Caloia, June 1, 2007, in Lai, *Finanze vaticane*, 152.
29 Richard Owen, "Benedict Eager to Modernise Arcane World of Vatican Bank: Averse to Inefficiency, the Pope Is Forming His Own Team to Control Church Finances," *The Times* (London), September 18, 2006.
30 Richard Owen, "Pope to Put His House in Order," *The Australian*, September 20, 2006, 10.
*   요한 바오로의 서거 전에, 그가 카로야의 후임으로 은행가인 Roberto Mazzotta, 밀라노 거점의 은행이며 자선 재단인 Caripio의 회장을 고려하고 있다는 소문이 있었다. 마쪼타는 카로야가 창립자로 있었던 하얀 금융운동의 존경받는 멤버였다.
31 Owen, "Benedict Eager to Modernise Arcane World of Vatican Bank."
32 Ibid.; see also Owen, "Pope to Put His House in Order," 10.
33 Lai, *Finanze vaticane*, 95.
34 Rosemary Church and Alessio Vinci, guest Father Thomas Reese, "Pope Benedict XVI," Transcript, *CNN International*, April 3, 2006.
35 Michael Valpy, "A Look at the Pope Nobody Knows," *The Globe and Mail* (Canada), April 15, 2006.
36 "The AFP Europe news agenda for Sept 10," *Agence France Presse*, Paris, September 10, 2006.
37 Victor Simpson quoted in Thavis, *The Vatican Diaries*, 280.
38 Thavis, *The Vatican Diaries*, 281.
39 Thavis, *The Vatican Diaries*, 280.
40 Thavis, *The Vatican Diaries*, 281.
41 Benedict quoted in "Pope Benedict vs. The Jihadists," *New York Daily News*, September 14, 2006, 34.
42 *Catholic News Service*의 지국장, John Thavis는 회고하기를, 사전에 Lombardi에게 그 말에 대해 물음으로써, 기자들은 "바티칸에게 선제적 방어를 제공했다"고 했다. 사실 베네딕토 주위의 누구도 그에게 경고하지 않았다. 그런 말을 분명하게 부인하지 않고 계속적으로 그 말을 반복하는 것은 대중 매체에서는 이 슬람에 대한 현대의 십자군과 같은 자로 그를 그리게 될 것이었다. Thavis, *The Vatican Diaries*, 285–86.
*   롬바르디는 바티칸 내부의 내용과 인터뷰를 위해 2014년에 이르기까지 필자의 열 번이 넘는 요청을 묵살했던 바로 그 대변인이다.
43 Jon Meacham, with Edward Pentin in Rome, "The Pope's 'Holy War'; By Quoting a 14th-Century Christian Emperor on an 'Evil and Inhuman' Islam, Benedict XVI Ignites a Global Storm. What Was He Thinking?" *Newsweek*, September 25, 2006, 36.
44 예컨대 다음 참조, James Mills, "Pope's Criticism of the Prophet Inflames Muslims Worldwide," *The Evening Standard*, September 15, 2006, 7, "Muslims in Pope Rage," *Evening Gazette*, September 15, 2006, 6; Michael Valpy, "Pope's Quote Kindles Islamic Rage; Fury Compared to That over Danish Cartoons," *The Globe and Mail* (Canada), September 16, A1; Geraint Jones, Gordon Thomas, and Julia Hartley-Brewer, "Pope 'Sorry' as Churches Are Bombed by Muslims," *Sunday Express*, September 17, 2006, 7.
45 Alex Jolly and Jack Lefley, " 'Execute the Pope' call at Westminster Protest," *The Evening Standard*, September 18, 2006, 6.
46 Malcolm Moore, "Security Around the Pope Is Stepped up; Six Churches Burned in Weekend of Protests as

Muslims Condemn Pontiff's Unflattering Reference to Mohammed," *The Daily Telegraph*, September 18, 2006, 4; James Wickham, "Nun Is Shot Dead in Pope Backlash," *Daily Star* (UK), September 18, 2006. See also Simon Caldwell, "24 Catholic Missionaries Killed in 2006," *Daily Mail*, January 2, 2007, 19. Iran의 최고 지도자 Ayatollah Ali Khamenei는 교황이 "십자군 전쟁을 일으키려는 일련의 음모"를 촉발하려고 시도하고 있다고 말했다." Ian Fisher and Sebnem Arsu with reporting from Istanbul, Raymond Bonner from Jakarta, Indonesia, and Mona el-Naggar from Cairo, "Pope's Regrets over Statement Fail to Quiet a Storm of Protests," *The New York Times*, September 19, 2006, 15

47 Ağca quoted in Patsy McGarry, "Man Who Tried to Kill Pope Warns Against Trip," *The Irish Times*, September 21, 2006, 12.

48 Nick Pisa, "Pope in Flak Jacket Visit Plea," *The Mirror*, November 27, 2006. Benedict는 Muslim Turkey가 European Union의 일원이 되는 것을 반대했다. 이슬람에 대한 그의 언급을 두고 극단적 반응 이후 베네딕토는 그 수정을 고민했다. 터키의 EU 가입에 대한 수년 간의 반대를 거두어 드리고 이를 승인했다. 이는 미국에게는 실망스런 것으로, 미국은 교황이 그렇게 하지 않도록 촉구했었다.

49 이슬람에 대해 설명한 베네딕토의 2006년의 연설을 두고 발표한 바티칸 변명의 자세한 것은 다음 참조, Thavis, *The Vatican Diaries*, 287–88.

50 Author interview with former Papal advisor/assistant, identity withheld at their request, in Rome, September 2013.

51 Benedict quoted in John Hooper, "Pope 'Deeply Sorry' but Muslim Protests Spread: Nun Shot Dead in Somalia; Italy on Security Alert Apology Offends Jews," *The Guardian*, September 18, 2006, 1.

52 Benedict quoted in Ian Fisher, "Pope Tries to Quell Ire over Speech in Brazil," *International Herald Tribune*, May 24, 2007, 3.

53 Pew Research Poll, *Religion and Public Life Project*, April 7, 2010, online at http://www.pewforum.org/2010/04/07/broad-criticism-of-pope-benedicts-handling-of-sex-abuse-scandal/.

54 Berry, *Render Unto Rome*, 186. See also Berry, "The Shame of John Paul II."

55 Laurie Goodstein, "384 Priests Defrocked over Abuse in 2 Years," *The New York Times*, January 18, 2014, A8.

56 Author interview with former Papal advisor/assistant, identity withheld at their request, in Rome, September 2013.

57 Thomas P. Doyle and Stephen C. Rubino, "Catholic Clergy Sexual Abuse Meets the Civil Law," *Fordham Urban Law Journal*, Volume 31, Issue 2, Article 6, 2003; see also Thavis, *The Vatican Diaries*, 296.

58 Thavis, *The Vatican Diaries*, 299.

59 Thavis, *The Vatican Diaries*, 299–300.

60 Ryan Lucas, "New Warsaw Archbishop Quits in Wake of Disclosures," *The Washington Post*, January 8, 2007, A11.

61 Oliver Balch, "British bishop who denied scale of Holocaust loses job," *The Guardian*, February 9, 2009. Bishop Richard Williamson는 the Society of Saint Pius X (SSPX)에 속했던 4 주교들 중의 하나였다. SSPX는 바티칸 2차 공의회의 개혁에 반대하기 위해 결성되었다. 네 사람은 1988년에 파문당했다.

62 소동 한달 후 Williamson은 아르헨티나의 신학교에서의 최고 성직자의 자리에서 제거되었다. 3년 후 전통주의 교단 SSPX도 그를 추방했다. 2015년, Williamson은 자신이 또 다른 전직 SSPX priest를 교황의 승인 없이 '주교'로 임명한 것으로 인해 자동 파문되었다. Oliver Balch, John Hooper, and Riazat Butt, "Vatican Crisis over Bishop Who Denies the Holocaust," *The Guardian*, February 6, 2009; see also Nick Squires, "Holocaust Denying British Bishop Expelled From Religious Order," *The Telegraph* (United King-

dom), October 24, 2012. Andrea Tornielli, "The Fraternity of St. Pius X 'Excommunicates' Williamson," "Vatican Insider," *La Stampa*, March 20, 2015.

63 02-20-09 WikiLeaks The Holy See: A Failure to Communicate Cable, 09VATICAN28_a; https://www.wikileaks.org/plusd/cables/09VATICAN28_a.html.

64 Thavis, *The Vatican Diaries*, 292.

65 Author interview with former Papal advisor/assistant, identity withheld at their request, in Rome, September 2013. 작가 Gianluigi Nuzzi에 따르면, *Stampa*는 "교황의 몇 안 되는 신뢰하는 절친 중의 하나"였다. Nuzzi, *Ratzinger Was Afraid*, 23.

66 Nuzzi, ibid.

제35장

1 Wang Yunjia, "Old Obstacles, New Crisis Hits Italy's Lagging eEconomy," *Xinhua*, March 11, 2009.

2 Diego Coletto, "Effects of Economic Crisis on Italian Economy," *European Industrial Relations Observatory*, University of Milan, January 6, 2010; see also Roberto Di Quirico, "Italy and the Global Economic Crisis," *Bulletin of Italian Politics* 2, no. 2 (2010): 3–19.

3 "Vatican Runs Deficit Amid Global Economic Crisis," Business, *Huffington Post*, July 4, 2009; Kevin Roose, "The Vatican's Financial Empire, in Charts," *News & Politics, New York*, March 12, 2013. 베드로성금을 통해 모금된 돈은 2010년까지 매년 줄어들었다. See Nuzzi, *Ratzinger Was Afraid*, 81.

4 Nuzzi, *Ratzinger Was Afraid*, 81.

5 Benedict quoted in Lorenzo Totaro, "Vatican Says Islamic Finance May Help Western Banks in Crisis," *Bloomberg*, March 4, 2009.

6 Benedict quoted in Lorenzo Totaro, "Vatican Says Islamic Finance May Help Western Banks in Crisis," *Bloomberg*, March 4, 2009.

7 "Vatican Bank Safe from Crisis, Bank President Says," *EWTN Global Catholic Network*, October 15, 2008. Caloia가 작가 Giancarlo Galli에게 말한 바에 따르면, 성좌(Holy See)는 금괴를 Basel, Switzerland와 미국에 보관하고 있으며, 미국의 경우는 연준과 관계된다. The Basel gold는 Nogara에 의해 수집되었으며, Caloia에 따르면, "한 번도 손댄 적이 없었다." See Galli, *Finanza bianca*, 149. See also Victor L. Simpson, "Official Says Deposits in Vatican Bank Are Safe," *Associated Press*, Business News, Rome, October 13, 2008.

* 카로야는 bank라는 이름은 바티칸은행에게는 부적절한 이름이라고 생각했다. 왜냐하면, 바티칸은행은 돈을 빌려주는 사업을 하지 않기 때문이었다. 그가 그곳에 있는 동안, "아마존에 있는 선교사에게, 캄파라의 작은 교회에 후원금을 주지만, 고전적인 의미에서의 대출은 배제되기 때문이었다." "대출 사절" 정책의 이유는, 카로야의 말에 따르면, "이 세상 사방에서 요청이 빗발칠 것이요, 우리는 그 우선 순위를 매길 수 없을 것이다."8

8 Caloia interview in Galli, *Finanza Bianca*, 168.

9 Caloia quoted in John Thavis, "Vatican Bank Official Says Assets Not Threatened by Global Crisis," *Catholic News Service*, October 14, 2008; see also Rocco Palmo, "God's Bankers: Not Afraid," *Whispers in the Loggia*, October 14, 2008, online at http://whispersintheloggia.blogspot.com/2008/10/gods-bankers-not-afraid.html; see also Simpson, "Official Says Deposits in Vatican Bank Are Safe." 경제 위기 가운데 바티칸은행의 강점에 대한 포괄적인 요약 APSA 와 시공국행정장관(Governorate) 같은 다른 금융부

처에 대한 요약은 다음 참조, Sandro Magister, "For Peter's Cash, a Calm Amid the Storm," *L'Espresso*, January 30, 2009, 여기에는 APSA, Governorate, 베드로성금(Peter's Pence)을 포함한 5년간의 대차대조표 교황의 공개된 통합금융자료를 담고 있다. See online at http://chiesa.espresso.repubblica.it/articolo/1337147?eng=y.

10   Galli, *Finanza bianca*, 172.
11   Nick Mathiason, "Pope Attacks Tax Havens for Robbing Poor: Vatican Condemns Roots of Credit Crunch, but Critics Say Its Own Bank Hoards Gold, Art and Cash," *The Observer*, December 7, 2008, 7.
12   Benedict quoted in Ibid.
13   Nicole Winfield, "Pope Proposes New Financial Order Guided by Ethics," *Associated Press* Online, Business News, Vatican City, July 7, 2009; see Caritas in Veritate online at http://www.vatican.va/holy_father/benedict_xvi/encyclicals/documents/hf_ben-xvi_enc_20090629_caritas-in-veritate_en.html.
14   IOR에서의 Dardozzi의 불행에 더해서, 그는 바티칸은행이 자신을 속여서, 주요한 Florentine교회 자산의 판매 주선으로 인해 자신이 받기로 된 큰 수수료를 받지 못하게 했다고 확신했다. 그는 사제가 되기 전에 양녀로 삼은 장애자 딸이 자신의 죽음 이후도 충분히 혼자 살 수 있다고 확신하고 그 돈을 원했다. 자신이 속임 당했다는 사실을 누구에게도 확신시키는 길을 갖지 못하자, 이것이 자신의 일반적 불만에 기름을 부은 것이었다.
15   Nuzzi, *Vatican S.p.A*, 5–7.
16   Gianluigi Nuzzi, "IOR parallelo. Conti segreti in Vaticano," *Panorama*, May 17, 2005.
17   Philip Willan, "How the Vatican Sold," *The Guardian*, June 15, 2009; see also Nuzzi, "IOR parallelo. Conti segreti in Vaticano."
18   Nuzzi quoted in Willan, "The Vatican's Dirty Secrets: Bribery, Money Laundering and Mafia Connections," June 4, 2009.
19   Author interview with former Papal advisor/assistant, identity withheld at their request, in Rome, September 2013.
20   Andreotti quoted in Nuzzi, "IOR parallelo. Conti segreti in Vaticano." Galeazzi, "Karol Wojtyla and the Secrets of Vatican Finances," "Vatican Insider."
21   Ibid.
22   Author interview with former Papal advisor/assistant, identity withheld at their request, in Rome, September 2013.
23   Author interview with former Papal advisor/assistant, identity withheld at their request, in Rome, September 2013.
24   Lai, *Finanze vaticane*, 97.
25   Caloia statement as part of a submission of a 2008 financial report to the Secretariat of State; see Magister, "All the Denarii of Peter. Vices and Virtues of the Vatican Bank."
26   Guy Dinmore, "Upheaval Lifts Vatican Bank's Veil of Secrecy," *Financial Times*, October 16, 2009.
27   Ibid. See also an extensive interview with Gotti Tedeschi by Angela Ambrogetti, "Economics from a Catholic Perspective," *Inside the Vatican*, March 7, 2012. See also Stacy Meichtry, "Vatican Revamps Its Bank's Ranks," *The Wall Street Journal*, September 25, 2001, 1.
28   Meichtry, Ibid.
29   John L. Allen Jr., "New Vatican Bank Scandal Threatens to Erupt," *National Catholic Reporter*, September 21, 2010; John Thavis, "Vatican Bank Head Named in Money-Laundering Probe," *Catholic News Service*, September 21, 2010.

30 "Renewal of the Board of Superintendence of the IOR," *Vatican City*, Vatican Information Service, September 23, 2009; see also "Supreme Knight Appointed to Board of Vatican Bank," *Catholic News Agency*, September 23, 2009; Stacy Meichtry, "Vatican Revamps Its Bank's Ranks," *The Wall Street Journal*, September 25, 2001, 1. Anderson은 바티칸에서 특별한 영향력을 갖고 있는데, 이는 그가 운영하는 컬럼버스기사단(the Knights of Columbus)이 1.8 million의 회원을 갖고 있기 때문이었다. 이는 세계에서 가장 큰 가톨릭 봉사단체였다.

* 후속적인 언론 보도에서, 1990년대에 드 보니스와 다른 자들을 통제하는 카로야의 무능력은 더욱 비도덕적인 것이 되었다. "안젤로 카로야 경은 돈세탁을 확장했고 좋아하는 정치가들을 위한 비밀계좌를 지킴으로 바티칸은행이 악명을 갖게 되었다." "은행의 수장으로서 말신커스의 후임 안젤로 카로야 경 아래서 바티칸은 지속적으로 돈세탁 활동을 확장했다." 그런 보도들에서 기자들은 Donato De Bonis경과 Angelo Caloia를 혼동했던 것 같았다. 하지만, 카로야는 분명히 그런 결과를 고치는데 어떤 노력도 하지 않았고, 바티칸은행의 과거에 대해 잘 모르는 자들은 그런 언론 보도들이 어떤 신뢰할 만한 증거로 확증되지 않는 행동에 카로야가 책임져야 했던 자가 되었다.[31]

31 Andreas Wassermann and Peter Wensierski, "Transparency vs. Money Laundering: Catholic Church Fears Growing Vatican Bank Scandal," *Der Spiegel*, July 2, 2012; Jonathan Manthorpe, "Pope Benedict Tries to Purify Scandal-ridden Vatican Bank," *The Vancouver Sun*, July 3, 2012.

32 Gotti Tedeschi의 배경에 대한 최고의 요약본은 다음 참조. Sandro Magister, "The Vatican Bank Has a New Laissez-Faire President: Ettore Gotti Tedeschi," *L'Espresso*, October 1, 2009.

33 Gotti Tedeschi interviewed in Ambrogetti, "Economics from a Catholic Perspective." 그는 자신의 실제적인 사업 경험을 강조했다. "20년 동안 내가 세계에서 가장 큰 은행의 하나인 이탈리아 사업부의 회장이었음을 잊지 말라. 10년 동안 이탈리아 정부은행인 Deposits and Loans Fund의 독립적인 이사회 멤버였다. 나는 Infrastructure Fund의 의장이다."

34 Magister, "The Vatican Bank Has a New Laissez-Faire President."

35 Rino Cammilleri and Ettore Gotti Tedeschi, *Denaro e Paradiso. L'economia globale e il mondo cattolico* (Money and Paradise: The Global Economy and the Catholic World) (Milan: Piemme, Casale Monferrato, 2004); Gotti Tedeschi의 바티칸과의 긴밀한 관계는 이 책의 출판에서 분명하게 나타났다. 그 책의 서문은 추기경 Cardinal Giovanni Battista Re, the Prefect of the Vatican Congregation for Bishops이 썼다. See Sandro Magister, "A Catholic Banker Tells How to Produce Wealth for the Kingdom of God," *L'Espresso*, October 11, 2004.

36 Sandro Magister, "Financial Crisis. The Good News Is Coming from the Vatican," *L'Espresso*, February 27, 2009.

37 그의 도덕성은 자신의 경제 이론과 맞물려 있다. 예컨대 베네딕토의 개인 비서 Monsignor Gänswein에게의 10월 24일자 노트에서, Gotti Tedeschi는 유럽과 미국 은행들이 직면한 신용경색을 다음처럼 언급했다. "은행으로부터의 과도한 차입은 하나의 원인이 아니라, 하나의 결과다. 이 원인은 서방 세계의 출산율의 저하이며, 이는 경제성장에 대한 파급 효과와 고령화로 인한 비용 증가로 이어진다." Letter from Gotti Tedeschi to Gänswein reproduced in Nuzzi, *Ratzinger Was Afraid*, 194, 205.

38 Gotti Tedeschi quoted in David Gibson, "Vatican Bank Probe Threatens New Scandal for Beleaguered Pope," *Politics Daily/Huffington Post*, 2011.

39 오직 교회 역사가들과 동전 수집가들은 1930년 헌장에서 Pius XI가 금리라를 시공국의 공식화폐로 정립했음을 알았다. 하지만 그 동전들은 오직 기념적인 목적으로만 발행되었다. See Philip W. Willan, "Vatican to Adopt the Euro," *The Guardian*, December 22, 1998.

40 "Vatican, EU Update Financial Accord," *Zenit*, December 18, 2009.

* 바티칸은 유로를 받아드려야만 했다. 왜냐하면, 이탈리아가 그렇게 하기로 했기 때문이었다. 이탈리아는 유로를 그 통화로 하는 유럽 12개 나라 중의 하나였다. 많은 사람이 1472년부터 사용된 리라를 사랑했지만 이제 역사가 되었다. 이 역사적 조치에 대한 폭넓은 보도들에서 잃어버린 것은 이탈리아의 결정이 리라를 사용했던 바티칸이 그 짝을 따르거나 자체 통화를 개발하는 것을 뜻했다는 점이다.

41 Guy Dinmore, "The Vatican: A Murky See," *Financial Times*, September 24, 2010.
42 Unnamed "Vatican representative" quoted in Rachel Donadio and Andrew Higgins, "Power Struggle on Reforming Vatican Banks," *The New York Times*, March 10, 2013, 1.
43 Andrea Tornielli, "The Vatican's Temptation to Exit the Euro," "Vatican Insider," *La Stampa*, July 24, 2012; Lai, *Finanze vaticane*, 99.
44 이 협약의 내용은 부분적으로 다음과 같다. "Vatican City State은 직접적인 통신교차(transpositions) 가능하면 그에 상당한 행위를 통해 자금 세탁의 방지, 현금과 비현금 지불 수단의 사기와 위조 방지라는 모든 관련된 공동체(EU)의 입법을 적용하기 위해 모든 적절한 조치를 택할 것을 약속한다." See online at http://eur-lex.europa.eu/LexUriServ/LexUriServ.do?uri=CELEX:52009PC0570:EN:NOT. "EU and Vatican Sign a New Monetary Accord," Vatican City, ANSAmed—English, December 17, 2009; "Vatican, EU Update Financial Accord," *Zenit*, December 18, 2009.
45 "오직 최근의 몇 개월 되어 성좌는 돈세탁을 감찰하도록 결정했다. 2010년 4월까지 바티칸은 이를 범죄로 생각하지도 않았다." Nuzzi, *Ratzinger Was Afraid*, 28.
46 Dinmore, "The Vatican: A Murky See;" 다음 해 1월, ASPA의 수장인 추기경 Attilio Nicora가 새로운 바티칸은행 분야, 즉 그 목적이 은행의 발전을 촉진시켜 궁극적으로는 화이트 리스트의 자격을 갖추도록 하는 분야의 장으로 선출되었다.
47 Nicole Winfield, "US Appeals Court Nixes Vatican Bank Holocaust Suit," *Associated Press*, International News, Vatican City, December 30, 2009.

제36장

1 Jeffrey Owens quoted in Nicole Winfield, "Prosecutors Doubt Vatican Money-Laundering Pledges," *Bloomberg BusinessWeek*, October 30, 2010.
2 Andrea Gagliarducci, "Vatican Finance Group Signs Agreement with German Counterpart," *Catholic News Agency*, December 4, 2013.
3 Gagliarducci, "Vatican Finance Group Signs Agreement with German Counterpart."
4 Nuzzi, *Ratzinger Was Afraid*, 89.
5 John Thavis, "Vatican Bank Head Named in Money-Laundering Probe," *Catholic News Service*, September 21, 2010; see also "Vatican Bank Board Fires President, Citing Neglect of Duties," *The Catholic Register*, May 28, 2012; Stacy Meichtry and Margherita Stancati, "Vatican Bank's Officials Probed: Italian Prosecutors Look at Allegations Identities of Clients Weren't Disclosed," *The Wall Street Journal*, September 22, 2010.
6 "Vatican Bank 'Investigated over Money-Laundering,'" *BBC*, News Europe; "Vatican 'Perplexed' by Vatican Bank Probe," *The Catholic Universe*.
7 Giovanni De Censi는 Credito Artigiano의 이사로, 모회사가 Credito Valtellinese이며, 바티칸은행의 이사회 자문단 일원이었다. Meichtry and Stancati, "Vatican Bank's Officials Probed: Italian Prosecutors Look at Allegations Identities of Clients Weren't Disclosed"; Dinmore, "The Vatican: A Murky See."

* 바티칸에 대한 압력의 일부를 누그러뜨리기 위해, 익명의 이탈리아은행 관리가 기자들에게 털어놓기를, "이것은 또 다른 암브로시아노은행이나 에니몬트은행이 아니다." 하지만, 그것이 그렇게 의도됐는지는 확실하지 않았다. 오랫동안 바티칸은행을 주시한 자들은 암브로시아노나 에니몬트은행 스캔들은 그 뉴스가 처음 보도될 때 그렇게 크지 않았다는 것을 알고 있었다.[8]

8 Unnamed Bank of Italy official interviewed in Guy Dinmore, "The Vatican: A Murky See," *Financial Times*, September 24, 2010.

9 기사의 전문. "Institute for the Works of Religion (IOR)에 대한 금융거래에 관하여 충분한 투명성을 위한 분명한 소망은 여러 차례 Holy See 당국자들에 의해 드러난 바이며 알려져 있다. 그것은 테러리즘과 돈세탁을 방지하기 위해 고안된 절차들이 발효되어야 함을 요구한다. 이런 이유로 IOR의 당국자들은 성좌가 소위 "White List"에 들어가기 위해, 이탈리아은행과 관련된 국제 기구들 – OECD 와 FATF – 과 함께 몇 번인가 필요한 접촉과 만남을 추구해 왔다. 성좌는 로마 검찰의 주도적 행위로 인해 매우 당혹스럽고 놀라는 바다. 특별히 필요한 정보가 이탈리아은행의 관련 부서에서 얻을 수 있으며 유사한 거래가 여타 이탈리아 신용기관과 동시에 행해지고 있다는 점에서 그렇다. 문제된 거래에 대하여는 이는 IOR이 수취인인 비이탈리아 금융기관들을 위한 신용장 양도의 거래였음을 주목하기 바라는 바다. 성좌는 IOR의 회장과 총무이사에 대해 최고의 확신을 표하고자 한다." As translated in John L. Allen Jr., "New Vatican Bank Scandal Threatens to Erupt," *National Catholic Reporter*, September 21, 2010.

10 Lombardi quoted in John Thavis, "Vatican Bank Head Named in Money-Laundering Probe," *Catholic News Service*, September 21, 2010. Lombardi letter quoted in Speciale, "Unmasking the Vatican's Bank"; see also "Vatican Finances Aboveboard, Affirms Aide," *Zenit*, September 23, 2010.

11 Dinmore, "The Vatican: A Murky See."

12 Guy Dinmore, "Sicily Probe Adds to Vatican Bank Pressure," *Financial Times*, November 3, 2010.

13 Guy Dinmore, "Sicily Probe Adds to Vatican Bank Pressure," *Financial Times*, November 3, 2010.

14 Unnamed Italian official quoted in ibid.

* 우연히도, Jonathan Levy, IOR상대의 나치 금(金) 집단소송의 원고 변호사인 그가 전년 12월 해고되었는데, 두 달 전에 프랑크푸르트의 유럽중앙은행에 편지를 썼다. Levy는 IOR 예치금에서의 도난당한 전시금(戰時金)이 금바티칸유로를 주조하는 데 쓰였을 것이란 새로운 질문을 제기했다. 그는 기자들에게 IOR에 대한 이탈리아 돈세탁 조사는 바티칸은행이 1945년에 받았던 크로아티아 금을 잘못 사용했다는 생존자들의 주장의 신뢰성을 더하는 것이라고 말했다.[15]

15 Jeffrey Donovan and Lorenzo Totaro, "Nazi Victims Ask EU to Probe Vatican on Looted Assets," *Bloomberg*, October 26, 2010; author interview with Jonathan Levy, February 21, 2012.

16 Guy Dinmore, "Vatican Bank Goes to Court over Frozen Funds," *Financial Times*, October 7, 2010; "Italian Judge Upholds Seizure of Vatican Assets," *Associated Press*, Rome, December 20, 2010.

17 Victor Simpson and Nicole Winfield, "Vatican Bank Hit by Financial Scandal . . . Again," *The Independent* (UK), December 19, 2010.

18 Barbie Latza Nadeau, "Vatican Banker Running Scared: Gotti Tedeschi Could Turn Whistle-Blower," *The Daily Beast*, June 10, 2102.

19 According to "a senior FATF official familiar with the negotiations [with the Vatican]" quoted in Winfield, "Prosecutors Doubt Vatican Money-Laundering Pledges."

20 MONEYVAL은 EU 멤버 국가들에 대한 중앙은행의 폭넓은 규정 준수를 검토하며, 정기적으로 은행들을 검사한다. 특히 은행이 EU conventions의 회원국에 합당하는지에 초점을 둔다. 그 예로는 the 1980 Co-operation Group to Combat Drug Abuse and Illicit Trafficking in Drugs, the 1990 Council of Europe Convention on Laundering, Search, Seizure and Confiscation of the Proceeds of Crime(ETS 141), 후속조

치의 자금세탁방지의 "Strasbourg Convention, the 2003 update to the Strasbourg Convention, the 2005 adoption of the Convention on Laundering, Search, Seizure and Confiscation of the Proceeds from Crime and on the Financing of Terrorism(CETS 198), the 2009 Conference of the Parties to the Convention on Laundering, Search, Seizure and Confiscation of the Proceeds from Crime and on the Financing of Terrorism(CETS 198).

21 FATF의 규정준수를 따르려는 IOR의 시도에 관하여, 기자 Nicole Winfield는 "검찰은 그럼에도 그 어떤 것도 믿으려 하지 않았다"고 썼다. Winfield, "Prosecutors Doubt Vatican Money-Laundering Pledges."

22 Amadeu Altafaj, European Commissioner for Economic and Monetary Affairs의 대변인은 기자들에게 초안의 논의가 새로운 바티칸 법의 본질적인 바탕이 되었다고 말했다. Amadeu Attafaj quoted in Sarah Paulsworth, "Vatican to implement EU financial crimes legislation by end of year," *Jurist*, October 30, 2010. For a detailed overview of the European Union's Financial Crimes statutes, see online at http://ec.europa.eu/internal_market/company/financial-crime/index_en.htm.

23 Unnamed FATF official interviewed in Winfield, "Prosecutors Doubt Vatican Money-Laundering Pledges." Author interview with former Papal advisor/assistant, identity withheld at their request, in Rome, September 2013; Dinmore, "Sicily Probe Adds to Vatican Bank Pressure."

24 Lai, *Finanze vaticane*, 100, 160; see also Andrea Tornielli, "The Vatican's Temptation to Exit the Euro," "Vatican Insider," *La Stampa*, July 24, 2012; and "Influential Prelate Said Vatican Should Drop Euro, Author Reports," *Catholic World News*, July 25, 2012. 필자가 대주교 Viganò 와의 인터뷰를 바티칸 대변실을 통해 요청했으나 답이 없었다.

25 Tornielli, "The Vatican's Temptation to Exit the Euro."

26 Author interview with former Papal advisor/assistant, identity withheld at their request, in Rome, September 2013.

27 Reprinted in full in Mutual Evaluation Report, Anti-Money Laundering and Combating the Financing of Terrorism, Committee of Experts on the Evaluation of Anti-Money Laundering Measures and the Financing of Terrorism, The Holy See (Including Vatican City State) (MONEYVAL), July 4, 2012, 12; see also Rachel Donadio, "The Vatican Creates a Financial Watchdog," *The New York Times*, December 30, 2010.

28 언론의 설명에서 교황의 자의교서에 의해 설립된 금융 감독기구 AIF를 두고 번역된 영어 명칭 FIA(Financial Information Authority)로 표기되어 혼돈을 주기도 했다. (*The New York Times*도 그리했다). 하지만 Vatican은 웹사이트 운영에 AIF (Autorità di Informazione Finanziaria)로 쓰고 있다. 바티칸이 제공하는 기관의 영어표현은 the Financial Intelligence Authority로 불린다. 이 책은 바티칸이 제공한 이름을 사용하고 있다.
See Tornielli at http://vaticaninsider.lastampa.it/en/the-vatican/detail/articolo/vaticano-vatican-finanza-finance-financia-19443/; Pullella at
http://www.reuters.com/article/2011/01/19/us-vatican-bank-watchdog-idUSTRE70I39020110119; the AIF website at
http://www.vatican.va/roman_curia/institutions_connected/aif/index.htm; and the Vatican's English translation of the name at
http://w2.vatican.va/content/francesco/en/motu_proprio/documents/papa-francesco-motu-proprio_20131115_statuto-aif.html. See also the AIF's website in English at http://www.aif.va/ENG/Statuto.aspx.

29 Tully, "This Pope Means Business," *Fortune*.

30 It is online at http://www.vatican.va/holy_father/benedict_xvi/motu_proprio/documents/hf_ben-xvi_

motu-proprio_20101230_attivita-illegali_en.html.

31　Dinmore, "The Vatican: A Murky See." Bertone는 자신의 친구 Giovanni Maria Flick 교수가 AIF의 회장이 될 수 있도록 로비했다. 그러나, Benedict는 그 수장으로 평신도가 아닌 성직자를 원했다. Nicora가 타협안이 되었다.

32　Nicora의 동료 이사들은 Marcello Condemi, Rome's Marconi University의 경제법 교수, Claudio Bianchi, Rome's La Sapienza University의 회계학 교수, Giuseppe Dalla Torre del Tempio di Sanguinetto 교수로, Rome's LUMSA university의 사목, Cesare Testa, 이탈리아 내의 사제의 급료를 책임지는 기금관리 부서의 장. Philip Pullella, "Vatican Names Board of New Financial Authority," *Reuters*, Vatican City, January 19, 2011.

33　"Fr. Lombardi's Note Concerning the Motu Proprio," *Vatican City, Vatican Information Service*, December 30, 2010.

34　"Fr. Lombardi's Note Concerning the Motu Proprio."

35　Email message from Jeffrey Owens, cited in Donadio, "The Vatican Creates a Financial Watchdog."

36　Gianluigi Nuzzi quoted in ibid.

37　Donadio, "The Vatican Creates a Financial Watchdog."

제37장

1　Tom Kington, "Vatican Leaks: No Respite for Pope Benedict as More Documents Published," *The Guardian*, June 3, 2012; "Secrets of the Vatican," *Frontline, PBS*, February 2014.

2　"Vatican Diary / The strange case of the new prelate of the IOR," *La Repubblica*, July 30, 2012.

3　Author interview with Joan Lewis, February 10, 2014. "먼지가 가라앉을 때, 이 모든 조치들로 인해 가장 큰 혜택을 입는 자는 이탈리아 추기경 Tarcisio Bertone 국무총리다." National Catholic Reporter의 John Allen의 글이다. John L. Allen Jr., "A Triptych on Benedict's Papacy, and Hints of What Lies Beyond," *National Catholic Reporter*, May 23, 2011.

＊　베르토네의 적수들 중에서 2년의 숙청 기간 동안 바티칸에서 전출된 자는 Vincenzo Di Mauro, 성좌경제청 장관(the Secretary of the Prefecture for the Economic Affairs of the Holy See), 강력한 행정장관(Secretary General of the Governorate)인 대주교 Carlo Maria Viganò, 외무차관(the Undersecretary for Relations with States) Ettore Balestrero 경이었다. Bertone는 역시 Angelo Scola 추기경이 이탈리아 교회회의의 의장이 되는 것을 막도록 도왔다. 그는 국무총리실에서 차관(Sosistuto)의 핵심 보직을 갖고 있는 Fernando Filoni 추기경을 교체하고, 앙골라의 사도적 대사였던 52살의 Giovanni Becciu 대주교를 앉혔으니, 그는 자신의 경력상 한 번도 바티칸 내에서는 일해본 적이 없는 자였다.[4]

4　Rocco Palmo, "Vatiwar: For the Italians, Retreat Week Becomes 'Fight Club'" *Whispers in the Loggia*, February 23, 2013; Palmo, "'Super-Nuncio,' Rome-Bound?," *Whispers in the Loggia*, July 13, 2011; Marco Tosatti, "A Tsunami of Italian Prelates in the Roman Curia," "Vatican Insider," *La Stampa*, July 18, 2011.

5　Andrea Tornielli, "Clash Between Cardinals Over the Cattolica University," "Vatican Insider," *La Stampa*, May 26, 2011; see also Nuzzi, *Ratzinger Was Afraid*, 140-44; "God's Bankers," *The Economist*, July 7, 2012.

6　"Mario Cal: The Mysterious Suicide That Has Rocked the Vatican," *The Independent* (UK), October 3, 2011.

7　Gotti Tedeschi quoted in Nuzzi, *Ratzinger Was Afraid*, 145, see also 144-49; Sandro Magister, "No Glorious Sunset for Cardinal Bertone," *L'Espresso*, February 2, 2012; Kington, "Vatican Leaks." See also "God's

Bankers," *The Economist*. Giuseppe Rotelli, 유명한 변호사요 정부 관리인 그는 투자자 그룹을 인도해서 다음에 그 병원을 거의 5억 달러에 매입했다.

8   Kington, "Vatican Leaks."
9   Edward Pentin, "Naming of New Cardinals Prompts Speculation About New Pope," *Newsmax*, January 10, 2012, http://www.newsmax.com/EdwardPentin/Cardinals-Pope-Benedict-Successor/2012/01/10/id/423629.
10 Nicole Winfield, "22 Cardinals Join Club to Elect Pope's Successor," *Associated Press*, February 18, 2012.
11 "Pope Butler Arrested, Vatileaks Tip of Iceberg: Dirt-Digging Cardinals Positioning Selves to Become Pope," http://specialguests.com/guests/viewnews.cgi?id=EFFlkuZVuZvDkOhDaO&style=Full%20Article.
12 Kington, "Vatican Leaks."
13 Unnamed Vatican analyst interviewed in ibid.
14 Author interview with Joan Lewis, February 10, 2014.
15 Mutual Evaluation Report, Anti-Money Laundering and Combating the Financing of Terrorism, Committee of Experts on the Evaluation of Anti-Money Laundering Measures and the Financing of Terrorism, The Holy See (Including Vatican City State) (MONEYVAL), July 4, 2012, 5.
16 Resolution CM/Res (2011) 5, on the participation of the Holy See (including the Vatican City State) in the mutual evaluation processes and procedures of the Committee of Experts on the Evaluation of Anti-Money Laundering Measures and the Financing of Terrorism (MONEYVAL) (Adopted by the Committee of Ministers on 6 April 2011 at the 1111th meeting of the Ministers' Deputies).
17 Gaia Pianigiani, "Vatican: Visitors Must Declare Cash," *The New York Times*, April 1, 2011.
18 Avi Jorisch, "The Vatican Bank: The Most Secret Bank in the World," *Forbes*, June 26, 2012.
19 Mutual Evaluation Report, Anti-Money Laundering and Combating the Financing of Terrorism, (MONEYVAL), 5.
20 The Moneyval team에 소속된 자: legal evaluator William Gilmore, a professor of International Criminal Law at the University of Edinburgh and a Moneyval Legal Scientific Expert; two financial examiners, Philipp Roeser, head of Liechtenstein's regulatory Financial Market Authority, and Andrew Strijker, a Moneyval Financial Scientific Expert; two law enforcement evaluators, Boudewijn Verhelst, the Deputy Director of Belgium's Financial Intelligence Unit and a Moneyval Law Enforcement Scientific Expert, Vladimir Nechaev, a senior member of Moneyval Russian Federation. 일반팀 요원들은 John Ringguth, Moneyval Executive Secretary, and John Baker, a Moneyval Secretariat director.
21 Fr. Alexander Lucie-Smith, "Italy Is Now 'in the Abyss'-and the Vatican Will Not Escape This Disaster," *Catholic Herald*, November 11, 2011.
22 IOR 이외에도 Moneyval 팀은 경제청(Prefecture for Economic Affairs), 국무성(Secretariat of State), 법무성(Juridical Offices), 입법의회(Governorate) 교황세습재산관리청(APSA: Administration of the Patrimony of the Apostolic See), 경찰(Gendarmerie) 최근에 만들어진 Financial Intelligence Authority (AIF)의 대표자들과도 만났다. For a complete list of all the people the Moneyval team met with during their visits to the Vatican, see Annex 1 to Mutual Evaluation Report, Anti-Money Laundering and Combating the Financing of Terrorism, (MONEYVAL).
23 John Ringguth quoted in Elisabetta Povoledo, "Report Sees Flaws in Workings of the Vatican Bank," *The New York Times*, July 19, 2012, B9.
24 Avi Jorisch, "The Vatican Bank: The Most Secret Bank in the World."

25 Sanya Khetani, "A Vatican Whistleblower Was Transferred After Exposing Catholic Corruption," *Business Insider*, January 26, 2012; Philip Pullella, "Corruption Scandal Shakes Vatican as Internal Letters Leaked," *Reuters*, January 26, 2012. See also: http://www.businessinsider.com/carlo-maria-vigano-vatican-corruption-2012-1#ixzz2sx6CZwyO.
26 2011년 3월 Il Giornale의 기사는 Viganò가 반동분자로, 교회의 개혁에 분노하고 있다고 했다. 하지만, 그 반대가 맞는 말이었다.
27 Nuzzi, *Ratzinger Was Afraid*, 54–55, 67–69.
28 Viganò letter to Bertone, quoted in Nuzzi, *Ratzinger Was Afraid*, 57.
29 Viganò letter to Pope Benedict, March 27, 2011, quoted in Nuzzi, *Ratzinger Was Afraid*, 58, and reproduced in the original Italian at 244. See also Pullella, "Corruption Scandal Shakes Vatican."
30 Nuzzi, *Ratzinger Was Afraid*, 58.
31 Viganò letter to Pope Benedict, quoted in Nuzzi, *Ratzinger Was Afraid*, 58–62.
32 Ibid., 61. Pullella, "Corruption Scandal Shakes Vatican." See also Sandro Magister, "Vatican Diary/Viganò, the Untouchable," *L'Espresso*, January 26, 2012.
33 Giacomo Galeazzi, "Vatican, the New Appointments," "Vatican Insider," *La Stampa*, February 11, 2011.
34 그들은 전국무총리 Angelo Sodano, 주교회 전의장 Giovanni Battista Re, 바티칸 도서관장 Raffaele Farina, 8년 동안 주미 대사를 지낸 Agostino Cacciavillan였다. See Nuzzi, Ratzinger Was Afraid, 70.
35 Nuzzi, *Ratzinger Was Afraid*, 71–72. Also Author interview with former Papal advisor/assistant, identity withheld at their request, in Rome, September 2013.

제38장

1 *이 장은 필자가 2013년 9월 로마에 있는 두 사람과 광범위한 인터뷰에 주로 기초한다. 그 두 사람은 베네딕토의 교황직 기간 동안 그와 정기적으로 가깝게 접근하는 자들로, 베네딕토가 예상밖의 2013년 퇴임 때까지의 배후에서 무엇이 일어났는지에 대한 상세한 것을 알 수 있는 위치에 있었다. 각자는 여전히 교회와 관련이 있으며, 자신의 이름의 공개로 응징을 두려워하여 자신의 이름을 뺄 뿐만 아니라 자신의 업무에 대한 자세한 기술 자신이 보았거나 들었던 것에 대한 정확한 인용을 하지 말것을 요청했다. 나는 최선을 다해 그들의 익명을 보장하면서 사실을 충분히 전달하고자 했다.
2 Sandro Magister, "No Glorious Sunset for Cardinal Bertone," *L'Espresso*, February 2, 2012.
3 Author interviews, Rome, September 2013.
* 물론 어느 정도는 바티칸 내부에 배역을 위한 섹스 요구가 있다. 이는 게이여야 했다. 왜냐하면, 함께 살고 일하는 남자들만의 밀폐된 사회인 까닭이었다. 교회 상층부로의 승진의 기회는 사람이 다른 사람을 임명함으로써만 가능하다. 자신의 독신주의 서약을 포기했던 이성애자 사제 가운데서는 같은 방식의 승진은 쉽게 가능하지는 않다.
4 John Hooper, "Gentleman of his Holiness and his Prostitutes Stun Vatican: Papal Usher Linked to Gay Prostitution," *The Guardian* (London), March 5, 2010.
5 Kertzer, *The Pope and Mussolini*, Kindle edition, locations1712–1832 of 10577.
6 Author interview with Peter K. Murphy, January 31, 2014.
7 Marinelli는 "The Millenaria"라는 가명을 썼다. 이는 라틴어 millenarius에서 온 말로, 그 뜻은 문자적으로 "천 명을 갖는" 어떤 사회 종교적 운동을 뜻한다. 그 이름 때문에 비평가들은 처음에 한 그룹이 그 책

을 썼다고 생각했다. 다음 해인 2000년에 미국에서는 다음 책 제목으로 출간됐다. *Shroud of Secrecy: The Story of Corruption Within the Vatican* (Toronto: Key Porter, 2000).

8   Millenari, *Shroud of Secrecy*, 110–11.

*   Marinelli의 책은 주목받지 못한 채로 지나갈 수 있었다. 하지만, 바티칸 법정이 그에게 법정에 출두해서 답해야 처벌받지 않을 것을 명했다. 그는 출두를 거절했고, 기자들에게 철회하지 않을 것을 말했다. 바티칸은 서점에서 그 폭로물(tell-all)을 제거하기 위해 노력했고, 이는 거의 하룻밤 사이에 미지의 책에서 베스트셀러로 만들었다. 마리넬리는 「뉴욕 타임스」에게 자신에 대한 교회의 행동에 자신은 놀랍지는 않으나, 그럼에도 실망스럽다고 말했다. "이 책은 예수 그리스도의 존엄성, 성만찬 가톨릭교회를 의심하는 것이 아니다. 단지 바티칸이 나같은 남자들로 이루어져 있고 흠이 있다는 것을 지적할 뿐이다." 마리넬리는 그 책 출판 일년 후인 2000년 10월 죽었다.[8]

9   Alessandra Stanley, "Tell-All Book Creates Furor at Vatican," *The New York Times*, July 17, 1998.

10 Francis quoted in Daniel Burke, "Pope Francis: 'Gay Lobby' Exists Inside Vatican," *CNN*, June 11, 2013.

11 Francis quoted in Rachel Donadio, "On Gay Priests, Pope Francis Asks, 'Who Am I to Judge?'" *The New York Times*, July 29, 2013.

12 Lizzy Davies, "Swiss Guard Veteran Claims Existence of 'Gay Network' at the Vatican," *The Guardian*, January 20, 2014.

†   스위스 경비대의 또 다른 요원이 같은 신문에 이 작은 군대에서 그와 다른 자들이 정기적으로 많은 "명확한 섹스 요청"을 교황청의 성직자들로부터 받았다고 말한 몇 주 후 Mäder의 폭로는 나온 것이었다. 경비대의 신참들은 더욱더 공격적인 고위 성직자들에 대해 경고가 주어졌다. 바티칸의 베테랑으로서 Mäder의 주장은 시공국 안에서의 1998년의 살인-자살 사건의 기억을 떠올리게 했다. 이는 스위스 경비대의 지휘관, 그의 아내 경비대의 상등병에 대한 살인-자살 사건이었다. 그 공식적 동기는 그 상등병이 진급에서 누락되었고 그의 상사와 그 아내에게 복수했다는 것이었다. 이탈리아 신문에서의 동시발생적인 이야기들은 오푸스데이(Opus Dei)가 개입되어 있다고 추측했다. 왜냐하면, 살해된 두 사람이 그 멤버였던 까닭이었다. (Opus Dei는 이를 부인했다.) 한 동독 스파이 조직이 보고되었으나, 확신되는 바는 아니었다. 이후 발간물은 지휘관과 상등병이 관계를 가졌던 것으로 제시했다. 전형적인 것이 *Daily Beast*의 2011년 머릿기사다, "바티칸의 살인 미스터리, 이는 게이 사랑의 삼각관계였는가?"[12]

13 John Follian and Gretchen Achilles, *City of Secrets: The Truth Behind the Murders at the Vatican* (New York: William Morrow, 2003); John L. Allen Jr., "Power and Secrecy Feed Conspiracy Theories in Vatican City," *National Catholic Reporter*, July 31, 1998; Barbie Latza Nadeau, "Vatican Murder Mystery: Was it a Gay Love Triangle," *The Daily Beast*, November 14, 2011. See also Nuzzi, *Ratzinger Was Afraid*, 116.

14 Christina Boyle and Stephen Rex Brown, "Report: Vatican Owns Building That Houses Cardinals and Europe's Biggest Gay Bathhouse," *New York Daily News*, March 11, 2013.

15 David Badash, "Catholic Church Threatens Lawsuits: We Sell 'Erotica,' Not Pornography!" *The New Civil Rights Movement*, November 3, 2011, online at http://thenewcivilrightsmovement.com/catholic-church-threatens-lawsuits-we-sell-erotica-not-pornography/news/2011/11/03/29594.

16 Author interview, Rome, September 2013; Katie McDonough, "The Vatican Plays Landlord to Europe's Biggest Gay Bathhouse," *Salon*, March 12, 2013, online at http://www.salon.com/2013/03/12/the_vatican_plays_landlord_to_europes_biggest_gay_bathhouse/.

17 Nuzzi, *Ratzinger Was Afraid*, 8.

*   친구들과 이야기하는 과정에서 가브리엘은 누구도 신원조회도 하지 않는 채, 교황 거처의 바로 아래 층에서 일하고 있다는 것에 얼마간 놀랐다는 것을 밝혔다. 이것이 가능했던 것은 믿을 수 있는 고위 성직자로부터의 좋은 말 때문이었다. 그의 경우 하비 경이 그의 일자리를 얻게 해준 것이었다. 그는 어떤 고

용 계약 또는 자신이 일하는 동안 본 바에 대한 기밀유지계약서의 서명이 요구되지 않았다.[17]

18   Author interview with retired Vatican colleague of Gabriele, September 19, 2013.
19   Giacomo Galeazzi, "The 'Family' That Lives With Benedict XVI," "Vatican Insider," *La Stampa*, May 26, 2012.
20   Magister, "Vatican Diary/Viganò, the Untouchable." 특별한 비판의 초점이 된 금융관리위원회는 Massimo Ponzellini, Pellegrino Capaldo, Carlo Fratta Pasini로 구성되었고, 이는 Ettore Gotti Tedeschi가 IOR의 회장이 되기 전이었다. Nuzzi, *Ratzinger Was Afraid*, 28-30.
21   Nicole Winfield, "Exclusive: Vatican Rewrites Money Launder Law," *Associated Press*, January 27, 2012; see also Andrea Tornielli, "The Vatican Anti-Money Laundering Law Has Responded to Moneyval," "Vatican Insider," *La Stampa*, June 21, 2012.
22   Andrea Gagliarducci, "Holy See and Financial Transparency. The Path to the White List," *Monday Vatican*, June 25, 2012.
23   "Fr. Lombardi: Statement Regarding Italian TV Program," *Vatican Radio*, January 26, 2012.
24   Ibid.
25   Marco Tosatti, "The Secretariat of Mysteries and the Shadows of Accomplices," "Vatican Insider," *La Stampa*, May 29, 2012.
26   Nuzzi, *Ratzinger Was Afraid*, 122.
27   Andrea Tornielli, "IOR: A Subtle Transparency," "Vatican Insider," *La Stampa*, February 1, 2012; see also John L. Allen Jr., "Yet More Vatican Leaks," *National Catholic Reporter*, February 15, 2012.
28   Nuzzi, *Ratzinger Was Afraid*, 21, 34.
29   Ibid., 18, 21, 29, 33. Tom Kington, "Pope's Butler Arrested After Inquiry into 'Vatileaks': Documents Found in Search of Vatican Flat: Journalist Says Source Wanted to Fight 'Hypocrisy,' " *The Guardian*, May 26, 2012, 34; Barbie Latza Nadeau, "VatiLeaks Exposes Internal Memos of the Catholic Church," *The Daily Beast*, May 24, 2012.
30   Magister, "No Glorious Sunset for Cardinal Bertone."
31   See generally http://www.vatileaks.com/_blog/Vati_Leaks/post/The_leaked_Vatican_documents/.
32   John L. Allen Jr., "Roman Notebook: Yet Another Vatican Financial Scandal," *National Catholic Reporter*, February 8, 2012.
33   Francesco Antonio Grana, "Dalla finanza alla sanità: le manovre di Bertone, vero potere nel papato Ratzinger," *Il Fatto Quotidiano*, February 23, 2013.
34   "Holy See Press Office Rejects Unfounded Claims About the IOR and the AIF," *Vatican Information Service*, Vatican City, February 9, 2012.
35   "Vatican Rejects Prelate's Corruption Allegations," *Associated Press*, Vatican City, February 4, 2012.
36   Stacy Meichtry, "After Centuries of Secrecy, Vatican Vexed by Leaks," *The Wall Street Journal*, February 18, 2012.
37   John L. Allen Jr., "Vatican Abuse Summit: $2.2 Billion and 100,000 Victims in U.S. Alone," *National Catholic Reporter*, February 8, 2012; Nuzzi, *Ratzinger Was Afraid*, 80, citing "Vatican Insider." 희생자들에게 지불된 총액의 추계에는 당사자들 간의 합의 금액은 포함되지 않았다. 그런 경우에는 희생자가 소송을 취하는 조건은 교회가 지불하는 금액을 밝히지 않기로 합의한 때문이다.
38   "The Catholic Church's Vatileaks Scandal: A Guide," *The Week*, July 27, 2012.
39   Nick Squires, "Vatileaks: '20 People Involved in Stealing Documents,' Says Pope's Butler," *The Telegraph*, September 6, 2012.

40 Nick Squires, "Vatican Ruled by 'Omerta' Code of Silence, Whistle-blower Claims," *The Telegraph*, February 23, 2014.
41 Magister, "No Glorious Sunset for Cardinal Bertone."
42 다른 추기경들은 Salvatore De Giorgi, Julián Herranz, Jozef Tomko이었다.
43 Rachel Donadio, "After Pledging Loyalty to Successor, Pope Leaves Vatican," *The New York Times*, February 28, 2013; "The Vatican Gendarmerie for a year has intercepted all the curia—Clarification of *Panorama*; "Lombardi: 'Checks may have been carried out on two or three individuals'," "Vatican Insider" and Panorama.it, February 28, 2103.
44 Winfield, "22 Cardinals Join Club to Elect Pope's Succcessor."
45 Pope Benedict quoted in Ingrid D. Rowland, "The Fall of the Vice-Pope," *The New York Review of Books*, June 16, 2014.
46 Winfield, "22 Cardinals Join Club to Elect Pope's Succcessor."

제39장

1 Philip Pullella, "U.S. Adds Vatican to Money-Laundering 'Concern' List," *Reuters*, March 8, 2012; Nick Squires, "Vatican Bank Faces Fresh Controversy," *London Telegraph*, March 19, 2012.
2 Phillip Pullella and Lisa Jucca, "Vatican Bank Image Hurt as JP Morgan Closes Account," *Reuters*, March 19, 2012; "Vaticano, dai dossier di Gotti Tedeschi spunta il giallo di JP Morgan Vaticano, dai dossier di Gotti Tedeschi spunta il giallo di JP Morgan," *Il Messaggero*, June 10, 2012.
3 Rachel Sanderson, "The Scandal at the Vatican Bank," *The Financial Times Magazine*, December 6, 2013.
4 Andrea Tornielli, "The Vatican and Transparency: Moneyval's Objections," "Vatican Insider," *La Stampa*, May 8, 2012. See Committee of Experts on the Evaluation of Anti-Money Laundering Measures and the Financing of Terrorism (MONEYVAL), June 2, 2014.
5 Author interview with former associate at the IOR, identity withheld at their request, Rome, September 2013.
6 Tornielli, "The Vatican and Transparency"; Andreas Wassermann and Peter Wensierski, "Transparency vs. Money Laundering: Catholic Church Fears Growing Vatican Bank Scandal," *Der Spiegel*, July 2, 2012.
7 Author interview with former associate at the IOR, identity withheld at their request, Rome, September 2013.
8 Nick Pisa, "Prosecutors Investigate Vatican Bank Mafia Link," *The Telegraph*, June 10, 2012.
9 Nick Pisa, "Prosecutors Investigate Vatican Bank Mafia Link," *The Telegraph*, June 10, 2012.
10 주교 Francesco Micciché는 "부동산의 전용"으로 인해 해고되었다. 이는 고위 성직자의 행동이 교구의 금융적인 건전성을 위험에 빠뜨린 정경법의 위반이었다. See John L. Allen Jr., "Hard Lesson for the Vatican: Firing a Bishop Doesn't End the Story," *National Catholic Reporter*, June 15, 2012; see also "Mafia Vatican Funds 'Explosive,'" *The Australian*, June 18, 2012
11 Gianluigi Nuzzi, *Sua Santità: Le carte segrete di Benedetto XVI* (Milan: Chairelettere Editorie, 2012); see also Nuzzi, *Ratzinger Was Afraid*, 27.
12 몇몇 기자들은 누찌에게 유출된 모든 것을 진실한 것으로 받아드리는데 망설였다. "첫째는 어떤 문서가 존재한다는 단순한 사실이 자동적으로 그 내용을 신뢰할 만한 것으로 만들지 않는 것이 첫째 이유다. 일

부 공식 문서들은 비록 '극비'라고 도장이 찍혀 있어도 가십, 그럴듯한 의견 제시 자기 잇속을 챙기는 견해에 지나지 않는다." John L. Allen, Jr., "Pondering the 'What,' Not the 'Who,' of Vatileaks," *National Catholic Reporter*, June 1, 2012.

13 Nuzzi, *Ratzinger Was Afraid*, 85–86.
14 Nuzzi, *Ratzinger Was Afraid*, 116–120.
15 비록 Boffo가 2002년에 성희롱으로 기소되었으나 그 기소의 일부가 거짓인 이유는 그가 동성애자였고 이것이 경찰에 알려졌기 때문이다. 그런 결론의 문서는 위조였다. 이는 검찰 사무실에서 나온 것으로 추측되었다. Ibid., 33–35. Barbie Latza Nadeau, "VatiLeaks Exposes Internal Memos of the Catholic Church," *The Daily Beast*, May 24, 2012. Nadeau는 보포가 자신의 게이 연인의 아내를 성희롱했다는 것은 거짓 주장들임을 썼다. 일년 내에 Boffo는 공식적인 주교 TV 채널인 TV 2000의 편집장이 되었다.
16 일부 일반적인 발표의 언론보도는 Gotti Tedeschi 가 그 뒤에 IOR에서 해고된 뒤에 서류 폴더를 수집했고, 이는 그가 이를 교황에게 보이고자 함이었다고 말했지만, 어떤 특별한 것은 제공되지 않았다. Nick Squires, "Ex-Head of Vatican Bank 'Planned to Give Dossier to Pope,'" *The Telegraph*, June 8, 2012.
17 John L. Allen, Jr., "Hard Lesson for the Vatican: Firing a Bishop Doesn't End the Story," *National Catholic Reporter*. Also, author interview with former associate at the IOR and with former Papal advisor/assistant, identity withheld at their request, Rome, September 2013.
18 Pisa, "Prosecutors Investigate Vatican Bank Mafia Link."
19 John L. Allen, Jr., "Hard Lesson for the Vatican: Firing a Bishop Doesn't End the Story," *National Catholic Reporter*. Also, author interview with former associate at the IOR and with former Papal advisor/assistant, identity withheld at their request, Rome, September 2013.
20 Author interview with former associate at the IOR, September 2013.
21 Ibid., and with former Papal advisor/assistant, identity withheld at their request, Rome, September 2013.
22 "IOR, il memoriale di Gotti Tedeschi. Ecco chi non voleva la norma antiriciclaggio," *Il Fatto Quotidiano*, June 12, 2012, 1.
23 Author interview with former associate at the IOR and with former Papal advisor/assistant, identity withheld at their request, Rome, September 2013. Monsignor Gänswein와의 인터뷰 요청이 Father Federico Lombardi를 통해 제출되었으나 응답이 없었다.
24 Nicole Winfield, "Intrigue Mounts over Ouster of Vatican Bank Chief," *Associated Press*, Vatican City, June 9, 2012.
25 John Hooper, "Vatican Bank's Former President Accused of Negligence," *The Guardian*, June 10, 2012.
26 Andrea Gagliarducci, "I.O.R., Is Something Going to Change?," *Monday Vatican*, June 6, 2011.
27 Philip Pullella and Silvia Aloisi, "Insight: Vatican Bank—Money, Mystery and Monsignors."
28 Author interview with former associate at the IOR, identity withheld at their request, Rome, September 2013 see also Pullella and Silvia Aloisi, "Insight: Vatican Bank—Money, Mystery and Monsignors."
29 Marco Bardazzi, "No Transparency. That's Why We Fired Gotti Tedeschi," "Vatican Insider," *La Stampa*, May 27, 2012; "Vatican Bank Board Fires President, Citing Neglect of Duties," *The Catholic Register*, May 25, 2012.
30 Pullella and Silvia Aloisi, "Insight: Vatican Bank—Money, Mystery and Monsignors."
31 Bardazzi, "No Transparency. That's Why We Fired Gotti Tedeschi."
32 Philip Pullella, "Vatican Faces Widening of Leaks Scandal," *Vatican City, Reuters*, May 27, 2012.
33 Andrea Tornielli, "Tobin and His Coming and Going from the Roman Curia," "Vatican Insider," *La Stampa*, October 20, 2012, online at http://vaticaninsider.lastampa.it/en/world-news/detail/articolo/to-

bin-stati-uniti-united-states-estados-unidos-vescovi-bishops-obispos-19061/.

34 "Vatican Bank Board Fires President, Citing Neglect of Duties," *The Catholic Register*.
35 "Vatican Bank Board Fires President, Citing Neglect of Duties," *The Catholic Register*.d.
36 Andrea Gagliarducci, "Holy See and Financial Transparency. The Path to the White List," *Vatican Monday*, June 25, 2012; see also Francesca Biagiotti, "Ior, Gotti Tedeschi ai pm: 'Tarantola mi fa sempre vedere le lettere che manda,' " *Il Fatto Quotidiano*, June 15, 2012.
37 Gotti Tedeschi quoted in "Vatican Bank Board Fires President, Citing Neglect of Duties," *The Catholic Register*.
38 Gotti Tedeschi quoted in Pullella and Silvia Aloisi, "Insight: Vatican Bank—Money, Mystery and Monsignors."
39 "Benedict XVI Surprised by IOR Chief Sacking, Says Secretary; Prelate Describes Relationship of Mutual Esteem Between Popes," *ANSA English Media Service*, Vatican City, October 22, 2013.

제40장

1 Nick Pisa, "The Pope's Butler Arrested Following Vatileaks Investigation," *The Telegraph*, May 25, 2012, 1.
2 Tom Kington, "Vatican Leaks." See generally Jeffrey Kofman and Phoebe Natanson, "Vatican Documents Leaked: Did Butler Paolo Gabriele Do It?" *ABC News*, May 28, 2012.
3 Anderson interviewed in Bardazzi, "No Transparency. That's Why We Fired Gotti Tedeschi."
4 Marco Lillo, "IOR, Gotti Tedeschi 'spiato' da un medico. 'Disfunzioni psicopatologiche, va cacciato,' " *Il Fatto Quotidiano*, June 9, 2012, 1; see also John Hooper, "Vatican Bank's Former President Accused of Negligence," *The Guardian*, June 10, 2012.
5 Andrea Gagliarducci, "Holy See and Financial Transparency. The Path to the White List."
6 Avi Jorisch, "The Vatican Bank: The Most Secret Bank in the World."
7 Anderson interviewed in Bardazzi, "No Transparency. That's Why We Fired Gotti Tedeschi."
8 Ibid. See also Maria Antonietta Calabrò, "Così lo Ior ha sfiduciato Gotti Tedeschi," *Corriere della Sera*, May 26, 2012.
9 Letters quoted in Winfield, "Intrigue Mounts over Ouster of Vatican Bank Chief."
10 Kington, "Vatican Leaks: No Respite for Pope Benedict."
11 Andrea Gagliarducci, "Vatican Communications, Changes in the Making?" *Monday Vatican*, July 2, 2012.
12 "Mafia Vatican Funds 'Explosive,' " *The Australian*, June 18, 2012.
13 Unnamed priest quoted in ibid.
14 Author interview with former consultant to the IOR, identity withheld at their request, Rome, September 2013.
15 See Andrea Tornielli, "Vatican Bank's Former Head Under Shock After House Search," "Vatican Insider," *La Stampa*, June 6, 2012.
16 See author interview with attorney, name withheld at their request, Rome, September 2013; see also Wassermann and Wensierski, "Transparency vs. Money Laundering: Catholic Church Fears Growing Vatican Bank Scandal."
17 EU 감찰에 대한 바티칸의 저항에 대해서는 Pullella and Silvia Aloisi, "Insight: Vatican Bank—Money,

Mystery and Monsignors."
18　Author interview with attorney, name withheld at their request, Rome, September 2013.
19　Gotti Tedeschi를 기다린 네 명의 검찰은 나폴리 출신의 Vincenzo Piscitelli 와 Henry J. Woodcock 로마 출신의 Giuseppe Pignatone 와 Nello Rossi 였다.
20　Author interview with attorney, name withheld at their request, Rome, September 2013.
21　See also John Hooper, "Vatican Bank's Former President Accused of Negligence," *The Guardian*, June 10, 2012.
22　Stacy Meichtry, "Vatican Peels Back Veil on Its Secretive Bank," *The Wall Street Journal*, June 29, 2012, C3.
23　Memo entry quoted in Wassermann and Wensierski, "Transparency vs. Money Laundering: Catholic Church Fears Growing Vatican Bank Scandal."
24　"만일 우리가 베르토네의 노선을 계속한다면, 우리는 결코 블랙리스트에서 벗어날 수 없을 것이다," Gotti Tedeschi가 검찰에 말한 것으로 전해진다.
25　"만일 우리가 베르토네의 노선을 계속한다면, 우리는 결코 블랙리스트에서 벗어날 수 없을 것이다," 위의 내용과 동일함.
26　Marco Lillo, "IOR, Gotti Tedeschi 'spiato' da un medico. 'Disfunzioni psicopatologiche, va cacciato,' " *Il Fatto Quotidiano*, June 9, 2012, 1.
27　Ibid. See also Andrea Gagliarducci, "Too much talking about Gotti Tedeschi. While the Holy See is working to gain financial transparency," *Monday Vatican*, June 11, 2012.
28　Vatican statement quoted in Winfield, "Intrigue Mounts over Ouster of Vatican Bank Chief."
29　Philip Pullella and Silvia Aloisi, "Insight: Vatican Bank—Money, Mystery and Monsignors," *Vatican City*, June 8, 2012; see also Bardazzi, "No Transparency. That's Why We Fired Gotti Tedeschi"; Winfield, "Intrigue Mounts over Ouster of Vatican Bank Chief."
30　Bertone quoted in "Vatican Blames Media for Scandals," *The Independent* (London), June 18, 2012.
31　Meichtry, "Vatican Peels Back Veil on Its Secretive Bank."
32　IOR에 대한 짧은 방문 보고서에 대해서는, see Wassermann and Wensierski, "Transparency vs. Money Laundering: Catholic Church Fears Growing Vatican Bank Scandal."

제41장

1　그 보고서는 7월 4일자로, Moneyval이 바티칸에 그 사본을 전달한 날이다. 이는 시공국에 반응할 수 있는 시간을 주었고, 초안에 대한 최종 교정안을 만들게 됐다. 이런 반응 기간 후 보고서는 18일에 정식 공개되었다. For a digital copy see http://www.coe.int/t/dghl/monitoring/Moneyval/Evaluations/round4/MONEYVAL(2012)17_MER HS en.pdf.
2　은행 고객의 절반은 종교 교단들로부터다. 15%는 성좌의 기구들, 13%는 추기경, 주교 기타 성직자들, 9%가 가톨릭 교구들로부터다. 나머지는 "가톨릭교회와 연관성"을 가져야 한다. See Sanderson, "The Scandal at the Vatican Bank."
3　Povoledo, "Report Sees Flaws."
4　Mutual Evaluation Report, Anti-Money Laundering and Combating the Financing of Terrorism(MONEYVAL).
5　Mutual Evaluation Report, Anti-Money Laundering and Combating the Financing of Terrorism(MONEY-

VAL), par. 797, 147.

6   "Moneyval Report: Giving Concrete Form To The Moral Commitment Of The Vatican And The Holy See," Holy See Press Office, *Vatican Information Services* (VIS), Wednesday, July 18, 2012.
7   Nicole Winfield, "Pope's Butler Pleads Innocent to the Theft Charge," Vatican City, *Associated Press*, October 2, 2012; Elisabetta Povoledo, "Pope's Former Butler Admits He Leaked Documents," *The New York Times*, October 2, 2012.
*   공동 피고인 Claudio Sciarpelletti은 국무총리실의 컴퓨터 기술자로, 교황청 경찰에 거짓 증언을 한 것으로 별도 재판을 받았다. 그는 누가 자신에게 파일 폴더를 주었느냐는 물음에 누찌를 거론했다. 그는 두 달의 집행유예를 받았다.[8]
8   See "Vatileaks, Sentenced to Two Months the Computer Sciarpelletti," Il Fatto Quotidano, November 10, 2012; Giacomo Galeazzi, "The Poison-Pen Writer Has an Accomplice," "Vatican Insider," La Stampa, August 13, 2012.
9   Gabriele trial testimony quoted in Nicole Winfield, "Pope's Butler Pleads Innocent to the Theft Charge."
10 Gabriele trial testimony quoted in Elisabetta Povoledo, "Pope's Former Butler Admits He Leaked Documents."
11 Author interview with René Brülhart, Rome, September 23, 2013.
12 "On His Holiness's Public Service: Can the Man Who Cleaned Up One Tiny State Do the Same for Another?" *The Economist*, October 20, 2012.
13 Rachel Donadio and Andrew Higgins, "Power Struggle on Reforming Vatican Banks."
14 Author interview with René Brülhart, Rome, September 23, 2013.
15 Author interview with René Brülhart, Rome, September 23, 2013.
16 Author interview with René Brülhart, Rome, September 23, 2013.
17 "On His Holiness's Public Service," *The Economist*.
18 Author interview with René Brülhart, Rome, September 23, 2013.
19 Ibid. 그가 제도화했던 것들 중 상당한 것은 엄격한 KYC, 즉 "know your customer" 교본이다. KYC는 2002년부터 도입했으나 잘 이행되지 않았다. 이제 Brülhart 아래서 고객의 프로파일은 포괄적이다. 배경 정보에서 얻어지는 것은 계좌 보유자, 돈의 원천과 이것이 무엇에 쓰여졌는지이다. 이 모든 것은 실상 모든 현대 은행에 기본적인 것이다. 하지만 IOR은 비밀 대리인이 계좌를 수십 년간 통제했던 점에서 이는 혁명적이었다.
20 Elisabetta Povoledo and Harvey Morris. "Debit and Credit Card Purchases Shut Down at Vatican," *The New York Times*, January 4, 2013.
21 Elisabetta Povoledo and Harvey Morris. "Debit and Credit Card Purchases Shut Down at Vatican."
22 Sanderson, "The Scandal at the Vatican Bank."
23 "Vatican Radio—Vatican Finance Expert Responds to Moves by Bank of Italy," January 13, 2013, as reported in M. Antonietta Calabro, "The Vatican Surprised to Block Bank of Italy," *Corriere della Sera*, January 13, 2013.
24 Author interview with René Brülhart, Rome, September 23, 2013.
25 Author interview with René Brülhart, Rome, September 23, 2013.
26 Author interview with René Brülhart, Rome, September 23, 2013.
27 Declaratio (declaration) of Pope Benedict, February 10, 2013, online at http://www.vatican.va/holy_father/benedict_xvi/speeches/2013/february/documents/hf_ben-xvi_spe_20130211_declaratio_en.html.
28 Author interview with René Brülhart, Rome, September 23, 2013. As for general speculation about why

Benedict might have resigned, see generally Mark Dowd, "Why Did Pope Benedict XVI Resign," *BBC Radio 4*, November 28, 2013.

29 세 추기경은 Spain의 Julián Herranz, Slovakia의 Jozef Tomko, Palermo의 Salvatore De Giorgi이다. See generally John Hooper, "Papal Resignation Linked to Inquiry into 'Vatican Gay Officials', Says Paper," *The Guardian*, February 21, 2013; Bill Hutchinson, "Vatican Clergy Gay-Sex Shock Priest Pics Real Drag for Benedict," *New York Daily News*, February 23, 2013, 4.

30 Dowd, "Why Did Pope Benedict XVI Resign."

* 그의 사임 6개월 후, 한 가톨릭 뉴스사 Zenit는 베네딕토의 사임은 하나의 "신비한 경험" 때문으로, 여기서 하나님이 그에게 그렇게 하도록 명했다는 것이다. 이는 그의 사임의 배경이 무엇인가에 대한 "확실한 답"으로 간주되었다. 이 기사가 난 일 주일 후, 겐스바인 경은 이탈리아 TV에 이 기사는 "알파에서 오메가까지 지어낸" 거짓 이야기라고 말했다.[31]

31 Tom Kington, "Ex-Pope Benedict Says God Told Him to Resign During 'Mystical Experience,' " *The Guardian*, August 21, 2013; Cindy Wooden, "Retired Pope's Secretary Says 'Mystical Experience' Story Is Untrue," *Catholic News Service*, August 26, 2013.

32 Assorted author interviews, names withheld on request, Rome, September 19, 21, 23, 2013; 왜 Benedict가 사임했는가 하는 일반적 추측에 대해서는, see generally Dowd, "Why Did Pope Benedict XVI Resign."

33 Paolo Rodari, quoted in Rachel Donadio, " 'Constant Drumbeat' Hastened the Pope's Exit," *The New York Times*, February 13, 2013, A11.

34 Nuzzi, *Ratzinger Was Afraid*, 9–10.

35 Lombardi statement quoted in Mark Dowd, "Why Did Pope Benedict XVI Resign?" *BBC News Magazine*, BBC Radio 4, November 27, 2013.

36 Rachel Donadio, "Pope Names German Industrialist to Head Vatican Bank," *The New York Times*, February 16, 2013, A6.

37 "Pope Approves German Lawyer to Head Embattled Bank," *USA Today*, February 15, 2013.

* 뉴스 설명의 보도는 그의 회사가 80년 전에 나치의 전함을 만드는데 개입한 것으로 되어 있었다. 프레이버그는 그 회사 창립자들의 하나의 후손이었다. 그가 역시 낮의 일은 그 회사에서 보낸 것으로 비난을 받았다. 그 회사는 독일 해군의 현대적 전함을 짓고 있었고, 바티칸은 모든 군비투자에서는 벗어나 있었기 때문이었다. 그 논쟁은 곧 작아졌다.[38]

38 Alessandro Speciale, "Ernst von Freyberg: Controversial New Vatican Bank President Appointed By Pope Benedict," *The Huffington Post*, February 15, 2013.

제42장

1 Tracy Wilkinson, "As a New Pope Is Chosen, Latin America Hopes for More Sway—Although a Latin American Pope Appears Unlikely, the 19 Cardinals from the Region Who Have a Vote at Next Month's Conclave Are Hoping to Have More Influence This Time," *Los Angeles Times*, February 23, 2013.

2 John L. Allen Jr., "Profile: New Pope, Jesuit Bergoglio, Was Runner-up in 2005 Conclave," *National Catholic Reporter*, March 3, 2013.

3 Howard Chua-Eoan and Elizabeth Dias, "Pope Francis, the People's Pope," *Time*, December 11, 2013.

4 Paul Byrne, "Will the Next Pope Be Black?; Benedict XVI Quits—Who'll Succeed Him? Ghanaian Cardi-

nal Is Front-runner to Take Over," *Daily Mirror*, February 12, 2013, 6-7.

5   Matthew Fisher, "Ouellet Was 'Very Close' to Papacy; Canadian Cardinal Was in a Two-Man Race with Argentina's Bergoglio, Media Reports Claim," *The Gazette* (Montreal), March 16, 2013, A3.

6   Nick Squires, "Division Among Cardinals Paved Way for Selection of Pope Francis," *The Christian Science Monitor*, March 15, 2013.

7   Fisher, "Ouellet Was 'Very Close' to Papacy," A3.

8   Brady and Dolan quoted in Squires, "Division Among Cardinals Paved Way for Selection of Pope Francis."

9   "Pope Francis Reveals Why He Chose His Name," *Catholic Herald*, March 16, 2013.

10 Squires, "Division Among Cardinals Paved Way for Selection of Pope Francis."

11 Sharon Churcher and Tom Worden, "Special report: The damning documents that show new Pope DID betray tortured priests to the junta," *The Daily Mail*, March 16, 2013; "Pope Francis: What Did He Really Do in Argentina in the 1970s?" *The Guardian*, March 20, 2013; Jeevan Vasagar, "Pope Francis Pledged to Fight for Priest Kidnapped by Junta, 1976 Letter Reveals," *The Telegraph*, March 18, 2013.

12 *Pope Francis: From the End of the Earth to Rome*, compiled by reporters from *The Wall Street Journal* (New York: ePub, 2013), Kindle edition, 406-466 of 1782.

13 Ibid., 558, 560, and 615 of 1782.

14 See "Jorge Mario Bergoglio is the new Pope of the Catholic Church: Francis I," "Vatican Insider," *La Stampa*, March 13, 2013.

15 See Sandro Magister, "The 'Segretariola' of Francis, the Pope Who Wants To Do It All Himself," *L'Espresso*, August 9, 2013. Benedict는 그동안 바티칸 내에서 600년 동안 사용되지 않았던 수녀원으로 옮겼다. 인터넷은 출처 불명의 이야기를 전하는데, 이는 그가 은퇴하기를 원했고 자신의 고향 독일에서 삶을 마치기를 원했지만, 바티칸 주권의 도움이 없이는 헤이그에 있는 국제형사재판(International Criminal Court)에 의해서 소아성애 성직자들을 보호함으로 인한 인권 침해로 구속될 수 있다는 것을 두려워했다. 사실 일부 미국의 성추행 희생자들은 2011년에 그런 주장을 했다. 하지만, 헤이그는 그것에 전혀 반응하지 않았다. 바티칸은 그때 이를 "터무니없는 매명 행위"라고 묵살했다. Manuel Roig-Franzia, "Despite Investigating Catholic Scandals, Author Jason Berry Keeps the Faith," *The Washington Post*, September 20, 2011.

16 See generally "Cardinal Pell: Pope Francis's Good Press Won't Last Forever," *Catholic Herald*, August 8, 2013.

17 Pope Francis quoted in Jon Favreau, "The Social-Minded Pope Francis is a Very Different Kind of Pontiff," *The Daily Beast*, January 14, 2014.

18 Pope Francis quoted in Laurie Goodstein and Elisabetta Povoledo, "Pope Sets Down Goals for an Inclusive Church, Reaching Out 'on the Streets,' " *The New York Times*, November 26, 2013. 2014년 9월, 교황 프란치스코는 로마인 20쌍의 결혼을 증추행했다. 그들 중에는 동거하는 자, 전에 결혼 무효된 자들도 있었다. 어떤 언론 보도는 이를 프란치스코가 전통을 깨고 있는 확실한 증거로 인용했다. 하지만, 가톨릭 정기간행물들은 교황은 사실상 형식상으로는 교회의 교리에서 벗어난 적이 없음을 지적했다. See "No Scandal Here: The 20 Couples Married by Pope Francis Were Legit," *National Catholic Register*, September 16, 2014.

19 Pope Francis quoted in Antonio Spadaro, S.J., "A Big Heart Open to God," *America—National Catholic Review*, September 19, 2013.

20 Pope Francis quoted in Laurie Goodstein and Elisabetta Povoledo, "Pope Sets Down Goals for an Inclusive Church, Reaching Out 'on the Streets;' " and Chua-Eoan and Dias, "Pope Francis, the People's Pope."

21 "Pope Francis, The People's Pope," *TIME*, December 11, 2013; "Person of the Year," *The Advocate*, De-

cember 16, 2013.

22 Mark Binelli, "Pope Francis: The Times They Are A-Changin'," *Rolling Stone*, January 28, 2014.
23 William Saletan, "Pope Francis Is a Liberal," *Slate*, September 19, 2013.
24 See Marshall Connolly, "The Secret to Pope Francis' Fame REVEALED," *Catholic Online*, December 26, 2013, online at https://www.catholic.org/hf/faith/story.php?id=53689. 2014년 「포춘」은 프란치스코를 "세계의 가장 위대한 지도자들의 하나로 매겼다. 어떤 잡지는 프란치스코가 이제 시작한 것에 초점을 두었다. Il Mio Papa는 교황 프란치스코의 추종자들과 팬들에게 업데이트한 사진과 뉴스를 매주 싣기로 약속했다. See Elisabetta Povoledo, "A New Magazine for Fans of the Vatican's Biggest Star," *The New York Times*, March 4, 2014; "Fortune Ranks the World's 50 Greatest Leaders," *Fortune*, March 20, 2014.
25 Eric Marrapodi, *CNN Belief* Blog editor.
26 Simon Edge, "Top of the Popes: Could Pope Francis Be the Most Popular One Yet?" *Express*, January 10, 2014.
27 Antonio Spadaro, S.J., "A Big Heart Open to God."
28 Pope Francis quoted in Francis X. Rocca, "Pope Condemns Abortion as Product of 'Throwaway Culture,'" *Catholic News Service*, September 20, 2013.
29 Pope Francis quoted in Steven Ertelt, "Pope Francis: Catholic Church Must Minister More to Women After Abortion," *LifeNews*, September 19, 2013, online at http://www.lifenews.com/2013/09/19/pope-francis-catholic-church-must-minister-more-to-women-after-abortion/. See generally Cheryl K. Chumley, "Pope Francis Takes Veiled Swipe at 'Progressive' Democrats," *The Washington Times*, November 26, 2013.
30 Pope Francis quoted in Matthew Schmitz, "Pope Francis on How to Talk About Abortion, Gay Marriage, and Contraception," *First Things*, online at http://www.firstthings.com/blogs/firstthoughts/2013/09/pope-francis-advice-on-how-to-talk-about-abortion-gay-marriage-and-contraception/.
31 "UN Panel Confronts Vatican on Child Sex Abuse by Clergy," *BBC News Europe*, January 16, 2014.
32 Kharunya Paramaguru, "Vatican Snubs U.N. Probe on Sex Abuse Cases," *Time*, December 4, 2013.
33 "U.N. Expresses "Deepest Concern" over Widespread Sexual Abuse by Clergy, Finding Vatican Failed to Protect Children," *Center for Constitutional Rights*, February 5, 2014; "The Vatican: Criticism From the U.N. Panel, *The New York Times*, May 24, 2014, A7. 그 말에 걸맞게, 2014년 9월, 로마교회는 대주교 Jozef Wesolowski를 바티칸 내부에서 가택 연금 시켰으며, 교회가 성추행의 혐의를 가진 성직자에 대해 최초의 형사적 재판을 갖을 것임을 발표했다. 폴란드 출생의 Wesolowski는 교황 대리대사로 머물렀던 도미니카 공화국에서 어린 소년들과의 성 행위에 대한 수많은 주장이 있는 후, 2012년에 로마에 소환되었다. Laurie Goodstein, "Former Vatican Ambassador Is Facing Sexual Abuse Trial," *The New York Times*, September 23, 2014. 11월, 프란치스코는 한 아르헨티나 사제를 파문했는데, 그가 4명의 소년을 추행했다는 것으로, 2011년 형사적으로 유죄 선고를 받았다. 그가 부에노스 아이레스의 한 수도원에서 15일의 근신 선고만이 허락된 것에 희생자들은 대단히 분노했다.
34 O'Malley quoted in John L. Allen Jr. and Lisa Wangsness, "Pope Softening Tone, Not Stance, O'Malley Says," *The Boston Globe*, February 9, 2014.
*   시간이 흐를 수록 많은 전통주의자들이 그들의 견해를 바꾸었으며, 프란치스코가 오랜 역사의 믿음의 교리들에 간섭하고 있다고 결론지었다. 2014년 10월의 현대 가정에 대한 주교회의(synod)에서, 혼전 관계와 재혼한 가톨릭 신자의 성찬식을 받을 수 있는 권리에 대한 규칙을 자유롭게 하는 초안을 두고, 프란치스코가 호의를 보이는 것에 보수주의적 주교들은 분명하게 반발했다. Ross Douthat, 뉴욕 타임스의 보수주의 가톨릭 컬럼니스트는 만일 프란치스코가 너무 급진적인 의제를 너무 빨리 밀어붙인다면, 이는 "진정한 분열"로 나아갈 것이다고 제시했다.[35]

35 Ross Douthat, "The Pope and the Precipice," *The New York Times*, October 25, 2014.
36 Francis는 자본주의의 탐욕과 잉여를 비판함에는 그의 많은 전임자와 같은 목소리를 냈다. 하지만 그를 구분짓는 것은 그가 교회의 방향을 가난한 자를 섬기려는 것에 두려고 하는 그의 열심이다. 바락 오바마 대통령이 2014년에 프란치스코를 만났을 때, 그들은 서로가 동의하는 한 주제에 초점을 두었다. 즉 부자와 가난한 자 간의 커져가는 괴리를 막아야 한다는 필요였다. See "A Pope for the Poor," *TIME*, July 29, 2013; "Obama Meets Pope Francis; Stressing Fight Against Inequality," *Boston Globe*, March 27, 2014.
37 "CNN Poll: Pope's Approval Rating Sky-High," *CNN*, December 24, 2013, online at http://religion.blogs.cnn.com/2013/12/24/cnn-poll-popes-approval-rating-sky-high/.
38 Simon Edge, "Top of the Popes: Could Pope Francis be the most popular one yet?" *The Express*, January 10, 2014.
39 "U.S. Catholics Admire the Pope Yet Differ With Many of His Views," ABC/Washington Post poll: The Pope and the Church, October 13, 2003, released October 15, 2003.

제43장

1 Carol Glatz, "Vatican says number of Catholics, priests, bishops worldwide increased," *Catholic News Service*, March 12, 2012; Nuzzi, *Ratzinger Was Afraid*, 81.
2 Sanderson, "The Scandal at the Vatican Bank."
3 Phillip Pullella, "Insight: Pope to Review Vatican Bureaucracy, Scandal-Ridden Bank," *Reuters*, Vatican City, April 2, 2013.
4 For a full online copy of the 64-page AIF annual report for 2012, see http://goo.gl/715NOC. Andrea Tornielli, "Vatican Insider First Report by Vatican Financial Watchdog Reveals Suspicious Transactions," *La Stampa*, May 22, 2013.
5 Vatican Radio interview with IOR President Ernst von Freyberg, May 31, 2013.
6 Freyberg interviewed in ibid.
7 Cipriani quoted in Andrea Tornielli, "The Vatican Bank's Media 'War,'" "Vatican Insider," *La Stampa*, June 14, 2013.
8 위원회 위원들은 회장인 Raffaele Farina 추기경, Jean-Louis Tauran 추기경, Juan Ignacio Arrieta Ochoa de Chinchetru 주교, 비서인 Peter Bryan Wells 경, Dr. Mary Ann Glendon, 하버드 법대교수이며 전 교황청 주재 미국대사였다. Letter of the Holy Father Francis for the Establishment of a Representative School Papal Commission for the Works of Religion, Vatican.va, June 26, 2013.
9 Rachel Donadio, "Pope Fills Key Job at Troubled Vatican Bank," *The New York Times*, June 16, 2013, 11.
10 Sandro Magister, "The Prelate of the Gay Lobby," *L'Espresso*, July 18, 2013.
11 Michael Day, "Pope's Bank Clean-Up Man Found Stuck in Elevator with Rent Boy," *Belfast Telegraph*, July 20, 2013; see also "Catholic Bishop in Charge of Cleaning Up Vatican Finances Got Stuck in a Lift with a Rent Boy and Lived with his Gay Lover in Uruguay," *Daily Mail Online*, July 20, 2013.
12 John Hooper, "Francis in Brazil: Vatican Politics: Sex Claims Raise Questions Over Key Papal Decision," *The Guardian*, July 22, 2013; see Barbie Latza Nedeau, "A Reformer in Rome: Pope Francis Appears Serious About Changing the Vatican, but a Scandal Looms," *Newsweek*, July 24, 2013.
13 "New Vatican Bank Official Reportedly Part of 'Gay Lobby,'" *Catholic News Agency*, July 18, 2013; John L.

Allen, Jr., "Vatican Denies Scandal Report on Vatican Prelate," *National Catholic Reporter*, July 19, 2013.

14 그 여섯 명은 Jochen Messemer, 독일 보험사 ERGO의 이사, Jean-Baptiste de Franssu, Invesco Europe 자산관리사의 전회장, George Yeo, Singapore의 전외무장관, Joseph Zahra, Malta의 최대은행의 전의장, 교수 Enrique Llano, 마드리드대학의 경제학자, Jean Videlain-Sevestre, Citroën의 전(前) 최고경영자였다. Tully, "This Pope Means Business," *Fortune*.

15 Pope Francis quoted in Tully, "This Pope Means Business," *Fortune*.

16 여섯 명의 평신도는 Pontifical Commission for Reference on the Organization of the Economic-Administrative Structure of the Holy See (COSEA)의 이사가 되었으며, 여기에는 PR전문가인 Francesca Immacolata Chaouqui와 스페인 주교 Lucio Angel Vallejo Balda가 포함되어 있었다. See "Chirograph of the Holy Father Francis for the Institution of a Pontifical Commission for Reference on the Organization of the Economic-Administrative Structure of the Holy See," *Communique from the Secretary of State*, July 18, 2013; Anita Bourdin, "Le pape veut simplifier et rationaliser les organismes du Vatican," *Zenit*, July 19, 2013.

17 Nick Schifrin, "Vatican Accountant Accused of Smuggling $26 Million in Private Jet with Ex-Italian Spy," *ABC News*, June 28, 2013.

18 Brülhart는 필자에게 Scarano를 넘어뜨렸던 것은 IOR이 행한 STR(수상한 거래 보고 - a suspicious transaction report) 이었다고 말했다. 이는 그가 크게 자부심을 갖는 시스템으로, 자신이 금융정보국의 감독이 된 이후 이를 도입했다. See also Michael Day, "The Bank of Keeping Mum or Being Dead: The Financial Scandals Just Keep Piling Up for the Vatican's Money-Men," *The Independent*, July 14, 2013, 여기서 바티칸은행에 대한 30개월간의 조사를 끝냈던 이탈리아 치안관사들의 보고를 인용하고 있다.

19 Philip Pullella, "A Look at the Arrested Vatican Monsignor's Lush Life," *ABS.CBN News*, July 5, 2013.

20 Nick Squires, "Spy, Monsignor and Banker Arrested in Vatican Bank Fraud 'Plot,' " *The Telegraph*, June 28, 2013, 1. Scarano에 대한 이야기들은 그의 구속 이후 더욱 이상해져 갔다. 한 지인은 경찰에게 말하길, 자신이 베드로 광장 앞에서 그 고집스런 경을 보았는데 그는 밴 자동차에 금괴가 든 두개의 여행 가방을 싣고 있었다는 것이었다. 하지만 언론 보도나 인터넷에서 사실인양 자주 설명되는 많은 다른 이야기들이 그렇듯, 이것이 진실인지 아닌지 결정하는 것은 불가하다.

21 Alessandro Speciale, "Pope Francis Cleans House at the Vatican Bank," *Religion News Service*, July 1, 2013. Tulli의 후임이 선택된 것은 거의 2년 후였다. 그는 Gianfranco Mammì로, 오랫동안 IOR의 관리자이며 독립성으로 명성이 있는 자였다.

22 Barbie Latza Nadeau, "Heads Roll at Vatican Bank," *The Daily Beast*, July 2, 2013.

23 BNP Paribas 의 이탈리아 자회사 전직 CFO인 Rolando Marranci가 부이사가 되고, 이탈리아의 Banca Nazionale del Lavoro and Banca di Roma의 뉴욕지점의 수석 위험관리 규제 담당관 Antonio Montaresi이 수석 위기관리자로 선임되었다. Speciale, "Pope Francis Cleans House at the Vatican Bank."

24 Nicole Winfield, "Vatican Bank Director, Deputy Resign Amid Scandal," *Associated Press*, Business News, July 1, 2013. Scarano와 함께 거론되는 바티칸 이름들 중의 하나는 Paolo Mennini, APSA의 총무이사였다. 그는 바티칸은행 내부에서 예전 Marcinkus의 오른팔이었던 Luigi Mennini의 아들 중 하나였다. 하지만 Mennini 어떤 혐의도 부과되지 않았다. See Day, "The Bank of Keeping Mum or Being Dead: The Financial Scandals Just Keep Piling Up for the Vatican's Money-Men."

25 Author interview, IOR official, Rome, September 2013.

26 Carlo Bonini, "The Sins of the Bank of God: Money Laundering Prevention Circumvented for Years," *La Repubblica*, July 6, 2013.

27 "Ex-Vatican Bank Officials Broke Anti-Money Laundering Laws, Prosecutors Say," *Reuters*, July 15, 2013.

* 같은 달 3월, 이탈리아 검찰이 돈세탁 조사에서 Gotti Tedeschi의 혐의를 벗긴 후, 전 IOR 회장은 자신을

해임함으로써 자신의 명성에 해를 끼친 것으로 인해 바티칸을 고소할 것을 고려하고 있다고 발표했다. "그들은 미안하다고 말해야 한다. 2 년이 지났으니 종국에는 그들이 왜 그랬는지 그들이 무엇을 했는지를 설명해야 한다…그들은 나의 삶을 망쳤다. 이탈리아 검찰이 나의 사건을 무혐의 처리하고 바티칸을 그렇게 하지 않는 것은 수치다." 기자들에게 고티 테데치가 한 말이다.[28]

[28] Gotti Tedeschi quoted in Philip Pullella, "Former Vatican Bank Head's Lawyers Threaten to Sue to Clear Name," *Reuters*, March 28, 2014.

[29] Rachel Sanderson, "The Scandal at the Vatican Bank," *The Financial Times Magazine*, December 6, 2013.

[30] John L. Allen Jr. "For Once, an Exposé That Helps the Vatican Bank," *National Catholic Reporter*, September 28, 2013. See also Speciale, "Pope Francis Cleans House at the Vatican Bank"; and Sanderson, "The Scandal at the Vatican Bank." Freyburg quoted Stephanie Kirchgaessner, "Vatican Bank Agrees Landmark Tax Treaty with Italian Regulators," *The Guardian*, April 1, 2015.

[31] See for example "Secretive Vatican Bank Takes Step to Transparency," *The New Zealand Herald*, October 1, 2013.

[32] Andrea Tornielli, "Exit Bertone, Enter Parolin," "Vatican Insider," *La Stampa*, August 31, 2013.

[33] Sutherland quoted in Sanderson, "The Scandal at the Vatican Bank"; "Vatican Spurns UN Child Law Committee's Call for Changes to Canon Law," *Catholic News Agency*, September 30, 2014.

[34] Pope Francis quoted in Laurie Goodstein, "Pope Assails Bureaucracy of Church as Insular," *The New York Times*, October 2, 2013, A6; "Pope Francis Sets Up a Group of Eight Cardinals to Advise Him," "Vatican Insider," *La Stampa*, April 13, 2013; "Secrets of the Vatican," *Frontline, PBS*, February 2014.

[35] 2013년 10월 8일자 자의교서(*Motu Proprio*)의 내용은 돈세탁, 테러리즘의 자금지원과 대량살상의 무기 확산의 예방과 대책이었다.

[36] Statuto Dell'autorità Di Informazione Finanziaria, *Vatican News*.va, November 18, 2013.

[37] "Pope Names Private Secretary to Supervise Vatican Bank," *Reuters*, Rome, November 28, 2013.

[38] Cheryl K. Chumley, "Pope Francis Sends Right-Hand Man to Oversee Vatican Inquiry," *The Washington Times*, November 28, 2013.

* Xuereb 임명 이틀 후, Freyberg는 단지 6월부터 IOR에 입사했던 Rolando Marranci 를 부이사로 발표했다. 그는 은행의 총무이사로 일하도록 승진되었다.[39]

[39] Freyberg는 봄에 Cipriani가 사임한 이래 그 빈 자리를 채우라는 압력을 받았다. 특히 Moneyval이 또 다른 현장 평가를 위해 바티칸에 오는 것으로 예정되기 며칠 전이었기 때문이었다. Kevin McCoy, "Rolando Marranci Named Vatican Bank General Director," *USA Today*, November 30, 2013.

[40] "Vatican Finance Group Signs Agreement with German Counterpart," Patheos, December 4, 2013.

[41] Author interview with René Brülhart, Rome, September 23, 2013; see also Sanderson, "The Scandal at the Vatican Bank."

[42] Nigel Baker interviewed in Laura Powell, "Inside the World's Most Secretive Bank," *Economia*, December 12, 2013.

[43] 그들은 Vienna's Christoph von Schönborn, Toronto's Thomas Christopher Collins, Cardinal Santos Abril y Castelló, archpriest of the Papal Basilica of St. Mary Major이었다. Arjun Kharpal, "Pope Sacks 4 Cardinals in Vatican Bank in Cleanup," *CNBC*, January 16, 2014.

[44] Di Taranto quoted in Arjun Kharpal, "Pope Sacks 4 Cardinals in Vatican Bank in Cleanup."

[45] John L. Allen Jr., "Francis Taps Reformer for Financial Cleanup," *National Catholic Reporter*, January 30, 2014. Moneyval이 2011년 11월 최초의 현장 평가를 했을 때, Corbellini 는 바티칸시 총무처 차관이었다. 그 역활 내에서 유럽 조사관들을 대했다.

46 Andrea Gagliarducci, "Vatican's Financial Intelligence Authority Receives new President," *Catholic News Agency*, January 31, 2014.
47 Kharpal, "Pope Sacks 4 Cardinals in Vatican Bank in Cleanup."
48 Guy Dinmore, "Pope Decrees Sweeping Overhaul of Vatican's Financial System," *Financial Times*, February 24, 2014; see also Andrea Gagliarducci, "Pope Francis Shapes Vatican Finances Under Advice from His Cardinals," *Catholic News Agency*, April 1, 2013.
49 "Australian Cardinal to Head New Vatican Secretariat for Economy," *News.Va* (The Official Vatican Network), February 24, 2014. 영국의 Monsignor Brian Ferme, Washington's Catholic University의 정경법대학의 전학장이 Pell의 deputy로 임명되었다. 프란치스코가 뽑은 경제청의 15명의 위원은 새로운 장관이 집행할 수 있는 광범위한 경제 정책을 세우는 임무가 맡겨졌다. Guy Dinmore, "Pope Decrees Sweeping Overhaul of Vatican's Financial System," *Financial Times*, February 24, 2014. 교황은 총괄감사자를 임명하기로 약속했다. 그는 바티칸의 말로는 "어느 때고 성좌와 바티칸시공국의 어떤 부처든지 감사를 할 수 있는 권한이 주어질 것이다."
50 Tom Kington, "Pope Francis Opts to Keep Scandal-Plagued Vatican Bank Alive," *Los Angeles Times*, April 7, 2014.
51 Barbie Latza Nadeau, "The Vatican Bank Is Back from the Dead," *The Daily Beast*, April 9, 2014.
52 Josephine McKenna, "Vatican's Financial Watchdog Reports 'Notable' Spike in Shady Transactions," *Religion News Service*, May 19, 2014.
53 Massimo Faggioli quoted in Sanderson, "The Scandal at the Vatican Bank."
54 Rachel Sanderson and Giulia Segreti, "Pope Cuts Scandal-Prone Vatican Bank Down to Size," *Financial Times*, July 7, 2014. 동시에 Bertone에 대한 또 다른 대중의 소동이 있었는데 이는, 들리는 바로는, 베르토네가 자신의 3,700 스퀘어피트의 펜트하우스에 헤프게 지출한 것으로 인해 교황 프란치스코가 분노했다는 언론보도였다. 그 집의 리노베이션은 비용이 컸으며 은퇴집은 프란치스코의 검소한 원베드의 바티칸 아파트보다 거의 다섯 배나 컸다. Bertone는 나중에 이탈리아 기자들에게 다음처럼 말했다, "나는 그 방들이 바티칸의 다른 빌딩에 있는 방들보다 훨씬 작다는 것을 보증한다. 교황에게는 모든 것, 심지어 작은 비서실까지도 알려졌다. 교황은 나에게 말했다, '이는 아주 좋다. 회고록을 쓸 필요가 있음을 본다면, 당신은 그것에 자격이 있다. 당신이 세 교황들을 곁에서 보아왔다.'" John Hooper, "Pope Said to Be Furious over Luxury Retirement Flat of Top Vatican Official," *The Guardian*, June 1, 2014; Bertone quoted in Andrea Purgatori, "Meet Cardinal Tarcisio Bertone, Pope Francis' Former Secretary of State," *Huffington Post*, February 18, 2015.
55 이 대손상각은 2013년에 IOR이 €2.9 million의 낮은 순익을 냈던 일 원인이다. 2012년의 순익은 €86.6 million이었다.
56 Cindy Wooden, "Vatican Denies Cardinal Bertone is Under Criminal Investigation," *Catholic Herald*, May 23, 2014.
57 Philip Pullella, "Pope Fires Entire Board of Vatican Financial Watchdog," *Reuters*, June 5, 2014.
58 Pope Francis quoted in Liam Moloney, "Pope Appoints Outside Experts to Oversee Vatican Finances," *The Wall Street Journal*, June 6, 2014, A7.
59 새로운 AIF 이사들은 Juan C. Zarate, 하버드 로스쿨 교수 겸 Washington, DC, think tank 인 Center for Strategic and International Studies의 자문관, Marc Odendall, 스위스의 박애단체 그룹을 관리하는 자, Joseph Yuvaraj Pillay, Singapore's Monetary Authority의 전 전무이사, Maria Bianca Farina, 두 이탈리아 보험사의 창립자였다.
60 Nicole Winfield, "Pope Francis Shakes Up Vatican Financial Watchdog," *Associated Press*, June 5, 2014.

61　Ibid.
62　Pope Francis quoted in Tully, "This Pope Means Business," *Fortune*.
63　Franssu는 전년도에 COSEA에 임명된 이사였다. COSEA는 Francis의 금융자문이사회다.
64　Glendon는 2013년 바티칸은행을 조사하는 덜 공식적인 위원회에 임명되었다. Franssu 는 2013년 여름, 로마에 소환된 6명의 금융인들 중의 하나로 개혁 가능성에 대해 교황 프란치스코에게 브리핑했다.
65　Mark Thompson, "Vatican Turns to Wall Street to Fix Bank," *CNN/Money*, July 9, 2014.
66　Press Release for Financial Statement and Results, Istituto per le Opere di Religione, July 9, 2013. 2013년 말 기준으로, "IOR은 17,419 명의 고객들(2012년에는 대략 18,900 명)을 갖으며, 그중 5,043은 가톨릭 기관으로, 고객 자산의 80% 이상을 차지한다. 12,376명의 개인은 20% 이내이다. 고객 숫자의 감소는 전체적인 고객 자산의 5.9% 감소를 가져왔다.
67　"Managing Mammon," *The Economist*, July 12, 2014.
68　Philip Pullella, "Vatican Bank To Be Scaled Back, Restructured: Sources," Vatican City, *Reuters*, July 7, 2014.
69　Pell quoted in Cindy Wooden, "Vatican Names New Bank President, Restructures Financial Offices," *National Catholic Reporter*, July 9, 2014. 2015년 3월, Francis는 금융 개혁을 공고히하는 새로운 규정을 통과시켰다.
70　Pell interviewed in John L. Allen Jr., "Finance czar aims to steer Vatican 'off the gossip pages,' " *The Boston Globe*, July 9, 2014.
2014년11월, Pell은 모든 바티칸 부처들에게 금융 윤리와 좋은 처신에 대한 45페이지의 매뉴얼을 배부했다. 이것은 새로운 정책들을 포함했으며, 투명성과 국제회계기준을 2015년 1월부터 실시될 수 있도록 강조했다. Philip Pullela, "Vatican Issues Staff with Financial Ethics Guidebook," *Reuters*, Vatican City, November 6, 2014.
2015년 3월, Pell는 일단의 저널리스트에게 말했다, "평신도들이 돈에 관해서는 일반적으로 우리보다 더 전문적이다. 하지만 원죄는 보편적이다. 금융을 다루는 평신도도 어려움이 생기는 것에 대항하는 품질 보증서는 아니다. Pell quoted in Iacopo Scaramuzzi, "Pell: 'We Want a Jubilee That's Free from Economic Scandal,' " "Vatican Insider," *La Stampa*, March 31, 2015.
71　일부 중요한 세부사항들이 합의서에 묻혀졌다. 정보교환은 2009년으로 거슬려 확대되었고, 지난 몇 년까지도 IOR의 계좌를 폐쇄하지 않아 세금 회피자들을 함정에 빠뜨릴 가능성이 있었다. 처음으로 바티칸 내에서 일하는 이탈리아인 뿐만 아니라 이탈리아에 근거를 두지만 IOR과 은행 거래를 하지 않는 종교 기관들은 세금을 내게 되었다. 하지만 성좌가 이탈리아 내에서 소유하고 있는 모든 건물에 대해 세금 면제를 확인했으며 1929년의 Lateran Pacts에서 치외법권적인 지위를 가졌던 바실리카 종교 대학들에 대한 면제를 재확인했다. See "Tax Agreement Between the Holy See and the Italian Republic," *Vatican Information Service*, Vatican City, April 1, 2015, at http://visnews-en.blogspot.com/2015/04/tax-agreement-between-holy-see-and.html; and the Announcement of Italy's Finance Ministry: Italia e Santa Sede firmano un accordo in materia fiscal, Comunicato Stampa N° 75 del 01/04/2015, at http://www.mef.gov.it/ufficio-stampa/comunicati/2015/comunicato_0075.html. See also Philip Pullella, "Italy, Vatican Sign Financial Information Exchange Deal," *Reuters UK*, April 1, 2015.
72　Frances D'Emilio, "Italy, Vatican Make Financial Pact, as Holy See Cleans House," Rome, *Associated Press*, April 1, 2015; Kay Aviles, "Vatican Bank: A Haven for Money Laundering & Tax Evasion No More," *International Business Times*, April 7, 2015; roundup of some Italian press comments in Marzia De Giuli, "Italian Media React Positively to Financial Transparency Accord with Vatican City," *Shanghai Daily*, April 3, 2015.
73　Gerald Posner, "The Vatican Bank: Are the Bad Old Days Finally Over?" Featured Perspective, *Tax Notes International* 77, no. 12, March 23, 2015, 1081–82. 2015년 6월, 바티칸과 미국은 세금공유협정에 서명

했다.
74 Author interview with René Brülhart, Rome, September 23, 2013. 교황 프란치스코를 조언하는 고위 추기경들의 추정으로는 바티칸 금융의 개혁은 적어도 2015년까지는 끝나지 않을 것이다. NCR의 John L. Allen Jr.에 따르면, 모든 금융 변화는 "혁명적"이며 "완전한 지진"이다. 하지만 그는 말하길, "배심원은 여전히 거기에 있어 이 개혁이 성공적인가를 볼 것이다." John L. Allen Jr., "If You Want More Evidence of the Francis Earthquake, Look at the Finances," *Crux*, November 6, 2014. See "Pope-C8 Meeting: Curia Reform Process Will Not Be Complete Until 2015," Iacopo Scaramuzzi, "Vatican Insider," *La Stampa*, April 29, 2014.

▲ 6세기부터, 호화로운 교황청을 운영하기 위해 가톨릭교회의 많은 돈이 면죄부의 판매에서 비롯됐다. 이 면죄부는 구매자의 죄에 대해 하나님이 지상적인 처벌을 없애주리라는 약속이었다. 그레고리16세의 교황직(1831-1846) 즈음에 과소비, 최악의 경영 투자에 대한 시대에 뒤떨어진 견해로 이 교황(왼쪽)은 유럽의 저명한 유대 금융 왕조의 시조인 제임스 드 로스차일드(오른쪽)로부터 돈을 차용해야 했다.

◀ 1천 년 이상 동안, 로마교회를 주도하면서 교황들은 교황령의 군주였다. 이 교황령은 현세적인 나라로, 그 전성기인 18세기 후반에는 중부 이탈리아의 대부분을 차지했다. 연이은 교황들은 유럽 군주정을 무너뜨리는 민중 봉기들을 두고 안정을 해치는 근대주의자 운동으로 비평했다. 이 사진에서 두 명의 이탈리아 민족주의자가 1868년 로마에서 참수되고 있다.

◀ 이탈리아 통일을 위한 폭도가 세력을 얻자, 바티칸은 자체 군대인 교황보병대(Zuavi Pontifici)를 고용했다. 이들은 대부분 젊은 미혼의 가톨릭 자원봉사자로, 많은 나라의 출신이었다. 그러나, 1870년, 국수주의 군대가 로마 밖에 집결했을 때 비오 9세(1846-1878)는 자신의 민병대가 수적으로 밀리는 것을 알고 성 베드로 바실리카에 흰 깃발을 세우도록 했다. 이 항복으로 로마교회는 16,000평방 마일의 제국이 작은 땅뙈기로 줄었다.

▲ 비오 9세에게 로마교회의 지상적 권력의 상징인 교황령의 상실은 역시 큰 소득의 상실을 초래했다. 사진 촬영이 된 첫 번째 교황인 비오는 스스로 바티칸의 죄수로 선언했고 새로운 이탈리아 나라의 승인을 끈질기게 거절했다.

▲ 비오10세(1903-1914). 노동 계급 가정 출신의 첫 근대 교황인 그는 극보수주의자로, 소위 자유 사상가와 근대주의자에 대해 무기명의 성토를 권장했다. 그가 고삐풀린 자본주의를 비난하고 금융에 대한 로마교회의 시대에 뒤진 견해를 강화했던 반면, 그는 큰 씀씀이를 보여 바티칸 시공국의 크기를 두 배로 확장했다.

◀ 볼로냐의 추기경 지아코모 바오로 지오반니 바티스타 델라 키사가 1914년, 비오의 승하로 인해 교황이 되었다. 그는 교황의 이름으로 베네딕토 15세(1914-1922)를 택했다. 모든 나라가 제1차 세계대전 동안 평화 중재에 대한 그의 노력을 거절했다. 1922년 그가 죽었을 즈음, 바티칸은 일련의 악성 투자로 그 자본의 손실이 40%에 달해 비틀거리고 있었다.

◀ 밀라노의 공장 노동자의 아들인 성마른 비오11세(1922-1939)는 바티칸 사상 처음으로 내부 감사를 명했다. 6년이 걸려 완성된 감사는 로마교회가 그 마지막 한 푼까지 바닥났음을 보여주었다. 하지만 교황은 여전히 상업 투자에 대한 제한을 풀거나 그 금융거래의 현대화를 거절했다.

▶ 베니토 무솔리니(가운데)가 우익 국가 파시스트당을 이끌었다. 비오 선출 8개월 만에 무솔리니는 수만 명의 파시스트를 이끌고 "로마의 행진"을 했다. 일주일 후 그는 수상으로 선서했다. 그의 승진은 로마교회에게 불길한 징조였다. 한 공인된 무신론자는 한때 사제를 "결핵균처럼 인류에 치명적인 검은 미생물"로 묘사했다.

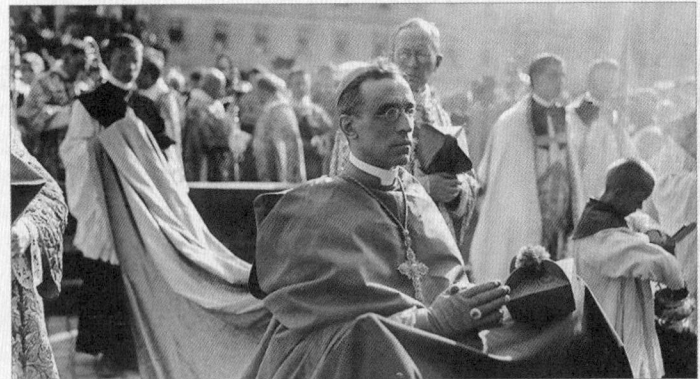

▲ 비오는 이탈리아의 파시스트보다 무신론적인 볼셰비즘을 두려워했다. 유제니오 파첼리, 독일 주재 교황 대리대사는 교황의 그 두려움을 키웠다. 파첼리는 가톨릭 귀족 가문 출신으로 1925년 뮌헨에서 공산주의 무장 혁명세력과 대결했다. 비록 그는 다치지 않고 피했지만 그 대결은 공산주의가 로마교회에 가장 큰 위협이라는 그의 신념을 재확인했다.

▶ 1929년, 비오11세는 1870년의 교황령 상실 이래 이탈리아 정부를 승인했던 최초의 교황이었다. 1929년 2월 24일자, La Domenica del Corriere의 표지는 베니토 무솔리니(가장 우측)가 국무총리 추기경 피에트로 가스파리와 조약에 서명함을 보여 준다. 이 조약은 바티칸을 주권 국가로 인정했으며 수 세기만에 로마교회에 가장 큰 힘을 주었다.

◀ 1929년 협약의 일환으로 이탈리아는 바티칸에 교황령 몰수에 대한 대가를 지불했다. 교황은 연줄이 많은 사업가요 은행가인 베르나르디노 노가라(좌측)를 고용, 투자를 통한 엄청난 수익을 냈다. 쥬세페 볼피(오른쪽)는 사업계 거물로, 노가라의 절친이요 멘토였다.

▶ 1929년의 월 스트리트 주식시장 붕괴에도 비오11세는 "제왕적 교황직"을 착수해서 바티칸시에서 최대의 근대적 건축 붐을 이루었다. 그는 전신국, 기차역, 발전소, 산업 구역 인쇄 시설을 승인했다. 이 사진에서 1931년 추기경 파첼리(왼쪽)와 비오11세가 바티칸 라디오 개통식에 참석하고 있다.

▶ 국무총리 추기경 파첼리(가운데 앉은 자)가 독일 부수상 프란츠 폰 파펜(맨 좌측)과 협정에 서명하고 있다. 역사적인 1933년의 협정으로 바티칸은 아돌프 히틀러의 제3제국과 양국 간 조약을 서명한 최초의 주권국이었다. 나치는 독일 내 가톨릭 신자들의 보호를 약속했고, 그 대가로 로마교회는 히틀러 정부를 승인했다.

◀ 1935년 10월, 10만 명의 이탈리아 군대가 에디오피아를 침공했다. 에디오피아는 광대한 동부 아프리카 제국에 대한 무솔리니의 꿈의 일부였다. 바티칸은 전시 군수품 무기 제조사들에 투자했다. 좌편에는 한 사제가 최전선에서 미사를 드리고 있다. 무솔리니는 자신이 나치 관리들에게 이처럼 말하는 것에 대단히 기뻐했다. "그들[바티칸 관리들]이 이 아비시니아 전쟁을 거룩한 전쟁으로 선언했다!"

▶ 1938년 경, 비오 11세는 미국 예수회 존 라파르지를 택해 교황 회칙의 초안을 작성할 작은 팀을 인도하게 했다. 이 회칙의 이름은 인종의 통일(Humani Generis Unitas)로, 반유대주의와 인종주의를 비난하는 것이었다. 비오는 그 회칙이 완성되기 전인 그 다음해에 죽었다. 그의 후계자 비오 12세는 바티칸 비밀 수장고에 이 회칙을 묻었다. 라파르지(맨 오른쪽)가 마틴 루터 킹 목사에게 1963년에 성 프란치스코 평화 메달을 증정하고 있는 모습이다.

◀ 추기경 파첼리는 1939년 3월 교황이 되어 비오12세의 이름을 갖었다. 그는 익히 알려진 친독일파였다. 1931년, 나치의 이인자인 야전 사령관 헤르만 괴링이 바티칸을 방문했다. 그는 가톨릭 사제들과 수녀들을 포용하기 위한 소위 도덕성 재판을 제도화했다. 이 사진에서 괴링(왼쪽에서 두번째)이 당시 불가리 주재 교황 대리대사였으며 나중에 교황 요한 23세가 된 안젤로 주세페 론칼리와 함께 하고 있다. 괴링은 히틀러에게 다음과 같은 전신을 보냈다, "업무 종료. 교황, 성복을 벗다. 교황관과 그 옷은 완전한 궁합."

◀ 제2차 세계대전은 로마교회에 사업상 큰 위험과 기회를 제공했다. 중심적 인물이 쥬세페 볼피로, 무솔리니 정부의 전직 재무장관이었으며 이탈리아의 가장 성공적 사업가 중 하나였다. 자주 볼피가 대리권을 행사함으로 바티칸은 수익성 높은 모험사업에 투자했으며, 이 대부분의 기업은 동유럽의 전쟁터에 있었다.

▲ 친위대 여단장 발터 쉐렌베르크는 1944년 7월부터 나치의 해외정보작전을 지휘했다. 전후 그는 미국 심문관들에게 나치는 "바티칸에 많은 정보원을 두었다"라고 말했다. 또 다른 독일 정보장교 라인할트 칼 빌헤름 레메는 자신이 이탈리아에서 충원했던 제3제국 요원들의 네트워크를 폭로했다. 그 리스트에는 노가라의 이름이 포함되었다. 그 폭로는 처음으로 이 책에서 보고된 것으로, 바티칸의 수석 금융인이 나치의 전시 첩자였는지 의문을 낳게 한다.

▲ 로마에 거점을 둔 크로아티아 사제인 크루노스라브 드라가노비치는 우스타샤의 멤버였다. 우스타샤는 전시 중 크로아티아의 집권당으로 반유대, 반세르비아 반공산주의 당이었다. 드라가노비치는 다수의 전후 탈주 네트워크의 하나를 운영했다. 이는 고위 바티칸 성직자들이 궁극적으로 미국과 영국의 첩보기관의 승인 하에 된 것이다. 이 네트워크를 통해 수백 명의 전범이 남미와 중동에서 안전 피난처를 찾았다.

◀ 바티칸은 금을 그 주된 경질자산으로 활용했다. 나치는 자신이 점령했던 국가들의 금 준비금을 약탈했던 까닭에 로마 교회의 금 축적은 도덕적으로 문제가 되었으며, 그 사업적 지분의 대부분 역시 그랬다. 이 사진에서 한 미국 군인이 홀로코스트 희생자들에게서 나온 결혼 반지들을 들어보이고 있다. 바티칸은 나중에 크로아티아에서 살해된 28,000명의 집시로부터 반지와 금 동전의 보관소였다는 것을 부인했다.

◀ 뉴욕 추기경 프란시스 스펠만은 1920년대부터 비오 12세의 친구였다. 교황은 당시에 주 독일 교황 대리대사였으며 스펠만은 야망있는 몬시뇰(경)이었다. 스펠만은 바티칸의 큰 자산이었던 바, 그가 주된 미국의 기금 모집자였던 까닭이었다. 그 역시 열렬한 반공주의자로, 로마교회와 CIA가 이탈리아의 전후 첫 선거(1948년)에서 보수주의 정부를 세울 수 있도록 합력했음을 확증했다. 1960년 10월, 대통령 선거에서 상원의원 존 케네디와 부통령 라차드 닉슨이 대결하기 한 달 전에 스펠만이 뉴욕의 알프레드 E. 스미스 기념 만찬에서 그들을 접대했다.

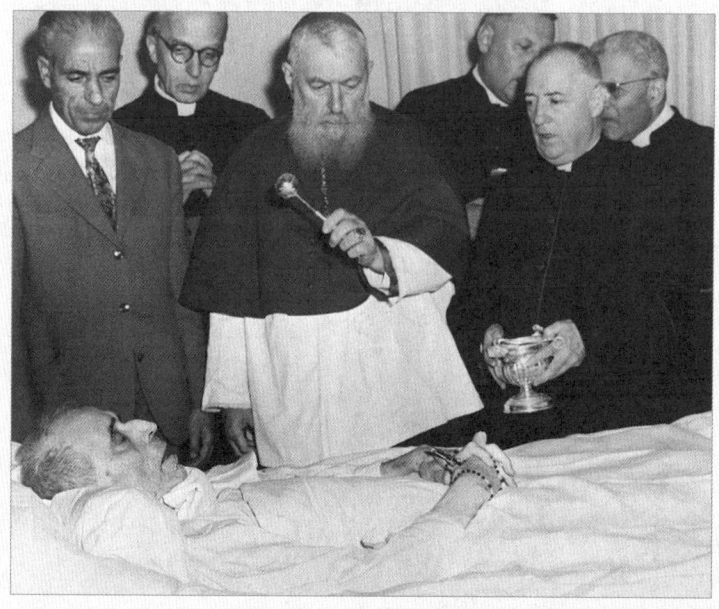

▲ 1958년, 비오 12세의 죽음은 바티칸에게 분수령같은 계기가 되었다. 프랑스 추기경 유젠 티세랑(가운데)이 교황의 시신을 축복하고 있다. 19년 이상 동안, 비오는 교황권을 신적 군주로서 옹호했으며, 이는 초창기의 가장 강력했던 교황들로 회귀하는 것을 의미했다.

◀ 1958년, 3일 동안 11번의 투표를 통해 양분된 추기경들이 베니스의 교구장 안젤로 론칼리로 타협점에 이르렀다. 77세의 생일에 한달이 못 미쳐 교황이 된 그는 200년 이상의 역사 가운데 70세가 넘은 최초의 교황이었다. 그 자신이 교황 이름으로 요한을 선택한 것은 놀랄 일이었다. 어떤 교황도 500년 동안 이 이름을 취하지 않았다. 이는 마지막 요한이 불화를 일으킨 대립 교황이었던 까닭이었다. 비록 그의 동료들이 그의 능력을 의심했지만, 그는 일반 가톨릭 신자들에게 폭넓은 인기를 구가했다. 교황 5년 재임 중, 요한 23세는 그의 전임자들이 조심스럽게 지켜왔던 많은 허세를 없앴다. 1958년 크리스마스에 그는 로마의 가장 큰 감옥을 방문했다.

◀ 바오로 6세(1963-1978)는 로마 교회의 돈과 투자의 관리 방식에 변화를 주도했다. 그는 소위 신뢰의 사람들에게 의존했는데, 이들은 가톨릭 평신도의 금융인으로, 교회 돈을 어떻게 투자해야 하는지에 대한 조언뿐만 아니라 많은 투기 모험 사업에 바티칸과 함께 파트너가 되었다. 미국의 몬시뇰 폴 말신커스(왼쪽)은 교황의 해외 순방에 일정과 경호를 총괄했으며 미국 저명인사들의 통역을 맡았다. 이 1964년의 알현에서, 교황은 인권 지도자들인 마틴 루터 킹 Jr. 박사와 랄프 아버내티 목사를 만났다.

▲ 1950년대 후반 미셸 신도나(왼쪽), 밀라노의 공격적인 세금 변호사인 그는 바티칸은행을 위한 약간의 법적 일을 맡기 시작했다. 그의 영향력은 기하급수적으로 커졌으나 1974년에 끝났다. 이는 당시 기록적인 20억 달러의 프랭클린내셔날은행의 실패 때문이었다. 다음 12년 동안 그는 이탈리아와 미국에서 범죄 혐의를 두고 싸웠다. 1986년, 신도나는 자신의 은행 제국에 대한 법원 임명의 청산인 조지오 암브로솔리(오른쪽)의 암살로 인해 기소되었다. 이틀 후 신도나는 최고 보안 시설의 이탈리아감옥에서 청산가리가 든 에스프레쏘를 마신 후 죽었다. 검시관은 이를 자살로 결정했다.

▲ 신장 190 cm의 시카고 출신 폴 말신커스를 만났던 자들은 그가 가톨릭 사제라기보다 미식축구의 라인맨처럼 보인다고 생각했다. 로마교회에서 그의 승진은 1971년에 시작되었는데, 그해 교황 바오로 6세는 그를 주교로 승진시키고 바티칸은행의 최고 성직자로 임명했다. 말신커스는 위험 투자를 선호했고, 이는 결국 바티칸은행을 5-6가지 국제적인 범죄 정부 조사의 중심에 서게 했다.

◀ 로베르토 칼비는 야망있는 은행가로, 바티칸은행과 일하는 선도적인 이탈리아 금융인이며 신도나를 대신했다. 그의 과도한 제국이 붕괴되었을 때 이와 함께 바티칸은행도 거의 넘어갈 정도였다. 1982년, 이탈리아 경찰로부터 도피 중에 칼비는 죽었는데, 런던의 블랙플라이얼스 다리에서 목맨 채였다. 처음에 자살로 결정되었으나, 칼비 가족의 25년의 노력으로 당국은 그가 살해당했다는 확신을 얻었다. 2010년, 5명이 이탈리아에서 재판을 받았으나 무죄가 되었다. 칼비의 살인자는 미제로 남아있다.

▲ 루이기 멘니니(왼쪽)는 14명의 자녀를 둔 아버지로 1930년에 바티칸 금융부처에서 일하기 시작했던 상식있는 '프라이빗 뱅커'(자산관리 전담 뱅커)였다. 마시모 스파다(위, 가운데 좌측)는 1929년 바티칸에서 일하기 시작했던 증권브로커였다. 수십 년 동안 그들은 바티칸은행의 가장 강력한 평신도 경영진이 되었으며 말신커스의 핵심 조력자였다. 이탈리아 검찰은 이 두 사람을 말신커스와 함께 사기로 법정에 세우려 했으나 성공하지 못했다.

▶ 리치오 겔리는 부유한 사업가며 해결사로 명성을 가진 자였다. 그는 역시 비밀스런 지하 프리메이슨 조직, 프로파간데 듀에(Propagande Due: P2)를 주도했다. 1981년, 경찰이 쿠데타 모의 혐의를 두고 이 조직을 해체할 무렵, 이 조직의 953명의 회원은 놀라운 "인명록"의 집합체였다. 이를 두고 이탈리아 저널리스트는 P2를 "국가 내 유사국가"라고 불렀다. 신도나와 칼비는 회원이었으며 겔리는 말신커스 바티칸은행과 함께 사업을 영위했다.

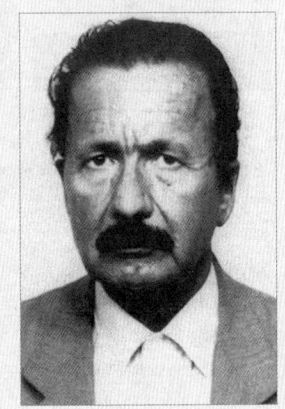

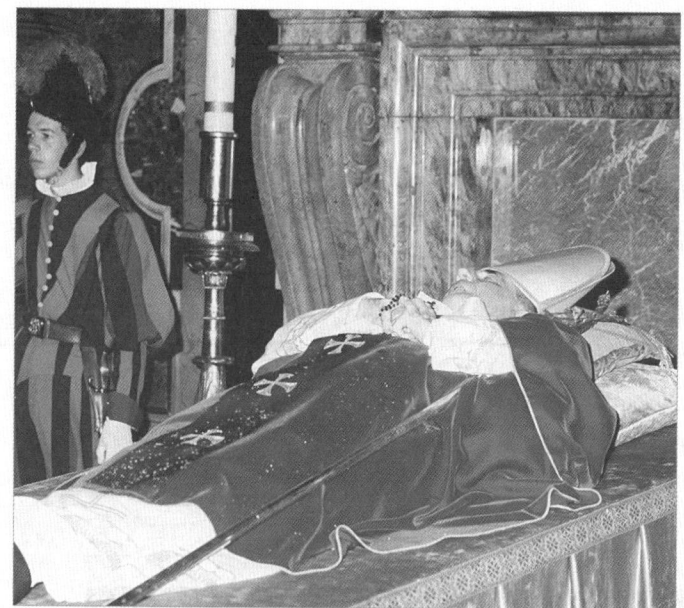

◀ 알비노 루치아니, 베니스의 주교가 1978년 교황에 선출되었다. 그는 교황의 이름으로 요한 바오로 1세를 택했다. 교황이 된 지 33일 후 수녀는 65세의 요한 바오로가 침상에서 죽은 것을 발견했다. 추기경들은 부검을 하지 않기로 투표했다(우측에 그의 시신이 전시 중). 교황이 바티칸은행의 개혁을 막기 위해 그가 살해당했다는 근거가 없지만 인기있는 음모론이 이후 널리 퍼졌다.

▲ 추기경들이 크라쿠프의 카롤 조세프 보이티와를 선출하는데 사흘이 걸렸다. 58세의 그는 1846년 이래 가장 젊은 추기경이었으며 4세기 만의 첫 비이탈리아 출신이었다. 그는 요한 바오로 2세의 이름을 택했다. 그의 열렬한 반공주의는 로날드 레이건과 자연스런 동맹이 되게 했다. 이 사진에서 레이건 대통령이 낸시 레이건과 함께 1982년에 처음으로 요한 바오로를 만나고 있다.

▶ CIA국장 윌리엄 케이시는 수시로 요한 바오로 2세와 만났으며 바티칸과 미국은 동유럽 블럭에 대한 정보를 공유했다. 교황의 승인 하에 미국의 은밀한 지원금 수백만 달러가 바티칸은행을 통해 연대에 전달되었다. 연대는 폴란드의 노동조합으로 공산주의 정부에 대한 저항의 심장부였다. 1981년 5월 13일, 성 베드로광장에서(우측), 한 터키의 총잡이가 요한 바오로를 쏘아 그를 거의 죽게 만들었다. 오늘까지 많은 사람이 반공주의자 교황이 불가리아 정보부가 기획한 책략의 목표물로 믿는다.

▲ 1994년, 빌 클린턴 대통령은 11개의 핵심 정부 기관의 전시 파일을 해제하는 행정명령에 서명했다. 이 기관에는 CIA, NSA 국무성이 포함되었다. 한 재무성 요원의 1946년 메모는 약 225백만 달러의 도난 당한 금이 바티칸에 귀착되었다고 보고했다. 에드가 브론프만 Sr.(오른쪽), 세계유대인회의의 영향력있는 의장이 국제적 보상 노력을 주도했다. 이는 부분적으로 생존자들이 한 소송뿐만 아니라 서방 정부들에 대한 압력에 의존했다. 오직 바티칸만이 그 파일의 공개와 홀로코스트 보상 기금에 기부하는 것을 거절했다.

◀ 요한 바오로 교황직의 마지막 10년은 부분적으로 그의 파킨스 병과 개인적인 싸움으로 정의되었다. 2005년, 그의 임종 시 많은 바티칸 옵서버가 추기경들이 더 젊은 교황을 선출할 것으로 기대했으나 그들의 선택은 78세의 추기경 조세프 알로이시우스 라징거였다. 강경 보수론자인 라징거는 1천년 만의 첫 독일 출신 교황으로, 자신의 교황 이름은 베네딕토 16세였다. 그의 선출은 논쟁을 불러일으켰는데, 이는 부분적으로 그가 히틀러 유년대(왼쪽, 1943년 16살 때 독일 反空부대에 징집되었다)로 십대를 보낸 것 때문이었다. 2006년(오른쪽), 그는 나치의 죽음의 수용소 아우슈비치를 방문했다.

▶ 2005년 6월, 베네딕토는 제노아의 추기경 타치시오 베르토네(가운데)를 자신의 국무총리로 선택했다. 베르토네는 바티칸의 관료 조직을 자신의 충성파들로 채우고 금융 개혁에 저항했다. 2013년 베네딕토의 전대미문의 사임은 내부자들과 일반 가톨릭 신자들을 놀라게 했다. 사진의 가장 왼쪽 인물이 독일 몬시뇰 게오르그 갠스바인, 베네딕토의 개인 비서다. 갠스바인이 2013년 베니티 페어(Vanity Fair)의 이탈리아판 표지 인물로 나타나자, 바티칸 내부에서 그에 대한 험담과 질투가 불길처럼 일어났다.

◀ 2009년, 베네딕토는 에토레 고티 테데치를 바티칸은행의 행장으로 임명했다. 그는 보수주의 경제학자이며 스페인의 반코 산탄더의 이탈리아 영업 책임자였다. 거침없이 말하는 고티 테데치는 많은 고위 성직자의 기분을 상하게 했다. 바티칸은행의 개혁에 있어 그는 거의 진전을 이루지 못했고, 그것도 2012년 돈세탁에 대한 이탈리아의 범죄 조사로 완전히 중지되었다. 고티 테데치는 바티칸은행의 이사들에 의한 "불신임" 투표 후 해고 당했다.

▲ 2013년 3월 베네딕토의 후임을 선출했던 추기경 콘클라베에서 대부분의 교회 옵서버는 부에노스 아이레스의 추기경 조지 베르골리오(왼쪽, 1966년 신학생 때)를 제외했다. 비록 그가 2005년의 투표에서 2등을 했지만 76세의 그가 너무 늙었다고 생각했다. 하지만 그는 다섯 번째 투표에서 1등이 되었다. 교황 프란치스코는 콘클라베부터 호감있고 겸손한 인기있는 자로 나타났으며, 즉시 가톨릭 신자들, 비카톨릭 신자들에게 인기가 있었다. 교황 프란치스코(오른쪽)는 2013년 "올해의 인물"로 「타임」 잡지의 표지에 등장했다.

▶ 교황 프란치스코는 바티칸의 금융에 관해 개혁주의자들을 지지했다. 핵심적인 신임 인물 중 하나가 르네 브륄하트다. 그는 42세의 스위스 돈세탁 방지 전문가로, 8년 동안 리히텐슈타인의 금융 정보 기관을 운영했다. 바티칸에서 그는 교황 프란치스코의 전적인 지지를 받았다. 자신의 감독 기관의 5명의 이사가 개혁 속도를 늦춘다고 브륄하트가 불평하자, 프란치스코는 2014년 5월 이들을 모두 해고했다. 2개월 후 교황은 바티칸의 완고한 금융 거래를 개혁하고자 3명을 월 스트리트에서 고용했다.

▶ 1796년 통일 전 이탈리아 상황

바티칸의 불편한 진실(권력, 동성애, 위선)
프레드릭 마르텔 지음

『바티칸의 불편한 진실 (권력, 동성애, 위선)』은 바티칸과 가톨릭교회의 비밀과 수수께끼를 풀어내고 부패를 드러낸다. 내용은 가톨릭교회 안에서 실질적인 힘이 있는 여러 사제를 인터뷰하며 4년에 걸친 전문적인 취재와 연구를 통해 완성되었다. 사제의 금욕주의, 피임의 단죄, 성추행 감추기, 베네딕토 16세의 사임, 사제의 여성 혐오, 유럽 내 사제 관련 직업 숫자의 급감, 프란시스 교황을 향한 음모 등 – 이런 모든 문제는 비밀과 신비로 가려져 있다.

이 책에서 그것은 초등 사제 훈련부터 교황청 그 자체에 만연한 비밀 사제 문화에 근거한다고 말한다. 사제들의 이중생활과 동성애 혐오도 이에 일조한다. 이로 인한 교회 내 정신분열 증상은 심각한 수준이다. 교회 수뇌부의 열렬한 동성애 반대자일수록 그 자신이 동성애인 경우가 다분하다. 엄격함 뒤에 언제나 무엇인가 감추어져 있고 대부분 이중생활이 존재한다. 프란시스 교황이 직접 언급한 이 말은 교황청의 속사정을 보여준다. 이 책을 읽기 전에는 누구도 지금의 가톨릭교회를 실제로 이해한다고 할 수 없다. 놀라운 불편한 진실이『바티칸의 불편한 진실 (권력, 동성애, 위선)』을 통해 드러난다.